INLAND NAVIGATION STRUCTURES OF
CHINA

中国内河通航建筑物

重 庆 交 通 大 学
交通运输部水运科学研究院
中交水运规划设计院有限公司　主编
华设设计集团股份有限公司
南京水利科学研究院

人民交通出版社股份有限公司
北　京

图书在版编目(CIP)数据

中国内河通航建筑物／重庆交通大学等主编. —北京：人民交通出版社股份有限公司, 2021.10
ISBN 978-7-114-17628-9

Ⅰ.①中… Ⅱ.①重… Ⅲ.①内河运输—通航建筑物—中国 Ⅳ.①U64

中国版本图书馆 CIP 数据核字(2021)第 189451 号

审图号：GS(2021)6599 号

Zhongguo Neihe Tonghang Jianzhuwu
书　　名：中国内河通航建筑物
著 作 者：重庆交通大学
　　　　　交通运输部水运科学研究院
　　　　　中交水运规划设计院有限公司
　　　　　华设设计集团股份有限公司
　　　　　南京水利科学研究院
责任编辑：崔　建　齐黄柏盈
责任校对：席少楠　赵媛媛　卢　弦
责任印制：张　凯
出版发行：人民交通出版社股份有限公司
地　　址：(100011)北京市朝阳区安定门外外馆斜街 3 号
网　　址：http：//www.ccpcl.com.cn
销售电话：(010)59757973
总 经 销：人民交通出版社股份有限公司发行部
经　　销：各地新华书店
印　　刷：北京印匠彩色印刷有限公司
开　　本：787×1092　1/16
印　　张：50.25
字　　数：976 千
版　　次：2021 年 10 月　第 1 版
印　　次：2021 年 10 月　第 1 次印刷
书　　号：ISBN 978-7-114-17628-9
定　　价：580.00 元

(有印刷、装订质量问题的图书由本公司负责调换)

《中国内河通航建筑物》
编审委员会

主　　任	黄镇东　李盛霖
副 主 任	唐伯明　费维军
成　　员	张绪进　徐　光　解曼莹　吴　澎　陈明栋
	汤震宇　王仙美　胡亚安

编写工作委员会

顾　　问	黄镇东　李盛霖
主　　任	唐伯明　费维军
副 主 任	王平义　贾大山　潘海涛　翟剑峰　李　云
秘 书 长	王多银　李　清　周世良
成　　员	张绪进　陈明栋　王召兵　柳成林　陈　明
	陈　亮　王　婷　赵　乐　蔡翠苏　张娇凤
	姜兴良　张跃东　李中华　母德伟　何进朝
	左　宁　华　华　陶书东　汪承志　曹凤帅
	雷　潘　王效远　邵　博　陈际丰　黄海津
	胡传越　刘本芹　于忠涛　杨有军　徐　奎
	陈　乾　袁　浩　陈　晨　李学义

内河水运是综合运输体系和水资源综合开发利用的重要组成部分,以其运量大、运距远、运价低、单位运输能耗少、排污少,以及建设过程中几乎不占用或少用土地等特点,在促进流域经济发展、优化产业布局、服务对外开放等方面发挥着重要作用。

我国天然河流总长约 43 万公里,流域面积 1000 平方公里以上的河流有 1580 条,超过 10000 平方公里的河流有 79 条,为我国内河水运发展提供了良好的自然资源。得天独厚的内河水运资源,造就了我国悠久的水上运输历史。开凿于公元前 506 年的胥河是中国现有记载的最早运河,也是世界上最古老的人工运河;公元前 214 年,为联通湘江和漓江间的航运而开挖了灵渠;主要建于中国隋朝年间的大运河是世界上最长运河。为了克服通航河流水位集中落差或大比降对水运产生的障碍,中华民族祖先相继提出并成功建造了具有当今通航建筑物类似功能的堰埭、陡门和古船闸。但在新中国成立以前,连年的自然灾害和战乱使我国水运设施遭受到严重破坏,内河通航里程只有 7.36 万公里,且绝大部分航道处于自然状态,仅有船闸 20 余座,内河水运交通仍十分落后。

新中国成立后,特别是改革开放以来,我国重点推进以长江、珠江、淮河等水系为主体的内河航运建设,取得了长足发展。尤其是 2007 年,国务院批准印发《全国内河航道与港口布局规划》,提出了以"两横一纵两网十八线"内河高等级航道为重点的全国内河水运中长期发展规划;2011 年,国务院印发了《关于加快长江等内河水运发展的意见》,内河航运基础设施建设投入大幅增加,由此促进了我国内河航运枢纽和通航建筑物的大量建设。长江口深水航道治理工程和南京以下 12.5 米深水航道治理工程建成通航;三峡水利枢纽连续五级船闸,三峡升船机为代表的高水头升船机;世界首座水力式升船机——景洪升船机,构皮滩三级垂直升船机以及西江航运干线、湘江、汉江、京杭运河、引江济汉、引江济淮等内河高等级航道上建成通航的单线、复线或多线船闸,极大提升了内河航道通过能力,促进了我国内河水运的高质量快速发展。截至2018年底,全国内河航道通航里程12.71万公里,其中等级航道6.64万公里,Ⅲ级及以上航道1.35万公里;全国拥有内河通航建筑物1000余座。

为进一步总结发展经验,展现建设成就,坚定制度自信和文化自信,加快建设交通强国,为我国新一轮现代综合立体交通的绿色高质量发展提供技术支撑,2018年4月,交通运输部将本书纳入"一史一录"(《中国水运史》和《中国水运工程建设实录》)编纂工作中统筹推进,在交通运输部领导和黄镇东、李盛霖等老领导的亲自组织协调下,在"一史一录"编纂工作办公室和全国相关单位的密切配合下,重庆交通大学、交通运输部水运科学研究院、中交水运规划设计院有限公司、华设设计集团股份有限公司、南京水利科学研究院等众多专家教授学者组成的编写工作组,重庆交通大学作为第一主编单位,成立了以校长唐伯明教授任组长、副校长王平义教授任副组长,王多银教授任秘书长(负责本书编撰的具体组织协调,做了大量的工作)的工作组,学校河海学院和西南水运工程科学研究所负责本书的具体编撰工作,编写了这本《中国内河通航建筑物》,以期全面总结反映新中国成立以来特别是改革开放40多年来我国内河通航建筑物建设的巨大建设成就,并以此作庆祝中国共产党百年华诞。

全书共分七章,第一章为"内河通航建筑物综述"(主要执笔人:陈明栋、吴澎),包括"内河通航建筑物发展概况""国内外内河通航建筑物发展概况""中国内河通航建筑物的区域分布特征"和"中国内河通航建筑物建设成就与启示"四节,主要是从宏观上介绍船闸和升船机的作用、基本组成、分类和各自特点,介绍国内外内河通航建筑物的发展演进概况和我国内河通航建筑物建设所取得的主要成绩与发展趋势。第二至第七章为我国内河通航建筑物的具体案例(主要执笔人:张绪进、陈亮、王召兵),分为"长江干线及其上游支流通航建筑物""长江中、下游支流通航建筑物""长江三角洲高等级航道网通航建筑物""京杭运河与淮河水系通航建筑物""珠江水系通航建筑物"和"其他水系通航建筑物"共六章,收录了中国(不含港、澳、台地区)191个已建通航枢纽上共计258座500吨级及以上的船闸或升船机,对部分具有明显时代特征或典型意义的300吨级及以下的船闸或升船机也进行了适当收录。所收录的每个工程实例均按照工程概况介绍、工程技术参数表、实景照片或鸟瞰图、工程总平面布置及结构纵横剖面图等几部分进行展现。在工程概况中分别对各枢纽或船闸的位置、控制流域面积、设计水位、主要建筑物的布局、枢纽的功能定位及其建设时间等基本情况进行了简要介绍。在此基础上，对通航建筑物布置位置、等级、闸室（或承船厢）有效尺度、设计水头、通航船舶吨位和设计通过能力等特征参数进行了介绍，对设计最高/最低通航水位、船闸或升船机的总体布置特别是引航道的平面布置、船舶进出闸方式、船闸输水系统形式、闸首和闸室结构形式、开工和建成时间等进行了介绍。此外，对于意义特别重大或具有较强社会影响的船闸或升船机，对其有关参数进行了更为详细的介绍。

在附录中，给出了中国内河通航建筑物索引表，表中分别列出了我国各地区（不含港、澳、台地区）895座已建或在建通航建筑物名称、地理位置、通航吨级、形式、闸室有效尺度、年通过能力、建成年份、使用情况等，可方便读者查阅。

为高质量编著本书，三年多来，编审委员会带领编写工作组相关成员先后赴重庆、四川、贵州、云南、广西、广东、江苏、山东、浙江等地多次进行实地调研，并先后采用线上线下形式召开了十余次座谈会、编撰工作研讨会和审议会，确定本书编撰大纲、编撰规模、入编通航建筑物等级及其文字介绍、技术参数标准和需要展示的通航建筑物图说要求等，为本书的编撰提供了保障。重庆交通大学除编撰此书的教职工外，河海学院陈明老师负责组织了100余名研究生参与了绘图工作。在此感谢交通运输部及各参编单位对编撰本书给予的大力支持，感谢编审委员会和编写工作组全体成员付出的辛勤劳动，特别感谢黄镇东、李盛霖等老领导三年多来为本书倾注的辛劳和智慧。此外，交通运输部长江航务管理局、长江三峡通航管理局、四川省港航投资集团有限责任公司、成都金弘能源投资有限公司、四川省交通勘察设计研究院有限公司、四川省南充市航务管理局、重庆航运建设发展有限公司、中铁长江交通设计集团有限公司、湖北省交通规划设计院股份有限公司、湖南省交通规划勘察设计院有限公司、湖南省水利水电勘测设计研究总院、江西省港航设计院有限公司、安徽省交通勘察设计院有限公司、安徽省水利水电勘测设计研究总院有限公司、浙江数智交院科技股份有限公司、广西北部湾投资集团有限公司、广西西江开发投资集团有限公司、广西交通设计集团有限公司、广西南宁水利电力设计院、长江勘测规划设计研究有限责任公司、交通运输部天津水运工程科学研究所、中国电建集团贵阳勘测设计研究院有限公司、中国电建集团中南勘测设计研究院有限公司、中国电建集团昆明勘测设计研究院有限公司、中国电建集团华东勘测设计研究院有限公司、中水珠江规划勘测设计有限公司、黑龙江省航务勘察设计院等单位提供了大量宝贵的资料和技术支持;各相关省(自治区、直辖市)交通运输主管部门亦补充提供了大量工程实景图,并组织相关勘察设计单位和项目业主对本书进行了校核,为本书的顺利出版作出了重要贡献,在此一并表示衷心感谢。

本书反映了新中国成立以来,特别是改革开放以来我国已建和在建内河通航建筑物的成果,是我国水利水运工程建设者集体智慧的结晶,可为广大水利水运领域科技人员、生产建设者和管理人员提供借鉴和参考,也可供高等院校师生和广大兴趣爱好者阅读。在此抛砖引玉,希望得到国内外同行和广大读者的更多关注和厚爱。但由于各枢纽和通航建筑物建设时期不一,时间跨度大,所收集的资料不可能十分齐全,且由于编者的水平和认知有限,书中肯定存在很多不足之处,恳请读者批评指正,以利后期修改完善。

新中国成立以来的70多年里,特别是改革开放40多年来,我国内河水运事业发生了沧桑巨变、实现了蓬勃发展。如今进入新时代,又被赋予了新的使命,开启了新的征程。党的十九大提出了建设交通强国的任务,2020年交通运输部印发了《内河航运发展纲要》,明确提出"到2050年,全面建成人民满意、保障有力、世界前列的现代化内河航运体系。东西向跨区域水运大通道高效畅通,南北向跨水系联通,以一流港航基础设施、一流航运技术装备、高品质航运服务、智能化安全监管,全面实现治理体系和治理能力现代化,服务社会主义现代化强国"的宏伟目标。希望本书的编撰可为我国今后内河水运的绿色高质量发展提供有益参考,促进交通强国建设,为实现第二个百年奋斗目标、实现中华民族伟大复兴的中国梦,贡献我国广大水运工程事业建设者的集体智慧力量。

《中国内河通航建筑物》编写工作组
2021年6月30日

目录
Contents

第一章 内河通航建筑物综述 ·········· 1
  第一节 内河通航建筑物发展概况 ·········· 1
  第二节 国内外内河通航建筑物发展概况 ·········· 9
  第三节 中国内河通航建筑物的区域分布特征 ·········· 31
  第四节 中国内河通航建筑物建设成就与启示 ·········· 46
  参考文献 ·········· 63

第二章 长江干线及其上游支流通航建筑物 ·········· 66
  第一节 长江干线通航建筑物 ·········· 68
  第二节 岷江通航建筑物 ·········· 97
  第三节 嘉陵江通航建筑物 ·········· 116
  第四节 乌江通航建筑物 ·········· 184

第三章 长江中、下游支流通航建筑物 ·········· 209
  第一节 湘江干流通航建筑物 ·········· 209
  第二节 沅水通航建筑物 ·········· 239
  第三节 汉江通航建筑物 ·········· 263
  第四节 江汉运河通航建筑物 ·········· 279
  第五节 赣江通航建筑物 ·········· 286
  第六节 信江通航建筑物 ·········· 307
  第七节 合裕线通航建筑物（安徽合肥） ·········· 314
  第八节 漳河通航建筑物 ·········· 322
  第九节 驷马山干渠通航建筑物 ·········· 325

第四章 长江三角洲高等级航道网通航建筑物 ·········· 328
  第一节 杭甬运河通航建筑物 ·········· 328
  第二节 锡澄运河通航建筑物 ·········· 346
  第三节 丹金溧漕河通航建筑物 ·········· 349

第四节	连申线通航建筑物	352
第五节	杨林塘通航建筑物	376
第六节	盐河通航建筑物	379
第七节	通扬线通航建筑物	385
第八节	芜申线通航建筑物	394
第九节	长湖申线通航建筑物	400
第十节	赵家沟航道通航建筑物	403
第十一节	钱塘江通航建筑物	406
第十二节	周山河通航建筑物	428
第十三节	南官河通航建筑物	431
第十四节	盐宝线通航建筑物	434
第十五节	芒稻河通航建筑物	437
第十六节	刘大线通航建筑物	440
第十七节	古泊河通航建筑物	443
第十八节	成子河通航建筑物	446
第十九节	徐洪河通航建筑物	449
第二十节	秦淮河通航建筑物	452
第二十一节	划子河通航建筑物	455

第五章 京杭运河与淮河水系通航建筑物 458

第一节	京杭运河通航建筑物	458
第二节	淮河通航建筑物	532
第三节	沙颍河通航建筑物	542
第四节	沙河通航建筑物	570
第五节	涡河通航建筑物	576
第六节	沱浍河通航建筑物	578
第七节	浍河通航建筑物	589
第八节	泉河通航建筑物	598
第九节	引江济淮通航建筑物	601

第六章 珠江水系通航建筑物 619

第一节	西江干线通航建筑物	619
第二节	右江通航建筑物	644
第三节	北盘江—红水河通航建筑物	654
第四节	柳江—黔江通航建筑物	669

	第五节　都柳江通航建筑物	680
	第六节　清水江通航建筑物	690
	第七节　北江通航建筑物	693
	第八节　前山水道通航建筑物	713

第七章　其他水系通航建筑物 ... 716
　　第一节　松花江通航建筑物 ... 716
　　第二节　闽江通航建筑物 ... 720
　　第三节　澜沧江通航物建筑物 ... 727

中国内河通航建筑物索引表 ... 732

第一章
内河通航建筑物综述

第一节 内河通航建筑物发展概况

一、基本概念及名词解释

通航建筑物是河流渠化工程的重要组成部分,本部分从名词解释出发,分别介绍通航建筑物的组成、分类、技术特点及选型的方法。

1. 河流渠化

河流渠化指在天然河流中建筑一系列拦河闸坝和通航建筑物,以改善航道条件并帮助船舶过坝航行。构成渠化工程的三要素是:①前期规划中需满足上下游各梯级闸坝间的通航水位衔接;②闸坝壅高水位后可大幅拓展航道尺度(水深、航宽和弯曲半径,下同),淹没滩险;③修建通航建筑物用以克服建坝形成的集中水位落差。

2. 通航建筑物

通航建筑物是为克服航道上水位集中落差而建设的水工建筑物,又称"过船建筑物"。现代通航建筑物主要有船闸和升船机两大类型,从国内外已建和运行中的通航建筑物的数量上看,船闸约占99%。

3. 水利枢纽

水利枢纽是为综合利用水资源,达到兴利除害的目标,在河流或渠道上修建的既能发挥各自作用,又可彼此协调运用的不同类型水工建筑物的综合体。

水利枢纽工程主要由挡水建筑物、泄水建筑物、取水建筑物和专门性建筑物组成。挡水建筑物的主体工程分溢流(闸)坝和非溢流坝两类,作用是拦截水流、抬高水位和调蓄水量,其中溢流(闸)坝也是泄水建筑物。泄水建筑物是为宣泄洪水而设,其形式主要有泄洪闸、冲沙闸、溢洪道及导流隧洞等。取水建筑物是为灌溉、发电、供水和其他专门用途的取水而设,其形式有进水闸(口)、引水隧洞和引水涵管等。专门性建筑物有电厂和为通航、过鱼而建设的船闸、升船机、鱼道等。

水利枢纽工程通常承担多项开发任务,具有防洪、发电、灌溉(或供水)以及航运等综

合功能。根据开发目标的主体功能和特点不同,有以下分类:

(1)水利枢纽

水利枢纽是以防洪、发电或城乡用水为主要目标的枢纽工程,兼顾防洪、发电、灌溉及航运等综合功能。这些枢纽工程通常建设在河流的中上游地区,属中、高水头大坝。由于拦截水头高、库容较大,调节库容及蓄水的能力强,能有效控制下泄流量,避免下游洪水泛滥,高水位落差也赢得巨大的发电效益。同时,由于工程提升水头高,回水淹没的河道范围长,可大大拓展航道尺度,淹没滩险,有效促进航运的发展。

(2)航运枢纽

航运枢纽是以改善航道条件为主要目的而建设的枢纽工程,多见于中、低水头梯级。建坝壅水位后河道水深增加、航道尺度加大,滩险淹没。同时因河道流速减小、水流平缓,能极大改善航道条件,满足船舶通航要求。在平原及河网地区,采用分段修建节制闸的方式,在满足调水要求情况下,也可较好改善航道条件。

枢纽工程除了上述按功能分类命名外,也可以按水库或主体工程(坝、水电站)的名称命名,如三峡大坝、密云水库、新安江水电站等;也有直接称水利枢纽的,如葛洲坝水利枢纽。

二、船闸

1. 船闸的组成

船闸是采用水力浮运提升船舶过坝的一种通航建筑物。土建工程主要包括闸首、闸室、引航道和导航、靠船建筑物等;金属及其他结构部分主要有闸门、阀门、输水系统和运行系统等,详见图1-1-1。其中,升降船舶的闸室是由上闸首、下闸首、闸室墙及闸底板围成的五面形箱体。

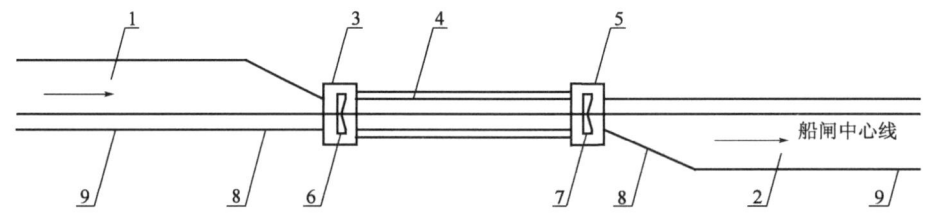

图1-1-1 船闸组成示意图

1-上游引航道;2-下游引航道;3-上闸首;4-闸室;5-下闸首;6-上闸门;7-下闸门;8-导航建筑物;9-靠船建筑物

(1)闸首

闸首分别设置在闸室的上、下游两端,主要用于布置输水廊道、廊道进出水口、输水阀门、闸门及机械启闭系统等设备。当采用集中输水系统时,闸首内布置有输水系统。闸首将闸室与上、下游引航道隔开,是闸室上、下游两端的主要挡水建筑物。

(2)闸室

闸室是由上闸首、下闸首、闸底板和两侧闸室墙环绕而形成的空间,供过闸船舶停靠和升降之用。当采用分散输水系统时,闸墙和闸底板分别布置有输水系统。闸墙上设有固定或浮式系船柱等,供船舶在闸室内停泊时系缆所用。闸室一般采用圬工或钢筋混凝土结构。闸墙和闸底板主要有刚性连接的整体式结构和独立布置的分离式结构两大类型。

(3)引航道

引航道布置在船闸的上、下游,是连接船闸与主航道的一段静水渠道,用于引导船舶安全、高效地进出闸室。通常,引航道内设置有导航建筑物和靠船建筑物等。

(4)闸门

闸门用于关闭或开启船舶运行通道,也是闸室的主要挡水设备之一。

(5)阀门

阀门用于关闭或开启输水廊道中,是控制闸室灌、泄水运行的重要设备。

(6)输水系统

输水系统即船闸的灌、泄水系统,是依靠输水阀门控制闸室水面升降运行的主要设施,所以也称为船闸心脏。

(7)导航建筑物

导航建筑物,即引航道中用于引导船舶进出闸室的建筑物。

(8)靠船建筑物

靠船建筑物,即引航道内为船舶临时停靠和系泊而设置的建筑物。

2.船闸的分类

船闸种类很多,按不同功能、特征可分为不同的类型。

①根据工程所在的水域可分为内河(含运河)船闸与海船闸。

②按照船闸级数多少可分为单级船闸和多级船闸(两级以上)。其中,多级船闸又可分为连续多级船闸和设中间渠道的多级船闸,详见图1-1-2和图1-1-3。

③按一座枢纽内船舶通道的数量可分为单线船闸和多线船闸(两线以上)。

④根据省水和消减水头需求而选择的省水船闸,详见图1-1-4和图1-1-5。

除此之外,早年根据建设条件和使用功能的不同,还有广室船闸、井式船闸和带中间闸首的船闸等。

三、升船机

1.升船机的组成

升船机主要由承船厢、闸首、滑道与机房(分别用于斜面升船机和垂直升船机)和引航道四大部分组成。由于传统的升船机承船厢主要依靠机械力提升,因此提升系统与设备是升船机较为重要的设备之一。

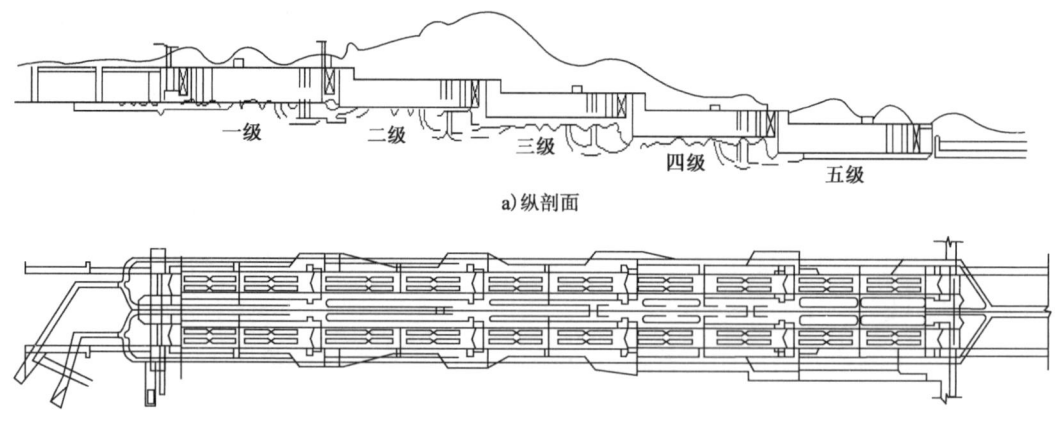

图 1-1-2　三峡连续五级船闸示意图

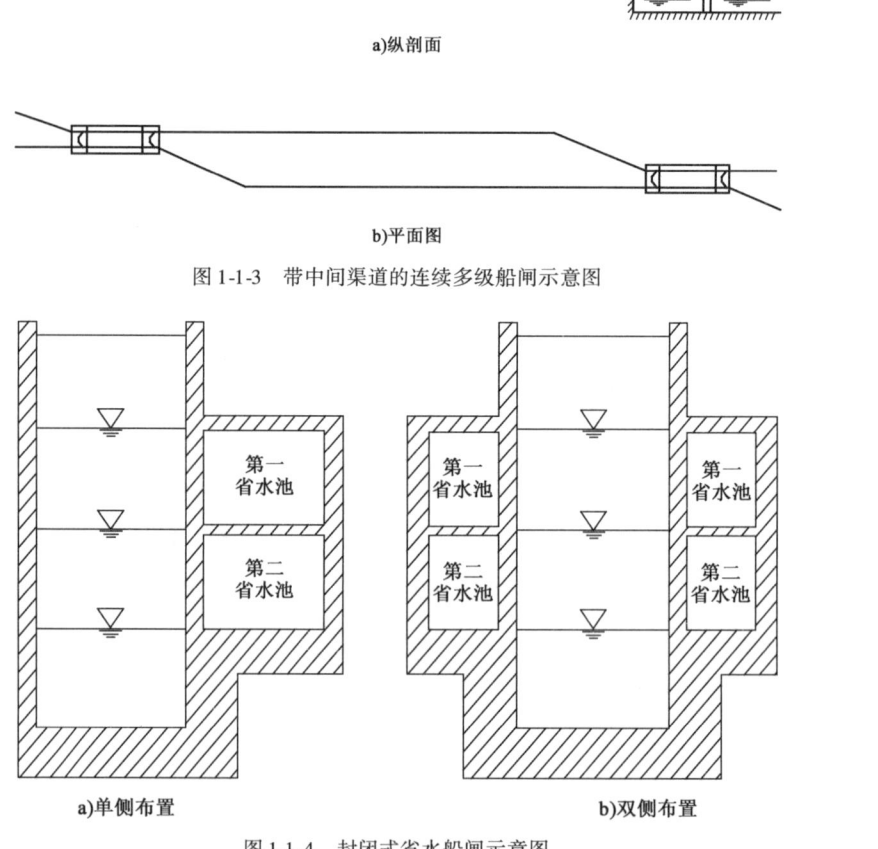

图 1-1-3　带中间渠道的连续多级船闸示意图

图 1-1-4　封闭式省水船闸示意图

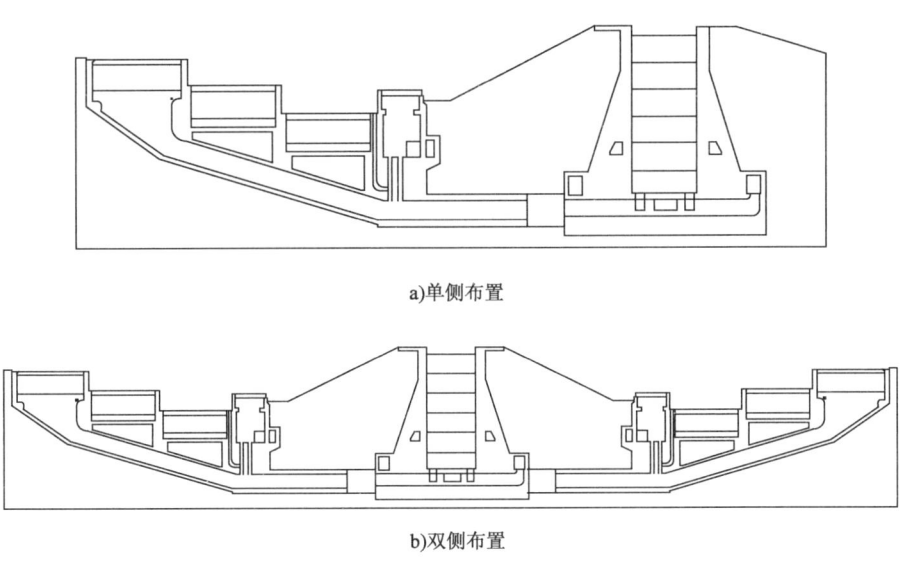

a) 单侧布置

b) 双侧布置

图 1-1-5　开敞式省水船闸示意图

（1）承船厢

由上闸门、下闸门、厢底板和两侧厢室墙环绕而形成的空间,用于停靠并升降船舶。承船厢一般采用连续的刚性结构,对于斜面升船机,船厢上还安装有支承行走设备和轮轨系统。

（2）闸首

闸首分别设置在升船机的上、下游,主要用于与承船厢厢体的对接,并将承船厢与上、下游引航道分隔。为了适应水库的水位变化,升船机闸首通常分为固定部分和活动部分,并根据水位变化调节。闸首处还安装有对接水位变幅用的卧倒门及精密的止水设备等。目前,新型的下水式升船机问世。该升船机在设计中去掉了下游闸首,船厢下行后直接入水,不仅简化下闸首的设计和运行环节,也有效降低了下游水位变化对船厢对接的影响。该升船机形式在国内外均有建成的实例。

（3）滑道与机房

滑道也称轨道,是建设在斜坡道上供斜面升船机升降运行的重要设施;机房则是垂直升船机的主体建筑,其机电设备、承船厢以及船厢的运行,均在机房中进行。

（4）引航道

引航道与船闸引航道的作用相同,同样布置在升船机的上、下游,其内设置有导航建筑物和靠船建筑物等,用于连接升船机与主航道,引导船舶安全、高效地进出升船机。

（5）闸门

闸门用于关闭或开启船舶运行通道,也是主要的挡水设备。主要用于与船厢对接,对接处安装有止水设备。

（6）提升及驱动设备

提升及驱动设备主要有动力系统、传动系统以及滑轮组等，分别安装在垂直升船机的机房和斜面升船机上游端。

传统升船机主要靠机械力提升承船厢过坝。澜沧江景洪枢纽首次将水力提升理念成功应用于升船机，该升船机设计有与船闸相似的等惯性输水系统，由水力浮运提升船舶过坝。

2. 升船机的分类

根据运行方式、驱动方式及提升系统的不同，升船机主要有以下形式：

①按照主体结构和船厢运行方式，升船机有斜面（含水坡）升船机和垂直升船机两大类型，详见图1-1-6和图1-1-7。其中，斜面升船机按照船厢运行方向与河道轴线的关系，又分为纵向斜面升船机和横向斜面升船机。

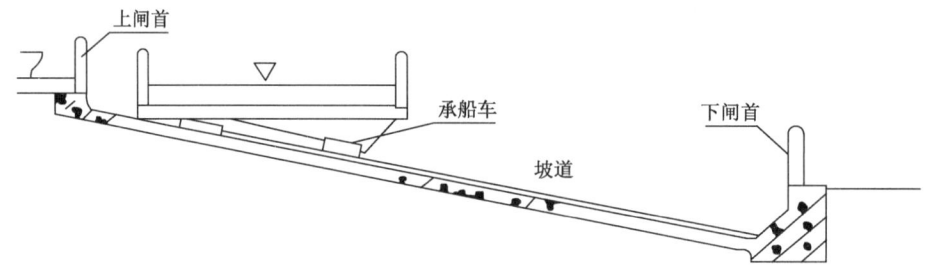

图1-1-6 斜面升船机示意图

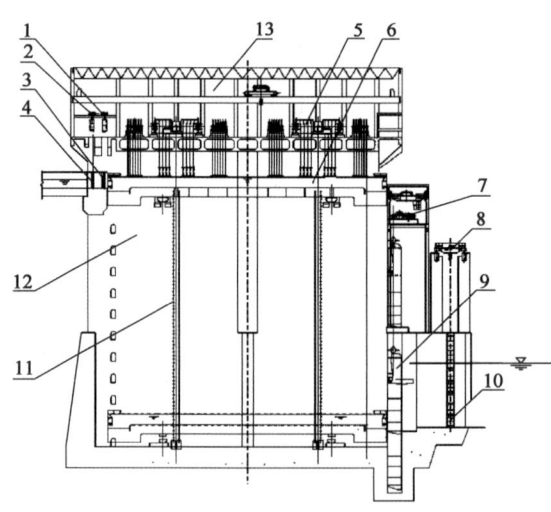

图1-1-7 钢丝绳卷扬提升式全平衡垂直升船机示意图

1-上闸首检修门启闭机；2-上闸首工作门启闭机；3-上闸首检修门；4-上闸首工作门；5-主提升机；6-承船厢；7-下闸首工作门启闭机；8-下闸首检修门检修桥机；9-下闸首工作门；10-下闸首检修门；11-平衡链；12-混凝土承重结构；13-机房

②根据提升动力和驱动方式,斜面升船机主要有钢丝绳卷扬提升式、齿轮齿条爬升式和自行式;垂直升船机主要有钢丝绳卷扬提升式、齿轮齿条爬升式、浮筒式、水压式、水力式及旋转式等,详见图1-1-7、图1-1-8和图1-1-9。

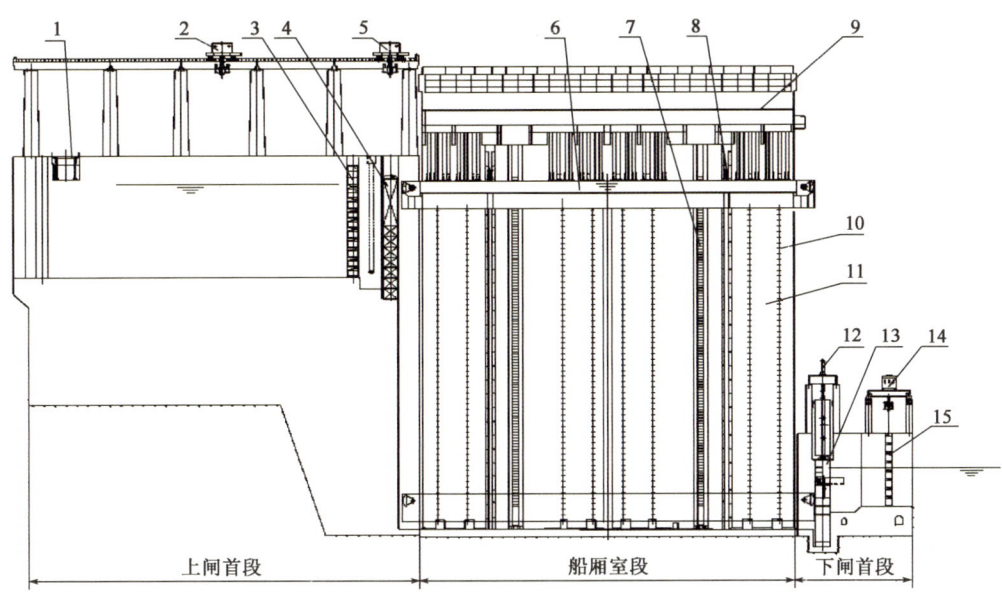

图1-1-8 齿轮齿条爬升式全平衡垂直升船机示意图

1-活动桥;2-上闸首辅助门启闭机;3-上闸首辅助门;4-上闸首工作门;5-上闸首工作门启闭机;6-承船厢;7-齿条;8-螺母柱;9-机房;10-平衡链;11-混凝土承重结构;12-下闸首工作门启闭机;13-下闸首工作门;14-下闸首检修门启闭机;15-下闸首检修门

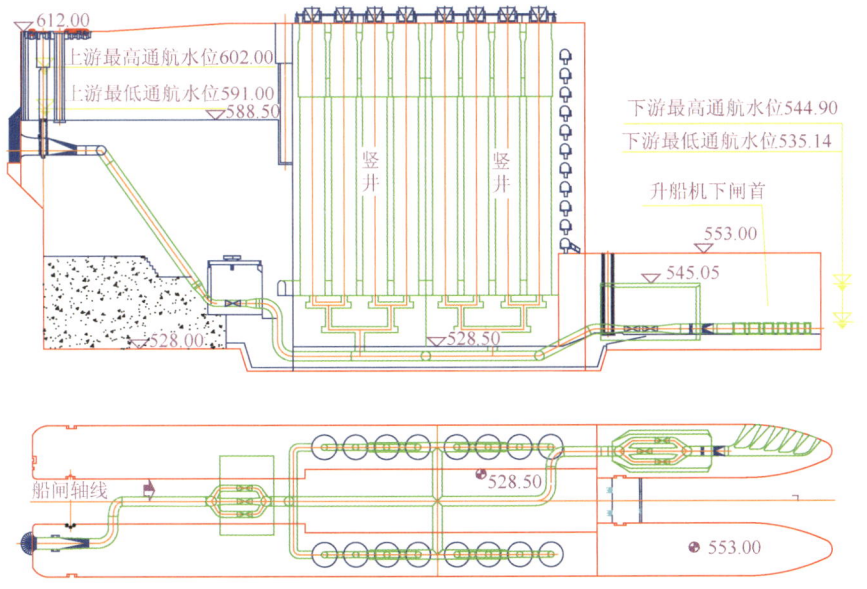

图1-1-9 景洪水力式垂直升船机布置图(高程和水位单位:m)

③按照船厢是否下水,升船机分有全平衡式和下水式两大类型。全平衡式将承船厢自重、厢内水体重量、船舶重量及其他设备重量的全部,由相同重量的配重承担,承船厢升降运行只需克服惯性力、摩擦阻力和风载等;下水式升船机无下闸首,运行时船厢直接入水,其优点是能较好适应下游水位的变化,但驱动消耗的动力大,运行成本高。

④根据承船厢内无水或有水,又分为干运升船机或湿运升船机。干运升船机(目前基本不采用)提升重量小,但是入厢船舶控制定位较为复杂,因此,现代升船机的承船厢几乎都采用湿运方式。此外,水坡升船机与普通斜面升船机不同,除采用自身动力驱动运行外,省去了承船厢和上、下闸首结构,建造较为简单,但缺点是运行消耗的动力较大。

四、船闸与升船机比较

1. 通航建筑物选型

根据我国通航建筑物的建设经验,一般情况下:

①工作水头在 40m 以下时,宜采用船闸。

②工作水头在 70m 以上时,宜建造升船机。

③工作水头在 40~70m 之间时,应进行升船机与船闸方案的比选。

除水头因素之外,通航建筑物选型时应充分考虑两种通航建筑物的特点,如枢纽工程的自然条件、建设规模、总平面布置、工程总造价、通过能力、运行的可靠性以及耗水等问题。

2. 基本要素比较

①船闸靠水力提升;升船机主要靠机械力提升。

②船闸土建工程投资大;升船机机械设备占比重大。

③船闸设计技术成熟,运行稳定可靠;升船机对机械、电气设备及下游航道条件要求高,目前国内正常运行率较低。

④船闸通过船型尺度大,单次过闸数量多,过闸能力大;升船机受提升重量和船厢尺度限制,通过单船为主,通过能力相对较小。

⑤船闸水面上升速度慢,一次过闸时间较长;升船机提升速度快,过闸时间较短。

⑥船闸运行维护费用较低;升船机运行维护费用较高。

⑦普通船闸运行耗水量大;升船机(除水力式外)基本不耗水。

⑧受输水阀门工作条件限制,船闸适应水头较低;升船机适应水头较高,但综合造价通常高于船闸。

第二节　国内外内河通航建筑物发展概况

人类的文明起源于大河流域，这些河流不仅提供了农业灌溉用水，还提供了一种理想的交通运输手段——航运。船舶利用水流流动顺流而下，依靠牵引逆流而上。在运输需求不断提高的推动下，人类掌握克服航道水面比降和水位落差的技术不断提高，也催生着通航建筑物建设技术的不断进步。

一、中国内河通航建筑物发展概况

为充分利用河流资源，发展水运交通，古人以其聪明才智，治理河道、开凿运河，将不同水系的河流连接起来，逐渐形成四通八达的航道网。同时，为解决河流枯水期水源不足的问题，满足船舶可常年航行和船舶吨位不断增长的需求，发明和发展了多种通航建筑物形式及其建设技术。

中国历史悠久，幅员辽阔，有江河5800多条，总长度约42万km，其中流域面积超过1000km^2的有1500多条。在中国，发展内河航运具有很多优越条件，水运也曾为古代中国的统一和繁荣作出过突出的贡献。同时，为克服河流上、下游的水位落差，使船舶通行无阻，我国在公元初年就诞生了助航的过船设施——斗门，即早期的通航建筑物。三国时期（220—280年）出现了升船机的原始结构——堰埭，北宋等时期发明了现代船闸的前身——复闸和厢闸等。

中国是世界上最早利用水运作为交通运输的国家。2020年5月，余姚井头山遗址考古成果对外发布，碳14测量数据表明，这是一处距今7800～8300年的史前遗址，将我国制造舟楫的年代追溯到8000多年以前。中国新石器时代遗址如浙江钱山漾、浙江余姚河姆渡、福建连江和广东化州等，均出土过独木舟或船桨的残骸，年代距今已有5000～9000年。浙江余姚井头山遗址的许多发现都体现出鲜明的海洋特征，如慈溪附近发现80m长独木舟，村落的滩涂区上留有不少远古先民捕鱼用的遗迹和工具，如多支船桨、鱼罩、渔网、成堆鱼骨、散落的海鱼脊椎骨等。据相关资料记载，商代开始有帆船，夏、商、周时，黄河已成为重要的运粮干线，详见图1-2-1。

1. 古代运河

中国人建造运河的历史十分悠久，作为沟通南北、交流东西的大通道，大运河是我国劳动人民智慧的集中体现，是中华民族对人类文明的杰出贡献。

历史上我国开凿建设的大小运河众多，如《史记》《水经注》等书记载，早在春秋战国时期，各诸侯国出于军事、经济等需要，即开凿多条运河。前613年楚庄王即位后因晋楚争霸、北上会盟"问鼎中原"的需要,任用孙叔敖开凿荆汉运河和巢肥运河。荆汉运河把发源于荆山流入长江的沮水与发源于郢都附近流入汉水的杨水连接起来。巢肥运河则是把淮河的支流肥水与流入巢湖、经濡须水入长江的施水连接起来。

图 1-2-1　中国古代漕运图

（1）大运河

大运河是中国古代创造的一项伟大工程,是世界上距离最长、规模最大的人工运河。大运河的开掘不仅沟通了国家政治与经济中心,还推动了东西南北经济和文化交流,改变了中国的人口和城市空间布局。在维护国家统一、保持政权稳定、促进经济发展和文化繁荣等方面发挥了不可替代的作用。

春秋末年(前 486 年),吴王夫差为了北上中原争霸,修筑扬州城,开凿了著名的邗沟,全长 170 多 km,沟通了长江和淮河,这是大运河最初开挖的一段,详见图 1-2-2。前 360 年魏惠王开凿的鸿沟,是最早沟通黄河和淮河的人工运河。

隋朝(581—618 年)为连通南方经济中心和满足对北方的交通需求,先后开凿了通济渠和永济渠;在随后的唐宋时期,又重修江南运河、疏通浙东航道,将各条地方性运河连接起来,初步形成了以长安、洛阳、开封为中心,北至北京,南至宁波的大运河体系,完成了大运河的第一次全线贯通,详见图 1-2-3。

元朝定都大都(今北京)后,元世祖下令开凿会通河、通惠河等河道,将大运河改造为直接沟通北京与江南地区的运输水道,完成了大运河第二次南北大沟通。但由于没有解决好运河"水脊"(位于济宁以北的南旺)的通航问题,元朝的大运河并未实现真正的全线贯通。明朝初期,工部尚书宋礼和汶上民间水利工程师白英在戴村筑坝,建分水工程使汶水西行,从南旺入运河后,七分向北,三分南流,实现了大运河的全线贯通。

第一章 内河通航建筑物综述

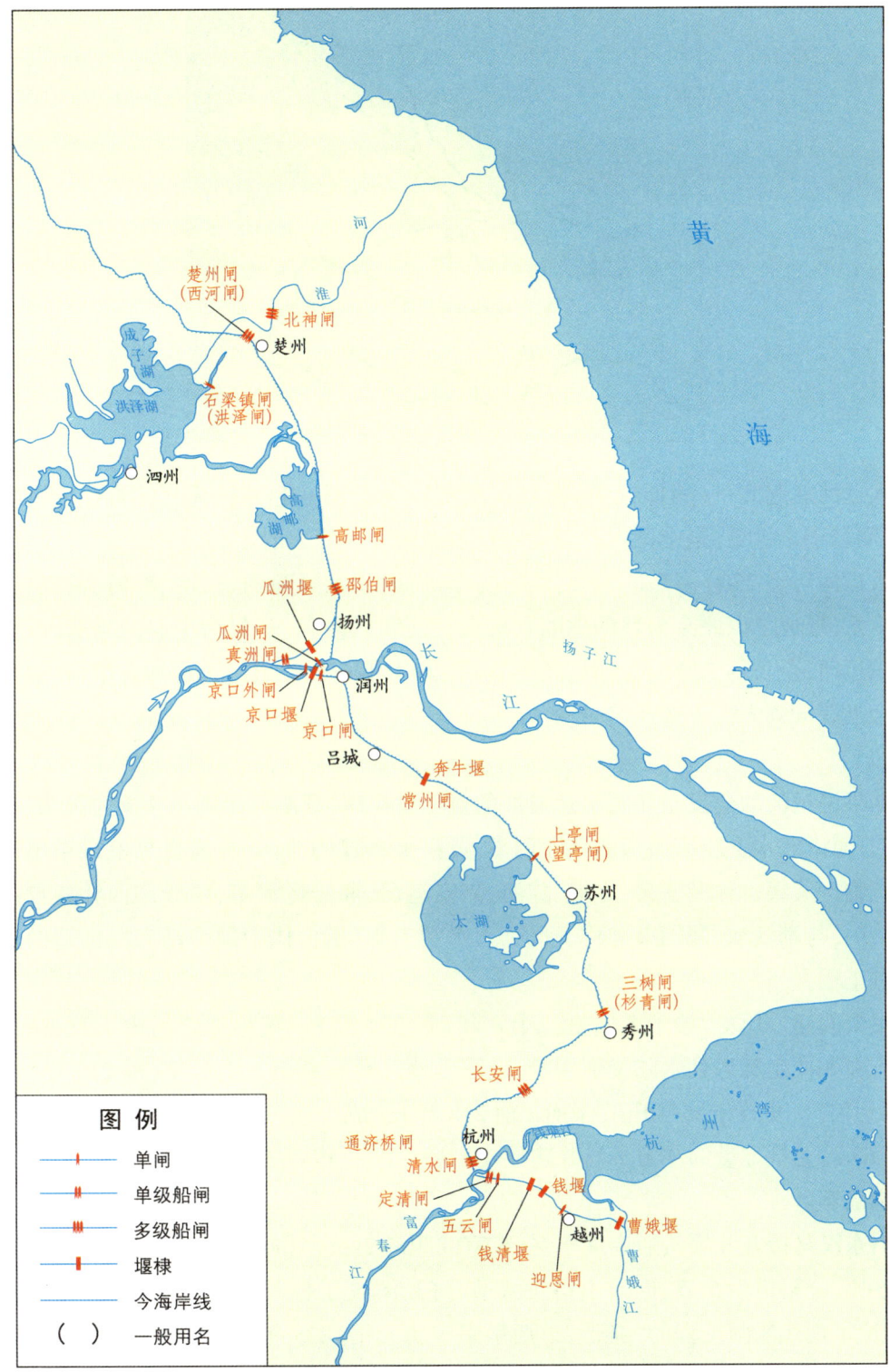

图 1-2-2 邗沟、江南运河、浙东运河上的通航建筑物示意图

图 1-2-3　隋运河示意图

大运河北起北京(涿郡),南到杭州(余杭),与长城一起并称为我国古代的两项伟大工程,闻名于全世界,是中国古代劳动人民创造的一项伟大的水利建筑工程。

大运河历经 2500 多年的发展,随历史不断演变,沟通海河、黄河、淮河、长江、钱塘江五大水系,形成了以北京为目的地的京杭大运河和以洛阳、开封为中心的隋唐大运河,以及浙东运河,全长约 3200km,详见图 1-2-4。2014 年 6 月 22 日,大运河在第 38 届世界遗产大会上获准列入世界遗产名录。

(2)灵渠

如果说运河的建设是我国水运发展的重要里程碑,开凿灵渠则是中国先民沟通湘江、漓江,打通南北水上航运通道的伟大创举,灵渠上兴建的斗门,更是世界上最早出现的通航建筑物。灵渠古称秦凿渠、零渠、陡河、兴安运河、湘桂运河等,位于广西壮族自治区兴安县境内,与都江堰、郑国渠并称秦代三大水利工程,是古代中国劳动人民创造的一项伟大水利工程。

灵渠的建设历史,始于秦始皇二十六年(前 221 年)一统中原之后南下百越时,因军饷供应在湘桂走廊遇到水陆交通困难,进军受挫。秦始皇于二十八年(前 219 年)命史禄"凿渠运粮"。史禄于同年开工,次年(前 218 年)建成。此工程为南渠,全长 33.15km,落差 22.69m,土石方量约 9 万 m³,并建导流石堤 1 座。其功能为"通漕运",以水运为主加短距离陆运。

后东汉马援开北渠贯通南北水系,在直线距离 2km 范围内开挖 3.35km 渠道,设置节陡门 6 座,分渠道为 5 节,创造出搭拼式节斗门,解决了枯季水少、水面坡陡流急两大难题,形成了现代船闸工程的"雏形"。唐敬宗宝历元年(825 年),李渤奉命重修灵渠,将节陡门的成功经验应用于南渠,创造铧堤固渠方案。唐通宗咸通九年(868 年),主持修渠人鱼孟威维修灵渠并加固铧堤,增设陡门达 18 座。灵渠在 1087 年全面建成后,唐人鱼孟威还从哲理的高度概括运河工程,将此运河工程正式命名为"灵渠"。宋嘉祐三年(1058年),李师中主持重修灵渠,进一步扩挖南渠,"燎石以攻,既导既辟",并将陡门增至36座。虽然当时陡门的布局已无法考证,但从数量翻倍来看,可以推测宋朝灵渠上的陡门已发展为复闸,即现代船闸的前身。

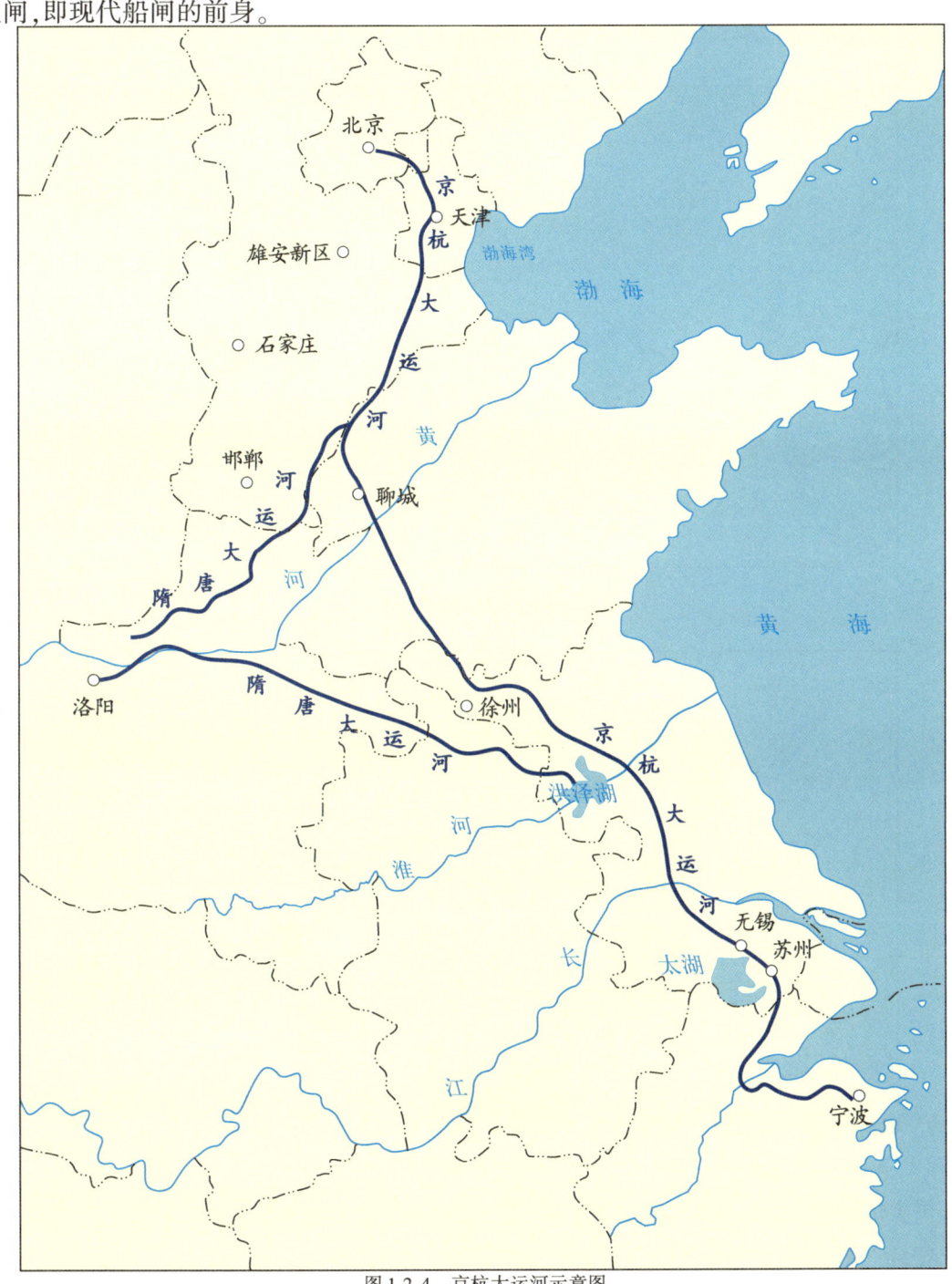

图 1-2-4 京杭大运河示意图

灵渠流向由东向西,将兴安县东面的海洋河(湘江源头)和兴安县西面的大溶江(漓江源头)相连,是世界上最古老的运河之一,有着"世界古代水利建筑明珠"的美誉。灵渠主体工程由铧嘴、大天平、小天平、南渠、北渠、泄水天平、水涵、斗门、堰坝、秦堤、桥梁等部分组成,尽管兴建时间先后不同,但它们互相关联,成为灵渠不可缺少的组成部分,详见图 1-2-5 和图 1-2-6。

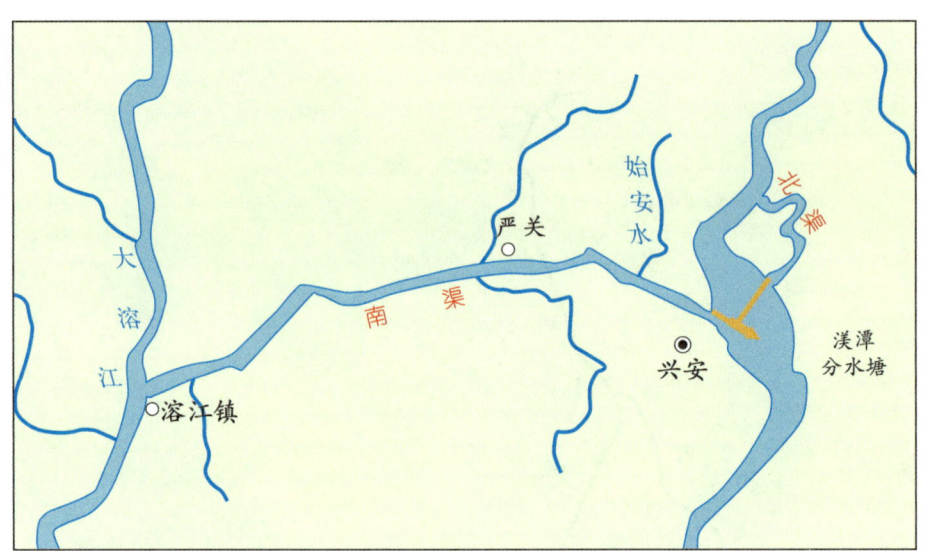

图 1-2-5　古代灵渠分布图

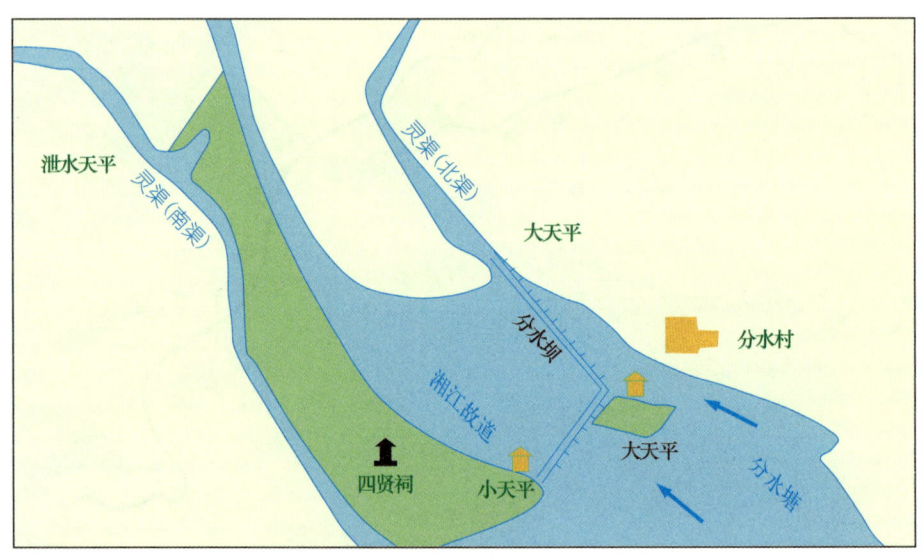

图 1-2-6　兴安灵渠

灵渠的凿通沟通了湘江、漓江,连接了长江和珠江两大水系,打通了南北水上通道,为秦王朝统一岭南提供了重要的保证,大批粮草经水路运往岭南,有了充足的物资供应。自秦以来,灵渠在维护国家的统一,加强南北政治、经济、文化的交流,密切各族人民的往来等方面发挥了积极作用。虽然近代灵渠的航运功能逐渐萎缩,但灌溉功能依然发挥着重要作用。北京时间2018年8月14日,在加拿大萨斯卡通召开的国际灌排委员会第69届国际执行理事会全体会议上,灵渠成功入选(第五批)世界灌溉工程遗产名录。

2. 古代通航建筑物

经考证,中国古代早期(公元前)的运河工程没有通航建筑物的记录。运河的水深主要靠引入相连河流的水量维持。因此在枯水季节,运河水深难以保障通航要求,特别是河道比降稍大的运河,例如位于丘陵越岭带的灵渠。

由于运河没有天然河流那样充足的水源,河水的流向及排蓄条件在各阶段均不相同且非常复杂,通常需要调水运行。古人在运河枯水期流量很小时,采用设置闸门壅水的方法来提高上游河段的水深;开闸放水通航时,又利用短时增加的流量提高下游航段的水深。这种水源的调度虽然解决了船舶航行的水深要求,但也使运河(渠)上形成了不同的水位落差。由此,人们开始利用闸门来调节上、下游水位,以利船舶通行的建筑物,古称"冲水船闸"或"半船闸",也就是古代的"斗门"或"陡门"。同时,为节略运河水量减少耗水而设立"船舶滑道",用于牵引船舶克服水头过坝的"埭"(又称双船滑道)的出现,即由斗门、堰埭直至由此发展形成的复闸或厢闸,构成了我国早期通航建筑物的三大雏形,从中汇集了古代劳动人民的聪明才智。

(1)斗门

为了提高运河的通航保证率,古人开始尝试在河上设闸。古代文献中水闸最早和最简单的名称是"水门",其称呼在汉代已流行,以后还有"斗门"(图1-2-7)和"陡门"等名称,这些名称在技术上的差别已无从辨别。"斗门"和"陡门"也称"节陡门","斗门"主要在明朝以前使用,"陡门"则是明朝后才出现。宋朝第一次出现了"闸"和"牐"两个名称,两字发音相同可以互代,"牐"字还特指"插进去的门"。宋雍熙元年(984年)首次出现了"悬门"这一名称,用于指代有永久性绞车装置的提升门。

据《后汉书》记载,至少在公元初年前后沿汉代汴渠已修建了陡门,即冲水船闸。东汉马援扩建灵渠时,为实现战船能从湘江直航入漓江的目标而开北渠,在直线距离2km范围内开挖3.35km渠道,设置节陡门6座,相邻陡门相距约600m,每座节陡门的水头约1m。创造出搭拼式节斗门,解决了枯季水少、水面坡陡流急两大难题,使灵渠功能实现"通馈运",南北水系真正贯通,船舶可以直航。

825年和868年重修灵渠时,唐朝的李渤和鱼孟威先后主持灵渠的修复工程,将北渠陡门建设的成功经验应用于南渠,但陡门的布置不是等距离排布,而是根据渠段的比降不同,因陡设门,以"陡其门以级直注"的治理理论,将陡门增至18座。唐代陡门的工作原理应该是与汉代陡门相同,仍是冲水船闸。北陡口—湾陡段航道示意图如图1-2-8所示。

图 1-2-7 斗门

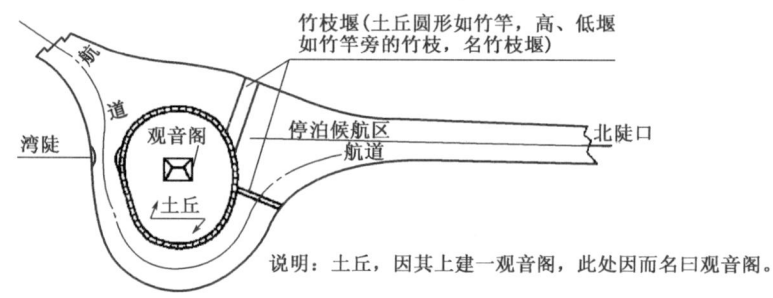

a)北陡口—湾陡段平面图

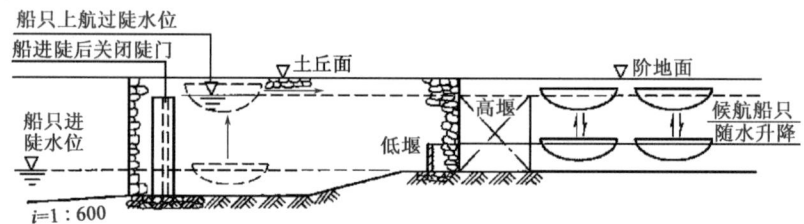

b)北陡口—湾陡段航道纵剖面图

图 1-2-8 北陡口—湾陡段航道示意图

从现存的斗门看,其结构是:两岸的导墙采用浆砌条石,两边墩台高 1.5~2m,形状有半圆形、半椭圆形、圆角方形、梯形、蚌壳形、月牙形、扇形等,以半圆形的为多。斗门的过水宽度为 5.5~5.9m,设陡距离近的约 60m,远的约 2km。塞陡工具由陡杠(包括面杠、底杠和小陡杠,均系粗木棒)、枴槎(俗称马脚,由 3 条木棒做成的三角架)、水拼(竹篾编成的竹垫)、陡簟(即竹席)等组成。关陡时,先将小陡杠的下端插入斗门一侧海漫的石孔内,上端倾斜地嵌入斗门另一侧石墩的槽口中;再以底杠的一端置于墩台的鱼嘴上,另一端架在小陡杠下端;再架上面杠。然后将枴槎置于陡杠上,再铺水拼、陡簟,即堵塞了斗门。水位增高过船时,将小陡杠敲出槽口,堵陡各物即借水力自行打开。由于有了斗门这种设施,故使灵渠能浮舟过岭,成为古代一大奇观。

在明朝年间,京杭运河台儿庄段逾40km的河段上有8座冲水船闸。2008年11月,京杭运河台儿庄段进行河道疏浚工程提闸放水时,修建于明朝时期的古运河船闸——伊迦河顿庄船闸"浮"出水面。这座古船闸全部由条状块石垒砌,船闸最窄处达8m,这是山东省首次发现的明朝时期古运河船闸,在中国也是第二次发现。2009年3月25日,京杭运河山东台儿庄段一座在水下沉睡了400多年的古水工建筑遗址(古船闸)在京杭运河山东台儿庄段进行河道疏浚工程时被发现。这座古船闸位于新闸村北古运河中心,船闸东西长约56m,南北宽约12m,古船闸全部由条状块石和大块黑砖垒砌。据考证,船闸修建于明朝万历年间,是明朝泇运河上的丁庙船闸,为枣庄段运河(泇运河)的八闸之一,距今400多年。

斗门(冲水船闸)的工作原理是在开闸放水过程中利用大流量阶段形成的上、下游航道水深的增加,为船舶提供航行条件。若闸门处形成的水头较大,开闸后的水流必将坡陡流急。古时的文学作品中有描述冲水船闸的诗,如1200年宋人张镃在灵隐寺附近写了一首词,形容闸门打开,一艘小船通过,水流倾泻,声如雷鸣。据17—19世纪外国旅行家、传教士的见闻,船舶上水过闸时,必须用人拉纤,通常是人力推动绞盘或拉纤绳,逆流时的水流速度甚至达到4~5m/s,倘若不是船夫们竭尽全力,就有船翻人亡的危险;船舶下行过闸时,则犹如"直堕而下,船重水汹","令人望而生畏,不寒而栗"。

欧洲直到11世纪时才有关于冲水船闸的记录。可见我们的祖先发明的斗门和冲水船闸在那时是领先世界的。但单闸门的冲水船闸适用的水头不高(1~2m),枯水期流量较小时需要较长的蓄水时间,开闸时间不多,水源利用率不高。因此,在航运需求的推动下,古人又陆续创造发明了堰埭(双滑船道)和复闸(复式冲水船闸)等新型通航建筑物。

(2) 堰埭

北宋科学家沈括所著《梦溪笔谈》中有关于堰埭的记载:淮南的大运河(汴渠)上,修建了双船滑道("埭"),以防止浪费水。

当时,虽然人工运河沟通了中国南北水系,但运河上多处水源不足,水面坡降大,船舶航行困难。为保障航运畅通,除调水控制水量外,需要一种建筑物来克服水位落差,由此出现了堰埭。堰埭(又称"堰"),是由土、石或草土筑成的阻水土坝,可截断河流,起阻滞洪水、蓄水灌溉、壅水通船的作用。初期的堰埭虽然保证了渠道的水量和水深,但船只无法通过。于是人们在筑埭的同时,将堰的上、下游做成较为平缓的平滑坡面,坡上敷以草皮或泥浆,以减小船只在其上滑行时的阻力和磨损。由于古代的船舶尺度相对较小,可以用人力或畜力以及辘轳牵引船只过埭,这个实际上就是我国最早最原始的通航建筑物——斜面升船机。

堰埭在三国时(220—280年)已不鲜见，南北朝时(420—589年)更为兴盛。有记载，三国孙权时所开由丹阳到句容的运河上就连续修建了12个堰埭。在南北朝人的著作里，中渎水(今淮扬运河)的五十里就建了4个堰埭，可见当时应用的普遍。经隋唐迄宋，堰埭技术不断提高，南北朝时出现的欧阳埭(在今仪征)和后来出现的京口埭(在今镇江)、伊娄埭(扬州最南端)，规模都十分宏伟。

384年，晋朝大将谢玄为了便利运输，接受闻人奭的建议，在吕梁(今铜山附近)的汴渠上修建了7个埭。一位同时代的作者曾提到用牛拉动绞盘牵引越过滑船道，因此叫"牵埭"。

堰埭构造简单、取材容易、造价低廉，但劳动强度大，过埭时间长，船舶易损坏，人畜常伤亡，重载船尚需反复装卸。"运河南入长江口处的瓜洲堰，竟用二十二头牛，绞拉船只过堰"，其艰苦程度可想而知。这时，工程实践中遇到的问题和产生的需求再次推动了通航建筑物技术的进步。

根据船舶过堰的方式，堰埭可分为3种：①人工磨堰。在航道水位差小、堰埭高度不大的情况下，利用人工改变船的支点，逐步扭磨移动，实现过堰。②人工辘轳绞拉过堰。在堰埭较高、水位差较大，加之船只较重的情况下，在堰埭两端设辘轳。过船时，人工绞动辘轳，绞绳带动船只上下滑动，以稀泥浆作润滑剂，实现过堰，详见图1-2-9。③畜力辘轳绞拉过堰。在堰更高、船只更重的情况下，人工绞动辘轳拉船也难过堰时，就用畜力作为绞拉动力。在多数情况下使用牛，因此魏晋南北朝时称这种堰埭为"牛埭"。

堰埭一般为砌石建筑物，其上、下游坡面以大条石砌筑。加工石料精细平滑，砌缝严密，堰体及基础处理严格，以免沉陷。由于堰埭的大小、高低各异，过堰时所用的畜力与设备也不一样。为使船只顺利通过堰埭，过堰时有时要把货物卸空，过堰后重新装入船中。这样的越堰方法相当繁费，堰埭越多，积弊越大。重载船只的反复装卸、人畜的劳苦伤亡、船只拖拉的磨损扭伤、迁延时间过长、行程的阻隔迁延等，迫使人们必须改革和创造，船闸的出现成为必然。

据欧洲旅行家17世纪在中国旅行时的记载，堰埭已应用于水头达4～5m的河段，可见船舶的提升高度可达5～6m，甚至更高。

欧洲的同类通航建筑物(早期升船机)则要出现得更早一些。早在前6世纪初，通过科林斯(Corinth)地峡的滑船道建成。据考古发现推测，船是放在有轮子的船架上，顺轨道驶过坡顶。此后不久，荷兰也出现双滑船道，名字叫作"沃伏托姆(overtoom)"。与欧洲的双滑船道相比，中国的堰埭没有托船架，船舶拉出水面至坡顶时是如何保证船体结构安全的，至今未找到详细描述。

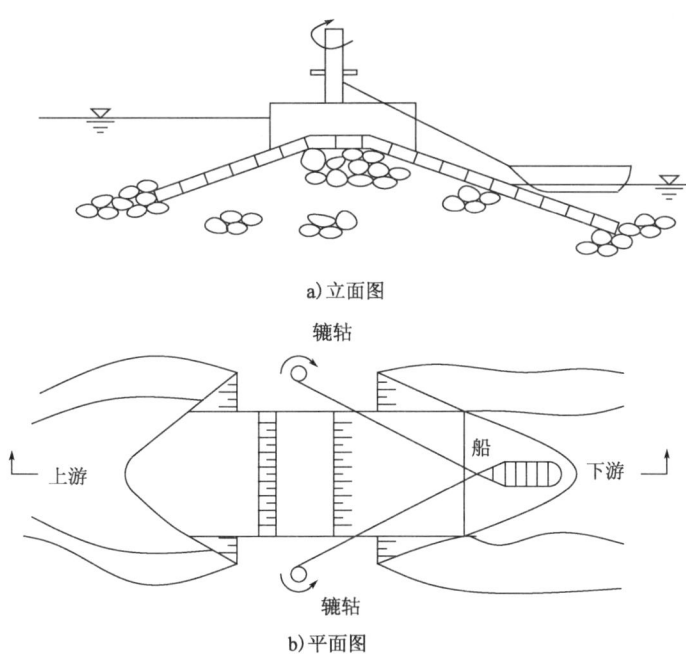

图 1-2-9　古代船只过堰示意图

(3) 复闸和澳闸

复闸是指两个斗门(闸门)联合运用的情况。复闸的发明是船闸建设史的重要里程碑。中国最早的复闸可追溯到宋朝初年,时任淮南副转运使的乔维岳,负责长江与淮阴之间的大运河或汴渠的山阳运道北端一段航道的货物运输。《宋史》讲到,宋雍熙元年(984年)在安北至淮澨共建有五座堰埭,船舶通过要五上五下,重载船舶常需减载通过,船损、货损时有发生。乔维岳令沿西河(淮阴附近)在第三堰处建设两道斗门(闸门),两门相距50步(大约80m),设悬门挡、泄水。此后复闸代替了堰埭,前述弊端革除,船舶往来顺畅,且过闸船舶吨位持续提升,从起初的20t、30t增长到船舶最大载重超过100t。

斗门(冲水船闸)与堰埭相比,船舶通过时的耗水量大,当水源紧缺时,冲水船闸必须拉大闸门启闭的间隔时间,同时延长了船舶的待闸时间,难以满足船舶正常过闸需求。复闸的发明正是为了节省船舶过闸时的用水量,提高船舶过闸效率。因此复闸的前后两座闸门相距不远,一般按照一次过闸时的船舶数量确定闸门间距。复闸的运行顺序与现代船闸基本相同,即船舶驶入复闸的两闸间,后方闸门关闭,待两闸间的水位与前方航道水位持平后,前方闸门打开船舶驶出。复闸没有专门的输水系统,一般通过闸门充、泄水。大运河上还可见三闸门复闸,例如宋朝的长安闸和邵伯闸,相当于现代的连续两级船闸,可进一步节省船舶过闸时的用水量。

宋嘉祐年间(1056—1063年)李师中再修灵渠时,将陡门18座增至36座,应该是将原18座冲水船闸门改为了复闸。

1293年郭守敬修建通惠河，北京至通州的运河有约10m的水位差，共布置7组复闸，相邻每组复闸间隔约10里（约5km多），复闸两闸门的间距约1里（500多m），复闸运行时的水头约1.5m。

复闸还可与堰埭并联使用，即在闸外另开月河建堰埭，或在堰埭外另开月河建复闸，水多时用闸，水少时用堰埭。例如，宋天圣四年（1026年）修建的真州石闸和入淮口的北神闸，天圣七年（1029年）修建的邵伯闸，这3座闸都是在堰埭旁侧另开引河建造的。

与复闸紧密相关的还有一种建筑形式——澳闸，即在复闸旁适当高于复闸运行水位的位置建小型水库（水柜），称积水澳或归水澳。前者用于汇集溪水、雨水、坡水；后者从低处提升船舶过闸时下泄的水或低处的积水用于补充过闸的耗水。例如上面提到的真州闸和北神闸，还有宋元符元年至二年（1098—1099年）先后改建的江南运河京口、吕城、奔牛3座闸。宋朝的长安闸和邵伯闸为三门两室的复闸，同时还设有两澳。

澳闸中的"澳"（积水澳或归水澳）的功能，是减少船舶过闸时从上游航道向下游航道下泄的水量，类似于现代省水船闸。由于缺少澳闸布置和运行的详细文字描述，还难以对其技术内涵做出准确定义。

复闸也称厢闸。复闸或厢闸的发明是通航建筑物建设史上的重要进步。复闸的两座闸门的间距比相邻的两座陡门的距离小了很多，这不仅减小了船舶过闸时的用水量，也使闸内水位的转换过程所需时间大大缩短。伴随着闸门技术的进步，闸门启闭时间缩短，船舶过闸效率较冲水船闸（斗门）大为提高。

欧洲最早的厢闸约出现在1370年以后，为使船舶能更快过闸，闸门间一般只能停一艘或两艘船。可见这个时期中国的船闸技术是领先世界的。明、清两代的大运河上应该还有复闸应用的实例，但数量无从考证。

3. 现代船闸和升船机

近代以来我国较早建成的船闸为1918年河北省金钟河上建造的耳闸，闸室有效尺度为100m×10m×2.5m（长×宽×门槛水深，下同），水头3m。随后在1933年，江苏省的高邮、邵伯等船闸也相继建成使用。1938—1944年，重庆綦江开展渠化梯级工程，兴建船闸11座，这是我国第一条渠化河流，船闸中以綦江车滩大利船闸为最大，水头6.5m，闸室净长60m，在技术、工程规模等方面基本接近20世纪30年代的同类工程水平。至1949年前后，全国仅有2条渠化河流，除綦江外另一条是四川省的威远河，回水里程130km，总落差65m，共建8个梯级，航道水深1.0m，一般通行15t的船舶。

1）船闸工程

新中国成立后，我国通航建筑物的建设技术快速发展，各阶段的代表性工程如下。

（1）20世纪50年代至70年代

这一时期，在江苏、浙江、湖南、福建、江西、山东、湖北、广东、广西、四川等地相继建成了一大批小型船闸(约300多座),可通过的船舶多为100吨级或以下,500吨级及以上船闸仅18座,主要是京杭运河苏北段的10座2000吨级船闸。这一时期,京杭运河的船闸建设拉开了我国现代大型船闸的序幕,代表性工程有1958—1962年陆续建成的京杭运河徐州至扬州段(苏北段)船闸、1966年建成的西津一线船闸和1968年建成的富春江船闸。

1958—1962年间,苏北运河上按2000吨级船舶标准建设了解台、刘山、宿迁、泗阳、淮阴、淮安、邵伯、施桥8座船闸,除宿迁船闸闸室有效尺度为210m×15m×3.2m外,其余船闸闸室有效尺度均为230m×20m×5m;20世纪70年代又建成了刘老涧和皂河2000吨级船闸,闸室尺度为230m×20m×4m。早期,已建船闸的输水系统均采用闸首短廊道集中输水系统。船闸工作闸门分别采用横拉门和人字门,除刘山、邵伯和施桥船闸因承受双向水头采用横拉门形式,其余船闸均采用人字门。这个时期,苏北运河的船闸建设积累了大型船闸集中输水系统的设计、大型人字门设计及建造技术。其中,刘老涧船闸探索了弧形人字门技术。这种门型虽然可节省钢材,但附加钢材用量多,加工制造复杂,弧形门龛也增加了水工结构的施工难度,为人字门设计提供了一个对比案例。

1966年建成的广西郁江西津电站船闸,是我国首座总水头超过20m(21.7m)的船闸。1968年建成的浙江富春江船闸,闸室有效尺度为102m×14.4m×2.5m,可通过100吨级船舶;船闸设计水头20.2m,是我国首座水头超过20m的单级船闸。

(2)20世纪80年代至90年代

这个时期全国共建成船闸160余座,500吨级及以上的船闸有25座,数量上较前一阶段有所增加。代表性工程有葛洲坝枢纽3座船闸,京杭运河江南段2座船闸、苏北运河二线船闸和山东段3座船闸以及西江干线上2座枢纽船闸。1987年我国首部通航建筑物行业规范《船闸设计规范(试行)》(JTJ 261~266)发布。

同期,京杭运河的船闸建设进入加速阶段。江南运河谏壁船闸和三堡船闸分别于1982年和1989年建成,实现了江南运河与苏北运河的贯通。谏壁船闸闸室尺度为230m×20m×4.0m,设计水头5m,承受双向水头,闸门采用三角门,是我国设计和建造的第一座大型三角门船闸;输水系统采用闸首短廊道+门缝输水。三堡船闸是江南运河与钱塘江沟通的船闸,采用闸首短廊道集中输水系统,闸室尺度为160m×12m×2.5m,设计水头5m,承受双向水头,闸门采用平板提升门。

桂平枢纽是西江航运干线上继西津之后建设的第二座枢纽,桂平船闸于1989年建成,尺度为190m×23m×3.5m,设计水头11.7m。贵港枢纽位于西津和桂平之间,贵港船闸于1998年建成。

(3)2000年以后

进入21世纪,内河航运基础设施进入新的全面发展阶段。在20年中,全国共建成船闸约200座,500吨级及以上的船闸有178座,约占总船闸数的89%。代表性工程有三峡双线连续五级船闸、京杭运河苏北段三线船闸和山东段二线船闸、西江干线二线船闸和长洲枢纽4座船闸，以及湘江渠化梯级双线船闸等。2001—2005年，《船闸设计规范（试行）》经全面修订后发布，包括《船闸总体设计规范》（JTJ 305—2001）、《船闸输水系统设计规范》（JTJ 306—2001）、《船闸水工建筑物设计规范》（JTJ 307—2001）、《船闸闸阀门设计规范》（JTJ 308—2003）、《船闸启闭机设计规范》（JTJ 309—2005）和《船闸电气设计规范》（JTJ 310—2004）。

三峡工程于1994年12月开工建设，船闸工程于2003年6月投入试运行。三峡船闸设计总水头113m，按双线连续五级布置，闸室有效尺度为280m×34m×5m，是世界上规模最大、技术条件最复杂的内河船闸。三峡船闸是我国船闸设计和建设史上一座重要里程碑，也是对世界船闸工程建设技术进步的重大贡献。取得的多项重大技术创新包括：复杂工程条件下的船闸总体设计技术、高水头梯级船闸输水技术、高边坡稳定及变形控制技术、全衬砌式船闸结构技术、超大型人字门及其启闭设备技术、船闸运行监控技术、船闸原型调试技术以及运行后的提高通过能力创新技术等。三峡船闸的设计、科研和建设，将世界船闸技术推向了新的水平。

京杭运河长江北段，随着航道等级提升至规划的Ⅱ级，施桥至皂河8个梯级全部建成三线船闸，尺度为260m×23m×5m；皂河以上湖东、湖西两条线路上的各3个梯级全部建成复线船闸，尺度为230m×23m×5m。

西江航运干线建成桂平、贵港二线船闸；长洲水利枢纽一线和二线船闸于2007年建成通航，尺度分别为200m×34m×4.5m和185m×23m×3.5m。因过闸货运量迅猛增加，于2008年开展了新船闸建设的前期研究工作，三线、四线船闸于2015年建成，尺度均为340m×34m×5.8m，是目前我国平面尺度最大的船闸。

湘江渠化梯级建设的前期研究工作起步于20世纪80年代，2000年建成第一个梯级——大源渡航电枢纽及船闸，船闸尺度为180m×23m×3.0m；2004年建成第二个梯级——株洲航电枢纽，船闸尺度为180m×23m×3.5m；2012年建成第三个梯级——长沙综合枢纽及双线船闸，船闸尺度为280m×34m×4.5m；2016年建成第四个梯级——土谷塘航电枢纽及船闸，船闸尺度为180m×23m×4.0m；2018年和2019年分别建成株洲和大源渡二线船闸，船闸尺度为280m×34m×4.5m。

2）升船机

古代的堰埭可以说是现代斜面升船机的雏形，这种靠人力提升的堰埭直到20世纪50年代在浙江等地还可见到。新中国成立前，升船机建设受当时经济和技术条件限制，没有能够对升船机的机械、动力、电气等设备的技术条件及运行维护要求开展相关研究。新中国成立以后，升船机建设开始起步，至20世纪80年代，我国建设的升船机仅有60余座。

1966年，在安徽寿县建成了我国第一座湿运纵向斜面升船机，能运载30t的小型船舶。1982年,安徽龙湾建了我国第一座小型水坡升船机,为我国水坡升船机的雏形。1989年10月,江苏沭阳水坡升船机投入运行,设计最大运载船舶60t。我国20世纪80年代前建成的最大升船机为1973年在湖北省丹江口建成的垂直+斜面升船机,它的上游为垂直升船机,下游为斜面升船机,中间由明渠连接,升船机按150吨级驳船设计,后期可改建为300吨级,设计年通过能力80万t,最大提升高度45m/35.5m(垂直/斜坡),后期58m/35.5m(垂直/斜坡)。

我国最先采用转盘的斜面升船机为湖南安化柘溪斜面升船机,1977年建成,跨越水头为75.5m,过坝船只吨位为50t,年通过能力25万t。我国跨越水头最大的升船机为湖南沅陵凤滩垂直斜面升船机,1986年建成,跨越水头90.8m,提升高度为107.8m;该升船机过坝吨位为50t,年过坝货运量14.5万t。同期建成的还有湖北赤壁的陆水及丹江口升船机。这些升船机的设计简单,干运过坝时有损船体结构,运转时没有平衡重系统和安全保障装置。因此,这时期建设的升船机规模较小,通过的船只吨位和提升重量都不大,年通过能力也较小。随着我国高水头水利水电枢纽的兴建,在南方一些山区河流中出现的高水头的升船机,同样存在过坝船只小、运量低的特点。

由于自行式斜面升船机造价高,因此早期建设的斜面升船机大都采用钢丝绳牵引,垂直升船机大都采用简易的组合式桥式起重机,而没有像欧洲的大型升船机那样,采用复杂的机械设备。斜面或垂直升船机,也未设置专门的安全设备,而是加大钢丝绳的安全系数以提高安全度。为了减轻提升重量,我国早期的升船机大都采用干运方式,只有安徽省寿县五里闸斜面升船机采用湿运,而丹江口(湖北)和高肯(重庆潼南)升船机采用了干、湿两种方式。支托船舶的材料,以轮胎较多。另外,陆水(湖北赤壁)升船机采用镀锌钢丝网,广西合面狮升船机采用尼龙网支托。斜面升船机通过坝顶的死点问题,是设计中需要解决的重要课题之一。我国已建斜面升船机中,采用惯性过坝顶较多,另外,还有其他形式,如五里闸升船机采用链条机牵引过坝;湖南省柘溪升船机采用自行式平车过坝顶;江西省拓村升船机、湖南省欧阳海升船机采用转盘车过坝顶。这些形式都较好地解决了过坝死点的难题。总体来看,1980年以前我国已建升船机约63座,这些升船机中绝大多数设备简陋,没有专门的安全保障设施,安全性差;多数采用船舶干运方式;提升重量小,没有平衡重系统,运转功率大、费用高,加之设计布置、安装施工存在的缺陷以及管理水平的落后等种种原因,正常运转率低,与国外升船机相比存在较大差距。

20世纪80年代后,欧洲升船机的设计理念引入我国,经设计、科研和建设的实践,升船机建设技术上逐步取得巨大突破和进步。截至2020年底的40年间,我国共建成升船机20余座,其中多数为垂直升船机,500吨级及以上的升船机有8座。升船机的形式包括钢丝绳卷扬全平衡式和部分平衡式、齿轮齿条爬升式、水力式等。

近年来建成的乌江思林、沙沱升船机、长江三峡升船机、澜沧江景洪升船机等采用了大量新技术。三峡升船机,最大提升高度达113m,提升重量达15000t以上,可通过3000吨级大型船舶,是目前世界上提升重量最大的升船机。澜沧江景洪升船机是世界上第一座现代水力式升船机,它的诞生首次改变了升船机只能靠机械力提升的传统认知。该设计首次采用了与船闸输水系统相似的灌、泄水系统,利用浮筒作为平衡重,升船机运行时只需要启闭输水阀门灌水或泄水改变浮筒井水位,便可使承船厢上下运行。景洪升船机还成功解决了下水式升船机机械制造及电力功率方面的限制,具有全部自主知识产权。乌江彭水通航建筑物采用"船闸+中间渠道+垂直升船机"方案,存在船舶过坝环节多、通过能力较低的问题。但是它成功解决了乌江峡谷、弯曲河段通航建筑物的平面布置,将船闸设置在航道的上游一端,利用船闸调节水库水位变化,较好解决了水库调度出现水位大幅变化时,升船机上闸首船厢的对接难度大的问题,并可大大缩短船厢对接时间。乌江思林升船机的提升方式采用了钢丝绳卷扬全平衡垂直提升形式,当有船舶通过大坝主体时,首先要通过上、下闸首的卧倒门进入承船厢;承船厢通过钢丝绳与另一端的平衡重连接,并依靠位于主机房位置的4台功率为200kW的电力驱动,承船厢沿大坝垂直方向上下运行以达到运送船只过坝的目的,并较好解决了全平衡垂直升船机承船厢漏水下的安全问题。乌江构皮滩三级垂直升船机的总提升高度为199m,其中间级升船机的提升高度高达127m,居升船机世界之最。这些升船机的设计和建设,是我国升船机建设史上的重要里程碑,标志着我国升船机的研究水平已跻身世界前列。

二、国外内河通航建筑物发展概况

现代通航建筑物起源于欧洲。欧洲在1370年以后出现厢闸,为使船舶能更快过闸,一般按停靠一艘或两艘船确定闸室尺度,至今这仍是欧洲船闸的特点。船闸平开式闸门最早出现于欧洲,包括现在应用最广泛的人字门,最早是由达·芬奇在15世纪发明的,之后出现了通过闸门输水的闸首输水系统、砌石和混凝土直立式闸墙等技术。

资料表明,欧洲是现代升船机的发源地,美国则是内河航道体系较为完善和发达的国家之一,现代大型船闸建设始于19世纪早期。国外现代通航建筑物的建设可大致分为三个阶段:第一个阶段为20世纪初至第二次世界大战结束期间;第二个阶段为第二次世界大战结束后至20世纪80年代;第三个阶段为20世纪90年代至今。

1. 20世纪初至第二次世界大战结束期间

这个时期,欧洲内河上航行的船舶从早期的100吨级逐步发展到1500吨级,均为机动单船。为适应船型的发展,建成了一批可通航1000~1500吨级船舶的大型船闸。船闸规模为:闸室长度不超过200m,闸室宽度在12m及以下,最大水头接近20m。输水系统以闸首集中输水系统为主,而后逐渐采用分散式输水系统。

德国是研究和实践省水船闸最多的国家,自19世纪80年代开始即修建了一批省水船闸。这些船闸多用于两条河流之间纵断面上有分水界的河段,或天然流量无法补偿,即由上游泄入下游的过闸用水的连通运河上。

这一时期,美国在密西西比河和伊利诺伊水道等航道建设了40余座平面尺度为183m×33.5m的大型船闸,输水系统均采用闸墙长廊道侧支孔形式,水头约在3~17m。这个时期建成的水头最高的船闸是1943年建成的Fort Loudon船闸,平面尺度为110m×18m,水头为22m,输水系统采用闸墙长廊道多支孔形式。美国还于1994年在北运河上建成了迄今为止最长的船闸,即Davis船闸,平面尺度为411.5m×24.4m,水头为6.7m。

这个时期建设的最著名船闸应为巴拿马船闸。1914年8月,在巴拿马运河的太平洋侧和大西洋侧各建成一线船闸,每线船闸为连续三级布置,闸室尺度为305m×33.5m×26m,总水头约27m。两线船闸间建有联通廊道用于节水,但运行后发现对通航效率影响明显,实际两线船闸为独立运行。巴拿马船闸为海船闸,可通航5万吨级海轮,因地理位置重要,一直是国际海运航线上的重要节点。

欧洲的升船机建设始于19世纪,那时以小型斜面升船机为主。自20世纪开始进行垂直升船机的建设,水位差达30~40m。1934年建成Niederfinow升船机,水位差为36m,承船厢有效尺度为82.5m×12m×2.5m,可通行1000吨级船舶。

2. 第二次世界大战结束后至20世纪80年代

第二次世界大战结束后,随着经济的恢复和发展,内河航道和通航建筑物也进入一个快速发展阶段。

这个时期船闸的建设规模(水头和平面尺度)有显著提升。输水系统、闸门、阀门形式均呈现多样化的特点。例如,分散输水系统有闸墙长廊道、闸底长廊道和等惯性系统,闸墙长廊道还分为侧支孔、闸底纵支廊道、闸底横支廊道等系统。

如1981年建成并投入运行的苏联的Zaporajie船闸,最大水头为39.2m,主尺度为290m×18m×5.5m。输水系统采用闸底长廊道系统,灌水时间为12min。美国在斯内克河(Snake River)上建成4座水头超过30m的大型船闸,船闸主尺度为206m×25.2m×4.6m,输水形式为闸墙长廊道闸底纵支廊道或等惯性输水系统。美国建成的最大水头的船闸是哥伦比亚河(Columbia River)上的John Day船闸,船闸主尺度同为206m×25.2m×4.6m,水头为34.4m,输水形式为闸墙长廊道闸底纵支廊道或等惯性系统。水头超过30m的船闸还有葡萄牙的Carrapatelo船闸(35m)和Valeira船闸(33m),平面尺度均为92m×12.1m。

平面尺度最大的内河船闸是美国在1957—1975年期间陆续建成的俄亥俄河(Ohio River)上的17座船闸和密西西比河(Mississippi River)上的2座船闸,这19座船闸的平面尺度均为366m×33.5m,水头约为4~12m,输水形式主要是闸墙长廊道侧支孔输水系统,其次为闸墙长廊道闸底纵支廊道系统。

德国在省水船闸方面取得快速发展。1976年建成Uelzen船闸,船闸尺度为190m×12m×3.5m,水头为24m,分散布置三级省水池。其间,美因—多瑙运河再次启动建设,共布置16个梯级船闸,这个时期建成14座,2座在建,船闸尺度为190m×12m×4.0m,其中14座为省水船闸。

欧洲升船机的建设也进入新时期。1974年德国建成当时世界最大的吕内堡双线垂直升船机,提升高度38m,承船厢有效尺度为100m×12m×3.4m,船舶通过时间约15min。德国在1962年建成的新Henrichburg升船机是当时最先进的浮式升船机,承船厢尺度为90m×12m×3.0m,提升高度14m,可通行1000吨级船舶。由于升船机不能适应船舶大型化的需要,在1989年被船闸所替代。

3. 20世纪90年代至今

这个时期,国外内河航运发达国家船闸建设的主要特点是:更追求内在品质的提升,追求技术创新,提升船闸的安全性、可靠性、高效性,追求环境保护、资源节约,降低施工的影响等。但建设速度有所放缓,新建的基本为大型船闸。欧洲内河船舶呈现缓慢的大型化趋势,新建船闸多为2000吨级单船或1顶2×2000吨级船队和1顶(4~6)×3000吨级船队。

在这个时期,美国内河主要航道的货运量呈现缓慢增长的趋势,船闸的通过能力逐渐不能满足运量发展需求。密西西比河、俄亥俄河等主要航道上的船闸扩建分两种情况,一种是在已建的183m×33.5m闸室的基础上将闸室延长至366m,满足大型船队一次过闸的需求;另一种是建设第二线366m×33.5m的大型船闸。

这个时期,国外建成的货运升船机仅有2座,即比利时的斯特勒比钢丝绳卷扬式升船机和德国的新尼德芬诺齿轮齿条爬升式升船机。英国于2002年在18世纪建设的老运河上(现已废弃不用)建成1座小型旋转式升船机,用于旅游;船厢尺度34m×6.5m,提升高度约35m。

4. 新技术和工程案例

1)部分创新技术

(1)船闸整体式结构

常规船闸在纵向均设置永久结构缝,分缝长度一般为15~20m。结构缝的存在可允许每个结构段独立发生位移,以减少由差异沉降和温度变化引发的几何变形导致的附加应力。结构段之间的连接必须使用止水带,以防止船闸中的水泄漏和闸外水(包括地下水)的渗入。为解决结构段之间差异位移过大、传统的止水带难以适应而造成破坏的技术问题,德国发明了无接缝的整体结构,不仅可以抵抗一般的差异沉降,还可以抵抗由于冲刷等引起的局部意外沉降。

(2)输水系统

①新型压力室输水系统。

德国近年来发明了一种在闸室底板下方设置压力室的新型输水系统,并已应用于本国的一些船闸工程(如 Henrichenburg 船闸、Uelzen II 船闸、Sülfeld 船闸和 Minden 船闸)中。此类型输水系统已经被证实十分有效,尤其是在其与省水池相结合的情况下。

压力室通过阵列式出水口连接到闸室,使其在高水头情况下也能非常平稳地对闸室进行灌水,同时灌水时间较短。此外,省水池与压力室之间的连接简单,从而可以通过廊道和省水池进行平稳地灌、泄水。

②省水池的布置。

省水船闸的省水池主要有两种布置类型,分离式(又称开敞式)布置和整体式(又称封闭式)布置。分离式布置即省水池位于船闸的一侧或两侧,呈台阶状布置。整体式布置是将省水池集中布置在闸室两侧的闸墙中。两种省水池布置形式的适用性须针对具体项目进行详细比较,空间受限时整体式布置可能较为有利。

德国于 1998—2006 年建造了世界上第三个整体式省水船闸。选择整体式省水池主要是因为场地非常有限。通过在大体积区域混合使用不同混凝土,避免了水化过程中混凝土发热的问题。通常这种结构非常复杂,因为有很多廊道、溢流装置等。

在塞纳—北欧(SNE)运河项目的设计阶段对两类省水船闸进行了对比评估。研究表明,整体式省水池略微改进了水力系统,但增加了造价成本(对于水头 15~30m 的情况,造价约增加 8% 左右),但随着水头的增加,成本明显降低。其他项目在比较时应注意,地质条件和水力边界条件是重要的影响因素。

(3)船闸闸门新技术

①可承受反向荷载的人字闸门。

对于偶然出现的作用于人字门的反向荷载,英国创新了一种人字门操作系统,在闸门与操作缸之间的连接处增加一个支撑杆系统,以抵抗偶然出现的反向水头。这种系统原则上适用于水头不大的情况和修复工程。

另外,可达到 2~3m 的反向水头液压缸技术也取得了进展(如荷兰的 IJmuide 船闸)。在这种情况下,液压缸在反向水头时受压,在标准水头时受拉,闸门的水密封系统与荷载传递功能是分开的。

②水平轴旋转弧形门。

在近 20 年中,沿水平轴旋转的弧形门在德国被用作船闸的上闸门,并已有近 20 个船闸工程案例。

这种旋转式上闸门还可进一步分为使用压缩臂的"推门"、使用拉伸臂的"拉门"和上述两种门型中带输水功能的门。如果采用独立的输水系统,这类闸门可用于较大水头的上闸门。德国已建工程中,通过闸门输水的船闸,最大水头为 8m。闸门具有较大的扭转刚度,因此可仅从一侧驱动。如果从两侧驱动闸门,应特别注意可能的不同步引起的不对称扭矩和力。

对于不通过闸门输水的情况,更常使用拉门。对于同时用作输水的闸门,由于水力原因,推门更为有利。圆形闸门增加了一个特殊的凹面。在灌水过程中,闸门必须稍微向下转动,以打开通往消能室和闸室的通道。

当闸室灌满水之后,闸门可继续向下旋转,直到为船闸完全打开。检修和维护时,闸门可向上旋转。在此位置,无须对船闸进行排水即可从事检修和更换密封件。这种闸门的一个优势是可以通过闸门进行泄洪,但应注意灌水和泄洪时水流可能引起的闸门振动。如果发生振动,通常可通过在背板上设孔洞或在边缘安装扰流板来解决此问题。

③复合材料人字门。

船闸人字门采用高强度合成复合材料,可降低钢闸门的维护成本。我国钢闸门的平均维护间隔时间约为 10~20 年,欧洲大约为 15~25 年。合成复合材料由 E-玻璃层与具有良好耐化学性的聚酯树脂组成。E-玻璃层提供必要的强度和刚度。通过对复合材料的系列老化试验,证明材料耐久性符合要求。

闸门的结构由波纹板构成,波纹板四周同样用由复合材料制成的梁进行加固。闸门设计以刚度标准为主,局部应力集中部位考虑强度标准。这些部位可使用不锈钢部件,通过螺栓和胶水与复合材料相连接。

使用复合材料人字门在荷兰建成一座 6m×60m 的小型船闸,在法国也建成一座 5m×40m 的小型船闸。

④褶皱式闸门门叶。

计算机辅助加工(CAM)用于钢结构的制造,可以设计更复杂的几何形状,例如褶皱式平板结构。这类门叶最初应用于人字门,也可用于升降门和滑动门。在一定的几何和水力边界条件下,这类结构可能会达到极限。与常规的梁板式结构相比,这种结构对生产的要求更高,但具有以下优点:由于门叶的刚度(如抗扭)比常规的梁板结构的刚度高得多,因此承载能力存在一定冗余;维护和检测简单;精心设计可避免疲劳损伤(低应力集中);褶皱式结构避免了锐角和水平面积,有利于结构的防腐蚀。

(4)船闸施工新技术

船闸的施工方法在世界范围内有较大的差异。传统的方法是使用围堰或其他类似结构,在干地环境下修建船闸。随着技术的进步,创新的施工方法逐渐被用于修建船闸及其相关结构,以尽量减少施工的不利影响,同时节省施工时间和成本。这一发展趋势已开始在美国和几个欧洲国家的内河航道建设中落地,对现有航道和船闸的改建和扩建工程尤为有利。

应尽量减少的船闸施工所引起的不利影响主要有以下几方面：施工期间对航运交通的影响；需占用大片土地；围堰排水对环境和周围社区的不利影响；围堰和基坑开挖给当地道路和社区造成的交通负担；航道底泥的开挖造成污染，且难以处理等。其中，对航运交通及周围环境和社区的影响是重点。新的施工方法的使用应在项目早期设计阶段就加以考虑，并应融入设计中。

①水上施工技术。

水上施工技术是近些年来船闸和闸坝施工技术的最新发展。此方法在陆地上预制混凝土（或钢筋）模块，将这些模块安装在河道内作为现场模板，在里面现浇水下混凝土和大体积混凝土。这样就可以在不使用围堰的情况下建造船闸或闸坝。

运输和安装预制模块有两种方法：浮运法和吊装法。浮运法预制模块从预制场浮运至现场，通过压载的方式沉落到准备好的基础上。浮运法不需大型起重设备，但受河流水深条件限制。吊装法通过驳船和起重设备将模块从预制场运输到现场并安装就位。

选择方法时应对成本、施工效率、对航道交通的影响以及施工风险等进行全面的分析和比较。施工方法影响结构设计，因此在设计阶段应同时决定施工方法。

水上施工的工期安排更具灵活性，不需要围堰，对水上交通和环境的影响低，施工风险低，通常可节省施工成本，提高施工效率。

传统的围堰施工和水上施工各有优缺点，应根据工程的具体条件做具体分析。有些情况下，可将传统围堰方法和水上施工法同时运用于同一项目中，利用各自的优点。

②气压式沉箱法。

船闸的气压下沉法，也被称为沉箱法。当施工场地受限或必须尽量减少施工对环境产生的影响（如噪声和振动）时，沉箱法也是一种有效的施工方法。这项技术包括在地面建造船闸或闸首，然后挖掘下面的土体将其沉入最终位置。在荷兰，该方法已被用于闸首施工，也用于一座游船船闸的整体施工。

③碾压混凝土（RCC）。

碾压混凝土（RCC）是指在混凝土未硬化状态下，通过振动碾分层压实的混凝土。碾压混凝土可使用回填土石方的设备运输、就位和压实设备进行施工。碾压混凝土使用的材料比传统混凝土更为广泛。

对于船闸施工，相比于使用传统混凝土，使用碾压混凝土可节省约50%的时间和成本，主要是因为碾压混凝土不需要结构缝。碾压混凝土可连续铺装，材料的均匀性有保证，模板使用有限。由于浇筑所需设备较大，碾压混凝土主要用于大体积混凝土的施工中。

2）典型工程

（1）巴拿马船闸

巴拿马第三线船闸于2016年建成,包括在巴拿马运河的太平洋侧和大西洋侧分别建设一座连续3级带省水池的船闸。船闸总水头为26m,连续3级船闸的每一级分别设置3级省水池,每座船闸共有9级省水池。

巴拿马三线船闸的主尺度为427m×55m×18.3m,与一线、二线船闸船舶过闸方式不同,三线船闸船舶过闸时采用推轮辅助。闸门采用双层横拉门,一用一备,闸门的日常维护和现场维修均可在不停航条件下完成。

船闸输水系统经过多方案比较,选择采用闸墙长廊道系统,以降低建造成本,且单侧廊道可独立运行,便于船闸运行状态下一侧廊道的维修。闸墙主廊道通过闸室中部的分流器,将水流分入闸墙次廊道,形成两区段输水系统,闸墙次廊道在闸室内设侧支孔。每级省水池通过4条廊道连接闸墙主廊道,通过合理布置,每条廊道到达闸室中部分离器的距离相等,从而形成闸室内沿纵轴线的对称出流。两区段布置可降低输水时闸室内的纵向水面比降;闸室内沿纵轴线的对称出流可降低闸室内的横向水面比降。

（2）美国内港运河（IHNC）二线船闸

内港运河（IHNC）及船闸于1923年5月投入使用。该船闸位于新奥尔良（New Orleans）市中心东北部。该船闸室长195m,宽23m。船闸平均低潮位时的门槛水深为9.6m。

内港运河新船闸位于现有船闸以北约半英里处。新船闸长366m、宽33.5m、门槛水深11m。新船闸采用桩基础,使用创新型U形浮运式钢筋混凝土外壳进行施工。新船闸也采用三角门,用于正常运行时的正向水头和风暴潮时的反向水头。

因航道沿岸的土地已得到大量开发,在空间上严重限制了新船闸的建设。传统的施工技术已无法满足要求,因此,新船闸将是世界上首个采用浮入式技术进行施工的船闸。

新船闸在施工场地外的预制场采用陆上施工法建造。该船闸由5个整体部分组成,每部分都在预制场建造外壳。当外壳被运输到船闸施工现场后,用混凝土填充外壳,从而完成船闸整体结构。

外壳从浮运到下沉至桩上的过程中会产生巨大的应力。在下沉工序中,利用填充的混凝土和临时压载料（如水和沙）相结合,从而保证下沉过程的可控且可逆。

浮动外壳与桩基的连接是关键。通过桩和外壳之间的底部灌浆实现压缩连接。模块的总自重不足以提供足够的安全系数来抵抗飓风洪水的浮力,因此设置拉力桩来提高抗浮稳定性。

第三节　中国内河通航建筑物的区域分布特征

一、通航河流特点

中国有大小天然河流5800多条,总长约42万km,其中流域面积超过1000km²的河流有1500多条,另有可通航的大小湖泊900多个(不包括台湾地区,下同),不仅构成了中国独特的地理环境,而且蕴藏着丰富的自然资源,为内河航运发展提供了得天独厚的天然条件。现已开辟为航道的里程约12.8万km,其中约7万km可通航机动船只。

中国河流呈现以下特点:从江河之水最终的归宿来看,有外流河和内流河之分;从江河水力状况划分,有长年流水的河流和季节性河流。中国河流的地区分布很不均匀,从河网的区域分布密度看,总的趋势是南方大、北方小,东部大、西部小。河流的总体特点是:河流、湖泊众多,源远流长;水量丰富,分布不均;水系多样。

1. 主要通航河流

中国主要通航河流大都分布在经济发达、人口稠密的地区,且都由西向东流入大海,极利于实行河海联运。中国也是世界海洋国家,除台湾外拥有长达18000km的漫长的大陆海岸线,且港湾众多。横贯东西的大河入海口,更是经济价值极高的天然良港。

中国的主要通航河流包括长江水系、珠江水系、京杭运河与淮河水系、黑龙江和松辽水系,以及黄河、闽江、澜沧江等。形成长江干线、西江航运干线、京杭运河、长江三角洲高等级航道网、珠江三角洲高等级航道网、18条主要干支流高等级航道(两横一纵两网十八线)。其中,大型通航河流主要分布在长江水系和珠江水系。

1) 长江

长江发源于青藏高原的唐古拉山脉各拉丹东峰的西南侧。长江干流流经青海省、西藏自治区、四川省、云南省、重庆市、湖北省、湖南省、江西省、安徽省、江苏省、上海市共11个省级行政区,在崇明岛以东注入东海,全长6397km。在世界大河中,仅次于非洲的尼罗河和南美洲的亚马孙河,长度居世界第三位。

长江干流自西向东横贯中国中部,位于东经90°33′~122°25′,北纬24°30′~35°45′之间,通过数百条支流辐射南北,延伸至贵州、甘肃、陕西、河南、广西、广东、浙江、福建8个省(自治区、直辖市)。长江的流域面积达180万km²,占中国陆地总面积的近1/5。

按照河流相关的划分,长江干流宜昌以上为上游,长4504km,流域面积100万km²。其中河源至宜宾称金沙江,长3464km;宜宾至宜昌河段习称川江,长1040km;宜昌至湖口为中游,长955km,流域面积68万km²;湖口以下为下游,长938km,流域面积12万km²。

长江自古就是中国的"黄金水道",上游云南水富至河口干线航道长2838km,干支流通航里程长达6.5万km,超过全国内河通航里程的一半。长江的大型通航支流包括:岷江、嘉陵江、乌江、湘江、沅水、汉江和赣江。

根据国家"十三五"发展规划,长江上游宜宾至重庆段重点实施九龙坡至朝天门、三峡库区及库尾回水变动区、两坝间等航道整治工程;中游宜昌至昌门溪二期、昌门溪至城陵矶、武汉至安庆段6m水深航道、鲤鱼山水道、蕲春水道、新洲至九江二期等航道整治工程;下游东北水道、安庆水道二期、土桥水道二期、黑沙洲水道二期、江心洲水道、芜裕河段等航道整治工程和南京以下12.5m深水航道建设工程、长江口深水航道减淤工程,研究长江口北港、南槽等航道综合整治开发。除此之外,为提供三峡船闸通过能力,三峡新通道及葛洲坝船闸扩能工程也在快速推进。

截至2020年统计资料,上述规划航道治理工程进展顺利,长江干线宜宾以下段提前5年达到原2020年规划标准,长江干线数字航道正在加快建设,覆盖了兰家沱至浏河口段航道。目前,长江干流通行船舶均已在1000~3000吨级以上,南京以下可通行10000吨级船舶。三峡水库正常蓄水期,库区干、支流通行船舶可达8000t。长江货物运输量逐年增加,2018年达到26.9亿t,2019年达到29.3亿t,2020年达到30.6亿t。长江已成为名副其实的中国"黄金水道",有力地促进了长江经济带高质量发展。特别是2020年6月竣工的长江口南槽航道整治工程,是继长江口12.5m深水航道治理工程后,按照长江口"一主两辅一支"航道体系总体规划中实施的又一重大航道整治工程,对进一步优化长江口通航格局,增强应对系统风险能力等,均可发挥巨大作用。

长江三角洲高等级航道网布置图如图1-3-1所示。

2)珠江

珠江是中国第二大河流。珠江原指从广州到入海口96km长的一段水道,因流经著名的海珠岛而得名,后来逐渐成为西江、东江、北江以及珠江三角洲上各条河流的总称。珠江发源于云贵高原乌蒙山系马雄山,流经云南、贵州、广西、广东、湖南、江西6个省(自治区)和越南的北部,从而形成支流众多、水道纷纭的特征,并在下游三角洲漫流成网河区,形成珠江大湾区重要水运通道,经由分布在广东省境内6个市县的虎门、蕉门、洪奇门(沥)、横门、磨刀门、鸡啼门、虎跳门和崖门八大口门流入南海。

珠江年径流量3300多亿m³,居全国江河水系的第二位,仅次于长江,是黄河年径流量的7倍、淮河的10倍。珠江全长2320km,流域面积453690km²,其中442100km²在中国境内,11590km²在越南境内,是中国南方最大河系,也是中国境内第三长河流。

珠江水系共有大小河流774条,总长36000余km,丰盈的河水与众多的支流,给珠江的航运事业带来了优越条件,航运价值仅次于长江,居全国第二位。

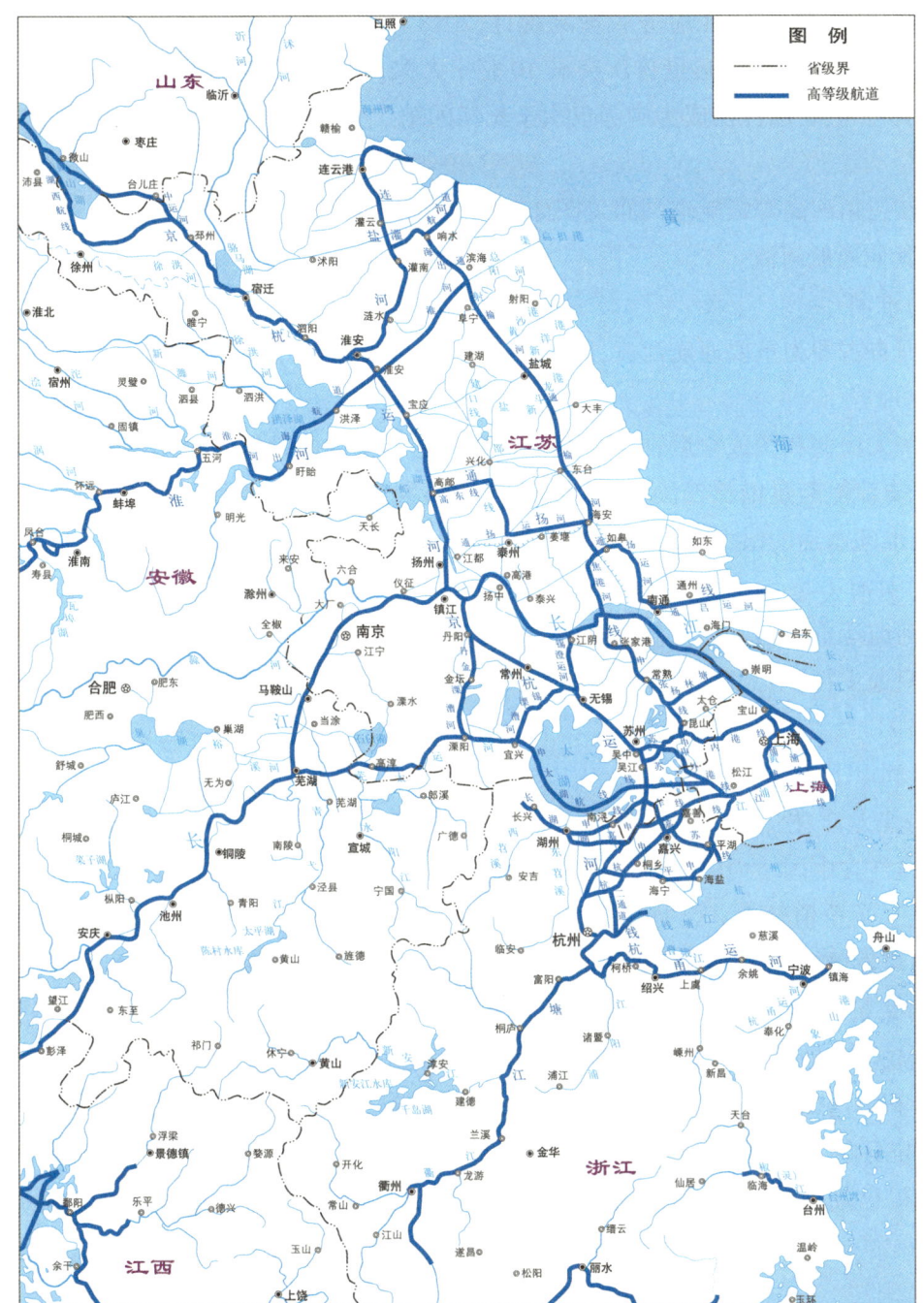

图 1-3-1　长江三角洲高等级航道网布置图

"十三五"期间（2016—2020 年）实施西江水系高等级航道建设以来，开工建设西江航运干线贵港至梧州、梧州至肇庆一级航道和西津水利枢纽二线船闸；建设磨刀门水道及出海航道，全面建成珠江三角洲高等级航道网；结合大藤峡枢纽建设，对柳江、红水河航道进行整治；继续推进右江百色、红水河龙滩和岩滩、柳江红花枢纽通航建筑物建设及改造。

根据交通运输部珠江航务管理局统计,2018年珠江水系完成内河货运量9.5亿t,2019年珠江水系内河货运量首次突破10亿t大关,2020年西江航运干线全年货物通过量达到10.5亿t,珠江已成为中国仅次于长江的第二大通航河流,也是中国的另一条"黄金航道"。

珠江三角洲高等级航道网布置图如图1-3-2所示。

3) 其他通航河流

(1) 淮河

淮河自古即为重要通航河流,后因12世纪末黄河夺淮,又遭历代人为破坏,淮河遂成害河。

中华人民共和国成立后,在毛泽东主席"一定要把淮河修好"的指示下,经过40年的努力,干支流航运量增长较快,20世纪80年代后期与1949年相比,货运量增长7倍。但是目前,淮河水运的潜力尚未得到充分利用。

(2) 黄河

黄河航运价值远不如长江、珠江等河流。贵德(青海省)以上基本不能通航,贵德到中卫间只通皮筏,中卫(宁夏)—银川—西小召(内蒙古)—河口、龙门(山西河津)—孟津(河南洛阳)及孟津—陶城铺(山东阳谷)间可通木船,陶城铺—垦利(山东东营)间可通小轮,垦利以下航道水浅不通航。

(3) 黑龙江、松花江

黑龙江在中国境内的通航里程约2200km。松花江是黑龙江最大支流,可通航里程达1500km,航运价值较大。黑龙江、松花江全年有冰封期5~6个月,冰封期间虽不能通航船只,但可发展东北地区特有运输方式,即冰上运输。

(4) 京杭运河

京杭运河是世界上开凿最早、路线最长的一条人工运河。它的建设一定程度上弥补了中国缺少南北纵向天然航道之不足,对沟通中国南北物资交流有重要作用。京杭运河自兴修以来,几经变动,20世纪50年代以来不断整治、改线和扩建,通航里程已超过1000km,通航船舶2000吨级,是我国航运最为繁忙的通航河流之一。

(5) 闽江

闽江是福建省内河航运条件最好的河流,是连接闽西北山区与沿海地区的重要水上通道。闽江干流全长约552km,其中南平以下称为闽江干流,至河口(川石岛)222.7km。三明至南平延福门河段为Ⅴ级航道,可通航2×300吨级顶推船队的梯级渠化工程已经完成;南平延福门至福州三桥河段174km为Ⅳ级航道,航道正常可通航500吨级船舶;水口枢纽下游航段,可通航500~1000吨级船舶。近年来,闽江水口至沙溪口航道整治工程项目的实施,加大了闽江航运建设力度,扩大了闽江通航能力,可有效降低运输成本,促进地方经济和闽江航运业的发展。

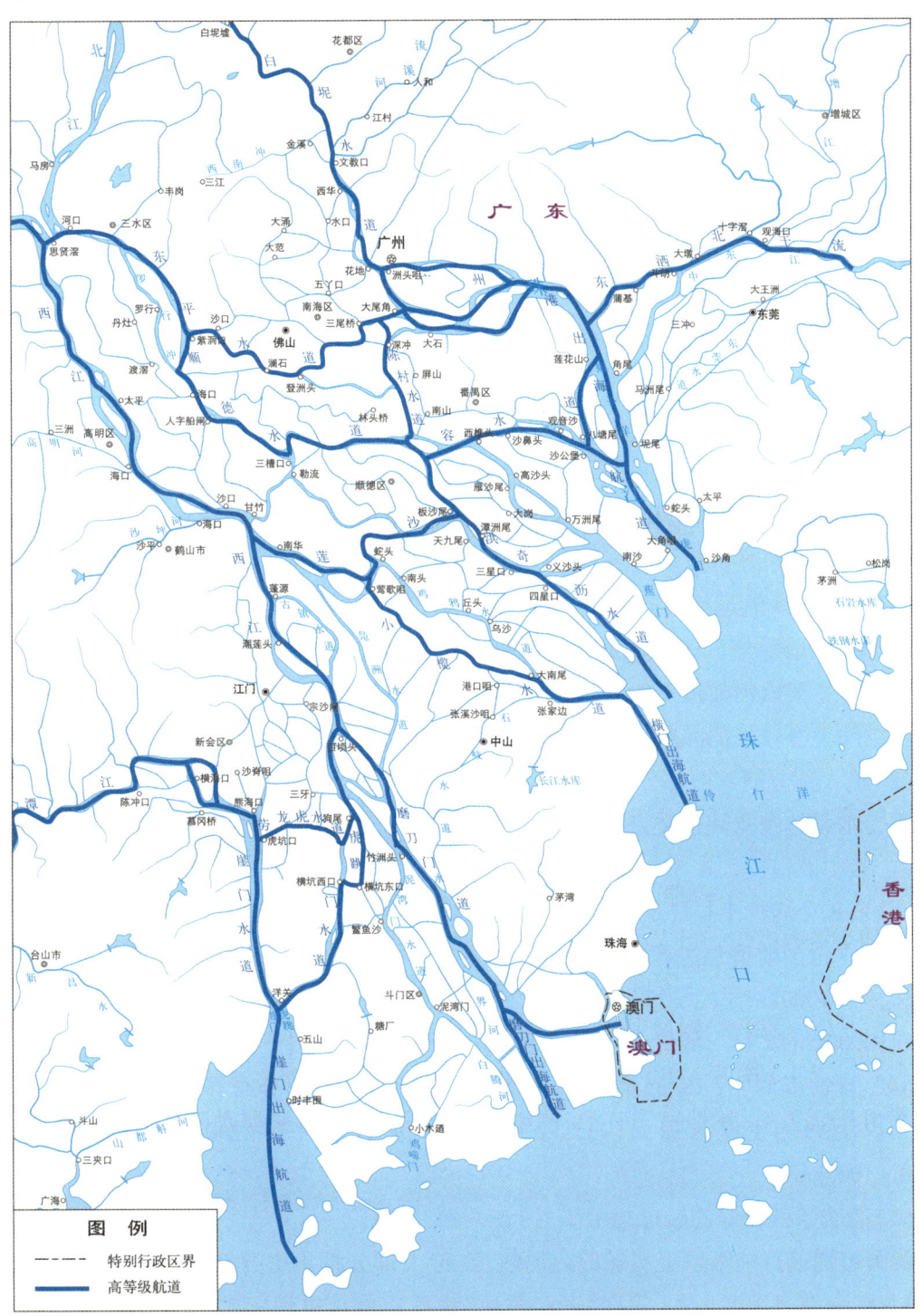

图1-3-2 珠江三角洲高等级航道网布置图

（6）澜沧江

澜沧江发源于中国西南地区，从云南关累港 243 号界碑出境后称湄公河，流经缅甸、老挝、泰国、柬埔寨，最后由越南注入南海，是我国著名的国际河流之一。

澜沧江水资源十分丰富，但已利用的航运资源仅限于思茅以下的下游河段。其优势的发挥有待于航道整治、已建梯级电站中的通航建筑物建设以及与下游湄公河航运的联通。澜沧江下游航道有良好的通航条件，下游小橄榄坝至中老国境 186km 河道，比降小于 0.577‰，枯水期水深在 2m 以上，最小航宽大于 40m，最小弯曲半径大于 300m，共有大小险滩 51 处。该河道从 20 世纪 50 年代开始经多年的整治建设，现已基本达到国家Ⅵ级航道标准，常年通航 50～140 吨级机动船舶。现有思茅港、景洪港、关累港等港口。思茅港、景洪港两港已被国务院批准为一类口岸，1991 年以来，云南西双版纳州和普洱市两地州已开展到清盛、会晒、清孔、琅勃拉邦、万象的边贸客货试航运输。并与老挝、缅甸签署了通航协定，中老泰航段已实现季节性旅游通航。2014 年，中、老、缅、泰四国磋商会达成共识的《澜沧江—湄公河国际航运发展规划（2015—2025）》提出，至 2025 年，将把思茅南德坝至老挝琅勃拉邦 890km 河道，建成 500 吨级船舶的国际航道。

2. 内河航道分布及特点

（1）主要干线航道呈纬向分布

由于我国地形分布总趋势为西高东低，因此，除京杭人工运河外，长江、珠江、淮河和黑龙江等各主要内河航道干线均呈纬向分布。这一分布特点，与我国资源和经济的分布格局在空间上有较好的呼应关系，因而也具有很大的发展潜力。

（2）绝大部分航道网都分布在长江三角洲和珠江三角洲

因受水系分布及其水文特征的影响，中国内河航道主要密布于南方各省（自治区、直辖市）。其中航道里程在 5000km 以上的省（自治区、直辖市）共有 9 个，除黑龙江（排名第 9）外，其余 8 个均位于长江及其以南地区，该 9 个省（自治区、直辖市）的航道合计里程为 94000km，占全国航道总里程的 3/4。在上述省（自治区、直辖市）中，以江苏省的航道里程为最长，约 24000km，占全国航道总里程的 19.2%；其次为广东、浙江和湖南 3 个省，其里程都在 10000km 以上。再从航道密度看，平均每 1000km² 国土拥有 10km 以上航道的省（自治区、直辖市）共有 15 个，除山东和黑龙江外，其他也都分布在长江及其以南地区。它们又以上海的密度为最大（412km/1000km²），其次为江苏（240km/1000km²）和浙江（106km/1000km²）。

（3）通航条件较好的航道集中于"三江两河"水系

我国可通航百吨级以上船舶的内河航道，绝大部分都集中分布在长江、珠江、京杭运河、黑龙江和淮河五大水系（简称"三江两河"水系），合计里程近 30000km，约占全国该类航道总里程的 80% 有余，其中仅长江水系的这类航道里程长度就已占到全国相应总里程数的42%。"三江两河"水系的货运量和货物周转量,也都分别占到了全国内河水运相应总量的80%以上。其中也以长江水系所占的比重为最大,其次为珠江水系和京杭运河。

通航河流中通航条件最好的是长江干线航道,南京以下435km航道可常年通行5万吨级海轮;武汉至南京708km航道可常年通行8000吨级内河船,中洪水期可通行1万吨级以上船舶;重庆至武汉1286km航道可常年通行3000吨级船舶,中洪水期可通行8000吨级船舶;宜宾至重庆384km航道可常年通行2000吨级船舶,中洪水期可通行5000吨级以上船舶。

仅次于长江干线航道的是西江航运干线航道。西江航运干线南宁至广州段全长903km。西江航运干线南宁宋村三江口至邕宁五合大桥段长84.5km,现状航道等级为Ⅲ级;邕宁至梧州段长524.3km,现状航道等级为Ⅱ级,可常年通行2000吨级船舶,中洪水期可通行5000吨级船舶;梧州界首至思贤滘段长205km,西江下游出海航道长89km,现状航道等级均为Ⅰ级,可常年通行3000吨级船舶,中洪水期可通行5000吨级以上船舶。

京杭运河是通航等级最高、通航密度最大的人工运河。目前,长江以北东平至扬州段约700km已达到Ⅱ级航道标准,可常年通行2000吨级船舶;长江以南谏壁至杭州段300余km已达到Ⅲ级航道标准,可常年通行1000吨级船舶。

截至2020年末,全国内河航道通航里程合计12.77万km,其中等级航道里程6.73万km。按航道等级分,各等级航道里程见表1-3-1;按航道所处水系分,各水系航道里程见表1-3-2。

等级航道里程表 表1-3-1

航道等级	Ⅰ级	Ⅱ级	Ⅲ级	Ⅳ级	Ⅴ级	Ⅵ级	Ⅶ级	等外级
里程(km)	1840	4030	8514	11195	7622	17168	16901	60400

各水系航道里程表 表1-3-2

水系	长江水系	淮河水系	珠江水系	黑龙江水系	黄河水系	闽江水系	京杭运河
里程(km)	64736	17472	16775	8211	3533	1973	1438

二、内河高等级航道和通航建筑物布局

新中国成立到改革开放初的30年间,我国的内河航道建设经历了恢复、发展和萎缩的过程。改革开放后,1983年交通部提出"有河大家走船"的政策,放开并搞活水运市场,组织编制了各水系内河航运规划、碍航闸坝复航规划等一系列专项规划,内河航运逐步恢复。20世纪80年代末,交通部提出了"三主一支持"战略规划,明确用几个五年计划,建设"一纵三横"4条内河水运主通道,形成总长约15000km的内河航道主骨架和建设重点。

1995年全国内河航运建设工作会议召开,交通部建立了内河航运建设专项资金,充分发挥中央和地方政府两个积极性,以"两横一纵两网"为重点,推进内河航运基础设施全面建设。1998年,交通部提出实施交通现代化"三阶段"发展战略,于21世纪初,交通部印发《全国内河航运发展战略》,提出了实施以航道建设为核心、加快内河航运结构调整、结合水资源综合开发发展内河航运、以科技创新促进内河航运现代化四大发展战略。2007年,经国务院批准,交通部组织编制的《全国内河航道与港口布局规划》印发,成为指导我国内河水运发展和建设的纲领性文件。

《全国内河航道与港口布局规划》的实施期限为2006—2020年,规划明确提出用20年左右时间,建成干支衔接、沟通海洋的高等级航道,并提出"两横一纵两网十八线"的高等级航道规划布局方案。全国内河高等级航道规划布局方案是:在水运资源较为丰富的长江水系、珠江水系、京杭运河与淮河水系、黑龙江和松辽水系及其他水系,形成长江干线、西江航运干线、京杭运河、长江三角洲高等级航道网、珠江三角洲高等级航道网和18条主要干支流高等级航道(简称"两横一纵两网十八线")的布局。规划内河高等级航道约1.9万km(约占全国内河航道里程的15%),其中Ⅲ级及以上航道14300km,Ⅳ级航道4800km,分别占75%和25%。

规划实施以来,有力指导和促进了我国内河水运的发展与建设,中央和地方各级政府进一步完善内河水运规划体系,积极加大资金投入,加快推进项目建设,内河高等级航道建设取得显著成效,有力支撑了内河水运市场繁荣发展,完善了综合交通运输体系,促进了沿江河产业带的形成和区域经济持续发展。截至2020年底,规划的1.9万km内河高等级航道约有1.6万km达到规划标准,达标率达85%,基本实现了当初提出的规划目标。尚有2800余km高等级航道建设受建设资金力度不足和用地、环评、水利水电闸坝等外部协调因素影响,项目前期工作推进有所滞缓,未能如期开工建成。

1. 长江水系

长江水系高等级航道布局方案为"一横一网十线"。

"一横":长江干线。长江干线航道(水富—河口)2838km长,建有三峡和葛洲坝两个梯级。三峡梯级建有双线连续五级船闸和一线升船机,葛洲坝梯级建有三线船闸,通航建筑物等级均为Ⅰ级。

"一网":长江三角洲高等级航道网,由23条航道组成"两纵六横"高等级航道网,以长江干线和京杭运河为核心,Ⅲ级航道为主体,Ⅳ级航道为补充,同时建成与航道级别相适应的船闸。

两纵:京杭运河—杭甬运河(含锡澄运河、丹金溧漕河、锡溧漕河、乍嘉苏线),连申线(含杨林塘);六横:长江干线(南京以下),淮河出海航道—盐河,通扬线,芜申线—苏申外港线(含苏申内港线),长湖申线—黄浦江—大浦线、赵家沟—大芦线(含湖嘉申线),钱塘江—杭申线(含杭平申线)。

"十线":岷江、嘉陵江、乌江、湘江、沅水、汉江、江汉运河、赣江、信江、合裕线。

(1)岷江

岷江乐山—宜宾段为规划的高等级航道,总长162km,布置有老木孔、东风岩、犍为和龙溪口4个梯级,分别设Ⅲ级船闸一座,可满足2×1000吨级船队过闸;整治龙溪口—河口段81km航道。通过梯级渠化,结合整治工程,岷江(乐山—宜宾)162km河段将达到Ⅲ级航道标准。

目前,犍为船闸预计2021年11月完工;龙溪口梯级正在建设中;老木孔、东风岩梯级正在开展前期工作。

(2)嘉陵江

嘉陵江(广元—重庆)698km航道为规划的高等级航道,其中广元—合川段603km规划等级为Ⅳ级,合川—重庆段95km规划等级为Ⅲ级。嘉陵江(广元—重庆)按渠化方案开发,共规划17个梯级,其中广元—合川段15个梯级,自上而下为:水东坝、亭子口、苍溪、沙溪场、金银台、红岩子、新政、金溪、马回、凤仪、小龙门、青居、东西关、桐子壕、利泽;合川—重庆段2个梯级,分别为草街和井口。

广元—合川段的15个梯级中最上游的水东坝未建,最下游的利泽在建。已建的13个梯级的通航建筑物均为500吨级,亭子口枢纽为升船机,其他12个枢纽和在建的利泽枢纽均为船闸。

合川—重庆段的2个梯级,草街枢纽已建成,并建成1000吨级船闸,井口枢纽尚处于论证阶段。

(3)乌江

乌江干流化屋基(贵州)以下规划建设东风、索风营、乌江渡、构皮滩、思林、沙沱、彭水、银盘、白马9个水利枢纽,其中东风、索风营、乌江渡、构皮滩、思林、沙沱水利枢纽在贵州境内,其余水利枢纽在重庆境内。目前,除白马水利枢纽于2019年开工建设外,其他8座枢纽均已建成。

乌江(乌江渡—涪陵)594km航道为规划的高等级航道,远期规划等级为Ⅲ级。乌江渡以下的构皮滩、思林、沙沱、彭水、银盘和白马6个水利枢纽,均规划了通航建筑物,其中构皮滩、思林、沙沱3个枢纽为500吨级升船机;彭水枢纽为500吨级船闸+升船机;银盘枢纽为500吨级船闸;白马枢纽为1000吨级船闸。

根据贵州省相关规划,乌江乌江渡以下的航道等级提升至Ⅲ级。目前,部分已建梯级的二线通航建筑物建设正在按照Ⅲ级标准开展前期研究工作。

(4)湘江

湘江松柏—城陵矶497km规划为高等级航道,规划等级为Ⅲ级。目前,Ⅲ级航道已延伸至永州苹岛。湘江永州苹岛—衡阳段278km航道等级为Ⅲ级,衡阳—城陵矶段439km航道等级为Ⅱ级。苹岛至长沙河段采用梯级渠化。规划布置上下梯级水位相互衔接的潇湘、浯溪、湘祁(归阳)、近尾洲、土谷塘、大源渡、株洲和长沙共8个梯级。

湘江干流苹岛—衡阳河段,在潇湘枢纽已建100吨级船闸、浯溪和近尾洲枢纽已建500吨级船闸的基础上,规划布置1000吨级二线船闸;湘祁(归阳)和土谷塘2座梯级各布置1000吨级一线船闸。衡阳至长沙河段,大源渡和株洲航电枢纽已分别建成1000吨级船闸1座和2000吨级船闸1座;长沙综合枢纽已建成双线2000吨级船闸。

(5)沅水

沅水三板溪—鲇鱼口859km规划为高等级航道,其中三板溪—常德667km规划航道等级为Ⅳ级,常德—鲇鱼口192km规划航道等级为Ⅲ级。沅水横跨黔、湘两省,于常德入洞庭湖,与澧水、淞虎航线相沟通,于鲇鱼口汇入湘江。沅水是黔东南、湘西地区通往长江的便捷水运通道,沿线流经贵州锦屏,湖南怀化、常德等重要城市,内河水运对促进贵州及湘西地区资源开发和产业发展具有重要意义。

沅水干流水能资源丰富,干流施洞口(贵州台江)以下共规划14个梯级,自上而下分别是:革东、三板溪、挂治、白市、托口、洪江、安江、铜湾、清水塘、大洑潭、鱼潭、五强溪、凌津滩、桃源。三板溪枢纽水头高达153m,未建通航建筑物。三板溪以下的12个梯级除鱼潭梯级未建外,其余11座梯级均已建成。其中挂治枢纽未建通航建筑物,白市、托口枢纽为50吨级升船机,洪江枢纽为300吨级船闸,安江以下的7座梯级均建有一线500吨级船闸。

(6)汉江

汉江安康—汉口969km规划为高等级航道,其中安康—丹江口352km规划等级为Ⅳ级,丹江口—汉口617km规划等级为Ⅲ级。汉江干流航道规划标准为:洋县—安康Ⅴ级、安康—丹江口Ⅳ级、丹江口—汉口Ⅲ级,其中安康以下为国家规划的高等级航道。

2011年5月编制的《汉江干流综合规划报告(修订本)》明确汉江干流梯级开发方案为:黄金峡—石泉—喜河—安康—旬阳—蜀河—白河—孤山—丹江口—王甫洲—新集—崔家营—雅口—碾盘山—兴隆共15级。

汉江(安康—汉口)969km航道为规划的高等级航道。安康至丹江口6个梯级中安康已建成100吨级升船机,白河枢纽和孤山枢纽的500吨级船闸已开工建设,丹江口梯级已建成250吨级升船机,旬阳和蜀河梯级枢纽已建成,但未建设通航建筑物。王甫洲至兴隆6个梯级中王甫洲梯级已建成300吨级船闸,新集、雅口和碾盘山枢纽及其1000吨级船闸工程已开工建设,崔家营航电枢纽及其1000吨级船闸工程已建成,兴隆枢纽及其1000吨级船闸工程已建成。

(7) 江汉运河

江汉运河也就是南水北调中线一期引江济汉工程，按Ⅲ级航道标准建设，航道长约69km，在两端设两个梯级——龙洲垸和高石碑，分别建有1000吨级船闸。

(8) 赣江

赣江鄱阳湖口—赣州全长606km，为国家高等级航道，规划等级为Ⅲ级及以上。鄱阳湖口—南昌段175km，现状航道等级为Ⅱ级；南昌—万安段336km，现状航道等级为Ⅲ级；万安—赣州段95km，其中万安枢纽库区航道为Ⅲ级标准。

赣江鄱阳湖口—赣州段自下而上规划建设6座枢纽，分别为龙头山、新干、峡江、石虎塘、井冈山、万安。目前已建成新干、峡江、石虎塘、万安4座梯级，其中新干、峡江、石虎塘均建有1000吨级船闸，万安建有500吨级船闸，龙头山枢纽、井冈山枢纽、万安二线船闸正在建设，船闸均为1000吨级。

(9) 信江

信江贵溪流口以下—褚溪河口244km航道为国家高等级航道，规划等级为Ⅲ级，规划有双港、八字嘴、界牌3个梯级，其中界牌枢纽已建成，正在进行1000吨级船闸改造；双港枢纽和八字嘴枢纽及其2000吨级船闸在建。

(10) 合裕线

合裕线航道起点为合肥市合肥新港，终点为裕溪河入江口，流经合肥、芜湖、巢湖三市，由南淝河、巢湖、裕溪河三段航道组成，全长约138km，规划航道等级为Ⅱ级。合裕线是合肥经济圈通往长江的唯一水上通道，也是江淮运河重要的入江线路。目前，合裕线已按Ⅱ级航道标准整治完成。在巢湖口和裕溪口建有1000吨级船闸。合裕线航道和水系图见图1-3-3。

南淝河（合肥新港—施口）：是巢湖水系的一大支流，源于江淮分水岭大潜山余脉长岗南麓，至夏大郢进入董铺水库，于大杨店南出库后，穿亳州路桥，经合肥市区左纳四里河、板桥河来水，穿屯溪路桥至和尚口左纳二十埠来水，至三汊河左纳店埠河来水，折西南流，于施口注入巢湖。干流河道长70余km，其中河源—合肥市亳州路桥为上游，长38km；当涂路桥—施口为下游，长24km，该河段是南淝河主要通航河段。

巢湖（施口—东口门）：位于长江下游干流左岸，安徽省中部，是我国五大淡水湖泊之一。地跨合肥、巢湖、肥东、肥西、庐江5市、县，较大的支流有南淝河、派河、丰乐杭埠河、兆河、白石天河和柘皋河等，后经裕溪河流入长江；流域总面积12938km²，其中巢湖闸以上流域面积9130km²，裕溪河流域面积3808km²。在裕溪河入巢湖口门处，建有巢湖枢纽，由节制闸、船闸、引河及导流堤等组成，是控制巢湖流域防洪、排涝、航运及蓄水灌溉的综合性水利枢纽。枢纽船闸为两线船闸，均为1000吨级船闸。

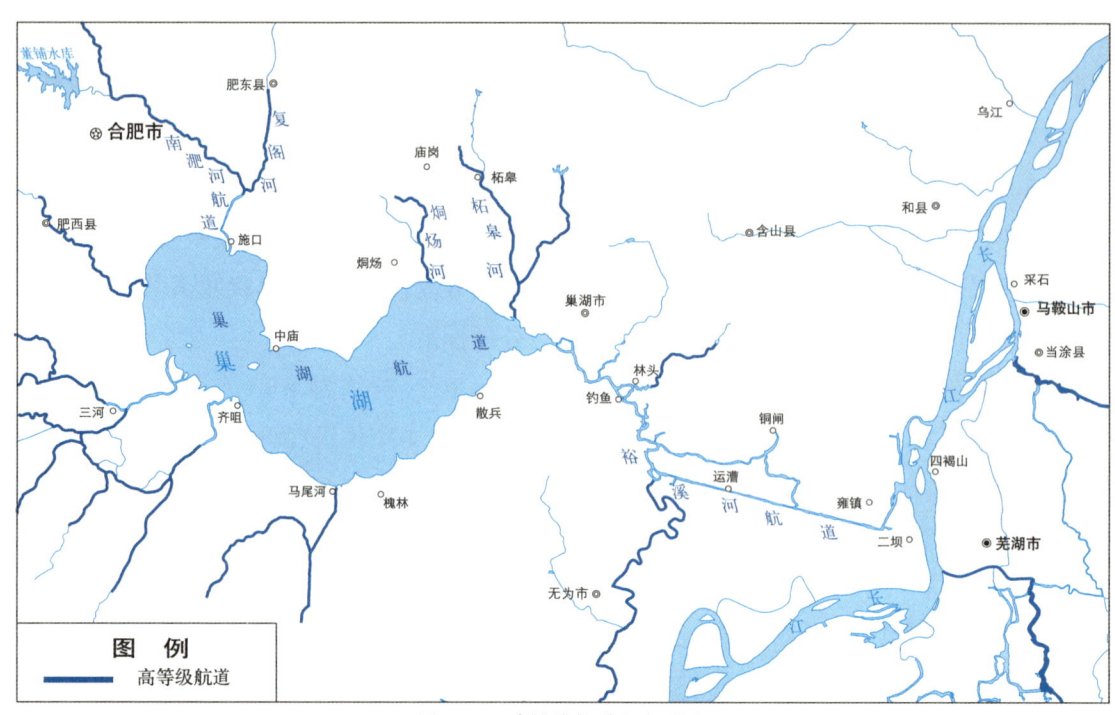

图 1-3-3 合裕线航道和水系图

裕溪河（东口门—裕溪口）：该河流经巢湖市居巢区、含山县、无为市、和县，流域面积 3808km²，是巢湖主要入江水道；上自巢湖闸下至裕溪河入长江口，全长 62.1km，主要支流有西河及清溪河。在裕溪口建有 1000 吨级船闸。

截至 2018 年底，长江水系高等级航道达标率为 78%。长江干线高等级航道除水富—宜宾段未达标外，其余航段已基本达到当初提出的规划标准。规划实施以来，长江干线上游实施了水富—宜宾段、三峡—葛洲坝两坝间乐天段、两坝间莲沱河段、九龙坡—朝天门段、朝天门—涪陵段等航道整治工程。中游实施了荆江河段一期工程、武汉—安庆段 6m 水深航道、宜昌—昌门溪河段、藕池口河段、瓦口子—马家咀河段、赤壁—潘家湾河段、武桥水道、戴家洲、宜都—昌门溪河段、蕲春水道、新洲—九江河段、鲤鱼山水道、杨林岩水道、界牌河段、天兴洲河段、湖广—罗湖洲河段、牯牛沙水道等航道整治工程。下游实施了南京以下 12.5m 深水航道、安庆水道、马南水道、江心洲水道、东北水道、黑沙洲水道、江乌河段、芜裕河段、东流水道等航道整治工程。长江三角洲高等级航道网建设仍在加快推进中，重点实施了锡溧漕河、湖嘉申线、长湖申线、杭申线（上海段）、芜申线、盐河、丹金溧漕河、杨林塘、连申线、钱塘江、锡澄运河、苏申外港线、苏申内港线等航道整治工程。嘉陵江、乌江、湘江、汉江、江汉运河、赣江、合裕线等支线高等级航道已基本建成，岷江、沅水、汉江、信江等正在加快推进梯级枢纽和航道整治工程建设。

2. 珠江水系

珠江水系高等级航道布局为"一横一网三线"。

"一横":西江航运干线。西江航运干线南宁—广州航道全长851km,规划为Ⅲ级及以上航道,是横贯两广的水上运输大动脉,是联系珠江流域上、中、下游经济区的重要纽带,是桂、滇、黔地区丰富矿产资源外运的重要通道。根据2013年国务院批复的《珠江流域综合规划(2012—2030年)》,西江航运干线南宁以下规划为Ⅰ级航道,通航3000吨级船舶。目前,南宁—梧州(长洲水利枢纽坝址)546km已成为连续渠化航道,已建成长洲、桂平、贵港、西津、邕宁5座航电枢纽,其中长洲水利枢纽已建成四线船闸,桂平航运枢纽已建成双线船闸,贵港、西津复线船闸在建。

"一网":珠江三角洲高等级航道网。规划以海船进江航道为核心,以Ⅲ级航道为基础,由16条航道组成"三纵三横三线"高等级航道网。三纵:西江下游出海航道,白坭水道—陈村水道—洪奇沥水道,广州港出海航道;三横:东平水道,潭江—劳龙虎水道—莲沙容水道—东江北干流,小榄水道—横门出海航道;三线:崖门水道—崖门出海航道,虎跳门水道,顺德水道。以上各航道等级为Ⅲ级及以上。

"三线":右江、北盘江—红水河、柳江—黔江。北江虽然不是规划的高等级航道,但在"十二五"和"十三五"期间,广东省实施了北江航道扩能升级工程,将北江韶关至三水河口258km航道等级提升至Ⅲ级。

(1) 右江

右江位于广西壮族自治区西北部,是珠江流域西江水系的主要支流之一。右江正源驮娘江,发源于云南省广南县龙山,流经广西西林、田林,至百色澄碧河后称右江,右江自西北向东蜿蜒而下,至南宁市隆安县丁当镇附近武鸣河自左岸汇入,流经田阳、田东、平果、隆安等县,在南宁宋村与左江汇合后进入西江航运干线。右江两岸及其支流因冲积而形成的右江平原,土地肥沃,盛产粮食和甘蔗,有"桂西明珠"之称,也历来是两广与云、贵、川之间重要的交通运输通道。右江高等级航道剥隘—百色段80km规划为Ⅳ级航道,百色—南宁段355km规划为Ⅲ级航道。

右江剥隘—南宁高等级航道规划有百色、那吉、鱼梁、金鸡滩4个梯级,目前各梯级均已建成。其中,那吉、鱼梁、金鸡滩均建有1000吨级船闸,百色枢纽规划有2×500吨级升船机,兼顾通航1000吨级单船,目前已开工建设。

(2) 北盘江—红水河

红水河位于我国西南部,上游称南盘江,流至贵州省望谟县蔗香两江汇流口与北盘江汇合,向东南流经贵州的望谟、罗甸与广西的乐业、天峨,在曹渡河出贵州进入广西,经广西境内的东兰、都安、忻城、来宾、象州等县,于石龙三江口与柳江汇合,经黔江、浔江、西江出海,是贵州省最重要且距离最短的一条水运出海通道。

北盘江—红水河高等级航道百岩—来宾678km规划为Ⅳ级航道,来宾—石龙三江口63km规划为Ⅲ级航道。随着经济社会的发展和下游(柳江,西江干线)航道等级的不断提升,广西对此段航道重新进行了规划,将蔗香两江口—桥巩枢纽556.4km航道等级规划为Ⅲ级,桥巩—宾港作业区27.0km航道等级规划为Ⅱ级,宾港作业区—石龙三江口72.7km航道等级规划为Ⅰ级。

红水河蔗香两江口—石龙三江口规划有龙滩、岩滩、大化、百龙滩、乐滩、桥巩6个梯级,目前均已建成。

(3) 柳江—黔江

柳江是珠江流域西江水系第二大支流,位于广西北部,柳江上游称都柳江,发源于贵州省独山县里腊村浪干屯西边700m处的九十九滩,由西北向东南流,经贵州省的三都、榕江、从江三县,在八洛进入广西三江县于老堡口与支流古宜河汇合后称为融江。河流折向南流,经广西的融安、融水、柳城三县至柳城凤山镇与支流龙江汇合后始称柳江,再流经柳州市、象州县,在象州县的石龙镇与红水河汇合后注入黔江。黔江在桂平与郁江汇合后称浔江,在梧州纳桂江后称西江,进入广东。柳江—黔江是西南地区通往珠江流域的西南水运出海北线通道的重要组成部分,随着融江、都柳江航道的打通,柳江、黔江航道还将担负起西南与珠三角地区之间物资交流的运输任务。

柳江—黔江高等级航道为柳州—桂平河段,长284km,规划等级为Ⅲ级,后广西将此段航道规划等级提升为Ⅰ级。此段航道共有两个梯级,分别为柳江上的红花梯级和黔江上的大藤峡梯级。红花一线船闸为1000吨级船闸,目前在建的二线船闸为3000吨级船闸。新建成的大藤峡船闸为3000吨级船闸。

(4) 北江

北江干流自源头至三水河口全长约470km,流域总面积4.67万 km^2,占珠江流域总面积的10.3%,是珠江水系的第二大河流。北江有东西两源,东源(正源)浈水出江西省信丰县石碣大茅山,西源武水出湖南省临武县西,两源于广东省韶关市汇合后始称北江。韶关市以上为北江上游,韶关—清远为北江中游,清远—三水河口为北江下游。北江是广东省北部主要运输通道之一,水路运输历史悠久,乌石—三水河口217km河段为北江中下游地区与珠江三角洲地区水上运输的唯一通道,它对沿江两岸人民的物资交流、文化传播、经济发展起到了不可替代的作用,航运地位突出。

北江干流自上而下采用孟洲坝、濛里、白石窑、飞来峡、清远、横岗六级开发方案,上游五级均已建成运行。清远以下由于河床持续下切,最下游的横岗梯级基本无必要建设。

广东省在"十二五"期将北江干流韶关—三水河口规划为Ⅲ级航道,并开工建设各梯级的二线、三线船闸。

截至2018年底,珠江水系高等级航道达标率为80%。规划实施以来,西江航运干线高等级航道已基本建成,主要实施了南宁—梧州界首Ⅱ级航道、界首—肇庆Ⅰ级航道整治工程,以及桂平二线、长洲水利枢纽三四线、贵港枢纽二线、西津枢纽二线等船闸扩能工程。珠江三角洲高等级航道网已全面建成,主要实施了顺德水道、洪奇沥水道、东江干流、白坭水道、东平水道、磨刀门水道及出海航道等整治工程。右江、北盘江—红水河、柳江—黔江 3 条支线高等级航道建设仍在持续推进,主要实施了右江那吉、鱼梁、老口等航运枢纽工程,以及北盘江—红水河航道整治工程和柳江—黔江红花水利枢纽二线船闸工程,正在加快推进右江百色、红水河龙滩枢纽通航设施建设工程。

3. 京杭运河

历史上的大运河开掘于春秋时期,完成于隋朝,繁荣于唐宋,取直于元朝,疏通于明清。古代的大运河经历了 3 次较大的兴修过程,最后一次兴修完成后才称作京杭大运河。

京杭运河北起北京,南至杭州,途经北京、天津、河北、山东、江苏、浙江 6 个省(直辖市),贯通海河、黄河、淮河、长江、钱塘江五大水系,全长约 1794km,是一条贯通我国南北水运的大动脉。目前,京杭大运河的通航里程为 1438km,主要分布在黄河以南的山东、江苏和浙江三省,与长江三角洲主要内河航道网相连接,构成我国东部地区南北向的物流与外向型经济运输大通道,已成为我国综合运输体系的重要组成部分,在区域经济社会发展中发挥着重要作用。

1855 年,黄河迁徙,运河被拦腰截断,形成了以黄河为界的南北两段运河。黄河以南段即山东济宁至浙江杭州 1000 余 km 河道,其航运功能一直保留至今;黄河以北段 700 余 km 运河,其航运功能不断萎缩,最终于 20 世纪 60—70 年代彻底断航。

京杭运河东平至杭州 1071km 规划为国家高等级航道,规划等级为Ⅲ级及以上。目前,长江以北至济宁段航道已达Ⅱ级标准,长江以南至杭州和济宁至东平为Ⅲ级航道。

长江以南段航道建有 2 个梯级,即谏壁和三堡。谏壁枢纽建有 2 座船闸,均为Ⅲ级标准;三堡枢纽建有 2 座船闸,均为Ⅴ级标准。随着航道等级提升至Ⅲ级,沟通钱塘江的航道在八堡建设双线船闸,等级为Ⅲ级。

长江以北段在江苏省境内建有 11 座梯级,分别为施桥、邵伯、淮安、淮阴、泗阳、刘老涧、宿迁、皂河、刘山、解台、蔺家坝;山东省境内建有 7 座梯级,分别为台儿庄、万年、韩庄、微山、长沟、邓楼和八里湾。江苏境内的 11 座梯级中,施桥至皂河 8 座梯级均已建成三线船闸,刘山至蔺家坝 3 座梯级建有双线船闸。山东境内的 7 座梯级中,台儿庄至微山 4 座梯级均建有双线船闸,长沟至八里湾 3 座梯级建有一线船闸。船闸等级均为Ⅱ级。

4. 其他水系

其他水系包括淮河水系"二线"、黑龙江和松辽水系"二线"和闽江干流"一线"。

(1)淮河水系

淮河水系高等级航道布局为"二线",即淮河干流和沙颍河。

淮河干流高等级航道正阳关—淮安 383km 规划为Ⅲ级航道,淮滨—正阳关 177km 航道规划为Ⅳ级航道。河段内规划有蚌埠、临淮岗2座梯级,均已建成。蚌埠枢纽已建成2座1000吨级船闸;临淮岗建成一线500吨级船闸,即将开工建设二线船闸,等级为Ⅱ级。

沙颖河漯河—沫河口378km航道规划为Ⅳ级航道,自下至上规划有颍上、阜阳、耿楼、沈丘、郑埠口、周口、葫芦湾、大路李、漯河9个梯级。目前梯级均已建成,颍上和耿楼已建有双线船闸,均为500吨级;阜阳为500吨级船闸;沈丘、郑埠口一线船闸为300吨级,在建1000吨级复线船闸;周口、葫芦湾、大路李、漯河建成500吨级一线船闸。

(2)黑龙江和松辽水系

黑龙江和松辽水系高等级航道布局为"二线":黑龙江、松花江。

黑龙江恩和哈达—伯力1890km航道规划为Ⅲ级及以上航道。黑龙江是我国与俄罗斯的界河,是我国东北地区与俄罗斯、朝鲜、日本贸易往来的主要出海航道,航道上没有建设通航建筑物。

松花江大安—同江976km航道规划为Ⅲ级及以上航道。松花江是上游第二松花江、嫩江沟通界河、乌苏里江的重要通道。松花江哈尔滨以上段为上游,未规划航运梯级;哈尔滨—佳木斯432km河段为中游,佳木斯—同江267km河段为下游,中、下游河段共规划大顶子山、涝洲、洪太、通河、依兰、民主、康家围子、悦来8座梯级。已建成大顶子山枢纽及其1000吨级船闸。松花江为冰冻河流,全年仅有半年的正常通航期。

(3)闽江

闽江高等级航道南平—外沙278km航道规划为Ⅳ级及以上航道。河段内仅规划有水口枢纽,已建成。通航建筑物包括一线500吨级连续三级船闸,1996年建成;一线500吨级升船机,2004年建成。枢纽建成后由于下游大范围人工采砂,造成下游水位持续下降,通航建筑物无法正常运行,目前正在实施水口坝下枢纽反调节工程,以提高水口电站和通航建筑物的下游水位。水口坝下枢纽反调节工程将建一座500吨级船闸。

截至2018年底,黑龙江和松辽水系高等级航道达标率为89%。黑龙江高等级航道主要实施了重点碍航浅滩整治工程,除乌苏里—鸥浦310km为Ⅳ级航道外,其余均已达到Ⅲ级及以上标准。松花江高等级航道主要实施了富锦绥江段航道建设工程、松花江中游浓浓河—三站浅滩航道整治工程等,基本达到Ⅲ级及以上标准。

闽江高等级航道达标率为97%。闽江高等级航道已基本建成,主要实施了南港航道、水口—沙溪口航道、马尾罗塔—水口水电站航道整治工程,以及水口坝下枢纽反调节工程。

第四节　中国内河通航建筑物建设成就与启示

新中国成立以前,我国基本没有成规模的大型内河通航建筑物。新中国成立初期,百业待兴,各种运输方式普遍落后,运能严重不足,在国家财力有限的条件下,利用河道自然条件,形成了一定规模的水上运输能力,为这一时期的经济社会发展提供了支撑。虽然当时我国内河航道等级普遍偏低,通行船舶多在 100 吨级以下,但随着经济的逐渐发展,内河航道里程得到迅速提升。也正是在这一时期,我国开启了现代化通航建筑物建设的序幕。

我国内河通航建筑物建设大致可分为三个阶段:第一阶段为新中国成立至改革开放初的 1979 年;第二阶段为改革开放初期的 1980 年至 20 世纪末;第三阶段为 21 世纪的前 20 年。

一、总体成就

通航建筑物是内河航道上的重要节点,也是航线上船舶通过能力的关键环节。通航建筑物建设成功与否的判别标准是:设计水平年内,船舶能否安全顺利过闸、建筑物通过能力是否满足设计要求。回顾我国通航建筑物的建设历程,在内河航运需求的不断拉动下,通航建筑物在建设规模、运行效率、服务水平等诸方面均取得了长足的进步,目前已进入高质量发展的新阶段。

新中国成立之初,我国通航建筑物建设尚未真正起步。1958 年动工的京杭运河治理工程(第一阶段),开启了我国现代化船闸建设的历程。经过几十年的发展,我国通航建筑物的建设已形成较完整的技术体系,以通过能力大为主要标志的船闸工程,其高效性、可靠性和保障能力已跻身世界前列,建设规模已领先世界。

首批大型船闸是京杭运河徐州至扬州段 10 座 2000 吨级船闸,船闸尺度为 $230m \times 20m \times 5m$,于 1958—1962 年陆续建成。在续建工程中,尺度又扩展为 $230m \times 23m \times 5m$。

20 世纪 80 年代先后建成的长江葛洲坝水利枢纽的一号、二号、三号船闸及江西赣江万安电站船闸,把我国高水头船闸的建设水平迅速推向新的高度。如葛洲坝一号、二号船闸,闸室尺度达 $280m \times 34m$,设计最大水头 27m。这两座船闸的灌水时间分别为 9.5min 和 10min,灌泄水体积 $2.87 \times 10^5 m^3$,最大流量分别为 $980m^3/s$ 和 $900m^3/s$。其船闸规模、阀门水头、灌水时间和最大流量等,均为 20 世纪 80 年代的世界之最。

1988 年建成的万安电站船闸,闸室尺度为 $175m \times 14m$,最大水头高达 32.5m,不但是我国水头最高的单级船闸,也是世界为数不多的水头超过 30m 的船闸之一。20 世纪 90 年代又先后建成福建闽江水口电站及湖南沅水五强溪电站的连续三级船闸,闸室尺度均为 $130m \times 12m$,其总水头分别为 59.0m 和 60.9m,中间级闸首最大工作水头分别达 41.5m 和 42.5m。

2003 年 6 月通航的三峡工程双线连续五级船闸,由 10 个平面尺度达到 $280m \times 34m$ 的闸室组成,其总水头高达 113m,中间级水头 45.2m,为目前世界上规模最大、水头最高、技术难度最复杂的船闸工程。

2000年以后,我国先后建成了红水河大化(29.0m)、乐滩(29.1m)、乌江银盘(36.46m)、嘉陵江草街(26.5m)等一大批水头达到20m以上的高水头船闸,特别是2020年3月建成通航的黔江大藤峡船闸单级水头达到了40.2m,闸室有效尺度280m×34m,灌泄水体积达到$4.2×10^5 m^3$,是目前世界上输水水力指标最高的单级船闸。

2016年建成的长洲三线和四线船闸,尺度达到340m×34m×5.8m,在世界内河船闸尺度中名列前茅。

在船闸输水系统研究方面,对适应不同水头的各类输水系统均开展了长期系统的研究。广泛应用于低水头船闸的集中输水系统,提出了多种消能工和消能室布置的新技术。带格栅消能室的闸首短廊道系统,灌水时闸室内的水位上升速率可达到0.5m/min;在其他航道的小型船闸的设计中,研发了倒口消能等新技术,使小型船闸灌水时闸室内的水位上升速率甚至可接近1.0m/min,提升了集中输水系统的设计和研究水平。

对中等水头的船闸,自主研发出了局部分散输水系统,发明了闸墙长廊道侧支孔消能工布置技术和可应用于多种分散输水系统的双明沟消能技术。闸墙长廊道侧支孔系统灌水时闸室内的水位上升速率可达到1.5m/min,闸底长廊道侧支孔系统灌水时闸室内的水位上升速率可达约2.0m/min。

高水头船闸的主攻方向是解决阀门段廊道的空化空蚀问题,从葛洲坝船闸起步,系统提出了"平顶廊道体型+小淹没水深+门楣自然通气+廊道顶自然通气"新技术、平面阀门工作门槽强迫通气技术等。葛洲坝三号船闸灌水时闸室内的水位上升速率可达到3.0m/min左右。

在大型船闸工作闸门的设计和建造方面,各类适用的闸门在我国均有实践,使用最多的是人字门,其次是可承受双向水头、动水启闭的三角门。大型人字门的尺度从早期的23m口门宽、10~15m高,发展到三峡船闸的34m口门宽、38.5m高,再到2020年建成的大藤峡船闸的34m口门宽、47.5m高。第一座大型三角门也用于23m口门宽的船闸,34m口门宽的船闸目前在建。

船闸闸阀门启闭控制系统已从早期的人工控制发展到全面采用可编程逻辑控制器(PLC)控制系统,实现了船闸运行系统的自动化控制。为提高航运系统的总体效率,在多条高等级航道上开展了多线船闸、多梯级船闸联合调度的实践探索。广西西江船闸运行调度中心的建成,实现了多梯级、多船闸的集中控制和统一运行调度,有效提升了船闸的服务水平和运行效率。

在升船机建设方面,我国总体起步较晚。早期建成的升船机与国外相比尚存在较大差距。近30年来,随着我国国力逐渐增强,升船机建设技术得到发展,垂直式升船机替代斜面式升船机,船舶吨位从几十吨提高至千吨级以上,提升高度也不断增加。20世纪90

年代中后期,我国先后建成红水河岩滩升船机、闽江水口升船机、清江隔河岩升船机、清江高坝洲升船机等大型升船机。岩滩升船机最大提升高度68.5m,采用卷扬垂直提升、部分平衡、船厢下水形式,在世界上尚属首次。承船厢载水总质量为1430t,一次可通过的最大船舶为250吨级单船。水口升船机可一次通过2×500吨级顶推船队;承船厢载水总质量为5300t,最大提升高度为59m,正常升降速度为0.2m/s。在全平衡钢丝绳卷扬提升式升船机安全保障技术上,发明了"安全平衡重"系统,提高了升船机船厢在极端情况下的安全保障能力。

2016年建成的长江三峡升船机采用齿轮齿条爬升式,过船规模达3000吨级,最大提升高度113m,承船厢总质量约15500t。三峡升船机具有提升质量大、提升高度大、上游通航水位变幅大和下游水位变率快的特点,是目前世界上技术难度最大、规模最大的升船机。

澜沧江景洪升船机是世界上第一座水力式升船机,采用与船闸输水系统相似的灌、泄水系统,利用浮筒作为平衡重,升船机运行时只需要启闭输水阀门灌水或泄水改变浮筒井水位,便可使承船厢上下运行。乌江构皮滩三级垂直升船机的总提升高度为199m,其中间级升船机的提升高度高达127m,居升船机世界之最。这些升船机的设计和建设,标志着我国升船机的研究水平已跻身世界前列。

二、不同阶段典型建设成就

新中国成立后,通航建筑物的建设有了较大发展,20世纪70年代末,交通部制定并向国务院报送《关于实现交通运输现代化的汇报提纲》,首次全面提出了我国公路水运交通发展规划,明确提出建设以长江水系为中心,有统一航道标准、能通航1000吨级船舶、四(四)通八达的水运网,以及加快港口建设、改善港口布局的水运现代化发展目标。

1. 第一阶段(1950—1979年)

(1)船闸

1958—1978年是新中国成立以后京杭运河治理工程的第一阶段。1958—1962年,济宁至扬州段按2000吨级船舶标准建设了解台、刘山、宿迁、泗阳、淮阴、淮安、邵伯、施桥8座船闸。除宿迁船闸闸室有效尺度为210m×15m×3.2m外,其余均为230m×20m×5m。这时的航道尺度一般为底宽30~45m,水深2.5~3.0m,可通行300~500吨级船舶。在1973年和1978年先后建成皂河、刘老涧2000吨级船闸后,徐州至扬州段航道达到500吨级(Ⅳ级航道)标准。

1966年建成的广西西津电站连续两级船闸,是我国首座总水头超过20m(21.7m)的船闸,输水系统采用闸首短廊道集中输水系统。1968年建成的浙江富春江船闸水头超过20m,是当时我国单级水头最高的船闸。输水系统首次采用了闸底长廊道形式,闸室停泊条件良好。不足的是闸首口门采用了广箱布置形式,导致船舶进出闸不够顺畅。

这一阶段,我国在船闸工程的总平面布置、输水系统、水工结构、闸门和阀门等方面全面开展了探索和研究。船闸主体与上、下游引航道呈直线布置,引航道以直线进闸、曲线出闸布置形式为主。对于运河船闸,由于水头均在6m以内,输水系统均采用闸首短廊道集中输水,研究人员采用物理模型等研究方法,对输水系统的设计及优化进行了有益的探索。

1978年出版的《全国通航建筑物资料汇编》统计:①在已建782座船闸中,96.4%是新中国成立后兴建的,之前只有20余座。这些工程中,单级船闸占比97%,两级船闸占2%。②船闸水头多为10m以下,单级船闸最大水头27m,两级船闸最大总水头43m。③闸室长度多为30~100m,宽度多为9~13m,闸室平面尺度最大的运河船闸为320m×20m。④输水系统形式,67.5%采用短廊道集中输水,其次为门上阀门占13.7%,门顶或门底输水占11%,长廊道分散式形式仅占1.55%。

(2)升船机

我国的升船机建设总体起步较晚,20世纪50年代才开始升船机的设计研究工作。我国早期的升船机大都采用干运方式,只有1966年建成的安徽寿县五里闸斜面升船机采用湿运,仅能运载30t的小型船舶,运行数年后即被废弃。1982年安徽龙湾建成了我国第一座小型水坡升船机。我国20世纪80年代前建成的最大升船机为1973年在湖北省丹江口建成的垂直+斜面升船机,它的上游为垂直升船机,下游为斜面升船机,中间由明渠连接。升船机按150吨级驳船设计,后期可改建为300吨级,设计年通过能力80万t,最大提升高度45m/35.5m(垂直/斜坡),后期58m/35.5m(垂直/斜坡)。

20世纪80年代以前我国虽建成升船机60余座,但绝大多数设备简陋,没有专门的安全保障设施;多数采用船舶干运方式;提升质量小,没有平衡系统,运转功率大、费用高,加之设计布置、安装施工存在的缺陷以及管理水平的落后,运转正常率低。因此,这个时期国内已建升船机与国外尚存在较大差距。

2. 第二阶段(1980—1999年)

(1)船闸

自改革开放以来,随着各地大批的水电工程上马,通航建筑物的建设也曾经出现一个小高潮。除葛洲坝大型船闸建设和水运繁忙的京杭运河外,四川的嘉陵江流域,广东的西江、东江和北江,广西的左江、右江等河流,陆续建成了数十座船闸。船闸的建设规模为100~500吨级,工作水头8~25m,除部分采用分散输水系统外,大部分仍采用集中输水。针对集中输水系统闸室停泊条件较差的问题,我国于20世纪80年代开始对集中输水系统消能方式进行研究,研究方向针对消能工布置和增设消能室等措施进行。如嘉陵江马回、红水河白龙滩等船闸上就采用了廊道进水口向上游方向回流后再进入消能室的设计,在不增加闸首长度的情况下延长了水流扩散消能距离,较好解决了单级超过14m左右水头船闸的闸室停泊条件。我国自主研发结构简单、不设镇静段的集中输水倒口消能形式应用于汉江王甫洲、柳江浮石、沅水凌津滩等5座船闸中,最大水头达到13.1m;复合格栅式消能室经试验研究后在高砂船闸、北江濛里船闸等工程中得到应用,最大水头达到11.5m。

在我国,高水头分散式输水系统研究全面起步于葛洲坝。葛洲坝船闸设计水头27m,为当时我国已建船闸最高。设计通行3000吨级驳船组成的大型(万吨级)船队,建设规模在当时也位居世界前列。二号和三号船闸建成于1981年,其中二号船闸有效尺度为280m×34m×5.0m,输水系统采用闸底三区段纵横支廊道侧支孔输水系统;三号船闸有效尺度为120m×18m×3.5m,输水系统采用等惯性二区段纵向支廊道输水系统;一号船闸建成于1988年,有效尺度为280m×34m×5.5m,输水系统采用四区段闸底八支廊道等惯性输水系统。葛洲坝船闸的平面尺度及设计水头在当时世界上已建船闸中均名列前茅,在输水系统设计和研究方面,3座船闸分别采用3种不同的输水系统,在3座船闸分期投入试运行后原型观测结果表明:闸室输水高效,水面平稳,船只停泊条件良好,输水系统的设计非常成功。特别是三号船闸,闸室水面平均上升速度达4.40m/min,与当时世界上水面上升速度最快的法国东泽雷船闸相近。

此外,葛洲坝船闸在大型水利枢纽的船闸总体布置、引航道口门区通航水流条件、引航道防淤减淤等方面均实现了技术进步。为解决高水头船闸阀门空蚀空化难题,研究提出了优化的阀门段廊道体型门型、门后及门楣通气等一系列技术措施,成为我国通航建筑物建设史上的一座重要里程碑。

葛洲坝船闸是长江干流上的第一批通航建筑物。船闸设计过程中,我国尚无相应的技术标准和规范。整个设计从过闸船型和建设规模(包括船闸个数)的论证起步,对枢纽总体布置及"两线三闸"的设计方案等进行研究后,攻关解决的关键技术还包括:引航道口门区通航水流条件改善、27m水头船闸的输水系统设计、软弱夹层基岩上船闸结构稳定、大型闸门金属结构及其启闭机械的设计和制造等。从船闸工程的科研、设计、施工、运行经验等方面进行了全面总结,为国内第一部《船闸设计规范》的制定奠定了基础。

20世纪80年代,结合我国首部《船闸设计规范(试行)》(JTJ 262—87)的制定,编辑出版了《全国通航建筑物资料汇编》《全国船闸图集(1983)》《船闸集中输水系统总结》和《船闸分散输水系统总结》。1987年我国发布了首部《船闸设计规范》,为我国船闸工程的设计和建设提供了保障。

这一时期,我国水运建设市场的进一步放开,促进了内河航道及通航建筑物的建设和发展。500吨级及以上的船闸建设逐步加速,代表性工程有葛洲坝枢纽的3座船闸,京杭运河江南段的2座船闸、苏北运河10个梯级中的9座二线船闸和蔺家坝船闸、京杭运河山东段的3座船闸,西江干线的2座枢纽船闸等。

江南运河的谏壁船闸是我国设计和建造的第一座大型三角门船闸,此时京杭运河长江以北进入全面建设二线船闸阶段。已建一线船闸的10个梯级,除解台外其他9个梯级均建成二线船闸,苏北段最北端建成蔺家坝一线船闸,以上10座船闸的尺度均为230m×23m×5m。在这些船闸建设中,研究取得的技术进步有:相邻船闸扩建的平面布置问题、梯级船闸标准化问题、可适应大型顶推船队的曲线进闸、直线出闸的船闸平面布置形式等问题。船闸集中输水系统方面,对大尺度、大体积输水的集中输水形式展开了较为系统的研究,全面提升了集中输水系统的设计和研究水平。此外在水工结构方面,如多种重力式结构的适应性和施工宽缝的作用机理;在船闸建筑材料方面的新材料及新技术应用;船闸闸阀门启闭控制系统方面,全面推广采用PLC控制系统,实现了船闸运行系统的自动化控制。

西江航运干线上,桂平是继西津枢纽之后建设的第二座枢纽工程,桂平船闸于1989年建成,有效尺度为190m×23m×3.5m,最大设计水头11.7m。贵港枢纽位于西津枢纽和桂平枢纽之间,船闸于1998年建成,采用闸墙长廊道侧支孔系统的简单分散式输水系统设计,灌水时闸室内的水位上升速率也达到1.3m/min。

1988年建成的万安电站船闸,水头高达32.5m,是世界上为数不多的水头超过30m的船闸。20世纪90年代,我国先后建成福建闽江水口电站及湖南沅水五强溪电站的连续三级船闸,总水头分别为59.0m和60.9m,中间级闸首最大工作水头分别达41.5m和42.5m。1994年动工兴建的三峡双线连续五级船闸总水头为113m,中间级最大水头为45.2m,其设计和建设取得了多项重大技术创新。主要研究成果包括:复杂工程条件下的船闸总体设计技术、高水头梯级船闸输水技术、高边坡稳定及变形控制技术、全衬砌式船闸结构技术、超大型人字门及其启闭设备技术等。仅阀门防空化方面,就采用了增大阀门淹没水深、快速开启阀门、门后顶扩加底扩廊道体型、支臂及面板全包形式的反向弧形门、门楣自然通气等多项先进技术。输水系统和阀门防空化技术等研究成果,极大促进了我国船闸工程的设计和研究水平。针对大型人字闸门,采用数值模拟、物理模型及水弹性试验等技术手段,开展了不同方案的对比及启闭运行水动力学试验研究。

(2)升船机

20世纪90年代中后期,我国在升船机模拟技术及研究方面取得了较大进步,前期研究中首次采用了整体物理模型试验方法,通过完整模拟升船机"水-机-电-结构"的系统耦合作用,全面研究升船机在各种工况下承船厢、电气拖动系统、钢丝绳提升系统等运行特性与船舶受力特性。尤其是针对原型中极端事故工况下的运行安全问题,如船厢水漏空、钢丝绳断绳、沉船、电机故障切除以及同步轴断裂等故障,均可在模型中准确预演,该技术为升船机的安装和调试积累了经验。在此期间先后建成了红水河岩滩升船机、闽江水口升船机、清江隔河岩升船机、清江高坝洲升船机等一批大型升船机。岩滩升船机最大提升高度68.5m,采用卷扬垂直提升、部分平衡、船厢下水形式,在世界上尚属首次。承船厢载水总质量为1430t,一次可通过的最大船舶为250吨级单船。水口升船机可一次通过2×500吨级顶推船队;承船厢带水总质量5300t,最大提升高度为59m,正常升降速度为0.2m/s。

3. 第三阶段(2000年以后)

(1)船闸

进入21世纪以来,内河水运建设步入快速发展阶段。2005年11月,交通部与长江沿线七省二市政府部门召开座谈会,内河水运开启了中央与地方政府合力建设共促水运发展的新阶段。2007年经国务院批复,国家发展和改革委员会与交通部联合印发了《全国内河航道与港口布局规划》。2011年国务院印发了《关于加快长江等内河水运发展的意见》,内河水运发展迎来了快速发展的机遇期,以"两横一纵两网十八线"和内河主要港口为重点的水运基础设施建设取得了显著成效,带动了内河水运行业的全面发展。

新一轮船闸设计规范——《船闸总体设计规范》(JTJ 305—2001)、《船闸输水系统设计规范》(JTJ 306—2001)、《船闸水工建筑物设计规范》(JTJ 307—2001)、《船闸闸阀门设计规范》(JTJ 308—2003)、《船闸启闭机设计规范》(JTJ 309—2005)和《船闸电气设计规范》(JTJ 310—2004)于2001—2005年期间陆续发布,标志着我国大型船闸的建设进入新阶段。

2003年6月投入试运行的三峡船闸,总水头113m,按双线连续五级布置,闸室有效尺度为280m×34m×5m。在建设规模、总设计水头、上下游需适应的水位变幅、坝址水沙、地质条件等方面,均是最大、最复杂工程。船闸的总体设计、输水技术及结构设计等方面的技术难度,均超过了世界同期已建船闸的水平。

三峡工程蓄水后,水路货运量大幅增长,三峡过坝货运量和重庆市港口吞吐量增长迅速,运输船舶标准化、大型化、专业化发展加快,营运性能大幅提高,库区水上交通安全状况明显改善,取得了显著的航运效益。此外,由于三峡工程的建设降低了沿江地区的综合物流成本,加快了长江中上游综合交通体系结构调整,吸引了产业加快向长江沿江地带集聚,拉动了沿江经济社会可持续发展,减轻了长江沿江地区的空气污染,经济效益和社会效益巨大。

在三峡船闸的运行阶段,开展了三峡枢纽通航智能调度技术研究,取得了三峡船闸、升船机与葛洲坝船闸联合调度运行技术成果,VTS、AIS和GPS等在通航调度中的应用技术成果等;开展了三峡船闸过闸船舶吃水控制标准提升技术研究,取得了小富裕水深条件下改善船舶停泊条件的措施和方法,形成三峡船闸过闸船舶吃水控制标准和相应的配套措施等创新成果;开展了船舶快速过闸和应急通航助导航技术研究,取得了船舶过闸身份自动识别和快速过闸安检技术,以及低能见度条件下船舶过闸助导航技术等创新成果。

在高水头船闸防空化、空蚀方面,三峡船闸等一大批高水头船闸分别进行了门楣自然通气措施的研究,并推广到平面阀门中,进一步推动了门楣自然通气技术的发展。同时针对阀门段廊道体型进行了详细研究,通过对廊道体型的优化,并结合门楣及廊道通气和改变阀门启闭方式等措施,较好地解决了高水头船闸的空化问题。

同期建成的高水头船闸中,代表性工程有:红水河大化(29.0m)、乐滩(29.1m)、嘉陵江草街(26.5m)、乌江银盘(36.46m)和大藤峡船闸(40.25m)。大藤峡船闸不仅单级水头最高,在闸室尺度(280m×34m×5.8m)、灌泄水体积($4.2×10^5 m^3$)等指标方面,也均为目前世界前列。

为适应我国的产业转移政策,促进粤北地区的经济和水运发展,广东省北江启动了航道扩能升级工程,从上至下依次建有孟洲坝二线(220m×23m),濛里二线(220m×23m),白石窑二线、三线(220m×23m),飞来峡二线、三线(220m×34m)和清远二线(220m×34m)等船闸,辅以航道整治措施,将北江的航道等级从Ⅴ级提升至Ⅲ级,实现了北江从季节性通航到全年通航。通航船舶由300吨级提升到1000吨级、3000吨级乃至6000吨级,有效地改善了粤北地区内河水运发展。

富春江船闸改、扩建工程首次采用新老船闸结合的方法,利用老船闸作为新船闸的上游引航道和进水口,研究解决了船闸充水过程老闸水面跌落及老闸室内非恒定流波动现象,在不破坏老船闸及大坝结构条件下,成功解决了老旧船闸扩能改造技术问题。改造后,将原通过能力不足100万t的小型船闸,提升为通过1000吨级船舶、满足年过闸货运量3200万t的大型船闸。该技术不仅解决了富春江船闸扩能难题,而且已在湖南洪江等船闸扩能改造工程中得到推广应用。

在高水头船闸阀门非定常空化机理及模拟技术方面开展了系列基础研究,成果应用于老挝北本船闸、红水河大藤峡船闸、岷江犍为船闸等国内外多座高水头船闸的研究和设计中。在大型人字闸门防漂移、40m宽巨型船闸人字闸门及其启闭机设计与运行控制、大口门三角闸门结构设计、高水头一字闸门运行水动力学等方面也取得了重大进展。

1999年启动了"京杭运河船闸扩容工程",建设的三线船闸平面尺度达到260m×23m,苏北运河10个梯级中的淮安、淮阴、宿迁、皂河、泗阳、刘老涧、邵伯、施桥等三线船闸已经建成,是运河上最大的船闸群;同年,我国第一座封冻河流松花江上平面尺度达180m×28m的大顶子山船闸通航。2016年,西江长洲枢纽成为国内首座建设有四线船闸的通航枢纽,其第三、第四线闸室平面尺度到达了340m×34m,2017年通过船舶达到10.26万艘次。

京杭运河苏北段各梯级第三线船闸和山东段第二线船闸全面建成。信息技术全面应用,船舶过闸排挡优化技术、多线船闸和梯级船闸的联合调度技术等,有效提升了船舶的过闸效率。西江航运干线、湘江渠化梯级等一批中等水头(10~20m)船闸的建设,丰富和发展了简单分散输水系统,即闸墙长廊道侧支孔和闸底长廊道侧支孔系统的设计技术,发明了多种闸室出水口消能设施,提升了简单分散输水系统的输水效率。闸墙长廊道侧支孔系统灌水时闸室内的水位上升速率可达1.5m/min,闸底长廊道侧支孔系统灌水时闸室内的水位上升速率可达约2.0m/min。

2010年以来,我国在多线船闸布置、船闸省水、老旧船闸改造、单级高水头船闸等多方面取得了新的技术突破。西江长洲枢纽建成了国内规模最大的四线内河船闸群,其三线、四线船闸有效尺度达到了340m×34m×5.8m,是国内闸室平面尺度最大的船闸。长洲船闸多线并列布置及航线交叉区布置新技术,解决了在已建枢纽限制性复杂条件下扩建三线、四线特大型船闸的布置和通航水流条件关键技术难题。在大型船闸节水技术方面,首次在大型船闸中采用双线并列互通省水技术,解决了并列船闸独立输水和互通输水的水力学技术难题,不仅节约水资源,而且可大大改善引航道水流条件,技术不仅应用于长洲三线、四线船闸,而且已被引江济淮蜀山船闸等工程设计采用。

船闸输水系统方面,发明的闸底长廊道复合阶梯消能输水系统新形式,成倍增大了消能空间,同时可便捷控制水流的横向结构,从而获得需要的闸室水流条件,提高了停泊在闸室内过闸船舶安全性,并可减少廊道数量,简化闸底结构。该技术解决了特大型船闸船舶安全停泊与闸室高效消能输水核心难题,成功应用于桂平二线和长洲三线、四线等船闸工程。

长洲枢纽河段通航环境复杂,在项目设计阶段,对船闸的调度方案进行了专题研究。利用计算机仿真技术,建立了基于船舶过闸的全过程(包括锚地、航道及引航道、远端靠船段、近端靠船段、并列四线船闸及调度排挡等因素)的计算机仿真模型。通过仿真试验,对比分析了多种调度方案的运营效果,从而提出了推荐的调度方案,为船闸的规划设计提供了依据,为管理人员提供了科学的决策参考。

21世纪以来,我国船闸建设技术的不断发展和一批重要船闸的建成和营运,已使我国跻身于世界船闸建设的先进行列。

(2)升船机

这一时期我国的升船机建设进入全新的发展阶段,最典型的代表是三峡升船机。

三峡升船机是三峡水利枢纽工程通航建筑物的组成部分,布置在枢纽左岸,位于五级船闸右侧的7号、8号非溢流坝段之间。主要作用是为客货轮和特种船舶提供快速过坝通道,并与双线五级船闸联合运行,提高枢纽的航运通过能力和通航质量。升船机驱动系统采用齿轮齿条爬升式,过船规模为3000吨级,最大提升高度113m,承船厢有效水域尺寸为120m×18m×3.5m,总质量约15500t。三峡升船机具有提升质量大、提升高度大、上游通航水位变幅大(30m)和下游水位变率快(11.8m)的特点,是目前世界上技术难度最大、规模最大的升船机。

澜沧江景洪升船机是世界上第一座水力式升船机,它的诞生首次改变了升船机只能靠机械力提升的传统认知。该设计首次采用了与船闸输水系统相似的灌、泄水系统,利用浮筒作为平衡重,升船机运行时只需要启闭输水阀门灌水或泄水改变浮筒井水位,便可使承船厢上下运行。景洪升船机还成功解决了下水式升船机机械制造及电力功率方面的限制,是我国具有全部自主知识产权的宏伟工程。金沙江向家坝齿轮齿条提升式升船机,乌江思林、沙沱钢丝绳卷扬提升式升船机,提升高度均接近 100m。乌江构皮滩三级垂直升船机的总提升高度为 199m,其中间级升船机的提升高度高达 127m,居升船机世界之最。这些升船机的设计和建设,其制造、施工、运行成套技术体系,为高坝通航领域提供一种全新、先进、实用、安全的技术,是升船机发展史上的一次技术跨越,也标志着我国升船机的研究水平已跻身世界前列。

三、建设启示

内河航运具有运量大、占地少、成本低、能耗小、污染轻的巨大优势。内河航运在承担大宗货物长距离运输方面经济效益显著,在节能、减排、生态建设等方面社会效益突出,是综合运输体系的重要组成部分,加快内河航运的发展是完善综合运输体系的重要内容。通航建筑物是内河航运的基本要素之一。在新时期,内河通航建筑物的建设和发展面临新的挑战。回顾我国内河通航建筑物的建设史,有诸多经验和教训值得总结,简要概述以下几点启示。

1. 枢纽的规划和选址

流域梯级开发的主要目标是对水资源进行有效、综合利用,其建设工程通常分为三类:水利(防洪、灌溉、供水等)、发电和航运。以这三类目标修建的拦河建筑物一般称为水利、水电或航运枢纽。枢纽的拦河大坝修建后会使一段河床的水位抬高,水深增加,航道条件得到改善。国家相关法律规定,在有通航需求的河段建设枢纽工程,一定要考虑通航建筑物的建设。众所周知,修建的拦河建筑物或大坝越高,形成的水头差越大。随着水深的增加,淹没的河道范围就越长,水深及河道断面增加也越大,这对改善航道条件、发展航运十分有利。但是,大坝水头的增加也导致通航建筑物的建设难度也在增加。

长江历来是我国的黄金水道,航运的重要性一直受到重视。以三峡工程为例,在规划阶段就确定了开发任务是防洪、发电和航运。在论证和确定大坝坝址阶段,综合考虑了三项开发目标的不同要求,使得航运要求(即过坝航运的畅通)有了基本保障。因此,三峡工程是水资源综合利用的典范。

但是,我国通航建筑物的发展也历经坎坷,问题始于规划阶段。如许多通航条件不好的天然河流,在建坝后虽然航道条件得到极大改善,水库形成了良好的航运资源,却在水资源开发中忽略了通航建筑物建设的必要性以及带来的潜在价值。因缺乏水资源综合利用理念，也有不少河流在水电开发中忽视通航建筑物的建设，造成原本通航的河流航运长年中断，直接导致造成了航运的衰败。例如20世纪80年代兴起的水电开发中，不少梯级的建设方未按照国家相关要求同步建设通航建筑物，或仅保留位置长期不建，导致一条河流中多区域断航。更有甚者，同期建设的一大批引水式水电站，引流发电后直接导致枯季河道断流，致使航运中断。这些河流由于长期船舶无法通行，也导致部分按照要求已经建设的通航建筑物因长年搁置、破损，给国家财产造成巨大浪费。航运中断直接导致航运企业倒闭，从业人员分流，流域至今未能复航。

此外，部分高坝建设虽然形成了非常良好的航道条件，但因选址中考虑因素单一，导致通航建筑物的布置条件非常苛刻。如缺乏通航建筑物所需的直线段长度、通航建筑物与主航道连接的连接段不畅通、规划的通航建筑物能力过小，不能满足运量的需求等，也直接导致高等级航道上形成瓶颈和"断头路"，这样的教训值得深刻总结。

2. 枢纽总体布置

枢纽中通航建筑物的布置有多种形式，最基本的要求是保障船舶安全、顺畅地过闸。通航建筑物一般靠岸布置（包括分汊河段的洲滩），在与枢纽建筑物相邻一侧根据需要布置足够长度的隔流堤，这是通航建筑物引航道和口门区航道有良好通航水流条件的基本保障。

船闸主体建筑物的布置主要由输水系统、水工结构、金属结构及其启闭机械的布置要求决定。因此，船闸（升船机同理）的平面布置主要研究引航道的布置。迄今为止，对船闸引航道布置模式、方法和尺度的研究主要通过对工程实践的分析和总结进行。引航道布置的基本原则是：停泊段尽可能靠近闸首布置；导航建筑物的布置应满足进闸船舶的操纵要求；出闸船舶的航路应尽可能顺直，并应满足出闸船舶的操纵要求。

部分船闸受地形条件的限制，采用了引航道折线型布置模式。这类布置模式出现的初期，由于缺乏经验和有效的设计方案验证手段，对这类布置的基本原则、各部位尺度等缺乏清晰的认识，实践应用的效果不好。随着这类布置模式的数量积累，布置方法正逐步趋于成熟。

引航道良好的通航水流条件也是船舶安全、顺畅过闸的必要条件。目前已建船闸中存在忽略引航道制动段、停泊段对水流条件的要求的现象，实践证明这对船闸的安全营运是非常不利的。

引航道口门区通航水流条件除与总体布置关系密切外，枢纽运行时泄水建筑物和电站下泄的水流也会产生对船舶航行不利的水流条件。虽然规范对此有严格的规定，但也存在某些标准定义不清晰、规定是否合理恰当的疑问。目前已建工程中，引航道口门区能够完全满足规范要求的船闸不多，特别是在规范规定的通航水位范围内，全部满足水流条件要求的几乎没有。

枢纽和船闸运行时产生的推移波也会对船舶进出船闸和引航道产生一定影响,有时还会危及船舶的安全。这类推移波通常由下泄流量的突然变化产生,例如电站机组和泄水闸闸门的开启和关闭过程以及船闸的输水过程。对推移波,目前规范还没有明确的定量规定,通常按照单位时间内的水位变幅控制,例如小时变幅不超过1m。

枢纽运行下泄的恒定流和非恒定流都会对船舶安全过闸产生影响。规范针对这些问题的相关规定还需向更为全面、系统和合理的方向发展,这有赖于长期、系统、深入的科学研究。

3. 建设规模的前瞻性

通航建筑物在航道上是一座永久性建筑物,使用年限超过50年。在此期间,航道的通航条件会随着不同需求而发生变化,其他水资源开发的工程也会不同程度改变通航条件。因此在规划设计阶段,通航建筑物建设规模的确定应具有一定的前瞻性。

目前通常的做法是根据航道的规划等级和预测未来20~30年的运输需求,船闸的通过能力按满足设计水平年内过闸运输需求的原则,论证确定船闸的尺度和所需的船闸数量。由于影响因素的复杂性,对未来长期的运输需求变化一般很难准确预测。对更长远的运输需求增长,通常考虑预留再建船闸的可能。因此,预留扩建船闸位置应成为枢纽选址和布置中需考虑的因素之一。目前我国在这方面的考虑是不足的,现存的教训不少,应引起足够的重视。特别是在腹地广阔、发展潜力大的航道上建设枢纽和通航建筑物时,应作为重点问题加以考虑。

在反映船闸建设规模的指标中,船闸门槛水深是一个必须要面对的选择。多数设计者在该参数取值时均参照规范中的最小值选取或约有增加,而规范主要考虑相应航道等级对应的设计船型满载过闸的需求。航道等级对应的设计船型一般按照最低通航水位时能够满载的船舶确定。但是我国河流(除运河外)的径流过程在年内通常有较大的变幅,即在中、洪水期航道水深远大于枯水期的水深,在这期间受运输需求等因素影响,会有大于该航道等级的大型船舶航行。因此,如果通航建筑物的门槛水深没有足够富裕,建成后反将成为船舶通行障碍。例如Ⅰ级航道上船闸的门槛水深按照3000吨级代表船型吃水设计,那么3000吨级以上船舶或吃水超过3000吨级的船舶将无法通过船闸。这个矛盾对于升船机更为突出,因为升船机受提升重量限制,设计时往往按照该航道等级的代表船舶尺度及门槛水深去拟定船厢尺度,结果导致大于该尺度标准的船舶均不能通过通航建筑物过坝航行。

这个问题在今后的标准和规范制定中应予以足够的重视,因为根据国内外通航建筑物的建设经验,门槛水深的大小对闸首结构设计难度及工程造价并不构成明显影响,因此规范可适当加大该参数取值,为通航建筑物的正常运行留有充分的发展余地。

4. 建设时序和水位衔接

通航建筑物通常用于河流的渠化,对于通航的河流,保障施工期的通航是至关重要的。为提升航道等级而开展的枢纽工程,通常应该从枢纽建成后能够改善整段航道通航条件的工程起步建设,然后向上、下游逐步推进。如果是跟随以水电开发为主的枢纽建设通航建筑物,不能主导建设时序时,也一定要解决好施工期保障通航的问题,不能造成施工过程中航道条件的逐步变差,甚至断航。

梯级间通航水位的衔接是至关重要的。例如,航运要求枯水期各枢纽间消落水位衔接,这样才能使枢纽即使没有下泄流量时,航道水深也是有保证的。现实中,简单地要求枢纽下泄瞬时最小流量不得低于最小通航流量,实际无法实现有效监控,也不能更有效地实现水资源的综合利用。

当枢纽有较大调节库容时,特别是汛前有预留防洪库容的枢纽,很难实现通航水位的完全衔接。其中变动回水区的航道治理就是严峻的挑战,能否通过建设库尾的汛期渠化梯级有效地解决此问题,目前还没有成功的案例,仅有探索性的研究案例。

5. 科技驱动发展

随着内河航运的不断发展,其对通航建筑物的要求也在不断提升。通航建筑物建设水平的提升依赖于科学技术的进步。工程实践也证明,科技进步推动了通航建筑物的发展。

通航建筑物是航道上存在集中水位落差时,满足船舶能够连续航行需求的建筑物。船舶航行对通航建筑物的基本要求是安全,第二层次的要求则是在高效、低成本和通过能力之间寻求必要的平衡。

(1)船闸和升船机

通航建筑物分为船闸和升船机两大类。目前世界已建通航建筑物的数量没有准确的统计数据。从通航建筑物建设较发达的国家看,大型船闸占大型通航建筑物的比例超过99%,大型升船机的占比不到1%。中国是升船机建设数量较多的国家,但能长期正常营运的数量不多,大型升船机的建设在近20年内有所发展。根据本次搜集到的900多座通航建筑物的资料统计,正常使用的船闸占正常使用的通航建筑物的比例超过96%,升船机的占比不到4%;500吨级以上的船闸占500吨级通航建筑物的比例超过97%,升船机的占比不到3%。

船闸在通航建筑物中占有主导地位的主要原因是其具有成本低和通过能力大的优势,但在高水头情况下的高效性不如升船机。随着水头的提高,船闸遇到的技术问题也越来越复杂,以输水系统面临的空化空蚀问题最为显著,其他还有诸如输水流量增大引起的上、下游不良流态,船闸水工结构、金属结构的稳定和变形控制等。随着科学技术的不断进步,船闸能适应的最大水头和输水效率也在不断提高。

升船机的发展主要面临降低运营、维护成本和提高运行可靠性的巨大挑战,在上、下游水位变幅较大的天然河流上建设升船机,还面临非恒定流引起的水位波动对升船机安全运行和高效运行的影响,以及船厢水深与航道水深相协调的问题。

(2) 设计方法

近几十年来,通航建筑物的设计方法已发生了明显变化,传统的以技术方案和工程造价为主要目标的设计方法,已逐步转变为综合考虑环境保护、资源节约、风险分析、公众意见等多目标优化的设计方法。

传统的单纯考虑建设成本最优的结构设计方法正逐步向考虑全寿命周期成本最优的设计方法转变。结构的全寿命成本是指结构使用期的全成本,即建设成本、营运成本、维护成本和拆除成本。营运成本包括直接成本和间接成本。目前,在船闸设计阶段已开始考虑降低营运成本和维护成本的措施。例如,建立船闸远程遥控营运系统,以降低人工成本。此外,通过对运转件选择合适的材料,在设计方案中考虑方便维护和维修的措施,建立完善的监测、检测系统,重视构件的标准化等措施,以有效降低营运和维护成本。

设计中越来越重视风险分析,例如闸门、引航道和闸首关键部位的防撞等,但此类作用尚未在规范中给以明确的定量考虑。采取任何降低风险水平的措施,必须基于风险分析,例如是否需要事故闸门等。

与港口工程结构设计方法不同,目前船闸结构的设计方法仍然是采用确定性方法。在新一轮船闸结构设计规范修订时,将论证向可靠性方法发展的可行性和必要性。

(3) 模拟技术

模拟技术是支撑通航建筑物建设技术不断进步的重要支柱。模拟技术大致可分为数值模拟和物理模型两大类。在设计阶段所需的模拟又大致可分为结构、水力学、船舶三类。

结构分析在计算机技术不断发展的推动下,已普遍采用有限元方法开展数学模型的计算,使闸首、闸门等复杂结构的稳定、强度、变形等的分析更趋真实、准确,对结构与岩、土体的相互作用机理也有了更深的认识。随着结构不断增高、变大,面临的挑战也更加严峻。今后还需向弹塑性分析方向发展;对船闸结构、金属结构的地震响应也应开展深入研究;也应研究船舶撞击的偶然荷载的标准,针对荷载的动力特性,建立结构响应的分析方法。

船闸水力学模拟研究主要包括输水系统水力学研究,船闸输水和枢纽及电站泄流引起的引航道及口门区通航水流条件的研究。升船机无输水系统,其他与船闸相似。

传统的船闸水力学研究主要依靠物理模型开展。近20年来,随着计算机技术的快速发展,数学模型发展迅速,能够以合理的精度进行水力系统的概要设计,之后再使用物理模型对设计进行最终验证。通过这种组合,节省了整个设计周期的时间和成本。

鉴于计算机技术的快速发展,处理器速度更快,成本降低,数学模型已被成功应用于技术性流体力学的众多领域。但数值模型还不能完全取代水力学物理模型。这两种方法都有一定的简化和近似过程;数值模型建立在描述流场方程的基础上,物理模型则需识别并制定相似性参数。

对于物理模型,建模过程不是很容易出错,但模型的测量和结果换算至原型的过程会导致误差的存在。对于数值模型,大多数误差是在模型的概化和建模阶段产生的,如果建模者选择的简化方法是不适用的,尽管有时结果看上去很合理,但它可能是错误的。

对于重要的项目,应同时使用物理模型和数值模型(包括多个不同的数值模型)进行交叉验证,以尽量减少基于单个(但可能是错误的)模型可能带来的偏差。

另外,还应十分重视现场试验,这对于提高模拟技术至关重要。三峡船闸建成后开展了现场原型调试工作,此后还开展了大型船舶进出船闸的现场观测等现场试验。近10多年来新建的大型船闸大多开展了输水系统的原型调试。今后还应与数学模型和物理模型试验相结合,促进模拟技术的提升。

船舶通过引航道和口门区时的安全性,通常是根据规范给出的相应限值,采用物理模型或数学模型验证水流条件是否满足规范要求。但由于规范规定的流速限值存在不够清晰、不够合理甚至矛盾的问题,自20世纪80年代起我国引入船模试验方法,作为辅助决策的工具。近期,船舶操作模拟器也开始在通航建筑物的设计阶段应用。

船舶模拟要解决两大类问题:一是船舶操作性能的相似性,包括水动力条件的相似性和船舶响应的相似性;二是人(操船人)的因素应得到正确的反映。两方面均得到较好的解决,最好的方法是实船试验。但试验时很难选到设计工况中的不利组合,试验费用较为昂贵。截至目前,我国已开展的实船试验均未能在不利工况下进行,且多数不能在需验证的工程条件下进行。

目前各研究单位广泛采用的是自航船模。由于模型的雷诺数过低,存在明显的比尺效应,模型船舶的阻力和推进力需要实船在相似水域条件下的实际操作数据进行验证,而目前采用的船模均无此验证过程;由于存在时间比尺,操船人的视野与实际相差甚远,因此人的因素无法正确考虑。上述分析表明,自航船模无法作为有效的验证手段,除非增大模型比尺,越接近原型结果越真实。

船舶操纵模拟器已被逐步引入通航建筑物的研究中。这种全桥、实时模拟器,没有时间比尺,人的因素可较为准确地反映,但流场的模拟和操纵性能的模拟还有较大的提升空间。通航建筑物研究的引航道和口门区,通常位于岸边,地形复杂,水域狭窄,再加上建筑物的作用,流场的三维效应非常明显,在模拟器中还难以准确反映。另外,船舶在浅水、狭窄水域内的操作性能没有相应的实船资料加以验证。但与自航船模相比,船舶操纵模拟器应是未来重点发展方向,要解决的关键技术问题是复杂流场的模拟和船舶在相应流场中操纵性能的验证。

(4)新技术和新材料的应用

新技术和新材料在通航建筑物建设中的应用,推动了船闸建设在安全性、可靠性等方面的进步,提升了船闸的运行效率。例如,PLC的应用,实现了船闸运行各环节的自动控制;启闭机械无极控制,提高了船闸闸阀门的运行效率;闸门底枢自润滑材料的应用,延长了闸门的检修周期。信息技术的全面、广泛应用,支撑了过闸船舶智能排挡、多线船闸和梯级船闸的联合调度,进一步提高了船闸的服务水平和船舶的过闸效率。

今后,新技术和新材料的应用还将不断深入,全面支撑内河通航建筑物建设水平的提高,支撑内河通航建筑物的高质量发展。

四、发展趋势

内河航运是综合运输体系和水资源综合利用的重要组成部分,在促进流域经济发展、优化产业布局、服务对外开放等方面发挥了重要作用。在全面建设社会主义现代化国家的新阶段,内河航运的发展将以交通强国建设为统领,以高质量发展为导向,坚持生态优先、绿色发展,坚持衔接协调、融合发展,坚持整体推进、协同发展,坚持创新驱动、科学发展,科学开发和保护内河航运资源,着力补齐发展短板,加强与其他运输方式衔接,加快提升效率效益,充分发挥比较优势,有力促进运输结构优化,实现内河航运现代化,更好服务交通强国建设和国家重大战略实施。

在发展新阶段,内河航道体系建设的主要任务是以千吨级航道为骨干,加快建设横贯东西、连接南北、通达海港的国家高等级航道。研究解决三峡枢纽通航瓶颈,推进三峡新通道前期工作,拓展延伸主要支流航道。打通南北向跨流域水运大通道,建设新大运河,统筹推进长江、珠江、淮河等主要水系间的京杭运河黄河以北段复航工程以及平陆运河等运河沟通工程,形成京杭运河、江淮干线、浙赣粤通道、汉湘桂通道纵向走廊。建设适应长三角一体化和粤港澳大湾区发展的长三角、珠三角国家高等级航道网,对接沿海主要港口,完善内部联络,构筑水网地区河海联运通道。

聚焦通航建筑物建设,应加强前瞻性基础研究,推进建设、养护、生态修复等关键技术研究,推进平安百年品质工程建设,发展以高能低耗材料、建筑信息模型(BIM)、装配式技术相融合的智能设计与建造技术,发展用于基础设施服役性能保持和提升的监测预警技术,实现智能综合信息高效便捷服务。推动基于云网交互的电子航道图、船舶过闸调度、港航基础设施运养等综合信息服务平台建设。

随着高等级航道网的逐步贯通、延伸和适度的航道等级的进一步提升,通航建筑物的建设规模还会进一步提高。大型船闸将进一步研究解决高耸结构的稳定和变形控制技术,提高结构止水可靠性和减少结构分缝的整体式船闸技术,减少现场作业强度和周期的装配式结构技术和整体预制技术;提高各类型船闸输水系统效率的优化技术,进一步提高高水头船闸防空化空蚀技术的可靠性和有效性,发展省水船闸建设技术;高山峡谷河段,研究地下船闸建设技术、通航隧洞技术;大型闸门、阀门新材料、技术的应用,提升闸阀门运行可靠性和耐久性;提高船舶操作模拟器的模拟水平,为通航建筑物设计方案验证提供有效支撑。

大型升船机将在现有的钢丝绳卷扬式、齿轮齿条爬升式、水力式基础上,积累运行经验,进一步提高安全保障设施的可靠性,提升运行可行性,降低运行和维护成本。

进一步降低通航建筑物建设对环境的影响,研究输水过程对上、下游水域水生动植物的可能影响和减缓措施。推进生态、低碳型新材料的应用。

在已形成的船闸集中监控和联合调度技术的基础上,推动船闸智慧管控系统建设,实现管理系统与控制系统的高度统一,对船闸主要设施和过闸船舶进行智慧感知监控,对船闸重要设备运行状态进行远程在线监测,实现运转件(闸、阀门及其启闭机械)的智能控制,整体提高船闸安全运营管理和服务水平。

参 考 文 献

[1] 黄伦超,陶桂兰.渠化工程学[M].北京:人民交通出版社股份有限公司,2016.

[2] 金晶,刘玉标,程载斌,等.三峡升船机系统动态响应分析[J].工程力学,2007(9):179-187.

[3] 兴安县灵渠申遗办公室.灵渠轶事[M].北京:线装书局,2020.

[4] 万昌华.兴安灵渠的知识考古[J].泰山学院学报,2011,33(2):70-74.

[5] 山东运河航运史编纂委员会.山东运河航运史[M].济南:山东人民出版社,2011.

[6] 顾嘉懿.井头山遗址:听来自8000年前的回响[DB/OL].(2021-01-14)[2021-09-01] http://wwj.zj.gov.cn/art/2021/1/14/art_1639077_58875044.html.2021.01.14.

[7] 蔡蕃.京杭大运河[M].北京:人民出版社,2019.

[8] 吴顺鸣.大运河[M].合肥:黄山书社,2013.

[9] 郑连第.灵渠工程史述略[M].北京:水利电力出版社,1986.

[10] 伍镇基.解读古灵渠之谜[M].北京:中国水利水电出版社,2008.

[11] (宋)李焘.续资治通鉴长编[M].上海:中华书局,2012.

[12] (明)杨宏,(明)谢纯.漕运通志[M].北京:方志出版社,2006.

[13] 尹秀娇.泇运河的历史渊源——兼议大运河中河台儿庄段的水文化遗产[C]//中国

水利学会水利史研究会,浙江省水利厅,绍兴市水利局.2013年中国水利学会水利史研究会学术年会暨中国大运河水利遗产保护与利用战略论坛论文集.北京:中国文史出版社,2014.

[14] (宋)司马光.资治通鉴长编[M].武汉:崇文书局,2015.

[15] (晋)陈寿.三国志[M].北京:中华书局,1959.

[16] (宋)李昉.太平御览[M].北京:中华书局,1960.

[17] 江苏省交通厅.交通行政执法人员岗位培训教材——航道分册[M].北京:人民交通出版社,2007.

[18] 郑连第.唐宋船闸初探[C]//.中国水利学会水利史研究会,浙江省水利厅,绍兴市水利局.2013年中国水利学会水利史研究会学术年会暨中国大运河水利遗产保护与利用战略论坛论文集[C].北京:中国文史出版社,2014.

[19] [英]李约瑟.中国科学技术史 第四卷 物理学及相关技术 第三分册 土木工程与航海技术[M].汪受琪,译.北京:科学出版社,2008.

[20] 葛明贤.国内船闸建设概况[J].水运工程,1979(9):32-35.

[21] 陶桂兰.我国渠化工程的发展与展望[J].水利水电科技进展,1995(4):4-8+35.

[22] 陶桂兰,曾庆祥.我国升船机技术发展综述[J].水利水电科技进展,2008,28(S1):164-167.

[23] 吴德镇.升船机及其发展概况[J].水运工程,1982(10):21-24.

[24] 吕美全.沭阳水坡[J].水运工程,1993(1):29-32.

[25] 张勋铭,田泳源,杨逢尧.丹江口枢纽升船机设计研究与运行分析[J].人民长江,1998(S1):6-9.

[26] 王永新.国内外升船机的建设和发展[J].水运工程,1991(11):36-39.

[27] 于庆奎,方晓敏.液压技术在现代升船机工程上的应用[J].人民长江,2008(20):71-72+91.

[28] PIANC,Ship Lifts,Supplement to Bulletin No. 65,1989,ISBN 2-87223-006-8.

[29] USACE,EM 1110-2-1604,Hydraulic Design of Navigation Locks,2006.

[30] PIANC,Final Report of the International Commission for the Study of Locks,1986.

[31] Bryson B.,Main-Danube Canal Linking Europe's Waterways,National Geographic,1992,182(2).

[32] PIANC,Innovations in Navigation Lock Design,2009,ISBN 978-2-8723-175-1.

[33] 季晓堂,苏静波,何良德,等.巴拿马运河船闸省水技术综述[J].水运工程,2021

(1):111-116.

[34] 连恒铎.倒口出流消能技术在船闸集中输水系统设计中的应用[J].水运工程,1996(4):15-18.

[35] 内河航运发展纲要[J].中国水运,2020(6):17-19.

第二章
长江干线及其上游支流通航建筑物

长江是我国第一大河,发源于青藏高原唐古拉山主峰西南侧,流经青海、西藏、四川、云南、重庆、湖北、湖南、江西、安徽、江苏、上海11个省(自治区、直辖市),横贯我国西、中、东部,最终于上海崇明岛汇入东海,全长近6400km。

长江干流按河流特征和流域地势划分,湖北宜昌以上河段为上游,长约4504km,控制流域面积100万km^2,占长江全长的70.4%;宜昌至江西湖口段为中游,长约950km,流域面积68万km^2;湖口以下河段为下游,长约938km,流域面积12万km^2。流域总面积180万km^2。

长江宜宾以上称金沙江,在宜宾与岷江汇合后称长江。长江干流主要的一级支流和湖泊有:岷江、沱江、嘉陵江、乌江、洞庭湖、湘江、沅水、汉江、鄱阳湖、赣江、信江、巢湖、太湖等。统计至2019年,长江水系水道总通航里程约64825km,占全国通航里程的50%以上。长江干支流航道与京杭运河共同组成了中国最大的内河水运网,其中长江干流通航里程2838km,上起云南水富,下至长江口,是我国高等级航道布局方案中的"一横"。目前,水富至重庆河段为Ⅲ级航道,重庆至长江口段为Ⅰ级航道,南京以下长江干流、京杭运河及太湖水系的航运最为繁忙,占长江航运总量的70%以上。

长江干流上游金沙江以水能开发为主,规划建设25座水电站,仅向家坝水电站建有升船机1座;长江宜宾以下建成葛洲坝水利枢纽和三峡水利枢纽,其中葛洲坝水利枢纽建有三线船闸,三峡水利枢纽建有双线船闸和单线升船机。长江流域上游的岷江、嘉陵江、乌江等支流的通航建筑物布置详见本章各节。

长江流域枢纽梯级规划图如图2-0-1所示。

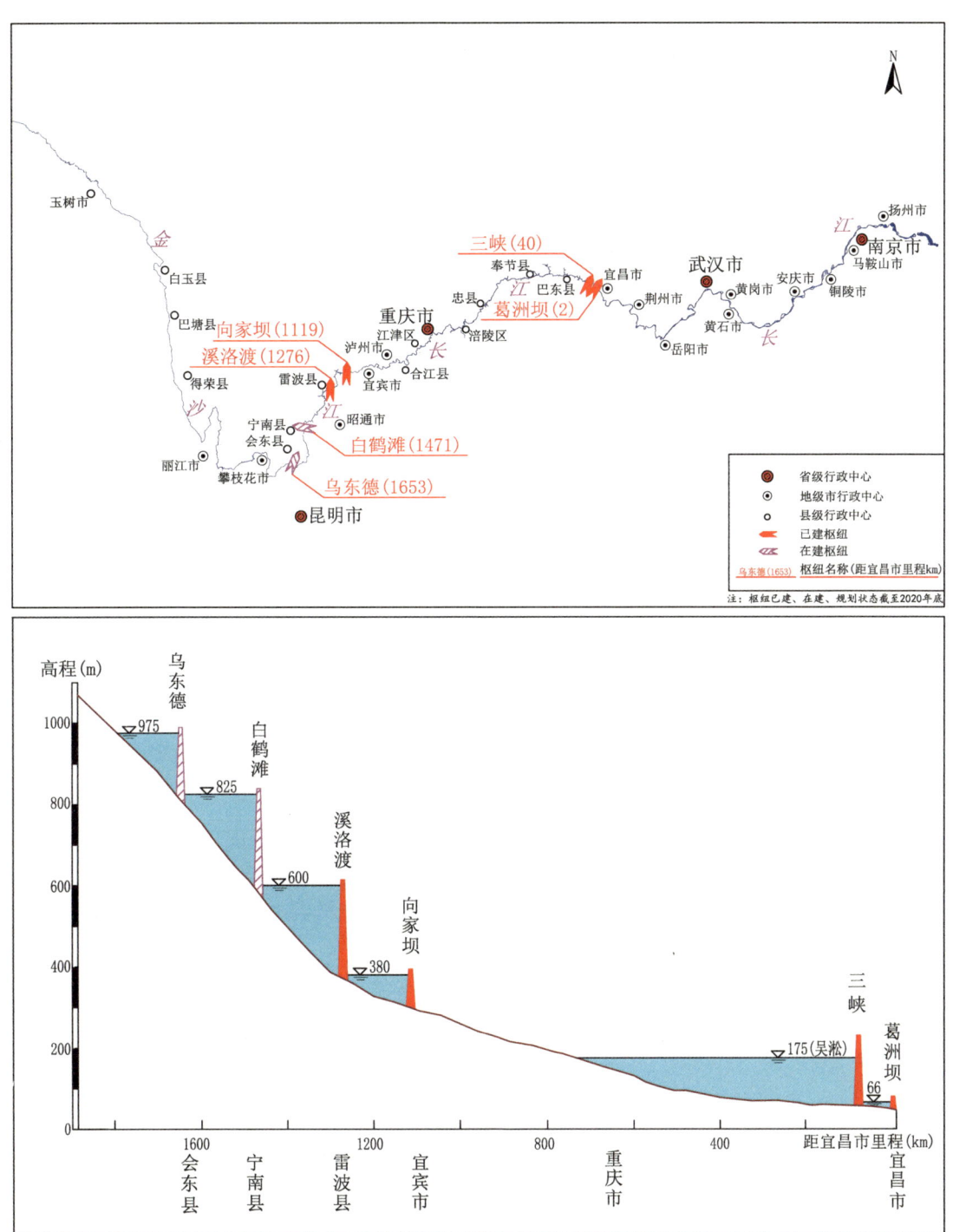

图 2-0-1 长江流域枢纽梯级规划图

第一节 长江干线通航建筑物

一、向家坝升船机

向家坝水电站位于云南省水富市与四川省宜宾市叙州区交界的金沙江下游峡谷出口处，是金沙江水电基地下游4级开发中的最末一个梯级，上距溪洛渡水电站坝址约157km，下距宜宾市城区约33km，是一座以发电为主，兼顾防洪、航运和灌溉，并具有对溪洛渡电站进行反调节作用等综合效益的巨型水利枢纽工程。向家坝水电站坝址控制流域面积458800km^2，枢纽正常蓄水位380m（1956黄海高程），死水位（防洪限制水位）370m。枢纽设计洪水位380m（$P=0.2\%$），设计洪水流量41200m^3/s；校核洪水位381.86m（$P=0.02\%$），校核洪水流量49800m^3/s。水库总库容51.63亿m^3，调节库容9.05亿m^3，为不完全季调节水库。向家坝枢纽最大坝高162m，坝顶全长909.26m，主要建筑物包括两岸非溢流坝、左岸坝后厂房、左岸升船机、河中溢流坝段、右岸地下厂房、两岸灌溉取水口等。电站装8台混流式机组，总装机容量6400MW。泄水建筑物由12个表孔、10个中孔及消力池组成，设计泄流量41200m^3/s。该工程于2004年7月开始筹建，2006年11月正式开工，2012年10月工程下闸蓄水，2018年5月26日升船机试通航。

向家坝升船机布置在河道左岸，其左、右侧分别与冲沙孔段和坝后式电站厂房段相邻，采用全平衡齿轮爬升螺母柱保安式一级垂直升船机，升船机承船厢尺度116.0m×12.0m×3.0m（长×宽×水深，下同），最大提升高度114.2m（上游正常蓄水位380.00m-下游最低通航水位265.80m），通航2×500吨级船队兼顾1000吨级单船，船厢加水质量达8150t，设计货运量112万吨/年、客运量40万人次/年。升船机上、下游引航道采用不对称型布置，上、下游船舶过闸均采取"曲进直出"的方式。向家坝升船机由上游引航道、上闸首（包括挡水坝段和渡槽段）、船厢室段、下闸首和下游引航道（包括辅助闸首）五部分组成，全长约1530m。其中，上游引航道右侧钢制浮堤长120m，挡水坝及渡槽段长169m、宽12m；下游引航道辅助闸室段长138m、宽20m；下游引航道右导墙直线段长约237.5m，下游隔流堤长367.85m；下游引航道宽54m，设计水深3.0m。升船机主体段采用整体式U形结构，长187.95m，主要设备包括船厢驱动系统、安全系统和船厢结构等。

向家坝升船机为目前世界上提升高度最大的单体升船机，最快提升速度12m/min，千吨级船舶过坝仅约需15min，日过闸约31厢次，单次过闸时间约46.5min。其建设的重点技术问题体现在船厢设备与塔柱结构变形协调性、船厢驱动系统和安全保障的结构系统形式、超大型船厢结构形式、主体结构和设备的抗震设计，以及适应下游较大水位变幅的工程措施等方面。

向家坝升船机采用全平衡齿轮爬升螺母柱保安形式,在吸收国外和三峡升船机成功经验的基础上,结合工程自身特点进行了改进和创新。升船机的船厢通过"机械同步轴+电机出力均衡"的有效控制,4个驱动点的4套齿轮与土建结构上的齿条啮合,进行上下同步运行,机械同步轴同时带动4套螺母柱进行同步旋转运行,其升降运行具有较高的水平度和稳定性,可以有效防止承船厢发生倾覆事故。

向家坝升船机技术参数见表2-1-1。向家坝枢纽鸟瞰图如图2-1-1所示。向家坝升船机如图2-1-2所示。向家坝升船机布置图如图2-1-3所示。

向家坝升船机技术参数表　　　　　表2-1-1

河流名称		金沙江	建设地点	云南省水富市与四川省宜宾市叙州区交界
形式		全平衡齿轮爬升螺母柱保安式	运行方式	齿轮齿条爬升式
吨级		2×500(兼顾1000)	承船厢尺度(m)	116.0×12.0×3.0
承船厢总重(t)		8150	船厢门类型	下沉式弧形门
最大升程(m)		114.2	过坝时间(min)	15
设计年通货总量 (单向,万t/万人次)		112/40	平衡重系统	悬挂式
设计通航水位(m)	上游 最高	380.00	主提升电机	交流变频调速电动机
	上游 最低	370.00	悬吊系统	128根直径76mm钢丝绳
	下游 最高	277.25	减速装置	圆柱齿轮减速器
	下游 最低	265.80	同步轴装置	闭环同步轴
卷筒装置		无	制动系统	液压盘式制动器
结构形式	上游引航道	悬浮式	启闭设备 上闸首检修门	门式启闭机
	下游引航道	重力式	启闭设备 上闸首工作门	液压
	过坝渠道	整体式	启闭设备 下闸首工作门	液压
	主体段	整体式		
	下闸首	整体式	下游检修门	台车式
设计水平年(年)		2030	建成年份(年)	2018
			运用情况	良好

二、三峡枢纽

三峡枢纽位于长江西陵峡中段的湖北省宜昌市三斗坪镇,下距葛洲坝枢纽约38km。三峡坝址控制流域面积约100万 km^2,多年平均流量14300m^3/s,枢纽正常蓄水位175m(吴淞高程,下同),防洪限制水位145m,枯季消落低水位155m,正常蓄水位以下库容393

图 2-1-1　向家坝枢纽鸟瞰图

图 2-1-2　向家坝升船机

亿 m³、防洪库容 221.5 亿 m³、兴利调节库容 165 亿 m³。三峡枢纽设计洪水位 175.0m（$P=0.1\%$），设计洪水流量 98800m³/s；校核洪水位 180.4m（$P=0.01\%$ 洪水 +10%），校核洪水流量 124300m³/s。枢纽布置的总格局是泄洪坝段居于河床中部，两侧为电站厂房和非溢流坝，船闸和升船机位于左岸，右岸为茅坪溪防护坝和地下电站。三峡电站厂房包括左右两侧坝后式电站厂房、右岸地下厂房和电源电站，左右电站厂房分别安装 14 台和 12 台 700MW 机组，右岸地下厂房安装 6 台 700MW 机组，电源电站位于左岸电站与冲沙闸

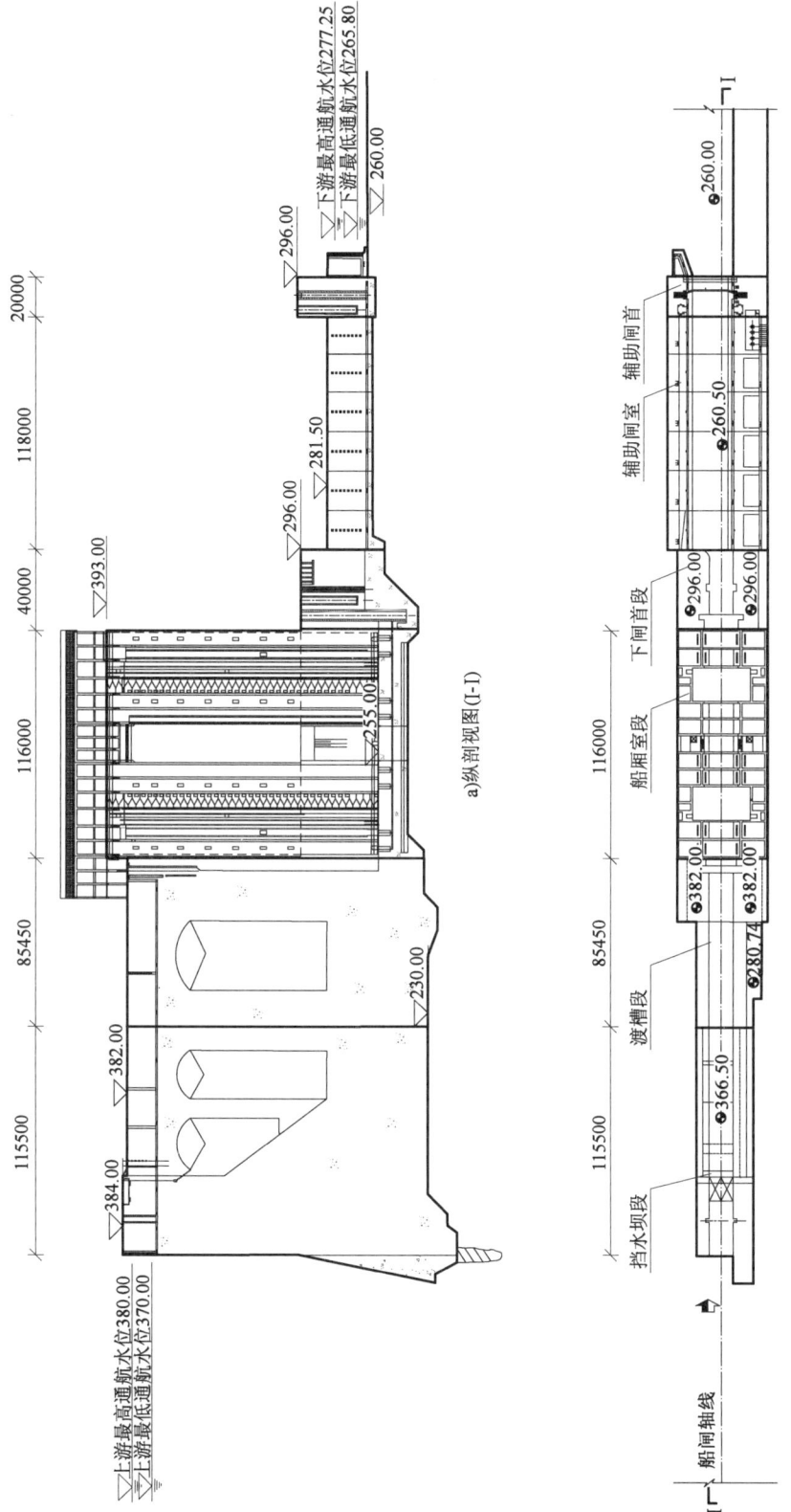

图2-1-3 向家坝升船机布置图(尺寸单位: mm; 高程和水位单位: m)

之间,装 2 台 50MW 机组,电站总装机容量 22500MW。泄洪坝段位于河床中部,前缘总长 483m,设 22 个净宽 8m 的表孔、23 个 7m×9m(宽×高,下同)的深孔和 22 个导流底孔(12 孔 5.5m×20m、10 孔 5.5m×15m)。三峡工程是治理和开发长江的关键性控制工程,具有巨大的防洪、航运和发电等综合效益。在防洪方面,可形成以三峡为骨干的长江中下游防洪保障体系,使荆江河段的防洪能力由 10 年一遇洪水提高到 100 年一遇洪水,遭遇特大洪水时,配合分蓄洪工程运用,可防止发生毁灭性灾害,极大地提高了长江中下游防洪调度的可靠性和灵活性;在航运方面,渠化河流长约 660km(正常蓄水位),显著改善长江特别是重庆—宜昌段的航道条件,使万吨级船队直达重庆,有力地促进了长江流域的航运发展;在发电方面,三峡电站是世界上装机容量最大的水电站,自 2003 年起平均每年向华中、华东及华南电网提供 882 亿度清洁电能,促进了全国电力联网和西电东送、南北互供电能格局的形成;三峡工程生态效益和供水效益显著,与同等规模的火电相比,每年可减少二氧化碳排放约 8.45 亿 t,还可为沿江地区和北方供水,是我国目前最大的可再生能源基地和宝贵的战略淡水资源库。三峡枢纽主体工程于 1994 年 12 月正式开工,2006 年 5 月大坝全线混凝土浇筑到顶,2012 年全部机组投产发电。

1. 三峡船闸

三峡双线五级连续船闸位于河道左岸坛子岭的左侧,采用分散式布置,通过开挖山体形成船闸通道,船闸与升船机又被坛子岭分隔。两线船闸平行布置,闸轴线相距 94m,闸轴线与坝轴线夹角 67.42°。船闸等级为 I 级,各级闸室有效尺度均为 280m×34m×5m,最大设计水头 113.0m,一次可通过 1+9×1000t 或 1+4×3000t 的万吨级顶推船队,设计单向通过能力 5000 万吨/年。船闸上游设计最高通航水位 175.00m(枢纽正常蓄水位),最低通航水位 145.00m(汛限水位);下游最高通航水位 73.8m(下泄 45000m^3/s),最低通航水位 62.50m;单向通航最大入库流量 56700m^3/s(上游水位≥147.0m),双向通航最大下泄流量 45000m^3/s(上游水位≥145.0m)。五级船闸的水级按照"只补水不溢水"的原则进行划分,第一闸室最高通航水位 175.00m,最低通航水位 145.00m;第二闸室最高通航水位 155.00m,最低通航水位 124.25m;第三闸室最高通航水位 129.80m,最低通航水位 103.50m;第四闸室最高通航水位 112.67m,最低通航水位 82.75m;第五闸室最高通航水位 92.42m,最低通航水位 62.00m;中间级船闸最大工作水头为 45.2m。

为保证上、下游引航道的通航水流条件满足船舶安全进出闸的要求,三峡船闸与升船机共用上、下游引航道。引航道采用"全包"形式,即采用隔流堤将引航道与主河道水流分隔。上游隔流堤口门选择在祠堂包左侧上游约 390m 处,口门宽 220m,堤身顺岸坡向下游延伸至冲沙闸右侧,上游隔流堤全长 2720m,堤顶高程 150m,引航道底高程 130.0m。下游口门选择在黄陵庙对面上游约 1.5km 处,隔流堤头上接升船机右侧引航道岸坡,沿河岸向下游延伸,末端位于坝河口上游约 450m 处。两线船闸共用上、下游引航道,主导航墙及靠船建筑物均位于引航道两侧。两线船闸均采取单向运行(即一线上行,另一线下行),上、下游船舶过闸均采取"直进直出"的方式。上游引航道总长2113m,其中直线段长930m,上游接半径1000m、中心角42°的圆弧,再接长450m的直线段至隔流堤头,上游引航道正常段底宽180m、底高程130m,堤头上游口门宽220m、长530m,口门上游接半径1200m、中心角32°的圆弧,并与库区航线相接。上游引航道左右两侧主导航墙均采用长250m的浮式导航墙,由4个重力式支墩和4节钢筋混凝土趸船组成。上游靠船段长200m,引航道两侧各布置9个中心距25m的独立靠船墩,墩顶高程177.5m,最大墩高61.5m,两排靠船墩错开150m布置。船闸下游引航道总长2708m,其中直线段长930m(从最下游闸首开始),下游接半径1000m、中心角54°的圆弧,再接长850m的直线段至下游隔流堤头。下游引航道正常段底宽180m、底高程56.50m。下游引航道口门长530m、宽200m,口门下游接半径1000m、中心角10°的圆弧与主河道连接。下游引航道左、右两侧主导航墙长均为196m,其中上游段16m为重力式结构,下游段180m为墩板式结构,在北线船闸主导航墙下游布置5个中心距25m的独立靠船墩,此外,在下游引航道两侧直线段末端均布置9个中心距25m的独立靠船墩,靠船段总长200m,墩顶高程76.3m。

双线船闸的5个闸室6个闸首结构段全长1621m,均通过开挖山体形成闸槽,边坡高度100~170m,闸首和闸室均采用分离衬砌式结构。在双线船闸之间保留有底宽57m的岩体隔墩。一闸首闸顶高程185.0m,二、三、四、五闸首闸顶高程分别为179.0m、161.0m、140.25m和119.5m。一至五闸室结构段长分别为265m、263.5m、265.5m、265.5m和254.2m;墙顶高程分别为179.0m、161.0m、140.25m、119.5m和98.75m。

三峡双线船闸输水系统采用"正向进水,一、六闸首阀门段顶扩廊道体型,中间级阀门段底扩廊道体型,闸室内四区段等惯性出水加盖板消能"形式。船闸进水箱涵分散布置在上游引航道内,箱涵分为4支,分别与其相对应的隧洞相连,每支箱涵均在上游引航道内全断面取水。箱涵为7m×6m(高×宽,下同)的矩形单管结构,每支进水箱涵两侧各设16个进水口,共64个进水口,各进水口上设活动拦污栅。为使进流均匀,沿水流方向进水口尺寸递减,最大3m×2m,最小2m×1.1m,进水口总面积210m^2。每线船闸两侧各布置一条输水主廊道,主廊道标准段除第六阀门井后为6.7m×5.0m的矩形外,其余均为半径2.5m的上圆下方门洞形,上、下两级闸室间输水廊道以斜廊道相连,第二阀门井前斜廊道倾角54.5°,其余为56.9°。中间级阀门段廊道为"底扩+顶扩"体型,检修门槽后廊道以1:7坡度与第一分流口相接。第一、第六阀门段廊道为"顶扩"体型。第一闸室主廊道在第一阀门井前、后以1:8和1:7坡度上升,分别与进水箱涵后水平段廊道和第一闸室第一分流口水平段廊道相接。第五闸室第一分流口处的主廊道以1:11.54坡度下降接第六阀门井水平段,后接下游泄水箱涵。各级输水主廊道均设有工作阀门井及上、下游检修阀门井,每线船闸共有12个工作阀门井、24个检修阀门井。每线船闸两侧主廊道在闸室中心处分流进入闸室,第一分流口为垂直分流,由水平隔板分成上、下2个矩形断面,以使进入上、下半闸室的水流分流均匀。水平隔板头部距闸墙边线3.5m,厚0.8m。第一、第五闸室分流口为2个2.95m×5.0m的矩形,第二、第三、第四闸室分流口各为2个2.2m×5.0m的矩形。每侧主廊道的上、下层分流口按相反方向经90°转弯后进入闸室底板中部,汇入船闸的纵向支廊道。纵向支廊道共2支,均为5.2m×5m的矩形。纵向支廊道在闸室长1/4和3/4处设第二分流口,向上、下半闸室分流。每条纵向支廊道分出4支分支廊道,2个向上游、2个向下游沿程出水。分支廊道进口尺寸第二闸室为2.2m×2.7m,第一、第三、第四、第五闸室为2.0m×2.7m。第二分流口也对称于水体中心布置,分流口处的垂直隔板厚0.6m,第二闸室水平隔板厚0.8m,其他闸室为1.2m,上下均有1:10坡度,头部修圆。第二闸室分支廊道断面尺寸为2.2m×5.0m,其余各闸室为2.0m×5.0m。分支廊道对称于第二分流口布置,形成四区段均衡出水,分支廊道间净距12m。每条分支廊道顶部设12个共96个孔距4m的出水孔。第一闸室孔宽0.16m、长5m,其余各闸室孔宽均为0.14m、长均为5m,孔顶设盖板消能。

末级船闸主泄水廊道泄入长江,辅泄水廊道泄入下游引航道内。主泄水廊道在上游以2支6.7m×5.0m的岔管与船闸左右侧隧洞主廊道相连,在下游穿过升船机引航道和隔流堤泄入长江,箱涵全长1350m。辅泄水廊道布置在第六闸首左右边墩内,为独立的泄水系统,进水口布置在门龛段,沿闸室宽度分散布置16个尺寸为3.6m×0.4m的进水口,主廊道尺寸为3.75m×3.60m,阀门为平板门,出口在人字门后的底板内,前后侧共布置28个出水孔,顺廊道出流方向孔宽依次为1.2m、1.0m和0.8m,孔高均为1.6m。

船闸工作闸门为人字门,船闸每条主输水廊道布置6组输水阀门井,阀门井深60~80m,每组阀门井包括1个反弧工作阀门井、2个平板检修阀门井和1个检修排水泵井,闸门和阀门均采用液压启闭,每个闸首2套设备共用1套液压泵站。船闸的闸、阀门控制采用可编程控制器,在集控室可按操作人员指令做半自动程控运行或单机手动操作,也可在闸首人字门机房内,现地单机手动操作。

三峡船闸采用"一线上行,一线下行"的方式运行,在其中一线船闸检修时,另一线船闸采用单向成批过闸、定时换向的运行方式。船舶(队)的过闸间隔时间60min,五级船闸过闸总时间2.4h,船舶从引航道一端进入至另一端驶出时间为3.1h,不计枢纽汛期弃水的年耗水量为17亿m³。三峡五级连续船闸建设分为"135m水位施工"和"完建工程施工"两个阶段,第一阶段于1994年4月开工,2003年6月试通航;第二阶段于2006年9月开工,2007年5月通过国家验收。

三峡双线五级船闸是世界上总水头最大、连续级数最多的大型船闸,其开挖边坡高度、衬砌式结构高度为世界之最,人字门尺寸和质量也均属世界之最。船闸在建设中进行了系列技术攻关,主要包括:攻克了深切开挖边坡的稳定控制技术;攻克了超大人字门制作和安装技术;解决了超高水头船闸阀门空蚀空化和闸室水力学等技术难题;解决了巨型船闸高边坡衬砌闸墙稳定性技术难题;创新性地提出了船闸"集中统一管理模式"和"三峡通航管制区综合管理模式"。

三峡船闸技术参数见表2-1-2。三峡枢纽鸟瞰图如图2-1-4所示。三峡连续五级船闸鸟瞰图如图2-1-5所示。三峡连续五级船闸实景图如图2-1-6所示。三峡船闸布置图如图2-1-7~图2-1-10所示。

三峡船闸技术参数表　　　　　　　　　　　表2-1-2

河流名称			长江		建设地点		湖北省宜昌市三斗坪镇
船闸有效尺度(m)			280×34×5.0		最大设计水头(m)		113
吨级			4×3000 9×1000		过闸时间(min)		144
门型	闸门	上游	人字门	启闭形式	闸门	上游	液压
		下游	人字门			下游	液压
	阀门	上游	反弧门		阀门	上游	液压
		下游	反弧门			下游	液压
结构形式	上闸首		分离式	输水系统	形式		四区段等惯性长廊道 分散出流+盖板消能
	下闸首		分离式		平均时间(min)		12~13
	闸室		分离式		廊道尺寸(m)		6.7×5.0矩形门洞形 (R=2.5半圆+5.0矩形)
设计通航水位(m)	上游	最高	175.00	设计年通过能力 (单线单向,万t)			5000
		最低	145.00	桥梁情况			二~五闸室交通桥
	下游	最高	73.80	建成年份(年)			2003/2007
		最低	62.00				

图2-1-4　三峡枢纽鸟瞰图

图 2-1-5 三峡连续五级船闸鸟瞰图

图 2-1-6 三峡连续五级船闸实景图

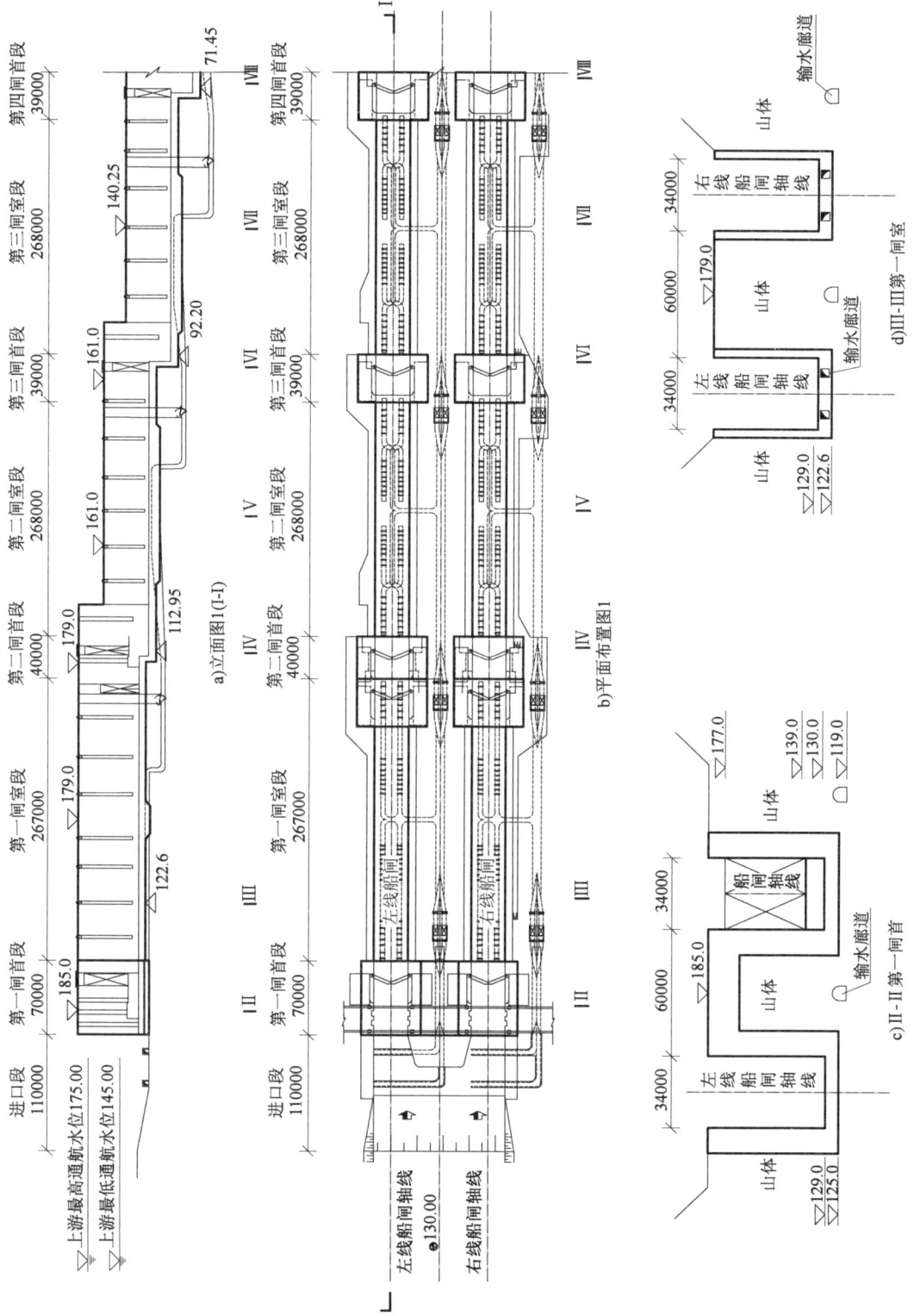

图 2-1-7 三峡船闸布置图1(尺寸单位: mm; 高程和水位单位: m)

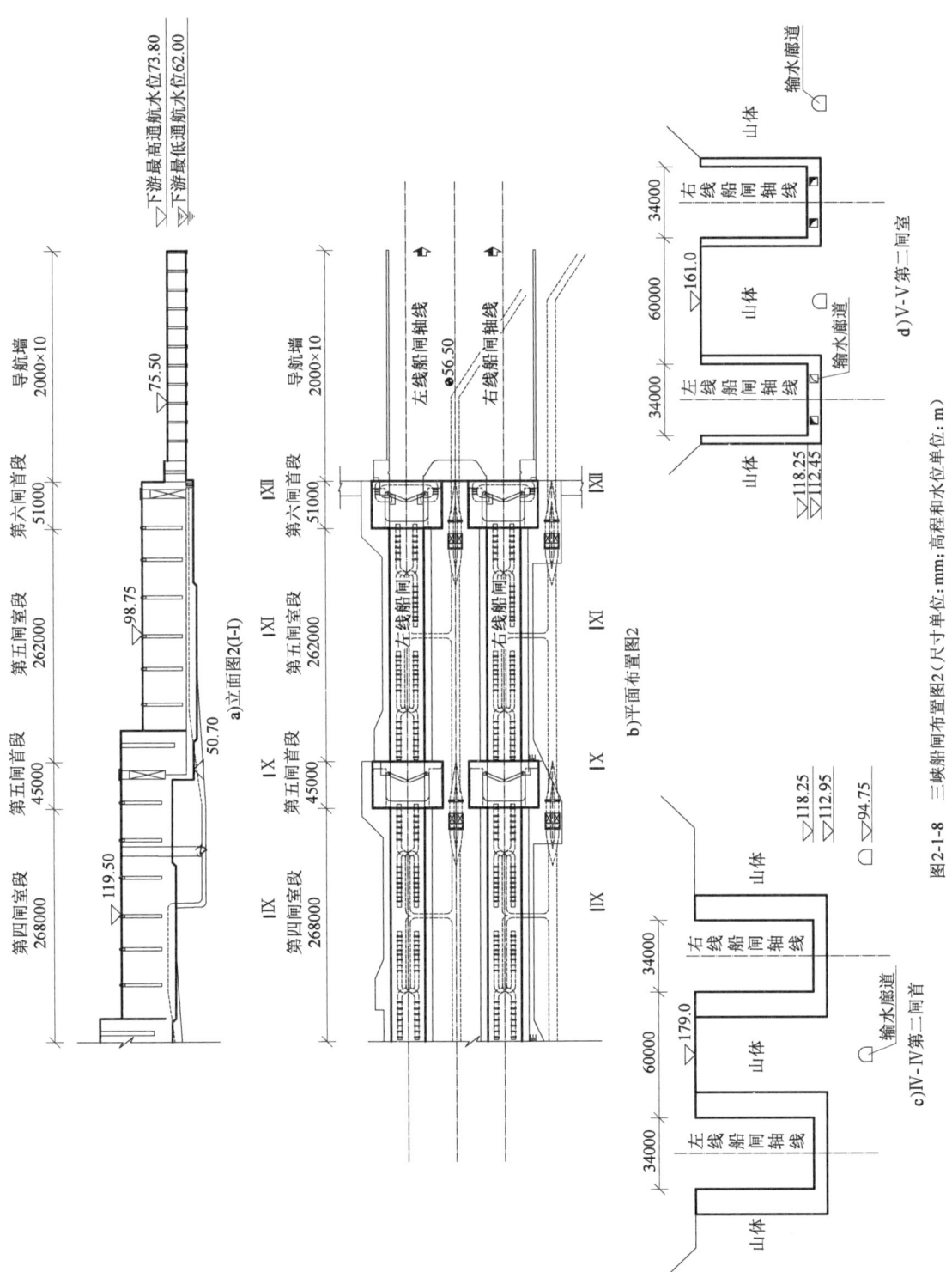

图 2-1-8 三峡船闸布置图2(尺寸单位: mm; 高程和水位单位: m)

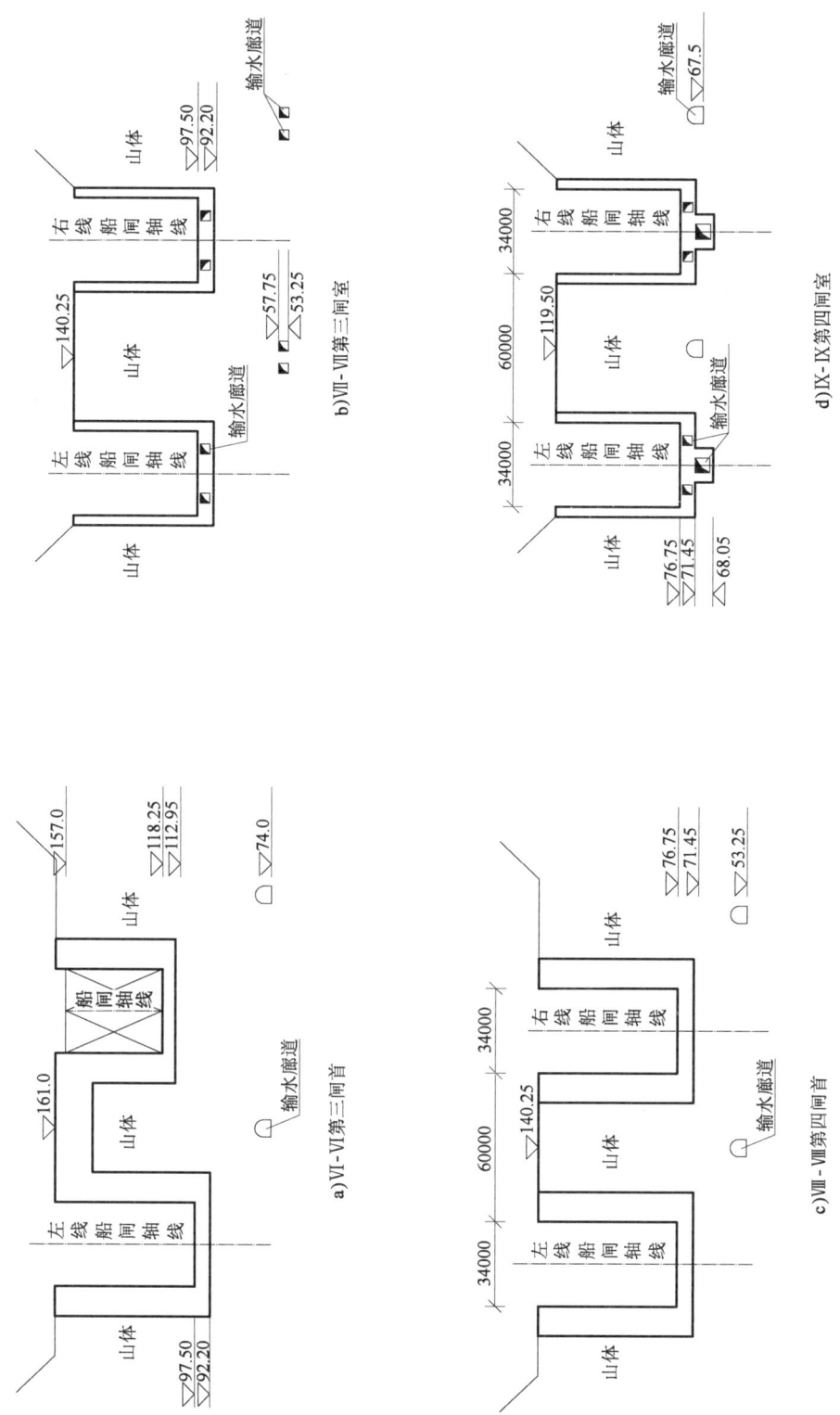

图2-1-9 三峡船闸布置图3（尺寸单位：mm；高程和水位单位：m）

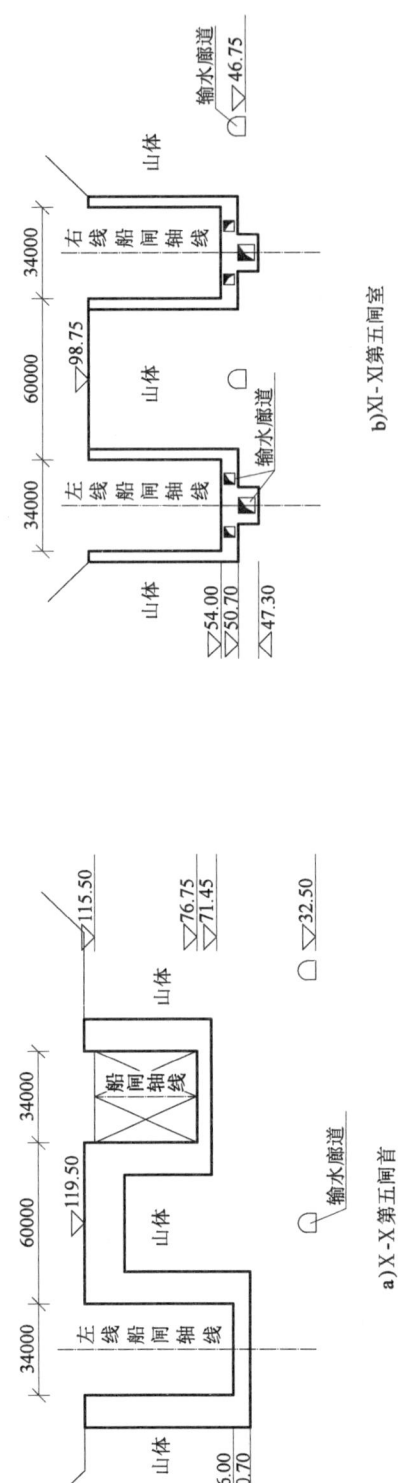
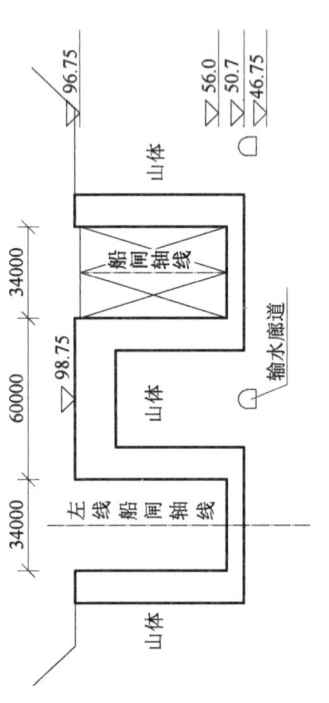

图2-1-10 三峡船闸布置图4（尺寸单位：mm；高程和水位单位：m）

2. 三峡升船机

升船机是三峡工程的重要通航设施之一,其主要作用是为客货轮和特种船舶提供快速过坝通道,并与双线五级船闸联合运行,加大枢纽的通过能力,保障通航质量。三峡升船机布置在河道左岸、坛子岭右侧,与左侧双线五级船闸相距约1000m,其轴线与主坝轴线呈80°交角。升船机等级为Ⅰ级,最大提升高度113.0m,采用全平衡齿轮齿条爬升式垂直升船机形式,承船厢有效尺寸120m×18m×3.5m,可通航3000吨级客货轮,设计升降速度0.2m/s,其上、下游设计通航水位与船闸相同。上游通航水位变幅30m,下游变幅11.8m,下游水位变率±0.50m/h,提升质量15500t。

三峡升船机由上游引航道、上闸首、船厢室段、下闸首和下游引航道等组成,从上游口门到下游口门全线总长约7300m。上、下游引航道按反对称型布置,上游引航道向左扩宽,下游引航道向右扩宽,靠船建筑物均布置在左侧,上游船舶过闸"曲进直出"、下游船舶过闸"直进曲出"。升船机上游引航道在上闸首以上以长400m的直线段,半径600m、圆心角22.8°的转弯段(弧长238m),再用直线段与船闸上游引航道相连。上游引航道底高程130m,正常运行期最低通航水位145m,清淤高程140.5m。上游引航道右侧布置长130.6m的支墩式导航浮堤,主要起导航、防浪隔流及供单向过闸时船舶停靠作用,浮堤轴线与升船机中心线平行。堤艏及两段浮箱间设定位导向支墩,堤艉与上闸首右边墩相连,支墩间浮箱采用钢筋混凝土箱形结构。上游靠船建筑物布置在引航道左侧,由4个中心距30m直线排列的靠船墩组成,总长90m。靠船墩轴线连线与升船机引航道中线呈25°夹角(左偏),下游靠船墩距升船机上闸首253m,距上游引航道中心线73m。靠船墩总高度51.5m,墩身为直径6m的圆柱形。

升船机下游引航道总长约4400m,分为两段:从口门至升船机与船闸引航道交叉部位长约1800m、宽180m,口门宽200m;分叉部分往上至升船机下闸首长约2600m、宽80~105m。引航道左侧主导航墙长88m,与下闸首左边墩平直连接,沿主导墙每20m设一排固定式系船柱,系船柱竖向间距1.5m;靠船建筑物布置在下闸首左侧约300m以外,长100m。右侧辅导墙自下闸首右边墩以8.5°角向右扩宽,扩宽段长120m。

上闸首位于大坝非溢流段,采用整体U形结构,顶高程185.0m,顺水流方向长130m、宽62.0m,其中航槽宽18.0m,两侧边墩宽22.0m,最小水深4.0m。为适应通航和防洪的需要,布置有活动公路桥、闸首检修门槽、泄水系统、辅助系门、工作门和闸门启闭机等设备。船厢室段位于上、下闸首之间,由承船厢、承重结构、平衡重系统、机房结构及电气设备等组成,船厢室长121m、宽58.4m,承重结构宽16.0m。承重结构由2个筒体和3道承重墙组成,每个筒体长40.3m、宽16.0m、高146.0m。承重墙与筒体间在不同高度通过联系梁连接,承重结构建基面高程48.0m、底板高程50.0m、顶高程196.0m,每侧承重结构顶布置机房。左右承重结构在高程196.0m通过中控室、参观平台和横梁实现横向连接。

在每个塔柱的船厢侧设有容纳船厢驱动系统和安全系统的凹槽,塔柱结构的内部沿程均设有供平衡重组上下运行的轨道、疏散楼梯和电梯等设施。

船厢外形长132.0m,两端分别伸进上、下闸首各5.5m,船厢标准横断面外形宽23.0m、高10.0m,船厢结构、设备及厢内水体总质量约15500t,由相同质量的平衡重平衡。船厢结构采用盛水结构与承载结构焊接为整体的自承载式。船厢驱动系统和事故安全机构对称布置在船厢两侧的4个侧翼结构上,侧翼结构伸入4个塔柱的凹槽内。4套驱动机构通过机械轴联结,形成机械同步系统。安全机构的旋转螺母柱通过二期埋件安装在塔柱凹槽的混凝土墙壁上。船厢两端设下沉式弧形闸门,由2台液压油缸启闭。紧邻船厢门的内侧设有钢丝绳防撞装置,2根钢丝绳间距120m,工作时钢丝绳拦在闸门前,过船时钢丝绳通过吊杆提起。船厢两端分别布置1套间隙密封机构,船厢与闸首对接时Y形密封圈从U形槽推出,形成密封区域。在船厢两侧的主纵梁内反对称布置2套水深调节系统,两种同时运行并互为备用。4套对接锁定装置布置在安全机构上方,在船厢与闸首对接时利用可张合的旋转螺杆将船厢竖向锁定。船厢上还设有4套横导向装置和2套纵导向装置,横导向装置布置在驱动机构下方,除正常导向功能外还用于承载横向地震耦合力;纵导向装置位于船厢横向中心线上,除用于船厢的纵向导向外还用于对接期间顶紧及承担船厢的纵向地震荷载。船厢由256根φ74mm的钢丝绳悬吊,钢丝绳分成16组对称布置在船厢两侧,一端与船厢主纵梁连接,另一端绕过塔柱顶平衡滑轮后与平衡重连接。因钢丝绳长度变化造成不平衡荷载通过悬挂在平衡重下的平衡链予以补偿,平衡链的另一端绕过船厢底部的导向装置后与承船厢连接。16组平衡重对称布置在两侧机房内,每组包括8片双槽滑轮,每片滑轮独立支承。

下闸首采用整体式U形结构,顺水流方向长37.15m、宽58.4m、顶高程84.0m,航槽宽18.0m。布置有工作门、检修叠梁门及工作门启闭机等设备。

三峡升船机具有提升高度大、重量大、上游通航水位变幅大和下游水位变化速率快的特点,是目前世界上技术难度和规模最大的升船机,在工程建设期间曾因形式问题而缓建。后经多方比选,提出了将原设计的"钢丝绳卷扬全平衡垂直提升式"修改为"齿轮齿条爬升式"方案。2007年10月,升船机复建工程恢复施工,2016年9月18日,三峡升船机开始试运行。在工程建设中进行了多项关键技术攻关,主要包括:攻克了齿轮、齿条、螺母柱、超大型船厢结构等关键设备制造技术难题,促进了国内精密设备制造技术和制造工艺的发展;制定了施工过程中测量操作规程和质量管理规程,有效解决了目前世界上最大升船机高精度施工测量控制难题;攻克了混凝土塔柱结构和升船机运行机构之间变形协调问题;促进了我国升船机设计和制造技术发展。

三峡升船机技术参数见表2-1-3。三峡升船机实景图如图2-1-11、图2-1-12所示。三峡升船机鸟瞰图如图2-1-13所示。三峡升船机布置图如图2-1-14所示。

三峡升船机技术参数表　　　　　　　　　　　　　　　　　　　　　　　　表 2-1-3

河流名称		长江		建设地点	湖北省宜昌市三斗坪镇
形式		全平衡齿轮齿条爬升式		运行方式	齿轮齿条爬升式
吨级		3000		承船厢尺度(m)	132.0×23.4×10.0
承船厢总质量(t)		15500		船厢门类型	卧倒式
最大升程(m)		113		过坝时间(min)	40
年通货总量 (单向,万 t)		626		平衡重系统	悬挂式
设计通航 水位 (m)	上游	最高	175.00	主提升电机	交流变频调速电动机
		最低	145.00	悬吊系统	钢丝绳卷扬
	下游	最高	73.80	减速装置	—
		最低	62.00	同步轴装置	闭环同步轴
卷筒装置		—		制动系统	—
结构形式	上游引航道	支墩式导航浮堤		启闭设备	上闸首检修门	单向桥机
	下游引航道	重力式结构			上闸首工作门	桥机+液压
	上闸首	整体式			下闸首工作门	液压
	船厢室段	整体式			下游检修门	双向桥机
	下闸首	整体式				
设计水平年 (年)		2030		建成年份(年)	2016
				运用情况	良好

图 2-1-11　三峡升船机实景图

图 2-1-12 三峡升船机实景图

图 2-1-13 三峡升船机鸟瞰图

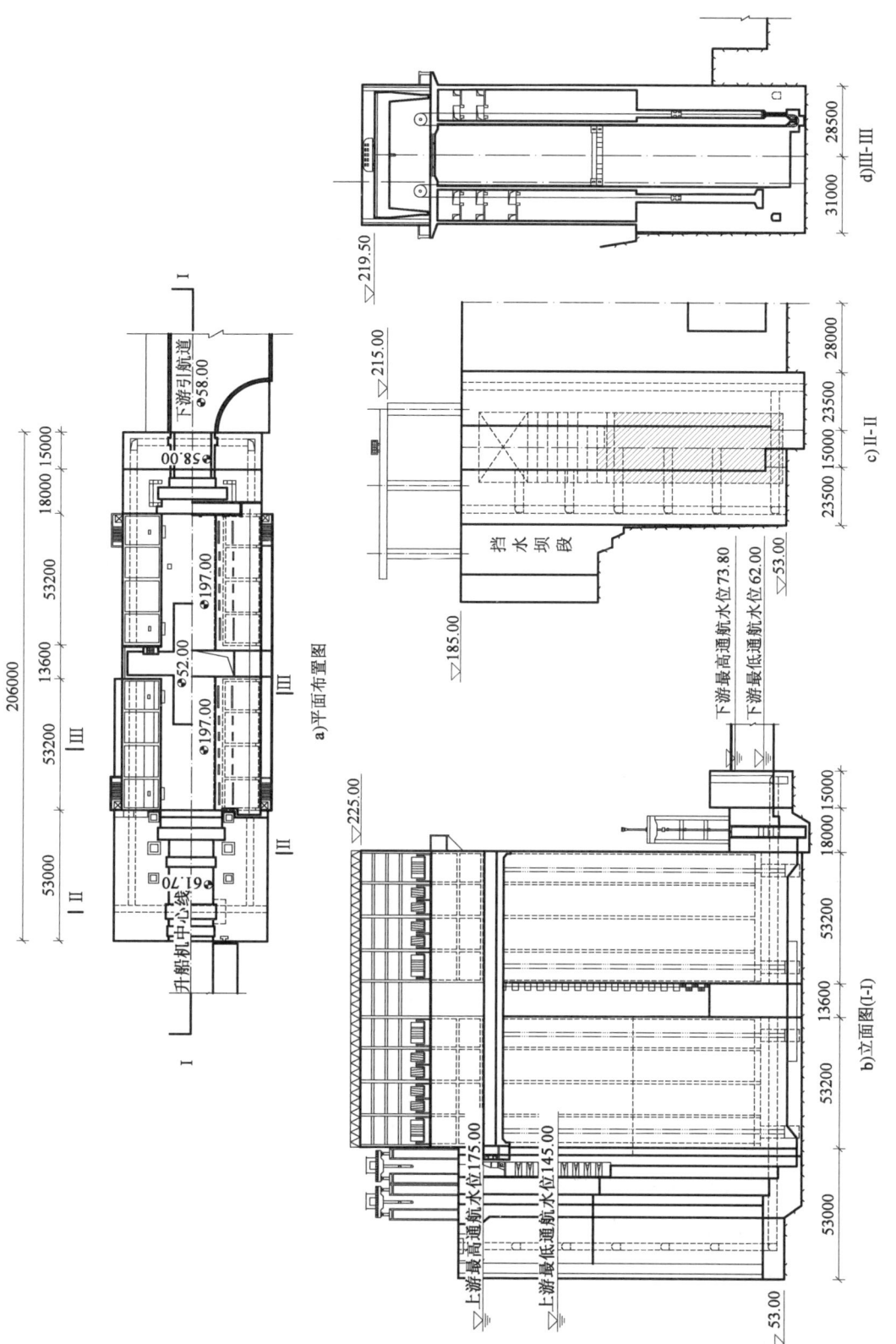

图2-1-14 三峡升船机布置图（尺寸单位：mm；高程和水位单位：m）

3. 三峡新通道建设的必要性及主要方案

三峡工程是世界上最伟大的水利工程,具有巨大的防洪、航运和发电效益。三峡工程自 2003 年 6 月试通航以来,在长江经济带发展和长江黄金水道建设的战略背景下,受腹地经济快速增长、三峡库区长约 663km(正常蓄水位)深水航道诱导等的影响,三峡过坝货运量持续增长,由 2003 年约 1581 万 t 到 2011 年达到 1.08 亿 t,首次突破设计通过能力。三峡船闸通过能力不足的瓶颈问题开始显现,但这也说明水运作为绿色低价的运输方式,具有强劲的市场竞争能力。自此以后,航运管理部门通过采用压缩船闸检修维护时间、常年维持 24h 不间断运行、优化过闸管理等多种措施,使三峡过坝货运量持续增长。2018 年,三峡过坝货运量达到 1.44 亿 t,能力已发挥到极限,待闸船舶日平均 883 艘,平均待闸时间约 6d,即使在新冠肺炎疫情严重肆虐的 2020 年,三峡待闸船舶日均仍达到 511 艘,最大达到 1100 艘,平均待闸时间 4.6d,最长待闸时间 20d,待闸区域分布在枢纽上、下游长约 542km 的河道范围内,已成为长江上游航运发展的瓶颈。因此,尽快实质性启动三峡新通道和葛洲坝航运扩能工程项目,提升长江航运供给能力十分必要。为此,国家有关部门及重庆市已将三峡新通道建设列入"十四五"建设发展规划。

根据国内多家单位预测,如不受到瓶颈制约,在 2050 年,三峡过坝货运量将增加到 2.6 亿~3.5 亿 t,在《交通运输部办公厅关于报送三峡水运新通道设计代表船型初步研究成果的函》中,将船舶尺度 130m×(16.3~22)m×5.5m(船长×宽×吃水),载质量 3500~10500t 的船舶作为三峡水运新通道的主要代表船型。根据过坝货运量预测和过闸船型研究成果,进行了平面尺度为 280m×34m(闸室长×宽,下同)、280m×40m、340m×40m、400m×40m 和 400m×46m 等多种方案对比研究。经多方协调,目前推荐的三峡新船闸尺度为 280m×40m×8m(闸室长×宽×门槛水深)。

三峡新通道建设工程主要包括三峡新船闸和葛洲坝航运扩能工程两部分。经初步比较研究:三峡新船闸布置在既有船闸以左的坡地上,推荐方案暂采用高中低三条轴线中的低线方案,即在三峡既有船闸左侧约 800~1000m 的坡地,修建双线五级连续船闸,双线船闸闸室尺度均为 280m×40m×8m;葛洲坝航运扩能工程推荐方案为拆除三江航道左侧既有的三号小船闸,在原址及以左修建两线与三峡新船闸尺寸相同的大船闸,同时挖深扩宽三江航道,使其最小水深达到 7.5m 要求。三峡新通道建设方案涉及的工程规模与船闸尺度、船闸轴线选择与布置方案、葛洲坝船闸扩能布置方案及与三江冲沙闸和宜昌市的相互影响关系、施工期通航问题及特大型船闸建设自身的关键技术问题等亟须研究。有关工作目前正在积极筹划推进中。

三、葛洲坝枢纽

葛洲坝枢纽位于湖北省宜昌市、长江南津关下游约 2.3km 处,上距三峡枢纽 38km。

葛洲坝枢纽坝址控制流域面积约 100 万 km^2，多年平均年径流流量 4510 亿 m^3，多年平均流量 $14300m^3/s$，枢纽正常蓄水位 66.00m，死水位 63.00m，水库总库容 15.8 亿 m^3。枢纽设计洪水位 66.00m，设计洪水流量 $86000m^3/s$；校核洪水位 67.00m，校核洪水流量 $110000m^3/s$。长江出南津关后水流由东南急转向西南，江面由 300m 突然扩宽到坝址处的 2200m。由于泥沙沉积，在河面上形成葛洲坝、西坝两岛，把长江分为大江、二江和三江 3 个水道。天然情况下大江为长江的主河道，二江和三江在枯季断流。根据坝址区河道地形特点，枢纽布置格局为"一体两翼"，即从南津关以下到二江泄水闸的长江主泓为"一体"，在大江电站的右侧和三江分别布置大江航线和三江航线为"两翼"。枢纽挡水线全长 2595m，最大坝高 47m，坝顶高程 70m，主要建筑物从左至右依次为左岸土石坝、三江三号船闸、三江 6 孔冲沙闸和二号船闸、三江防淤堤、二江电站厂房和二江 27 孔泄水闸、大江电站厂房和排沙孔、大江防淤堤、一号船闸、大江 9 孔泄洪冲沙闸、右岸混凝土挡水坝段等。二江电厂装 7 台轴流转桨式机组，包括 2 台 170MW 和 5 台 125MW 机组，大江电厂装 14 台 125MW 机组，两电厂总装机容量 2715MW。葛洲坝的泄洪冲沙闸共计 42 孔，包括大江 9 孔泄洪冲沙闸、二江 27 孔泄水闸和三江 6 孔冲沙闸，每孔闸净宽 12m，闸下游底流消能。通航建筑物的布置为"两线三闸"总格局，一号船闸位于大江左侧，二号、三号船闸分别位于三江左右两侧，三线船闸设计总通过能力 5000 万吨/年（单向下行）。葛洲坝枢纽是中国在长江干线上修建的第一座大型水利水电工程，具有航运、发电和防洪等巨大的综合效益，并承担着三峡枢纽的反调节任务。

葛洲坝枢纽鸟瞰图如图 2-1-15、图 2-1-16 所示。

图 2-1-15　葛洲坝枢纽鸟瞰图

1. 葛洲坝一号船闸

葛洲坝一号船闸位于河道右侧的大江航线上，闸轴线与坝轴线垂直，船闸等级为 I 级，闸室有效尺度为 280m×34m×5.5m，最大设计水头 27.0m（上游正常蓄水位 66.0m −

下游最低通航水位39.0m),原设计最大通航4×3000吨级船队,目前主要通行3000~5000吨级货船,最大控制通航近7000吨级货船。船闸上游最高通航水位66.50m(水库正常运用高水位),最低通航水位63.0m;下游最高通航水位50.60m(流量35000m³/s),最低通航水位39.00m;最大通航流量35000m³/s。船闸上游与二江之间用长约1000m的防淤堤兼隔流堤分隔,下游用长390m的导航隔流墙和长900m、顶高程52m的江心堤分隔,使上、下游引航道基本为静水区。船闸引航道主导航墙及靠船建筑物均布置在左侧。上游引航道长1000m,其中左侧主导航墙(含进水段)长191.5m,上游停泊段为2艘浮式趸船;直线段以上接半径1000m的向家嘴弯道。下游引航道长2000m,其中左侧主导航墙长390m,主导航墙上布置系锚设施。上游引航道最小航宽160m,口门及口门内宽200m,设计水深5.5m;下游引航道最小航宽140m,在笔架山附近与天然航道相接处航宽170m,设计水深4.5m。船闸上、下闸首和闸室均采用分离式结构,在下闸首门后增设近坎冲淤设施。

图2-1-16 葛洲坝枢纽鸟瞰图

船闸输水系统采用闸墙长廊道闸底8支廊道四区段等惯性输水形式。上游进水口位于上游两侧进水段下部,采用侧向多支孔进口从引航道取水,进水口为7.0m×4.5m(高×宽,下同)的矩形,淹没水深14m。输水主廊道布置在闸室两侧墙体内,采用7.0m×5.0m的矩形,经鹅颈管廊道底高程由47.0m下降至23.5m,其后为工作阀门,阀门处廊道尺寸为5.5m×5.0m,阀门井后廊道顶部采用1:10的反坡向顶部扩大,高度由5.5m渐扩至7.0m,反弧门门楣设通气孔。两侧主廊道在闸室中部转入闸室,在轴线中部经第一分流口分成流向上、下半闸室的两纵向支廊道,第一分流口采用交错廊道布置的垂直分流形式,闸底纵支廊道为7.0m×6.0m的矩形。纵支廊道在闸室1/4和3/4处再通过第二分流口从两侧向上、下半闸室各分成4支纵向分支廊道,第二分流口的布置与第一分流口相似,亦为交错廊道布置的垂直分流形式。两侧分支廊道对称于闸室中心线,形成四区段均衡出水,分支廊道断面为3.15m×5.2m的矩形,净距12.6m,其顶部各设11个长5.2m、宽0.15~0.25m的出水缝,盖板消能。下游泄水廊道位于下闸首两侧边墩内,断面尺寸为

5.5m×5.0m 的矩形,阀门后未扩大。为减小负压,下闸首处廊道底高程较上闸首和闸室段降低 3.0m。右侧廊道水流泄入冲沙闸,左侧泄入下游引航道消能室,经上、下游侧设出水缝后,再经消力池消能进入下游引航道。一号船闸的工作闸门为人字门,由扇齿轮曲柄连杆式启闭机驱动;工作阀门为反弧门,采用液压启闭机驱动。一号船闸为葛洲坝二期工程,于 1982 年开工,1988 年 8 月 29 日首次通航,1990 年 5 月 1 日投入试运行。

葛洲坝一号船闸技术参数见表 2-1-4。

葛洲坝一号船闸技术参数表 表 2-1-4

河流名称		长江		建设地点		湖北省宜昌市
船闸有效尺度(m)		280.0×34.0×5.5		最大设计水头(m)		27
吨级		4×3000 吨级船队		过闸时间(min)		51~57
门型	闸门	上游	人字门	启闭形式	闸门	上游	扇齿轮曲柄连杆式
		下游	人字门			下游	
	阀门	上游	反弧门		阀门	上游	液压
		下游	反弧门			下游	液压
结构形式	上闸首		分离式	输水系统	形式		闸底 8 支廊道 4 区段等惯性输水系统
	下闸首		分离式		平均时间(min)		12
	闸室		分离式		廊道尺寸(m)		7.0×5.0/5.5×5.0（输水/泄水主廊道）
设计通航水位(m)	上游	最高	66.50	设计年通过能力（万 t）			5000（三线船闸单向下行）
		最低	63.00	桥梁情况			下闸首公路桥
	下游	最高	50.60				
		最低	39.00	建成年份(年)			1988

2. 葛洲坝二号船闸

三江航道是葛洲坝枢纽一条相对较独立的人工航道,上起王家沟,经前坪、过黄柏河口进入三江口至坝前,下游自船闸出口至镇川门与大江主河槽汇合,全长 6400m。坝上游三江航道最小宽 180m、口门宽 230m,正常通航水位 63~66m;坝下游最窄处宽 120m、口门宽 150m,两岸边坡 1:2.5,水平渠底高程 34.5m。

葛洲坝二号船闸位于三江右岸,三号船闸位于三江左岸,中间为 6 孔冲沙闸,二号船闸轴线与坝轴线斜交角度为 81.5°,船闸等级为Ⅰ级,闸室有效尺度为 280m×34m×5.0m,最大设计水头 27.0m,原设计最大通航 4×3000 吨级船队,目前实行迎向运行,主要通行 3000~5000 吨级货船,最大控制通航近 7000 吨级货船。船闸上游最高通航水位 66.50m(水库正常运用高水位),最低通航水位 63.0m;下游最高通航水位 54.50m(流量 60000m³/s),最低通航水位 39.00m;最大通航流量 60000m³/s。船闸引航道采用不对称型布置,上、下游引航道均向左扩宽,主导航墙及靠船建筑物均位于右侧,船舶过闸均采取"直进曲出"的方式。上、下游右侧主导航墙长均为200m,上游靠船段布置在距上闸首约520m以上,下游靠船段布置在距下闸首约650m以下,上、下游靠船段长均为200m,各布置9个中心距为25m的靠船墩。船闸上闸首和闸室均采用分离式结构,下闸首采用整体式钢筋混凝土结构。

船闸输水系统采用闸墙长廊道、闸底三区段纵横支廊道侧向出水加消能明沟形式。上游进水口位于上游两侧进水段下部,采用侧向6支孔进口直接从引航道取水,进水口为7.0m×4.5m(高×宽,下同)的矩形,最小淹没水深8m。输水主廊道位于闸室两侧墙体内,采用7.0m×5.0m的矩形,经鹅颈管廊道底高程由45.0m下降至25.0m,其后为工作阀门,阀门处廊道尺寸为5.5m×5.0m,阀门井后廊道顶部为1:10反坡向顶部扩大,底部经一平段后按1:9向上抬高,在闸室上段廊道渐扩至7.0m,反弧门门楣设通气孔。在闸室中部近80m范围内每侧各布置5个侧支廊道,其中,前后支廊道在上、下游纵向支孔进口设分流墙,支孔尺寸为2.5m×4.9m的矩形。为保证单边运行的需要,靠闸室中间侧设联通管联通。上、下游侧支廊道进入闸室后在两侧转90°弯进入上、下游闸室,在分隔墙末端汇合成2.5m×4.9m的矩形纵支廊道,两侧纵支廊道对称于船闸轴线,长约35m,轴线间距15.5m。在纵支廊道两侧沿程布置18对高0.75m、宽0.42~0.5m的出水孔,孔外设明沟消能。在闸室中部布置6个横支廊道,每侧3个,交错布置,间距10m,横支廊道进口高1.5m、宽2.1m,沿程收窄;横支廊道上、下游两侧各布置7个高0.7m、宽0.4m的出水孔,孔外设明沟消能。下游泄水廊道布置在下闸首两侧边墩内,在闸室下游段廊道下降,顶底高程及尺度与上闸室相同,其后接工作阀门,阀门处廊道断面为5.5m×5.0m的矩形,门后顶部按1:10扩大,其高度由5.5m渐变至7.0m。左侧泄水廊道穿过冲沙闸边墙伸向三江,廊道底高程逐渐下降至22.0m,从三江冲沙闸消力坎处出水;右侧廊道在阀门下游约55m处转向紧靠下闸首引航道内的消能室,经消能室消能后从上、下游侧出水孔出水。葛洲坝二号船闸的工作闸门为人字门,采用扇齿轮曲柄连杆式启闭机驱动;工作阀门为反弧门,采用液压启闭机驱动。三江航道及二号、三号船闸为葛洲坝一期工程,1970年12月30日开工,1981年6月15—22日试通航,1985年4月18日竣工验收。

葛洲坝二号船闸技术参数见表2-1-5。

葛洲坝二号船闸技术参数表　　表2-1-5

河流名称	长江	建设地点	湖北省宜昌市
船闸有效尺度(m)	280×34×5.0	最大设计水头(m)	27
吨级	4×3000吨级船队	过闸时间(min)	51~57

续上表

门型	闸门	上游	人字门	启闭形式	闸门	上游	扇齿轮曲柄连杆式
		下游	人字门			下游	
	阀门	上游	反弧门		阀门	上游	液压
		下游	反弧门			下游	液压
结构形式	上闸首		分离式	输水系统	形式		闸底三区段纵横支廊道侧向出水
	下闸首		整体式		平均时间(min)		12
	闸室		分离式		廊道尺寸(m)		7.0×5.0(高×宽)
设计通航水位(m)	上游	最高	66.50	设计年通过能力(万t)			5000(三线船闸单向下行)
		最低	63.00				
	下游	最高	54.50	桥梁情况			上闸首升降式桥梁
		最低	39.00	建成年份(年)			1981

3. 葛洲坝三号船闸

葛洲坝三号船闸位于三江左岸,闸轴线与坝轴线正交,闸室有效尺度为120m×18m×3.5m,最大设计水头27m,可通过3000吨级以下客货轮和地方船队客货轮。三号船闸引航道采用准反对称型布置,上游引航道向右扩宽,下游引航道向左扩宽,上、下游靠船建筑物均布置在左侧岸边,上行船舶过闸"曲进曲出"、下行船舶过闸"直进直出"。上游引航道左侧主导航墙长70m,其上游布置6个中心距为20m的独立靠船墩,最下游靠船墩与坝轴线相距300m;右侧辅导航墙为长20m的直线,与船闸中心线夹角20°。下游引航道右侧主导航墙长135m,其下游接12个中心距为9m的叶片形导流墩,导流墩段长110m,墩轴线与船闸轴线夹角20°;左侧辅导航墙上游直线扩宽段长20m,与船闸轴线夹角20°,其后接半径17m、圆心角48.38°的圆弧,圆弧后再接长20m的直线,并与1:2.5的岸坡衔接,在辅导航墙下游(距下闸首120m)布置6个中心距为20m的靠船墩,靠船线与主导航墙平行,距离50m。船闸上、下闸首和闸室均采用分离式结构。

船闸输水系统采用闸墙长廊道、简单等惯性两区段纵向支廊道加消能盖板形式。上游进水口位于上游两侧进水段下部,采用侧向4支孔进口,进口尺寸为7.0m×2.5m(高×宽,下同)的矩形,最小淹没水深11.5m,右侧从冲沙闸侧取水,左侧从引航道内取水。输水主廊道布置在闸室两侧墙体内,采用4.0m×3.0m的矩形,经鹅颈管廊道底高程由47.0m下降至27.0m,其后接工作阀门,阀门处廊道尺寸为3.0m×3.0m,阀门井后廊道顶部为1:12的反坡向顶部扩大,底部经一平段后按1:9向上抬高,廊道底高程由27.0m渐变至28.5m,高度由3.0m渐扩至4.0m。每侧主廊道在闸室中部布置2个尺寸为2.0m×4.0m的侧支廊道,上游支廊道转入闸室后平行于闸轴线向上半闸室延伸,下游支廊道转入闸室后平行于闸轴线向下半闸室延伸，两侧纵支廊道对称于船闸轴线，4个纵支廊道均长44m，且均为断面为2.0m×4.0m的矩形，顶部沿程布置12个间距4.0m的出水缝，缝长4.0m、宽0.15m，缝上设盖板消能。下游泄水廊道布置在左右闸墙和下闸首两侧边墩内，在阀门前主廊道按1∶9的坡度下降，过阀门后廊道顶高程按1∶12的反坡上升，底部经一平段后再按1∶12的反坡升高1.5m，在下闸首出口前，廊道高度由3.0m渐变至4.0m，随后左侧廊道转入下游引航道消能室，消能室上、下游侧沿程布置18个高1.0m、宽0.8m的出水孔，出水孔后设消力池消能；右侧廊道采用旁侧泄水，出水口在下闸首转向冲沙闸侧，分成5个高2.0m、宽1.44m的出水口，从冲沙闸侧泄水。葛洲坝三号船闸工作闸门为人字门，采用齿轮曲柄连杆式启闭机驱动；工作阀门为反弧门，采用液压启闭机启动。三号船闸为葛洲坝一期工程，1970年12月30日开工，1981年6月15—22日试通航，1985年4月18日竣工验收。

葛洲坝枢纽是我国在万里长江上建设的第一座大型水利枢纽。葛洲坝枢纽的成功建设，不仅为我国提供了强大的电力，还起到了改善三峡两坝间航道条件、对三峡电站进行反调节等重要作用，具有巨大的社会效益和经济效益；同时为我国培养了一支高水平水利水电枢纽设计、施工和科研队伍，为后期三峡工程的上马决策和建设积累了宝贵经验。葛洲坝船闸为我国在水利枢纽上首批修建的高水头大中型船闸，在复杂河势和水沙条件下，解决了以下重大技术难题：

①通过对上游航道进行整治和在上游引航道靠主河道一侧合理布置防淤隔流堤，成功地解决了由于葛洲坝地处峡谷出口分汊河道的复杂水流条件，较好地满足了船闸引航道口门区的通航水流条件。

②通过布置防淤隔流堤，并在限制水域内设置冲沙闸以束水攻沙，即"静水通航、动水冲沙"的运行方式，解决了引航道及口门泥沙淤积影响通航的问题。

葛洲坝三号船闸技术参数见表2-1-6。

葛洲坝三号船闸技术参数表　　　　　表2-1-6

河流名称		长江		建设地点		湖北省宜昌市
船闸有效尺度(m)		120×18×3.5		最大设计水头(m)		27
吨级		3000		过闸时间(min)		40
门型	闸门	上游	人字门	启闭形式	闸门	上游	齿轮曲柄连杆式
		下游	人字门			下游	
	阀门	上游	反弧门		阀门	上游	液压
		下游	反弧门			下游	液压
结构形式	上闸首		分离式	输水系统	形式		简单等惯性两区段纵向支廊道+消能盖板
	下闸首		分离式		平均时间(min)		8
	闸室		分离式		廊道尺寸(m)		4.0×3.0

续上表

设计通航水位(m)	上游	最高	66.50	设计年通过能力（万 t）	5000（三线船闸单向下行）
		最低	63.00		
	下游	最高	54.50	桥梁情况	上闸首升降式桥梁
		最低	39.00	建成年份(年)	1981

4. 葛洲坝航运扩能工程

葛洲坝航运扩能工程是三峡新通道的重要组成部分。根据前期初步研究成果，葛洲坝航运扩能工程主要方案是拆除葛洲坝现有的三号船闸，在三号船闸原址及以左修建三号和四号大船闸，两线船闸尺度均为 280m×40m×8.0m，与三峡新船闸尺度相同。同时开挖扩宽三江航道，使其最小航深满足 7.5m 要求。该方案存在的主要问题是：新船闸的建设将占用宜昌市部分滨河路等工程，存在新船闸建设对宜昌市的影响和施工期通航问题。有关工程方案和关键技术目前正在积极筹划研究中。

葛洲坝一号船闸、三号船闸实景图如图 2-1-17、图 2-1-18 所示。葛洲坝一号船闸、二号船闸、三号船闸布置图如图 2-1-19～图 2-1-21 所示。

图 2-1-17 葛洲坝一号船闸实景图

图 2-1-18 葛洲坝三号船闸实景图

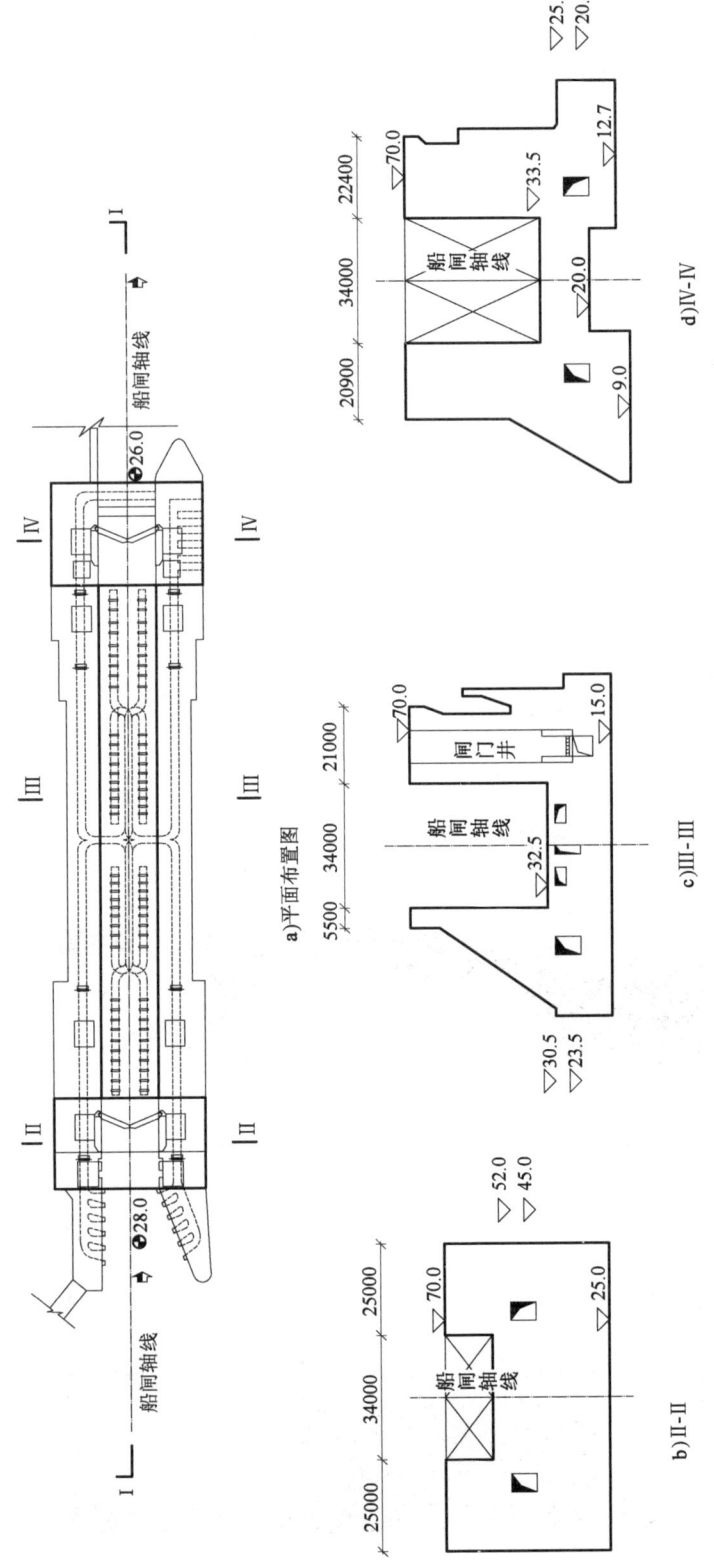

图2-1-19 葛洲坝一号船闸布置图（尺寸单位：mm；高程和水位单位：m）

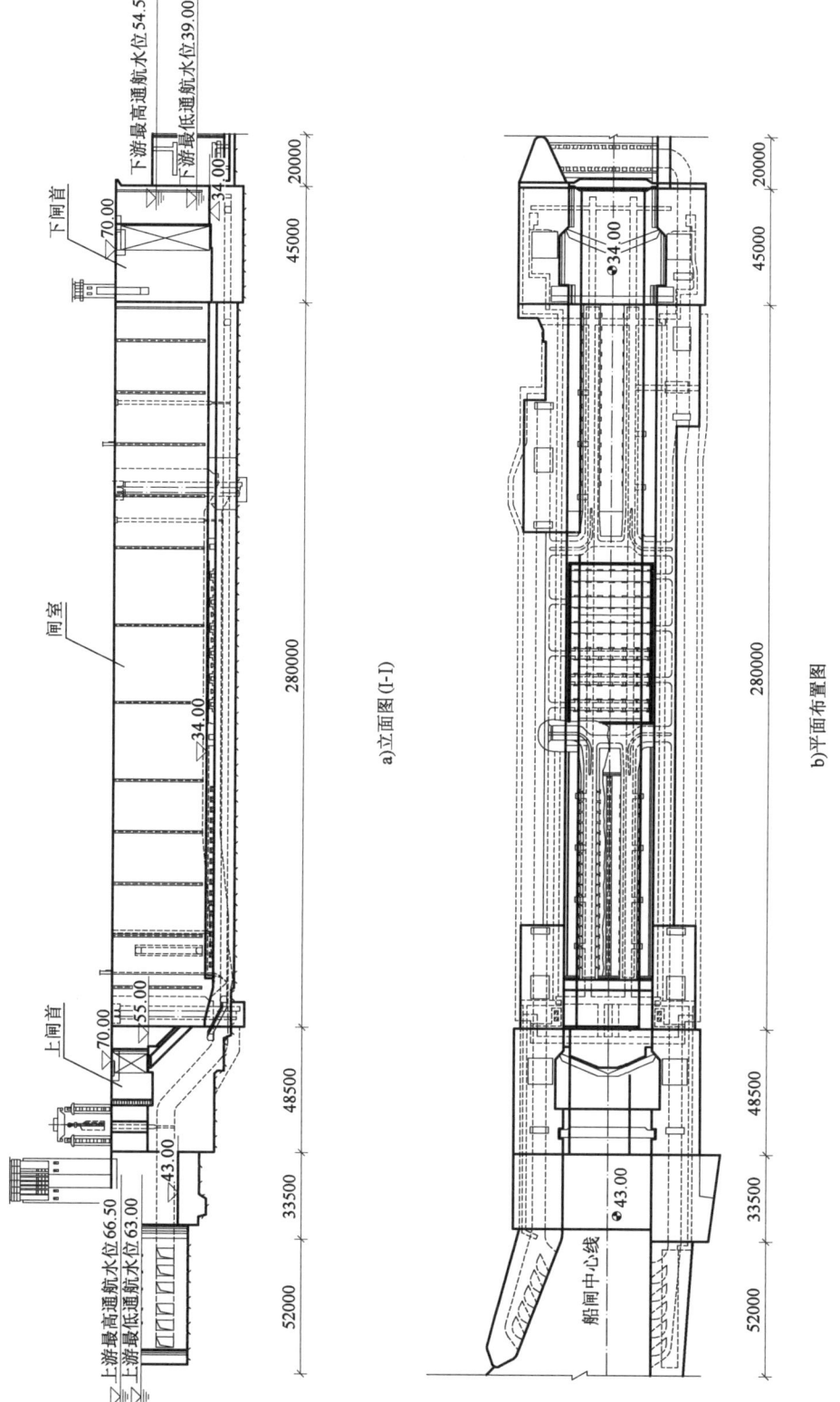

图2-1-20 葛洲坝二号船闸布置图（尺寸单位：mm；高程和水位单位：m）

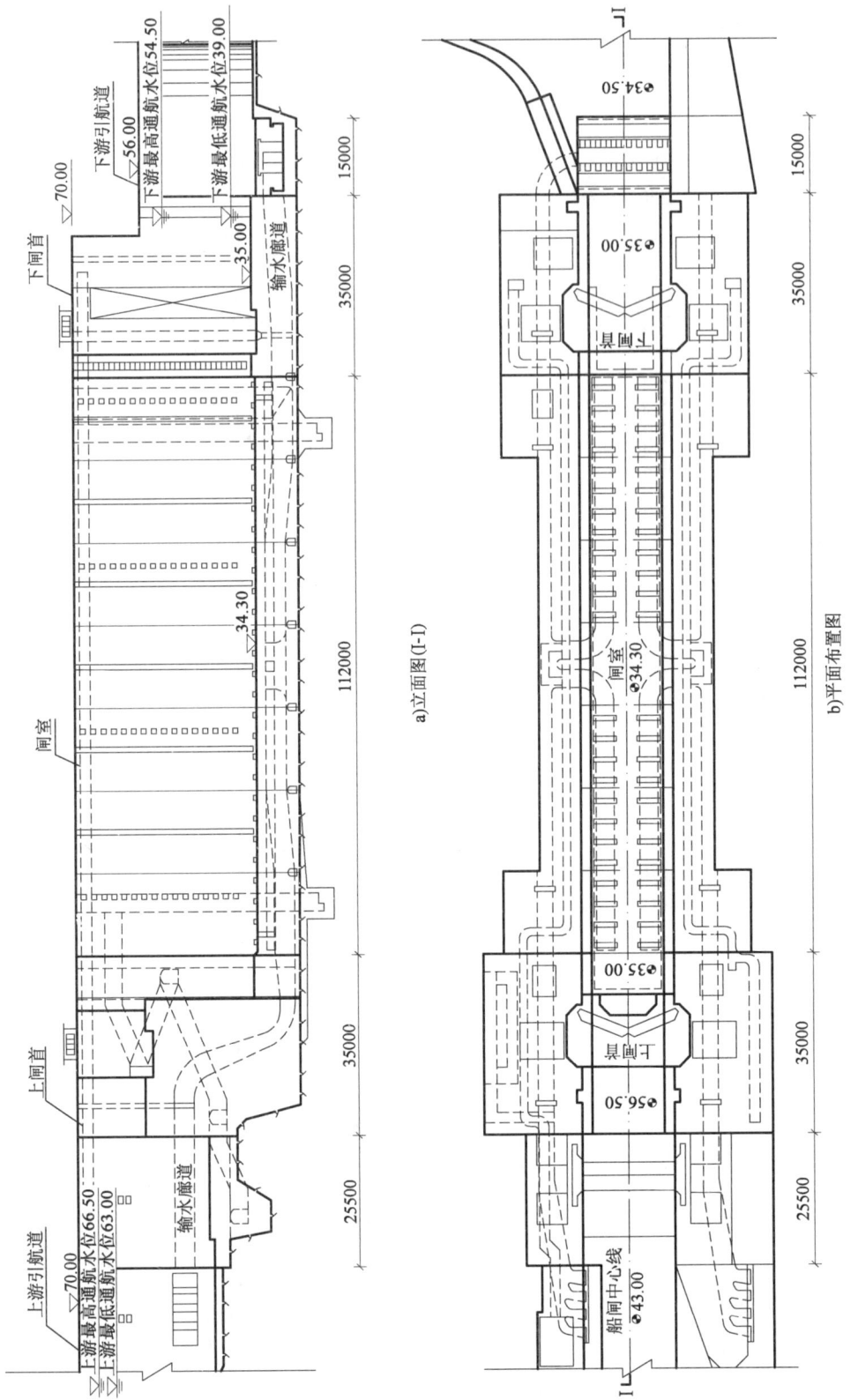

图2-1-21 葛洲坝三号船闸布置图（尺寸单位：mm；高程和水位单位：m）

第二节 岷江通航建筑物

岷江发源于四川省阿坝藏族羌族自治州松潘县境内岷山南麓,岷江发源地分东、西两源,东源弓杠岭,西源朗架岭,两源汇流于松潘漳腊。汇流后,南经茂汶、汶川、都江堰、成都、彭山、眉山、青神、乐山、犍为、宜宾等县市,在宜宾市汇入长江。全长669km,流域面积130000km²,是长江上游主要支流之一。

岷江源头至都江堰段为上游,都江堰至乐山段为中游,乐山至宜宾段为下游。岷江上游河段穿行于高山峡谷之间,河流比降大,流速亦较大;中下游河流穿越成都平原和丘陵区,河道比降及水流均相对较平缓。岷江上游历来为不通航河段,以水电开发为主。岷江至都江堰鱼嘴以后分为内、外两江,内江为灌溉渠系,外江为排洪河道,两江于眉山市彭山区江口镇汇合。岷江中下游沿程汇集的主要支流有:沙河、江安河、卢溪河、思蒙河、泥溪河、大渡河、茫溪河、马边河、越溪河等。岷江成都至宜宾段历来都为通航河道,航道里程348km,沿程分布有成都、乐山、宜宾等港口,特别是乐山至宜宾段为大件航道。目前,成都至乐山段航道等级为Ⅵ级,规划航道等级为Ⅳ级,航道里程186km,规划的航电枢纽包括江口、尖子山、汤坝、张坎、季时坝、虎渡溪、汉阳、板桥8座梯级,其中汉阳梯级于2015年建成,尖子山、汤坝、虎渡溪枢纽在建;乐山至宜宾段现状航道等级为Ⅳ级,规划航道等级为Ⅲ级,航道里程162km,规划的航电枢纽包括老木孔、东风岩、犍为和龙溪口4座梯级,其中犍为枢纽基本建成。

岷江枢纽梯级规划图如图2-2-1所示。

1. 尖子山船闸

尖子山航电枢纽位于四川省眉山市彭山区境内,是岷江干流彭山江口至乐山岷江三桥段梯级规划中的第一级,上距成都市区65 km,下距简蒲高速公路岷江大桥2.4 km,其下游水位与汤坝枢纽相衔接。尖子山枢纽坝址集雨面积30765km²,多年平均流量593m³/s,枢纽正常蓄水位426.0m(1956黄海高程),消落水位425.5m。枢纽设计洪水位423.84m($P=2\%$),设计洪水流量13600m³/s;校核洪水位425.83m($P=0.2\%$),校核洪水流量17700m³/s。尖子山枢纽坝线全长957m,主要建筑物从左至右依次为左岸非溢流坝(土石坝)、泄洪(冲沙)闸、电站厂房、船闸、右岸非溢流连接坝等。尖子山电站厂房和船闸均集中布置在河道右岸,厂房靠河侧、船闸靠岸侧,厂房内装3台灯泡贯流式机组,总装机容量69MW;20孔泄洪(冲沙)闸布置在河床中央,每孔闸净宽12m。该枢纽是一座以航为主、航电结合,兼顾水环境综合整治和防洪功能等,并促进区域经济发展的中型航电枢纽工程。枢纽主体工程于2019年10月开工,预计2022年8月投入运行。

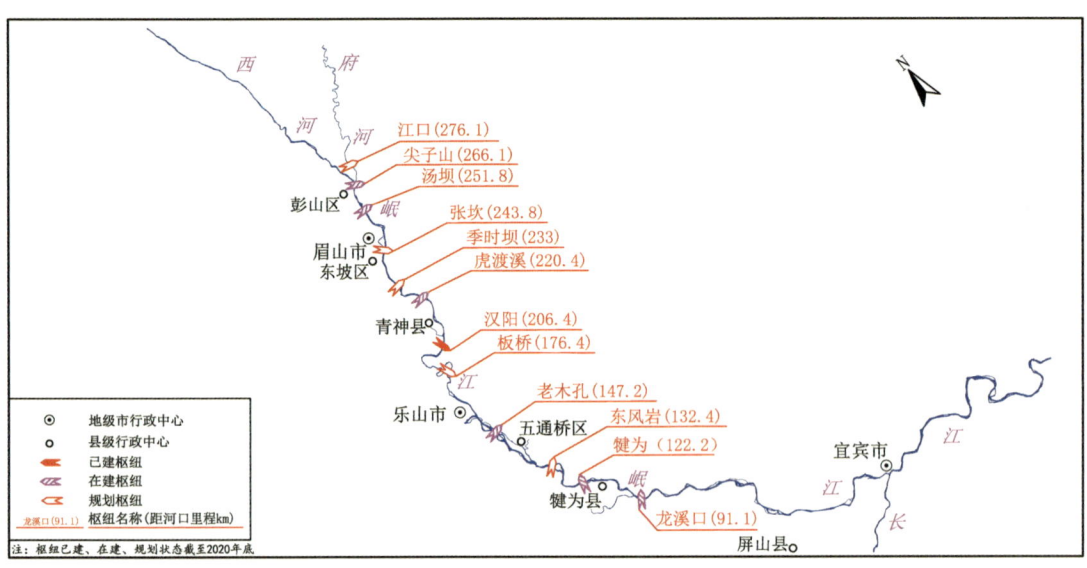

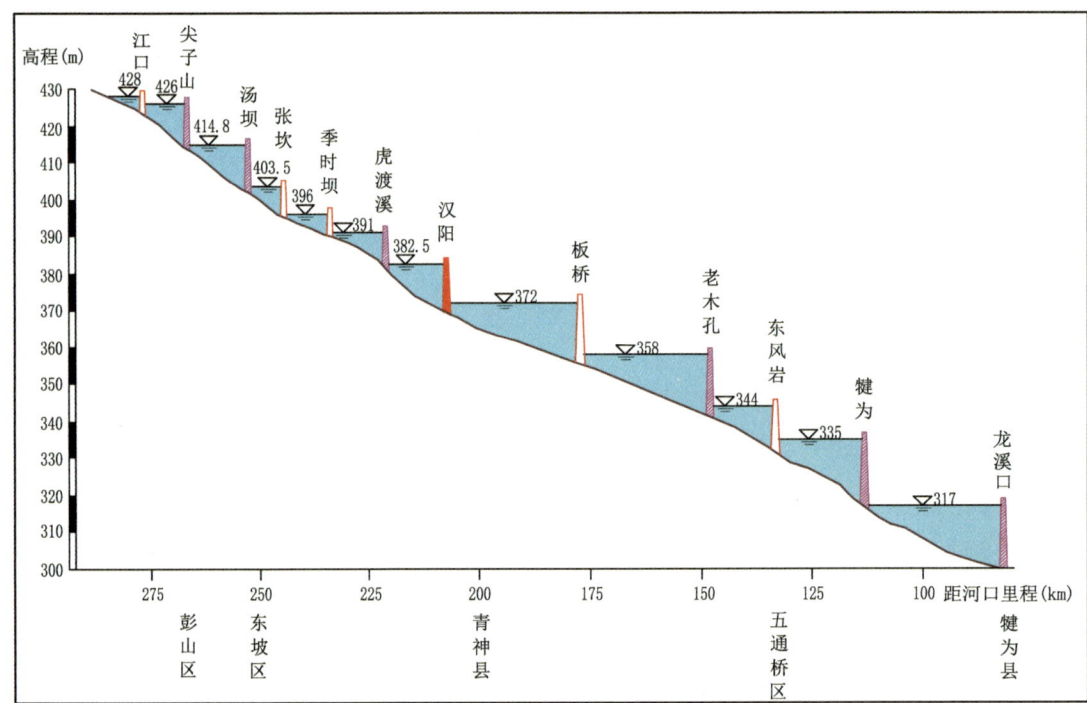

图 2-2-1 岷江枢纽梯级规划图

尖子山船闸布置在河道右岸岸边,左与电站厂房相邻。船闸等级为Ⅳ级,闸室有效尺度为 120m×16m×3.5m,最大设计水头 11.7m(上游正常蓄水位 426.00m – 下游最低通航水位 414.30m),通航 500 吨级船舶兼顾 1000 吨级船舶,设计双向通过能力 266.5 万吨/年。尖子山船闸上游设计最高通航水位 426.00m(枢纽正常蓄水位),最低通航水位 425.50m(枢纽死水位);下游设计最高通航水位 419.88m($P=33.3\%$ 洪水对应下游水位),最低通航水位414.30m(下游汤坝枢纽消落水位)。上、下游引航道均采取向右扩展的不对称型布置,上、下主导航墙均位于右侧岸边,船舶过闸均采取"曲进直出"的方式。上游引航道外侧直线导航墙(辅导航墙)长180m,内侧主导航墙扩展段长80m,上游直线段长205m,布置7个中心距为20m的靠船墩;下游引航道外侧直线导航墙(辅导航墙)长270m,内侧主导航墙扩展段长80m,下游直线段长55m,直线段以下布置7个中心距为20m的靠船墩;上、下游引航道宽均为45m,设计水深3.5m,停泊段部分位于辅导航墙外动水区,为半开敞式布置。上、下闸首和闸室均采用整体式结构,船闸输水系统采用闸墙长廊道侧支孔出水、明沟消能方式,下闸首泄水口采用八字梁消能。该船闸将与枢纽主体工程同步建成并通航。

尖子山船闸技术参数见表2-2-1。尖子山枢纽效果图如图2-2-2所示。尖子山船闸布置图如图2-2-3所示。

尖子山船闸技术参数表 表2-2-1

河流名称			岷江干流	建设地点		四川省眉山市彭山区
船闸有效尺度(m)			120×16×3.5	最大设计水头(m)		11.7
吨级			500兼顾1000	过闸时间(min)		49.53
门型	闸门	上游	人字门	启闭形式	闸门	上游	液压
		下游	人字门			下游	液压
	阀门	上游	平板门		阀门	上游	液压
		下游	平板门			下游	液压
结构形式	上闸首		整体式	输水系统	形式		闸墙长廊道侧支孔出水
	下闸首		整体式		平均时间(min)		8.7
	闸室		整体式		廊道尺寸(m)		2.0×2.6
设计通航水位(m)	上游	最高	426.00	设计年通过能力(双向过闸,万t)			266.5
		最低	425.50	桥梁情况			上闸首交通桥
	下游	最高	419.88				
		最低	414.30	建成年份(年)			2022(预计)

图2-2-2 尖子山枢纽效果图

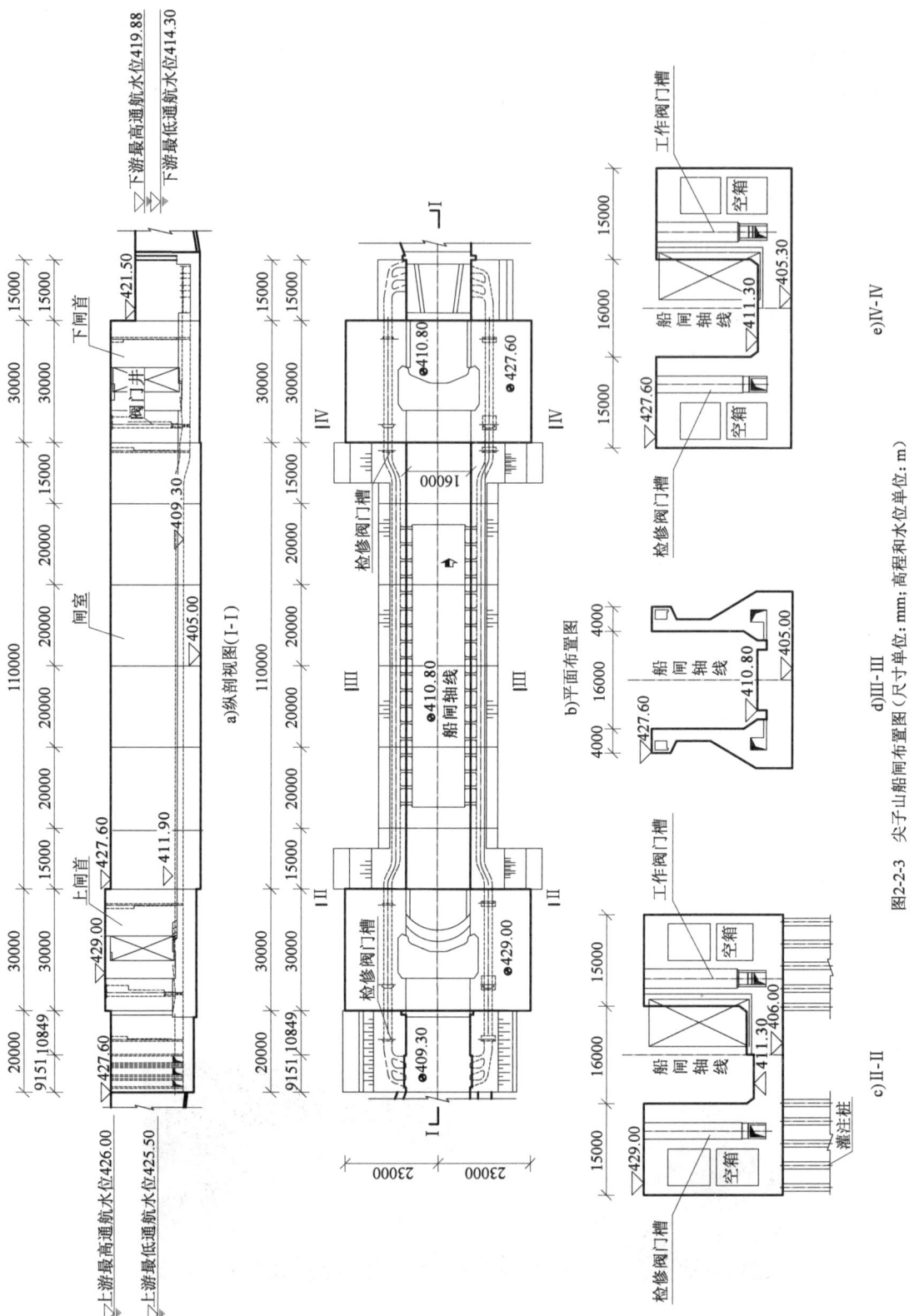

图2-2-3 尖子山船闸布置图（尺寸单位：mm；高程和水位单位：m）

2. 汤坝船闸

汤坝航电枢纽位于四川省眉山市东坡区境内,是岷江干流彭山江口至乐山岷江三桥段梯级规划中的第二级,坝址位于眉山市城区排污排涝口上游约700m处,距上游岷江一桥约1.7km,距大渡河与岷江汇合口约60km。汤坝枢纽坝址集雨面积31422km²,枢纽正常蓄水位414.8m(1956黄海高程),消落水位414.3m。枢纽设计洪水位409.23m($P=2\%$),设计洪水流量13800m³/s;校核洪水位411.30m($P=0.2\%$),校核洪水流量18000m³/s。汤坝枢纽为Ⅲ等工程,主要建筑物按3级设计,枢纽坝轴线全长534.24m,主要建筑物从左至右依次为左岸非溢流坝、船闸、泄洪(冲沙)闸、电站厂房鱼道和右岸非溢流坝等。汤坝船闸和电站分两岸布置,电站厂房布置于河道右岸,装3台灯泡贯流式机组,总装机容量69MW;16孔泄洪(冲沙)闸布置在河床中央,每孔闸净宽14m;左右岸防洪堤按2级设计,长分别为4977m和12684m。该枢纽是一座以航运和发电为主,兼顾城市水环境建设、防洪、灌溉、供水,并促进区域经济发展的中型航电枢纽工程。枢纽主体工程于2017年12月开工,预计2022年5月投入运行。

汤坝船闸布置在河道左岸,船闸轴线与坝轴线交角87°。船闸等级为Ⅳ级,闸室有效尺度为120m×16m×3.5m,最大设计水头16.4m(上游正常蓄水位414.8m－下游最低通航水位398.4m),通航500吨级兼顾1000吨级船舶,设计单向通过能力256.7万吨/年。汤坝船闸上游设计最高通航水位414.80m(枢纽正常蓄水位),最低通航水位402.19m(敞泄分界流量水位);下游设计最高通航水位403.64m($P=33.3\%$),最低通航水位398.40m(保证率95%)。上、下游引航道均采取向岸边扩展的不对称型布置,主导航墙位于左侧岸边,船舶过闸均采取"曲进直出"的方式。上游引航道长290m,包括20m进水口段、120.4m导航调顺段和149.6m停泊段;下游引航道长266m,包括15m出水口段、120.4m导航调顺段和130.6m停泊段。上游引航道外侧直线导航墙长150m,内侧曲线扩展段长121.5m;下游引航道外侧直线导航墙长150m,内侧曲线扩展段长160.1m;上、下游靠船段均布置7个中心距为20m的靠船墩;上、下游引航道宽均为45m,设计水深3.5m,停泊段部分处于引航墙外的开敞水域。船闸上、下闸首和闸室均采用分离式结构,船闸输水系统采用闸墙长廊道侧支孔出水、单明沟消能,下闸首出水口消力梁消能。该船闸将与枢纽主体工程同步建成。

汤坝船闸技术参数见表2-2-2。汤坝枢纽效果图如图2-2-4所示。汤坝枢纽鸟瞰图如图2-2-5所示。汤坝船闸布置图如图2-2-6所示。

汤坝船闸技术参数表　　　表 2-2-2

河流名称			岷江干流	建设地点		四川省眉山市东坡区
船闸有效尺度(m)			120×16×3.5	最大设计水头(m)		16.4
通航船舶吨级			500 兼顾 1000	过闸时间(min)		49.53
门型	闸门	上游	人字门	启闭形式	闸门	上游 液压
		下游	人字门			下游 液压
	阀门	上游	平板门		阀门	上游 液压
		下游	平板门			下游 液压
结构形式	上闸首		分离式	输水系统	形式	闸墙长廊道侧支孔出水
	下闸首		分离式		平均时间(min)	9.2
	闸室		分离式		廊道尺寸(m)	2.0×2.6
设计通航水位(m)	上游	最高	414.80	设计年通过能力(单向过闸,万 t)		256.7
		最低	402.19	桥梁情况		上闸首交通桥
	下游	最高	403.64	建成年份(年)		2022(预计)
		最低	398.40			

图 2-2-4　汤坝枢纽效果图

图 2-2-5　汤坝枢纽鸟瞰图

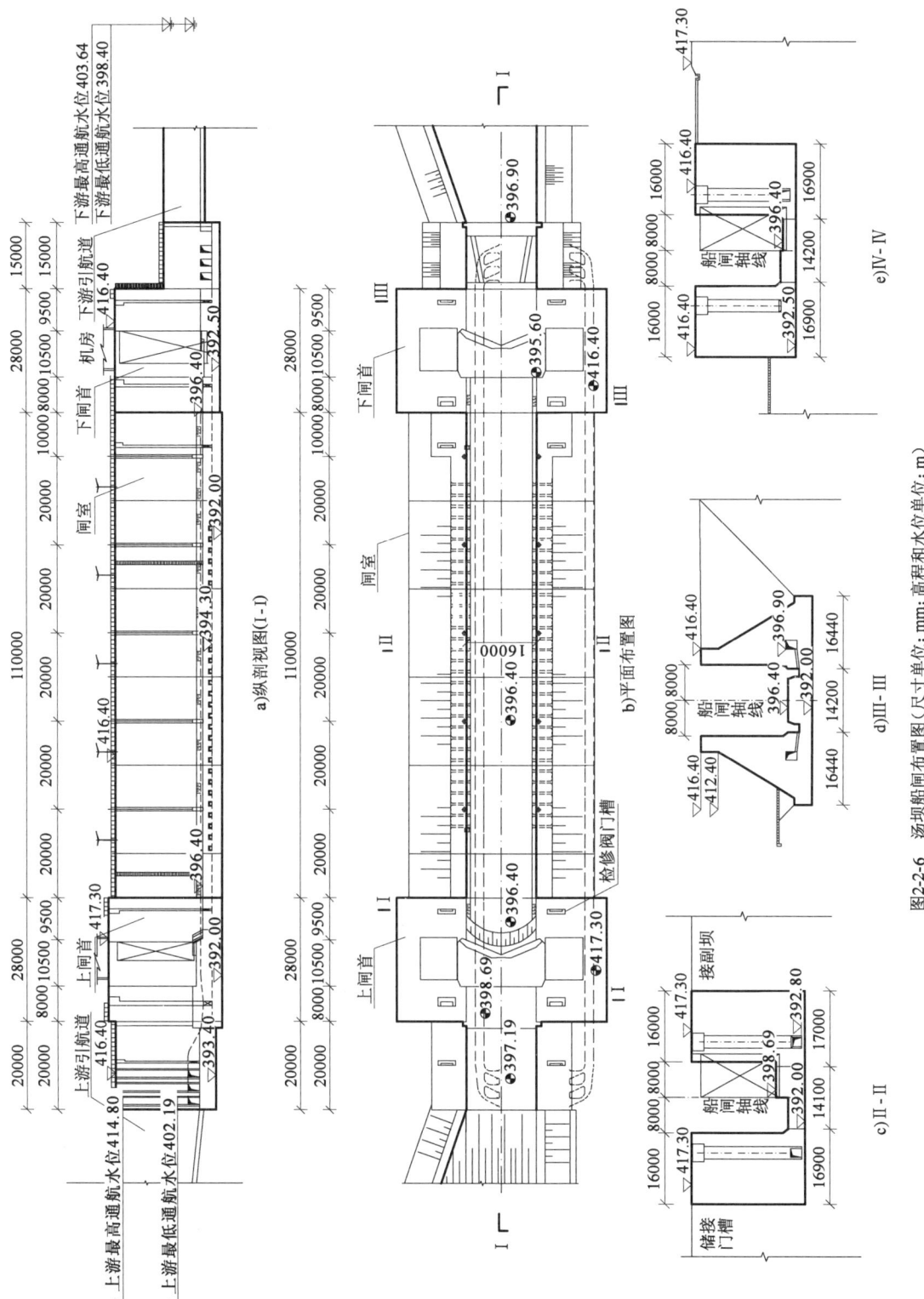

图2-2-6 汤坝船闸布置图（尺寸单位：mm；高程和水位单位：m）

3. 虎渡溪船闸

虎渡溪航电枢纽位于四川省眉山市青神县境内,是岷江干流彭山江口至乐山岷江三桥段梯级规划中的第五级,上距青神县城3.5km,下距乐山市区35km,其上、下游水位分别与季时坝枢纽和汉阳枢纽相衔接。虎渡溪枢纽坝址集雨面积32415km²,多年平均流量625m³/s,枢纽正常蓄水位391.00m(1956黄海高程),消落水位390.5m,水库总库容5040万m³。枢纽设计洪水位392.04mm($P=2\%$),设计洪水流量14100m³/s;校核洪水位394.00m($P=0.2\%$),校核洪水流量18400m³/s。虎渡溪枢纽工程等级为Ⅲ等,主要挡泄水建筑物按3级设计,主要建筑物从左至右依次为左岸防洪堤连接段、左岸储门槽坝段(安装间)、电站厂房、排漂闸、泄洪(冲沙)闸、船闸和右岸防洪堤连接段等。虎渡溪电站厂房布置于河床左岸,装3台灯泡贯流式机组,总装机容量63MW;船闸位于河床右岸;17孔泄洪(冲沙)闸布置于河床中央,每孔闸净宽14m;另有1孔宽5m的排漂闸。该枢纽是一座以航运和发电为主,兼顾城市水环境建设、防洪、灌溉、供水,并促进区域经济发展的航电枢纽工程。枢纽主体工程于2018年1月开工,预计2022年10月投入运行。

虎渡溪船闸布置在河道右岸,船闸等级为Ⅳ级,闸室有效尺度为120m×16m×3.5m,最大设计水头9m(上游正常蓄水位391m-下游最低通航水位382m),通航500吨级兼顾1000吨级船舶,设计单向货运量193.0万吨/年、客运量240.0万人次/年。虎渡溪船闸上游设计最高通航水391.00m(枢纽正常蓄水位),最低通航水位385.37m(敞泄分界流量2900m³/s水位);下游设计最高通航水位388.45m($P=33.3\%$),最低通航水位382.0m(下游枢纽最低通航水位)。上、下游引航道均采用向右侧岸边拓宽的不对称型布置,主导航墙均位于右侧,船舶过闸均采取"曲进直出"的方式。上、下游引航道右侧主导航墙导航段长115m(导航段以半径为100m的圆弧进行扩展,其投影长70.4m)、调顺段长170m、停泊段长115m,布置6个中心距为20m的靠船墩;上、下游左侧辅导航墙均为直线导航墙,长各为180m;上、下游引航道宽均为45m,设计水深3.5m。船闸上、下闸首均采用整体式结构,闸室采用分离式结构。船闸输水系统采用闸墙长廊道侧支孔出水、明沟消能形式,下闸首出水口消力梁消能。该船闸将与枢纽整体同步建成。

虎渡溪船闸技术参数见表2-2-3。虎渡溪枢纽鸟瞰图如图2-2-7所示。虎渡溪船闸布置图如图2-2-8所示。

虎渡溪船闸技术参数表 表2-2-3

河流名称			岷江干流		建设地点		四川省眉山市青神县
船闸有效尺度(m)			120×16×3.5		最大设计水头(m)		9.0
吨级			500兼顾1000		过闸时间(min)		41.67
门型	闸门		上游	人字门	启闭形式	闸门	上游 液压
			下游	人字门			下游 液压
	阀门		上游	平板门		阀门	上游 液压
			下游	平板门			下游 液压
结构形式	上闸首		整体式		输水系统	形式	闸墙长廊道侧支孔出水
	下闸首		整体式			平均时间(min)	8.7
	闸室		分离式			廊道尺寸(m)	2.0×2.6
设计通航水位(m)	上游	最高	391.00		设计年通过能力(单向过闸万t/万人次)		193.0/240.0
		最低	385.37		桥梁情况		上闸首交通桥
	下游	最高	388.45		建成年份(年)		2022(预计)
		最低	382.00				

图2-2-7 虎渡溪枢纽鸟瞰图

4. 汉阳船闸

汉阳航电枢纽位于四川省眉山市青神县境内,是岷江干流彭山江口至乐山岷江三桥段梯级规划中的第六级,上距青神县城18 km,下距金牛河口0.9 km,其上、下游水位分别与虎渡溪枢纽和板桥枢纽相衔接。汉阳枢纽坝址集雨面积33208km²,多年平均流量640m³/s,枢纽正常蓄水位382.50m(1956黄海高程),消落水位382.0m,水库总库容8620万m³。

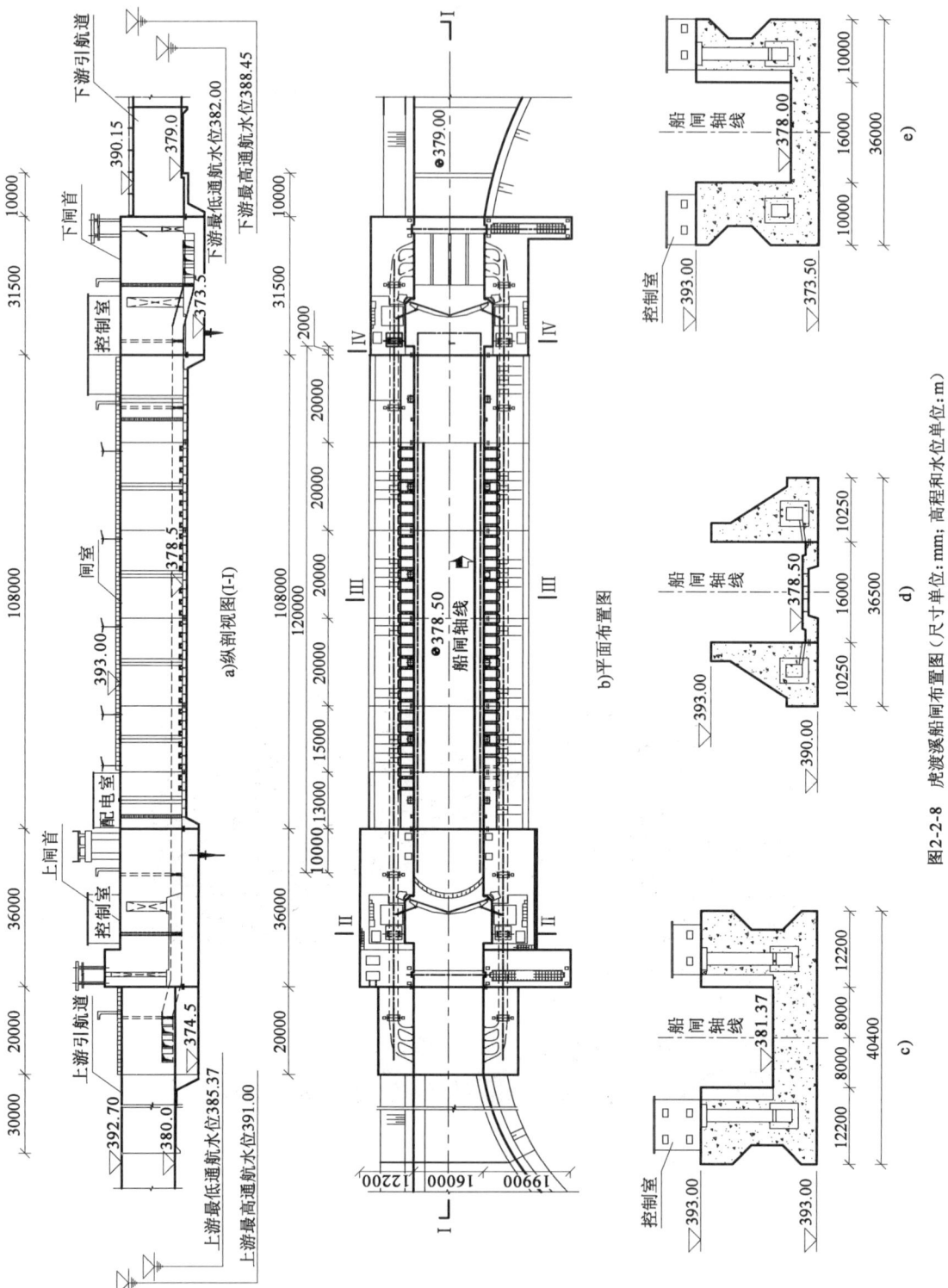

图2-2-8 虎渡溪船闸布置图（尺寸单位：mm；高程和水位单位：m）

枢纽设计洪水位385.40m（$P=2\%$），设计洪水流量14300m³/s；校核洪水位387.45m（$P=0.2\%$），校核洪水流量18800m³/s。枢纽坝轴线总长817.232m，主要建筑物从左至右依次为左岸接头坝、船闸、泄洪（冲沙）闸、电站厂房和右岸接头坝等。汉阳电站和船闸采用分岸式布置方式，电站厂房位于河道右岸，装3台灯泡贯流式机组，总装机容量72MW；17孔泄洪（冲沙）闸布置在河床中央，每孔闸净宽14m。该枢纽是一座以航运和发电为主，兼顾防洪、灌溉、供水、改善生态环境等其他综合利用，并促进区域经济发展的水利工程。该枢纽主体工程于2013年2月开工，2015年2月完工。

汉阳船闸位于河道左岸，船闸等级为Ⅳ级，闸室有效尺度为120m×16m×3.5m，最大设计水头11.0m（上游正常蓄水位382.50m－下游最低通航水位371.50m），通航500吨级船舶，设计双向货运量277.2万吨/年、客运量189.0万人次/年。汉阳船闸上游设计最高通航水382.5m（枢纽正常蓄水位），最低通航水位382.0m（消落水位）；下游设计最高通航水位380.85m（$P=33.3\%$），最低通航水位371.5m（下游枢纽消落水位）。船闸布置在微弯河道凸岸顶点附近，其上、下游引航道均采取向左侧岸边拓宽的不对称型布置，上、下游主导航墙及靠船建筑物均布置在左侧，船舶过闸均采取"曲进直出"的方式。船闸上、下游引航道右侧（临河侧）布置长180m的直线段辅导航墙；上游左侧采用3段总长268m的折线将上游引航道宽度由16m分别扩宽至35m、58m和134m，其上游接190m直线段导流堤，该段布置5个中心距为20m的靠船墩。下游引航道左侧采用长55m的直线和长406m的斜坡，将引航道宽度由16m逐渐扩宽至113m。该船闸上、下游停泊段均处于引航墙外的开敞水域。船闸上闸首采用整体式结构，闸室和下闸首采用分离式结构。船闸输水系统采用闸墙长廊道侧墙侧支孔出水、消能槽消能，下闸首出水口消力梁消能。该船闸与汉阳枢纽同步建成并通航。

汉阳船闸技术参数见表2-2-4。汉阳枢纽效果图和鸟瞰图如图2-2-9、图2-2-10所示。汉阳船闸布置图如图2-2-11所示。

汉阳船闸技术参数表　　　　　　　　表2-2-4

河流名称		岷江干流		建设地点		四川省眉山市青神县
船闸有效尺度(m)		120×16×3.5		最大设计水头(m)		11.0
吨级		500		过闸时间(min)		50.7
门型	闸门	上游	人字门	启闭形式	闸门	上游	液压
		下游	人字门			下游	液压
	阀门	上游	平板门		阀门	上游	液压
		下游	平板门			下游	液压
结构形式	上闸首		整体式	输水系统	形式	闸墙长廊道侧墙侧支孔出水
	下闸首		分离式		平均时间(min)	8.7
	闸室		分离式		廊道尺寸(m)	2.0×2.6

续上表

设计通航水位(m)	上游	最高	382.50	设计年通过能力（双向过闸,万t/万人次）	277.2/189.0
		最低	382.00	桥梁情况	上闸首交通桥
	下游	最高	380.85		
		最低	371.50	建成年份(年)	2015

图 2-2-9 汉阳枢纽效果图

图 2-2-10 汉阳枢纽鸟瞰图

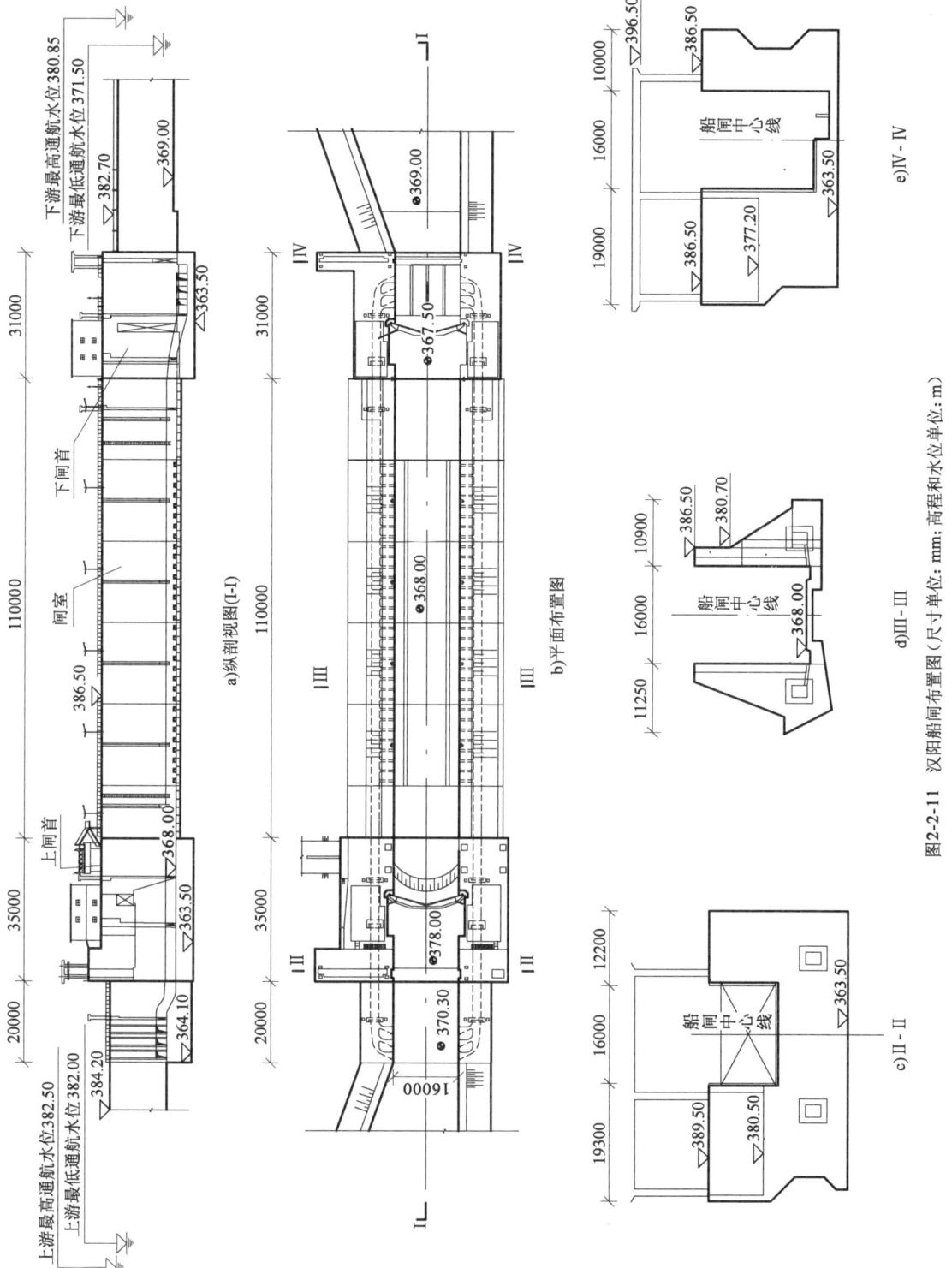

图2-2-11 汉阳船闸布置图（尺寸单位：mm；高程和水位单位：m）

5. 犍为船闸

犍为航运枢纽位于四川省乐山市犍为县境内,是岷江干流下游乐山至宜宾段梯级规划中的第三级,上距大渡河与岷江汇合口约50km,下距龙溪口枢纽约31.1km、距岷江河口122.2km。犍为枢纽坝址集雨面积126862 km²,多年平均流量2520m³/s,枢纽正常蓄水位335.0m(1956黄海高程),消落水位334.0m,水库总库容2.4亿m³。枢纽设计洪水位335.13m($P=1\%$),设计洪水流量49400m³/s;校核洪水位339.07m($P=0.1\%$),校核洪水流量69000m³/s。枢纽工程等级为Ⅱ等,主要挡泄水建筑物按2级设计,坝轴线全长1100.42m,最大坝高34.86m,主要建筑物从左至右依次为左岸重力坝段、鱼道、电站厂房、泄水闸检修门/储门槽坝段、泄洪(冲沙)闸、船闸和右岸连接坝。犍为电站和船闸采用分岸式布置,电站厂房位于河道左岸,装8台灯泡贯流式机组,总装机容量500MW;28孔泄洪(冲沙)闸布置在河床中央,每孔闸净宽15m,闸下游底流消能。该枢纽是一座以航运为主、航电结合,兼顾防洪、供水、旅游和环保等综合效益的航运枢纽工程。枢纽主体工程于2015年12月开工,预计2021年11月完工。

犍为船闸位于河道右岸,并在一线船闸右侧预留了二线船闸位置,两闸轴线距离150m。船闸等级为Ⅲ级,闸室有效尺度为220m×34m×4.5m,最大设计水头19m(上游正常蓄水位335.0m-下游最低通航水位316.0m),通航2×1000吨级船队,兼顾1000吨级大件船和2000吨级机动驳等,设计通过能力1474.67万吨/年。船闸上游设计最高通航水位335.0m(枢纽正常蓄水位),最低通航水位334.0m;下游设计最高通航水位325.11m(流量11000m³/s水位),最低通航水位316.0m(下游枢纽消落水位)。船闸引航道采用不对称型布置,上、下游引航道均向右侧岸边扩展,主导航墙及靠船建筑物均位于右侧,船舶过闸均采取"曲进直出"的方式。上游引航道外侧直线导航墙(辅导航墙)长325m(含45m长进水口段),内侧主导航墙兼调顺段采用$y=x^2/1250$二次曲线,沿船闸轴线方向投影长180m,上接260m长的直线靠船段。下游引航道外侧直线导航墙(辅导航墙)长421m(含出水口段),内侧主导航墙兼调顺段采用$y=x^2/1250$二次曲线,沿船闸轴线方向投影长200m,下接385m长的直线靠船段。上、下游引航道宽均为60m,设计水深4.0m。船闸上、下闸首和闸室均采用分离式结构。船闸输水系统采用闸墙长廊道、闸底横支廊道顶支孔出水、盖板消能方式,下闸首出水口消能室消能。该船闸与枢纽整体同步建成并通航。

犍为船闸技术参数见表2-2-5。犍为船闸鸟瞰图如图2-2-12所示。犍为船闸布置图如图2-2-13所示。

犍为船闸技术参数表 表 2-2-5

河流名称			岷江	建设地点		四川省乐山市犍为县
船闸有效尺度(m)			220×34×4.5	最大设计水头(m)		19
吨级			2×1000	过闸时间(min)		62.0(53.0)
门型	闸门	上游	人字门	启闭形式	闸门	上游	液压
		下游	人字门			下游	液压
	阀门	上游	反弧门		阀门	上游	液压
		下游	反弧门			下游	液压
结构形式	上闸首		分离式	输水系统	形式	闸墙长廊道、闸底横支廊道顶支孔出水
	下闸首		分离式		平均时间(min)	10.7
	闸室		分离式		廊道尺寸(m)	4.0×5.0
设计通航水位(m)	上游	最高	335.0	设计年通过能力(单线单向,万 t)		1474.67
		最低	334.0	桥梁情况		上闸首交通桥
	下游	最高	325.11	建成年份		预计2021年11月
		最低	316.0			

图 2-2-12 犍为船闸鸟瞰图

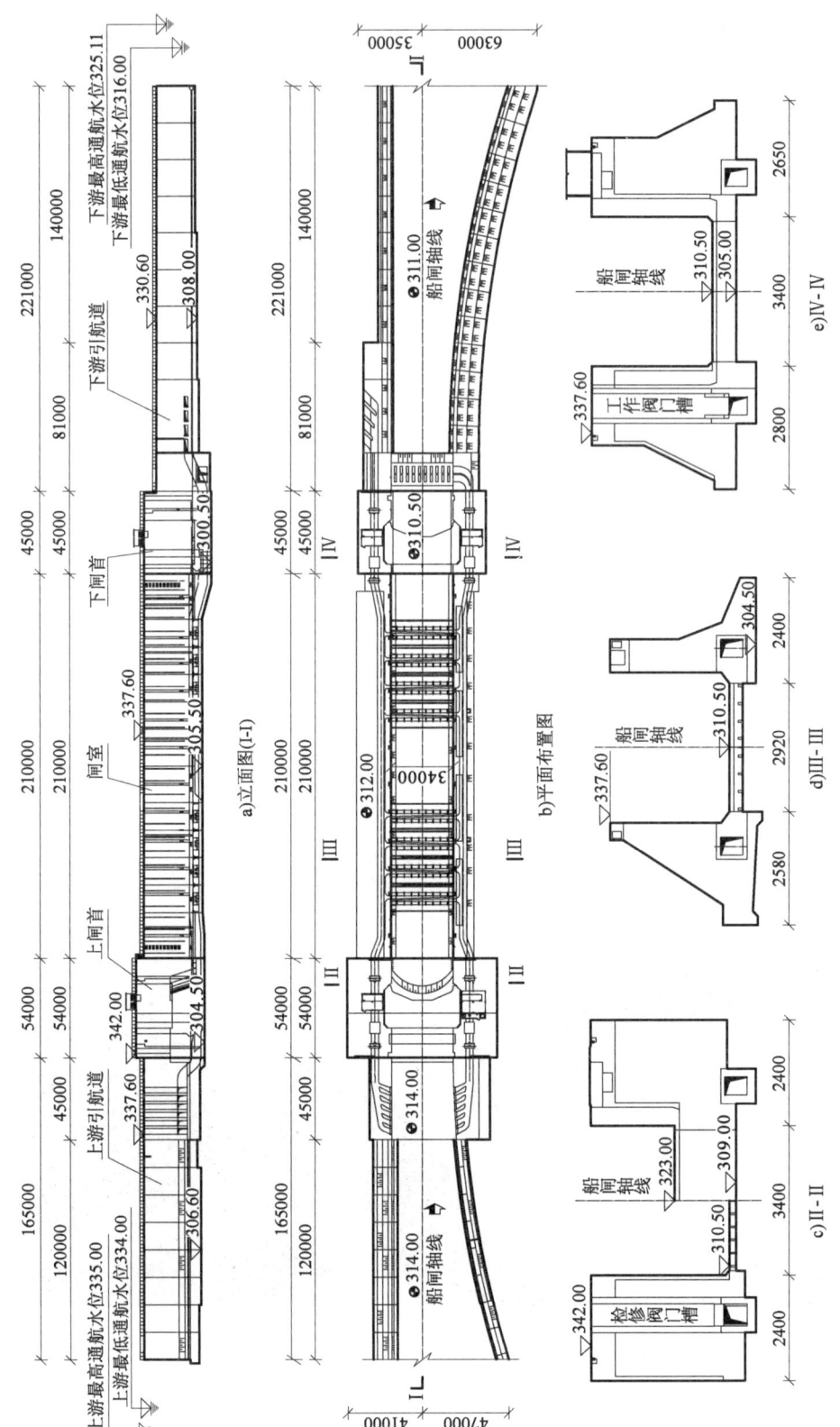

图2-2-13 健为船闸布置图（尺寸单位：mm；高程和水位单位：m）

6. 龙溪口船闸

龙溪口航电枢纽位于四川省乐山市犍为县境内，是岷江干流下游乐山至宜宾段梯级规划中的第四级，上距犍为县城约28km、距犍为枢纽约31.1km，下距岷江河口91.1km。龙溪口枢纽坝址集雨面积131980km^2，多年平均流量2680m^3/s，枢纽正常蓄水位317.0m（1956黄海高程），消落水位316.0m，水库总库容3.24亿m^3。枢纽设计洪水位317.49m（$P=1\%$），设计洪水流量49500m^3/s；校核洪水位321.45m（$P=0.1\%$），校核洪水流量68800m^3/s。龙溪口枢纽工程等级为Ⅱ等，主要挡泄水建筑物按2级设计，枢纽坝顶全长961.07m，主要建筑物从左至右依次为左岸重力坝、电站厂房、泄洪（冲沙）闸、船闸和右岸接头重力坝等。龙溪口船闸和电站采用分岸式布置，电站厂房位于河道左岸，装9台贯流式机组，总装机容量480MW；24孔泄洪（冲沙）闸布置在河床中央，每孔闸净宽14m，闸下游底流消能。该枢纽是一座以航运为主、航电结合，兼顾防洪、供水、环保等综合利用的航运枢纽工程。枢纽主体工程于2019年10月开工，预计2023年底完工。

龙溪口船闸布置在河道右岸，其右侧预留了二线船闸位置，两闸轴线距离95m。船闸等级为Ⅲ级，闸室有效尺度为220m×34m×4.5m，最大设计水头17.94m（上游正常蓄水位317m-下游最低通航水位299.06m），通航2×1000吨级船队兼顾1000吨级大件船和2000吨级机动驳等，设计通过能力1395.36万吨/年。船闸上游设计最高通航水位317.0m（枢纽正常蓄水位），最低通航水位316.0m（消落水位）；下游设计最高通航水位308.78m（流量15000m^3/s水位），最低通航水位299.06m（保证率98%并考虑下切）。船闸引航道采用不对称型布置，上、下游引航道均向右侧岸边扩展，主导航墙及靠船建筑物均位于右侧，船舶过闸均采取"曲进直出"的方式。上游右侧主导航墙导航调顺段长213.4m（含进水口段35m），其上游为长380m的靠船段，布置18个中心距为20m的靠船墩；外侧辅导航墙为直线导航墙，由长35m的进水口段和长310m的墩板式透空结构组成。下游右侧主导航墙导航调顺段长198.42m（含进水口段20m），扩展段下游为长380m的靠船段，布置18个中心距为20m的靠船墩；外侧辅导航墙为直线导航墙，由长20m的出水口段和长310m的实体隔水段组成。上、下游靠船段部分为半开敞式，上、下游引航道宽均为60m，设计水深4.0m。船闸上闸首采用整体式结构，闸室和下闸首采用分离式结构，船闸输水系统采用闸墙长廊道侧支孔出水、明沟消能，下闸首出水口消能室消能。该船闸将与枢纽整体同步建成并通航。

龙溪口船闸技术参数见表2-2-6。龙溪口枢纽鸟瞰图如图2-2-14所示。龙溪口船闸布置图如图2-2-15所示。

龙溪口船闸技术参数表　　　　　表2-2-6

河流名称			岷江		建设地点		四川省乐山市犍为县
船闸有效尺度(m)			220×34×4.5		最大设计水头(m)		17.94
吨级			1000		过闸时间(min)		53
门型	闸门		上游	人字门	启闭形式	闸门	上游	液压
			下游	人字门			下游	液压
	阀门		上游	反弧门		阀门	上游	液压
			下游	反弧门			下游	液压
结构形式	上闸首		整体式		输水系统	形式	闸墙长廊道侧支孔出水
	下闸首		分离式			平均时间(min)	11.39
	闸室		分离式			廊道尺寸(m)	4.0×5.0
设计通航水位(m)	上游	最高	317.00		设计年通过能力(单线单向,万t)		1395.36
		最低	316.00		桥梁情况		上闸首交通桥
	下游	最高	308.78		建成年份(年)		2023(预计)
		最低	299.06				

图2-2-14　龙溪口枢纽鸟瞰图

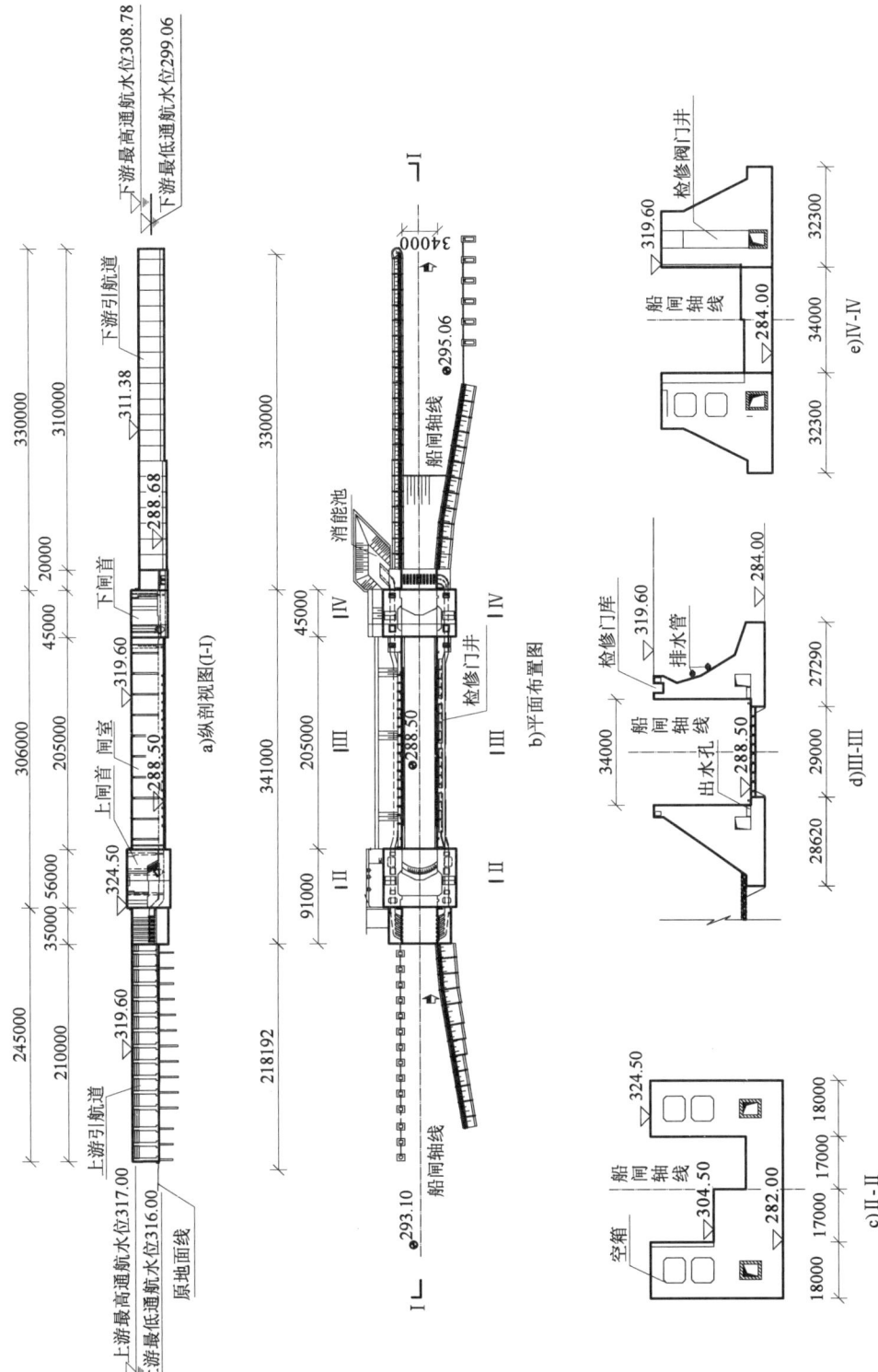

图2-2-15 龙溪口船闸布置图（尺寸单位：mm；高程和水位单位：m）

第三节　嘉陵江通航建筑物

嘉陵江是长江左岸一级支流,发源于陕西省凤县的秦岭南麓,由北向南流经甘肃的徽县、陕西的略阳县,于阳平关进入四川,经广元、苍溪、阆中、南部、蓬安、南充、武胜,于合川进入重庆,在重庆朝天门汇入长江。嘉陵江全长1120km,流域面积159800km²。

嘉陵江源头至广元段为上游,广元至合川段为中游,合川至重庆段为下游。沿程汇集的主要支流有:白龙江、东河、西河、渠江、涪江等。嘉陵江是四川省纵贯南北的水运干线,是沟通西南与西北的水上运输线和战备航道,是西南地区综合运输网的重要组成部分,在全国内河运输网中具有十分重要的地位。目前,嘉陵江广元至东西关枢纽全线实现Ⅳ级航道标准,东西关至重庆段为Ⅲ级,航道全长698km。嘉陵江四川广元至米溪石段规划15座梯级,已建成13座,自上而下分别为上石盘、水东坝、亭子口、苍溪、沙溪、金银台、红岩子、新政、金溪、马回、风仪、小龙门、青居、东西关、桐子壕;重庆境内规划3座梯级,建成1座草街枢纽,在建利泽枢纽,规划井口枢纽。

嘉陵江枢纽梯级规划图如图2-3-1所示。

一、嘉陵江干流

1. 上石盘船闸

上石盘电航枢纽位于四川省广元市境内,是嘉陵江干流广元至苍溪河段梯级开发的第一级,上距南河与嘉陵江汇合处约11km,距规划的飞仙关水电站坝址约28km,下距拟建的水东坝枢纽约30km,距亭子口枢纽约146.5km。上石盘枢纽坝址控制流域面积26542km²,多年平均流量197m³/s,枢纽正常蓄水位472.50m(1956黄海高程),消落水位472.0m。枢纽设计洪水位471.15m($P=2\%$),设计洪水流量11300m³/s;校核洪水位473.75m($P=0.5\%$),校核洪水流量14200m³/s。上石盘枢纽工程等级为Ⅲ等,主要建筑物按3级设计,从左至右依次为船闸、泄洪(冲沙)闸、电站厂房和右岸连接坝等。上石盘枢纽电站和船闸分岸布置,电站厂房位于河道右岸,装2台15MW贯流式机组,总装机容量30MW;13孔泄洪(冲砂)闸布置在河床中央,每孔闸净宽14m,闸下游底流消能。该枢纽是以发电、航运和建设城市水环境为主,并兼有提高城市防洪能力的电航枢纽工程。枢纽主体工程于2013年10月开工,2015年底蓄水发电。

上石盘船闸位于河道左岸,船闸等级为Ⅳ级,闸室有效尺度为120m×12m×3.0m,最大设计水头14.5m,通航1顶2×500吨级船队,设计通过能力109万吨/年。船闸上游设计最高通航水位472.50m(枢纽正常蓄水位),最低通航水位461.62m(敞泄分界流量

第二章 长江干线及其上游支流通航建筑物

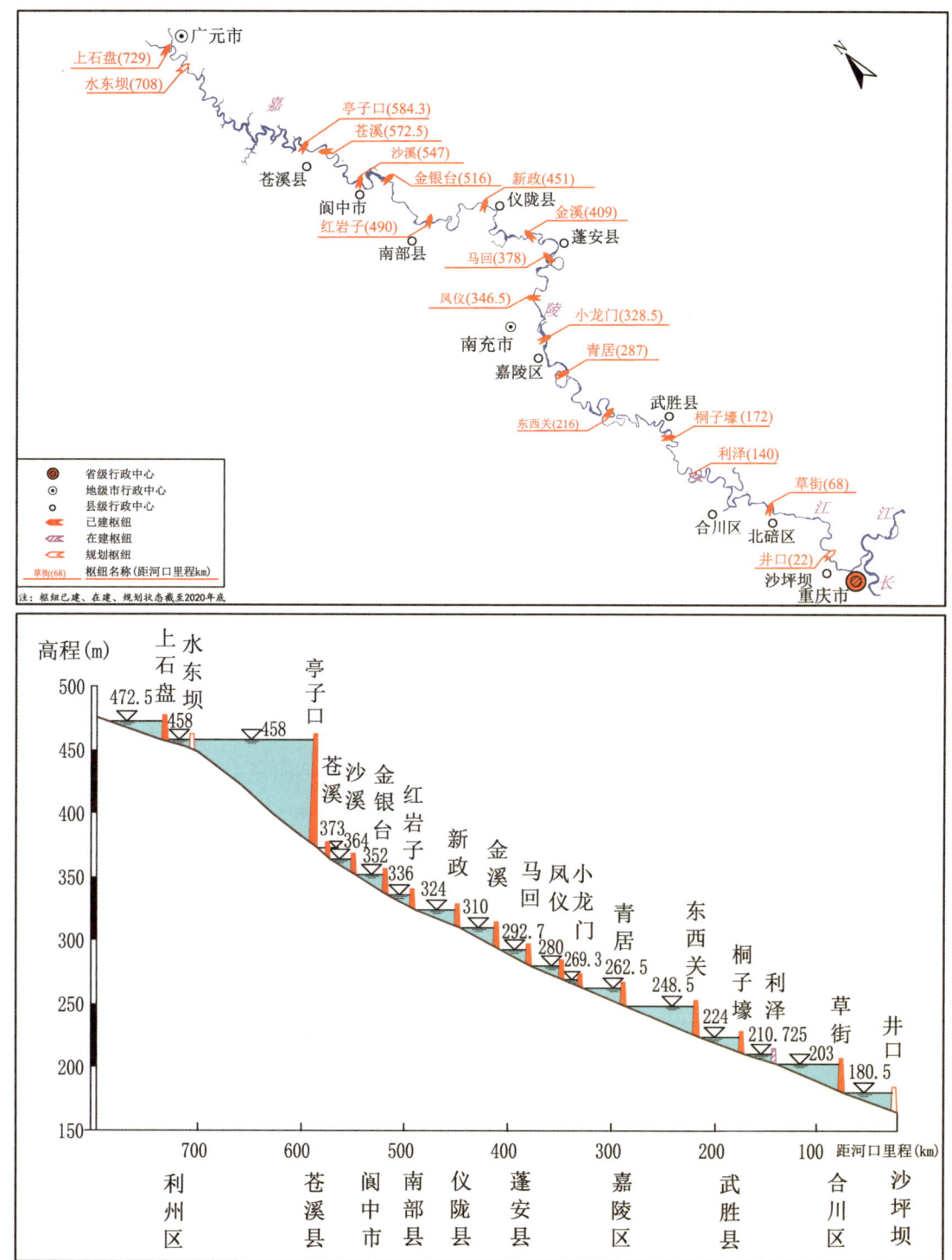

图 2-3-1 嘉陵江枢纽梯级规划图

117

1800m³/s 水位);下游设计最高通航水位 465.3m($P=33.3\%$),最低通航水位 458.0m(下游亭子口和水东坝枢纽正常蓄水位)。船闸引航道采用反对称型布置,上游引航道向右扩宽,下游引航道向左扩宽,主导航墙均位于左侧岸边,上游船舶"直进曲出"、下游船舶"曲进直出"。上游引航道左侧主导航墙为直立墙,上接 1∶2 的斜坡护岸,导航段长 120m(不含长 20m 进水口段),调顺段长 195m,靠船段长 120m,布置 7 个中心距为 20m 的靠船墩;外侧辅导航墙采用斜直线扩宽,扩展段沿船闸轴线的投影长 90m,头部隔流堤长 85m。下游引航道左侧主导航墙采用斜直线扩宽,下游接 1∶2 的斜坡护岸,导航段长 120m(不含长 15m 出水口段),调顺段长 161m,靠船段长 120m,布置 7 个中心距为 20m 的靠船墩;外侧辅导航墙(兼隔流堤)长 160m,头部外挑。上、下游调顺段和靠船段均为开敞式布置。上、下游引航道宽均为 40m,设计水深 3.0m。船闸上、下闸首均采用整体式结构,闸室采用重力式结构。船闸输水系统采用闸墙长廊道侧支孔出水、明沟消能方式,上游进水口布置两侧闸墙内,采用垂直多支孔在引航道内取水,下游采用对冲和消力梁消能。该船闸于 2014 年 10 月开工,分两期施工,全部工程预计 2021 年底完工。

上石盘船闸技术参数见表 2-3-1。上石盘船闸布置图如图 2-3-2 所示。

上石盘船闸技术参数表　　　表 2-3-1

河流名称			嘉陵江		建设地点		四川省广元市
船闸有效尺度(m)			120×12×3.0		最大设计水头(m)		14.5
吨级			2×500		过闸时间(min)		48
门型		闸门	上游	人字门	启闭形式	闸门	上游	液压
			下游	人字门			下游	液压
		阀门	上游	平板门		阀门	上游	液压
			下游	平板门			下游	液压
结构形式		上闸首	整体式		输水系统	形式	闸墙长廊道侧支孔出水
		下闸首	整体式			平均时间(min)	8.9
		闸室	重力式			廊道尺寸(m)	2.9×2.0
设计通航水位(m)		上游	最高	472.50	设计年通过能力(单线单向,万t)		109
			最低	461.62	桥梁情况		跨上闸首活动公路桥
		下游	最高	465.30			
			最低	458.00	建成年份(年)		2021(预计)

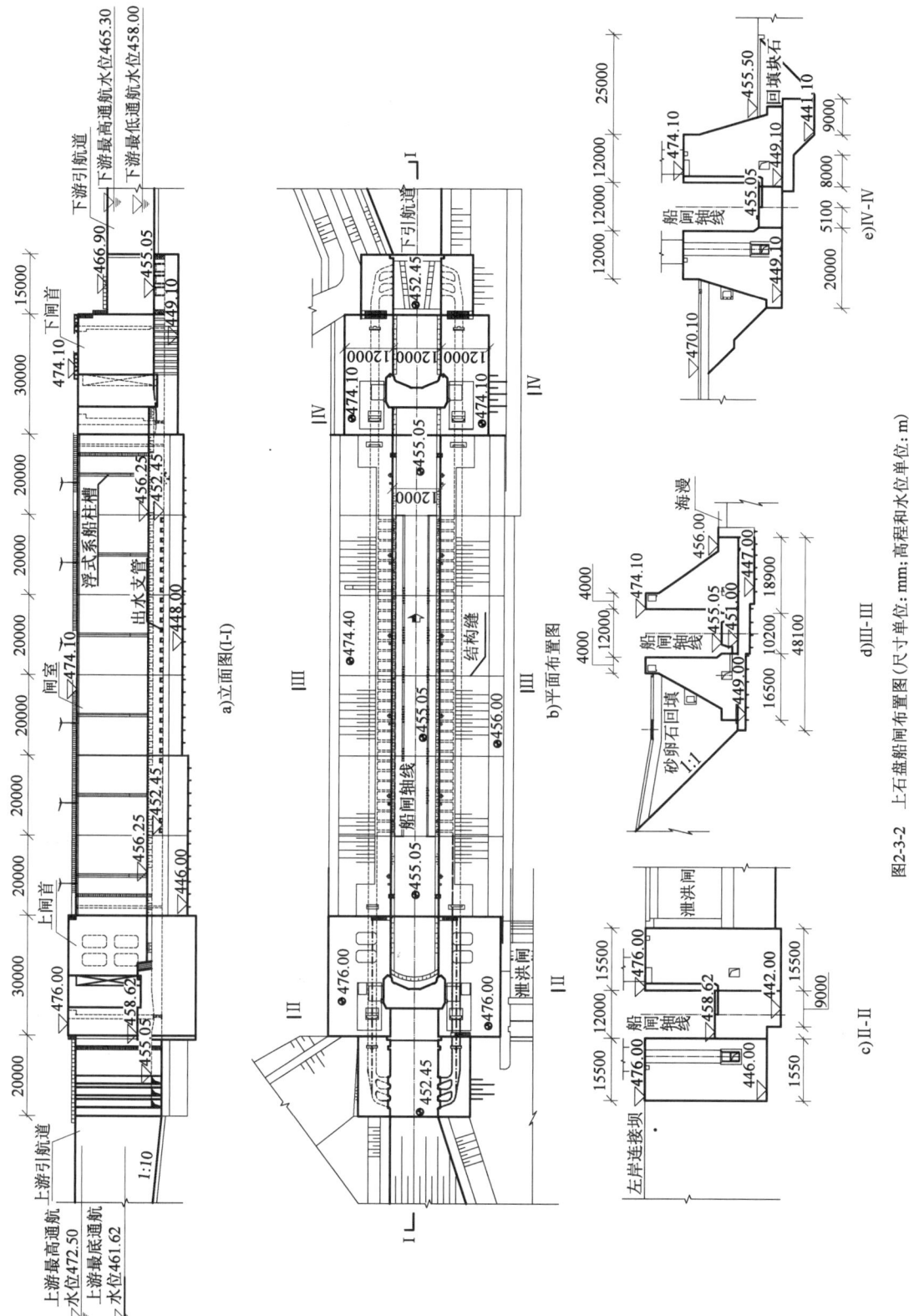

图2-3-2 上石盘船闸布置图（尺寸单位：mm；高程和水位单位：m）

2. 亭子口升船机

亭子口电站位于四川省广元市苍溪县境内,是嘉陵江干流广元至重庆段18级规划中的第三级,下距苍溪县城15km,其上、下游分别与水东坝枢纽和苍溪枢纽水位相衔接。亭子口电站坝址集雨面积61089km², 枢纽正常蓄水位458m(1956黄海高程),死水位438m,水库总库容40.57亿m³。枢纽设计洪水位461.3m($P=0.2\%$),校核洪水位463.07m($P=0.02\%$)。亭子口枢纽工程等级为Ⅰ等,主要挡泄水建筑物按1级设计,枢纽坝顶全长995.4m,主要建筑物从左至右依次为左岸连接坝、混凝土重力坝和坝后式电站厂房、泄洪建筑物、升船机、右岸连接坝及灌溉系统。亭子口枢纽的泄水建筑物布置在河床中央,由7个表孔、5个底孔和消能建筑物组成,闸孔宽分别为18.5m和17m;泄水建筑物右侧为垂直升船机;左侧布置为坝后式电站厂房,装4台水轮发电机组,总装机容量1100MW。亭子口电站是一座以防洪、灌溉及城乡供水、发电为主,兼顾航运,并具有拦沙减淤等效益的大型水利枢纽工程,是嘉陵江干流唯一一座防洪控制性工程。该枢纽于2009年11月开工,2014年5月4台机组全部建成并投入运行。

亭子口升船机布置在河道右岸原施工导流明渠内,左临门库坝段、右接非溢流坝段,升船机轴线与坝轴线垂直,采用钢丝绳卷扬全平衡垂直提升式升船机,升船机级别为Ⅳ级,承船厢尺度为116.0m×11.7m×2.5m,最大提升高度85.4m(上游正常蓄水位458.00m-下游最低通航水位372.60m),通航2×500吨级船队,单向过坝时间35.0min,双向过坝时间67.8min,设计单向通过能力332.1万吨/年。亭子口升船机上游设计最高通航水位458.0m(枢纽正常蓄水位),最低通航水位438.0m(死水位);下游设计最高通航水位378.96m,最低通航水位372.6m(下游枢纽消落水位)。主要建筑物包括上游引航道、上闸首、船厢室、下闸首和下游引航道。升船机引航道在平面上采用不对称型布置方式,上、下游船舶过升船机均采用"曲进直出"的方式。升船机轴线总长1414.9m,其中上游引航道长420m,引航道左侧布置2条50m长的支墩式浮式导航堤,右侧布置7个中心距为20m的靠船墩;下游引航道长785.0m,口门区水域长280.0m,临江侧在原纵向围堰基础上布置混合式隔流堤与下游河道隔开,左侧设120.0m长的墩板式导航墙,右侧设45.0m长的辅导航墙和7个中心距为20.0m的靠船墩。

上闸首结构总长80.0m、总宽42.0m、顶高程467.50m。上闸首上游侧设有宽9.0m的公路桥,桥面高程467.7m,桥下最小通航净空8m。下游端设有工作门和辅助门,工作门和辅助门由设在闸顶排架上的单向桥式启闭机操作。

船厢室结构总高134.0m、总长118.2m、总宽41.6m,主要由上部机房、承重塔柱和底板三部分组成。底板采用平板筏型基础,机室每侧承重塔柱采用4个组合筒体结构,每个筒体内各设2个平衡重竖井。主机房内布置卷扬提升机构、平衡滑轮组、安全制动系统、机械同步轴系统等机械设备和供主机安装、检修之用的双向桥机。

下闸首结构总长 27.5m、总宽 48.8m。下闸首设有带卧倒小门的下沉式平板工作门、叠梁检修门和船厢室的渗漏排水设施。上、下闸首和船厢室均采用整体式 U 形结构。

亭子口升船机于 2018 年 12 月 18 日成功进行过机试航实船试验,是目前国内具备运行条件的最大钢丝绳卷扬全平衡垂直提升式升船机。

亭子口升船机技术参数见表 2-3-2。亭子口枢纽鸟瞰图如图 2-3-3 所示。亭子口升船机布置图如图 2-3-4 所示。

亭子口升船机技术参数表　　　　　　　　　　　　　　　表 2-3-2

河流名称		嘉陵江		建设地点	四川省广元市苍溪县
形式		钢丝绳卷扬全平衡垂直提升		运行方式	
吨级		2×500		承船厢尺度(m)	116×11.7×2.5
承船厢总重(t)		6250		船厢门类型	下沉式平板门
最大升程(m)		85.4		过坝时间单向/双向(min)	35.0/67.8
设计年通过能力(单向,万 t)		332.1		平衡重系统	悬挂式
设计通航水位(m)	上游	最高	458.00	主提升电机	交流变频调速电动机
		最低	438.00	悬吊系统	钢丝绳卷扬
	下游	最高	378.96	减速装置	圆柱齿轮减速器
		最低	372.60	同步轴装置	闭环同步轴
卷筒装置		无		制动系统	液压盘式制动器
结构形式	上游引航道	支墩式浮式		启闭设备	上闸首检修门	桥机
	下游引航道	墩板式			上闸首工作门	桥机
	上闸首	U 形整体式			下闸首检修门	桥机
	船厢室段	U 形整体式			下闸首工作门	液压
	下闸首	U 形整体式				
设计水平年(年)		2030		建成年份(年)	2018
				运用情况	良好

图 2-3-3　亭子口枢纽鸟瞰图

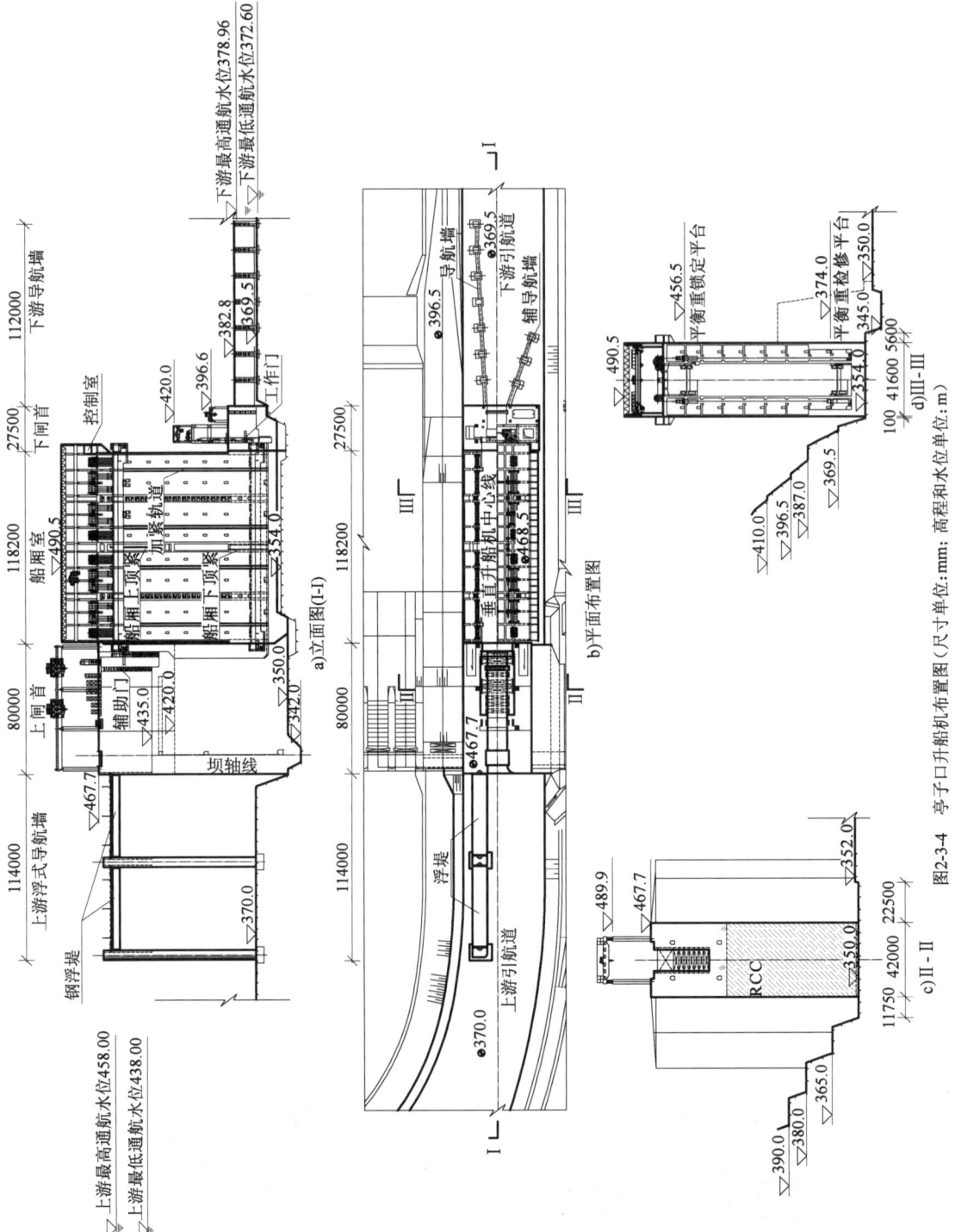

图2-3-4 亭子口升船机布置图（尺寸单位：mm；高程和水位单位：m）

3. 苍溪船闸

苍溪航电枢纽位于四川省广元市苍溪县城区上游,是嘉陵江干流广元至重庆段18级规划中的第四级,上距亭子口枢纽坝址11.8km,下游与沙溪枢纽相接,下距阆中市区33.5km。苍溪坝址集雨面积61410km^2,多年平均流量619m^3/s,枢纽正常蓄水位373.00m(1956黄海高程),消落水位372.60m。枢纽设计洪水位382.77m($P=2\%$),设计洪水流量26700m^3/s;校核洪水位387.12m($P=0.2\%$),校核洪水流量38100m^3/s。该枢纽为大Ⅲ型工程,主要建筑物按3级设计,最大坝高36.8m,坝轴线全长515.7m,主要建筑物从左至右依次为左岸接头坝、电站厂房、泄洪(冲沙)闸、液压双控闸溢流坝、船闸和右岸接头坝等。电站厂房布置在河道左岸,装3台灯泡贯流式机组,总装机容量66MW;3孔泄洪(冲沙)闸紧邻电站厂房右侧,每孔闸净宽12m;23孔翻板闸溢流坝布置在河道中偏右,闸孔尺寸为10m×7m(宽×高)。该枢纽是一座以航运和发电为主,兼顾灌溉、防洪、环保、旅游开发等综合效益的航电枢纽工程。枢纽主体工程于2008年12月开工,2012年11月建成并投入运行。

苍溪船闸布置在河道右岸,船闸等级为Ⅳ级,闸室有效尺度为120m×16m×3m,最大设计水头9.0m(上游正常蓄水位373.0m-下游最低通航水位364.0m),通航2×500吨级船队,设计单向通过能力376万吨/年。船闸上游设计最高通航水位375.79m($P=33.3\%$),最低通航水位370.05m(敞泄分界流量水位);下游设计最高通航水位375.15m($P=33.3\%$),最低通航水位364.0m(下游枢纽正常蓄水位)。船闸引航道采用不对称型布置,上、下游引航道均向左侧(河侧)扩展,主导航墙均位于右侧岸边,船舶过闸均采取"直进曲出"的方式。上游引航道右侧主导航墙长339.6m,其中导航段长90m、调顺段长120.45m(自然岸坡)、停泊段长120m;左侧辅导航墙长170m,包括长90.8m的直线扩宽段(沿船闸轴线投影长85m)和半径为402m、长85.2m的圆弧段。下游引航道右侧主导航墙长439.3m,其中导航段长107m、调顺段长162.6m、停泊段长120m;左侧辅导航墙由2条沿船闸轴线投影长均为90m的折线墙组成,总长180m。上、下游停泊段各布置7个中心距为20m的靠船墩,靠船段均处于引航墙外的开敞水域。上、下游引航道宽均为40m,设计水深3.0m。船闸上、下闸首和闸室均采用分离式结构,船闸输水系统采用闸底长廊道侧支孔出水、明沟消能方式,下游出水口消能室消能。该船闸工程于2014年1月建成通航。

苍溪船闸技术参数见表2-3-3。苍溪航电枢纽鸟瞰图如图2-3-5所示。苍溪船闸布置图如图2-3-6所示。

苍溪船闸技术参数表 表 2-3-3

河流名称			嘉陵江	建设地点		四川省广元市苍溪县
船闸有效尺度(m)			120×16×3.0	最大设计水头(m)		9.0
吨级			2×500	过闸时间(min)		50.0
门型	闸门	上游	人字门	启闭形式	闸门 上游	液压
		下游	人字门		闸门 下游	液压
	阀门	上游	平板门		阀门 上游	液压
		下游	平板门		阀门 下游	液压
结构形式	上闸首		分离式	输水系统	形式	闸底长廊道侧支孔出水
	下闸首		分离式		平均时间(min)	10
	闸室		分离式		廊道尺寸(m)	2×2.6
设计通航水位(m)	上游	最高	375.79	设计年通过能力(单线单向,万t)		376
		最低	370.05	桥梁情况		
	下游	最高	375.15	建成年份(年)		2014
		最低	364.00			

图 2-3-5 苍溪航电枢纽鸟瞰图

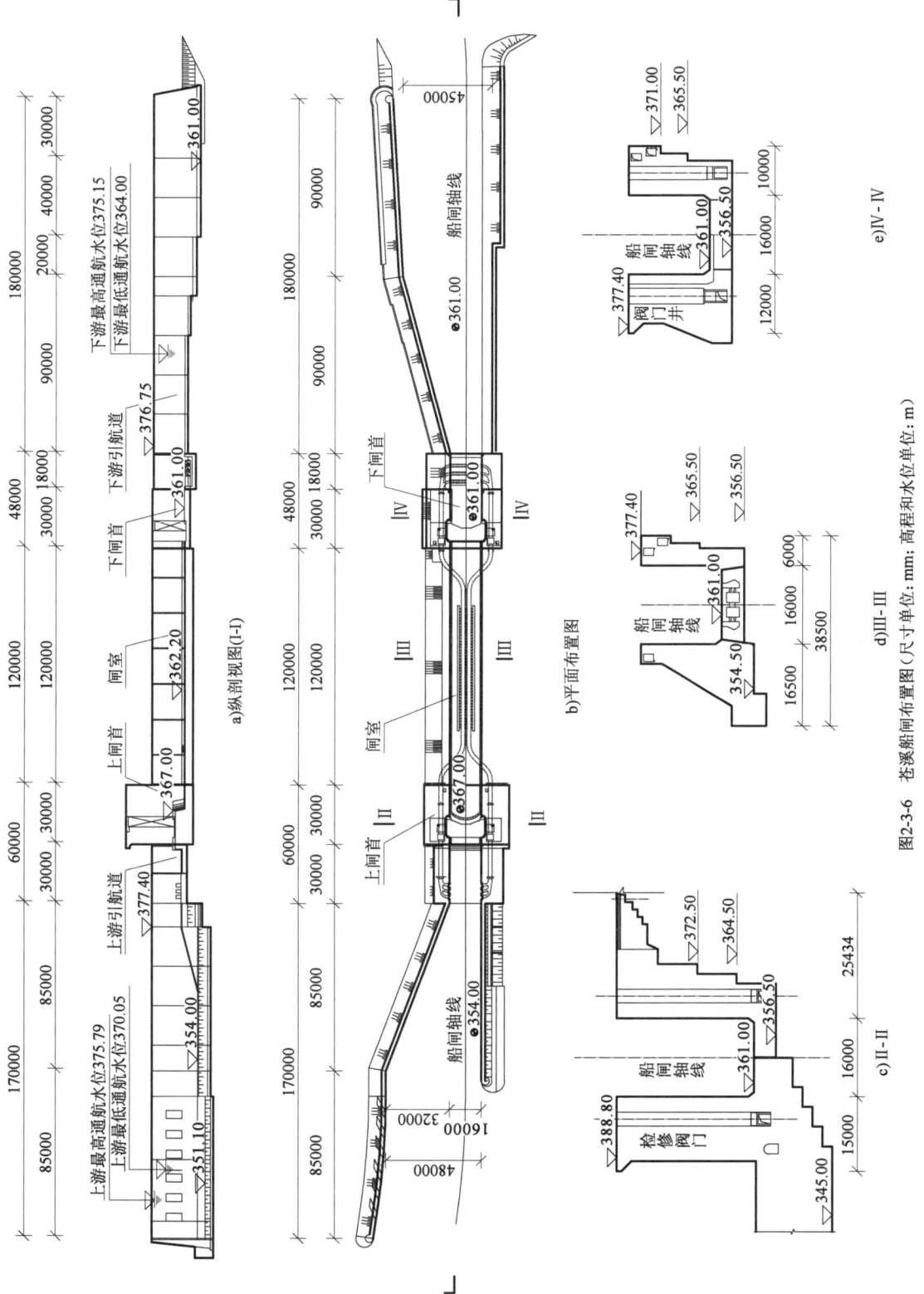

图2-3-6 苍溪船闸布置图（尺寸单位：mm；高程和水位单位：m）

4. 沙溪船闸

沙溪航电枢纽位于四川省阆中市境内,是嘉陵江干流广元至重庆段18级规划中的第五级,下距阆中市区5km。沙溪坝址控制流域面积61569km², 多年平均流量619m³/s, 枢纽正常蓄水位364.0m(1956黄海高程), 消落水位363.4m。枢纽设计洪水位368.24m ($P=2\%$), 设计洪水流量26700m³/s; 校核洪水位371.33m ($P=0.5\%$), 校核洪水流量38100m³/s。沙溪枢纽为大Ⅱ型工程, 主要建筑物按3级设计, 最大坝高37.5m, 坝轴线全长830m, 主要建筑物从左至右依次为左岸连接坝、船闸、翻板闸溢流坝、泄洪(冲沙)闸、储门槽坝段、电站厂房和右岸连接坝等。电站厂房布置在河道右岸, 装3台灯泡贯流式机组, 总装机容量87MW;4孔泄洪(冲沙)闸紧邻电站厂房左侧, 每孔闸净宽13.5m, 闸下游底流消能;47孔水力液压翻板闸溢流坝布置在河道中偏左, 翻板闸尺寸为10m×7m(宽×高)。沙溪枢纽是一座以发电和航运为主, 兼顾灌溉、防洪及发展旅游等综合效益的航电枢纽工程。该枢纽于2008年10月开工, 2011年12月完工。

沙溪船闸布置在河道左岸, 船闸等级为Ⅳ级, 闸室有效尺度为120m×16m×3m, 最大设计水头12.19m(上游正常蓄水位364.00m–下游最低通航水位351.81m), 通航2×500吨级船队, 设计单向通过能力319万吨/年。船闸上游设计最高通航水位364.0m(枢纽正常蓄水位), 最低通航水位358.5m(敞泄分界流量6300m³/s水位);下游设计最高通航水位360.11m, 最低通航水位351.81m。船闸引航道采用不对称型布置, 上、下游引航道均向右侧(河侧)扩展, 主导航墙均位于左侧岸边, 上、下游船舶过闸均采取"直进曲出"的方式。上游引航道左侧主导航墙长138m, 其上游接半径600m、中心角10°的圆弧, 圆弧段长105m, 再与上游直线段相连接, 自距圆弧末端55m处向上游依次布置6个中心距为20m的靠船墩;右侧辅导航墙总长150m, 包括半径50m、中心角55.6°的圆弧扩展段, 圆弧段长38m, 上游接长98m的直线段。下游引航道左侧主导航墙长114m, 主导航墙以下接长178m的护岸, 其下游布置6个中心距为20m的靠船墩;右侧辅导航墙总长240m, 包括半径50m、中心角58.3°的圆弧扩展段和长197.5m的直线段。船闸上、下游引航道宽均为40m, 设计水深2.5m, 上、下游靠船段均处于引航墙外的开敞水域。船闸上、下闸首和闸室均采用整体式结构, 船闸输水系统采用闸墙长廊道多支孔输水, 低坎消能, 下闸首出水口消能室消能。该船闸与枢纽主体工程同步建成并投入运行。

沙溪船闸技术参数见表2-3-4。沙溪航电枢纽鸟瞰图如图2-3-7所示。沙溪船闸布置图如图2-3-8所示。

沙溪船闸技术参数表 表 2-3-4

河流名称		嘉陵江		建设地点		四川省阆中市	
船闸有效尺度(m)		120×16×3.0		最大设计水头(m)		12.19	
吨级		2×500		过闸时间(min)		60.0	
门型	闸门	上游	人字门	启闭形式	闸门	上游	液压
		下游	人字门			下游	液压
	阀门	上游	平板门		阀门	上游	液压
		下游	平板门			下游	液压
结构形式	上闸首		整体式	输水系统	形式		闸墙长廊道多支孔输水
	下闸首		整体式		平均时间(min)		15.0
	闸室		整体式		廊道尺寸(m)		2.0×1.2
设计通航水位(m)	上游	最高	364.00	设计年通过能力(单线单向,万t)			319
		最低	358.50	桥梁情况			上闸首交通桥
	下游	最高	360.11	建成年份(年)			2011
		最低	351.81				

图 2-3-7 沙溪航电枢纽鸟瞰图

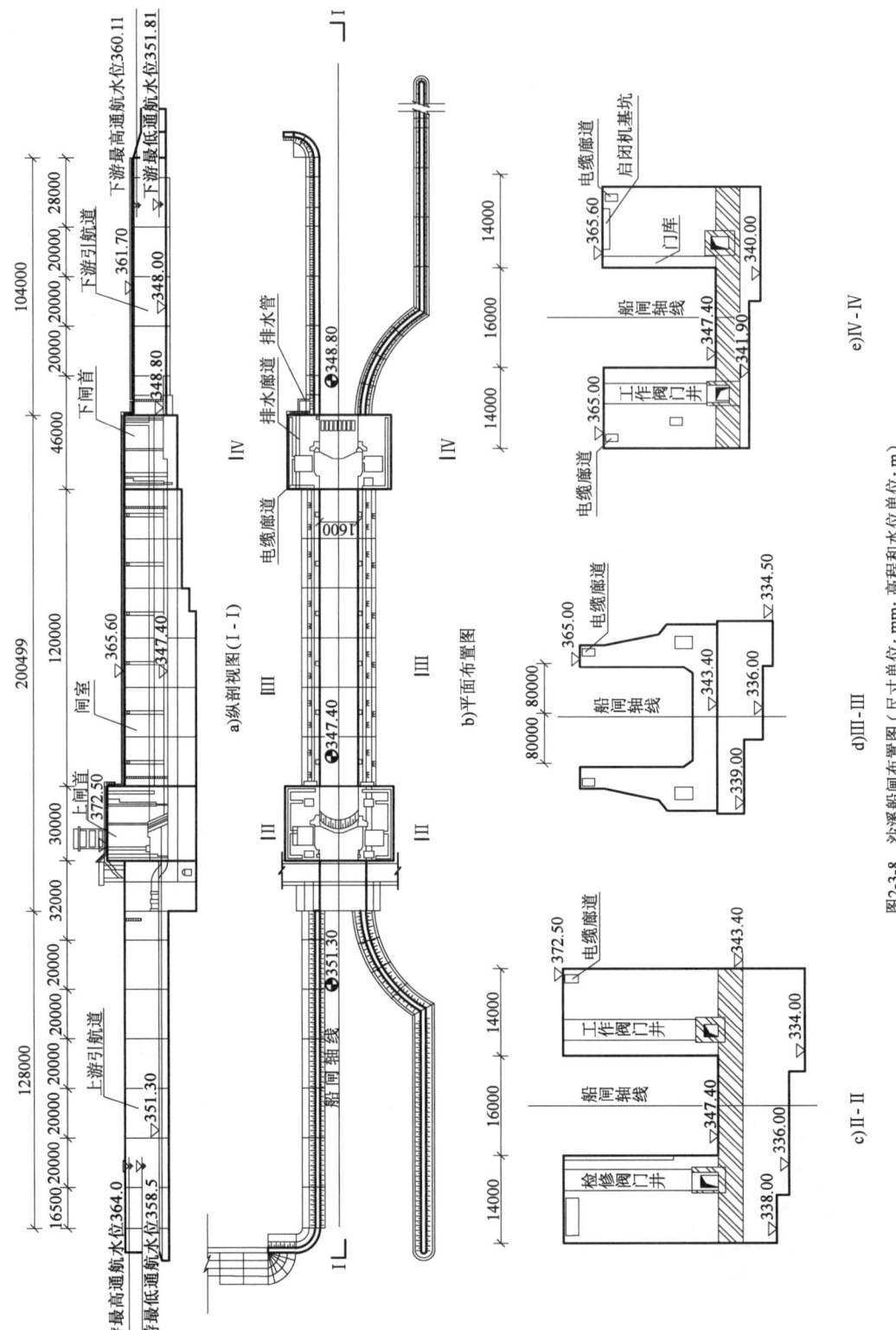

图2-3-8 沙溪船闸布置图（尺寸单位：mm；高程和水位单位：m）

5. 金银台船闸

金银台航电枢纽位于四川省阆中市境内的河溪镇，是嘉陵江干流广元至重庆段18级规划中的第六级，上距阆中市区11km，距苍溪枢纽23km。金银台坝址集雨面积67694km²，枢纽正常蓄水位352.00m（1956黄海高程），消落水位351.60m，水库总库容4.25亿m³。枢纽设计洪水位356.93m（$P=2\%$），校核洪水位361.78m（$P=0.2\%$）。金银台枢纽为大Ⅱ型工程，主要建筑物按3级设计，最大坝/闸高31.5m/39m，坝顶全长532.94m，主要建筑物从左至右依次为左岸船闸、左岸挡水坝、泄洪闸、冲沙闸、电站厂房和右岸挡水坝等。金银台电站厂房布置在河道右岸，装3台灯泡贯流式机组，总装机容量120MW；14孔泄洪闸和1孔冲沙闸布置在河道中偏左，闸孔净宽分别为12m和10m，闸下游底流消能。该枢纽是一座以航、电开发为主，同时具有灌溉、防洪、环保和旅游等综合效益的航电枢纽工程。该枢纽于2002年2月开工，2006年7月底投入运行。

金银台船闸布置在河道左岸，采用分散式形式，通过开挖河道左岸坡地并保留岸边部分山体，使船闸和拦河闸分开。船闸等级为Ⅳ级，闸室有效尺度为120m×16m×2.5m，最大设计水头16.00m（上游正常蓄水位352.0m－下游最低通航水位336.0m），通航2×500吨级船队，设计通过能力近期82万吨/年、远期240万吨/年。船闸上游设计最高通航水位352.0m（枢纽正常蓄水位），最低通航水位346.0m（敞泄分界流量水位）；下游设计最高通航水位348.36m，最低通航水位336.0m。船闸引航道采用准反对称型布置，上、下游靠船段均位于左侧，上游船舶"直进曲出"、下游船舶"曲进直出"。上游引航道左侧直线导航墙长452m，其上游以半径400m、中心角25°的圆弧与上游河道岸衔接；右侧辅导航墙首先以半径432m、中心角19.2°的圆弧进行扩展（沿船闸轴线投影长142m），其上游接长310m的直线边墙，在出口附近以半径150m、中心角34°的圆弧与上游河道岸坡衔接。下游引航道左侧主导航墙（导航调顺段）首先采用半径432m、中心角19.2°的圆弧拓宽（沿船闸轴线投影长142m），其下游接长98m的直线导墙，再接长150m的折线停泊段，停泊段布置7个系船柱；右侧辅导航墙为长263m的直线导墙。上、下游引航道宽均为40m，设计水深2.5m。船闸上、下闸首均采用分离式结构，闸室采用整体式结构。船闸输水系统为闸底长廊道顶缝出水、盖板消能方式，下闸首采用格栅消能室消能。该船闸于2004年建成，2009年正式通航。

金银台船闸技术参数见表2-3-5。金银台枢纽及船闸鸟瞰图如图2-3-9所示。金银台船闸布置图如图2-3-10所示。

金银台船闸技术参数表　　　　　　　　表2-3-5

河流名称	嘉陵江	建设地点	四川省阆中市河溪镇
船闸有效尺度(m)	120×16×2.5	最大设计水头(m)	16

续上表

吨级			2×500	过闸时间(min)			60.0
门型	闸门	上游	人字门	启闭形式	闸门	上游	液压
		下游	人字门			下游	液压
	阀门	上游	反弧门		阀门	上游	液压
		下游	反弧门			下游	液压
结构形式	上闸首		分离式	输水系统	形式		闸底长廊道顶缝出水
	下闸首		分离式		平均时间(min)		10.0
	闸室		整体式		廊道尺寸(m)		2.2×2.2
设计通航水位(m)	上游	最高	352.00	设计年通过能力(单线单向,万t)			82/240(近期/远期)
		最低	346.00	桥梁情况			上闸首交通桥
	下游	最高	348.36	建成年份(年)			2004
		最低	336.00				

图 2-3-9　金银台枢纽及船闸鸟瞰图

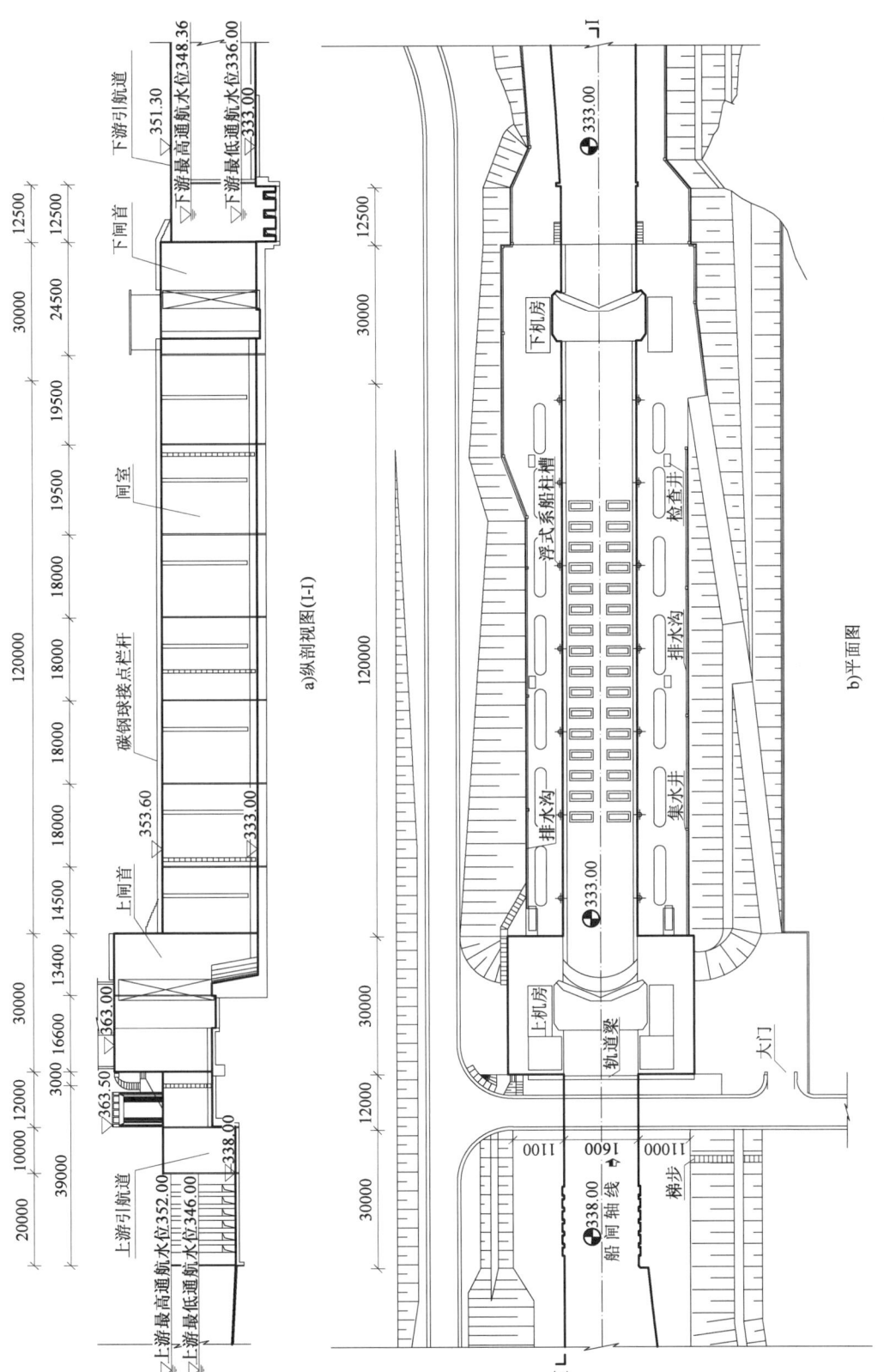

图2-3-10 金银台船闸布置图（尺寸单位：mm；高程和水位单位：m）

6. 红岩子船闸

红岩子电航枢纽位于四川省南充市南部县城区,是嘉陵江干流广元至重庆段18级规划中的第七级,上距金银台枢纽29.50km,下距新政枢纽39.50km。红岩子坝址集雨面积66847km^2,多年平均流量771m^3/s,枢纽正常蓄水位为336.0m(1956黄海高程),消落水位335.6m。枢纽设计洪水位343m($P=2\%$),设计洪水流量28900m^3/s;校核洪水位347.90m($P=0.2\%$),校核洪水流量39500m^3/s。红岩子枢纽为大Ⅱ型工程,永久性主要水工建筑物为3级。主要建筑物从左至右依次为电站厂房、冲沙闸、泄洪闸、船闸和右岸非溢流连接坝等。红岩子电站厂房布置在河道左岸,装3台灯泡贯流式机组,总装机容量90MW;30孔泄洪(冲沙)闸布置在河床中央,每孔闸净宽12m。该枢纽是一座以发电为主,结合航运,兼顾灌溉、供水、养殖和旅游等综合利用效益的电航枢纽工程。枢纽主体工程于1997年10月开工,2001年12月建成并投入运行。

红岩子船闸布置在河道右岸,船闸等级为Ⅳ级,闸室有效尺度为120m×16m×2.5m,最大设计水头13.80m(上游正常蓄水位336.00m－下游最低通航水位322.20m),通2×500吨级船队,设计单向通过能力228.89万吨/年。船闸上游设计最高通航水位337.6m($P=20\%$),最低通航水位333.0m;下游设计最高通航水位336.85m($P=20\%$),最低通航水位322.20m。船闸引航道采用反对称型布置,上游引航道向右侧岸边扩宽,主导航墙位于左侧,下游引航道向左侧(河侧)扩宽,主导航墙位于右侧,上、下游船舶过闸均采取"直进曲出"的方式。上游引航道左侧主导航墙为直线导墙,长186m,采用空箱混凝土结构;右侧辅导航墙采用直线向岸侧扩宽至40m,辅导航墙以上河段采用混凝土块护坡,长601.74m。下游引航道左侧辅导航墙按17°向河心一侧扩宽至40m,其后采用与引航道轴线平行的护坡导堤,长357.13m;右侧主导航墙为下部斜坡、上部直立的加筋土挡墙结构,总长677.60m。船闸上、下闸首和闸室均采用整体式结构,闸首砂卵石地基采用旋喷桩加固,闸室用土工格栅分层处理。船闸输水系统采用闸墙长廊道侧支孔出水、明沟+盖板消能方式,下闸首出水采用消力梁消能。该船闸于2002年建设通航。

红岩子船闸技术参数见表2-3-6。红岩子枢纽鸟瞰图如图2-3-11所示。红岩子船闸布置图如图2-3-12所示。

红岩子船闸技术参数表　　　　表2-3-6

河流名称	嘉陵江	建设地点	四川省南充市南部县
船闸尺度(m)	120×16×2.5	最大设计水头(m)	13.80
吨级	2×500	过闸时间(min)	60

续上表

河流名称			嘉陵江	建设地点		四川省南充市南部县	
门型	闸门	上游	人字门	启闭形式	闸门	上游	液压
		下游	人字门			下游	液压
	阀门	上游	平板门		阀门	上游	液压
		下游	平板门			下游	液压
结构形式	上闸首		整体式	输水系统	形式		闸墙长廊道侧支孔出水
	下闸首		整体式		平均时间(min)		12.0
	闸室		整体式		廊道尺寸(m)		2.2×2.6
设计通航水位(m)	上游	最高	337.60	设计年通过能力(单线单向,万 t)			228.89
		最低	333.00	桥梁情况			上闸首交通桥
	下游	最高	336.85	建成年份(年)			2002
		最低	322.20				

图 2-3-11 红岩子枢纽鸟瞰图

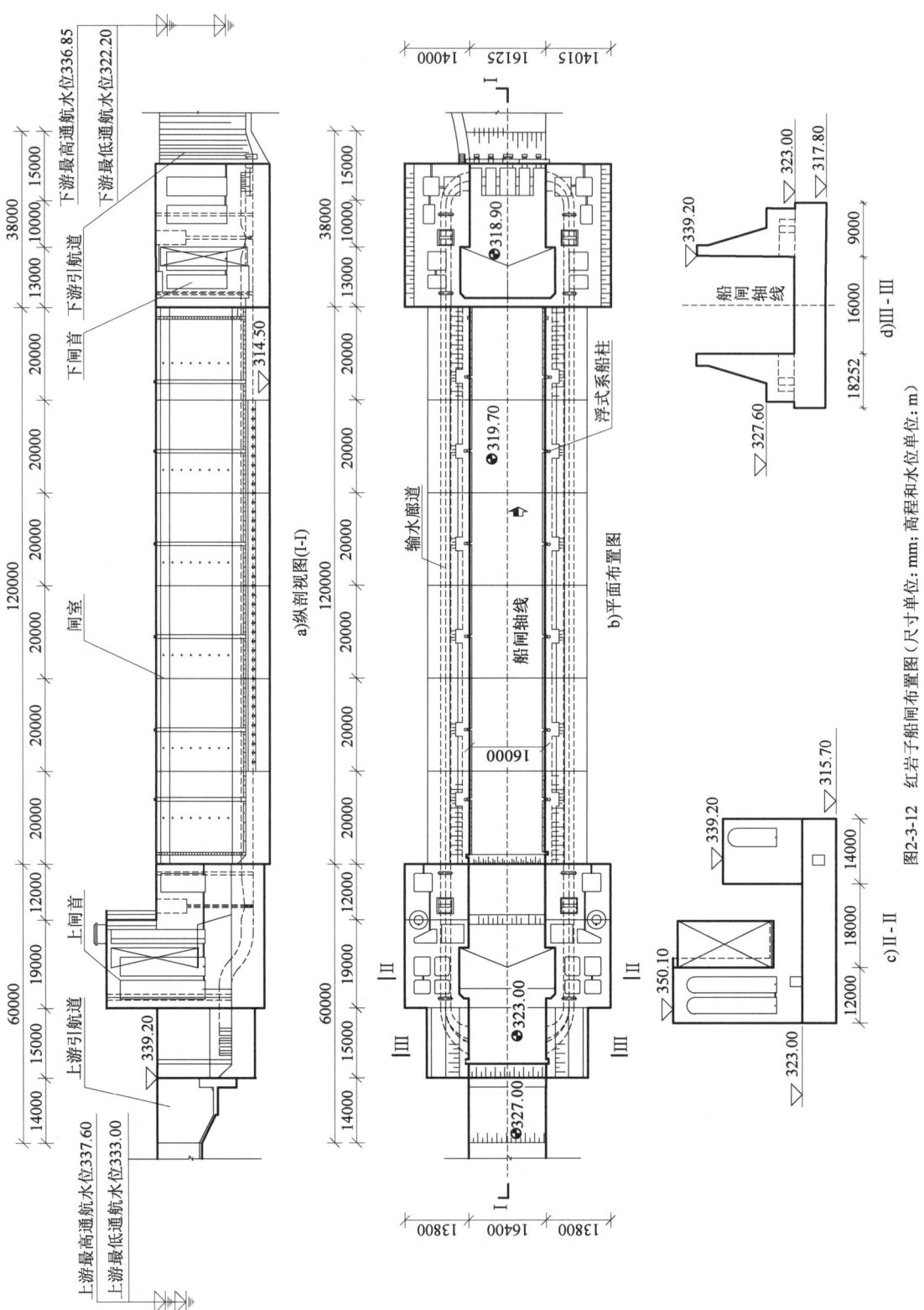

图2-3-12 红岩子船闸布置图（尺寸单位：mm；高程和水位单位：m）

7. 新政船闸

新政航电枢纽位于四川省南充市仪陇县境内，是嘉陵江干流广元至重庆段18级规划中的第八级，下距仪陇新县城约3km，其上、下游分别与红岩子枢纽和金溪枢纽水位相衔接。新政枢纽坝址控制流域面积69403km²，多年平均流量772m³/s，枢纽正常蓄水位324.00m（1956黄海高程），消落水位323.60m。枢纽设计洪水位329.64m（$P=2\%$），设计洪水流量29700m³/s；校核洪水位329.64m（$P=0.2\%$），校核洪水流量40100m³/s。主要建筑物从左至右依次为左岸连接坝、船闸、电站厂房、泄洪（冲沙）闸和右岸连接坝等。新政船闸和电站厂房均集中布置在河道左岸，厂房形式为河床式，装3台灯泡贯流式机组，总装机容量108MW；16孔泄洪（冲沙）闸布置在河道中偏右，每孔闸净宽12m，闸下游底流消能。该枢纽是一座以航运和发电为主，兼有防洪、环保、旅游等综合效益的航电枢纽工程。该枢纽于2002年开工，2006年正式投入运行。

新政船闸布置在河道左岸岸边，右与电站厂房相邻，船闸等级为Ⅳ级，闸室有效尺度为120m×16m×2.5m，最大设计水头14.1m（上游正常蓄水位324.0m－下游最低通航水位309.90m），通航2×500吨级船队，设计单向通过能力198万吨/年。船闸上游设计最高通航水位324.0m（枢纽正常蓄水位），最低通航水位315.10m（敞泄分界流量4100m³/s水位）；下游设计最高通航水位320.45m，最低通航水位309.9m（下游金溪枢纽正常蓄水位）。船闸引航道采用不对称型布置，上、下游引航道均向右侧河床扩展，主导航墙均位于左侧岸边，上、下游船舶过闸均采取"直进曲出"的方式。上游引航道左侧主导航墙长329m，其中导航段长90.0m、调顺段长137m（斜坡护岸）、停泊段长100m；右侧辅导航墙长211m，从下至上依次为30m（沿船闸轴线投影）的弧线扩宽段和长51m的直线段。下游引航道左侧主导航墙长627m，包括导航段长105.0m（直立挡墙）、调顺段长224.0m（斜坡护岸）、停泊段长120m；右侧辅导航墙长168m，包含30m（沿船闸轴线的投影长）的弧线拓宽段和长138m的直线段。上、下游靠船段各布置6个中心距为20m的靠船墩，靠船段暴露在引航墙外的开敞水域。上、下游引航道宽均为40m，设计水深2.5m。船闸上闸首和闸室均采用分离式结构，下闸首采用整体式结构。船闸输水系统采用闸底长廊道侧支孔出水、明沟消能方式，下游出口消力梁消能。该船闸于2002年开工，2008年1月建成通航。

新政船闸技术参数见表2-3-7。新政枢纽及船闸鸟瞰图如图2-3-13所示。新政船闸布置图如图2-3-14所示。

新政船闸技术参数表 表2-3-7

河流名称	嘉陵江	建设地点	四川省南充市仪陇县新政镇
船闸有效尺度（m）	120×16×2.5	最大设计水头（m）	14.1

续上表

吨级			2×500	过闸时间(min)		60.0	
门型	闸门	上游	人字门	启闭形式	闸门	上游	液压
		下游	人字门			下游	液压
	阀门	上游	反弧门		阀门	上游	液压
		下游	反弧门			下游	液压
结构形式	上闸首		分离式	输水系统	形式		闸底长廊道侧支孔出水+明沟消能
	下闸首		整体式		平均时间(min)		10.5
	闸室		分离式		廊道尺寸(m)		3.12×3.0
设计通航水位(m)	上游	最高	324.00	设计年通过能力(单线单向,万t)			198
		最低	315.10	桥梁情况			上闸首交通桥
	下游	最高	320.45	建成年份(年)			2008
		最低	309.90				

图 2-3-13 新政枢纽及船闸鸟瞰图

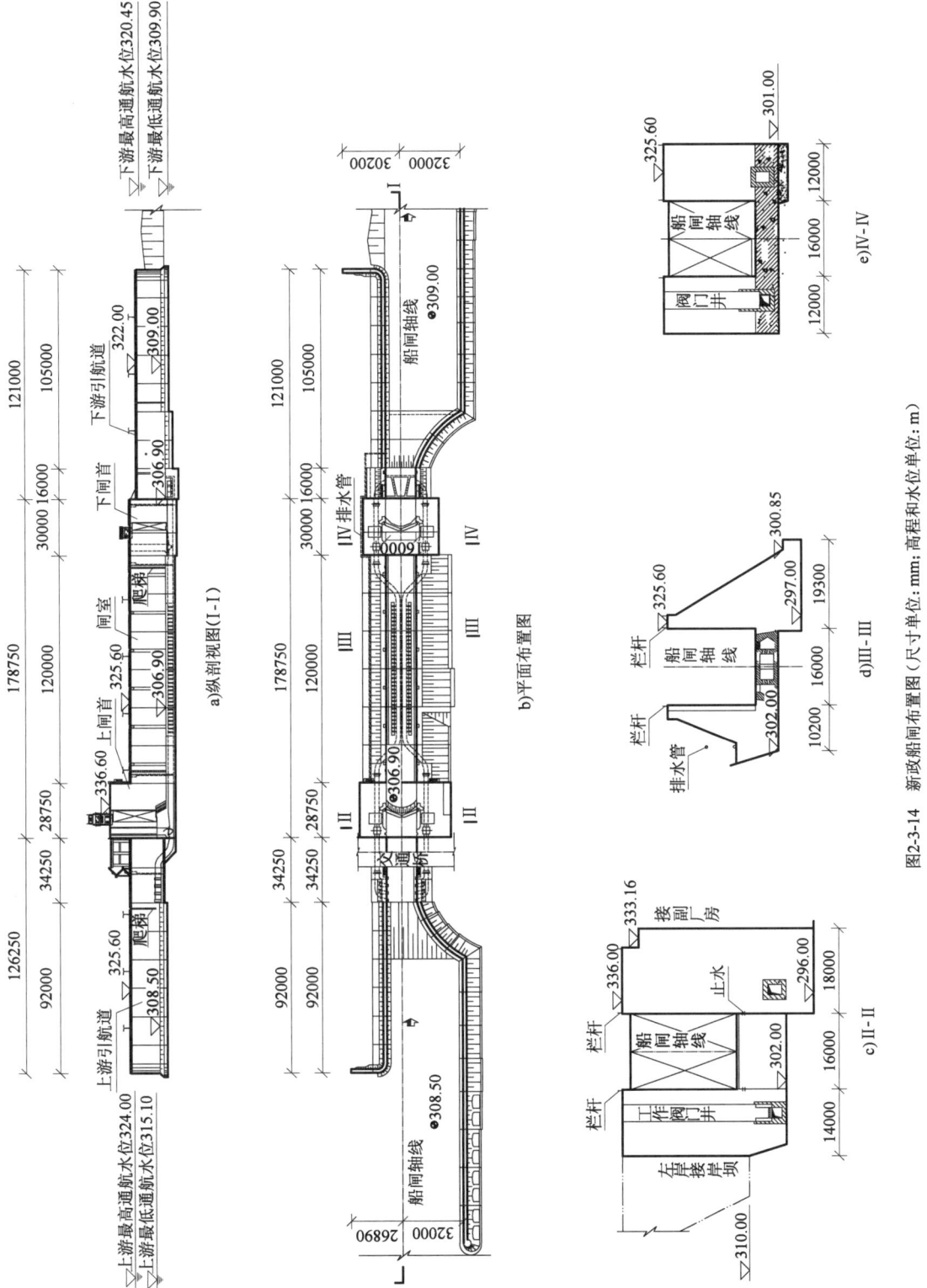

图2-3-14 新政船闸布置图（尺寸单位：mm；高程和水位单位：m）

8. 金溪船闸

金溪航电枢纽位于四川省南充市蓬安县境内的金溪镇，是嘉陵江干流广元至重庆段18级规划中的第九级，下距蓬安县城约31km，其上、下游分别与新政枢纽和马回枢纽水位相衔接。金溪枢纽坝址控制流域面积73441km²，多年平均流量797m³/s，枢纽正常蓄水位310m（1956黄海高程），消落水位309.6m，水库总库容4.6亿m³。枢纽设计洪水位313.38m（$P=2\%$），设计洪水流量30900m³/s；校核洪水位319.28m（$P=0.2\%$），校核洪水流量43200m³/s。该枢纽为大Ⅱ型工程，主要建筑物按3级设计，最大坝高47.1m，主要建筑物从左至右依次为船闸、挡水坝、泄洪（冲沙）闸、电站厂房等。金溪电站厂房布置在河道右岸，装4台灯泡贯流式机组，总装机容量150MW；20孔泄洪（冲沙）闸布置在河床中央，每孔闸净宽12m，闸下游底流消能。该枢纽是一座以发电和航运为主，结合防洪、供水、浇灌、旅游等综合效益的航电枢纽工程。该工程于2003年10月开工，2008年8月完工。

金溪船闸布置在河道左岸，船闸等级为Ⅳ级，闸室有效尺度为120m×16m×3m，最大设计水头17.3m（上游正常蓄水位310.00m-下游最低通航水位292.70m），通航2×500吨级船队，设计单向通过能力近期76万吨/年、远期222.3万吨/年。船闸上游设计最高通航水位310.0m（枢纽正常蓄水位），最低通航水位298.27m（敞泄分界流量4100m³/s水位）；下游设计最高通航水位305.62m，最低通航水位292.7m（下游马回枢纽正常回水位）。船闸引航道采用不对称型布置，上、下游主导航墙均位于左侧岸边，船舶过闸均采取"直进曲出"的方式。上游引航道左侧主导航墙长350m，从下至上依次为207m的直线段、103.6m的曲线段和220m的直线停泊段（设16个靠船墩）；右侧辅导航墙长180m，从下至上依次为长80m（沿轴线投影）的弧线扩宽段和长100m的直线段。下游引航道左侧主导航墙长432.5m，其中直线段长375m（斜坡护岸，下游段布置10排间距25m的系船设施）、弧线段长57.5m；右侧辅导航墙长260m，包含长100m的曲线扩宽段和长160m的直线段。上、下游引航道宽均为40m，设计水深为3.0m。该船闸上游引航道和引航道部分停泊段位于引航墙外的开敞水域。船闸上、下闸首采用分离式结构，闸室采用整体坞式，船闸输水系统采用闸墙长廊道、闸室横支廊道顶孔出水、盖板消能方式，下游出水口采用消能室消能。该船闸工程与金溪枢纽同步建设完成。

金溪船闸技术参数见表2-3-8。金溪枢纽及船闸鸟瞰图如图2-3-15所示。金溪船闸布置图如图2-3-16所示。

金溪船闸技术参数表　　表2-3-8

河流名称	嘉陵江	建设地点	四川省南充市蓬安县金溪镇
船闸有效尺度(m)	120×16×3.0	最大设计水头(m)	17.3

续上表

吨级		2×500		过闸时间(min)		60
门型	闸门	上游	人字门	启闭形式	闸门 上游	液压
		下游	人字门		闸门 下游	液压
	阀门	上游	反弧门		阀门 上游	液压
		下游	反弧门		阀门 下游	液压
结构形式	上闸首	分离式		输水系统	形式	闸墙长廊道、闸室横支廊道顶孔出水
	下闸首	分离式			平均时间(min)	15
	闸室	整体坞式			廊道尺寸(m)	2.2×2.2
设计通航水位(m)	上游	最高	310.00	设计年通过能力(单级单向,万t)		76/222.3(近期/远期)
		最低	298.27	桥梁情况		上闸首交通桥
	下游	最高	305.62	建成年份(年)		2008
		最低	292.70			

图 2-3-15　金溪枢纽及船闸鸟瞰图

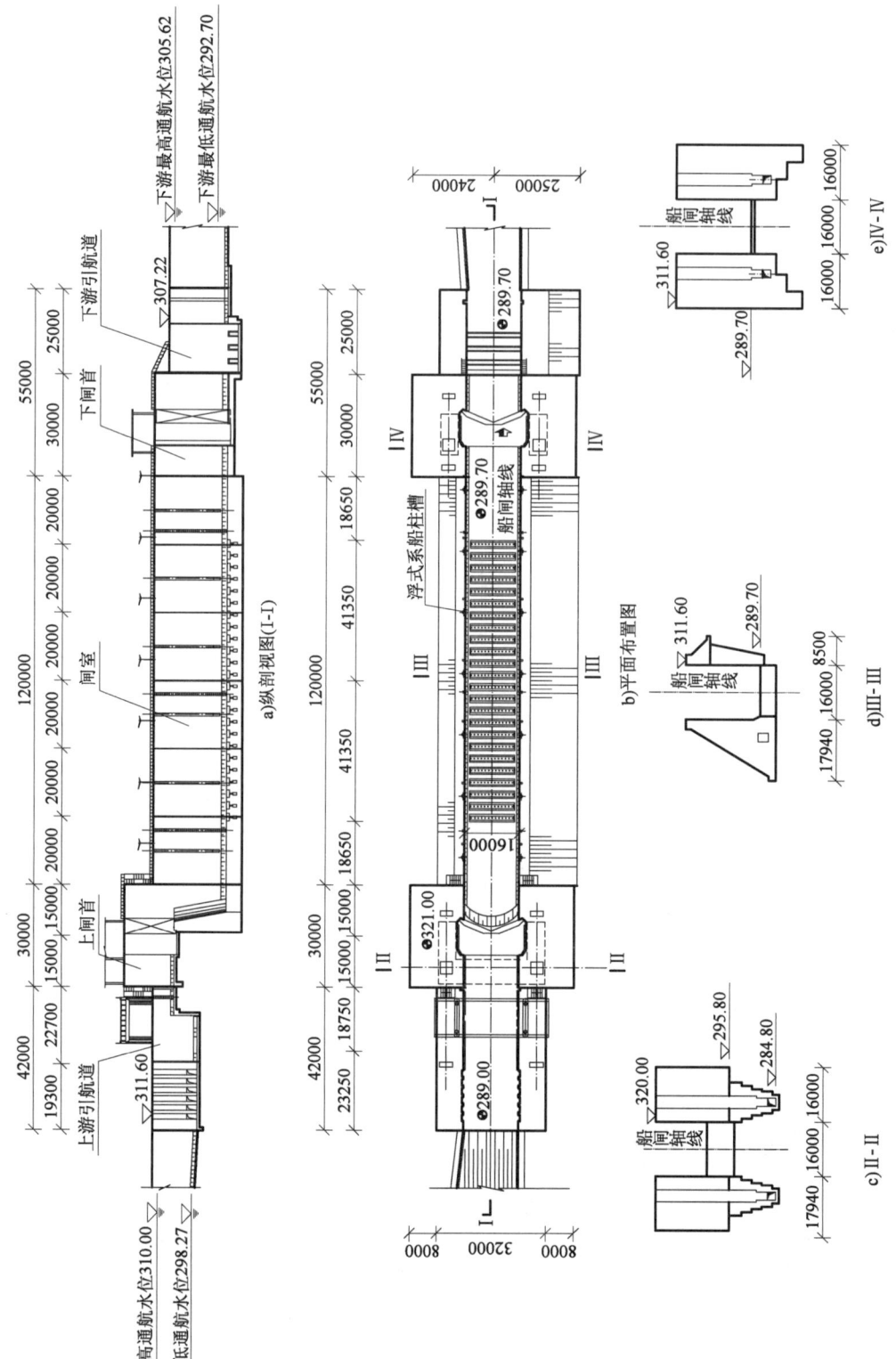

图2-3-16 金溪船闸布置图（尺寸单位：mm；高程和水位单位：m）

9. 马回船闸

马回电站位于四川省南充市蓬安县境内的马回乡,是嘉陵江干流广元至重庆段18级规划中的第十级,上距蓬安县城约11km,其上、下游分别与金溪枢纽和凤仪枢纽水位相衔接。马回枢纽坝址集雨面积74645km^2,多年平均流量816m^3/s,枢纽正常蓄水位292.7m(1956黄海高程),消落水位292.2m,水库总库容9132万m^3。枢纽设计洪水位299.40m($P=2\%$),校核洪水位301.4m($P=0.2\%$)。主要建筑物包括拦河闸坝、电站厂房和船闸等,该枢纽利用嘉陵江绕马回坝天然大河湾,筑坝壅水、裁弯取直布置电站和船闸。电站厂房布置在上游右岸垭口上,包括先期的小电站5×2MW、后期的大电站2×23.05MW和扩建电站2×15MW,总装机容量86.1MW。拦河闸坝由9孔泄洪冲沙闸、长314m的溢流坝和长54.2m的非溢流坝组成,坝轴线总长856.8m。该枢纽是一座以发电为主,兼顾航运的航电枢纽工程。枢纽主体工程于1987年9月开工,1992年6月建成,2000年对电站进行了改扩建。

马回船闸布置在拦河闸坝上游右岸的石盘沟,通过裁弯取直修建上、下游引航道并与上、下游河道衔接,该方案属典型的分散式布置形式。船闸等级为Ⅳ级,闸室有效尺度为120m×16m×2.5m,最大设计水头13.2m(上游正常蓄水位292.70m－下游最低通航水位279.50m),通航2×500吨级船队,设计单向通过能力193万吨/年。船闸上游设计最高通航水位294.85m,最低通航水位292.2m;下游设计最高通航水位286.0m,最低通航水位279.5m。船闸引航道采用不对称型布置,靠船段均位于引航道左侧,上、下游船舶过闸均采取"直进曲出"的方式。上游引航道左侧主导航墙长478m,从下至上依次为长120m的导航调顺段、长290m的停泊段(布置9个中心距为30m的系船柱)和长80m(船闸轴线投影)的上游弧线连接段;右侧辅导航墙从下至上依次为长47m(船闸轴线投影)的弧线扩宽段、长230m的直线段和偏向上游岸坡的弧线连接段。下游引航道左侧主导航墙直线段长162m,其下游用长约80m的弧线与电站护岸衔接;右侧辅导航墙采用半径44.7m、长37.9m的弧线拓宽,其后接长约180m的直线,再后接偏向下游右侧、长约300m的直线靠船段,布置4个中心距为30m的靠船墩。船闸引航道宽38m,设计水深3.0m。船闸上、下闸首和闸室均采用分离式结构,船闸输水系统采用头部集中输水。该船闸工程与马回枢纽同步建设完成。马回船闸位于Ω形河段的颈部,运用"裁弯取直"思想,将上、下游主航道连接起来,但船闸轴线与主河道交角较大,下游引航道与主航道的衔接不顺畅,船舶进出下游引航道有一定的困难。

马回船闸技术参数见表2-3-9。马回船闸鸟瞰图如图2-3-17所示。马回船闸布置图如图2-3-18所示。

马回船闸技术参数表　　　　　表2-3-9

河流名称			嘉陵江	建设地点		四川省南充市蓬安县马回乡	
船闸有效尺度(m)			120×16×2.5	最大设计水头(m)		13.2	
吨级			2×500	过闸时间(min)		48.5/50.3(近期/远期)	
门型	闸门	上游	人字门	启闭形式	闸门	上游	卧式液压
		下游	人字门			下游	卧式液压
	阀门	上游	平板门		阀门	上游	立式液压
		下游	平板门			下游	立式液压
结构形式	上闸首		分离式	输水系统	形式		头部集中输水
	下闸首		分离式		平均时间(min)		11.0
	闸室		分离式		廊道尺寸(m)		3.0×2.2
设计通航水位(m)	上游	最高	294.85	设计年通过能力(单线单向,万t)			193
		最低	292.20				
	下游	最高	286.00	桥梁情况			上闸首建有桥梁
		最低	279.50	建成年份(年)			1992

图2-3-17　马回船闸鸟瞰图

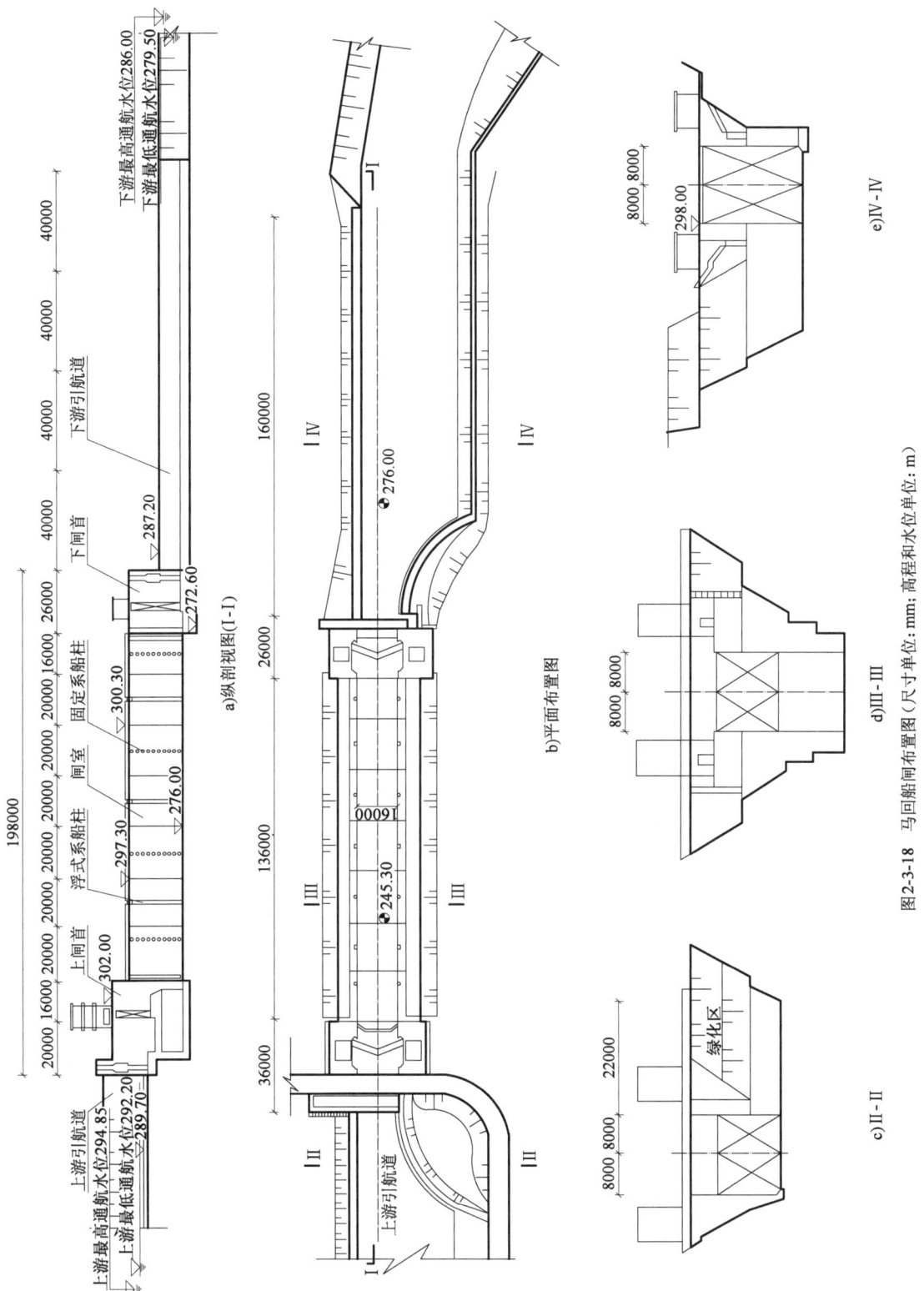

图 2-3-18 马回船闸布置图（尺寸单位：mm；高程和水位单位：m）

10. 凤仪船闸

凤仪航电枢纽位于四川省南充市境内的凤山乡,是嘉陵江干流广元至重庆段18级规划中的第十一个梯级,下距南充市区约25km,其上、下游分别与马回枢纽和小龙门枢纽水位相衔接。凤仪枢纽坝址集雨面积74722km²,正常蓄水位280.0m(1956黄海高程),汛期排砂水位277.0m。枢纽设计洪水位286.38m($P=2\%$),设计洪水流量30700m³/s;校核洪水位290.72m($P=0.2\%$),校核洪水流量42500m³/s。主要建筑物从左至右依次为左岸连接坝、电站厂房、泄洪(冲沙)闸、船闸和右岸连接坝等。电站厂房布置在河道左岸,装3台灯泡贯流式机组,总装机容量84MW;22孔泄洪(冲沙)闸位于河床中央,每孔闸净宽12m。该枢纽是一座以发电、航运开发为主,兼顾灌溉和旅游等综合效益的航电枢纽工程。枢纽主体工程于2007年12月开工,2012年1月投入运行。

凤仪船闸布置于河道右岸,闸轴线与坝轴线交角85°(下游引航道向河心偏转),船闸等级为Ⅳ级,闸室有效尺度为120m×16m×3m,最大设计水头11.0m(上游正常蓄水位280.00m−下游最低通航水位269.00m),通航2×500吨级船队,设计船闸单向通过能力近期100万吨/年、远期368万吨/年。船闸上游设计最高通航水位280.0m(枢纽正常蓄水位),最低通航水位277.00m(枢纽最低运行水位);下游设计最高通航水位278.91m,最低通航水位269.0m。船闸引航道采用不对称型布置,上、下游引航道均向左侧河道扩展,主导航墙均位于右侧岸边,上、下游船舶过闸均采取"直进曲出"的方式。上游引航道右侧直线主导航墙长160.0m,其上游接长20m的直线过渡段和半径500m、长174.5m的圆弧过渡段,再接长120m的停泊段,布置7个中心距为20m的靠船墩;左侧辅导航墙以半径114m、长70m(船闸轴线投影)的圆弧线进行扩展,其上游接长65m的直线导墙。下游引航道右侧直线主导航墙长144.0m,其下游接半径500m、长137.3m的圆弧过渡段,再接长135m的靠船段,布置7个中心距为20m的靠船墩;左侧辅导航墙以半径114m、长70m(船闸轴线投影)的圆弧线进行扩展,其下游接长74m的直线导墙。船闸上、下游引航道宽均为40m,设计水深3.0m,靠船段均处于引航墙外的开敞水域。船闸上、下闸首和闸室均采用分离式结构,船闸输水系统采用闸墙长廊道、闸室横支廊道顶孔出水、盖板消能方式,下游出水口消能室消能。该船闸与凤仪枢纽同步建设完成。

凤仪船闸技术参数见表2-3-10。凤仪枢纽鸟瞰图如图2-3-19所示。凤仪船闸布置图如图2-3-20所示。

凤仪船闸技术参数表 表2-3-10

河流名称	嘉陵江	建设地点	四川省南充市凤山乡
船闸有效尺度(m)	120×16×3.0	最大设计水头(m)	11.0
吨级	2×500	过闸时间(min)	48.85

续上表

门型	闸门	上游	人字门	启闭形式	闸门	上游	卧式液压
		下游	人字门			下游	卧式液压
	阀门	上游	平板门		阀门	上游	立式液压
		下游	平板门			下游	立式液压
结构形式	上闸首	分离式		输水系统	形式		闸墙长廊道、闸室横支廊道顶孔出水+盖板消能
	下闸首	分离式			平均时间(min)		10.52(充水) 10.32(泄水)
	闸室	分离式			廊道尺寸(m)		2.6×2.0
设计通航水位(m)	上游	最高	280.00	设计年通过能力(单线单向,万t)			100/368(近期/远期)
		最低	277.00	桥梁情况			上闸首交通桥梁
	下游	最高	278.91	建成年份(年)			2012
		最低	269.00				

图 2-3-19 凤仪枢纽鸟瞰图

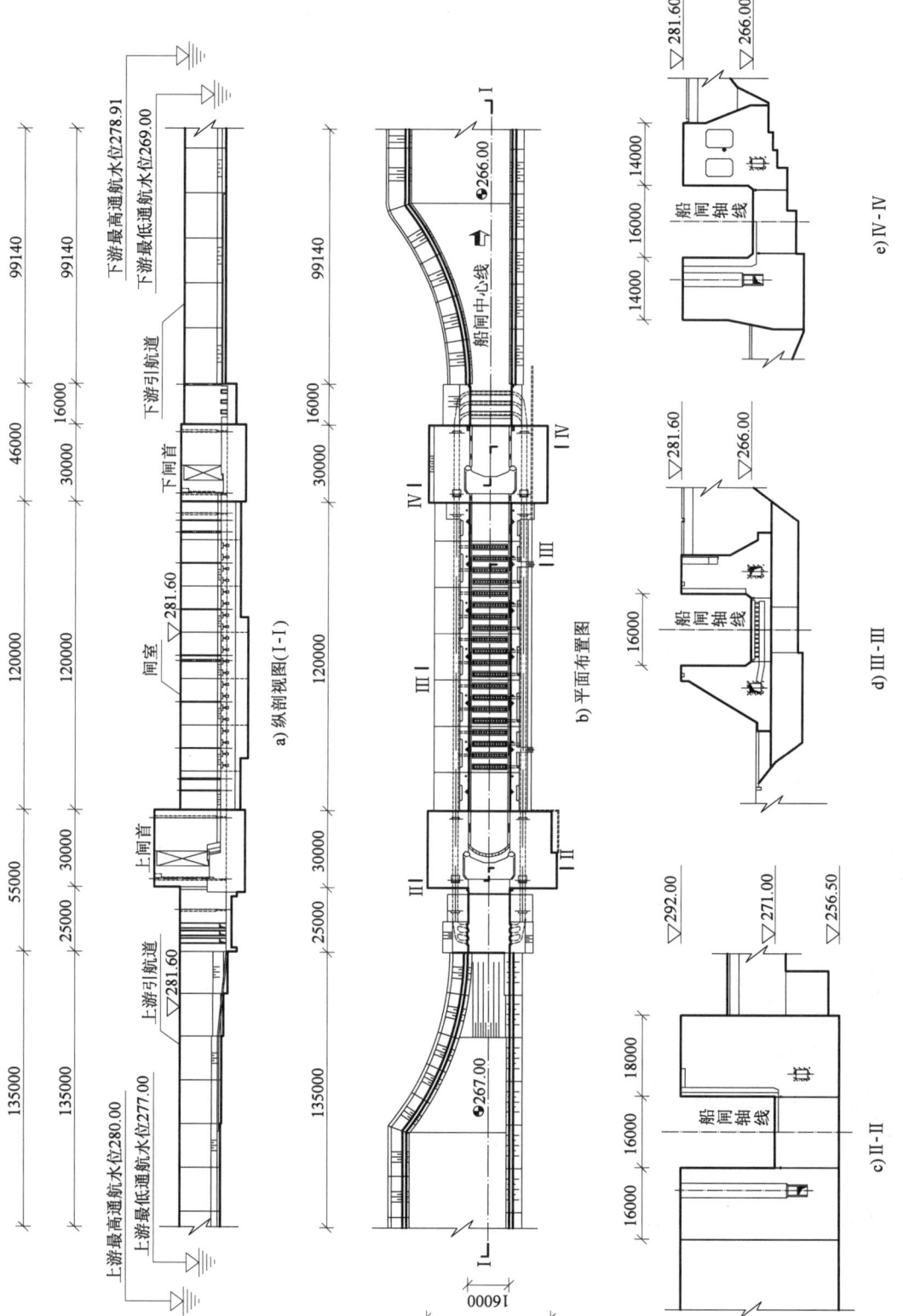

图2-3-20 凤仪船闸布置图(尺寸单位：mm；高程和水位单位：m)

11. 小龙门船闸

小龙门航电枢纽位于四川省南充市高坪区境内,是嘉陵江干流广元至重庆段 18 级规划中的第十二级,下距南充市区约 6km,其上、下游分别与凤仪航电枢纽和青居枢纽水位相衔接。小龙门坝址集雨面积 75810km²,多年平均流量 814m³/s,枢纽正常蓄水位为 269.30m(1956 黄海高程),消落水位 268.90m。枢纽设计洪水位 277.50m($P=2\%$),设计洪水流量 30300m³/s;校核洪水位 280.95m($P=0.2\%$),校核洪水流量 42500m³/s。小龙门航电枢纽工程等级为 Ⅱ 等,主要建筑物按 3 级设计,从左至右依次为左岸接头坝、储门槽坝段、电站厂房、泄洪(冲沙)闸、船闸、储门槽坝段和右岸连接坝等。小龙门船闸和电站分岸布置,电站厂房位于河道左岸,装 4 台灯泡贯流式机组,总装机容量 52MW;25 孔泄洪(冲沙)闸布置在河床中央,每孔闸净宽 12m,闸下游底流消能。该枢纽是一座以发电和航运为主,兼有美化城市环境功能的航电枢纽工程。该枢纽于 2008 年建成并投入运行。

小龙门船闸布置在河道右岸,船闸等级为 Ⅳ 级,闸室有效尺度为 120m×16m×3.0m,最大设计水头 6.8m(上游正常蓄水位 269.30m－下游最低通航水位 262.50m),通航 2×500 吨级船队,设计通过能力 350 万吨/年。船闸上游设计最高通航水位 271.85m,最低通航水位 267.80m;下游设计最高通航水位 271.40m,最低通航水位 262.50m(下游青居枢纽正常蓄水位)。船闸引航道采用不对称型布置,上、下游引航道均向左侧河道进行扩展,主导航墙均位于右侧岸边,上、下游船舶过闸均采取"直进曲出"的方式。上游引航道右侧直线主导航墙长 98.0m,其上游用翼墙过渡,再接长 206m 的护坡段,护坡段以上为长 130m 的靠船段,布置 7 个中心距为 20m 的靠船墩;左侧辅导航墙以半径 130.88m、长 98m(船闸轴线投影)的圆弧线进行扩展,其上游接长 130m 的直线导墙。下游引航道右侧直线主导航墙长 230.0m,再接长 130m 的靠船段,布置 7 个中心距为 20m 的靠船墩;左侧辅导航墙以半径 45.33m、长 40m(船闸轴线投影)的圆弧线进行扩展,其下游接长 92m 的直线导墙。上游引航道宽 50m,下游引航道宽 40m,设计水深 3.0m,上、下游靠船段均位于引航墙外的开敞水域。船闸上、下游闸首均采用分离式结构,闸室采用整体式结构,船闸输水系统采用闸墙长廊道、闸室横支廊道顶支孔出水、盖板消能方式,下游出水口梁格消能。该船闸与小龙门航电枢纽同步建成并通航。

小龙门船闸技术参数见表 2-3-11。小龙门枢纽鸟瞰图如图 2-3-21 所示。小龙门船闸布置图如图 2-3-22 所示。

小龙门船闸技术参数表　　表 2-3-11

河流名称	嘉陵江	建设地点	四川省南充市高坪区
船闸有效尺度(m)	120×16×3.0	最大设计水头(m)	6.8
吨级	2×500	过闸时间(min)	53.0

续上表

门型	闸门	上游	人字门	启闭形式	闸门	上游	卧室液压
		下游	人字门			下游	卧室液压
	阀门	上游	平板门		阀门	上游	立式液压
		下游	平板门			下游	立式液压
结构形式	上闸首	分离式		输水系统	形式	闸墙长廊道、闸室横支廊道顶支孔出水+盖板消能	
	下闸首	分离式			平均时间(min)	8.5	
	闸室	整体式			廊道尺寸(m)	2.0×2.6	
设计通航水位(m)	上游	最高	271.85	设计年通过能力(万 t)	350		
		最低	267.80	桥梁情况	跨闸交通桥		
	下游	最高	271.40	建成年份(年)	2008		
		最低	262.50				

图 2-3-21 小龙门枢纽鸟瞰图

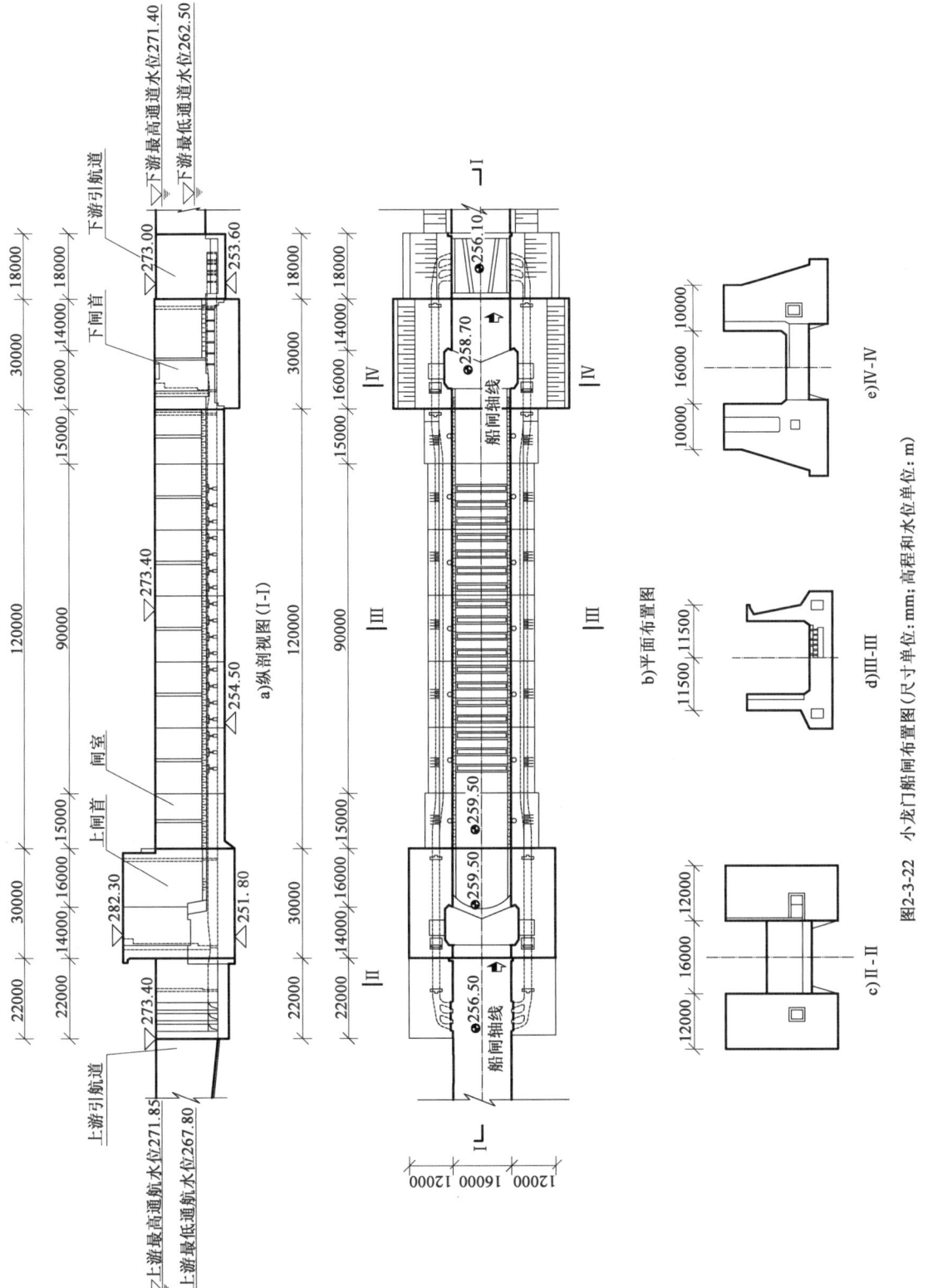

图2-3-22 小龙门船闸布置图（尺寸单位：mm；高程和水位单位：m）

12. 青居船闸

青居水电站位于四川省南充市境内的青居镇,是嘉陵江干流广元至重庆段 18 级规划中的第十三级,上距南充市区约 16km,下距武胜县城 67km,其上、下游分别与小龙门枢纽和东西关枢纽水位相衔接。青居坝址集雨面积 76753km², 多年平均流量 856m³/s, 枢纽正常蓄水位 262.5m(1956 黄海高程)。枢纽设计洪水位 271.19m($P=2\%$), 设计洪水流量 28700m³/s; 校核洪水位 275.14m($P=0.2\%$), 校核洪水流量 39900m³/s。主要建筑物包括拦河闸坝(泄洪闸和溢流坝)、电站厂房和船闸等,青居枢纽利用嘉陵江绕青居镇的大河湾,筑坝壅水、裁弯取直修建电站和船闸,缩短河道里程约 17km。电站引水明渠及厂房布置在坝上游左岸的李家沟,引水明渠全长 467.0m, 安装 4 台灯泡贯流式机组,总装机容量 136MW; 拦河闸坝布置在电站引水明渠进口下游约 1km 的主河道上,包括 11 孔宽 12m 的泄洪闸和长 217m 的溢流坝,溢流坝堰顶高程 262.5m。青居枢纽是一座以发电为主、兼顾综合航运等开发利用的电航枢纽工程。该枢纽主体工程于 2001 年 7 月开工,2004 年 5 月投入运行。

青居船闸布置在拦河坝上游左岸烟山附近的山坳处,下与闸坝相距 1750m, 通过裁弯取直修建上、下游引航道并与上、下游河道衔接,该方案属典型的分散式布置形式。船闸等级为Ⅳ级,闸室有效尺度为 120m × 16m × 2.5m, 最大设计水头 14.5m(上游正常蓄水位 262.50m – 下游最低通航水位 248.00m), 通航 2 × 500 吨级船队,设计通过能力 380 万吨/年。船闸上游设计最高通航水位 264.18m, 最低通航水位 260.0m; 下游设计最高通航水位 258.95m, 最低通航水位 248.0m(下游东西关枢纽消落水位)。船闸引航道采用准不对称型布置,上游船舶过闸"直进曲出"、下游船舶过闸"曲进曲出"。上游引航道在平面上为倾向上游的喇叭口形,其中右侧直线主导航墙长 120m, 上游为半径 360m、中心角 40°的圆弧导墙;左侧辅导航墙采用与闸轴线交角为 13°、水平投影长 120m 的斜线扩展引航道宽至 40m, 再接半径 220m、中心角 55°的圆弧边墙,上游头部进一步倒圆,引航道宽由 40m 逐步扩展到口门约 130m。下游引航道主导航墙布置在左侧,其直线扩展段(导航段)长 120m, 护岸连接段(调顺段)长 200m, 停泊段长 100m, 布置 6 个中心距为 20m 的靠船墩;右侧辅导航墙采用与闸轴线交角为 12°的斜线(沿船闸轴线投影 106m), 引航道口门宽 60m。船闸上、下闸首均采用整体式结构,闸室采用分离式结构;船闸输水系统采用闸底长廊道顶缝出水、盖板消能方式。青居船闸工程于 2004 年 7 月开工,2006 年 6 月建成并投入运行。

青居船闸技术参数见表 2-3-12。青居枢纽实景图如图 2-3-23 所示。青居船闸布置图如图 2-3-24 所示。

青居船闸技术参数表　　　　　　　　　　　　　　　表2-3-12

河流名称			嘉陵江		建设地点		四川省南充市青居镇
船闸有效尺度(m)			120×16×2.5		最大设计水头(m)		14.50
吨级			2×500		过闸时间(min)		50
门型	闸门	上游	人字门		启闭形式	闸门	上游	液压启闭
		下游	人字门				下游	液压启闭
	阀门	上游	平板门			阀门	上游	液压启闭
		下游	平板门				下游	液压启闭
结构形式	上闸首		整体式		输水系统	形式	闸底长廊道顶缝出水+盖板消能
	下闸首		整体式			平均时间(min)	13.0
	闸室		分离式			廊道尺寸(m)	2.2×2.00
设计通航水位(m)	上游	最高	264.18		设计年通过能力(万t)		380
		最低	260.00		桥梁情况		无
	下游	最高	258.95		建成年份(年)		2006
		最低	248.00				

图2-3-23　青居枢纽实景图

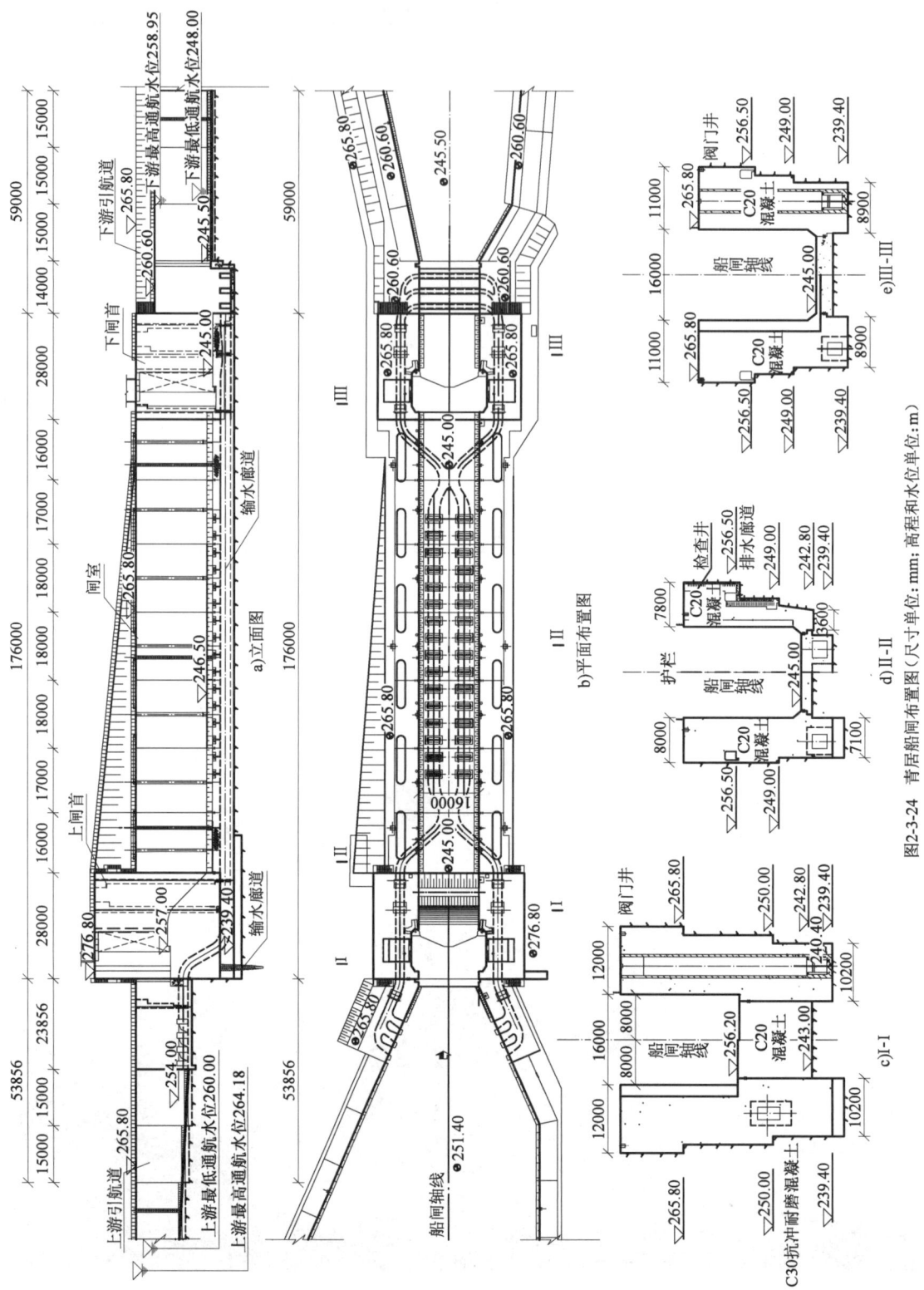

图2-3-24 菁居船闸布置图（尺寸单位：mm；高程和水位单位：m）

13. 东西关船闸

东西关电站位于四川省广安市武胜县境内,是嘉陵江干流广元至重庆段18级规划中的第十四级,其上、下游分别与青居枢纽和桐子壕枢纽水位相衔接,上距青居枢纽67km,下距武胜县城53.4km。嘉陵江东西关江段为两个连续的Ω形河湾,上河湾颈部为西关,颈部最窄处800m,弯道长17km;下河湾颈部为东关,颈部最窄处700m,弯道长22km。东西关坝址集雨面积78250km²,枢纽正常蓄水位248.50m(1956黄海高程),死水位241.00m。枢纽设计洪水位250.1m($P=2\%$),校核洪水位259.85m($P=0.2\%$)。东西关枢纽工程等级为Ⅲ等,闸坝等主要建筑物按3级设计,由于船闸水级大于15m,故闸首和闸室提高至2级设计。拦河坝布置于东西关河段间的纤藤槽,3孔溢洪道和9孔泄洪闸布置在河道左岸,闸孔净宽分别为12m和14m,其右侧为溢流坝;电站厂房布置在坝上游的烂泥沟,引水渠进口下距大坝约2.2km,装4台轴流转桨式机组,总装机容量210MW。该枢纽是一座以发电为主、结合航运的电航枢纽工程。该工程于1992年12月开工,1996年12月投入运行。

东西关船闸布置在东关河湾颈部的油房沟,其上游引航道下距拦河坝2.9km,通过裁弯取直与上、下游主河道衔接,缩短航程约22km。东西关船闸等级为Ⅳ级,闸室有效尺度为120.0m×16.0m×3.0m,最大设计水头24.55m(上游正常蓄水位248.50m–下游最低通航水位223.95m),通航2×500吨级分节驳船队,设计通过能力222.5万吨/年。船闸上游设计最高通航水位250.1m($P=20\%$),最低通航水位241.0m(汛期最低运行水位);下游设计最高通航水位239.3m($P=20\%$),最低通航水位223.95m。船闸引航道采用不对称型布置,上、下游引航道主导航墙均位于左侧,船舶过闸均采取"曲进直出"的方式。上游引航道在平面上呈倾向上游的喇叭口形状,总长430m,口门宽约110m;引航道左侧主导航墙以半径495m的圆弧向左扩宽,在距上闸首约260m处沿切线布置120m长的停泊段;右侧辅导航墙直线段长220m,其上游以半径330m、中心角16°的圆弧与上游河道衔接。下游引航道左侧主导航墙以半径495m的圆弧向左扩宽,在距下闸首110m处沿切线延伸65m后,再以半径180m、中心角28°的圆弧与下游岸线连接,并布置下游停泊段;右侧辅导航墙直线段长220m。由于下游引航道轴线与下游河道水流流向约呈45°斜交,引航道直线段短且伸入下游水边,为改善水流条件,在下口门右侧上游布置了挑流平台和长87m的挑流梳齿坝,同时对河道右岸进行疏浚整治。船闸上、下闸首均采用整体式结构,闸室采用分离式结构;船闸输水系统采用闸室双底廊道顶缝出水、盖板消能形式。由于水头较大,为减小工作阀门后廊道的负压,避免廊道发生空蚀空化,在阀门后采用朝上和朝下方式将阀门和廊道高度突然扩大,从而达到减缓水流流速、消除负压的效果。该船闸工程于2000年6月建设完成。

东西关船闸技术参数见表 2-3-13。东西关船闸实景图如图 2-3-25 所示。东西关船闸布置图如图 2-3-26 所示。

东西关船闸技术参数表 表 2-3-13

河流名称		嘉陵江		建设地点		四川省广安市武胜县	
船闸有效尺度(m)		120×16×3.0		最大设计水头(m)		24.55	
吨级		2×500		过闸时间(min)		50	
门型	闸门	上游	人字	启闭形式	闸门	上游	液压
		下游	人字			下游	液压
	阀门	上游	反弧		阀门	上游	液压
		下游	反弧			下游	液压
结构形式	上闸首	整体式		输水系统	形式	闸室双底廊道顶缝出水+盖板消能	
	下闸首	整体式			平均时间(min)	13.0	
	闸室	分离式			廊道尺寸(m)	2.00×2.00	
设计通航水位(m)	上游	最高	250.10	设计年通过能力(双向,万 t)		222.5	
		最低	241.00	桥梁情况		无	
	下游	最高	239.30	建成年份(年)		2000	
		最低	223.95				

图 2-3-25 东西关船闸实景图

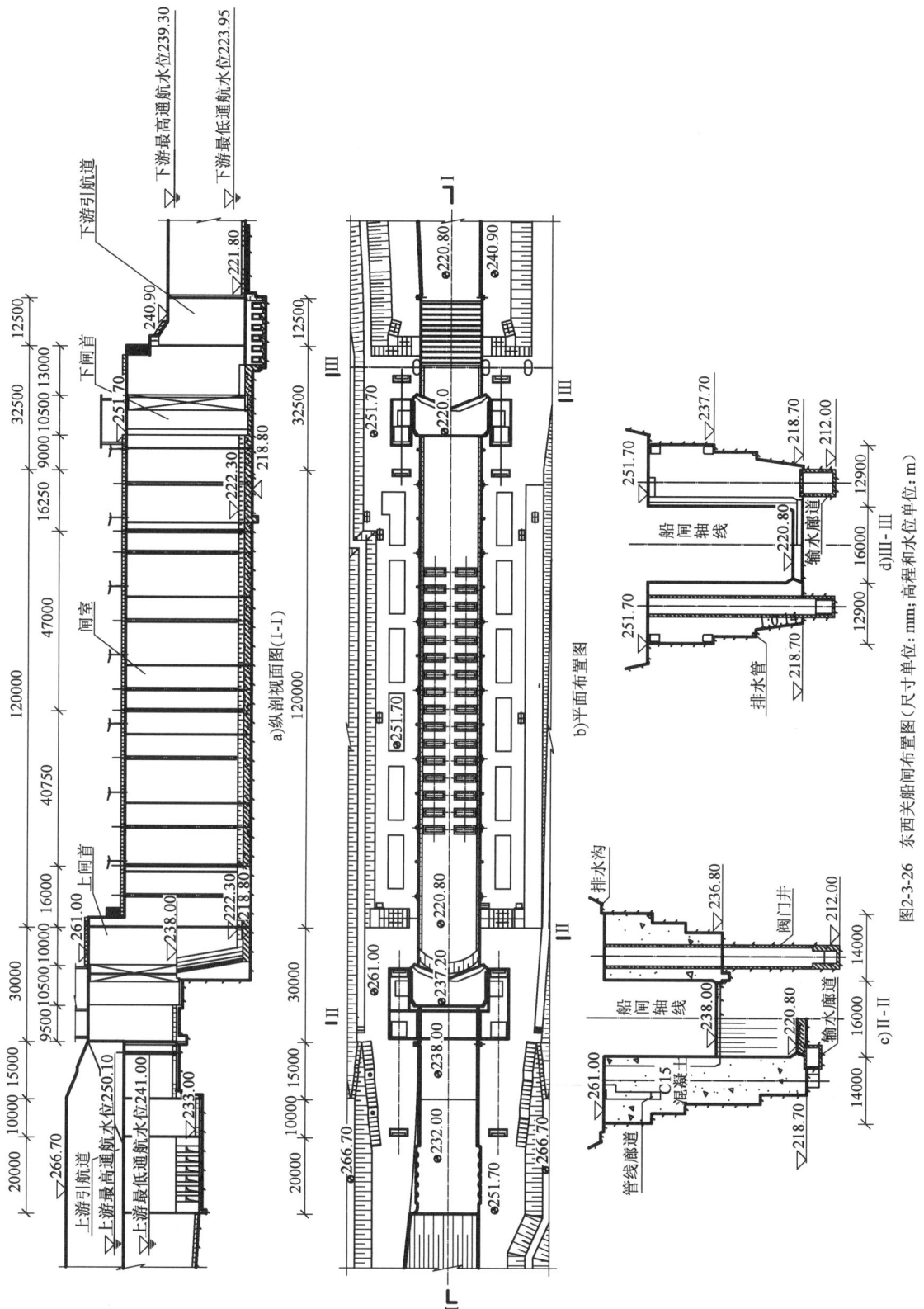

图2-3-26 东西关船闸布置图（尺寸单位：mm；高程和水位单位：m）

14. 桐子壕船闸

桐子壕航电枢纽位于四川省广安市武胜县境内，是嘉陵江干流广元至重庆段18级规划中的第十五级，上距武胜县城约12km，其上、下游分别与东西关枢纽和利泽枢纽水位相衔接。桐子壕坝址集雨面积78926km^2，枢纽正常蓄水位224.00m（1956黄海高程），汛限水位223.00m。枢纽设计洪水位234.21m（$P=2\%$），设计洪水流量29700m^3/s；校核洪水位238.53m（$P=0.2\%$），校核洪水流量41400m^3/s。桐子壕枢纽工程等别为Ⅲ等，主要挡泄水建筑物按3级设计，从左至右依次为左岸接头坝、溢流坝、泄洪闸、电站厂房、船闸和右岸接头坝等。电站和船闸集中布置在河道右岸，船闸靠岸侧、电站厂房靠河侧，厂房内装3台灯泡贯流式机组，总装机容量108MW；12孔泄洪闸布置在河道中偏左，每孔闸净宽12m，闸下游底流消能。该枢纽是一座以航运和发电为主，兼有其他综合利用要求的航电枢纽工程。枢纽主体于2000年9月开工，2004年投入运行。

桐子壕船闸位于河道右岸，左与电站厂房相邻，船闸等级为Ⅳ级，闸室有效尺度为120m×16m×3.0m，最大设计水头14.55m（上游正常蓄水位224.00m－下游最低通航水位209.45m），通航2×500吨级船队，设计单向通过能力198万吨/年。船闸上游设计最高通航水位228.06m（$P=20\%$），最低通航水位223.0m（汛限水位）；下游设计最高通航水位226.59m（$P=20\%$），最低通航水位209.45m（保证率95%水位降0.5m）。船闸引航道采用不对称型布置，上游引航道向外扩宽，主导航墙和靠船建筑物顺岸直线布置。上游引航道包括导航段、调顺段和靠船段，总长280m，导航段采用衡重式结构，调顺段采用护坡形式，靠船段布置了6个中心距为20m的靠船墩。外导航墙向河心侧拓宽，引航墙长121m，采用透空结构，下部为独立墩，上部是实体重力墙结构。下游引航道向外扩宽，与上游引航道呈不对称布置，主导航墙和靠船建筑物顺岸布置。下游引航道包括导航段、调顺段和靠船段，总长390m，主导航墙采用衡重式结构，长90m；在主导航段与靠船段之间采用弧形过渡，轴线半径为392m，夹角21.49°，弧形调顺段采用护坡形式；靠船建筑物位于弧线末端切线的外延线上，布置6个中心距为20m的靠船墩。上、下游引航道宽均为40m，设计水深3.0m。船闸上、下闸首均采用整体式结构，闸室采用分离式结构，船闸输水系统采用闸墙长廊道分散输水方式。该船闸与枢纽同步建成。

桐子壕船闸技术参数见表2-3-14。桐子壕枢纽及船闸鸟瞰图如图2-3-27所示。桐子壕船闸布置图如图2-3-28所示。

桐子壕船闸技术参数表 表2-3-14

河流名称	嘉陵江	建设地点	四川省广安市武胜县
船闸有效尺度(m)	120×16×3.0	最大设计水头(m)	14.55
吨级	2×500	过闸时间(min)	46

续上表

门型	闸门	上游	人字门	启闭形式	闸门	上游	液压
		下游	人字门			下游	液压
	阀门	上游	平板门		阀门	上游	液压
		下游	平板门			下游	液压
结构形式	上闸首	整体式		输水系统	形式		闸墙长廊道分散输水
	下闸首	整体式			平均时间(min)		13.0
	闸室	分离式			廊道尺寸(m)		2.00×2.00
设计通航水位(m)	上游	最高	228.06	设计年通过能力(单线单向,万 t)			198
		最低	223.00	桥梁情况			上闸首交通桥
	下游	最高	226.59	建成年份(年)			2004
		最低	209.45				

图 2-3-27 桐子壕枢纽及船闸鸟瞰图

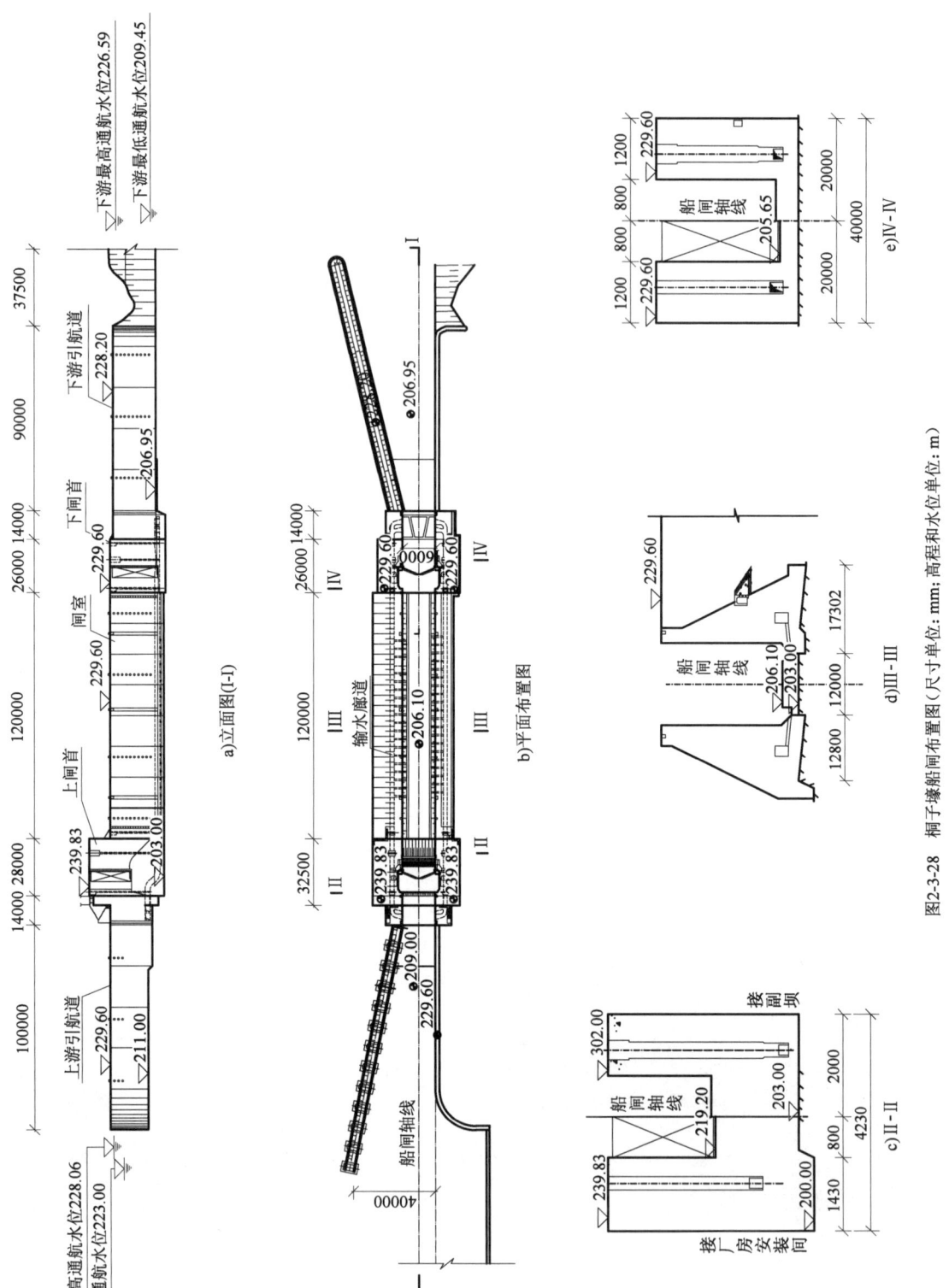

图2-3-28 桐子壕船闸布置图(尺寸单位：mm；高程和水位单位：m)

15. 利泽船闸

利泽航运枢纽位于重庆市合川区境内的钱塘镇,是嘉陵江干流广元至重庆段18级规划中的第十六级,上距四川武胜县城约14.5km,下距重庆合川城区约32km,其上、下游分别与桐子壕枢纽和草街枢纽水位相衔接。利泽坝址集雨面积81100km²,多年平均流量835m³/s,枢纽正常蓄水位210.725m(1956黄海高程),消落水位210.3m,水库总库容6.19亿m³。枢纽设计洪水位228.45m($P=1\%$),设计洪水流量33300m³/s;校核洪水位235.86m($P=0.1\%$),校核洪水流量45700m³/s。该枢纽为大Ⅱ型工程,主要挡泄水建筑物按2级设计,主要建筑物从左至右依次为左岸连接坝、门库、船闸、泄洪(冲沙)闸、电站厂房、右岸连接坝和鱼道等。利泽电站厂房布置在河道右岸,装4台灯泡贯流式机组,总装机容量74MW;14孔泄洪(冲沙)闸位于河床中央,每孔闸净宽14m,闸下游底流消能。该枢纽是一座以航运为主,兼顾发电等水资源综合利用的航运枢纽工程。枢纽主体工程于2019年3月开工,预计2023年建成。

利泽船闸布置在河道左岸,船闸等级为Ⅳ级,闸室有效尺度为180m×23m×3m,最大设计水头8.73m(上游正常蓄水位210.73m-下游最低通航水位202.00m),通航2×500吨级船队(尺度111.0m×10.8m×1.6m)兼顾1000吨级机动驳,设计单向通过能力近期988万吨/年、远期1169万吨/年。船闸上游设计最高通航水位217.82m($P=20\%$),最低通航水位210.3m(消落水位);下游设计最高通航水位217.17m,最低通航水位202.0m(下游草街枢纽正常蓄水位)。船闸引航道采用反对称型布置,主导航墙均位于左侧岸边,上、下游船舶过闸均采取"曲进直出"的方式。上游引航道长285m,下游引航道长390.5m,上、下游引航道宽均为50m,设计水深3.0m,右侧辅导航墙末端100m为透空式隔墙。船闸上、下闸首和闸室均采用整体式结构,船闸输水系统采用闸墙长廊道短支孔输水。该船闸将与利泽枢纽同步建设完成。

利泽船闸技术参数见表2-3-15。利泽枢纽效果图如图2-3-29所示。利泽船闸布置图如图2-3-30所示。

利泽船闸技术参数表 表2-3-15

河流名称			嘉陵江	建设地点			重庆市合川区钱塘镇
船闸有效尺度(m)			180×23×3.0	最大设计水头(m)			8.73
吨级			2×500兼顾1000	过闸时间(min)			45
门型	闸门	上游	人字门	启闭形式	闸门	上游	液压
		下游	人字门			下游	液压
	阀门	上游	平板门		阀门	上游	液压
		下游	平板门			下游	液压

续上表

结构形式	上闸首	整体式		输水系统	形式	闸墙长廊道短支孔输水
	下闸首	整体式			平均时间(min)	9.4
	闸室	整体式			廊道尺寸(m)	3.00×4.00
设计通航水位(m)	上游	最高	217.82	设计年通过能力(单线单向,万t)		988/1168(近期/远期)
		最低	210.30	桥梁情况		上闸首交通桥
	下游	最高	217.17	建成年份(年)		2023(预计)
		最低	202.00			

图 2-3-29 利泽枢纽效果图

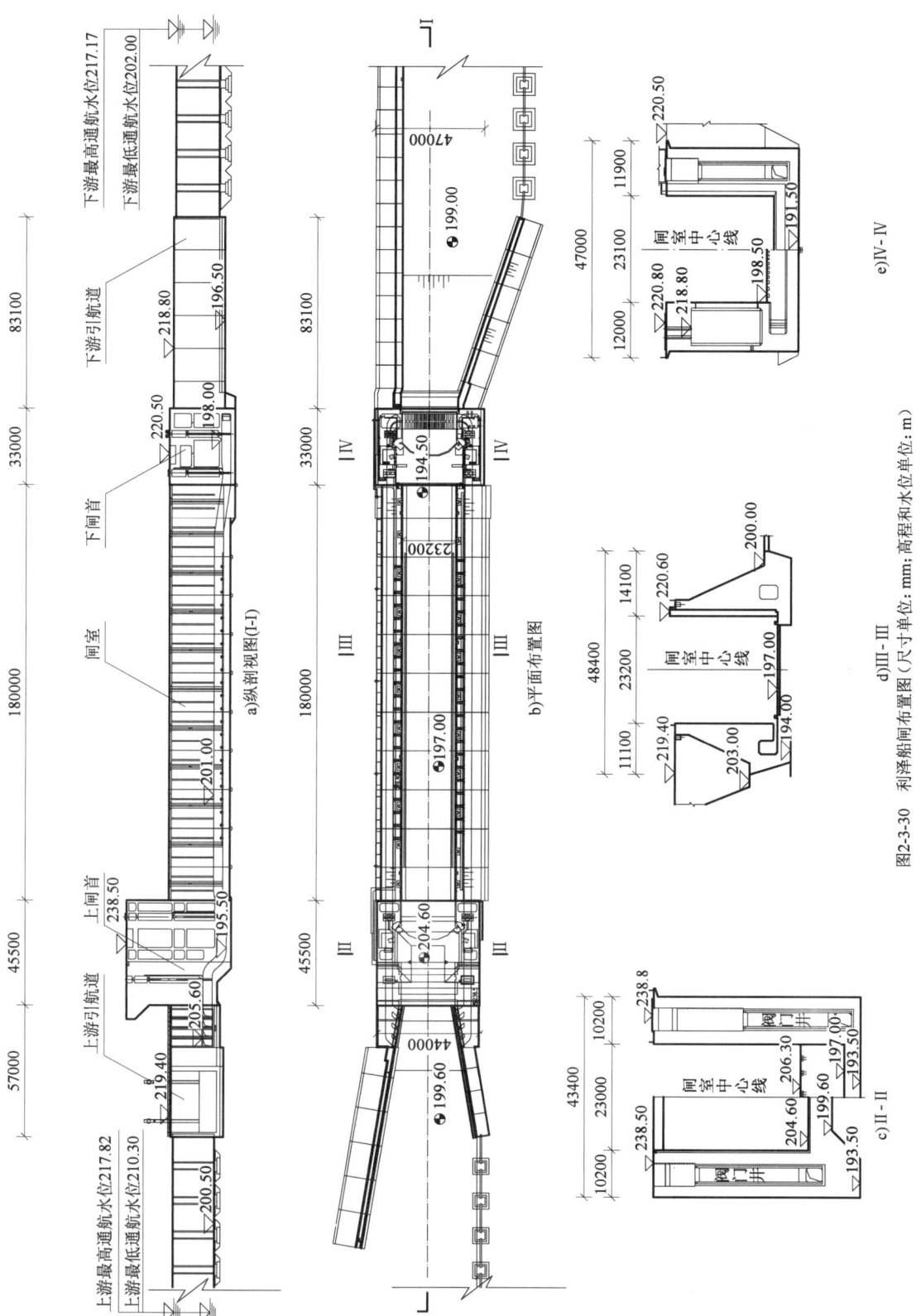

图2-3-30 利泽船闸布置图（尺寸单位：mm；高程和水位单位：m）

16. 草街船闸

草街航电枢纽位于重庆市合川区境内的草街镇，是嘉陵江干流广元至重庆段 18 级规划中的第十七级，上距合川城区约 26.8km，下距嘉陵江河口约 68km，其上游回水与嘉陵江利泽、渠江富流滩和涪江渭沱枢纽尾水位相衔接。草街枢纽坝址集雨面积 159800km^2，多年平均流量 2160m^3/s，枢纽正常蓄水位 203.00m（1956 黄海高程），死水位 200m。枢纽设计洪水位 217.56m（$P=1\%$），设计洪水流量 5080m^3/s；校核洪水位 220.81m（$P=0.1\%$），校核洪水流量 63400m^3/s。草街枢纽为一等大（1）型工程，主要建筑物按 2 级设计。草街枢纽坝轴线总长 665m，主要建筑物从左至右依次为船闸、电站厂房、冲沙闸、泄洪闸和右岸挡水坝等。草街电站和船闸集中布置在河道左岸，电站厂房位于一线船闸和冲沙闸之间，装 4 台轴流式水轮发电机组，总装机容量 500MW；5 孔冲沙闸和 15 孔泄洪闸布置在河道中偏右，闸孔净宽分别为 14.8m 和 13m。该枢纽是一座具有航运、发电、拦沙减淤、灌溉、旅游等综合效益的航电枢纽工程。枢纽主体工程于 2002 年 10 月开工，2010 年 9 月建成并投入运行。

草街船闸布置在河道左岸，并在该船闸以左预留二线船闸位置，右侧紧邻电站厂房。船闸等级为Ⅲ级，闸室有效尺度为 180m×23m×3.5m，最大设计水头 26.7m（上游正常蓄水位 203.00m−下游最低通航水位 176.30m），通航 1000 吨级船舶和 2×1000 吨级船队，设计通过能力 1050 万吨/年。船闸上游设计最高通航水位 203.0m，最低通航水位 200.0m（拉沙水位）；下游最高通航水位 190.92m，最低通航水位 176.30m。船闸引航道采用不对称型布置，上、下游引航道均向左侧岸边拓宽，主导航墙均位于左侧，船舶过闸均采取"曲进直出"的方式。上游左侧主导航墙长 383.9m，从下至上依次为长 205m 的导航调顺段（二次曲线扩宽段）和长 180m 的直线停泊段（与船闸轴线夹角 8°），布置 6 个中心距为 30m 的系船柱；右侧辅导航墙长 360m，由长 180m 的实体墙（含 54.5m 进水口）和长 180m 的浮式分隔墙组成。下游引航道左岸主导航墙导航调顺段长 194.5m（二次曲线扩宽段），其下游接长 176.2m 的直线扩宽段，再下游接长 321.26m 的直线靠船段，布置 7 个中心距为 26m 的靠船墩；右侧辅导航墙为直线导墙，长 467.24m。引航道宽 65.0m，设计水深 3.5m。船闸上、下闸首和闸室均采用分离式结构，船闸输水系统采用闸墙长廊道、闸底横支廊道顶缝出水、盖板消能形式，下游泄水口采用消力池消能。草街船闸水头较大，为减小廊道后负压，采用上下突扩、底部采用梯坎式消能工及在门楣处增设分散式通气孔等措施，较好地解决了阀门后廊道空蚀空化难题。该船闸与枢纽同步建成。

草街船闸技术参数见表 2-3-16。草街枢纽鸟瞰图如图 2-3-31 所示。草街船闸布置图如图 2-3-32 所示。

草街船闸技术参数表

表 2-3-16

河流名称			嘉陵江		建设地点		重庆市合川区草街镇	
船闸有效尺度(m)			180×23×3.5		最大设计水头(m)		26.7	
吨级			2×1000		过闸时间(min)		55	
门型	闸门		上游	人字门	启闭形式	闸门	上游	液压
			下游	人字门			下游	液压
	阀门		上游	反弧门		阀门	上游	液压
			下游	反弧门			下游	液压
结构形式	上闸首		分离式		输水系统	形式	闸墙长廊道、闸底横支廊道顶缝出水	
	下闸首		分离式			平均时间(min)	12.0	
	闸室		分离式			廊道尺寸(m)	3.8×4.2	
设计通航水位(m)	上游		最高	203.00	设计年通过能力(万 t)		1050	
			最低	200.00	桥梁情况		上闸首有交通桥	
	下游		最高	190.92	建成年份(年)		2010	
			最低	176.30				

图 2-3-31 草街枢纽鸟瞰图

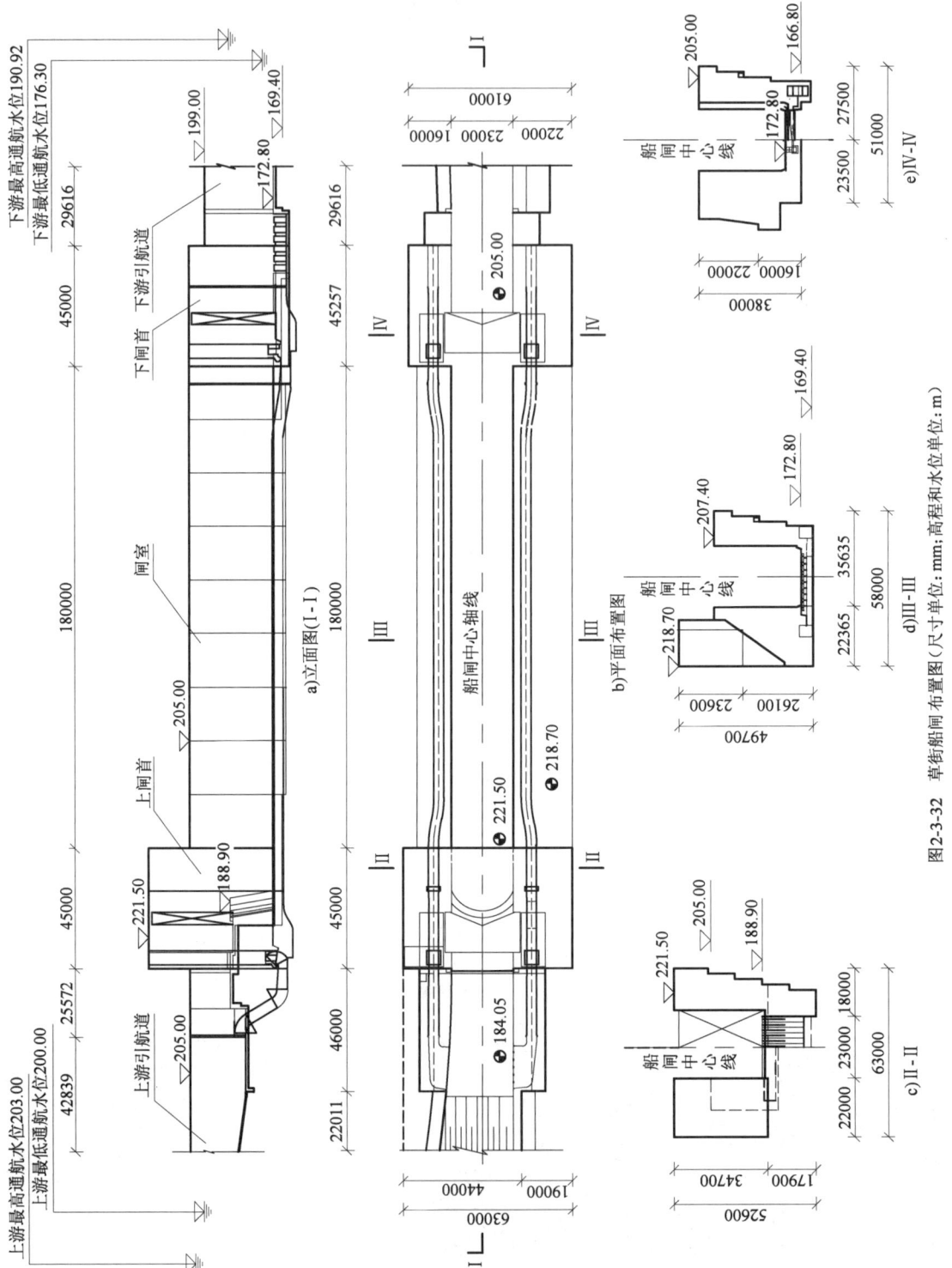

图 2-3-32 草街船闸布置图（尺寸单位：mm；高程和水位单位：m）

二、渠江通航建筑物

渠江是嘉陵江左岸的一条重要支流,发源于四川省大巴山南麓,有巴河、州河两源,两河在三汇镇汇流后始称渠江,流经南江、巴中、平昌、三汇、渠县、广安、罗渡等城镇,在重庆市合川区注入嘉陵江,全长672km,流域面积3.9万km²,平均比降0.22‰。渠江三汇至渠河嘴300km为干流,在富流滩航电枢纽进入重庆境,在重庆境内长87.7km,平均比降0.165‰。

渠江流域主要支流有大通江、小通江、恩阳河、巴河、州河、流江河等,分属四川省巴中市、达州市、广安市和重庆市管辖。全流域共有通航里程1646.7km。渠江是连接四川省与重庆市的一条重要航道,四川境内香梨湾—丹溪口段270km航道等级规划为Ⅲ级,南门口—香梨湾段16km航道等级规划为Ⅳ级;重庆段目前正在实施渠江航道整治工程,整治后重庆段将达到Ⅲ级航道标准。目前,渠江已经全线渠化,自上而下建有金盘子、舵石鼓、南阳滩、风洞子、凉滩、四九滩、富流滩等枢纽。

渠江梯级枢纽规划图如图2-3-33所示。

1. 金盘子船闸

金盘子航电枢纽位于四川省达州市境内的渡市镇,是渠江四川段自上而下7级航运规划的第一级,上距达州市区约39km,下距州河与巴河汇合口约20.0km,其下游与舵石鼓枢纽尾水位相衔接。金盘子枢纽坝址集雨面积10210km²,多年平均流量229m³/s,枢纽正常蓄水位270.0m(1956黄海高程),消落水位269.5m。枢纽设计洪水位273.74m($P=2\%$),设计洪水流量12710m³/s。主要建筑物从左至右依次为船闸、泄洪闸、电站厂房等。金盘子船闸和电站分两岸布置,电站厂房位于河道右岸,厂房内装3台轴流式机组,总装机容量30MW;12孔泄洪闸布置在主河道中央,每孔闸净宽12m,闸底为曲线形溢流堰,闸下游底流消能。该枢纽是一座以航运为主,兼顾发电的航电枢纽工程。该工程于1994年开工(中间时修时停),2003年建成并投入运行。

金盘子船闸布置在河道左岸,船闸等级为Ⅳ级,闸室有效尺度为120m×12m×2.5m,最大设计水头19.04m(上游正常蓄水位270.0m-下游最低通航水位250.96m),通航2×500吨级一列式分节驳船队,设计单向通过能力193万吨/年。船闸上游设计最高通航水位270.0m,最低通航水位269.8m;下游设计最高通航水位259.2m($P=50\%$),最低通航水位250.96。船闸引航道采用不对称型布置,主导航墙均位于左侧岸边,上游引航道向左侧扩展,下游引航道向右侧扩展,上游船舶过闸"曲进直出"、下游船舶过闸"直进曲出"。上游引航道左侧主导航墙直线拓宽段长176m,其上游接半径200m、中心角17°的圆弧段,圆弧段长59.3m,圆弧段以上接长80m的直线段;右侧辅导航墙直线段长206m(含20m长进水段)。下游引航道右侧辅导航墙向右侧河床拓宽,直线拓宽段长81.87m,下接

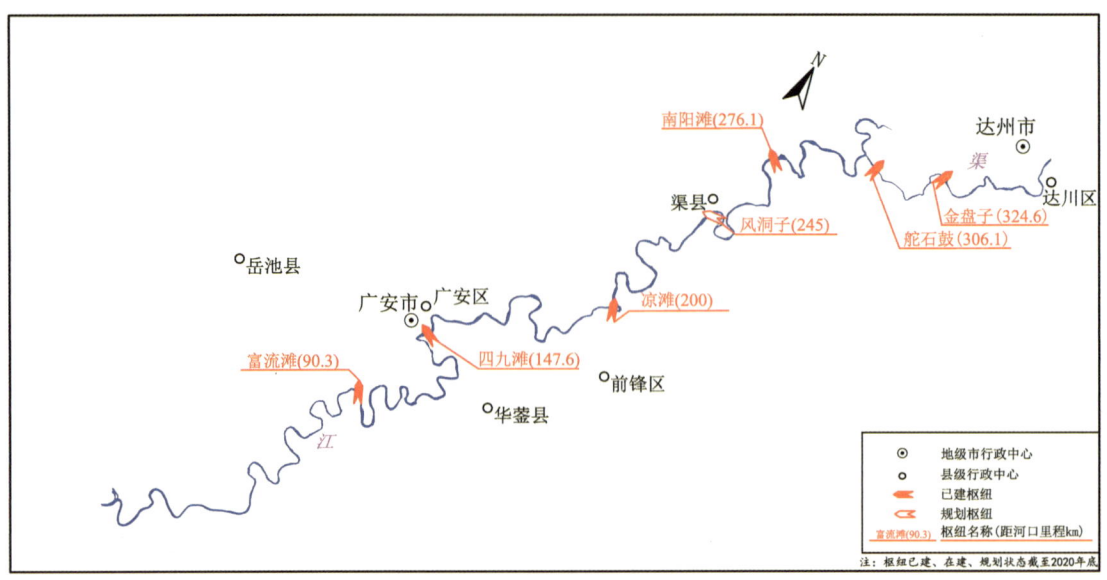

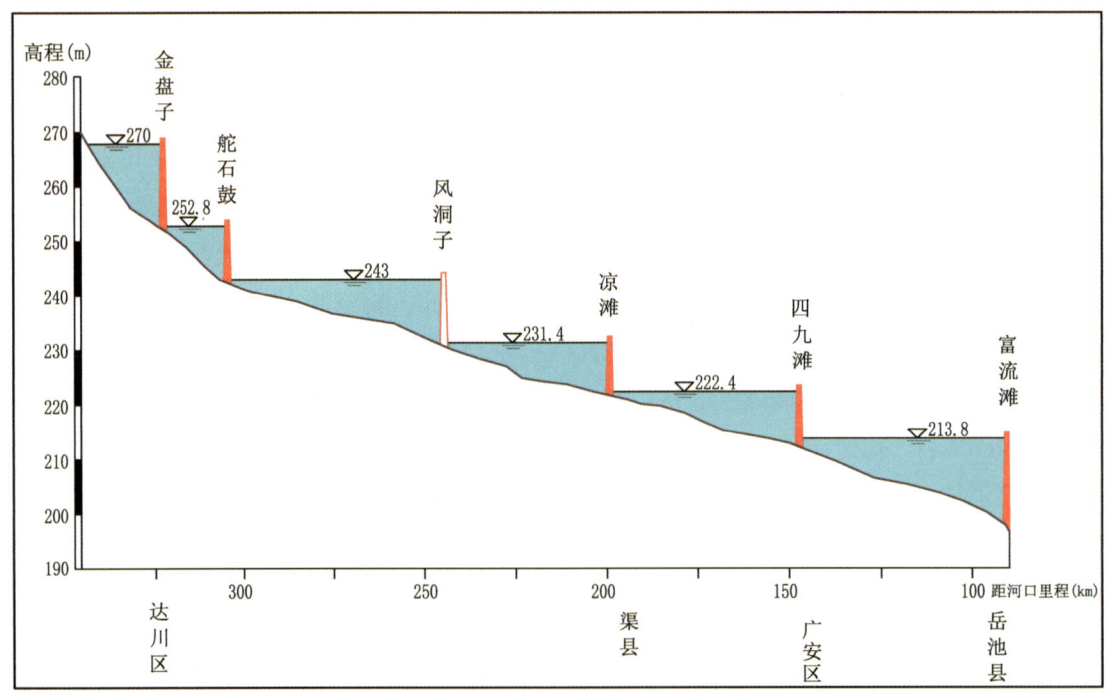

图 2-3-33 渠江梯级枢纽规划图

长 200m 的直线段导航墙,该段导航墙与船闸轴线平行,再下游接长 115m 的斜坡式隔流堤,堤轴线向左侧偏移 16°;右侧直线段主导航墙长 240m,其后与半径 200m、中心角 17°的圆弧段衔接,再下游接长 168.4m 的直线导航墙,置 4 个中心距为 20m 的靠船墩。上、下游引航道宽 40m,设计水深 2.5m。船闸上、下闸首和闸室均采用分离式结构,船闸输水系统采用闸底长廊道侧支孔出水,下游泄水口采用消力梁消能。金盘子船闸于 2006 年建成并投入运行。

金盘子船闸技术参数见表2-3-17。金盘子枢纽及船闸鸟瞰图如图2-3-34所示。金盘子船闸布置图如图2-3-35所示。

金盘子船闸技术参数表 表2-3-17

河流名称			渠江	建设地点		四川省达州市渡市镇
船闸有效尺度(m)			120×12×2.5	最大设计水头(m)		19.04
吨级			2×500	过闸时间(min)		39.75
门型	闸门	上游	人字门	启闭形式	闸门	上游	卧式液压
		下游	人字门			下游	卧式液压
	阀门	上游	反弧门		阀门	上游	立式液压
		下游	反弧门			下游	立式液压
结构形式	上闸首		分离式	输水系统	形式		闸底长廊道侧支孔出水
	下闸首		分离式		平均时间(min)		16.0
	闸室		分离式		廊道尺寸(m)		3.0×2.2
设计通航水位(m)	上游	最高	270.00	设计年通过能力(单线单向,万t)			193
		最低	269.80	桥梁情况			上闸首交通桥
	下游	最高	259.20	建成年份(年)			2006
		最低	250.96				

图2-3-34 金盘子枢纽及船闸鸟瞰图

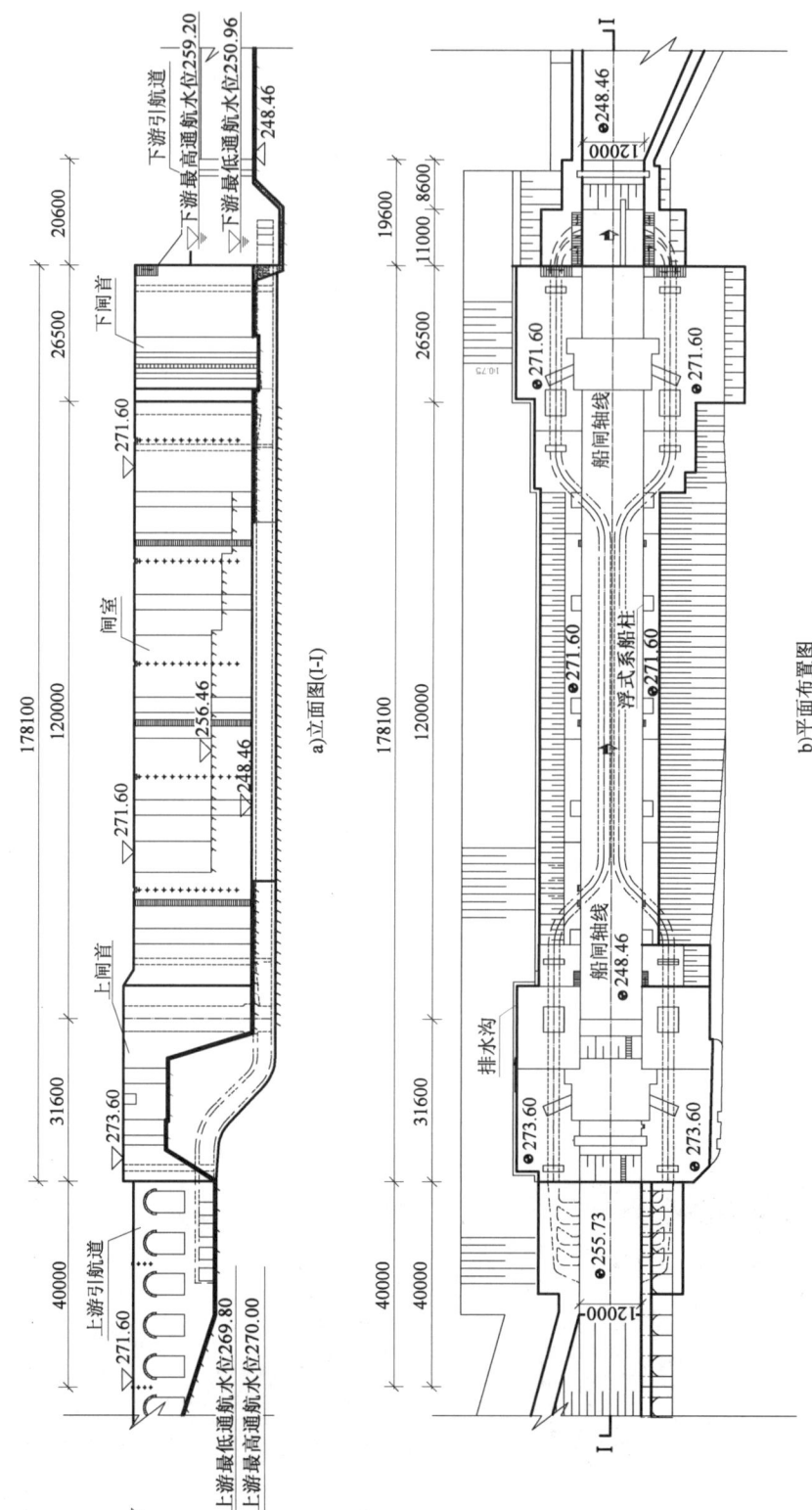

图2-3-35 金盘子船闸布置图（尺寸单位：mm；高程和水位单位：m）

2. 四九滩船闸

四九滩航电枢纽位于四川省广安市境内，是渠江四川段自上而下7级航运规划的第六级，上距广安市区1.2km，下距渠江与嘉陵江汇合口约147.6km，其上、下游分别与凉滩枢纽和富流滩枢纽水位相衔接。四九滩坝址集雨面积36800km^2，枢纽正常蓄水位222.40m（1956黄海高程），消落水位222.2m。枢纽设计洪水位237.11m（$P=2\%$），设计洪水流量27800m^3/s；校核洪水位240.83m（$P=0.2\%$），校核洪水流量34600m^3/s。主要建筑物从左至右依次为船闸、冲沙闸、溢流坝和电站厂房等。四九滩船闸和电站厂房分两岸布置，电站厂房位于河道右岸，装4台贯流式机组，总装机容量34MW；紧临船闸右侧布置2孔冲沙闸，每孔闸净宽8m；浆砌条石溢流重力坝布置在冲沙闸和电站厂房之间，溢流坝长439.3m，坝顶高程222.40m。该枢纽是一座以航运为主，兼顾发电的航电枢纽工程。该工程于1988年开工，1991年建成并投入运行。

四九滩船闸布置在河道左岸，船闸等级为Ⅳ级，闸室有效尺度为160m×12m×2.5m，最大设计水头10.1m（上游正常蓄水位222.40m－下游最低通航水位212.30m），通航3×500吨级船队，设计通过能力470万吨/年。船闸上游设计最高通航水位227.0m，最低通航水位222.2m；下游设计最高通航水位224.85m，最低通航水位212.3m（下游富流滩枢纽消落水位）。船闸引航道采用反对称型布置，上、下游主导航墙均位于左侧岸边，上游船舶过闸"曲进直出"、下游船舶过闸"直进曲出"。上游引航道左侧主导航墙出进水口段后，用斜直线扩展至引航道宽50m，再以直线导墙向上游延伸，主导航墙导航调顺段长184m（含进水口段30m），其上游采用斜坡护岸，并在上游端部布置9个中心距为20m的靠船墩；右侧辅导航墙出进水口段后，采用长280m的直线导墙（兼分水隔墙）。下游引航道左侧主导航墙出出水口段后，用直线向下游顺延，主导航墙导航调顺段长215m（含出水口段15m），停泊段长200m，布置9个中心距为20m的靠船墩；右侧辅导航墙出进水口段后，用斜直线扩展至引航道宽50m，再以直线向下游延伸，辅导航墙总长215m（含出水口段15m）。上、下游引航道靠船段均为开敞式。船闸上、下闸首和闸室均采用重力式结构，船闸输水系统采用头部集中输水形式。该船闸与四九滩枢纽同步建设完成。

四九滩船闸技术参数见表2-3-18。四九滩枢纽和四九滩船闸实景图如图2-3-36、图2-3-37所示。四九滩船闸布置图如图2-3-38所示。

四九滩船闸技术参数表　　　　　表2-3-18

河流名称	渠江	建设地点	四川省广安市
船闸有效尺度(m)	160×12×2.5	最大设计水头(m)	10.1
吨级	3×500	过闸时间(min)	—

续上表

门型	闸门	上游	人字门	启闭形式	闸门	上游	液压
		下游	人字门			下游	液压
	阀门	上游	平板门		阀门	上游	液压
		下游	平板门			下游	液压
结构形式	上闸首	重力式		输水系统	形式		头部集中输水
	下闸首	重力式			平均时间(min)		—
	闸室	重力式			廊道尺寸(m)		2.4×3.0
设计通航水位(m)	上游	最高	227.00	设计年通过能力(单线单向,万t)			470
		最低	222.20	桥梁情况			无
	下游	最高	224.85	建成年份(年)			1991
		最低	212.30				

图 2-3-36　四九滩枢纽实景图

图 2-3-37　四九滩船闸实景图

3. 富流滩船闸

富流滩电航枢纽位于四川省广安市岳池县境内,是渠江四川段自上而下 7 级航运规划的最后一个梯级,上距罗渡镇 2km,下距渠江与嘉陵江汇合口约 90.3km,其上、下游分别与渠江四九滩枢纽和嘉陵江草街枢纽水位相衔接。富流滩坝址集雨面积 38010km²,多年平均流量 724m³/s,枢纽正常蓄水位 213.8m(1956 黄海高程),消落水位 212.3m。枢纽设计洪水位 228.1m($P=2\%$),设计洪水流量 28100m³/s;校核洪水位 231.2m($P=0.5\%$),校核洪水流量 32900m³/s。富流滩电航枢纽工程等级为Ⅲ等,主要挡泄水建筑物按 3 级设计,从左至右依次为左岸接头坝、二线船闸、溢流坝、泄洪(冲沙)闸、电站厂房、一线船闸和右岸接头坝等。富流滩一线船闸和电站厂房集中布置在河道右岸,二线船闸布置在河道左岸;电站厂房位于一线船闸和泄洪(冲沙)闸之间,厂房形式为河床式,装 3 台灯泡贯流式机组,总装机容量 39MW;9 孔泄洪(冲沙)闸布置在河床中央,每孔闸净宽 12m,闸下游底流消能;溢流重力坝位于泄洪(冲沙)闸与二线船闸之间,溢流坝总长 130m,坝顶高程 213.8m。该枢纽是一座以发电为主,兼有航运等综合效益的电航枢纽工程。该工程于 2005 年建成并投入运行。

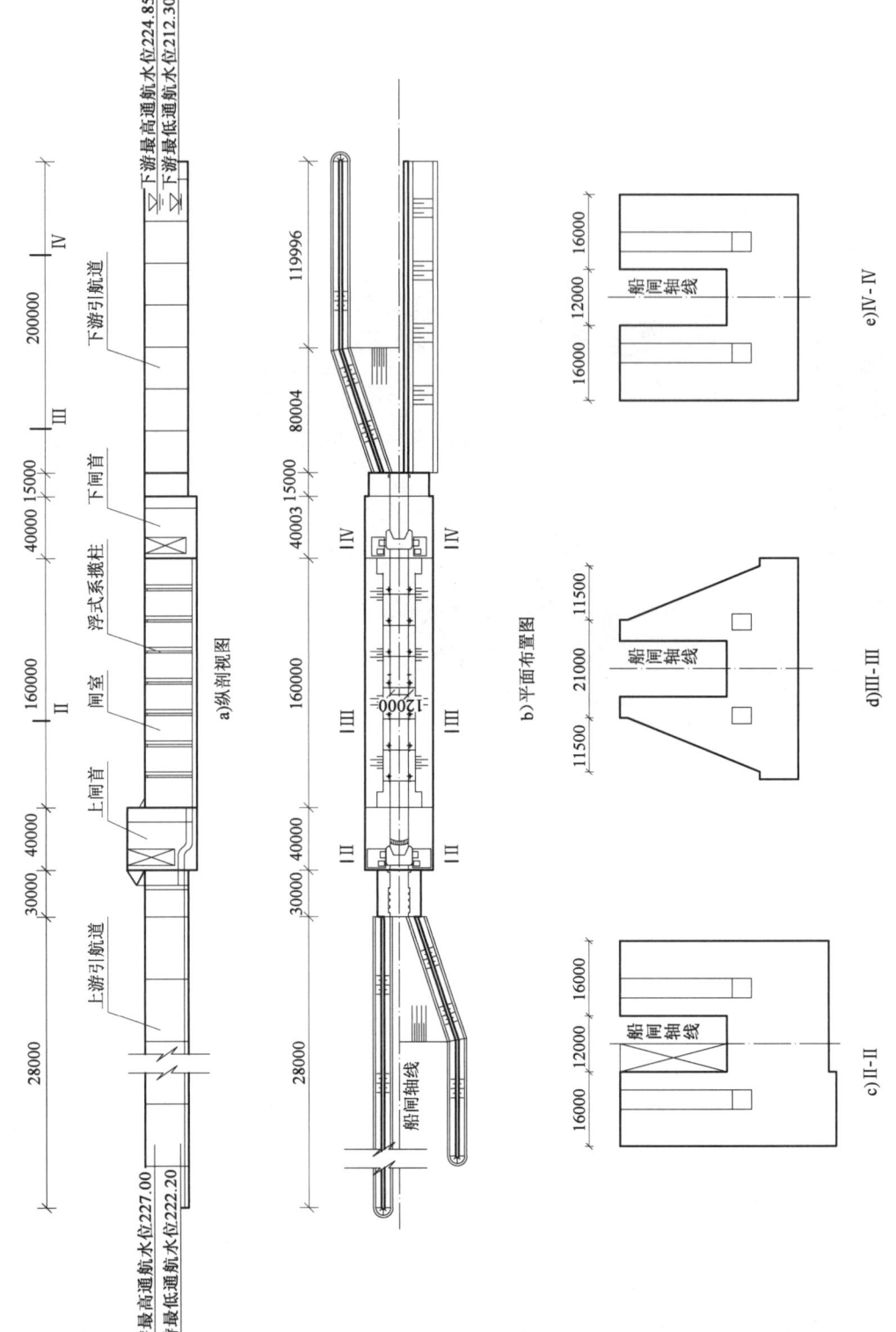

图2-3-38 闸九滩船闸布置图（尺寸单位：mm；高程和水位单位：m）

富流滩一线船闸位于河道右岸,左与电站厂房相邻,船闸等级为Ⅳ级,闸室有效尺度为120m×12m×2.5m,最大设计水头13.08m(上游正常蓄水位213.8m－下游最低通航水位200.72m),通航3×500吨级船队,设计通过能力522万吨/年。富流滩一线船闸上游设计最高通航水位215.8m(P=80%水位),最低通航水位213.4m;下游设计最高通航水位214.3m(P=80%洪水位),最低通航水位200.72m(保证率98%水位)。船闸引航道采用准对称型布置,上、下游主导航墙均位于右侧岸边,船舶过闸均采取"曲进曲出"的方式。上、下游引航道及船闸主体段总长559m,其中上游引航道长192m,下游引航道长120m,引航道宽均为40m,设计水深2.5m。船闸上、下闸首和闸室均采用重力式(浆砌条石)结构,船闸输水系统采用短廊道输水和开敞式格栅消能方式,上、下游工作闸门均为人字门,阀门为平板门,液压启动。该船闸与富流滩枢纽同步建成。

富流滩二线船闸位于河道左岸,该船闸系后期扩建船闸。船闸等级为Ⅲ级,闸室有效尺度为200m×23m×4.2m,最大设计水头11.8m[上游正常蓄水位213.80m－下游最低通航水位202.00m(草街枢纽正常蓄水位)],通航2×1000吨级船队,设计单向通过能力933.1万吨/年。船闸上游设计最高通航水位214.8m,最低通航水位212.4m;下游设计最高通航水位212.0m,最低通航水位202.0m。船闸引航道采用反对称型布置,上游引航道向河侧扩宽,下游引航道向岸侧扩宽,主导航墙和靠船墩均布置在左侧(岸侧),上游船舶过闸"直进曲出"、下游船舶过闸"曲进直出"。上、下游引航道和船闸主体段总长1059.2m,引航道宽均为60m。上游引航道左侧主导航墙为开挖山体后的直线导墙,直线段总长471m;右侧辅导航墙出进水口段后,采用斜直线进行扩展,扩展段投影长100m,其后接长90m的直线导墙。下游引航道左侧主导航墙系开挖山体而成,主导航墙出出水口段后,采用斜直线进行扩展,扩展段投影长100m,其后接长255m的直线导墙,再用半径为280m、中心角为29.32°的圆弧进行转弯,圆弧段长142.58m;右侧辅导航墙出进水口段后,采用长460m的直线导墙。船闸上、下闸首和闸室均采用重力式结构,船闸输水系统采用闸底长廊道侧支孔出水、明沟消能,下游泄水口消能室消能。富流滩二线船闸于2010年开工,2014年建成通航。

富流滩一线船闸、二线船闸技术参数见表2-3-19、表2-3-20。富流滩一线船闸实景图如图2-3-39所示。富流滩二线船闸布置图如图2-3-40所示。

富流滩一线船闸技术参数表 表2-3-19

河流名称	渠江	建设地点	四川省广安市岳池县
船闸有效尺度(m)	120×12×2.5	最大设计水头(m)	13.08
吨级	3×500	过闸时间(min)	42

续上表

门型	闸门	上游	人字门	启闭形式	闸门	上游	液压
		下游	人字门			下游	液压
	阀门	上游	平板门		阀门	上游	液压
		下游	平板门			下游	液压
结构形式	上闸首	重力式		输水系统	形式		短廊道输水+开敞式格栅消能
	下闸首	重力式			平均时间(min)		12
	闸室	重力式			廊道尺寸(m)		门形廊道,拱顶半径1.3,侧高1.4,底宽2.6
设计通航水位(m)	上游	最高	215.80	设计年通过能力(万t)			522
		最低	213.40	桥梁情况			上闸首交通桥
	下游	最高	214.30	建成年份(年)			2005
		最低	200.72				

富流滩二线船闸技术参数表　　表2-3-20

河流名称	渠江	建设地点	四川省广安市岳池县
船闸有效尺度(m)	200×23×4.2	最大设计水头(m)	11.8
吨级	2×1000	过闸时间(min)	48.8

门型	闸门	上游	人字门	启闭形式	闸门	上游	液压
		下游	人字门			下游	液压
	阀门	上游	平板门		阀门	上游	液压
		下游	平板门			下游	液压
结构形式	上闸首	重力式		输水系统	形式		闸底长廊道侧支孔出水+明沟消能
	下闸首	重力式			平均时间(min)		9.75
	闸室	重力式			廊道尺寸(m)		2.4×5.0
设计通航水位(m)	上游	最高	214.80	设计年通过能力(单线单向,万t)			933.1
		最低	212.40	桥梁情况			下闸首交通桥
	下游	最高	212.00	建成年份(年)			2014
		最低	202.00				

图 2-3-39　富流滩一线船闸实景图

三、涪江通航建筑物

涪江是嘉陵江右岸的一条重要支流,发源于四川省阿坝藏族羌族自治州松潘县雪宝顶山以东的卫风洞,流经平武、江油、绵阳、三台、射洪、遂宁、潼南、铜梁等县(市、区),在合川汇入嘉陵江,全长766km,流域面积3.66万 km^2。涪江干流在江油市中坝镇涪江大桥以上为上游,上游河长254km,流域面积5930km^2;江油至遂宁段为中游,江段长237km,平均比降1‰,遂宁以上流域面积约2.7万 km^2;遂宁以下至合川河口为下游,江段长179km,平均比降0.5‰,涪江下游段流经重庆市潼南区、铜梁区直至合川区。涪江流域面积在1000km^2以上的主要支流有火烧河、平通河、通口河、安昌河、凯江、梓潼江、郪江、安居河、小安溪9条。

涪江在四川段航道里程为236km,航道等级为Ⅴ～Ⅶ级,绵阳东方红大桥至三江梯级12km规划为Ⅴ级航道,三江梯级尾水渠出口至桐麻浩段224km规划为Ⅳ级航道。涪江在三星大坝进入重庆境,在重庆境内长130.33km,为涪江下游段,航道等级为Ⅴ级。

涪江四川段规划自上而下布置有三江、丰谷井、彭家集、芦溪、冬瓜山、吴家渡、明台、文峰、金华、螺丝池、打鼓滩、柳树、吴家街、唐家渡、过军渡、白禅寺(三星)16座梯级,根据《四川省涪江流域综合规划》和《四川省内河航运发展规划(2001—2050)》,涪江已建成的9座梯级,其中7座梯级未建船闸。涪江重庆段从三星大坝至合川鸭嘴依次建有三块石、莲花寺、潼南、富金坝、安居、渭沱等枢纽,规划有双江枢纽。

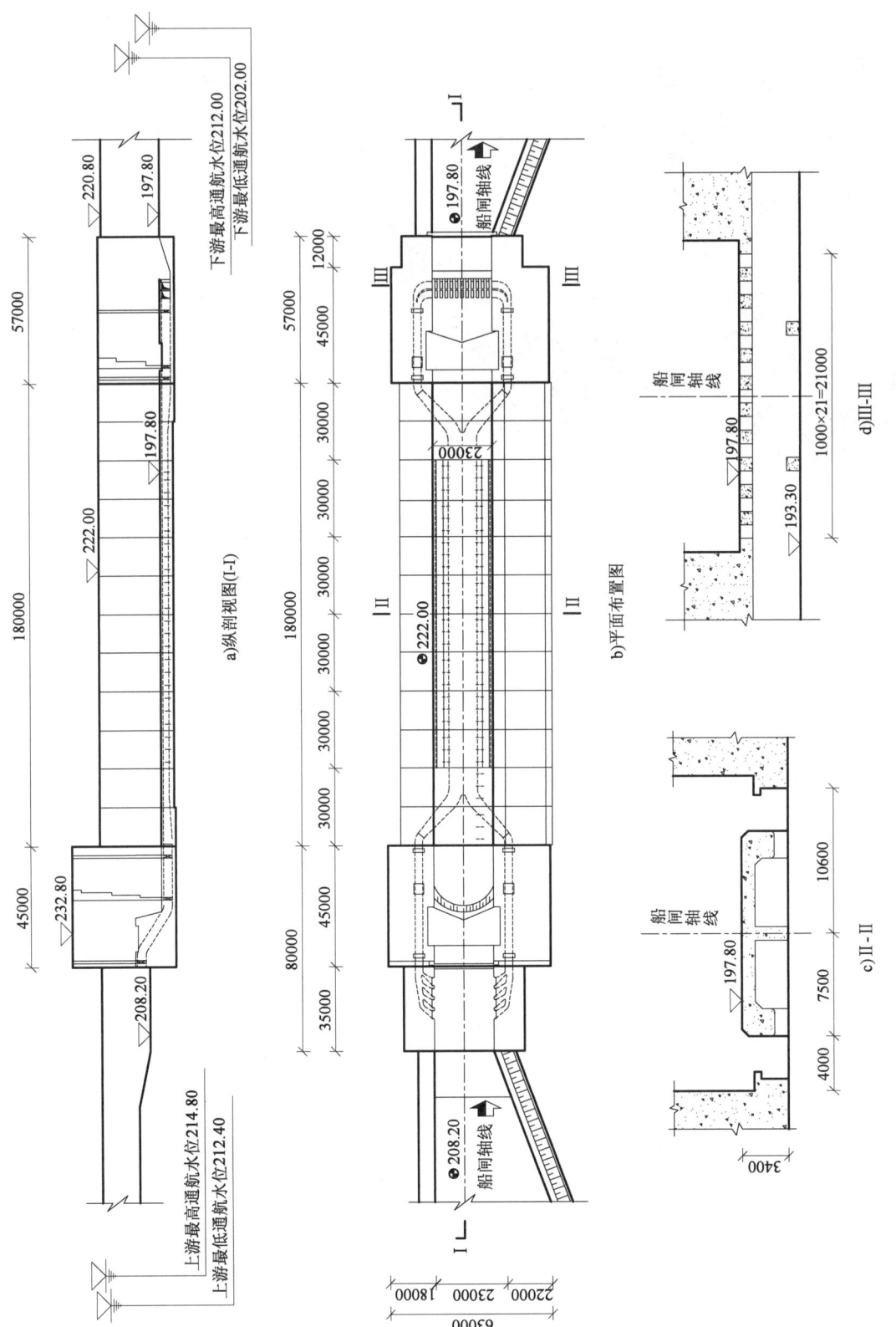

图2-3-40 富流滩二线船闸布置图（尺寸单位：mm；高程和水位单位：m）

涪江梯级枢纽规划图如图 2-3-41 所示。

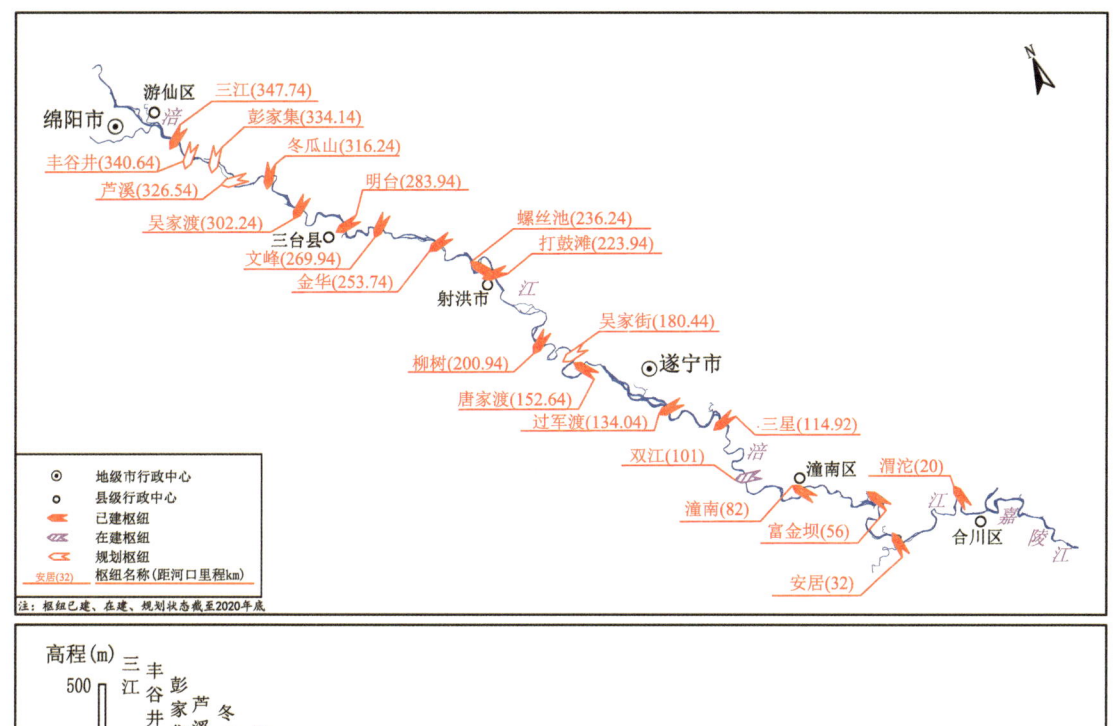

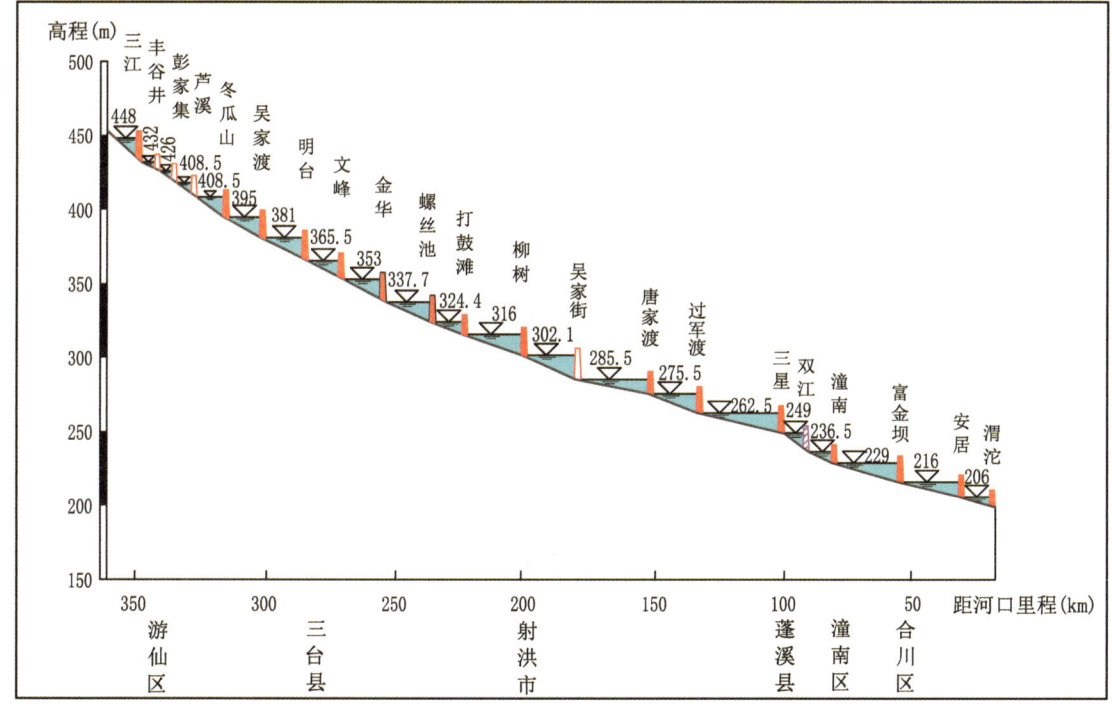

图 2-3-41　涪江梯级枢纽规划图

1. 潼南船闸

潼南枢纽位于重庆市潼南区境内,是涪江重庆段自上而下 5 级航运规划中的第二级,上距涪江大桥 3km,其上、下游分别与双江枢纽和富金坝枢纽水位相衔接。潼南枢纽坝址集雨面积 28916km², 枢纽正常蓄水位 236.50m(1956 黄海高程),消落水位 235.5m,水库总库容 2.19 亿 m^3。枢纽设计洪水位 245.12m($P=2\%$),设计洪水流量 23700m^3/s,校核洪水位 249.26m($P=0.2\%$),校核洪水流量 36000m^3/s。潼南枢纽工程等级为Ⅱ等,主要建筑物按 3 级设计,坝顶全长 685m,主要建筑物从左至右依次为左岸连接土坝、电站厂房、泄水闸、船闸和右岸连接土坝等。电站厂房布置在河道左岸,装 3 台灯泡贯流式机组,总装机容量 42MW;18 孔泄水闸布置在河床中央,每孔闸净宽 14m,闸下游底流消能。该枢纽是一座以航运为主,兼顾发电、灌溉、生态修复和水体景观功能的航运枢纽工程。潼南枢纽主体工程于 2014 年 11 月开工,2018 年 10 月建成并投入运行。

潼南船闸布置在河道右岸,其左侧与泄水闸相接,航道等级为Ⅴ级,闸室有效尺度为 120m×12m×3.0m,最大设计水头 9.0m(上游正常蓄水位 236.50m－下游最低通航水位 227.50m),通航 300 吨级机动船舶,设计单向通过能力 312 万吨/年。潼南船闸上游设计最高通航水位 236.5m(枢纽正常蓄水位),最低通航水位 235.5m(消落水位);下游设计最高通航水位 235.99m(流量 5500m^3/s 水位),最低通航水位 227.5m。船闸引航道采用不对称型布置,上、下游引航道均向右侧岸边扩展,主导航墙均位于右侧,船舶过闸均采取“曲进直出”的方式。上、下游引航道总长均为 220m,其中右侧导航调顺段长 100m、停泊段长 120m,布置 7 个靠船墩,上、下游引航道宽均为 31m。船闸上、下闸首和闸室均采用整体式结构,船闸输水系统采用闸墙长廊道侧支孔出水、低坎消能方式,下游泄水口消力池消能。该船闸与潼南枢纽同步建成并通航。

潼南船闸技术参数见表 2-3-21。潼南枢纽鸟瞰图如图 2-3-42 所示。潼南船闸实景图如图 2-3-43 所示。潼南船闸布置图如图 2-3-44 所示。

潼南船闸技术参数表 表 2-3-21

河流名称		涪江		建设地点		重庆市潼南区	
船闸有效尺度(m)		120×12×3.0		最大设计水头(m)		9.0	
吨级		300		过闸时间(min)		41	
门型	闸门	上游	下沉门	启闭形式	闸门	上游	液压
		下游	人字门			下游	液压
	阀门	上游	平板门		阀门	上游	液压
		下游	平板门			下游	液压
结构形式	上闸首	整体式		输水系统	形式	闸墙长廊道侧支孔出水	
	下闸首	整体式			平均时间(min)	10.0	
	闸室	整体式			廊道尺寸(m)	2.2×2.0	
设计通航水位(m)	上游	最高	236.50	设计年通过能力(单线单向,万t)		312	
		最低	235.50	桥梁情况		上闸首交通桥	
	下游	最高	235.99	建成年份(年)		2018	
		最低	227.50				

图 2-3-42　潼南枢纽鸟瞰图

图 2-3-43　潼南船闸实景图

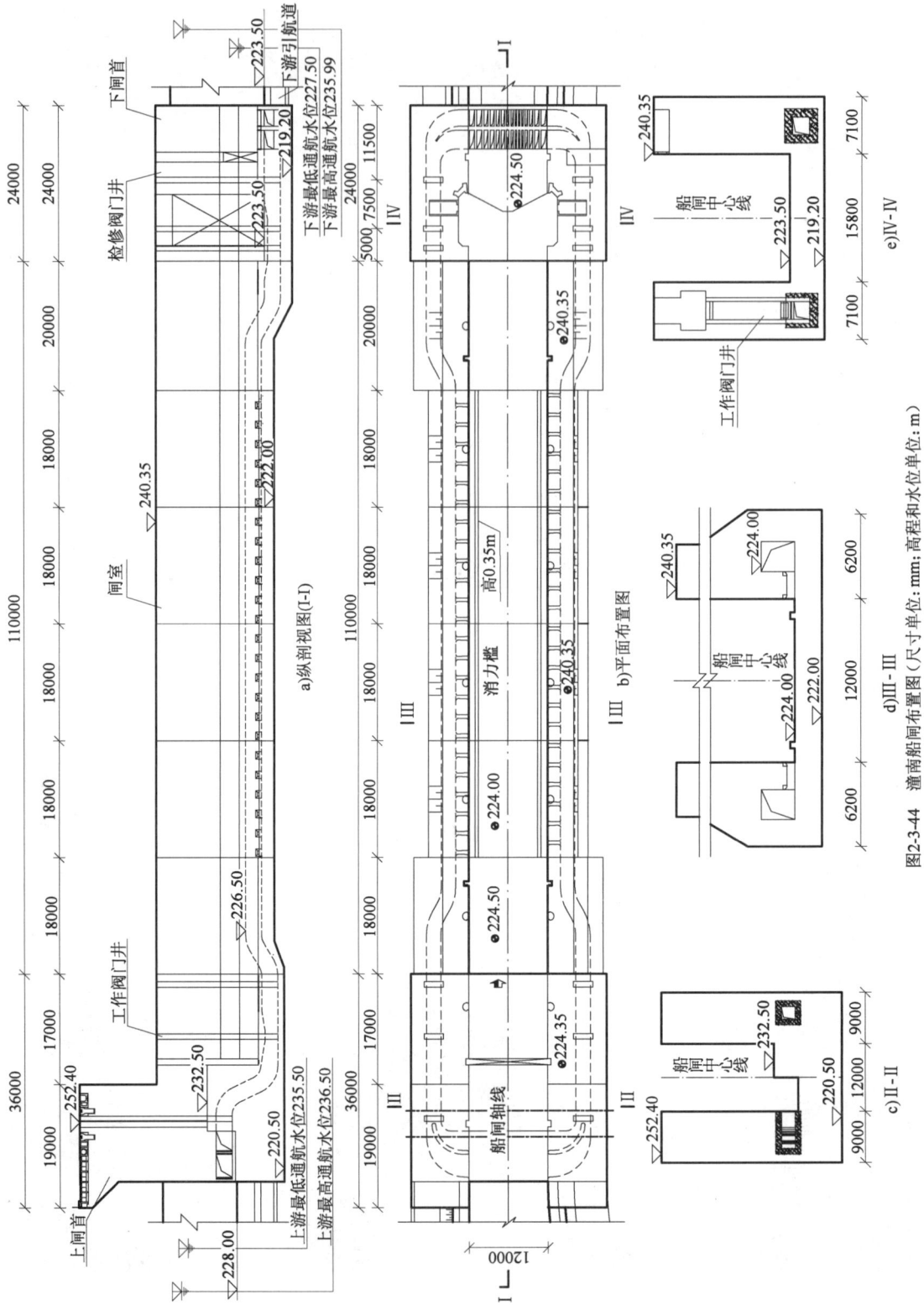

图2-3-44 潼南船闸布置图（尺寸单位：mm；高程和水位单位：m）

2. 富金坝船闸

富金坝航电枢纽位于重庆市合川区境内，是涪江重庆段自上而5级航运规划中的第三级，下距合川区太和镇约2.0km、距合川城区约60km，其上、下游分别与三块石枢纽和安居枢纽水位相衔接。富金坝枢纽坝址集雨面积29415km^2，枢纽正常蓄水位229.0m（1956黄海高程），消落水位228.3m。枢纽设计洪水位234.63m（$P=2\%$），设计洪水流量23700m^3/s；校核洪水位239.86m（$P=0.2\%$），校核洪水流量36000m^3/s。富金坝枢纽为大Ⅱ等工程，主要建筑物按3级设计，主要建筑物由溢流坝、泄洪闸、船闸和电站厂房等组成。采用裁弯取直方案，在龙背坡坝址布置溢流坝和18孔净宽12m的泄洪闸，在距坝上游约800m的露水垭布置电站厂房和船闸，两轴线平行，厂房靠左、船闸靠右，上、下游共用引水明渠，电站装3台机组，总装机容量60MW。该枢纽是一座以航运为主，兼顾发电、灌溉、供水、防洪等综合效益的航运枢纽工程。枢纽主体工程于2003年11月开工，2007年6月投入运行。

富金坝船闸等级为Ⅴ级，闸室有效尺度为100m×12m×2.5m，最大设计水头14.0m（上游正常蓄水位229.0m-下游最低通航水位215.0m），通航300吨级机驳船，设计单向通过能力137.3万吨/年。船闸上游设计最高通航水位229.0m（枢纽正常蓄水位），最低通航水位227.50m；下游设计最高通航水位222.9m（流量5500m^3/s水位），最低通航水位215.0m（保证率$P=95\%$）。船闸引航道采用准对称型布置，上、下游主导航墙及靠船建筑物均位于左侧，上、下游船舶过闸采用"曲进曲出"的方式。上游引航道为倾向上游的喇叭口形，左侧主导航墙总长462.5m，从下至上依次为长142.5m的直线段、长228m的弧线段（半径172m）和长120m的停泊段，布置9个中心距为15m的靠船墩；右侧辅导航墙总长225m，从下至上依次为长37m（船闸轴线投影）的直线扩宽段、长77.5m的直线段和长110m的弧线段（半径209m）。下游引航道左侧主导航墙总长317.5m，从上至下依次为长37m（船闸轴线投影）的直线扩宽段、长87m的弧线段（半径50m、圆心角100°）和长120m的停泊段，布置9个中心距为15m的靠船墩；下游航道右侧辅导航墙总长232.2m，从上至下分别为长119.5m的直线段和长112.7m的圆弧线段。上、下游引航道宽均为35m，设计水深2.5m。船闸上、下闸首和闸室均采用分离式结构，船闸输水系统采用闸底长廊道顶缝出水、盖板消能方式，下游出水口采用消力墩消能。该船闸与富金坝枢纽同步建设完成。

富金坝船闸技术参数见表2-3-22。富金坝枢纽鸟瞰图如图2-3-45所示。富金坝船闸布置图如图2-3-46所示。

富金坝船闸技术参数表　　　　　　　表 2-3-22

河流名称		涪江		建设地点		重庆市合川区太和镇	
船闸有效尺度(m)		100×12×2.5		最大设计水头(m)		14.0	
吨级		300		过闸时间(min)		47.64	
门型	闸门	上游	人字门	启闭形式	闸门	上游	液压
		下游	人字门			下游	液压
	阀门	上游	平板门		阀门	上游	液压
		下游	平板门			下游	液压
结构形式	上闸首		分离式	输水系统	形式		闸底长廊道顶缝出水+盖板消能
	下闸首		分离式		平均时间(min)		9.0
	闸室		分离式		廊道尺寸(m)		2.6×2.2
设计通航水位(m)	上游	最高	229.0	设计年通过能力(单线单向,万 t)			137.3
		最低	227.5	桥梁情况			闸上交通桥
	下游	最高	222.9	建成年份(年)			2007
		最低	215.0				

图 2-3-45　富金坝枢纽鸟瞰图

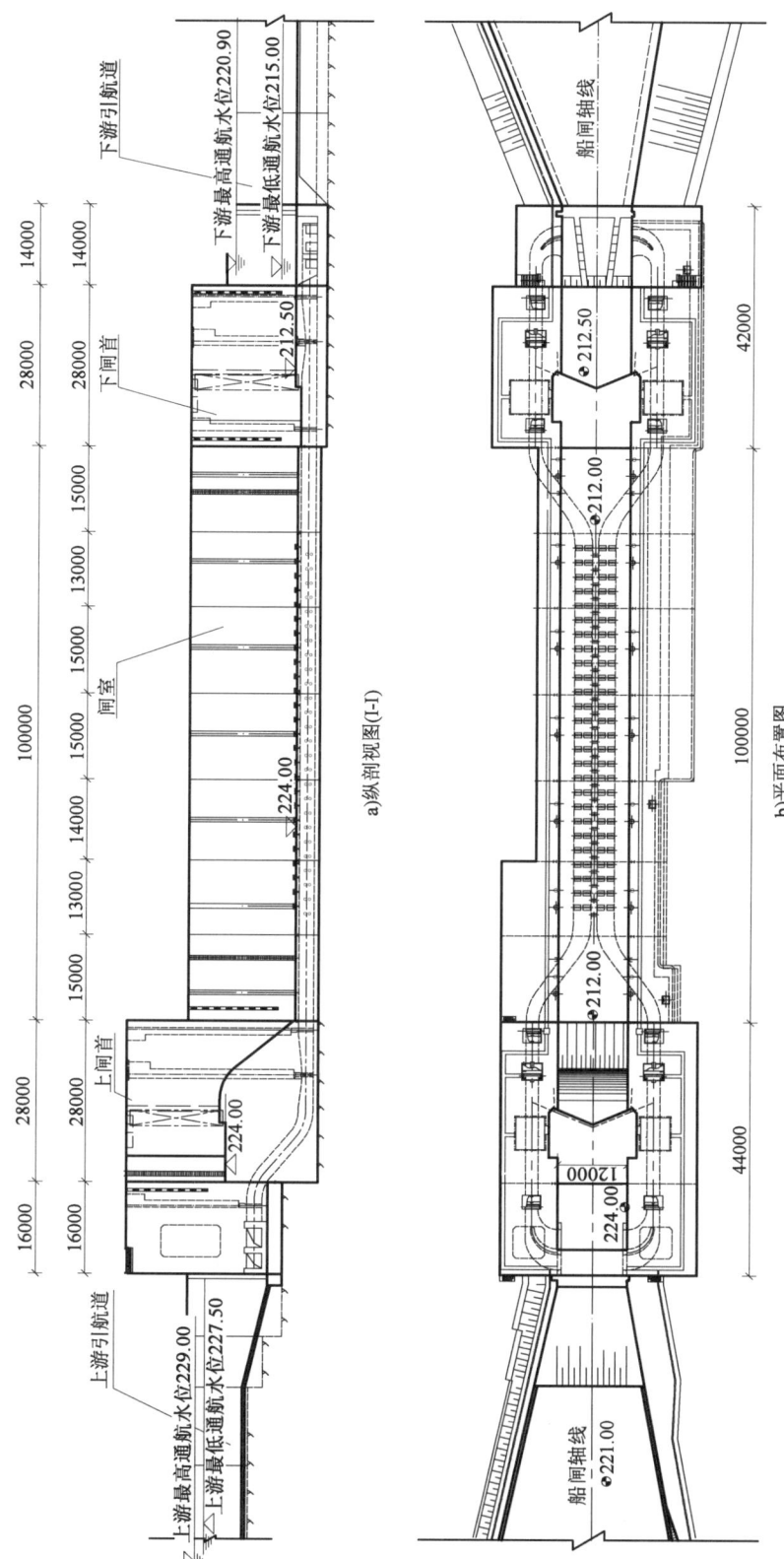

图2-3-46 富金坝船闸布置图（尺寸单位：mm；高程和水位单位：m）

第四节　乌江通航建筑物

乌江是长江上游右岸的最大支流，发源于贵州省威宁县香炉山花鱼洞，有南、北两源，南源三岔河长322km，为乌江主源，北源六冲河长210km，两源在黔西县化屋基汇合后称乌江。乌江干流流经贵州省的息烽、思南、沿河及重庆市的酉阳、彭水、武隆等地，在重庆市涪陵区注入长江，干流全长1037km，流域面积87900km²。

乌江主要支流有六冲河、猫跳河、湘江、清水江、洪渡河、芙蓉江、濯河、郁江、大溪河等，乌江龚滩以上位于贵州省境内，龚滩以下至河口段位于重庆市境内。乌江通航河段自乌江渡至涪陵河口段为全国内河高等级航道，总长595km，其中，乌江渡至龚滩段407km处于贵州省境内，龚滩至涪陵段188km处于重庆市境内。目前，乌江干流自乌江渡至白马坝址约550km河段航道等级为Ⅳ级，白马坝下游至河口段45km已达到Ⅲ级航道标准。根据贵州省和重庆市航运发展规划，乌江渡至银盘枢纽拟通过修建二线船闸或升船机，并配合航道整治措施，使乌江渡以下全河段达到Ⅲ级航道标准。乌江规划有普定、引子渡、东风、索风营、乌江渡、构皮滩、思林、沙沱、彭水、银盘和白马（拟建）11个梯级，其中，乌江渡电站及以上各枢纽目前未建通航设施，构皮滩、思林、沙沱建有升船机，彭水电站已建成船闸+中间渠道+升船机的通航设施，银盘已建成船闸，各已建的通航设施通航船舶均为500吨级，在建白马枢纽的通航设施为船闸，设计通航船舶为1000吨级。

乌江梯级枢纽规划图如图2-4-1所示。

1. 构皮滩升船机

构皮滩水电站位于贵州省遵义市余庆县境内，是乌江干流自上而下11级水电规划中的第六级，上距乌江渡水电站坝址约139km，下距乌江与长江汇合口455km，其上、下游分别与乌江渡水电站和思林水电站水位相衔接。构皮滩水电站坝址集水面积43250km²，枢纽正常蓄水位630.00m（1956黄海高程），死水位585.00m。枢纽设计洪水位632.89m（$P=1\%$），设计洪水流量24016m³/s；校核洪水位638.36m（$P=0.1\%$），校核洪水流量28807m³/s。主要建筑物由拦河大坝、泄洪建筑物、电站厂房和通航建筑物等组成。构皮滩枢纽的泄洪以坝身泄水孔为主、岸边泄洪洞为辅，溢流坝段布置6个表孔、7个中孔泄洪，坝下设水垫塘消能，泄洪洞位于左岸；首部式地下厂房布置在河道右岸，装5台水轮发电机组，总装机容量3000MW；通航建筑物为三级垂直升船机，布置在左岸煤炭沟至野狼湾一线。构皮滩枢纽是一座以发电为主，兼顾航运、防洪等综合效益的水利枢纽工程。该枢纽主体工程于2003年11月开工，2011年12月投入运行。

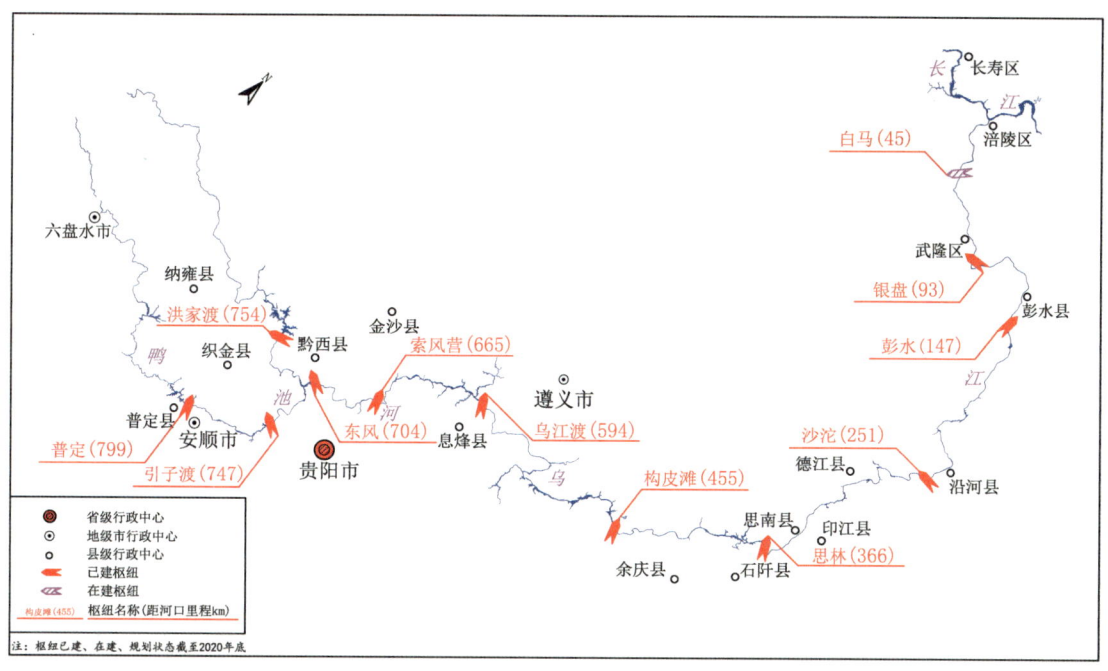

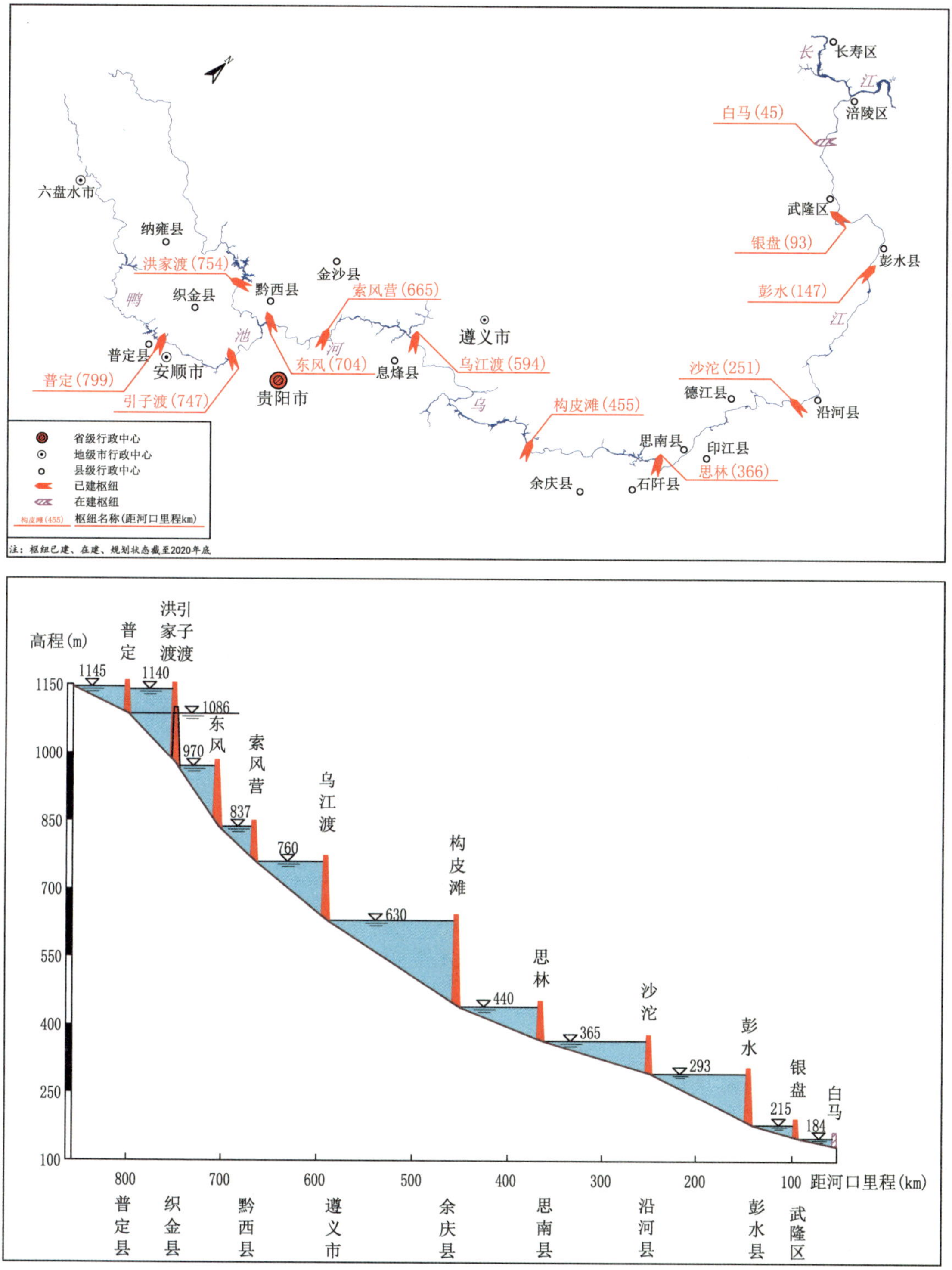

图 2-4-1 乌江梯级枢纽规划图

构皮滩枢纽的通航建筑物位于河道左岸,通航建筑物等级为Ⅳ级,采用带中间渠道的三级钢丝绳卷扬垂直升船机,线路总长2306m,承船厢尺度为59m×11.7m×2.5m,第一级和第三级承船厢加水重3250t,第二级承船厢加水重3320t,三级升船机最大提升高度199.0m(上游正常蓄水位630.0m-下游最低通航水位431.0m),通航500吨级机驳船,设计单向通过能力142.1万吨/年。第一级升船机布置在上游库内,上游水位变幅590~630m,下游以隧道方式穿过左坝肩山体,采用船厢下水方案,逆向运行,最大提升高度47m,第一级中间渠道工作水位637m。第二级升船机布置在大园沟上游侧宽缓台地处,采用钢丝绳卷扬全平衡垂直升船机,其上、下游工作水位分别为恒水位637m和510m,升船机工作升程127m。第三级升船机布置在马鞍山左侧拦河槽沟出口处,用于克服第二级中间渠道与下游航道之间最大79m的水位落差,采用船厢下水式升船机,以适应下游水位变幅大、变率快的特点。三级升船机最大提升高度199.0m,两级中间渠道均设有可供船舶迎向运行的错船段,各级升船机均可独立运行。

构皮滩通航建筑物上游引航道位于库区开敞水域,全长454m,其导航、靠船建筑物按直线进闸、曲线出闸方式布置,引航道左侧设长72m的浮式导航堤和4个中心距为15m的靠船墩。第一级中间渠道长929.5m,通航水位637m,由渡槽、通航明渠和隧道等组成,通航明渠长177.5m,隧道长335m(净高16.5m,水域宽16m,工作水深4.0m),渡槽总长46m;在中间渠道的明渠段设错船段,错船段宽38m,按上、下行船舶均"直进曲出"的方式布置。第二级中间渠道通航水位510.0m,正常工作水深3.0m,由明渠和隧道组成,全长386.4m,其中明渠段长287.4m,渡槽段长99m,按上行船舶"曲进直出"、下行船舶"直进曲出"的方式布置。下游引航道布置在急弯河道出口段右侧,设隔流堤与主河道隔开,下游引航道按"曲进直出"的方式布置,全长200m,航道底宽38m,引航道左侧设长45m的辅导航墙和4个中心距为15m的靠船墩,引航道右侧布置长200m的导航隔流堤,隔流堤下游段采用分层透水式结构,以改善口门区通航条件。

构皮滩通航建筑物主要特点:一是通航水头高,上游通航水位变幅大,下游通航水位变率快;二是地形地质条件和下游出口段河道地形复杂;三是作为前期缓建项目,其布置和施工方案受到在建工程施工和工程蓄水计划的制约,必须统筹兼顾等。根据构皮滩通航工程技术特点、自然条件和建设要求,经过多方案技术比较,最终推荐采用带中间渠道的三级垂直升船机,其中第一、第三级采用下水式升船机,第二级采用全平衡式垂直升船机。构皮滩通航建筑物是目前世界上通航水头和提升高度最高、主提升设备规模最大、首次采用带中间渠道的三级垂直升船机的大型通航建筑物。该工程于2012年初开工,2020年12月建成。

构皮滩升船机技术参数见表2-4-1。构皮滩水电站鸟瞰图如图2-4-2所示。构皮滩三级垂直升船机实景图如图2-4-3所示。构皮滩通航建筑物布置图如图2-4-4、图2-4-5所示。

构皮滩升船机技术参数表　　　　　表 2-4-1

河流名称		乌江	建设地点	贵州省遵义市余庆县
形式		第一、第三级船厢下水式升船机/第二级全平衡钢丝绳卷扬式垂直提升	运行方式	船厢下水(第一、第三级) 船厢不下水(第二级)
吨级		500	承船厢尺度(m)	59×11.7×2.5
承船厢总重(t)		3250(第一、第三级)/3320(第二级)	船厢门类型	卧倒式平板门
最大升程(m)		199.0	过坝时间(min)	38.0(单向)/58.1(双向)
设计年通过能力(单向,万 t)		142.1	平衡重系统	悬挂式
设计通航水位(m)	上游	最高 630.00	主提升电机	交流变频调速电动机
		最低 590.00	悬吊系统	64 根钢丝绳
	下游	最高 445.82	减速装置	圆柱齿轮减速器
		最低 431.00	同步轴装置	闭环同步轴
卷筒装置		卷扬提升4组,平衡滑轮8组(第二级)/卷扬提升8组(第一、第三级)	制动系统	液压盘式制动器
结构形式	上闸首	整体式U形结构	启闭设备 上闸首检修门	台车式启闭机
	下闸首	整体式U形结构	上闸首工作门	台车式启闭机
	闸室	钢丝绳卷扬垂直升船机	下闸首工作门	卷扬式启闭机
	中间渠道	明渠、隧道和渡槽	下游检修门	台车式启闭机
设计水平年(年)		2030	建成年份(年)	2020
			运用情况	调试阶段

图 2-4-2　构皮滩水电站鸟瞰图

图 2-4-3 构皮滩三级垂直升船机实景图

2. 思林升船机

思林水电站位于贵州省铜仁市思南县境内,是乌江干流自上而下 11 级水电规划中的第七级,上距构皮滩电站坝址 89km,下距沙沱水电站坝址 115km,距乌江河口 366km。思林水电站坝址集雨面积 48558km²,正常蓄水位 440.0m(1956 黄海高程),死水位 431.0m。枢纽设计洪水位 444.83m($P=2\%$),设计洪水流量 26600m³/s;校核洪水位 449.27m($P=0.5\%$),校核洪水流量 33700m³/s。思林水电站为Ⅰ等工程,主要建筑物按 1 级设计,主要建筑物包括碾压混凝土重力坝、泄洪系统、引水发电系统和通航建筑物等。引水发电系统布置在河道右岸的山体内,装 4 台水轮发电机组,总装机容量 1050MW;7 孔泄洪闸布置在河床中央,每孔闸净宽 15m,闸下游台阶堰面+宽尾墩+戽式消力池联合消能。思林水电站是一座以发电为主,兼顾航运和防洪等综合效益的水利枢纽工程。枢纽主体工程于 2006 年 11 月开工,2016 年 11 月投入运行。

思林水电站的通航建筑物布置在河道左岸,采用单级全平衡钢丝绳卷扬式垂直升船机,升船机等级为Ⅳ级,承船厢尺度为 69.9m×16.2m×2.5m,最大提升高度 76.7m(上游正常蓄水位 440.0m-下游最低通航水位 363.3m),通航 500 吨级机动单船,设计通过能力 375.69 万吨/年。上游设计最高通航水位 440m,最低通航水位 431m;下游设计最高通航水位 374.5m,最低通航水位 363.3m。

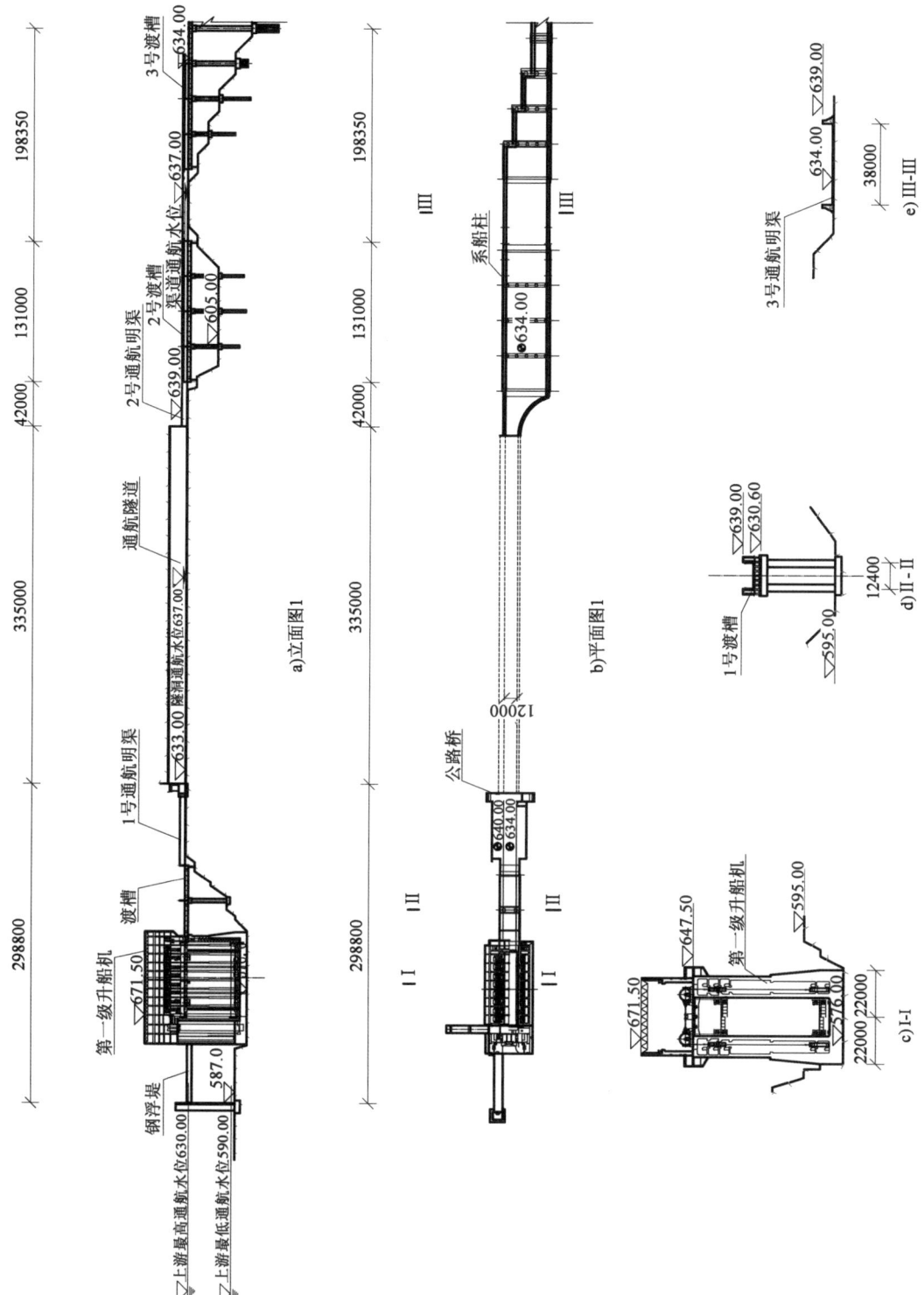

图2-4-4 构皮滩通航建筑物布置图1（尺寸单位：mm；高程和水位单位：m）

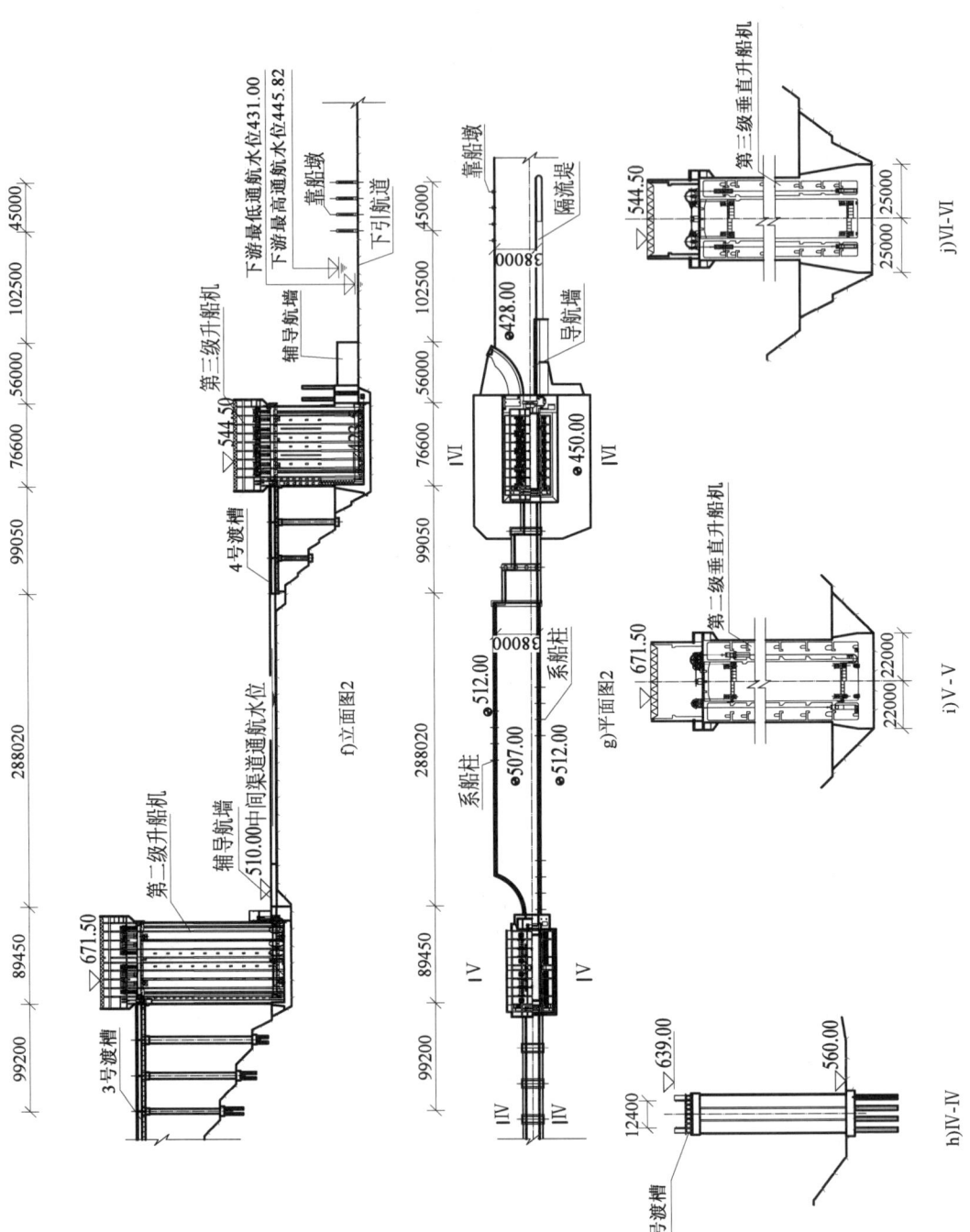

图2-4-5 构皮滩通航建筑物布置图2（尺寸单位：mm；高程和水位单位：m）

思林升船机由上游引航道、过坝渠道（上闸首）、升船机本体段、下闸首和下游引航道等组成，总长约1120m，升船机轴线与坝轴线垂直。升船机上游引航道位于水库内，由停泊段、调顺段和导航段等组成，总长195m、宽38m，设有靠船墩和隔流堤等建筑物。过坝渠道位于通航坝段上，渠道总长67.65m、净宽12m、底高程428.0m、顶高程452.0m，过坝渠道的右边墙兼作坝顶至本体段设备层的交通通道，宽7m。渠道上游端设一拦洪兼检修门，当水位超过上游最高通航水位时，利用该闸门挡水，下游端设一工作门与本体段相接。升船机本体段尺寸为70.1m×40m×122m（长×宽×高），船厢池底板高程355m、池宽17.6m、池长70.1m，两侧边墙厚均为11.5m，高程392m以下为混凝土实体结构（内有平衡重孔），以上为空心板梁结构，本体段内设备层高程为452.0m，设备层下游端为升船机控制室。设备层以上为排架结构，设一桥机对各设备进行吊运。本体段下游端接下闸首，下闸首内设有工作闸门和拦洪检修闸门，当下游水位超过下游最高通航水位时，利用拦洪检修闸门挡水。下闸首尺寸为34.9m×24m×76m（长×宽×高），底板高程360.3m，通航净宽12m，两侧墙厚度均为6m，墙顶高程392.0m，墙顶以上为排架结构，排架内设有闸门的启闭设备。下闸首以下接下游引航道，下游引航道底高程360.0m，由导航段、调顺段和停泊段组成，净宽38m，总长约215m，设有靠船墩、隔流堤及导航墙等建筑物。

升船机上、下游引航道采用不对称型布置，上、下船舶过闸均采取"曲进直出"的方式。主体段采用整体式U形结构。该升船机工程与思林水电站同步建设完成。

思林升船机技术参数见表2-4-2。思林水电站鸟瞰图如图2-4-6所示。思林升船机布置图如图2-4-7所示。

思林升船机技术参数表　　　　表2-4-2

河流名称		乌江		建设地点	贵州省铜仁市思南县
形式		全平衡钢丝绳卷扬式垂直提升		运行方式	船厢不下水
吨级		500		承船厢尺度(m)	69.9×16.2×2.5
承船厢总重(t)		3000		船厢门类型	卧倒式平板门
最大升程(m)		76.7		过坝时间(min)	29.40
设计年通过能力(万t)		375.69		平衡重系统	悬挂式
设计通航水位(m)	上游	最高	440.00	主提升电机	交流变频调速电动机
		最低	431.00	悬吊系统	80根钢丝绳
	下游	最高	374.50	减速装置	圆柱齿轮减速器
		最低	363.30	同步轴装置	闭环同步轴
卷筒装置		提升卷筒8组，可控卷筒8组		制动系统	液压盘式制动器

续上表

结构形式	上游引航道	空心薄壁	启闭设备	上闸首检修门	门式
	下游引航道	倒T形		上闸首工作门	液压
	过坝渠道	U形		下闸首工作门	液压
	下闸首	整体式		下游检修门	台车式
设计水平年(年)		2030	建成年份(年)		2016
			运用情况		良好

图 2-4-6 思林水电站鸟瞰图

3. 沙沱升船机

沙沱水电站位于贵州省铜仁市沿河土家族自治县境内,是乌江干流自上而下11级水电规划中的第八级,上距沿河县城7km,距思林水电站坝址约114km,下距彭水电站坝址约115km、距乌江河口250.5km。沙沱坝址集水面积54508km²,多年平均流量966m³/s,枢纽正常蓄水位365.0m(1956黄海高程),防洪限制水位357.0m,死水位353.0m,水库总库容9.21亿m³。枢纽设计洪水位366.75m($P=0.2\%$),设计洪水流量27900m³/s,校核洪水位369.65m($P=0.05\%$),校核洪水流量32400m³/s。沙沱枢纽为大Ⅱ等工程,主要建筑物按2级设计。该枢纽坝顶全长631m,最大坝高101m,主要建筑物包括碾压混凝土重力坝、坝后式电站厂房、河床泄洪系统、通航建筑物等。电站厂房布置在河道左岸,装4台

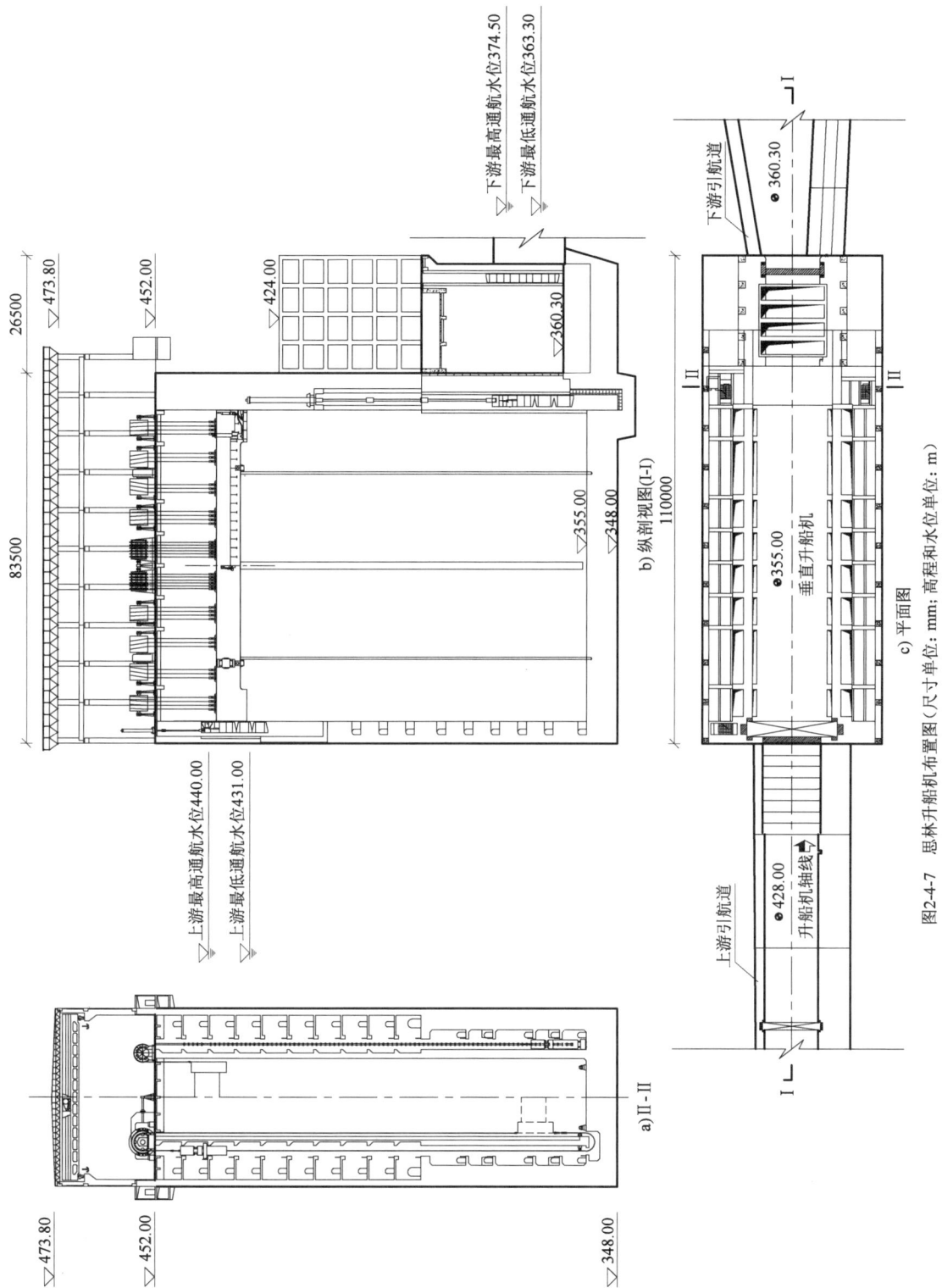

图2-4-7 思林升船机布置图（尺寸单位：mm；高程和水位单位：m）

水轮发电机组,总装机容量1120MW;7孔泄洪闸布置在河床中央,每孔闸净宽15m,闸下游采用台阶堰面+宽尾墩+戽式消力池联合消能。沙沱水电站是一座以发电为主,其次是航运,兼顾防洪等综合开发任务的水利枢纽工程。枢纽主体工程于2006年11月开工,2016年11月投入运行。

沙沱枢纽的通航建筑物布置在河道右岸,采用单级全平衡钢丝绳卷扬式垂直升船机,升船机等级为Ⅳ级,承船厢尺度为69.9m×16.2m×2.5m,最大提升高度75.38m(上游正常蓄水位365.00m−下游最低通航水位289.62m),通航500吨级机动单船,设计单向通过能力200万吨/年。升船机上游设计最高通航水位365.00m,最低通航水位353.50m;下游设计最高通航水位300.38m,最低通航水位289.62m。

沙沱升船机由上游引航道、过坝渠道(上闸首)、升船机本体段、下闸首和下游引航道等组成,总长约806m,升船机轴线与坝轴线垂直。升船机上游引航道位于上游水库内,由导航段、调顺段和停泊段等组成,为向右侧单向扩宽形式,总长210m,其中导航段长60m,宽由38m逐渐缩小至12m,调顺段和停泊段长分别为90m和60m,宽均为38m;左侧为钢浮堤。过坝渠道位于通航坝段上,渠道总长59.625m,底宽12m;渠道右边墙兼作坝顶至本体段设备层的交通通道,总宽度10.5m;渠道上游端设检修门,当水位超过上游最高通航水位时,利用该闸门挡水,下游端设工作闸门与本体段相接。升船机本体段尺寸为70.1m×40m×123m(长×宽×高),船厢池底板高程281m、池宽17.6m、池长70.1m;两侧边墙厚均为11.2m,高程316.5m以下为混凝土实体结构,以上为空心板梁结构;本体段内设备层高程为377.00m,设备层下游端为升船机控制室。设备层以上为排架结构,设一桥机对各设备进行吊运。本体段下游端接下闸首,下闸首内设有工作闸门和拦洪检修闸门,当下游河道水位超过下游最高通航水位时,利用拦洪检修闸门挡水;下闸首为U形结构,底板高程286.62m,沿中心线总长21.50m,总宽22m,通航净宽12m,两侧墙厚度均为5m,墙顶高程316.50m,墙顶以上为排架结构,排架内设有检修闸门的启闭设备。下闸首以下为下游引航道,由导航段、调顺段、停泊段、制动段、口门区组成,为向左侧单向扩宽形式,其轴线为转弯角5°、半径213m的圆弧线。下游引航道总长413m,最小航深3.5m,其中导航段宽度由12m逐渐扩大至38m,停泊段、调顺段和导航段为直线,长分别为60m、90m和60m,设有系船墩、隔流堤及导航墙等建筑物,导航段底板高程360m,引航道左侧与消力池之间设隔流堤和导航墙等建筑物。

沙沱升船机上、下游引航道采用不对称型布置,上游船舶过闸"曲进直出"、下游船舶过闸"直进曲出",升船机主体采用整体式U形结构。该升船机工程与沙沱水电站同步建设完成。

沙沱升船机技术参数见表2-4-3。沙沱水电站鸟瞰图和正面图如图2-4-8、图2-4-9所示。沙沱升船机布置图如图2-4-10所示。

沙沱升船机技术参数表 表 2-4-3

河流名称			乌江		建设地点	贵州省铜仁市沿河土家族自治县
形式			全平衡钢丝绳卷扬式垂直提升		运行方式	船厢不下水
吨级			500		承船厢尺度(m)	69.9×16.2×2.5
承船厢总重(t)			3000		船厢门类型	卧倒式平板门
最大升程(m)			75.38		过坝时间(min)	31.08
设计年通过能力(单向,万t)			200		平衡重系统	悬挂式
设计通航水位(m)	上游	最高	365.00		主提升电机	交流变频调速电动机
		最低	353.50		悬吊系统	80根钢丝绳
	下游	最高	300.38		减速装置	圆柱齿轮减速器
		最低	289.62		同步轴装置	闭环同步轴
卷筒装置			提升卷筒8组,可控卷筒8组		制动系统	液压盘式制动器
结构形式	上游引航道		空心薄壁	启闭设备	上闸首检修门	门式
	下游引航道		倒T形		上闸首工作门	液压
	过坝渠道		U形		下闸首工作门	液压
	下闸首		整体式		下游检修门	台车式
设计水平年(年)			2030	建成年份(年)		2016
				运用情况		良好

图 2-4-8 沙沱水电站鸟瞰图

图 2-4-9　沙沱水电站正面图

4. 彭水船闸及升船机

彭水水电站位于重庆市彭水苗族土家族自治县境内,是乌江干流自上而下 11 级水电规划中的第九级,上距彭水县城 11km,下距乌江与长江汇合口 147km,其上、下游分别与沙沱水电站和银盘水电站水位相衔接。彭水水电站坝址集水面积 69000km^2,多年平均流量 1300m^3/s,枢纽正常蓄水位 293.0m(1956 黄海高程),渠化航道 113km,死水位 278.00m。枢纽设计洪水位 298.85m($P=0.2\%$),设计洪水流量 34900m^3/s,校核洪水位 298.85m($P=0.02\%$),校核洪水流量 43800m^3/s,水库总库容 14.65 亿 m^3。彭水水电站工程等级为 Ⅰ 等,主要挡泄水建筑物、电站和船闸上闸首等按 1 级设计,最大坝高 116.5m,挡水前缘总长 325.53m,主要建筑物包括大坝及泄水建筑物枢纽、电站和通航建筑物等。大坝为碾压混凝土重力坝,其中溢流坝和两岸非溢流坝总长 293.53m,坝顶高程 301.5m,泄洪建筑物布置在河床中央,采用全表孔方案,9 孔溢流堰宽均为 14m,堰顶高程 268.5m,堰面为 WES 曲线;电站厂房布置在河道右岸的山体内,装 5 台混流式水轮发电机组,总装机容量 1750MW。彭水枢纽是一座以发电为主,兼顾航运、防洪及其他综合利用的大型水利枢纽工程。该枢纽主体工程于 2003 年 4 月开工,2009 年投入运行。

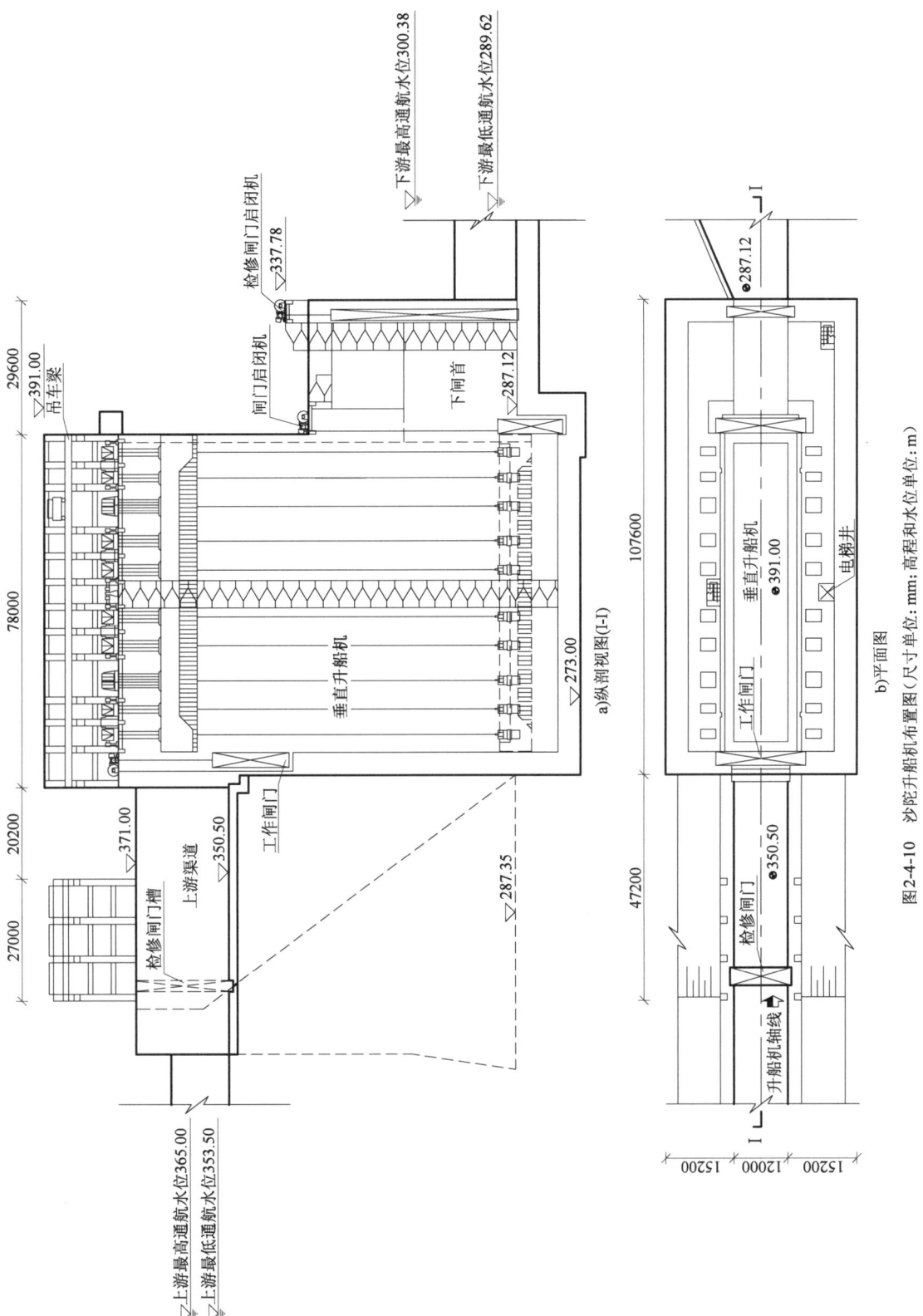

图2-4-10 沙陀升船机布置图（尺寸单位：mm；高程和水位单位：m）

彭水水电站坝上游河道较宽阔,坝下游弯曲狭窄,岸坡陡峭,通航建筑物布置在河道左岸,采用船闸+垂直升船机方案。通航建筑物等级为Ⅳ级,船闸有效尺度为 62m×12m×2.5m,升船机承船厢尺度为 59m×11.4m×2.3m,通航 500 吨级船舶,船闸最大设计水头 15.0m(上游正常蓄水位 293.0m - 中间渠道恒水位 278.0m),升船机最大提升高度 66.6m(中间渠道恒水位 278.0m - 下游最低通航水位 211.40m),总水位差 81.6m,设计双向通过能力 510 万吨/年。枢纽上游设计最高通航水位 293.0m(枢纽正常蓄水位),最低通航水位 278.0m(死水位);下游设计最高通航水位 227.0m,最低通航水位 211.4m(下游银盘枢纽死水位)。

彭水枢纽的通航建筑物包括上游引航道、船闸、中间渠道(含渡槽)、垂直升船机和下游引航道等,线路总长 1188.6m。彭水船闸的轴线与坝轴线交角 85°,其上游引航道为长 210.5m 的直线段,引航道底高程 275.5m、底宽 40m,左侧主导航墙导航段(含进水口段)长 95m,在距上游 48m 以上布置 4 个中心距为 15m 的靠船墩,右侧进水口上游设长 45m 的墩板式辅导航墙,上游引航道与库区相连接,船舶进出闸采取"直进曲出"的方式。船闸输水系统采用闸墙长廊道短支孔出水、消力坎消能方式,下游出水均从左侧泄入主河道。船闸主体段长 103.2m,上、下闸首和闸室均采用整体式结构,下闸首直接与中间渠道相连接。

中间渠道位于船闸和升船机之间,长 421.1m,最大水面宽 48.2m,渠道恒水位 278m,通航水深 2.5m,由开挖部分山体修建的通航明渠和渡槽组成。明渠段长 283.2m,最大开挖高度 100m,采用混凝土衬砌结构,在右侧局部地形较低处设有混凝土挡水墙;渡槽段长 137.9m,采用预应力箱型简支梁承重结构,跨度 27.6m,最大墩高 37.6m。中间渠道由闸室输水系统补水,右侧溢水口排水,在右侧距下闸首 180m 处沿下游布置 4 个中心距为 15m 的靠船墩,供船舶等待进出闸用。

升船机上游恒水位 278m,下游通航水位 211.4~227.0m,最大提升高度 66.6m,采用钢丝绳卷扬平衡重式垂直升船机,由上闸首、升船机主体段和下闸首组成,总长 102.8m,总宽 52.4m,总建筑高度 113m。升船机上、下闸首航槽净宽 12m,上闸首设平板式检修门和工作门各 1 扇,底板为整体式;下闸首工作门采用下沉式,以适应下游水位的变化,检修门为平板门。升船机主体由承船厢、主提升机械、平衡重、承重塔柱和附属设备组成,承船厢尺度为 59m×11.4m×2.3m,承船厢两侧筒体用箱型板连接构成整体,高程 235m 以下为基础,采用整体式,提升机构为设置在塔顶的机房,通过 4 套对称布置的卷扬机和平衡重提升并保持稳定。

下游引航道总长 362.8m,包括长 250.2m 的直线段,半径 165m、中心角 20°的圆弧段和长 55m 的直线段。下游引航道向右侧扩宽,引航道左侧设长 60.0m 的衬砌式导航墙和 4 个中心距为 15.0m 的靠船墩;右侧为辅导航墙兼隔流堤,包括长 45.0m 的衬砌式辅导航墙和长135.5m的重力式隔流堤。船舶进出闸采取"直进曲出"的方式,引航道底高程208.5m,底宽40m,最大开挖边坡高度约160.0m。

彭水船闸技术参数见表2-4-4。彭水升船机技术参数见表2-4-5。彭水水电站鸟瞰图如图2-4-11所示。彭水船闸布置图和彭水升船机布置图如图2-4-12、图2-4-13所示。

彭水船闸技术参数表 表2-4-4

河流名称			乌江	建设地点			重庆市彭水苗族土家族自治县
船闸有效尺度(m)			62×12×2.5	最大设计水头(m)			15.0
吨级			500	过闸时间(min)			27.5
门型	闸门	上游	人字门	启闭形式	闸门	上游	液压
		下游	人字门			下游	液压
	阀门	上游	平板门		阀门	上游	液压
		下游	平板门			下游	液压
结构形式	上闸首		整体式	输水系统	形式		闸墙长廊道短支孔出水
	下闸首		整体式		平均时间(min)		7.87
	闸室		整体式		廊道尺寸(m)		2×1.9×2.2
设计通航水位(m)	上游	最高	293.00	设计年通过能力(单线单向,万t)			255
		最低	278.00	桥梁情况			无
	下游	最高	278.00				
		最低	278.00	建成年份(年)			2009

彭水升船机技术参数表 表2-4-5

河流名称			乌江	建设地点	重庆市彭水苗族土家族自治县
形式			钢丝绳卷扬平衡重式垂直升船机	运行方式	垂直提升
吨级			500	承船厢尺度(m)	59×11.4×2.3
承船厢总重(t)			3100	船厢门类型	卧倒门
最大升程(m)			66.6	过坝时间(min)	139
设计年通过能力(单向,万t)			255	平衡重系统	悬挂式
设计通航水位(m)	上游	最高	278.00	主提升电机	交流变频调速电动机
		最低	278.00	悬吊系统	80根钢丝绳
	下游	最高	227.00	减速装置	圆柱齿轮减速器
		最低	211.40	同步轴装置	闭环同步轴

续上表

卷筒装置	不带开式齿轮、带制动盘、卷筒轴为通轴且带螺旋绳槽的卷筒		制动系统	液压盘式制动器
结构形式	上闸首道	整体式U形结构	启闭设备	上闸首检修门	固定式卷扬机
	主体段	整体式U形结构		上闸首工作门	液压启闭机
				下闸首工作门	固定式卷扬机
	下闸首	整体式U形结构		下游检修门	固定式卷扬机
设计水平年(年)		2030	建成年份(年)	2009
			运用情况	良好

图 2-4-11 彭水水电站鸟瞰图

5. 银盘船闸

银盘水电站位于重庆市武隆区境内的江口镇,是乌江干流自上而下 11 级水电规划开发中的第十级,其上、下游分别与彭水水电站和白马枢纽水位相衔接,上距江口镇约 4km、距彭水水电站坝址 53km,下距白马水电站坝址 46km,距乌江河口 93km。银盘水电站坝址集雨面积 74910km²,多年平均流量 1380m³/s,枢纽正常蓄水位 215.0m(1956 黄海高程),防洪限制水位 210.5m,死水位 211.5m,水库总库容 3.2 亿 m³。枢纽设计洪水位

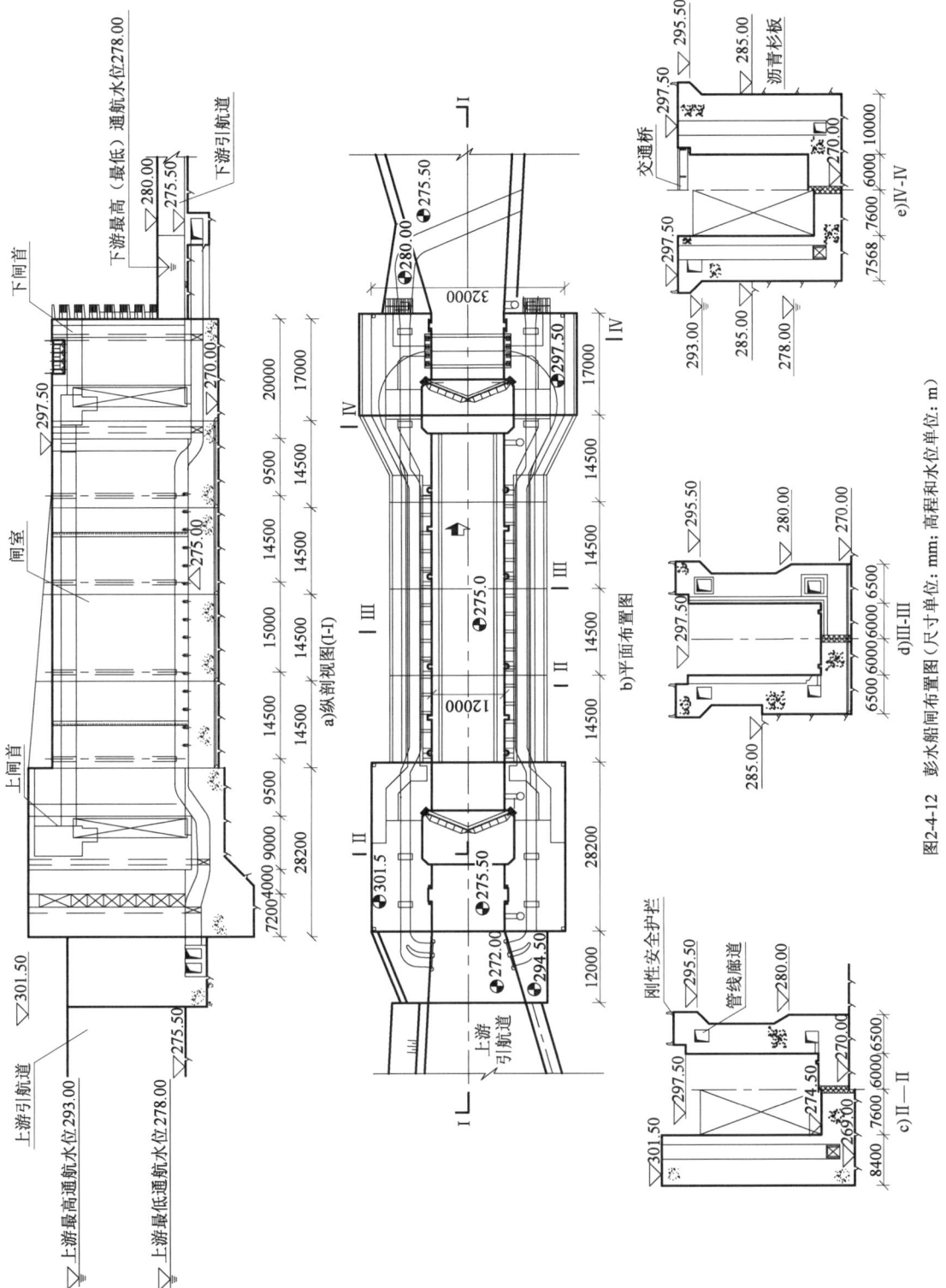

图2-4-12 彭水船闸布置图（尺寸单位：mm；高程和水位单位：m）

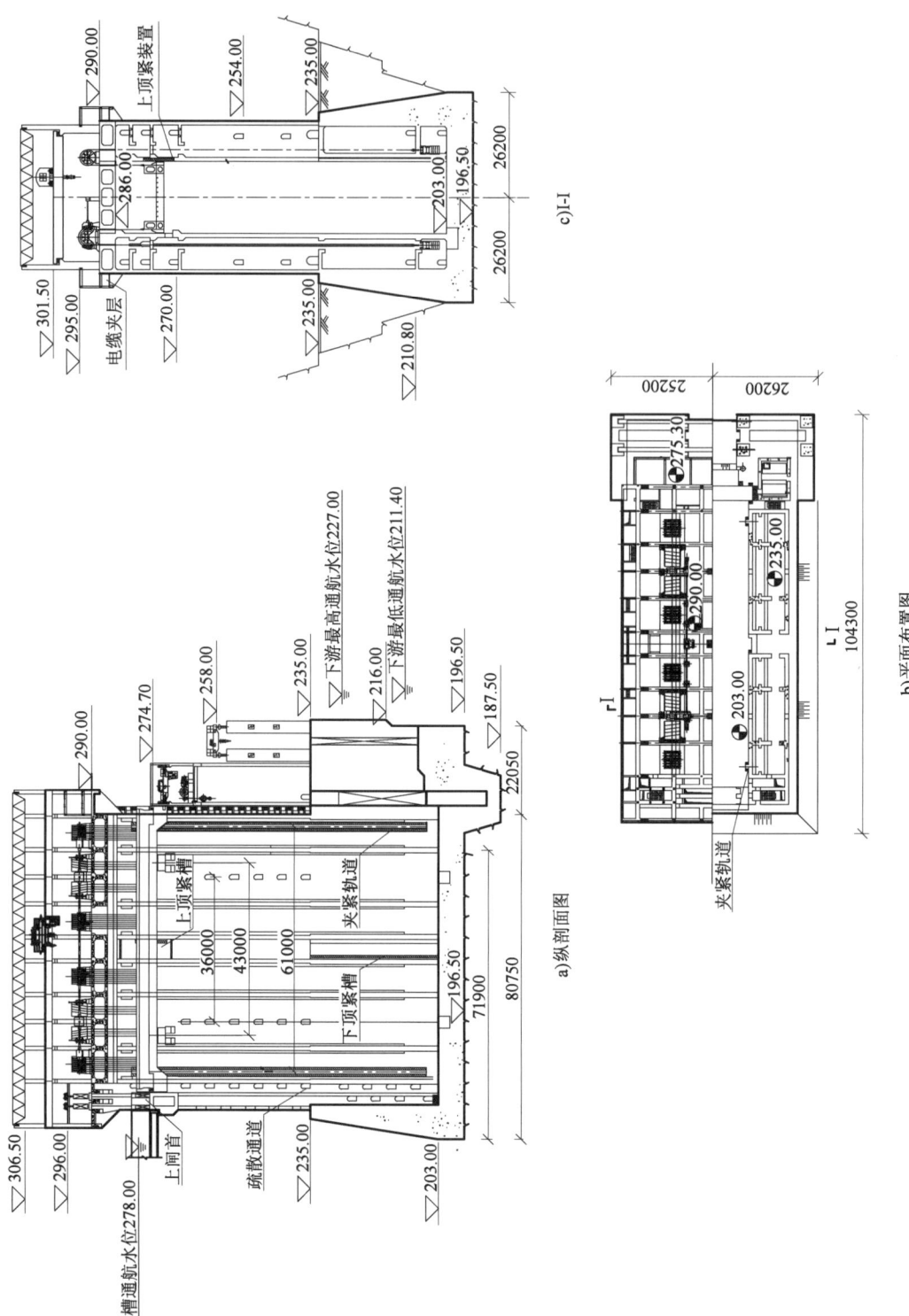

图2-4-13 彭水升船机布置图（尺寸单位：mm；高程和水位单位：m）

218.61m($P=1\%$),设计洪水流量27100m³/s;校核洪水位225.47m($P=0.1\%$),校核洪水流量35600m³/s。银盘水电站为Ⅱ等大(2)型工程,坝顶全长631m,最大坝高78.5m,主要建筑物包括挡水建筑物、泄洪建筑物、电站厂房和船闸等。银盘枢纽的电站厂房和船闸分两岸布置,电站厂房位于河道左岸,装4台轴流转桨式水轮发电机组,总装机容量600MW;10孔泄洪闸布置在河床中央,每孔闸净宽15.5m,弧形门控制,闸下游底流消能。该枢纽是一座以发电为主,其次为航运,并兼顾彭水水电站反调节任务和渠化航道等效益的大型水利枢纽工程。该枢纽主体工程于2006年4月开工,2015年9月投入运行。

银盘船闸位于河道右岸,船闸等级为Ⅳ级,闸室有效尺度为120.0m×12.0m×4.0m,最大设计水头35.12m(上游正常蓄水位215.0m-下游最低通航水位179.88m),通航500吨级船舶,设计单向通过能力262万吨/年。船闸上游最高通航水位215.0m(枢纽正常蓄水位),最低通航水位211.5m(死水位);下游设计最高通航水位190.63m/192.04m(流量5500m³/s天然/白马建成后水位),最低通航水位179.88m(流量345m³/s水位)。船闸引航道系结合施工导流明渠进行布置,采用不对称型,上、下游主导航墙及靠船建筑物均位于右侧岸边,上、下游船舶过闸均采取"曲进直出"的方式。上游引航道全长561.64m,其中直线段长165m,向上接长86.64m的圆弧段(弯曲半径165m、中心角30°),再接长310m的直线段后与上游库区相衔接;上游引航道主导航墙布置在右侧,为长60m的墩板式结构,上游靠船墩段分两处布置,各布置4个中心距为15m的靠船墩;左侧辅导航墙为长30m的墩板式结构。下游引航道全长690.51m,其中直线段长370m,向下接长121.87m、中心角42.32°的圆弧段,再接长198.64m的直线段后与下游河道相连接;靠船建筑物布置在右侧,设8个中心距为15m的靠船墩;左侧辅导航墙兼隔流堤长250m,为墩板式结构,隔流堤与船闸轴线交角4.15°。上、下游引航道宽均为40m。船闸上、下闸首和闸室均采用整体式结构,船闸输水系统采用闸墙长廊道经闸室中心进口立体分流、闸底支廊道二区段出水的分散输水形式,为减小阀门段空蚀空化,在工作阀门后设置了突扩体和通气管。银盘船闸为我国单级最大水头船闸之一,船闸工程与银盘水电站同步建设完成。

银盘船闸技术参数见表2-4-6。银盘水电站鸟瞰图如图2-4-14所示。银盘船闸布置图如图2-4-15所示。

银盘船闸技术参数表 表2-4-6

河流名称	乌江	建设地点	重庆市武隆区江口镇
船闸有效尺度(m)	120×12×4	最大设计水头(m)	35.12
吨级	500	过闸时间(min)	47.64

续上表

门型	闸门	上游	人字门	启闭形式	闸门	上游	液压
		下游	一字门			下游	液压
	阀门	上游	反弧门		阀门	上游	液压
		下游	反弧门			下游	液压
结构形式	上闸首	整体式		输水系统	形式		闸墙长廊道经闸室中心进口立体分流、闸底支廊道二区段出水
	下闸首	整体式			平均时间(min)		12.54/13.10(灌/泄)
	闸室	整体式			廊道尺寸(m)		2.2×3.3
设计通航水位(m)	上游	最高	215.00	设计年通过能力(单线单向,万t)			262
		最低	211.50				
	下游	最高	190.63/192.04（天然/白马建成）	桥梁情况			上闸首交通桥
		最低	179.88	建成年份(年)			2015

图 2-4-14 银盘水电站鸟瞰图

6. 白马船闸

白马航电枢纽位于重庆市武隆区境内的白马镇,是乌江干流自上而下11级水电规划开发中最下游的一个梯级(第十一级),其上、下游分别与银盘水电站和三峡库区回水位相衔接,上距武隆城区约20km,距银盘水电站坝址46km,下距乌江河口约44.7km。

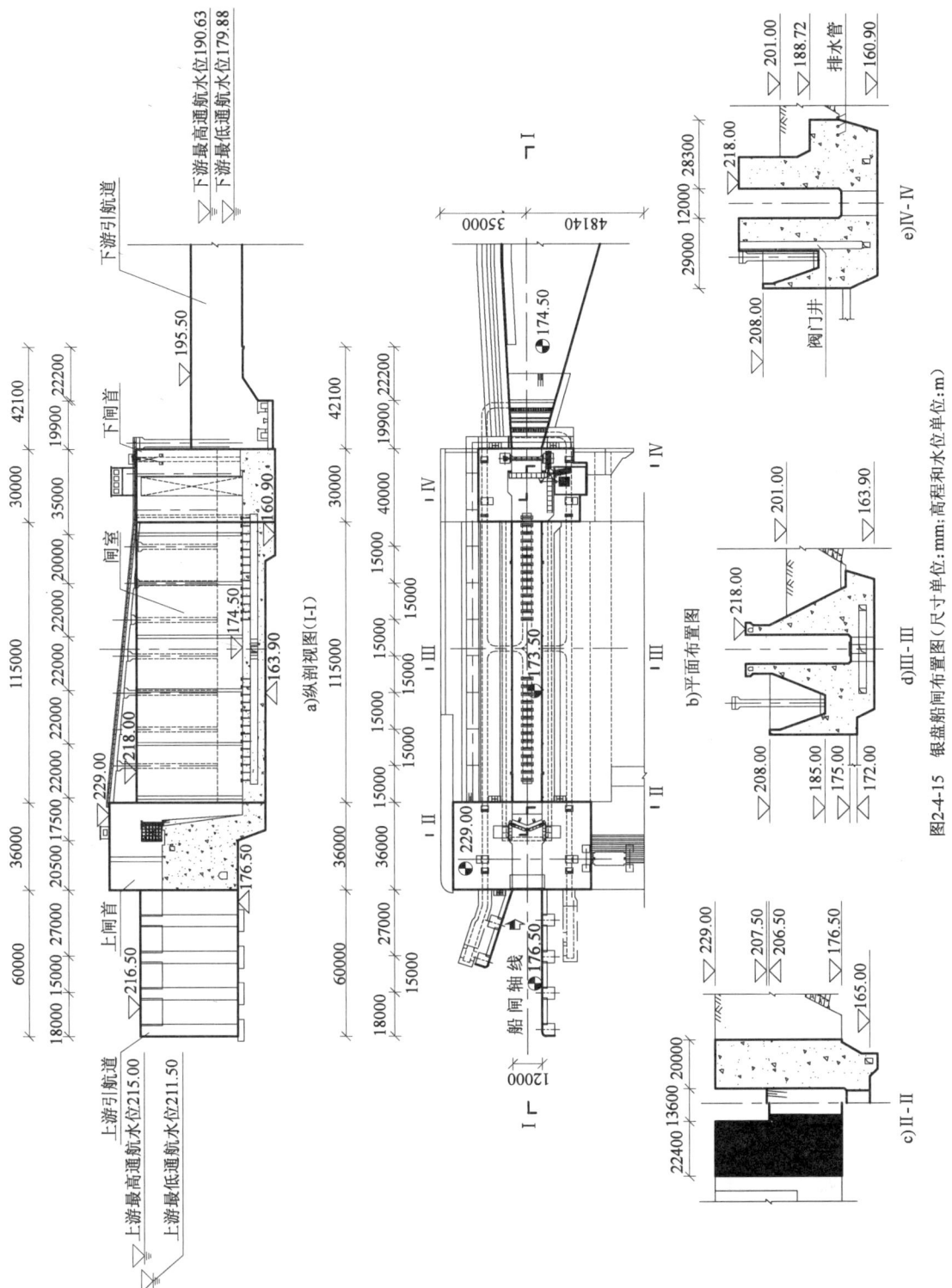

图2-4-15 银盘船闸布置图（尺寸单位：mm；高程和水位单位：m）

白马枢纽坝址集雨面积 83690km²，多年平均流量 1570m³/s，枢纽正常蓄水位 184.0m（1956 黄海高程），死水位 180.0m；枢纽设计洪水位 194.36m（$P=1\%$），设计洪水流量 30700m³/s；校核洪水位 201.93m（$P=0.1\%$），校核洪水流量 40000m³/s。白马航电枢纽为 Ⅱ 等大（2）型工程，坝顶全长 588.3m，最大坝高 87.5m，坝顶高程 205.5m，主要建筑物从左至右依次为左岸非溢流重力坝、电站厂房、泄洪坝、纵向围堰坝和船闸等。河床式电站厂房布置在左岸，装 3 台轴流转桨式水轮发电机组，总装机容量 480MW；11 个泄洪表孔布置在河床中央，每孔闸净宽 14m，堰面为 WES 实用堰，弧形门控制，坝下游底流消能。白马枢纽是一座以航运和发电为主，兼顾对银盘水电站反调节和渠化航道的大型航电枢纽工程。该枢纽主体工程于 2019 年 9 月开工，预计 2025 年建成。

白马枢纽位于急弯河道的顶点附近，河床较狭窄，船闸和电站分岸布置，船闸位于右岸，系开挖凸岸山坡而成，船闸等级为 Ⅲ 级，闸室有效尺度为 180.0m × 23.0m × 4.7m，最大设计水头 32.94m（上游正常蓄水位 184.00m − 下游最低通航水位 151.06m），通航 1000 吨级船舶，设计单向通过能力 1060.5 万吨/年。白马船闸设计最大通航流量 6000m³/s，上游设计最高通航水位 184.0m（枢纽正常蓄水位），最低通航水位 180.0m（死水位）；下游设计最高通航水位 174.85m（最大通航流量水位），最低通航水位 151.06m（天然流量 385m³/s 水位）。船闸引航道系结合施工导流明渠采用反对称型布置，上游引航道向右侧岸边扩展，主导航墙位于右侧，下游引航道向左侧河道扩展，主导航墙位于左侧，上、下游船舶过闸均采取"曲进直出"的方式。上游引航道位于水库开敞水域，引航道轴线自上闸首起分别以长 325.4m 的直线段，半径 350m、中心角 11.84° 的圆弧段和长 667.1m 的直线段与上游库区航道衔接；在引航道右侧主导航墙以上（距上闸首 152m）布置 10 个中心距为 18m 的靠船墩；左侧辅导航墙采用长 138m 的墩板式结构。下游引航道自下闸首起分别以长 200.7m 的直线段，半径 168m、中心角 73.81° 的圆弧段，长 207.1m 的直线段，半径 336m、中心角 15.19° 的圆弧段和长 218.9m 的直线段与下游天然河道相衔接；左侧紧邻下闸首起布置直线导航墙，在距下闸首 141.1m 以下布置 7 个中心距为 15m 的靠船墩；右侧紧邻下闸首布置长 68.5m 的直线导航墙，在距下闸首 416.0m 以下布置 7 个中心距为 18m 的靠船墩；下游引航道底高程 146.7m，底宽 48～65m。船闸上、下游闸首和闸室均采用整体式结构，船闸输水系统采用闸墙长廊道经闸室中心进口立体分流、闸底支廊道二区段出水的分散输水形式。该船闸工程将与白马枢纽主体同步建设完成。

白马船闸技术参数见表 2-4-7。白马枢纽效果图如图 2-4-16 所示。白马船闸布置图如图 2-4-17 所示。

白马船闸技术参数表 表2-4-7

河流名称		乌江		建设地点		重庆市武隆区白马镇
船闸有效尺度(m)		180×23×4.7		最大设计水头(m)		32.94
吨级		1000		过闸时间(min)		58.8(单向一次)
门型	闸门	上游	人字门	启闭形式	闸门	上游	液压
		下游	人字门			下游	液压
	阀门	上游	反弧门		阀门	上游	液压
		下游	反弧门			下游	液压
结构形式	上闸首		整体式	输水系统	形式		闸墙长廊道、闸底纵支廊道
	下闸首		整体式		平均时间(min)		12.0
	闸室		整体式		廊道尺寸(m)		10.1×4.8
设计通航水位(m)	上游	最高	184.00	设计年通过能力(单线单向,万t)			1060.5
		最低	180.00	桥梁情况			上闸首有交通桥
	下游	最高	174.85	建成年份(年)			2025(预计)
		最低	151.06				

图2-4-16 白马枢纽效果图

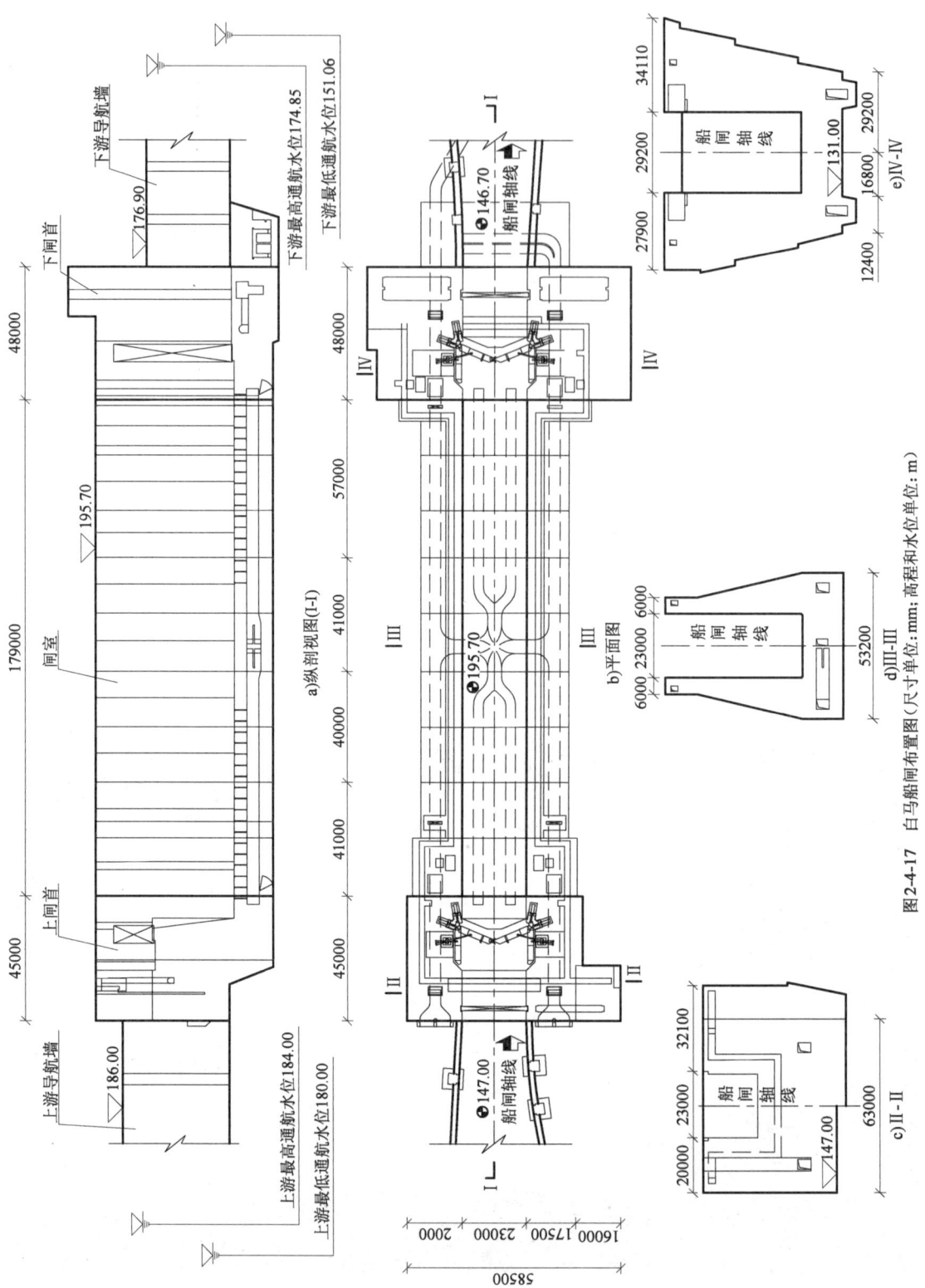

图2-4-17 白马船闸布置图（尺寸单位：mm；高程和水位单位：m）

第三章
长江中、下游支流通航建筑物

长江干流出三峡过宜昌后进入丘陵及平原地区,两侧江河湖泊众多,素有"湖广熟,天下足"的说法。出于粮食转运的需要,历史上长江中、下游及其支流水运就十分繁荣,随着我国中部快速崛起,长江中、下游各主要支流修建了大量用于提高航道等级、改善航道条件的通航建筑物。本章主要介绍长江中、下游重要支流或连接运河的通航建筑物,包括长江南侧的湘江干流、沅水、赣江、信江和长江北侧的汉江、江汉运河、合裕线、漳河、驷马山干渠。

第一节 湘江干流通航建筑物

湘江是长江洞庭湖流域的支流,是湖南省最大河流,发源于广西壮族自治区桂林市兴安县南部白石乡境内海洋山脉的近峰岭,流经广西壮族自治区全州县、兴安县和湖南省永州市、衡阳市、株洲市、湘潭市、长沙市,至岳阳市注入洞庭湖,干流全长856km,流域面积94660km^2。

湘江主要支流有潇水、舂陵水、耒水、洣水、渌水、浏阳河、祁水、蒸水、涓水、涟水、沩水等。湘江是国家航运规划的重要组成部分,也是中国南北大运河构想的主要组成部分。湘江高等级航道松柏至城陵矶航道现状条件是:松柏大桥至衡阳58km为Ⅴ级航道,通航300吨级船舶;衡阳丁家桥港区至株洲枢纽162km为Ⅲ级航道,通航1000吨级船舶;株洲枢纽至株洲市24km为Ⅳ级航道,通航500吨级船舶;株洲市至城陵矶257km为Ⅲ级航道,通航1000吨级船舶。根据相关规划,湘江永州萍岛至衡阳段278km规划航道等级为Ⅲ级,衡阳至城陵矶段439km规划航道等级为Ⅱ级。湘江干流规划15个梯级,其中广西壮族自治区内5个梯级,包括上桂峡、昌福、水晶岗、大源屋和柳铺;湖南省内10个梯级,包括湘江、太洲、潇湘、浯溪、湘祁、近尾洲、土谷塘、大源渡、株洲和长沙。湘江松柏至城陵矶航道情况见表3-1-1。湘江干流萍岛以下梯级现状及规划见表3-1-2。

湘江干流萍岛至衡阳河段,在潇湘枢纽已建100吨级船闸、浯溪和近尾洲枢纽已建500吨级船闸的基础上,均规划布置1000吨级二线船闸;湘祁(归阳)和土谷塘2

座梯级各布置1000吨级一线船闸。衡阳至长沙河段,大源渡和株洲航电枢纽已分别建成1000吨级船闸1座和2000吨级船闸1座;长沙综合枢纽已建成双线2000吨级船闸。

湘江松柏至城陵矶航道情况表　　　　　　　　　　　表 3-1-1

分段起讫点	里程(km)	航道等级	航道维护尺度(m)			最低水位通航保证率
			航深	航宽	弯曲半径	
近尾洲枢纽—松柏大桥	36	Ⅵ	1.0	30	200	90%
松柏大桥—衡阳三桥	48	Ⅴ	1.3	40	300	95%
衡阳三桥—大源渡枢纽	72	Ⅲ	2.4	110	720	95%
大源渡枢纽—株洲枢纽	96	Ⅲ	2.0	90	720	98%
株洲枢纽—株洲一桥	24	Ⅴ	1.3	40	300	95%
株洲一桥—湘潭	37	Ⅲ	2.0	60	720	98%
湘潭—城陵矶	220	Ⅲ	2.0	90	720	98%
合计	533					

目前,在湘江干流苹岛以下已建枢纽5座,在建枢纽2座,自上游向下游分别是潇湘枢纽、浯溪枢纽、湘祁(归阳)枢纽、近尾洲枢纽、大源渡枢纽、株洲枢纽和长沙综合枢纽。此外,还有土谷塘航电枢纽拟建。

湘江干流梯级规划图如图3-1-1所示。湘江干流苹岛以下梯形现状及规划见表3-1-2。

1. 浯溪船闸

浯溪电航枢纽位于湖南省永州市祁阳县境内,是湖南省《湘江干流规划》9级开发方案中的第三级,上距潇湘枢纽53km,下距湘祁枢纽60km,距河口633km。浯溪枢纽坝址集雨面积23380km^2,多年平均流量697m^3/s,枢纽正常蓄水位88.5m(1956黄海高程),消落水位87.5m,水库总库容2.757亿m^3。枢纽设计洪水位90.02m($P=2\%$),设计洪水流量14700m^3/s;校核洪水位92.47m($P=0.2\%$),校核洪水流量18800m^3/s。浯溪枢纽坝顶全长910.2m,主要建筑物从左至右依次为左岸土坝、电站厂房、溢流闸坝、船闸和右岸土坝等。电站厂房布置在河道左岸,装4台灯泡贯流式机组,总装机容量100MW;13孔泄洪闸布置在主河道中,每孔闸净宽20m,闸下游底流消能,紧靠电站厂房一侧布置1孔宽5m的排漂闸。该枢纽是一座以发电为主,兼有旅游、航运、灌溉、交通及城市开发建设等综合利用的电航枢纽工程。枢纽主体工程于2005年11月开工,2011年6月投入运行。

第三章 长江中、下游支流通航建筑物

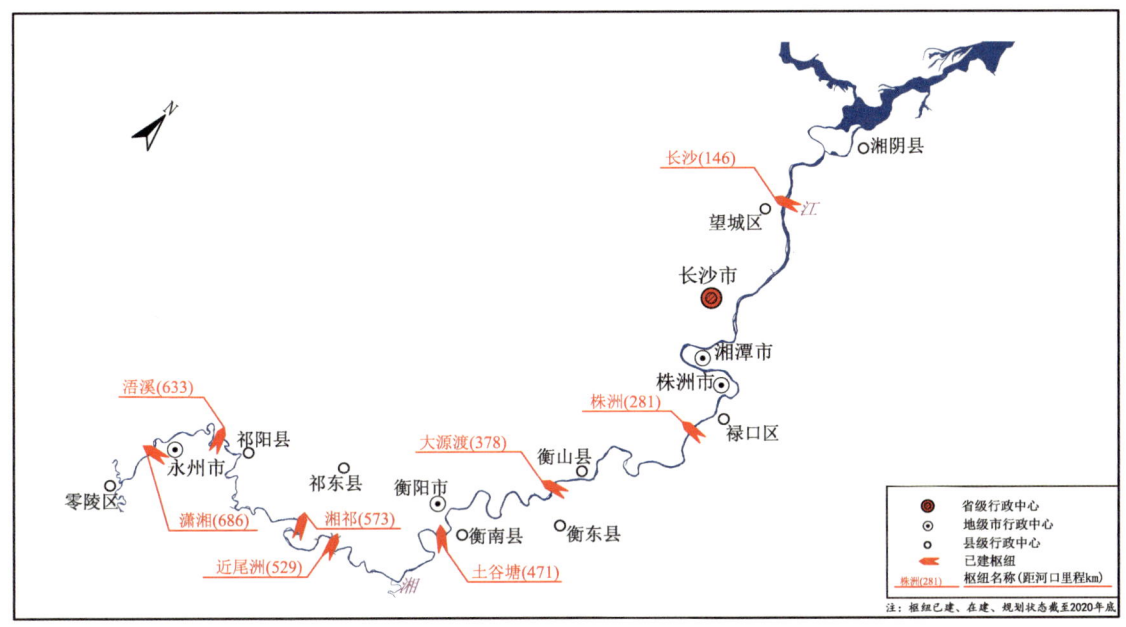

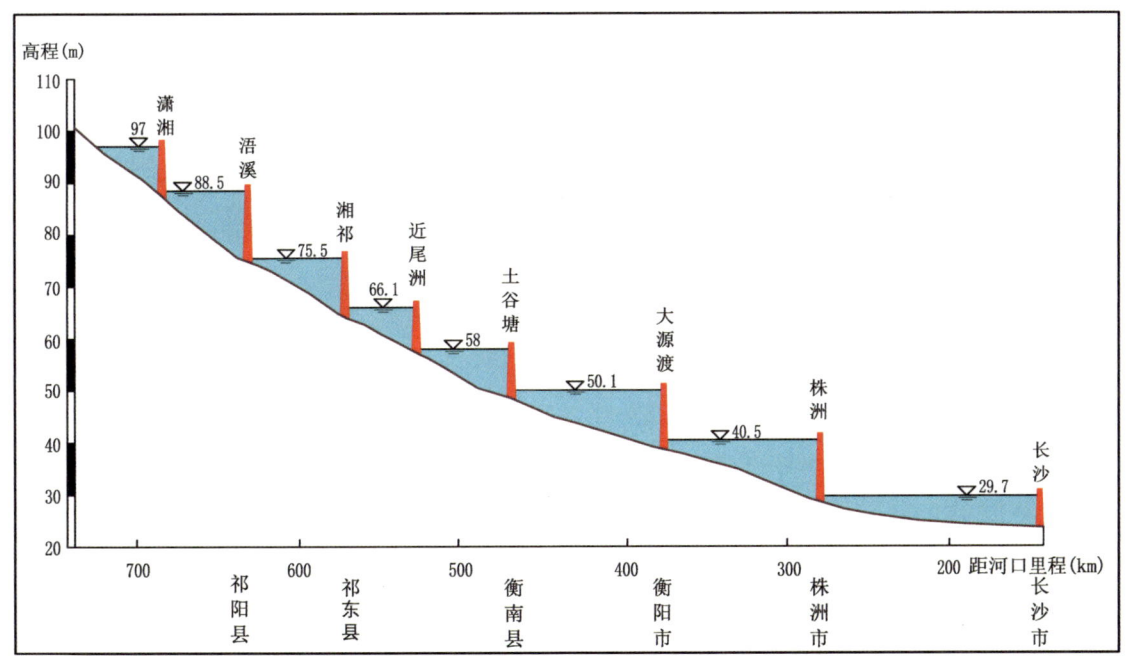

图 3-1-1 湘江干流梯级规划图

表 3-1-2 湘江干流苹岛以下梯级现状及规划

序号	枢纽名称	基本情况							通航建筑物				
		距河口（城陵矶）里程(km)	总计坝高(m)	装机容量（万kW）	设计年发电量（亿kWh）	正常蓄水位(m)	总库容（亿m³）	建成或拟建成时间(年)	类型	吨级	长×宽×门槛水深(m)	设计船型	设计年单向过闸货运量（万t）
1	长沙枢纽	146		5.7	2.31	29.7	6.75	2014	双线船闸	2000	280×34×4.5	1顶4艘,1000吨级 1顶2艘,2000吨级	2线×2450
2	株洲枢纽	281	31	14	6.405	40.5	4.7	已建	船闸	1000	180×23×3.5	1顶2艘,1000吨级 1顶4艘,1000吨级	630
3	大源渡枢纽	378	31	12	5.85	50.1	4.51	已建	船闸	1000	180×23×3	1顶2艘,1000吨级 1顶4艘,1000吨级	630
4	土谷塘枢纽	471	30	7.5	2.94	58	3.9	已批建	船闸	1000	180×23×4.0	1顶2艘,1000吨级	750
5	近尾洲枢纽	529	25.7	6	2.6	66.1	4.6	已建	船闸	500	120×12×2.5	1顶2艘,500吨级	242
6	湘祁枢纽	573	21	7.5	3.23	75.5	3.13	2014	船闸	1000		1000吨级	
7	浯溪枢纽	633	24.1	6	2.89	88.5	2.75	在建	船闸	500	100×12×2.5	1顶1艘,500吨级	
8	潇湘枢纽	686	23.3	5.7	2.52	97	1.82	已建	船闸	100	100×12×2.5	1顶2艘,100吨级	70

浯溪船闸位于河道右岸,并在右侧预留了二线船闸位置。浯溪船闸等级为Ⅳ级,闸室有效尺度为100.0m×12.0m×2.7m,最大设计水头13.3m(上游正常蓄水位88.50m-下游最低通航水位75.2m),通航500吨级船舶,设计通过能力200万吨/年。船闸上游设计最高通航水位88.5m(枢纽正常蓄水位),最低通航水位86.9m(消落水位);下游设计最高通航水位87.67m($P=10\%$水位),最低通航水位75.2m。船闸引航道采用反对称型布置,上游引航道向右侧岸边扩展,下游引航道向左侧河道扩展,上、下游主导航墙及靠船建筑物均位于右侧岸边,上游船舶过闸"曲进直出"、下游船舶过闸"直进曲出"。上、下游引航道长均为200m,宽均为45.0m。船闸上闸首采用整体式结构,闸室和下闸首采用分离式结构。船闸输水系统采用短廊道集中输水、对冲格栅消能室消能,下游出水口采用格栅消能。该船闸与枢纽主体工程同步建成并通航。

　　浯溪船闸技术参数见表3-1-3。浯溪枢纽鸟瞰图如图3-1-2所示。浯溪船闸布置图如图3-1-3所示。

浯溪船闸技术参数表　　　　　表3-1-3

河流名称		湘江		建设地点		湖南省永州市祁阳县
船闸有效尺度(m)		100×12×2.7		最大设计水头(m)		13.3
吨级		500		过闸时间(min)		44
门型	闸门	上游	人字门	启闭形式	闸门	上游	液压
		下游	人字门			下游	液压
	阀门	上游	平板门		阀门	上游	液压
		下游	平板门			下游	液压
结构形式	上闸首		整体式	输水系统	形式	短廊道集中输水、对冲格栅消能室消能
	下闸首		分离式		平均时间(min)	8
	闸室		分离式		廊道尺寸(m)	2.5×2.5
设计通航水位(m)	上游	最高	88.50	设计年通过能力(万t)		200
		最低	86.90	桥梁情况		跨闸室简支梁桥
	下游	最高	87.67			
		最低	75.20	建成年份(年)		2011

2. 湘祁船闸

　　湘祁电航枢纽位于湖南省永州市祁阳县和衡阳市祁东县交界处,是湖南省《湘江干流规划》9级开发方案中的第四级,上距浯溪枢纽约61km,下距近尾洲枢纽约46km,距湘江与洞庭湖汇合口573km。湘祁枢纽坝址集雨面积27118km²,多年平均流量777m³/s,枢纽正常蓄水位75.5m(1956黄海高程),消落水位74.8m,水库总库容3.131亿m³。枢纽设计洪水位77.71m($P=2\%$),设计洪水流量14800m³/s;校核洪水位80.12m($P=0.2\%$),校核洪水流量18900m³/s。湘祁枢纽工程等级为Ⅱ等,坝顶全长626.27m,主要建筑物从左至右依次为左岸接头土石坝、左岸重力坝、船闸、溢流闸坝、电站厂房、右岸重力坝、右岸接头土石坝等。电站厂房位于河道右岸,装4台灯泡贯流式机组,总装机容量80MW;19孔泄洪闸位于河床中央,每孔闸净宽14m,闸下游底流消能。该枢纽是一座以发电为主,兼顾航运等综合效益的电航枢纽工程。枢纽主体工程于2009年10月开工,2012年12月建成并投入运行。

图3-1-2 浯溪枢纽鸟瞰图

湘祁一线船闸位于河道左岸,船闸等级为Ⅲ级,闸室有效尺度为180m×12m×3.5m,最大设计水头10.6m(上游正常蓄水位75.82m－下游最低通航水位65.2m),通航2×1000吨级船队,设计通过能力474万吨/年。上游设计最高通航水位75.82m,最低通航水位74.8m(消落水位);下游设计最高通航水位75.54m,最低通航水位65.2m。船闸引航道采用准反对称型布置,上游引航道向左侧岸边扩宽,下游引航道向右侧河道扩宽,主导航墙及靠船建筑物均位于左侧岸边,上游船舶过闸"曲进直出"、下游船舶过闸"直进曲出"。船闸上、下游引航道长均为183m,宽均为30m,设计水深3.0m。船闸上、下闸首采用整体式结构,闸室采用分离式结构。船闸输水系统采用短廊道集中输水、对冲＋消力格栅消能,下游出水口消力池对冲消能。该船闸于2013年建成通航。

第三章 长江中、下游支流通航建筑物

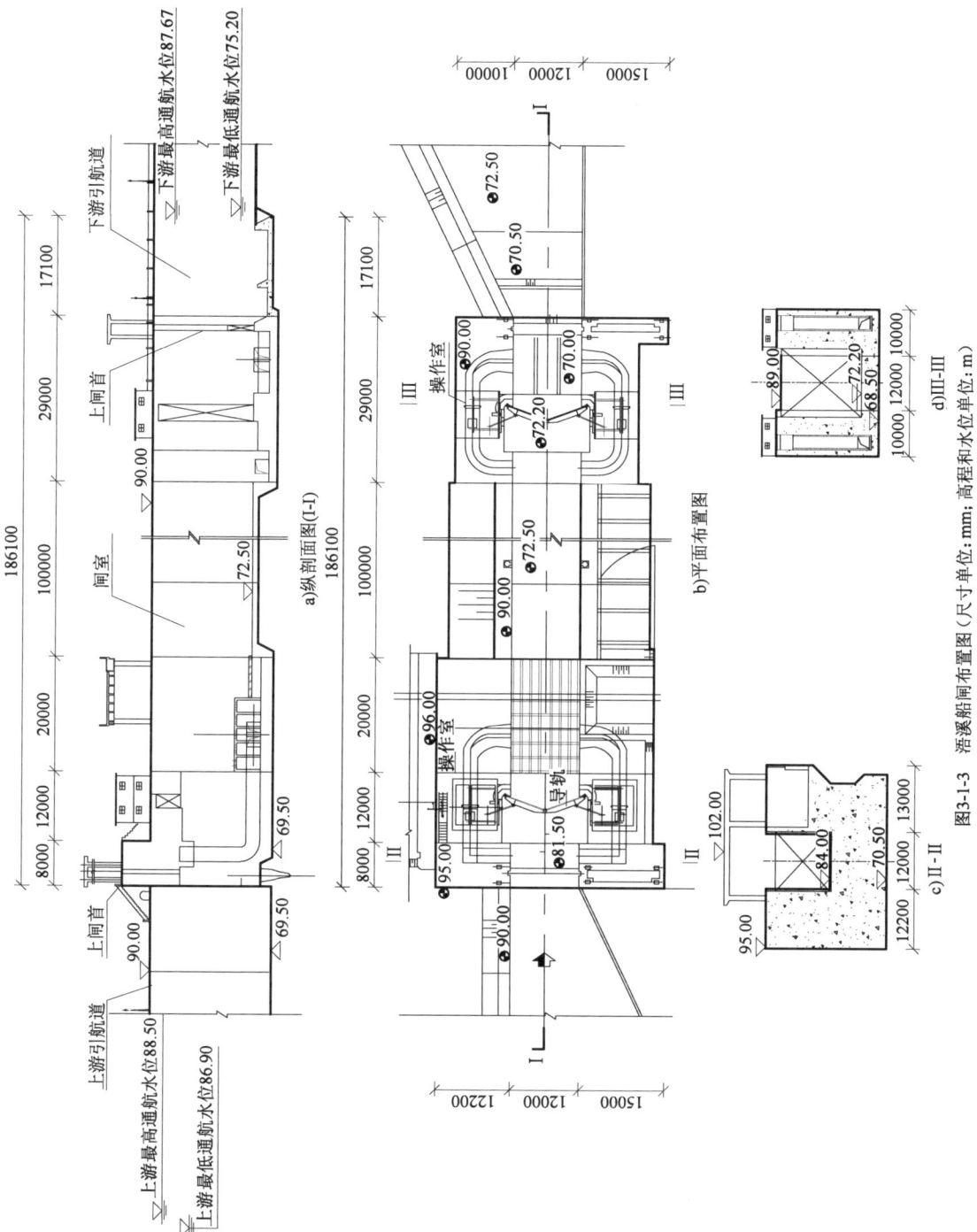

图3-1-3 浯溪船闸布置图（尺寸单位：mm；高程和水位单位：m）

湘祁二线船闸位于一线船闸左侧,与一线船闸轴线相距80m,上闸首上游面与过闸公路桥下缘对齐。二线船闸等级为Ⅲ级,闸室有效尺度为180m×23m×4m,最大设计水头10.3m,通航1000吨级船舶,设计单向通过能力为1065万吨/年。闸首、闸室按3级建筑物设计,导航、靠船建筑物按4级建筑物设计。船闸上游设计最高通航水位75.5m(枢纽正常蓄水位),最低通航水位73.0m(上游最低运行水位);下游设计最高通航水位73.33m($P=50\%$),最低通航水位65.2m(下游消落水位)。两线船闸上、下游引航道均单独设置。二线船闸引航道按准不对称型布置,上、下游引航道均向右侧扩宽,主导航墙及靠船建筑物均位于左侧,船舶过闸均采取"直进曲出"的方式。上、下游引航道直线段长分别为395m和445m,其中上、下游左侧主导航墙导航段长均为85m,调顺段长均为130m,停泊段长均为180m,各布置8个中心距为25m的靠船墩(上游停泊段为开敞式),下游制动段长50m(上游制动段由曲线连接段代替);上、下游主导航墙为直立墙,其端部以外与1:2的斜坡护岸衔接。上游右侧辅导航墙采用半径100m的圆弧扩宽,沿船闸轴线的投影长80m,其上游与长183m的隔流堤(兼改造后的一线船闸停泊段)衔接;下游右侧辅导航墙采用半径50m的圆弧扩宽,沿船闸轴线的投影长50m,其下游与长346.5m的隔流堤(兼改造后的一线船闸停泊段)衔接。上、下游引航道宽均为55m,设计水深3.5m。船闸上、下闸首均为整体式结构,闸室为分离式结构。船闸输水系统采用闸墙长廊道侧支孔分散输水、消力槛消能,下游出水口格栅消能室消能。该船闸于2018年12月开工,预计2021年建成。

湘祁一线船闸、二线船闸技术参数见表3-1-4、表3-1-5。湘祁枢纽鸟瞰图如图3-1-4所示。湘祁枢纽扩建二线船闸工程效果图如图3-1-5所示。湘祁一线船闸布置图、二线船闸布置图如图3-1-6、图3-1-7所示。

湘祁一线船闸技术参数表 表3-1-4

河流名称		湘江		建设地点		湖南省永州市祁阳县和衡阳市祁东县交界
船闸有效尺度(m)		180×12×3.5		最大设计水头(m)		10.6
吨级		2×1000		过闸时间(min)		48
门型	闸门	上游	人字门	启闭形式	闸门	上游	液压
		下游	人字门			下游	液压
	阀门	上游	平板门		阀门	上游	液压
		下游	平板门			下游	液压
结构形式	上闸首		整体式	输水系统	形式		短廊道集中输水、对冲+消力格栅消能
	下闸首		整体式		平均时间(min)		8
	闸室		分离式		廊道尺寸(m)		2.5×2.5

续上表

设计通航水位(m)	上游	最高	75.82	设计年通过能力(单线单向,万t)	474
		最低	74.80	桥梁情况	跨闸室简支梁桥
	下游	最高	75.54		
		最低	65.20	建成年份(年)	2013

湘祁二线船闸技术参数表　　　　　　　　　　表 3-1-5

河流名称	湘江			建设地点		湖南省永州市祁阳县和衡阳市祁东县交界
船闸有效尺度(m)	180×23×4			最大设计水头(m)		10.3
吨级	1000			过闸时间(min)		49
门型	闸门	上游	人字门	启闭形式	闸门	上游	液压
		下游	人字门			下游	液压
	阀门	上游	平板门		阀门	上游	液压
		下游	平板门			下游	液压
结构形式	上闸首		整体式	输水系统	形式	闸墙长廊道侧支孔分散输水
	下闸首		整体式		平均时间(min)	8
	闸室		分离式		廊道尺寸(m)	4.2×3.8(高×宽)
设计通航水位(m)	上游	最高	75.50	设计年通过能力(单线单向,万t)		1065
		最低	73.00	桥梁情况		跨闸室简支梁桥
	下游	最高	73.33			
		最低	65.20	建成年份(年)		2021(预计)

图 3-1-4　湘祁枢纽鸟瞰图

图 3-1-5　湘祁枢纽扩建二线船闸工程效果图

3. 近尾洲船闸

近尾洲电航枢纽位于湖南省衡南县、常宁市、祁东县三县(市)交界处,是湖南省《湘江干流规划》9级开发方案中的第五级,上距湘祁枢纽44km,下距土谷塘枢纽58km,距湘江与洞庭湖汇合口529km。近尾洲枢纽坝址集雨面积28600km²,多年平均流量752m³/s,枢纽正常蓄水位66.1m(1956黄海高程),消落水位65.2m,水库总库容4.6亿m³;枢纽设计洪水位69.88m($P=2\%$),设计洪水流量15400m³/s;校核洪水位72.53m($P=0.2\%$),校核洪水流量19200m³/s。近尾洲枢纽工程等级为Ⅲ等,主要建筑物按3级设计。枢纽坝顶全长810m,主要建筑物从左至右依次为左岸重力坝、电站厂房、左岸连接重力坝、溢流闸坝、右岸连接重力坝、船闸、右岸土坝等。电站厂房位于河道左岸,装3台灯泡贯流式机组,总装机容量63.3MW;22孔泄洪闸位于河床中央,每孔闸净宽14m,闸下游底流消能。近尾洲枢纽是一座以发电为主,兼顾航运、灌溉等综合效益的电航枢纽工程。该枢纽主体工程于1994年9月开工,2002年9月投入运行。

近尾洲一线船闸布置在河道右岸,船闸等级为Ⅳ级,闸室有效尺度为120.0m×12.0m×2.5m,最大设计水头10.03m(枢纽正常蓄水位66.0m－下游最低通航水位55.97m),通航2×500吨级船队,设计单向通过能力242万吨/年,过木30万m³。船闸上游设计最高通航水位67.52m($P=10\%$),最低通航水位65.0m;下游设计最高通航水位

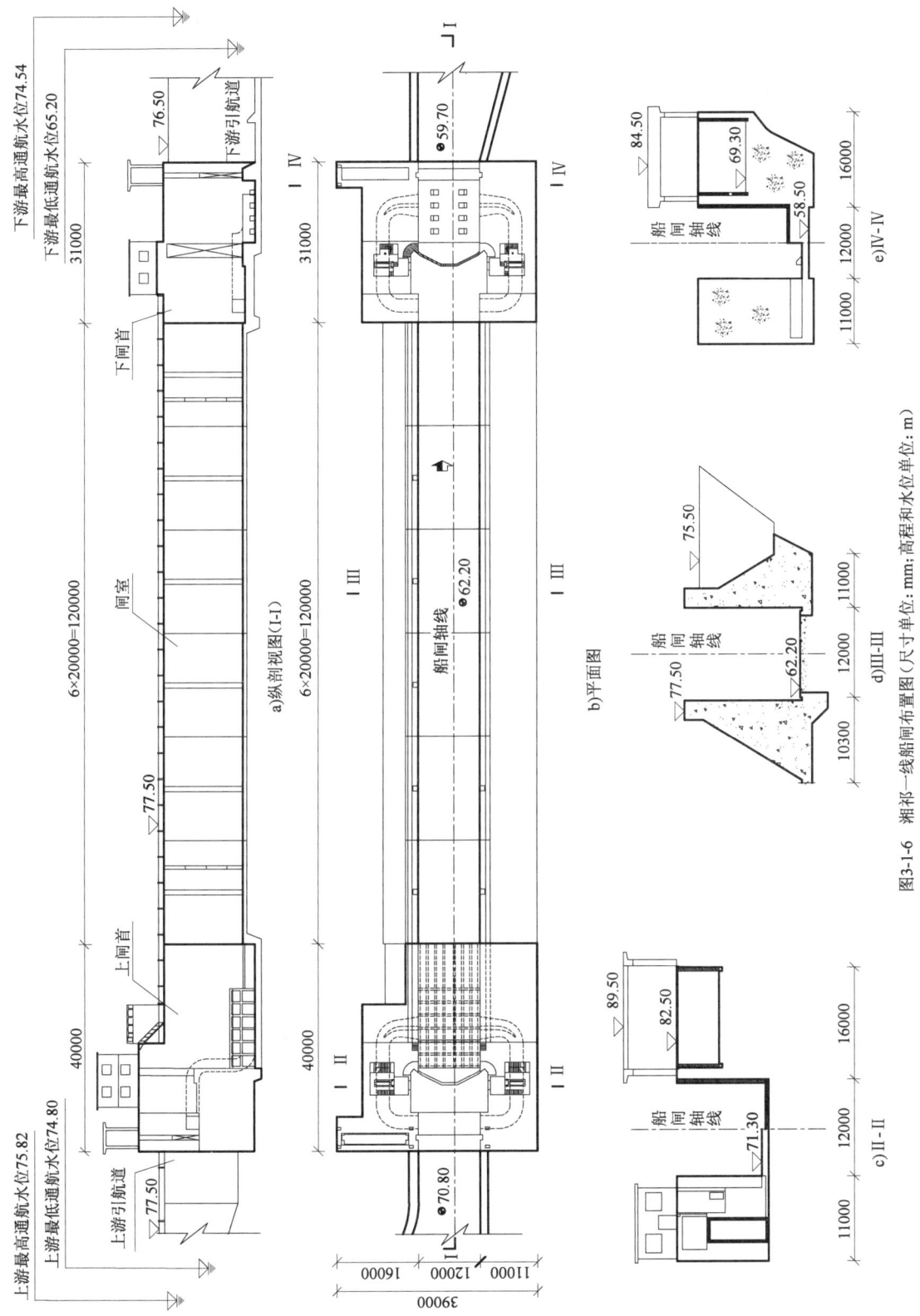

图3-1-6 湘祁一线船闸布置图（尺寸单位：mm；高程和水位单位：m）

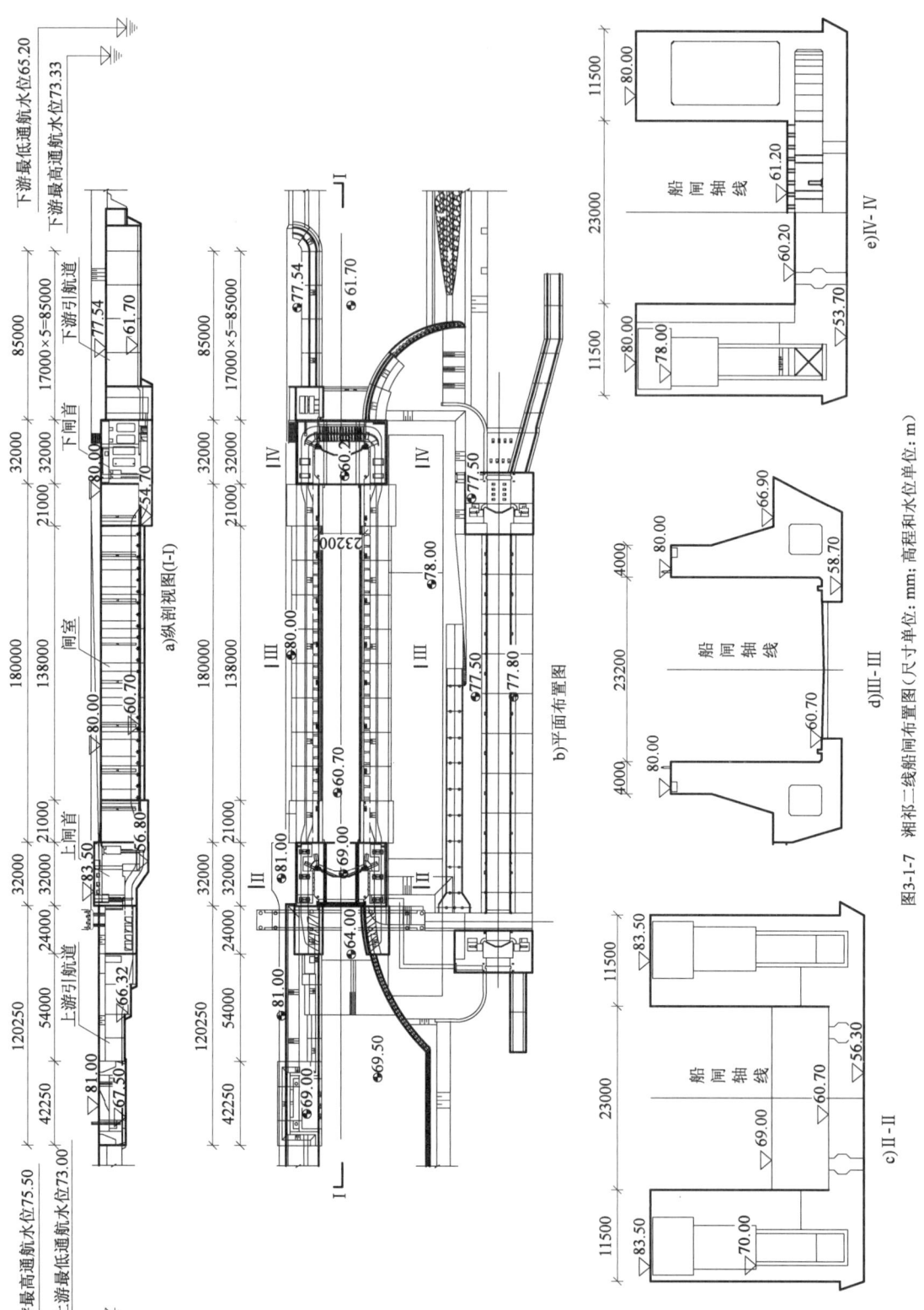

图3-1-7 湘祁二线船闸布置图(尺寸单位: mm; 高程和水位单位: m)

67.19m($P=10\%$),最低通航水位55.97m(保证率95%)。船闸引航道采用不对称型布置,上、下游引航道均向右侧岸边扩展,主导航墙均位于右侧(无靠船建筑物),船舶过闸均采取"曲进直出"的方式。上游引航道长100m,下游引航道长110m,上、下游引航道宽均为38m,设计水深2.5m(上引航道水深3.0m)。船闸上、下闸首均采用整体式结构,闸室采用分离式结构。船闸输水系统采用短廊道集中输水、对冲+消力格栅消能,下游出水口采用消力池对冲消能。该船闸与枢纽整体同步建设完成。

近尾洲二线船闸平行布置在一线船闸右侧,两闸轴线间距155.0m,两线船闸之间增设扩建电站和鱼道,二线船闸上闸首布置在跨船闸桥(坝轴线)上游侧。船闸等级为Ⅲ级,通航1000吨级船舶,闸室有效尺度为180m×23m×4m,设计单向通过能力为1200万吨/年。二线船闸工程等级为Ⅱ等,闸首、闸室建筑物级为2级,导航、靠船建筑物为3级。船闸上游最高通航水位66.1m(枢纽正常蓄水位,二线船闸均为85高程),最低通航水位64.35m(上游最低运行水位);下游设计最高通航水位64.76m($P=50\%$),最低通航水位57.0m(下游枢纽消落水位)。两线船闸上、下游引航道均单独设置。二线船闸引航道采用准不对称型布置,上、下游引航道均向两侧扩宽,主导航墙及靠船建筑物均位于左侧,船舶过闸均采取"曲进直出"的方式。上、下游引航道直线段长均为410m,其中,上、下游左侧主导航墙导航调顺段均采用27:130斜直线扩宽,沿船闸轴线的投影长均为130m,停泊段长均为180m,各布置8个中心距为25m的靠船墩,上、下游制动段长分别为195m(含长100m直线段)和100m;上游主导航墙导航调顺段和停泊段均为直立墙,停泊段以上与1:2的斜坡护岸衔接;下游主导航墙导航调顺段为直立墙,其下游与1:2的斜坡护岸衔接。上、下游引航道右侧直立辅导航墙采用1:10斜直线和半径15m的圆弧端头扩宽,并与1:2的斜坡护岸衔接,辅导航墙沿船闸轴线的投影长65m。上、下游引航道宽均为55m,设计水深3.5m。船闸上、下闸首均为整体式结构,闸室为分离式结构。船闸输水系统采用闸墙长廊道侧支孔分散输水、消力槛消能,下游出水口格栅消能室消能。该船闸于2020年4月开工,预计2023年10月建成。

近尾洲一线船闸、二线船闸技术参数见表3-1-6、表3-1-7。近尾洲枢纽鸟瞰图如图3-1-8所示。近尾洲二线船闸效果图如图3-1-9所示。近尾洲一线船闸布置图如图3-1-10所示。

近尾洲一线船闸技术参数表　　　　表3-1-6

河流名称	湘江	建设地点	湖南省衡南县、常宁市、祁东县三县(市)交界
船闸有效尺度(m)	120×12×2.5	最大设计水头(m)	10.03
吨级	2×500	过闸时间(min)	45

续上表

门型	闸门	上游	人字门	启闭形式	闸门	上游	液压
		下游	人字门			下游	液压
	阀门	上游	平板门		阀门	上游	液压
		下游	平板门			下游	液压
结构形式	上闸首		整体式	输水系统	形式		短廊道集中输水、对冲+消力格栅消能
	下闸首		整体式		平均时间(min)		8
	闸室		分离式		廊道尺寸(m)		2.5×2.5
设计通航水位(m)	上游	最高	67.52	设计年通过能力(单线单向,万t)			242
		最低	65.00	桥梁情况			上闸首公路桥
	下游	最高	67.19	建成年份(年)			2002
		最低	55.97				

近尾洲二线船闸技术参数表 表3-1-7

河流名称			湘江	建设地点			湖南省衡南县、常宁市、祁东县三县(市)交界
船闸有效尺度(m)			180×23×4.0	最大设计水头(m)			10
吨级			1000	过闸时间(min)			46
门型	闸门	上游	人字门	启闭形式	闸门	上游	液压
		下游	人字门			下游	液压
	阀门	上游	平板门		阀门	上游	液压
		下游	平板门			下游	液压
结构形式	上闸首		整体式	输水系统	形式		闸墙长廊道侧支孔分散输水
	下闸首		整体式		平均时间(min)		8
	闸室		分离式		廊道尺寸(m)		4.2×3.8(高×宽)
设计通航水位(m)	上游	最高	66.10	设计年通过能力(单线单向,万t)			1200
		最低	64.35	桥梁情况			上闸首公路桥
	下游	最高	64.76	建成年份(年)			2023(预计)
		最低	57.00				

图 3-1-8　近尾洲枢纽鸟瞰图

图 3-1-9　近尾洲二线船闸效果图

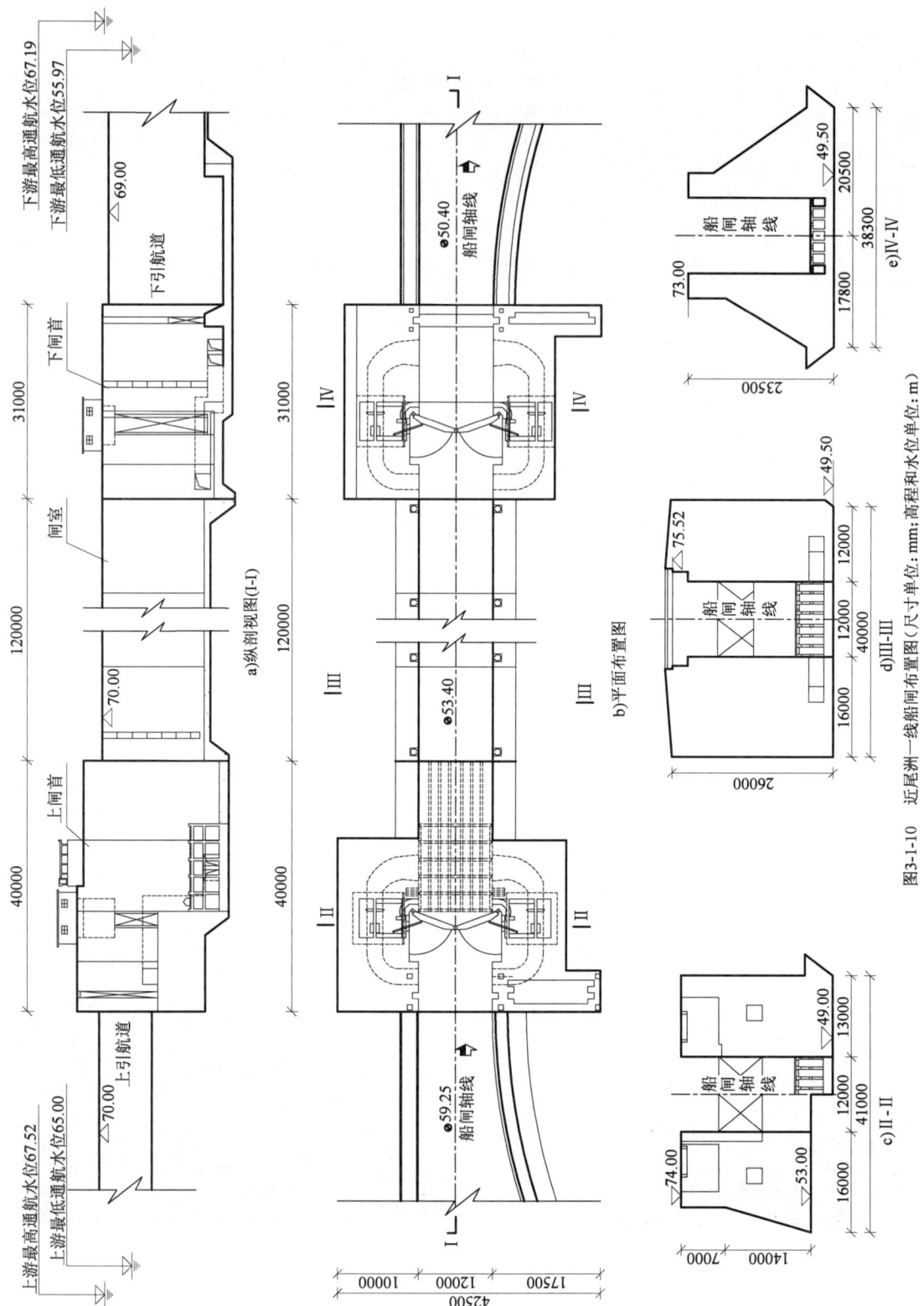

图3-1-10 近尾洲一线船闸布置图(尺寸单位:mm;高程和水位单位:m)

4. 土谷塘船闸

土谷塘航电枢纽位于湖南省衡阳市衡南县境内,是湖南省《湘江干流规划》9级开发方案中的第六级,其上、下游分别与近尾洲枢纽和大源渡枢纽水位相衔接,上距近尾洲枢纽58km,下距大源渡枢纽93km,距河口471km。土谷塘枢纽坝址集雨面积37273km^2,枢纽正常蓄水位58.0m(1956黄海高程),消落水位57.0m。枢纽设计洪水位65.03m($P=2\%$),设计洪水流量17300m^3/s;校核洪水位67.74m($P=0.2\%$),校核洪水流量22100m^3/s。土谷塘航电枢纽工程等级为Ⅱ等,主要建筑物按3级设计,坝顶全长722m,主要建筑物从左至右依次为左岸接岸建筑物、鱼道、电站厂房、排漂闸、泄水闸、船闸和右岸接岸建筑物等。电站厂房布置在河道左岸,安装4台灯泡贯流式机组,总装机容量90MW;厂房以左为鱼道,右侧为排漂闸;17孔低堰泄水闸布置在河床中央,每孔闸净宽20m。土谷塘枢纽是一座以航运为主、航电结合,兼有发电、灌溉和改善滨水景观等综合效益的航运枢纽工程。枢纽主体工程于2010年12月开工,2016年10月投入运行。

土谷塘一线船闸位于河道右岸(在右侧预留二线船闸位置),船闸等级为Ⅲ级,闸室有效尺度为180m×23m×4.0m,最大设计水头9.8m(上游正常蓄水位58.0m-下游最低通航水位48.2m),通航2×1000吨级船舶,设计单向通过能力750万吨/年。船闸上游最高通航水位62.50m(枢纽正常蓄水位),最低通航水位54.5m(汛限水位);下游设计最高通航水位62.36m,最低通航水位47.90m(保证率98%水位)。船闸引航道采用不对称型布置,上、下游引航道均向右侧扩宽,主导航墙及靠船建筑物均布置在右侧,船舶过闸均采取"曲进直出"的方式。上游引航道总长555m,包括上游导航调顺段长200m、检修门库长30m、停泊段长175m、制动段长150m;下游引航道总长530m,包括下游导航调顺段长200m、安全距离10m、下游停泊段长175m、制动段长145m。上、下游引航道宽均为55m,设计水深3.5m。船闸上、下闸首及闸室采用整体式结构,船闸输水系统采用闸墙长廊道侧支孔输水、明沟消能,下游出水口消能室消能。该船闸工程与土谷塘枢纽同步建设完成。

土谷塘船闸技术参数见表3-1-8。土谷塘枢纽及船闸鸟瞰图如图3-1-11所示。土谷塘船闸布置图如图3-1-12所示。

土谷塘船闸技术参数表 表3-1-8

河流名称	湘江	建设地点	湖南省衡阳市衡南县
船闸有效尺度(m)	180×23×4.0	最大设计水头(m)	9.8
吨级	2×1000	过闸时间(min)	48

续上表

门型	闸门	上游	人字门	启闭形式	闸门	上游	液压
		下游	人字门			下游	液压
	阀门	上游	反弧门		阀门	上游	液压
		下游	反弧门			下游	液压
结构形式	上闸首	整体式		输水系统	形式		闸墙长廊道侧支孔输水
	下闸首	整体式			平均时间(min)		8.0
	闸室	整体式			廊道尺寸(m)		2×3.5×3.5
设计通航水位(m)	上游	最高	62.50	设计年通过能力(单线单向,万t)			750
		最低	54.50	桥梁情况			无
	下游	最高	62.36	建成年份(年)			2016
		最低	47.90				

图 3-1-11　土谷塘枢纽及船闸鸟瞰图

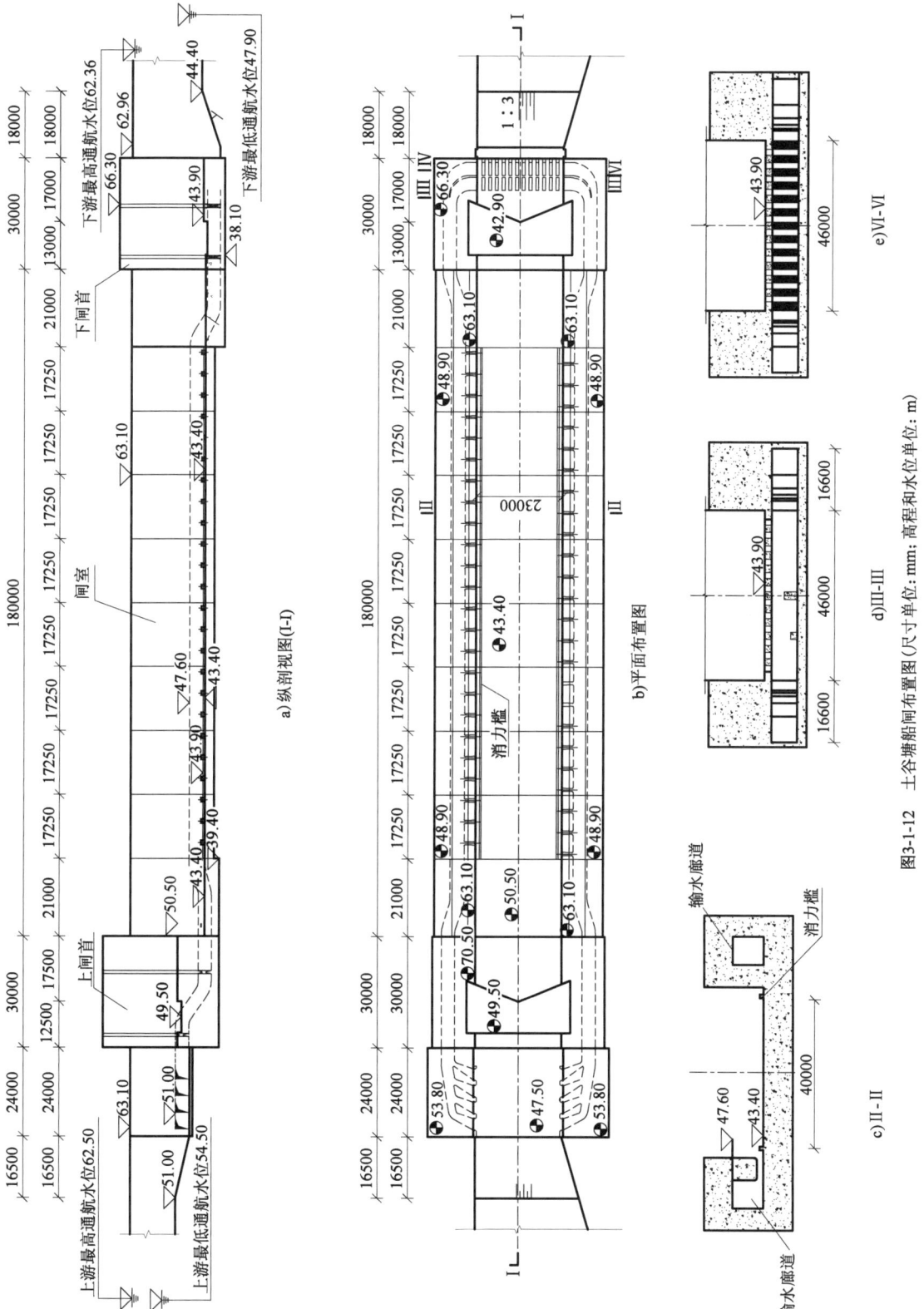

图3-1-12 土谷塘船闸布置图（尺寸单位：mm；高程和水位单位：m）

5. 大源渡船闸

大源渡航电枢纽位于湖南省衡阳市境内,是湖南省《湘江干流规划》9级开发方案中的第七级,上距衡阳市区62km、距土谷塘枢纽93km,下距株洲枢纽96km、距湘江与洞庭湖汇合口378km。大渡源坝址集雨面积53261km²,多年平均流量1440m³/s,枢纽正常蓄水位50.1m(85高程),死水位47.90m,水库总库容4.51亿m³。枢纽设计洪水位55.70m($P=2\%$),设计洪水流量21700m³/s;校核洪水位57.80m($P=0.2\%$),校核洪水流量27900m³/s。大源渡航电枢纽工程等级为Ⅱ等,主要建筑物从左至右依次为左侧接岸坝、船闸、土质副坝及隔流岛、泄洪闸、电站厂房和右侧土质副坝等。大源渡电站和闸坝布置在湘江主河床上,船闸位于左侧人工渠道上,中间用台地或隔流岛隔离,船闸上闸首挡水线位于大坝轴线下游500m;电站厂房位于主河道右岸,装4台贯流式机组,总装机容量120MW;23孔泄洪闸布置在河床中偏左,其中高堰闸15孔、低堰闸8孔,每孔闸净宽20m,闸下游底流消能。大渡源枢纽是我国第一座航电结合、以电养航且综合效益较高的航运枢纽工程。枢纽主体工程于1995年12月开工,2000年6月建成并投入运行。

大源渡一线船闸位于河道左岸,船闸等级为Ⅲ级,闸室有效尺度为180m×23m×3.0m,最大设计水头11.3m(上游正常蓄水位50.10m-下游最低通航水位38.80m),通航1顶2×2000吨级船队,船队尺度为165m×10.8m×2.0m,设计单向通过能力900万吨/年。船闸上游设计最高通航水位52.95m($P=10\%$),最低通航水位47.9m(预泄最低水位);下游设计最高通航水位52.7m($P=10\%$),最低通航水位38.8m(最小下泄流量350m³/s水位)。船闸主体位于大坝下游约500m处,船闸引航道按反对称型布置,上游引航道向左侧扩宽,下游引航道向右侧扩宽,主导航墙及靠船建筑物均位于左侧,上游船舶过闸"曲进直出"、下游船舶过闸"直进曲出"。上游引航道左侧主导航墙出上闸首后,以半径55m的圆弧进行扩展,圆弧投影长62.6m,其上游与长930.6m的直线岸坡衔接;右侧辅导航墙为长161.2m的直线导墙,并与二线船闸左侧辅导航墙相衔接。下游引航道左侧主导航墙出下闸首后,采用长161.2m的直线导墙,其下游与长约700m的直线岸坡衔接;右侧辅导航墙采用圆弧进行扩展,并与二线船闸左侧辅导航墙相衔接。上、下游引航道停泊段长均为175m,各设8个中心距为25m的靠船墩,引航道宽45m,设计水深2.9m。船闸上、下闸首均采用整体式结构,闸室采用分离式结构。船闸输水系统采用闸墙长廊道侧支孔出水、明沟消能形式。大源渡一线船闸于2000年建成通航。

大源渡二线船闸并列布置在一线船闸右侧洲坝上,与一线船闸轴线间距100m,船闸等级亦为Ⅲ级,闸室有效尺度为280m×34m×4.5m,最大设计水头10.5m(上游正常蓄水位50.10m-下游最低通航水位39.60m),通航1顶2×2000吨级驳船队,船队尺度为182m×16.2m×2.6m,设计单向通过能力2450万吨/年。船闸上游设计最高通航水位

52.95m($P=10\%$),最低通航水位47.4m(预泄最低水位);下游设计最高通航水位52.7m($P=10\%$),最低通航水位38.8m(下游库区消落水位)。船闸引航道采用不对称型布置,上、下游主导航墙及靠船建筑物均布置在右侧,辅导航墙布置在左侧,并与一线船闸导航墙连接,船舶过闸均采取"直进曲出"的方式。二线船闸建成后,两线船闸共用上、下游引航道,其中上游共用引航道宽150m,下游共用引航道宽128.50m,引航道设计水深4.2m。上游引航道右侧主导航墙导航调顺段长240m(含长40m的门库段),停泊段长275m,制动段长164m;左侧辅导航墙用斜直线和圆弧进行扩展,并与一线船闸辅导航墙衔接。下游引航道右侧主导航墙导航调顺段长200m(不含出水口段),停泊段长302.5m,下游接直线制动段。上、下游停泊段各布置12个中心距为25m的靠船墩。船闸上、下闸首均采用整体式结构,闸室采用分离式结构。输水系统采用闸墙长廊道侧支孔出水、明沟消能形式,下游出水口消能室消能。大源渡二线船闸于2016年9月开工,2019年9月建成通航。

大源渡一线船闸、二线船闸技术参数见表3-1-9、表3-1-10。大源渡一线、二线船闸鸟瞰图如图3-1-13所示。大源渡二线船闸布置图如图3-1-14所示。

大源渡一线船闸技术参数表 表3-1-9

河流名称	湘江			建设地点		湖南省衡阳市
船闸有效尺度(m)	180×23×3.0			最大设计水头(m)		11.3
吨级	1顶2×2000			过闸时间(min)		50
门型	闸门	上游	人字门	启闭形式	闸门	上游	液压
		下游	人字门			下游	液压
	阀门	上游	平板门		阀门	上游	液压
		下游	平板门			下游	液压
结构形式	上闸首		整体式	输水系统	形式		闸墙长廊道侧支孔出水+明沟消能
	下闸首		整体式		平均时间(min)		9
	闸室		分离式		廊道尺寸(m)		3.2×3.5
设计通航水位(m)	上游	最高	52.95	设计年通过能力(单线单向,万t)			900
		最低	47.90	桥梁情况			跨闸室公路桥
	下游	最高	52.70	建成年份(年)			2000
		最低	38.80				

大源渡二线船闸技术参数表 表3-1-10

河流名称	湘江	建设地点	湖南省衡阳市
船闸有效尺度(m)	280×34×4.5	最大设计水头(m)	10.5
吨级	1顶2×2000	过闸时间(min)	60

续上表

门型	闸门	上游	人字门	启闭形式	闸门	上游	液压
		下游	人字门			下游	液压
	阀门	上游	平板门		阀门	上游	液压
		下游	平板门			下游	液压
结构形式	上闸首	整体式		输水系统	形式	闸墙长廊道侧支孔出水+明沟消能	
	下闸首	整体式			平均时间(min)	8~10	
	闸室	分离式			廊道尺寸(m)	5.5×5.0	
设计通航水位(m)	上游	最高	52.95	设计年通过能力(单线单向,万t)	2450		
		最低	47.40	桥梁情况	跨闸室公路桥		
	下游	最高	52.70	建成年份(年)	2019		
		最低	38.80				

图3-1-13 大源渡一线、二线船闸鸟瞰图

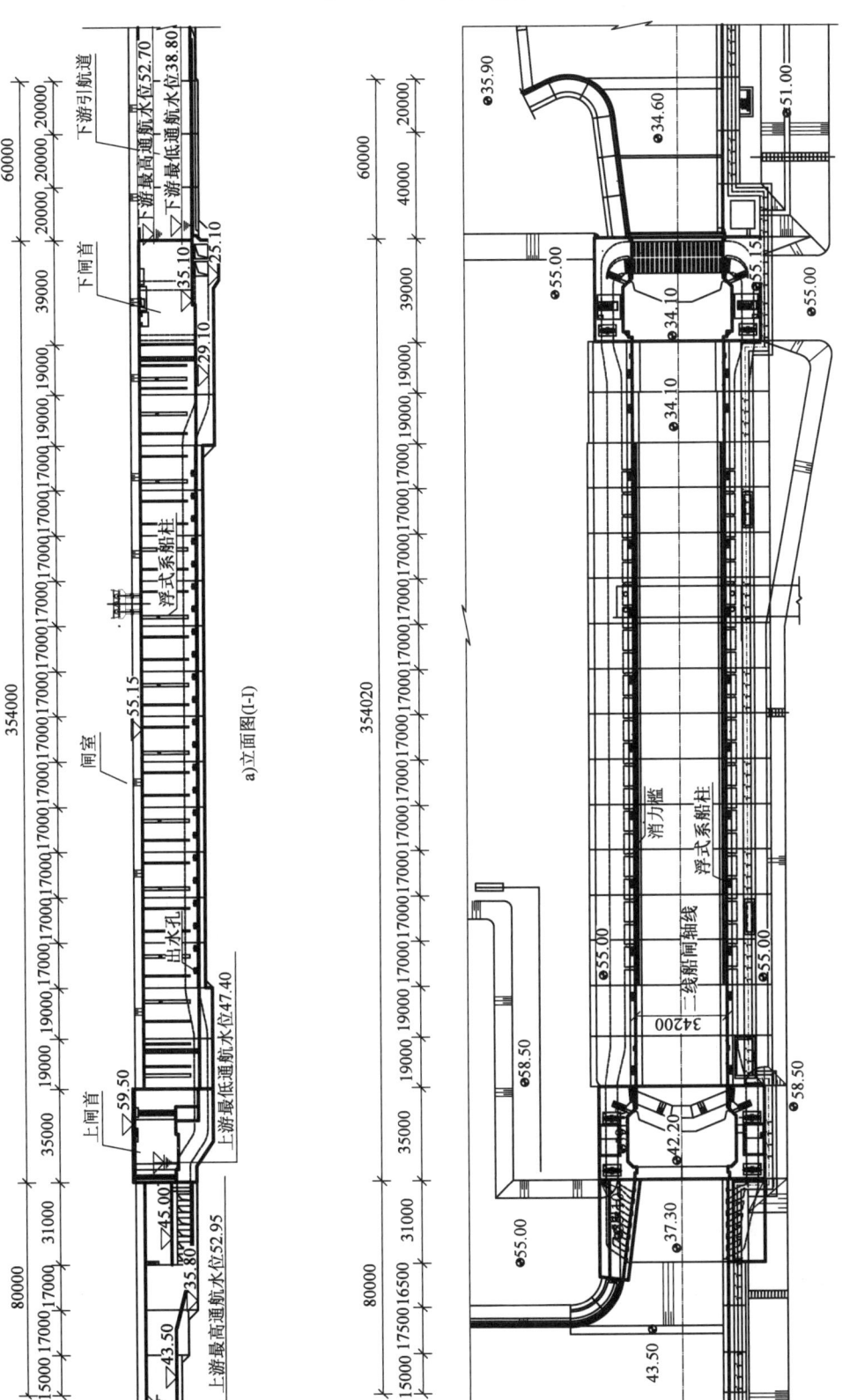

图3-1-14 大源渡二线船闸布置图(尺寸单位:mm;高程和水位单位:m)

6. 株洲船闸

株洲航电枢纽位于湖南省株洲市境内,是湖南省《湘江干流规划》9 级开发方案中的第八级,上距大源渡枢纽 96km,下距株洲市区 24km、距长沙枢纽 135km、距湘江与洞庭湖汇合口 282km。株洲枢纽坝址集雨面积 66002km²,正常蓄水位 40.50m(85 高程),消落水位 38.80m。枢纽设计洪水位 45.83m($P=2\%$),设计洪水流量 21600m³/s;校核洪水位 48.40m($P=0.2\%$),校核洪水流量 27100m³/s。株洲枢纽工程等级为 Ⅱ 等,主要永久性建筑物按 3 级设计。株洲枢纽坝址区位于湘江空洲岛分汊河段,左汊布置泄水闸、排漂孔和电站,右汊布置泄水闸和船闸,从左至右依次为鱼道、电站厂房、排漂孔、左泄水闸、隔流堤(保留经整治后的部分空洲岛)、右泄水闸和船闸等。电站厂房位于左汊左岸,装 5 台贯流式机组,总装机容量 140MW;泄水闸共计 24 孔,其中左汊 11 孔、右汊 13 孔,每孔闸净宽 20m,闸下游底流消能;电站与泄水闸之间布置 1 孔净宽 5m 的排漂孔。株洲枢纽是一座航电结合,兼顾交通灌溉等的综合性枢纽工程。枢纽主体工程于 2002 年 7 月开工,2007 年 3 月投入运行。

株洲一线船闸布置在空洲岛右汊右岸,船闸等级为 Ⅲ 级,闸室有效尺度为 180m × 23m × 3.5m,设计最大水头 10.7m(上游正常蓄水位 40.50m - 下游最低通航水位 29.80m),通航 1000 吨级船舶,设计双向通过能力 1260 万吨/年。船闸上游设计最高通航水位 43.43m($P=10\%$),最低通航水位 38.8m(枢纽运行最低水位);下游设计最高通航水位 43.22m($P=10\%$),最低通航水位 29.8m(下游枢纽运行最低水位)。船闸引航道采用准不对称型布置,上、下游主导航墙及靠船建筑物均位于右侧,船舶过闸均采取"直进曲出"的方式。上游引航道主导航墙长 600m,下游引航道主导航墙长 580m,上、下游靠船段各布置 8 个中心距为 20m 的靠船墩;上、下游引航道宽均为 75m,设计水深 3m。船闸上、下闸首均采用整体式结构,闸室采用分离式结构。船闸输水系统采用闸墙长廊道侧支孔出水,下游泄水口消力梁消能。该船闸于 2004 年 12 月建成通航。

株洲二线船闸并列布置在一线船闸右侧河岸,与一线船闸轴线间距 100m,上闸首上游较一线船闸上伸 46m,船闸等级为 Ⅱ 级,闸室效尺度为 280m × 34m × 4.5m,通行 2000 吨级船舶,设计双向通过能力 2459 万吨/年。船闸上游设计最高通航水位 40.50m(枢纽正常蓄水位),最低通航水位 38.3m(枢纽运行最低水位);下游设计最高通航水位 39.98m($P=50\%$),最低通航水位 29.8m(下游枢纽运行最低水位)。二线船闸上闸首上游侧位于一线船闸上闸首上游 46m,两船闸分设引航道。二线船闸的引航道采用准不对称型布置,主导航墙及靠船建筑物均位于右侧岸边,上、下游船舶过闸均采取"直进曲出"的方式。船闸上、下游引航道直线段总长均为 525m,其中导航段长 90m、调顺段长 135m、停泊段长 300m,各布置 13 个靠船墩;上、下游左侧辅导航墙采用圆弧拓宽,圆弧段投影长

90.0m,再接长484.6m直线导航墙;上、下游引航道宽均为75m,设计水深5.2m。船闸上、下闸首均采用整体式结构,闸室采用分离式结构,船闸输水系统采用闸墙长廊道侧支孔出水、明沟消能,下游泄水口消能室消能。船闸自动控制系统采用"集中监视、分散控制"的多层分布式结构,工业电视监视系统采用数字监控系统。株洲二线船闸于2016年3月开工,2018年10月建成通航。

株洲一线船闸、二线船闸技术参数见表3-1-11、表3-1-12。株洲双线船闸鸟瞰图如图3-1-15所示。株洲二线船闸布置图如图3-1-16所示。

株洲一线船闸技术参数表　　　　表3-1-11

河流名称			湘江	建设地点		湖南省株洲市
船闸有效尺度(m)			180×23×3.5	最大设计水头(m)		10.7
吨级			1000	过闸时间(min)		53
门型	闸门	上游	人字门	启闭形式	闸门 上游	液压
		下游	人字门		闸门 下游	液压
	阀门	上游	平板门		阀门 上游	液压
		下游	平板门		阀门 下游	液压
结构形式	上闸首		整体式	输水系统	形式	闸墙长廊道侧支孔出水
	下闸首		整体式		平均时间(min)	10
	闸室		分离式		廊道尺寸(m)	3.2×3.5
设计通航水位(m)	上游	最高	43.43	设计年通过能力(单线双向,万t)		1260
		最低	38.80	桥梁情况		上闸首交通桥
	下游	最高	43.22	建成年份(年)		2004
		最低	29.80			

株洲二线船闸技术参数表　　　　表3-1-12

河流名称			湘江	建设地点		湖南省株洲市
船闸有效尺度(m)			280×34×4.5	最大设计水头(m)		10.70
吨级			2000	过闸时间(min)		60
门型	闸门	上游	人字门	启闭形式	闸门 上游	液压
		下游	人字门		闸门 下游	液压
	阀门	上游	平板门		阀门 上游	液压
		下游	平板门		阀门 下游	液压

续上表

结构形式	上闸首	整体式		输水系统	形式	闸墙长廊道侧支孔出水
	下闸首	整体式			平均时间(min)	9.6
	闸室	分离式			廊道尺寸(m)	4.5×5
设计通航水位(m)	上游	最高	40.50	设计年通过能力(单线双向,万 t)		2459
		最低	38.30	桥梁情况		上闸首有交通桥
	下游	最高	39.98	建成年份(年)		2018
		最低	29.80			

图 3-1-15 株洲双线船闸鸟瞰图

7. 长沙船闸

长沙综合枢纽位于湖南省长沙市望城区境内,是湖南省《湘江干流规划》9 级开发方案中的最后一个梯级,上距株洲枢纽 136km,下距湘江与洞庭湖汇合口 146km。长沙枢纽坝址集雨面积 90500km^2,枢纽正常蓄水位 29.7m(1956 黄海高程),死水位 21.9m。枢纽设计洪水位 35.83m($P=1\%$),设计洪水流量 26400m^3/s;校核洪水位 36.92m($P=0.2\%$),校核洪水流量 30200m^3/s。长沙枢纽工程等级为 Ⅰ 等,主要挡泄水建筑物、电站厂房、船闸主体和改移防洪堤等按 1 级设计。枢纽挡水线总长 1701.6m,主要建筑物从左至右依次为左岸改移防洪堤、左岸副坝、船闸、低堰泄水闸、泄洪排污闸、电站厂房、蔡家洲副坝、高堰泄水闸及右岸副坝等。电站和船闸分岸布置,电站厂房位于主河床右岸(紧靠蔡家洲左侧),装 6 台灯泡贯流式机组,总装机容量 57MW;鱼道紧靠电站厂房右侧;泄水闸共

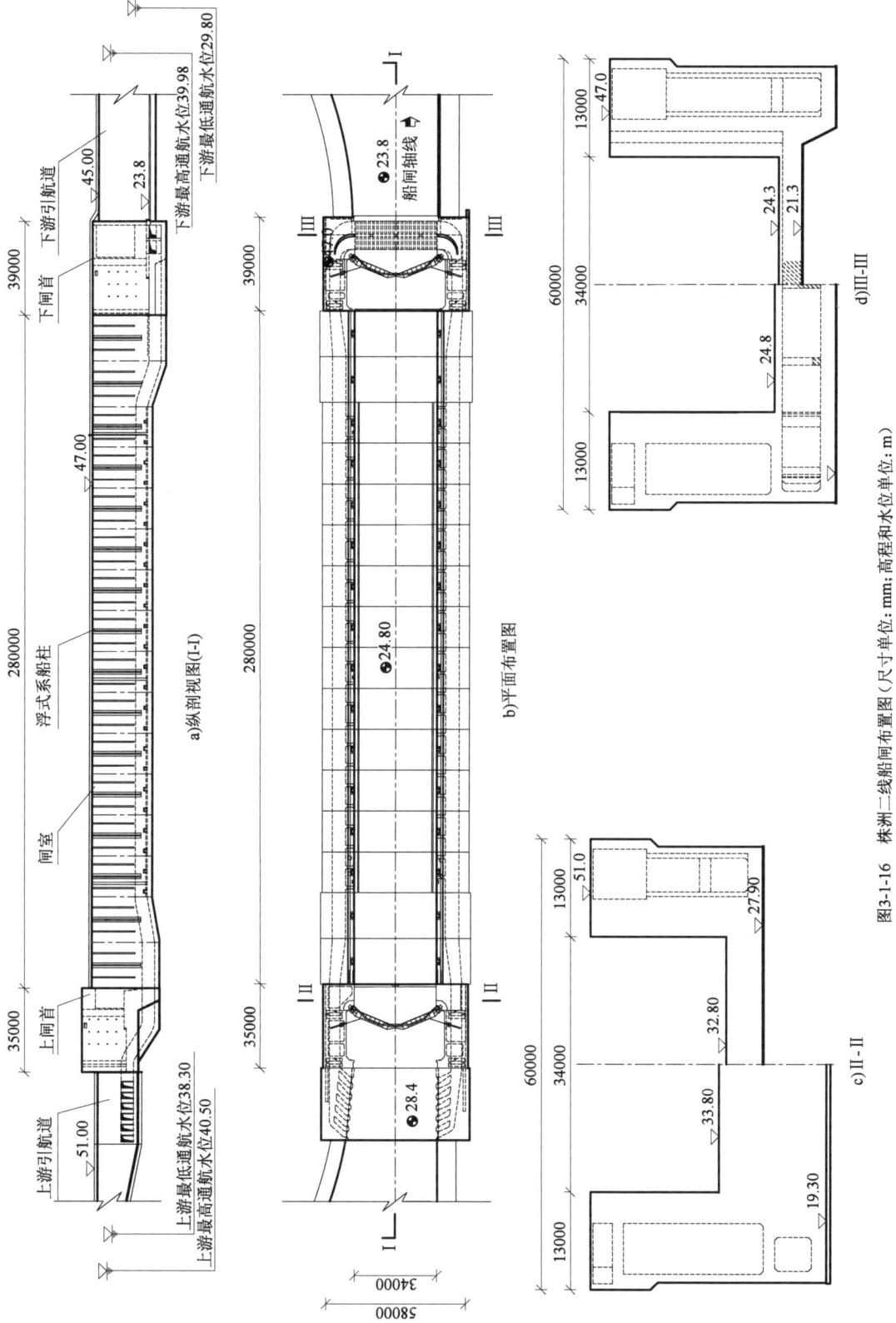

图3-1-16 株洲二线船闸布置图（尺寸单位：mm；高程和水位单位：m）

计46孔,包括左汊26孔低堰泄水闸、右汊20孔高堰泄水闸,1孔泄洪排污闸紧邻电站厂房,闸孔净宽分别为22m、14m和7m,泄水闸总宽度852m,闸下游底流消能。长沙枢纽是一座以航运、取水和改善水环境为主,同时具有发电、交通和旅游等综合功能的低水头水利枢纽。枢纽主体工程于2009年10月开工,2012年9月投入运行。

长沙枢纽一线、二线船闸并行布置在蔡家洲左汊主河道的左岸,两闸轴线距离62m,并在其左侧预留三线船闸位置,船闸等级为Ⅱ级,两线船闸闸室有效尺度均为280.0m×34.0m×4.5m(下游预留水深1.5m,共计6m),最大设计水头9.3m(上游正常蓄水位29.7m-下游最低通航水位20.4m),通航2000吨级货船和1顶2×2000吨级船队,设计通过能力9800万吨/年(双闸双向)。一线、二线船闸上游设计最高通航水位34.97m($P=5\%$),最低通航水位28.4m(水库预泄最低水位);下游设计最高通航水位34.88m($P=5\%$),最低通航水位21.9m/20.4m(近期/远期保证率98%)。两线船闸共用上、下游引航道,引航道宽均为146m,设计水深4m,采用对称型布置,上、下游船舶过闸均采取"曲进不完全直出"的方式。在引航道左侧布置一排靠船墩,右侧利用隔水墙靠船。上、下游引航道长均为910m(包括760m长的直线段),其中导航调顺段长200.0m,停泊段长560.0m,制动段长150.0m;下游连接段左侧边线采用半径为946m的圆弧与下游航道平顺连接。船闸上、下闸首和闸室均采用整体式结构,船闸输水系统采用闸墙长廊道侧支孔出水、明沟消能方式。自动控制系统采用"集中监视、分散控制"的多层分布式结构。一线、二线船闸与长沙枢纽其他主体工程同步建设完成,实际应用情况良好。

长沙枢纽一线、二线船闸技术参数见表3-1-13。长沙枢纽鸟瞰图如图3-1-17所示。长沙一线、二线船闸鸟瞰图如图3-1-18所示。长沙一线、二线船闸布置图如图3-1-19所示。

长沙综合枢纽一线、二线船闸技术参数表　　表3-1-13

河流名称		湘江		建设地点		湖南省长沙市望城区蔡家洲
船闸有效尺度(m)		280.0×34.0×4.5		最大设计水头(m)		9.3
吨级		2000 1顶2×2000		过闸时间(min)		55.0
门型	闸门	上游	人字门	启闭形式	闸门	上游	液压
		下游	人字门			下游	液压
	阀门	上游	反弧门		阀门	上游	液压
		下游	反弧门			下游	液压
结构形式	上闸首		整体式	输水系统	形式	闸墙长廊道侧支孔出水
	下闸首		整体式		平均时间(min)	8.0
	闸室		整体式		廊道尺寸(m)	2×4.5×5.0

续上表

设计通航水位(m)	上游	最高	34.97	设计年通过能力（双线双向,万t）	9800
		最低	28.40	桥梁情况	上闸首公路桥/跨闸交通桥
	下游	最高	34.88		
		最低	21.9/20.4 近期/远期	建成年份(年)	2012

图3-1-17　长沙综合枢纽鸟瞰图

图3-1-18　长沙一线、二线船闸鸟瞰图

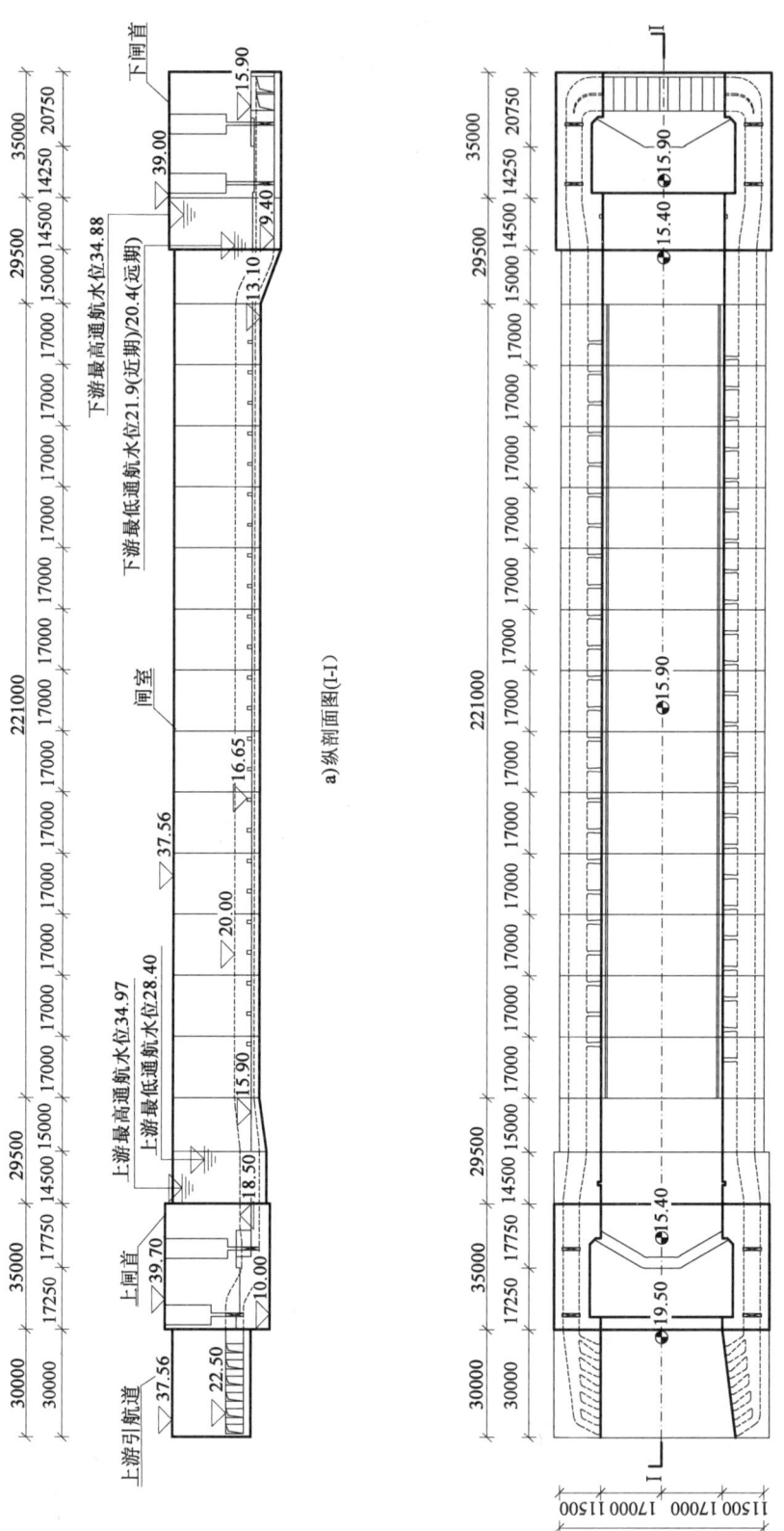

图3-1-19 长沙一线、二线船闸布置图（尺寸单位：mm；高程和水位单位：m）

第二节 沅水通航建筑物

沅江又称沅水，是长江流域洞庭湖支流，是湖南省第二大河流，发源于贵州省都匀市苗岭山脉斗篷山北麓谷江乡西北中寨，流经贵州省的麻江、丹寨、凯里、剑河、锦屏、天柱和湖南省的怀化、芷江、洪江、中方、溆浦、辰溪、泸溪、沅陵、桃源、常德等地，干流全长1218km（含德山至鲇鱼口185km沅水洪道），流域面积89163km²。

沅江干流自河源至黔城为上游，长528km，湖南省境内55km，多高山，平均比降1.07‰；黔城至沅陵为中游，河长282km，为丘陵地区，间有河谷平原，平均比降0.28‰；沅陵至德山为下游，河长223km，山势逐渐低落，桃源以下为冲积平原，平均比降0.14‰；德山以下185km属洞庭湖区河道。沅水主要支流有潕水、辰水、武水、酉水、渠水、巫水、溆水等。沅江水系有通航河流41条，长2204km，其中贵州省境内沅江怀化二水厂至黔城段64km规划为Ⅳ级航道，湖南省境内沅江三板溪至常德段667km规划为Ⅳ级航道，常德至鲇鱼口段192km规划为Ⅲ级航道。沅江湖南省境内共规划有25个梯级，其中团鱼浪至洪江规划按甲鸟、格老、卡乌、富江、龙里、下司、清新、旁海、平寨、施洞、廖洞、城景、三板溪、挂治、白市、托口、洪江17级开发，其中白市、托口建有50吨级升船机，洪江建有300吨级船闸，白市枢纽规划增建500吨级船闸1座；洪江以下按安江、铜湾、清水塘、大洑潭、鱼潭、五强溪、凌津滩、桃源8级开发，均建有500吨级船闸。

沅水梯级枢纽规划图如图3-2-1所示。

1. 安江船闸

安江电航枢纽位于湖南省洪江市境内，是沅水干流湖南省境内8级规划中的第一级，上距洪江枢纽31km，下距铜湾枢纽47km。枢纽正常蓄水位165.00m（85高程），死水位163.0m；枢纽设计洪水位170.53m（$P=2\%$），校核洪水位175.79m（$P=0.2\%$）。安江枢纽位于沅水干流安江分汊河段上，主要建筑物从左至右依次为左岸护岸及连接坝工程、船闸、左汊泄洪闸、电站厂房、隔流堤（保留经整治后的部分江心岛）、右汊泄洪闸、右岸护岸及连接坝工程等。安江电航枢纽的船闸和电站厂房分别布置在左汊河道的左右两岸，电站厂房位于左汊右岸，装4台贯流式机组，总装机容量140MW；泄洪闸共有18孔，其中左汊6孔、右汊12孔，每孔闸净宽20m，闸下游底流消能。安江枢纽是一座以发电为主，兼有航运、旅游等综合利用效益的电航枢纽工程。枢纽主体工程于2010年10月开工，2012年10月投产运行。

安江船闸位于左汊左岸，船闸等级为Ⅳ级，闸室有效尺度为120m×12m×3.5m，最大设计水头11.7m（上游正常蓄水位165.0m－下游最低通航水位153.3m），通航500吨级

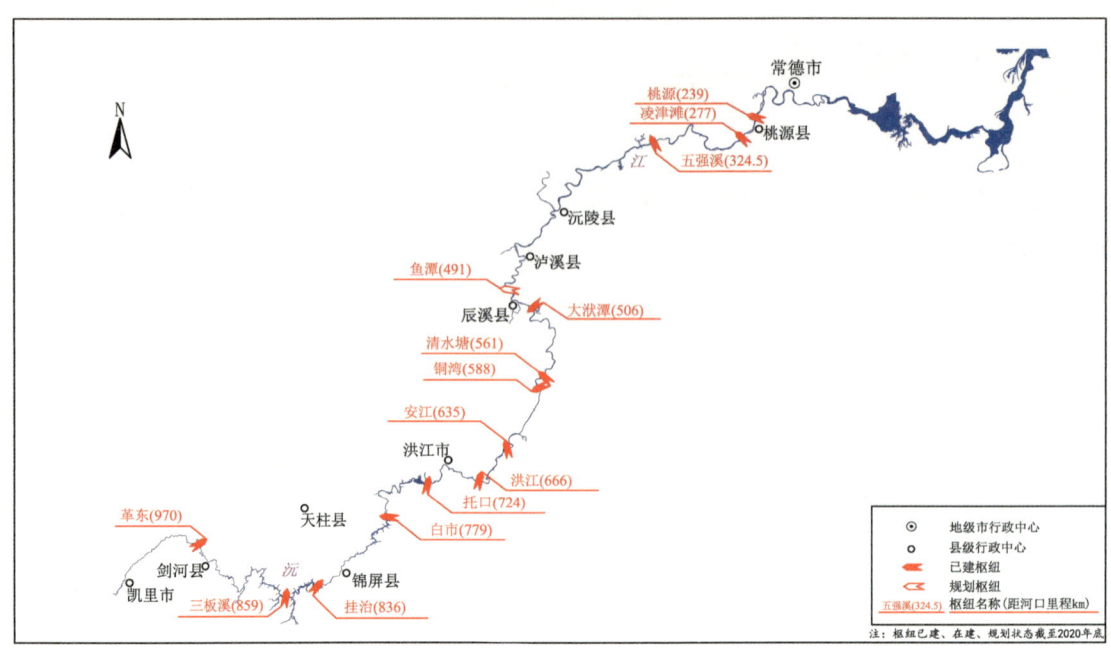

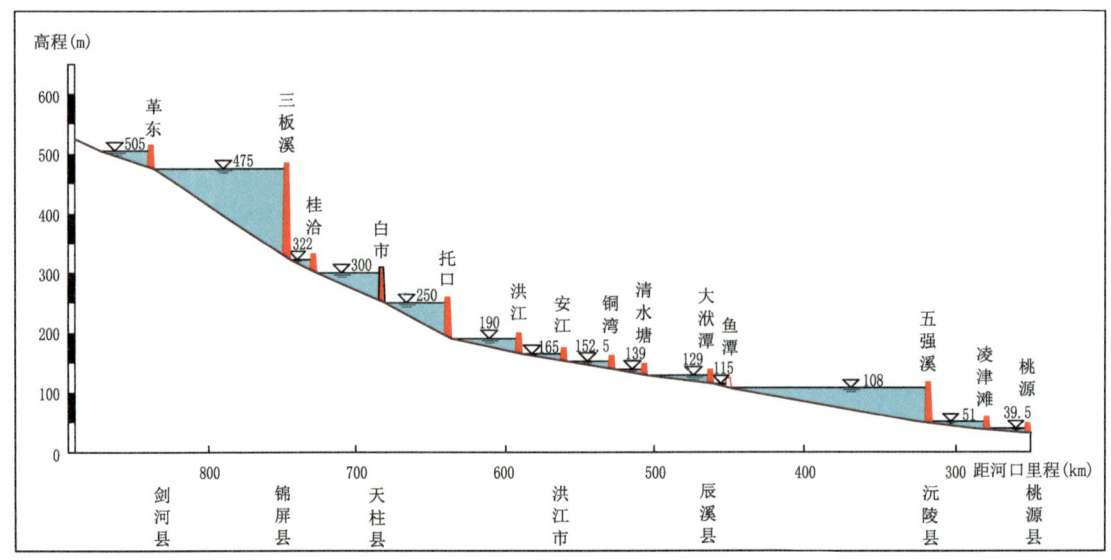

图 3-2-1 沅水梯级枢纽规划图

船舶,设计通过能力 155 万吨/年。船闸上游设计最高通航水位 165.0m(枢纽正常蓄水位),最低通航水位 163.0m(死水位);下游设计最高通航水位 161.5m($P=50\%$),最低通航水位 153.3m。船闸引航道采用反对称型布置,上游引航道向左侧岸边扩展,下游引航道向右侧河道扩展,主导航墙均位于左侧,上游船舶过闸"曲进直出"、下游船舶过闸"直进曲出"。上、下游引航道直线段长均为 120m(不含出水口段),引航道宽 30m,设计水深 3.3m。船闸上、下闸首和闸室均采用整体式结构,船闸输水系统采用短廊道集中输水、对冲格栅消能室消能,下游泄水口采用消力墩消能。该船闸于 2010 年 10 月开工建设,2012

年7月建成并投入运行。

安江船闸技术参数见表3-2-1。安江船闸鸟瞰图如图3-2-2所示。安江枢纽鸟瞰图如图3-2-3所示。安江船闸布置图如图3-2-4所示。

安江船闸技术参数表 表3-2-1

河流名称			沅水	建设地点		湖南省洪江市
船闸有效尺度(m)			120×12×3.5	最大设计水头(m)		11.7
吨级			500	过闸时间(min)		42.6
门型	闸门	上游	人字门	启闭形式	闸门 上游	液压
		下游	人字门		闸门 下游	液压
	阀门	上游	平板门		阀门 上游	液压
		下游	平板门		阀门 下游	液压
结构形式	上闸首		整体式	输水系统	形式	短廊道集中输水、对冲格栅消能室消能
	下闸首		整体式		平均时间(min)	6.9
	闸室		整体式		廊道尺寸(m)	2.5×2.5
设计通航水位(m)	上游	最高	165.0	设计年通过能力(单线双向,万t)		155
		最低	163.0	桥梁情况		上闸首公路桥
	下游	最高	161.5	建成年份(年)		2012
		最低	153.3			

图3-2-2 安江船闸鸟瞰图

图 3-2-3　安江枢纽鸟瞰图

2. 铜湾船闸

铜湾水电站位于湖南省怀化市中方县境内,是沅水干流湖南省境内8级规划中的第二级,上距中方县铜湾镇0.5km,距怀化市49km,其上、下游分别与安江枢纽和清水塘枢纽水位相衔接。铜湾枢纽坝址集雨面积41720km²,多年平均流量863m³/s,枢纽正常蓄水位152.50m(85高程),死水位150.50m,水库总库容2.11亿 m³。枢纽设计洪水位154.02m($P=2\%$),设计洪水流量23800m³/s;校核洪水位158.41m($P=0.2\%$),校核洪水流量33700m³/s。铜湾水电站为Ⅱ等工程,最大坝(闸)高43m,坝顶全长434.5m,主要建筑物从左至右依次为船闸、溢流闸坝、电站厂房、右岸非溢流坝等。铜湾船闸和电站分岸布置,电站厂房位于河道右岸,装4台灯泡贯流式机组,总装机容量180MW;10孔溢流闸坝布置于河道中央,每孔闸净宽20m,闸下游底流消能。铜湾枢纽是一座以发电为主,兼有航运等综合效益的航电枢纽工程。枢纽主体工程于2005年1月开工,2008年12月建成投产。

铜湾船闸位于河道左岸,船闸等级为Ⅳ级,闸室有效尺度为100m×12m×3m,最大设计水头14.4m(上游正常蓄水位152.50m−下游最低通航水位138.10m),通航500吨级船舶或2×300吨级船队,设计通过能力166万吨/年。船闸上游设计最高通航水位152.5m(枢纽正常蓄水位),最低通航水位150.50m(死水位);下游设计最高通航水位

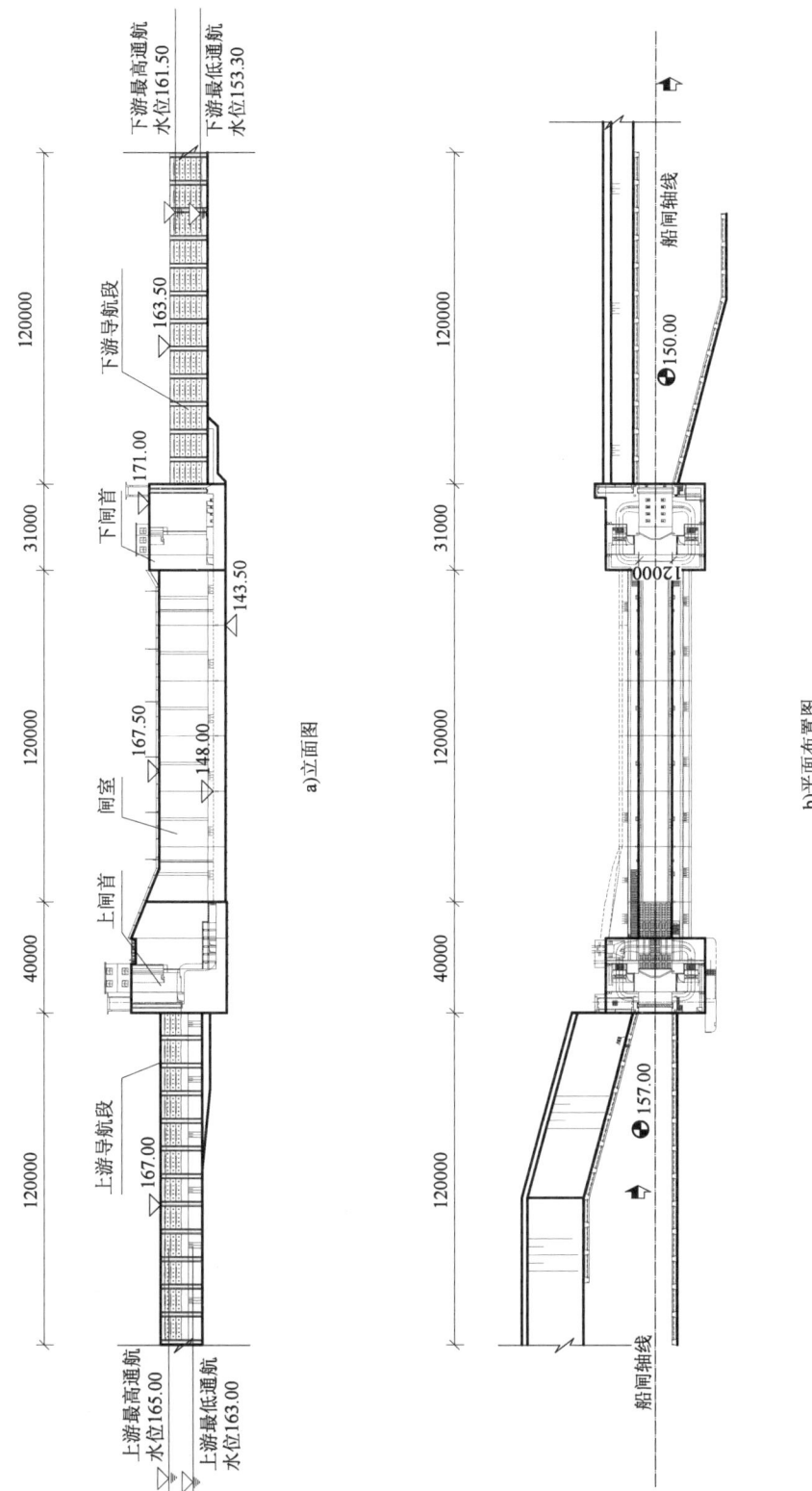

图 3-2-4 安江船闸布置图（尺寸单位：mm；高程和水位单位：m）

145.27m（$P=59\%$），最低通航水位138.1m（保证率95%）。船闸引航道采用不对称型布置，引航道均向右侧河道扩展，主导航墙及靠船建筑物均位于左侧岸边，上、下游船舶过闸均采取"直进曲出"的方式。上游引航道直线段长200m，其中导航段长100m，引航道上游与水库相接；下游引航道直线段长200m，其中导航段长100m、调顺段长100m；上、下游引航道左侧停泊段均位于开敞水域，各布置5个中心距为20m的靠船墩，引航道宽均为30m，设计水深3.0m。船闸上、下闸首采用整体式结构，闸室采用分离式结构。船闸输水系统采用短廊道集中输水、消能室消能方式，下游泄水口采用消力墩消能。该船闸于2008年7月建成通航。

铜湾船闸技术参数见表3-2-2。铜湾枢纽和铜湾船闸鸟瞰图如图3-2-5、图3-2-6所示。铜湾船闸布置图如图3-2-7所示。

铜湾船闸技术参数表　　　　　　表3-2-2

河流名称			沅江	建设地点		湖南省怀化市中方县
船闸有效尺度(m)			100×12×3	最大设计水头(m)		14.4
吨级			500 2×300	过闸时间(min)		46
门型	闸门	上游	人字门	启闭形式	闸门	上游	液压
		下游	人字门			下游	液压
	阀门	上游	平板门		阀门	上游	液压
		下游	平板门			下游	液压
结构形式	上闸首		整体式	输水系统	形式	短廊道集中输水
	下闸首		整体式		平均时间(min)	8.0
	闸室		分离式		廊道尺寸(m)	2.5×2.5
设计通航水位(m)	上游	最高	152.50	设计年通过能力(万t)		166
		最低	150.50	桥梁情况		上闸首交通桥
	下游	最高	145.27	建成年份(年)		2008
		最低	138.10			

图3-2-5　铜湾枢纽鸟瞰图

图 3-2-6　铜湾船闸鸟瞰图

3. 清水塘船闸

清水塘水电站位于湖南省怀化市辰溪县境内,是沅水干流湖南省境内 8 级规划中的第三级,坝址位于辰溪县仙人湾乡清水塘村,其上、下游分别与铜湾枢纽和大洑潭枢纽水位相衔接。清水塘枢纽坝址集雨面积 42140km²,枢纽正常蓄水位 139.0m(85 高程),消落水位 138.0m。枢纽设计洪水位 145.29m($P=2\%$),校核洪水位 150.57m($P=0.2\%$)。主要建筑物从左至右依次为左岸连接重力坝、电站厂房、溢流闸坝和船闸等。电站和船闸分岸布置,电站厂房位于河道左岸,装 4 台灯泡贯流式机组,总装机容量 128MW;13 孔低堰溢流闸坝布置在河床中央,每孔闸净宽 20m,闸下游底流消能。该枢纽是一座以发电为主,兼顾航运等综合利用的电航枢纽工程。枢纽主体工程于 2006 年 7 月开工,2009 年 10 月建成投产。

清水塘船闸位于河道右岸,船闸等级为Ⅳ级,闸室有效尺度为 100m×12m×3m,最大设计水头 11.5m(上游正常蓄水位 139.0m–下游最低通航水位 127.50m),通航 500 吨级船舶,设计单向通过能力 166 万吨/年。船闸上游设计最高通航水位 139.0m(枢纽正常蓄水位),最低通航水位 138.0m(消落水位);下游设计最高通航水位 135.83m($P=50\%$),最低通航水位 127.5m。船闸引航道采用不对称型布置,上、下游引航道均向左侧河道扩展,主导航墙均位于右侧岸边,上、下游船舶过闸均采取"直进曲出"的方式。上游引航道长 96.15m,下游引航道长 103.5m,上、下游引航道宽均为 30m,设计水深 3.0m。船闸上、下闸首均采用整体式结构,闸室采用分离式结构,船闸输水系统采用短廊道集中输水、对冲格栅消能室消能。该船闸与清水塘枢纽同步建设完成。

清水塘船闸技术参数见表 3-2-3。清水塘枢纽和清水塘船闸鸟瞰图如图 3-2-8、图 3-2-9 所示。清水塘船闸布置图如图 3-2-10 所示。

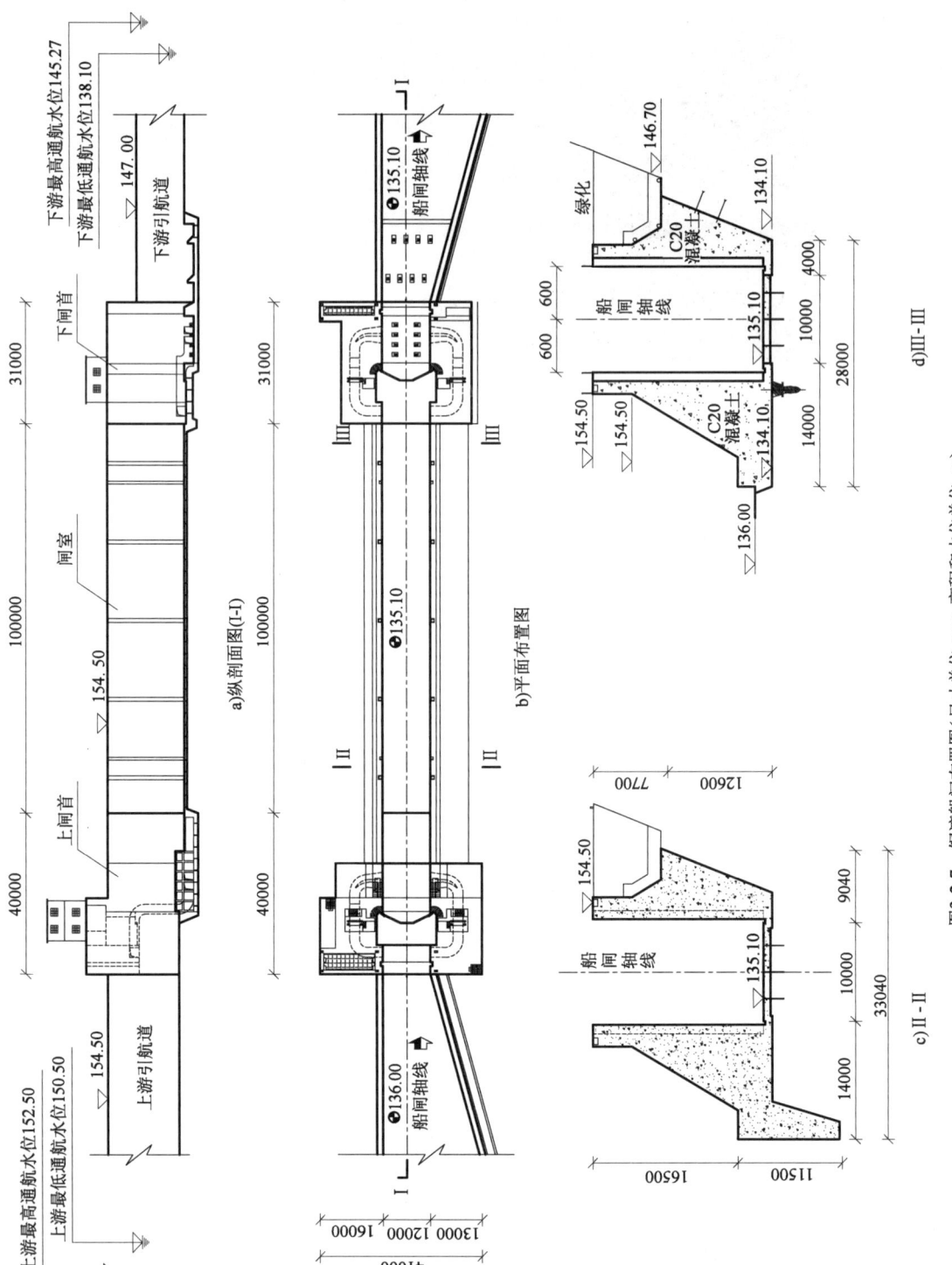

图3-2-7 铜湾船闸布置图（尺寸单位：mm；高程和水位单位：m）

清水塘船闸技术参数表　　　　　　　　　　　　　表3-2-3

河流名称		沅水		建设地点		湖南省怀化市辰溪县
船闸有效尺度(m)		100×12×3		最大设计水头(m)		11.5
吨级		500		过闸时间(min)		40.2
门型	挡水闸门	上游	人字门	启闭形式	闸门 上游	液压
		下游	人字门		下游	液压
	阀门	上游	平板门		阀门 上游	液压
		下游	平板门		下游	液压
结构形式	上闸首	整体式		输水系统	形式	短廊道集中输水、对冲格栅消能室消能
	下闸首	整体式			平均时间(min)	6.9
	闸室	分离式			廊道尺寸(m)	2.5×2.5
设计通航水位(m)	上游	最高	139.00	设计年通过能力(单线单向,万t)		166
		最低	138.00	桥梁情况		上闸首公路桥
	下游	最高	135.83	建成年份(年)		2009
		最低	127.50			

图3-2-8　清水塘枢纽鸟瞰图

图 3-2-9　清水塘船闸鸟瞰图

4. 大洑潭船闸

大洑潭水电站位于湖南省怀化市辰溪县境内,是沅水干流湖南省境内 8 级规划中的第四级,坝址位于辰溪县修溪乡木洲村,下距辰溪县城 8.5km。大洑潭水电站坝址集雨面积 46230km^2,多年平均流量 966m^3/s,枢纽正常蓄水位 129.0m(85 高程),消落水位127.5m,水库总库容2.62 亿 m^3。枢纽设计洪水位 129.03m($P=2\%$),设计洪水流量 25200m^3/s;校核洪水位 132.84m($P=0.2\%$),校核洪水流量 35400m^3/s。大洑潭枢纽为Ⅱ等工程,永久性水工建筑物按 3 级设计,坝址区位于沅水木洲分汊河段,木洲岛长 2km,平均宽 500m,洲面高程 125~143.6m,左汊河宽约 320m,右汊河宽约 250m。枢纽坝顶全长 1105.4m,最大闸高 28m,主要建筑物从左至右依次为左汊泄洪闸坝、左汊连接重力坝、船闸、木洲岛连接土坝、木洲岛右侧连接重力坝、右汊泄洪闸坝和电站厂房等。船闸和电站厂房分别布置在左右汊道上,电站厂房位于右汊右岸,装 5 台水轮发电机组,总装机容量 200MW;泄水闸共计 20 孔,其中左汊 12 孔、右汊 8 孔,每孔闸净宽 20m,闸下游底流消能;左右汊之间保留经整治后的木洲岛,并布置土坝与左右汊建筑物相连接。大洑潭枢纽是一座以发电为主,兼顾航运等综合利用的电航枢纽工程。枢纽主体工程于 2004 年 12 月开工,2008 年 12 月底建成并投入运行。

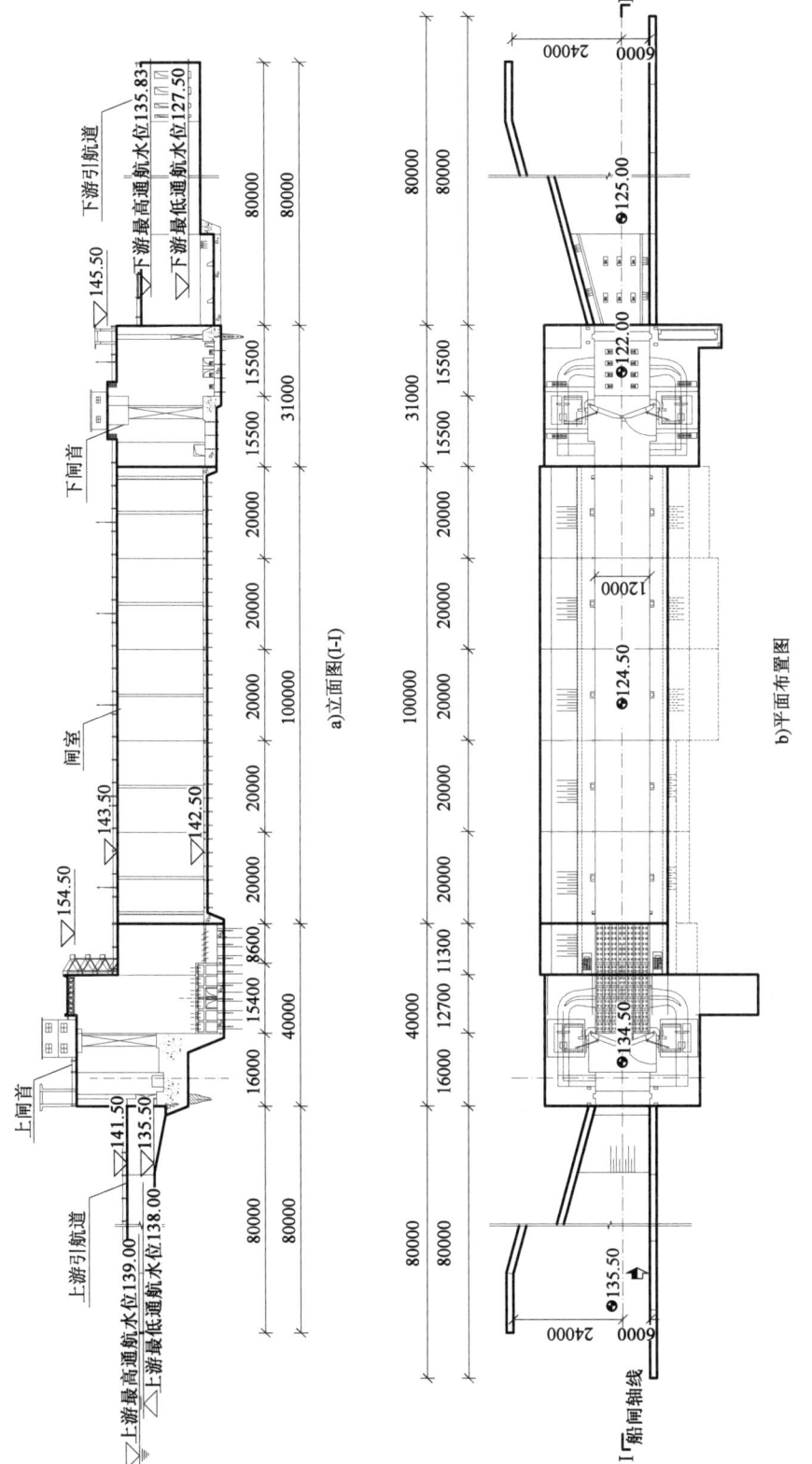

图3-2-10 清水塘船闸布置图（尺寸单位：mm；高程和水位单位：m）

大洑潭船闸位于左汊右岸（木洲岛左侧），船闸等级为Ⅳ级，闸室有效尺度为120m×12m×3m，最大设计水头15.7m（上游正常蓄水位129.0m－下游最低通航水位113.30m），通航500吨级船队，设计通过能力200万吨/年。船闸上游设计最高通航水位129.0m（正常蓄水位），最低通航水位127.5m（消落水位）；下游设计最高通航水位122.1m（$P=50\%$），最低通航水位113.3m。船闸引航道采用不对称型布置，上、下游引航道均向左侧扩展，主导航墙及靠船建筑物均位于右侧木洲岛岸边，上、下游船舶过闸均采取"直进曲出"的方式。上游引航道直线段长285m，其中导航段长110m；下游引航道直线段长240m，其中导航段长110m，调顺段长130m。上、下游左侧扩宽段布置60m长桩板式直立导航墙，右侧布置长110m的桩板式直立导航墙和2个中心距为22m的导航墩，上、下游停泊段各布置5个中心距为22m的靠船墩。上、下游引航道宽均为40m，设计最小水深2.5m。船闸上、下闸首均采用整体式结构，闸室采用分离式结构，船闸输水系统采用短廊道集中输水、消能室消能。该船闸于2004年12月开工，2007年11月建成通航。

大洑潭船闸技术参数见表3-2-4。大洑潭枢纽鸟瞰图如图3-2-11所示。大洑潭船闸实景图如图3-2-12所示。大洑潭船闸布置图如图3-2-13所示。

大洑潭船闸技术参数表 表3-2-4

河流名称			沅水	建设地点		湖南省怀化市辰溪县
船闸有效尺度(m)			120×12×3.0	最大设计水头(m)		15.7
吨级			500	过闸时间(min)		46
门型	闸门	上游	人字门	启闭形式	闸门	上游 液压
		下游	人字门			下游 液压
	阀门	上游	平板门		阀门	上游 液压
		下游	平板门			下游 液压
结构形式	上闸首		整体式	输水系统	形式	短廊道集中输水
	下闸首		整体式		平均时间(min)	8.0
	闸室		分离式		廊道尺寸(m)	2.5×2.5
设计通航水位(m)	上游	最高	129.00	设计年通过能力(单线单向,万t)		200
		最低	127.50	桥梁情况		上闸首有交通桥
	下游	最高	122.10	建成年份(年)		2007
		最低	113.30			

图 3-2-11 大洑潭枢纽鸟瞰图

图 3-2-12 大洑潭船闸实景图

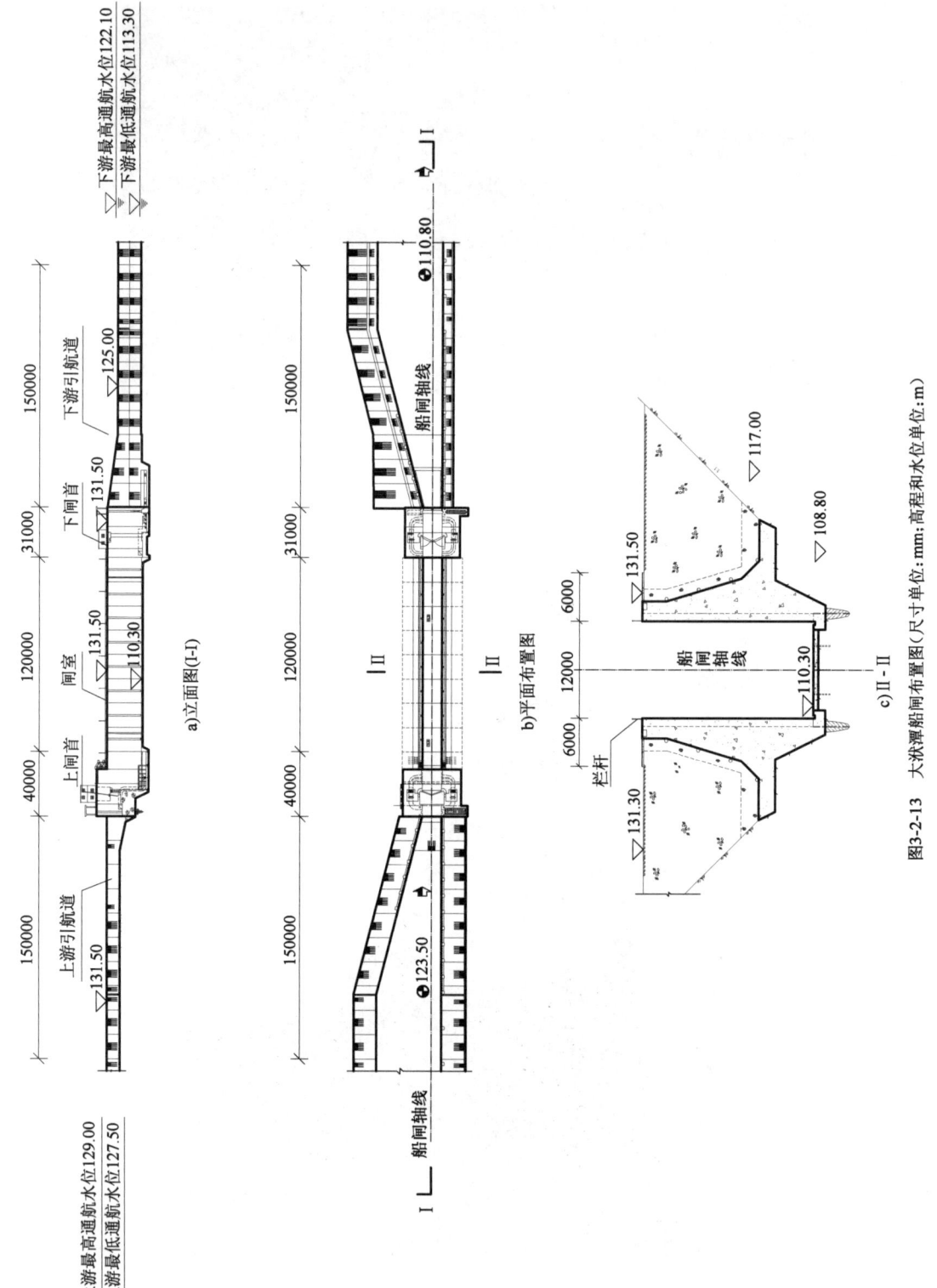

图3-2-13 大浣潭船闸布置图(尺寸单位:mm;高程和水位单位:m)

5. 五强溪船闸

五强溪水电站位于湖南省怀化市沅陵县境内,是沅水干流湖南省境内8级规划中的第六级,上距沅陵县城约73km,下距常德市区约130km。五强溪枢纽坝址以上集雨面积83730km^2,占沅水总流域面积的93%,多年平均流量2040m^3/s,枢纽正常蓄水位108.0m(远景110.0m),水库死水位90.0m,防洪限制水位98.0m,水库总库容43.5亿m^3,属季调节水库。枢纽设计洪水位111.62m($P=0.1\%$),设计洪水流量47800m^3/s;校核洪水位114.70m($P=0.01\%$),校核洪水流量56100m^3/s。五强溪枢纽工程等级为Ⅰ等,主要建筑按1级设计。枢纽坝顶总长724.4m,最大坝高85.83m,从左至右依次为左岸非溢流坝、船闸、溢流坝、电站厂房和右岸非溢流连接坝。溢流坝位于主河床偏左侧,设9个表孔、1个中孔和5个底孔,表孔尺寸为19m×23.3m(宽×高,下同)、中孔尺寸为9m×13m、底孔尺寸为3.5m×7m;坝后电站厂房装5台混流式机组,总装机容量1200MW。五强溪扩机工程位于河道右岸,采用绕右岸坝肩的隧道引水方式,在隧道出口布置岸边式电站厂房,装2台容量250MW机组,出水口斜对船闸下游引航道,引航道口门区通航条件有一定的影响。该枢纽是一座以发电为主,兼有防洪、航运等综合效益的大型水利枢纽工程。该工程于1986年9月开工,1994年12月第一台机组投产发电,1996年12月建成并投入运行。

五强溪船闸位于河道左岸,为单线连续三级船闸,船闸等级为Ⅳ级,闸室有效尺度为120m×12m×2.5m,最大设计水头60.9m(4个闸首最大水头分别为24.1m、42.5m、36.8m和18.4m),通航2×500吨级船队,设计货运量250万吨/年(80%下行)、过木量46万m^3/年(100%下行)。船闸上游设计最高通航水位108.00m(枢纽正常蓄水位,远景110.0m),最低通航水位90.0m(水库死水位);下游设计最高通航水位57.8m(流量10000m^3/s水位),最低通航水位49.10m(保证率95%)。五强溪船闸为一列直线布置的连续三级船闸,由上游引航道、输水系统进口段、4个闸首、3个闸室、泄水段、下游引航道及相应的设备组成,总长1640m,其中船闸本体一至四闸首和闸室长478m。船闸上、下游引航道采用不对称型布置,上、下游引航道均向左侧岸边扩展,主导航墙均位于左侧,上、下游船舶过闸均采取"曲进直出"的方式。上游引航道左侧主导航墙采用半径为120m的圆弧与上游岸坡衔接,从上游228m开始布置长108m的靠船段,并布置6个中心距为20m的靠船墩;右侧辅导航墙为浮式导航堤,由4艘长55m、宽9m的浮式趸船(通过15锚链定位)联结组成,总长228m。下游引航道左侧主导航墙由斜直线和半径为120m的圆弧进行扩展,并与下游岸坡衔接,从下游318m开始布置长120m的靠船段,并布置7个中心距为20m的靠船墩;右侧直线辅导航墙兼隔流堤长425m。为改善船闸下游引航道口门区的通航水流条件,特别是减小右岸扩机工程电站尾水直冲下游引航道口门区对通航的不利影响,在船闸下游引航道口门右侧增设了长220m底部透空板桩式导流屏(或隔流堤)。五强溪船闸的4个闸首和3个闸室均采用整体式结构。船闸输水系统采用闸墙长廊道闸室中间分流、闸底纵向主廊道两区段顶支孔出水、盖板消能形式。上游进水口长25m,左侧进水口布置于闸室底板下,顶缝进水,右侧进水口布置于进水口边墙,从右侧河道内取水,单侧进水口面积25m²,主廊道尺寸2.5m×2.5m,经过鹅颈管和弧形阀门及门口凸扩体消能后沿闸墙主廊道进入闸室,在一闸室中部进入闸室,与闸室纵向廊道连接,经过分流墩流向上、下游纵向廊道,从沿程的24个顶孔流出,经盖板消能后进入闸室。泄水时,水流从顶孔泄处,经闸底纵向廊道汇于闸室中部横向廊道,再从闸墙主廊道向下游二闸室,二、三闸室输水系统布置基本与一闸室相同,所不同的是在二、三闸室左闸墙设有溢水口,右闸墙设有潜没式溢流孔,将过剩水体弃于河道。三闸室船闸左右侧廊道下泄水流均采用旁侧出水形式从右侧泄至主河道。该船闸4个闸首均设有工作闸门和左、右两个弧形输水阀门,一、四闸首工作闸门采用人字门,二闸首采用带胸墙的双扉门,三闸首采用带胸墙的下沉平面门。所有工作闸门和输水阀门的操作均采用液压启闭机。该船闸于1986年4月开工,1995年2月建成通航。

五强溪船闸技术参数见表3-2-5。五强溪枢纽和五强溪船闸鸟瞰图如图3-2-14、图3-2-15所示。五强溪船闸布置图如图3-2-16所示。

五强溪船闸技术参数表 表3-2-5

河流名称		沅水		建设地点		湖南省怀化市沅陵县
船闸有效尺度(m)		120×12×2.5		最大设计水头(m)		60.9（一闸首24.1m；二闸42.5m；三闸室36.8m；四闸首18.4m）
吨级		2×500		过闸时间(min)		72
门型	闸门	一闸首	人字门	启闭形式	闸门	上游 液压
		二闸首	双扉门			
		三闸首	下沉门			下游 液压
		四闸首	人字门			
	阀门	一闸首	反弧门		阀门	上游 液压
		二闸首	反弧门			
		三闸首	反弧门			下游 液压
		四闸首	反弧门			
结构形式	4个闸首	整体式		输水系统	形式	闸墙长廊道闸室中间分流、闸底纵向主廊道两区段顶支孔出水+盖板消能
	3个闸室	整体式			廊道尺寸(m)	2.5×2.5

续上表

设计通航水位(m)	上游	最高	108.00 (远景110.00)	设计年货运量	货运量250万 t 过木量46万 m^3
		最低	90.00	桥梁情况	无
	下游	最高	57.80 (远景52.2)	建成年份(年)	1995
		最低	49.10		

图 3-2-14　五强溪枢纽鸟瞰图

图 3-2-15　五强溪船闸鸟瞰图

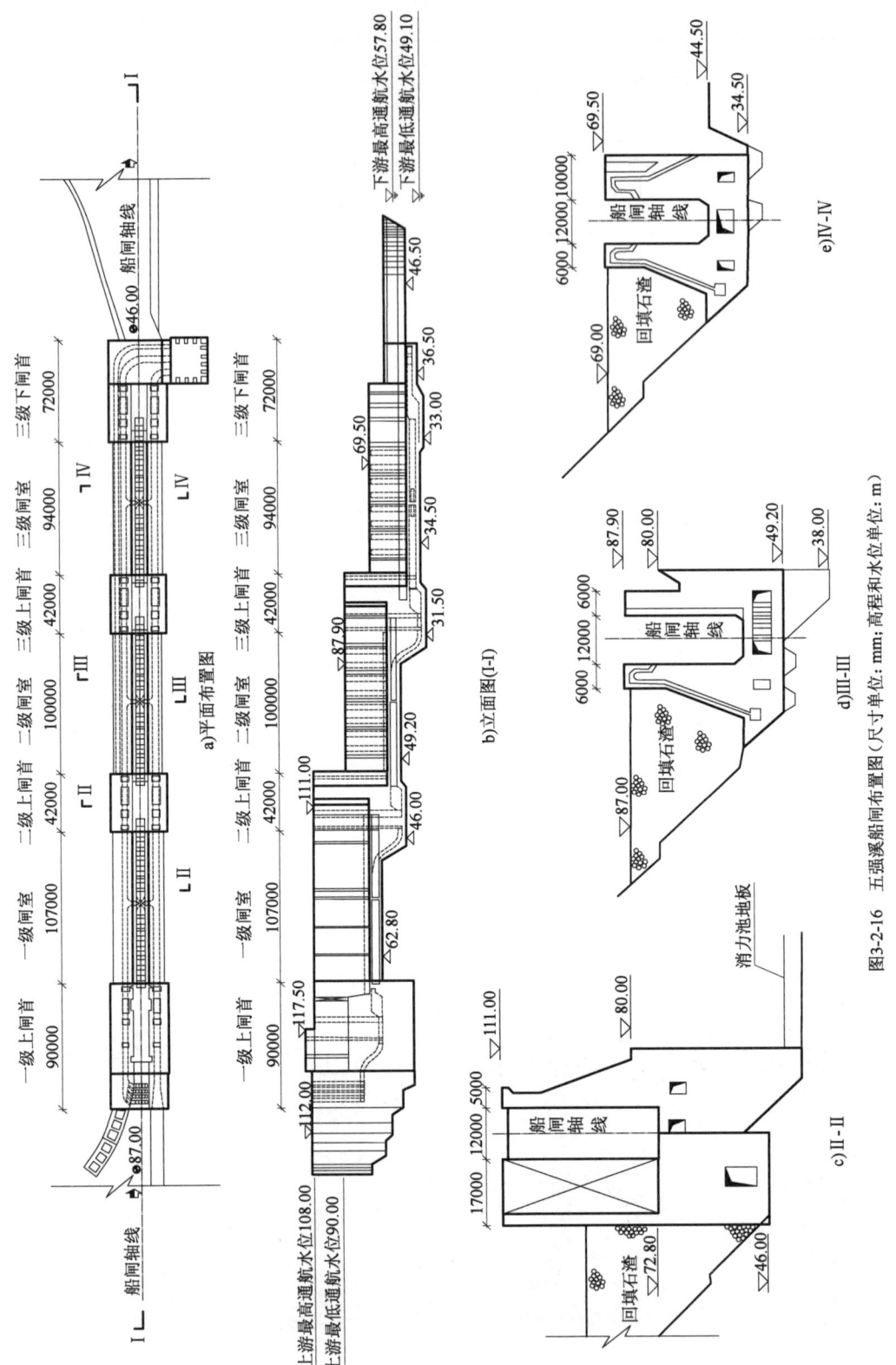

图3-2-16 五强溪船闸布置图（尺寸单位：mm；高程和水位单位：m）

6. 凌津滩船闸

凌津滩水电站位于湖南省常德市桃源县境内,是沅水干流湖南省境内8级规划中的第七级,上距五强溪枢纽47.5km。凌津滩坝址以上控制集雨面积85800km^2,占沅水总流域面积的95.3%,多年平均流量2090m^3/s,水库正常水位51.0m,汛期限制水位50.00m,水库总库容6.34亿m^3。凌津滩枢纽工程属Ⅱ等大(2)型工程,主要永久性建筑物为2级,采用100年一遇洪水设计、1000年一遇洪水校核。凌津滩枢纽主要建筑物从左至右依次为电站厂房、泄洪闸、船闸等。电站厂房为河床式,装9台30MW机组,总装机容量270MW。该枢纽是一座以发电为主,兼有航运效益,并作为上游五强溪水电站反调节枢纽的综合利用工程。该工程于1994年10月开工,1996年12月试通航,2000年12月建成并投入运行。

凌津滩船闸布置在河道右岸,船闸等级为Ⅳ级,闸室有效尺度为120m×12m×2.5m,最大设计水头13.2m,通航2×500吨级船队,船队尺度109m×10.8m×1.6m,设计货运量250万吨/年(80%下行),过木量45万m^3/年(100%下行)。船闸上游设计最高通航水位51.00m(枢纽正常蓄水位),最低通航水位49.1m;下游设计最高通航水位44.45m(流量10000m^3/s水位),最低通航水位37.80m(保证率95%,流量380m^3/s)。船闸引航道采用不对称型布置,上、下游引航道均向右侧岸边扩展,主导航墙均位于右侧,上、下游船舶过闸均采取"曲进直出"的方式。上游引航道总长375m(不含进水口段),其中右侧主导航墙采用半径120m、中心角45°的圆弧与岸坡衔接,上游停泊段长120m,布置6个中心距为20m的靠船墩;左侧辅导航墙兼隔流堤直线段长165m,再接半径224m、中心角14°的圆弧外挑段。下游引航道总长390m,其中右侧主导航墙采用半径120m、中心角45°的圆弧与岸坡衔接,下游停泊段长120m,布置6个中心距为20m的靠船墩;左侧辅导航墙兼隔流堤直线段长315m,再接半径330m、中心角约10.3°的圆弧外挑段。上、下游引航道宽均为40m,设计水深2.5m。船闸上、下闸首和闸室均采用整体式结构,船闸输水系统采用短廊道集中输水、倒口出流消能形式,上游进水口采用闸墙两侧引航道内进水,下游右侧水体泄入引航道,左侧旁泄河道。该船闸于1994年10月开工,1998年12月建成通航。

凌津滩船闸技术参数见表3-2-6。凌津滩船闸鸟瞰图如图3-2-17所示。凌津滩船闸布置图如图3-2-18所示。

凌津滩船闸技术参数表 表3-2-6

河流名称	沅水	建设地点	河南省常德市桃源县
船闸有效尺度(m)	120×12×2.5	最大设计水头(m)	13.2
吨级	2×500	过闸时间(min)	40/70(单侧/双侧)

续上表

河流名称			沅水	建设地点		河南省常德市桃源县
门型	闸门	上游	下沉式平面滑动钢闸门	启闭形式	闸门 上游	固定卷扬式启闭机
		下游	人字门		闸门 下游	液压
	阀门	上游	平板门		阀门 上游	液压
		下游	平板门		阀门 下游	液压
结构形式	上闸首		整体式	输水系统	形式	短廊道集中输水、倒口出流消能
	下闸首		整体式		平均时间(min)	11.5
	闸室		整体式		廊道尺寸(m)	2.0×2.0
设计通航水位(m)	上游	最高	51.00	设计年货运量		货运量 250 万 t 过木量 45 万 m³
		最低	49.10	桥梁情况		无
	下游	最高	44.45	建成年份(年)		1998
		最低	37.80			

图 3-2-17 凌津滩船闸鸟瞰图

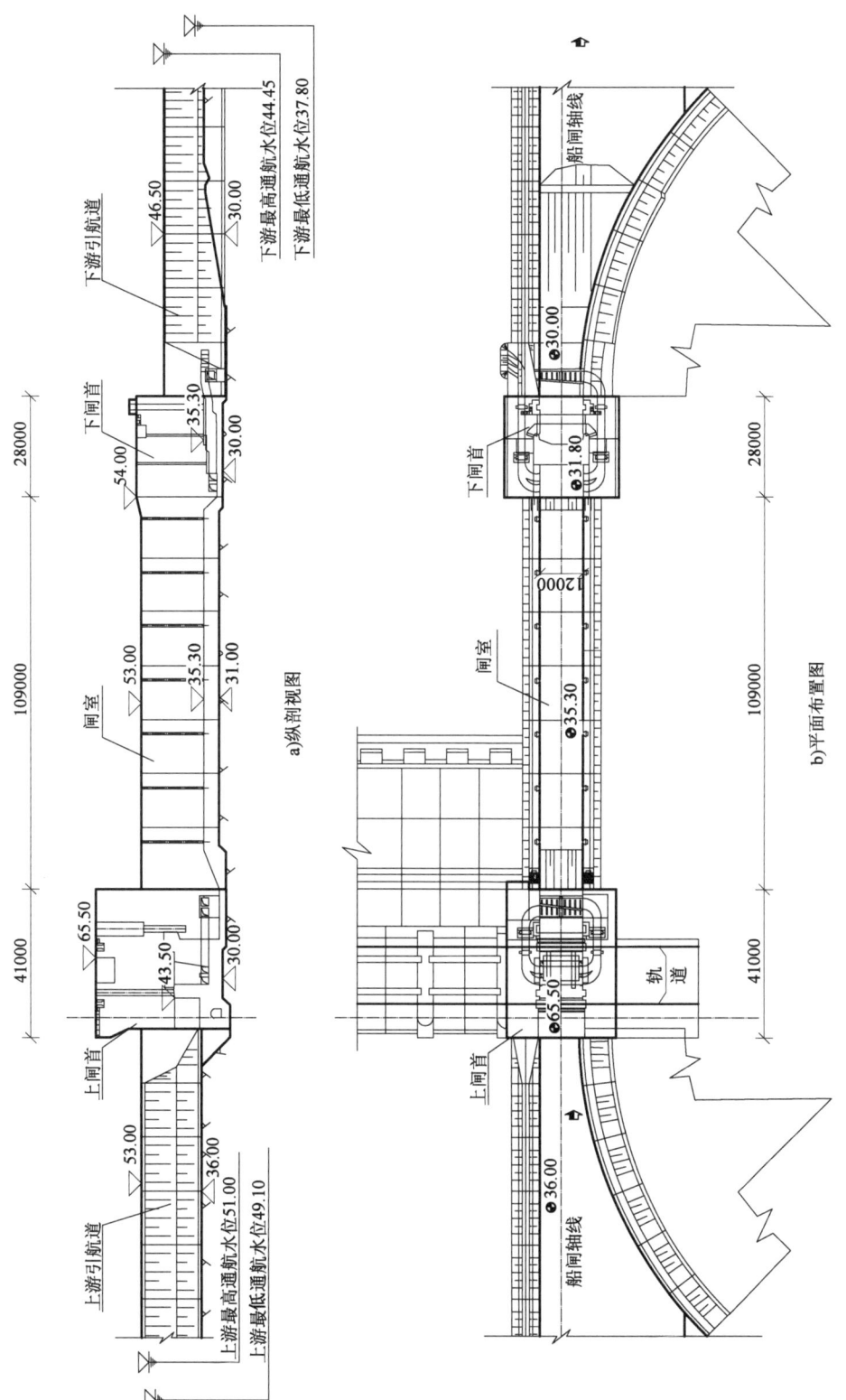

图 3-2-18 凌津滩船闸布置图（尺寸单位：mm；高程和水位单位：m）

7. 桃源船闸

桃源水电站位于湖南省常德市桃源县境内,是沅水干流湖南省境内 8 级规划中的第八级,坝址位于桃源县城、双洲洲尾,上距沅水大桥约 2.0km,距凌津滩水电站 38km,下距桃源县延溪河口约 1.6km,水库正常蓄水位 39.50m,相应库容 1.28 亿 m^3。枢纽设计洪水位 45.18m($P=2\%$),设计洪水流量 28100m^3/s;校核洪水位 48.98m($P=0.2\%$),校核洪水流量 48100m^3/s。主要建筑物包括泄洪闸、土石副坝、电站厂房、船闸、左岸桃源县漳江垸及右岸浔阳垸防洪工程等。泄洪闸共计 25 孔,其中左汊 14 孔、右汊 11 孔,每孔闸净宽 12m,闸下游底流消能;电站厂房位于右汊左岸、双洲岛右侧,装 6 台灯泡贯流式机组,总装机容量 180MW。桃源枢纽是一座以发电为主,兼顾航运、旅游等综合利用的电航枢纽工程。该工程于 2010 年 8 月开工,2015 年 10 月建成并投入运行。

桃源船闸布置在沅水双洲岛尾的左汊右岸,由双洲岛中的陈家洲开挖而成,与双洲土石坝轴线垂直,左侧通过土石副坝与泄水闸坝段连接,右侧通过土石副坝接电站厂房。船闸等级为Ⅳ级,闸室有效尺度为 120m×18m×3.5m,最大设计水头 10.06m,通航 2×500 吨级船队,船队尺度 111m×10.8m×1.6m,设计货运量 250 万吨/年(80%下行)。上游设计最高通航水位 39.50m/42.6m(近期枢纽正常蓄水位/远期 $P=10\%$ 水位),最低通航水位 38.7m(水库敞泄水位);下游设计最高通航水位 37.89m/42.48m(近期流量 10000m^3/s 水位/远期 $P=10\%$ 水位),最低通航水位 29.44m(保证率 95%、流量 400m^3/s)。船闸引航道采用反对称型布置,上游引航道向左侧扩展,主导航墙位于右侧;下游引航道向右侧扩展,主导航墙位于左侧;上、下游船舶过闸均采取"直进曲出"的方式。上、下游引航道直线段长均为 390m,其中导航段长 111.0m、调顺段长 168.0m、停泊段长 111.0m,各布置 6 个中心距为 20m 的靠船墩。上游引航道宽 50m,下游引航道宽 40m,设计水深 3.0m。上游引航道左右侧皆为土坡导航堤,左侧导航堤长 412m,右侧导航堤沿双洲左侧修建,长约 1.5km;下游引航道左侧导航堤总长 565.5m,右侧导航堤总长 443.5m。船闸上、下闸首和闸室均采用整体式结构,船闸输水系统采用短廊道集中输水、倒口出流消能方式,下游泄水消能室消能。该船闸于 2010 年 8 月开工,2012 年 11 月建成通航。

桃源船闸技术参数见表 3-2-7。桃源枢纽及船闸鸟瞰图如图 3-2-19 所示。桃源船闸布置图如图 3-2-20 所示。

桃源船闸技术参数表　　　　　　表 3-2-7

河流名称	沅水	建设地点	湖南省常德市桃源县
船闸有效尺度(m)	120×18×3.5	最大设计水头(m)	10.06
吨级	2×500	过闸时间(min)	40

续上表

门型	闸门	上游	下沉平板门	启闭形式	闸门	上游	液压
		下游	人字门			下游	液压
	阀门	上游	平板门		阀门	上游	液压
		下游	平板门			下游	液压
结构形式	上闸首	整体式		输水系统	形式	短廊道集中输水、倒口出流消能	
	下闸首	整体式			平均时间(min)	9.6	
	闸室	整体式			廊道尺寸(m)	2.5×2	
设计通航水位(m)	上游	最高	39.5/42.6（近期/远期）	设计年通过能力(单向,万t)		250	
		最低	38.70	桥梁情况		上闸首交通桥	
	下游	最高	37.89/42.48（近期/远期）	建成年份(年)		2012	
		最低	29.44				

图 3-2-19 桃源枢纽及船闸鸟瞰图

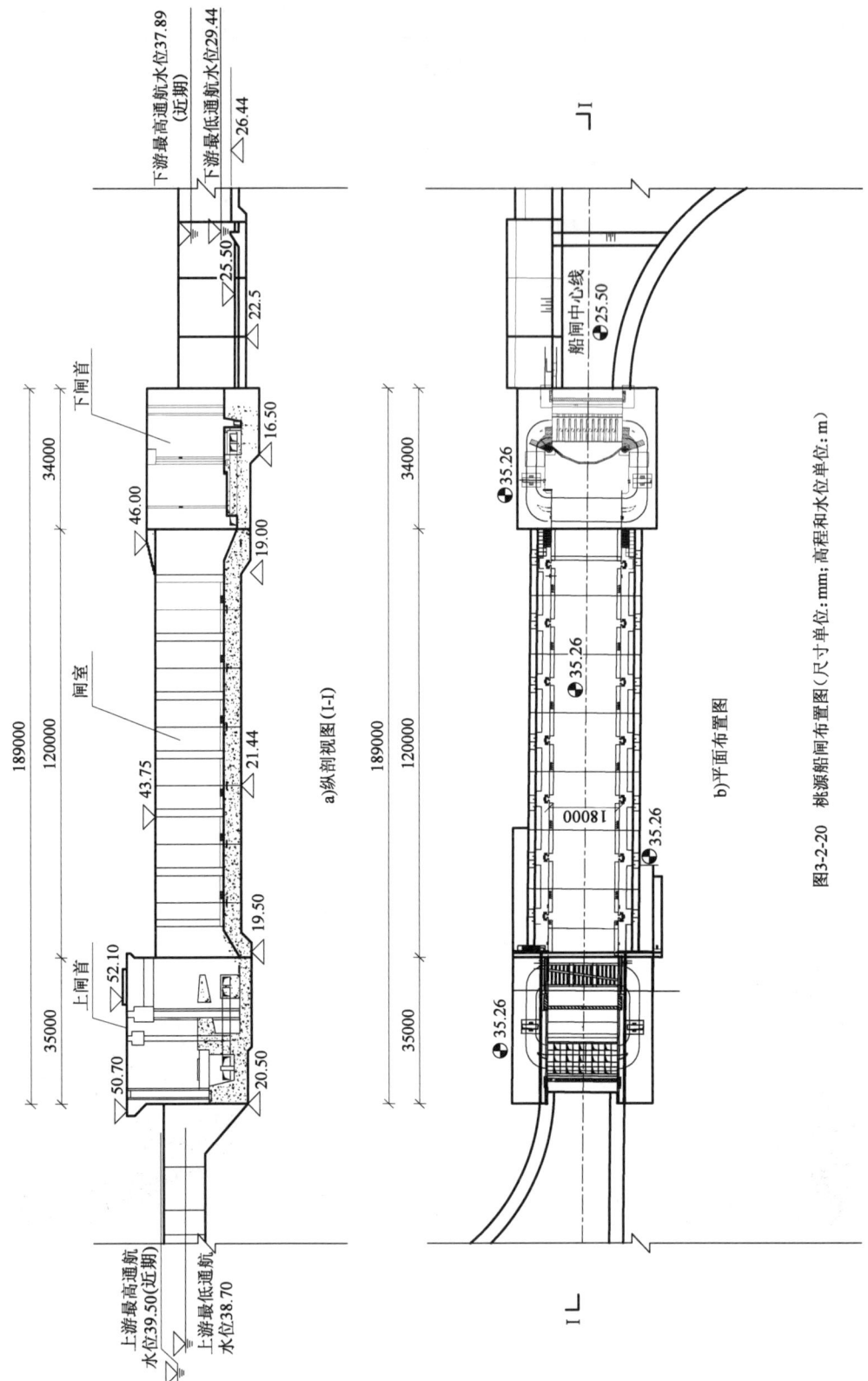

图3-2-20 桃源船闸布置图（尺寸单位：mm；高程和水位单位：m）

第三节　汉江通航建筑物

汉江是长江中游最大的支流,发源于陕西省汉中市宁强县秦岭南麓,自西向东流经勉县、汉中市、城固县、洋县、石泉县、汉阴县、紫阳县、安康市汉滨区、旬阳县,于白河县进入湖北省,再经郧西县、襄阳市、宜城市、钟祥市、潜江市、天门市、仙桃市、汉川市等县(市),最后由武汉市汉口龙王庙汇入长江。汉江干流全长1577km,流域面积15.9万km²。

汉江干流自丹江口以上为上游,河谷狭窄,长约925km;丹江口至钟祥为中游,河谷较宽,沙滩多,长约270km;钟祥至汉口为下游,长约382km,流经江汉平原。北岸支流发源于秦岭南坡,南北两岸主要支流有沮水、褒河、金水河、子午河、月河、旬河、蜀河、金钱河、冷水河、南沙河、牧马河、任河、岚河、堵河、丹江、南河和唐白河等。汉江干流通航里程长达1376km,其中陕西境内858km,安康至白河规划500吨级Ⅳ级航道,汉中至安康规划300吨级Ⅴ级航道,规划有安康、旬阳、蜀河、白河、黄金峡、石泉等枢纽;湖北境内航道里程长518km,规划达到Ⅲ~Ⅳ级,建有丹江口、王甫洲、崔家营、兴隆等梯级。

汉江梯级枢纽规划图如图3-3-1所示。

1. 安康升船机

安康水电站位于陕西省安康市汉滨区境内,是汉江上游干流梯级开发9级规划中的第四级,下距安康市区18km,其上、下游分别与喜河枢纽和旬阳枢纽水位相衔接。安康水电站坝址集雨面积35700km²,枢纽正常蓄水位330m(1956黄海高程),死水位300m。枢纽设计洪水位333.1m($P=0.1\%$),校核洪水位337.05m($P=0.01\%$)。安康枢纽工程等级为Ⅰ等,主要挡泄水建筑物按1级设计。枢纽坝顶全长541.5m,最大坝高128m,主要建筑物从左至右依次为左岸非溢流坝段、中孔坝段、左底孔坝段、表孔坝段、右底孔坝段、厂房坝段和右岸非溢流坝段。泄水设施包括5个15m×17m开敞式泄水表孔、5个11m×12m带胸墙中孔、4个5m×8m底孔及坝下游消能建筑物;坝后式电站厂房位于河道右岸,装4台水轮发电机组,总装机容量8525MW(含冲沙孔装机525MW)。安康水电站是以发电为主,兼有航运、防洪、养殖、旅游等综合效益的大型水利枢纽工程。该枢纽于1978年4月开工,1990年12月第一台机组发电,1995年竣工。

安康升船机布置在靠河道左岸的中孔坝段,该处设置有泄洪中孔和岸边溢洪道,升船机轴线与坝轴线垂直,采用钢丝绳卷扬平衡重式垂直升船机,升船机等级为Ⅶ级。船舶干运过坝,通过垂直提升机构将坝上游船舶提升至坝顶,再水平运至下游,降入下游消力池内,反向可将下游船舶提升至上游水库。上游最大提升高度45m,下游最大提升高度102m,水平运距140m,通航100吨级自航驳,设计通过能力30万吨/年。上游设计最高通航水位330.00m(枢纽正常蓄水位),最低通航水位300.00m(水库死水位);下游设计最高通航水位247.40m,最低通航水位242.10m。主要建筑物包括上游引航道排架、垂直提升和行走机构、挡水坝体(兼泄洪用)、下游引航道排架和下游引航道。上、下游船舶过坝均采取"直进直出"的方式。上游引航道长100m,下游引航道长75m,上游排架高101.5m,下游排架高91m,排架轴线总长174.5m。

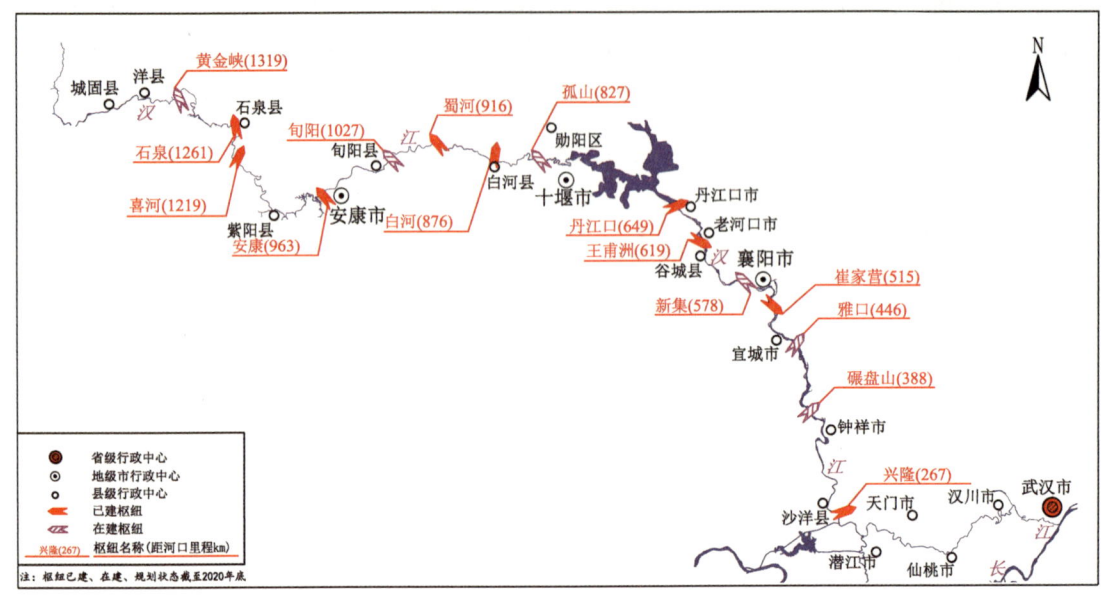

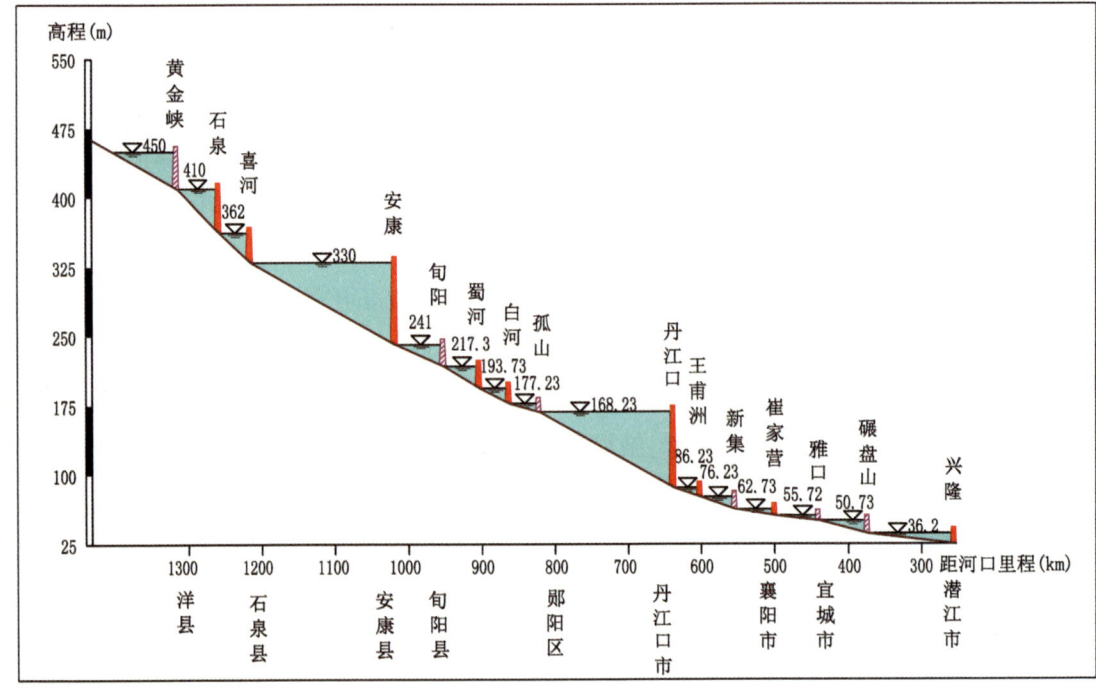

图3-3-1 汉江梯级枢纽规划图

升船机主体设备由机械设备和电气设备两部分组成,机械设备包括提升机构及其附属装置、承船厢及其附属设备、行走机构及其附属设备、门架、控制室、行车梁及轨道、安全保护装置等。承船厢为钢质槽形薄壁结构,两端分别设卧倒式闸门,承船厢外形尺度为 25.4m×11.36m×5.95m,厢体由钢丝绳 4 吊点悬吊在升船机门架上,并在下游侧设置 4 个导向槽。升船机电气系统采用全自动和手动两种控制方式。电力传动采用晶闸管 2 电动机调速系统,其控制系统起升机构为电流内环、速度外环的双闭环调节系统,由 4 台 200kW 直流电机驱动,总起吊质量 320t。行走机构为电流内环、电压外环的双闭环调节系统,由 8 台 1815kW 直流电机驱动。安康升船机于 1998 年投入使用,目前运行状况良好。

安康升船机位于中孔溢洪坝段上,排架高度达到 101.5m,是目前国内之最;下游排架结构不对称,左右桩柱高差达 33m;且下游排架位于中孔消力池水跃区,水流脉动使排架系统存在水弹性振动问题。这些问题的解决有力提升了我国升船机设计建设的技术水平。

安康升船机技术参数见表 3-3-1。安康枢纽鸟瞰图和实景图如图 3-3-2、图 3-3-3 所示。安康升船机布置图如图 3-3-4 所示。

安康升船机技术参数表 表 3-3-1

河流名称			汉江	建设地点		陕西省安康市汉滨区
形式			钢丝绳卷扬全平衡垂直提升	运行方式		垂直提升水平行走
吨级			100 吨级	承船厢尺度(m)		25.4×11.36×5.95
承船厢总重(t)			300	船厢门类型		卧倒式闸门
最大升程(m)			45/102(上游/下游)	过坝时间(min)		45
设计年通过能力(万 t)			30	平衡重系统		悬挂式
设计通航水位(m)	上游	最高	330.00	主提升电机		4 台 200kW 直流电机
		最低	300.00	悬吊系统		钢丝绳卷扬
	下游	最高	247.40	减速装置		齿轮减速器
		最低	242.10	同步轴装置		—
卷筒装置			—	制动系统		—
结构形式	上游引航道		架空排架	启闭设备	上闸首检修门	卷扬机
	下游引航道		架空排架		上闸首工作门	—
	上闸首		架空排架		下闸首工作门	—
	船厢室段		架空排架		下游检修门	—
	下闸首		架空排架			
设计水平年(年)			—	建成年份(年)		1998
				运用情况		良好

图 3-3-2　安康枢纽鸟瞰图

图 3-3-3　安康枢纽实景图

2. 崔家营船闸

崔家营航电枢纽位于湖北省襄阳市境内,是湖北省境内汉江干流 8 级规划中的第五级,上距襄阳城区 17km、距丹江口枢纽 134km,下距汉江河口 515km。崔家营坝址集雨面积 130624km²,枢纽正常蓄水位 62.73m(1956 黄海高程),消落水位 62.23m。枢纽设计洪水位 63.15m($P=2\%$),设计洪水流量 19600m³/s;校核洪水位 64.25m($P=0.33\%$),校核洪水流量 25380m³/s。崔家营枢纽工程等级为Ⅱ等,主要挡泄水建筑物、电站厂房和船闸主体按 2 级设计。枢纽坝轴线全长 2180m,主要建筑物从左至右依次为左岸土石坝、门机检修平台、电站厂房、泄水闸、船闸和右岸连接坝等。崔家营枢纽位于分汊河段上,电站厂房和船闸分别布置在右汊左、右两侧,电站厂房左侧紧靠崔家营江心洲,装 6 台灯泡贯流式机组,总装机容量 90MW;20 孔泄水闸位于右汊主河床中央,每孔闸净宽 20m,闸下游底流消能;左汊布置长 1350m 的土石坝。崔家营枢纽是一座以航运和发电为主,兼有灌溉、

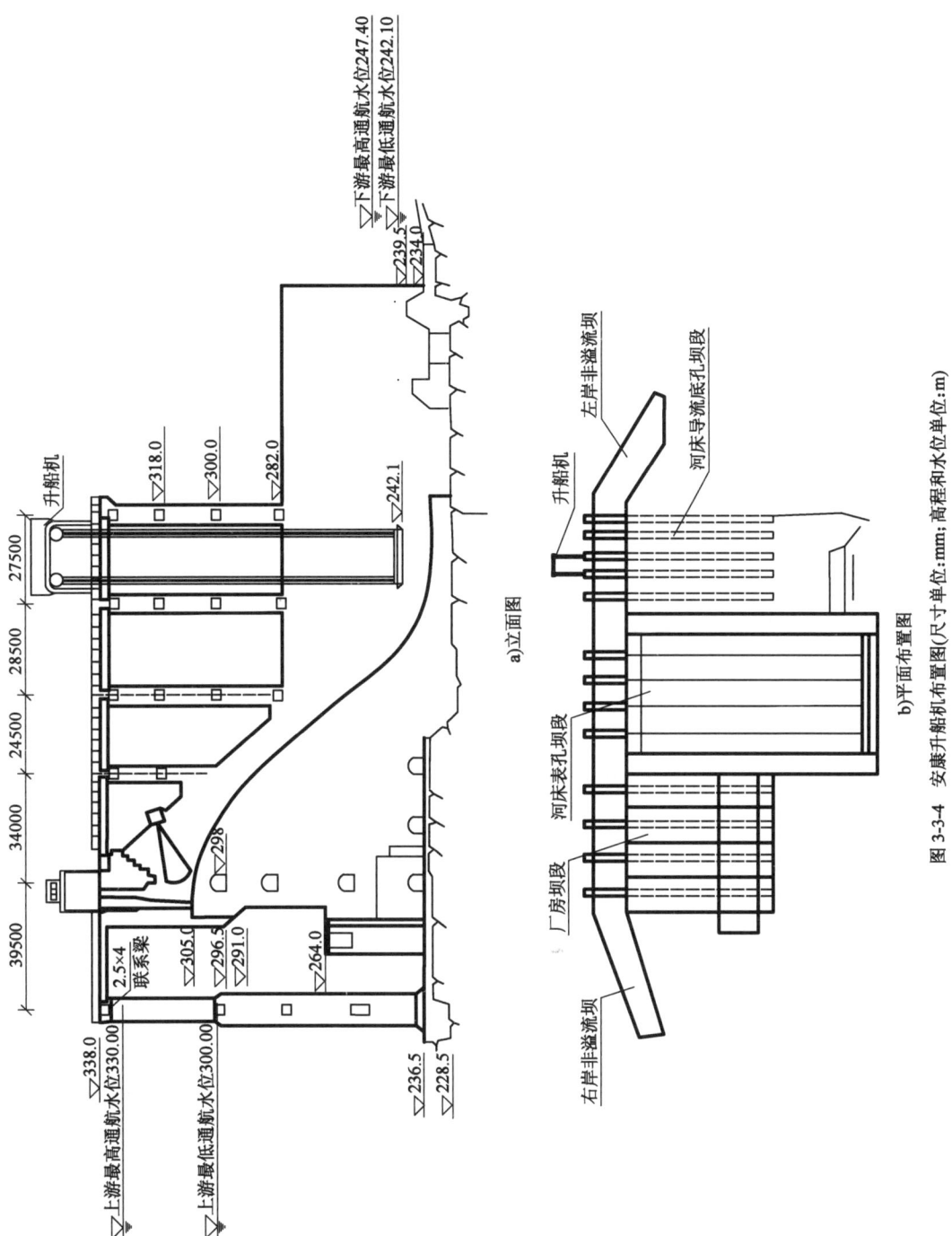

图 3-3-4 安康升船机布置图(尺寸单位:mm;高程和水位单位:m)

供水、旅游、水产养殖等综合效益的水利枢纽工程。枢纽主体工程于2005年11月开工，2010年11月完工。

崔家营船闸布置在右汊右岸，船闸等级为Ⅲ级，闸室有效尺度为180m×23m×3.5m，最大设计水头8.82m（上游正常蓄水位62.73m－下游最低通航水位53.91m），通航1000吨级分节驳和双排双列顶推船队，船队尺度167m×21.6m×2.0m，设计通过能力768万吨/年。船闸上游设计最高通航水位62.73m（正常蓄水位），最低通航水位62.23m（消落水位）；下游设计最高通航水位61.21m（$P=10\%$），最低通航水位53.91m（保证率97%并考虑下切1m）。船闸上闸首伸出坝轴线上游31.89m，船闸引航道采用不对称型布置，上、下游引航道均向右侧岸边拓宽，主导航墙均位于左侧，上、下游船舶过闸均采取"直进曲出"的方式。上游引航道长1018m，左侧主导航墙直线段长618m，其中导航段长170m、调顺段长282.5m、停泊段长165.5m，上游制动段长400m；右侧辅导航墙采用半径65m的圆弧扩展后与岸坡连接。下游引航道长982m，左侧主导航墙直线段长585m，其中导航段长170m、调顺段长248m、停泊段长167m，下游制动段长400m；右侧辅导航墙亦采用半径65m的圆弧扩展后与岸坡连接。上、下游停泊段各布置10个间距为15m的靠船墩。上、下游引航道宽均为75m（口门宽112.5m），设计最小水深3.0m。船闸上、下闸首均采用整体式结构，闸室采用分离式结构。船闸输水系统采用闸墙长廊道侧支孔出水、消力槛消能，下游泄水口消力池消能。该船闸于2006年10月开工，2009年2月建设完成。

崔家营船闸技术参数见表3-3-2。崔家营枢纽和船闸鸟瞰图如图3-3-5、图3-3-6所示。崔家营船闸布置图如图3-3-7所示。

崔家营船闸技术参数表　　　　　　　　　　　表3-3-2

河流名称			汉江干流		建设地点			湖北省襄阳市
船闸有效尺度(m)			180×23×3.5		最大设计水头(m)			8.82
吨级			1000		过闸时间(min)			45
门型	闸门	上游	人字门		启闭形式	闸门	上游	液压
		下游	人字门				下游	液压
	阀门	上游	平板门			阀门	上游	液压
		下游	平板门				下游	液压
结构形式	上闸首		整体式		输水系统	形式		闸墙长廊道侧支孔出水
	下闸首		整体式			平均时间(min)		8.0
	闸室		分离式			廊道尺寸(m)		3.2×4.0
设计通航水位(m)	上游	最高	62.73		设计年通过能力(万t)			768
		最低	62.23		桥梁情况			跨闸室交通桥
	下游	最高	61.21		建成年份(年)			2009
		最低	53.91					

图 3-3-5　崔家营枢纽鸟瞰图

图 3-3-6　崔家营船闸鸟瞰图

3. 雅口船闸

雅口航运枢纽位于湖北省宜城市境内,是湖北省境内汉江干流 8 级规划中的第六级,上距宜城市区 15.7km、距崔家营枢纽约 52.67km,下距碾盘山枢纽约 59.38km、距河口 446km(1956 黄海高程,下同)。雅口坝址集雨面积 133087km²,多年平均流量 1100m³/s,枢纽正常蓄水位 55.22m,消落水位 54.72m,水库总库容 3.54 亿 m³。枢纽设计洪水位 54.36m($P=2\%$),设计洪水流量 20200m³/s;校核洪水位 55.41m($P=0.33\%$),校核洪水流量 27300m³/s。雅口枢纽工程等级为 Ⅱ 等,主要建筑物按 2 级设计,坝轴线总长 3179.9m,从左至右依次为左岸土石坝、泄水闸、电站厂房、过鱼设施、连接段、船闸和右岸土石坝等。船闸和电站厂房均位于河道右岸,中间用隔流堤(岛)及鱼道分隔,电站厂房装 6 台灯泡贯流式机组,总装机容量 75MW;44 孔泄水闸布置在河道中偏右岸,每孔闸净宽 14m,闸下游底流消能。雅口枢纽是一座以航运为主,结合发电,兼顾旅游和灌溉等综合效益的航运枢纽工程。该工程于 2016 年 12 月开工,2020 年建成并投入运行。

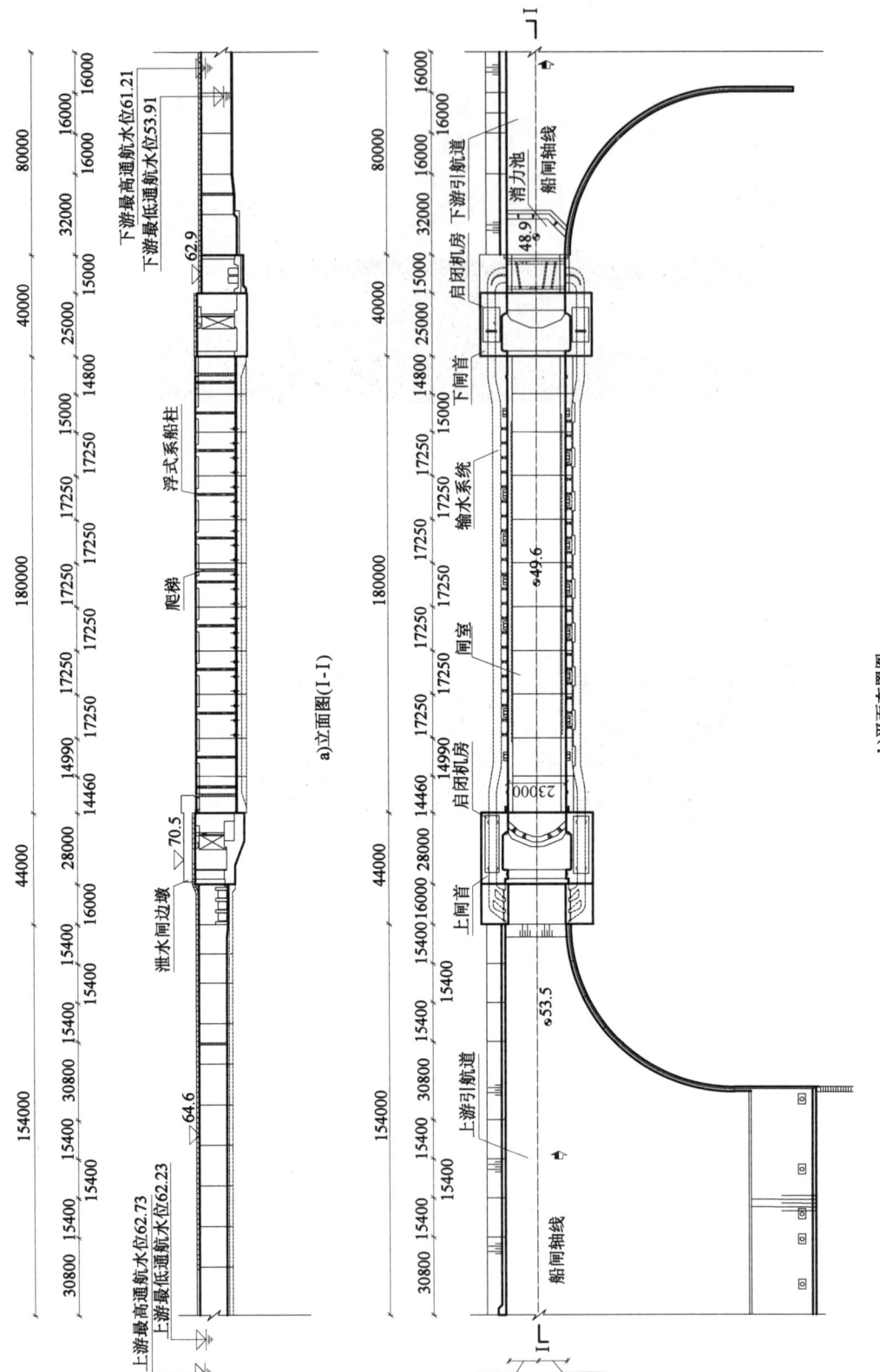

图 3-3-7 崔家营船闸布置图（尺寸单位：mm；高程和水位单位：m）

雅口船闸布置在河道右岸边滩的支汊内,船闸等级为Ⅲ级,闸室有效尺度为180m×23m×3.5m,最大设计水头9.37m/4.90m(下游碾盘山枢纽建成前/后),通航1000吨级货船和1顶4×1000吨级船队,船队尺度167m×21.6m×2m,设计通过能力1122万吨/年。上游设计最高通航水位55.22m(水库正常蓄水位),最低通航水位47.80m;下游设计最高通航水位53.28m($P=10\%$),最低通航水位45.85m(碾盘山枢纽建成前,保证率98%)。船闸引航道采用准不对称型布置,上、下游引航道均向左侧隔流堤拓宽,主导航墙及靠船建筑物均位于左侧,上、下游船舶过闸均采取"曲进直出"的方式。上、下游引航道左侧主导航墙导航调顺段采用$Y=X^2/1000$与$y=x/6$两段线形连接,沿船闸轴线方向投影长225.9m;上、下游停泊段为1:3的斜坡护岸,长均为334m,各布置12个中心距为25m的靠船墩。上、下游右侧辅导航墙均采用半径60m的圆弧与斜坡护岸连接,沿船闸轴线方向投影长分别为58.61m和57.31m。上、下游引航道宽均为65m,设计水深2.4m。船闸上、下闸首及闸室均采用整体式结构,船闸输水系统采用具有局部分散输水功能的集中输水系统、消能室消能。上、下游工作闸门为人字门,阀门为平板提升门。该船闸于2019年12月建成通航。

雅口船闸技术参数见表3-3-3。雅口枢纽效果图如图3-3-8所示。雅口船闸布置图如图3-3-9所示。

雅口船闸技术参数表　　　　　　　表3-3-3

河流名称		汉江		建设地点		湖北省宜城市
船闸有效尺度(m)		180×23×3.5		最大设计水头(m)		9.37/4.9 (碾盘山枢纽建成前/后)
吨级		1000 1顶4×1000		过闸时间(min)		45.52/39.52 (碾盘山枢纽建成前/后)
门型	闸门	上游	人字门	启闭形式	闸门	上游	液压
		下游	人字门			下游	液压
	阀门	上游	平板门		阀门	上游	液压
		下游	平板门			下游	液压
结构形式	上闸首		整体式	输水系统	形式		具有局部分散输水功能的集中输水系统
	下闸首		整体式		平均时间(min)		10/6(碾盘山枢纽建成前/后)
	闸室		整体式		廊道尺寸(m)		3.2×3.6
设计通航水位(m)	上游	最高	55.22	设计年通过能力(万t)			1122
		最低	47.80	桥梁情况			跨闸室交通桥
	下游	最高	53.28				
		最低	45.85/50.32 碾盘山枢纽 建成前/后	建成年份(年)			2019

图 3-3-8 雅口枢纽效果图

4. 兴隆船闸

兴隆水利枢纽位于湖北省潜江市、天门市交界处,是湖北省境内汉江干流 8 级规划中的第八级,上距崔家营枢纽 241.3km、距丹江口枢纽 378.3km,下距汉江河口 273.7km。兴隆枢纽正常蓄水位 36.2m(1956 黄海高程),消落水位 35.9m;设计和校核洪水位 41.75m($P=1\%$),设计和校核洪水流量 19400m³/s(河道安全泄量)。兴隆枢纽为 I 等工程,主要挡泄水建筑物和电站厂房等按 1 级设计,枢纽坝轴线全长 2750m,主要建筑物从左至右依次为左岸滩地段、左岸门库段、泄水闸、右岸门库段、电站厂房、船闸和右岸滩地段等。电站厂房和船闸均布置在河道右岸,电站装 4 台灯泡贯流式机组,总装机容量 40MW;56 孔泄洪闸位于主河床中央,每孔闸净宽 14m。兴隆枢纽是一座以改善两岸灌区引水条件和汉江通航条件为主,兼顾发电的水利枢纽工程。枢纽主体工程于 2009 年 12 月开工,2014 年 9 月投入运行。

兴隆船闸布置在河道右侧凹岸,左侧通过隔离堤与电站厂房相连,右侧与过流滩地相邻。船闸等级为 III 级,闸室有效尺度为 180m×23m×3.5m,最大设计水头 6.5m(上游正常蓄水位 36.2m–下游最低通航水位 29.7m),通航 1 顶 4×1000 吨级船队,设计单向通过能力近期 566.5 万吨/年、远期 990.5 万吨/年。上游设计最高通航水位 37.8m(流量 10000 m³/s 水位),最低通航水位 35.9m(消落水位);下游设计最高通航水位 37.7m(流量 10000 m³/s 水位),最低通航水位 29.7m(最低通航流量 420m³/s 水位)。船闸引航道采用不对称型布置,上、下游引航道均向右侧岸边扩展,主导航墙及靠船建筑物均位于右侧,上、下游船舶过闸均采取"曲进直出"的方式。上游引航道直线段长 450m,其中导航段长 167m、调顺段长 93m、停泊段长 170m,上游制动段长 830m;下游引航道直线段长 450m,其中导航段长 167m、调顺段长 93m、停泊段长 170m,下游圆弧制动段长 559m,上、

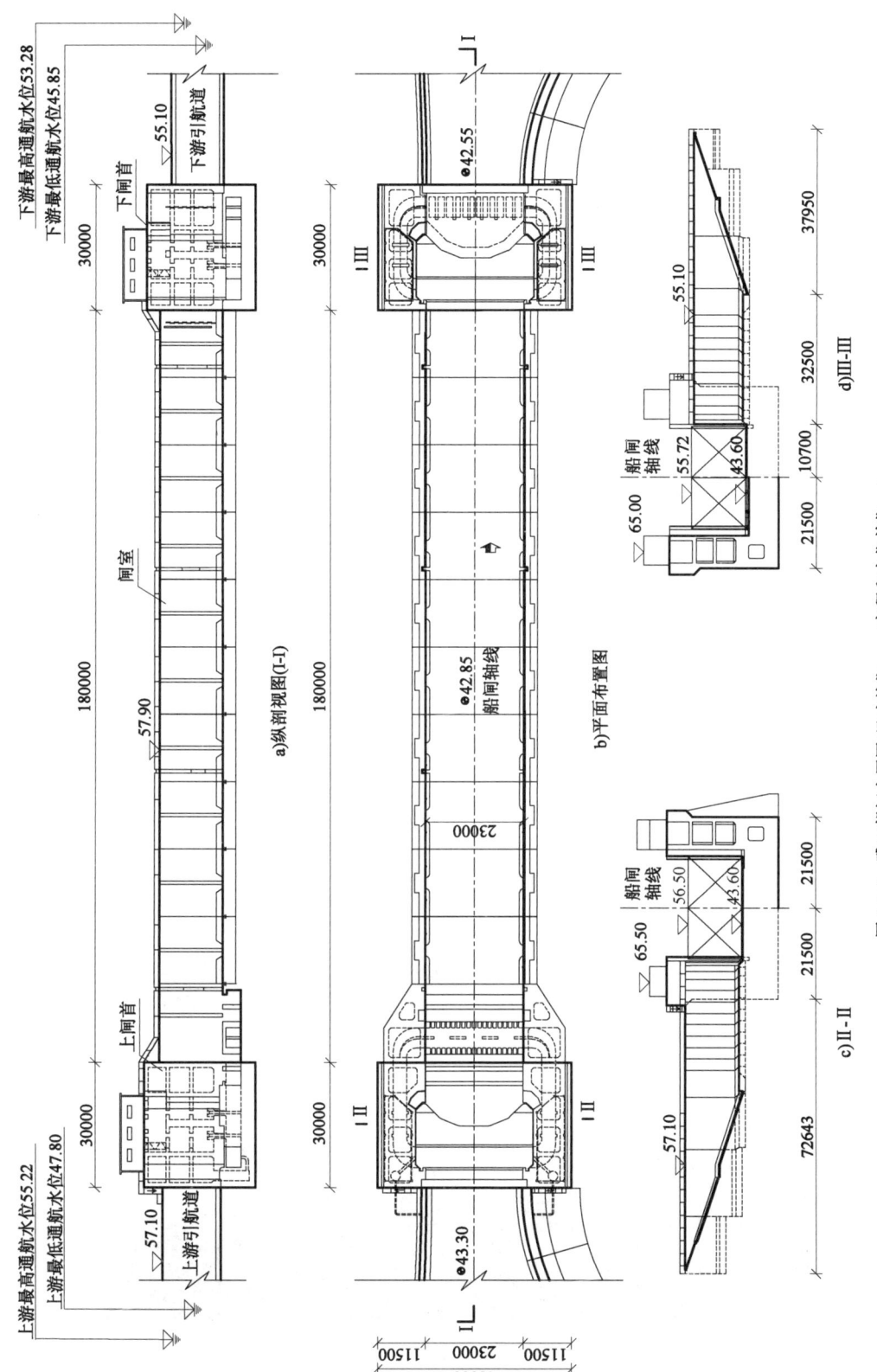

图 3-3-9 雅口船闸布置图（尺寸单位：mm；高程和水位单位：m）

下游停泊段各布置9个中心距为20m的靠船墩;上、下游引航道左导航墙末端分别以"外八字"形向上、下游延伸。上、下游引航道底宽均为76m,上游引航道口门宽114m,下游引航道口门宽139m,设计水深3.2m。船闸上、下闸首和闸室均采用整体式结构,船闸输水系统采用短廊道输水、格栅式帷墙消能室消能,下游泄水孔消力槛消能。该船闸与枢纽主体工程同步开工,2013年4月通航。

兴隆船闸技术参数见表3-3-4。兴隆枢纽鸟瞰图如图3-3-10所示。兴隆船闸布置图如图3-3-11所示。

兴隆船闸技术参数表　　　　　　表3-3-4

河流名称			汉江	建设地点		湖北省潜江市
船闸有效尺度(m)			180×23×3.5	最大设计水头(m)		6.5
吨级			1顶4×1000	过闸时间(min)		44.38
门型	闸门	上游	人字门	启闭形式	闸门	上游	液压
		下游	人字门			下游	液压
	阀门	上游	平板门		阀门	上游	液压
		下游	平板门			下游	液压
结构形式	上闸首		整体式	输水系统	形式	短廊道输水+格栅式帷墙消能室消能
	下闸首		整体式		平均时间(min)	10
	闸室		整体式		廊道尺寸(m)	3.2×3.6
设计通航水位(m)	上游	最高	37.80	设计年通过能力(单线单向,万t)		566.5/990.5（近期/远期）
		最低	35.90	桥梁情况		上闸首交通桥
	下游	最高	37.70	建成年份(年)		2013
		最低	29.70			

图3-3-10　兴隆枢纽鸟瞰图

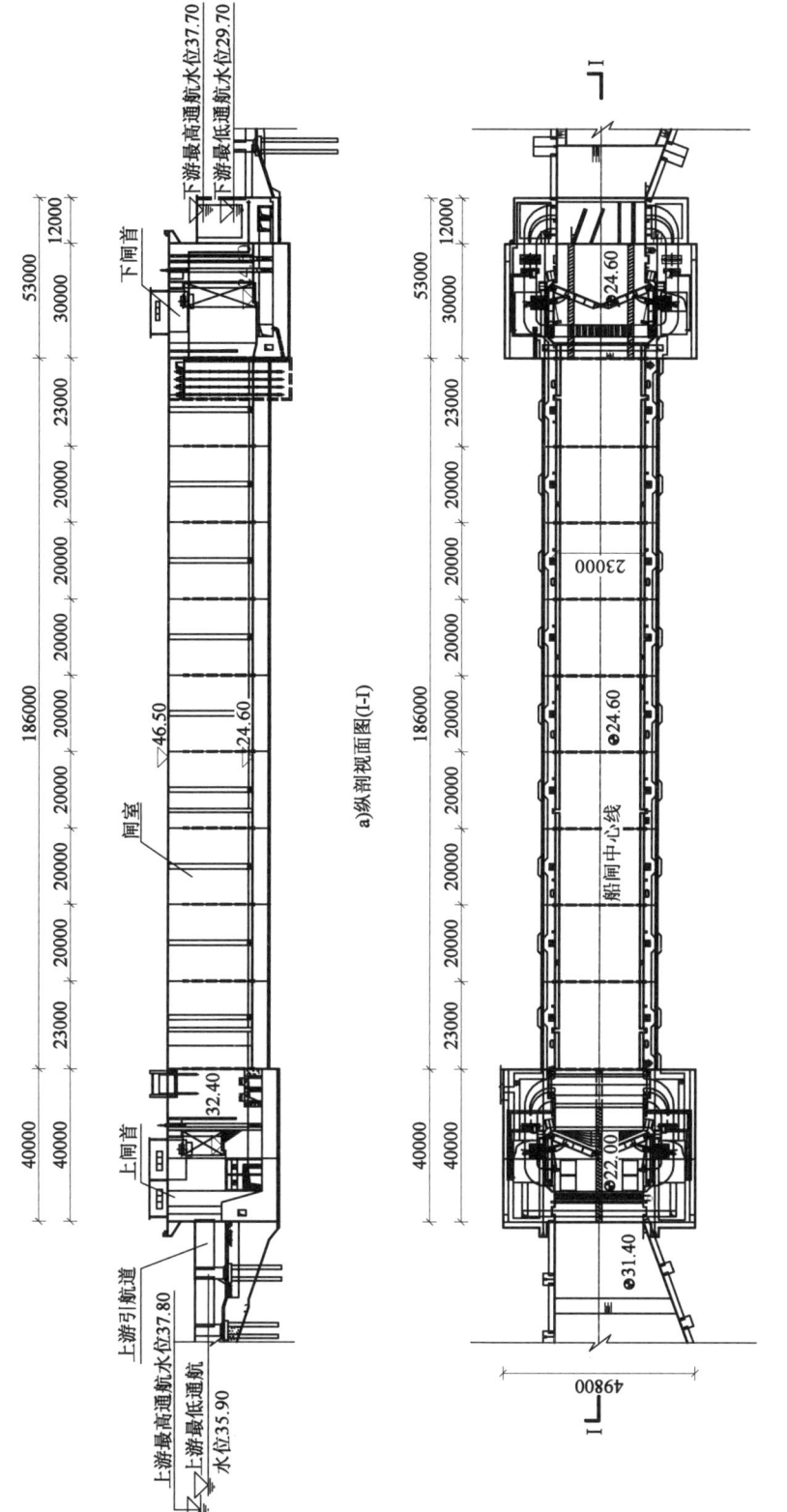

图 3-3-11 兴隆船闸布置图(尺寸单位:mm;高程和水位单位:m)

5. 新沟船闸

新沟船闸位于湖北省汉川市新河镇与武汉市新沟镇之间,是汉北河航线进出汉江航道的通航建筑物,下距汉北河出口1.5km,距汉江河口约55km。汉北河是汉江支流,是江汉平原骨干航道网的重要组成部分,是汉北河流域连接汉江的重要通道,航道规划等级为Ⅲ级。新沟枢纽包括船闸、节制闸、两岸防洪堤和过闸公路桥等,船闸布置在河道左岸,节制闸靠右岸,两闸中心轴线间距86.6m,船闸轴线与枢纽轴线垂直,船闸第7段闸室与节制闸平齐,与两岸汉江大堤相接,形成封闭的防洪线。新沟枢纽工程等级为Ⅱ等,枢纽上游校核洪水位29.48m($P=1\%$),下游校核洪水位30.18m($P=1\%$),上游抗旱保证水位20.15m,设计排涝流量1500m³/s。

新沟船闸位于新沟节制闸左侧,船闸等级为Ⅳ级,闸室有效尺度为180m×16m×3.5m,该船闸为承受双向水头船闸,最大设计水头6.62m/4.40m(正向/反向),通航1000吨级货船和1顶2×500吨级船队,设计单向通过能力453万吨/年。船闸上游设计最高通航水位25.95m,最低通航水位20.15m(枢纽控制水位);下游设计最高通航水位27.46m,最低通航水位14.38m(保证率98%)。船闸引航道采用不对称型布置,上、下游主导航墙均位于左侧岸边,船舶过闸均采取"曲进直出"的方式。上游引航道主导航墙长114m(沿船闸中心线投影),上游靠船段长140m;下游引航道主导航墙长114m,下游靠船段长140m。在上游引航道直线段末以半径340m、中心角23°的圆弧线+107.4m的直线+半径340m、中心角23°的圆弧线与上游航道中心线相衔接;下游引航道采用半径340m的圆弧与下游航道中心线相衔接入汉江。上、下游引航道宽均为40m,设计水深3.0m。船闸上、下闸首和闸室均采用整体式结构,船闸输水系统采用短廊道集中输水、结合三角门门缝输水形式,船闸工作闸门为三角门,阀门为平板提升门。该船闸于2015年12月开工,2020年底建成通航。

新沟船闸技术参数见表3-3-5。新沟船闸效果图如图3-3-12所示。新沟船闸布置图如图3-3-13所示。

新沟船闸技术参数表 表3-3-5

河流名称		汉北河		建设地点		湖北省汉川市新河镇与武汉市新沟镇之间
船闸有效尺度(m)		180×16×3.5		最大设计水头(m)		6.62/4.40(正向/反向)
吨级		1000 1顶2×500		过闸时间(min)		35
门型	闸门	上游	三角门	启闭形式	闸门	上游	液压
		下游	三角门			下游	液压
	阀门	上游	平板门		阀门	上游	液压
		下游	平板门			下游	液压

续上表

结构形式	上闸首	整体式		输水系统	形式	短廊道集中输水,结合三角门门缝输水
	下闸首	整体式			平均时间(min)	9.0
	闸室	整体式			廊道尺寸(m)	2.5×2.5(进口)/1.6×2.2(出口)
船闸设计通航水位(m)	上游	最高	25.95	设计年通过能力(单线单向,万 t)		453
		最低	20.15	桥梁情况		跨闸室交通桥
	下游	最高	27.46	建成年份(年)		2020
		最低	14.38			

图 3-3-12 新沟船闸效果图

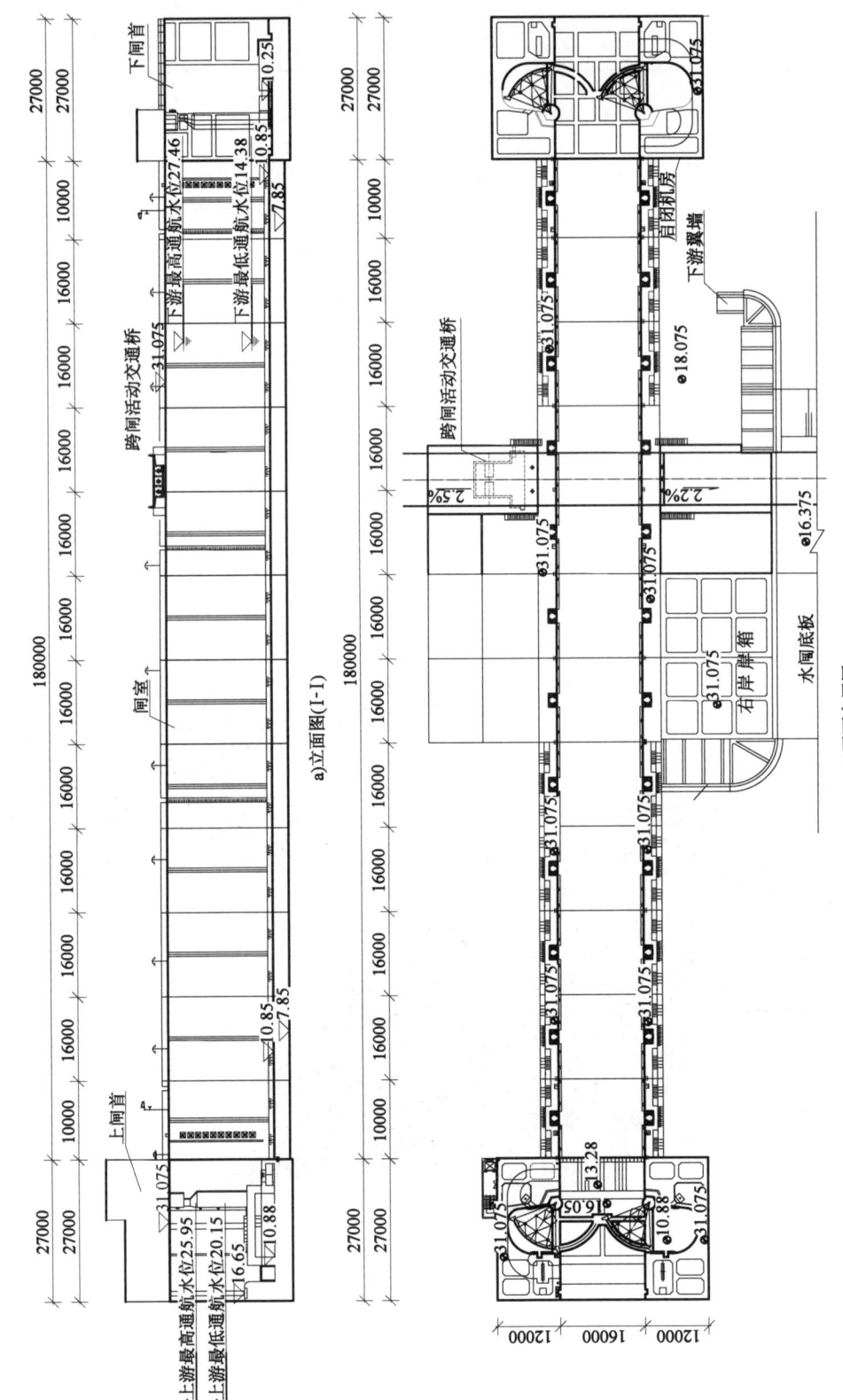

图 3-3-13 新沩船闸布置图(尺寸单位:mm;高程和水位单位:m)

第四节　江汉运河通航建筑物

江汉运河就是南水北调中线一期引江济汉工程，是连接长江和汉江的中国当代最大人工运河，是全国高等级航道网的组成部分，利用引江济汉引水干渠，沟通长江、汉江航运。其渠道底部宽60m，航道水深5~6m，进出口建有龙洲垸船闸和高石碑船闸各1座，可通行1000吨级船舶，达到Ⅲ级航道通航标准。江汉运河流经荆州、荆门、潜江、天门四市，全长67.23km，年平均输水量37亿m^3。

江汉运河梯级枢纽示意图如图3-4-1所示。

1. 龙洲垸船闸

引江济汉工程是引长江水到汉江的特大型干渠，即江汉运河，是南水北调中线一期工程的重要组成部分。引江济汉通航工程依托引江济汉干渠，两端另辟进出口和连接段（引航道），分别设置船闸各1座。江汉运河航道等级为Ⅲ级，航道底宽45m，设计水深3.2m，最小弯曲半径480m，通航净高10m。

龙洲垸船闸位于湖北省荆州市境内，是江汉运河进口船闸，位于引江济汉工程取水口河段右岸，其上闸首与江汉运河水泵站布置在同一挡水线上，两闸轴线间距150m，引水干渠进口与通航渠道进口之间为隔流岛，船闸上闸首与泵站之间用长52.0m的均质土坝连接，堤顶高程44.0m，顶宽7m。船闸轴线与荆江大堤防洪闸右侧通航孔中心线为同一直线，上闸首和荆江大堤防洪闸工程等级均为1级，闸室和下闸首为2级，船闸上游设计洪水位43.5m（1956黄海高程，下同）。

龙洲垸船闸等级为Ⅲ级，闸室有效尺度为180m×23m×3.5m，最大设计水头9.98m/3.25m（正向/反向），通航1000吨级机驳船和1顶2×1000吨级船队，船舶尺度分别为85m×10.8m×2.0m和160m×10.8m×2.0m，设计单向通过能力921万吨/年。船闸上游设计最高通航水位41.19m（警戒水位），最低通航水位28.0m（最小下泄流量5500m^3/s并考虑下切3m）；下游设计最高通航水位33.39m（最大引用流量水位），最低通航水位29.4m（最低控制水位）。船闸引航道采用反对称型布置，上、下游引航道向两侧均有扩展，上游引航道主导航墙及靠船建筑物位于右侧，下游引航道主导航墙及靠船建筑物位于左侧，上、下游船舶过闸均采取"曲进直出"的方式。上游引航道右侧主导航墙导航调顺段沿船闸轴线的投影长143m，停泊段长340m，布置17个中心距为20m的靠船墩，上游制动段长150m；左侧辅导航墙采用半径60m的圆弧扩展，沿船闸轴线的投影长60m，其上游与长573m的直线段衔接。下游引航道左侧主导航墙导航调顺段沿船闸轴线的投影长143m，停泊段长340m，停泊段与水平夹角5°，布置17个中心距为20m的靠船墩，下游制

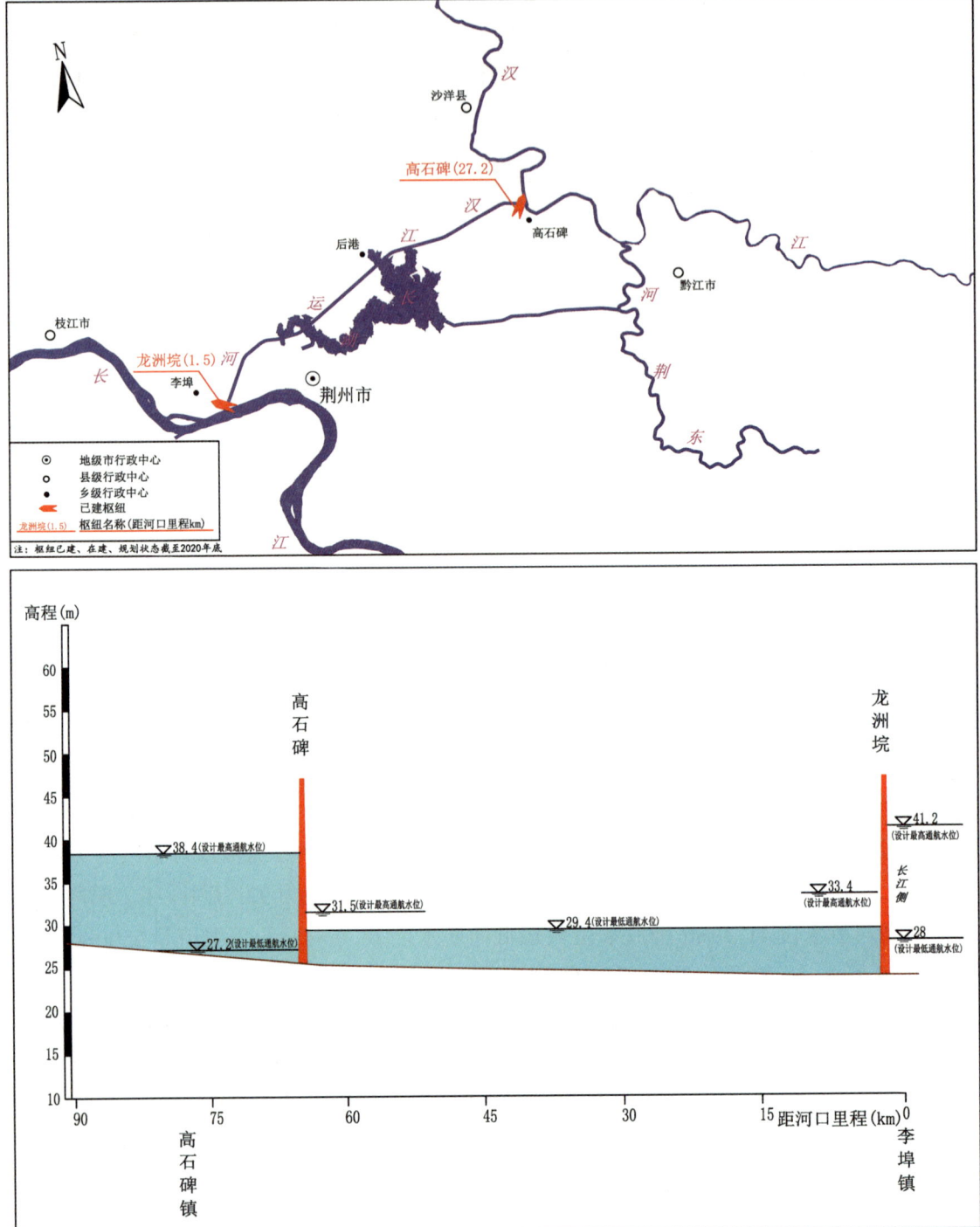

图 3-4-1　江汉运河梯级枢纽示意图

动段长 122m;右侧辅导航墙采用半径 60m 的圆弧扩展,沿船闸轴线的投影长 60m。上、下游主辅导航墙均采用直立墙结构,停泊段及以后为斜坡护岸。上、下游引航道宽均为50m,在制动段前 70m 范围向两岸扩宽至 95m,引航道设计水深 3.5m。船闸上、下闸首均采用整体式结构,闸室采用分离式结构。船闸输水系统采用局部分散输水系统特性的短廊道集中输水、消能室消能方式,上游进水口布置在进水段底板内,从顶缝进水,下游出水口亦布置于出水口底板内,从顶缝出水。该船闸于 2006 年 10 月开工,2009 年 2 月建设完成。

龙洲垸船闸技术参数见表 3-4-1。龙洲垸船闸鸟瞰图如图 3-4-2 和图 3-4-3 所示。龙洲垸船闸布置图如图 3-4-4 所示。

龙洲垸船闸技术参数表　　　　表 3-4-1

河流名称	江汉运河		建设地点		湖北省荆州市
船闸有效尺度(m)	180×23×3.5		最大设计水头(m)		9.98/3.25（正向/反向）
吨级	1000 1 顶 2×1000		过闸时间(min)		43.4
门型	闸门	上游	三角门	启闭形式	闸门	上游	液压
		下游	三角门			下游	液压
	阀门	上游	平板门		阀门	上游	液压
		下游	平板门			下游	液压
结构形式	上闸首		整体式	输水系统	形式	短廊道集中输水+消能室消能
	下闸首		整体式		平均时间(min)	9.0
	闸室		分离式		廊道尺寸(m)	3.0×3.6
设计通航水位(m)	上游	最高	41.19	设计年通过能力（单向,万 t）		921
		最低	28.00	桥梁情况		下闸首交通桥
	下游	最高	33.39			
		最低	29.40	建成年份(年)		2009

2. 高石碑船闸

高石碑船闸位于湖北省荆州市境内,是江汉运河出口船闸,布置在引江济汉工程出水闸的北侧,船闸轴线与水闸纵轴线平行,两闸轴线间距 182.5m,船闸主体结构布置在江汉大堤外侧,船闸下闸首与水闸位于同一挡水线上,并与新筑大堤的轴线相衔接。高石碑船闸下闸首与江汉大堤工程等级均为 1 级,上闸首和闸室为 2 级,船闸下游设计洪水位42.14m(1956 黄海高程,下同)。

图 3-4-2　龙洲垸船闸鸟瞰图

图 3-4-3　龙洲垸船闸鸟瞰图

高石碑船闸布置在引江济汉工程出水闸北侧,船闸等级为Ⅲ级,闸室有效尺度为 180m×23m×3.5m,最大设计水头 2.9m/7.19m(正向/反向),通航 1000 吨级机驳船和 1 顶 2×1000 吨级船队,设计单向通过能力 986 万吨/年。船闸上游设计最高通航水位 31.60m(最大引用流量水位),最低通航水位 29.40m(最低控制水位);下游设计最高通航水位 38.40m(警戒水位),最低通航水位 27.20m(流量 524m³/s 并考虑 2.4m 下切)。船闸引航道采用反对称型布置,上、下游引航道向两侧均有扩展扩宽,上游引航道主导航墙及靠船建筑物位于右侧,下游引航道主导航墙及靠船建筑物布置在左侧,上、下游船舶过闸均采取"曲进直出"的方式。上游引航道右侧主导航墙导航调顺段沿船闸轴线的投影长 143m,停泊段长 340m,布置 17 个中心距为 20m 的靠船墩,上游制动段采用半径 2000m、弧长 257m 的曲线;左侧辅导航墙采用半径 65m 的圆弧扩展,沿船闸轴线的投影长 57m,其上游与长 544m 的直线段衔接。下游引航道左侧主导航墙导航调顺段为曲线,沿

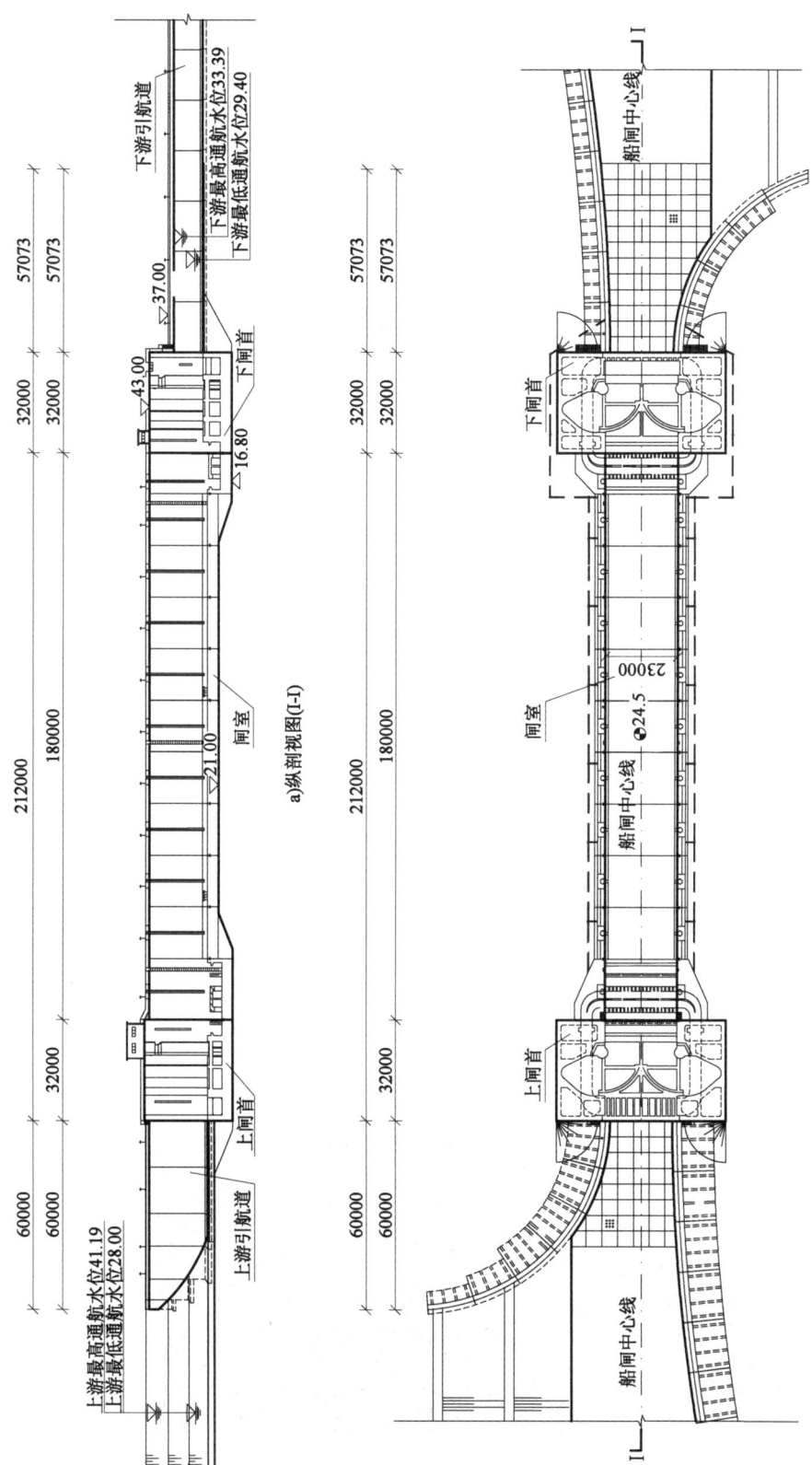

图 3-4-4 龙洲垸船闸布置图（尺寸单位：mm；高程和水位单位：m）

船闸轴线的投影长143m,停泊段长340m,布置17个中心距为20m的靠船墩,下游制动段长145m;右侧辅导航墙采用半径65m的圆弧扩展,沿船闸轴线的投影长58.57m,其下游与长467m的直线衔接。上、下游主辅导航墙均采用直立墙结构,停泊段及以后为斜坡护岸。上、下游引航道宽均为50m,设计水深3.5m。船闸上、下闸首均采用整体式结构,闸室采用分离式结构,船闸输水系统采用局部分散输水系统特性的短廊道集中输水、消能室消能方式,上游进水口布置在进水段底板内,从顶缝进水,下游出水口亦布置于出水口底板内,从顶缝出水。该船闸于2010年12月开工,2013年8月建设完成。

高石碑船闸技术参数见表3-4-2。高石碑船闸鸟瞰图如图3-4-5所示。高石碑船闸布置图如图3-4-6所示。

高石碑船闸技术参数表　　　　表3-4-2

河流名称			江汉运河	建设地点		湖北省荆州市
船闸有效尺度(m)			180×23×3.5	最大设计水头(m)		2.90/7.19(正向/反向)
吨级			1000 1顶2×1000	过闸时间(min)		40.4
门型	闸门	上游	三角门	启闭形式	闸门 上游	液压
		下游	三角门		闸门 下游	液压
	阀门	上游	平板门		阀门 上游	液压
		下游	平板门		阀门 下游	液压
结构形式	上闸首		整体式	输水系统	形式	短廊道集中输水+消能室消能
	下闸首		整体式		平均时间(min)	9.0
	闸室		分离式		廊道尺寸(m)	3.0×3.6(高×宽)
设计通航水位(m)	上游	最高	31.60	设计年通过能力 (单线单向,万t)		986
		最低	29.40	桥梁情况		下闸首交通桥
	下游	最高	38.40	建成年份(年)		2013
		最低	27.20			

图3-4-5　高石碑船闸鸟瞰图

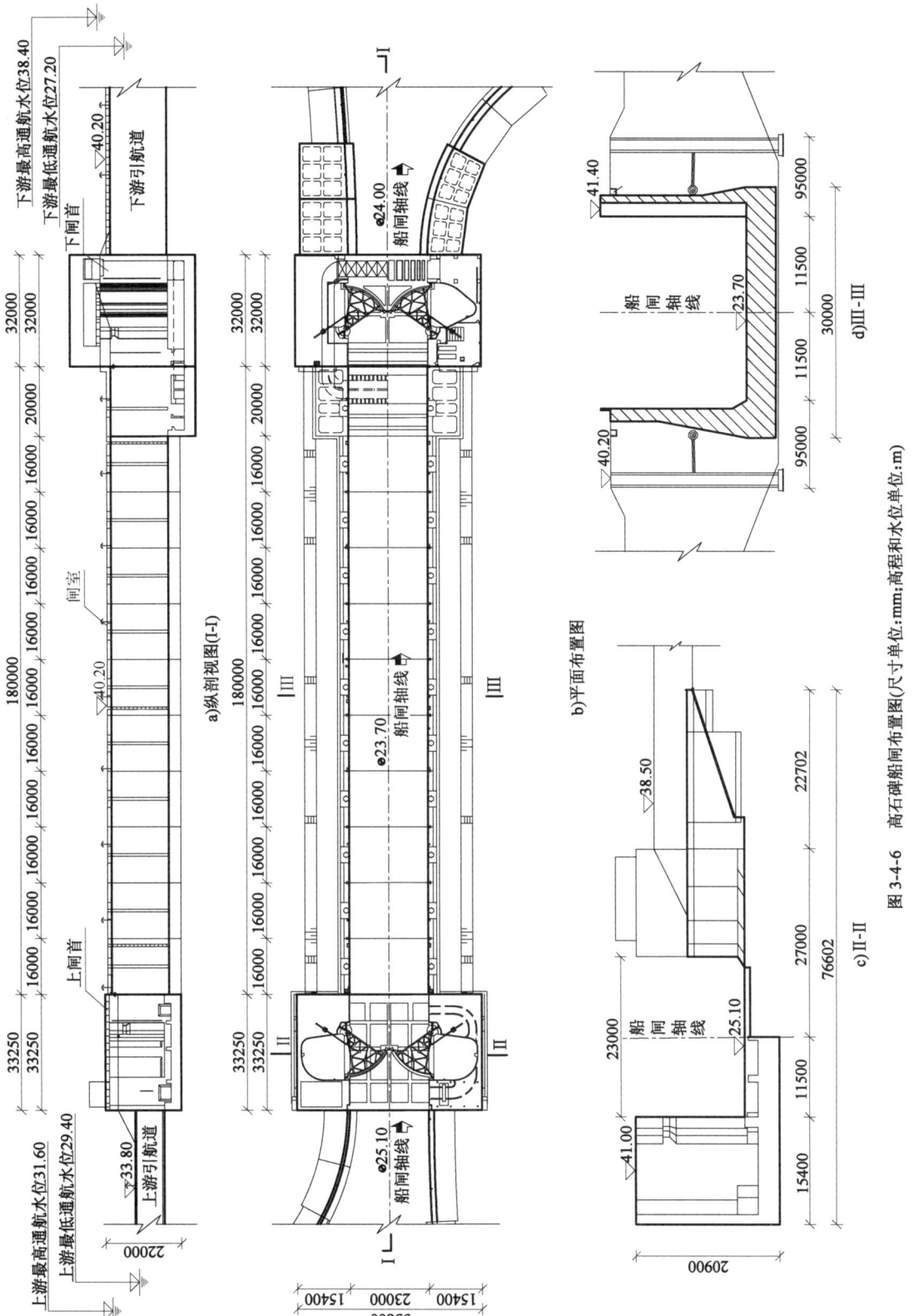

图 3-4-6 高石碑船闸布置图(尺寸单位:mm;高程和水位单位:m)

第五节　赣江通航建筑物

赣江是长江右岸鄱阳湖一级支流,江西省最大河流。发源于赣闽边界武夷山西麓,自南向北流经江西省赣州、吉安、樟树、丰城、南昌等市,全长766km,流域面积83500km²。赣江从河源至赣州为上游,称贡水,在赣州市城西纳章水后始称赣江;赣州至新干为中游,长303km,穿行于丘陵之间;新干至吴城为下游,长208km,河道开阔。赣江主要支流有湘水、濂水、梅江、平江、桃江、章水、遂川江、蜀水、孤江、禾水、乌江、袁水、肖江、锦江等。

赣江通过鄱阳湖与长江相连,是江西省水运大动脉,也是远景规划赣粤运河的组成河段。赣江水系通航里程2477km,其中赣江赣州至湖口段长606km,为国家高等级航道,规划等级为Ⅲ级及以上。鄱阳湖口至南昌段长175km,现状航道等级为Ⅱ级;南昌至万安段长336km,现状航道等级为Ⅲ级;万安至赣州段长95km,其中万安枢纽库区航道为Ⅲ级标准。

赣江赣州至湖口段606km自下而上规划建设6座枢纽,分别为龙头山、新干、峡江、石虎塘、井冈山、万安。目前已建成新干、峡江、石虎塘、万安4座梯级,其中新干、峡江、石虎塘均建有1000吨级船闸,万安建有500吨级船闸;龙头山枢纽、井冈山枢纽、万安二线船闸正在建设,船闸均为1000吨级。

赣江航道现状见表3-5-1。赣江梯级枢纽规划图如图3-5-1所示。

表3-5-1　赣江航道现状表

分段起讫点	通航里程(km)	现状等级	航道尺度(m)			过船建筑物(座)
			航深	航宽	弯曲半径	
1.赣州—万安	95	Ⅵ	1.0	30	200	1
其中:万安库区	60	Ⅲ				
2.万安—吉安	112	Ⅵ	0.9	45	210	1
其中:石虎塘库区	38	Ⅲ				
3.吉安—樟树	149	Ⅴ	1.0	50	250	1
其中:峡江库区	77	Ⅲ				
4.樟树—南昌	75	Ⅲ	2.2	60	480	
5.南昌—湖口	175	Ⅱ	2.8	75	550	
合计	606					

1.万安船闸

万安水电站位于江西省吉安市万安县境内,是赣江赣州至湖口段自上而下6级规划中的第一级,上距赣州市区95km,下距万安县城2km,距井冈山枢纽35.8km。万安坝址集雨面积36900km²,枢纽正常蓄水位100.00m(初期96m),死水位85.0m,水库总库容22.14亿m³。

第三章 长江中、下游支流通航建筑物

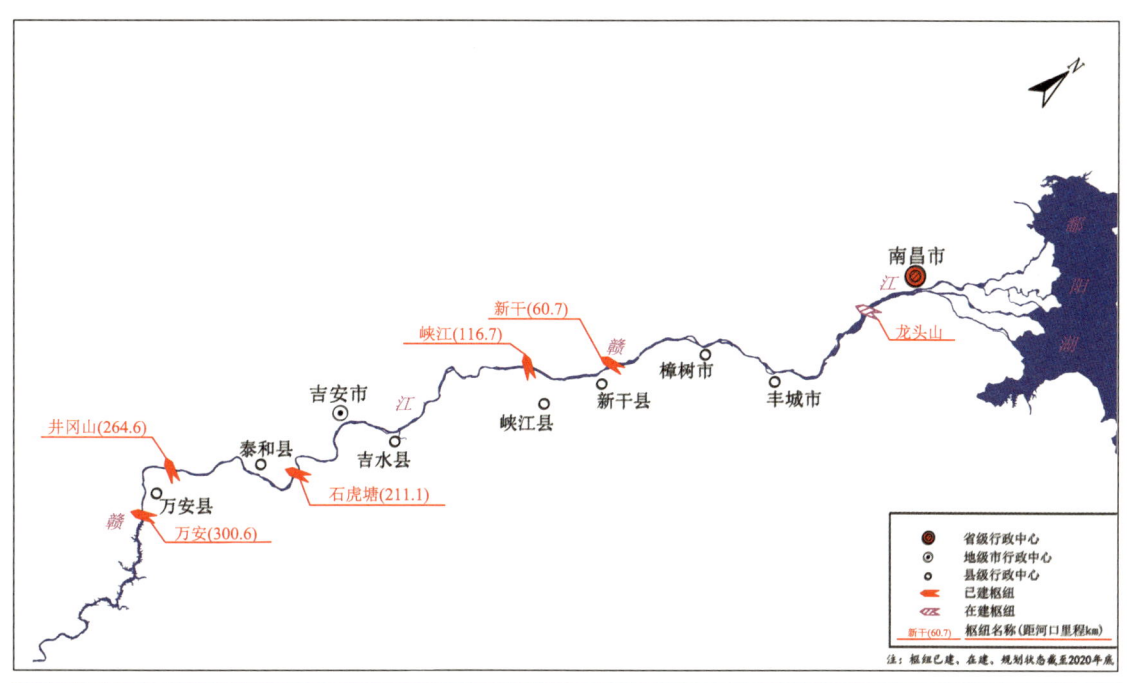

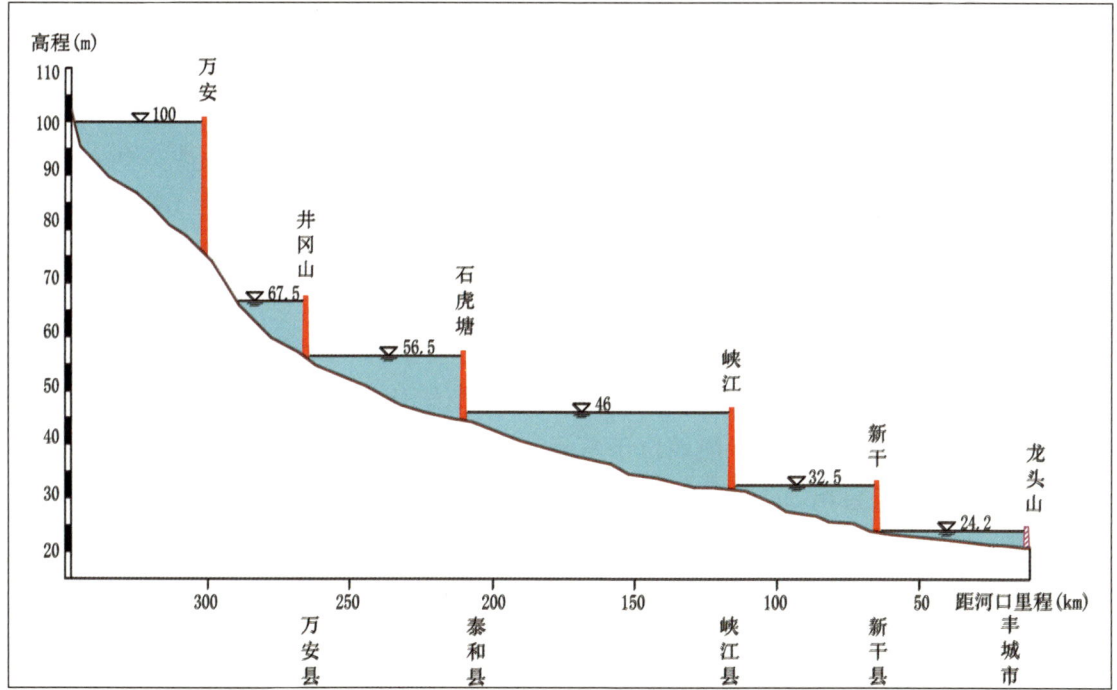

图 3-5-1 赣江梯级枢纽规划图

枢纽设计洪水位100.00m（$P=0.1\%$），设计洪水流量27800m³/s；校核洪水位100.70m（$P=0.01\%$），校核洪水流量33900m³/s。万安枢纽工程等别为Ⅰ等，主要永久性建筑物按1级设计，大坝全长1104m，主要建筑物从左至右依次为左岸灌溉渠首、左岸非溢流坝、溢流闸坝、电站电厂、右岸非溢流坝、船闸、土坝和右岸灌溉渠首。电站厂房布置在河道中央，装5台机组，总装机容量500MW；泄洪闸布置在河道中偏左岸，由10个底孔和9个表孔组成，底孔净宽7m，表孔净宽9m，坝下游底流消能。万安枢纽是一座以发电为主，兼顾防洪、航运、灌溉和养殖等综合效益的大型水利枢纽工程。

万安双线船闸布置在河道右岸阶地上。其中一线船闸靠近电站厂房，船闸与电站之间用长18m的非溢流坝连接，船闸等级为Ⅳ级，闸室有效尺度为175m×14m×2.5m，最大设计水头32.5m（上游正常蓄水位100.0m－下游最低通航水位67.5m），通航1顶2×500吨级船舶和1000吨级单船，设计通过能力265万吨/年。上、下游引航道利用施工导流建筑物，按不完全反对称型布置，上游主导航墙位于左侧，下游主导航墙位于右侧，上、下游船舶过闸均采取"直进曲出"的方式。上游左岸主导航墙长400m，其中实体直立导航墙长160m、浮式导航墙长240m（6条40m长的钢趸船，兼作停泊段），右侧辅导航墙为长49m（轴线投影长度）的曲线向右侧扩宽。下游右侧主导航墙长230m，其中直立导航墙长60m、停泊段长62m，布置5个中心距为15m的靠船墩，左侧辅导航墙采用弧线扩宽，轴线投影距离30m。船闸上、下闸首和闸室均采用整体式结构。船闸输水系统采用闸底长廊道顶缝出水、盖板消能形式，上游左侧进水口从旁侧河道内取水，右侧从引航道内取水，下闸室廊道泄水口汇合于左侧闸墙向河道泄水。万安一线船闸于1983年开工，1989年11月试通航。

万安二线船闸布置在一线船闸右侧岸边，两闸轴线与坝轴线的交点相距230m，一线、二线船闸之间用非溢流坝连接。二线船闸等级为Ⅲ级，闸室有效尺度为180m×23m×4.5m，最大设计水头31.0m（上游正常蓄水位100.0m－下游最低通航水位69.0m），通行1000吨级船舶，设计单向通过能力988万吨/年。二线船闸上游设计最高通航水位100.0m（枢纽正常蓄水位），最低通航水位85.0m（死水位）；下游设计最高通航水位79.1m（$P=5\%$），最低通航水位69.0m（下游井冈山枢纽死水位）。船闸引航道呈不完全反对称型布置，上游引航道主导航墙位于左侧，下游引航道主导航墙位于右侧，上、下游船舶过闸均采取"曲进直出"的方式。为与上、下游主航道平顺衔接，二线船闸主体及下游引航道向河心偏转，偏转角13°；上游引航道用折线形布置，引航道中心线与船闸轴线夹角20°。上游引航道主、辅导航墙均以1:5的直线进行扩展，停泊段向引航道外侧偏转9°，上游引航道主导航墙投影长215m，上游停泊段长200m，引航道底宽55m，在转弯处最大加宽至65m，底高程81.7m。下游引航道呈弧线布置，停泊段通过弯曲半径260m的圆弧连接，下游引航道导航段长146m（含直线导航段和曲线连接段长度）、调顺段长103.6m、停泊段长180m，引航道宽55m；左侧辅导航墙以1:5的直线接半径52m的圆弧与左侧引航道岸坡相接。船闸上、下闸首和闸室均为整体式结构,上游进水口段采用重力式,其余导、靠船建筑物均采用浮式趸船结构。船闸输水系统采用闸墙长廊道、闸室中心分流二区段出水的分散输水形式。万安二线船闸于2019年6月开工,预计2022年7月建成。

万安一线船闸、二线船闸技术参数见表3-5-2、表3-5-3。万安枢纽鸟瞰图如图3-5-2所示。万安二线船闸效果图如图3-5-3所示。万安二线船闸布置图如图3-5-4所示。

万安一线船闸技术参数表 表3-5-2

河流名称			赣江	建设地点		江西省吉安市万安县
船闸有效尺度(m)			175×14×2.5	最大设计水头(m)		32.5
吨级			1顶2×500 1000	过闸时间(min)		40.33
门型	闸门	上游	人字门	启闭形式	闸门	上游	液压
		下游	人字门			下游	液压
	阀门	上游	反弧门		阀门	上游	液压
		下游	反弧门			下游	液压
结构形式	上闸首		整体式	输水系统	形式		闸底长廊道顶缝出水+盖板消能
	下闸首		整体式		平均时间(min)		10.65
	闸室		整体式		廊道尺寸(m)		6×4
设计通航水位(m)	上游	最高	100.00	设计年通过能力(万t)			265
		最低	85.00	桥梁情况			坝顶公路桥
	下游	最高	79.60	建成年份(年)			1989
		最低	67.50				

万安二线船闸技术参数表 表3-5-3

河流名称			赣江	建设地点			江西省吉安市万安县
船闸有效尺度(m)			180×23×4.5	最大设计水头(m)			31.0
吨级			1000	过闸时间(min)			40.33
门型	闸门	上游	人字门	启闭形式	闸门	上游	液压
		下游	人字门			下游	液压
	阀门	上游	反弧门		阀门	上游	液压
		下游	反弧门			下游	液压
结构形式	上闸首		整体式	输水系统	形式		闸墙长廊道、闸室中心分流二区段出水
	下闸首		整体式		平均时间(min)		10.5
	闸室		整体式		廊道尺寸(m)		4.0×6.0
设计通航水位(m)	上游	最高	100.00	设计年通过能力(单向,万t)			988
		最低	85.00	桥梁情况			坝顶公路桥
	下游	最高	79.10	建成年份(年)			2022(预计)
		最低	69.00				

图 3-5-2　万安枢纽鸟瞰图

图 3-5-3　万安二线船闸效果图

2. 井冈山船闸

井冈山航电枢纽位于江西省吉安市境内,坝址右岸位于万安县窑头镇,左岸位于万安县韶口乡与泰和县马市镇交界处,是赣江赣州至湖口段自上而下 6 级规划中的第二级,上距万安枢纽 35.8km。井冈山坝址控制流域面积 40481km², 多年平均流量 1060m³/s,枢纽正常蓄水位 67.5m(1956 黄海高程),消落水位 67.1m,水库总库容 2.789 亿 m³。枢纽设计洪水位 68.28m($P=1\%$),设计洪水流量 20400m³/s;校核洪水位 69.54m($P=0.1\%$),校核洪水流量 26100m³/s。井冈山枢纽工程等别为Ⅱ等,主要挡泄水建筑物和电站厂房等按 3 级设计。枢纽坝顶全长 1070m,最大坝高 38.2m,主要建筑物从左至右依次为左岸土坝、船闸、泄水闸、电站厂房、鱼道和右岸土坝等。电站和船闸分岸布置,电站厂房位于河道

第三章 长江中、下游支流通航建筑物

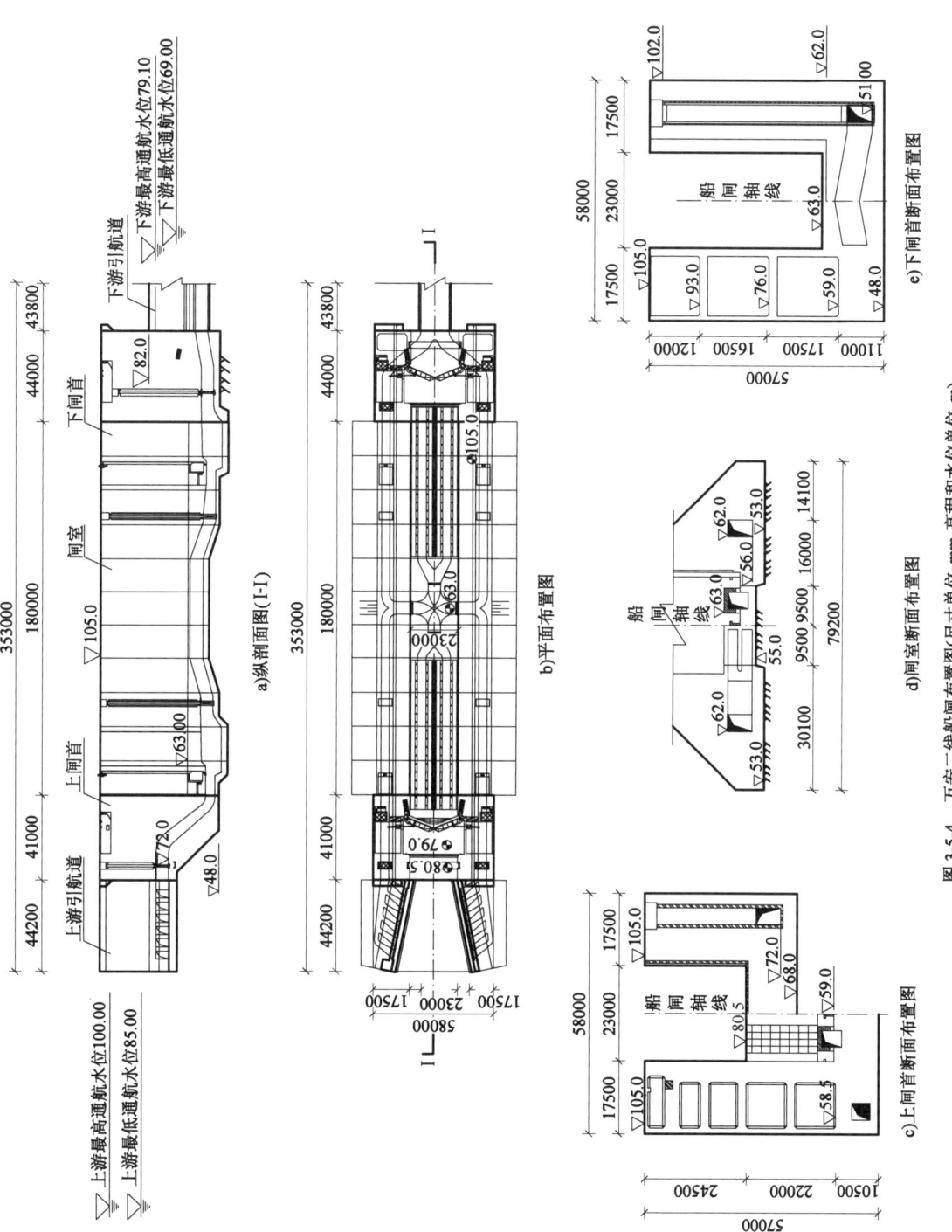

图 3-5-4 万安二线船闸断面布置图(尺寸单位:mm;高程和水位单位:m)

右岸,装6台灯泡贯流式机组,总装机容量133MW;23孔泄水闸布置在河道中央,每孔闸净宽20m,闸下游底流消能。井冈山枢纽是一座以航运为主,兼顾发电等综合效益的大型航电枢纽工程。该工程于2016年开工,2019年12月建设完成。

井冈山船闸布置在河道左岸,并在其左侧预留二线船闸位置。船闸等级为Ⅲ级,闸室有效尺度为180m×23m×3.5m,最大设计水头11.3m,通航1000吨级船舶,设计单向通过能力946万吨/年。上游设计最高通航水位67.5m($P=10\%$),最低通航水位62.7m;下游设计最高通航水位66.33m($P=10\%$),最低通航水位56.2m(下游枢纽消落水位)。船闸引航道采用不对称型布置,上、下游引航道向两侧扩宽,主导航墙均位于右侧(河侧),上、下游船舶过闸均采取"曲进直出"的方式。上、下游右侧主导航墙导航调顺段由$y=x^2/1250$的曲线和半径20.0m的圆弧段顺接而成,长143m,上、下游停泊段均长380m,各布置20个中心距为20.0m的墩板式靠船墩;左侧直立辅导航墙均为向左侧扩宽的曲线,与左侧岸坡衔接。上游引航道总长816.2m,从下至上依次为长560.0m的直线段、长139.6m的弧线段和长116.6m的直线段。下游引航道总长819.72m,从上至下依次为长517.9m的直线段、长41.9m的弧线段和长259.9m的直线段。上、下游引航道宽50m,设计水深3.3m。船闸上、下闸首和闸室均采用整体式结构,船闸输水系统采用闸墙长廊道侧支孔出水,上游进水采用横跨航槽的格栅式顶部进水形式,下游泄水采用"顶部出水+正面出水"格栅式消能室布置形式。该船闸与枢纽主体工程同步建成并通航。

井冈山船闸技术参数见表3-5-4。井冈山枢纽和船闸鸟瞰图如图3-5-5、图3-5-6所示。井冈山船闸布置图如图3-5-7所示。

井冈山船闸技术参数表　　　　表3-5-4

河流名称			赣江	建设地点		江西省吉安市
船闸有效尺度(m)			180×23×3.5	最大设计水头(m)		11.3
吨级			1000	过闸时间(min)		45
门型	闸门	上游	人字门	启闭形式	闸门 上游	液压
		下游	人字门		闸门 下游	液压
	阀门	上游	平板门		阀门 上游	液压
		下游	平板门		阀门 下游	液压
结构形式	上闸首		整体式	输水系统	形式	闸墙长廊道侧支孔出水
	下闸首		整体式		平均时间(min)	8~10
	闸室		整体式		廊道尺寸(m)	4.6×3.5
设计通航水位(m)	上游	最高	67.50	设计年通过能力(单线单向,万t)		946
		最低	62.70	桥梁情况		跨上闸首公路桥
	下游	最高	66.33	建成年份(年)		2019
		最低	56.20			

图 3-5-5　井冈山枢纽鸟瞰图

图 3-5-6　井冈山船闸鸟瞰图

3. 石虎塘船闸

石虎塘航电枢纽位于江西省吉安市泰和县境内,是赣江赣州至湖口段自上而下 6 级规划中的第三级,上距泰和县城约 26km。石虎塘坝址集雨面积 43770km²,多年平均流量 1160m³/s,枢纽正常蓄水位 57.00m(85 高程),消落水位 56.2m。设计洪水位 59.48m($P=2\%$),设计洪水流量 19600m³/s;校核洪水位 61.03m($P=0.33\%$),校核洪水流量 24400m³/s。石虎塘枢纽坝顶总长 1645.7m,主要建筑物从左至右依次为左岸土坝、船闸、泄水闸、电站厂房、右岸混凝土连接坝、右岸土坝、鱼道和右岸防护堤等。石虎塘船闸和电站分岸布置,电站厂房位于河道右岸,装 6 台灯泡贯流式机组,总装机容量 120MW;23 孔泄洪闸布置在河道中央,每孔闸净宽 20m,闸下游底流消能。石虎塘枢纽是一座以航运为主,兼顾发电,并结合兴建防护工程等综合效益的航电枢纽工程。该工程于 2009 年开工,2012 年完工。

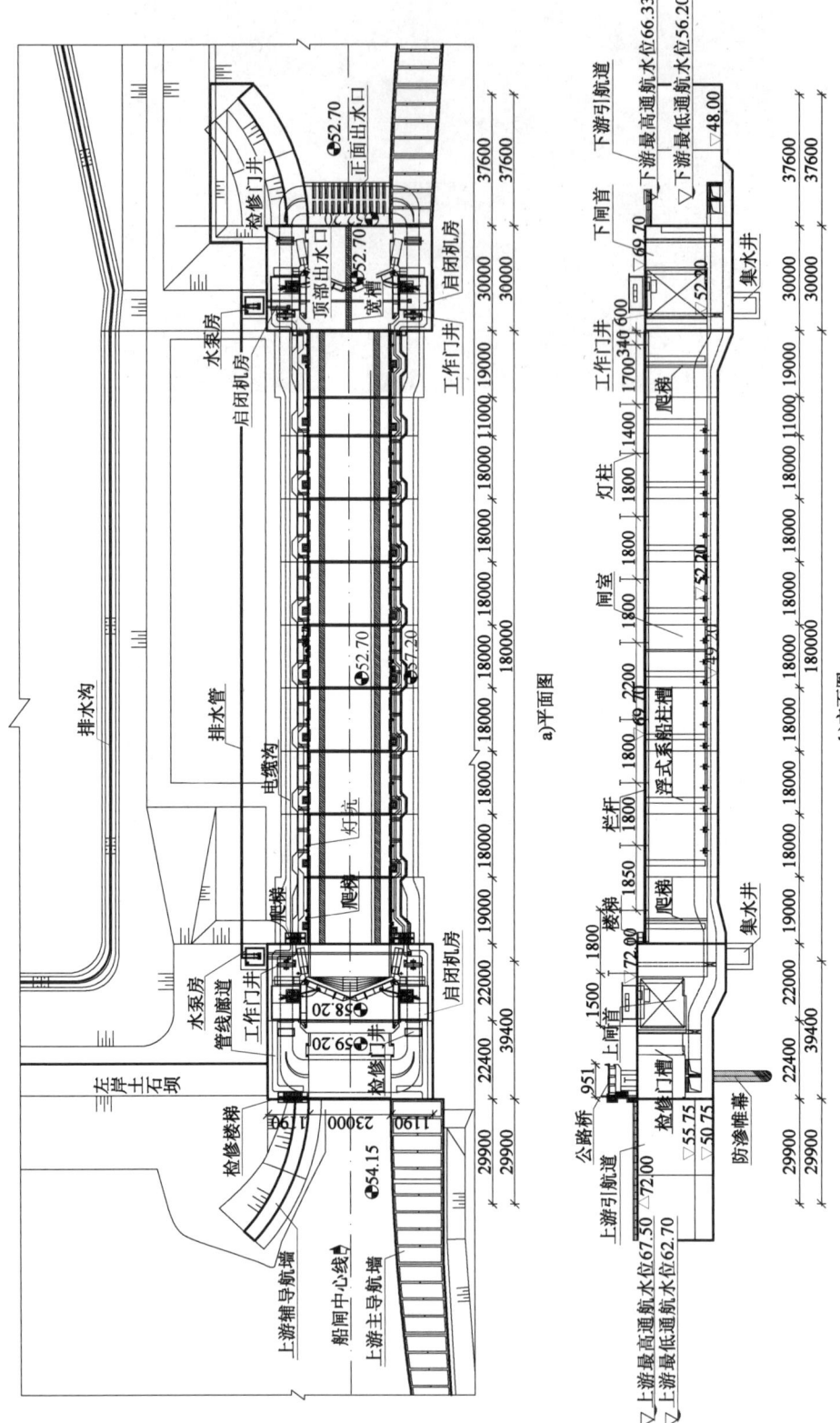

图 3-5-7 井冈山船闸布置图(尺寸单位:mm;高程和水位单位:m)

石虎塘船闸位于河道左岸,船闸等级为Ⅲ级,闸室有效尺度为180m×23m×3.5m,最大设计水头11.34m(上游正常蓄水位57.00m－下游最低通航水位45.66m),通航1顶2×1000吨级船队,船队尺寸160m×10.8m×2.2m,设计单向通过能力为近期605万吨/年、远期880万吨/年。船闸上游设计最高通航水位57.72m($P=10\%$),最低通航水位54.26m(枢纽敞泄最低水位);下游设计最高通航水位57.58m($P=10\%$),最低通航水位45.66m。船闸引航道采用不对称型布置,上、下游引航道均向左侧岸边拓宽,主导航墙及靠船建筑物均位于左侧,上、下游船舶过闸均采取"曲进直出"的方式。上、下游左侧主导航墙导航调顺段采用$y=x^2/1000$的抛物线扩展,其后与$y=x/6$的直线衔接,沿船闸轴线的投影长均为200m,上、下游停泊段长均为180m,各布置9个中心距为20m的靠船墩。上、下游右侧辅导航墙长均为31m,采用$y=x/6$的直线使闸首与隔水墙相连接,上游隔水墙长390m,由26个中心距为15m的墩柱组成;下游隔水墙长480m,由32个中心距为15m的墩柱组成,墩之间用钢筋混凝土挂板连接。上、下游引航道宽均为54m,设计水深3.3m。船闸上、下闸首和闸室均采用整体式结构,船闸输水系统采用短廊道集中输水,上游进水口布置于进水段底板内,从顶缝进水,闸室出水口采用消能室+上下游消力池消能,下游泄水口消力梁消能。该船闸与枢纽主体工程同步建成并投入运行。

石虎塘船闸技术参数见表3-5-5。石虎塘枢纽鸟瞰图如图3-5-8所示。石虎塘船闸实景图如图3-5-9所示。石虎塘船闸布置图如图3-5-10所示。

石虎塘船闸技术参数表　　　　表3-5-5

河流名称			赣江	建设地点		江西省吉安市泰和县
船闸有效尺度(m)			180×23×3.5	最大设计水头(m)		11.34
吨级			1顶2×1000	过闸时间(min)		50.0
门型	闸门	上游	人字门	启闭形式	闸门	上游	液压
		下游	人字门			下游	液压
	阀门	上游	平板门		阀门	上游	液压
		下游	平板门			下游	液压
结构形式	上闸首		整体式	输水系统	形式	短廊道集中输水
	下闸首		整体式		平均时间(min)	8~10
	闸室		整体式		廊道尺寸(m)	3.4×3.4
设计通航水位(m)	上游	最高	57.72	设计年通过能力(单线单向,万t)		605/880(近期/远期)
		最低	54.26	桥梁情况		上闸首交通桥
	下游	最高	57.58			
		最低	45.66	建成年份(年)		2012

图 3-5-8　石虎塘枢纽鸟瞰图

图 3-5-9　石虎塘船闸实景图

4. 峡江船闸

峡江枢纽位于江西省吉安市峡江县境内的巴邱镇上游峡谷河段,是赣江赣州至湖口段自上而下 6 级规划中的第四级,上距石虎塘枢纽约 100km。峡江坝址集雨面积 62710km², 多年平均流量 1640m³/s, 枢纽正常蓄水位 46.0m(1956 黄海高程), 死水位 44.0m, 水库总库容 11.87 亿 m³。枢纽设计洪水位 49.0m($P=0.2\%$), 校核洪水位 49.0m ($P=0.05\%$)。峡江枢纽为大(1)型工程,主要建筑物按 1 级设计。枢纽坝轴线总长 845.0m, 主要建筑物从左至右依次为左岸连接重力坝、船闸、门库段、泄水闸、电站厂房和

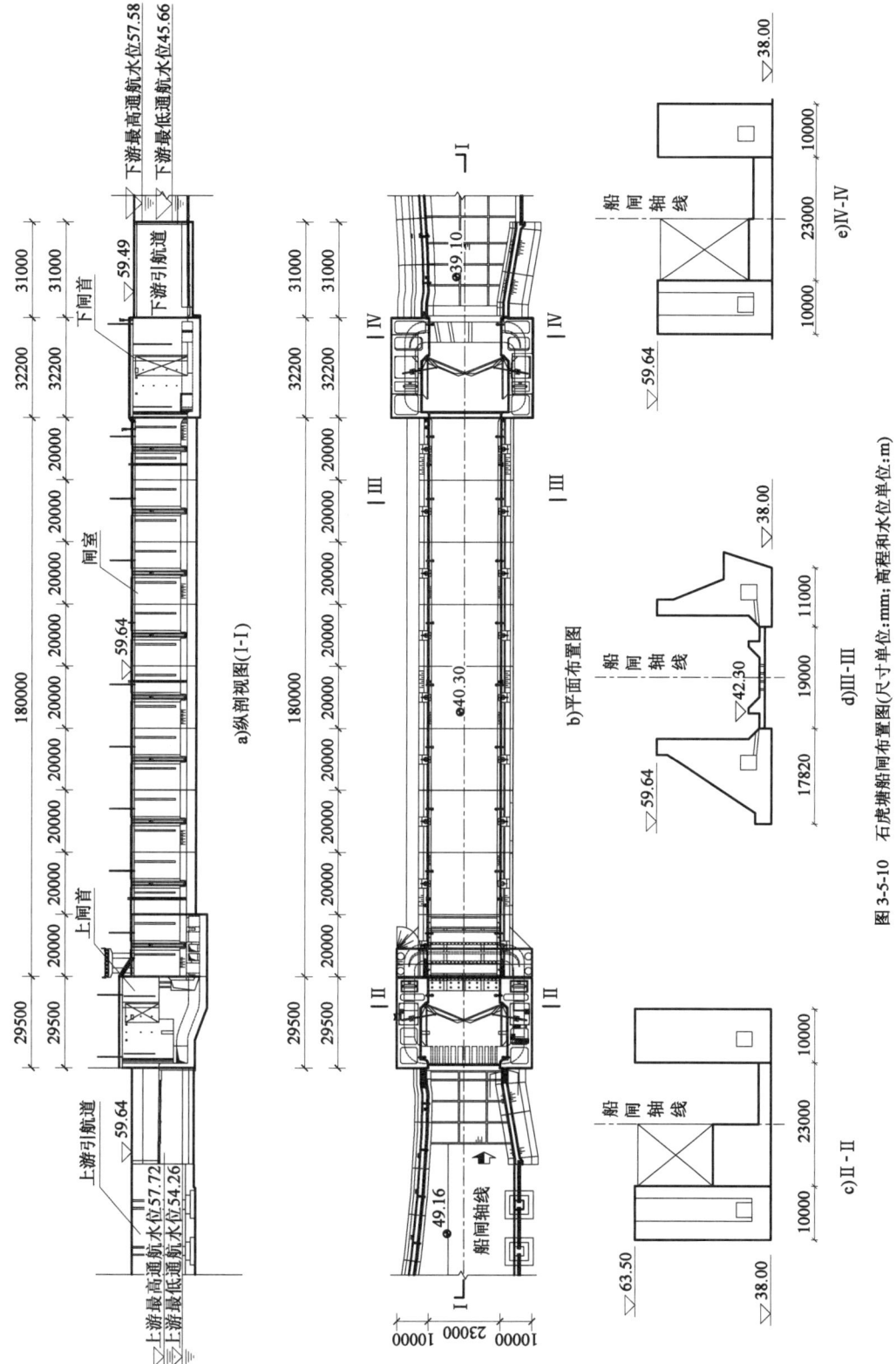

图 3-5-10 石虎塘船闸布置图(尺寸单位:mm;高程和水位单位:m)

右岸连接重力坝等。电站厂房布置在河道右岸,装 9 台水轮发电机组,总装机容量 360MW;18 孔泄水闸布置在河道中央,每孔闸净宽 16m,闸下游底流消能。峡江枢纽是一座以防洪、发电和航运为主,兼有灌溉和供水等综合功能的水利枢纽工程。该工程于 2009 年 9 月开工,2017 年 12 月建成并投入运行。

峡江船闸位于河道左岸,船闸等级为Ⅲ级,闸室有效尺度为 $180m \times 23m \times 3.5m$,最大设计水头 15.7m(上游正常蓄水位 46.0m – 下游最低通航水位 30.3m),通航 1 顶 2×1000 吨级船队,船队尺度 $160m \times 10.8m \times 2.2m$,设计单向通过能力为近期 603 万吨/年、远期 957 万吨/年。船闸上游设计最高通航水位 46.0m(正常蓄水位),最低通航水位 42.7m(敞泄 $P = 20\%$);下游设计最高通航水位 44.1m($P = 5\%$),最低通航水位 30.3m(保证率 98% 并考虑下切)。船闸引航道采用不对称型布置,上、下游主导航墙及靠船建筑物均位于右侧(河侧),船舶过闸均采取"曲进直出"的方式。上游引航道右侧主导航墙采用墩板式结构,其中导航调顺段采用 $y = x/6$ 的直线向右侧扩宽,长 157.8m(不含 17m 进水段);停泊段为向右侧扩宽的直线,长 438.96m,与船闸轴线交角 6°,底宽 55~80.78m;左侧辅导航墙采用半径 20m 的圆弧与原地面衔接。下游引航道右侧主导航墙采用墩板式结构,其中导航调顺段采用 $y = x/6$ 的直线向右侧扩宽,长 179.5m(不含出水段);停泊段为向右侧扩宽的直线,长 223.5m,与船闸轴线交角 5°,底宽 60m。为改善口门区的通航水流条件,分别在上、下游口门区设置了导航墩和隔流墙,上游为向右侧偏转 48°、长 98m 的导航墩,下游为向右侧偏转 66°、长 145m 的透空隔流堤。船闸上、下闸首和闸室均采用整体式结构,船闸输水系统采用闸底长廊道侧支孔出水、明沟消能形式,下游泄水口采用消能室消能。该船闸与枢纽主体工程同步建成并投入运行。

峡江船闸技术参数见表 3-5-6。峡江枢纽和船闸鸟瞰图如图 3-5-11、图 3-5-12 所示。峡江船闸布置图如图 3-5-13 所示。

峡江船闸技术参数表　　　　　　　　　　表 3-5-6

河流名称			赣江	建设地点		江西省吉安市峡江县巴邱镇
船闸有效尺度(m)			180×23×3.5	最大设计水头(m)		15.7
吨级			1 顶 2×1000	过闸时间(min)		46.0
门型	闸门	上游	人字门	启闭形式	闸门	上游	液压
		下游	人字门			下游	液压
	阀门	上游	平板门		阀门	上游	液压
		下游	平板门			下游	液压
结构形式	上闸首		整体式	输水系统	形式	闸底长廊道侧支孔出水
	下闸首		整体式		平均时间(min)	8.0
	闸室		整体式		廊道尺寸(m)	4.0×4.0

续上表

设计通航水位(m)	上游	最高	46.00	设计年通过能力（单线单向，万 t）	603/957（近期/远期）
		最低	42.70	桥梁情况	上闸首交通桥
	下游	最高	44.10	建成年份(年)	2017
		最低	30.30		

图 3-5-11　峡江枢纽鸟瞰图

图 3-5-12　峡江船闸鸟瞰图

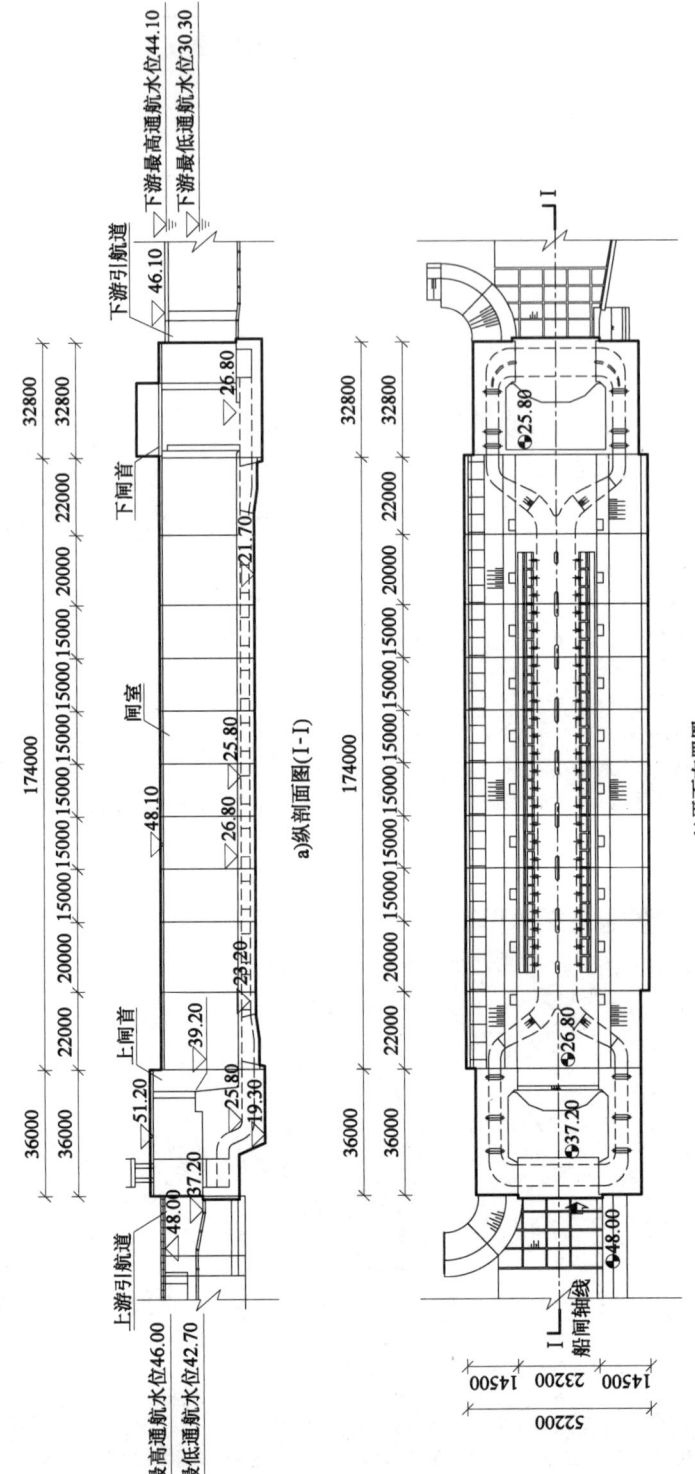

图 3-5-13 峡江船闸布置图(尺寸单位:mm;高程和水位单位:m)

5. 新干船闸

新干枢纽位于江西省吉安市新干县境内的三湖镇,是赣江赣州至湖口段自上而下6级规划中的第五级,上距峡江水利枢纽约56km。新干坝址集雨面积64779km^2,多年平均流量1690m^3/s,枢纽正常蓄水位32.5m(1956黄海高程),消落水位32.0m。枢纽设计洪水位36.57m($P=2\%$),设计洪水流量23000 m^3/s,校核洪水位37.95m($P=0.33\%$),校核洪水流量28300m^3/s。新干枢纽工程等级为Ⅱ等,主要挡泄水建筑物和电站厂房按3级设计。枢纽坝顶全长1082.27m,主要建筑物从左至右依次为左岸接头土坝、船闸、混凝土连接坝、泄水闸、电站厂房和右岸接头土坝等。电站厂房位于河道右岸,装7台灯泡贯流式机组,总装机容量112MW;24孔泄水闸布置在河床中央,每孔闸净宽20m,闸下游底流消能。该枢纽是一座以航运为主,兼顾发电等水资源综合利用的航电枢纽工程。枢纽主体工程于2015年开工,2019年12月建成。

新干枢纽坝上游河道宽阔顺直,下游逐渐缩窄,船闸位于河道左岸,闸轴线与坝轴线交角88°,左侧预留二线船闸位置。船闸等级为Ⅲ级,闸室有效尺度为230m×23m×3.5m,最大设计水头8.5m(枢纽正常蓄水位32.50m–下游最低通航水位24.0m),通航1000吨级货船和1顶2×1000吨级船队,设计单向通过能力1802万吨/年。船闸上游设计最高通航水位34.99m($P=10\%$),最低通航水位28.94m(敞泄分界流量5000m^3/s);下游设计最高通航水位34.76m($P=10\%$),最低通航水位24.0m(95%保证率并考虑下切1.5m水位)。船闸引航道采用不对称型布置,上、下游引航道均向左侧岸边扩展,主导航墙及靠船建筑物均位于左侧,船舶过闸均采取"曲进直出"的方式。上、下游引航道左侧主导航墙导航调顺段采用$y=x/10$和$y=x/6$两条直线连接,沿船闸轴线的投影均长182m,上、下游停泊段长均为238.5m,各布置12个中心距为20m的靠船墩,1:3斜坡护岸。上、下游右侧辅导航墙长50m,采用1:10的直线扩宽;上游引航道辅导航墙以上接总长598m的分水隔墙,其中靠近辅导航墙的388.5m为不透水墙,其上游段为挂板式透水墙;下游辅导航墙以下接总长525m的分水隔墙,其中端部165m为挂板式透空结构,其余封闭。上、下游引航道宽均为55m。船闸上、下闸首均采用整体式结构,闸室采用分离式结构,船闸输水系统采用闸墙长廊道侧支孔出水、明沟消能形式,下游出水口采用"顶部出水+正面出水"格栅式消能室布置形式。该船闸与枢纽主体工程同步建成。

新干船闸技术参数见表3-5-7。新干枢纽鸟瞰图如图3-5-14所示。新干船闸布置图如图3-5-15所示。

新干船闸技术参数表　　表 3-5-7

河流名称			赣江	建设地点		江西省吉安市新干县三湖镇
船闸有效尺度(m)			230×23×3.5	最大设计水头(m)		8.5
吨级			1000 1 顶 2×1000	过闸时间(min)		45
门型	闸门	上游	人字门	启闭形式	闸门 上游	液压
		下游	人字门		下游	液压
	阀门	上游	平板门		阀门 上游	液压
		下游	平板门		下游	液压
结构形式	上闸首		整体式	输水系统	形式	闸墙长廊道侧支孔出水
	下闸首		整体式		平均时间(min)	8
	闸室		分离式		廊道尺寸(m)	4.5×4.5
设计通航水位(m)	上游	最高	34.99	设计年通过能力(单向,万 t)		1802
		最低	28.94	桥梁情况		上闸首交通桥
	下游	最高	34.76	建成年份(年)		2019
		最低	24.00			

图 3-5-14　新干枢纽鸟瞰图

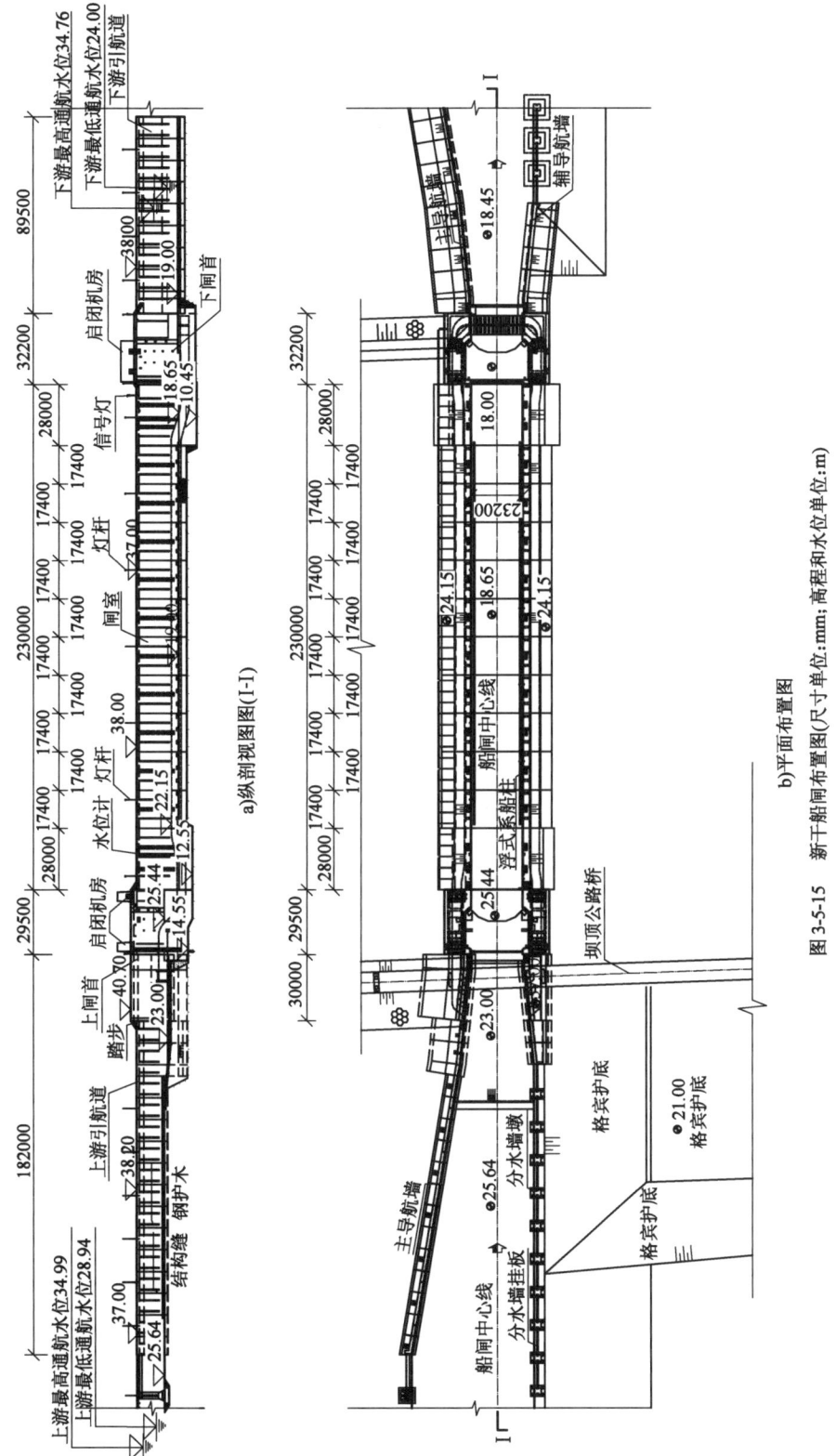

图 3-5-15 新干船闸布置图（尺寸单位：mm；高程和水位单位：m）

6. 龙头山船闸

龙头山水电站位于江西省丰城市境内,是赣江赣州至湖口段自上而下 6 级规划中的最后一个梯级,上距丰城市剑邑大桥 2.5km,下距南昌市 50km,距新干航电枢纽坝址约 60.7km。龙头山坝址控制流域面积 72810km², 多年平均流量 1890m³/s,枢纽正常蓄水位 24.20m(85 高程), 消落水位 23.7m, 水库总库容 5.79 亿 m³。设计洪水位 27.47m($P=1\%$), 设计洪水流量 22800m³/s; 校核洪水位 28.94m($P=0.2\%$), 校核洪水流量 27300m³/s。龙头山枢纽工程等级为Ⅱ等,主要挡泄水建筑物、电站厂房、船闸闸首和闸室按 2 级建筑物设计。坝轴线全长 964m,最大坝高 26.0m,主要建筑物从左至右依次为鱼道、电站厂房、溢流坝、船闸和右岸连接土坝等。河床式电站厂房布置在河道左岸,装 8 台灯泡贯流式机组,总装机容量 240MW; 24 孔泄洪闸坝布置在河道中偏右岸,每孔闸净宽 17m,闸下游底流消能。龙头山枢纽是一座以发电、航运为主,兼顾带动地方经济发展、建成后对城市景观和交通提供有利条件等的综合利用工程。该枢纽于 2015 年 11 月开工,2019 年 3 月建成。

龙头山船闸布置在河道右岸,并在其右侧预留二线船闸位置,船闸等级为Ⅲ级,闸室有效尺度为 230m×23m×3.5m,通航 1000 吨级船舶和 1 顶 2×1000 吨级船队,最大设计水头 14.4m(上游正常蓄水位 24.20m - 下游最低通航水位 9.80m), 设计单向通过能力为近期 1155 万吨/年、远期 1617 万吨/年。船闸上游设计最高通航水位 25.75m($P=5\%$), 最低通航水位 22.30m(开闸调度最低水位); 下游设计最高通航水位 25.50m($P=5\%$), 最低通航水位 9.80m(保证率 95%)。船闸引航道按准不对称型布置,上、下游引航道均向右侧岸边扩宽,主导墙及靠船建筑物均位于左侧,船舶过闸均采取"曲进直出"的方式。上游引航道总长 367m,其中左侧主导航墙调顺段长 100m,上游挂板式调顺段长 107m,挂板式靠船段长 160m, 布置 9 个中心距为 20m 的靠船墩,调顺段和靠船段均为向左侧扩宽的斜直线;右侧辅导航墙为半径 22.5m 的圆弧。下游引航道总长 360m,其中左侧直线主导航墙调顺段长 75m,下游挂板式调顺段长 125m, 挂板式靠船段长 160m, 布置 9 个中心距为 20m 的靠船墩,调顺段和靠船段均为向左侧扩展的斜直线;右侧辅导航墙为半径 60m 的圆弧,其下游与斜坡式护岸衔接。引航道底宽 60.0m,设计水深 3.5m。船闸上、下闸首均采用整体式结构,闸室采用分离式结构,船闸输水系统采用闸底长廊道侧支孔出水、消力槛消能形式,下游泄水口消能室消能。该船闸与枢纽整体同步建成并通航。

龙头山船闸技术参数见表 3-5-8。龙头山船闸鸟瞰图如图 3-5-16 所示。龙头山船闸布置图如图 3-5-17 所示。

龙头山船闸技术参数表 表3-5-8

河流名称	赣江			建设地点		江西省丰城市	
船闸有效尺度(m)	230×23×3.5			最大设计水头(m)		14.40	
吨级	1000 1顶2×1000			过闸时间(min)		59.06	
门型	闸门	上游	人字门	启闭形式	闸门	上游	液压
		下游	人字门			下游	液压
	阀门	上游	平板门		阀门	上游	液压
		下游	平板门			下游	液压
结构形式	上闸首	整体式		输水系统	形式	闸底长廊道侧支孔出水	
	下闸首	整体式			平均时间(min)	8~10	
	闸室	分离式			廊道尺寸(m)	3.5×3.5	
设计通航水位(m)	上游	最高	25.75	设计年通过能力 (单线单向,万t)		1155/1617 (近期/远期)	
		最低	22.30	桥梁情况		下闸首公路桥	
	下游	最高	25.50	建成年份(年)		2019	
		最低	9.80				

图3-5-16 龙头山船闸鸟瞰图

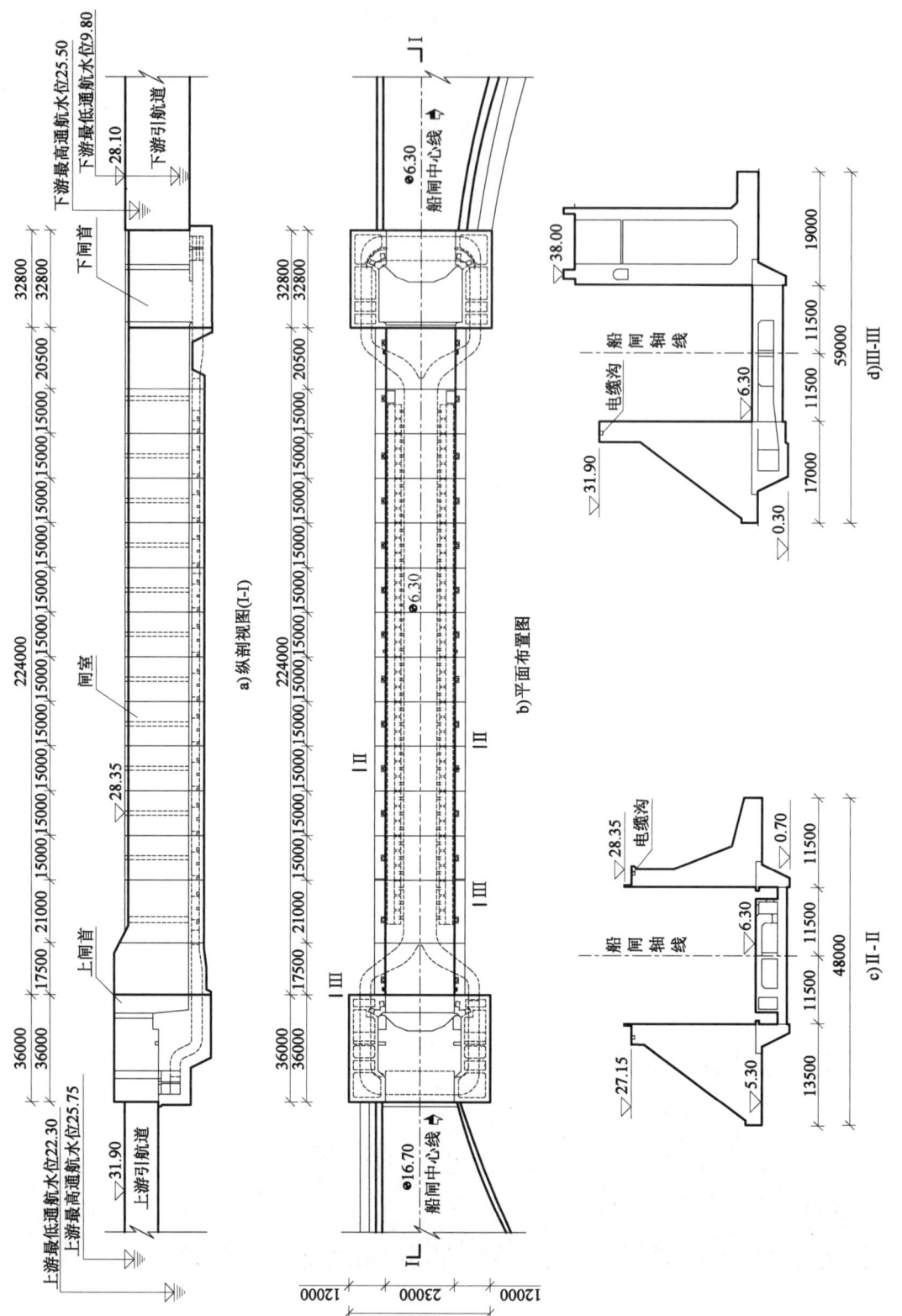

图 3-5-17 龙头山船闸布置图(尺寸:mm;高程和水位单位:m)

第六节　信江通航建筑物

信江是鄱阳湖水系一级支流,发源于江西省上饶市玉山县北部怀玉山平家源,流经上饶市、铅山县、弋阳县、贵溪市、鹰潭市、余干县等地,干流全长313km,流域面积17600km²。

信江上饶以上为上游,沿岸一带以中低山为主,地形起伏较大;中游为上饶至鹰潭段,发育信江盆地,其边缘地势由北、东、南三面渐次向中间降低,并向西倾斜;鹰潭至鄱阳湖段为下游,沿岸为鄱阳湖冲积平原区,地势平坦开阔。信江主要支流有白塔河、丰溪河、饶北河、铅山河、陈坊河、万年新河等。信江水系航道里程502km,其中信江流口以下244km航段为Ⅲ级航道,贵溪以上至上饶市111km为Ⅴ级航道。信江建有界牌、貊皮岭、虎山咀、双港等枢纽,其中界牌枢纽已建成,正在进行1000吨级船闸改造;双港枢纽和八字嘴枢纽及其2000吨级船闸在建。

信江梯级枢纽规划图如图3-6-1所示。

1. 界牌船闸

界牌枢纽位于信江下游、江西省上饶市,上距昌江岔口约8km、距乐安河岔口约16km。界牌坝址集雨面积12277km²,多年平均流量443m³/s,枢纽正常蓄水位24.0m(1956黄海高程),死水位12m,设计洪水位30.6m($P=2\%$),设计洪水流量13600m³/s;校核洪水位32.42m($P=0.33\%$),校核洪水流量17800m³/s。界牌枢纽工程等级为Ⅲ等,主要挡泄水建筑物按2级设计,主要建筑物从左至右依次为电站厂房、左支泄水闸、平板闸、溢流坝、右支泄水闸、连接坝、鱼道、生态电站和船闸等。该枢纽是一座以航运为主,兼有发电、灌溉等综合效益的航运枢纽工程。

界牌船闸位于河道右岸,系在原船闸基础上改建而成,新老船闸中心线距离22.7m。船闸等级为Ⅲ级,闸室有效尺度为180m×23m×4.5m,最大设计水头6.0m(上游正常蓄水位24.0m-下游最低通航水位18.0m),通航1000吨级兼顾2000吨级船舶,设计单向通过能力1519万吨/年。界牌船闸上游设计最高通航水位28.84m($P=10\%$),最低通航水位23.3m;下游设计最高通航水位28.6m($P=10\%$),最低通航水位18.0m(下游八字嘴航电枢纽正常蓄水位)。船闸引航道采用不对称型布置,上、下游主导航墙及靠船建筑物均位于左侧,船舶过闸均采取"曲进直出"的方式。上、下游引航道左侧主导航墙总长542m,其中导航调顺段沿船闸轴线投影长162m(与船闸轴线夹角9°)、墩板式停泊段长240m(与船闸轴线平行)、透空墩板式制动段长140m(与船闸轴线夹角5°);右侧辅导航墙为半径22m、中心角83°的圆弧,沿船闸轴线投影长32.7m,分别与上、下游坡岸衔接。上、下游引航道宽均为55m,设计水深4.2m。船闸上、下闸首和闸室均采用整体式结构,船闸输水系统采用短廊道集中输水形式,上游进水口布置在进水口中间底板,从顶部进水,出水段消能室+前后消力池消能;下游泄水消力梁消能。该船闸改造工程预计2021年底完成。

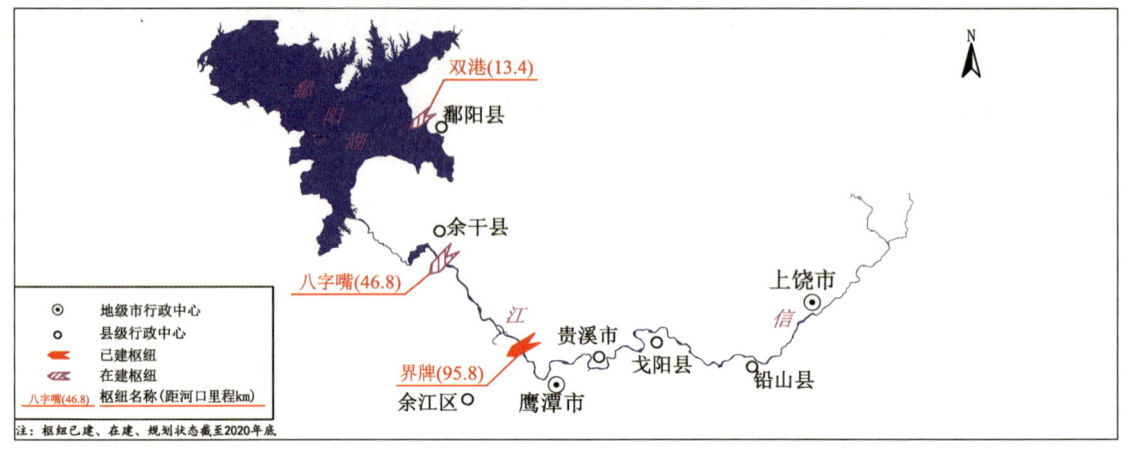

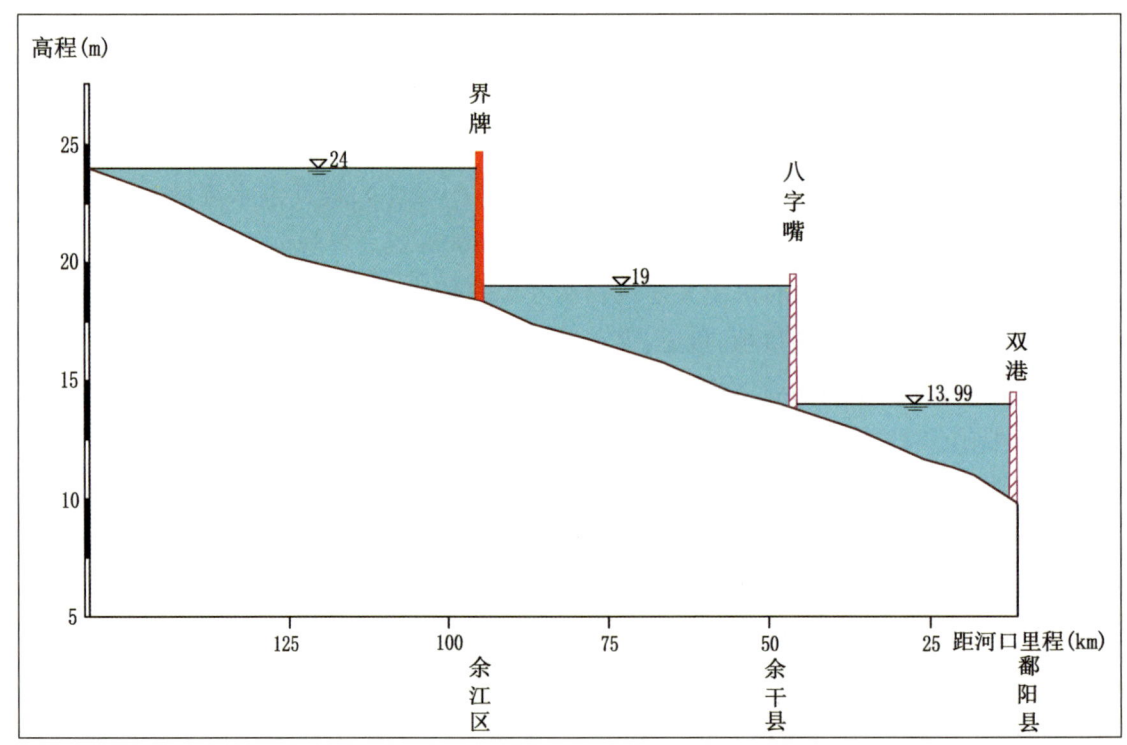

图 3-6-1　信江梯级枢纽规划图

界牌船闸技术参数见表 3-6-1。界牌枢纽改建前鸟瞰图和改建工程效果图如图 3-6-2、图 3-6-3 所示。界牌船闸布置图如图 3-6-4 所示。

界牌船闸技术参数表　　　　　　　　　　表 3-6-1

河流名称			信江	建设地点		江西省上饶市
船闸有效尺度(m)			180×23×4.5	最大设计水头(m)		6.0
吨级			1000 兼顾 2000	过闸时间(min)		41.1
门型	闸门	上游	人字门	启闭形式	闸门 上游	液压
		下游	人字门		下游	液压
	阀门	上游	平板门		阀门 上游	液压
		下游	平板门		下游	液压
结构形式	上闸首		整体式	输水系统	形式	短廊道集中输水
	下闸首		整体式		平均时间(min)	8.0
	闸室		整体式		廊道尺寸(m)	3.4×3.4
设计通航水位(m)	上游	最高	28.84	设计年通过能力(单线单向,万t)		1519
		最低	23.30	桥梁情况		无
	下游	最高	28.60	建成年份		2021 年底(预计)
		最低	18.00			

图 3-6-2　界牌枢纽改建前鸟瞰图

图 3-6-3　界牌枢纽改建工程效果图

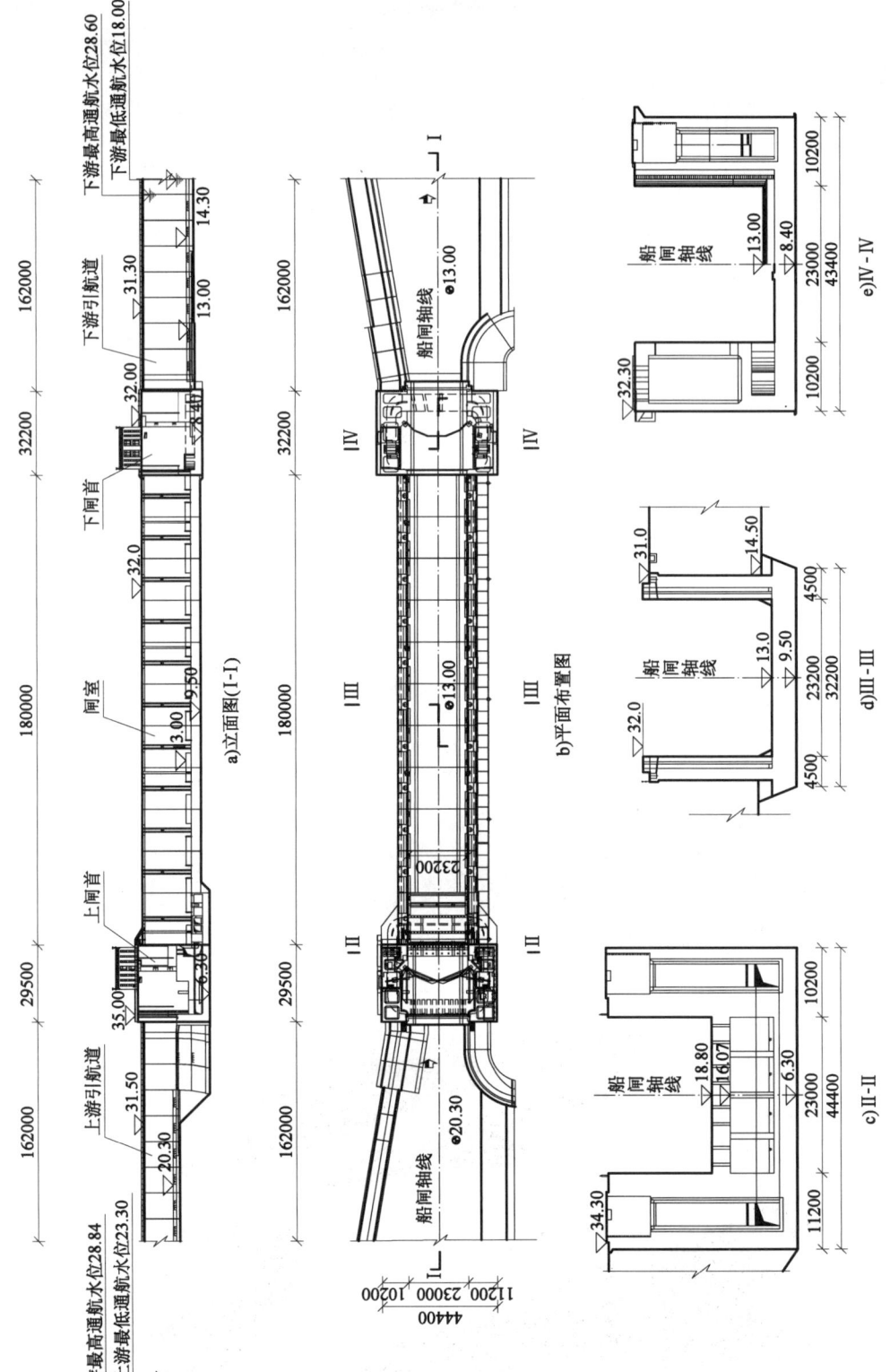

图 3-6-4 界牌船闸布置图（尺寸单位：mm；高程和水位单位：m）

2. 双港船闸

双港枢纽位于信江下游、江西省上饶市鄱阳县境内，上距拟建八字嘴航电枢纽约57km。双港坝址集雨面积21841km^2，多年平均流量741m^3/s，枢纽正常蓄水位13.99m（1956黄海高程），死水位12m。设计洪水位21.48m（$P=2\%$），设计洪水流量17100m^3/s；校核洪水位22.9m（$P=0.33\%$），校核洪水流量22600m^3/s。双港枢纽工程等级为Ⅱ等，主要挡泄水建筑物按2级设计。坝顶全长496.5m，主要建筑物从左至右依次为鱼道、左岸连接土坝、泄水闸、二线船闸上闸首、一线船闸和右岸接头坝等。18孔泄水闸布置在河道中偏左岸，每孔闸净宽14m，闸下游底流消能。双港枢纽是一座以航运为主，兼有其他综合利用要求的航运枢纽工程。该工程于2017年12月开工，预计2021年建设完成。

双港一线船闸布置在河道右岸，并在其左侧预留了二线船闸位置，两线船闸轴线间距53.5m。双港一线船闸等级为Ⅱ级，闸室有效尺度为230m×23m×4.5m，最大设计水头2.8m，通航2000吨级船舶，设计单向通过能力近期、中期、远期分别为1793万吨/年、1880万吨/年和1916万吨/年。船闸上游设计最高通航水位20.65m（$P=5\%$），最低通航水位12.0m（死水位）；下游设计最高通航水位20.6m（$P=5\%$），最低通航水位11.19m（保证率98%）。船闸引航道采用不对称型布置，上、下游引航道均向右侧岸边扩展，主导航墙及靠船建筑物均位于右侧，船舶过闸均采取"曲进直出"的方式。上、下游右侧主导航墙导航调顺段为斜率1∶6的直线，沿船闸轴线投影长162m；上、下游停泊段长均为240m，各布置12个中心距为20m的靠船墩。上、下游左侧辅导航墙兼分水隔墙由长380m和长100m的两个直线段组成，其中上、下游端部长100m的直线段为透空式挂板结构，与船闸轴线交角5°，其余与船闸轴线平行。上、下游引航道宽均为55.0m，设计水深2.2m。船闸上、下闸首和闸室均采用整体式结构。船闸输水系统采用短廊道集中输水、消力梁消能形式，下游泄水口消力梁消能。该船闸与枢纽整体工程同步建设完成。

双港一线船闸技术参数见表3-6-2。双港枢纽效果图如图3-6-5所示。双港一线船闸布置图如图3-6-6所示。

双港一线船闸技术参数表 表3-6-2

河流名称			信江	建设地点			江西省上饶市鄱阳县
船闸有效尺度(m)			230×23×4.5	最大设计水头(m)			2.8
吨级			2000	过闸时间(min)			47.3
门型	闸门	上游	三角门	启闭形式	闸门	上游	液压
		下游	三角门			下游	液压
	阀门	上游	平板门		阀门	上游	液压
		下游	平板门			下游	液压

续上表

结构形式	上闸首	整体式		输水系统	形式	短廊道集中输水
	下闸首	整体式			平均时间(min)	7.63
	闸室	整体式			廊道尺寸(m)	3.0×3.0
设计通航水位(m)	上游	最高	20.65	设计年通过能力(单线单向,万 t)		1793/1880/1916（近期/中期/远期）
		最低	12.00	桥梁情况		上闸首交通桥
	下游	最高	20.60			
		最低	11.19	建成年份(年)		2021(预计)

图 3-6-5　双港枢纽效果图

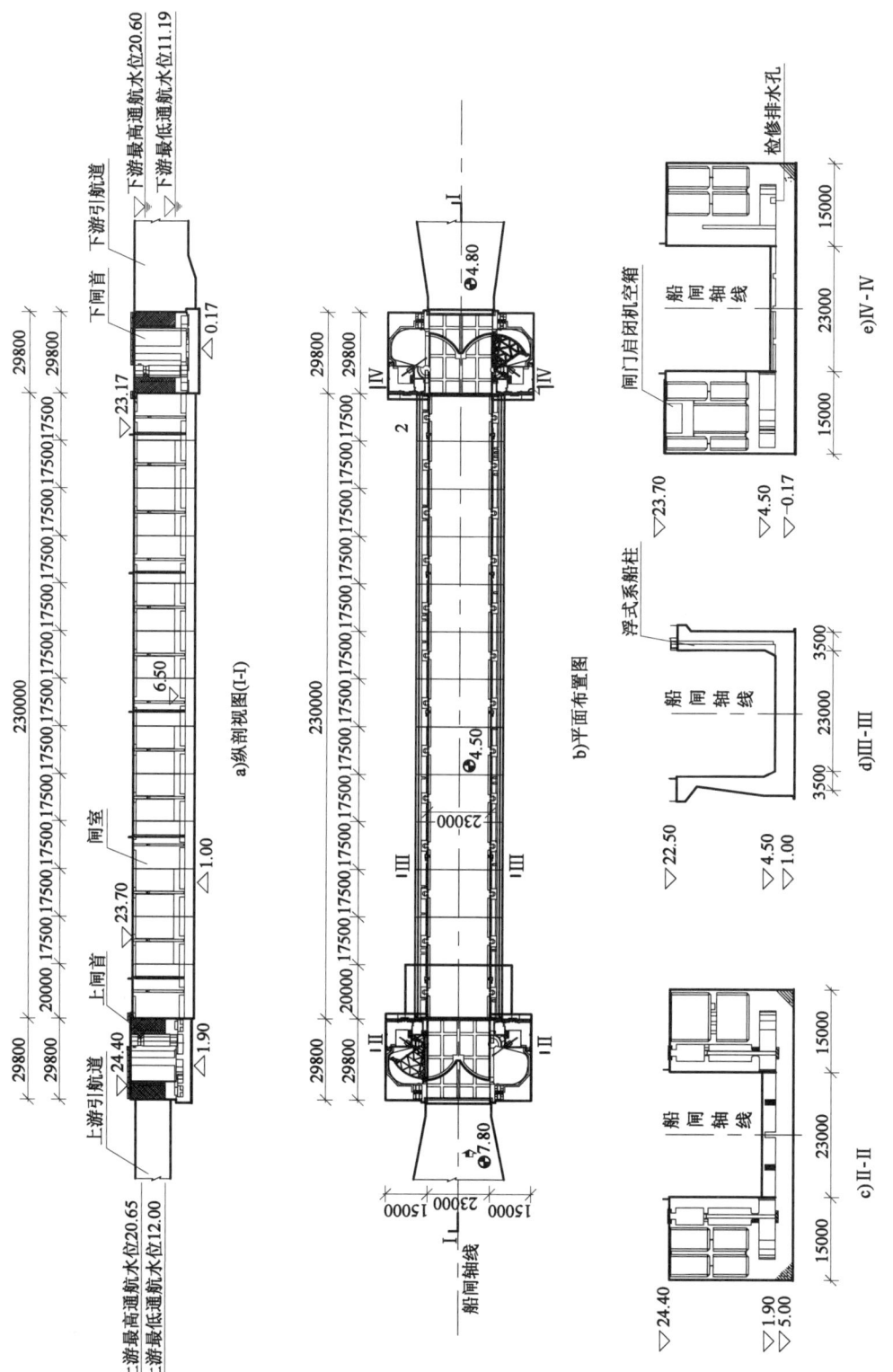

图 3-6-6 双港一线船闸布置图(尺寸单位:mm;高程和水位单位:m)

第七节　合裕线通航建筑物(安徽合肥)

合裕线航道是国家高等级航道规划的"十八线"之一,也是安徽省干线航道网规划的"一纵"的组成部分。该航道由南淝河航道、巢湖航道、裕溪河航道三段组成,全长约138km,起点为合肥市合肥新港,终点为芜湖市裕溪河入江口,先后流经安徽省合肥、巢湖、芜湖三市。

南淝河是巢湖水系上游较大的支流,地势由西北向东南倾斜,东南部地势坦荡开阔,地面平均坡降约1.25‰。径流主要由降水补给,正常流量较小。洪水季节流量较大,坡降陡,流速大,水流挟沙能力强,水位变化幅度大,同时受巢湖水位顶托影响。

巢湖东西长54.5km,南北宽21km,湖面面积780km^2,平均水深2.69m,库容20.68亿m^3。接纳杭埠河、南淝河、兆河等诸河流来水,经湖泊调蓄后由裕溪河和牛屯河分洪道等注入长江。

裕溪河从东口门至裕溪口,全长约62km。河槽底宽约100m,比降0.02‰。在裕溪河航道东口门、裕溪口分别建有巢湖枢纽和裕溪枢纽,均建有1000吨级双线船闸。

合裕线干流梯级水位图如图3-7-1所示。

1. 巢湖船闸

巢湖闸水利枢纽位于安徽省巢湖市境内、巢湖入裕溪河处,是控制巢湖流域防洪、排涝、航运及蓄水灌溉的综合性水利枢纽工程。闸址以上控制流域面积9153km^2,多年平均入湖水量36.5亿m^3,枢纽上游设计洪水位13.36m(吴淞高程,$P=1\%$)。巢湖闸水利枢纽由节制闸、船闸、鱼道、拦河坝、上下游引航道、导流堤等组成,节制闸位于左侧主河道上,船闸位于河道右岸。该枢纽于1959年底开工,1960年建成并投入运行。

巢湖一线船闸(老船闸)等级为苏联的Ⅲ级,闸室尺度为195m×15m(长×宽),上闸首底槛高程4.5m,下闸首底槛高程3.5m,门槛水深仅达到我国内河通航标准Ⅵ级,设计单向通过能力780万吨/年。船闸上、下游导航墙各长20m,向右侧扩展,扩散段长50m,上游航道直段长160m与巢湖相接,下游航道直段长750m,用半径为450m的圆弧与节制闸下游引河连接,航道两侧的导航堤上、下游各长260m,船闸工作闸门为钢结构横拉门。该船闸自1961年通航后,分别在1962年、1965年对横拉门进行了加固维修,在1976年巢湖闸枢纽加固工程中,又对上、下游门库进行了改造,并将上、下闸首启闭机房拆除重建。

巢湖二线(复线)船闸位于一线船闸右侧,两闸中心线相距约80m(以一线船闸下闸首部位算),船闸纵轴线向南偏3°,二线船闸下闸首位于拦河堤上,较一线船闸下闸首向

第三章 长江中、下游支流通航建筑物

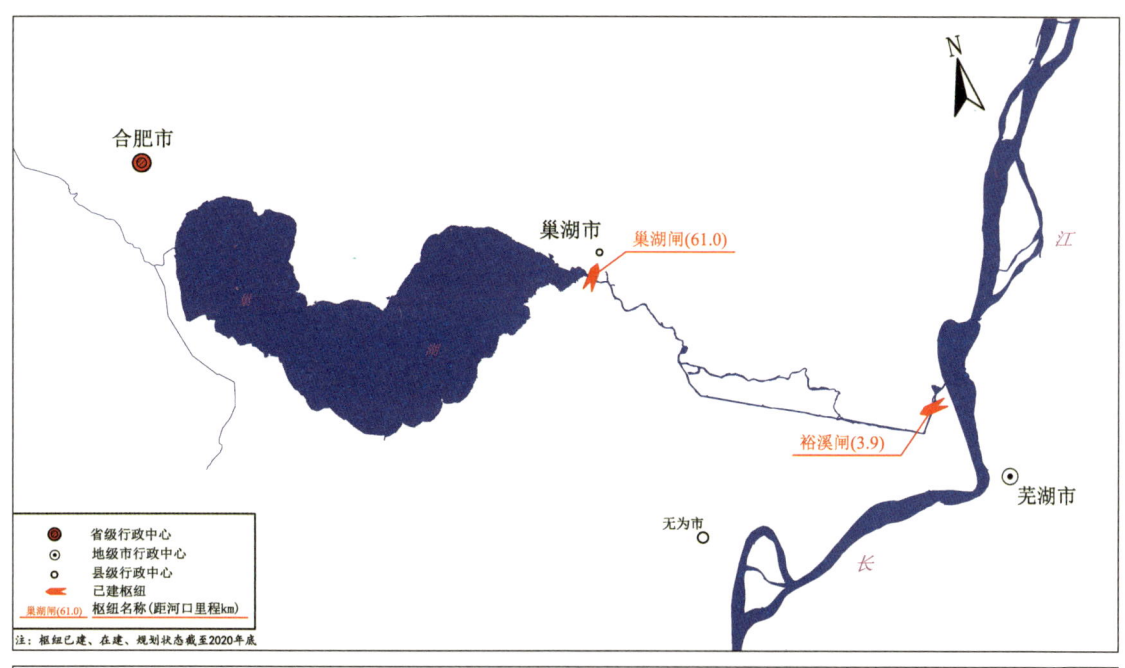

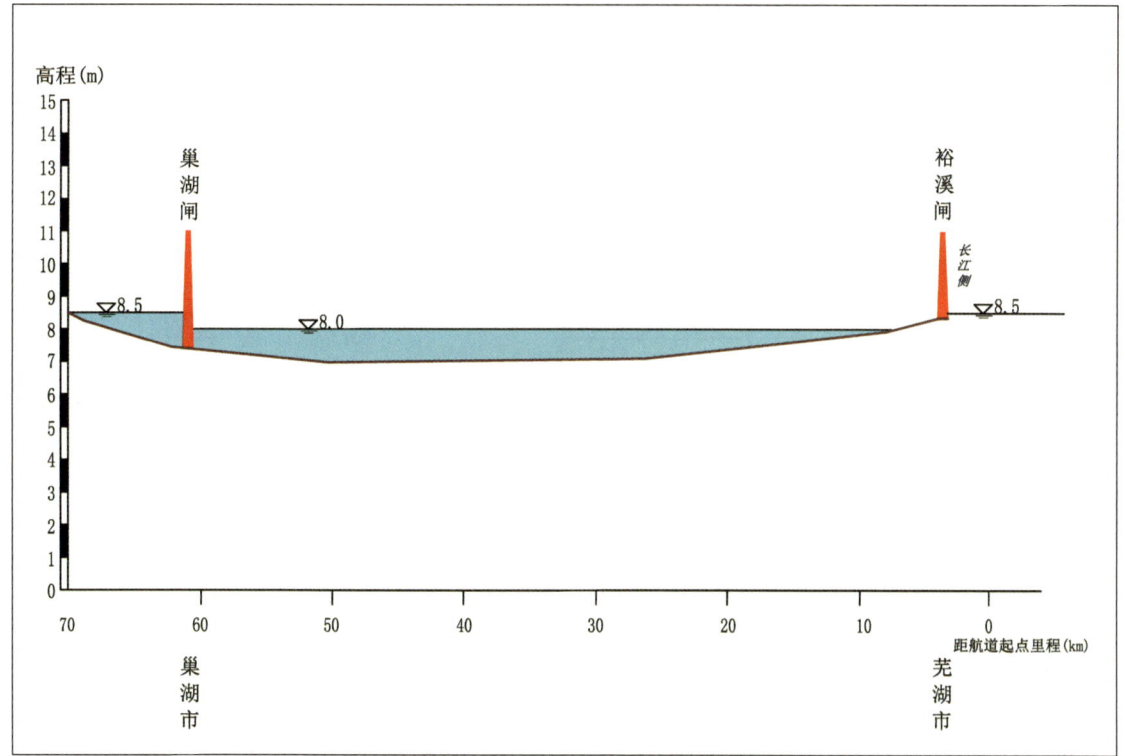

图 3-7-1 合裕线干流梯级水位图

上游平移约30m。二线船闸等级为Ⅲ级，闸室有效尺度为230m×23m×4.5m，最大设计水头3.07m/3.30m（正向/反向），通航1000吨级船舶和1顶2×1000吨级船队，设计单向通过能力2014万吨/年。巢湖闸枢纽属大（2）型工程，二线船闸上、下闸首和闸室为2级建筑物，导航、靠船建筑物为3级。上游设计最高通航水位12.5m（$P=5\%$），最低通航水位7.70m（保证率98%）；下游设计最高通航水位11.89m（$P=5\%$），最低通航水位6.43m（保证率98%）。船闸引航道采用不对称型布置，上、下游右侧主导航墙为直线导墙，左侧辅导航墙采用斜直线向左侧扩展，与老船闸导航墙衔接，形成分流岛，上、下游船舶过闸均采取"直进曲出"的方式。上、下游引航道直线段长均为320m，其中右侧主导航墙导航调顺段长均为75m，停泊段长均为180m，各布置10个中心距为20m的靠船墩，制动段长均为65m；左侧辅导航墙长均为60m；出辅导航墙后一线、二线船闸共用上、下游引航道，共用引航道最窄处底宽不小于80m，设计水深4.0m。船闸上、下闸首均采用整体式结构，闸室采用分离式结构，透水底板。船闸输水系统采用短廊道集中输水系统，消力槛消能。该船闸于2010年11月开工，2012年12月建成通航。

巢湖二线船闸技术参数见表3-7-1所示。巢湖船闸鸟瞰图如图3-7-2所示。巢湖二线船闸布置图如图3-7-3所示。

巢湖二线船闸技术参数表　　　　　　　　　表3-7-1

河流名称			巢湖/裕溪河	建设地点		安徽省巢湖市
船闸尺度(m)			230×23×4.5	最大设计水头(m)		3.07/3.30(正向/反向)
吨级			1000 1顶2×1000	过闸时间(min)		39.2
门型	闸门	上游	三角闸门	启闭形式	闸门	上游	液压
		下游	三角闸门			下游	液压
	阀门	上游	平板门		阀门	上游	液压
		下游	平板门			下游	液压
结构形式	上闸首		整体式	输水系统	形式	短廊道集中输水
	下闸首		整体式		平均时间(min)	8.0
	闸室		分离式		廊道尺寸(m)	3.5×4.0(高×宽)
设计通航水位(m)	上游	最高	12.50	设计年通过能力 (单线单向，万t)		2014
		最低	7.70	桥梁情况		下引航道公路桥
	下游	最高	11.89	建成年份(年)		2012
		最低	6.43			

图 3-7-2　巢湖船闸鸟瞰图

2. 裕溪船闸

裕溪闸枢纽位于安徽省芜湖市境内,合裕航道(合肥至裕溪口)出长江口处,下距裕溪河口约 4.5km,是无为大堤的重要组成部分,上接无为大堤无为段,下接无为大堤裕黄段。该枢纽由节制闸、船闸、鱼道、拦河坝、上下游引航道、导流堤等组成,其中节制闸位于中汊主河床中,节制闸共设 24 个泄洪闸孔,包括 16 个浅孔和 8 个深孔。枢纽正常蓄水位 8.5m(吴淞高程,下同),防洪水位 12.19m/13.4m(上游裕溪河侧/下游长江侧),设计洪水流量 $1170m^3/s(P=1\%)$,校核洪水流量 $1400m^3/s(P=0.33\%)$,引江灌溉最大流量 $350m^3/s$。裕溪闸枢纽是控制巢湖流域防洪、排涝、航运及引水灌溉的综合性水利枢纽。该工程于 1959 年底开工,中途几经周折,至 1973 年最终建成。

裕溪一线老船闸位于河道左汊,船闸等级为苏联 Ⅲ 级,闸室平面尺度为 195m×15.4m(长×宽),通航 2×1000 吨级船队,设计最大通过能力 1058 万吨/年。上、下游门槛高程分别为 3.50m 和 0.5m,闸门采用单面板桁架结构横拉门,卷扬机启闭。该船闸于 1969 年建成投入运行。原设计上游最低通航水位 6.0m,最小通航水深 4.0m。由于工程安全原因,1991 年实施了加固处理,加固后闸室净宽缩小至 14.4m,闸底板高程抬高至 0.6m,上、下游均未设置任何导航和靠船设施。

裕溪二线船闸位于节制闸东侧(右汊)原老河道内,船闸上闸首和闸室凸出于拦河坝上游,下闸首与拦河坝齐平,下闸首轴线与堤坝轴线夹角约 8°,船闸等级为 Ⅲ 级,闸室有效尺度为 200m×23m×4.5m,最大设计水头 6.39m/4.90m(正向/反向),通航 1000 吨级

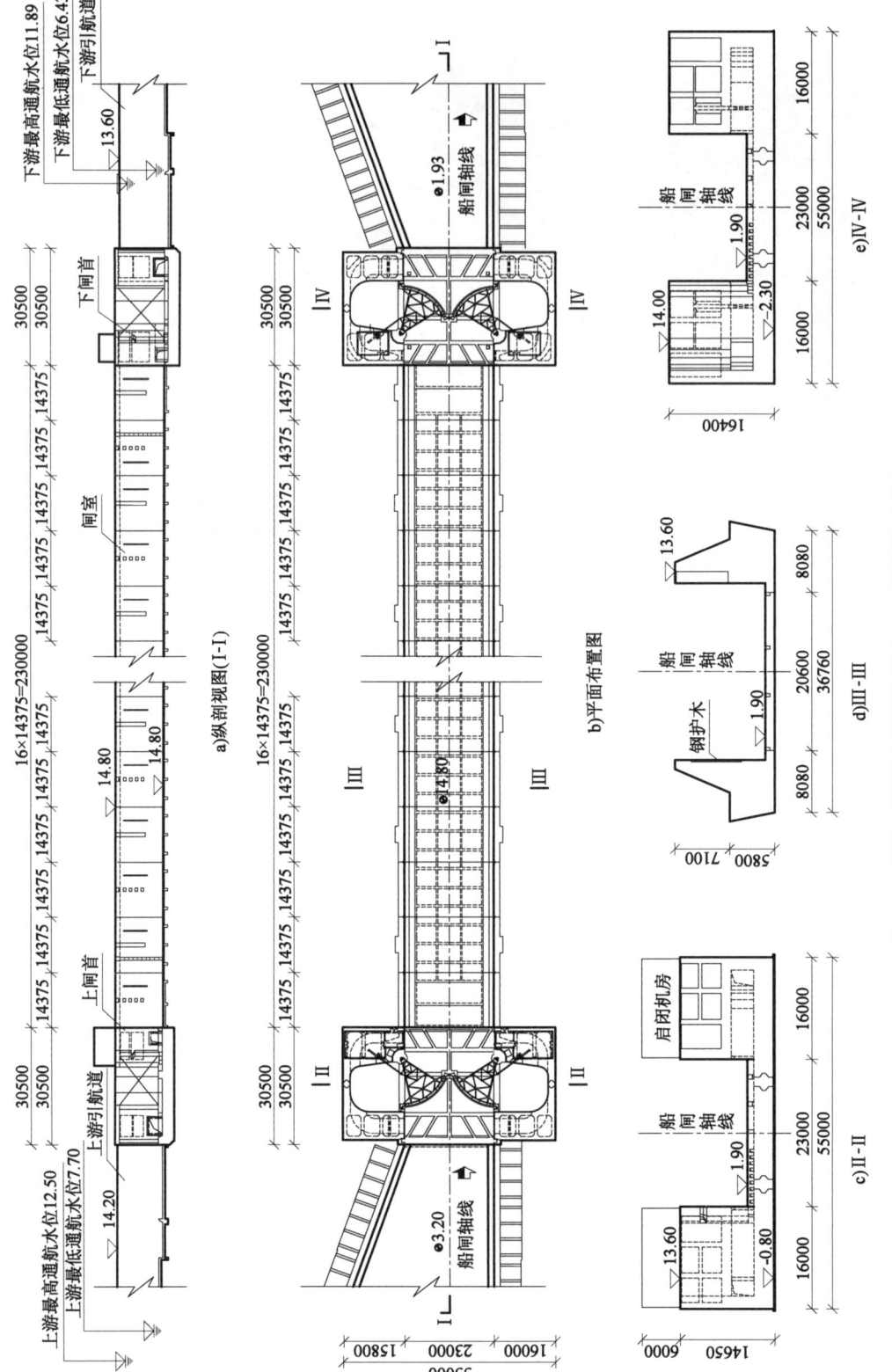

图 3-7-3 巢湖二线船闸布置图（尺寸单位：mm；高程和水位单位：m）

船舶和1顶2×1000吨级船队,设计最大通过能力6426万吨/年。船闸下闸首建筑物等级为1级,上闸首和闸室为2级,导靠船建筑物为3级。船闸上游(裕溪河侧)设计最高通航水位11.89m($P=5\%$),最低通航水位6.43m(保证率98%);下游(长江侧)设计最高通航水位12.3m($P=5\%$),最低通航水位3.37m。船闸引航道采用不对称型布置,上、下游引航道均向左侧主河道扩展,主导航墙及靠船建筑物均位于右侧岸边,船舶过闸均采取"直进曲出"的方式。上、下游引航道右侧主导航墙总长均为400m,包括导航段长60m、停泊段长195m(各布置8个中心距为25m的靠船墩)、制动段长145m。上、下游左侧辅导航墙长均为45m(沿船闸轴线投影),上游隔流堤长225m,下游隔流堤长202m(上、下游隔流均为斜坡护岸结构)。上、下游宽均为45.0m,设计水深3.5m。船闸上、下闸首均采用钢筋混凝土整体式结构,闸室采用钢筋混凝土U形槽结构。船闸输水系统采用短廊道集中输水,上游格栅消能室消能,下游消力槛消能。该船闸于2009年7月开工,2013年1月建成通航。

裕溪二线船闸技术参数见表3-7-2。裕溪船闸整体效果如图3-7-4所示。裕溪复线船闸鸟瞰图如图3-7-5所示。裕溪二线船闸布置图如图3-7-6所示。

裕溪二线船闸技术参数表　　　　　　　　　表3-7-2

河流名称	裕溪河			建设地点		安徽省芜湖市
船闸有效尺度(m)	200×23×4.5			最大设计水头(m)		6.39/4.90（正向/反向）
吨级	1000 1顶2×1000			过闸时间(min)		37.8
门型	闸门	上游	三角门	启闭形式	闸门	上游	液压（卧式直推）
		下游	三角门			下游	液压（卧式直推）
	阀门	上游	平板门		阀门	上游	液压
		下游	平板门			下游	液压
结构形式	上闸首		整体式	输水系统	形式	短廊道集中输水
	下闸首		整体式		平均时间(min)	6.5
	闸室		整体式(U形槽)		廊道尺寸(m)	3.5×4.0
设计通航水位(m)	上游（裕溪河）	最高	11.89	设计年通过能力(双向,万t)		6426
		最低	6.43	桥梁情况		上引航道交通桥
	下游（长江）	最高	12.30	建成年份(年)		2013
		最低	3.37			

图 3-7-4　裕溪船闸整体效果图

图 3-7-5　裕溪复线船闸鸟瞰图

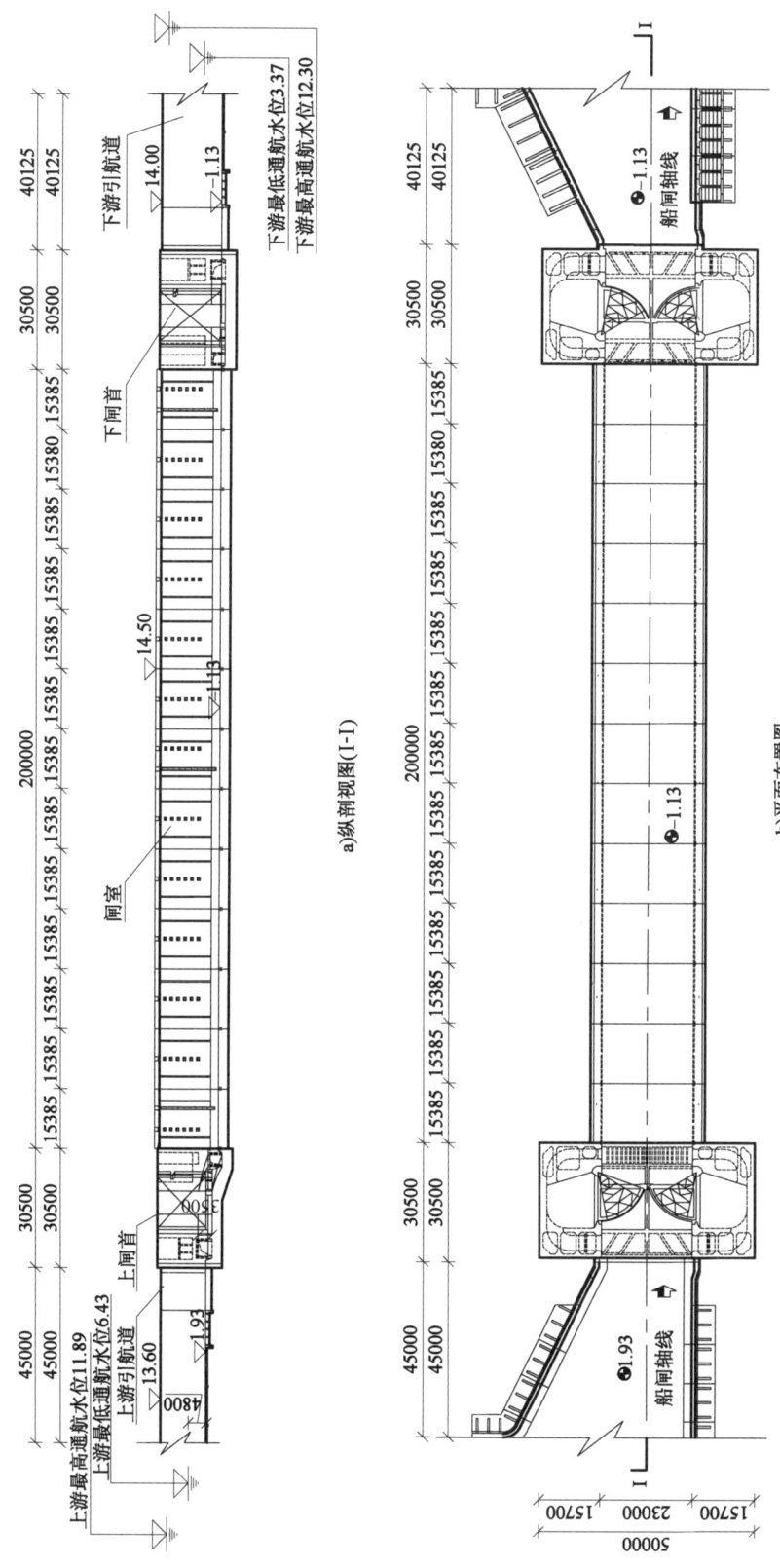

图 3-7-6 裕溪二线船闸布置图(尺寸单位:mm; 高程和水位单位:m)

第八节　漳河通航建筑物

澛港船闸

澛港闸(桥)枢纽位于安徽省芜湖市境内、漳河干流汇入长江的澛港口处,下距长江汇合口约1.4km。澛港坝址集雨面积1360km²,枢纽正常蓄水位6.5m兼顾远期水位7.5m(冻结吴淞高程,下同)。枢纽设计洪水位11.76m,设计洪水流量3600m³/s;校核洪水位12.32m,校核洪水流量4800m³/s;外江防洪水位13.7m。澛港闸(桥)枢纽为Ⅱ等大(2)型工程,主要建筑物从左至右依次为左岸堤防、左岸连接段(含鱼道)、泄水闸、船闸、右岸连接段和右岸堤防等。14孔泄水闸布置在河道中间,每孔闸净宽11.8m,闸下游底流消能。澛港闸(桥)枢纽是一座具有改善城市水环境和水景观、航运、供水、灌溉和防洪等综合性功能的水利枢纽工程。该枢纽于2014年开工,2018年4月完工并投入运行。

澛港船闸布置在河道右岸,船闸上闸首和部分闸室上突于上游库区,船闸等级为Ⅳ级,闸室有效尺度为120m×18m×3.0m(另加长6m的镇静段),最大设计水头5.13m/4.46m(正向/反向),通航500吨级船舶和2×500+2×300吨级机动驳船队,设计单向通过能力500万吨/年。船闸上游设计最高通航水位10.46m($P=10\%$),最低通航水位6.0m(考虑正常蓄水位消落0.5m);下游设计最高通航水位10.46m($P=10\%$),最低通航水位1.37m(保证率95%水位并下切0.5m)。船闸引航道采用不对称型布置,上、下游引航道均向右侧拓宽,主导航墙及靠船建筑物均位于右侧岸边,左侧为隔流墙,上、下游船舶过闸均采取"曲进曲出"的方式。上、下游引航道长均为295.2m,其中右侧导航墙导航调顺段长均为195.2m,停泊段长均为110m,各布置8个中心距为15m的靠船墩;上、下游左侧隔流墙直线段长均为90m,再接转弯角均为25°的弧线,弧线段长129.7m。上、下游引航道宽均为36m,口门宽46.5m,设计水深3m。船闸上、下闸首和闸室均采用整体式结构,船闸输水系统采用短廊道集中输水、对冲消能形式。该船闸与枢纽整体同步建成并通航。

澛港船闸技术参数见表3-8-1。澛港船闸鸟瞰图如图3-8-1所示。澛港船闸布置图如图3-8-2所示。

澛港船闸技术参数表　　表3-8-1

河流名称	漳河	建设地点	安徽省芜湖市
船闸有效尺度(m)	120×18×3.0	最大设计水头(m)	5.13/4.46(正向/反向)
吨级	500 2×500+2×300	过闸时间(min)	36.56

续上表

门型	闸门	上游	人字门	启闭形式	闸门	上游	液压
		下游	人字门			下游	液压
	阀门	上游	平板门		阀门	上游	液压
		下游	平板门			下游	液压
结构形式	上闸首	整体式		输水系统	形式		短廊道集中输水
	下闸首	整体式			平均时间(min)		8.0
	闸室	整体式			廊道尺寸(m)		2.7×2.5(高×宽)
设计通航水位(m)	上游	最高	10.46	设计年通过能力(单向,万t)			500
		最低	6.00	桥梁情况			跨闸室交通桥
	下游	最高	10.46	建成年份(年)			2018
		最低	1.37				

图3-8-1 澬港船闸鸟瞰图

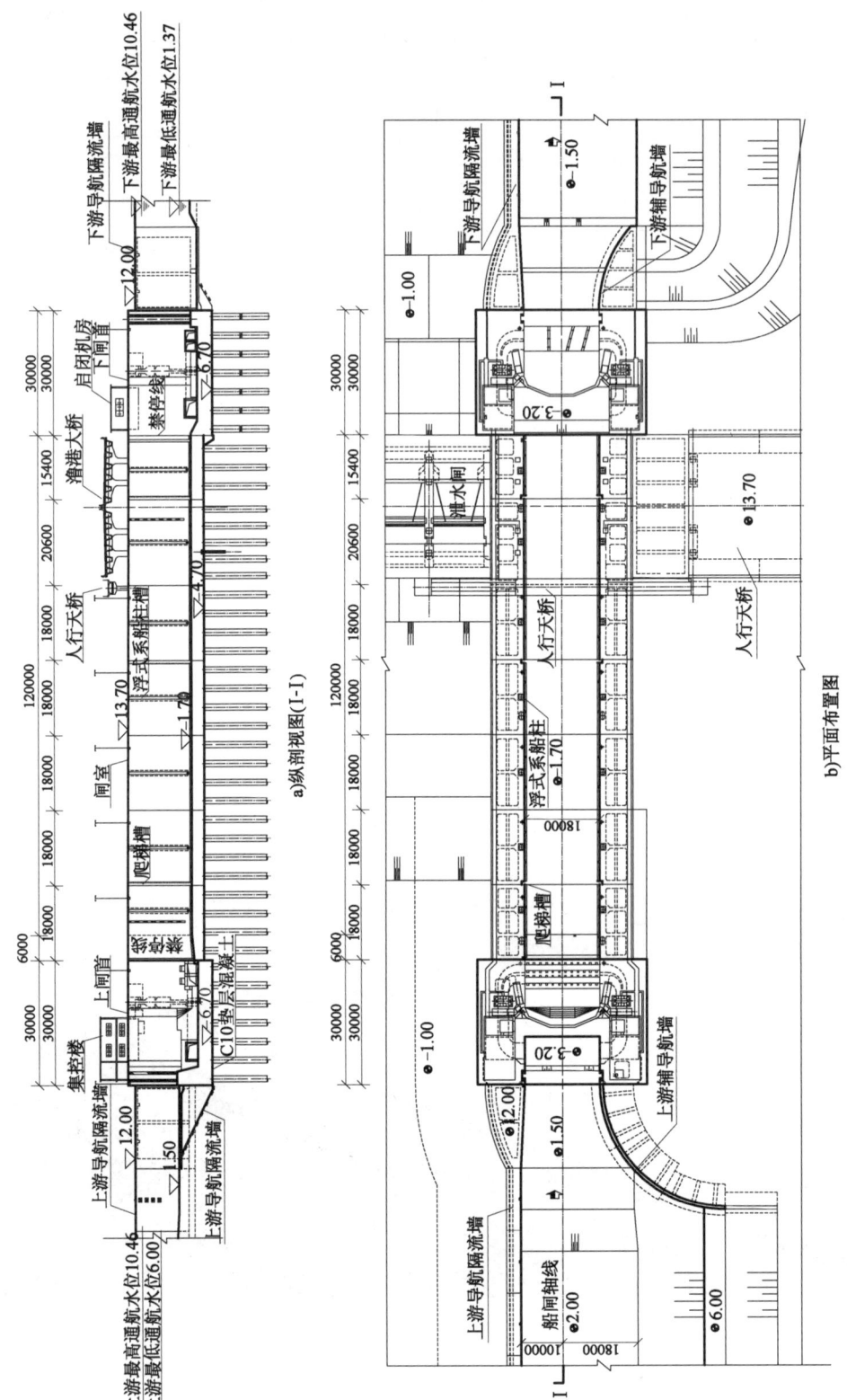

图 3-8-2 渣港船闸布置图(尺寸单位:mm;高程和水位单位:m)

第九节　驷马山干渠通航建筑物

乌江船闸

乌江枢纽位于安徽省马鞍山市和县境内的乌江镇、驷马山分洪道上,上游受滁河泄洪影响,下游受长江水流顶托影响。该枢纽包括抽水站、节制闸、船闸各1座,抽水站和节制闸位于左侧驷马山干渠主河道上,船闸位于河道右岸。船闸下闸首（长江侧）为2级建筑物,上闸首和闸室（滁河侧）为3级建筑物,上游滁河侧防洪水位11.15m（$P=5\%$）,下游长江侧防洪水位11.94m。乌江老船闸建于1972年,是一座非标准的简易船闸,原设计仅通航100吨级船舶,不能满足货运量发展的需求。

乌江新船闸是在老船闸原址上进行改扩建而成的,船闸与节制闸之间用导航堤分开,导航堤总长约400m,其中上游堤长245m、下游堤长155m。乌江新船闸等级为Ⅴ级,闸室有效尺度为140m×12m×3.0m,最大设计水头5.7m/1.8m（正向/反向）,通航300吨级船舶,设计通过能力1059.6万吨/年（双向）。上游设计最高通航水位10.8m（最高灌溉水位）,最低通航水位6.9m（保证率95%）；下游设计最高通航水位10.86m（$P=10\%$）,最低通航水位2.8m（保证率95%）。船闸引航道采用反对称型布置,上游引航道向左侧扩宽,主导航墙及靠船建筑物位于右侧（岸侧）,下游引航道向右侧扩宽,主导航墙及靠船建筑物位于左侧（河侧）,船舶过闸均采取"直进曲出"的方式。上、下游引航道主导航墙长均为100m,依次为长30m的直线导航段（直立挡墙）和长70m的靠船段,各布置4个中心距为20m的靠船墩；辅导航墙为半径30m的圆弧线,沿船闸轴线投影长30m,再与斜坡式隔流堤衔接,上游段斜坡式隔流堤长68m,下游段斜坡式隔流堤长200m。上游直线段以上用半径850m的圆弧与上游航道衔接,下游直线段以下用半径300m的圆弧与下游航道衔接。引航道宽均为28m,设计水深2.5m。船闸上、下闸首和闸室均采用整体式结构,船闸输水系统采用短廊道集中输水、出口对冲和消力槛消能。在下闸首上游侧布置可临时启吊的钢结构翻板公路桥。乌江新船闸于2008年8月开工,2012年8月建成通航。

乌江新船闸技术参数见表3-9-1。乌江新船闸效果图如图3-9-1所示。乌江新船闸实景图如图3-9-2所示。乌江新船闸布置图如图3-9-3所示。

乌江新船闸技术参数表　　　　表3-9-1

河流名称	驷马山干渠	建设地点	安徽省马鞍山市和县乌江镇
船闸有效尺度(m)	140×12×3.0	最大设计水头(m)	5.7/1.8(正向/反向)
吨级	300	过闸时间(min)	39

续上表

门型	闸门	上游	横拉门	启闭形式	闸门	上游	齿条式启闭机
		下游	横拉门			下游	齿条式启闭机
	阀门	上游	平板门		阀门	上游	卷扬式启闭机
		下游	平板门			下游	卷扬式启闭机
结构形式	上闸首	整体式		输水系统	形式		短廊道集中输水
	下闸首	整体式			平均时间(min)		8.0
	闸室	整体式(U形槽)			廊道尺寸(m)		3.0×3.0
设计通航水位(m)	上游	最高	10.80	设计年通过能力(双向,万 t)			1059.6
		最低	6.90	桥梁情况			下闸首交通桥
	下游	最高	10.86	建成年份(年)			2012
		最低	2.80				

图 3-9-1 乌江新船闸效果图

图 3-9-2 乌江新船闸实景图

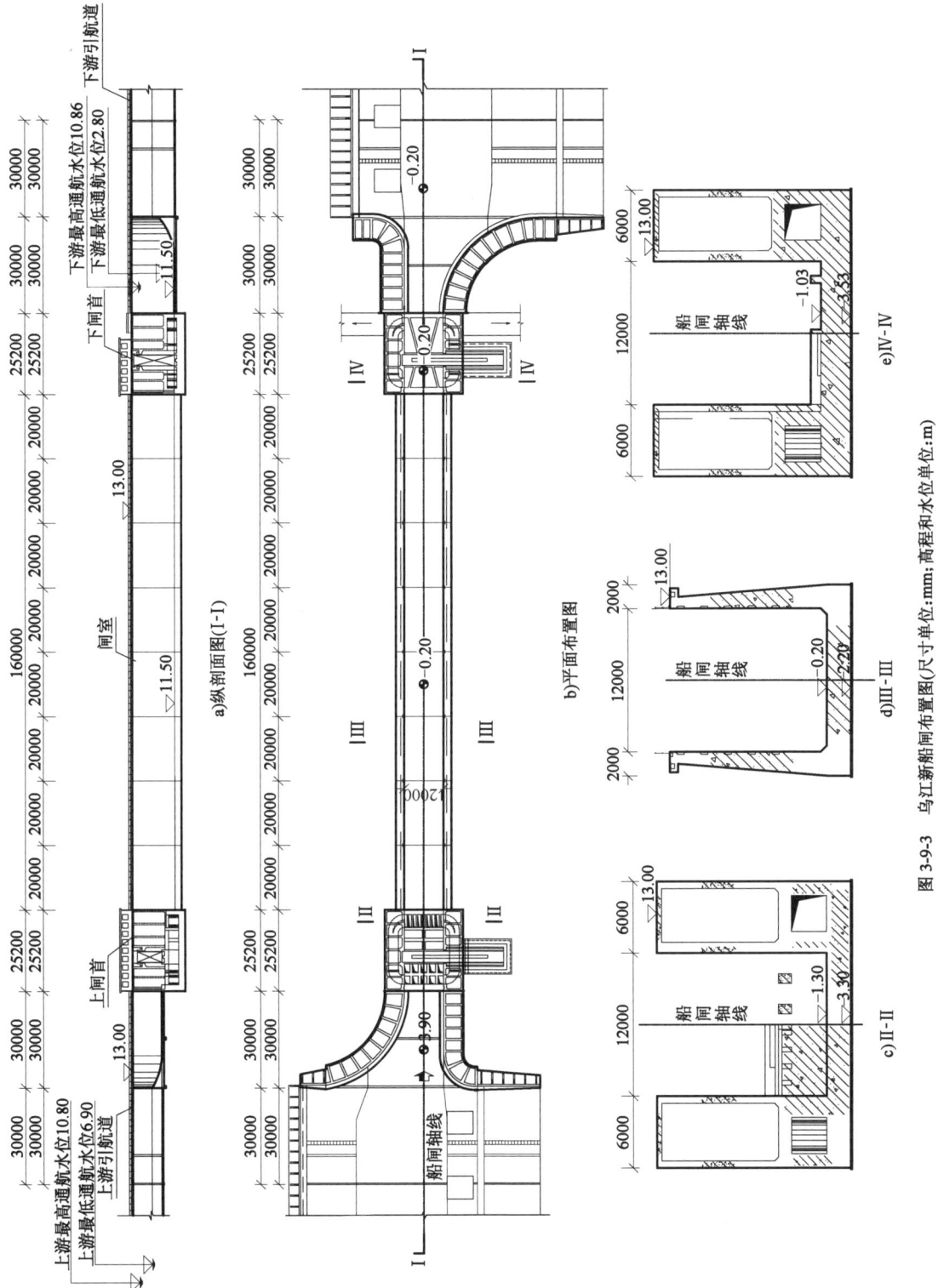

图 3-9-3 乌江新船闸布置图(尺寸单位:mm;高程和水位单位:m)

第四章
长江三角洲高等级航道网通航建筑物

长江三角洲地区水网发达,纵横交错,根据《全国内河航道与港口布局规划》,长江三角洲高等级航道网布局方案为以长江干线和京杭运河为核心,三级航道为主体,四级航道为补充,由23条航道组成"两纵六横"高等级航道网。两纵:京杭运河—杭甬运河(含锡澄运河、丹金溧漕河、锡溧漕河、乍嘉苏线),连申线(含杨林塘);六横:长江干线(南京以下),淮河出海航道—盐河,通扬线,芜申线—苏申外港线(含苏申内港线),长湖申线—黄浦江—大浦线、赵家沟—大芦线(含湖嘉申线),钱塘江—杭申线(含杭平申线),共规划高等级航道4200km,其中三级及以上航道3400km,四级航道930km。本章主要介绍长江三角洲高等级航道网中杭甬运河、锡澄运河、丹金溧槽河、连申线、杨林塘、盐河、通扬线、芜申线、长湖申线、赵家沟航道、钱塘江、周山河、南官河、盐宝线、芒稻河、刘大线、古泊河、成子河、徐洪河、秦淮河、划子河、油墩港航道22条航道上的通航建筑物情况。

第一节 杭甬运河通航建筑物

杭甬运河是浙江省境内的一条运河,西起杭州市滨江区西兴街道,跨曹娥江,经过绍兴市,东至宁波市甬江入海口,全长239km。

杭甬运河是京杭运河的延伸,能够有效增强长江三角洲航道网对杭州湾南岸地区的辐射,完善宁波港后方内河集疏运系统,成为连接长江中下游地区与宁波港之间重要的集装箱运输通道,属于杭州湾地区骨干航道组成部分。2003—2009年杭甬运河改造工程实施后,杭甬运河航道达到四级航道标准,建有新坝、塘角、大库、通明、蜀山、姚江六座船闸。

一、新坝船闸

新坝船闸位于浙江省杭州市萧山区境内的义桥镇南侧、浦阳江和杭甬运河交汇处,为杭甬运河杭州至宁波方向的第一座船闸,贯通钱塘江和浙东运河,连接杭州—绍兴—宁波—舟山港,被称为"杭甬运河第一闸",是"通江达海"(即沟通运河与大海)的重要航运枢纽。该船闸上游为受潮汐影响的浦阳江,下游为内河西小江。

船闸与节制闸采取分散式布置,节制闸位于西小江主河道,船闸布置在右侧岸坡上,通过开挖修建船闸主体结构段、上下游引航道,并分别与上游浦阳江和下游内河西小江衔接,节制闸和船闸之间为隔流岛。船闸等级为Ⅳ级,闸室有效尺度200m×12m×2.5m,最大设计水头1.78m(上游最高通航水位7.08m-下游最低通航水位5.30m),通航500吨级船舶,设计单向通过能力510万t/年。船闸上游校核洪水位采用100年一遇的高潮位11.4m(吴淞高程,下同),下游校核洪水位采用历史最高洪水位7.38m。上游设计最高通航水位7.08m(逐时累积频率1%潮位),最低通航水位4.72m(逐时累积频率98%潮位);下游设计最高通航水位6.5m(频率$P=10\%$洪水位),最低通航水位5.3m(保证率95%水位)。船闸上、下游引航道按准反对称型布置,上游引航道主导墙及靠船建筑物位于右侧,下游引航道主导航墙及靠船建筑物位于左侧,上、下游船舶过闸均采取"直进曲出"的方式。上、下游引航道直线段长均为400m,其中引航道导航和调顺段长均为100m,停泊段长均为200m,各布置16个中心距12.5m的靠船墩。上、下游引航道宽均为50m,设计水深2.5m。上游引航道进口与浦阳江航道中心线交角为右101°,采用半径330m的曲线连接,曲线段长599m,两侧为与浦阳江防洪堤平顺衔接的喇叭口形状;下游引航道下游采用长100m的变宽段过渡,使引航道底宽由50m逐渐过渡到西小江航道的40m宽度。船闸上、下闸首均采用整体式结构,闸室采用分离式结构,船闸输水系统采用短廊道集中输水。该船闸于2003年开工,2007年建成通航。

新坝船闸技术参数见表4-1-1。新坝船闸鸟瞰图如图4-1-1所示。新坝船闸布置图如图4-1-2所示。

新坝船闸技术参数表 表4-1-1

河流名称			杭甬运河	建设地点		浙江省杭州市萧山区义桥镇
船闸有效尺度(m)			200×12×2.5	最大设计水头(m)		1.78
吨级			500吨级	过闸时间(min)		21.5
门型	闸门	上游	提升式平板门	启闭形式	闸门	上游	卷扬
		下游	提升式平板门			下游	卷扬
	阀门	上游	单吊点潜孔式平板门		阀门	上游	液压
		下游	单吊点潜孔式平板门			下游	液压
结构形式	上闸首		整体式	输水系统	形式	短廊道集中输水
	下闸首		整体式		平均时间(min)	—
	闸室		分离式		廊道尺寸(m)	1.8×2.0(高×宽)

续上表

设计通航水位(m)	上游	最高	7.08	设计年通过能力(单线单向,万 t)	510
		最低	4.72	桥梁情况	上闸首交通桥
	下游	最高	6.50	建成年份(年)	2007 年
		最低	5.30		

a)

b)

图 4-1-1　新坝船闸鸟瞰图

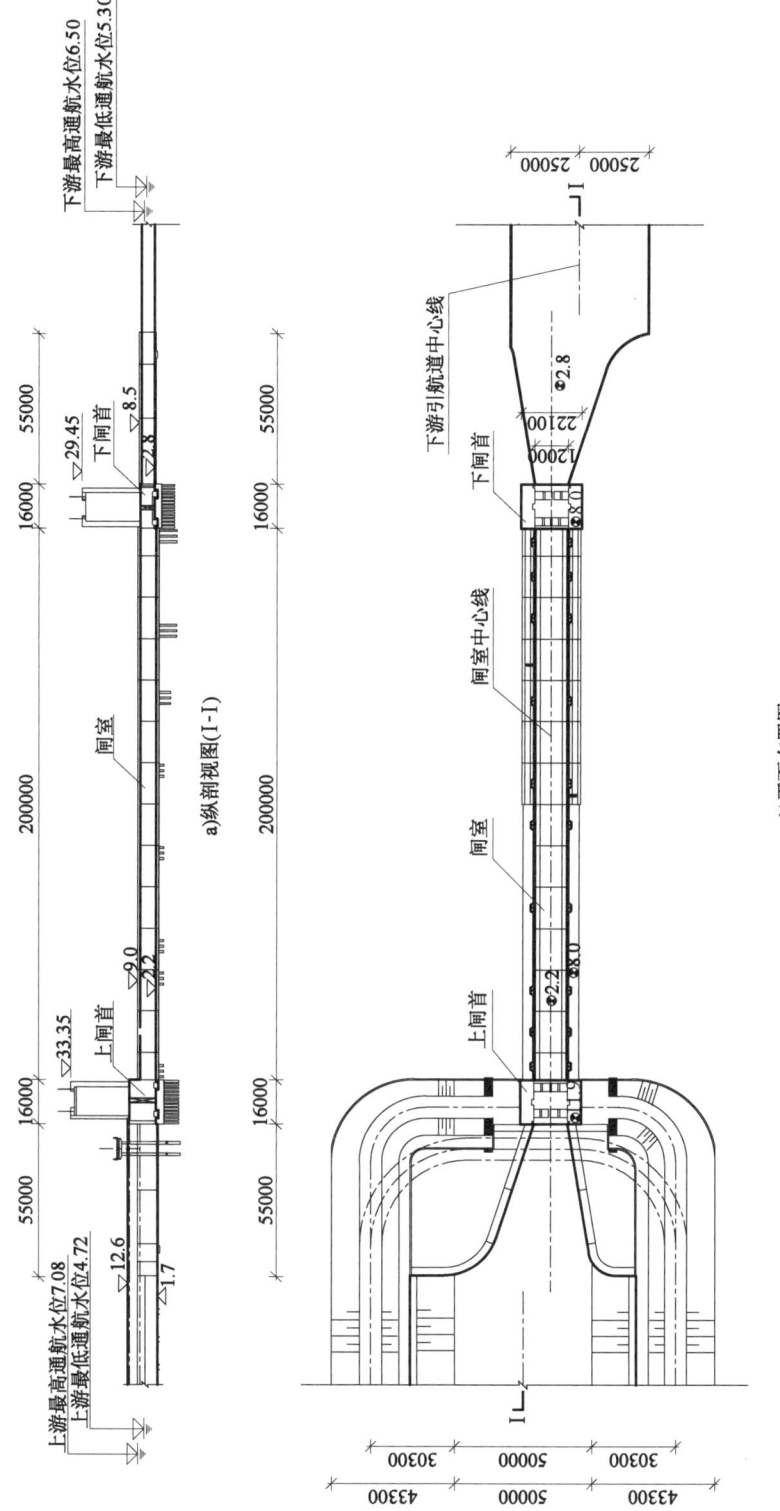

图 4-1-2 新坝船闸布置图(尺寸单位:mm;高程和水位单位:m)

二、塘角船闸

塘角船闸位于浙江省绍兴市上虞区境内的塘角镇东北侧、曹娥江西侧,为杭甬运河杭州至宁波方向的第二座船闸,是沟通杭甬运河萧绍内河与曹娥江的航运通道,包括船闸和通航水闸各一座,船闸位于右侧,通航水闸位于左侧,两闸中心线相距23.02m,船闸下闸首与通航水闸下游边齐平,船闸和通航水闸上下游共用引航道,共用的上下游引航道宽均为50m,设计水深3.2m,两闸引航道中间用直立式隔流堤分隔,上、下游隔流堤沿船闸轴线的投影长分别为11.8m和16m。

塘角船闸等级为Ⅳ级,闸室有效尺度120m×16m×3.5m,最大设计水头2.3m(下游最高通航水位7.4m–上游最低通航水位5.1m),通航1000吨级船舶。该船闸具备开通闸条件,在两侧水位差低于0.3m时开通闸运行,两侧水位差高于0.3m时船闸通航,船闸通航时日单向最大过闸货运量1.2万t。上游校核洪水位采用萧绍内河历史最高洪水位7.06m(吴淞高程,下同),下游校核洪水位采用曹娥江100年一遇洪水位9.20m。船闸上游设计最高通航水位6.20m,最低通航水位5.10m;下游设计最高通航水位7.40m(5年一遇洪水位),最低通航水位5.20m(最低蓄水位)。船闸引航道采用不对称型布置,上、下游引航道均向右侧岸边扩宽,主导航墙及停泊段均布置于右岸,上、下游船舶过闸均采取"直进曲出"的方式。上游引航道右侧导航墙总长320m,包括导航调顺段长55m、停泊段长175m(布置10个中心距12.5m的靠船墩)、制动段长90m;下游引航道右侧导航墙总长320m,包括导航调顺段长55m(直线42.5m+弧线12.5m)、停泊段长175m(布置10个中心距12.5m的靠船墩)、制动段长90m。上游连接段长262m,航道底宽由50m渐变至40m;下游引航道出口与曹娥江航道中心线交角成91.17°,弯曲半径330m,曲线段长511.6m,航道底宽由50m渐变至60m。船闸上、下闸首均采用整体式结构,闸室采用不透水双铰底板结构(分离式)。船闸输水系统采用短廊道集中输水、消力槛消能。该船闸于2002年1月开工,2009年1月建成通航。

塘角船闸技术参数见表4-1-2。塘角船闸鸟瞰图如图4-1-3所示。塘角船闸实景图如图4-1-4所示。塘角船闸布置如图4-1-5所示。

塘角船闸技术参数表　　　　　表4-1-2

河流名称		杭甬运河		建设地点		浙江省绍兴市上虞区
船闸有效尺度(m)		120×16×3.5		最大设计水头(m)		2.3
吨级		1000吨级		过闸时间(min)		30~35
门型	闸门	上游	升卧门	启闭形式	闸门	上游	卷扬机
		下游	升卧门			下游	卷扬机
	阀门	上游	平板门		阀门	上游	液压
		下游	平板门			下游	液压

续上表

结构形式	上闸首	整体式		输水系统	形式	短廊道集中输水、消力槛消能
	下闸首	整体式			平均时间(min)	5.0
	闸室	双铰底板式			廊道尺寸(m)	1.8×2.0(高×宽)
设计通航水位(m)	上游	最高	6.2		设计日通过能力(单线单向,万t)	1.2
		最低	5.1		桥梁情况	下闸首公路桥
	下游	最高	7.4		建成年份(年)	2009
		最低	5.2			

图4-1-3 塘角船闸鸟瞰图

图4-1-4 塘角船闸实景图

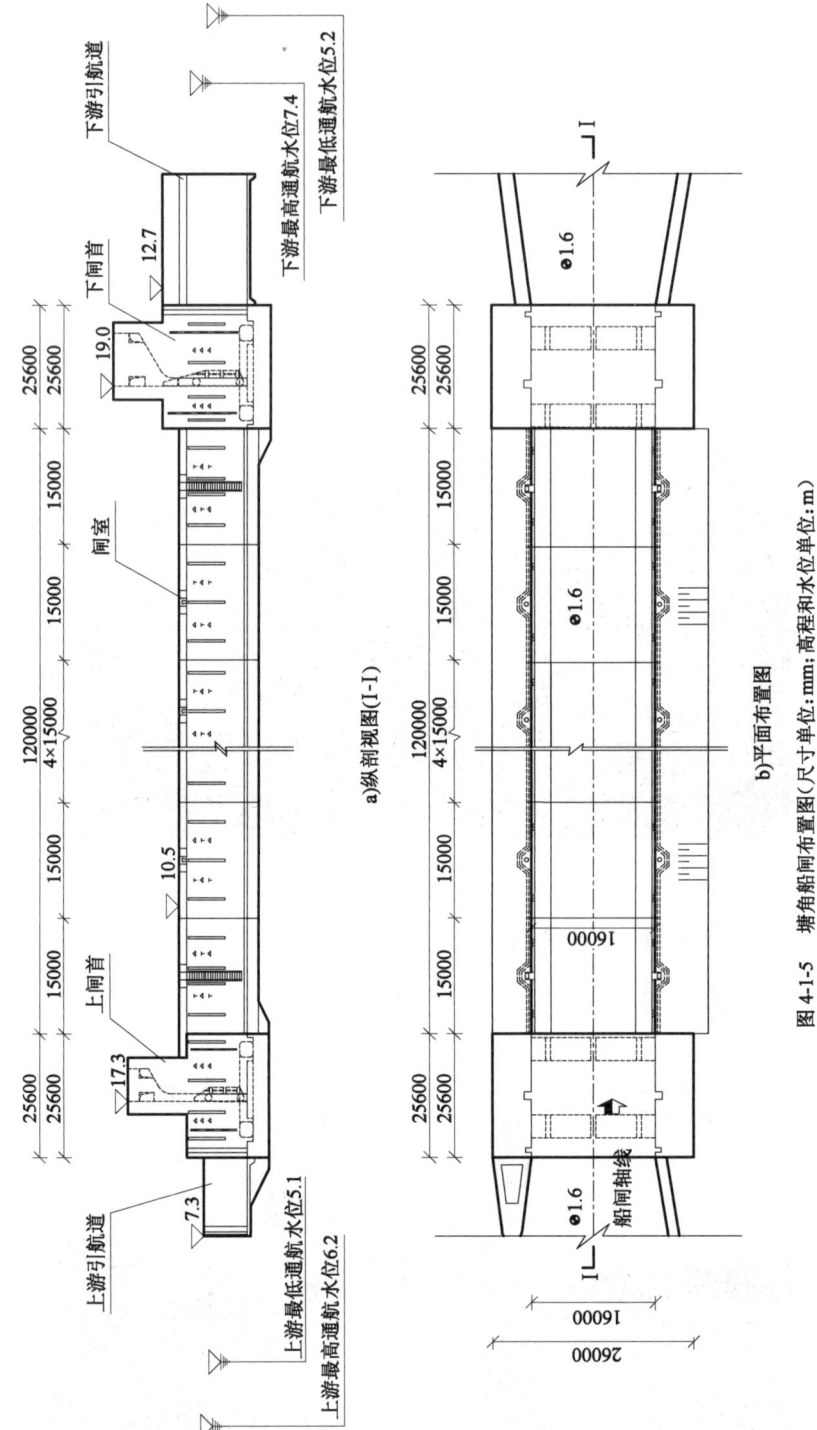

图 4-1-5 塘角船闸布置图(尺寸单位:mm;高程和水位单位:m)

三、大厍船闸

大厍船闸位于浙江省绍兴市上虞区境内的百官镇大厍村东南侧,为杭甬运河杭州至宁波方向的第三座船闸,上游沟通曹娥江,下游沟通四十里河。大厍枢纽包括船闸和通航水闸各1座,船闸位于左侧,通航水闸位于右侧,两闸中心轴线相距23.02m,船闸上闸首外边线与通航水闸上游边线齐平,船闸和通航水闸上下游共用引航道,共用的上下游引航道宽均为50m,设计水深3.2m,两闸引航道中间用直立式隔流堤分隔,上、下游隔流堤沿船闸轴线的投影长分别为16.8m和12m。

大厍船闸等级为Ⅳ级,闸室有效尺度120m×16m×3.5m,最大设计水头2.0m(上游最高通航水位7.9m−下游最高低通航水位5.9m),通航1000吨级船舶。该船闸具备开通闸条件,两侧水位差低于0.3m时开通闸运行,两侧水位差高于0.3m时船闸通航,船闸通航时日单向最大过闸货运量1.2万t。上游校核洪水位采用曹娥江100年一遇洪水位10.1m(吴淞高程,下同),下游校核洪水位采用四十里河历史最高洪水位6.48m。船闸上游设计最高通航水位7.9m(曹娥江 $P=20\%$),最低通航水位5.2m(最低蓄水位);下游设计最高通航水位5.9m(四十里河 $P=20\%$),最低通航水位5.0m(保证率95%)。船闸引航道采用不对称型布置,上、下游引航道均向左侧岸边扩宽,主导航墙及靠船建筑物均布置在左侧,上、下游船舶过闸均采取"曲进曲出"的方式。船闸上游引航道主导航墙总长357.2m,从下至上依次为105m的导航调顺段(55m直立扩宽段和50m直线段)、125m的停泊段和127.2m的制动段;下游引航道主导航墙段总长760m,从上至下依次为105m的导航调顺段(55m直立扩宽段和50m直线段)、125m的停泊段和530.9m的制动段锚泊区,上下游停泊段各布置10个中心距12.5m的靠船墩。船闸上游引航道入口与曹娥江连通,与曹娥江航道中心线交角成91.17°,采用半径330m、弧长526.96m与上游航道衔接,上游航道在长385.4m曲线段航道底宽由50m渐变至60m。下游引航道与四十里河航道衔接,两航道轴线交角成39°,采用半径480m、弧线长322m与下游航道衔接,该连接段航道底宽由50m渐变至60m。船闸上、下游闸首均采用整体式结构,闸室采用分离式不透水双铰底板结构。船闸输水系统采用短廊道集中输水、消力槛消能。该船闸于2002年1月开工,2009年1月建成通航。

大厍船闸技术参数见表4-1-3。大厍船闸鸟瞰图如图4-1-6所示。大厍船闸布置图如图4-1-7所示。

大厍船闸技术参数表　　　　　表4-1-3

河流名称	杭甬运河	建设地点	浙江省绍兴市上虞区
船闸有效尺度(m)	120×16×3.5	最大设计水头(m)	2.0
吨级	1000	过闸时间(min)	35

续上表

门型	闸门	上游	升卧平板门	启闭形式	闸门	上游	卷扬机
		下游	升卧平板门			下游	卷扬机
	阀门	上游	平板门		阀门	上游	液压
		下游	平板门			下游	液压
结构形式	上闸首	整体式		输水系统	形式		短廊道集中输水、消力槛消能
	下闸首	整体式			平均时间(min)		5.0
	闸室	双铰底板式			廊道尺寸(m)		1.8×2.0(高×宽)
设计通航水位(m)	上游	最高	7.9	设计日通过能力(单线单向,万t)			1.2
		最低	5.2	桥梁情况			上闸首公路桥
	下游	最高	5.9	建成年份(年)			2009
		最低	5.0				

图 4-1-6 大庳船闸鸟瞰图

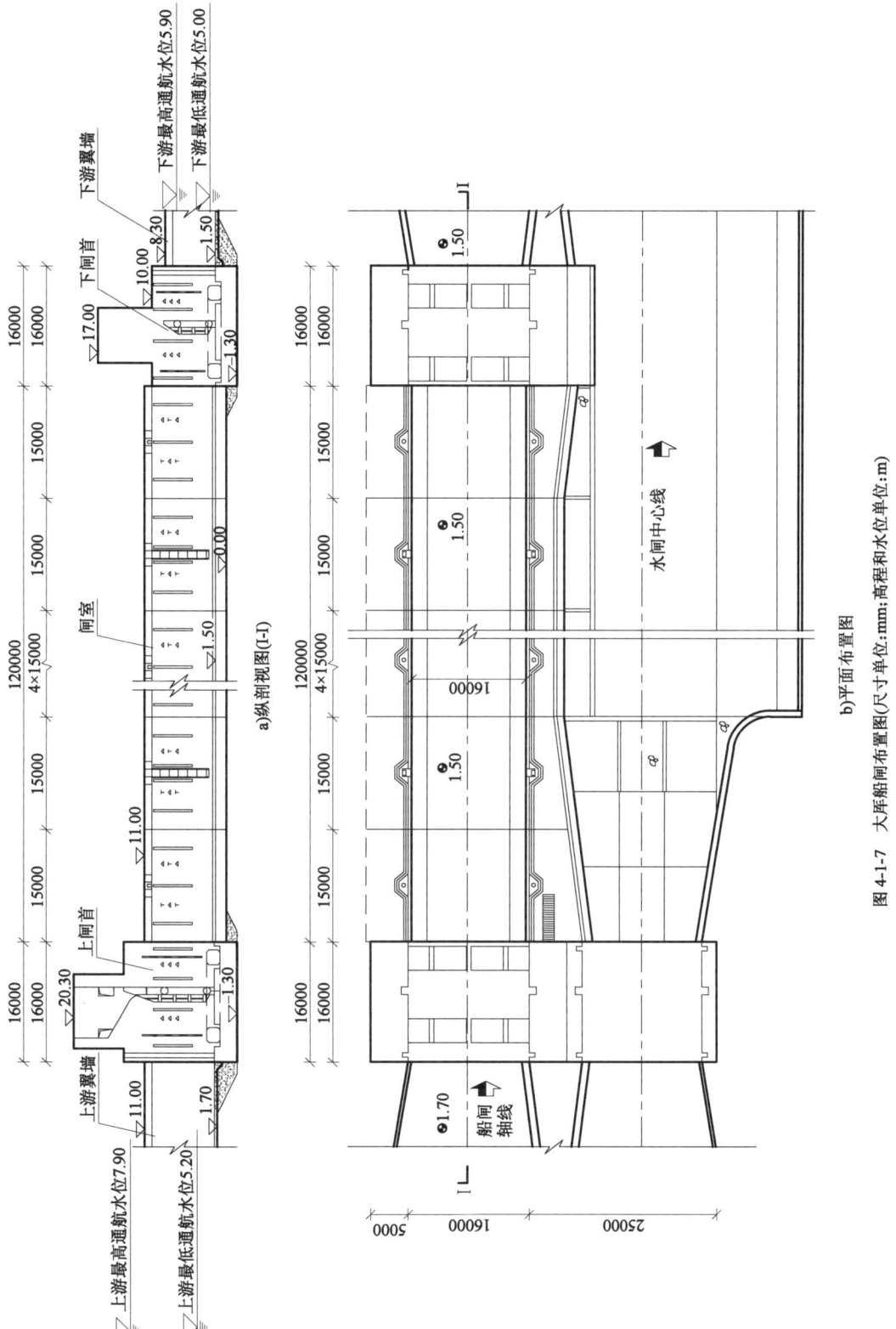

图 4-1-7 大芦船闸布置图(尺寸单位:mm;高程和水位单位:m)

四、通明船闸

通明船闸位于浙江省绍兴市上虞区境内、曹娥江以东四十里河与姚江交汇处(通明村)附近,为杭甬运河杭州至宁波方向的第四座船闸,上游沟通四十里河,下游沟通姚江。通明枢纽包括船闸和通航水闸各1座,船闸位于左侧,通航水闸位于右侧,两闸中心线相距61m,船闸上闸首与通航水闸上游边线齐平,两闸上、下游引航道由隔水墙隔开。

通明船闸等级为Ⅳ级,闸室有效尺度200m×12m×2.5m,最大设计水头3.7m(上游最高通航水位5.9m–下游最低通航水位2.2m),通航500吨级船舶,设计单向通过能力475万吨/年。船闸上游校核高水位采用历史最高洪水位6.48m(吴淞高程,下同),下游校核高水位采用历史最高洪水位6.15m。上游设计最高通航水位5.9m,最低通航水位5.0m;下游设计最高通航水位3.2m,最低通航水位2.2m。船闸引航道采用准对称型布置,上下游引航道向两侧均有扩宽,上、下游引航道主导航墙及靠船建筑物均位于左侧,上、下游船舶过闸均采取"曲进曲出"的方式。上游引航道左侧主导航墙总长404.65m,从下至上依次为长105m(55m扩宽段+50m的直线段)的导航调顺段,长200m的停泊段(布置16个中心距12.5m的靠船墩),长99.65m的制动段;上游右侧辅导航墙沿船闸轴线的投影长55m(包括长36m的直线和半径30m、长26.3m的弧线),拓宽28.6m。下游引航道左侧主导航墙总长400m,从上至下依次为长105m的导航调顺段,长200m的停泊段(布置16个中心距12.5m的靠船墩),长95m的制动段;右侧辅导航墙由长55m的直立扩宽段和下游直立隔流堤组成。上下游引航道宽均为50m,设计水深2.5m。船闸上、下闸首均采用整体式结构,闸室采用不透水式双铰底板结构。船闸输水系统采用短廊道集中输水、消力槛消能。该船闸于2002年1月开工,2009年1月建成通航。

通明船闸技术参数见表4-1-4。通明船闸实景图如图4-1-8所示。通明船闸布置图如图4-1-9所示。

通明船闸技术参数表　　　　　　　表4-1-4

河流名称			杭甬运河	建设地点			浙江省绍兴市上虞区
船闸有效尺度(m)			200×12×2.5	最大设计水头(m)			3.7
吨级			500	过闸时间(min)			25~30
门型	闸门	上游	人字门	启闭形式	闸门	上游	液压
		下游	人字门			下游	液压
	阀门	上游	平板门		阀门	上游	液压
		下游	平板门			下游	液压
结构形式	上闸首		整体式	输水系统	形式		短廊道集中输水、消力槛消能
	下闸首		整体式		平均时间(min)		7.0
	闸室		双铰底板式		廊道尺寸(m)		2.2×2.2(高×宽)

续上表

设计通航水位(m)	上游	最高	5.9	设计年通过能力(单线单向,万 t)	475
		最低	5.0	桥梁情况	无
	下游	最高	3.2	建成年份(年)	2009
		最低	2.2		

图 4-1-8 通明船闸实景图

五、蜀山船闸

蜀山船闸位于浙江省余姚市凤山街道蜀山村附近的姚江干流上,是杭甬运河宁波段连接四十里河和姚江的船闸,其主要功能是调蓄姚江来水和涌水通航。蜀山枢纽包括船闸和通航水闸各1座,船闸位于左侧,通航水闸位于右侧,船闸等级为Ⅳ级,闸室有效尺度 200m×12m×2.5m,最大设计水头 1.0m,通航 500 吨级船舶,设计通过能力(574/976)万 t/年(单向/双向)。船闸上游设计最高通航水位 3.2m(吴淞高程,下同),设计最低通航水位 2.2m,下游设计最高通航水位 3.0m,设计最低通航水位 2.2m。船闸引航道采用不对称型布置,上、下游引航道均向左侧扩展,主导航墙及靠船建筑物均位于左侧,船舶过闸均采取"直进曲出"的方式。上、下游引航道长均为 300m,其中导航调顺段长 50m,停泊段 200m,制动段长 50m;主导航墙采用略向左扩长约 50m 的直立导航墙,其后为停泊段,各布置 17 个中心距 12.5m 的靠船墩;右侧辅导航墙长仅为长 25m 的直立分水隔墙,其后引航道水域与主河道相通,形成开敞式引航道。上、下游引航道底宽均为 50m,设计水深 2.5m。船闸上、下闸首均采用整体式结构,闸室采用分离式结构,船闸输水系统采用短廊道集中输水、消力槛消能。该船闸于 2000 年 10 月开工,2006 年建成,2013 年底投入运行。

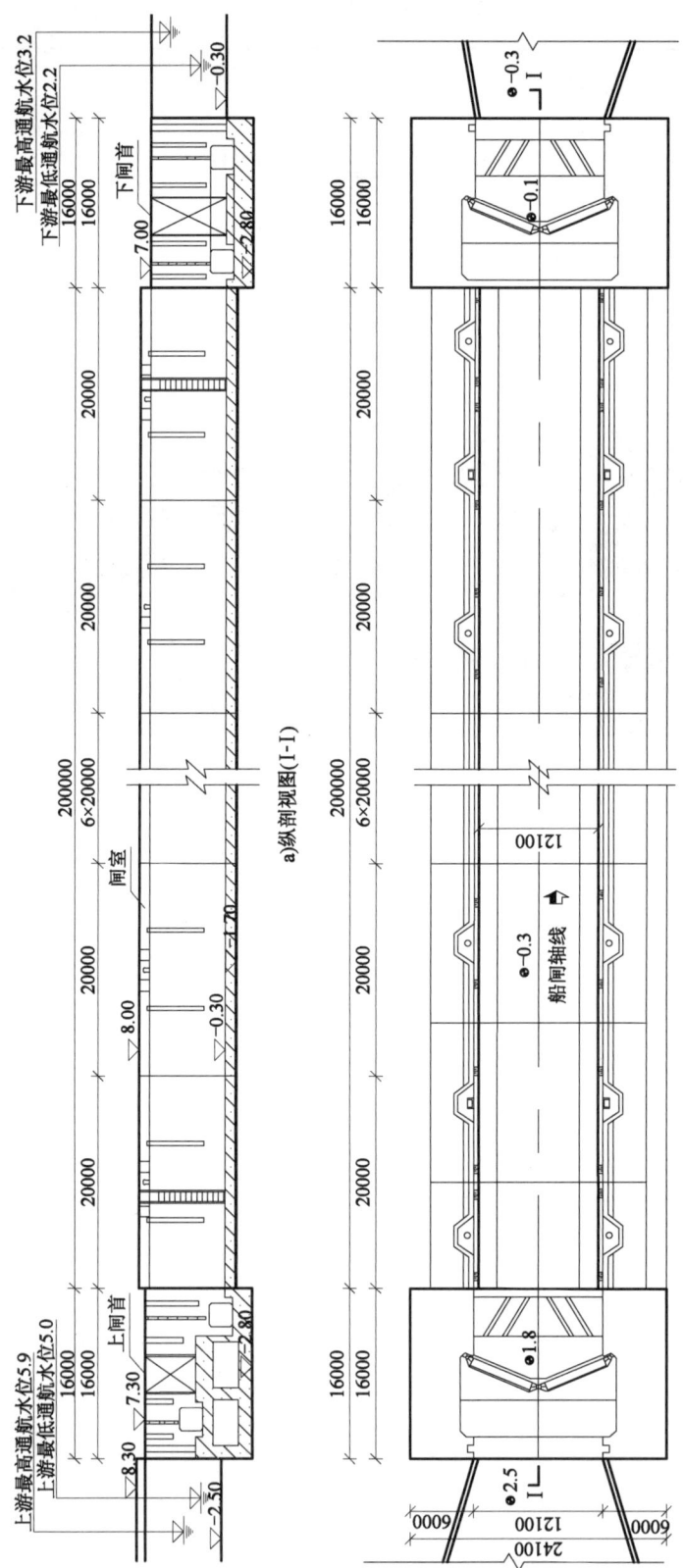

图 4-1-9 通明船闸布置图(尺寸单位:mm;高程和水位单位:m)

蜀山船闸技术参数见表 4-1-5。蜀山船闸鸟瞰图如图 4-1-10 所示。蜀山船闸实景图如图 4-1-11 所示。蜀山船闸布置图如图 4-1-12 所示。

蜀山船闸技术参数表　　　　表 4-1-5

河流名称		姚江		建设地点		浙江省余姚市
船闸有效尺度(m)		200×12×2.5		最大设计水头(m)		1.0
吨级		500		过闸时间(min)		40
门型	闸门	上游	平板门	启闭形式	闸门	上游	卷扬机
		下游	人字门			下游	液压
	阀门	上游	平板门		阀门	上游	液压
		下游	平板门			下游	液压
结构形式	上闸首		整体式	输水系统	形式		短廊道集中输水、消力槛消能
	下闸首		整体式		平均时间(min)		1.0
	闸室		双铰式		廊道尺寸(m)		1.8×2.0(高×宽)
设计通航水位(m)	上游	最高	3.2	设计年通过能力(单线单向,万 t)			574
		最低	2.2	桥梁情况			无
	下游	最高	3.0	建成年份(年)			2006
		最低	2.2				

图 4-1-10　蜀山船闸鸟瞰图

图 4-1-11　蜀山船闸实景图

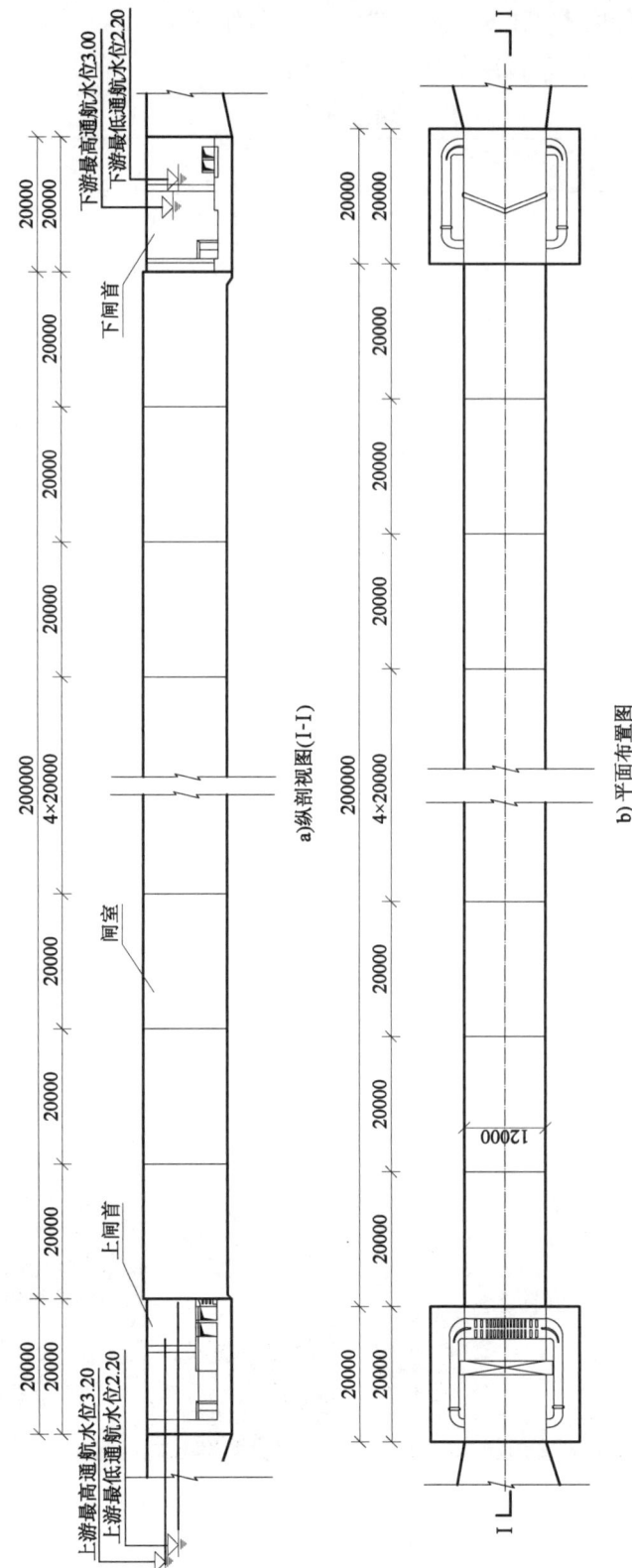

图 4-1-12 蜀山船闸布置图(尺寸单位:mm;高程和水位单位:m)
a) 纵剖视图(I-I) b) 平面布置图

六、姚江船闸

姚江枢纽位于浙江省宁波市鄞州区境内的姚江上,下距宁波三江口3.5km,其主要功能是御潮蓄淡、排涝灌溉和通航。姚江枢纽包括姚江大闸和姚江船闸等,姚江大闸位于姚江裁弯取直河道上,由36孔宽3.3m的泄洪闸组成。姚江大闸上游校核洪水位采用历史最高洪水位4.14m(吴淞高程,下同),下游校核洪水位采用50年一遇高潮位5.00m。姚江船闸下游与甬江连通,受甬江潮汐影响,当甬江潮位高于姚江水位时,为保证船闸上游水质,甬江水不能直接排入姚江,设计采用翻水泵站的防咸措施。

姚江船闸位于姚江大闸东侧(右岸)原升船机位置,通过开挖形成,上游为姚江,下游为甬江,是杭甬运河宁波段一期改建工程沟通姚江与甬江的过渡性工程,是杭甬运河通江达海的最后一个船闸。船闸上闸首与泄水闸位于同一挡水线上,是挡水建筑物的一部分。船闸等级为Ⅴ级,闸室有效尺度160m×12m×2.5m。该船闸为承受双向水头的船闸,最大设计水头2.05m/1.5m(正向/反向),通航300吨级船舶,设计单向通过能力388t/年。船闸上游设计最高通航水位3.0m(姚江大闸泄洪控制水位),最低通航水位2.2m;下游设计最高通航水位3.7m($P=1\%$高潮位),最低通航水位0.95m(保证率98%低潮位)。姚江船闸通过开挖形成,船闸轴线与下游主航道轴线夹角约为32°,船闸引航道按准对称型布置,上、下游引航道向两侧扩宽,上游引航道停泊段位于右侧,下游引航道停泊段位于左侧,上、下游船舶过闸均采取"曲进直出"的方式。上游引航道直线段长386m,其中导航调顺段长65m,停泊段长200m,制动段长121m;上游过渡段弯曲半径300m、宽由42m逐渐过渡至33m,过渡段长198m。下游引航道直线段长298m,其中导航调顺段长88m,停泊段长132m(布置7个中心距20m的靠船墩),制动段长78m;下游引航道过渡段宽由33m逐渐过渡至42m,过渡段长105m。上游引航道宽42m,下游引航道宽34m,设计水深2.5m。姚江船闸上、下闸首和闸室均采用整体式结构,船闸输水系统采用闸墙长廊道短支孔输水形式。该船闸于2015年建成。

姚江船闸技术参数见表4-1-6。姚江船闸鸟瞰图如图4-1-13所示。姚江船闸布置图如图4-1-14所示。

姚江船闸技术参数表　　　　　　　　表4-1-6

河流名称	姚江	建设地点	浙江宁波市鄞州区
船闸有效尺度(m)	160×12×2.5	最大设计水头(m)	2.05/1.5
吨级	300	过闸时间(min)	25

续上表

门型	闸门	上游	平板提升门	启闭形式	闸门	上游	卷扬机
		下游	平板提升门			下游	卷扬机
	阀门	上游	平板门		阀门	上游	液压
		下游	平板门			下游	液压
结构形式	上闸首	整体式		输水系统	形式		闸墙长廊道短支孔输水
	下闸首	整体式			平均时间(min)		6.5
	闸室	重力式			廊道尺寸(m)		2.1×2.2(高×宽)
设计通航水位(m)	上游	最高	3.00	设计年通过能力 (单线单向,万t)			388
		最低	2.20	桥梁情况			下闸首交通桥
	下游	最高	3.70	建成年份(年)			2015
		最低	0.95				

图 4-1-13 姚江船闸鸟瞰图

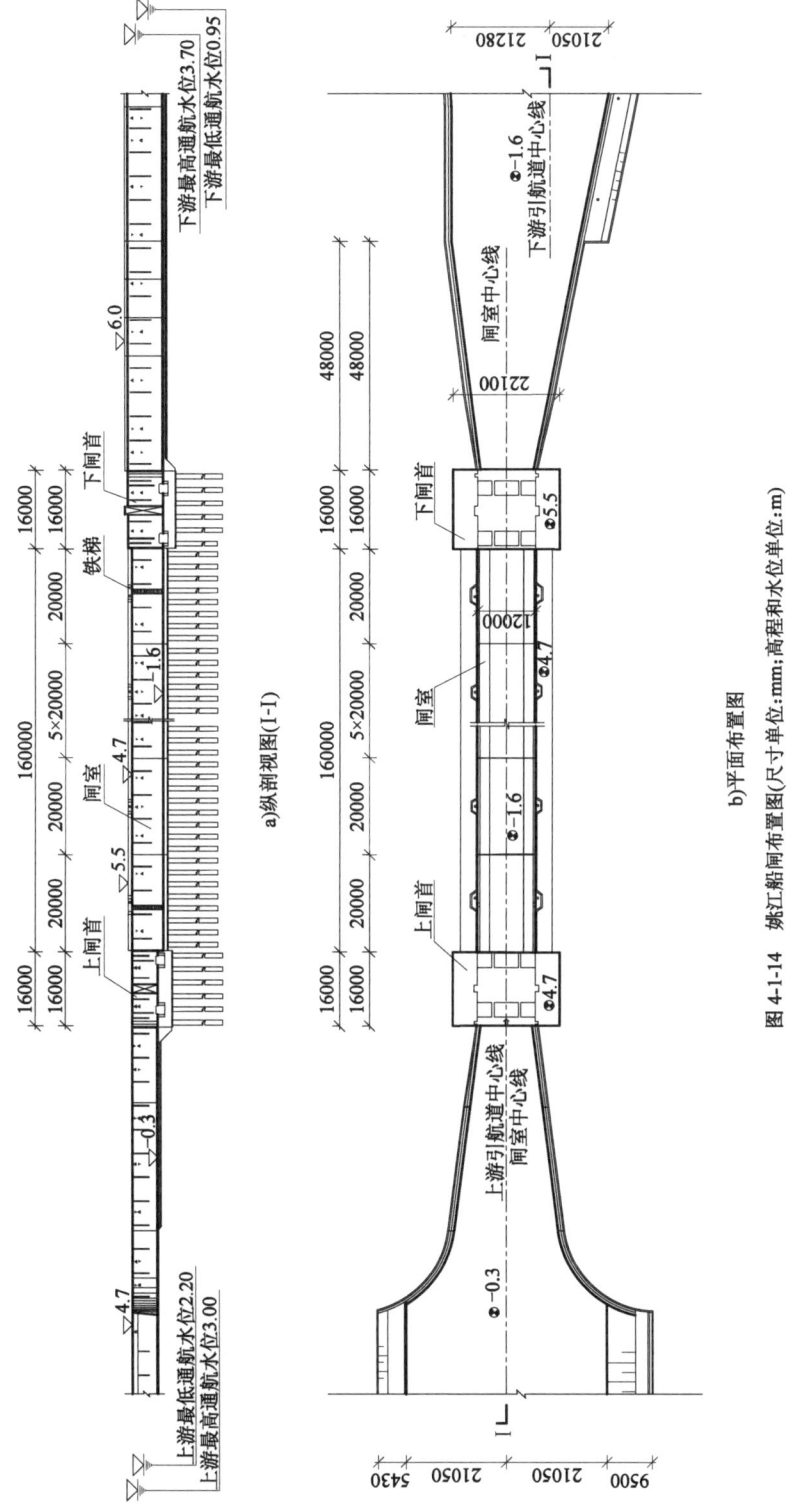

图 4-1-14 姚江船闸布置图(尺寸单位:mm;高程和水位单位:m)

第二节　锡澄运河通航建筑物

锡澄运河处于太湖流域以北的无锡市,老锡澄运河南起无锡惠山区高桥,经白荡圩、泗河口、黄昌河口、江阴船闸,止于黄田港入江口,全长约37.4km,新锡澄运河在黄昌河改道至新夏港河,止于新夏港闸入江口,现全长39.22km。锡澄运河是太湖流域地区一条以航运为主,同时兼顾防洪、灌溉的综合性河流,沿途沟通京杭运河、锡北线、青祝河、黄昌河、应天河、东横河、长江等多条通航河流,是长三角地区重要的水运主通道之一。

锡澄运河航道规划等级为三级,主要承担着苏南地区与鲁、豫、皖以及长江中上游地区能源材料、物矿建材等大宗物资的水运中转任务,也是保障无锡港集疏运、支撑现代物流以及江阴沿江港口集疏运的水上交通命脉。

新夏港船闸

新夏港船闸位于江苏省江阴市新夏港水利套闸处,是整治后锡澄运河的入江口门船闸,下距长江主航道1.5km,与长江主航道成78.5°的交角。

新夏港船闸为双线船闸,两闸中心线间距39m,两线船闸主体结构上、下错开28.8m,船闸等级均为Ⅲ级,闸室有效尺度均为180m×23m×4.0m,最大设计水头3.47m/3.63m(正向/反向),通航1顶2×1000吨级船队兼顾60TEU集装箱船,设计单向年通过能力4173万t/年。新夏港船闸上、下闸首和闸室为二级建筑物,导航墙、靠船墩为三级建筑物。船闸上游设计洪水位3.28m(85高程系统,下同),下游设计洪水位5.78m。上游设计最高通航水位3.06m($P=5\%$),最低通航水位0.81m(保证率98%);下游设计最高通航水位4.96m($P=5\%$),最低通航水位-0.41(保证率98%)。两线船闸共用上、下游引航道,引航道采用对称型布置,上、下游船舶均采取"曲进直出"的方式过闸。上游引航道长832.2m,引航道宽90m,设计水深3.2m;下游引航道长968.6m,引航道宽90m,设计水深3.5m。上游引航道左侧(西线)主导航墙长160m,辅导航墙长80m;右侧(东线)主导航墙长188.8m,辅导航墙长108.8m;上游左侧停泊段长210m,右侧停泊段长160m,停泊段内均布靠船墩,墩之间为直立式驳岸。下游引航道左侧(西线)主导航墙长188.8m,辅导航墙长108.8m;右侧(东线)主导航墙长160m,辅导航墙长80m;主导航墙下游停泊段长160m,然后以半径640m、中心角12.5°的圆弧转弯,再以直线入长江,在口门处扩挖成喇叭形与上、下游航道衔接。下游引航道停泊段两侧靠船墩间距26.6m,左侧墩与墩之间为直立式驳岸,右侧为独立的水中靠船设施,独立靠船设施采用靠船桩(钢管桩)形式。船闸上、下游闸首均采用整体式结构,闸室为分离式结构。船闸输水系统采用闸首短廊道加三角门门缝输水形式。新夏港船闸于2012年11月开工,2015年12月建成通航。

新夏港船闸技术参数见表4-2-1。新夏港一、二线船闸鸟瞰图如图4-2-1所示。新夏港船闸布置图如图4-2-2所示。

新夏港船闸技术参数表 表4-2-1

河流名称			锡澄运河	建设地点		江苏省江阴市
船闸有效尺度(m)			180×23×4.0	最大设计水头(m)		3.47/3.63
吨级			2×1000	过闸时间(min)		43.6
门型	闸门	上游	三角门	启闭形式	闸门	上游	液压
		下游	三角门			下游	液压
	阀门	上游	平板门		阀门	上游	液压
		下游	平板门			下游	液压
结构形式	上闸首		整体式	输水系统	形式	短廊道加三角门门缝输水
	下闸首		整体式		平均时间(min)	6.2
	闸室		分离式		廊道尺寸(m)	2.3×2.8
设计通航水位(m)	上游	最高	3.06	设计年通过能力(单线单向,万t)		4173
		最低	0.81	桥梁情况		跨闸公路桥、交通桥
	下游	最高	4.96	建成年份(年)		2015
		最低	-0.41			

a)

b)

图4-2-1 新夏港一、二线船闸鸟瞰图

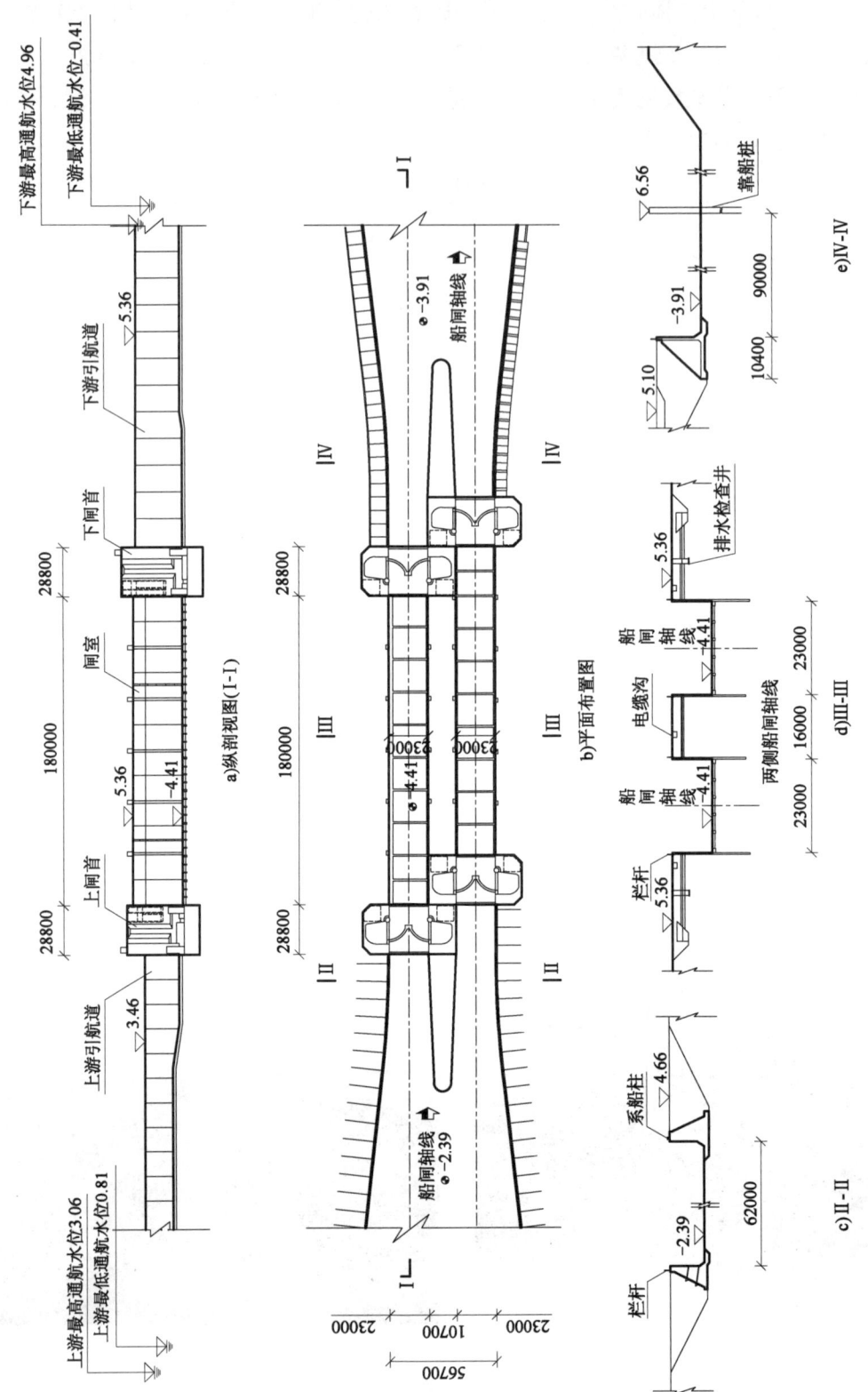

图 4-2-2 新夏港船闸布置图（尺寸单位：mm；高程和水位单位：m）

第三节　丹金溧漕河通航建筑物

丹金溧漕河地处长江下游三角洲水网地区,太湖流域西片区域,是国家长江三角洲高等级航道网的重要组成部分和太湖流域综合治理湖西引排工程中南北引排骨干河道之一。

丹金溧漕河航道北起丹阳京杭运河七里桥口,南至溧阳市溧城镇凤凰桥,沟通苏南运河和芜申线,是贯通丹阳、金坛、溧阳三个县级市的重要航线,航道全长65.674km,规划等级为三级。航道沿线的丹阳市、金坛区和溧阳市整治里程分别为19.08km、31.415km和15.179km,建设1000吨级船闸1座。

丹金船闸

丹金枢纽位于江苏省常州市金坛区境内的丹金溧漕河上,上距荆溪大桥800m,下距老丹金船闸600m,是丹金溧漕河65.7km航道上唯一的通航建筑物工程。丹金枢纽包括通航孔兼泄水闸、船闸和防护工程等,船闸位于北侧(右侧),通航孔位于南侧(左侧)。船闸上、下闸首及闸室等主要建筑物按二级建筑物设计,防洪标准按50年一遇洪水设防,100年一遇校核,船闸上、下游校核高水位分别为4.67m和4.65m。该枢纽是一座具有防洪、通航和引水等综合功能的枢纽工程。

丹金船闸采取截弯取直方式,在原河道的左侧岸上开挖修建船闸和通航孔兼泄水闸。船闸与左侧(南侧)通航孔并行布置,二者轴线相距28m,通航孔尺度12m×23m×4m(长×宽×门槛水深),船闸等级为Ⅲ级,闸室有效尺度180m×23m×4.0m,船闸和通航孔共用上、下游引航道。该船闸为单向水头船闸,最大设计水头1.71m,通航1顶2×1000吨级船队,船队尺度161m×10.8m×2.0m,设计单向通过能力3944万t/年。船闸上游设计最高通航水位4.38m,最低通航水位0.84m;下游设计最高通航水位4.36m,最低通航水位0.84m。船闸引航道采用不对称型布置,主导航墙及靠船建筑物均位于右侧(北侧)岸边,上、下游船舶过闸均采取"直进曲出"的方式。上、下游引航道直线段长均为550m,其中导航段长60m、调顺段长90m、停泊段长400m;上游引航道上游与主航道的连接段长2202m,下游引航道下游与主航道的连接段长1591m。在上、下游引航道左侧设辅导航墙兼隔流堤,上游辅导航墙长40m,下游辅导航墙长30m。上、下游引航道宽均为60m,设计水深3.2m。由于该船闸大部分时间开通闸运行,闸门选用了可动水启闭的升卧式平面闸门,输水系统采用门下输水。船闸上、下闸首和闸室均采用整体式结构。丹金船闸于2018年9月建成通航。该船闸率先使用ETC(电子不停船收费),开启了"水上高速公路"

时代。

丹金船闸技术参数见表 4-3-1。丹金船闸鸟瞰图如图 4-3-1 所示。丹金船闸布置如图 4-3-2 所示。

丹金船闸技术参数表　　　　　　　　　　　表 4-3-1

河流名称			丹金溧漕河	建设地点		江苏省常州市
船闸有效尺度(m)			180×23×4.0	最大设计水头(m)		1.71
吨级			1 顶 2×1000 吨级船队	过闸时间(min)		30
门型	闸门	上游	升卧式平面闸门	启闭形式	闸门 上游	卷扬启闭机
		下游	升卧式平面闸门		下游	卷扬启闭机
	阀门	上游	无		阀门 上游	无
		下游	无		下游	无
结构形式	上闸首		整体式	输水系统	形式	门下输水
	下闸首		整体式		平均时间(min)	6.5
	闸室		整体式		廊道尺寸(m)	无
设计通航水位(m)	上游	最高	4.38	设计年通过能力（单线单向,万t）		3944
		最低	0.84	桥梁情况		上游引航道公路桥
	下游	最高	4.36	建成年份(年)		2018
		最低	0.84			

图 4-3-1　丹金船闸鸟瞰图

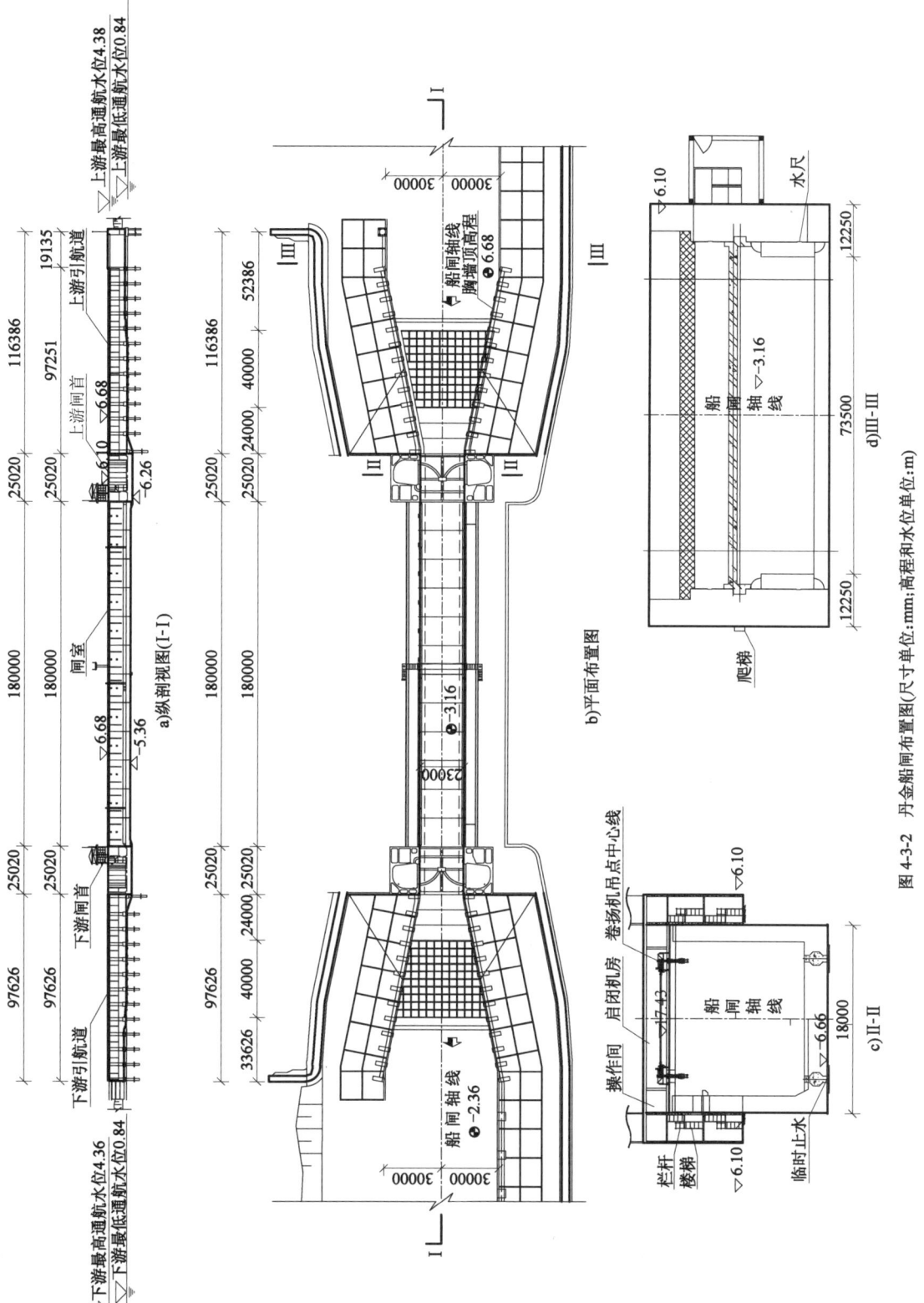

图 4-3-2 丹金船闸布置图(尺寸单位:mm;高程和水位单位:m)

第四节　连申线通航建筑物

连申线是江苏省第二条南北向千吨级水运大通道。连申线是交通运输部批准的长江三角洲高等级航道网和江苏省干线航道网的重要一纵,北起连云港港,纵贯连云港、盐城、南通、苏州、上海,全长498km,连接灌河、通榆河、盐河、京杭大运河和长江等,航道规划等级为三级。

连申线以长江为界,分为江北段和江南段。连申线江北段北起盐河,经过灌河、通榆河、通扬运河、如泰运河、焦港河后与长江相交,总长375km。连申线江北段上建有云善、善南、沂北、沂南、盐灌、海安、焦港七座船闸。连申线江南段包含了申张线全段和部分苏申内港线,全长123km。申张线由张家港河全段和青阳港河全段组成,航道规划等级为三级;苏申内港线流经河道为吴淞江,起点位于苏州市吴江的瓜泾口(与苏南运河交汇处),沿吴淞江进入上海市境内,在上海市黄渡镇附近改走蕴藻浜,终点为上海市吴淞口(与黄浦江交汇处)。目前,连申线江南段上建有虞山、张家港两座船闸。

一、云善船闸

连云港疏港航道北接连云港,南连灌河、通榆河,西接京杭大运河,既是连申线的重要组成部分,也是连云港集疏运系统中重要的内河水运通道。善后河枢纽位于江苏省连云港市灌云县境内的板浦镇,处于盐河与善后河、善后河与云善河交汇处,是连云港疏港航道盐河段跨越善后河与云善河相接的通航枢纽工程。该枢纽主要由善南船闸和云善船闸及其连接段航道组成。航道尺度标准为底宽不小于45m,最小设计水深3.2m,弯曲半径480m。

云善船闸位于云善套闸西北侧,两闸间距175m,船闸等级为Ⅲ级,闸室有效尺度230m×23m×4.0m,该船闸为承受双向水头的船闸,最大设计水头0.93m/0.53m(正向/反向),通航1000吨级船舶、1顶2×1000吨级驳船队和1拖3×1000吨级船队等,设计通过能力2620万t/年。船闸上游设计最高通航水位3.18m(85高程系统,下同),最低通航水位1.03m;下游设计最高通航水位3.51m,最低通航水位1.03m。船闸引航道采用准对称型布置,上、下游引航道均向两侧扩宽,上游引航道主导航墙及停泊段位于右侧,下游引航道主导航墙及停泊段位于左侧,上、下游船舶过闸均采取"曲进直出"的方式。上、下游引航道总长均为496m,其中主、辅导航墙沿船闸轴线方向的投影长均为96m,采用$y=x^2/500$抛物线顺接$y=x/6$直线;停泊段长400m,各布置20个中心距20m的靠船墩,引航道边墙采用直立岸壁式。上、下游引航道宽均为60m,设计水深3.8m。上游连接段航道底宽45m、口宽70m,采用斜坡式或半直立式护岸。船闸上、下闸首和闸室均采用整体式结构,船闸输水系统采用三角门门缝输水,闸首不设输水廊道。云善船闸于2007年12月开工,2010年12月建设完成。

云善船闸技术参数见表4-4-1。云善船闸鸟瞰图如图4-4-1所示,云善船闸布置图如图4-4-2所示。

云善船闸技术参数表　　　　　　　　　　　　　表4-4-1

河流名称			善后河	建设地点		江苏省连云港市灌云县
船闸有效尺度(m)			230×23×4.0	最大设计水头(m)		0.93/0.53（正向/反向）
吨级			1000	过闸时间(min)		30~40
门型	闸门	上游	三角门	启闭形式	闸门 上游	液压
		下游	三角门		下游	液压
	阀门	上游	无		阀门 上游	无
		下游	无		下游	无
结构形式	上闸首		整体式	输水系统	形式	三角门门缝输水
	下闸首		整体式		平均时间(min)	4
	闸室		整体式		廊道尺寸(m)	无
设计通航水位(m)	上游	最高	3.18	设计年通过能力（单线单向,万t）		1310
		最低	1.03	桥梁情况		上闸首公路桥,跨闸室交通桥
	下游	最高	3.51	建成年份(年)		2010
		最低	1.03			

图4-4-1　云善船闸鸟瞰图

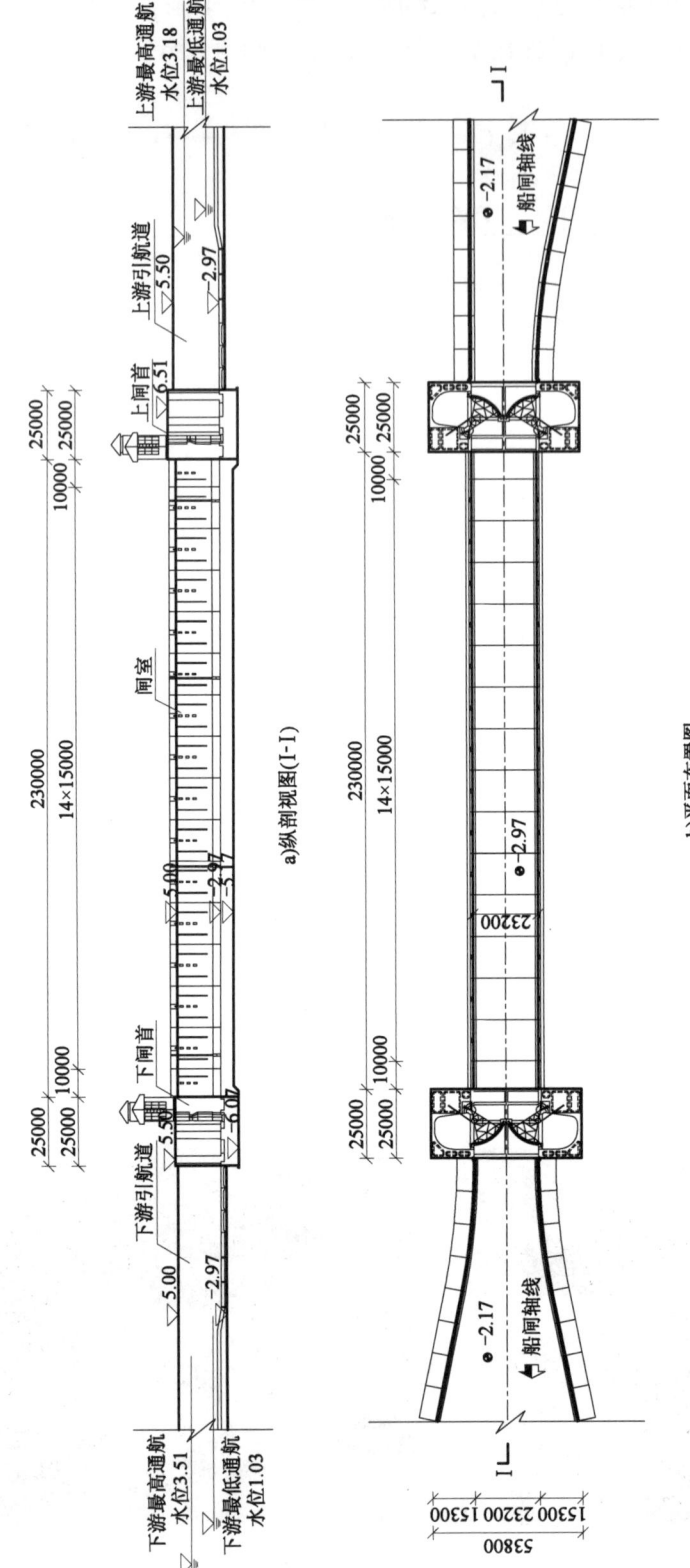

图 4-4-2　云潭船闸布置图(尺寸单位:mm;高程和水位单位:m)

二、善南船闸

善后河枢纽位于江苏省连云港市灌云县境内的板浦镇,处于盐河与善后河、善后河与云善河交汇处,是连云港疏港航道盐河段跨越善后河与云善河相接的通航枢纽工程。该枢纽主要由善南船闸和云善船闸及其连接段航道组成。航道尺度标准为底宽不小于45m,最小设计水深3.2m,弯曲半径480m。

善南船闸位于善南套闸东侧,两闸间距175m,船闸等级为Ⅲ级,闸室有效尺度230m×23m×4.0m,该船闸为承受双向水头的船闸,最大设计水头0.53m/0.93m(正向/反向),通航1000吨级船舶、1顶2×1000吨级驳船队和1拖3×1000吨级船队等,设计通过能力3351万t/年。船闸上游设计最高通航水位3.51m(85高程系统,下同),最低通航水位1.03m;下游设计最高通航水位3.18m,最低通航水位1.03m。船闸引航道采用准不对称型布置,上游引航道向左侧扩宽,下游引航道向两侧扩宽,上、下游引航道主导航墙及停泊段均布置于左侧,船舶过闸均采取"曲进直出"的方式。上游引航道总长612m,其中左侧导航调顺段沿船闸轴线的投影长212m,采用$y=x^2/500$抛物线顺接$y=x/6$直线;上游停泊段长400m,布置20个中心距20m的靠船墩;右侧直线段总长902m,采用直立挡墙。下游引航道直线段长520m,其中下游引航道两侧扩宽段沿船闸轴线的投影长均为120m,采用$y=x^2/500$抛物线顺接$y=x/5$直线,左侧主导航墙侧扩宽段后布置20个中心距20m的靠船墩,其下游为长643m的直立驳岸;右侧辅导航墙扩宽段后接120m长的直立驳岸,末端采用弧线与岸坡衔接。上、下游引航道宽均为60m,设计最小水深3.8m。船闸上、下闸首和闸室均采用整体式结构,船闸输水系统采用三角门门缝输水,闸首不设输水廊道。善南船闸于2007年12月开工,2010年12月建设完成。

善南船闸技术参数见表4-4-2。善南船闸鸟瞰图如图4-4-3所示。善南船闸布置图如图4-4-4所示。

善南船闸技术参数表　　表4-4-2

河流名称		善后河		建设地点		江苏省连云港市灌云县
船闸有效尺度(m)		230×23×4.0		最大设计水头(m)		0.53/0.93(正向/反向)
吨级		1000		过闸时间(min)		30~40
门型	闸门	上游	三角门	启闭形式	闸门	上游	液压
		下游	三角门			下游	液压
	阀门	上游	无		阀门	上游	无
		下游	无			下游	无
结构形式	上闸首		整体式	输水系统	形式		三角门门缝输水
	下闸首		整体式		平均时间(min)		4.0
	闸室		整体式		廊道尺寸(m)		无

续上表

设计通航水位(m)	上游	最高	3.51	设计年通过能力（单线单向,万t）	1678
		最低	1.03	桥梁情况	上闸首公路桥，跨闸室交通桥
	下游	最高	3.18		
		最低	1.03	建成年份(年)	2010

图 4-4-3　善南船闸鸟瞰图

三、沂北船闸

新沂河枢纽位于江苏省连云港市灌云县境内、盐河与新沂河交汇处，是连云港疏港航道——连申线的重要节点，新沂河枢纽主要工程包括沂南船闸和沂北船闸，新开挖航道1.787km，防汛交通桥2座，漫水桥2座，跨闸（引航道）桥4座，倒虹吸涵洞1座等。

沂北船闸位于灌云县境内的东王集乡、新沂河北大堤外约750m处，与新沂河切滩挖槽航道连接，船闸轴线与切滩挖槽航道中心线一致，并与原北套闸中心线平行，在原北套闸中心线以东约250m。沂北船闸等级为Ⅲ级，闸室有效尺度230m×23m×4.0m，该船闸为承受双向水头的船闸，最大设计水头1.51m/3.19m（正向/反向），通航1000吨级船舶和1顶2×1000吨级船队，设计单向通过能力4200万t/年（船舶总载重）。考虑新沂河防洪要求，沂北船闸下闸首为一级建筑物，上闸首和闸室为二级建筑物。船闸上游设计最高通航水位3.4m（85高程系统，下同），最低通航水位1.03m；下游设计最高通航水位4.22m，最低通航水位1.17m。船闸引航道采用对称型布置，上下游引航道向两侧均有扩宽，上游引航道主导航墙及停泊段位于右侧，下游引航道主导航墙及停泊段位于左侧，上、下游船舶过闸均采取"曲进直出"的方式。上游引航道直线段总长908m，其中右侧主导航墙导航调顺段长70m（沿船闸轴线的投影），停泊段长400m，布置20个中心距20m的靠船墩，

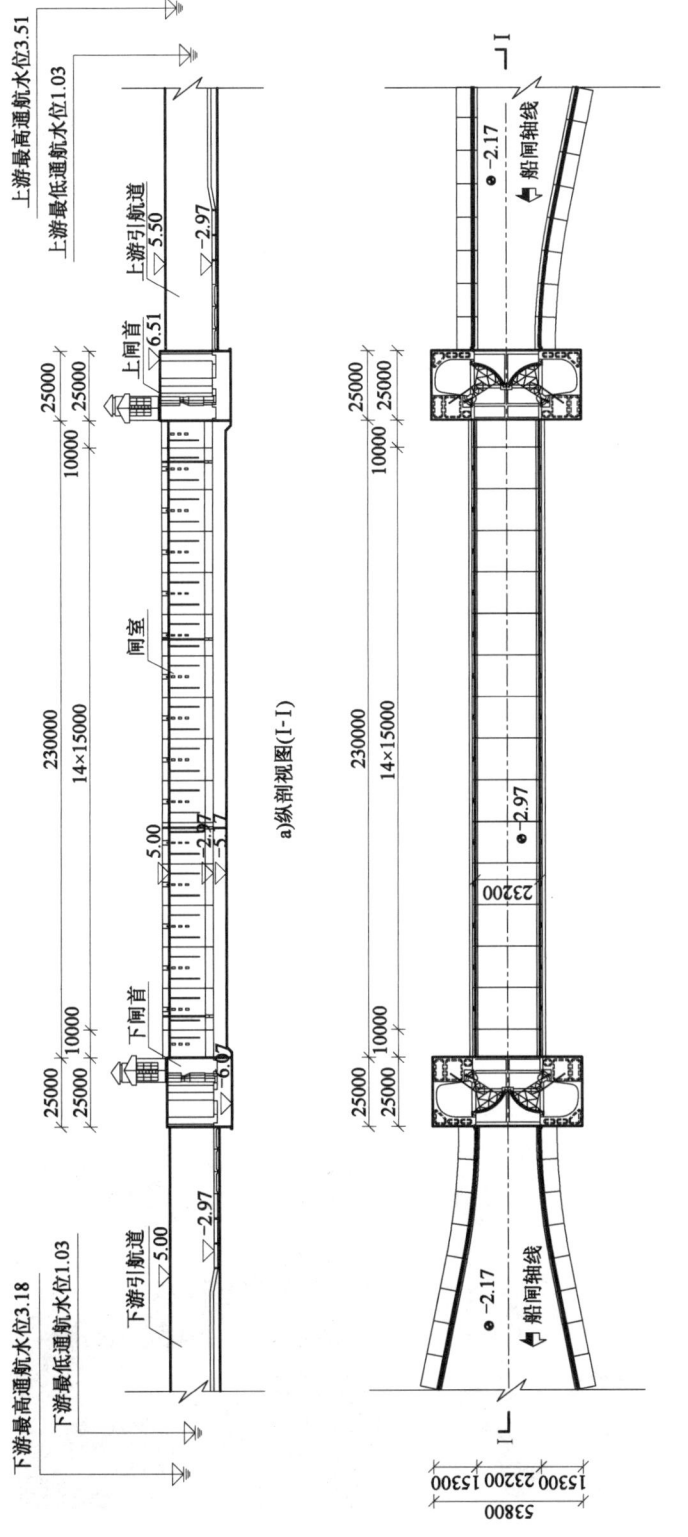

图4-4-4 善南船闸布置图(尺寸单位:mm;高程和水位单位:m)

上游直立驳岸长415m,其上游采用曲线与盐河衔接过渡。下游引航道直线段总长750m,其中左侧主导航墙导航调顺段长70m(沿船闸轴线的投影),停泊段长400m,布置20个中心距20m的靠船墩,下游直立驳岸长90m,其下游采用半径50m的曲线与河岸衔接。上、下游引航道宽均为60m,设计水深3.2m。船闸上、下闸首和闸室均采用整体式结构,船闸输水系统采用环形短廊道集中输水结合三角门门缝输水(无消能室)。沂北船闸于2007年12月开工,2010年12月建设完成。

沂北船闸技术参数见表4-4-3。沂北船闸鸟瞰图如图4-4-5所示。沂北船闸布置如图4-4-6所示。

沂北船闸技术参数表　　　　　　表4-4-3

河流名称			新沂河	建设地点		江苏省连云港市灌云县
船闸有效尺度(m)			230×23×4.0	最大设计水头(m)		1.51/3.19(正向/反向)
吨级			1000吨级船舶、1顶2×1000吨级船队	过闸时间(min)		30~40
门型	闸门	上游	三角门	启闭形式	闸门	上游	液压
		下游	三角门			下游	液压
	阀门	上游	平板门		阀门	上游	液压
		下游	平板门			下游	液压
结构形式	上闸首		整体式	输水系统	形式	短廊道集中输水
	下闸首		整体式		平均时间(min)	7.2
	闸室		整体式		廊道尺寸(m)	2.5×3.0(高×宽)
设计通航水位(m)	上游	最高	3.40	设计年通过能力(单向,万t)		4200(船舶总载重)
		最低	1.03	桥梁情况		上引航道交通桥
	下游	最高	4.22	建成年份(年)		2010
		最低	1.17			

图4-4-5　沂北船闸鸟瞰图

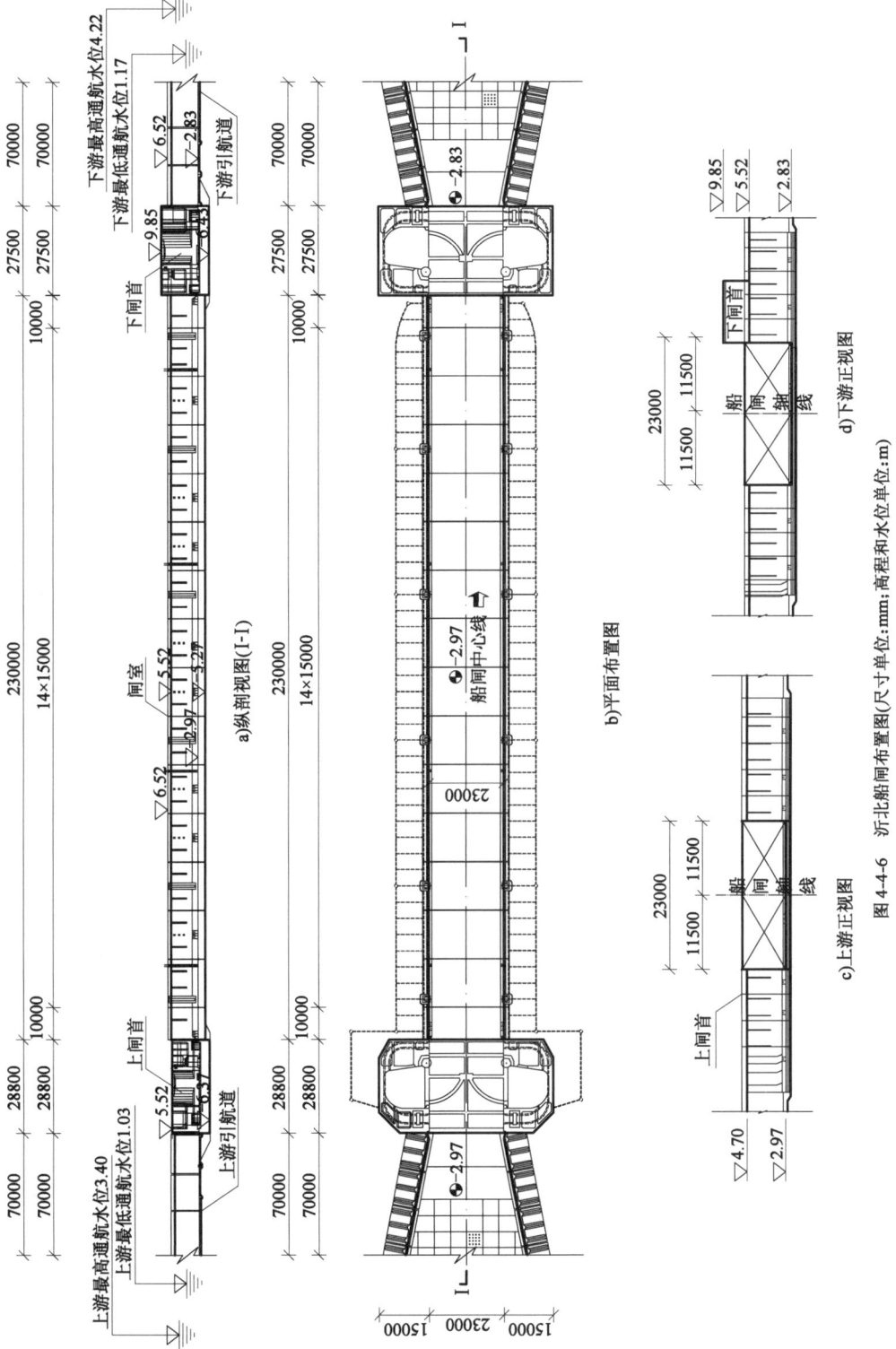

图 4-4-6 沂北船闸布置图（尺寸单位：mm；高程和水位单位：m）

四、沂南船闸

新沂河枢纽位于江苏省连云港市灌云县境内、盐河与新沂河交汇处,是连云港疏港航道——连申线的重要节点,新沂河枢纽主要工程包括沂南船闸和沂北船闸,新开挖航道1.787km,防汛交通桥2座,漫水桥2座,跨闸(引航道)桥4座,倒虹吸涵洞1座等。

沂南船闸位于新沂河南大堤外约700m处,与新沂河切滩挖槽航道连接,船闸轴线与切滩挖槽航道中心线一致,并与原南套闸中心线平行,在原南套闸中心线以东约250m。沂南船闸等级为Ⅲ级,闸室有效尺度230m×23m×4.0m,该船闸为承受双向水头的船闸,最大设计水头2.33m/2.0m(正向/反向),通航1000吨级船舶和1顶2×1000吨级驳船队,设计单向通过能力4200万t/年(船舶总载重)。考虑新沂河防洪要求,沂南船闸上闸首按一级建筑物设计,船闸主体其余建筑物按二级建筑物设计。沂南船闸上游设计最高通航水位4.22m(85高程系统,下同),最低通航水位1.17m;下游设计最高通航水位4.22m,最低通航水位1.59m。船闸引航道采用对称型布置,上、下游引航道向两侧均有扩宽,上游引航道主导航墙及停泊段位于右侧,下游引航道主导航墙及停泊段位于左侧,上、下游船舶过闸均采取"曲进直出"的方式。上游引航道直线段总长560m,其中右侧主导航墙导航调顺段长70m(沿船闸轴线的投影),停泊段长400m,布置20个中心距20m的靠船墩,上游直立驳岸长90m,其上游采用半径50m的曲线与上、下游岸坡衔接。下游引航道直线段总长638m,其中左侧主导航墙导航调顺段长70m(沿船闸轴线的投影),停泊段长400m,布置20个中心距20m的靠船墩,下游直立驳岸长168m,下游连接段采用半径600m、中心角30°的圆弧、长230m的直线和半径500m、中心角30°的反弧线与下游航道衔接。上、下游引航道宽均为60m,设计水深3.2m。船闸上、下闸首和闸室均采用整体式结构,船闸输水系统采用环形短廊道集中输水结合三角门门缝输水(无消能室)。沂南船闸于2007年12月开工,2010年12月建设完成。

沂南船闸技术参数见表4-4-4。沂南船闸鸟瞰图如图4-4-7所示。沂南船闸布置如图4-4-8所示。

沂南船闸技术参数表 表4-4-4

河流名称		新沂河		建设地点		江苏省连云港市灌云与灌南两县交界处	
船闸有效尺度(m)		230×23×4.0		最大设计水头(m)		2.33/2.0(正向/反向)	
吨级		1000吨级船舶、1顶2×1000吨级船队		过闸时间(min)		30~40	
门型	闸门	上游	三角门	启闭形式	闸门	上游	液压
		下游	三角门			下游	液压
	阀门	上游	平板门		阀门	上游	液压
		下游	平板门			下游	液压

续上表

结构形式	上闸首	整体式		输水系统	形式	短廊道集中输水
	下闸首	整体式			平均时间(min)	7.2
	闸室	整体式			廊道尺寸(m)	3.5×2.5
设计通航水位(m)	上游	最高	4.22	设计年通过能力(单向,万t)		4200(船舶总载重)
		最低	1.17	桥梁情况		下闸首交通桥
	下游	最高	4.22	建成年份(年)		2010
		最低	1.59			

图 4-4-7 沂南船闸鸟瞰图

五、盐灌船闸

盐灌船闸位于江苏省连云港市灌南县境内、盐河与灌河支流武障河的交汇处,距灌南县城 2.5km,是江苏省内河干线航道"二纵四横"主通道的关键交汇点之一,是沟通盐河、灌河入海,实现海河联运的先导工程。

盐灌船闸布置于武障河节制闸南侧约 500m,船闸等级为Ⅲ级,闸室有效尺度 230m×23m×4.0m,该船闸为承受双向水头的船闸,最大设计水头 4.5m/2.0m(正向/反向),通航 1000 吨级船舶,设计单向通过能力 3369 万 t/年。船闸上游设计最高通航水位 4.28m(85 高程系统,下同),最低通航水位 1.61m;下游设计最高通航水位 4.17m,最低通航水位 -1.05m。船闸引航道采用对称型布置,上、下游引航道均向两侧扩宽,上、下游主导航墙及停泊段均位于右侧,船舶过闸均采取"曲进曲出"的方式。上、下游引航道直线段总长均为 470m,其中导航调顺段长均为 70m(沿船闸轴线的投影),停泊段长均为 400m,各布置 20 个中心距 20m 的靠船墩,直线过渡段长均为 100m,其宽度由 60m 逐渐过渡至 45m。上游引航道过渡段上游连接段为喇叭形的曲线与沿河航道衔接;下游引航道过渡段

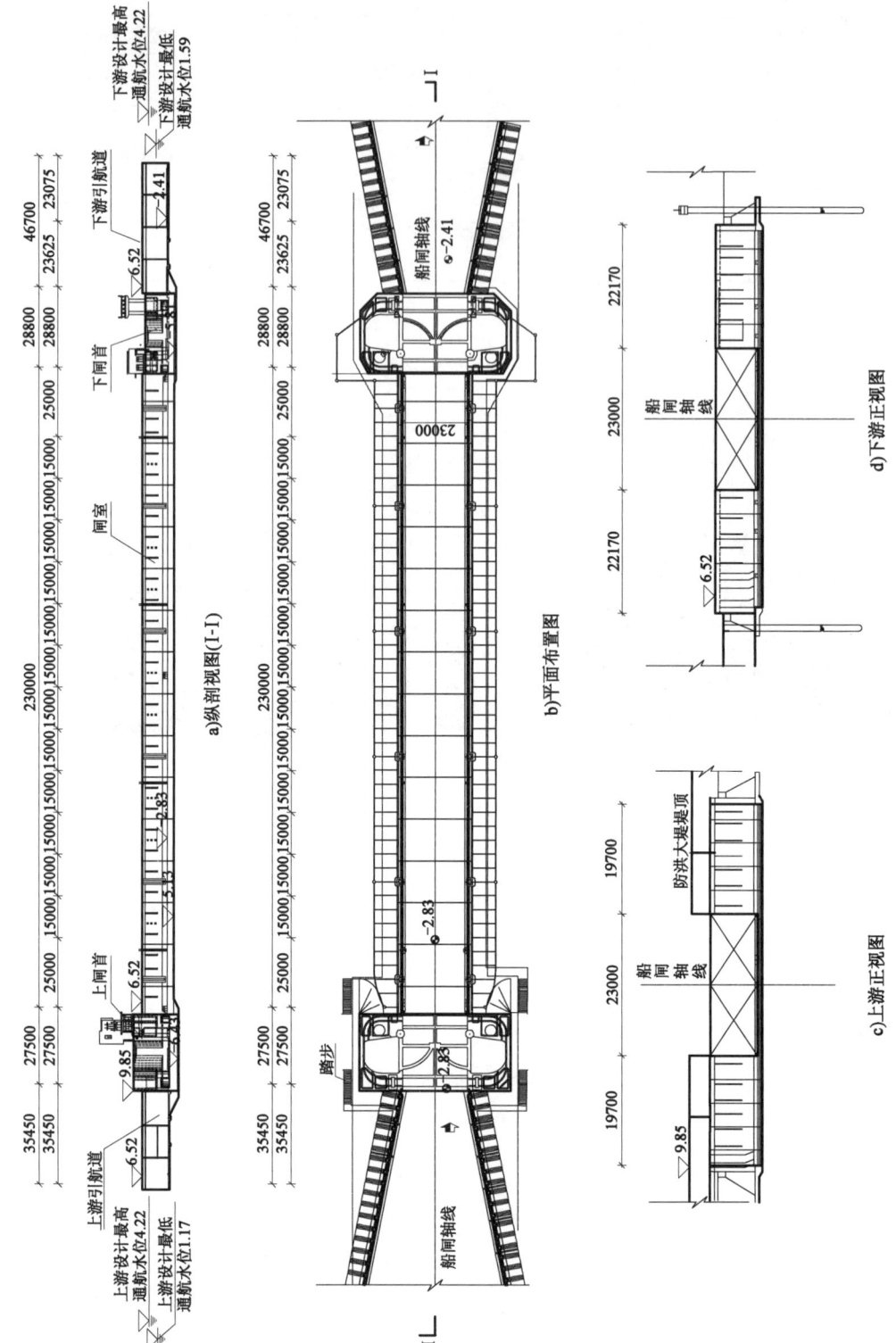

图 4-4-8 沂南船闸布置图（尺寸单位：mm；高程和水位单位：m）

后采用半径1000m、中心角21°的圆弧与长230m的直线连接,直线段后采用半径500m、中心角30°的反弧线与下游武障河航道衔接。上、下游引航道宽均为60m,设计水深3.2m。船闸上、下闸首和闸室均采用整体式结构,上闸首采用带帷墙消能室的集中输水系统,下闸首采用无消能室集中输水系统、设消力槛对冲消能。该船闸于2007年3月开工,2009年12月通航。

盐灌船闸技术参数见表4-4-5。盐灌船闸鸟瞰图如图4-4-9所示。盐灌船闸布置图如图4-4-10所示。

盐灌船闸技术参数表 表4-4-5

河流名称		盐河与灌河		建设地点		江苏省连云港灌南县
船闸有效尺度(m)		230×23×4.0		最大设计水头(m)		4.5/2.0(正向/反向)
吨级		1000		过闸时间(min)		40
门型	闸门	上游	三角门	启闭形式	闸门	上游	液压
		下游	三角门			下游	液压
	阀门	上游	平板门		阀门	上游	液压
		下游	平板门			下游	液压
结构形式	上闸首		整体式	输水系统	形式		短廊道集中输水
	下闸首		整体式		平均时间(min)		6.0
	闸室		整体式		廊道尺寸(m)		2.5×3.0
设计通航水位(m)	上游	最高	4.28	设计年通过能力(单线单向,万t)			3369
		最低	1.61	桥梁情况			跨上引航道公路桥,闸区工作桥
	下游	最高	4.17				
		最低	-1.05	建成年份(年)			2009

图4-4-9 盐灌船闸鸟瞰图

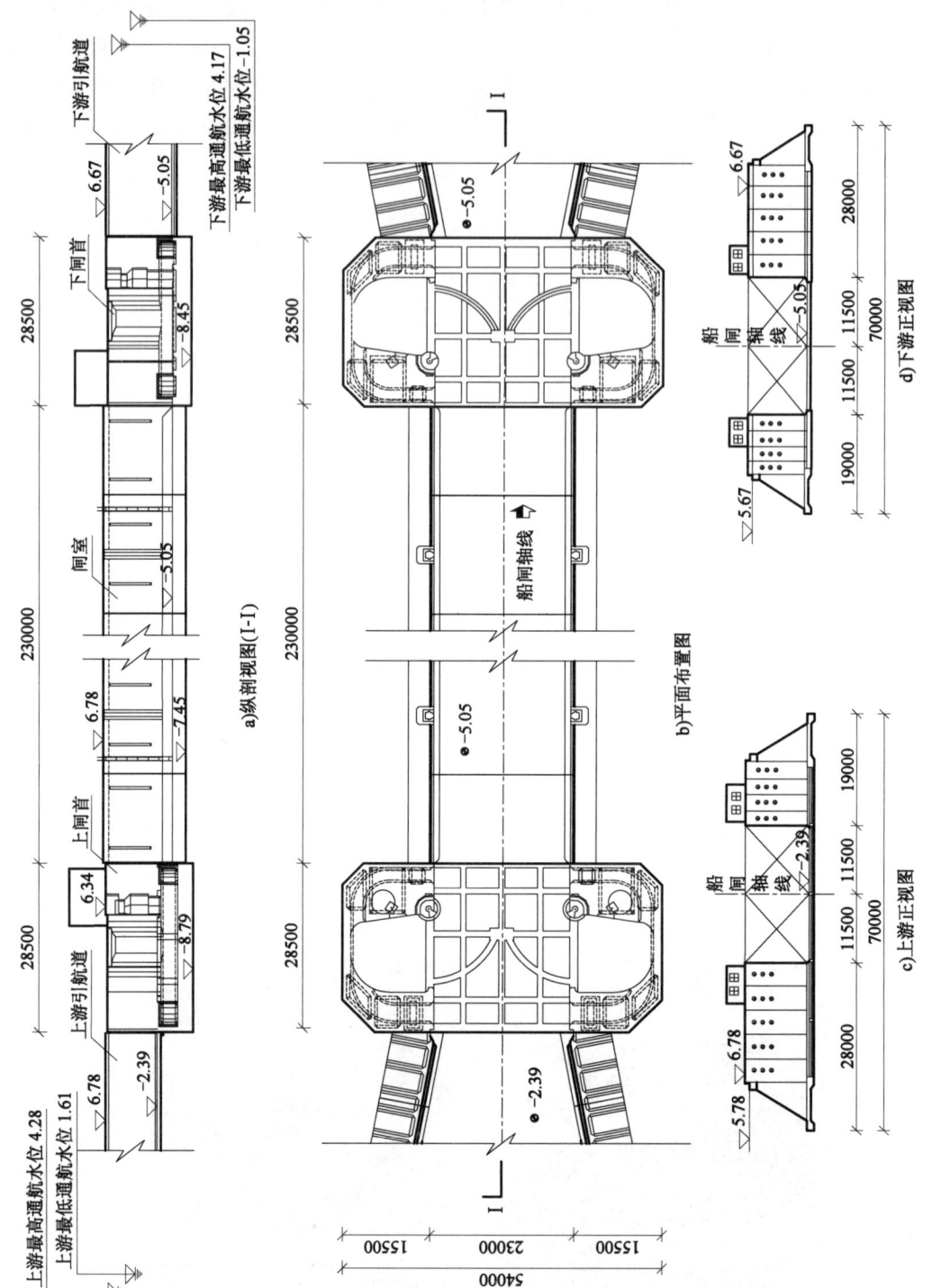

图 4.4-10 盐溢船闸布置图(尺寸单位:mm;高程和水位单位:m)

六、海安船闸

海安船闸位于江苏省南通市海安市主城区内,是连申线东台—长江段航道整治的关键控制性工程,上游接入新通扬运河与通榆河交汇处,下游接入老通扬运河道,下通如海运河,是沟通盐河、灌河入海,实现海河联运的先导工程。海安老船闸建于1975年,船闸尺度160m×12(10)m×2.5m,通航300吨级船舶,该船闸由于尺寸小、门槛高,通过能力小,且经常发生堵塞事故,无法满足社会经济发展的要求。

海安新船闸是在拆除原老船闸基础上新建的双线大船闸,一线船闸位于河道右侧,二线船闸位于河道左侧,两闸轴线平行,中心线间距60m,上、下闸首齐平。船闸等级均为Ⅲ级,两线船闸闸室有效尺度均为230m×23m×4m,最大设计水头1.88m/3.33m(正向/方向),通航1000吨级货船和1顶2×1000吨船队,货船尺度80m×10.8m×2.0m,船队尺度160m×10.8m×2.0m,单线单向设计通过能力4247万t/年。船闸主体按二级建筑物设计,导航墙、靠船墩和护岸等按三级建筑物设计。上游最高通航水位3.13m(85高程系统,下同),最低通航水位0.7m;下游最高通航水位4.03m,最低通航水位1.25m。两线船闸共用上、下游引航道,采用对称型布置,停泊段布置于上、下游引航道两侧,上、下游船舶均采取"曲进直出"的方式过闸。上游引航道直线段长500m,其中两侧主导航墙导航调顺段长140m(分别向两侧扩宽8.5m),停泊段长330m,各布置14个中心距25m的靠船墩;左侧停泊段上游为长310m的直线,再以半径75m的圆弧线与左侧岸坡衔接;右侧停泊段上游采用半径为285m的圆弧与右侧岸坡衔接;两船闸中间辅导航墙长70m,采用直线各自向中间扩宽13m,末端采用半径5.5m的圆弧衔接。下游引航道直线段长660m,其中两侧主导航墙导航调顺段长140m,停泊段长330m,各布置14个中心距25m的靠船墩,直线制动段长190m;下游引航道中间辅导航墙轴线投影长41m,采用直线各自向中间扩宽6m,末端采用半径12.5m的圆弧衔接。下游导航段与老通扬运河平面交叉,仅保留水利排涝功能。上、下游引航道宽均为100m,设计水深3.2m。海安新船闸上、下闸首和闸室均采用整体式结构,船闸输水系统采用短廊道集中输水结合三角门门缝输水。海安双线船闸主体工程于2011年7月开工,2013年12月投入运行。

海安船闸技术参数见表4-4-6。海安船闸鸟瞰图如图4-4-11所示。海安船闸布置图如图4-4-12所示。

海安船闸技术参数表　　　　　　　　　　表4-4-6

河流名称	连申线	建设地点	江苏省南通市海安镇
船闸有效尺度(m)	230×23×4	最大设计水头(m)	1.88/3.33(正向/方向)
吨级	1000	过闸时间(min)	40

续上表

门型	闸门	上游	三角门	启闭形式	闸门	上游	液压
		下游	三角门			下游	液压
	阀门	上游	平板门		阀门	上游	液压
		下游	平板门			下游	液压
结构形式	上闸首	整体式		输水系统	形式		短廊道输水结合三角门门缝输水
	下闸首	整体式			平均时间(min)		10
	闸室	整体式			廊道尺寸(m)		3.5×3.0
设计通航水位(m)	上游	最高	3.13	设计年通过能力(单线单向,万t)			4247
		最低	0.7	桥梁情况			下闸首公路桥,跨闸室工作桥
	下游	最高	4.03				
		最低	1.25	建成年份(年)			2013

图 4-4-11　海安船闸鸟瞰图

七、焦港船闸

焦港船闸是连申线进入长江的口门船闸,位于江苏省南通市如皋市境内的江安镇,船闸位于焦港河右岸,船闸轴线与焦港水闸轴线平行,间距300m,通过开挖形成。船闸等级为Ⅲ级,闸室有效尺度230m×23m×4.0m,该船闸为承受双向水头船闸,具备开通闸条件,最大设计水头2.6m/3.42m(正向/反向),通航1000吨级船舶、1顶2×1000吨级和1拖3×1000吨级船队,设计单向通过能力2062万t/年。船闸上、下游校核洪水位分别为

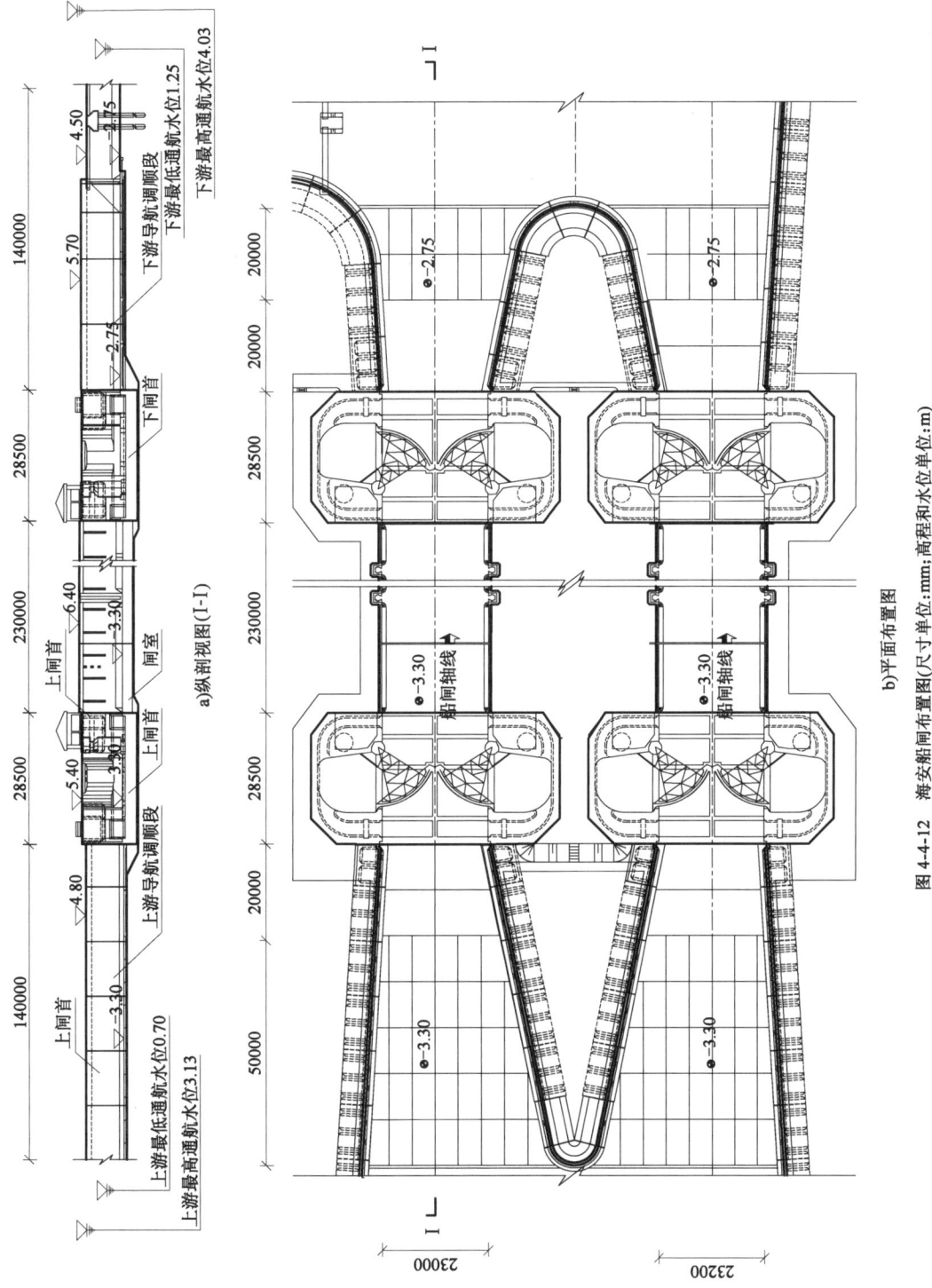

图 4-4-12 海安船闸布置图(尺寸单位:mm;高程和水位单位:m)

3.81m(85高程系统,下同)和5.22m($P=2\%$),上游设计最高通航水位3.71m($P=5\%$),最低通航水位0.96m(保证率98%);下游设计最高通航水位4.86m($P=5\%$),最低通航水位-0.46m(90%累积频率)。船闸引航道采用对称型布置,上、下游引航道均采用1:5的直线向两侧扩宽,上游引航道主导航墙位于右侧,下游引航道主导航墙位于左侧,上、下游船舶过闸均采取"曲进曲出"的方式,开通闸时为"直进直出"。船闸上游引航道直线段总长622.5m,其中导航调顺段长70m,停泊段长400m(布置20个中心距20m的靠船墩),制动段长152.5m;其上游采用半径650m、圆心角22°的圆弧、长517m的直线和半径650m、圆心角22°的反弧与上游引航道衔接。下游引航道直线段长600m,其中导航调顺段长70m,停泊段长400m(布置20个中心距20m的靠船墩),制动段长130.0m;其下游采用半径605m、圆心角22°的圆弧、长576m的直线和半径为650m、圆心角22°的反弧与下游引航道衔接。上、下游引航道宽均为60m,设计水深3.2m。船闸上、下闸首和闸室均采用整体式结构,船闸输水系统采用环形短廊道集中输水、对冲和消力槛消能。该船闸于2008年1月开工,2011年4月通航。

焦港船闸技术参数见表4-4-7。焦港船闸鸟瞰图如图4-4-13所示。焦港船闸布置如图4-4-14所示。

焦港船闸技术参数表   表4-4-7

河流名称		焦港河		建设地点		江苏省南通市如皋市江安镇
船闸尺度(m)		230×23×4		最大设计水头(m)		2.6/3.42
吨级		1000		过闸时间(min)		40
门型	闸门	上游	三角门	启闭形式	闸门	上游	液压
		下游	三角门			下游	液压
	阀门	上游	平板门		阀门	上游	液压
		下游	平板门			下游	液压
结构形式	上闸首		整体式	输水系统	形式		短廊道集中输水
	下闸首		整体式		平均时间(min)		10.0
	闸室		整体式		廊道尺寸(m)		3.5×3.0
设计通航水位(m)	上游	最高	3.71	设计年通过能力(单线单向,万t)			2062
		最低	0.96	桥梁情况			上游引航道人行桥、下游引航道公路桥、闸室工作桥共3座
	下游	最高	4.86				
		最低	−0.46	建成年份(年)			2011

图 4-4-13 焦港船闸鸟瞰图

八、虞山船闸

虞山船闸位于江苏省常熟市的宝岩村,距常熟市区约 5km,西侧距虞河 2.5km,是申张线航道上的一个梯级船闸。虞山船闸为双线船闸,一线老船闸位于河道左岸,船闸尺度 135m×16(10)m×3.0m,建于 1958 年。

虞山二线船闸位于河道右岸,一线船闸改建后的尺寸与二线船闸相同,两闸轴线平行,闸轴线间距 50m,船闸等级均为Ⅲ级,闸室有效尺寸均为 180m×16m×3.0m,最大设计水头 1.1m/0.5m(正向/反向),存在平水通航运行工况,通航 1000 吨级船舶,设计单向过闸船舶总载重 1600 万 t/年。船闸上游设计最高通航水位 3.73m,最低通航水位 2.5m;下游设计最高通航水位 4.2m,最低通航水位 2.63m。两船闸共用上下游引航道,引航道采用对称型布置,两船闸上、下游引航道均向两侧扩宽,停泊段均布置于共用引航道左右两侧,上、下游船舶过闸均采取"曲进直出"的方式。上游引航道直线段长 680m,其中导航调顺段长 180m、停泊段长 500;上游引航道辅导航墙扩宽段沿船闸轴线的投影长 50m。下游引航道直线段长 600m,其中导航调顺段长 100m、停泊段长 500m;下游引航道辅导航墙扩宽段沿船闸轴线的投影长 60m。上、下游引航道宽均为 225m,设计水深 2.5m。虞山船闸上、下闸首均采用整体式结构,闸室采用分离式结构。船闸输水系统采用三角门门缝输水形式。虞山船闸于 1998 年 12 月开工,2000 年 11 月投入使用。

虞山船闸技术参数见表 4-4-8。虞山船闸鸟瞰图如图 4-4-15 所示。虞山船闸布置如图 4-4-16 所示。

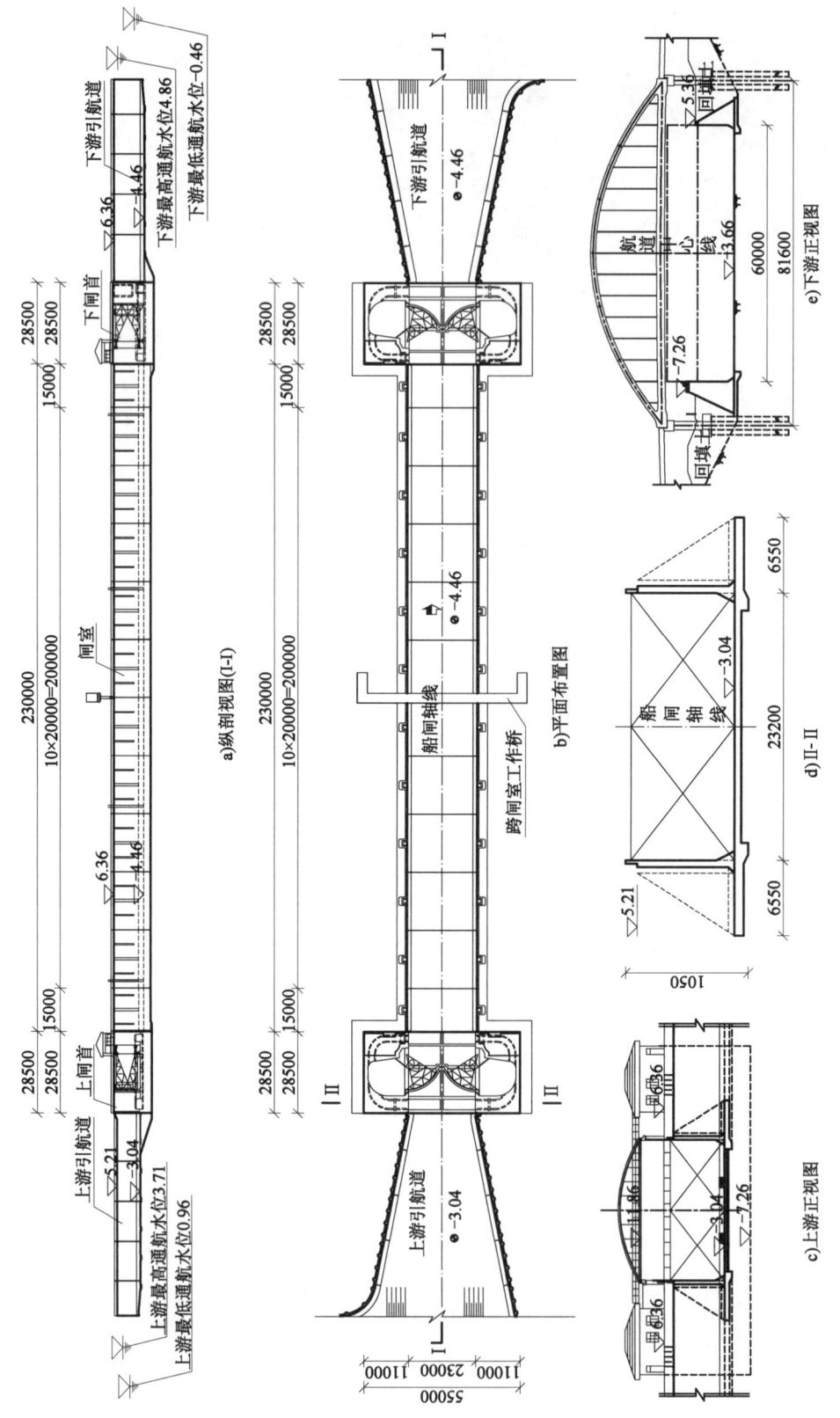

图 4-4-14 焦港船闸布置图（尺寸单位：mm；高程和水位单位：m）

虞山船闸技术参数表 表4-4-8

河流名称		申张线		建设地点		江苏省常熟市	
船闸有效尺度(m)		180×16×3.0		最大设计水头(m)		1.1/0.5(正向/反向)	
吨级		1000		过闸时间(min)		30	
门型	闸门	上游	三角门	启闭形式	闸门	上游	液压
		下游	三角门			下游	液压
	阀门	上游	无		阀门	上游	无
		下游	无			下游	无
结构形式	上闸首		整体式结构	输水系统	形式		三角门门缝输水
	下闸首		整体式结构		平均时间(min)		4.0
	闸室		重力式结构		廊道尺寸(m)		无
设计通航水位(m)	上游	最高	3.73	设计年通过能力 (单向船舶总载重万t)			1600
		最低	2.50	桥梁情况			上闸首人行桥
	下游	最高	4.20	建成年份(年)			2000
		最低	2.63				

图4-4-15 虞山船闸鸟瞰图

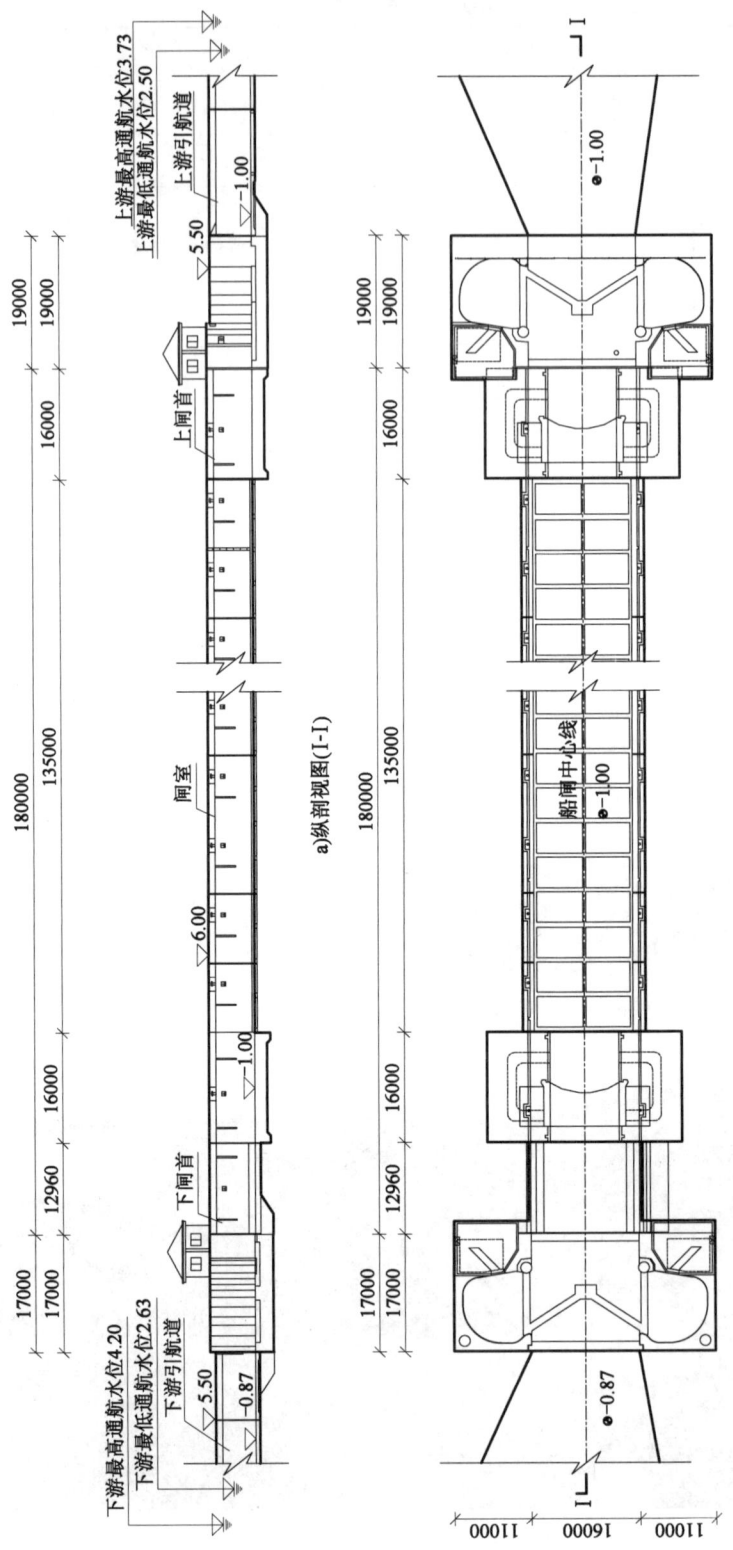

图 4-4-16 虞山船闸布置图(尺寸单位:mm;高程和水位单位:m)

九、张家港船闸

张家港船闸位于江苏省苏州市张家港市境内的金港镇、申张线的入江口处,是江苏南部通往上海经长江的重要水上进出口通道之一,又是张家港疏港航道上的主要建筑物。张家港一线船闸闸室有效尺度130m×10(13)m×2.5m[闸室长×口门宽(闸室宽)×槛上水深],该船闸为承受双向水头船闸,最大设计水头2.7m/3.2m,船闸上、下闸首均为钢筋混凝土坞式结构,闸室采用钢筋混凝土双铰底结构,船闸输水系统采用短廊道集中输水,上、下工作闸门为弧线钢质三角门,该船闸于1970年建成通航。

张家港二线船闸平行布置在一线船闸右侧(东侧),两闸中心线间距75m,两线船闸的下闸首边缘齐平,二线船闸等级为Ⅲ级,闸室有效尺度230m×23m×4m,该船闸为承受双向水头船闸,最大设计水头3.2m,通航1000吨级船舶,设计年单向通过能力3853万t/年。船闸上游校核高水位3.4m(85高程系统,下同),上游设计最高通航水位2.9m,最低通航水位0.5m;下游设计最高通航水位4.3m,最低通航水位-0.55m。上游引航道一、二线船闸分开,下游引航道两线船闸共用。二线船闸引航道采用对称型布置,上、下游主导航墙及靠船建筑物均位于右侧(东侧),船舶过闸均采取"曲进直出"的方式。上、下游引航道右侧主导航墙导航调顺段沿船闸轴线的投影长70m,停泊段长400m,各布置20个中心距20m的靠船墩,其后逐渐拓展并与上、下游航道平顺衔接。上游引航道直线段总长505m,其上游以半径480m、中心角25.77°的圆弧线与上游申张线航道衔接;下游共用引航道直线段总长840m,其下游以半径600m、中心角25.77°的圆弧线与长江航道中心线衔接。二线船闸上游引航道宽60m,下游共用引航道宽115m。船闸上、下闸首和闸室均采用整体式结构,船闸输水系统采用短廊道集中输水结合三角门门缝输水形式。张家港二线船闸于2007年7月开工,2012年12月通航。

张家港二线船闸技术参数见表4-4-9。张家港一、二线船闸鸟瞰图如图4-4-17所示。张家港船闸布置如图4-4-18所示。

张家港二线船闸技术参数表　　　　表4-4-9

河流名称	申张线			建设地点	江苏省苏州市张家港市金港镇	
船闸有效尺度(m)	230×23×4.0			最大设计水头(m)	2.7/3.2(正向/反向)	
吨级	1000			过闸时间(min)	30~40	
门型	闸门	上游	三角门	启闭形式	闸门	上游	液压
		下游	三角门			下游	液压
	阀门	上游	平板门		阀门	上游	液压
		下游	平板门			下游	液压

续上表

结构形式	上闸首	整体式	输水系统	形式	短廊道输水结合三角门门缝输水
	下闸首	整体式		平均时间(min)	6.5
	闸室	整体式		廊道尺寸(m)	3.5×3.0/2.5×3.0（进口段/出口段）
设计通航水位(m)	上游	最高	2.90	设计年通过能力（单线单向,万t）	3853
		最低	0.50	桥梁情况	下闸首公路桥
	下游	最高	4.30	建成年份(年)	2012
		最低	-0.55		

图 4-4-17　张家港一、二线船闸鸟瞰图

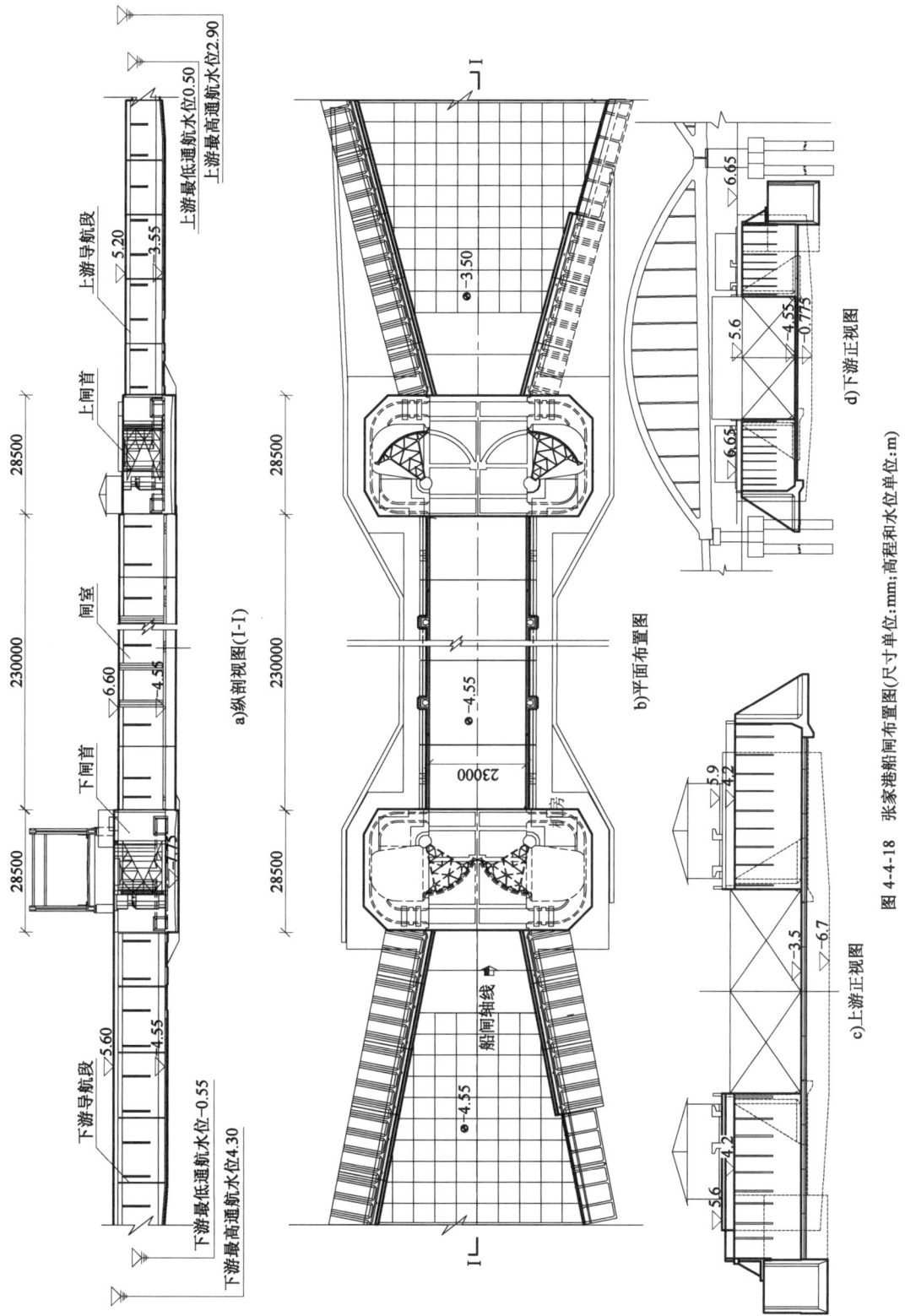

图 4-4-18 张家港船闸布置图(尺寸单位:mm;高程和水位单位:m)

第五节　杨林塘通航建筑物

杨林塘航道地处长江下游太湖流域,起源于阳澄湖,上游在昆山境内巴城镇与申张线连接,下游与长江相连,在口门处建有杨林船闸、节制闸,全长 42km。杨林塘航道是太仓港疏港航道,航道等级为三级。

杨林船闸上游内河航道属平原河网地区,地势平坦,水面比降小,河网密布,互相连通,受降雨中心、河口潮汐及引排水等影响,其流向亦往复不定,同时,人类活动对河道水位和水量交换的影响也较大。受潮汐影响,杨林船闸下游(长江侧)航道属于典型的感潮河段。长江自西北向东南流经杨林口境内,长江南支河段是一个中等强度的潮汐河口,潮汐性质属非正规半日浅海潮,潮流除中泓外均呈往复流,每天两涨两落,一般涨潮历时 4h 左右,落潮历时 8h 左右,并有较明显的日潮不等现象。

杨林船闸

杨林船闸位于江苏省苏州市太仓港区,是杨林塘航道入江口门船闸,其南侧为杨林塘节制闸,两闸同步建设。杨林塘节制闸共设 3 孔,两边孔净宽 10m,中孔净宽 16m。杨林船闸和杨林塘节制闸中心线平行,相距 90m,船闸下闸首与节制闸闸室齐平布置,下游堤防为一级,下闸首及以下主要建筑物为一级建筑物,上闸首、闸室为二级建筑物,船闸和节制闸上游防洪水位 $1.87\mathrm{m}(P=2\%)$,下游校核高潮位 $5.02\mathrm{m}(P=0.33\%)$,防洪水位 $4.76\mathrm{m}(P=1\%)$。

杨林船闸位于杨林塘节制闸北侧(左侧),船闸等级为Ⅲ级,闸室有效尺度 230m × 23m × 4.0m,该船闸为承受双向水头船闸,具备开通闸条件,最大设计水头 2.63m/3.66m(正向/反向),通航 1000 吨级船舶,设计单向年通过能力为 4600 万 t/年。杨林船闸上游设计最高通航水位 1.68m,最低通航水位 0.68m(保证率 98%);下游设计最高通航水位 4.34m,最低通航水位 -0.95m(保证率 98%)。上游引航道采用对称型布置,引航道向两侧扩宽,下游引航道向右侧扩宽,上、下游引航道主导航墙及停泊段均布置在左岸,上游船舶过闸"曲进曲出",下游船舶过闸"直进曲出"。上、下游引航道主导航墙导航调顺段长均为 140m(沿船闸中心线投影),停泊段长均为 330m,各布置 13 个中心距 25m 的靠船墩。上游引航道在直线段末以半径 480m 的圆弧与上游航道中心线相衔接,下游引航道直接进入长江。上、下游引航道宽均为 60m,设计水深 3.5m。船闸上、下闸首及闸室均采用整体式结构,船闸输水系统采用环形短廊道集中输水结合三角门门缝输水形式。该船闸于 2012 年 9 月开工,2016 年 1 月通航。

杨林船闸技术参数见表 4-5-1。杨林船闸及杨林塘节制闸鸟瞰图如图 4-5-1 所示。杨林船闸布置如图 4-5-2 所示。

杨林船闸技术参数表　　　　　　　　　　　　　表 4-5-1

河流名称			杨林塘	建设地点		江苏省苏州市太仓港区
船闸有效尺度(m)			230×23×4.0	最大设计水头(m)		2.63/3.66(正向/反向)
吨级			1000	过闸时间(min)		30~40
门型	闸门	上游	三角门	启闭形式	闸门 上游	液压
		下游	三角门		下游	液压
	阀门	上游	平板门		阀门 上游	液压
		下游	平板门		下游	液压
结构形式	上闸首		整体式	输水系统	形式	短廊道集中输水并结合三角门门缝输水
	下闸首		整体式		平均时间(min)	7.0
	闸室		整体式		廊道尺寸(m)	3.5×3.0/2.5×3.0（进口段/出口段）
设计通航水位(m)	上游	最高	1.68	设计年通过能力(单线单向,万t)		2300
		最低	0.68	桥梁情况		上引航道公路桥,下闸首交通桥
	下游	最高	4.34			
		最低	-0.95	建成年份(年)		2016

图 4-5-1　杨林船闸及杨林塘节制闸鸟瞰图

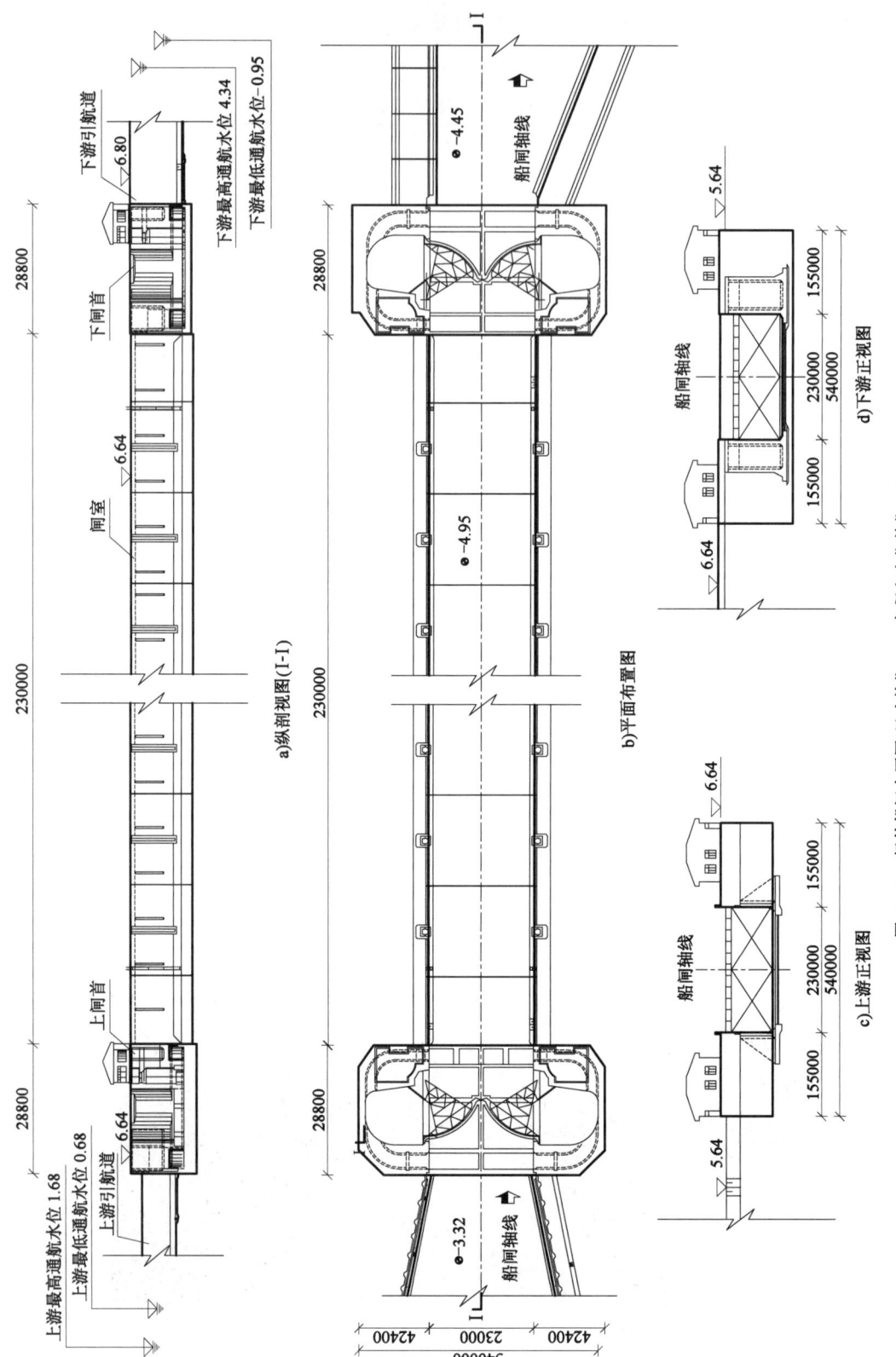

图 4-5-2 杨林船闸布置图(尺寸单位:mm;高程和水位单位:m)

第六节 盐河通航建筑物

盐河位于江苏省西北部,南起淮安市淮阴区与京杭大运河的交汇口杨庄,向东北经涟水、灌南、灌云至连云港市区玉带河,全长约144.8km,是江苏省干线航道网"两纵四横"中"一横"淮河出海航道的重要组成部分,它沟通"两纵"京杭运河和连申线,是苏北地区以及淮河流域最便捷的出海通道。

盐河(杨庄—武障河)航道全线按三级航道标准进行整治,通航1000吨级船舶。整治航道尺度为:底宽不小于45m,最小通航水深为3.2m,最小弯曲半径为480m(局部320m,内侧加宽),航宽60m。盐河(杨庄—武障河)航道整治里程长度91.605km。目前,盐河上建有杨庄双线船闸和朱码双线船闸。

一、杨庄船闸

杨庄枢纽位于江苏省淮安市淮阴区杨庄镇盐河航道的起点上,下游与朱码枢纽相衔接。该枢纽主要包括杨庄一、二线船闸、盐河闸(含3台总装机容量1.5MW电站)等。杨庄枢纽地处五汊口,属于洪泽湖防洪体系,防洪标准按100年一遇设计,上游(内河侧)设计洪水位15.2m(85高程系统,下同),下游(长江侧)设计洪水位10.18m。该工程是一座具有防洪、通航和引水灌溉等综合功能的水利枢纽工程。盐河闸及杨庄一线船闸建于20世纪50年代末。

杨庄一线船闸位于河道西侧(右侧),闸室有效尺度135m×10(12)m×2.5m[长×口门宽(闸室宽)×门槛水深],最大设计水头5.01m,通航1+10×80吨级船队,设计单向通过能力300万t/年。船闸上、下闸首采用整体式结构,闸室采用分离式结构,船闸输水系统采用短廊道集中输水。该船闸于1959年建成通航。

杨庄二线船闸位于一线船闸右侧,与一线船闸轴线间距229.7m,两闸中心线交角约为14°,二线船闸上闸首较一线船闸下闸首下移891m。二线船闸等级为Ⅲ级,闸室有效尺度230m×23m×4.0m,最大设计水头5.01m,通航1000吨级船舶、1顶2×1000吨级船队和1拖3×1000吨级船队,设计单向通过能力1890万t/年。杨庄二线船闸上游设计最高通航水位13.45m($P=5\%$),最低通航水位9.94m(保证率98%);下游设计最高通航水位10.18m($P=5\%$),最低通航水位7.45m(保证率98%)。船闸引航道采用准不对称型布置,上游引航道向两侧扩宽,主导航墙及靠船建筑物位于左侧;下游引航道向左侧扩宽,主导航墙及靠船建筑物位于右侧;上游船舶过闸采取"曲进曲出"的方式,下游船舶过闸采取"直进曲出"的方式。上游引航道直线段长560m,其中导航调顺段长140m,由1:6斜向扩展段(投影长70m)和长70m的平行线段组成;上游停泊段长330m,布置14个中心距

25m 的靠船墩。下游引航道直线段长 645m，其中右侧直线主导航墙导航调顺段长 140m，下游停泊段长 330，布置 14 个中心距 25m 的靠船墩；左侧辅导航墙由长 20m 的直线和半径 30m、中心角 90°的圆弧段组成，下接下游引航道西侧护岸。制动段在引航道的延长线上，上、下游直线段实际长度 850m，其后分别采用半径为 480m 和 640m 的圆弧与上游京杭大运河和下游盐河相衔接。上、下游引航道宽均为 60m，设计水深 3.2m。杨庄二线船闸上、下游闸首和闸室均采用整体式结构，船闸输水系统采用短廊道集中输水。该船闸于 2009 年 10 月开工，2012 年 12 月建成通航。

杨庄二线船闸技术参数见表 4-6-1。杨庄船闸鸟瞰图如图 4-6-1 所示。杨庄船闸布置如图 4-6-2 所示。

杨庄二线船闸技术参数表　　　　　　　　　表 4-6-1

河流名称			盐河	建设地点		江苏省淮安市淮阴区
船闸有效尺度(m)			230×23×4.0	最大设计水头(m)		5.01
吨级			1000	过闸时间(min)		40
门型	闸门	上游	人字门	启闭形式	闸门	上游	液压
		下游	人字门			下游	液压
	阀门	上游	平板门		阀门	上游	液压
		下游	平板门			下游	液压
结构形式	上闸首		整体式	输水系统	形式	短廊道集中输水
	下闸首		整体式		平均时间(min)	7.0
	闸室		整体式		廊道尺寸(m)	4.0×3.5
设计通航水位(m)	上游	最高	13.45	设计年通过能力(单线单向，万 t)		1890
		最低	9.94	桥梁情况		下闸首公路桥，上闸首交通桥
	下游	最高	10.18			
		最低	7.45	建成年份(年)		2012

图 4-6-1　杨庄船闸鸟瞰图

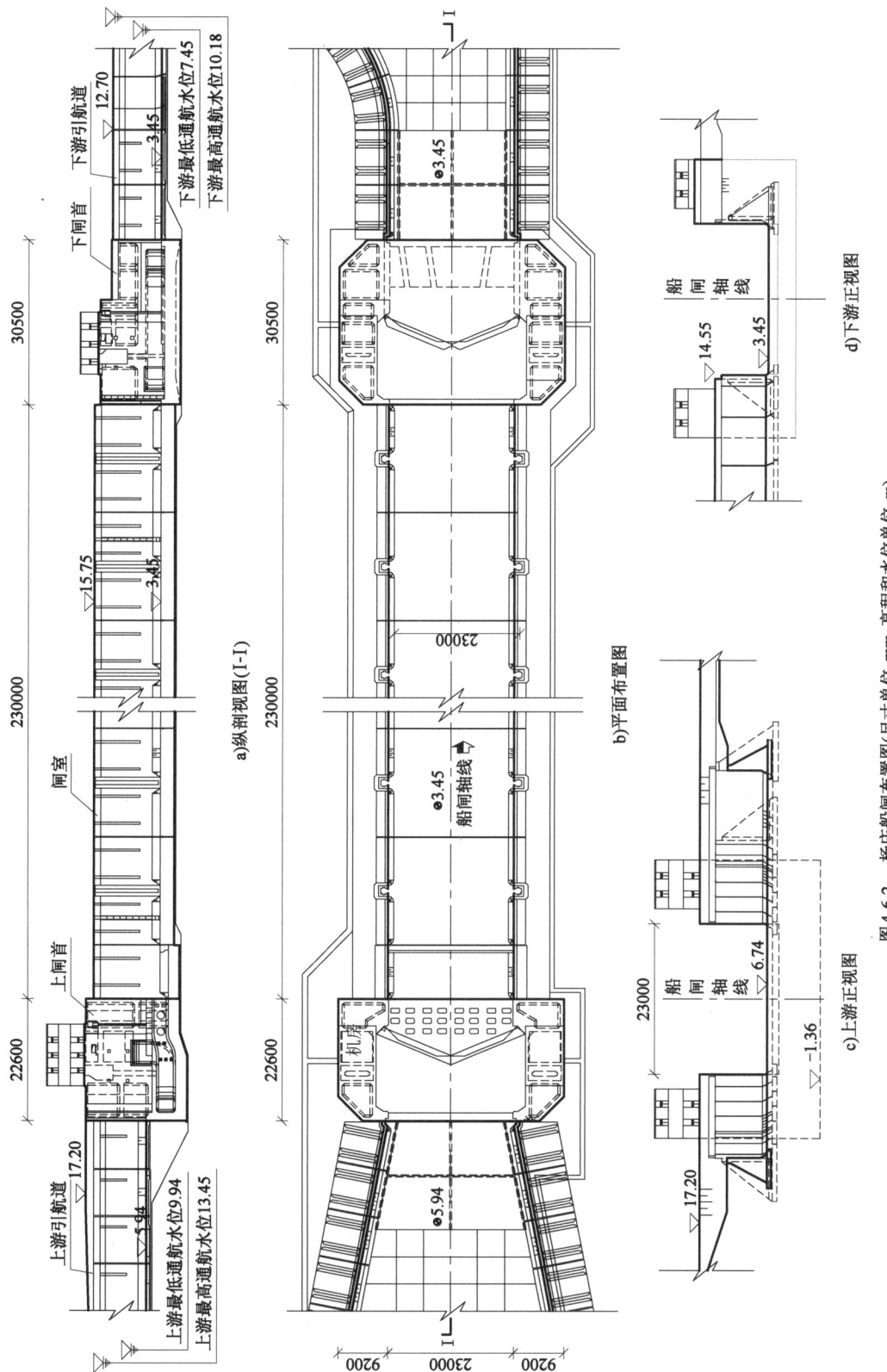

图 4-6-2 杨庄船闸布置图(尺寸单位:mm;高程和水位单位:m)

二、朱码船闸

朱码枢纽位于江苏省淮安市涟水县境内、淮河水系盐河航道上,上游经杨庄船闸进入京杭大运河,下游经盐灌船闸进入灌河后可达连云港。该枢纽主要由船闸、节制闸、电站、越闸以及涟东总干渠进水闸、涟中干渠进水闸、涟西一干进水闸、涟西二干进水闸等组成。节制闸设 8 个闸孔,每孔闸净宽 3m;电站装 2 台水轮发电机;越闸设 3 个闸孔,每孔闸净宽 2.5m,设计排水流量 90m³/s。枢纽上游设计洪水位 8.87m(85 高程系统,下同),下游设计洪水位 7.5m。朱码枢纽是一座具有防洪、航运和灌溉等综合功能的水利枢纽工程,其节制闸建于 1958 年,越闸建于 1973 年。

朱码一线船闸位于河道右岸,船闸上闸首和闸室均突出于枢纽上游,闸室有效尺度 135m×10(12)m×2.5m[长×口门宽(闸室宽)×门槛水深],通航 1+10×80 吨级船队,设计单向通过能力为 300 万 t/年。船闸上、下闸首采用整体式结构,闸室采用分离式结构,船闸输水系统采用短廊道集中输水。该船闸与朱码节制闸均建于 1958 年。

朱码二线船闸布置在一线船闸南侧(右侧),与一线船闸轴线间距 140m,两闸中心线夹角为 7°,船闸等级为Ⅲ级,闸室有效尺度 230m×23m×4.0m,设计水头 6.35m,通航 1000 吨级船舶、1 顶 2×1000 吨级船队和 1 拖 3×1000 吨级船队,设计单向通过能力 1890 万 t/年。船闸上游设计最高通航水位 8.87m($P=5\%$),最低通航水位 7.29m(保证率 98%);下游设计最高通航水位 7.5m($P=5\%$),最低通航水位 1.84m(保证率 98%)。船闸引航道采用不对称型布置,上、下游引航道均向左侧扩宽,主导航墙及靠船建筑物均位于右侧,船舶过闸均采取"直进曲出"的方式。上、下游引航道直线段长分别为 631.26m 和 559.31m,其中右侧主导航墙导航调顺段长均为 140m,上、下游停泊段长均为 330m,各布置 14 个中心距 25m 的靠船墩,上、下游制动段长分别为 160.26m 和 89.31m。上游引航道左侧辅导航墙经长 33m 的直线段和半径 37m、中心角 90°的圆弧扩散后,再与上游引航道北侧护岸连接;下游引航道左侧辅导航墙经半径 84.7m 的圆弧扩散后,再与下游引航道北侧护岸连接。上、下游引航道连接段均采用半径 640m 的弧线与盐河主航道弧线衔接。上、下游引航道宽均为 60m,设计水深 3.2m。船闸上、下闸首和闸室均采用整体式结构,船闸输水系统采用局部分散输水(闸墙长廊道短支孔)形式。该船闸于 2009 年 10 月开工,2012 年 12 月通航。

朱码二线船闸技术参数见表 4-6-2。朱码一、二线船闸鸟瞰图如图 4-6-3 所示。朱码二线船闸布置如图 4-6-4 所示。

朱码二线船闸技术参数表　　　　　　　　　　　　　　　　　　表4-6-2

河流名称	盐河		建设地点		江苏省淮安市涟水县
船闸有效尺度(m)	230×23×4.0		最大设计水头(m)		6.35
吨级	1000 吨级		过闸时间(min)		40
门型	闸门	上游	人字门	启闭形式	闸门	上游	液压
		下游	人字门			下游	液压
	阀门	上游	平板门		阀门	上游	液压
		下游	平板门			下游	液压
结构形式	上闸首		整体式	输水系统	形式		局部分散(闸墙长廊道短支孔)输水系统
	下闸首		整体式		平均时间(min)		7.0
	闸室		分离式		廊道尺寸(m)		3.2×4.0
设计通航水位(m)	上游	最高	8.87	设计年通过能力(单线单向,万t)			1890
		最低	7.29	桥梁情况			上引航道公路桥
	下游	最高	7.50	建成年份(年)			2012
		最低	1.84				

图4-6-3　朱码一、二线船闸鸟瞰图

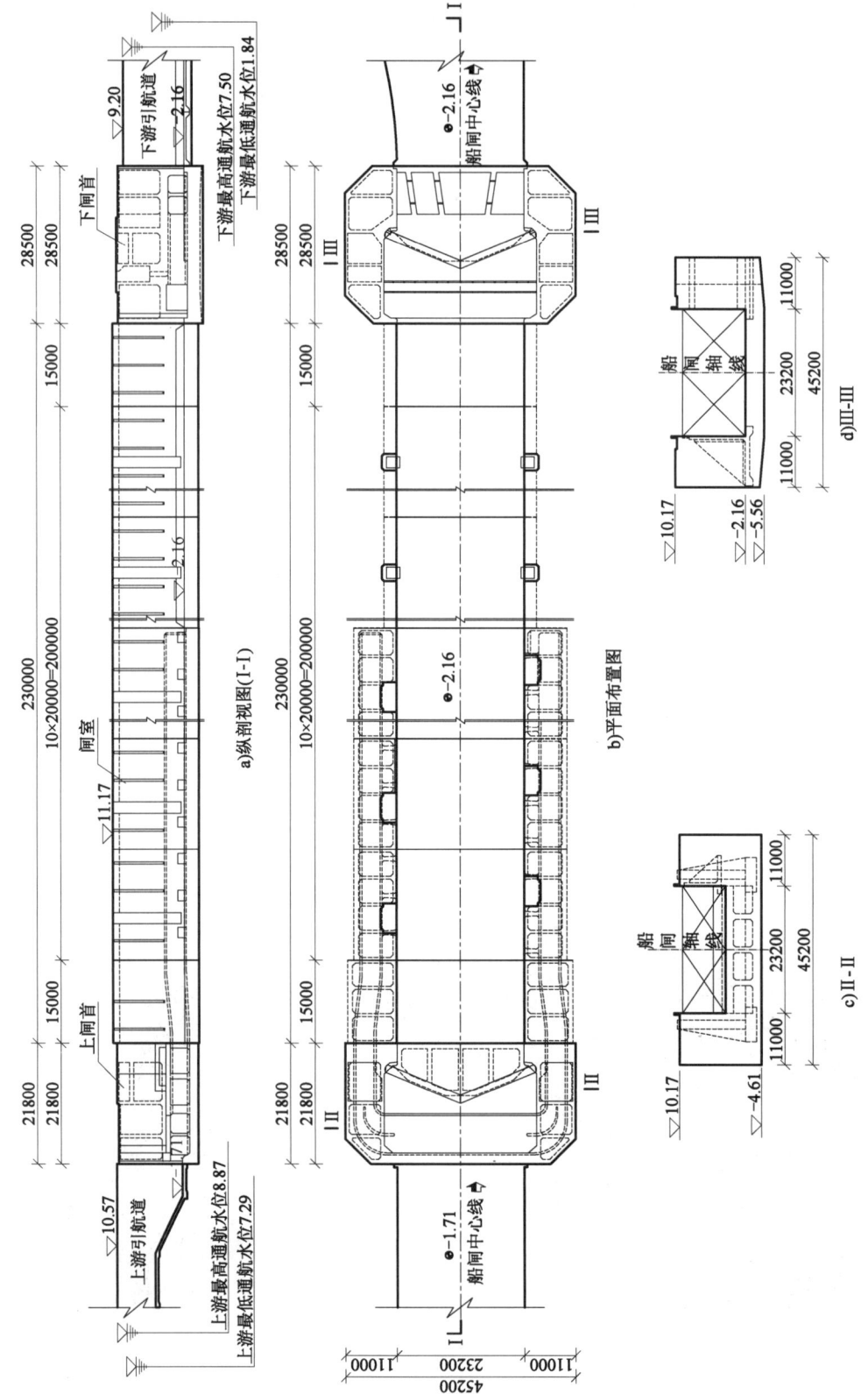

图 4-6-4 朱码二线船闸布置图(尺寸:mm;高程和水位单位:m)

第七节　通扬线通航建筑物

通扬线(运东船闸—海安船闸段)位于里下河腹部以南地区,利用现有的高东线(北澄子河)、建口线(卤汀河)、新通扬运河等航道,沿线与三阳河、蚌蜒河(斜丰港)、龙耳河、茅山河、泰东河、龙叉港、姜溱河、东塘河、串场河等区域骨干河道交汇,全长120km。通扬线航道等级为三级,航道尺度为底宽不小于45m,最小水深3.2m,最小弯曲半径480m。建有运东、九圩港双线、吕四四座船闸。

一、运东船闸

运东船闸位于江苏省扬州高邮市境内的盐河与京杭运河交汇口,是通扬线的上游起点,运东新船闸是京杭运河续建工程之一,是联系京杭运河沿线地区与扬州、泰州、南通、盐城等苏北里下河地区的水上交通枢纽。

运东新船闸是在拆除存在安全隐患的老船闸基础上原位改建的船闸,船闸等级为Ⅲ级,闸室有效尺度230m×23m×4.0m,最大设计水头7.13m,通航1000吨级船舶,设计单向通过能力为7000万t/年。新船闸主体按二级建筑物设计,防洪标准按50年一遇设计,上游防洪水位8.83m(85高程系统,下同),下游防洪水位3.36m。船闸上游设计最高通航水位8.33m($P=5\%$洪水位、设计输水位),最低通航水位5.83m(里运河保证率98%);下游设计最高通航水位2.92m(里下河高邮$P=5\%$水位),最低通航水位0.7m(高邮站保证率98%)。船闸引航道采用准不对称型布置,上游引航道向两侧扩宽,主导航墙及停泊段位于左侧;下游引航道向右侧扩宽,主导航墙及停泊段位于右侧,上、下游船舶过闸均采取"曲进直出"的方式。上游引航道直线段长370m,其中左侧主导航墙导航调顺段采用1∶5斜直线进行扩展,沿船闸轴线的投影长120m,停泊段长278.4m,布置13个中心距20m的靠船墩和1个中心距18.6m的靠船墩,上游采用半径356m的圆弧线与京杭运河岸坡衔接;右侧辅导航墙由斜率1∶5的直线和半径325m的圆弧进行扩展,沿轴线投影长度120m,其上游与右侧岸坡衔接,岸坡外侧除原已有靠船墩外,另增建6个靠船墩。下游引航道直线段长418.6m,其中右侧主导航墙导航调顺段采用斜率1∶5和半径500m的圆弧进行扩展,沿船闸轴线的投影长160m,其后接258.6m的直线停泊段,布置13个中心距20m的靠船墩和1个中心距18.6m的靠船墩;下游左侧辅导航墙直线段长268m,其下游用半径320m、圆心角68°的曲线与下游岸坡衔接。上、下游引航道宽分别不小于85.5m和62.5m,设计水深4.0m。船闸上、下闸首和闸室均采用重力式结构,船闸输水系统采用闸墙长廊道侧支孔输水。运东新船闸于2014年4月开工,2015年12月通航。

运东船闸技术参数见表 4-7-1。运东船闸鸟瞰图如图 4-7-1 所示。运东船闸布置如图 4-7-2 所示。

运东船闸技术参数表　　　　　　　表 4-7-1

河流名称			通扬线		建设地点		江苏省扬州高邮市
船闸有效尺度(m)			230×23×4.0		最大设计水头(m)		7.13
吨级			1000		过闸时间(min)		45.0
门型	闸门	上游	人字门	启闭形式	闸门	上游	液压
		下游	人字门			下游	液压
	阀门	上游	平板门		阀门	上游	液压
		下游	平板门			下游	液压
结构形式	上闸首		重力式	输水系统	形式		闸墙长廊道侧支孔输水
	下闸首		重力式		平均时间(min)		8.0
	闸室		重力式		廊道尺寸(m)		3.5×3.5
设计通航水位(m)	上游	最高	8.33	设计年通过能力(单线单向,万 t)			3500
		最低	5.83	桥梁情况			下闸首交通桥
	下游	最高	2.92	建成年份(年)			2015
		最低	0.70				

图 4-7-1　运东船闸鸟瞰图

第四章 长江三角洲高等级航道网通航建筑物

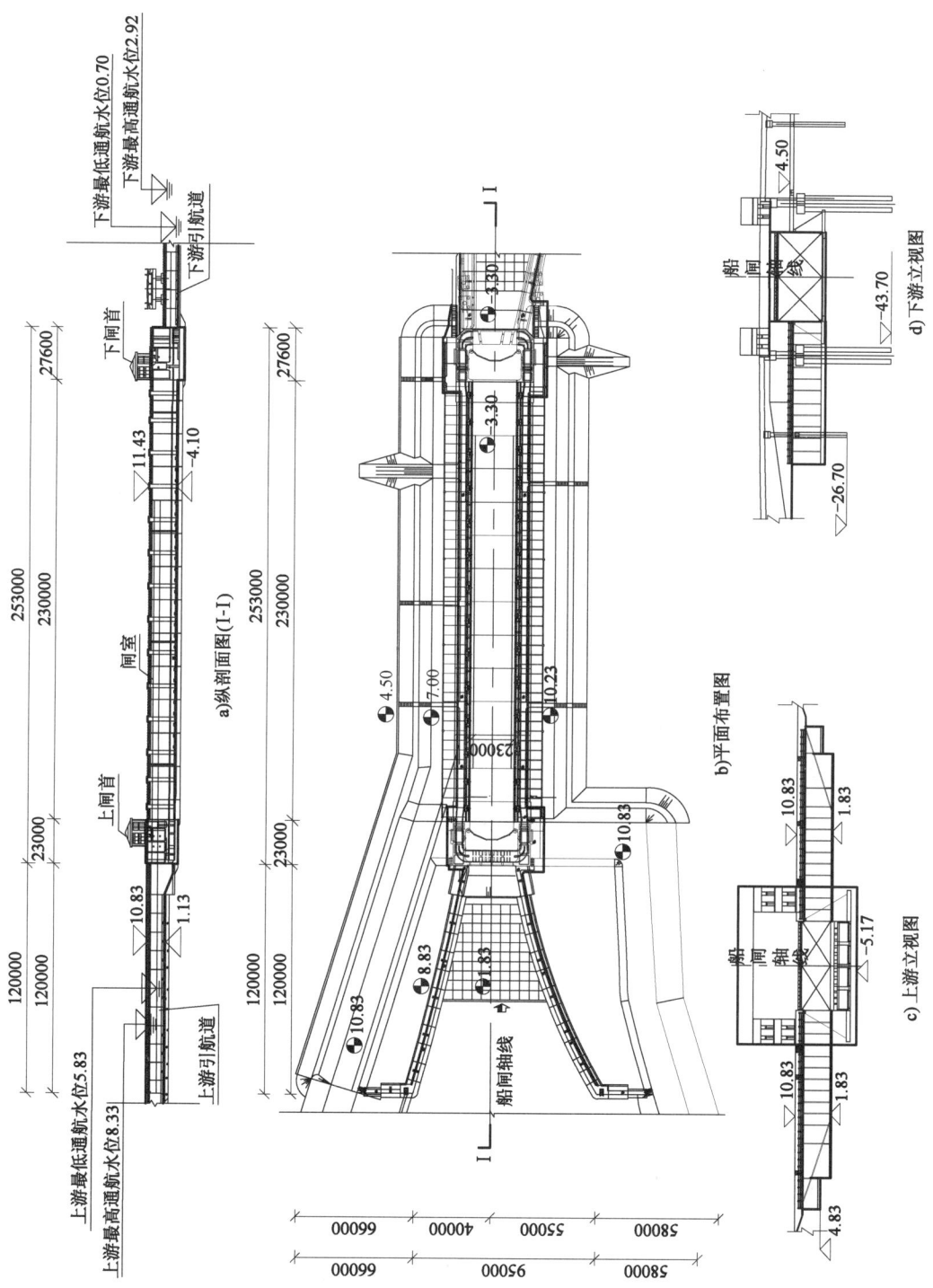

图 4-7-2 运东船闸布置图(尺寸单位:mm;高程和水位单位:m)

二、九圩港船闸

九圩港枢纽位于江苏省南通市西北郊港闸区境内,上距南通市区13km,其主要建筑物包括节制闸和船闸。九圩港船闸共有两线,其中一线船闸位于节制闸东侧640m,建于20世纪90年代初;二线船闸为扩建工程,于2020年初建成。九圩港船闸上连通扬、通吕两大运河和连申线,下接长江,是南通及苏北地区水运物资进出长江的重要咽喉,是南北水上交通的主要枢纽。

九圩港一线船闸布置在河道左岸,船闸等级为Ⅳ级,闸室有效尺度220m×16m×3.3m,该船闸为承受双向水头船闸,设计水头3.55m/2.9m(正向/反向),通航500吨级货船、1顶2×1000吨级船队,设计单向通过能力1700万t/年。船闸引航道采用准对称型布置,上、下游引航道均向两侧扩宽,上游引航道与二线船闸采用靠船墩隔开,下游引航道与二线船闸共用,停泊段均布置在引航道右侧,船舶过闸均采取"曲进曲出"的方式。上游引航道总长1624.57m,下游引航道总长1341.36m;上、下游引航道停泊段各布置13个靠船墩。船闸上、下闸首和闸室均采用整体式结构,船闸输水系统采用头部输水,船闸工作闸门为钢质三角门,阀门为平板钢闸门。该船闸于1991年10月开工,1993年12月建成通航。

九圩港二线船闸并列布置在一线船闸左侧,两闸轴线间距80m,下闸首下游面对齐。船闸等级为Ⅲ级,闸室有效尺度230m×23m×4.0m,通江连接段8.2km按三级航道进行整治。该船闸为承受双向水头船闸,最大设计水头4.51m/3.68m(正向/反向),通航1000吨级货船、1顶2×1000吨级船队,设计单向通过能力4600万t/年。船闸上游设计水位为百年一遇洪水位为3.63m(85高程系统,下同),设计最高通航水位3.62m,最低通航水位0.71m;下游设计最高通航水位4.01m,最低通航水位0.89m。九圩港二线船闸引航道采用对称型布置,上、下游引航道均向两侧扩宽,上游引航道与一线船闸采用靠船墩分隔,下游引航道与一线船闸共用,上游停泊段布置在一、二线船闸之间,下游停泊段布置在左侧岸边,上、下游船舶过闸均采取"曲进曲出"的方式。上、下游引航道直线段长分别为538.7m、598.7m,其中上、下游主导航调顺段投影长均为140m,停泊段长均为340m,各布置14个中心距25m的靠船墩;上、下游辅导航墙采用斜率为1:5的斜线进行扩展;上、下游停泊锚地靠泊段长分别为600m和300m。上、下游引航道宽度大于100m,设计水深4.0m。上、下闸首和闸室均采用整体式结构,船闸输水系统采用集中输水、对冲消能形式。九圩港二线船闸于2015年1月开工,2019年11月建设完成。

九圩港一线和二线船闸技术参数见表4-7-2和表4-7-3。九圩港一、二线船闸鸟瞰图如图4-7-3所示。九圩港船闸布置如图4-7-4所示。

九圩港一线船闸技术参数表 表4-7-2

河流名称			长江	建设地点		江苏省南通市	
船闸有效尺度(m)			220×16×3.3	最大设计水头(m)		3.55/2.9(正向/反向)	
吨级			500吨级货船、2×1000吨级船队	过闸时间(min)		45	
门型	闸门	上游	三角门	启闭形式	闸门	上游	液压
		下游	三角门			下游	液压
	阀门	上游	平板门		阀门	上游	液压
		下游	平板门			下游	液压
结构形式	上闸首		整体式	输水系统	形式	头部输水系统	
	下闸首		整体式		平均时间(min)	5.0	
	闸室		整体式		廊道尺寸(m)	3.0×3.5	
设计通航水位(m)	上游	最高	3.46	设计年通过能力(单线单向,万t)		1700	
		最低	0.71	桥梁情况		跨上游引航道公路桥	
	下游	最高	4.04	建成年份(年)		1993	
		最低	0.86				

通扬线九圩港二线船闸技术参数表 表4-7-3

河流名称			长江	建设地点		江苏省南通市	
船闸有效尺度(m)			230×23×4.0	最大设计水头(m)		4.51/3.68(正向/反向)	
吨级			2×1000	过闸时间(min)		30.0	
门型	闸门	上游	三角门	启闭形式	闸门	上游	液压
		下游	三角门			下游	液压
	阀门	上游	平板门		阀门	上游	液压
		下游	平板门			下游	液压
结构形式	上闸首		整体式	输水系统	形式	集中输水系统	
	下闸首		整体式		平均时间(min)	8.0	
	闸室		整体式		廊道尺寸(m)	3×3.5/3×2.5(进口段/出口段)	
设计通航水位(m)	上游	最高	3.46	设计年通过能力(单线单向,万t)		4226	
		最低	0.71	桥梁情况		上游引航道公路桥	
	下游	最高	4.01	建成年份(年)		2019	
		最低	0.89				

图 4-7-3　九圩港一、二线船闸鸟瞰图

三、吕四船闸

吕四船闸位于江苏省启东市境内的吕四镇,临近著名的吕四渔港,北与南通市东部地区的黄金水道——通吕运河相通,南连启东市的新三和港。作为启东市的水上咽喉和北大门,启东市80%的大宗物资运输从吕四船闸通过。

吕四老船闸原名东渐闸,始建于1922年,1934年国民政府与荷兰人将其改建成单孔节制闸,1973年改建成人字闸门套闸,全长175m,闸室有效长150m,口门宽10m,闸室宽12m。由于改建年代处于"文化大革命"时期,建成时未进行竣工验收,船闸结构单薄,在出现反向水头时需采用搭扣式锁定与启闭机反定来维持反向受力的稳定。闸室为分离式结构,墙身为圆筒涵管,经使用多年,损伤严重。

吕四新船闸是在老闸原址改建的船闸,新建了闸室、闸首和导航段。船闸等级为Ⅴ级,闸室有效尺度150m×12m×3.3m,最大设计水头2.14m/0.63m(正向/反向),通航300吨级船舶,设计单向通过能力931万t/年。船闸上游校核水位3.26m(80年一遇,85高程系统,下同),下游校核水位2.19m。上游设计最高通航水位2.98m,最低通航水位1.29m;下游设计最高通航水位1.93m,最低通航水位0.84m。船闸引航道采用对称型布置,上、下游引航道均向两侧扩展,船舶过闸均采取"曲进曲出"的方式。上游引航道左右两侧导航墙均采用斜直线进行扩展,沿船闸轴线的投影长57m,其上游接长77.3m的重力式挡墙,再与原老船闸驳岸衔接。下游引航道左右两侧导航墙均采用半径60m的圆弧进行扩展,沿船闸轴线的投影长41m,其上游端部与原老船闸驳岸衔接。上、下游引航道宽分别为43m和35m,设计水深分别为3.14m和2.7m。船闸上、下闸首和闸室均采用整体式结构,船闸输水系统采用三角门门缝输水。该船闸于2015年改建完成。

第四章 长江三角洲高等级航道网通航建筑物

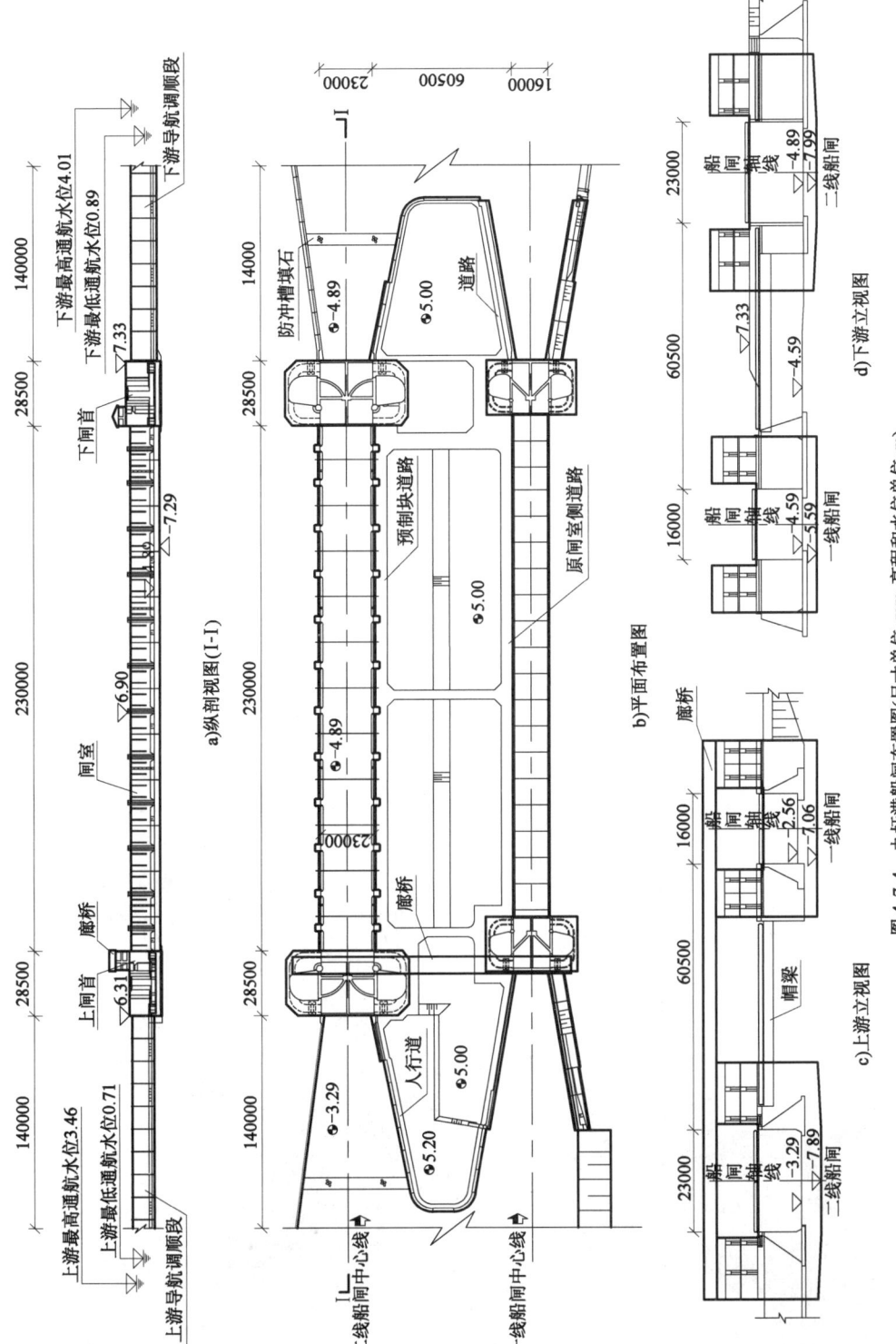

图 4-7-4 九圩港船闸布置图（尺寸单位：mm；高程和水位单位：m）

吕四船闸技术参数见表 4-7-4。吕四船闸鸟瞰图如图 4-7-5 所示。吕四船闸布置如图 4-7-6 所示。

吕四船闸技术参数表　　　　　　　　　　　　　　　　　　　　表 4-7-4

河流名称			通扬线	建设地点			江苏省启东市
船闸尺度(m)			150×12×3.3	最大设计水头(m)			2.14/0.63(正向/反向)
吨级			300	过闸时间(min)			30~40
门型	闸门	上游	三角门	启闭形式	闸门	上游	滚珠丝杆
		下游	三角门			下游	滚珠丝杆
	阀门	上游	无		阀门	上游	无
		下游	无			下游	无
结构形式	上闸首		整体式	输水系统	形式		三角门门缝输水
	下闸首		整体式		平均时间(min)		7.0
	闸室		整体式		廊道尺寸(m)		无
设计通航水位(m)	上游	最高	2.98	设计年通过能力(单线单向,万 t)			931
		最低	1.29	桥梁情况			下闸首公路桥
	下游	最高	1.93	建成年份(年)			2015
		最低	0.84				

图 4-7-5　吕四船闸鸟瞰图

第四章 长江三角洲高等级航道网通航建筑物

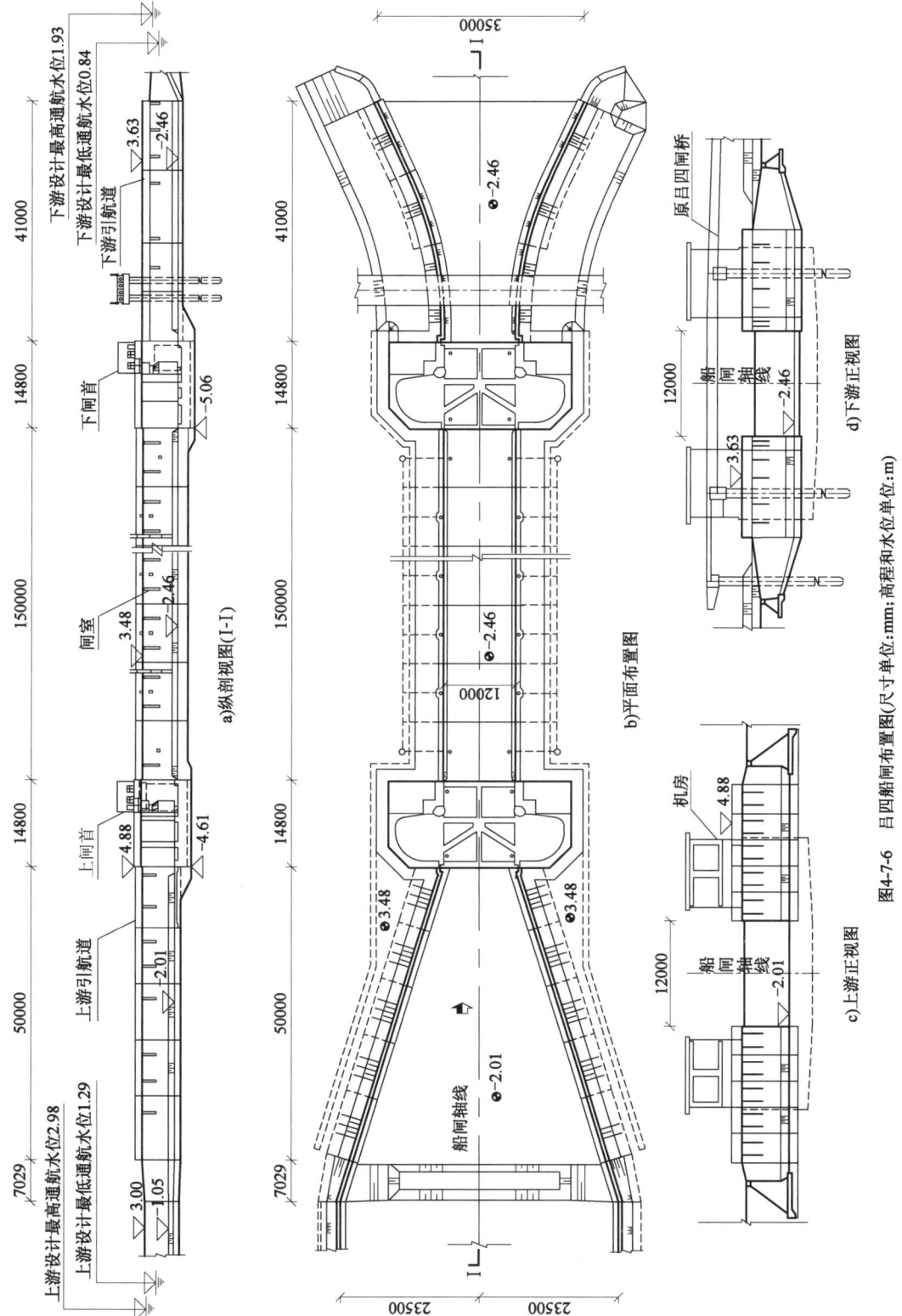

图4-7-6 吕四船闸布置图(尺寸单位:mm;高程和水位单位:m)

第八节　芜申线通航建筑物

芜申线航道,经芜太运河、太湖航线、太浦河,接苏申外港线至上海,全长400km,是沟通长江和太湖水系,跨越皖、苏、沪的省际航道,是长江三角洲高等级航道,规划等级为三级。

芜申运河江苏段航道里程约254.7km,由高溧段、溧阳段、宜兴段、太湖湖区段和太浦河段组成,里程分别为61.8km、44.9km、42.4km、67.8km、37.8km。在南京境内分别建设有杨家湾船闸和下坝船闸。

一、杨家湾船闸

杨家湾枢纽位于江苏省南京市高淳区境内的高墩村,是芜申线高溧段航道自上而下的第一个通航梯级,下距下坝船闸约30km。杨家湾枢纽属水阳江水系的控制梯级,建有船闸和节制闸,原杨家湾船闸位于高淳官溪河口的杨家湾村以北,船闸尺度为135m×10(12)m×2.5m,该闸建成于1973年,仅对低水位起控制作用,船闸规模较小,结构单薄,汛期敞开不挡洪水。2004年4月,江苏省对原杨家湾船闸进行安全鉴定,船闸和节制闸均为四类危闸,必须重建。

杨家湾新枢纽位于杨家湾老枢纽下游约3km,包括新建船闸和节制闸各1座,按50年一遇洪水设计,100年一遇洪水校核,上、下游校核洪水位13.0m(吴淞高程,下同),节制闸设5个泄洪闸孔,船闸位于节制闸右侧,其下闸首与新节制闸齐平,下闸首中心线与节制闸中心线相距207m,船闸上引航道轴线与官溪河交角为17°。杨家湾新船闸等级为Ⅲ级,闸室有效尺度230m×23m×4.0m,该船闸为承受双向水头船闸,具备开通闸条件,最大设计水头5.6m/6.3m(正向/反向),通航1000吨级货船、1顶2×1000吨级船队和1拖3×1000吨级船队等,设计单向通过能力(1297/1983/2451)万t/年(近/中/远期)。船闸上游设计最高通航水位12.10m,最低通航水位3.7m;下游设计最高通航水位12.13m,最低通航水位6.5m。船闸引航道采用对称型布置,上、下游主导航墙及靠船建筑物均位于左侧(东侧),船舶过闸均采取"曲进直出"的方式。上、下游左右两侧导航墙均采用斜率为1:5的直线进行扩展,导航调顺段在船闸轴线上的投影长80m,上、下游停泊段长均为400m,各布置20个中心距20m的靠船墩,其间以直立式驳岸连接。上游引航道全长986m,上游防洪堤长1098m;下游引航道全长475m,下游防洪堤长607m。上、下游引航道宽均为55m,设计水深3.2m。船闸上、下闸首和闸室均采用整体式结构,船闸输水系统采用短廊道结合三角门门缝输水形式。该船闸于2009

年10月开工,2014年6月建成通航。

杨家湾船闸技术参数见表4-8-1。杨家湾船闸鸟瞰图如图4-8-1所示。杨家湾船闸布置如图4-8-2所示。

杨家湾船闸技术参数表　　　　　　　　　　　　　　　　　　　　　表4-8-1

河流名称			芜申运河	建设地点		江苏省南京市高淳区
船闸有效尺度(m)			230×23×4.0	最大设计水头(m)		5.6/6.3(正向/反向)
吨级			1000吨级、 1顶2×1000吨级	过闸时间(min)		30
门型	闸门	上游	三角门	启闭形式	闸门	上游	液压
		下游	三角门			下游	液压
	阀门	上游	平板门		阀门	上游	液压
		下游	平板门			下游	液压
结构形式	上闸首		整体式	输水系统	形式	短廊道和三角门门缝 联合的集中输水
	下闸首		整体式		平均时间(min)	6.0
	闸室		整体式		廊道尺寸(m)	3.0×3.5
设计通航 水位(m)	上游	最高	12.10	设计年通过能力 (单线单向,万t)		1297/1983/2451 (近/中/远期)
		最低	3.7	桥梁情况		下闸首交通桥, 跨闸室人行桥
	下游	最高	12.13			
		最低	6.50	建成年份(年)		2014

图4-8-1　杨家湾船闸鸟瞰图

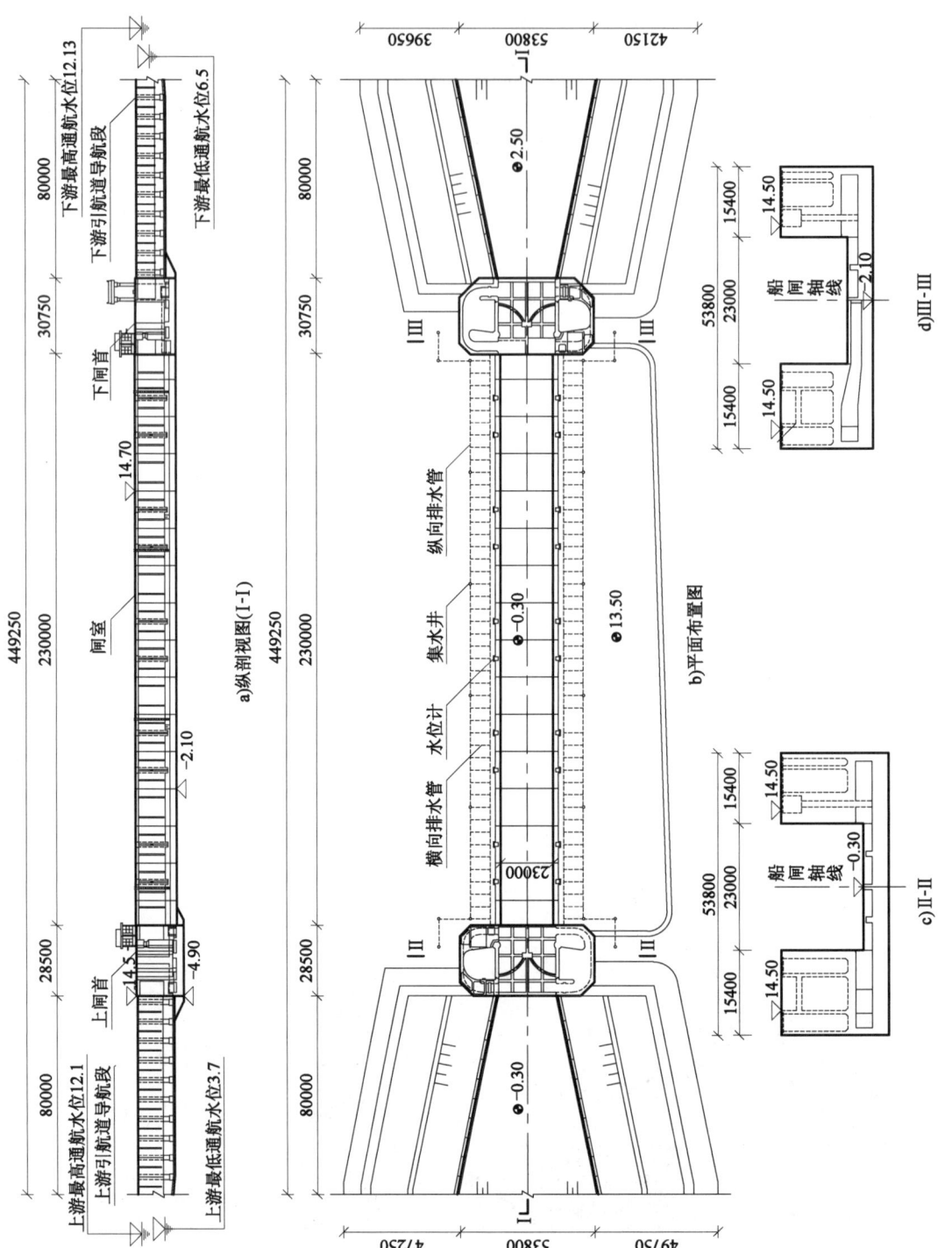

图 4-8-2 杨家湾船闸布置图(尺寸单位:mm;高程和水位单位:m)

二、下坝船闸

下坝船闸位于江苏省南京市高淳区境内的东坝镇,是芜申线高溧段航道自上而下的第二个通航梯级,上距第一个梯级杨家湾船闸约30km。下坝一线船闸位于河道右岸,船闸等级为Ⅴ级,闸室有效尺度160m×12(14)m×2.5m,通航300吨级船舶,设计单向通过能力600万t/年。船闸引航道采用准对称型布置,上、下游船舶过闸均采取"直进曲出"的方式,该船闸于1989年建成。

下坝二线船闸平行布置在一线船闸右侧(南侧),两闸轴线间距140m,两线船闸的下闸首均与下闸首公路桥中心线对齐。二线船闸等级为Ⅲ级,闸室有效尺度230m×23m×4.0m,最大设计水头9.78m,通航1000吨级船舶,设计单向通过能力1890万t/年。船闸上游设计最高通航水位12.5m(吴淞高程,下同),最低通航水位6.5m;下游设计最高通航水位6.3m,最低通航水位2.72m。两线船闸分设引航道,二线船闸引航道采用反对称型布置,上游引航道向左侧扩展,主导航墙及靠船建筑物位于右侧,下游引航道向右侧扩展,主导航墙及靠船建筑物位于左侧,上、下游船舶过闸均采取"直进曲出"的方式。上游引航道直线段长560m,其中导航段长70m、调顺段长70m、停泊段长400m,布置20个中心距20m的靠船墩;上游辅导航墙自上闸首经半径60m、中心角30°的圆弧扩散后,接半径15m、中心角60°的圆弧,再与上游大堤衔接。下游引航道直线段长545m,其中导航段长70m、调顺段长70m、停泊段长400m,布置20个中心距20m的靠船墩;下游辅导航墙自下闸首经半径60m、中心角30°的圆弧扩散后,接半径15m、中心角60°的圆弧,再与下游大堤衔接。上、下游引航道宽均为60m,设计水深3.2m。船闸上、下闸首和闸室均采用整体式结构,船闸输水系统上闸首为无镇静段集中输水,下闸首采用集中输水系统形式。下坝二线船闸于2010年9月开工,2015年1月建成通航。

下坝二线船闸技术参数见表4-8-2。下坝一、二线船闸鸟瞰图如图4-8-3所示。下坝船闸布置如图4-8-4所示。

下坝二线船闸技术参数表   表4-8-2

河流名称		芜申运河		建设地点		江苏省南京市高淳区	
船闸有效尺度(m)		230×23×4.0		最大设计水头(m)		9.43	
吨级		1000		过闸时间(min)		40	
门型	闸门	上游	人字门	启闭形式	闸门	上游	液压
		下游	人字门			下游	液压
	阀门	上游	平板门		阀门	上游	液压
		下游	平板门			下游	液压

续上表

结构形式	上闸首	整体式		输水系统	形式	短廊道集中输水
	下闸首	整体式			平均时间(min)	10.0
	闸室	整体式			廊道尺寸(m)	3.5×4
设计通航水位(m)	上游	最高	12.15		设计年通过能力(单线单向,万t)	1890
		最低	6.50		桥梁情况	下闸首公路桥,下游引航道公路桥,闸区人行工作桥
	下游	最高	6.30			
		最低	2.72		建成年份(年)	2015

a)

b)

图 4-8-3 下坝一、二线船闸鸟瞰图

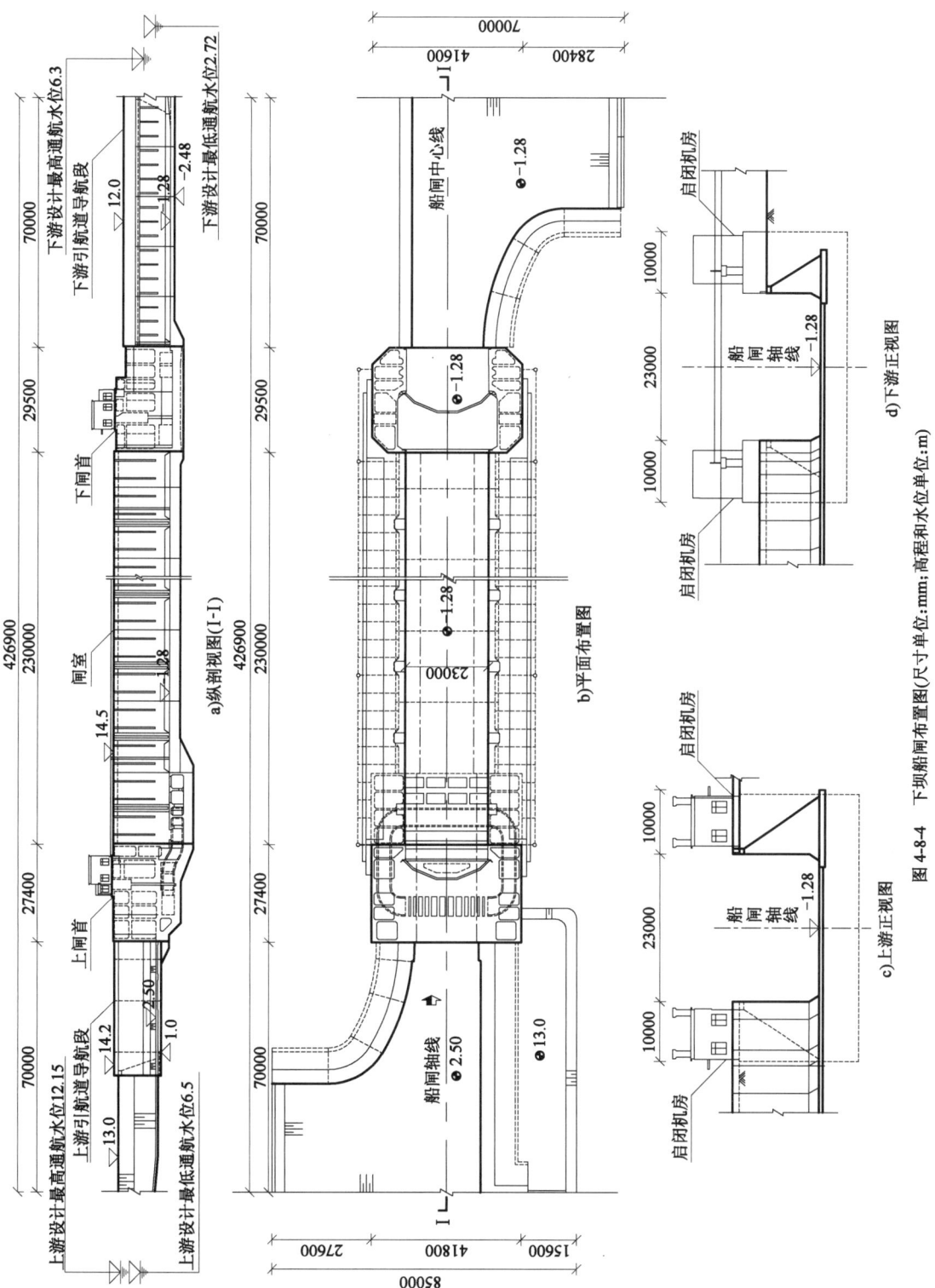

图 4-8-4 下坝船闸布置图（尺寸单位：mm；高程和水位单位：m）

第九节　长湖申线通航建筑物

长湖申线位于太湖流域水网区,是太湖水系中一条集航运、防洪、灌溉为一体的综合利用河流。横跨浙江、江苏、上海二省一市,航道西起浙江省长兴县合溪村,经浙江湖州,江苏吴江、平望,上海青浦,止于上海西泖河口,沿途沟通杭湖锡线、东宗线、乍嘉苏线、京杭运河、苏申外港线等航线,航道全长145.48km。

长湖申线上游的浙江段航道全长75.13km,另帅家村至长兴铁水中转港区支线航道2.56km。中游的江苏段航道全长51.26km,下游的上海段航道全长14.53km。

湖州船闸

湖州枢纽位于浙江省湖州市郊南门、长湖申线航道中段,闸上游为东西苕溪水系,下游为杭嘉湖平原运河水系,承担着汛期拦截苕溪东泄洪水和保持航运畅通的任务。湖州枢纽原布置格局为"两闸两孔"状态,从北向南(即从左至右)依次为1号船闸,2孔节制闸和2号船闸。其中1号船闸建于1991年,船闸等级为Ⅴ级,通航300吨级船舶;中间2孔节制闸原净宽均为16m,与1号船闸同时建设;2号船闸建于2006年,其尺度按Ⅵ级船闸500吨级通航要求建设。2011年湖州枢纽改建工程保留了2号船闸,将原有的2孔节制闸及1号船闸拆除,新建2孔净宽20m的节制闸兼作1000吨级船舶通航孔。改造工程实施后,上游按100年一遇设计洪水位4.12m(85高程系统,下同),下游按20年一遇设计水位2.65m,河道常水位1.2m,开(关)节制闸水位1.96m。2孔节制闸兼通航孔建设标准为二级,设计水头1.47m,闸室有效尺度20m×7.0m×4m(净宽×净高×门槛水深),通航1000吨级船舶。枢纽改造项目于2011年开工,2013年完工。

湖州船闸(即原2号船闸)位于河道右岸,与节制闸平行布置,船闸等级为Ⅳ级,闸室有效尺度290m×23m×3m(另加5m镇静段长度),最大设计水头1.47m,通航500吨级船舶,设计通过能力14.1万t/日。船闸上游设计最高通航水位2.66m,最低通航水位0.66m;下游设计最高通航水2.36m(遭遇水位1.66m),最低通航水位0.66m。船闸引航道采用不对称型布置,上、下游主导航墙及靠船建筑物均位于右侧岸边,船舶过闸均采取"直进曲出"的方式。上、下游引航道直线段总长均为340m,其中上、下游导航段长均为150m,最小弯曲半径320m,引航道上游与导流港东大堤顺接,引航道下游与汊港顺接,上、下游引航道宽均为50m,设计水深3.0m。船闸上、下闸首均采用整体式结构,闸室采用分离式结构。船闸输水系统采用短廊道输水、对冲和消力槛消能。该项目于2004年1月开工,2006年4月建成通航。

湖州船闸技术参数见表4-9-1。湖州船闸鸟瞰图如图4-9-1所示。湖州船闸布置如图4-9-2所示。

湖州船闸技术参数表　　　　表4-9-1

河流名称			长湖申线	建设地点		浙江省湖州市	
船闸有效尺度(m)			290×23×3.0	最大设计水头(m)		1.47	
吨级			500	过闸时间(min)		36	
门型	闸门	上游	人字门	启闭形式	闸门	上游	液压
		下游	人字门			下游	液压
	阀门	上游	平板门		阀门	上游	液压
		下游	平板门			下游	液压
结构形式	上闸首		整体式	输水系统	形式		短廊道集中输水
	下闸首		整体式		平均时间(min)		5.5
	闸室		分离式		廊道尺寸(m)		3×3(高×宽)
设计通航水位(m)	上游	最高	2.66	设计年通过能力(万t)		6347	
		最低	0.66	桥梁情况		上闸首交通桥	
	下游	最高	2.36				
		最低	0.66	建成年份(年)		2006	

图4-9-1　湖州船闸鸟瞰图

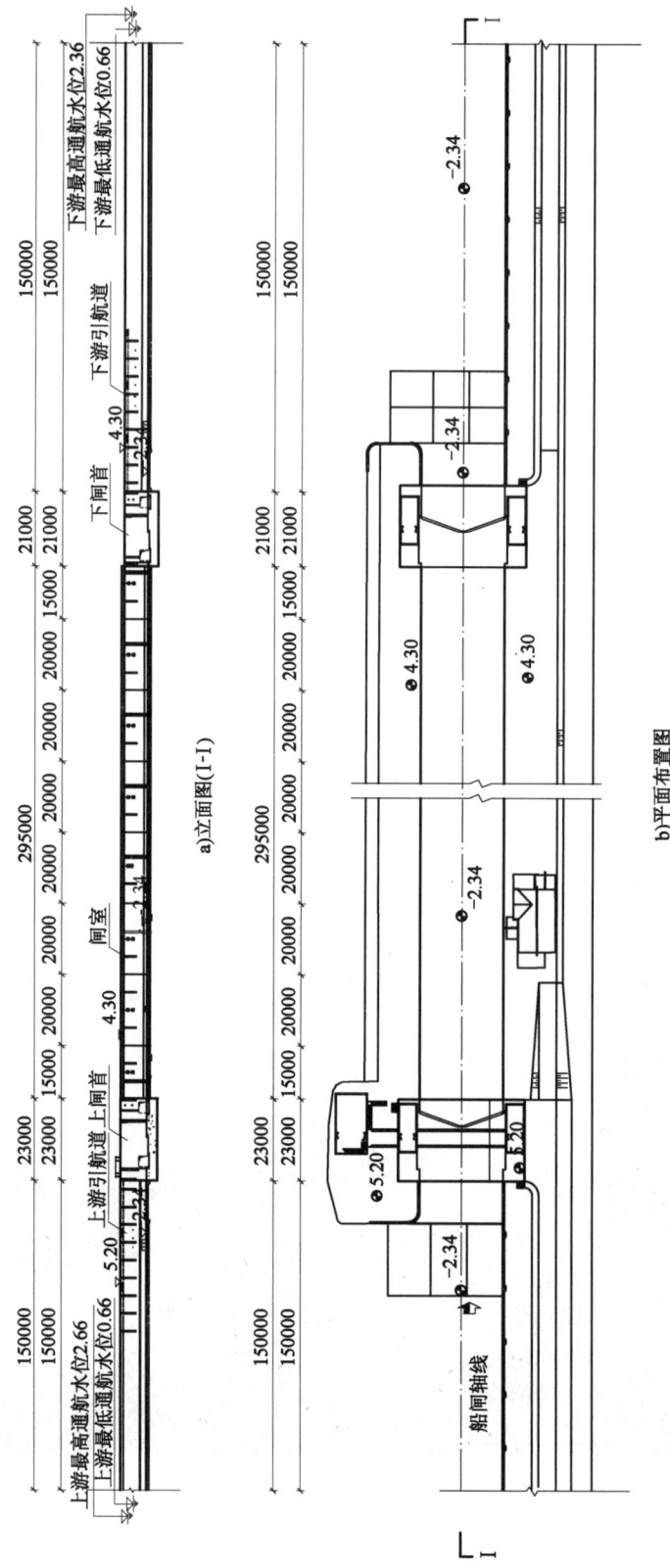

图 4-9-2 湖州船闸布置图(尺寸单位:mm;高程和水位单位:m)

第十节 赵家沟航道通航建筑物

东沟船闸

东沟枢纽位于上海市浦东新区境内、赵家沟航道下游,是沟通黄浦江和赵家沟河道的航运枢纽工程,下距黄浦江河口约800m。东沟枢纽的主要建筑物包括船闸和水闸各1座,船闸位于河道北侧(左侧),水闸位于河道南侧(右侧),船闸与水闸中心线相距约60m。枢纽上游校核高水位3.9m(历史最高位),下游校核高水位6.4m($P=0.1\%$高潮位)。

东沟船闸等级为Ⅲ级,闸室有效尺度350m×25m×4.5m,最大设计水头3.0m(上游最高通航水位5.0m–下游最低通航水位2.0m),通航1000吨级船舶,设计单向通过能力1920万t/年。船闸上游设计最高通航水位3.0m/3.7m(分别对应通航1000/300吨级船舶),最低通航水位2.0m(突击预降及最低排污水位);下游设计最高通航水位5.0m($P=5\%$高潮位),最低通航水位0.85m(低潮累计频率90%)。船闸引航道采用对称型布置,上、下游主导航墙及靠船建筑物均位于北侧(左侧),船舶过闸均采取"曲进直出"的方式。上、下游引航道直线段长均大于600m,其中上、下游左侧停泊段长分别为275m和350m,同时在下游引航道下游南侧(右侧)也布置了长约250m的停泊段。上游引航道宽56m,下游引航道宽52m。船闸上、下闸首及闸室均采用整体式结构,船闸输水系统采用短廊道集中输水、消力槛消能。该船闸于2011年建成通航。

东沟船闸技术参数见表4-10-1。东沟船闸鸟瞰图如图4-10-1所示。东沟船闸布置如图4-10-2所示。

东沟船闸技术参数表 表4-10-1

河流名称	赵家沟航道			建设地点		上海市浦东新区
船闸有效尺度(m)	350×25×4.5			最大设计水头(m)		3.0
吨级	1000			过闸时间(min)		45
门型	闸门	上游	三角门	启闭形式	闸门	上游	液压
		下游	三角门			下游	液压
	阀门	上游	平板门		阀门	上游	液压
		下游	平板门			下游	液压

续上表

结构形式	上闸首	整体式		输水系统	形式	短廊道集中输水、消力槛消能
	下闸首	整体式			平均时间(min)	10.0
	闸室	整体式			廊道尺寸(m)	3.2×4.0(高×宽)
设计通航水位(m)	上游	最高	3.7/3.0	设计年通过能力(单线单向,万t)		1920
		最低	2.0	桥梁情况		上闸首交通桥
	下游	最高	5.0			
		最低	0.85	建成年份(年)		2011

图 4-10-1　东沟船闸鸟瞰图

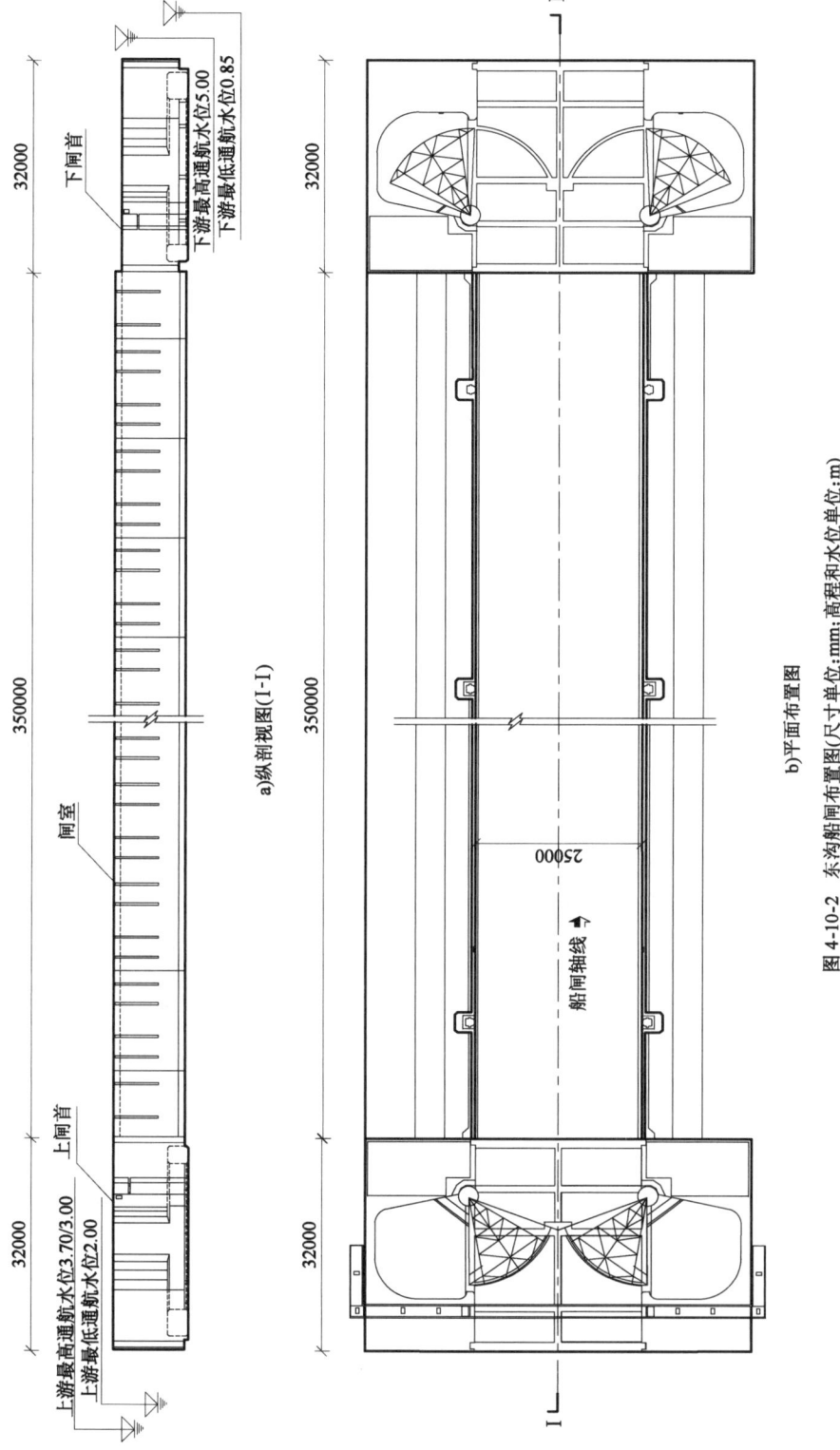

图 4-10-2 东沟船闸布置图(尺寸单位:mm;高程和水位单位:m)

第十一节 钱塘江通航建筑物

钱塘江是浙江省最大河流,发源于安徽省黄山市屯溪区尖东坡,上源称新安江,浙江富阳段称富春江,下游杭州段称钱塘江。钱塘江干流流经浙江省建德市、杭州市,全长589km,流域面积55058km²。

钱塘江主要支流有兰江、婺江、分水江、渌渚江、浦阳江、曹娥江等,钱塘江水系通航里程约371.8km,干流通航里程约240km,规划为四级航道,目前建有塔底、安仁铺、红船豆、小溪滩、游埠、姚家、富春江等船闸。钱塘江梯级枢纽纵向剖面图如图4-11-1所示。

一、塔底船闸

塔底枢纽位于浙江省衢州市衢江区境内,是《钱塘江流域综合规划》中衢江干流6级开发规划中的第1级,上距衢江与乌溪江汇合口约350m,下距安仁铺枢纽约8km。塔底枢纽坝址集雨面积8162km²,枢纽正常蓄水位59.5m(85高程系统,下同),消落水位59.0m。设计洪水位62.56m($P=2\%$),设计洪水流量11400m³/s;校核洪水位63.39m($P=1\%$),校核洪水流量13600m³/s。塔底枢纽工程等级为Ⅲ级,主要挡泄水建筑物按三级建筑物设计,坝轴线全长580.0m,主要建筑物从左至右依次为船闸、橡胶坝、泄洪闸、充排水泵房和电站厂房等。船闸和电站分岸布置,电站厂房位于河道右岸,装4台灯泡贯流式机组,总装机容量16.0MW。3孔泄洪闸及5跨橡胶坝布置在河床中央,泄洪闸每孔闸净宽12m,闸下游底流消能;橡胶坝总长434m,85m×5跨。该枢纽是一座以航运、发电为主,结合改善水环境和灌溉等综合利用目的的航电枢纽工程。

塔底船闸位于河道左岸,并在其左侧预留二线船闸位置,两闸中心线相距150m。船闸等级为Ⅲ级,闸室有效尺度180m×23m×4.0m,最大设计水头6.5m(上游正常蓄水位59.5m-下游最低通航水位53.0m),通航1000吨级船舶,设计单向通过能力(880/1200)万t/年(近期/远期)。船闸上游设计最高通航水位59.5m(枢纽正常蓄水位),最低通航水位59.0m(消落水位);下游设计最高通航水位55.5m(最大安全通航流量1060m³/s水位),最低通航水位53.0m(下游库区消落水位)。船闸引航道采用反对称型布置,上游引航道向右侧河道扩展,主导航墙位于左侧岸边,下游引航道向左侧河道扩展,主导航墙位于右侧,上、下游船舶过闸均采取"直进曲出"的方式。上、下游引航道直线段长均为350m,其中导航调顺段长100m,停泊段长250m,各布置11个中心距25m的靠船墩。上、下游引航道宽均为60m,设计水深3.6m。船闸上、下闸首和闸室均采用整体式结构,船闸输水系统采用短廊道集中输水,上游格栅消能室+消力池消能,下游消力槛+消力池消能。该船闸于2018年11月建成并通航。

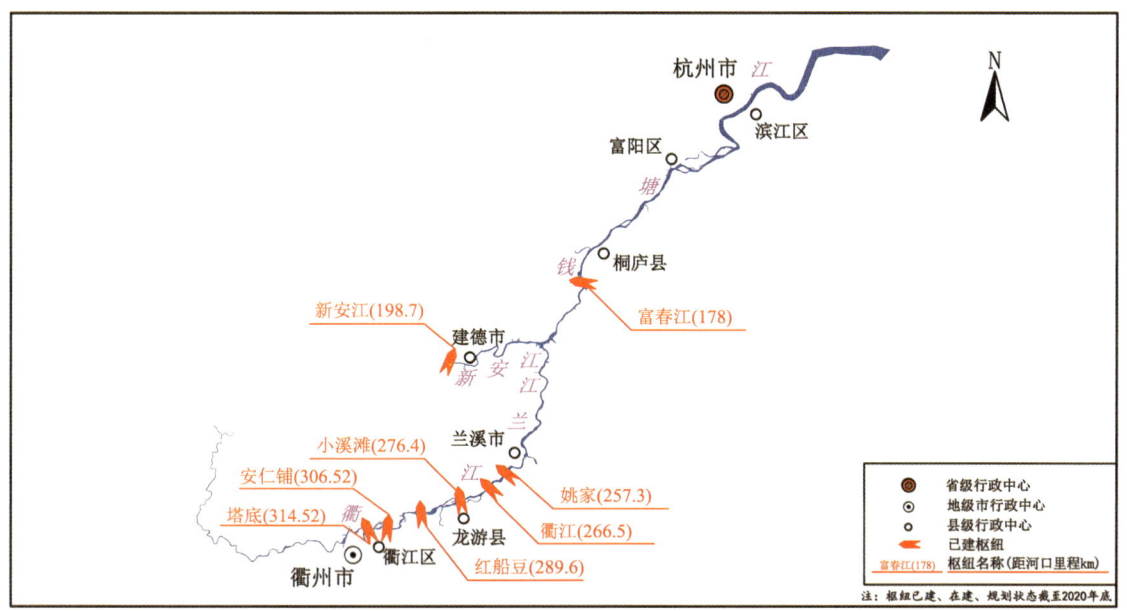

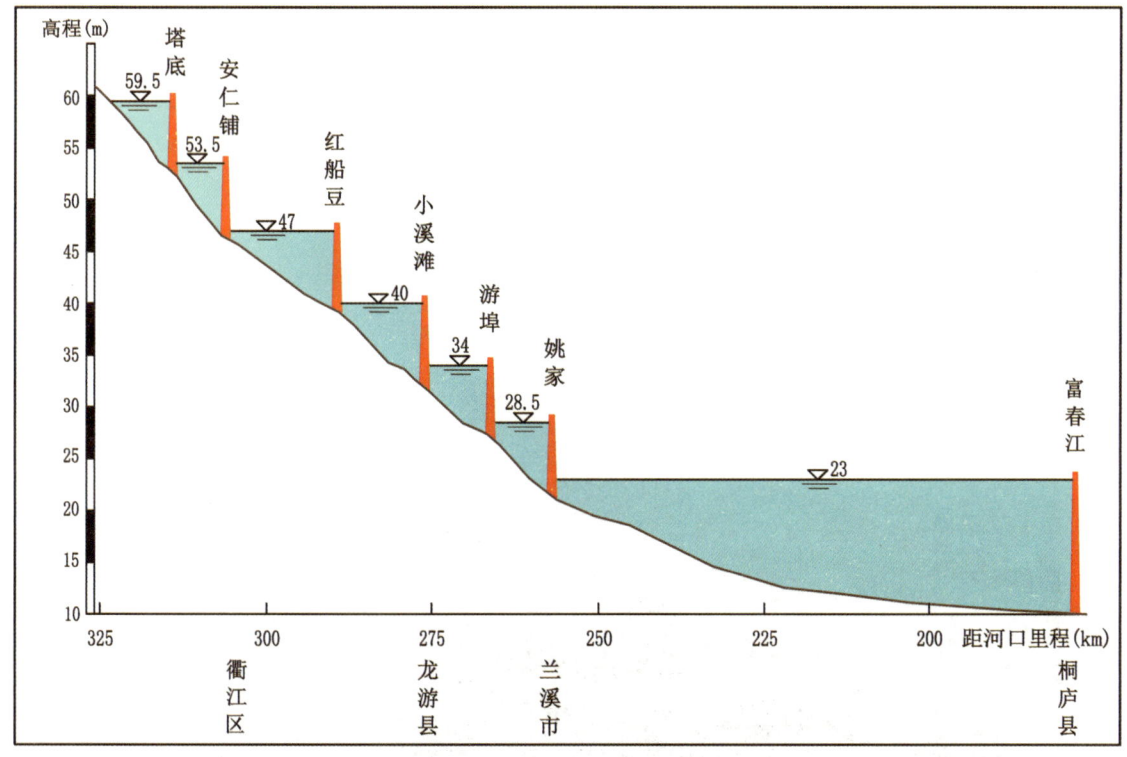

图 4-11-1　钱塘江梯级枢纽纵向剖面图

塔底船闸技术参数见表 4-11-1。塔底船闸实景图如图 4-11-2 所示,塔底船闸布置如图 4-11-3 所示。

塔底船闸技术参数表 表4-11-1

河流名称			钱塘江/衢江	建设地点		浙江省衢州市
船闸有效尺度(m)			180×23×4.0	最大设计水头(m)		6.5
吨级			1000	过闸时间(min)		60
门型	闸门	上游	垂直提升门	启闭形式	闸门 上游	卷扬式
		下游	人字门		闸门 下游	液压
	阀门	上游	平板门		阀门 上游	液压
		下游	平板门		阀门 下游	液压
结构形式	上闸首		整体式	输水系统	形式	短廊道集中输水，格栅消能室消能
	下闸首		整体式		平均时间(min)	8.0
	闸室		整体式		廊道尺寸(m)	3.5×3.7(高×宽)
设计通航水位(m)	上游	最高	59.5	设计年通过能力(单线单向,万t)		1200
		最低	59.0	桥梁情况		闸首人行桥
	下游	最高	55.5	建成年份(年)		2018
		最低	53.0			

图4-11-2 塔底船闸实景图

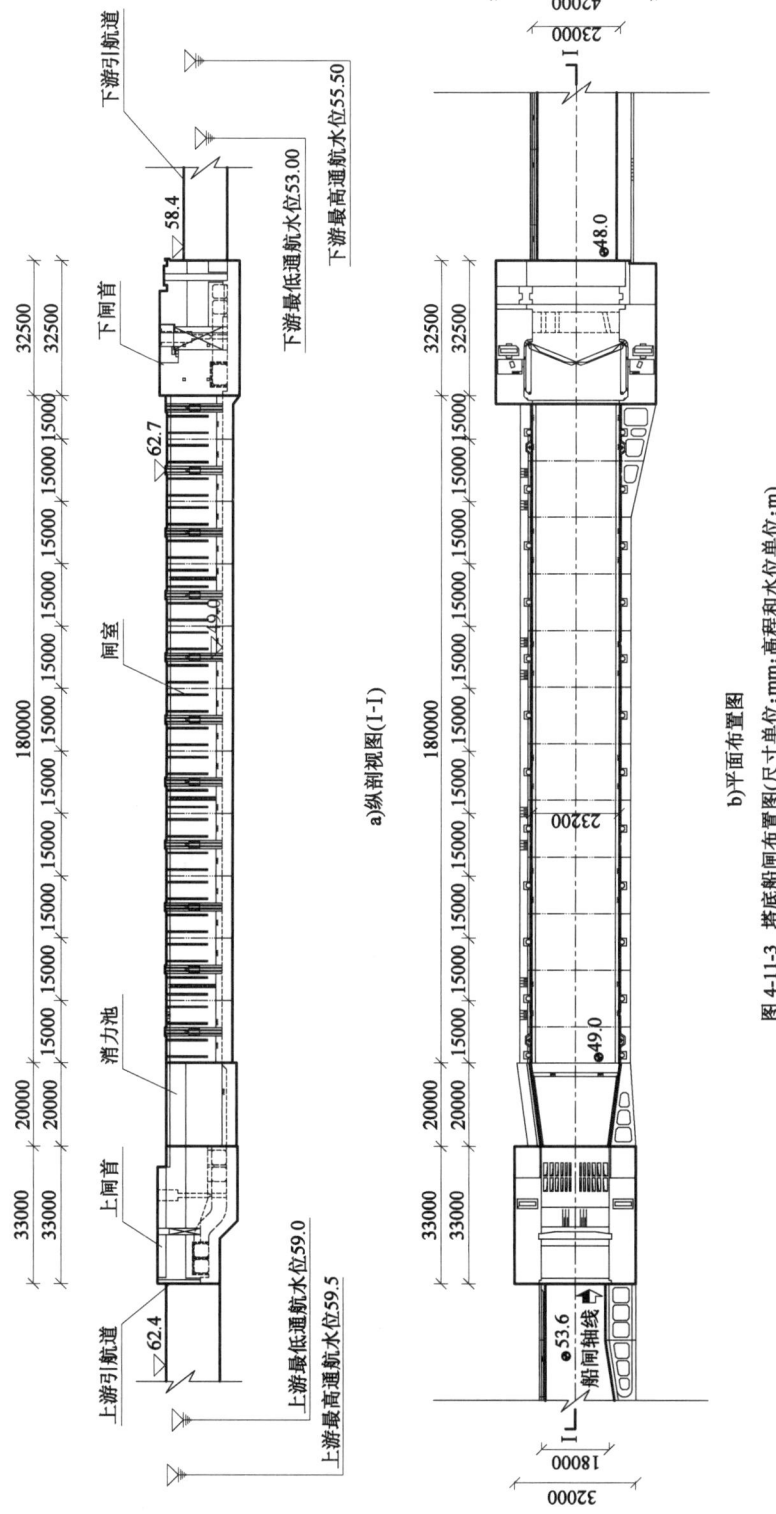

图 4-11-3 塔底船闸布置图(尺寸单位:mm;高程和水位单位:m)

二、安仁铺船闸

安仁铺枢纽位于浙江省衢州市衢江区境内的安仁铺村附近,是《钱塘江流域综合规划》中衢江干流 6 级开发规划中的第 2 级,上距塔底枢纽约 8km,下距红船豆枢纽约 17km。安仁铺枢纽坝址集雨面积 8535km²,枢纽正常蓄水位 53.5m(85 高程系统,下同),消落水位 53.0m。设计洪水位 57.74m($P=2\%$),设计洪水流量 11980m³/s;校核洪水位 58.68m($P=1\%$),校核洪水流量 14200m³/s。安仁铺闸址处河道有一江心洲,主河道位于左侧,宽度约 300m,江心洲宽 200m,右侧浅槽宽 200m,两岸防洪堤间距约 700m。安仁铺枢纽工程等级为Ⅲ级,主要挡泄水建筑物按三级建筑物设计,坝轴线全长约 710m,主要建筑物从左至右依次为船闸、左泄洪闸、江心洲、右泄洪闸、电站厂房等。船闸和电站分岸布置,电站厂房位于河道右岸,装 4 台灯泡贯流式机组,总装机容量 16.0MW。29 孔泄洪闸布置在河床中央,每孔闸净宽 14m,闸下游底流消能。该枢纽是一座以航运、发电为主,结合改善水环境和灌溉等综合利用目的的航电枢纽工程。枢纽主体工程于 2013 年 7 月开工,2017 年 12 月建成并投入运行。

安仁铺船闸位于河道左岸,并在其左侧预留二线船闸位置,两闸中心轴线相距 150m。衢江航道通航等级为Ⅳ级,考虑衢江航运远期发展目标及船舶大型化的趋势,船闸等级为Ⅲ级,闸室有效尺度 230m×23m×4.0m,最大设计水头 7.0m(上游正常蓄水位 53.5m − 下游最低通航水位 46.5m),通航 500 吨级兼顾 1000 吨级船舶,设计单向通过能力(1050/1400)万 t/年(近期/远期)。船闸上游设计最高通航水位 53.5m(枢纽正常蓄水位),最低通航水位 53.0m(消落水位);下游设计最高通航水位 50.2m(最大安全通航流量 1100m³/s 水位),最低通航水位 46.5m(下游库区消落水位)。船闸引航道采用反对称型布置,上游引航道向右侧河道扩展,主导航墙位于左侧岸边,下游引航道向左侧岸边扩展,主导航墙位于河侧(右侧),船舶过闸均采取"直进曲出"的方式。上、下游引航道直线段长均为 420m,其中导航调顺段长 115m,停泊段长 305m,引航道宽均为 60m,设计水深 3.6m。船闸上、下闸首及闸室均采用整体式结构,船闸输水系统采用短廊道集中输水,上游格栅消能室 + 消力池消能,下游消力槛消能。该船闸于 2014 年 3 月开工,2017 年 12 月建成,2018 年 10 月试通航。

安仁铺船闸技术参数见表 4-11-2。安仁铺枢纽鸟瞰图如图 4-11-4 所示。安仁铺船闸鸟瞰图如图 4-11-5 所示。安仁铺船闸布置如图 4-11-6 所示。

安仁铺船闸技术参数表　　　　表 4-11-2

河流名称	钱塘江/衢江	建设地点	浙江省衢州市
船闸有效尺度(m)	230×23×4.0	最大设计水头(m)	7.0
吨级	1000	过闸时间(min)	60

续上表

门型	闸门	上游	人字门	启闭形式	闸门	上游	液压
		下游	人字门			下游	液压
	阀门	上游	平板门		阀门	上游	液压
		下游	平板门			下游	液压
结构形式	上闸首	整体式		输水系统	形式	短廊道集中输水，格栅消能室+消力池消能	
	下闸首	整体式			平均时间(min)	10.0	
	闸室	整体式			廊道尺寸(m)	3.5×3.7(高×宽)	
设计通航水位(m)	上游	最高	53.5	设计年通过能力(单线单向,万t)		1400	
		最低	53.0	桥梁情况		上下闸首人行桥	
	下游	最高	50.2	建成年份(年)		2017	
		最低	46.5				

图 4-11-4　安仁铺枢纽鸟瞰图

图 4-11-5　安仁铺船闸鸟瞰图

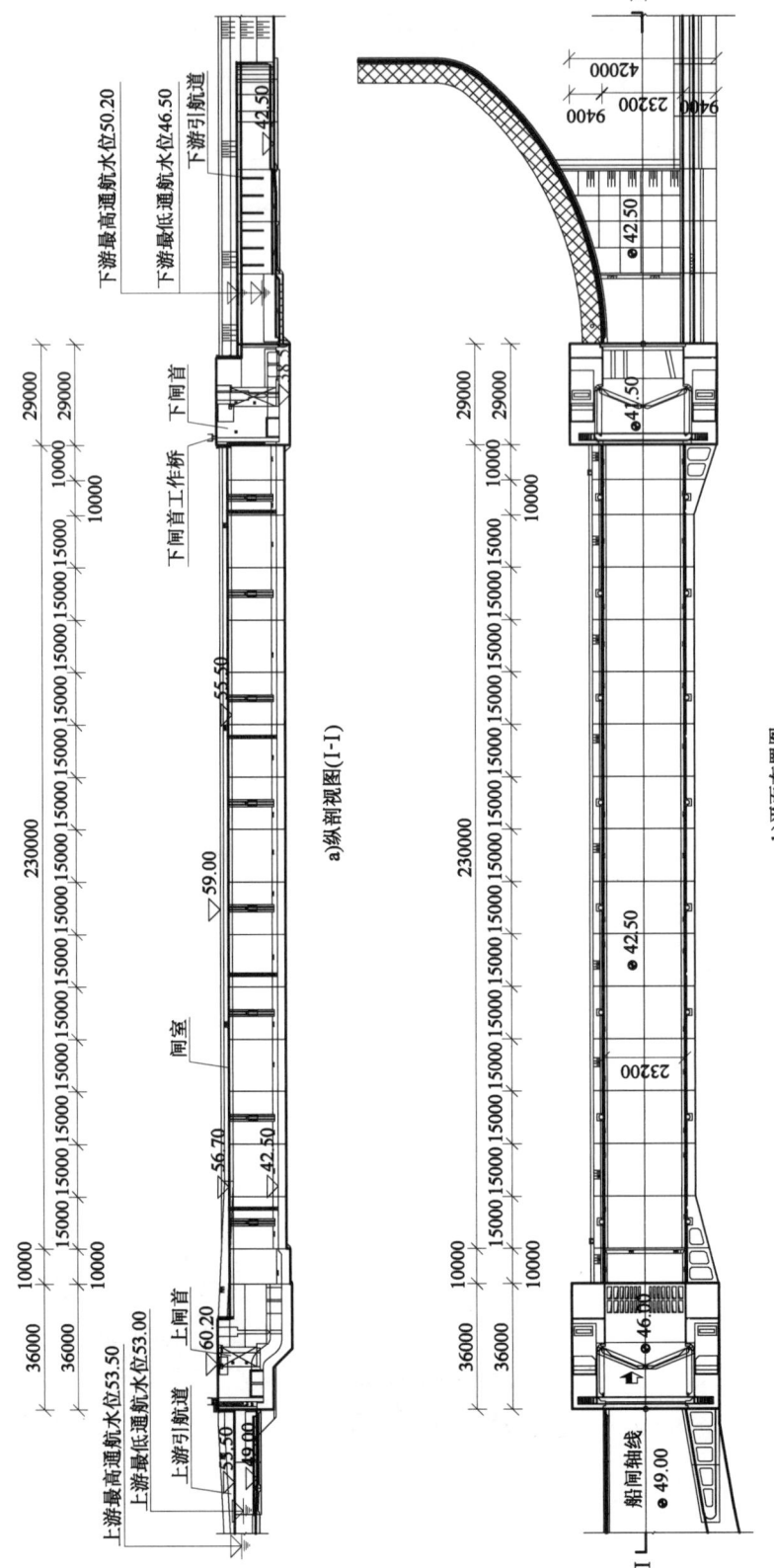

图 4-11-6 安仁铺船闸布置图(尺寸单位:mm;高程和水位单位:m)

三、红船豆船闸

红船豆枢纽位于浙江省衢州市龙游县境内,是《钱塘江流域综合规划》中衢江干流6级开发规划中的第3级,上距安仁铺枢纽约17km,下距小溪滩枢纽约13km。该枢纽坝址集雨面积9216km²,枢纽正常蓄水位47.0m(85高程系统,下同),消落水位46.5m。设计洪水位50.11m($P=2\%$),设计洪水流量12100m³/s;校核洪水位51.25m($P=1\%$),校核洪水流量14400m³/s。红船豆枢纽工程等级为Ⅲ级,主要挡泄水建筑物按三级建筑物设计。枢纽坝轴线全长约520m,主要建筑物从左至右依次为电站厂房、泄洪闸、船闸等。船闸和电站分岸布置,电站厂房位于河道左岸,装4台灯泡贯流式机组,总装机容量20.0MW。24孔泄洪闸布置在河床中央,每孔闸净宽14m,闸下游底流消能。该枢纽是一座以航运、发电为主,结合改善水环境和灌溉等综合开发利用目的的航电枢纽工程。枢纽主体工程于2010年9月开工,2018年7月建成并投入运行。

红船豆船闸位于河道右岸,并在其左侧预留二线船闸位置,两闸中心线相距130m。船闸等级为Ⅲ级,闸室有效尺度230m×23m×4.0m,最大设计水头7.5m(上游正常蓄水位47.0m-下游最低通航水位39.5m),通航1000吨级船舶,设计单向通过能力(1050/1400)万t/年(近期/远期)。船闸上游设计最高通航水位47.0m(枢纽正常蓄水位),最低通航水位46.5m(消落水位);下游设计最高通航水位42.0m(最大安全通航流量1215m³/s水位),最低通航水位39.5m(下游库区消落水位)。船闸引航道采用反对称型布置,上游引航道向左侧河道扩展,主导航墙及停泊段位于右侧岸边,下游引航道向右侧岸边扩展,主导航墙及停泊段位于河侧(左侧),上、下游船舶过闸均采取"直进曲出"的方式。上、下游引航道直线段长均为420m,其中导航调顺段长115m,停泊段长305m,船闸上引航道左侧辅导航墙沿船闸轴线的投影长31.5m(1∶6坡度向左侧扩宽),停泊段处于辅导航墙外的动水区;下游引航道右侧辅导航墙采用半径为100m的圆弧线向右侧岸边扩宽,扩展段沿船闸轴线的投影长80m。上、下游引航道宽均为60m,设计水深3.6m。船闸上、下闸首及闸室均采用整体式结构,船闸输水系统采用短廊道集中输水,上游格栅消能室+消力池消能,下游对冲和消力槛消能。该船闸于2018年7月建成并通航。

红船豆船闸技术参数见表4-11-3。红船豆枢纽鸟瞰图如图4-11-7所示。红船豆船闸鸟瞰图如图4-11-8所示。红船豆船闸布置如图4-11-9所示。

红船豆船闸技术参数表　　　　表4-11-3

河流名称	钱塘江/衢江	建设地点	浙江省衢州市
船闸有效尺度(m)	230×23×4.0	最大设计水头(m)	7.5
吨级	1000	过闸时间(min)	60

续上表

门型	闸门	上游	人字门	启闭形式	闸门	上游	液压
		下游	人字门			下游	液压
	阀门	上游	平板门		阀门	上游	液压
		下游	平板门			下游	液压
结构形式	上闸首	整体式		输水系统	形式	短廊道集中输水	
	下闸首	整体式			平均时间(min)	10	
	闸室	整体式			廊道尺寸(m)	3.5×3.7(高×宽)	
设计通航水位(m)	上游	最高	47.0	设计年通过能力(单线单向,万t)		1400	
		最低	46.5				
	下游	最高	42.0	桥梁情况		闸首人行桥	
		最低	39.5	建成年份(年)		2018	

图 4-11-7 红船豆枢纽鸟瞰图

图 4-11-8 红船豆船闸鸟瞰图

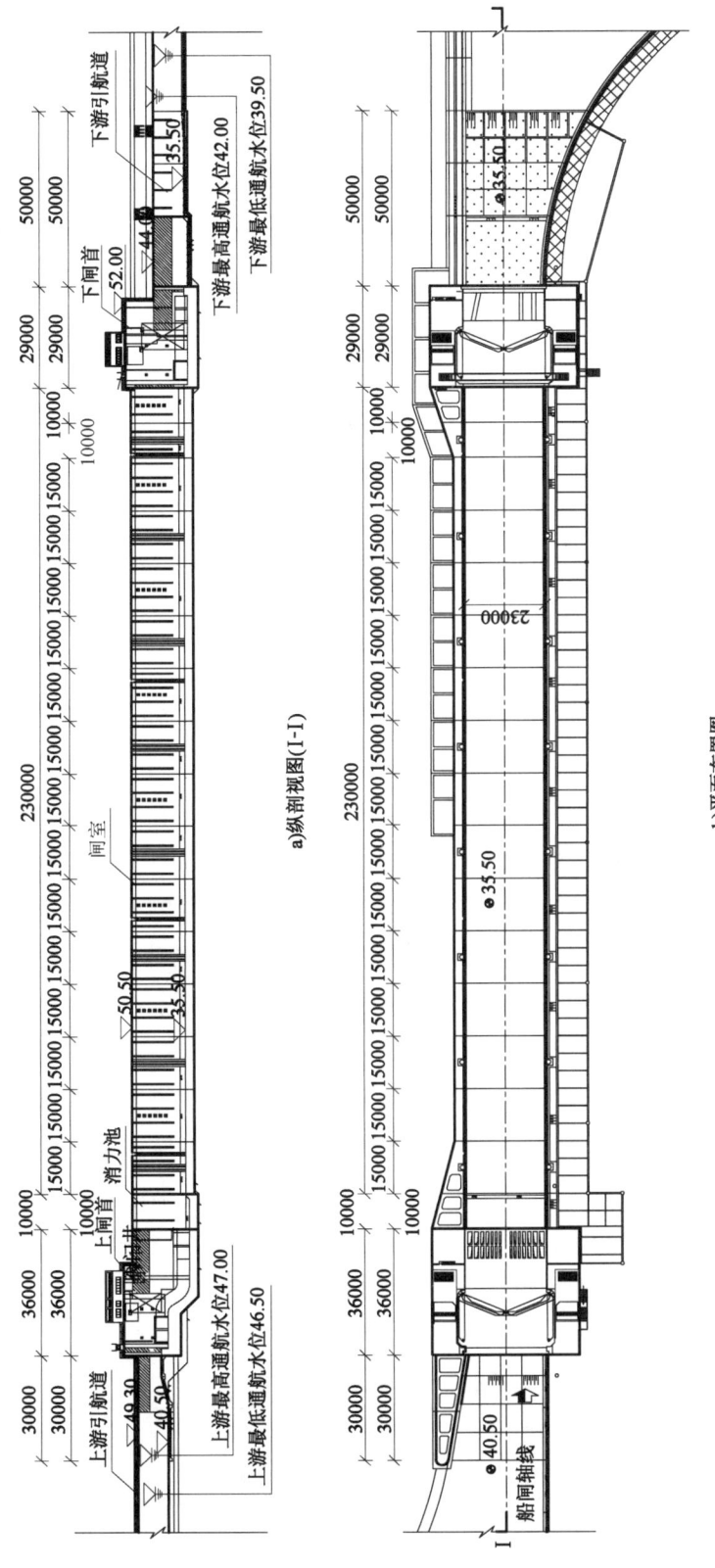

图 4-11-9 红船豆船闸布置图(尺寸单位:mm;高程和水位单位:m)

四、小溪滩船闸

小溪滩枢纽位于浙江省衢州市龙游县境内,是《钱塘江流域综合规划》中衢江干流6级开发规划中的第4级,上距红船豆枢纽约13km,下与游埠枢纽相衔接。小溪滩坝址集雨面积10462km²,枢纽正常蓄水位40.0m(1956黄海高程系统,下同),消落水位39.5m。枢纽设计洪水位42.17m($P=2\%$),校核洪水位42.95m($P=1\%$)。主要建筑物从左至右依次为电站厂房、泄洪(冲沙)闸、橡胶坝和船闸。电站和船闸分岸布置,电站厂房位于河道左岸,装4台灯泡贯流式机组,总装机容量18MW。4孔泄洪(冲沙)闸和橡胶坝布置在河床中央。该枢纽是一座以航运、发电为主,兼顾改善水环境和灌溉条件等综合效益的航电枢纽工程。枢纽主体工程于2004年2月开工,2006年7月投入运行。

小溪滩船闸位于河道右岸,下闸首与坝轴线处于同一直线上,闸室和上闸首突出于上游库区。船闸等级为Ⅲ级,闸室有效尺度230m×23m×4.0m(其中镇静段长10m),最大设计水头6.5m(上游正常蓄水位40.0m-下游最低通航水位33.5m),通航1000吨级船舶,设计单向通过能力(1050/1400)万t/年(近期/远期)。船闸上游设计最高通航水位40.0m(枢纽正常蓄水位),最低通航水位39.5m(水库消落水位);下游设计最高通航水位36.0m(最小安全下泄流量1383m³/s水位),最低通航水位33.5m(下游水库消落水位)。船闸引航道采用准不对称型布置,上、下游引航道均向左侧河道扩宽,主导航墙及停泊段均位于右侧岸边,上、下游船舶过闸均采取"直进曲出"的方式。上游引航道直线段总长525m,其中右侧主导航墙导航调顺段长105m,停泊段长240m,布置16个中心距15m的靠船墩,上游制动段长180m;下游引航道直线段总长420m,其中右侧主导航墙导航调顺段长105m,停泊段长240m,下游制动段长75m。船闸上游引航道左侧辅导航墙采用1:6的斜直线向河道扩宽,沿船闸轴线的投影长32.5m,停泊段处于辅导航墙外的动水区;下游引航道左侧辅导航墙采用半径62.5m和半径40m的两段圆弧线向左侧河道扩宽,扩展段沿船闸轴线的投影长60m。下游引航道直线段外通过两个反向的弯曲段与下游航道连接,连接段总长1019.8m,两弯道段的半径分别为330m和400m。上、下游引航道宽均为60m,设计水深3.6m。船闸上、下闸首和闸室均采用整体式结构,船闸输水系统采用头部集中输水,上游格栅消能室+消力池消能,下游对冲和消力槛消能。该船闸于2017年建成通航。

小溪滩船闸技术参数见表4-11-4,小溪滩枢纽鸟瞰图如图4-11-10所示。小溪滩船闸布置如图4-11-11所示。

小溪滩船闸技术参数表 表4-11-4

河流名称	衢江	建设地点	浙江省衢州市
船闸有效尺度(m)	230×23×4.0	最大设计水头(m)	6.5
吨级	1000	过闸时间(min)	60

续上表

门型	闸门	上游	人字门	启闭形式	闸门	上游	液压
		下游	人字门			下游	液压
	阀门	上游	平板门		阀门	上游	液压
		下游	平板门			下游	液压
结构形式	上闸首		整体式	输水系统	形式		短廊道集中输水
	下闸首		整体式		平均时间(min)		10
	闸室		整体式		廊道尺寸(m)		3.5×3.7(高×宽)
设计通航水位(m)	上游	最高	40.0	设计年通过能力(单线单向,万t)			1400
		最低	39.5	桥梁情况			下闸首交通桥
	下游	最高	36.0	建成年份(年)			2017
		最低	33.5				

图 4-11-10 小溪滩枢纽鸟瞰图

五、游埠船闸

游埠枢纽位于浙江省金华市婺城区境内,是《钱塘江流域综合规划》中衢江干流6级开发规划中的第5级,上距衢江与游埠溪汇合口约0.5km、距龙游县城约20km,下距金华

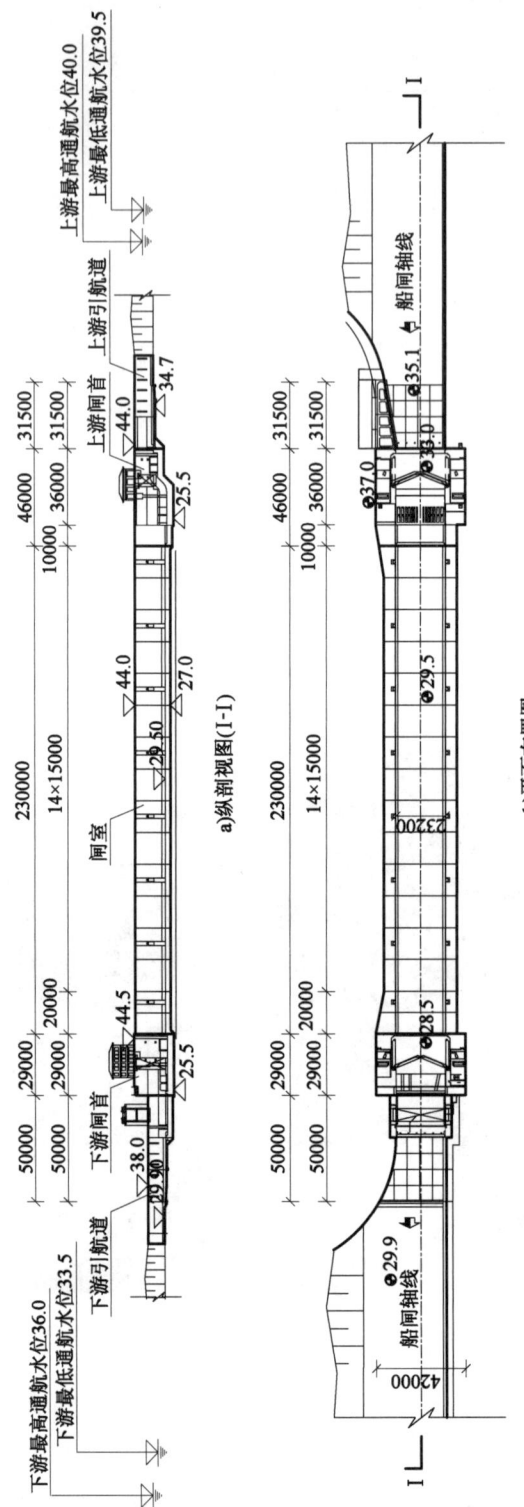

图 4-11-11 小溪滩船闸布置图(尺寸单位:mm;高程和水位单位:m)

市区约30km,其上、下游分别与小溪滩枢纽和姚家枢纽水位相衔接。游埠枢纽坝址集雨面积10919km²,多年平均流量114.51m³/s,枢纽正常蓄水位34.0(85高程系统,下同),消落水位33.50m。枢纽设计洪水位38.88m($P=2\%$),设计洪水流量13470m³/s;校核洪水位39.82m($P=1\%$),校核洪水流量15890m³/s。游埠枢纽工程等级为Ⅲ级,主要挡泄水建筑物和电站按三级建筑物设计。枢纽坝顶全长527.5m,主要建筑物从左至右为左岸连接坝、船闸、泄洪闸和电站厂房等。船闸和电站分岸布置,电站厂房位于河道右岸,装4台灯泡贯流式机组,总装机容量16MW。24孔泄洪闸布置在河床中央,每孔闸净宽14m,闸下游底流消能。游埠枢纽是一座以航运和发电为主,结合改善水环境和灌溉等综合开发利用目的的航电枢纽工程。该枢纽于2018年10月建成并投入运行。

游埠船闸布置在河道左岸,并在其左侧预留二线船闸位置,两闸中心线相距150m。船闸等级为Ⅳ级兼顾Ⅲ级,闸室有效尺度280m×23m×4.0m,最大设计水头6.0m(上游正常蓄水位34.0m-下游最低通航水位28.0m),通航500吨级兼顾1000吨级船舶,设计单向通过能力(1252/1628)万t/年(近期/远期)。船闸上游设计最高通航水位34.0m(枢纽正常蓄水位),最低通航水位33.5m(消落水位);下游设计最高通航水位30.5m(流量1442m³/s水位),最低通航水位28.0m(下游水库消落水位)。船闸引航道采用准反对称型布置,上游向右侧河道扩宽,停泊段布置在引航道左侧岸边;下游向左侧岸边扩宽,停泊段布置在引航道右侧(河侧);上、下游船舶过闸均采取"直进曲出"的方式。上、下游引航道直线段总长均为450m,其中导航调顺段长115m,停泊段长335m。上游引航道右侧辅导航墙采用1:6的斜直线向右侧河道扩宽,沿船闸轴线的投影长31.5m,其上游左侧停泊段处于辅导航墙外的动水区;下游引航道左侧辅导航墙采用半径100m和半径20m两段圆弧向左侧岸边扩宽,沿船闸轴线的投影长80m。上、下游引航道宽均为60m,设计水深3.6m。船闸上、下闸首和闸室均采用整体式结构,船闸输水系统采用头部集中输水,上游格栅消能室+消力池消能,下游对冲和消力槛消能。该船闸于2018年10月与枢纽同步建成并通航。

游埠船闸技术参数见表4-11-5。游埠枢纽鸟瞰图如图4-11-12所示。游埠船闸鸟瞰图如图4-11-13所示。游埠船闸布置如图4-11-14所示。

游埠船闸技术参数表　　　　　　　　　表4-11-5

河流名称	钱塘江/衢江	建设地点	浙江省金华市
船闸有效尺度(m)	280×23×4.0	最大设计水头(m)	6.0
吨级	1000	过闸时间(min)	60

续上表

门型	闸门	上游	人字门	启闭形式	闸门	上游	液压
		下游	人字门			下游	液压
	阀门	上游	平板门		阀门	上游	液压
		下游	平板门			下游	液压
结构形式	上闸首	\multicolumn{2}{c}{整体式}	输水系统	形式	\multicolumn{2}{c}{短廊道集中输水}
	下闸首	整体式			平均时间(min)	10.0	
	闸室	整体式			廊道尺寸(m)	3.5×3.7(高×宽)	
设计通航水位(m)	上游	最高	34.0	设计年通过能力(单线单向,万t)		1628	
		最低	33.5	桥梁情况		上闸首交通桥	
	下游	最高	30.5	建成年份(年)		2018	
		最低	28.0				

图 4-11-12　游埠枢纽鸟瞰图

图 4-11-13　游埠船闸鸟瞰图

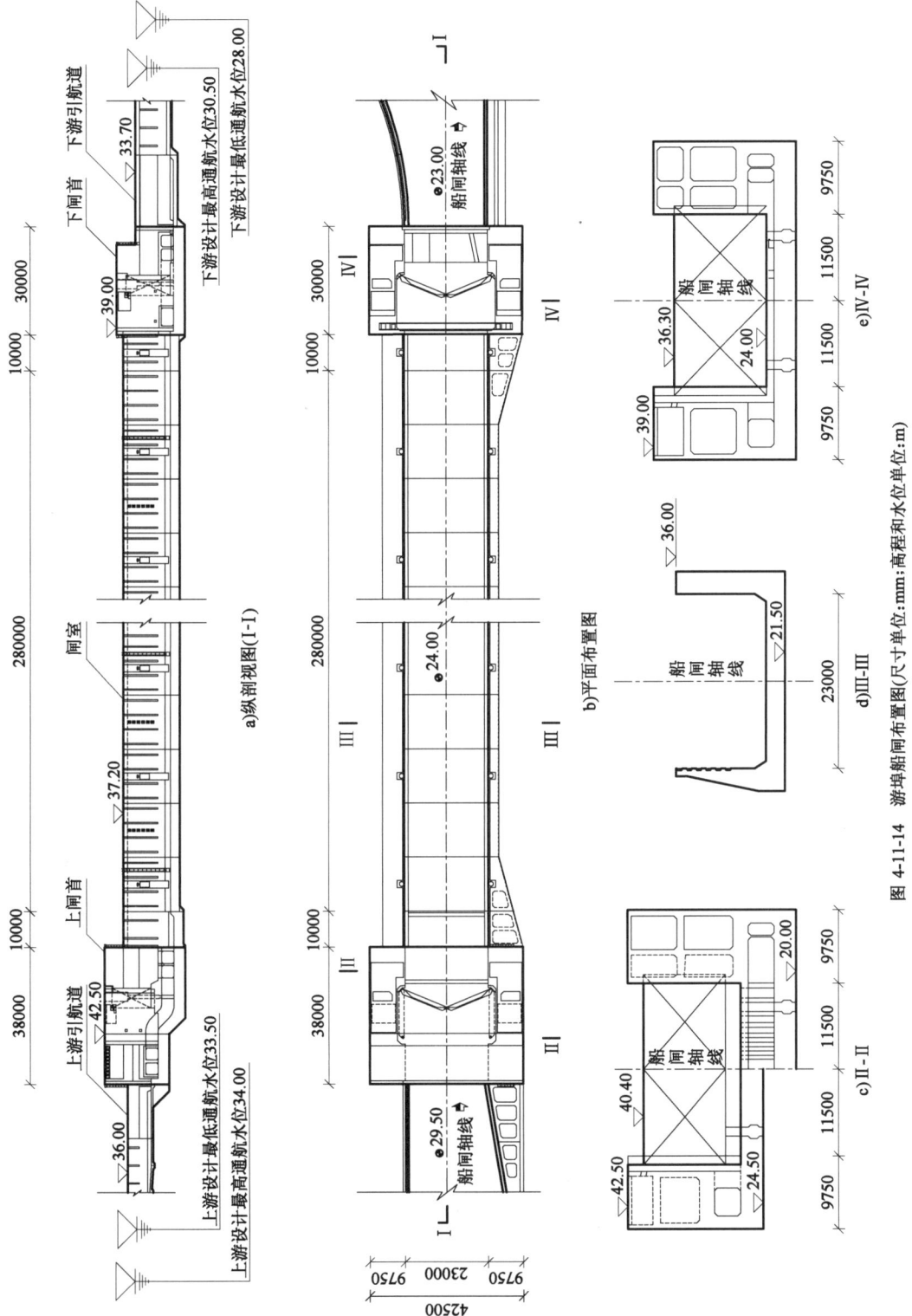

图 4-11-14 浏河船闸布置图(尺寸单位:mm;高程和水位单位:m)

六、姚家船闸

姚家枢纽位于浙江省金华兰溪市境内的游埠镇,是《钱塘江流域综合规划》中衢江干流6级开发规划中的最下游一个梯级,上距游埠枢纽约9km,下距赤溪出口约1.7km、距衢江和金华江汇合口约9km。姚家枢纽坝址集雨面积11427km²,多年平均流量372.6m³/s,枢纽正常蓄水位28.5m(85高程系统,下同),消落水位28.0m。枢纽设计洪水位36.51m($P=2\%$),设计洪水流量14080m³/s;校核洪水位37.35m($P=1\%$),校核洪水流量16530m³/s。姚家枢纽工程等级为Ⅲ级,主要挡泄水建筑物按三级建筑物设计。姚家枢纽坝轴线全长865.3m,主要建筑物从左至右依次为电站厂房、泄洪闸、船闸和右岸连接重力坝等。船闸和电站分岸布置,电站厂房位于河道左岸,装4台灯泡贯流式机组,总装机容量12.8MW。33孔泄洪闸布置在河床中央,每孔闸净宽14m,闸下游底流消能。该枢纽是一座以航运、发电为主,结合改善水环境和灌溉等综合开发利用目的的航电枢纽工程。枢纽主体工程于2014年10月开工,2018年11月建成并投入运行。

姚家船闸位于河道右岸,并在其右侧预留二线船闸位置,两闸中心线相距80m。姚家船闸等级为Ⅳ级兼顾Ⅲ级,闸室有效尺度280m×23m×4.0m,最大设计水头6m(上游正常蓄水位28.5m–下游最低通航水位22.5m),通航1000吨级船舶,设计单向通过能力(1252/1628)万t/年(近期/远期)。船闸上游设计最高通航水位28.5m(枢纽正常蓄水位),最低通航水位28.0m(消落水位);下游设计最高通航水位26.5m(最大安全通航流量1500m³/s水位),最低通航水位22.5m(保证率99%)。船闸引航道采用不对称型布置,上、下游引航道均向右侧岸边扩宽,主导航墙及停泊段均布置在左侧,上、下游船舶过闸均采取"直进曲出"的方式。船闸上、下游引航道直线段长均为450m,其中导航调顺段长115m,停泊段长335m,左侧主导航墙为直立墙,右侧辅导航墙采用曲线向右侧岸边衔接,扩展段沿船闸轴线的投影长80m。下游引航道连接段采用半径900m、长972m的圆弧线与下游航道衔接。上、下游引航道宽均为60m,设计最小水深3.6m。船闸上、下闸首及闸室均采用整体式结构,船闸输水系统采用头部集中输水,上游格栅消能室+消力池消能,下游对冲和消力槛消能。该船闸于2018年11月建成并通航。

姚家船闸技术参数见表4-11-6。姚家船闸鸟瞰图如图4-11-15所示。姚家船闸布置如图4-11-16所示。

姚家船闸技术参数表 表4-11-6

河流名称	钱塘江/衢江	建设地点	浙江省金华市
船闸有效尺度(m)	280×23×4.0	最大设计水头(m)	6.0
吨级	1000	过闸时间(min)	45

续上表

门型	闸门	上游	人字门	启闭形式	闸门	上游	液压
		下游	人字门			下游	液压
	阀门	上游	平板门		阀门	上游	液压
		下游	平板门			下游	液压
结构形式	上闸首	整体式		输水系统	形式		短廊道集中输水
	下闸首	整体式			平均时间(min)		10.0
	闸室	整体式			廊道尺寸(m)		3.5×3.7(高×宽)
设计通航水位(m)	上游	最高	28.5	设计年通过能力(单线单向,万 t)			1628
		最低	28.0	桥梁情况			上闸首公路桥,下闸首交通桥
	下游	最高	26.5				
		最低	22.5	建成年份(年)			2018

a)

b)

图 4-11-15 姚家船闸鸟瞰图

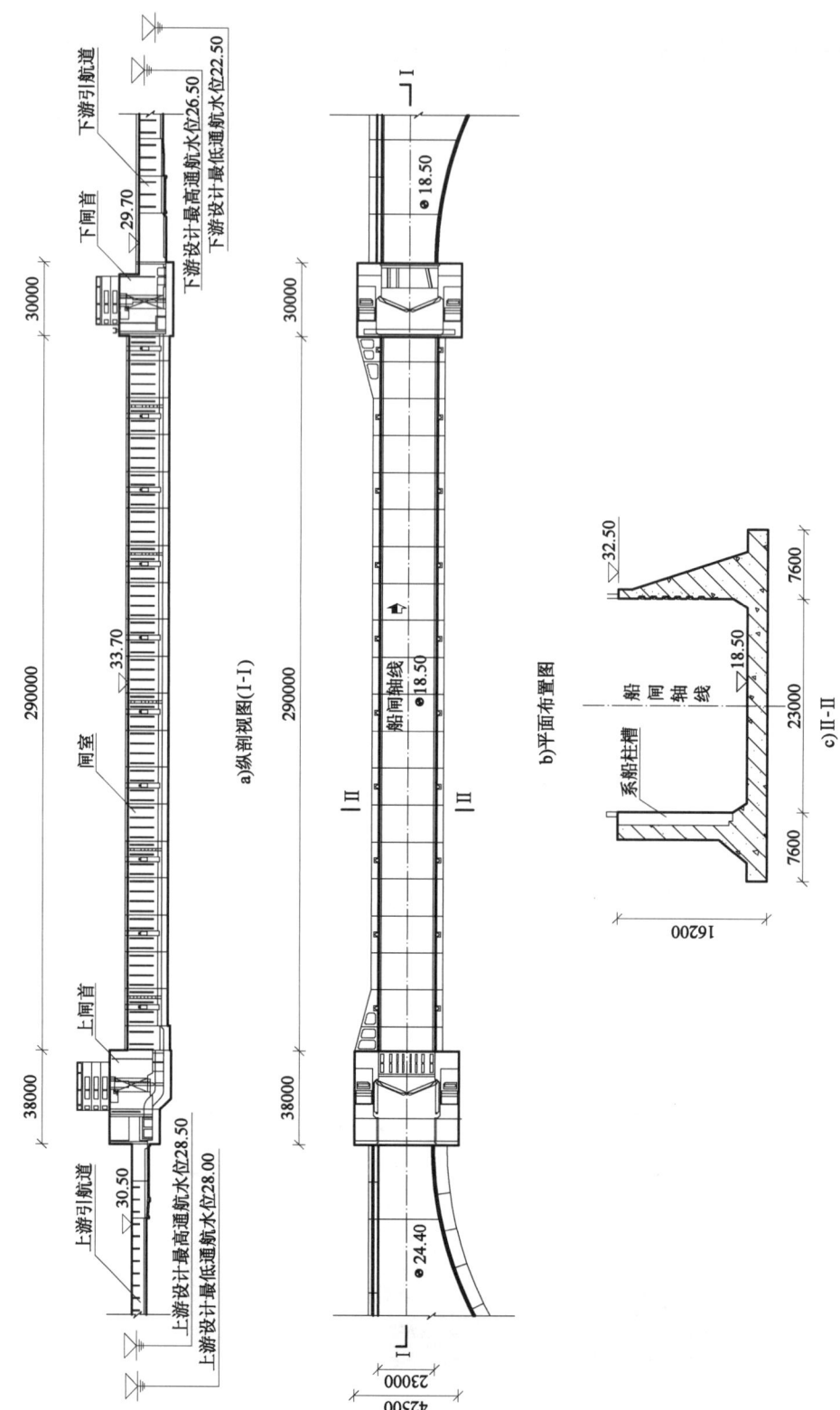

图 4-11-16 姚家船闸布置图(尺寸单位:mm;高程和水位单位:m)

七、富春江船闸

富春江枢纽位于浙江省杭州市桐庐县境内、钱塘江上游的富春江上,上距兰江和新安江交汇口约 29km、距新安江水电站 68km,下距杭州市区约 110km。富春江枢纽坝址集雨面积 31458km^2,多年平均流量 941m^3/s,枢纽正常蓄水位 23.0m(1956 黄海高程,下同),消落水位 22.8m。设计洪水位 24.7m($P=1\%$),校核洪水位 28.2m($P=0.1\%$)。富春江枢纽为 II 级工程,主要挡水建筑物按二级建筑物设计,最大坝高 47.7m,坝顶全长 600m,主要建筑物包括电站厂房、鱼道、溢流闸坝、船闸、两岸挡水连接坝及灌溉取水设施等。电站和船闸分岸布置,电站厂房位于河道左岸,装 6 台转叶式水轮发电机组,总装机容量 35.72MW;100 吨级老船闸位于河道右岸;17 孔溢流闸坝位于河床中偏右。该枢纽是一座以发电为主,并可改善航运,发展灌溉及养殖事业等综合效益的水利枢纽工程。枢纽主体工程于 1958 年开工,1968 年底发电,1977 年投入运行。

富春江新船闸是拆除老船闸,在原址扩建的船闸。新船闸等级为 IV 级,闸室有效尺度 300m×23m×4.5m,最大设计水头 20.21m(上游正常蓄水位 23.5m−下游最低通航水位 3.29m),通航 500 吨级兼顾 1000 吨级船舶,设计单向过闸能力(1250/1620)万 t/年(近期/远期)。船闸上游设计最高通航水位 23.5m(远期 24.0m),最低通航水位 21.8m;下游设计最高通航水位 13.46m,最低通航水位 3.29m。富春江新船闸采用改造加固原有船闸为通航渠道,在其下游建新船闸,新船闸上闸首与原有船闸下闸首相连,新建船闸左侧外缘与原有船闸齐平,闸室右墙向右侧扩宽,扩宽后闸室及下闸首口门宽 23.0m。船闸引航道采用准反对称型布置,上游引航道向左侧扩宽,下游引航道向右侧扩宽,上、下游停泊段均布置在右侧,上、下游船舶过闸均采取"直进曲出"的方式。上游引航道直线段长 680m,其中利用老闸室作为导航段长 111m,其上游的调顺段长 115m,停泊段长 454.1m;上游引航道左侧辅导航墙采用浮式导航堤结构,沿船闸轴线的投影长 262.5m,其中扩宽段长 115m(35m 实体段+80m 浮式),浮式直线段长 115.5m,浮式外挑流堤长 32m。下游引航道结合实际地形采用曲线布置,总长 888.2m,主导航墙位于左侧,其导航调顺段长 251.5m,停泊段长 450m,下游隔流堤段长 186.7m,在隔流堤下游布置 4 个导流墩;右侧辅导航墙长 91.9m,在距下闸首 250m 处布置长 169m 的直立墩式靠船墩。船闸上游引航道宽 50m,下游引航道宽 90m,设计水深 4.0m。船闸上、下闸首均采用整体式结构,闸室采用分离式结构,船闸输水系统采用闸底长廊道侧支孔出水、明沟消能。该船闸于 2012 年 12 月开工,2017 年 1 月建成通航。

富春江船闸技术参数见表 4-11-7。富春江枢纽鸟瞰图如图 4-11-17 所示。富春江船闸鸟瞰图如图 4-11-18 所示。富春江船闸布置如图 4-11-19 所示。

富春江船闸技术参数表 表4-11-7

河流名称			钱塘江/富春江		建设地点		浙江省桐庐县
船闸有效尺度(m)			300×23×4.5		最大设计水头(m)		20.21
吨级			500吨级兼顾1000吨级		过闸时间(min)		50.62
门型	闸门		上游	人字门	启闭形式	闸门	上游	液压
			下游	人字门			下游	液压
	阀门		上游	平板门		阀门	上游	液压
			下游	平板门			下游	液压
结构形式	上闸首		整体式		输水系统	形式	闸底长廊道侧支孔出水明沟消能
	下闸首		整体式			平均时间(min)	16.0
	闸室		分离式			廊道尺寸(m)	4.5×4.5
设计通航水位(m)	上游	最高	23.5		设计年通过能力(单线单向,万t)		1250/1620（近期/远期）
		最低	21.8		桥梁情况		上闸首交通桥
	下游	最高	13.46		建成年份(年)		2017
		最低	3.29				

图4-11-17 富春江枢纽鸟瞰图

图4-11-18 富春江船闸鸟瞰图

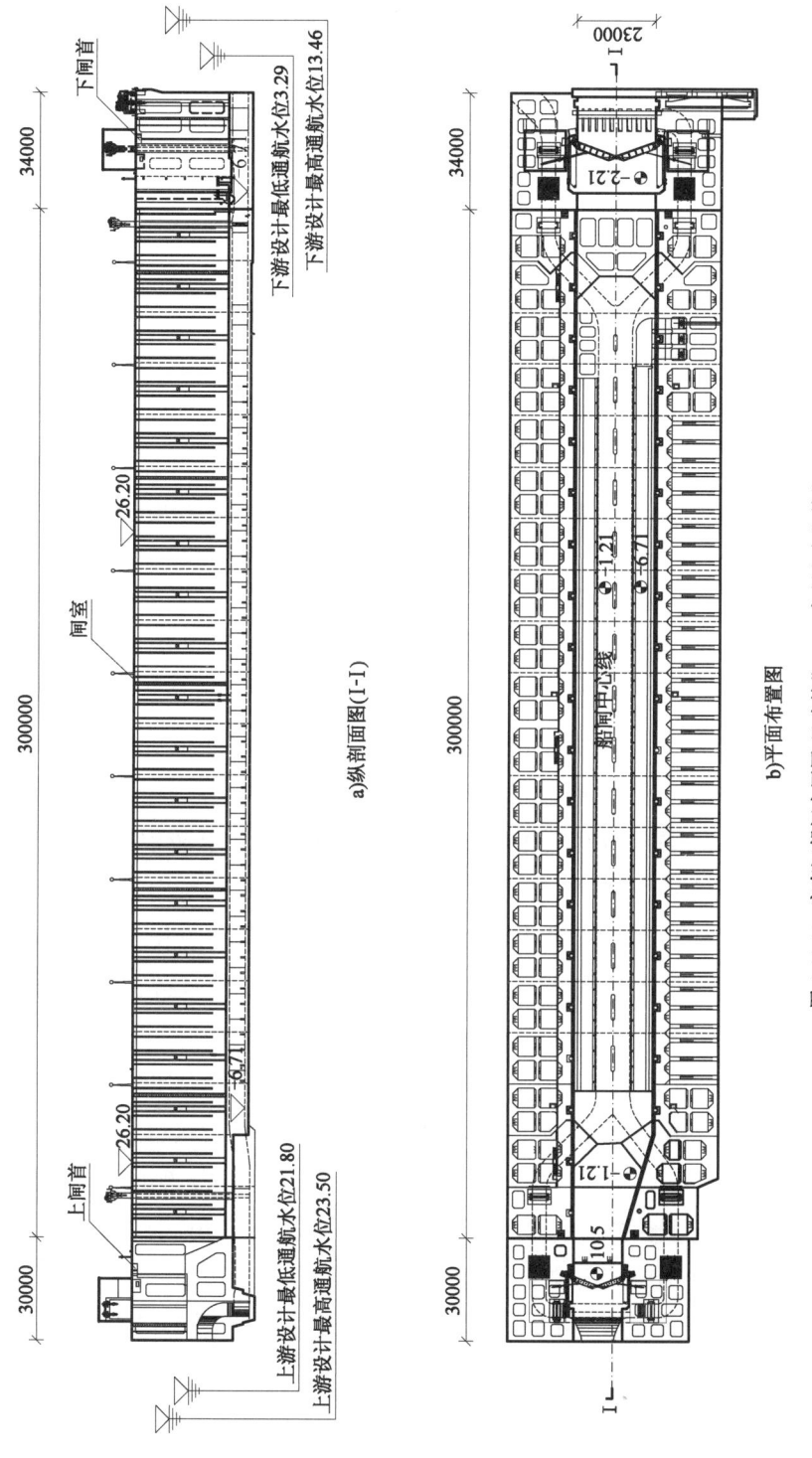

图 4-11-19 富春江船闸布置图(尺寸单位:mm;高程和水位单位:m)

第十二节　周山河通航建筑物

周山河航道是泰州地区骨干河道之一,为泰州主城区及所辖姜堰区的主要引、排水通道,并承担航运功能。航道全长38.6km,规划等级为五级。

周山河船闸

周山河船闸位于江苏省泰州市境内、周山河下游段,上距周山河与南官河交汇处约2.5km,下距周山河与引江河交汇处约600m。周山河水利套闸始建于1999年,闸室尺度为110m×12m×2.5m(闸室长×闸室净宽×槛上水深)。闸首和闸室结构为钢筋混凝土整体式结构,工作闸门为钢质平板升卧门。门槛水深和钢闸门净高均不能满足Ⅴ级船闸通航尺度要求。周山河船闸是在原周山河水利套闸位置改建的船闸,其作用是恢复原泰州船闸通航功能。

周山河船闸等级为Ⅴ级,闸室有效尺度160m×18m×3.5m,最大设计水头3.8m/1.6m(正向/反向),通航300吨级兼顾500吨级船舶,设计单向通过能力1713.7万t/年(下行)。船闸上游校核高水位4.82m(85高程系统,下同),下游校核高水位4.72m。上游设计最高通航水位4.32m($P=10\%$),最低通航水位1.22m(保证率95%);下游设计最高通航水位2.82m($P=10\%$),最低通航水位0.52m(保证率95%)。船闸引航道采用对称型布置,上、下游引航道均采用半径为10m的圆弧向两侧扩宽,上游引航道主导航墙及停泊段位于右侧,下游引航道主导航墙及停泊段位于左侧,船舶过闸均采取"曲进直出"的方式。上游引航道直线段长345m,其中导航调顺段长95m、停泊段长220m,布置12个中心距20m的靠船墩,上游制动段长50m。下游引航道直线段长424m,其中导航调顺段长95m、停泊段长300m,布置16个中心距20m的靠船墩,下游制动段长29m。上游引航道与周山河航道直线连接,下游引航道中心线与引江河中心线夹角成85°,以直线过疏港大道周山河大桥5m后再以半径194.5m转弯与引江河上游岸坡衔接,以半径229m转弯与引江河下游岸坡衔接。上、下游引航道宽均为45m,设计水深3m。船闸上、下游闸首和闸室均采用整体式结构,船闸输水系统采用环形短廊道输水+三角门门缝输水的组合形式。周山河船闸改建工程于2009年12月开工,2012年8月建成通航。

周山河船闸技术参数见表4-12-1。周山河船闸鸟瞰图如图4-12-1所示。周山河船闸布置如图4-12-2所示。

周山河船闸技术参数表 表 4-12-1

河流名称		周山河		建设地点		江苏省泰州市
船闸有效尺度(m)		160×18×3.5		最大设计水头(m)		3.8/1.6
吨级		300吨级兼顾500吨级		过闸时间(min)		30~40
门型	闸门	上游	三角门	启闭形式	闸门	上游	滚珠丝杆
		下游	三角门			下游	滚珠丝杆
	阀门	上游	平板门		阀门	上游	滚珠丝杆
		下游	平板门			下游	滚珠丝杆
结构形式	上闸首		整体式	输水系统	形式		短廊道集中输水+门缝输水的组合形式
	下闸首		整体式		平均时间(min)		6.0
	闸室		整体式		廊道尺寸(m)		2.5×3.0
设计通航水位(m)	上游	最高	4.32	设计年通过能力(单线单向,万t)			1713.7
		最低	1.22	桥梁情况			上游引航道交通桥,下游引航道公路桥
	下游	最高	2.82	建成年份(年)			2012
		最低	0.52				

图 4-12-1 周山河船闸鸟瞰图

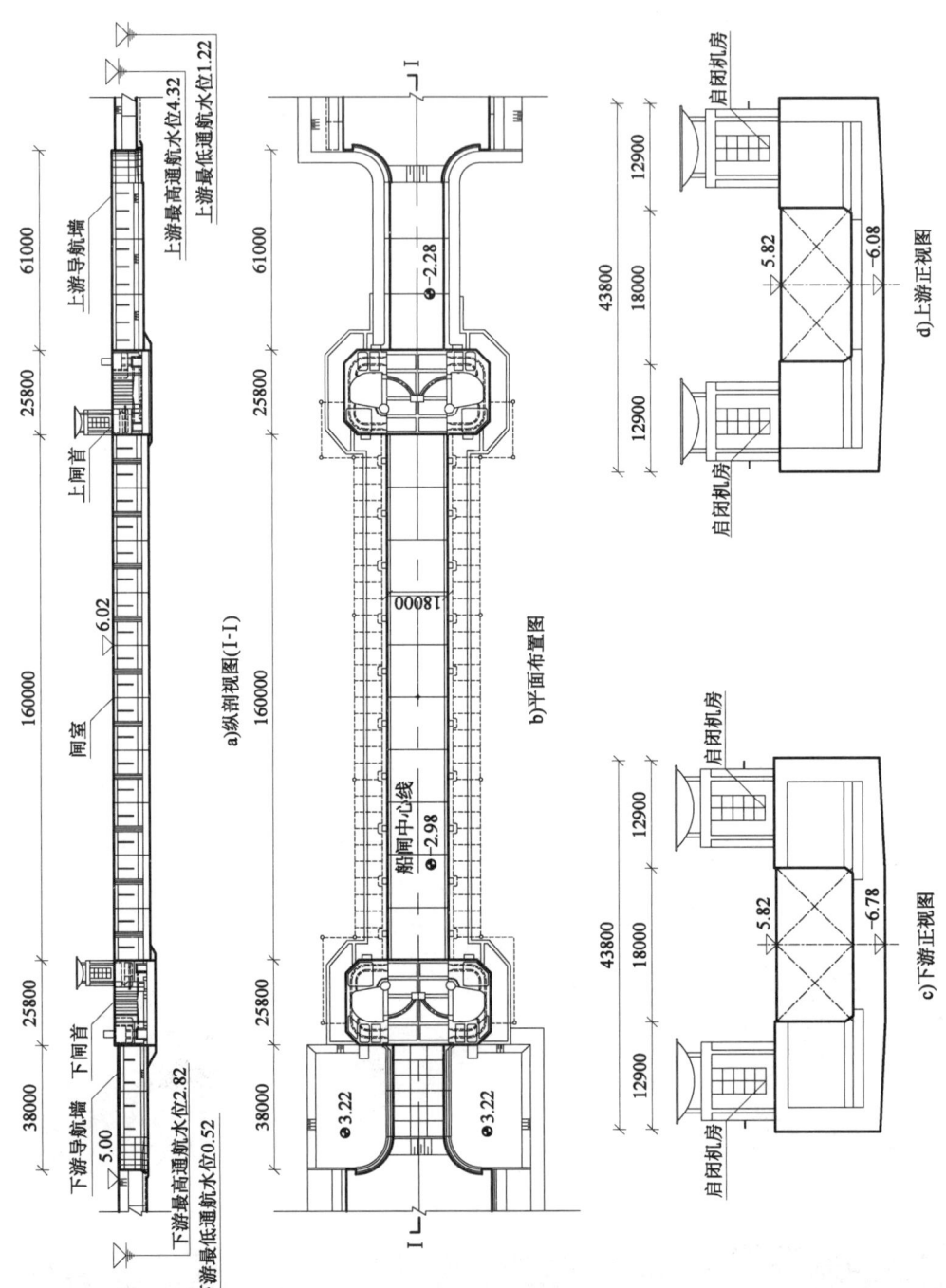

图 4-12-2 周山河船闸布置图(尺寸单位：mm；高程和水位单位：m)

第十三节　南官河通航建筑物

南官河南起长江,流经江苏省泰州市高港区、海陵区,北至泰州船闸,全长25km。作为长江通往里下河地区的黄金水道,南官河长期以来承担着泰州及周边地区大宗货物江河联运的功能。

口岸船闸

口岸枢纽位于江苏省泰州市高港区境内的南官河上,包括船闸和节制闸各1座,采用分散式布置方案,节制闸位于右侧南官河主河道上,船闸位于河道左侧岸滩上,两者之间用分流岛(隔流堤)分隔。口岸老船闸建于1959年,老船闸尺度135m×10(12)m×2.8m。口岸船闸大修改造工程是拆除老船闸,建设口岸新船闸。重建后的口岸新船闸仍布置在河道左岸,下闸首与右侧节制闸齐平,上闸首和闸室突出于节制闸上游,船闸右侧用分流岛(隔流堤)与南官河主河道分隔。口岸新船闸等级为Ⅴ级,闸室有效尺度140m×16m×3.0m,该船闸为承受双向水头的船闸,最大设计水头4.90m,通航500吨级船舶,设计通过能力为2000万t/年。口岸新船闸上游设计最高通航水位4.9m(85高程系统,下同),最低通航水位1.2m;下游设计最高通航水位5.95m,最低通航水位0.00m。船闸引航道采用对称型布置,上、下游引航道均采用偏角为13°的斜直线向两侧扩宽,上游停泊段位于右侧,下游停泊段位于左侧,上、下游船舶过闸均采取"曲进曲出"的方式。上游引航道直线段长300m,其中导航调顺段长70m,停泊段长230m。下游引航道直线段长365m,其中导航调顺段长60m,停泊段长300m。上游引航道宽78m,下游引航道宽53m,设计水深3.0m。船闸上、下闸首和闸室均采用整体式结构,船闸输水系统采用环形短廊道集中输水结合三角门门缝输水形式。口岸新船闸于2007年8月开工,2008年12月通航。

口岸船闸技术参数见表4-13-1。口岸船闸鸟瞰图如图4-13-1所示。口岸船闸布置如图4-13-2所示。

口岸船闸技术参数表　　　　　　　　　　　表4-13-1

河流名称		南官河		建设地点		江苏省泰州市高港区	
船闸有效尺度(m)		140×16×3.0		最大设计水头(m)		4.90	
吨级		300		过闸时间(min)		30.0	
门型	闸门	上游	三角门	启闭形式	闸门	上游	液压
		下游	三角门			下游	液压
	阀门	上游	平板门		阀门	上游	液压
		下游	平板门			下游	液压

续上表

结构形式	上闸首	整体式		输水系统	形式	短廊道集中输水结合三角门门缝输水
	下闸首	整体式			平均时间(min)	2.0
	闸室	整体式			廊道尺寸(m)	2.5×2.5
设计通航水位(m)	上游	最高	4.90	设计年通过能力(万t)		2000
		最低	1.20	桥梁情况		下闸首公路桥
	下游	最高	5.95	建成年份(年)		2008
		最低	0.00			

图 4-13-1　口岸船闸鸟瞰图

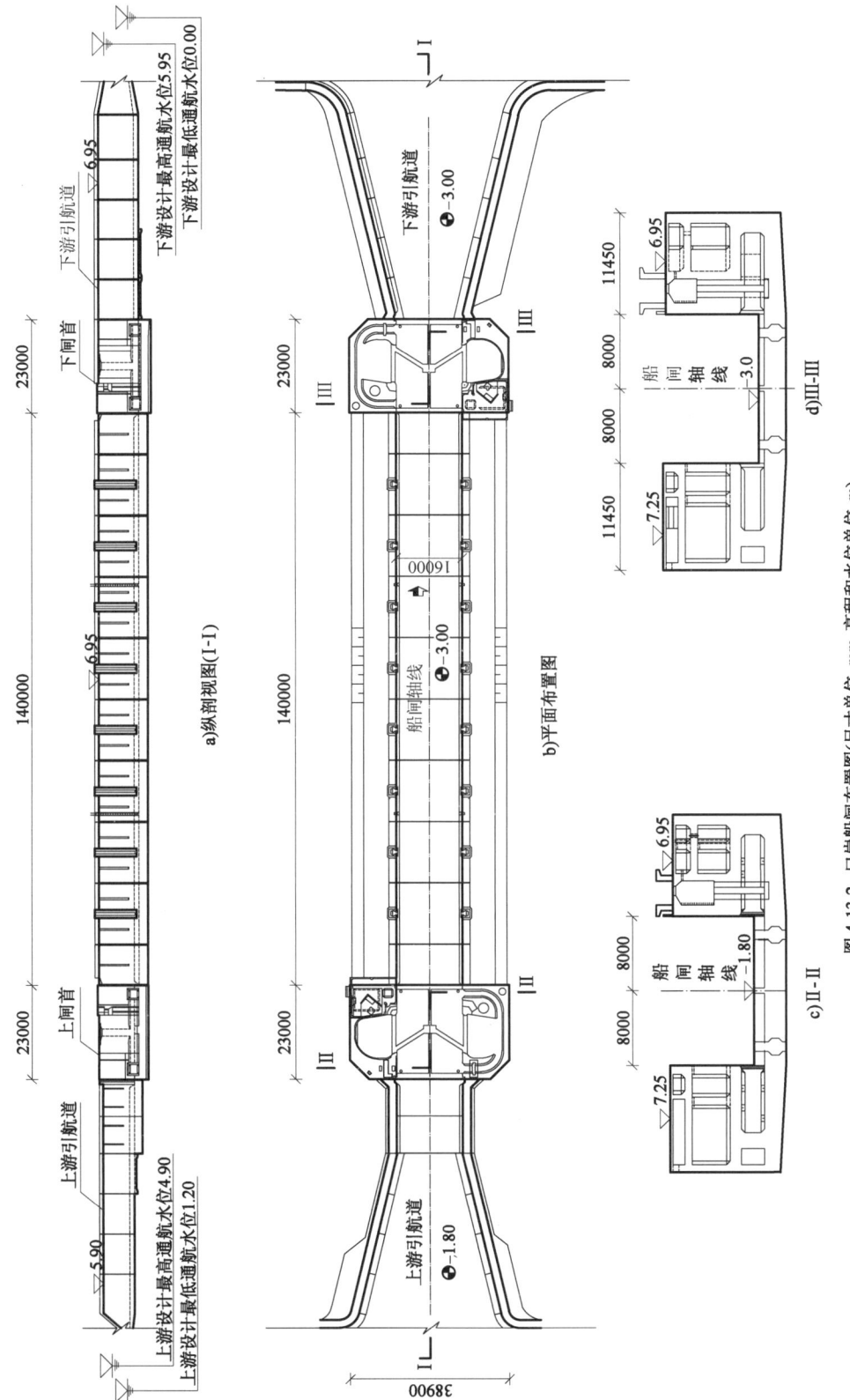

图 4-13-2 口岸船闸布置图(尺寸单位:mm;高程和水位单位:m)

第十四节　盐宝线通航建筑物

盐宝线航道工程项目起于宝应船闸下游引航道,止于盐城龙冈镇盐邵线河口,利用盐邵线向东至通榆河口,全长约86km,航道规划等级为三级。盐宝线西连京杭运河,东接连申线,是与盐河、淮河入海水道、通扬线平行的又一条横向水运通道,对加强苏北地区两条纵向水运大"动脉"的交流,增加江苏省沿海地区向内陆的辐射能力,带动苏中、苏北地区社会经济发展起着积极的作用。

宝应船闸

宝应船闸位于江苏省扬州市宝应县城南,该船闸西连京杭大运河,东接盐宝线航道,为盐宝线航道上的口门船闸。宝应新船闸是在原船闸位置进行扩容改造的船闸,闸室中心线与原船闸基本重合,新船闸等级为Ⅳ级,闸室有效尺度180m×23m×4.0m,最大设计水头7.8m,通航500吨级货船和500吨级顶推船队,设计单向通过能力3611万t/年。宝应船闸上游设计最高通航水位8.5m,最低通航水位6.0m;下游设计最高通航水位2.8m,最低通航水位0.7m。船闸引航道采用准反对称型布置,上、下游引航道均呈喇叭口形向两侧扩宽,上游主导航墙及停泊段位于右岸,下游主导航墙及停泊段位于左岸,上、下游船舶过闸均采取"曲进直出"的方式。船闸上游引航道直线段长224m,其中导航调顺段长72m、停泊段长162m,布置9个间距18m的靠船墩。上游引航道右侧主导墙采用偏角13°的斜直线向右侧扩宽并与现有驳岸衔接,沿船闸轴线的投影长72m,左侧辅导航墙采用偏角9°的斜直线向左扩宽,末端接半径10m、中心角90°的圆弧线与现有驳岸衔接,沿船闸轴线的投影长37.5m。下游引航道直线段长320m,其中导航调顺段长72m、停泊段长248m,布置9个间距18m的靠船墩。下游引航道左侧主导航墙采用偏角9°的斜直线向左扩宽,沿船闸轴线的投影长52.5m,下游与长243m的直立挡墙连接;右侧辅导航墙采用半径27m、中心角90°的圆弧翼墙进行扩展。上游引航道宽53.4m,下游引航道宽40m,设计水深3.75m。船闸上、下闸首和闸首均采用整体式结构,船闸输水系统采用闸墙长廊道短支孔输水。宝应新船闸于2011年9月开工,2013年7月建成通航。

宝应船闸技术参数见表4-14-1。宝应船闸鸟瞰图如图4-14-1所示。宝应船闸布置如图4-14-2所示。

宝应船闸技术参数表

表 4-14-1

河流名称			盐宝线	建设地点		江苏省扬州市宝应县	
船闸有效尺度(m)			180×23×4.0	最大设计水头(m)		7.8	
吨级			500吨级货船、500吨级顶推船队	过闸时间(min)		34.5	
门型	闸门		上游	人字门	启闭形式	闸门	上游	液压
			下游	人字门			下游	液压
	阀门		上游	平板门		阀门	上游	液压
			下游	平板门			下游	液压
结构形式	上闸首		整体式	输水系统	形式	闸墙长廊道短支孔	
	下闸首		整体式		平均时间(min)	7.5	
	闸室		整体式		廊道尺寸(m)	3.5×3.0	
设计通航水位(m)	上游	最高	8.5	设计年通过能力(单线单向,万t)		3611	
		最低	6.0	桥梁情况		下闸首公路桥	
	下游	最高	2.8	建成年份(年)		2013	
		最低	0.7				

图 4-14-1 宝应船闸鸟瞰图

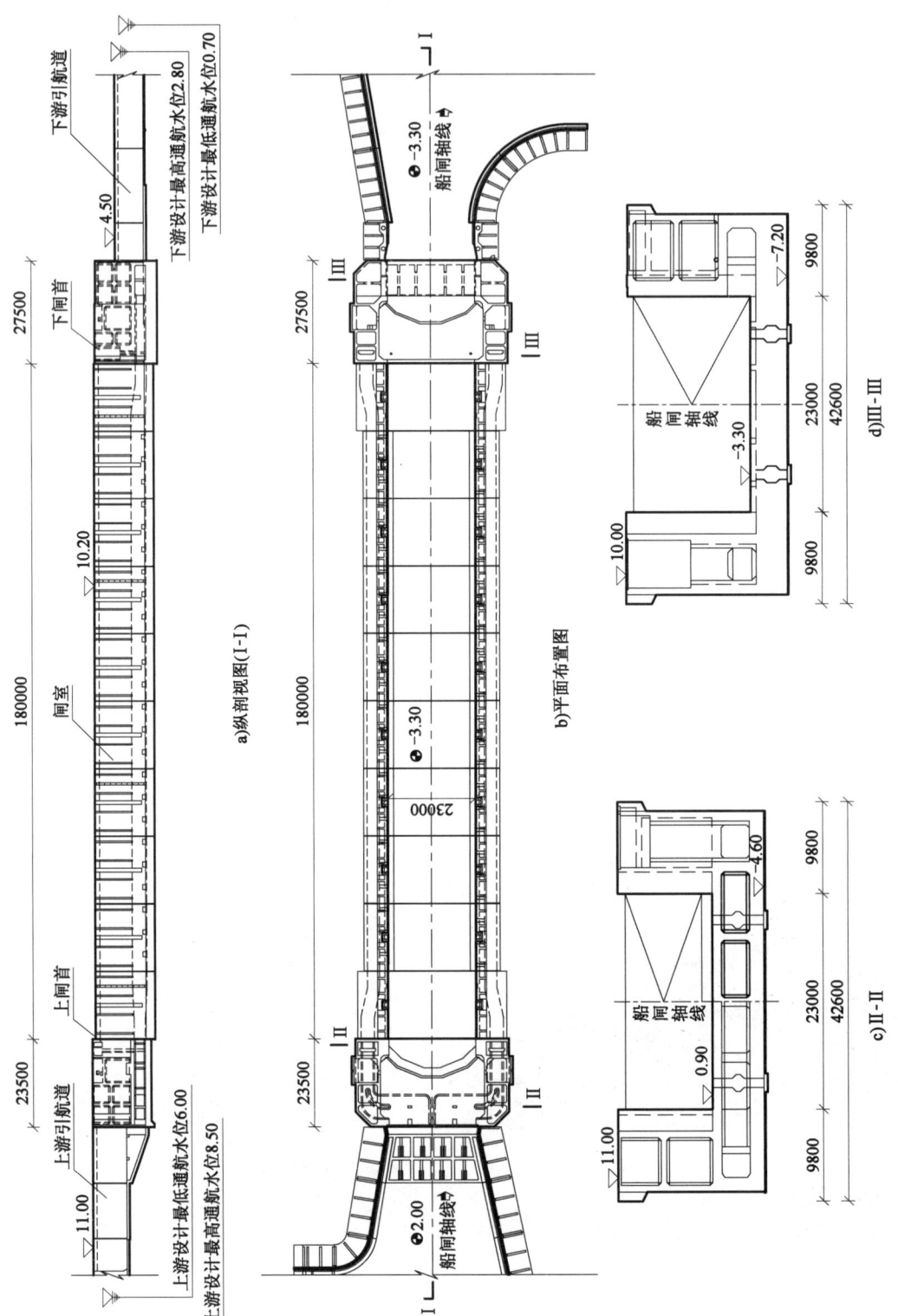

图 4-14-2 宝应船闸布置图（尺寸单位：mm；高程和水位单位：m）

第十五节　芒稻河通航建筑物

芒稻河位于扬州市区东南部,起于江都邵伯的京杭运河,终于长江三江营,是京杭大运河徐扬段入江货物的分流航道,同时也是南水北调东线工程的主要送水通道,兼具航运送水、行洪和排涝等功能。航道全长37km,航道规划等级为三级。

芒稻船闸

芒稻河枢纽位于江苏省扬州市江都区境内,北连京杭大运河,南连长江,是京杭大运河徐扬段入江货物的分流航道。芒稻新船闸位于芒稻河,上接京杭大运河、下接长江,系在老芒稻船闸原址处的扩容改造工程。

芒稻新船闸位于芒稻节制闸右侧,船闸等级为Ⅲ级,闸室有效尺度180m×23m×4.0m,该船闸为承受双向水头船闸,最大设计水头8.5m/1.31m(正向/反向),通航1顶2×1000吨级船队,设计单向通过能力2420万t/年。船闸上游设计洪水位8.33m(85高程系统,下同),校核洪水位8.83m;下游设计洪水位6.91m,校核洪水位8.33m。上游设计最高通航水位8.33m(内河侧调水设计水位),最低通航水位4.94m(保证率98%);下游设计最高通航水位6.39m(芒稻闸不行洪期$P=5\%$),最低通航水位-0.17m(保证率98%)。船闸引航道采用不对称型布置,上游引航道向左侧扩宽,下游引航道向左右两侧均扩宽,上、下游引航道主导航墙及停泊段均位于右侧,船舶过闸均采取"曲进曲出"的方式。上游引航道直线段长200m,其中导航调顺段长60m,停泊段138.6m,布置7个中心距20m的靠船墩。上游引航道右侧主导墙以13°的斜直线向右扩宽并与上游停泊段衔接,扩宽段结构为墩板结构,沿船闸轴线的投影长60m;左侧辅导航墙由长25m的直线和半径35m的圆弧组成,辅导航墙沿船闸轴线的投影长60m。下游引航道直线段长256.7m,其中导航调顺段长76.7m,停泊段长180m,布置10个中心距20m的靠船墩。下游引航道右侧主导航墙导航调顺段以9°游的斜直线向右扩宽,沿船闸轴线的投影长76.7m,停泊段长180m,采用钢板桩立式护岸;左侧辅导航墙由长45.4m的直线段和半径20m的圆弧组成,并与原长180.5m的重力式护岸衔接,辅导航墙沿船闸轴线的投影长76.7m。上游引航道宽62m,下游引航道宽56m,设计水深2.5m。船闸上、下闸首和闸室均采用整体式结构,船闸输水系统采用闸墙长廊道短支孔输水。该船闸于2014年11月开工,2017年12月建成通航。

芒稻船闸技术参数见表4-15-1。芒稻船闸实景图如图4-15-1所示。芒稻船闸布置如图4-15-2所示。

芒稻船闸技术参数表　　　　表 4-15-1

河流名称			京杭运河	建设地点		江苏省扬州市江都区
船闸有效尺度(m)			180×23×4.0	最大设计水头(m)		8.5
吨级			1000	过闸时间(min)		45
门型	闸门	上游	横拉门	启闭形式	闸门 上游	齿轮齿条机械式
		下游	横拉门		闸门 下游	齿轮齿条机械式
	阀门	上游	平板门		阀门 上游	液压
		下游	平板门		阀门 下游	液压
结构形式	上闸首		整体式	输水系统	形式	闸墙长廊道短支孔
	下闸首		整体式		平均时间(min)	9.0
	闸室		整体式		廊道尺寸(m)	3.5×3.5
设计通航水位(m)	上游	最高	8.33	设计年通过能力(单线单向,万t)		2420
		最低	4.94	桥梁情况		下闸首交通桥,下闸首公路桥
	下游	最高	6.39			
		最低	-0.17	建成年份(年)		2017

图 4-15-1　芒稻船闸实景图

第四章 长江三角洲高等级航道网通航建筑物

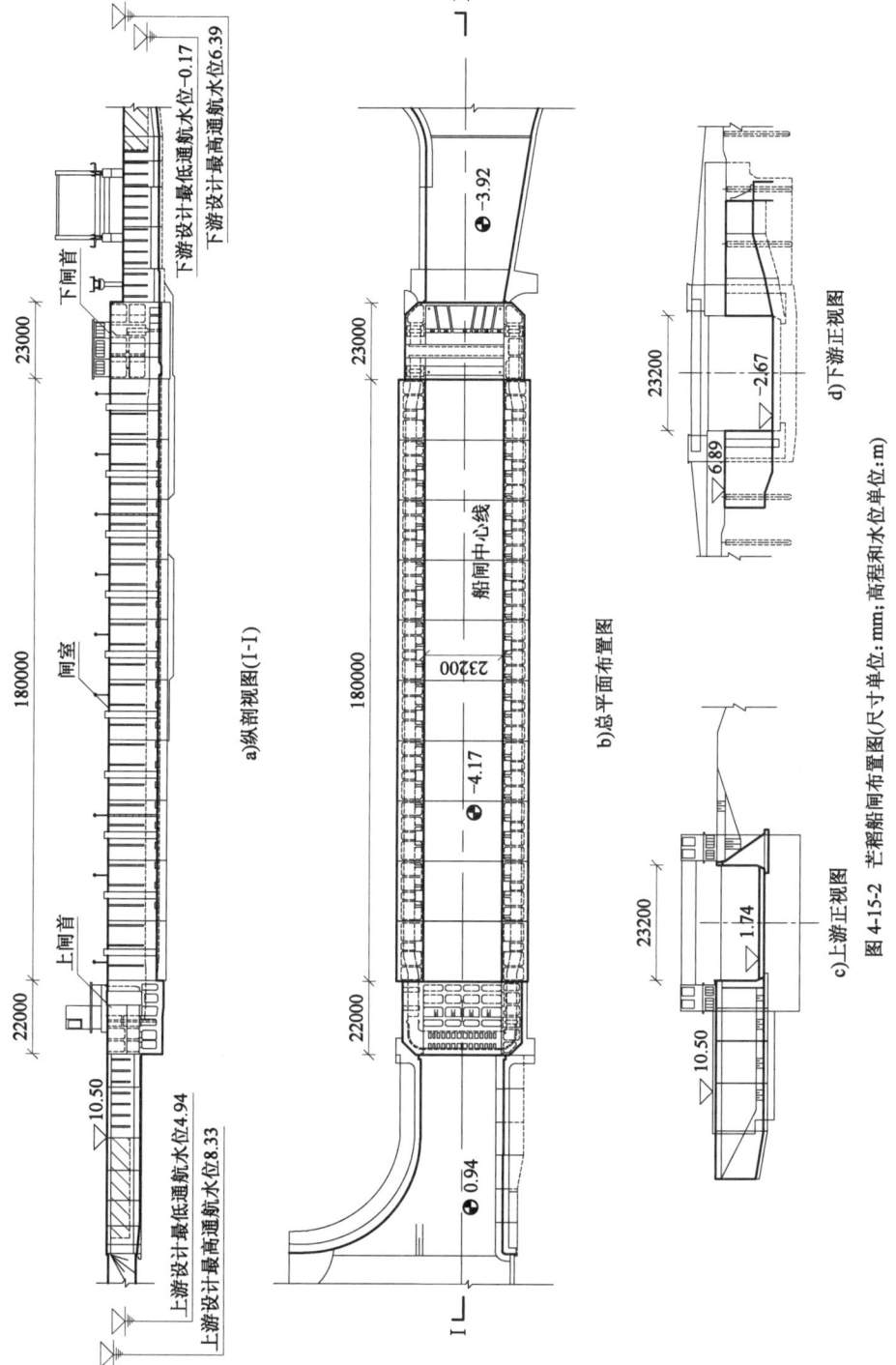

图 4-15-2 芒稻船闸布置图(尺寸单位:mm;高程和水位单位:m)

第十六节　刘大线通航建筑物

刘大线航道位于盐城市大丰区境内,航道西起大丰刘庄镇通榆河,东至大丰港内港池,里程56km,是盐城港大丰港区的疏港航道,航道规划等级为三级。

刘庄船闸

刘庄枢纽位于江苏省盐城市大丰区境内的刘庄镇新团河上,由1座船闸和1孔宽18m的通航孔组成。刘庄枢纽系在拆除原节制闸的基础上,新建船闸和通航孔而成。新船闸和通航孔较原节制闸向下游平移673m,船闸布置在左侧,通航孔布置在右侧,两闸中心线相距23m。船闸等级为Ⅳ级,闸室有效尺度120m×18m×4.0m,最大设计水头1.18m,通航500吨级船舶。该船闸除在遇通榆河洪水时关闭外,一般常年开通闸运行,设计单向通过能力1832万t/年(船闸和通航孔合计总通过量)。船闸上游校核洪水位3.8m,下游校核洪水位2.0m。船闸上游设计最高通航水位2.68m,最低通航水位0.7m;下游设计最高通航水位2.0m,最低通航水位0.7m。船闸引航道采用不对称型布置,船闸与通航闸孔共用上、下游引航道,船闸引航道停泊段均位于左侧岸边,上、下游船舶过闸均采取"直进曲出"的方式。上、下游引航道直线段总长分别为658.2m和619.6m,其中导航段长均为65m(沿船闸轴线的投影),调顺段长分别为400m和235m,上、下游停泊段长均为100m。上、下游共用引航道宽均为50m,设计水深2.5m。船闸上、下闸首和闸室均采用整体式结构,输水系统采用提升上卧门门下输水。刘庄枢纽及刘庄船闸于2010年12月开工,2012年12月建成通航。

刘庄船闸技术参数见表4-16-1。刘庄船闸鸟瞰图如图4-16-1所示。刘庄船闸布置如图4-16-2所示。

刘庄船闸技术参数表　　　　　　　　　　表4-16-1

河流名称			新团河	建设地点		江苏省盐城市大丰区
船闸有效尺度(m)			120×18×4.0	最大设计水头(m)		1.18
吨级			500	过闸时间(min)		30
门型	闸门	上游	平板提升门	启闭形式	闸门	上游	扬机式
		下游	平板提升门			下游	扬机式
	阀门	上游	无		阀门	上游	无
		下游	无			下游	无

续上表

结构形式	上闸首	整体式		输水系统	形式	提升上卧门门下输水
	下闸首	整体式			平均时间(min)	通闸运行
	闸室	整体式			廊道尺寸(m)	无
设计通航水位(m)	上游	最高	2.68		设计年通过能力(单线单向,万t)	1832(船闸和通航孔合计总通过量)
		最低	0.7		桥梁情况	上引航道公路桥
	下游	最高	2.0		建成年份(年)	2012
		最低	0.7			

图 4-16-1　刘庄船闸鸟瞰图

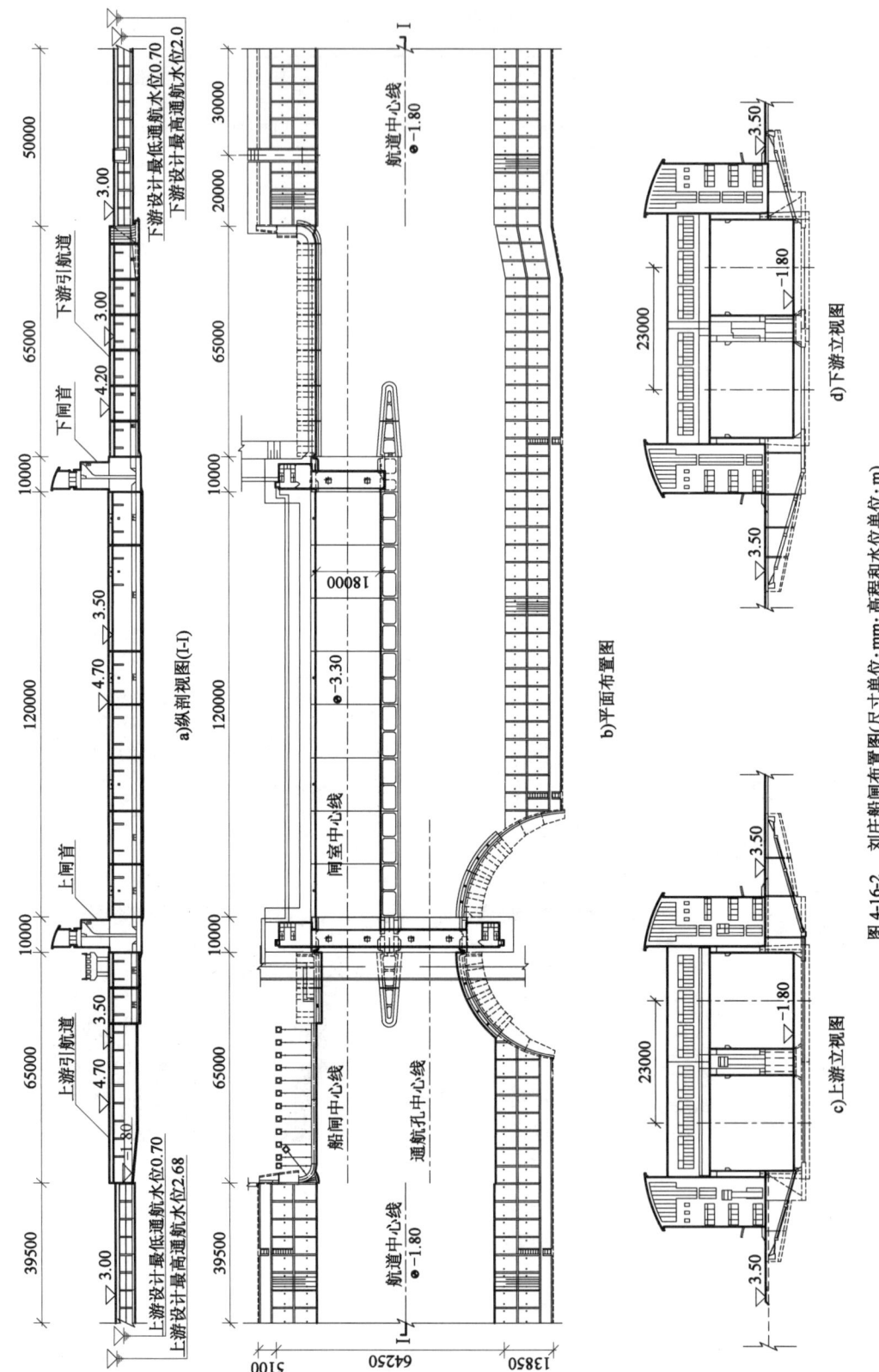

图 4-16-2 刘庄船闸布置图(尺寸单位:mm;高程和水位单位:m)

第十七节 古泊河通航建筑物

古泊河位于江苏省宿迁市、连云港市境内,是一条具有防洪、排涝、供水、灌溉、航运等综合功能的河道。古泊河航道是宿连航道的重要组成部分,起于沭新南船闸下游引航道,经古泊河船闸后,接盐河航道,全长65.5km,航道规划等级为三级。

古泊河船闸

古泊河船闸位于江苏省宿迁市沭阳县境内的桑墟镇宿连航道上,上接淮沭新河航道,下接古泊河航道,该工程系拆除原有水坡,改建为船闸的工程。船闸中心线基本沿原有水坡中心线布置,船闸上闸首上游面距水坡下游坡首约220m,船闸等级为Ⅴ级,闸室有效尺度180m×23m×4.0m,最大设计水头6.69m,通航300吨级兼顾500吨级船舶,设计单向通过能力1750万t/年。船闸上游设计最高通航水位7.91m(85高程系统,下同),最低通航水位5.31m;下游设计最高通航水位4.61m,最低通航水位1.21m。船闸引航道采用准对称型布置,上、下游引航道均向两侧扩宽,上游主导航墙及停泊段位于右侧,下游主导航墙及停泊段位于左侧,船舶过闸均采取"曲进曲出"的方式。上、下游引航道直线段长均为300m,其中导航调顺段长120m,停泊段长180m,各布置9个中心距20m的靠船墩。上游主、辅导航墙分别以斜率1∶5.3和1∶5.5的直线向两侧扩宽,扩宽段沿船闸轴线的投影长均为60m,其上游分别与停泊段左右两侧护岸相衔接。下游主、辅导航墙均以斜率1∶5的斜线向两侧扩宽,扩宽段在船闸轴线的投影长分别为60m和35m;主、辅导航墙下游端均以半径5m、中心角90°的圆弧与北、南两侧岸坡相接。上、下游引航道宽均为60m,设计最水深3.2m。船闸上、下闸首和闸室均采用整体式结构,船闸输水系统采用闸首短廊道集中输水。古泊河船闸改建工程于2013年4月开工,2015年通航。

古泊河船闸技术参数见表4-17-1。古泊河船闸鸟瞰图如图4-17-1所示。古泊河船闸布置如图4-17-2所示。

古泊河船闸技术参数表 表4-17-1

河流名称		古泊河		建设地点		江苏省宿迁市沭阳县
船闸有效尺度(m)		180×23×4.0		最大设计水头(m)		6.69
吨级		300(兼顾500)		过闸时间(min)		36.0
门型	闸门	上游	人字门	启闭形式	闸门	上游	液压
		下游	人字门			下游	液压
	阀门	上游	平板门		阀门	上游	液压
		下游	平板门			下游	液压

续上表

结构形式	上闸首	整体式	输水系统	形式	闸首短廊道集中输水
	下闸首	整体式		平均时间(min)	8.0
	闸室	整体式		廊道尺寸(m)	3×3.5
设计通航水位(m)	上游	最高	7.91	设计年通过能力(单线单向,万t)	1750
		最低	5.31	桥梁情况	上闸首闸公路桥,上游引航道交通桥
	下游	最高	4.61		
		最低	1.21	建成年份(年)	2015

图4-17-1 古泊河船闸工程鸟瞰图

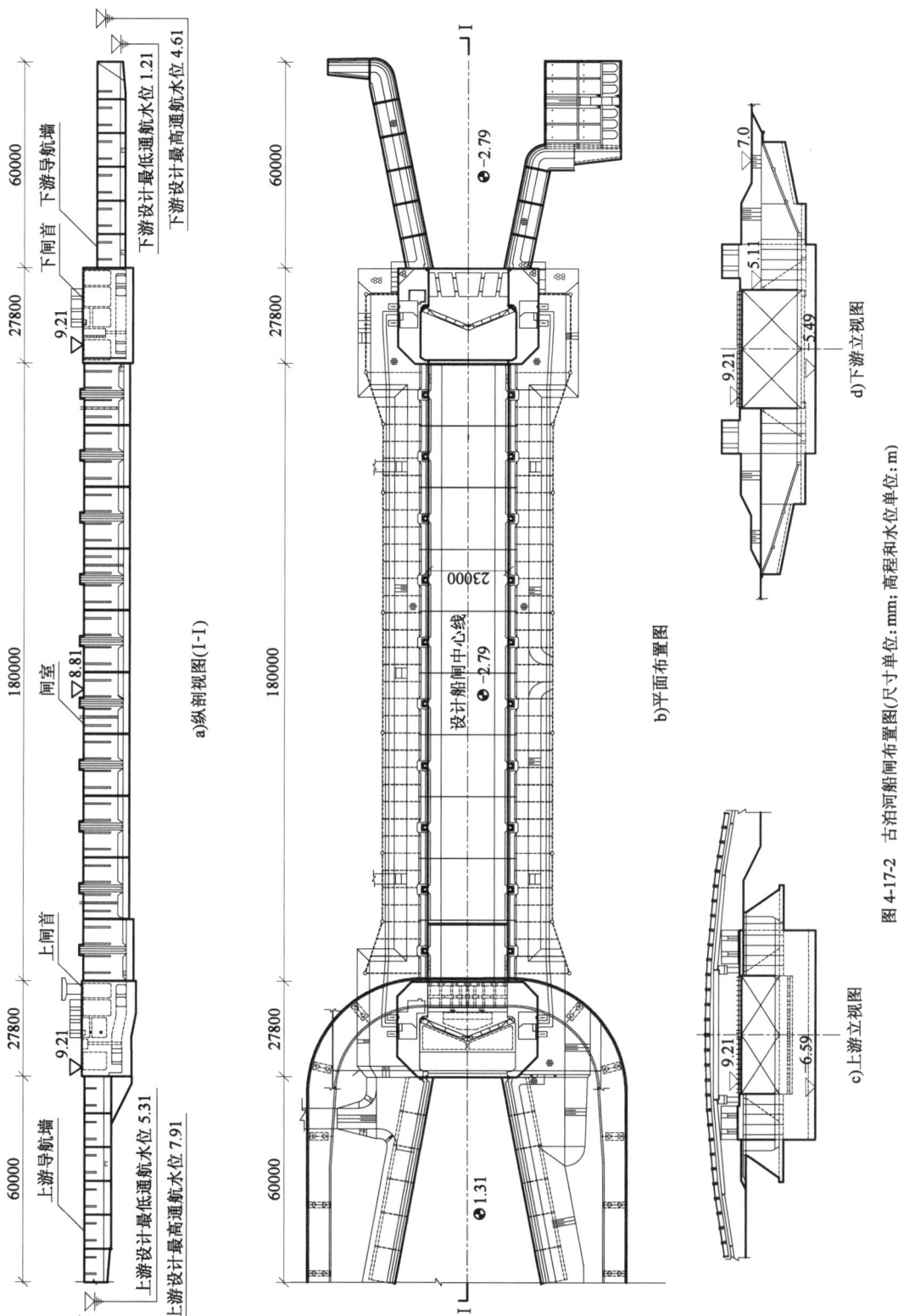

图 4-17-2 古泊河船闸布置图(尺寸单位:mm;高程和水位单位:m)

第十八节　成子河通航建筑物

成子河位于宿迁市泗阳县境内,涉及淮河流域的淮河、沂沭泗水系,跨洪泽湖周边及以上地区、废黄河独立排水区。成子河航道起于京杭大运河,终于洪泽湖北线,全长33km,航道规划等级为三级。

成子河船闸

成子河船闸位于江苏省宿迁市泗阳县境内、成子河与京杭大运河交汇处,上闸首距上游京杭大运河中心线1062m,下闸首距下游成子河航道与古黄河交汇处约440m,是宿迁市规划的洪泽湖北线航道的关键节点。成子河航道等级为三级,船闸等级为Ⅳ级,闸室有效尺度180m×18m×4.0m,最大设计水头4.67m,通航500吨级货船、1顶2×500吨级船队和1拖5×500吨级船队,设计单向通过能力为1980万t/年。船闸上游校核洪水位17.83m(85高程系统,下同)。上游设计最高通航水位16.83m,最低通航水位14.83m;下游设计最高通航水位14.33m,最低通航水位11.33m。船闸引航道采用反对称型布置,上、下游引航道向左右两侧均有扩宽,上游主导航墙及靠船建筑物位于右侧,下游主导航墙及靠船建筑物位于左侧,上、下游船舶过闸均采取"曲进直出"的方式。上游引航道直线段总长448m,其中右侧主导墙导航调顺段采用 $y=x/6$ 的斜直线进行扩展,导航调顺段长148m,上游停泊段长200m,布置10个中心距20m的靠船墩,停泊段上游制动段长100m;左侧辅导航墙采用 $y=x/5$ 的斜直线略扩展后与上游直线岸坡衔接。下游引航道直线段总长438m,其中左侧主导航墙导航调顺段采用 $y=x/6$ 的斜直线进行扩展,导航调顺段长148m,下游停泊段长200m,布置10个中心距20m的靠船墩,停泊段下游制动段长100m;右侧辅导航墙采用 $y=x/5$ 的斜直线和半径25m的圆弧略扩展后,与下游直线岸坡衔接。上、下游引航道宽均为45m,设计水深3.2m。船闸上、下闸首和闸室均采用整体式结构,船闸输水系统采用环形短廊道输水,上游格栅式帷墙消能室消能,下游带消力槛的对冲消能。该船闸于2013年4月开工,2015年12月建成通航。

成子河船闸技术参数见表4-18-1。成子河船闸鸟瞰图如图4-18-1所示。成子河船闸布置如图4-18-2所示。

成子河船闸技术参数表　　　　表4-18-1

河流名称	成子河	建设地点	江苏省宿迁市泗阳县
船闸有效尺度(m)	180×18×4.0	最大设计水头(m)	4.67
吨级	500	过闸时间(min)	30~40

续上表

门型	闸门	上游	人字门	启闭形式	闸门	上游	液压
		下游	人字门			下游	液压
	阀门	上游	平板门		阀门	上游	液压
		下游	平板门			下游	液压
结构形式	上闸首	整体式		输水系统	形式		短廊道集中输水
	下闸首	整体式			平均时间(min)		7.0
	闸室	整体式			廊道尺寸(m)		3×3.5
设计通航水位(m)	上游	最高	16.83	设计年通过能力(单线单向,万t)			1980
		最低	14.83	桥梁情况			上闸首公路桥
	下游	最高	14.33	建成年份(年)			2018
		最低	11.33				

图 4-18-1 成子河船闸鸟瞰图

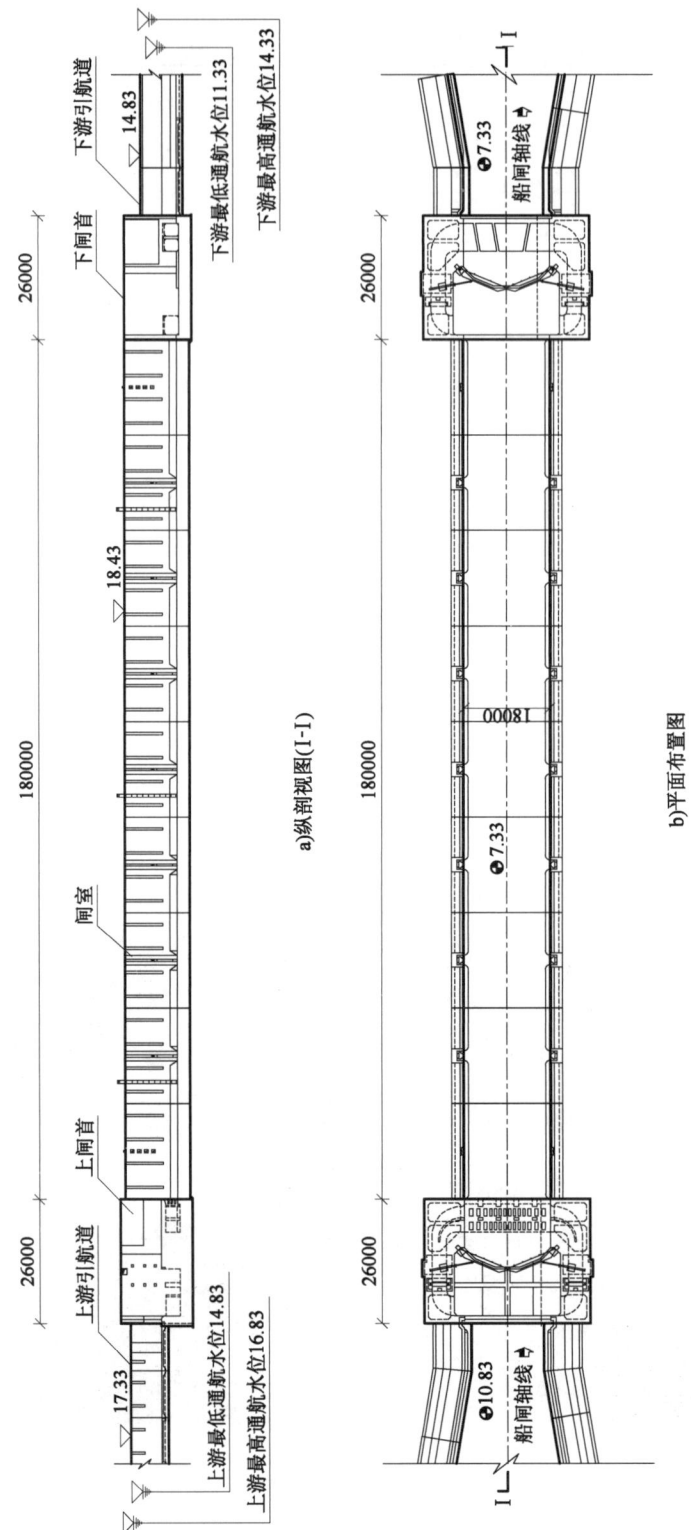

图 4-18-2 成子河船闸布置图(尺寸单位:mm;高程和水位单位:m)

第十九节　徐洪河通航建筑物

徐洪河是一条集输水、排涝、灌溉和航运等功能于一体的河道,起自徐州市孟家沟港东约 5km 与京杭运河徐扬段交汇处的荆山桥口,向南流经睢宁县,至宿迁市泗洪县的顾勒河口入洪泽湖,全长 187.0km,航道规划等级为三级。目前徐洪河上建设有刘集、沙集和泗洪三个梯级。

徐红河作为徐宝线航道的重要组成部分,是贯穿江苏省南北、与京杭运河平行的一条水运大动脉,对于分流苏北运河航道货运量、改善苏北地区航运条件、带动县域经济发展起到重要作用。

刘集船闸

刘集船闸位于江苏省邳州市境内的八路镇,船闸闸址距邳州市区约 14km,是沟通徐洪河和苏北运河航运的枢纽工程。船闸等级为Ⅳ级,闸室有效尺度 160m×16m×3.0m,最大设计水头 6.5m,通航 300 吨级兼顾 500 吨级船舶,设计单向通过能力 602 万 t/年。船闸上游设计最高通航水位 26.0m(废黄河高程,下同),最低通航水位 20.5m;下游设计最高通航水位 22.5m,最低通航水位 19.5m。船闸引航道采用不对称型布置,上、下游引航道均向两侧扩宽,主导航墙及停泊段均布置在左侧,上、下游船舶过闸均采取"曲进曲出"的方式。上、下游引航道直线段长均为 350m,其中左侧主导航墙均采用斜直线进行扩展,其导航调顺段沿船闸轴线的投影长均为 50m,停泊段长均为 300m,各布置 16 个中心距 20m 的靠船墩。上、下游辅导航墙均采用长 10m 的直线和半径 20m、中心角 90°的圆弧进行扩展,并分别与上、下游护坡衔接。上、下游引航道宽分别为 34m 和 28m,设计水深 2.5m。船闸上、下闸首和闸室均采用整体式结构,船闸输水系统采用集中输水,上游格栅式帷墙消能室消能,下游带消力槛的对冲消能。该船闸于 2018 年建成通航。

刘集船闸技术参数见表 4-19-1。刘集船闸鸟瞰图如图 4-19-1 所示。刘集船闸布置如图 4-19-2 所示。

刘集船闸技术参数表　　表 4-19-1

河流名称		徐洪河		建设地点		江苏省邳州市	
船闸有效尺度(m)		160×16×3.0		最大设计水头(m)		6.5	
吨级		300		过闸时间(min)		45	
门型	闸门	上游	人字门	启闭形式	闸门	上游	液压
		下游	人字门			下游	液压
	阀门	上游	平板门		阀门	上游	液压
		下游	平板门			下游	液压

续上表

结构形式	上闸首	整体式		输水系统	形式	短廊道集中输水
	下闸首	整体式			平均时间(min)	9
	闸室	整体式			廊道尺寸(m)	3.2×3.5
设计通航水位(m)	上游	最高	26.0	设计年通过能力(单线单向,万t)		602
		最低	20.5	桥梁情况		上闸首交通桥
	下游	最高	22.5			
		最低	19.5	建成年份(年)		2018

图 4-19-1 刘集船闸鸟瞰图

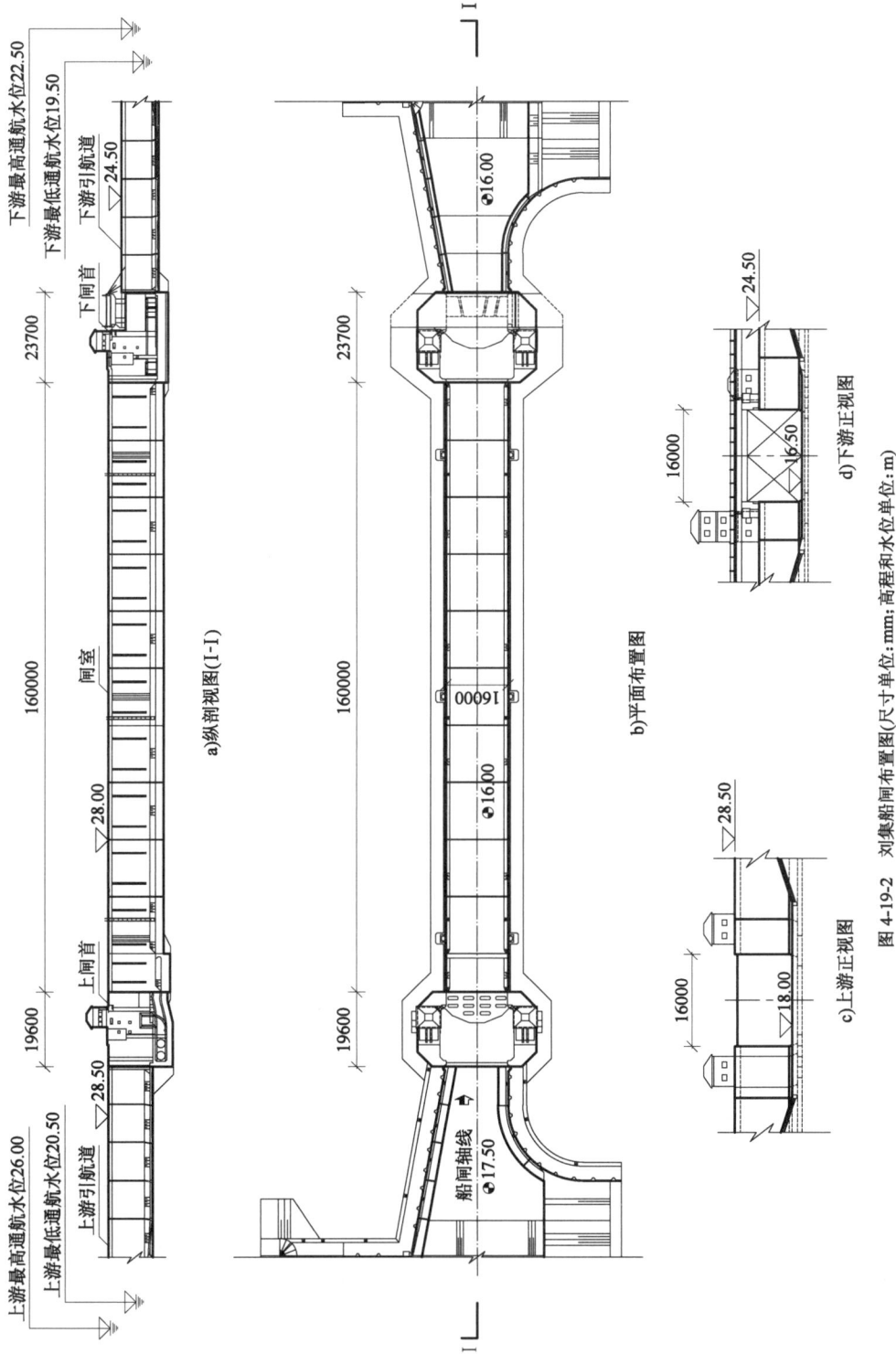

图 4-19-2 刘集船闸布置图（尺寸单位：mm；高程和水位单位：m）

第二十节　秦淮河通航建筑物

秦淮河有南北两源,北源句容河发源于句容市宝华山南麓,南源溧水河发源于南京市溧水区东庐山,两河在南京市江宁区方山埭西北村汇合成秦淮河干流,由东向西横贯南京市区,从西水关流出,注入长江。秦淮河1975—1979年开凿秦淮新河,提高了南京城区的防洪能力。秦淮河全长110km,流域面积2631km²。

秦淮河主要支流有汤水河、索墅河、解溪河,干流常年可通航,航道等级现状为四级和五级,航道规划等级为三级,建有秦淮河船闸。

秦淮河船闸

秦淮河枢纽位于南京市城区,北侧为建邺区的河西地区,南侧为雨花区,该枢纽由节制闸、抽水站和船闸等组成,是集防洪、排灌和航运等为一体的综合性枢纽。秦淮河船闸位于秦淮新河段下游,距入江口约2km,是沟通长江干线航道和南京市内河航道的唯一通江口门船闸。

秦淮河船闸位于秦淮河枢纽北侧、节制闸右侧,中间用分流岛分隔,下闸首与节制闸齐平。船闸等级为Ⅳ级,闸室有效尺度165m×18m×4.0m,最大设计水头5.5m/2.29m(正向/反向),通航500吨级兼顾1000吨级船舶,设计单向通过能力1080万t/年。船闸上游设计洪水位10.5m(吴淞高程,下同),下游设计洪水位11.07m。上游设计最高通航水位10.17m,最低通航水位4.5m;下游设计最高通航水位10.29m,最低通航水位2.50m。船闸引航道采用反对称型布置,上、下游引航道均向两侧扩宽,上游主导航墙及停泊段位于右侧,下游主导航墙及停泊段位于左侧,船舶过闸均采取"曲进曲出"的方式。上游引航道直线段长200m,其中右侧主导航墙导航调顺段按1∶10的斜度进行扩宽,导航调顺段沿船闸轴线的投影长50m,上游停泊段长150m,布置9个靠船墩;左侧辅导航墙以长10m的直线与半径31.5m、中心角90°的圆弧与上游引航道南侧岸坡连接,扩宽段沿船闸轴线的投影长41.5m。下游引航道直线段长200m,其中左侧主导航墙导航调顺段按1∶10的斜度向进行扩宽,导航调顺段长51.8m,下游停泊段长150m,布置9个靠船墩;右侧辅导航墙以长10m的直线与半径31.5m、中心角90°的圆弧与下游引航道北侧岸坡连接,扩宽段沿船闸轴线的投影长41.5m。上、下游引航道宽均为40m,设计最水深3.0m。船闸上、下闸首和闸室均采用整体式结构,船闸输水系统采用短廊道集中输水加三角门门缝输水形式。该船闸于2012年4月开工,2013年12月建成通航。

秦淮河船闸技术参数见表4-20-1。秦淮河船闸鸟瞰图如图4-20-1所示。秦淮河船闸布置如图 4-20-2 所示。

秦淮河船闸技术参数表 表 4-20-1

河流名称			秦淮河	建设地点		江苏省南京市
船闸有效尺度(m)			165×18×4.0	最大设计水头(m)		5.5/2.29（正向/反向）
吨级			500（兼顾1000）	过闸时间(min)		30.0
门型	闸门	上游	三角门	启闭形式	闸门 上游	液压
		下游	三角门		闸门 下游	液压
	阀门	上游	平板门		阀门 上游	液压
		下游	平板门		阀门 下游	液压
结构形式	上闸首		整体式	输水系统	形式	短廊道集中输水+三角门门缝输水
	下闸首		整体式		平均时间(min)	6.0
	闸室		整体式		廊道尺寸(m)	3.0×3.0
设计通航水位(m)	上游	最高	10.17	设计年通过能力（单线单向,万t）		1080
		最低	4.50	桥梁情况		下闸首交通桥
	下游	最高	10.29	建成年份(年)		2015
		最低	2.50			

图 4-20-1 秦淮河船闸鸟瞰图

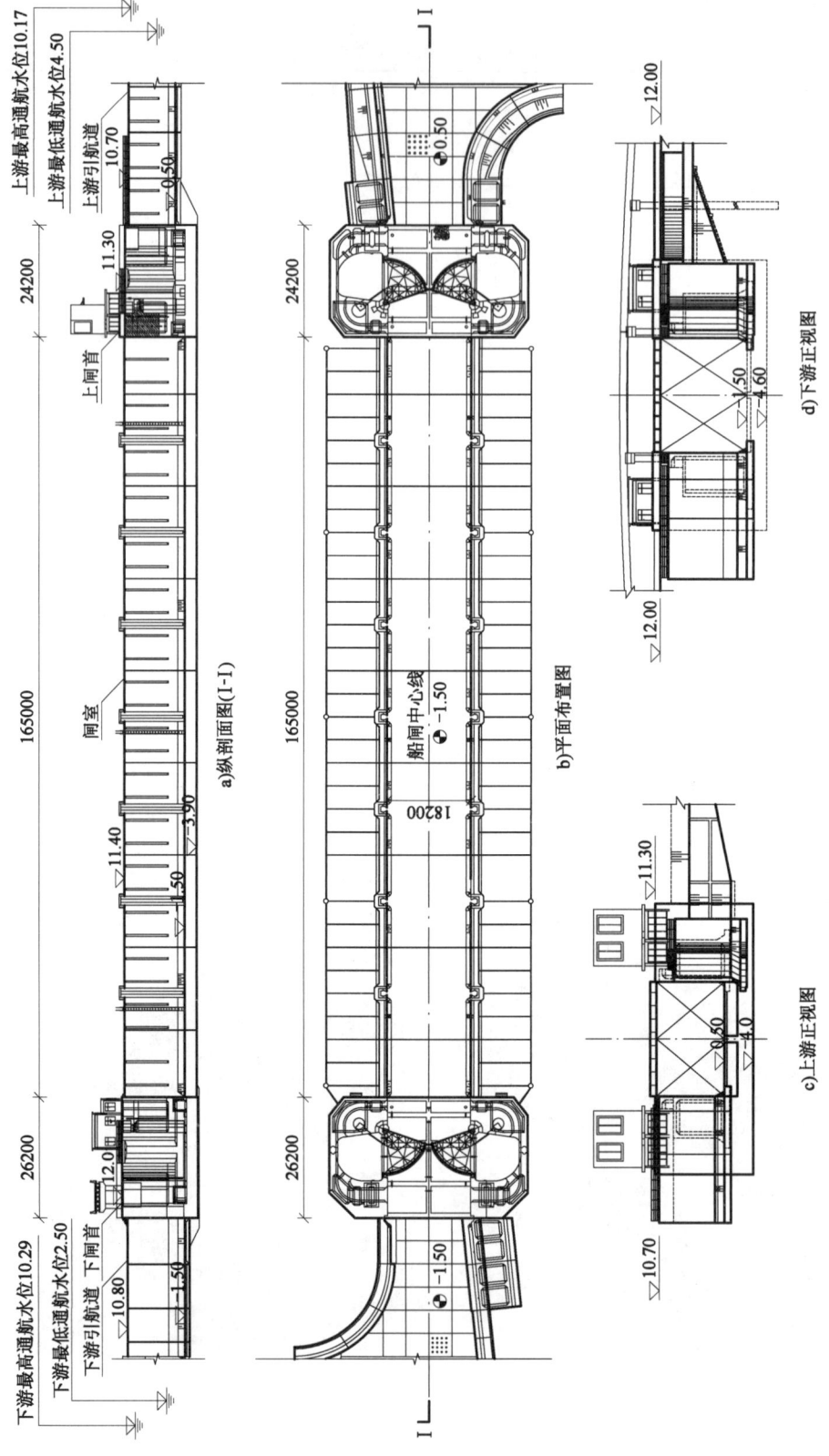

图 4-20-2 秦淮河船闸布置图（尺寸单位：mm；高程和水位单位：m）

第二十一节 划子河通航建筑物

划子河位于南京市境内,是滁河入江的通道之一,沟通滁河和长江,全长8.07km,航道规划等级为五级。

玉带船闸

玉带船闸位于南京市六合区龙袍镇和玉带镇交接处、划子河入江口门附近长江龙潭水道的左岸。划子河是滁河入江通道之一,沟通滁河和长江,全长8.07km,规划航道等级为五级。为控制滁河水位,在距划子河河口约600m处修建不通航的节制闸,划子河玉带船闸与划子口节制闸并列,共同组成长江挡水线。

玉带船闸布置在划子河右岸,闸室位于长江四桥引桥桥下,船闸中心线与节制闸中心线平行,两闸中心线相距约104m。船闸下闸首与改建的划子口节制闸错位布置,两闸之间由长约400m的长江防洪大堤连接。船闸等级为Ⅴ级,闸室有效尺度160m×18m×4m,该船闸为承受双向水头船闸,最大设计水头3.97m/2.63m(正向/反向),通航300吨级货船、6×300吨级拖带船队和2×300吨级顶推船队,设计单向通过能力970万t/年(下行)。船闸下闸首按二级水工建筑物设计,上闸首、闸室按三级水工建筑物设计,船闸上游设计洪水位7.78m($P=2\%$),下游设计洪水位8.45m($P=1\%$)。上游设计最高通航水位7.50m($P=10\%$),最低通航水2.1m(保证率95%);下游设计最高通航水位7.70m($P=10\%$),最低通航水位0.60m(保证率95%)。船闸引航道采用反对称型布置,上游引航道采用半径50m的圆弧向左侧扩展,主导航墙及靠船建筑物位于右侧,下游引航道采用半径50m的圆弧向右侧扩展,主导航墙及靠船建筑物位于左侧,上、下游船舶过闸均采取"直进曲出"的方式。上、下游引航道直线段长均为380m,其中导航段长50m、调顺段长150m、停泊段长180m,各布置13个中心距15m的靠船墩。上游引航道上游通过长约220m的直线段航道与划子河主航道相接,引航道出口中心线与划子河主航道夹角约13°;下游引航道下游通过半径为500m的反曲线与长江相衔接。上、下游引航道宽均为40m,设计水深3.5m。船闸上、下闸首和闸室均采用整体式结构,船闸输水系统采用无消能室的环形短廊道集中输水加三角门门缝输水形式。该船闸于2009年3月开工,2012年6月建成通航。

玉带船闸技术参数见表4-21-1。玉带船闸鸟瞰图如图4-21-1所示。玉带船闸布置如图4-21-2所示。

玉带船闸技术参数表　　　　　　　　　　　　表 4-21-1

河流名称			划子河	建设地点		江苏省南京市六合区
船闸有效尺度(m)			160×18×4	最大设计水头(m)		3.97/2.63（正向/反向）
吨级			300 吨级货船 6×300 吨级拖带船队 和 2×300 吨级顶推船队	过闸时间(min)		32.6
门型	闸门	上游	三角门	启闭形式	闸门	上游	滚珠丝杆
		下游	三角门			下游	滚珠丝杆
	阀门	上游	平板门		阀门	上游	液压
		下游	平板门			下游	液压
结构形式	上闸首		整体式	输水系统	形式	短廊道集中输水
	下闸首		整体式		平均时间(min)	7.17
	闸室		整体式		廊道尺寸(m)	2.5×3.0（高×宽）
设计通航 水位(m)	上游	最高	7.50	设计年通过能力 (单线单向,万 t)		970
		最低	2.1	桥梁情况		上闸首公路桥, 跨闸人行桥
	下游	最高	7.70			
		最低	0.60	建成年份(年)		2012

图 4-21-1　玉带船闸鸟瞰图

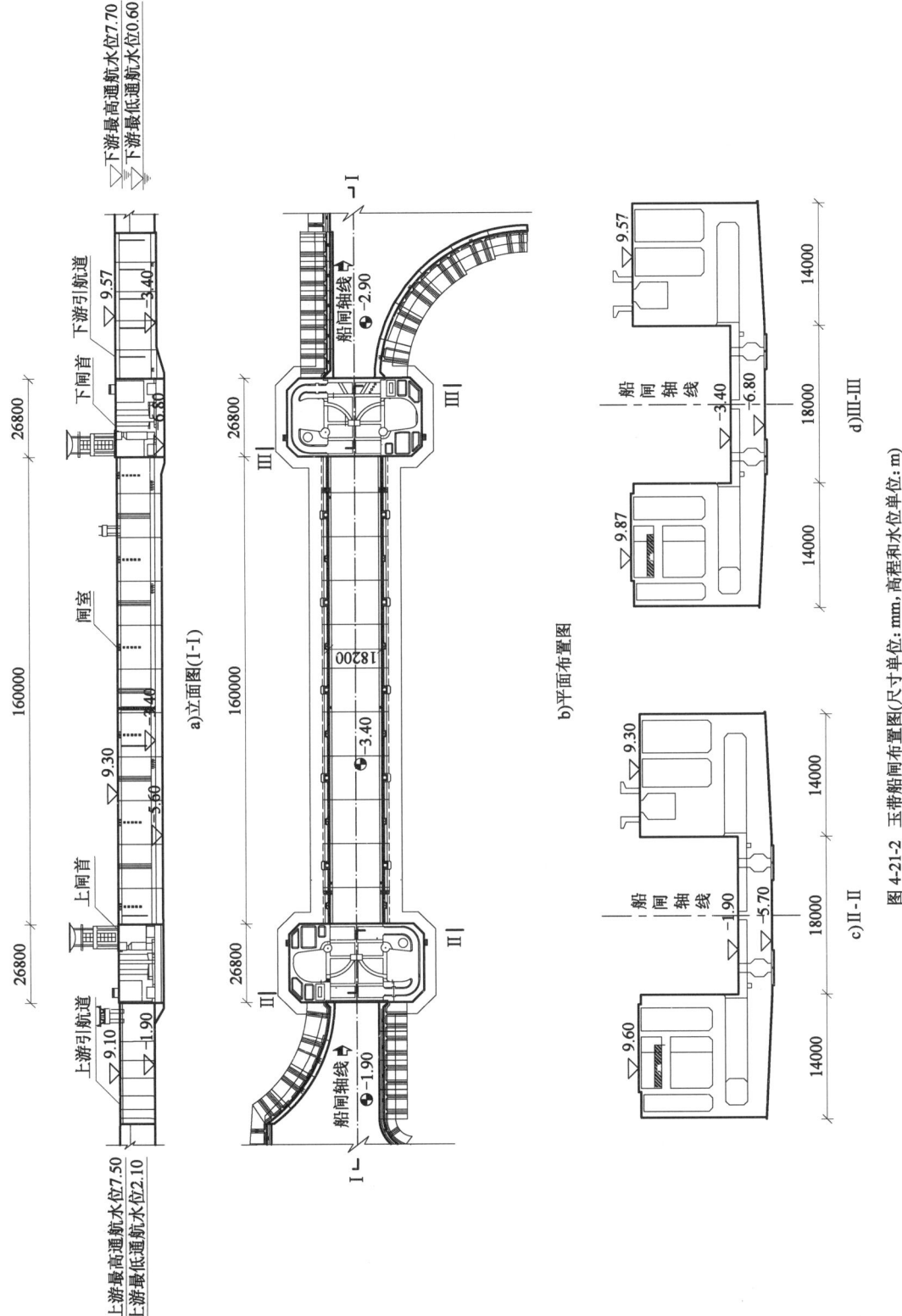

图 4-21-2 玉带船闸布置图(尺寸单位:mm,高程和水位单位:m)

第五章
京杭运河与淮河水系通航建筑物

第一节 京杭运河通航建筑物

京杭运河是世界上里程最长、工程最大的古代运河,也是最古老的运河之一,是中国古代劳动人民创造的一项伟大工程,是中国文化地位的象征之一。京杭运河南起杭州,北到北京,途经今浙江、江苏、山东、河北四省及天津、北京两市,贯通海河、黄河、淮河、长江、钱塘江五大水系,主要水源为南四湖(山东省微山县微山湖)、东平湖。京杭运河全长约1797km。

京杭运河大致可分为通惠河、北运河、南运河、鲁运河、中运河、里运河、江南运河7段。京杭运河的通航里程为1442km,其中全年通航里程为877km,主要分布在山东黄河以南、江苏和浙江。目前京杭运河东平湖至济宁69km为三级航道,远景按二级控制;济宁至扬州646.5km规划为二级航道;镇江至杭州主航道291.4km规划为三级航道;常州、杭州市区老航道80.6km维持现在的四、五级航道,京杭运河干线上规划有八里湾、梁山、任城、微山、韩庄等21座船闸。京杭运河流域规划如图5-1-1所示。

京杭运河江苏段全长约687km,是长江三角洲和江苏干线航道网最重要的组成部分,京杭运河蜿蜒南北,与长江呈"十"字形交叉。以长江为界,京杭运河江苏段长江以北称为苏北运河,京杭运河长江以南称为苏南运河。

苏北运河起自苏鲁交界,南至扬州六圩口,途经徐州、宿迁、淮安、扬州四市十四县区,沟通江、淮、沂、泗水系,是一条集航运、防洪、灌溉、南水北调、生产生活用水等多功能于一体的"黄金水道",全线长451km,已达国家内河二级航道标准,是我国内河航道中等级最高、里程最长、渠化程度最好、船闸设施完善的运河。航道共有11个通航梯级,自上而下分别为蔺家坝、解台、刘山、皂河、宿迁、刘老涧、泗阳、淮阴、淮安、邵伯和施桥船闸。

苏南运河,又称江南运河,位于长江下游的太湖水网平原,沟通长江与太湖水系,穿越流域腹地和太湖下游水系,是国家水运主通道京杭大运河的重要组成部分,起着水量调节与转承作用,贯穿苏州、无锡、常州、镇江四市,北起镇江长江谏壁口门,南至江浙交界的鸭子坝,全长约212km,已达国家内河三级航道标准。苏南运河在沿江口门设有谏壁船闸。

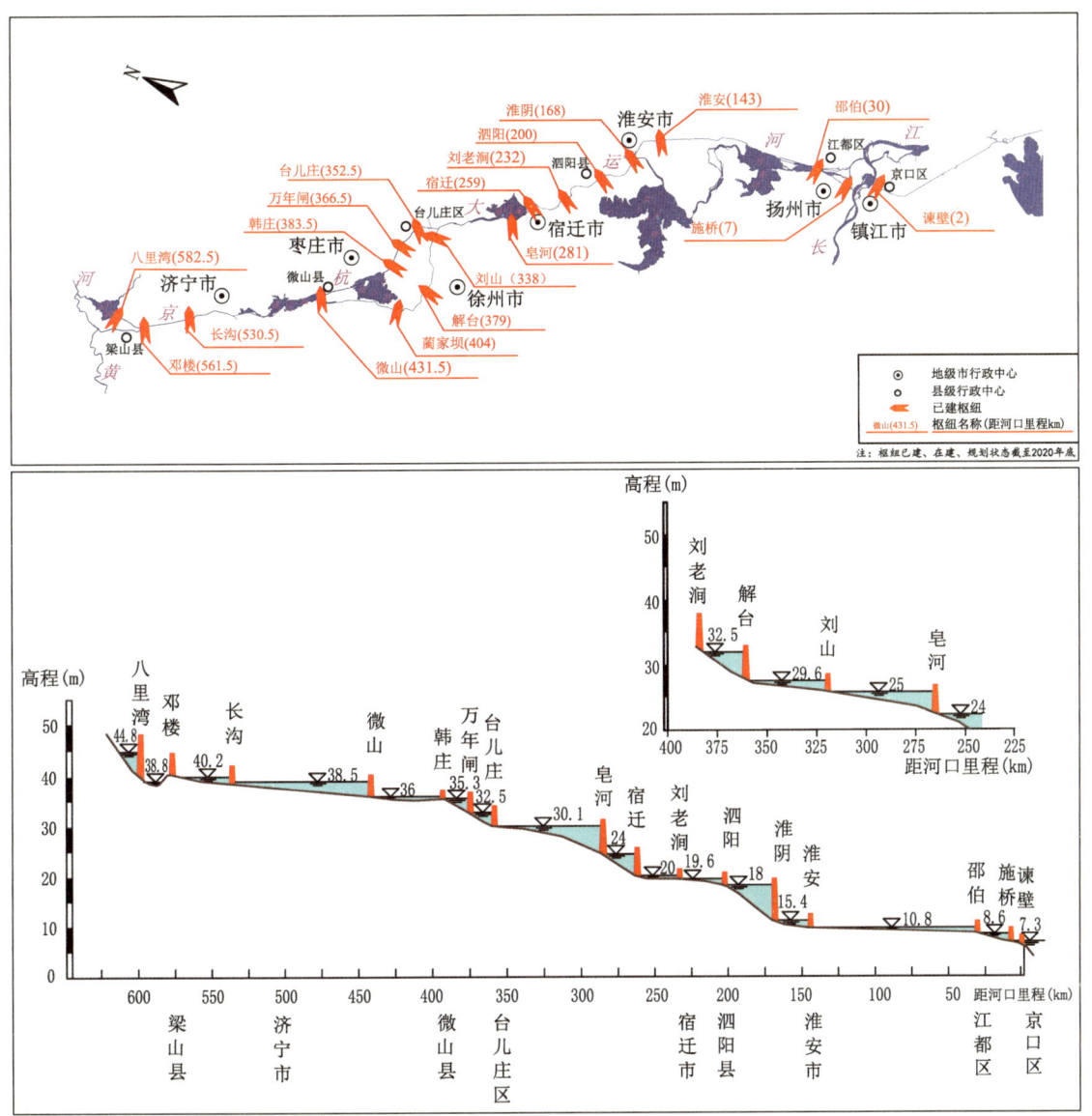

图 5-1-1 京杭运河流域规划图

一、八里湾船闸

八里湾船闸位于山东省泰安市东平县境内，下距梁山（邓楼）船闸约 22km，是连接南四湖与东平湖航线的重要梯级船闸，该船闸设在东平湖新湖区范围内，是京杭运河航道进入东平湖老湖区的通航建筑物。该船闸亦是京杭运河续建工程（济宁—东平湖段）的重要组成部分，是国家南水北调东线一期南四湖至东平段输水与航运结合工程。

八里湾船闸布置在柳长河以东，呈东北—西南走向，船闸轴线与四分干渠基本正交，与柳长河道轴线夹角约 25°；船闸上闸首距大堤约 1030m，上游引航道中心线与大堤轴线夹角约 79°，是京杭运河由东平湖新湖区的柳长河进入东平湖老湖区内航道的通航建筑物。八里湾船闸等级为Ⅱ级,闸室有效尺度 230m×23m×5.0m,最大设计水头 6.38m,通航 1 顶 2×2000 吨级船队,设计单向通过能力 2440 万 t/年。船闸上游校核洪水位 44.8m,下游校核洪水位 43.8m。上游设计最高通航水位 42.8m,最低通航水位 39.3m;下游设计最高通航水位 38.82m,最低通航水位 36.42m。船闸引航道采用反对称型布置,上游引航道主导航墙位于右侧,下游引航道主导航墙位于左侧,上、下游船舶过闸均采取"曲进直出"的方式。上、下游主导航墙导航调顺段采用 $y=x^2/1000$ 二次曲线与斜率为 $y=x/6$ 的直线连接,沿船闸轴线的投影长均为 213m,上、下游停泊段长均为 400m,各布置 16 个中心距 25m 的靠船墩;辅导航墙均采用半径为 23.5m 的圆弧线和直线进行扩展,并与上、下游新建大堤衔接;上、下游引航道宽均为 60m,设计水深 3.35m。船闸上、下闸首和闸室均采用整体式结构,船闸输水系统采用短廊道集中输水,下游采用对冲消能。八里湾船闸于 2012 年 6 月开工,2015 年 6 月具备通航能力。

八里湾船闸技术参数见表 5-1-1。八里湾船闸鸟瞰图如图 5-1-2 所示。八里湾船闸布置如图 5-1-3 所示。

八里湾船闸技术参数表 表 5-1-1

河流名称			京杭运河	建设地点		山东省泰安市东平县
船闸有效尺度(m)			230×23×5.0	最大设计水头(m)		6.38
吨级			1 顶 2×2000	过闸时间(min)		42.2
门型	闸门	上游	人字门	启闭形式	闸门 上游	液压直推式
		下游	人字门		下游	液压直推式
	阀门	上游	平板门		阀门 上游	液压直推式
		下游	平板门		下游	液压直推式
结构形式	上闸首		整体式	输水系统	形式	集中输水
	下闸首		整体式		平均时间(min)	8.0
	闸室		整体式		廊道尺寸(m)	4×3
设计通航水位(m)	上游	最高	42.80	设计年通过能力(单线单向,万 t)		2440
		最低	39.30	桥梁情况		大堤交通桥,跨闸人行桥,八里湾公路桥
	下游	最高	38.82			
		最低	36.42	建成年份(年)		2015

a) b)

图 5-1-2 八里湾船闸鸟瞰图

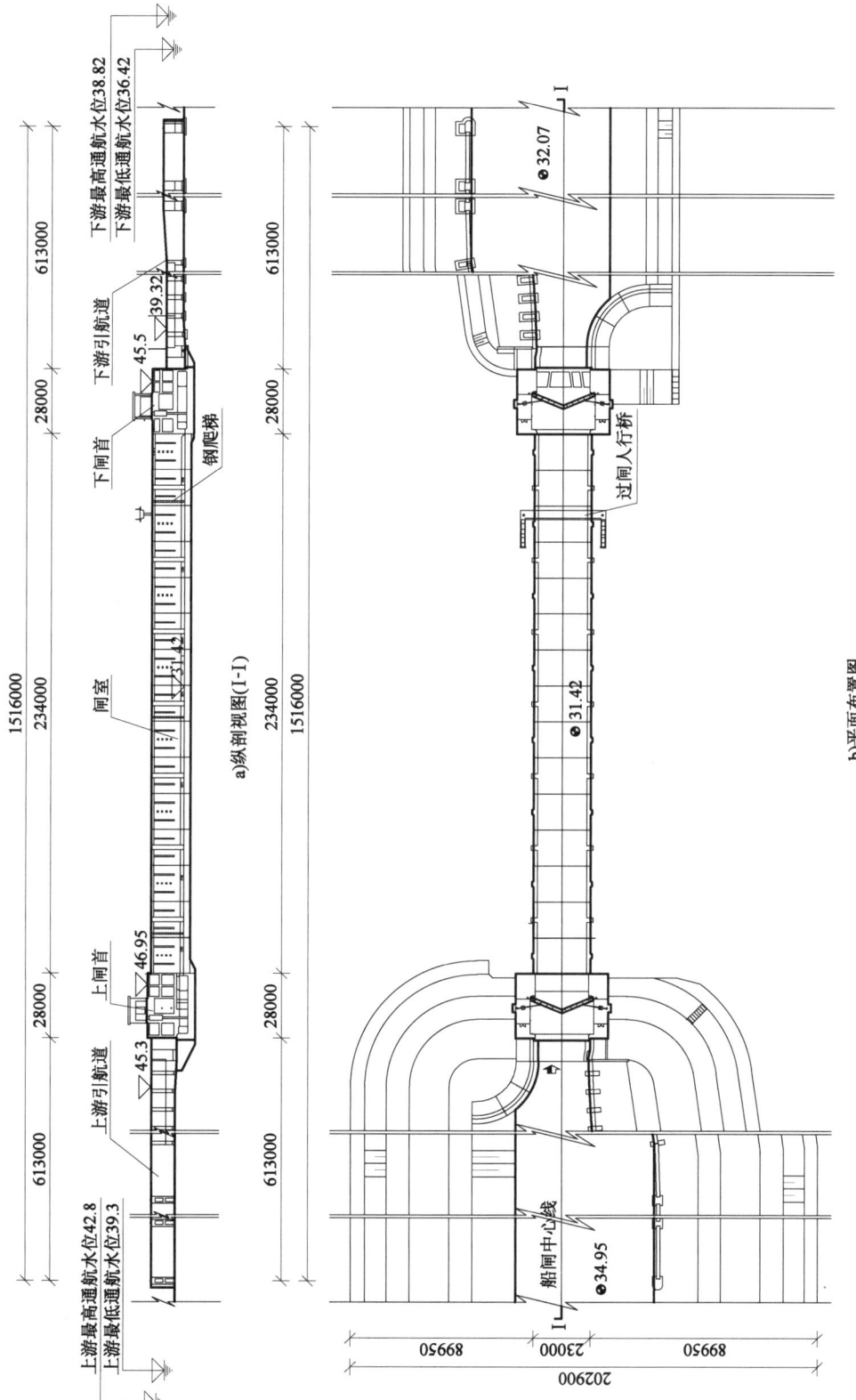

图 5-1-3 八里湾船闸布置图

二、梁山(邓楼)船闸

梁山(邓楼)船闸位于山东省济宁市梁山县境内的京杭运河上,上距八里湾船闸22km,下距任城(长沟)船闸32km。该船闸是京杭运河续建工程(济宁—东平湖段)的重要组成部分,是国家南水北调东线一期南四湖至东平段输水与航运结合工程。梁山(邓楼)船闸与梁山(邓楼)提水泵站中心线平行,轴线距离270m,与东平湖大堤轴线夹角为63°,下游与梁济运河主河槽夹角为37°,上闸首布置在东平湖大堤南坡位置上,闸室和下闸首布置在大堤内。

梁山(邓楼)船闸等级为Ⅱ级,闸室有效尺度230m×23m×5.0m,最大设计水头3.05m,反向-2.81m,通航1顶2×2000吨级船队,设计单向通过能力为2200万t/年。船闸上游校核洪水位43.8m,下游校核洪水位41.34m。上游最高通航水位37.35m($P=20\%$排涝水位),最低通航水位36.42m;下游设计最高通航水位40.16m($P=5\%$洪水位),最低通航水位34.2m。上、下游船舶过闸均采取"曲线进闸、直线出闸"的方式。导航调顺段采用$y=x^2/1000$二次曲线与斜率为$y=x/6$的直线连接,导航调顺段沿船闸轴线的投影长均为223m,上、下游停泊段长均为240m,引航道宽均为60m,引航道直线段总长463m,底高程32.07m。上游引航道以上在穿过蒙馆公路以后,以半径540m向西偏转23°进入新开柳长河主航道,连接段航道全长2230m,宽60m,底高程32.07m。下游引航道穿过梁济运河北大堤后,以半径为540m、中心角37°的圆弧线接入梁济运河主航道,下游连接段长733m,宽60m,底高程29.85m。船闸上、下闸首和闸室均采用整体式结构,船闸输水系统采用短廊道集中输水。该船闸于2015年7月具备通航能力。

梁山(邓楼)航闸技术参数见表5-1-2。梁山(邓楼)船闸鸟瞰图如图5-1-4所示。梁山(邓楼)船闸布置如图5-1-5所示。

梁山(邓楼)船闸技术参数表　　　　表5-1-2

河流名称		京杭运河		建设地点		山东省济宁市梁山县	
船闸有效尺度(m)		230×23×5		最大设计水头(m)		3.05	
吨级		1顶2×2000		过闸时间(min)		33	
门型	闸门	上游	三角门	启闭形式	闸门	上游	液压
		下游	三角门			下游	液压
	阀门	上游	平板门		阀门	上游	液压
		下游	平板门			下游	液压
结构形式	上闸首	整体式		输水系统	形式	短廊道集中输水	
	下闸首	整体式			平均时间(min)	7.0	
	闸室	整体式			廊道尺寸(m)	2.5×3.0	

续上表

设计通航水位(m)	上游	最高	37.35	设计年通过能力（单线单向,万 t）	2200
		最低	36.42	桥梁情况	上引航道交通桥
	下游	最高	40.16	建成年份(年)	2015
		最低	34.20		

a)

b)

图 5-1-4　梁山(邓楼)船闸鸟瞰图

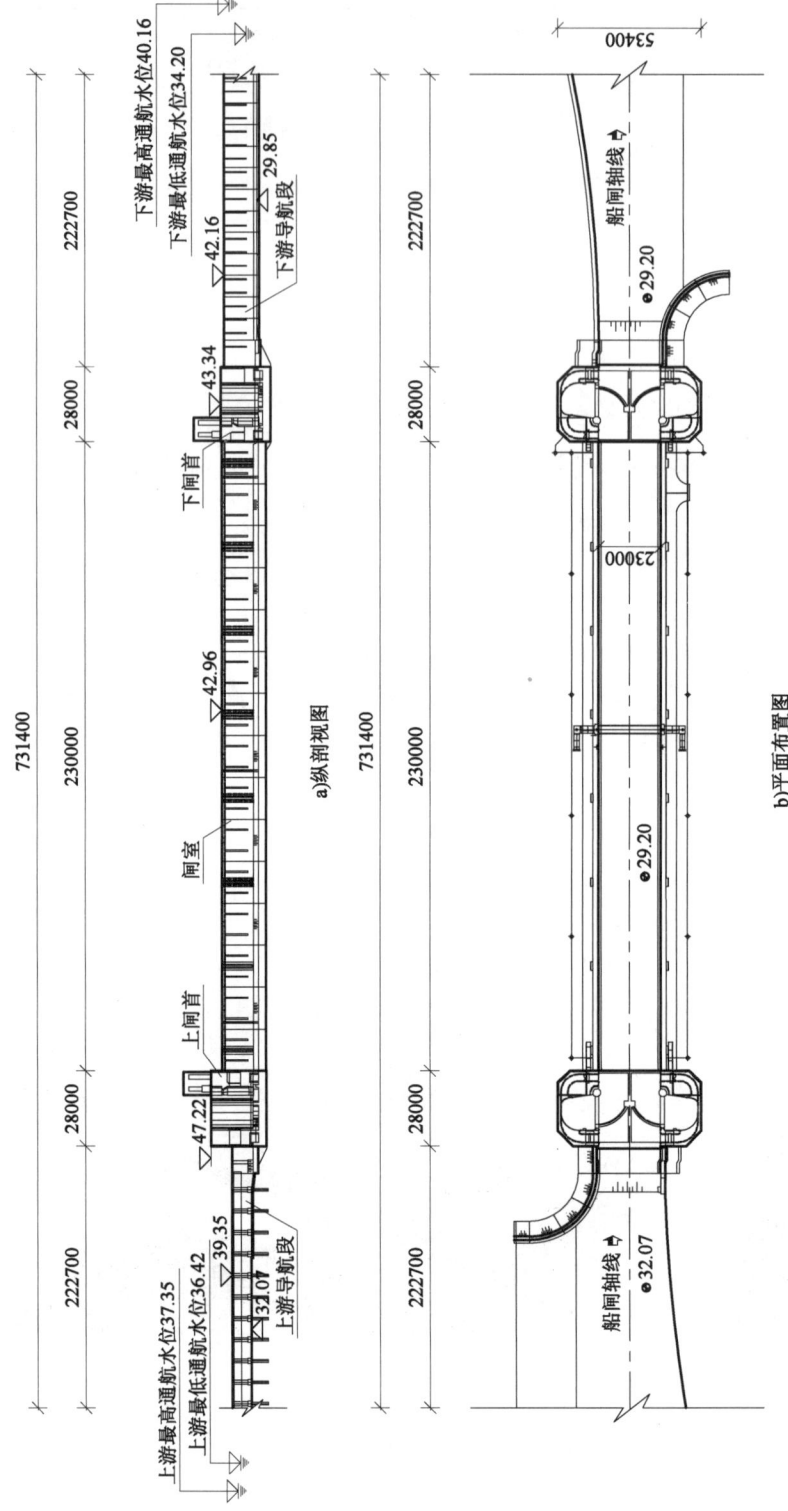

图 5-1-5 梁山(邓楼)船闸布置图(尺寸单位:mm;高程和水位单位:m)

三、任城(长沟)船闸

长沟枢纽位于山东省济宁市任城区长沟镇,梁济运河右岸滩地、小新河与赵王河河口间,是与南水北调东线长沟泵站对应的梯级渠化枢纽,上距梁山(邓楼)船闸31km,下距微山一线船闸94.4km。

任城(长沟)船闸布置在靠近梁济运河西大堤内侧,闸轴线距大堤内侧堤顶线70m,距节制闸纵轴线133m,上闸首位于节制闸上游,下闸首外边缘距节制闸横轴线458m。船闸等级为Ⅱ级,闸室有效尺度230m×23m×5m,最大设计水头3.3m,通航1顶2×2000吨级船队,设计单向通过能力为2200万 t/年。任城船闸主体按二级建筑物设计,导、靠船建筑物按三级建筑物设计。船闸上游设计最高通航水位38.56m,最低通航水位34.2m;下游设计最高通航水位38.47m,最低通航水位32.00m。船闸引航道采用反对称型布置,上游引航道向左侧扩展,主导航墙及靠船建筑物均位于右侧,船舶过闸采取"直进曲出"的方式;下引航道向左侧扩展,主导航墙及靠船建筑物均位于左侧,船舶过闸采取"曲进直出"的方式。上游引航道导航段长161m,调顺段长230m(兼做弹性停泊段),停泊段长230m,直线段总长621m。下游引航道左侧主导航墙采用$y=x^2/1000$曲线与$y=x/6$直线相连接的线型,主导航墙沿船闸轴线的投影长213m,停泊段长230m,下游引航道直线段总长513m。上、下游引航道宽均为60m,设计水深5m。船闸上、下闸首和闸室均采用整体式结构,船闸输水系统采用短廊道集中输水。该船闸于2012年11月开工,2016年12月建成通航。

任城(长沟)船闸技术参数见表5-1-3。任城(长沟)船闸鸟瞰图如图5-1-6所示。任城(长沟)船闸布置如图5-1-7所示。

任城(长沟)船闸技术参数表　　　　表5-1-3

河流名称			京杭运河		建设地点		山东省济宁市任城区
船闸有效尺度(m)			230×23×5		最大设计水头(m)		3.3
吨级			1顶2×2000		过闸时间(min)		40
门型	闸门	上游	三角门	启闭形式	闸门	上游	液压
		下游	三角门			下游	液压
	阀门	上游	平板门		阀门	上游	液压
		下游	平板门			下游	液压
结构形式	上闸首		整体式	输水系统	形式		短廊道集中输水
	下闸首		整体式		平均时间(min)		7.45
	闸室		整体式		廊道尺寸(m)		3×3
设计通航水位(m)	上游	最高	38.56	设计年通过能力(单线单向,万t)			2200
		最低	34.20	桥梁情况			下游引航道公路桥,跨闸人行桥
	下游	最高	38.47				
		最低	32.00	建成年份(年)			2016

图 5-1-6　任城(长沟)船闸鸟瞰图

四、微山船闸

微山二级坝枢纽位于山东省济宁市微山县境内、南四湖中部,是京杭运河济宁至大王庙段上的重要梯级,上距济宁市 78km,下距韩庄船闸 52km。该枢纽东起常口老运河西堤,西至顺堤河东堤,主要建筑物包括拦湖坝、溢流坝、4 个节制闸和双线船闸,坝线全长 7360m,是一座以改善航运和发电为主,兼有灌溉、供水和旅游等综合效用的水利枢纽工程,该枢纽于 1975 年建成。

微山一线船闸紧靠湖西大堤,与 4 号节制闸隔堤相邻,该船闸建于 1961 年,由于历史条件所限,船闸标准低,闸体墙面损伤严重。改建的微山一线船闸轴线较一线老船闸向东(左)平移 15m,上闸首上游面较原船闸上游面向下游平移 35m。改建船闸等级为Ⅱ级,闸室有效尺度 230m×23m×5m,最大设计水头 4.0m,通航 1 顶 2×2000 吨级船队,设计单向通过能力 2300 万 t/年。上闸首按一级建筑物设计,下闸首和闸室为二级建筑物,导、靠建筑物为三级建筑物。船闸上游设计最高通航水位 36.28m,最低通航水位 32.78m;下游设计最高通航水位 35.78m,最低通航水位 30.78m。船闸引航道采用不对称型布置,上游船舶采取"曲进曲出",下游船舶采取"直进曲出"的过闸方式。上游引航道主、辅导航墙均呈喇叭形,主导航墙及靠船建筑物均位于右侧,沿船闸中心轴线的投影长 128.6m,辅导航墙端部采用圆弧过渡后与岸垂直相接。下游引航道直线主导航墙位于左侧,其导航和调顺段总长 128.6m,辅导航墙采用喇叭形,端部采用圆弧过渡后与岸垂直相接。上、下游停泊段长均为 340m,各布置 17 个中心距 20m 的靠船墩。上、下游引航道宽均为 60m,设计水深 5.0m。船闸上、下闸首和闸室均采用整体式结构,船闸输水系统采用平底板短廊道集中输水系统,上闸首格栅帷墙消能,下闸首水平环绕对冲+消能工消能。微山一线改建船闸于 2010 年 11 月开工,2018 年 9 月建成通航。

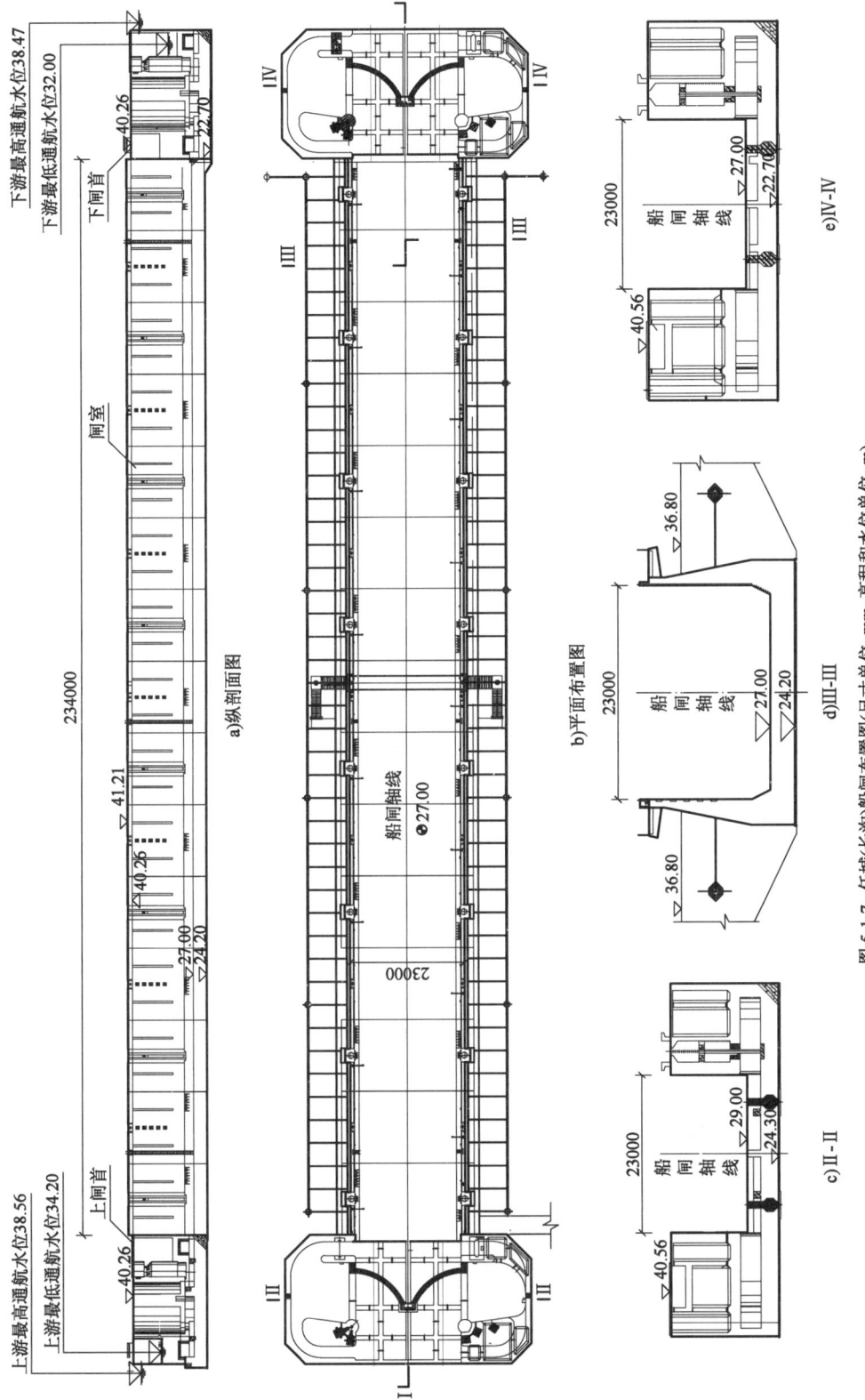

图 5-1-7 任城(长沟)船闸布置图(尺寸单位: mm; 高程和水位单位: m)

微山二线船闸位于二级坝东南侧的滩地上，西侧距1号节制闸闸墩约440m，距一线船闸约3900m，东侧与非常溢洪道相距约570m，船闸上闸首外边线位于坝轴线下游约230.11m，闸轴线与坝轴线正交。船闸等级为Ⅱ级，闸室有效尺度230m×23m×5.0m，最大设计水头4.0m，通航1顶2×2000吨级船队，设计单向通过能力2300万t/年。船闸上游设计洪水位37.3m(约90年一遇洪水)；上游最高通航水位36.5m($P=5\%$)，最低通航水位33.0m(湖上游死水位)；下游最高通航水位36.0m($P=5\%$)，最低通航水位31.2m(调水水位)。船闸引航道采用不对称型布置，上、下游主导航墙均位于右侧，船舶过闸均采取"直进曲出"的方式。上、下游主导航墙导航调顺段采用$y=x^2/1250$曲线与斜率为$y=x/6$的直线连接，导航调顺段沿船闸轴线的投影长225.536m；上、下游停泊段长均为200m，各设置10个中心距20m的靠船墩。上、下游辅导航墙用11m长的直线与半径25m的圆弧衔接，辅导航墙长分别为46.70m和49.52m。上、下游引航道宽均为60m，设计水深4.2m。船闸上、下闸首和闸室均采用整体式结构，船闸输水系统采用平底板短廊道集中输水，上游格栅消能室消能、下游简单对冲+消力梁消能。该船闸于2007年9月建成通航。

微山一线、二线船闸技术参数分别见表5-1-4、表5-1-5。微山船闸鸟瞰图如图5-1-8所示。微山一线、二线船闸布置分别如图5-1-9、图5-1-10所示。

微山一线船闸技术参数表　　　　　　　　表5-1-4

河流名称			京杭运河		建设地点		山东省济宁市微山县
船闸有效尺度(m)			230×23×5.0		最大设计水头(m)		4.0
吨级			1顶2×2000		过闸时间(min)		36
门型	闸门		上游	人字门	启闭形式	闸门	上游	液压
			下游	人字门			下游	液压
	阀门		上游	平板门		阀门	上游	液压
			下游	平板门			下游	液压
结构形式	上闸首		整体式		输水系统	形式	平底板短廊道集中输水系统、上闸首格栅帷墙消能、下闸首对冲简单消能工消能
	下闸首		整体式			平均时间(min)	7.37
	闸室		整体式			廊道尺寸(m)	3.0×3.0
设计通航水位(m)	上游	最高	36.28		设计年通过能力(单线单向，万t)		2300
		最低	32.78		桥梁情况		上游引航道公路桥，跨闸人行桥
	下游	最高	35.78				
		最低	30.78		建成年份(年)		2018

微山二线船闸技术参数表

表 5-1-5

河流名称			京杭运河		建设地点		山东省济宁市微山县	
船闸有效尺度(m)			230×23×5.0		最大设计水头(m)		4.0	
吨级			1顶2×2000		过闸时间(min)		36	
门型	闸门	上游	人字门		启闭形式	闸门	上游	液压
		下游	人字门				下游	液压
	阀门	上游	平板门			阀门	上游	液压
		下游	平板门				下游	液压
结构形式	上闸首		整体式		输水系统	形式	平底板短廊道集中输水	
	下闸首		整体式			平均时间(min)	7.37	
	闸室		整体式			廊道尺寸(m)	3.0×3.0	
设计通航水位(m)	上游	最高	36.50		设计年通过能力(单线单向,万t)		2300	
		最低	33.00					
	下游	最高	36.00		桥梁情况		上游引航道公路桥,跨闸人行桥	
		最低	31.20		建成年份(年)		2007	

a)

b)

图 5-1-8 微山船闸鸟瞰图

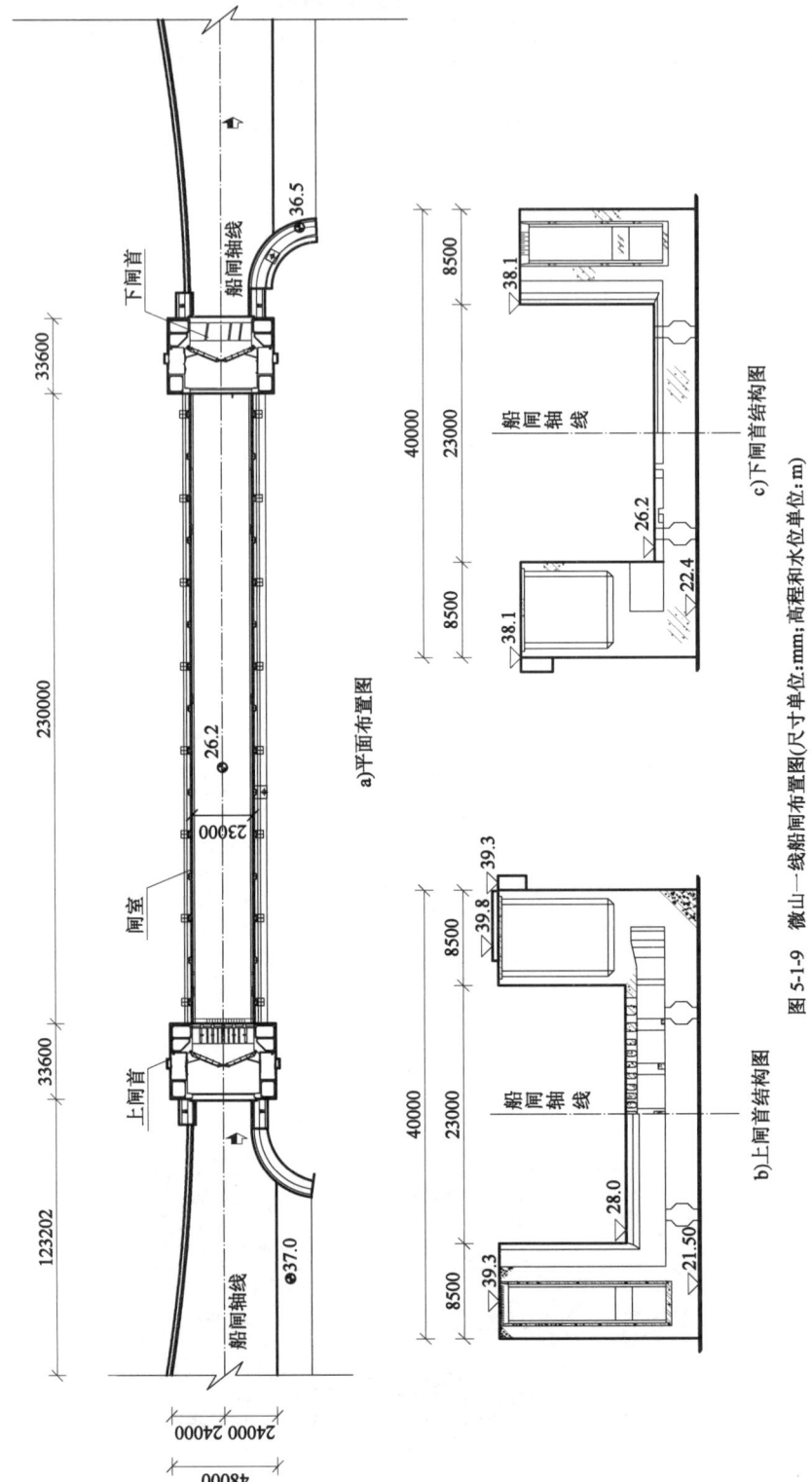

图 5-1-9 微山一线船闸布置图(尺寸单位:mm;高程和水位单位:m)

第五章 京杭运河与淮河水系通航建筑物

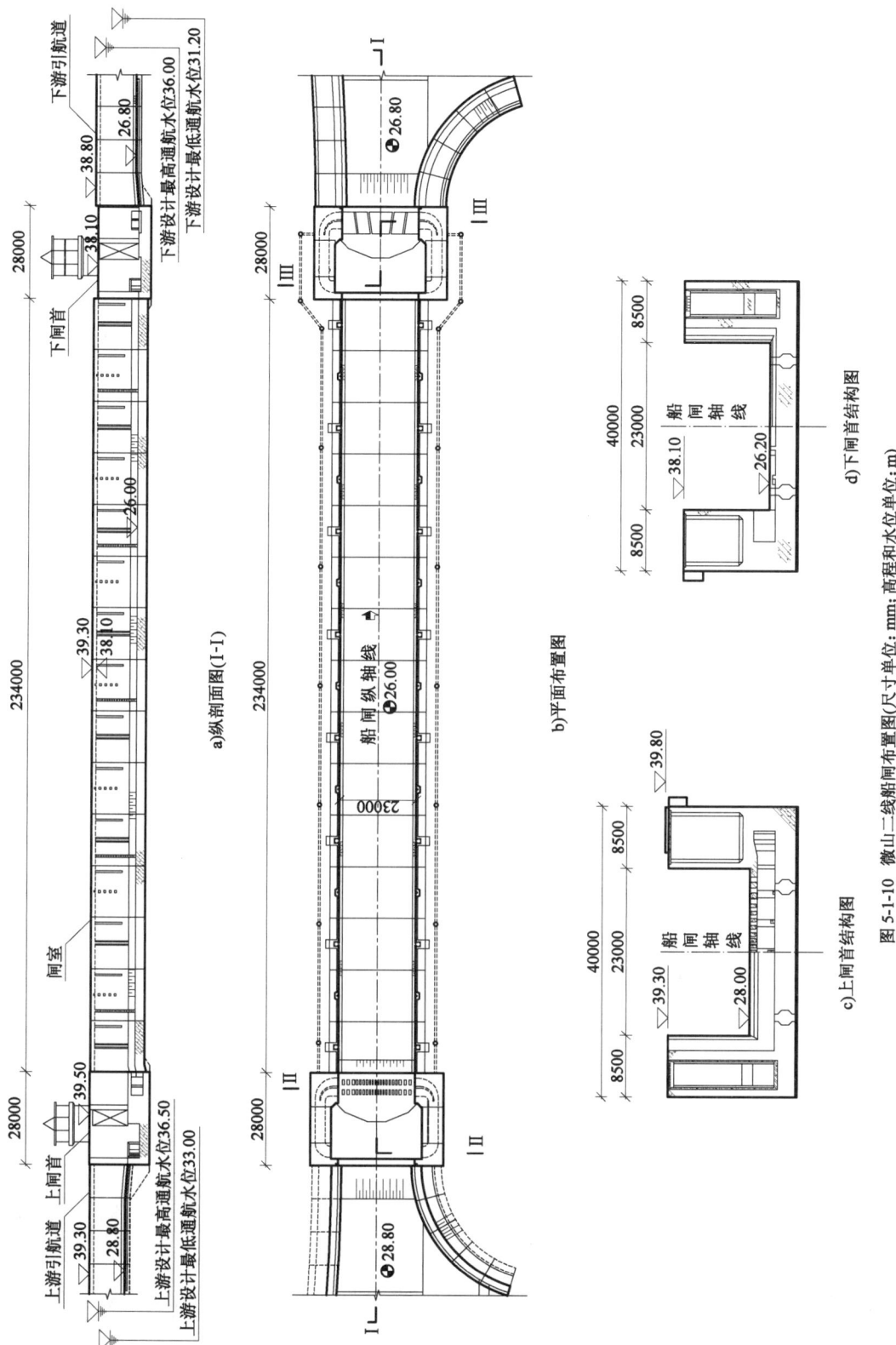

图 5-1-10 微山二线船闸布置图(尺寸单位：mm；高程和水位单位：m)

五、韩庄船闸

韩庄枢纽位于山东省济宁市微山县韩庄镇,是京杭运河从长江开始以北的第 11 个梯级、亦是京杭运河韩庄运河段最上游的梯级,上与南四湖下游梯级(微山湖)相衔接,下距万年闸船闸 16.4km,距台儿庄二线船闸 33km。韩庄枢纽周边主要有韩庄新、老运河、伊家河及南四湖等河流,该枢纽由韩庄节制闸、伊家河节制闸、老运河节制闸、韩庄南水北调翻水泵站、胜利渠首闸及韩庄船闸等设施组成,京沪铁路、104 国道从船闸上游跨过,枢纽周边河网密集,水利交通设施众多,环境条件复杂。韩庄枢纽主要建筑物包括位于新运河上的 31 孔泄洪闸,位于伊家河上的 3 孔泄洪闸、100 吨级老船闸和韩庄二线船闸,枢纽下游老运河上的泄洪闸和提灌站等。

韩庄二线船闸与一线老船闸并列布置,二线船闸位于一线船闸右侧,船闸上游引航道与老运河相接,下游引航道与新运河相接,船闸轴线与新运河航道交角约 7.2°,上闸首距津浦铁路桥约 1130m。韩庄二线船闸等级为Ⅱ级,闸室有效尺度 230m×23m×5.0m(另加 4m 长的镇静段),最大设计水头 5.9m,通航 1 顶 2×2000 吨级船队,船队尺度 185m×14m×2.8m,设计单向通过能力为 2100 万 t/年。韩庄二线船闸上游设计最高洪水位 36.8m(80 年一遇水位),下游设计最高洪水位 36.04m;上游设计最高通航水位 36.0m($P=5\%$),最低通航水位 31.5m;下游设计最高通航水位 35.39m($P=5\%$),最低通航水位 29.6m。船闸引航道采用准反对称型布置,上游主导航墙位于左侧,下游主导航墙位于右侧,上、下游船舶过闸均采取"曲进直出"的方式。上、下游主导航墙导航调顺段均采用 $y=x^2/1000$ 曲线,沿船闸轴线方向投影长 211.45m;上、下游停泊段长均为 201m,各布置 10 个中心距 20m 的靠船墩。上、下游引航道宽均为 70m,设计水深 4.0m。韩庄二线船闸上、下闸首和闸室均采用整体式结构,船闸输水系统采用短廊道集中输水、格栅消能室(底面设消力槛)消能。该船闸于 2000 年 3 月建成通航。

韩庄复线船闸与二线船闸并列布置,复线船闸位于二线船闸右侧,船闸上游引航道与老运河相接,下游引航道与新运河相接,船闸轴线与新运河航道交角约 7.2°,上闸首距津浦铁路桥约 1130m。

韩庄复线船闸等级为Ⅱ级,闸室有效尺度 230m×23m×5.0m(另加 4m 长的镇静段),最大设计水头 5.9m,通航 1 顶 2×2000 吨级船队,船队尺度 160.7m×15.8m×3.3m,设计单向通过能力为 2900 万 t/年。韩庄复船闸上游设计最高洪水位 36.49m,下游设计最高洪水位 35.55m;上游设计最高通航水位 35.8m,最低通航水位 31.3m;下游设计最高通航水位 34.63m,最低通航水位 29.4m。船闸引航道采用不对称布置,上游主导航墙位于左侧,下游主导航墙位于右侧,上游船舶过闸均采取"曲进直出"的方式,下游船舶过闸均采取"直进曲出"的方式。上游引航道主导航墙布置在左侧,为 $y=x^2/1250$ 抛物线,沿船闸轴线投影长度 188.7m,下游引航道主导航墙布置在右侧,为直线,长 160m;上游停泊段设 12 个墩柱式靠船墩,间距为 10×20m+25m(近上闸首两个靠船墩间距为 25m),其中靠近上闸首第一个靠船墩中心线离上闸首上游面 191.2m。靠船墩均布置在航道左侧,墩之间设栈桥形成纵向连接通道,靠船墩前沿距离船闸中心线距离为 40.0m。下游停泊段设 20 个墩柱式靠船墩,间距为 25m,其中靠近下闸首第一个靠船墩中心线离下闸首下游面 168.4m。上游远调站布置在韩庄镇东南角运河北岸,南四湖湖口处,距离上闸首约 3.0km。远调码头长 100m,前沿线距离航道中心线 105m,在码头后方设置调度楼。下游远调站布置在老运河和新运河交汇弯道的后方约 450m 处,位于运河的北岸,距离下闸首约 1.6km。远调码头长 100m,前沿线距离航道中心线 105m。在紧邻船闸上、下游远调站码头外侧延伸布置停泊锚地,上、下游锚地岸线长分别为 700m、900m。该船闸于 2020 年 11 月建成通航。

韩庄二线船闸技术参数见表 5-1-6。韩庄一、二线船闸鸟瞰图如图 5-1-11 所示。韩庄复线船闸布置如图 5-1-12 所示。

韩庄二线船闸技术参数表 表 5-1-6

河流名称			京杭运河	建设地点		山东省济宁市微山县韩庄镇
船闸有效尺度(m)			230×23×5.0	最大设计水头(m)		5.9
吨级			1顶2×2000	过闸时间(min)		40
门型	闸门	上游	人字门	启闭形式	闸门	上游	液压
		下游	人字门			下游	液压
	阀门	上游	平板门		阀门	上游	液压
		下游	平板门			下游	液压
结构形式	上闸首		整体式	输水系统	形式	短廊道集中输水格栅消能室(底面设消力槛)消能
	下闸首		整体式		平均时间(min)	7.0
	闸室		整体式		廊道尺寸(m)	4×4.5
设计通航水位(m)	上游	最高	36.0	设计年通过能力(单线单向,万t)		2100
		最低	31.50	桥梁情况		韩庄104公路桥
	下游	最高	35.39	建成年份(年)		2000
		最低	29.60			

图 5-1-11 韩庄一、二线船闸鸟瞰图

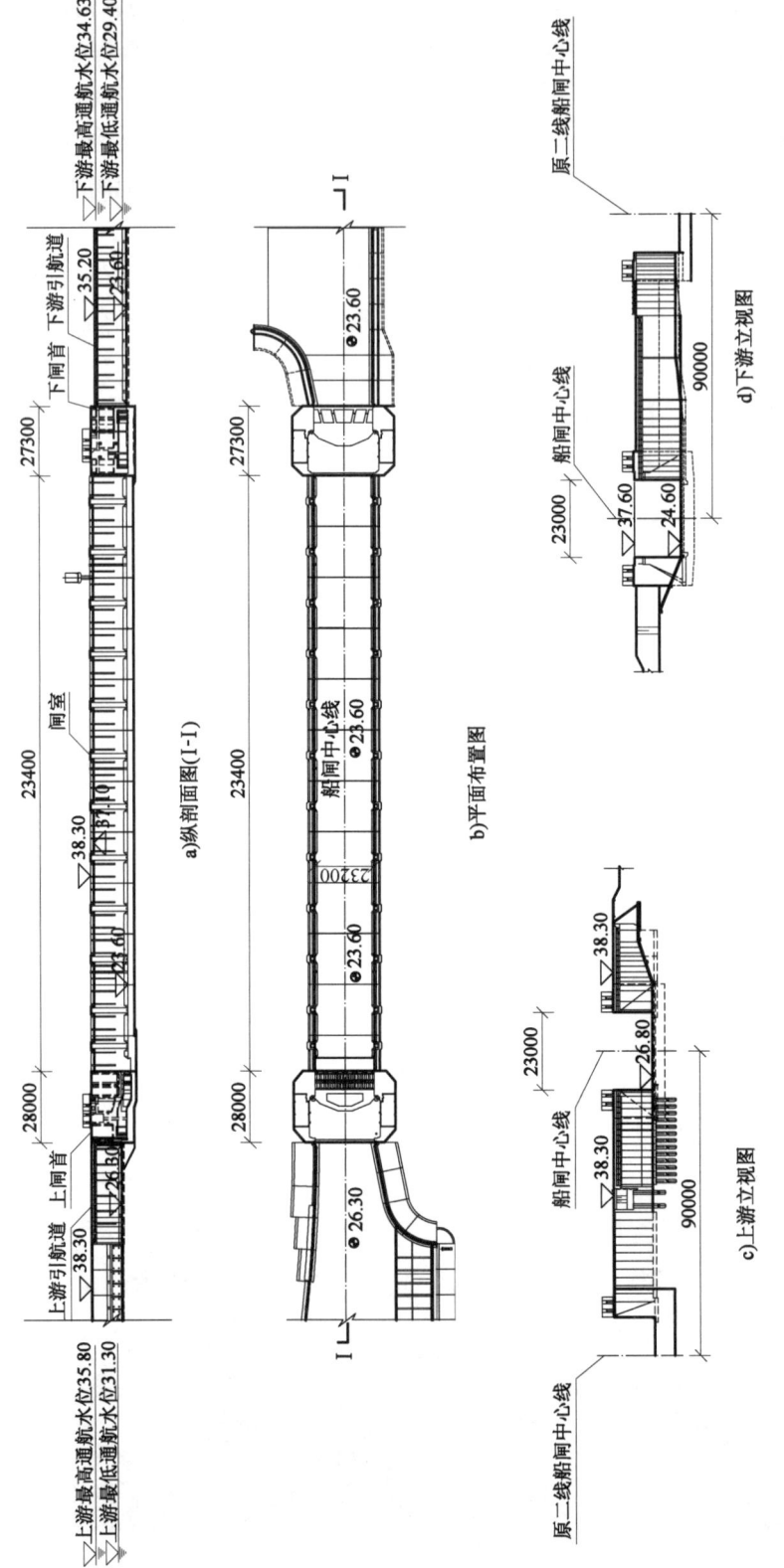

图 5-1-12 韩庄复线船闸布置图（尺寸单位：mm；高程和水位单位：m）

六、万年闸船闸

万年闸枢纽位于韩庄运河段中游、山东省枣庄市台儿庄区万年闸村,是京杭运河长江以北第 10 个梯级、山东省境内的第 2 个通航梯级,上距韩庄船闸 16.4km,下距台儿庄船闸 16.7km。万年闸一线船闸布置在河道右岸,左侧经过 180m 宽的滩地与节制闸相连,右侧与南大堤公路相距 85m,船闸有效尺度 230m×23m×5.0m,通航 2000 吨级船舶,设计单向通过能力 2100 万 t/年。该船闸于 1999 年 12 月建成。

万年闸二线船闸平行布置在一线船闸的右侧,两闸轴线间距 89m,船闸等级为Ⅱ级,闸室有效尺度 230m×23m×5.0m(另加 4m 长的镇静段),最大设计水头 5.3m,通航 1 顶 2×2000 吨级船队,设计单向通过能力为 2900 万 t/年。万年闸船闸上游设计洪水位 32.92m($P=2\%$),下游设计洪水位 32.87m($P=2\%$);上游设计最高通航水位 32.24m($P=5\%$),最低通航水位 29.4m(南水北调渠化水位);下游设计最高通航水位 32.19m($P=5\%$),最低通航水位 24.6m(南水北调渠化水位)。上游引航道与一线船闸共用,主导航墙位于右侧岸边,船舶过闸采取"直进曲出"的方式。上游引航道直线段总长 620m,其中导航段长 160m,调顺段(兼做弹性停泊段)长 230m,停泊段长 230m,调顺段与停泊段共布置 23 个间距 20m 的靠船墩。上游辅导航墙与原辅导航墙通过两个半径为 30m 和 24m 的圆弧衔接,共用引航道底宽 140.5m,设计水深 4.5m。下游引航道与一线船闸分开,主导航墙位于左侧,船舶过闸采取"曲进直出"的方式。下游引航道导航调顺段采用 $y=x^2/800$ 的曲线与 $y=x/6$ 的直线连接,并与一线船闸右侧主导航墙顺接,导航调顺段沿船闸轴线投影长 212.7m,下游停泊段长 258m,设 13 个中心距 20m 的靠船墩,靠船墩两闸共用,下游引航道直线段总长 470.7m。下游引航道宽 64m,设计水深 4.5m。船闸上、下闸首和闸室均采用整体式结构,船闸输水系统采用短廊道集中输水、格栅消能室(底面设消力槛)消能。该船闸于 2016 年 8 月开工,2019 年 6 月通航。

万年闸复线船闸技术参数见表 5-1-7。万年闸船闸鸟瞰图如图 5-1-13 所示。万年闸复线船闸布置如图 5-1-14 所示。

万年闸复线船闸技术参数表　　　　表 5-1-7

河流名称			京杭运河	建设地点		山东省枣庄市台儿庄区涧头集镇	
船闸有效尺度(m)			230×23×5.0	最大设计水头(m)		5.3	
吨级			1 顶 2×2000	过闸时间(min)		38	
门型	闸门		上游	人字门	启闭形式	闸门	上游	液压
			下游	人字门			下游	液压
	阀门		上游	平板门		阀门	上游	液压
			下游	平板门			下游	液压

续上表

结构形式	上闸首	整体式		输水系统	形式	短廊道集中输水格栅消能室（底面设消力槛）消能
	下闸首	整体式			平均时间(min)	8.0
	闸室	整体式			廊道尺寸(m)	4×3.0
设计通航水位(m)	上游	最高	32.24		设计年通过能力（单线单向,万 t）	2900
		最低	29.40		桥梁情况	万年闸206公路桥,跨闸人行桥
	下游	最高	32.19			
		最低	24.60		建成年份(年)	2019

图 5-1-13　万年闸船闸鸟瞰图

七、台儿庄船闸

台儿庄枢纽位于山东省枣庄市台儿庄区境内、京杭运河韩庄河段下游,是京杭运河长江以北第9个梯级,上距万年闸船闸16.7km,下距皂河船闸71.5km。台儿庄船闸布置在三线(复线)船闸北侧,与台儿庄复线船闸轴线间距100m,船闸等级为Ⅱ级,闸室有效尺度230m×23m×5.0m(另加4m长的镇静段),最大设计水头5.0m,通航2000吨级船舶,

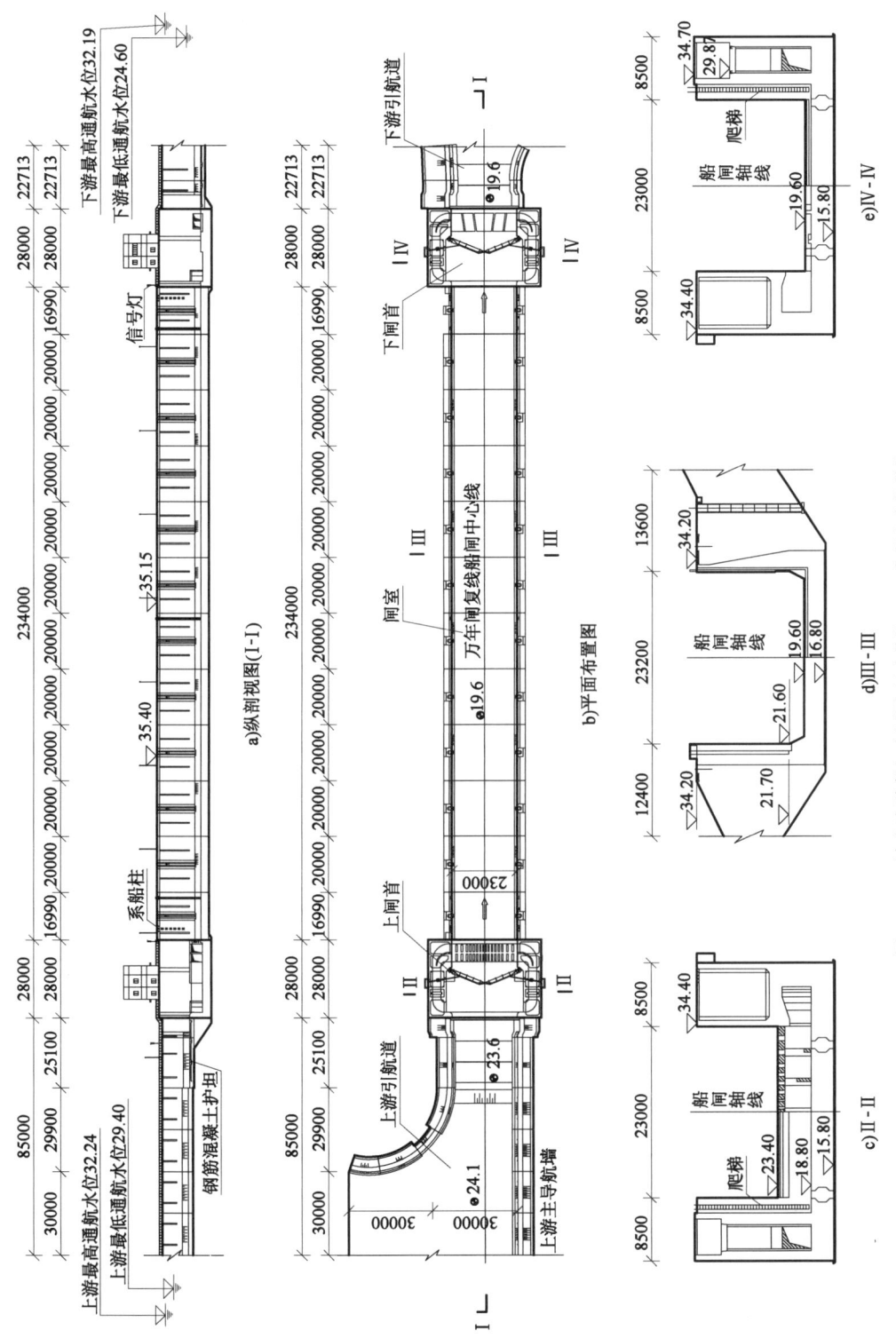

图 5-1-14 万年闸复线船闸布置图（尺寸单位：mm；高程和水位单位：m）

设计单向通过能力为2100万t/年。台儿庄二线船闸上游设计最高洪水位30.95m($P=1\%$),下游设计最高洪水位30.6m($P=1\%$);船闸上游设计最高通航水位30.27m,最低通航水位24.8m;下游设计最高通航水位30.13m,最低通航水位20.0m。船闸引航道采用反对称型布置,上游主导墙位于右侧,下游主导墙位于左侧,上、下游船舶过闸均采取"曲进直出"的方式。引航道设计水深4.35m。船闸上、下闸首和闸室均采用整体式结构,船闸输水系统采用短廊道集中输水。该船闸于1995年建成通航。

台儿庄三线(复线)船闸平行布置在台儿庄船闸南侧(右侧),与二线船闸轴线间距100m,上、下闸首分别与二线船闸齐平。船闸等级为Ⅱ级,闸室有效尺度230m×23m×5.0m(另加4m长的镇静段),最大设计水头6.0m,通航1顶2×2000吨级船队,设计单向通过能力2200万t/年。台儿庄三线(复线)船闸按100年一遇洪水设计,上、下游设计洪水位分别为30.95m和30.6m。船闸上游设计最高通航水位30.27m,最低通航水位24.8m;下游设计最高通航水位30.13m,最低通航水位20.0m。台儿庄复线船闸上游引航道单独设置,下游引航道两线船闸共用,上、下游引航道主导航墙均位于右侧,上、下游船舶过闸均采取"曲进直出"的方式。上游引航道沿船闸轴线投影长423.83m,主导航墙及靠船建筑物布置在南岸,辅导航墙侧引航道护坡与台儿庄船闸停泊段背后陆域作为两线船闸引航道的分隔墙,分隔墙堤头端部以上水域台儿庄船闸与台儿庄复线船闸连通。下游引航道主导航墙及靠船建筑物亦布置在右侧(南岸),与台儿庄船闸南北岸对称布置;辅导航墙与台儿庄船闸辅导航墙连接,形成两线船闸共用水域。台儿庄复线船闸上、下游引航道宽均为60m,设计水深4.35m。台儿庄复线船闸上、下闸首和闸室均采用整体式结构,船闸输水系统采用短廊道集中输水形式。该船闸于2010年建成通航。

台儿庄及台儿庄(复线)船闸技术参数分别见表5-1-8、表5-1-9。台儿庄船闸鸟瞰图如图5-1-15所示。台儿庄三线(复线)船闸布置如图5-1-16所示。

台儿庄船闸技术参数表 表5-1-8

河流名称			京杭运河	建设地点			山东省枣庄市台儿庄区
船闸有效尺度(m)			230×23×5.0	最大设计水头(m)			5.0
吨级			2000	过闸时间(min)			32.5
门型	闸门	上游	人字门	启闭形式	闸门	上游	液压
		下游	人字门			下游	液压
	阀门	上游	平板门		阀门	上游	液压
		下游	平板门			下游	液压
结构形式	上闸首		整体式	输水系统	形式		短廊道集中输水
	下闸首		整体式		平均时间(min)		6.9
	闸室		整体式		廊道尺寸(m)		4.0×3.0

续上表

设计通航水位(m)	上游	最高	30.27	设计年通过能力(单线单向,万t)	2100
		最低	24.80	桥梁情况	上游引航道交通桥
	下游	最高	30.13	建成年份(年)	1995
		最低	20.00		

台儿庄(复线)船闸技术参数表　　表 5-1-9

河流名称	京杭运河			建设地点	山东省枣庄市台儿庄区	
船闸有效尺度(m)	234×23×5.0			最大设计水头(m)	6.0	
吨级	2000			过闸时间(min)	32.5	
门型	闸门	上游	人字门	启闭形式	闸门	上游	液压
		下游	人字门			下游	液压
	阀门	上游	平板门		阀门	上游	液压
		下游	平板门			下游	液压
结构形式	上闸首	整体式		输水系统	形式	短廊道集中输水
	下闸首	整体式			平均时间(min)	6.9
	闸室	整体式			廊道尺寸(m)	4.0×3.0
设计通航水位(m)	上游	最高	30.27	设计年通过能力(单线单向,万t)	2200
		最低	24.80	桥梁情况	上游引航道交通桥
	下游	最高	30.13	建成年份(年)	2010
		最低	20.00		

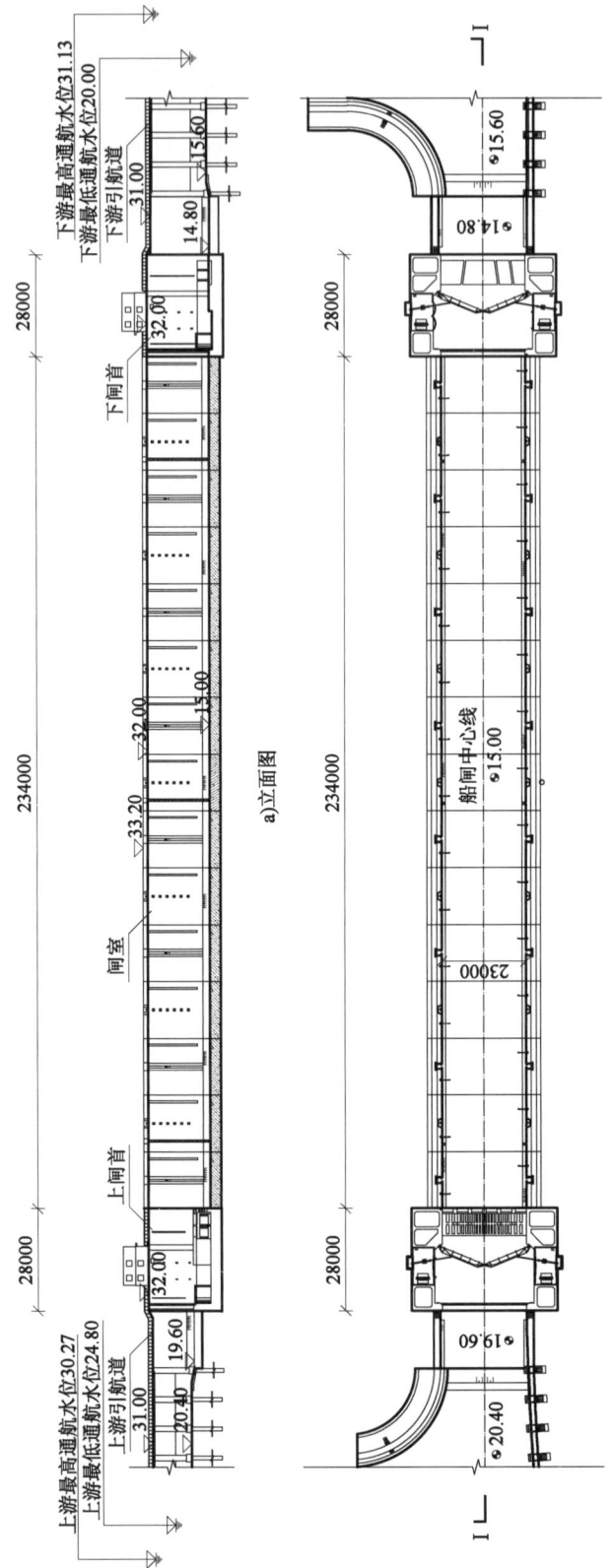

图 5-1-16 台儿庄三线(复线)船闸布置图(尺寸单位:mm;高程和水位单位:m)

八、嘉祥船闸

嘉祥船闸位于嘉祥节制闸右岸(东南侧),其轴线与新开航道中心线重合,上闸首距上游新挖航道口750m,下闸首距下游新挖航道口650m。上闸首布置在夏桥的下游侧,夏桥轴线与上闸首上边缘间距13m,新建夏桥从上游导航墙上跨过。下闸首布置在嘉祥节制闸上游侧,下闸首下边缘距节制闸为32m。

嘉祥船闸位于嘉祥节制闸右岸,船闸轴线与节制闸夹角为3°,节制闸中心与航道中心线距离为61m,上闸首距上游新挖航道口900m,下闸首距下游新挖航道口600m。上闸首布置在夏桥的下游侧,下闸首布置在嘉祥节制闸上游侧。主要设计船型为500吨级船舶(可兼顾通过千吨级船舶),船闸有效尺度为230m×23m×4m(闸室长×宽×槛上水深),船闸最大设计水头为2.6m,船闸设计通过能力为1960万t/年,工程总投资约4.16亿元。

图5-1-15 台儿庄船闸鸟瞰图

嘉祥船闸上、下游引航道均采用对称式布置,船舶过闸方式为"直进直出"。暂不设远方调度站及停泊锚地。船闸两侧主、辅导航墙对称布置,均采用斜率 $y = x/6$ 的直线形式,导航墙沿船闸轴线投影长度为25.8m。停泊段(兼错船段)设置在距上闸首上游200m处,原河道中心左侧,底宽60m。共设置10个靠船墩,间距30m,总长度为300m。除停泊段,其余航道底宽为30m。上闸首采用带格栅式帷墙消能室的集中输水系统,输水廊道断面尺度为2.5m×3m(宽×高);下闸首采用无消能室集中输水系统,输水廊道断面尺度为2.5m×3m(宽×高)。上、下闸首、闸室均采用钢筋混凝土坞式结构,导航建筑物以及靠船墩均采用重力式结构。船闸上、下闸首均采用横梁式钢质人字门作为工作闸门,上闸首工作闸门尺度为13.53m×6.62m(宽×高),下闸首工作闸门尺度为13.53m×7.92m(宽×高);输水廊道工作阀门选用实腹式钢质平板阀门,工作阀门尺度为3.155m×2.67m(高×宽)。闸、阀门均采用直推式液压启闭机方案。

嘉祥船闸技术参数见表5-1-10。嘉祥船闸卫星图如图5-1-17所示。嘉祥船闸布置如图5-1-18所示。

嘉祥船闸技术参数表   表 5-1-10

河流名称		京杭运河		建设地点		江苏省徐州市
船闸尺度(m)		\multicolumn{2}{c}{230×23×4(闸室长×宽×槛上水深)}		最大设计水头(m)	2.6
吨级		\multicolumn{2}{c}{500}	过闸时间(min)		32.5
门型	闸门	上游	人字门	启闭形式	闸门	上游	液压
		下游	人字门			下游	液压
	阀门	上游	平面门		阀门	上游	液压
		下游	平面门			下游	液压
结构形式	上闸首	\multicolumn{2}{c}{整体式}	输水系统	形式	短廊道头部集中输水
	下闸首	\multicolumn{2}{c}{整体式}		平均时间(min)	6.9
	闸室	\multicolumn{2}{c}{整体式}		廊道尺寸(m)	3.0×2.5
设计通航水位(m)	上游	最高	35.6	设计年通过能力(单线单向,万 t)		1960
		最低	34.3	桥梁情况		跨闸公路桥
	下游	最高	35.5	建成年份(年)		1962
		最低	33.0			

图 5-1-17 嘉祥船闸卫星图

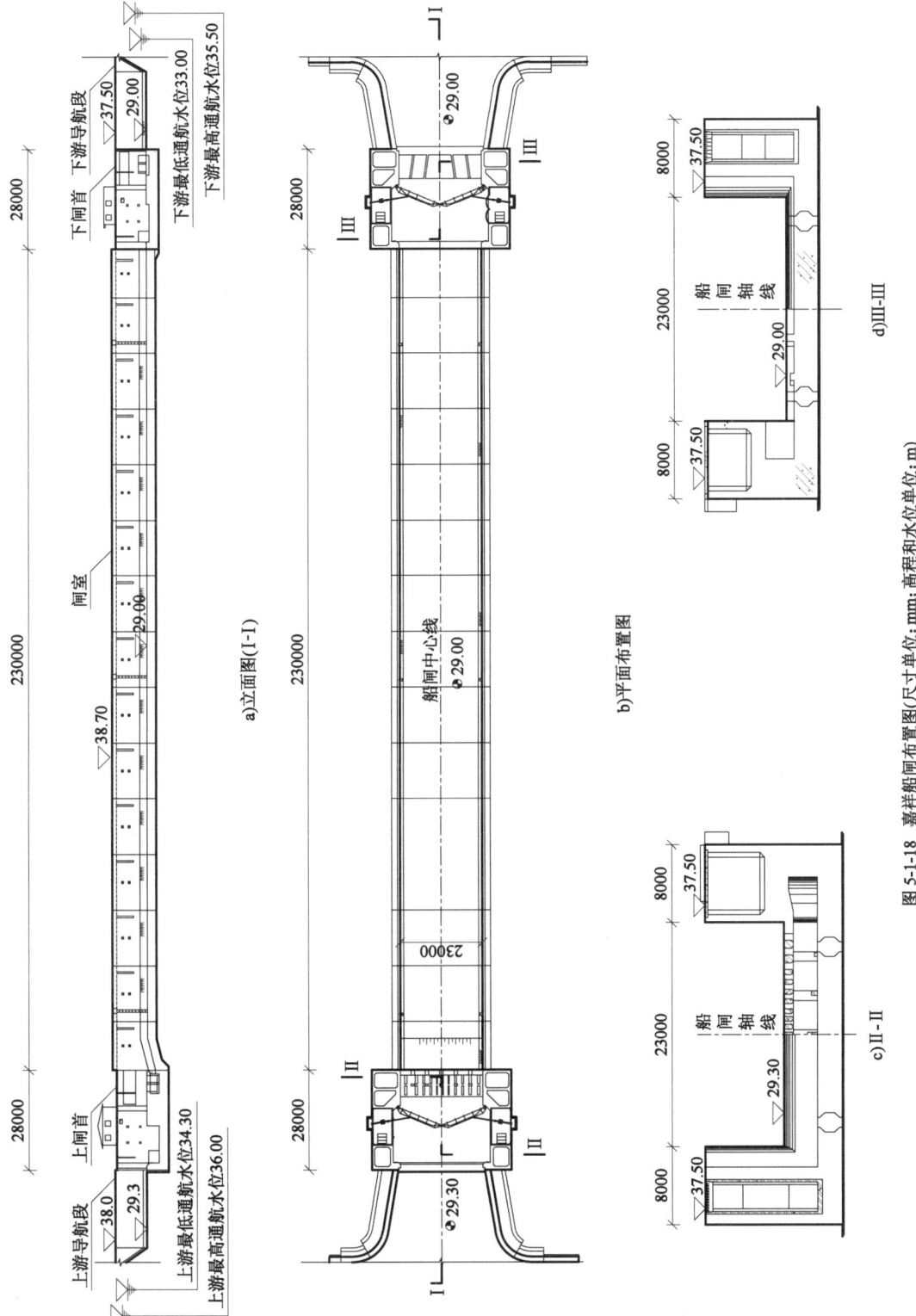

图 5-1-18 嘉祥船闸布置图(尺寸单位: mm; 高程和水位单位: m)

九、蔺家坝船闸

蔺家坝枢纽位于江苏省徐州市铜山区境内、蔺家坝村西北妈妈山与张谷山之间、京杭运河苏北段湖西航道的起点上,该枢纽主要由蔺家坝节制闸、蔺家坝一线船闸、蔺家坝二线(或复线)船闸和土坝等组成。蔺家坝一、二线船闸布置在河道右岸,节制闸布置在河道中偏左岸,船闸和节制闸之间为滩地,用土坝连接。节制闸由9孔引水闸、3孔发电闸和1孔排涝闸组成,引水闸每孔净宽3m,发电闸每孔净宽3.7m,排涝闸净宽3m。蔺家坝枢纽是一座具有泄洪、引水灌溉和调节不牢河航运水位功能的水利枢纽工程。该枢纽于1958年开工,节制闸于1959年投入运行。

蔺家坝一线船闸位于河道右岸,船闸等级为Ⅱ级,闸室有效尺度230m×23m×5.0m,最大设计水头5m,通航1000吨级船舶,设计通过能力为2100万t/年。蔺家坝一线船闸上游设计最高通航水位35.8m,最低通航水位31.3m;下游设计最高通航水位33.3m,最低通航水位30.8m。上、下游引航道采用不对称型布置,船舶过闸均采用"直进曲出"方式。一线船闸建成时,上、下游引航道宽均为70m(后调整为一、二线船闸共用引航道),上游引航道长570m,下游引航道长800m,上、下游边坡比为1∶3。船闸上、下闸首均采用整体式结构,闸室采用分离式结构,船闸输水系统采用头部环绕短廊道输水形式。蔺家坝一线船闸于1988年1月开工,1989年4月建成通航。

蔺家坝二线船闸平行布置在一线船闸右侧滩地上,两闸轴线间距70m,二线船闸下闸首与一线船闸下闸首齐平,上闸首位于一线船闸上闸首上游约34m。二线船闸等级亦为Ⅱ级,闸室有效尺度260m×23m×5.0m(另加4m镇静段长度),设计水头5m,通行1顶2×2000吨船队,船队尺度167.5m×15.8m×2.9m,设计单向通过能力为2880/2948/3026万t/年(近/中/远期)。二线船闸上游设计洪水位36.84m($P=1\%$),下游设计洪水位33.98m($P=1\%$)。上游设计最高通航水位35.84m($P=5\%$),最低通航水位31.34m;下游设计最高通航水位33.34m($P=5\%$),最低通航水位30.84m。船闸引航道采用不对称型布置,一、二线船闸共用的上、下游引航道宽均为123m,设计水深3.9m,上、下游引航道主导航墙位于均东侧(右侧),船舶过闸均采取"曲进直出"的方式。上、下游引航道主导航墙导航调顺段均采用$y=x^2/1000$的曲线与斜率$y=x/6$的直线连接,导航调顺段沿船闸中心轴线投影长213m;上、下游停泊段长均为240m,各设置12个间距20m的靠船墩;上、下游导航调顺段与停泊段均采用斜坡式护岸,上游边坡比为1∶4,下游边坡比为1∶3。上、下游辅导航墙与一线船闸引航道辅导航墙分别采用半径为15m和25m的光滑曲线连接。船闸输水系统采用短廊道集中输水形式,上、下游闸首和闸室均为整体式结构。蔺家坝二线船闸于2010年5月开工,2013年12月建成通航。

蔺家坝一线、二线船闸技术参数分别见表5-1-11、表5-1-12。蔺家坝船闸鸟瞰图如

图 5-1-19 所示。蔺家坝二线船闸布置如图 5-1-20 所示。

蔺家坝一线船闸技术参数表　　　　　　　表 5-1-11

河流名称	京杭运河			建设地点		江苏省徐州市铜山区
船闸有效尺度(m)	230×23×5.0			最大设计水头(m)		5.0
吨级	1000			过闸时间(min)		41.1
门型	闸门	上游	人字门	启闭形式	闸门	上游	液压
		下游	人字门			下游	液压
	阀门	上游	平板门		阀门	上游	液压
		下游	平板门			下游	液压
结构形式	上闸首	整体式		输水系统	形式	头部环绕短廊道
	下闸首	整体式			平均时间(min)	8.5
	闸室	分离式			廊道尺寸(m)	4.0×3.0
设计通航水位(m)	上游	最高	35.8	设计年通过能力(单线单向,万t)		2100.0
		最低	31.3	桥梁情况		下闸首公路桥,跨闸室人行桥
	下游	最高	33.3			
		最低	30.8	建成年份(年)		1989

蔺家坝二线船闸技术参数表　　　　　　　表 5-1-12

河流名称	京杭运河			建设地点		江苏省徐州市铜山区
船闸有效尺度(m)	260×23×5.0			最大设计水头(m)		5.0
吨级	2000			过闸时间(min)		41.1
门型	闸门	上游	人字门	启闭形式	闸门	上游	液压
		下游	人字门			下游	液压
	阀门	上游	平板门		阀门	上游	液压
		下游	平板门			下游	液压
结构形式	上闸首	整体式		输水系统	形式	短廊道集中输水系统
	下闸首	整体式			平均时间(min)	8.5
	闸室	整体式			廊道尺寸(m)	4.0×3.0
设计通航水位(m)	上游	最高	35.84	设计年通过能力(单线单向,万t)		2880
		最低	31.34	桥梁情况		下闸首公路桥,跨闸室人行桥
	下游	最高	33.34			
		最低	30.84	建成年份(年)		2013

十、解台船闸

解台枢纽位于江苏省徐州市贾汪区境内、京杭运河江苏段西线航道上,是京杭运河苏北段第 10 个梯级。解台一线船闸位于河道左岸,闸室有效尺度 230m×23m×5.0m,通航 2000 吨级船舶,设计通过能力为 2100 万 t/年。该船闸于 1958 年开工,1962 年建成通航。

图 5-1-19　蔺家坝船闸鸟瞰图

解台二线船闸平行布置在一线船闸的左侧(北侧),两闸轴线间距 90m,船闸等级为 Ⅱ 级,闸室有效尺度 230m×23m×5.0m,最大设计水头 6.0m,通航 1 顶 2×2000 吨级船队,设计单向通过能力 2500 万 t/年。船闸上游设计最高通航水位 32.5m(南水北调 $P=5\%$ 水位,废黄河零点高程系统,下同),最低通航水位 29.6m(南水北调最低水位);下游设计最高通航水位 31.0m($P=5\%$ 排涝水位),最低通航水位 26.0m(保证率 $P=98\%$)。船闸引航道采用不对称型布置,主导航墙均位于左侧,船舶过闸均采取"直进曲出"的方式。上游引航道直线段总长 1144m,其上游以半径 1000m、中心角 10.5°的圆弧与上游航道中心线相接;下游引航道直线段总长 650m。上游引航道主导航墙采用斜率 1:8.75 的斜线,其端部与二线船闸轴线距离 19.5m;下游主导航墙与闸室临水面齐平。上、下游引航道主导航墙沿船闸轴线投影长均为 70m,停泊段长均为 320m,各设置 16 个中心距 20m 的靠船墩。上游辅导航墙长 26.8m,其后接半径 16.1m、中心角 90°的圆弧;下游辅导航墙长 20.0m,其后接半径 20.0m、中心角 90°的圆弧。上、下游共用引航道宽 120m,设计水深 4.0m。上、下闸首均采用整体式结构,闸室镇静段(前 10m)采用整体式结构,闸室主体段(后 220m)采用分离式结构。船闸输水系统为短廊道输水,上闸首采用封闭式帷墙消能室+消力梁消能,在镇静段设置消力塘;下闸首采用水流对冲+消力槛消能。该船闸于 1999 年 12 月开工,2002 年 7 月建成通航。

解台二线船闸技术参数见表 5-1-13。解台船闸鸟瞰图如图 5-1-21 所示。解台二线船闸布置如图 5-1-22 所示。

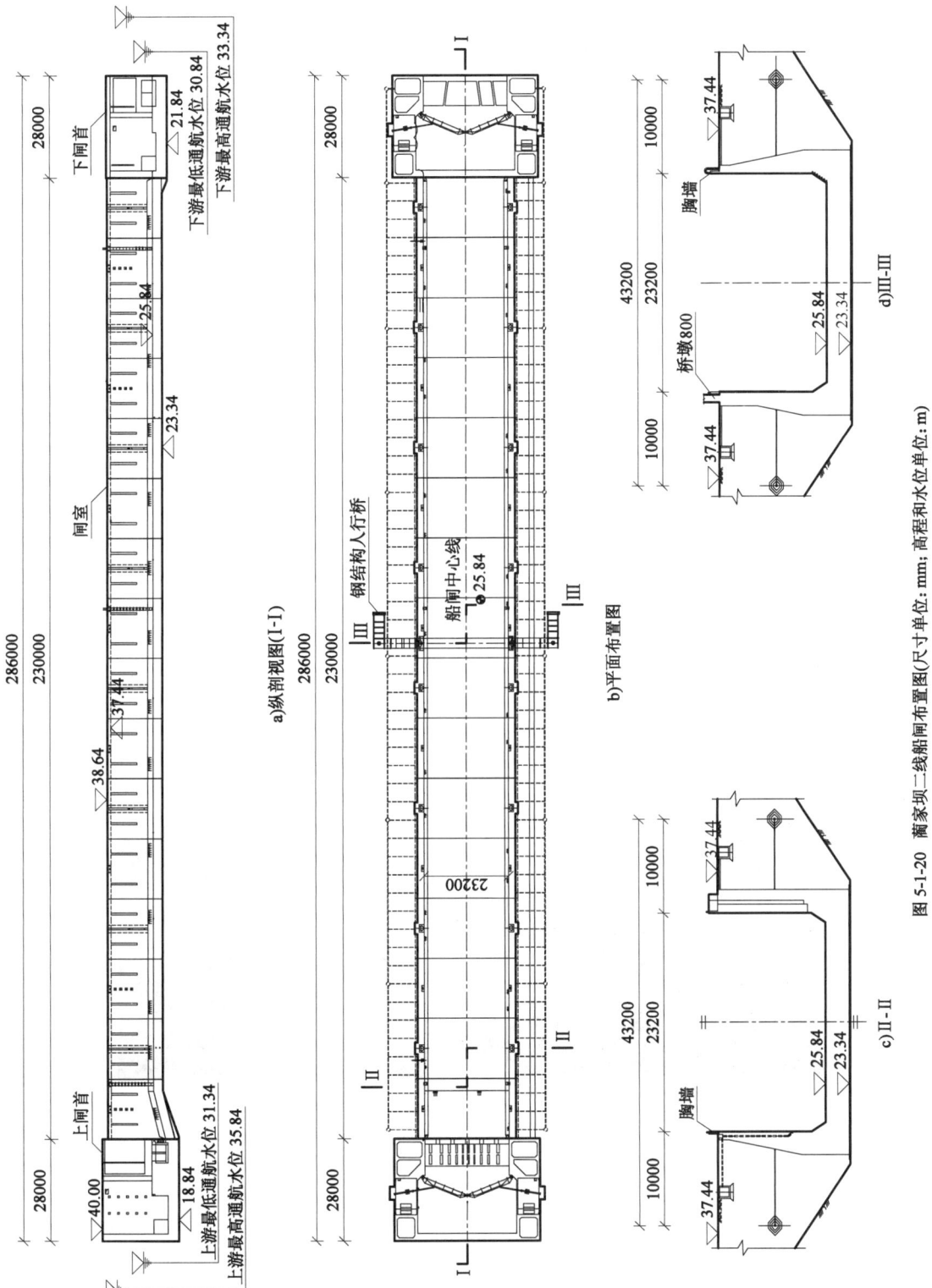

图 5-1-20 葛家坝二线船闸布置图(尺寸单位:mm;高程和水位单位:m)

解台二线船闸技术参数表　　　　　　　　　　表 5-1-13

河流名称	京杭运河			建设地点		江苏省徐州市贾汪区	
船闸有效尺度(m)	230×23×5.0			设计水头(m)		6.0	
吨级	1 顶 2×2000 吨级船队			过闸时间(min)			
门型	闸门	上游	人字门	启闭形式	闸门	上游	液压
		下游	人字门			下游	液压
	阀门	上游	平板门		阀门	上游	液压
		下游	平板门			下游	液压
结构形式	上闸首	整体式		输水系统	形式	头部集中输水	
	下闸首	整体式			平均时间(min)	8.0	
	闸室	整体式/分离式 （前 10m/后 220m）			廊道尺寸(m)	4.2×4.0	
设计通航水位(m)	上游	最高	32.5	设计年通过能力 (单线单向,万 t)		2500	
		最低	29.6	桥梁情况		下闸首公路桥, 跨闸人行桥/人行电缆桥	
	下游	最高	31.0				
		最低	26.0	建成年份(年)		2002	

图 5-1-21　解台船闸鸟瞰图

十一、刘山船闸

刘山枢纽位于江苏省徐州市邳州市宿羊山镇,是京杭运河苏北段上的第 9 个梯级,由刘山节制闸、一线船闸、二线船闸及上、下游防护工程等组成。刘山一线船闸布置在河道

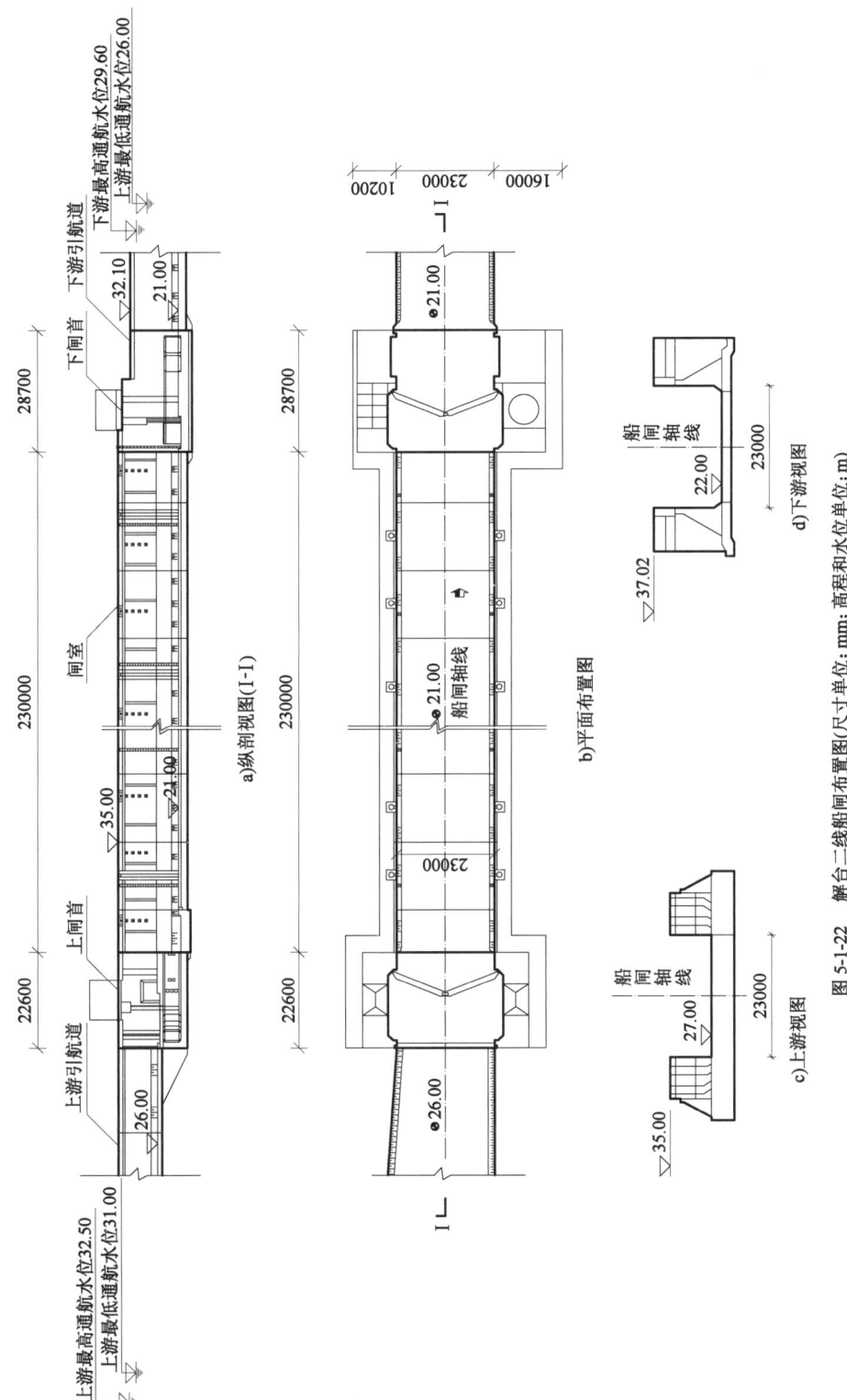

图 5-1-22 解台二线船闸布置图（尺寸单位：mm；高程和水位单位：m）

右岸滩地、节制闸以南 300m，船闸等级为Ⅱ级，闸室有效尺度 230m×23m×5.0m，该船闸为承受双向水头的船闸，最大设计水头 7.0m，通航 2×2000 吨级船队。船闸上游设计最高通航水位 29.62m，最低通航水位 26.0m；下游设计最高通航水位 28.84m，最低通航水位 20.5m。船闸上、下游引航道采用反对称型布置，上游引航道主导航墙位于右侧，下游引航道主导航墙位于左侧，上、下游船舶过闸均采取"直进曲出"的方式。刘山一线船闸原设计上、下游引航道宽均为 65m，二线船闸建成后上、下游引航道共用，引航道宽均为 130m，上游引航道主导航墙调整到左侧。该船闸 1961 年建成通航。

刘山二线船闸平行布置在一线船闸南侧（右侧），两闸轴线间距 108.3m，船闸等级为Ⅱ级，闸室有效尺度 230m×23m×5.0m，最大设计水头 7.5/2.1m（正向/反向），通航 1 顶 2×2000 吨级船队和 1 拖 4×500 吨级船队，设计单向通过能力为 2100 万 t/年。船闸上游设计洪水位 29.62m（不牢河 $P=1\%$，废黄河零点高程，下同），下游设计洪水位 28.84m（中运河 $P=1\%$）。上游设计最高通航水位 29.2m（不牢河 $P=5\%$），最低通航水位 26.0m（保证率 98%）；下游设计最高通航水位 28.5m（刘山一线船闸下游最高通航水位），最低通航水位 20.5m（保证率 98%）。一、二线船闸共用上、下游引航道，引航道宽均为 130m，上、下游船舶过闸均采取"直进曲出"的方式。上、下游引航道直线段长均为 650m，其中右侧主导航墙长均为 70m，上、下游停泊段长均为 320m，各布置 16 个中心距 20m 的靠船墩。上、下游辅导航墙分别采用半径为 30m 和 20m 的圆弧，其末端伸向一线船闸方向长分别为 12.7m 和 22.7m，在下游引航道中间增设 7 个中心距 15m 的分隔墩。上、下闸首和闸室均采用整体式结构，船闸输水系统上闸首采用头部输水、水流垂直跌落对冲水平转向、在空箱底板内经消能后正面出流，下闸首采用头部输水、短廊道对冲消能形式。上、下游工作闸门为齿条式横拉门，阀门为钢质平板提升门。刘山二线船闸于 1995 年 12 月开工，1997 年 12 月建成通航。

刘山一线、二线船闸技术参数分别见表 5-1-14、表 5-1-15。刘山船闸鸟瞰图如图 5-1-23 所示。刘山二线船闸布置如图 5-1-24 所示。

刘山一线船闸技术参数表 表 5-1-14

河流名称		京杭运河		建设地点		江苏省徐州邳州市
船闸有效尺度(m)		230×20×5.0		最大设计水头(m)		6.5
吨级		1 顶 2×2000		过闸时间(min)		45
门型	闸门	上游	钢质横拉门	启闭形式	闸门	上游	卷扬
		下游	钢质横拉门			下游	卷扬
	阀门	上游	平板门		阀门	上游	卷扬
		下游	平板门			下游	卷扬

续上表

结构形式	上闸首	整体式		输水系统	形式	短廊道头部输水
	下闸首	整体式			平均时间(min)	9.0
	闸室	分离式			廊道尺寸(m)	4×4
设计通航水位(m)	上游	最高	29.62	设计年通过能力 (单线单向,万t)		2100
		最低	26.0	桥梁情况		闸室人行电缆桥, 上闸首公路桥
	下游	最高	28.84			
		最低	20.5	建成年份(年)		1961

刘山二线船闸技术参数表　　　　　　　　　　表 5-1-15

河流名称		京杭运河		建设地点		江苏省徐州邳州市
船闸有效尺度(m)		230×23×5.0		最大设计水头(m)		7.5/2.1(正向/反向)
吨级		1顶2×2000		过闸时间(min)		40
门型	闸门	上游	齿条横拉门	启闭形式	闸门	上游	齿条
		下游	齿条横拉门			下游	齿条
	阀门	上游	平板门		阀门	上游	液压
		下游	平板门			下游	液压
结构形式	上闸首	整体式		输水系统	形式		闸首头部输水
	下闸首	整体式			平均时间(min)		7.0
	闸室	整体式			廊道尺寸(m)		3.5×4.0
设计通航水位(m)	上游	最高	29.2	设计年通过能力 (单线单向,万t)			2100
		最低	26.0	桥梁情况			闸室人行电缆桥, 上闸首公路桥
	下游	最高	28.5				
		最低	20.5	建成年份(年)			1997

十二、皂河船闸

皂河枢纽位于江苏省宿迁市皂河镇以北约 3km,是苏北运河自蔺家坝船闸南下的第 4 座梯级船闸,是京杭运河东、西线交汇后的第一座船闸,也是苏北运河最繁忙的皂河至淮安航段的北口门船闸。皂河枢纽由皂河节制闸、邳河节制闸、三座船闸、防洪大堤和环湖公路等组成。三线船闸位于邳河节制闸的左侧,其下闸首与邳河节制闸轴线位于同一直线上,皂河节制闸位于船闸下游左侧,三座船闸与两座节制闸由环湖公路连接,其中,一线船闸建于 1972 年,二线船闸建于 1988 年,三线船闸建于 2007 年。

图 5-1-23　刘山船闸鸟瞰图

皂河一线船闸布置在皂河节制闸上游右侧、邳河节制闸以左的河道上，船闸等级为Ⅱ级，闸室有效尺度 230m×20m×4.0m，最大设计水头 6.0m，通航 2000 吨级船舶。船闸引航道采用不对称型布置，上、下游船舶过闸均采取"曲进直出"的方式。上、下游引航道主导航墙均位于左侧（东侧），三线船闸建成后，一、三线船闸共用上游引航道，共用引航道宽 138.2m，下游引航道单独设置，船闸输水系统采用头部输水形式，船闸主体采用整体式结构。

皂河二线船闸平行布置在一线船闸右侧、邳河节制闸以左的河道上，与一线船闸轴线间距 160m，船闸等级为Ⅱ级，闸室有效尺度 230m×23m×5.0m，最大设计水头 6.0m，通航 1 顶 2×2000 吨级船队，设计单向通过能力 2100 万 t/年。皂河二线船闸上游设计最高通航水位 25.0m，最低通航水位 20.5m；下游设计最高通航水位 24.0m，最低通航水位 18.5m。船闸引航道采用不对称型布置，上、下游引航道主导航墙位于右侧（西侧），船舶过闸均采取"直进曲出"的方式。上、下游引航道直线段总长分别为 700m 和 731m，其中上、下游引航道主导航墙长均为 70m，停泊段长均为 300m，分别布置 15 个中心距为 20m 的靠船墩，直线段端部以半径为 800m 的圆弧与上、下游天然航道衔接，上、下游引航道宽均为 70m（三线船闸建成后下游共用引航道宽 110m）。上、下闸首和闸室均采用整体式结构。上闸首采用环形短廊道格栅式集中消能输水系统形式，下闸首采用环形短廊道格栅式集中输水系统对冲消能形式，消力池内布置 4 道消力槛。皂河二线船闸于 1985 年 3 月开工，1988 年 12 月建成通航。

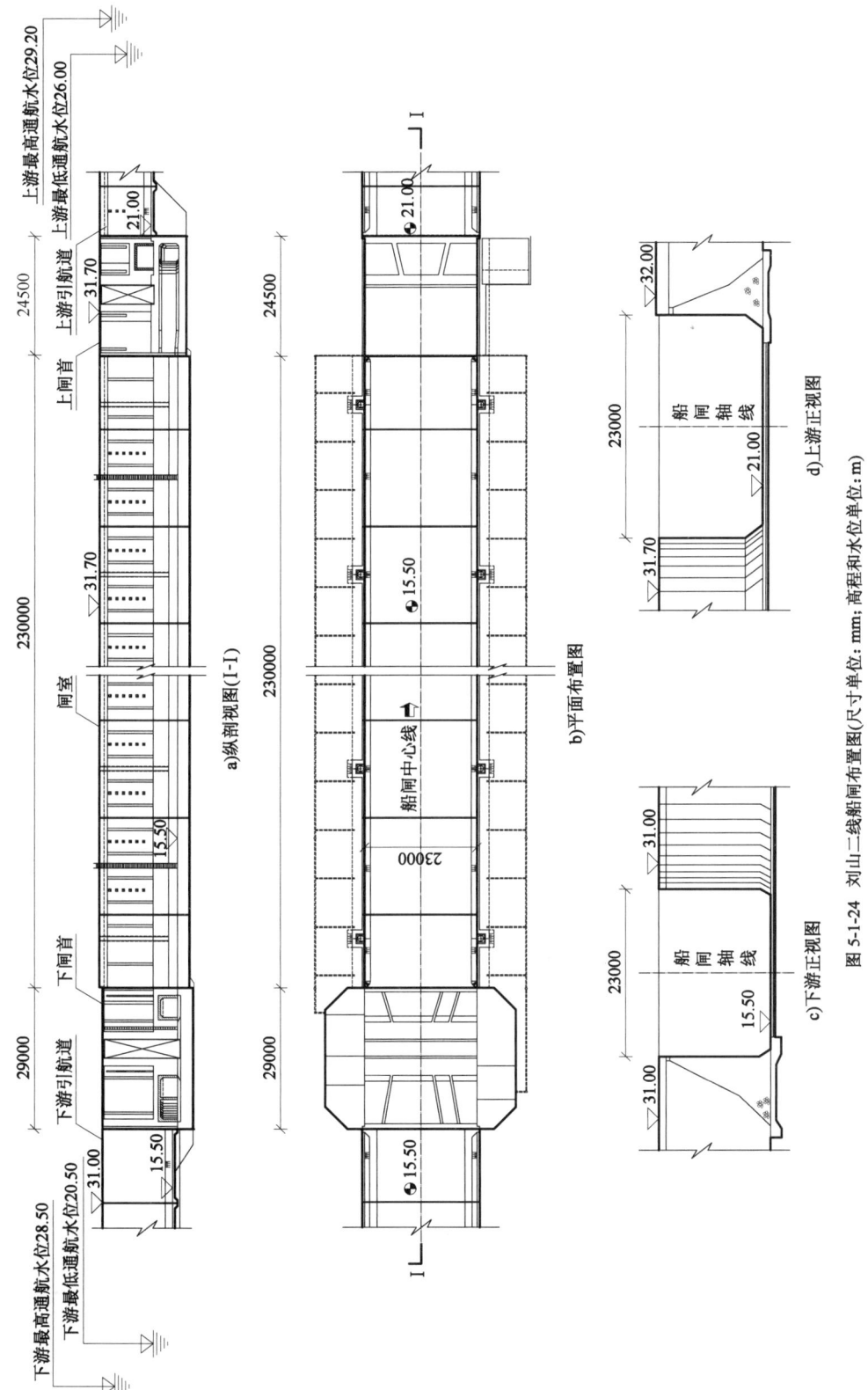

图 5-1-24 刘山二线船闸布置图（尺寸单位：mm；高程和水位单位：m）

皂河三线船闸平行布置在一、二线船闸之间,与一、二线船闸轴线间距分别为90m和70m,船闸等级为Ⅱ级,闸室有效尺度260m×23m×5.0m,设计最大水头6.0m,通航1顶2×2000吨级船队,设计单向通过能力为4000万t/年。皂河三线船闸上、下游校核洪水位25.83m。上游设计最高通航水位24.83m,最低通航水位20.33m;下游设计最高通航水位23.83m,最低通航水位18.33m。船闸引航道采用不对称型布置,船舶过闸采取"直进曲出"的方式。上游引航道与一线船闸共用,共用引航道宽138.2m,上游引航道直线段长790m,其上游以半径600m、转弯角9.73°的圆弧与上游航道中心线相连接;下游引航道与二线船闸共用,共用引航道宽110m,下游引航道直线段长710m,其下游以半径600m、转弯角25.98°的圆弧与下游航道中心线相连接。上游引航道右侧主导航墙采用斜率5:1的直线,主导航墙沿船闸中心轴线的投影长70m,上游停泊段长401.1m,布置20个间距20m的靠船墩,靠船墩之间及靠船墩与导航调顺段之间用空心板梁连接;左侧辅导航墙亦为斜率5:1的直线,其端部为半径4m的圆弧与新建一线船闸辅导航墙闭合,辅导航墙沿船闸中心轴线的投影长50m。下游左侧主导航墙导航段亦采用斜率5:1的直线,主导航墙沿船闸中心轴线的投影长70m,下游停泊段长亦为401.1m,布置20个间距20m的靠船墩,其端部下部边坡用1:2~1:1.5的坡度渐变,与一线船闸下游辅导航墙相接;下游引航道右侧辅导航墙为半径65m和15m的复曲线与二线辅导航墙相接,辅导航墙沿船闸中心轴线的投影长35.7m。船闸上、下闸首和闸室均采用整体式结构。船闸上闸首输水系统采用水平环绕短廊道集中输水、格栅消能室消能,下闸首采用环形短廊道简易输水、水流对冲、出水口布置消力槛消能。皂河三线船闸于2004年12月开工建设,2007年6月通航。

皂河二线、三线船闸技术参数分别见表5-1-16、表5-1-17。皂河船闸鸟瞰图如图5-1-25所示。皂河三线船闸布置如图5-1-26所示。

皂河二线船闸技术参数表　　　　　　表5-1-16

河流名称			京杭运河	建设地点		江苏省宿迁市皂河镇
船闸有效尺度(m)			230×23×5.0	最大设计水头(m)		6.0
吨级			1顶2×2000	过闸时间(min)		60
门型	闸门	上游	人字门	启闭形式	闸门 上游	液压
		下游	人字门		闸门 下游	液压
	阀门	上游	平板门		阀门 上游	液压
		下游	平板门		阀门 下游	液压
结构形式	上闸首		整体式	输水系统	形式	上闸首环形短廊道格栅式集中消能输水、下闸首环形短廊道输水对冲消能
	下闸首		整体式		平均时间(min)	6.0
	闸室		整体式		廊道尺寸(m)	4.0×4.0

续上表

设计通航水位(m)	上游	最高	25.0	设计年通过能力(单线单向,万 t)	2100
		最低	24.0	桥梁情况	下闸首公路桥,跨闸人行桥(两座)
	下游	最高	20.5		
		最低	18.5	建成年份(年)	1988

皂河三线船闸技术参数表　　　　　　　　　　　　表 5-1-17

河流名称			京杭运河		建设地点		江苏省宿迁市皂河镇
船闸有效尺度(m)			260×23×5.0		最大设计水头(m)		6.0
吨级			1 顶 2×2000		过闸时间(min)		60.0
门型	闸门		上游	人字门	启闭形式	闸门	上游	液压
			下游	人字门			下游	液压
	阀门		上游	平板门		阀门	上游	液压
			下游	平板门			下游	液压
结构形式	上闸首		整体式		输水系统	形式	上闸首采用水平环绕短廊道集中输水,下闸首采用环形短廊道简易输水
	下闸首		整体式			平均时间(min)	8.0
	闸室		整体式			廊道尺寸(m)	4.0×4.5
设计通航水位(m)	上游	最高	24.83		设计年通过能力(单线单向,万 t)		4000
		最低	20.33		桥梁情况		下闸首公路桥,跨闸人行桥(两座)
	下游	最高	23.83				
		最低	18.33		建成年份(年)		2007

图 5-1-25　皂河船闸鸟瞰图

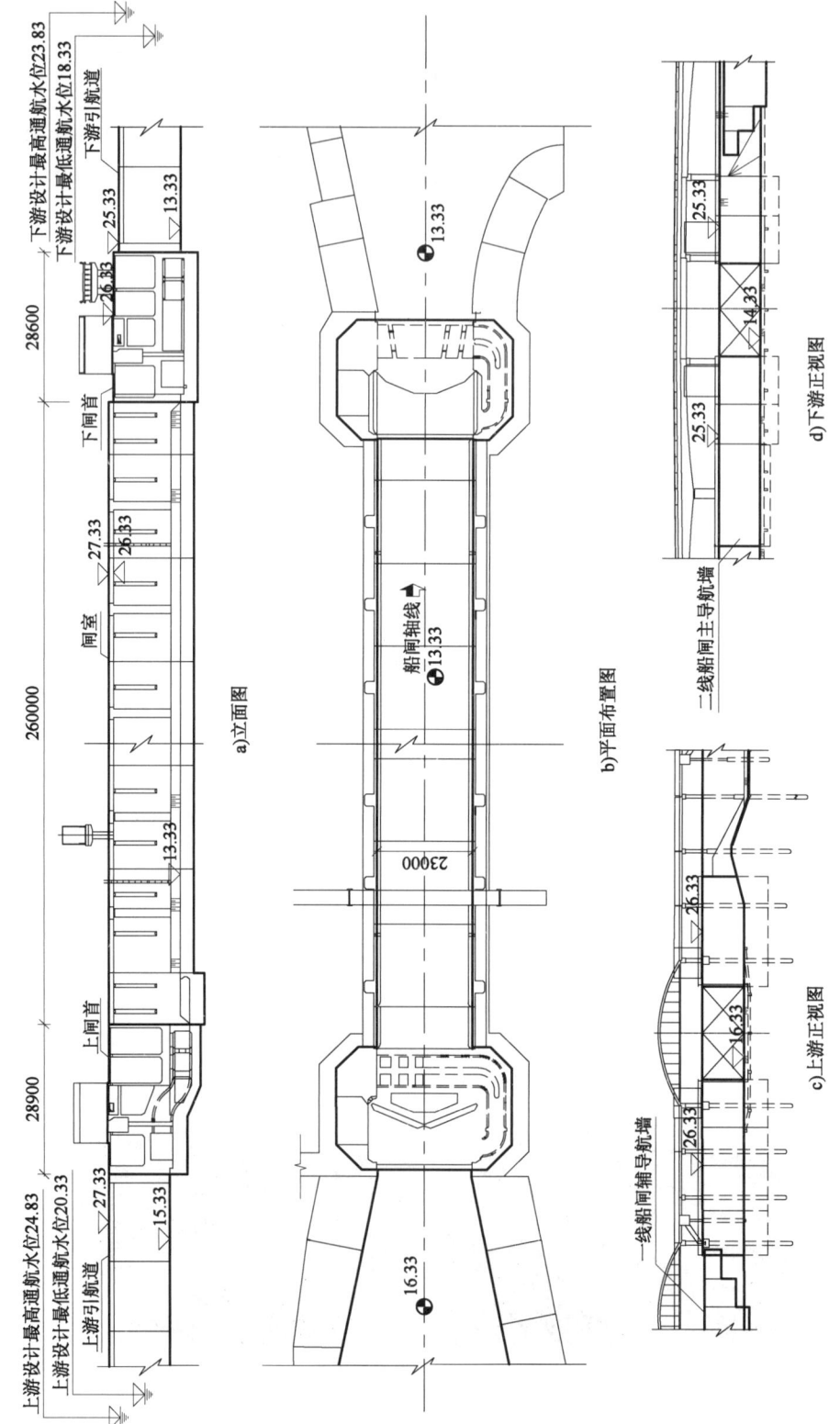

图 5-1-26 皂河三线船闸布置图（尺寸单位：mm；高程和水位单位：m）

十三、宿迁船闸

宿迁枢纽位于江苏省宿迁市井头乡境内,是京杭运河苏北段上第4个航运梯级,上与皂河枢纽相接,下与刘老涧枢纽相连,是骆马湖水库宿迁大控制工程的组成部分之一。宿迁枢纽现有船闸3座,其中一、二线船闸轴线相距215m,一线船闸南侧250m处为宿迁节制闸,井头船闸和井头翻水坝在船闸下游北侧,宿迁三线船闸是在已建宿迁枢纽中增加建设的一项规模较大的工程。

宿迁一线船闸布置在节制闸左岸,船闸等级为Ⅱ级,闸室有效尺度210m×15m×4.0m,通航1顶2×2000吨级船队,设计单向通过能力为1400万t/年。船闸引航道采用反对称形式布置,上、下游船舶过闸均采用"曲进直出"的方式。船闸上、下游闸首和闸室均采用整体式结构,船闸输水系统采用头部输水形式。宿迁一线船闸于1958年建成。

宿迁二线船闸平行布置在一线船闸左侧,与一线船闸轴线间距为215m,船闸等级为Ⅱ级,闸室有效尺度230m×23m×5.0m,最大设计水头6.0m(上游最高通航水位24.0m-下游最低通航水位18.0m),通航1顶2×2000吨级船队,船队尺度185m×14.0m×2.8m,设计单向通过能力为2100万t/年。船闸上游设计最高通航水位24.0m,最低通航水位18.5m;下游设计最高通航水位20.5m,最低通航水位18.0m。船闸引航道按不对称型布置,主导航墙均位于左侧岸边,船舶过闸均采取"直进曲出"的方式。上、下游引航道直线段长均为580m,其中主导航墙长均为50m,主导墙以外分别布置16和15个中心距20m的靠船墩;上、下游引航道宽分别为80m和100m。上、下闸首和闸室均采用整体式结构,船闸输水系统采用短廊道集中输水、对冲消能形式。宿迁二线船闸于1983年10月开工,1986年9月建成通航。

宿迁三线船闸平行布置在一、二线船闸之间,与一、二线船闸轴线间距分别为98m和117m,船闸等级为Ⅱ级,闸室有效尺度260m×23m×5.0m,设计最大水头6.0m(上游最高通航水位24.0m-下游最低通航水位18.0m),可满足1顶2×2000吨级船队、1顶2×1000吨级船队、1拖4×500吨级船队、1拖6×300吨级船队不解缆过闸的要求,设计单向通过能力为6356万t/年。宿迁三线船闸上、下游设计通航水位与二线船闸相同。宿迁三线船闸建成后,二、三线船闸共用上、下引航道,主导航墙均布置在右侧(南侧),上、下游船舶过闸均采取"曲进直出"的方式。上、下游引航道直线段长分别为602m、542m,其中主导航墙沿船闸轴线的投影长均为70m,上、下游停泊段长均为400m,各布置20个中心距20m的靠船墩。上、下游引航道宽均为153.5m,设计水深5.0m。上、下闸首和闸室均采用整体式结构,船闸输水系统采用环形短廊道输水,对冲和消力槛消能方式。宿迁三线船闸于2001年10月开工,2004年5月建成通航。

宿迁二线、三线船闸技术参数分别见表 5-1-18、表 5-1-19。宿迁船闸鸟瞰图如图 5-1-27 所示。宿迁船闸布置如图 5-1-28 所示。

宿迁二线船闸技术参数表 表 5-1-18

河流名称			京杭运河		建设地点		江苏省宿迁市	
船闸有效尺度(m)			230×23×5.0		最大设计水头(m)		6.0	
吨级			1顶2×2000		过闸时间(min)		60.0	
门型		闸门	上游	人字门	启闭形式	闸门	上游	液压
			下游	人字门			下游	液压
		阀门	上游	平板门		阀门	上游	液压
			下游	平板门			下游	液压
结构形式		上闸首	整体式		输水系统	形式	短廊道集中输水对冲消能	
		下闸首	整体式			平均时间(min)	5.0	
		闸室	整体式			廊道尺寸(m)	4.0×4.5	
设计通航水位(m)		上游	最高	24.0	设计年通过能力(单线单向,万t)		2100	
			最低	18.5	桥梁情况		下闸首公路桥,跨闸人行桥	
		下游	最高	20.0				
			最低	18.0	建成年份(年)		1986	

宿迁三线船闸技术参数表 表 5-1-19

河流名称			京杭运河		建设地点		江苏省宿迁市	
船闸有效尺度(m)			260×23×5.0		最大设计水头(m)		6.0	
吨级			1顶2×2000		过闸时间(min)		40.0	
门型		闸门	上游	人字门	启闭形式	闸门	上游	液压
			下游	人字门			下游	液压
		阀门	上游	平板门		阀门	上游	液压
			下游	平板门			下游	液压
结构形式		上闸首	整体式		输水系统	形式	环形短廊道输水,对冲和消力槛消能	
		下闸首	整体式			平均时间(min)	5.0	
		闸室	整体式			廊道尺寸(m)	5.5×5.5	
设计通航水位(m)		上游	最高	24.0	设计年通过能力(单线单向,万t)		6356	
			最低	18.5	桥梁情况		下闸首公路桥,跨闸人行桥	
		下游	最高	20.0				
			最低	18.0	建成年份(年)		2004	

图 5-1-27 宿迁船闸鸟瞰图

十四、刘老涧船闸

刘老涧枢纽位于江苏省宿迁市城区洋北镇、苏北运河最繁忙的大王庙至淮安闸航段上,是京杭运河苏北段上的第6个梯级,上距宿迁船闸27km,下距泗阳船闸32.5km。刘老涧枢纽由刘老涧老船闸(民国时期修建)、刘老涧3座平行布置的船闸、节制闸和翻水坝等组成。

刘老涧一线船闸布置于老船闸的北侧、刘老涧老船闸与节制闸之间的运河航道上,船闸等级为Ⅱ级,闸室有效尺度230m×20m×4.0m,最大设计水头5.5m,通航1顶2×2000吨级船队,设计单向通过能力为2100万t/年(为老船闸通过能力的7倍)。刘老涧一线船闸上游设计最高通航水位19.6m,最低通航水位18.0m;下游设计最高通航水位18.65m,最低通航水位16.0m。船闸引航道采用不对称形式布置,上、下游引航道直线段长均为800m,引航道宽均为70m。船闸上、下闸首均采用整体式结构,闸室采用分离式结构,船闸输水系统采用短廊道输水,上、下游工作闸门为钢质拱形人字门,阀门为平板钢结构直升门。刘老涧一线船闸于1977年3月开工建设,1978年8月通航。

刘老涧二线船闸基本平行布置在一线船闸南侧(右侧),与一线船闸基本齐平,两闸轴线间距133m,船闸等级Ⅱ级,闸室有效尺度230m×23m×5.0m,最大设计水头5.5m,通航1顶2×2000吨级船队,船队尺度185m×14m×2.8m,设计单向通过能力为2100万t/年。刘老涧二线船闸上游设计最高通航水位19.5m,最低通航水位18.0m;下游设计最高通航水位18.65m,最低通航水位16.0m。船闸引航道采用不对称形式布置,上、下游引航道直线段长均为650m,主导航墙均位于南侧(右侧),长均为70m,主导航墙之外各布置15个间距20m的靠船墩,靠船墩之间用2m宽人行桥连接;上、下游引航道宽均为70m,设计水深4m。船闸上、下闸首均采用整体式结构,闸室采用分离式结构,船闸输水系统采用头部环绕短廊道输水、对冲消能格栅消能形式。刘老涧二线船闸于1985年4月开工,1987年4月通航。

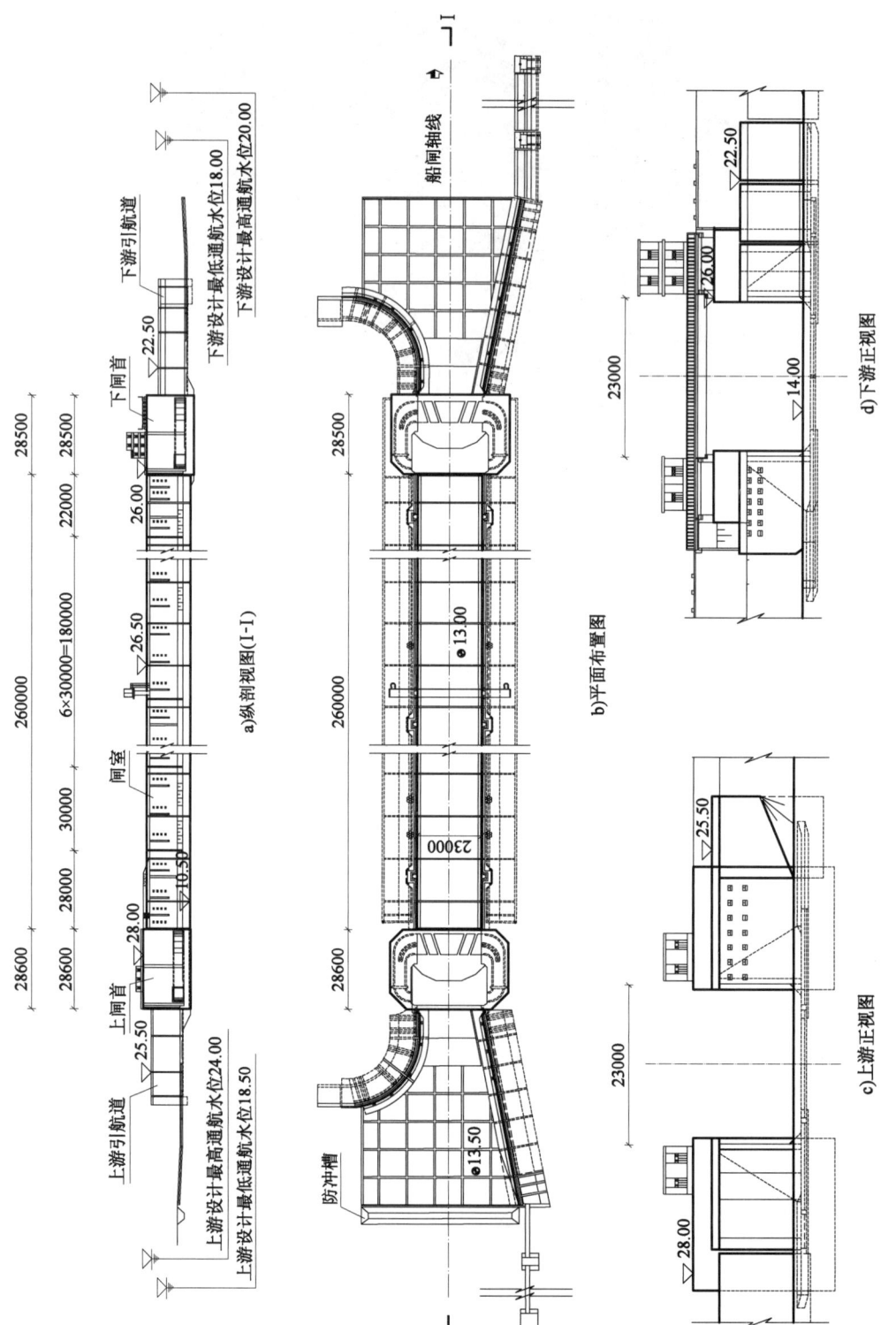

图 5-1-28 宿迁船闸布置图(尺寸单位:mm;高程和水位单位:m)

刘老涧三线船闸平行布置在二线船闸南侧(右侧),两闸轴线间距80m,船闸等级为Ⅱ级,闸室有效尺度230m×23m×5.0m,最大设计水头4.5m,通航1顶2×2000吨级船队,设计单向通过能力为2100万t/年。刘老涧三线船闸上游校核洪水位19.83m,下游校核洪水位18.83m。上游设计最高通航水位19.33m,最低通航水位17.83m;下游设计最高通航水位18.48m,最低通航水位15.83m。船闸上、下游引航道均单独设置,引航道采用不对称型布置,主导航墙均位于南侧(右侧),上、下游船舶过闸均采用"直进曲出"的方式。上游引航道直线段总长630m,其上游以半径600m、中心角9.73°的圆弧与上游航道衔接;下游引航道直线段总长615m,其下游以半径600m、中心角25.98°的圆弧与下游航道衔接。上、下游主导航墙长均为70m,其上、下游停泊段长均为400m,各布置20个中心距20m的靠船墩。上游辅导航墙以半径37m、中心角90°转弯后以直线与二线船闸上引航道主导航墙衔接;下游辅导航墙临闸首设20m直线段,其后以半径50m、中心角90°转弯后以直线与二线船闸下游主导航墙衔接。上、下游引航道宽分别为70m和62m,设计水深4.0m。船闸上、下闸首均采用整体式结构,闸室采用分离式结构,船闸上闸首采用短廊道集中输水、格栅式帷墙消能形式;下闸首采用简单消能工的水平环绕、对冲消能的平底板短廊道集中输水系统。刘老涧三线船闸于2006年5月开工,2008年9月通航。

刘老涧一线、二线、三线船闸技术参数分别见表5-1-20~表5-1-22。刘老涧船闸鸟瞰图如图5-1-29所示。刘老涧三线船闸布置如图5-1-30所示。

刘老涧一线船闸技术参数表　　　　　　　　　　　表5-1-20

河流名称		京杭运河		建设地点		江苏省宿迁市宿豫区仰化镇	
船闸有效尺度(m)		230×20×4.0		最大设计水头(m)		5.5	
吨级		1顶2×2000		过闸时间(min)		40.0	
门型	闸门	上游	人字门	启闭形式	闸门	上游	液压
		下游	人字门			下游	液压
	阀门	上游	平板门		阀门	上游	液压
		下游	平板门			下游	液压
结构形式	上闸首		整体式	输水系统	形式		短廊道输水
	下闸首		整体式		平均时间(min)		7.0
	闸室		分离式		廊道尺寸(m)		3.5×4.5
设计通航水位(m)	上游	最高	19.6	设计年通过能力(单线单向,万t)			2100
		最低	18.0	桥梁情况			下闸首公路桥,跨闸人行桥
	下游	最高	18.65				
		最低	16.0	建成年份(年)			1978

刘老涧二线船闸技术参数表 表5-1-21

河流名称		京杭运河		建设地点		江苏省宿迁市宿豫区仰化镇	
船闸有效尺度(m)		230×23×5.0		最大设计水头(m)		5.5	
吨级		1顶2×2000		过闸时间(min)		40.0	
门型	闸门	上游	人字门	启闭形式	闸门	上游	液压
		下游	人字门			下游	液压
	阀门	上游	平板门		阀门	上游	液压
		下游	平板门			下游	液压
结构形式	上闸首	整体式		输水系统	形式	头部环绕短廊道输水	
	下闸首	整体式			平均时间(min)	7.0	
	闸室	分离式			廊道尺寸(m)	4.0×4.0	
设计通航水位(m)	上游	最高	19.5	设计年通过能力(单线单向,万t)		2100	
		最低	18.0	桥梁情况		下闸首公路桥,跨闸人行便桥	
	下游	最高	18.65				
		最低	16.0	建成年份(年)		1987	

刘老涧三线船闸技术参数表 表5-1-22

河流名称		京杭运河		建设地点		江苏省宿迁市宿豫区仰化镇	
船闸有效尺度(m)		260×23×5.0		最大设计水头(m)		4.5	
吨级		2000		过闸时间(min)		40.0	
门型	闸门	上游	人字门	启闭形式	闸门	上游	液压
		下游	人字门			下游	液压
	阀门	上游	平板门		阀门	上游	液压
		下游	平板门			下游	液压
结构形式	上闸首	整体式		输水系统	形式	短廊道集中输水	
	下闸首	整体式			平均时间(min)	6.5	
	闸室	分离式			廊道尺寸(m)	4.0×4.5	
设计通航水位(m)	上游	最高	19.33	设计年通过能力(单线单向,万t)		2880	
		最低	17.83	桥梁情况		下闸首公路桥,跨闸人行便桥	
	下游	最高	18.48				
		最低	15.83	建成年份(年)		2008	

图 5-1-29 刘老涧船闸鸟瞰图

十五、泗阳船闸

泗阳枢纽位于江苏省宿迁市泗阳县城东南约 3km、苏北运河徐扬段中最繁忙的大王庙至淮安闸航段上,是京杭运河苏北段上的第 7 个梯级,上距刘老涧船闸 32.5km,下距淮阴船闸 32.5km。泗阳枢纽由平行布置的 3 座船闸、泗阳节制闸、翻水站、竹络坝干渠和防洪大堤等组成。

泗阳一线船闸布置在泗阳节制闸及泗阳第一抽水站的北侧(左侧)河道上,与右侧泗阳翻水站和泗阳节制闸相距分别为 51.7m 和 401.7m,船闸等级为 Ⅱ 级,闸室有效尺度 230m×20m×5.0m,最大设计水头 8.5m,通航 1 顶 2×2000 吨级船队,设计单向通过能力为 2100 万 t/年。泗阳一线船闸与二线船闸共用上游引航道,上游引航道宽 140m;下游引航道单独设置,下游引航道宽 70m;设计水深均为 4.0m。船闸引航道采用反对称型布置,上游主导航墙及靠船建筑物位于右侧,下游主导航墙及靠船建筑物位于左侧,上、下游船舶过闸均采取"直进曲出"的方式。泗阳一线船闸于 1961 年 2 月通航。

泗阳二线船闸平行布置在一线船闸北侧(左侧),两闸轴线间距 118.3m,船闸等级为 Ⅱ 级,闸室有效尺度 230m×23m×5.0m,最大设计水头 8.5m,通航 1 顶 2×2000 吨级船队,船队尺度 185m×14m×2.8m,设计单向通过能力为 2100 万 t/年。泗阳二线船闸上游校核洪水位 18.33m,下游校核洪水位 16.83m。上游设计最高通航水位 17.83m,最低通航水位 15.83m;下游设计最高通航水位 16.33m,最低通航水位 10.33m。上游引航道一、二线船闸共用,引航道直线段长 650m、宽 140m,上游以半径 716.5m 的圆弧段与上游航道相衔接;二线船闸下游引航道单独设置,下游引航道直线段长 600m,其下游以半径 650m 的圆弧段与下游航道相衔接,下游引航道宽 70m。船闸引航道采用不对称型布置,上、下

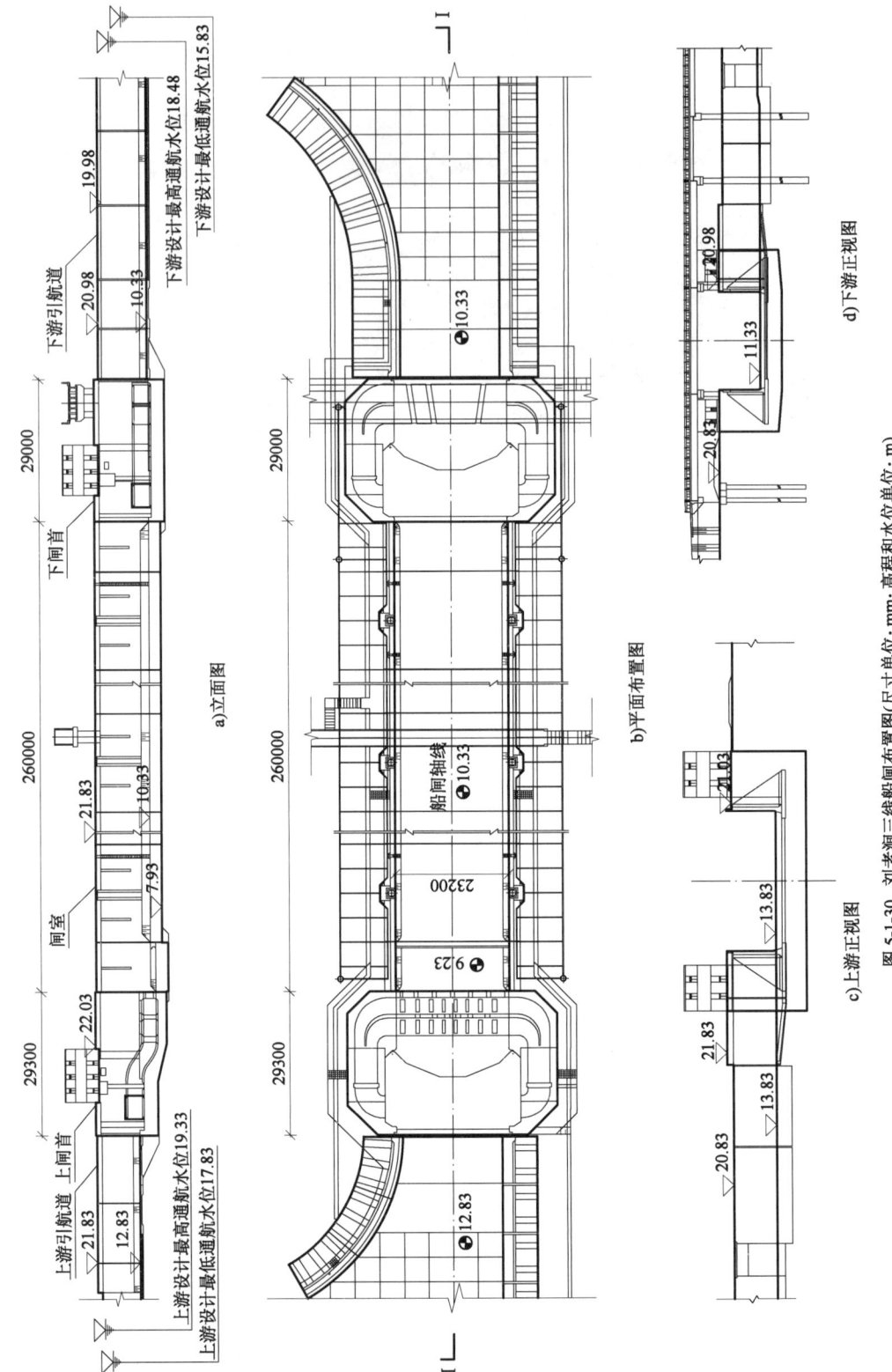

图 5-1-30 刘老涧三线船闸布置图(尺寸单位：mm；高程和水位单位：m)

游引航道主导航墙均位于北侧(左侧),船舶过闸均采取"直进曲出"的方式。上、下游主导航墙长均为50m,停泊段长均为320m,分别设置16个间距20m的靠船墩,在上游共用引航道中间设置7个分隔墩,分隔墩段长103.5m。船闸上、下游闸首均采用整体式结构,闸室采用分离式结构。船闸输水系统上闸首采用短廊道输水、利用帷墙的空箱作为消能室,采用跌水、对冲消能;下闸首采用头部环绕短廊道输水。上、下游工作闸门为人字门,阀门为平板门。泗阳二线船闸于1984年12月开工,1988年11月通航。

泗阳三线船闸平行布置在二线船闸北侧(左侧),两闸轴线间距100m,船闸等级为Ⅱ级,闸室有效尺度260m×23m×5.0m,最大设计水头7.0m,可满足1顶2×2000吨级、1拖4×500吨级等船队不解缆过闸的要求,设计通过能力580/7620/8200万t/年(上行/下行/总量)。泗阳三线船闸上游校核洪水位18.33m,下游校核洪水位16.83m。上游设计最高通航水位17.83m,最低通航水位15.83m;下游设计最高通航水位16.33m,最低通航水位10.33m。上、下游靠船墩范围内引航道均单独设置,停泊段外二、三线船闸共用引航道。船闸引航道采用不对称型布置,主导航墙均位于左侧,采用直线型布置,上、下游船舶过闸均采取"直进曲出"的方式。上、下游引航道直线段长分别为670m和567m,其后以半径为1000m的圆弧与上、下游主航道衔接。上、下游主导航墙沿船闸中心轴线的投影长70m,停泊段长均为400m,分别布置20个间距20m的靠船墩。上游辅导航墙长37.5m,由两段半径分别为60m和15m、夹角分别为30°和60°的圆弧连接,其上游用锥坡渐变与二线船闸上游主导航墙衔接;下游辅导航墙长37.5m,亦由两段半径分别为60m和15m、夹角分别为30°和60°的圆弧连接,其下游用锥坡渐变与二线船闸下游主导航墙衔接。上、下游引航道宽均为70m,设计水深4m。上、下游引航道出停泊段后三线船闸共用,上游停泊段以外布置长224.5m的直立式驳岸,其后以斜率1:3的斜坡与上游防洪大堤相接;下游停泊段以外布置长817.5m的直立式驳岸,其后与下游防洪大堤相接。船闸上、下游闸首均采用整体式结构,闸室采用分离式结构。船闸输水系统采用局部分散输水形式,输水廊道在闸室墙头部两侧8个结构段(长150m)分别设置28个进出水孔,水流从上闸首正面与顶面进水转90°弯后,进入布置在闸室段的输水廊道,经侧支孔出水进入闸室。泗阳三线船闸于2005年12月开工建设,2009年5月通航。泗阳三线船闸设计水头为苏北运河沿线11个梯级船闸中最大的,该船闸还创新采用局部分散输水系统,满足了闸室内的停泊要求,创新采用格栅板消能,改善了船闸下游引航道条件。

泗阳二线、三线船闸技术参数分别见表5-1-23、表5-1-24。泗阳一、二、三线船闸效果图和鸟瞰图分别如图5-1-31、图5-1-32所示。泗阳三线船闸鸟瞰图如图5-1-33所示。泗阳船闸布置如图5-1-34所示。

泗阳二线船闸技术参数表

表 5-1-23

河流名称		京杭运河		建设地点		江苏省宿迁市泗阳县
船闸有效尺度(m)		230×23×5.0		最大设计水头(m)		8.5
吨级		1顶2×2000		过闸时间(min)		30.0
门型	闸门	上游	人字门	启闭形式	闸门	上游	液压
		下游	人字门			下游	液压
	阀门	上游	平板门		阀门	上游	液压
		下游	平板门			下游	液压
结构形式	上闸首	整体式		输水系统	形式	上闸首头部环绕短廊道输水、消能室消能；下闸首采用头部环绕短廊道泄水
	下闸首	整体式			平均时间(min)	6.0
	闸室	分离式			廊道尺寸(m)	4.0×4.5
设计通航水位(m)	上游	最高	18.0	设计年通过能力(单线单向,万t)		2100
		最低	16.0	桥梁情况		上闸首公路桥，跨闸室人行桥
	下游	最高	16.5			
		最低	10.5	建成年份(年)		1988

泗阳三线船闸技术参数表

表 5-1-24

河流名称		京杭运河		建设地点		江苏省宿迁市泗阳县
船闸有效尺度(m)		260×23×5.0		最大设计水头(m)		7.0
吨级		1顶2×2000		过闸时间(min)		30
门型	闸门	上游	人字门	启闭形式	闸门	上游	液压
		下游	人字门			下游	液压
	阀门	上游	平板门		阀门	上游	液压
		下游	平板门			下游	液压
结构形式	上闸首	整体式		输水系统	形式	局部分散输水
	下闸首	整体式			平均时间(min)	8.0
	闸室	整体式			廊道尺寸(m)	4.0×4.0
设计通航水位(m)	上游	最高	17.83	设计年通过能力(单线,万t)		580/7620/8200（上行/下行/总量）
		最低	15.83	桥梁情况		上闸首公路桥，跨闸室人行桥
	下游	最高	16.33			
		最低	10.33	建成年份(年)		2009

图 5-1-31　泗阳一、二、三线船闸效果图

图 5-1-32　泗阳一、二、三线船闸鸟瞰图

图 5-1-33　泗阳三线船闸鸟瞰图

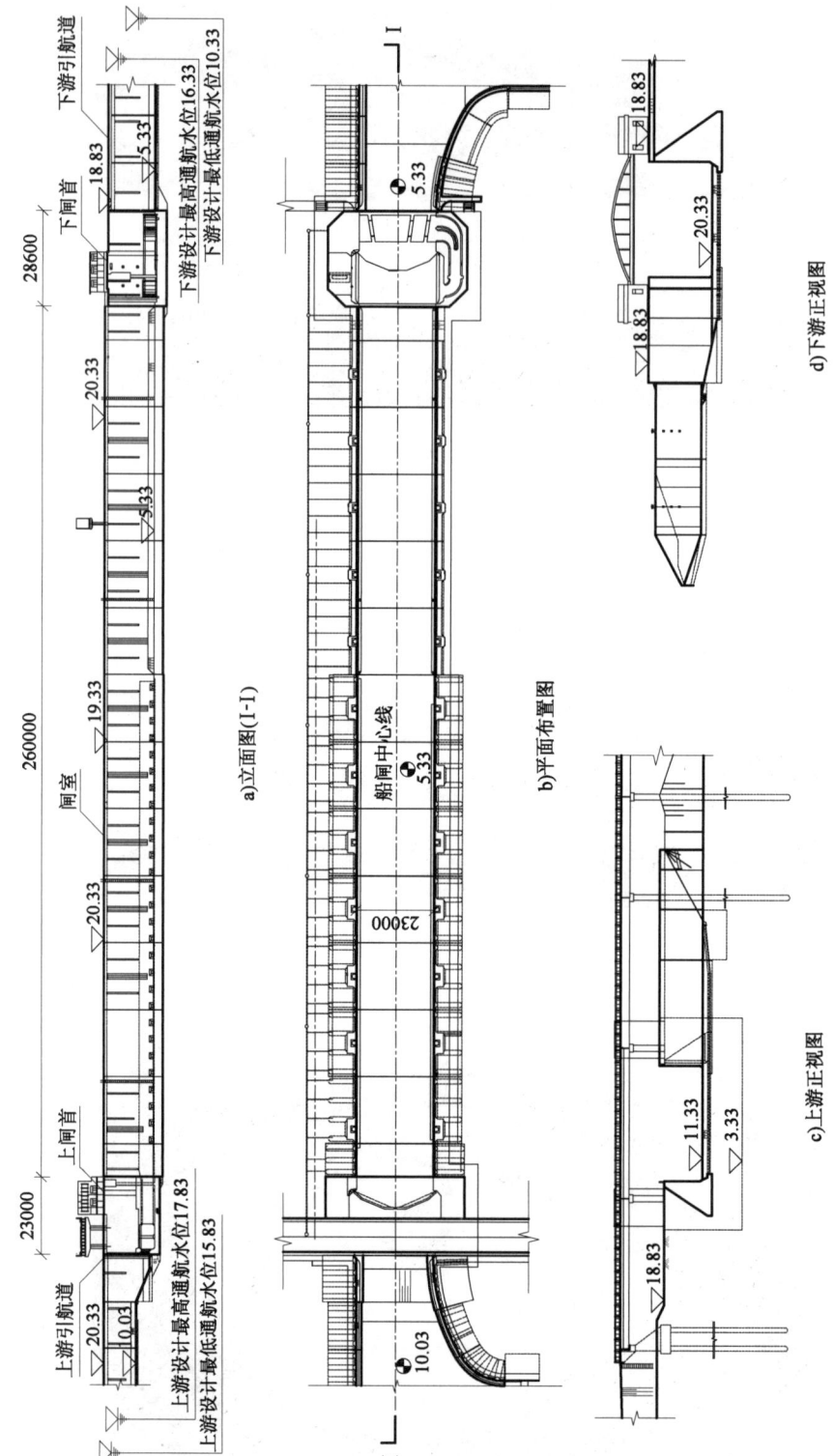

图 5-1-34 泗阳船闸布置图（尺寸单位：mm；高程和水位单位：m）

十六、淮阴船闸

淮阴枢纽位于江苏省淮安市西郊6km、清江浦区,船闸上游接中运河,与淮沭河、废黄河、盐河等河道在杨庄附近汇合,下游为里运河,是京杭运河苏北段上的第8个梯级,上距泗阳船闸32.5km,下距淮安船闸25km。淮阴枢纽由淮阴节制闸和3座船闸等组成。

淮阴一线船闸布置于河道右岸,船闸有效尺度为230m×20m×5.0m,船闸运行最大水头4.9m,通航1顶2×2000吨级船队,设计单向通过能力为2100万t/年。上游在一线船闸靠船墩范围内为单独引航道,下游一、三线船闸引航道共用,引航道采用反对称型布置,上游主导航墙位于右侧,下游主导航墙位于左侧,上、下船舶过闸均采取"直进曲出"的方式。

淮阴二线船闸平行布置在一线船闸北侧(左侧),两闸轴线间距160m,闸位向下游移动130m。二线船闸等级为Ⅱ级,闸室有效尺度230m×23m×5.0m,最大设计水头5.0m,通航1顶2×2000吨级船队,设计单向通过能力2100万t/年。船闸上游设计及校核洪水位15.4m,下游设计及校核洪水位11.2m。上游设计最高通航水位15.4m,最低通航水位10.5m;下游设计最高通航水位10.8m,最低通航水位8.5m。船闸引航道采用反对称型布置,上游主导航墙位于右侧,下游主导航墙位于左侧,上、下游船舶过闸均采取"直进曲出"的方式。上、下游引航道直线段长分别为650m和800m,其中主导航墙长分别为90m和70m,上、下游停泊段分别设置15个间距20m的靠船墩,上、下游引航道宽均为70m,设计水深4.0m。上、下闸首均采用整体式结构,闸室采用分离式结构。上闸首采用短廊道输水,利用廊道出口处的围墙形成消能室,水流在消能室中对冲消能后再进入闸室;下闸首采用短廊道集中输水、平面对冲消能。上、下游工作闸门均为钢质平板人字门,阀门为钢质平板门。淮阴二线船闸于1984年12月开工,1987年12月通航。

淮阴三线船闸平行布置在一线船闸南侧(右侧),两闸轴线间距105m,船闸等级为Ⅱ级,闸室有效尺度260m×23m×5.0m,最大设计水头5.0m,可满足1顶2×2000吨级、1拖4×500吨级等主要船队不解缆过闸的要求,设计单向通过能力7081万t/年(含一、二线船闸)。淮阴三线船闸上游设计及校核洪水位15.4m,下游设计及校核洪水位11.2m。上游设计最高通航水位15.4m,最低通航水位10.5m;下游设计最高通航水位10.8m,最低通航水位8.5m。船闸引航道采用不对称型布置,上游在一线船闸靠船墩范围内为单独引航道,下游一、三线船闸共用,上、下游主导航墙均位于右侧,船舶过闸均采取"直进曲出"的方式。上游引航道直线段长670m,引航道宽70m,其上游以半径为1500m、中心角为16°的圆弧与上游航道衔接;下游共用引航道直线段长670m,引航道宽126.5m,其下游以半径800m、中心角为15°的圆弧与下游航道衔接;引航道设计水深4.0m。上、下游引航道主导航墙长均为70m,上、下游停泊段长均为400m,各布置20个间距20m的靠船墩,墩之间采用直立式驳岸相连接,靠船墩外接长200m的直立式驳岸。上游辅导航墙从上闸首开始为长10m的直线段,其后接半径30m、中心角为90°的圆弧,圆弧以上用10m的挡土墙与一线船闸的岸坡连接;下游辅导航墙直线段长14.1m,其后用组合圆弧连接。船闸上、下闸首均采用整体式结构,闸室采用分离式结构。上闸首采用水平环绕对冲消能的短廊道集中输水系统,下闸首采用环形短廊首输水,利用水流对冲并布置消力槛消能。淮阴三线船闸于2000年12月开工,2003年7月通航。

　　淮阴一线、二线、三线船闸技术参数分别见表5-1-25~表5-1-27。淮阴部闸鸟瞰图如图5-1-35所示,淮阴一线船闸布置如图5-1-36所示。

淮阴一线船闸技术参数表　　　　　　　　　表5-1-25

河流名称			京杭运河	建设地点		江苏省淮安市
船闸有效尺度(m)			230×20×5.0	最大设计水头(m)		5.0
吨级			1顶2×2000	过闸时间(min)		35
门型	闸门	上游	人字门	启闭形式	闸门	上游	卷扬机
		下游	人字门			下游	卷扬机
	阀门	上游	平板门		阀门	上游	卷扬机
		下游	平板门			下游	卷扬机
结构形式	上闸首		整体式	输水系统	形式	短廊道
	下闸首		整体式		平均时间(min)	6.0
	闸室		分离式		廊道尺寸(m)	4×4
设计通航水位(m)	上游	最高	15.4	设计年通过能力(单线单向,万t)		2100
		最低	10.5	桥梁情况		下闸首交通桥
	下游	最高	10.8	建成年份(年)		1961
		最低	8.5			

淮阴二线船闸技术参数表　　　　　　　　　表5-1-26

河流名称			京杭运河	建设地点		江苏省淮安市
船闸有效尺度(m)			230×23×5.0	最大设计水头(m)		5.0
吨级			1顶2×2000	过闸时间(min)		60.0
门型	闸门	上游	人字门	启闭形式	闸门	上游	液压
		下游	人字门			下游	液压
	阀门	上游	平板门		阀门	上游	液压
		下游	平板门			下游	液压
结构形式	上闸首		整体式	输水系统	形式	上闸首短廊道集中输水、消能室对冲消能,下闸首短廊道集中输水、平面对冲消能
	下闸首		整体式		平均时间(min)	4.5
	闸室		分离式		廊道尺寸(m)	4.0×4.5

续上表

设计通航水位(m)	上游	最高	15.4	设计年通过能力(单线单向,万t)	2100
		最低	10.5	桥梁情况	上闸首公路桥,闸区人行桥
	下游	最高	10.8		
		最低	8.5	建成年份(年)	1987

淮阴三线船闸技术参数表　　　　　　　　　　　表 5-1-27

河流名称			京杭运河	建设地点		江苏省淮安市
船闸有效尺度(m)			260×23×5.0	最大设计水头(m)		5.0
吨级			1顶2×2000	过闸时间(min)		60
门型	闸门	上游	人字门	启闭形式	闸门	上游	液压
		下游	人字门			下游	液压
	阀门	上游	平板门		阀门	上游	液压
		下游	平板门			下游	液压
结构形式	上闸首		整体式	输水系统	形式	水平环绕短廊道集中输水、对冲消能
	下闸首		整体式		平均时间(min)	8.0
	闸室		分离式		廊道尺寸(m)	4.0×4.5
设计通航水位(m)	上游	最高	15.4	设计年通过能力(散线单向,万t)		7081(含一、二线船闸)
		最低	10.5	桥梁情况		下闸首公路桥,闸区人行桥
	下游	最高	10.8			
		最低	8.5	建成年份(年)		2003

a)

b)

图 5-1-35　淮阴船闸鸟瞰图

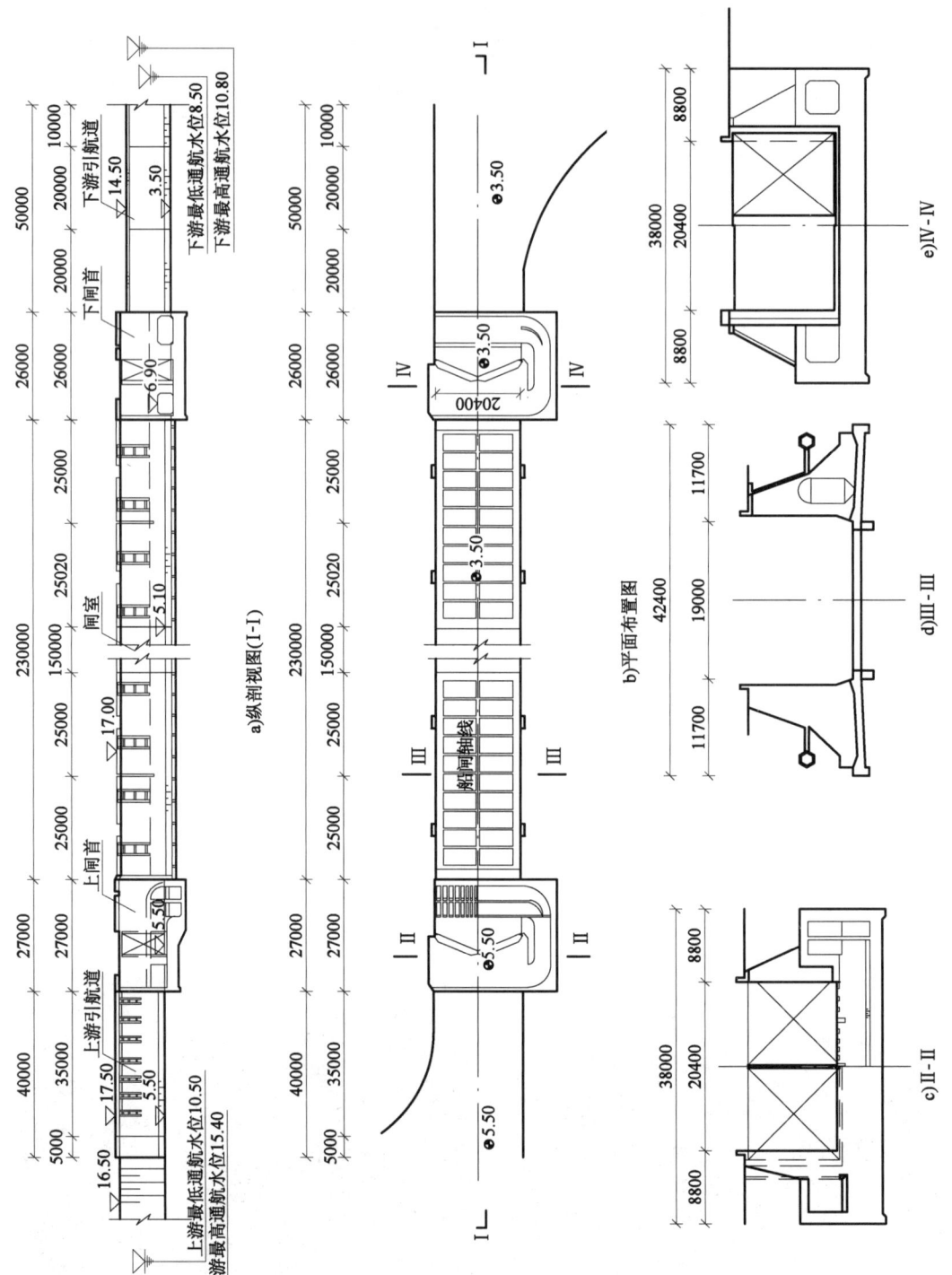

图 5-1-36 淮阴一线船闸布置图(尺寸单位：mm；高程和水位单位：m)

十七、淮安船闸

淮安枢纽位于江苏省淮安市淮安区三堡镇,距淮安市区约5.5km,京杭运河与苏北灌溉总渠交汇口下游约2km处,是淮河入海水道的第2级枢纽、京杭运河苏北段上的第3个梯级,上距淮阴船闸25km,下距邵伯船闸113km。淮安枢纽上游有淮河、里下河和京杭运河三个方向来船,船舶在此汇集而下,是运河上最繁忙、通过量最大的航运枢纽。该枢纽主要由4座大型电力抽水站、11座涵闸、3座船闸(均布置在淮安引江闸右岸)、5座水电站等24座水工建筑物组成,是一座具有泄洪、排涝、灌溉、南水北调、发电、航运等综合功能的水利枢纽工程。

淮安一线船闸布置在淮安引江闸(引江河)西侧(右岸),船闸有效尺度为230m×20m×5.0m,最大设计水头4.0m,通航1顶2×2000吨级船队,设计单向通过能力为2100万t/年。淮安一线船闸引航道采用准反对称型布置,上游引航道主导航墙位于右侧,下游引航道主导航墙位于左侧,上、下游船舶过闸均采取"直进曲出"的方式。船闸上、下闸首采用整体式结构,闸室采用分离式结构,船闸输水系统采用头部短廊道输水。淮安一线船闸于1959年开工,1962年11月通航。

淮安二线船闸平行布置在一线船闸东侧(左侧),两闸轴线间距98m,船闸等级为Ⅱ级,闸室有效尺度230m×23m×5.0m,最大设计水头4.0m,通航1顶2×2000吨级船队,船队尺度185m×14m×2.8m,设计单向通过能力2100万t/年。船闸上游设计最高通航水位10.8m,最低通航水位8.5m;下游设计最高通航水位9.0m,最低通航水位4.8m。船闸引航道采用不对称型布置,上、下游主导航墙均位于东侧(左侧),主导墙采用半喇叭口形,船舶过闸均采取"曲进曲出"的方式。上游引航道一、二线船闸共用,引航道直线段长800m,宽135m;下游引航道为单独引航道,引航道直线段长500m,宽由70m渐扩至182m,设计水深4.0m。上、下游主导航墙沿船闸中心轴线的投影长70m,停泊段长均为300m,各布置15个中心距20m的靠船墩。船闸上、下闸首均采用整体式结构,闸室采用分离式结构。上闸首采用短廊道集中输水、对冲消能形式,在廊道出口设分隔墙、底板设消力槛,闸室内设消力塘和消力槛等设施;下闸首采用环形短廊道简易输水。上、下游闸首工作闸门为人字门,阀门为平板门。淮安二线船闸于1982年11月开工,1987年1月通航。

淮安三线船闸平行布置在一线船闸西侧(右侧),两闸轴线间距66.5m,三线船闸上闸首下游面较一线船闸上闸首下游面平移约28m,船闸等级为Ⅱ级,闸室有效尺度260m×23m×5.0m,最大设计水头4.3m,可满足1顶2×2000吨级、1拖+4×500吨级和1拖+6×300吨级等船队不解缆过闸的要求,设计单向通过能力为2842万t/年(三线船闸总通过能力7081万t/年)。船闸上游设计洪水位11.2m。上游设计最高通航水位

10.8m,最低通航水位8.5m;下游设计最高通航水位9.0m,最低通航水位5.23m。上游引航道在一线船闸靠船墩范围内为单独引航道,其上游为三线船闸共用;下游引航道一、三线船闸共用。船闸引航道采用准不对称型布置,上、下游主导航墙均位于右侧,上游船舶过闸采取"直进曲出"、下游船舶过闸采取"曲进曲出"的方式。上游引航道主导航墙导航段长70m,调顺段长60m,上游停泊段长400m,布置20个中心距20m的靠船墩;辅导航墙在10m长直线段后,采用半径20m、中心角为90°的圆弧转弯,在其端部设20m长的分隔岛,以减小一、三线船闸灌水时的相互影响。下游引航道主导航墙在船闸轴线上的投影长70m(其端部距船闸中心线28.5m),调顺段长60m,下游停泊段长400m,布置20个中心距20m的靠船墩;辅导航墙在长10m的直线段后,采用半径19.5m、中心角90°的圆弧转弯,最后以4.2m挡土墙与一线船闸辅导航墙连成整体。上游引航道直线段总长520m,下游引航道直线段总长964m;上游引航道宽63m,下游引航道宽105m;设计水深4m。船闸上、下闸首采用整体式结构,闸室采用分离式结构。上闸首采用水平环绕、格栅消能形式的短廊道集中输水系统;下闸首采用环形短廊道简易输水形式。淮安三线船闸于2000年9月开工,2003年7月建成通航。

淮安二线、三线船闸技术参数分别见表5-1-28、表5-1-29。淮安枢纽鸟瞰图如图5-1-37所示。淮安一、二、三线船闸鸟瞰图如图5-1-38所示。淮安三线船闸布置如图5-1-39所示。

淮安二线船闸技术参数表　　　　表5-1-28

河流名称			京杭运河	建设地点		江苏省淮安市淮安区
船闸有效尺度(m)			230×23×5.0	最大设计水头(m)		4.0
吨级			1顶2×2000	过闸时间(min)		—
门型	闸门	上游	人字门	启闭形式	闸门	上游	液压
		下游	人字门			下游	液压
	阀门	上游	平板门		阀门	上游	液压
		下游	平板门			下游	液压
结构形式	上闸首		整体式	输水系统	形式	上闸首采用水平环绕短廊道集中输水,下闸首采用环形短廊道简易输水
	下闸首		整体式		平均时间(min)	3.0
	闸室		分离式		廊道尺寸(m)	—
设计通航水位(m)	上游	最高	10.8	设计年通过能力(单线单向,万t)		2100
		最低	8.5	桥梁情况		上闸首公路桥,闸室人行及电缆桥
	下游	最高	9.0			
		最低	5.23	建成年份(年)		1987

淮安三线船闸技术参数表　　　　　　　　　　　　　　　表 5-1-29

河流名称			京杭运河		建设地点	江苏省淮安市淮安区
船闸有效尺度(m)			260×23×5.0		最大设计水头(m)	4.3
吨级			1顶2×2000		过闸时间(min)	—
门型	闸门	上游	人字门	启闭形式	闸门 上游	液压
		下游	人字门		下游	液压
	阀门	上游	平板门		阀门 上游	液压
		下游	平板门		下游	液压
结构形式	上闸首		整体式	输水系统	形式	上闸首水平环绕短廊道集中输水、格栅消能室消能,下闸首环形短廊道简易输水
	下闸首		整体式		平均时间(min)	8.0
	闸室		分离式		廊道尺寸(m)	4.0×4.5
设计通航水位(m)	上游	最高	10.8	设计年通过能力(单线单向,万t)		2842
		最低	8.5	桥梁情况		跨闸公路桥,闸室人行及电缆桥
	下游	最高	9.0			
		最低	5.23	建成年份(年)		2003

图 5-1-37　淮安枢纽鸟瞰图

图 5-1-38　淮安一、二、三线船闸鸟瞰图

十八、邵伯船闸

邵伯枢纽位于江苏省扬州市江都市邵伯镇西约 1km 处,东临南水北调的高水河,西畔邵伯湖,上接里运河,下与淮河入江水道交叉,是京杭运河苏北段上的第 4 个梯级,上距淮安船闸 113km,下距施桥船闸 23.5km。该枢纽由 3 座船闸、邵伯节制闸等组成,通过高水河桥与邵伯镇相连。

邵伯一线船闸布置于高水河右岸、高水河与邵伯湖之间,船闸等级为Ⅱ级,闸室有效尺度 230m×20m×5.0m,通航 1 顶 2×2000 吨级船队,设计单向通过能力为 2100 万 t/年。船闸引航道采用准反对称型布置,上游主导航墙位于西侧(右侧),下游主导航墙位于东侧(左侧),上、下游船舶过闸均采取"直进曲出"的方式。船闸输水系统采用头部输水形式。邵伯一线船闸于 1962 年建成。

邵伯二线船闸平行布置在一线船闸西侧(右侧),两闸轴线间距 103m,船闸等级为Ⅱ级,闸室有效尺度 230m×23m×5.0m。该船闸为承受双向水头的船闸,最大设计水头 4.5/1.8m(正向/反向),通航 1 顶 2×2000 吨级船队,设计单向通过能力为 2100 万 t/年。二线船闸上游设计最高通航水位 8.5m,最低通航水位 6.0m;下游设计最高通航水位 8.7m,最低通航水位 3.5m。上游引航道单独设置(三线船闸建成后上游引航道二、三线船闸共用),下游引航道一、二线船闸共用,引航道采用准反对称型布置,上游引航道主导航墙位于东侧(左侧),下游引航道主导航墙位于西侧(右侧),上、下游船舶过闸均采取"直进曲出"的方式。上、下游引航道直线段长分别为 770m 和 800m,其中上、下游主导航墙长均为 70m,停泊段长均为 320m,各设置 16 个中心距 20m 的靠船墩。上、下游引航道宽

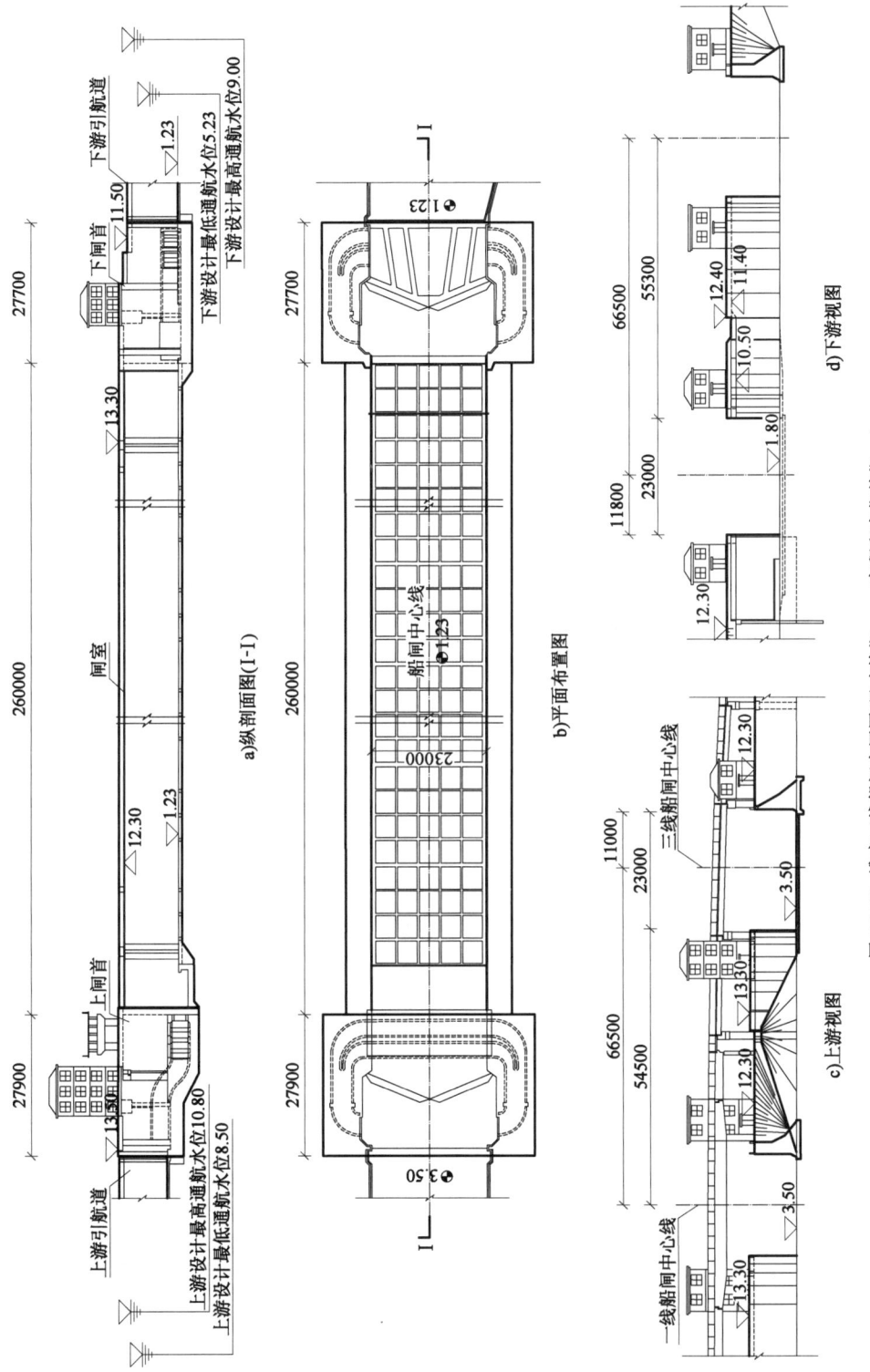

图 5-1-39 淮安三线船闸布置图(尺寸单位: mm; 高程和水位单位: m)

分别为 70m 和 124.5m,设计水深 4.0m。船闸上、下闸首均采用整体式结构,闸室采用分离式结构。船闸输水系统采用短廊道集中输水,上、下闸首工作闸门为钢质双面板横拉门,阀门为钢质平板门。邵伯二线船闸于 1985 年 5 月开工,1987 年 12 月通航。

邵伯三线船闸平行布置在二线船闸西侧(右侧),两闸轴线间距 90m,三线船闸上闸首上游边与二线船闸上闸首机房下游侧基本齐平。邵伯三线船闸等级为Ⅱ级,闸室有效尺度 260m×23m×5.0m。该船闸为承受双向水头船闸,最大设计水头 4.5m/1.8m(正向/反向),可满足 1 顶 2×2000 吨级、1 拖 4×500 吨级等主要船队不解缆过闸的要求,设计单向通过能力为 3286 万 t/年。船闸上游校核洪水位 8.83m(保西堤平衡水位),下游校核洪水位 8.95m(邵伯湖 15000m³/s 水位)。上游设计最高通航水位 8.33m(向北送水设计高水位),最低通航水位 5.83m(灌溉低水位);下游设计最高通航水位 8.13m(邵伯湖 12000m³/s 水位、50 年一遇洪水位),最低通航水位 3.33m(邵伯湖最低水位)。二、三线船闸共用上游引航道,三线船闸下引航道单独设置,船闸引航道采用准不对称型布置,上、下游主导航墙均位于右侧岸边,船舶过闸均采取"直进曲出"的方式。上、下游引航道直线段长分别为 1177m 和 660m,其中导航段长 70m,停泊段长均为 400m,各布置 20 个中心间距 20m 的靠船墩,停泊段外为直立式驳岸。上、下游引航道宽分别为 113m 和 70m,设计水深 4.0m。上、下游引航道直线段外分别以半径为 750m 和 850m 的圆弧与主航道连接。船闸上、下闸首采用整体式结构,闸室采用分离式结构(第一个结构段为整体式)。船闸输水系统采用环形短廊道集中输水结合三角门门缝输水形式,上、下游工作闸门均采用钢质三角门,阀门为钢质平板门。邵伯三级线船闸于 2009 年 1 月开工,2011 年 12 月通航。

邵伯二线、三线船闸技术参数分别见表 5-1-30、表 5-1-31。邵伯一、二、三线船闸鸟瞰图如图 5-1-40 所示。邵伯三线船闸布置如图 5-1-41 所示。

邵伯二线船闸技术参数表　　　　表 5-1-30

河流名称	京杭运河		建设地点	江苏省扬州市江都区邵伯镇	
船闸有效尺度(m)	230×23×5.0		最大设计水头(m)	4.5/5.5	
吨级	1 顶 2×2000		过闸时间(min)	31.8	
门型	闸门	上游	横拉门	启闭形式	闸门	上游	台车齿条传动启闭
		下游	横拉门			下游	台车齿条传动启闭
	阀门	上游	平板门		阀门	上游	液压
		下游	平板门			下游	液压
结构形式	上闸首		整体式	输水系统	形式	短廊道集中输水
	下闸首		整体式		平均时间(min)	7.0
	闸室		分离式		廊道尺寸(m)	3.5×3.5

续上表

设计通航水位(m)	上游	最高	8.5	设计年通过能力（单线单向，万t）	2100
		最低	6.0	桥梁情况	上闸首公路桥，跨闸人行桥
	下游	最高	8.7		
		最低	3.5	建成年份（年）	1987

邵伯三线船闸技术参数表　　表5-1-31

河流名称		京杭运河		建设地点		江苏省扬州市江都区邵伯镇	
船闸有效尺度(m)		260×23×4.0		最大设计水头(m)		4.5	
吨级		1顶2×2000		过闸时间(min)		40.0	
门型	闸门	上游	三角门	启闭形式	闸门	上游	液压
		下游	三角门			下游	液压
	阀门	上游	平板门		阀门	上游	液压
		下游	平板门			下游	液压
结构形式	上闸首	整体式		输水系统	形式	环形短廊道集中输水结合三角门门缝输水	
	下闸首	整体式			平均时间(min)	7.0	
	闸室	近闸首的第一个结构段采用钢筋混凝土空箱结构，其余结构段采用钢筋混凝土扶壁式结构			廊道尺寸(m)	进口3.5×3.5出口3.0×3.5	
设计通航水位(m)	上游	最高	8.33	设计年通过能力（单线单向，万t）		3286	
		最低	5.83	桥梁情况		上引航道公路桥，跨闸人行桥	
	下游	最高	8.13				
		最低	3.33	建成年份（年）		2011	

十九、施桥船闸

施桥枢纽位于江苏省扬州市邗江区施桥镇北，是京杭运河苏北段上最后一个梯级，上距邵伯枢纽23.0km，下距京杭运河苏北段与长江交汇口6.5km。施桥枢纽主要由翻水河节制闸、翻水站、3座船闸和过闸公路桥等组成。施桥船闸布置于翻水河（用于排涝）西，闸址被大运河和翻水河包围，是京杭运河徐扬段通航枢纽中自上而下的最后一个通航枢纽。

图 5-1-40　邵伯一、二、三线船闸鸟瞰图

施桥一线船闸布置于翻水河西,其轴线与翻水河相距约 400m,船闸等级为Ⅱ级,闸室有效尺度 230m×20m×5.0m,最大设计水头 5.6m,通航 1 顶 2×2000 吨级船队。船闸引航道采用反对称布置,上游引航道主导航墙位于西侧(右侧),下游引航道主导航墙位于东侧(左侧),上、下游船舶过闸均采取"直进曲出"的方式。二、三线船闸建成后,一、二线船闸共用上引航道,船闸输水系统采用短廊道输水。施桥一线船闸于 1961 年建成。

施桥二线船闸布置在一线船闸和翻水河之间,与右侧(西侧)一线船闸轴线相距 150m,与左侧(东侧)防洪排涝用的翻水河中心距约 250m,船闸等级为Ⅱ级,闸室有效尺度 230m×23m×5.0m,该船闸为承受双向水头的船闸,最大设计水头 7.6m,通航 1 顶 2×2000 吨级船队,设计单向通过能力为 2100 万 t/年。施桥二线船闸上游设计最高通航水位 8.15m,最低通航水位 3.5m;下游设计最高通航水位 7.0m,最低通航水位 −0.4m。施桥二线船闸上游引航道与一线船闸共用,下游引航道单独设置,船闸引航道采用不对称型布置,主导航墙均位于东侧(左侧),上、下游船舶过闸均采取"直进曲出"的方式。上、下游引航道直线段长均为 650m,其中主导航墙导航段长均为 70m,上、下游停泊段长均为 300m,各设置 15 个中心距 20m 的靠船墩;辅导航墙外各设一段分隔堤,上游分隔堤长 97m,下游分隔堤长 218m;设计水深 4.0m。施桥二线船闸上、下闸首采用整体式结构,闸室采用分离式结构。船闸输水系统采用短廊道集中输水,上、下游工作闸门均为钢质双面板横拉门,阀门为钢质平板门。施桥二线船闸于 1986 年 5 月开工,1988 年 11 月通航。

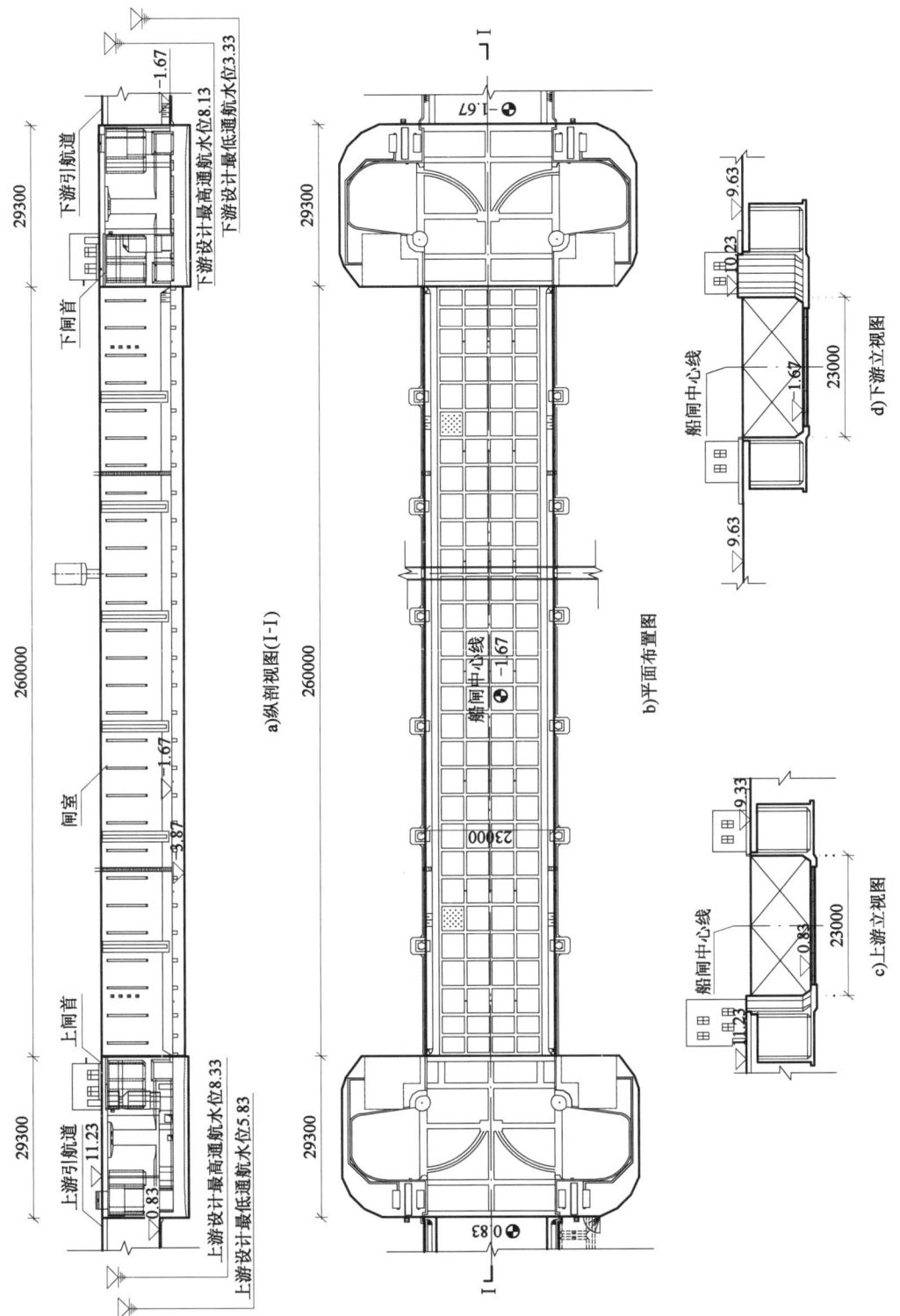

图 5-1-41 邵伯三线船闸布置图(尺寸单位:mm;高程和水位单位:m)

施桥三线船闸平行布置在一线船闸西侧（右侧），与一、二线船闸轴线间距分别为100m和250m，船闸等级为Ⅱ级，闸室有效尺度260m×23m×5.0m，该船闸为承受双向水头船闸，最大设计水头6.19m/2.86m（正向/反向），可满足1顶2×2000吨级、1拖4×500吨级等船队不解缆过闸的要求，设计单向通过能力为2685万t/年。施桥三线船闸上游设计洪水位7.63m，下游设计洪水位6.83m；上游设计最高通航水位7.58m（$P=5\%$），最低通航水位3.54m（保证率98%）；下游设计最高通航水位6.83m（$P=2\%$潮位），最低通航水位0.37m（潮汐河段累积频率90%）。施桥三线船闸上引航道单独设置，下游引航道与一线船闸共用。引航道采用不对称型布置，主导航墙均直线布置于西侧（右侧），上、下游船舶过闸均采取"直进曲出"的方式。上游引航道直线段长714.91m，引航道宽70m，其上游以半径700.0m、中心角21°的圆弧与上游航道衔接；下游引航道直线段长802.91m，引航道宽121.7m，其下游以半径700.0m、中心角14.1°的圆弧与下游航道衔接。上、下游主导航墙长均为70m，停泊段长均为400m，各设置20个中心距20m的靠船墩；上、下游辅导航墙经长20m直线段后再用1/4圆弧与一线船闸侧衔接；引航道设计水深4.0m。船闸上、下闸首和闸室均采用整体式结构，船闸输水系统采用环形短廊道集中输水结合三角门门缝输水形式。上、下游工作闸门均采用弧形钢质三角门，阀门采用平板门。施桥三线船闸于2009年4月开工，2011年12月通航。

施桥二线、三线船闸技术参数分别见表5-1-32、表5-1-33。施桥一、二、三线船闸鸟瞰图如图5-1-42所示。施桥三线船闸布置如图5-1-43所示。

施桥二线船闸技术参数表 表5-1-32

河流名称		京杭运河		建设地点		江苏省扬州市邗江区施桥镇
船闸有效尺度(m)			230×23×5.0	最大设计水头(m)		7.6
吨级			1顶2×2000	过闸时间(min)		46.3
门型	闸门	上游	横拉门	启闭形式	闸门	上游	台车式齿条传动启闭机
		下游	横拉门			下游	台车式齿条传动启闭机
	阀门	上游	平板门		阀门	上游	液压
		下游	平板门			下游	液压
结构形式	上闸首		整体式	输水系统	形式		短廊道集中输水
	下闸首		整体式		平均时间(min)		5.0
	闸室		分离式		廊道尺寸(m)		4.0×4.5
设计通航水位(m)	上游	最高	8.15	设计年通过能力（单线单向，万t）			2100
		最低	3.5				
	下游	最高	7.0	桥梁情况			上闸首交通桥，闸区工作桥
		最低	−0.4	建成年份(年)			1988

施桥三线船闸技术参数表　　　　　表 5-1-33

河流名称		京杭运河		建设地点		江苏省扬州市邗江区施桥镇
船闸有效尺度(m)		260×23×5.0		最大设计水头(m)		6.19/2.86m（正向/反向）
吨级		1顶2×2000		过闸时间(min)		40.0
门型	闸门	上游	三角门	启闭形式	闸门	上游 液压
		下游	三角门			下游 液压
	阀门	上游	平板门		阀门	上游 液压
		下游	平板门			下游 液压
结构形式	上闸首		整体式	输水系统	形式	环形短廊道集中输水结合三角门门缝输水
	下闸首		整体式		平均时间(min)	7.0
	闸室		整体式		廊道尺寸(m)	3.0×4.0(进口/出口)
设计通航水位(m)	上游	最高	7.58	设计年通过能力（单线单向，万t）		2685
		最低	3.54	桥梁情况		跨闸交通桥，闸区工作桥
	下游	最高	6.40			
		最低	0.37	建成年份(年)		2011

图 5-1-42　施桥一、二、三线船闸鸟瞰图

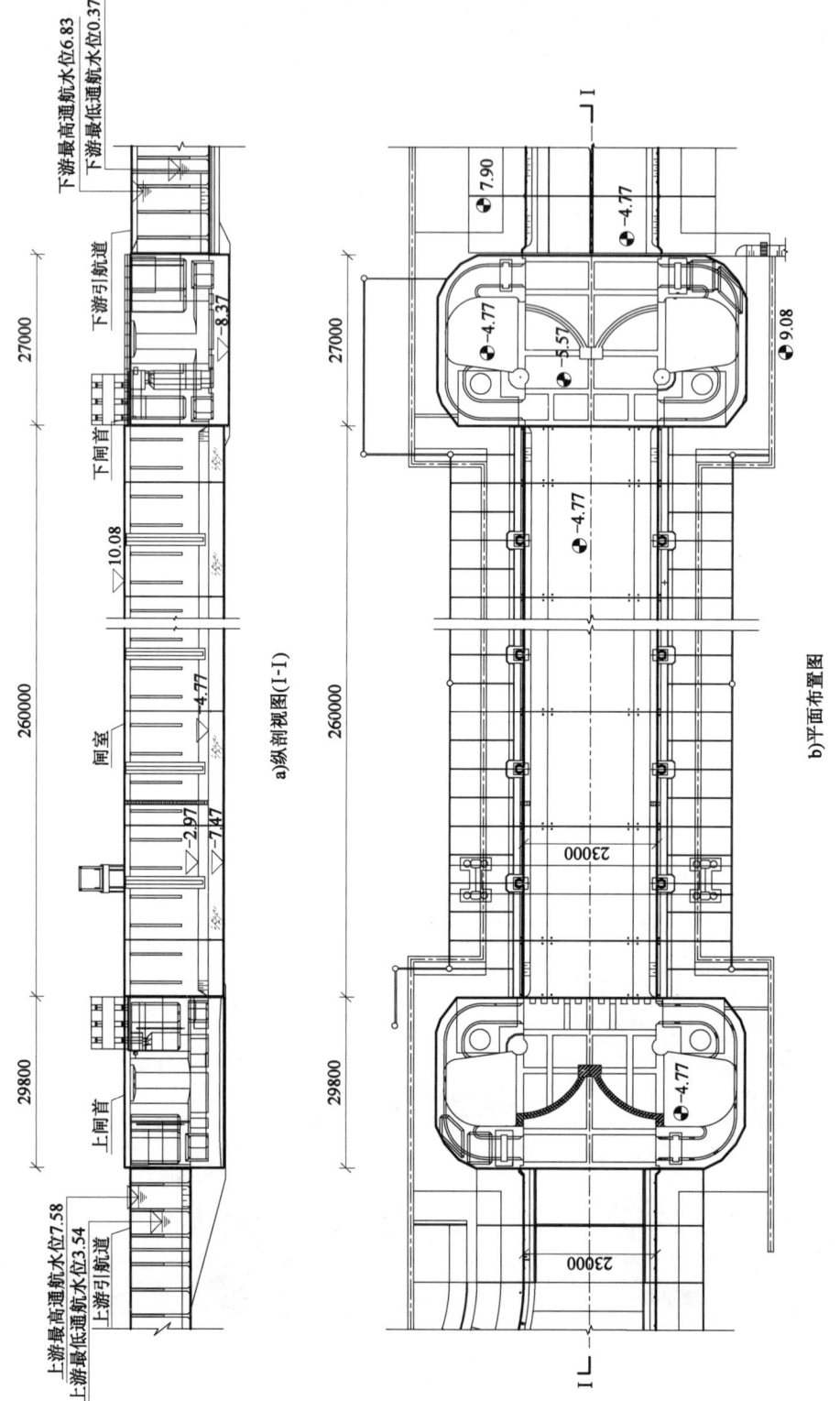

图 5-1-43 施桥三线船闸布置图(尺寸单位：mm；高程和水位单位：m)

二十、谏壁船闸

谏壁枢纽位于江苏省镇江市京口区谏壁镇境内,距镇江市区约14km,该枢纽位于长江与京杭运河交汇处,是京杭运河苏南段上的第1个梯级,距离苏北段入江口门施桥船闸22.5km,西距镇江老港10km,东距大港海港码头8km。谏壁枢纽主要建筑物由西向东(从左至右)依次为谏壁节制闸、一/二线船闸和抽水站,船闸位于节制闸右岸,抽水站位于船闸东侧约2km。谏壁枢纽是一座以航运、防洪为主,兼有灌溉、供水等综合利用功能的水利枢纽工程,该枢纽主体工程于1980年建成并投入运行。

谏壁一线船闸布置在河道东侧(右岸),其左侧为谏壁节制闸,右侧为二线船闸,一线船闸与左侧节制闸中心线相距150m,与右侧二线船闸轴线相距80m。谏壁一线船闸等级为Ⅲ级,闸室有效尺度230m×20m×4.0m,最大设计水头5.0m,通航1顶2×1000吨级船队,设计单向通过能力2100万t/年。谏壁一线船闸(建设初期)上游设计最高通航水位6.1m(85国家高程系统,下同),最低通航水位-0.5m;下游设计最高通航水位5.1m,最低通航水位0.4m。船闸引航道采用准对称型布置,上、下游主导航墙均位于西侧(左侧),船舶过闸均采取"曲进曲出"的方式。上游引航道长1400m,上游与长江相汇,引航道宽50m;下游引航道长800m,下游与苏南运河衔接,引航道宽40m;上、下游停泊段分别布置10个间距20m的靠船墩;引航道设计水深4m。上、下闸首为整体式结构,闸室采用整体式(对软基)和重力式(除软基外)组合结构,船闸输水系统采用短廊道输水对冲消能形式结合三角门门缝输水,上、下游工作闸门为钢结构空间桁架式三角弧形门,阀门为钢结构平板门。谏壁船闸于1976年2月开工,1980年11月通航。

谏壁二线船闸平行布置在一线船闸东侧(右岸),两闸轴线间距80m,与一线船闸共同构成双线运行船闸。二线船闸等级亦为Ⅲ级,闸室有效尺度230m×23m×4.0m,最大设计水头5.0m(按原Ⅳ级航道标准),通航1顶2×1000吨级船队,设计单向通过能力2333万t/年。船闸上游最高校核洪水位7.47m,下游最高校核洪水位8.6m;上游设计最高通航水位6.1m($P=5\%$水位),最低通航水位-0.1m(保证率98%水位);下游设计最高通航水位5.1m($P=5\%$水位),最低通航水位0.6m(保证率98%水位)。谏壁二线船闸上游引航道为单独引航道(近闸区段),下游引航道为一、二线船闸共用,上、下游引航道采用对称的喇叭口形布置,主导航墙及靠船墩均布置在右侧,上、下游船舶过闸均采取"曲进直出"的方式。上游引航道直线段长742m(端部口宽50m),下游引航道直线段长751m,其中上、下游导航段沿船闸轴线方向的投影长70m,停泊段长400m,各布置20个间距20m的靠船墩。一、二线船闸上游共用引航道在1.2km处与节制闸上游引水河汇合,并与长江相连,一、二线船闸下游共用引航道在0.7km处与节制闸的下游引水河汇合后与苏南运河相通。船闸上、下闸首采用整体式结构,闸室采用钢筋混凝土双铰鱼腹式底板,重力式钢筋混凝土墙身,船闸输水系统采用短廊道对冲消能形式结合三角门门缝输水。谏壁二线船闸于1999年6月开工,2001年12月通航。

谏壁一线、二线船闸技术参数分别见表5-1-34、表5-1-35。谏壁一、二线船闸鸟瞰图如图5-1-44所示。谏壁二线船闸布置如图5-1-45所示。

谏壁一线船闸技术参数表 表5-1-34

河流名称		京杭运河		建设地点		江苏省镇江市京口区谏壁镇
船闸有效尺度(m)		230×22×4.0		最大设计水头(m)		5.0
吨级		1顶2×1000		过闸时间(min)		56
门型	闸门	上游	弧形三角门	启闭形式	闸门	上游	液压
		下游	弧形三角门			下游	液压
	阀门	上游	平板门		阀门	上游	液压
		下游	平板门			下游	液压
结构形式	上闸首		整体式	输水系统	形式	短廊道输水对冲消能形式结合三角门门缝输水
	下闸首		整体式		平均时间(min)	—
	闸室		整体式(软基)和重力式(除软基外)组合结构		廊道尺寸(m)	—
设计通航水位(m)	上游	最高	6.1	设计年通过能力(单线单向,万t)		2100
		最低	-0.5	桥梁情况		节制闸引河公路桥,跨闸人行电缆桥
	下游	最高	5.1			
		最低	0.4	建成年份(年)		1980

谏壁二线船闸技术参数表 表5-1-35

河流名称		京杭运河		建设地点		江苏省镇江市京口区谏壁镇
船闸有效尺度(m)		230×23×4.0		最大设计水头(m)		5.0
吨级		1顶2×1000		过闸时间(min)		4.0
门型	闸门	上游	三角门	启闭形式	闸门	上游	液压
		下游	三角门			下游	液压
	阀门	上游	平板门		阀门	上游	液压
		下游	平板门			下游	液压
结构形式	上闸首		整体式	输水系统	形式	短廊道对冲消能形式结合三角门门缝输水
	下闸首		整体式		平均时间(min)	8.0
	闸室		分离式		廊道尺寸(m)	上游进口2.9×4.0 上游出口2.9×2.5 下游进口2.9×2.5 上游出口2.9×4.0

续上表

设计通航水位(m)	上游	最高	6.1	设计年通过能力(单线单向,万 t)	2333
		最低	-0.1	桥梁情况	节制闸引河公路桥,跨闸人行电缆桥
	下游	最高	5.1		
		最低	0.6	建成年份(年)	2001

图 5-1-44 谏壁一、二线船闸鸟瞰图

二十一、三堡船闸

三堡船闸位于浙江省杭州市东南四季青镇三堡村、京杭大运河的最南端,是沟通京杭大运河和钱塘江航道的枢纽工程,对促进杭州市特别是沿京杭运河和钱塘江两岸地区的经济发展具有重大作用。

三堡一线船闸等级为Ⅴ级,闸室有效尺度 160m×12m×2.5m,最大设计水头 5.0m/1.5m(正向/反向),通航 300 吨级船舶、1 拖 4×300 吨级和 1 拖 6×300 吨级船队,设计通过能力为 650 万 t/年。船闸上游设计最高通航水位 7.3m($P=$高潮 10%),设计最低通航水位 4.7m($P=$低潮 92%);下游设计最高通航水位 4.25m($P=3\%$),设计最低通航水位 2.3m($P=98\%$)。船闸引航道采用反对称型布置,上游引航道主导航墙及靠船建筑物位于右侧,下游引航道主导航墙及靠船建筑物位于左侧,上、下游船舶过闸均采取"直进曲出"的方式。船闸上游引航道轴线与钱塘江近于正交略向上游偏斜,上游引航道总长 590m,其中 415m 长度范围引航道底宽 60m,然后按 1∶5 斜度渐变为 45m,引航道外口与防洪堤采用圆弧喇叭口形相接,曲率半径分别为 50m 和 100m。下游引航道长 370m,航道底宽 40m。船闸上、下闸首均采用钢筋混凝土整体坞式结构,闸首墩身为空箱结构,闸室采用钢筋混凝土双铰底板结构,墙身采用浆砌石重力式结构,船闸输水系统均采用短廊道集中输水方式。三堡一线船闸于 1989 年建成并通航。

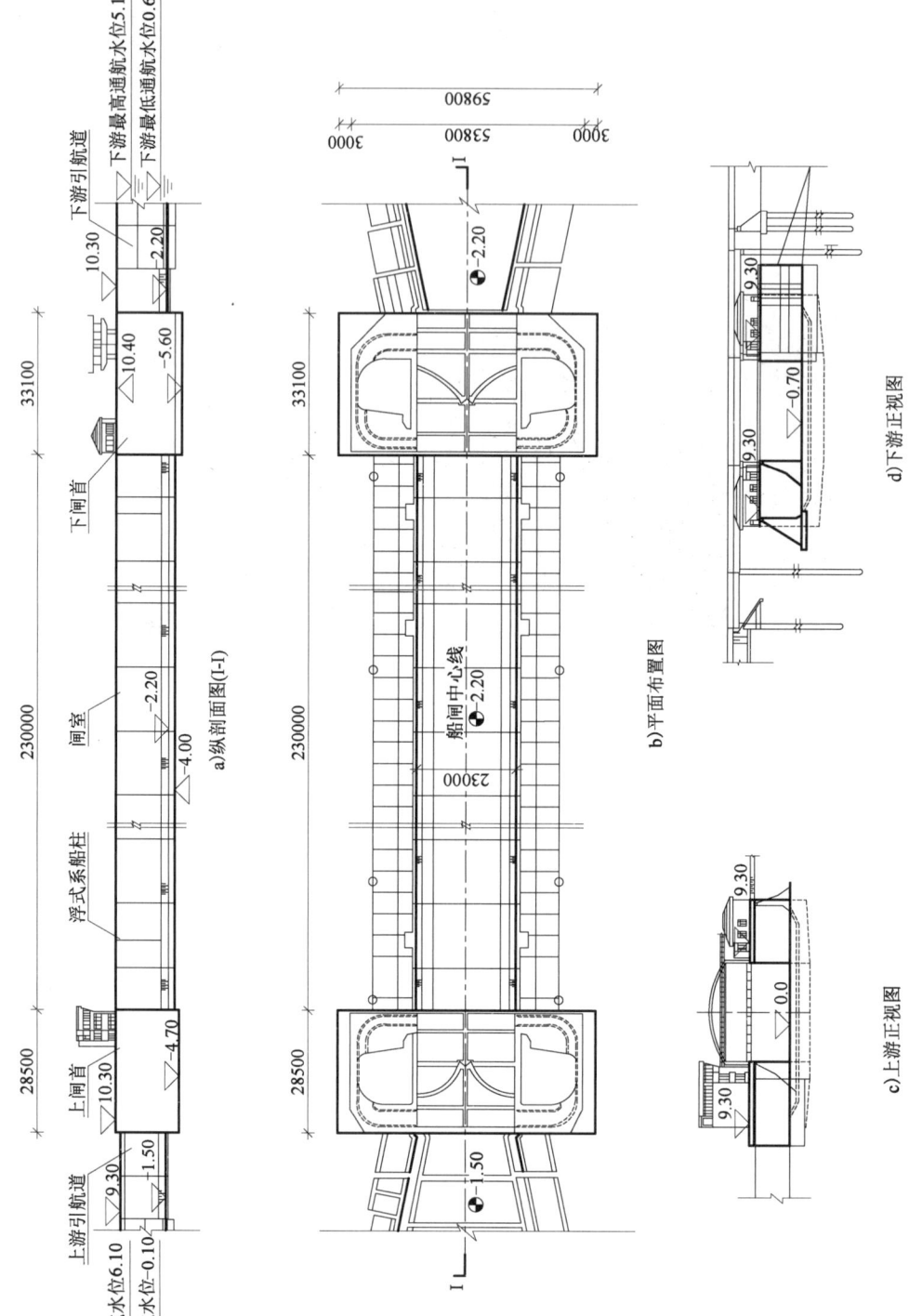

图5-1-45 谏壁二线船闸布置图（尺寸单位：mm；高程和水位单位：m）

三堡二线船闸布置在一线船闸西侧(左侧),两闸室轴线水平距离为100m,二线船闸上闸首与一线船闸上闸首齐平,船闸等级为Ⅴ级,闸室有效尺度200m×12m×2.5m,通航300吨级船舶,设计通过能力为850万t/年。设计通航水位与一线船闸相同。三堡二线船闸引航道亦采用反对称型布置,上游引航道主导航墙及靠船建筑物位于右侧,下游引航道主导航墙及靠船建筑物位于左侧,上、下游船舶过闸均采取"直进曲出"的方式。上游引航道长520m,底宽60m,最小通航水深2.5m,引航道外口与防洪堤采用圆弧喇叭口形相接。下游引航道长420m,底宽45m,最小通航水深2.5m。船闸上、下闸首均采用钢筋混凝土整体坞式结构,闸首墩身为空箱结构,闸室采用钢筋混凝土双铰底板结构,墙身采用少筋混凝土结构。船闸输水系统均采用短廊道集中输水方式。三堡二线船闸于1998年建成并通航。

三堡一线、二线船闸技术参数分别见表5-1-36、表5-1-37。三保一、二线船闸鸟瞰图如图5-1-46所示。三堡一线船闸布置如图5-1-47所示。

三堡一线船闸技术参数表　　　　表5-1-36

河流名称			京杭运河	建设地点			杭州市
船闸有效尺度(m)			160×12×2.5	最大设计水头(m)			5.0/1.5(正向/反向)
吨级			300	过闸时间(min)			50(双向)
门型	闸门	上游	平板提升门	启闭形式	闸门	上游	固卷
		下游	平板提升门			下游	固卷
	阀门	上游	平板门		阀门	上游	液压
		下游	平板门			下游	液压
结构形式	上闸首		整体式	输水系统	形式		短廊道集中输水
	下闸首		整体式		平均时间(min)		6.0
	闸室		分离式		廊道尺寸(m)		1.8×2.2(高×宽)
设计通航水位(m)	上游	最高	7.3	设计年通过能力(万t)			650
		最低	4.7	桥梁情况			上闸首公路桥
	下游	最高	4.25	建成年份(年)			1989
		最低	2.3				

三堡二线船闸技术参数表　　　　表5-1-37

河流名称			京杭运河	建设地点			杭州市
船闸有效尺度(m)			200×12×2.5	最大设计水头(m)			5.0
吨级			300	过闸时间(min)			58
门型	闸门	上游	平板提升门	启闭形式	闸门	上游	固卷
		下游	平板提升门			下游	固卷
	阀门	上游	平板门		阀门	上游	液压
		下游	平板门			下游	液压

续上表

结构形式	上闸首	整体式		输水系统	形式	短廊道集中输水
	下闸首	整体式			平均时间(min)	7.0
	闸室	分离式			廊道尺寸(m)	2.0×2.5(高×宽)
设计通航水位(m)	上游	最高	7.3	设计年通过能力(万 t)		850
		最低	4.7	桥梁情况		上闸首公路桥
	下游	最高	4.25	建成年份(年)		1998
		最低	2.3			

a)

b)

图 5-1-46　三堡一、二线船闸鸟瞰图

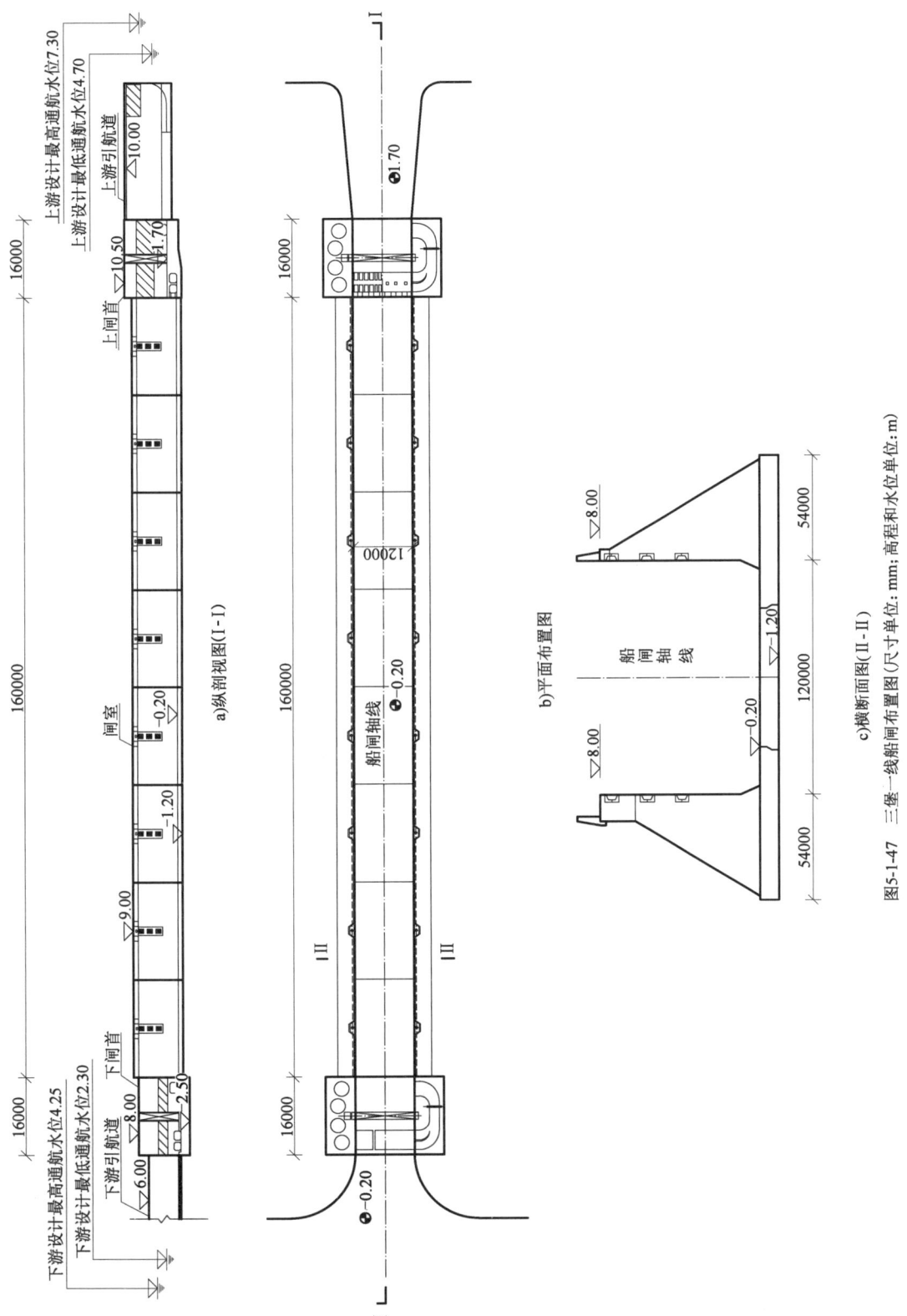

图5-1-47 三堡一线船闸布置图(尺寸单位:mm;高程和水位单位:m)

第二节　淮河通航建筑物

淮河发源于河南省南阳市桐柏县西部的桐柏山主峰太白顶西北侧河谷,干流流经河南、安徽、江苏三省,淮河干流可以分为上游、中游、下游三部分,全长 1000km。洪河口以上为上游,长 360km,流域面积 30600km²;洪河口以下至洪泽湖出口中渡为中游,长 490km,中渡以上流域面积 158000km²;中渡以下至三江营为下游入江水道,长 150km,三江营以上流域面积为 164600km²。

淮河左岸有洪河、谷河、润河、颍河、西淝河、芡河、涡河、漴潼河、濉河等,还有新汴河和茨淮新河等人工河流,具平原河道特征;右岸有史灌河、沣河、汲河、淠河、东淝河、窑河、小溪河、池河、白塔河等,具山区河道特征。沿淮河多湖泊,分布在支流汇入口附近,湖面大但水不深,左岸有八里湖、焦岗湖、四方湖、香涧湖、沱湖、天井湖等;右岸有城西湖、城东湖、瓦埠湖、高塘湖、花园湖、女山湖、七里湖、高邮湖、沂湖、洋湖等。淮河上建有临淮岗船闸、蚌埠船闸、高良涧船闸等。

一、临淮岗船闸

临淮岗枢纽位于安徽省六安市霍邱县境内、淮河干流中游。临淮岗枢纽从左至右(由北至南)依次为姜唐湖进洪闸、浅孔闸(49 孔)、深孔闸(12 孔)、临淮岗船闸、城西湖船闸和南北副坝等。临淮岗洪水控制工程属 I 等大(1)型工程,主坝建筑物级别为 I 等 1 级,枢纽设计洪水位 28.41m($P=1\%$,85 高程,下同),校核洪水位 29.49m($P=0.1\%$),总库容为 121.3 亿 m³。城西湖船闸等级为 VI 级,年通过能力约为 10 万 t,位于临淮岗船闸的右岸,沣河、沿岗河经城西湖船闸注入淮河。

临淮岗一线船闸位于深孔闸和城西湖船闸之间,船闸等级为 IV 级,闸室有效尺度 130m×12m×2.6m,最大设计水头 5.5m,通航 500 吨级船舶和 1 顶 2×500 吨级顶推船队,设计年单向通过能力 850 万 t。船闸上游设计最高通航水位 26.9m,最低通航水位 17.6m;下游设计最高通航水位 26.7m,最低通航水位 17.4m。临淮岗一线船闸右侧用导流堤与城西湖船闸间分隔,左侧与深孔闸之间设分流岛分隔,船闸下闸首位于主坝上,参与主坝防洪,为 1 级建筑物,闸室及上闸首位于主坝上游,船闸引航道采用反对称型布置,上、下游船舶过闸均采取"直进曲出"的方式。上、下游主导航墙长均为 120m,上、下游靠船墙长均为 80m,引航道底宽 35m,设计水深 2.5m,转弯半径 330m。船闸上、下闸首均采用整体式结构,闸室采用整体式(U 形槽)结构,船闸输水系统采用短廊道集中输水。该工程于 2002 年 10 月开工,2005 年 10 月建成通航。

临淮岗二线(复线)船闸位于河道右岸,系拆除城西湖船闸,退建城西湖蓄洪堤,在城西湖闸位处修建的新船闸。二线船闸位于一线船闸右侧,两闸轴线相距120m,船闸等级为Ⅱ级,闸室有效尺度240m×23m×5.2m,最大设计水头5.5m,通航2000吨级船舶,设计年单向通过能力2118万t。船闸上游设计最高通航水位26.9m($P=5\%$),最低通航水位19.27m(保证率98%);下游设计最高通航水位26.7m($P=5\%$),最低通航水位17.14m(保证率98%)。船闸引航道采用不对称型布置,上、下游引航道均向左侧扩展,主导航墙均位于右侧岸边,上、下游船舶过闸均采取"直进曲出"的方式。上游引航道直线段总长388.5m,其中右侧主导墙导航段长90.5m、调顺段长102m,上游直线停泊段长196m,折线停泊段长102m,共布置11个中心距25m的靠船墩;左侧辅导航墙采用半径为41m的圆弧,与上游1:3的斜坡衔接。下游引航道直线段总长约440m,其中右侧主导墙导航段长87.7m、调顺段长102m,下游停泊段长250.25m,布置11个中心距25m的靠船墩;左侧辅导航墙采用半径为41m的圆弧,与下游围堰及斜坡衔接。上、下游引航道底宽65m,设计水深4.8m。船闸上、下闸首和闸室均采用整体式结构,船闸输水系统采用集中输水系统,上游出水采用格栅消能室消能,下游采用消力梁对冲消能。该船闸于2020年5月开工,预计2022年12月建成通航。

临淮岗一线和二线船闸技术参数见表5-2-1和表5-2-2。临淮岗枢纽效果图如图5-2-1所示。临淮岗一线船闸鸟瞰图如图5-2-2所示。临淮岗船闸布置如图5-2-3所示。

临淮岗一线船闸技术参数表 表5-2-1

河流名称		淮河		建设地点		安徽省六安市霍邱县
船闸有效尺度(m)		130×12×2.6		最大设计水头(m)		5.5
吨级		500		过闸时间(min)		44
门型	闸门	上游	人字门	启闭形式	闸门	上游	液压
		下游	人字门			下游	液压
	阀门	上游	平板门		阀门	上游	液压
		下游	平板门			下游	液压
结构形式	上闸首		整体式	输水系统	形式	短廊道集中输水,对冲消能
	下闸首		整体式		平均时间(min)	10.0
	闸室		整体式(U形槽)		廊道尺寸(m)	—
设计通航水位(m)	上游	最高	26.9	设计年通过能力(单向,万t)		850
		最低	17.6	桥梁情况		下闸首公路桥
	下游	最高	26.7	建成年份(年)		2005
		最低	17.4			

临淮岗二线船闸技术参数表　　　　　　表 5-2-2

河流名称			淮河	建设地点			安徽省六安市霍邱县
船闸有效尺度(m)			240×23.0×5.2	最大设计水头(m)			5.5
吨级			2000	过闸时间(min)			40
门型	闸门	上游	人字门	启闭形式	闸门	上游	液压
		下游	人字门			下游	液压
	阀门	上游	平板门		阀门	上游	液压
		下游	平板门			下游	液压
结构形式	上闸首		整体式	输水系统	形式		具有分散输水系统特性的集中输水系统
	下闸首		整体式		平均时间(min)		8.7
	闸室		整体式		廊道尺寸(m)		4.0×3.0
设计通航水位(m)	上游	最高	26.90	设计年通过能力(单向,万 t)			2118
		最低	19.27	桥梁情况			跨下游引航道公路桥
	下游	最高	26.70	建成年份			在建
		最低	17.14				

图 5-2-1　临淮岗枢纽效果图

图 5-2-2　临淮岗一线船闸鸟瞰图

第五章 京杭运河与淮河水系通航建筑物

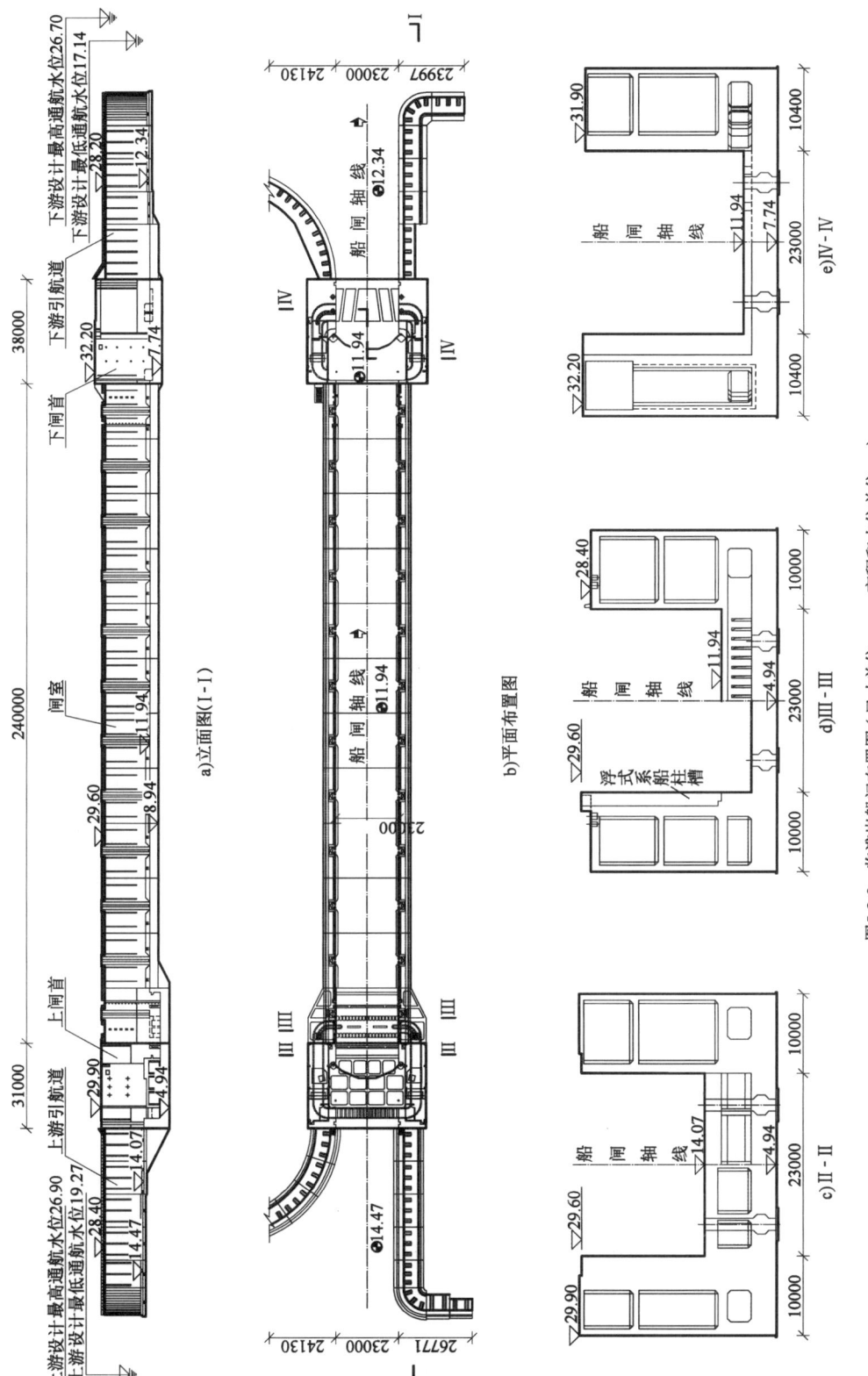

图5-2-3 临淮岗船闸布置图（尺寸单位：mm；高程和水位单位：m）

二、蚌埠船闸

蚌埠航运枢纽位于安徽省蚌埠市城西郊许庄附近、淮河干流中游。枢纽正常蓄水位18.00m,消落水位17.50m;设计洪水位23.22m/23.10m(闸上/闸下),设计洪水流量13000m³/s。蚌埠枢纽的主要建筑物从左至右依次为扩建的深孔闸、老节制闸、水电站、老船闸、复线船闸及分洪道等。电站厂房位于老节制闸南侧(右侧),装机6台800kW机组,总装机容量4800kW;28孔老泄洪闸布置于河床中央,其左侧为12个深孔泄洪闸,新老泄洪闸孔净宽均为10m。船闸位于老节制闸南侧,分洪道和老节制闸之间。该枢纽是一座具有灌溉、航道、发电、公路交通等综合功能的水利枢纽工程。枢纽主体工程于1958年开工,1963年前建成节制闸、船闸和分洪道等,2002年汛前又扩建了深孔节制闸,2013年再新建了一座复线船闸。

蚌埠一线船闸(老船闸)位于节制闸南侧(右侧),船闸等级为Ⅲ级,闸室有效尺度195m×15.4m×2.2m,通航1000吨级船舶。船闸引航道采用不对称型布置,主导航墙均位于左侧,上、下游船舶过闸均采取"直进曲出"的方式,上、下游引航道宽均为43m,设计水深2.2m。

蚌埠二线船闸(扩建船闸)位于一线船闸右侧,两闸平行布置,闸轴线间距66.8m,船闸等级为Ⅲ级,闸室有效尺度230m×23m×3.5m,最大设计水头3.5m,通航1000吨级船舶,设计年单向通过能力3000万t。上闸首为1级建筑物,下闸首和闸室为2级,导航、靠船建筑物级别为3级。上游设计最高通航水位22.50m,最低通航水位15.80m;下游设计最高通航水位22.46m,最低通航水位11.30m。二线船闸与一线船闸共用上、下游引航道,二线船闸引航道按不对称布置,主导航墙位于右侧岸边,上、下游船舶过闸均采取"直进曲出"的方式。上、下游引航道直线段总长均为520m,其中右侧主导航墙导航段长均为160m、调顺段长均为160m、靠船段长均为200m,各布置8个中心距25m的靠船墩。上游左侧辅导航墙用长37.6m(沿船闸中心轴线的投影长30m)的斜直线进行扩展,并与一线船闸辅导航墙衔接;下游左侧辅导航墙用斜直线和圆弧组合线与一线船闸辅导航墙衔接,沿船闸中心轴线的投影长40m。上、下游引航道宽均为43m,共用引航道宽86m,设计水深3.5m。船闸上、下闸首和闸室均采用整体式结构,船闸输水系统采用闸墙长廊道多支孔分散输水、明沟消能。该工程于2007年10月开工,2010年5月建成通航。

蚌埠二线船闸技术参数见表5-2-3。蚌埠船闸鸟瞰图如图5-2-4所示。蚌埠船闸布置如图5-2-5所示。

蚌埠二线船闸技术参数表　　　　表 5-2-3

河流名称		淮河		建设地点		安徽省蚌埠市
船闸有效尺度(m)		230×23×3.5		最大设计水头(m)		3.5
吨级		1000		过闸时间(min)		48
门型	闸门	上游	人字门	启闭形式	闸门	上游	液压
		下游	人字门			下游	液压
	阀门	上游	平板门		阀门	上游	液压
		下游	平板门			下游	液压
结构形式	上闸首		整体式	输水系统	形式	闸墙长廊道短支孔出水
	下闸首		整体式		平均时间(min)	5.0
	闸室		整体式		廊道尺寸(m)	3.0×4.0
设计通航水位(m)	上游	最高	22.50	设计年通过能力(单线单向,万t)		3000
		最低	15.80	桥梁情况		下闸首公路桥
	下游	最高	22.46	建成年份(年)		2010
		最低	11.30			

图 5-2-4　蚌埠船闸鸟瞰图

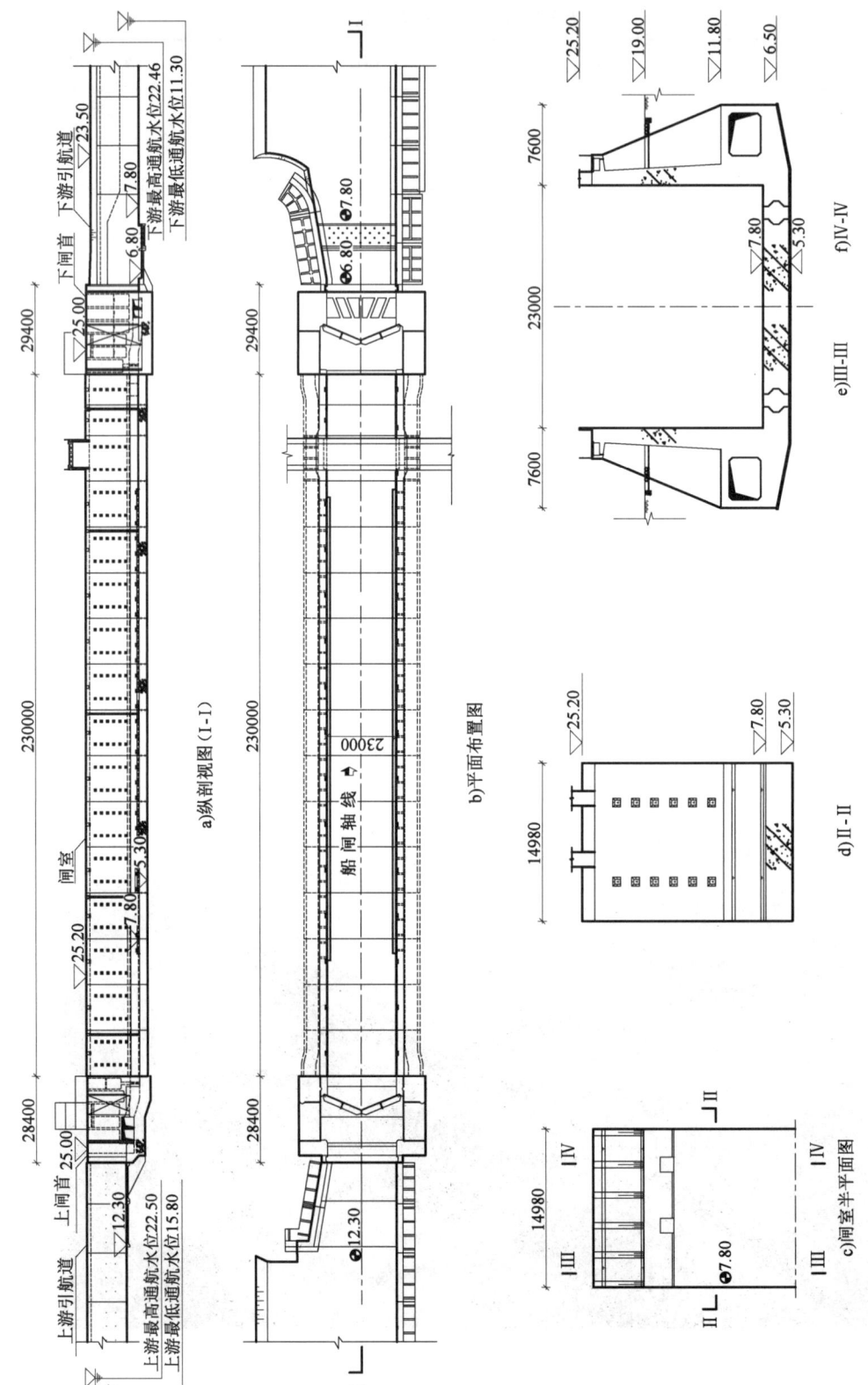

图5-2-5 蚌埠船闸布置图（尺寸单位：mm；高程和水位单位：m）

三、高良涧船闸

高良涧枢纽位于江苏省淮安市洪泽区境内，是淮河出海航道江苏境内的第一座船闸，是连接淮河、洪泽湖、苏北灌溉总渠和苏北大运河航道的综合枢纽。高良涧枢纽共有三线船闸，其中一线船闸单独布置，二、三线船闸并列布置，一线船闸与二、三线船闸相距约 3km。高良涧一线船闸位于洪泽县城，船闸尺度为 100m×10m×2.5m，建于 1953 年。

高良涧二线船闸布置在距离一线船闸 3km 的洪泽湖北大堤滩面上，与右侧的三线船闸轴线间距为 70m，其上游与洪泽湖相连接，下游与苏北灌溉总渠相衔接。高良涧二线船闸等级为Ⅲ级，闸室有效尺度 230m×23m×4.0m，通航 1000 吨级船舶，2010 年实际过闸货运量 2530 万 t/年（一线船闸占比 8%），船闸设计水位和最大设计水头与三线船闸相同。高良涧二线船闸与三线船闸上、下游引航道共用，上、下游主导航墙及靠船建筑物均位于左侧，船舶过闸均采"曲进曲出"的方式，船闸主体结构及输水系统与三线船闸基本相同。该船闸于 1993 年建成通航。

高良涧三线船闸平行布置在二线船闸东侧（右侧），与二线船闸轴线间距 70m，两线船闸上、下闸首和闸室对齐。船闸等级为Ⅲ级，闸室有效尺度 230m×23m×4.0m，最大设计水头 6.0m，通航 1000 吨级船舶，设计年单向通过能力为 2689 万 t。高良涧三线船闸上游校核洪水位 16.83m，上游设计洪水位 15.83m（$P=1\%$）。上游设计最高通航水位 14.83m（$P=5\%$），最低通航水位 10.33m（保证率 98%）；下游设计最高通航水位 10.63m（节制闸下泄 800m³/s 闸下水位），最低通航水位 8.33m（淮安闸上最低水位）。上、下游引航道二、三线船闸共用，引航道宽均为 103m，上、下游主导航墙及靠船建筑物均位于右侧，船舶过闸均采取"直进曲出"的方式。上、下游引航道直线段长分别为 848m 和 463.5m，其端部均以半径为 640m 的反弯圆弧与原航道相接，反弯圆弧之间的直线段大于 200m。上、下游右侧主导航墙导航调顺段长均为 140m（沿船闸中心轴线的投影），靠船段长分别为 320m 和 323.5m，各布置 13 个中心距 25m 的靠船墩；上、下游左侧辅导航墙为斜率 1:5 的直线，在船闸轴线上的投影长分别为 25m 和 22.5m，其后分别以半径 8m 和 15m 的圆弧与二线船闸辅导航墙衔接，引航道设计水深 3.2m。在二、三线船闸共用下引航道中间设置了长 52.5m 的重力式墩台+插板透水式分隔墙，以减小二、三线船闸运行时的相互影响，高良涧三线船闸主体采用整体式结构，船闸输水系统采用短廊道集中输水。该船闸于 2013 年 7 月开工，2015 年 12 月通航。

高良涧二、三线船闸技术参数见表 5-2-4。高良涧一、二线船闸鸟瞰图如图 5-2-6 所示。高良涧船闸布置如图 5-2-7 所示。

高良涧二、三线船闸技术参数表　　　　　表5-2-4

河流名称	淮河		建设地点		江苏省淮安市洪泽区
船闸有效尺度(m)	230×23×4.0		最大设计水头(m)		6
吨级	1000		过闸时间(min)		40
门型	闸门	上游	人字门	启闭形式	闸门	上游	液压
		下游	人字门			下游	液压
	阀门	上游	平板门		阀门	上游	液压
		下游	平板门			下游	液压
结构形式	上闸首	整体式	输水系统	形式	短廊道集中输水
	下闸首	整体式		平均时间(min)	7.0
	闸室	整体式		廊道尺寸(m)	3.5×4.0
设计通航水位(m)	上游	最高	14.83	2010年通过量(单线单向,万t)	2327
		最低	10.33	桥梁情况	下闸首公路桥,闸室交通桥
	下游	最高	10.63	建成年份(年)	1993(二线)
		最低	8.33		2015(三线)

图 5-2-6　高良涧一、二线船闸鸟瞰图

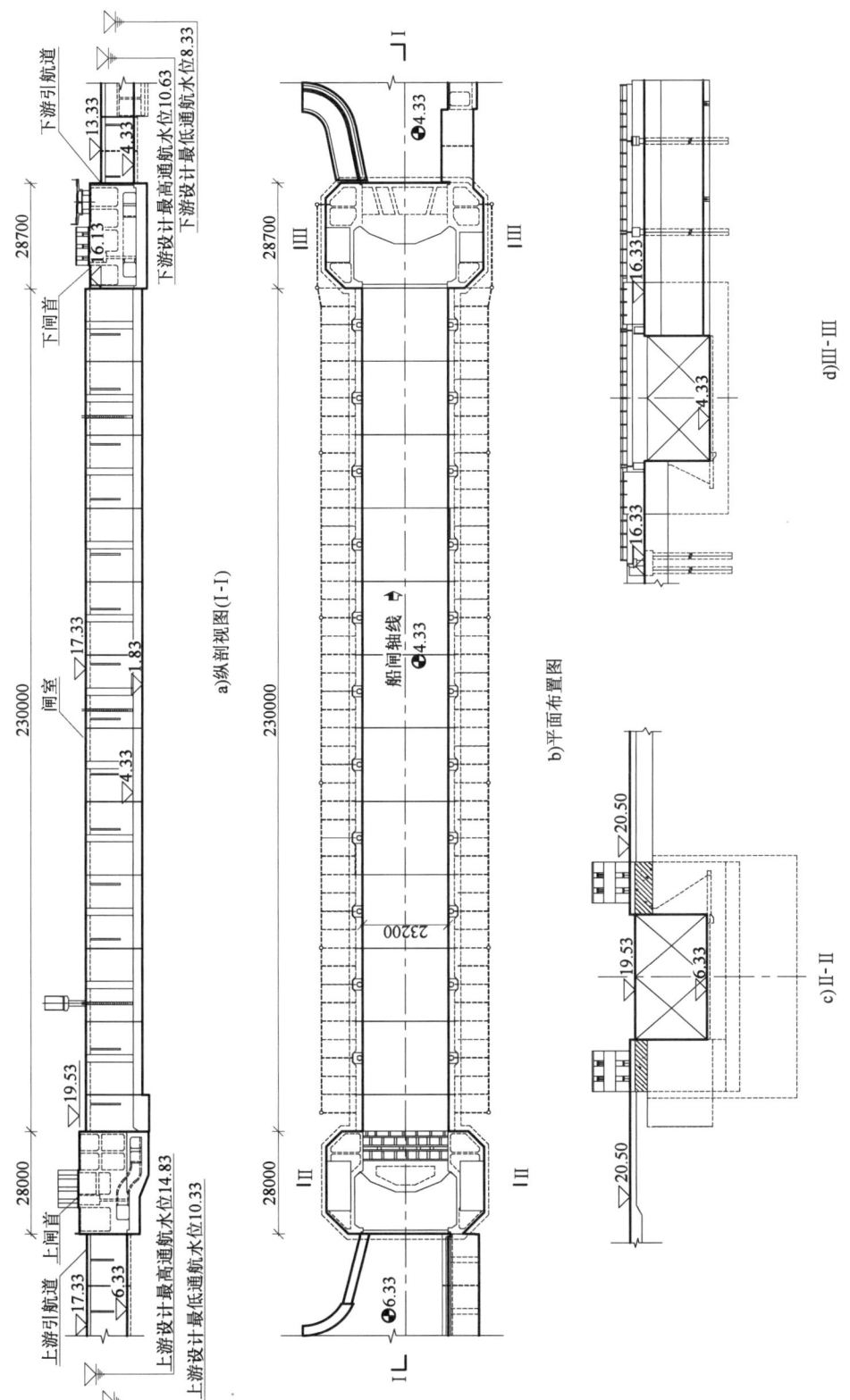

图5-2-7 高良涧船闸布置图（尺寸单位：mm；高程和水位单位：m）

第三节　沙颍河通航建筑物

沙颍河由上游的沙河和下游的颍河组成,是淮河的最大支流。沙河发源于河南省西部伏牛山和外方山山脉,流经鲁山县、周口市、界首等。沙颍河全长619km,流域面积39877km²。

沙颍河主要支流有北汝河、小沙河、贾鲁河、新运河、新蔡河、澧河、汾泉河。沙颍河历来是豫、皖两省间的水运重要通道。沙颍河河南境内有昭平台水库、白龟山水库以及马湾、逍遥、黄土桥、周口、郑埠口和沈丘6座节制闸,安徽省境内有阜阳和颍上2座节制闸。

沙颍河河南境内叶县张徐至刘家湾段航道长248km,规划有周口和漯河港。沙颍河安徽境内界首至太和航道长26.0km,航道维护等级为Ⅵ级;太和至沫河口航道长180.0km,航道维护等级为Ⅴ级。沙河河南境内漯河至省界段规划为Ⅳ级航道。沙颍河上先后建有漯河、大路李、葫芦湾、周口、郑埠口、沈丘、耿楼、阜阳、颍上等船闸。

一、漯河船闸

漯河枢纽位于河南省周口市境内,主要建筑物包括漯河节制闸和船闸等,漯河节制闸布置于船闸左侧的沙颍河干流上,设9孔净宽12.18m的泄洪闸孔,该枢纽是一座以航运和防洪为主,兼有灌溉及供水等综合利用的水利枢纽工程。

漯河船闸布置在河道右岸滩地上,左侧与漯河节制闸相邻,两闸轴线间距147m,为保持新北环桥现状主孔的正常通航,漯河船闸上闸首的上游边线向下游平移至节制闸下游约350m。船闸等级为Ⅳ级,闸室有效尺度120m×18m×3.5m,最大设计水头5.5m,通航500吨级船舶,设计年单向通过能力975万t。船闸上游设计最高通航水位57.5m,最低通航水位55.7m;下游设计最高通航水位56.0m,最低通航水位51.0m。漯河船闸上游引航道在平面上采用对称型布置,下游引航道采用不对称型布置,上、下游主导航墙均位于右侧岸边,上游船舶"曲进曲出",下游船舶"直进曲出"。上、下游引航道导航调顺段长均为120m(沿船闸中心轴线的投影),靠船段长均为240m,各布置12个中心距20m的靠船墩;上游引航道靠船段上游通过半径为350m的曲线、长289.76m的直线和半径为450m的曲线与漯河上游主航道衔接;下游引航道靠船段下游通过半径为800m的圆弧线与漯河下游主航道衔接。下游引航道宽均为45m。上、下闸首和闸室均采用整体式结构,船闸输水系统采用短廊道集中输水,上、下游工作闸门为钢质平板人字门,阀门为平板提升门。该船闸于2017年3月开工,2020年建成通航。

漯河船闸技术参数见表 5-3-1。漯河枢纽鸟瞰图如图 5-3-1 所示。漯河船闸布置如图 5-3-2 所示。

漯河船闸技术参数表　　　　　　　　表 5-3-1

河流名称			沙颍河	建设地点		河南省周口市	
船闸有效尺度(m)			120×18×3.5	最大设计水头(m)		5.5	
吨级			500	过闸时间(min)		36.0	
门型	闸门	上游	人字门	启闭形式	闸门	上游	液压
		下游	人字门			下游	液压
	阀门	上游	平板门		阀门	上游	液压
		下游	平板门			下游	液压
结构形式	上闸首		整体式	输水系统	形式	短廊道集中输水	
	下闸首		整体式		平均时间(min)	8.5	
	闸室		整体式		廊道尺寸(m)	3.0×2.5	
设计通航水位(m)	上游	最高	57.5	设计年通过能力(单线单向,万 t)		975	
		最低	55.7	桥梁情况		跨闸工作桥	
	下游	最高	56.0	建成年份(年)		2020	
		最低	51.0				

图 5-3-1　漯河枢纽鸟瞰图

二、大路李船闸

沙颍河航道地处淮河流域,由发源于伏牛山区河南省鲁山县的沙河和发源于河南省境内登封市嵩山的颍河在周口市汇流而成,在安徽省颍上县沫河口入淮河,干流全长 620km。沙颍河周口至漯河段航道全长 83.9km,航道等级为Ⅳ级。

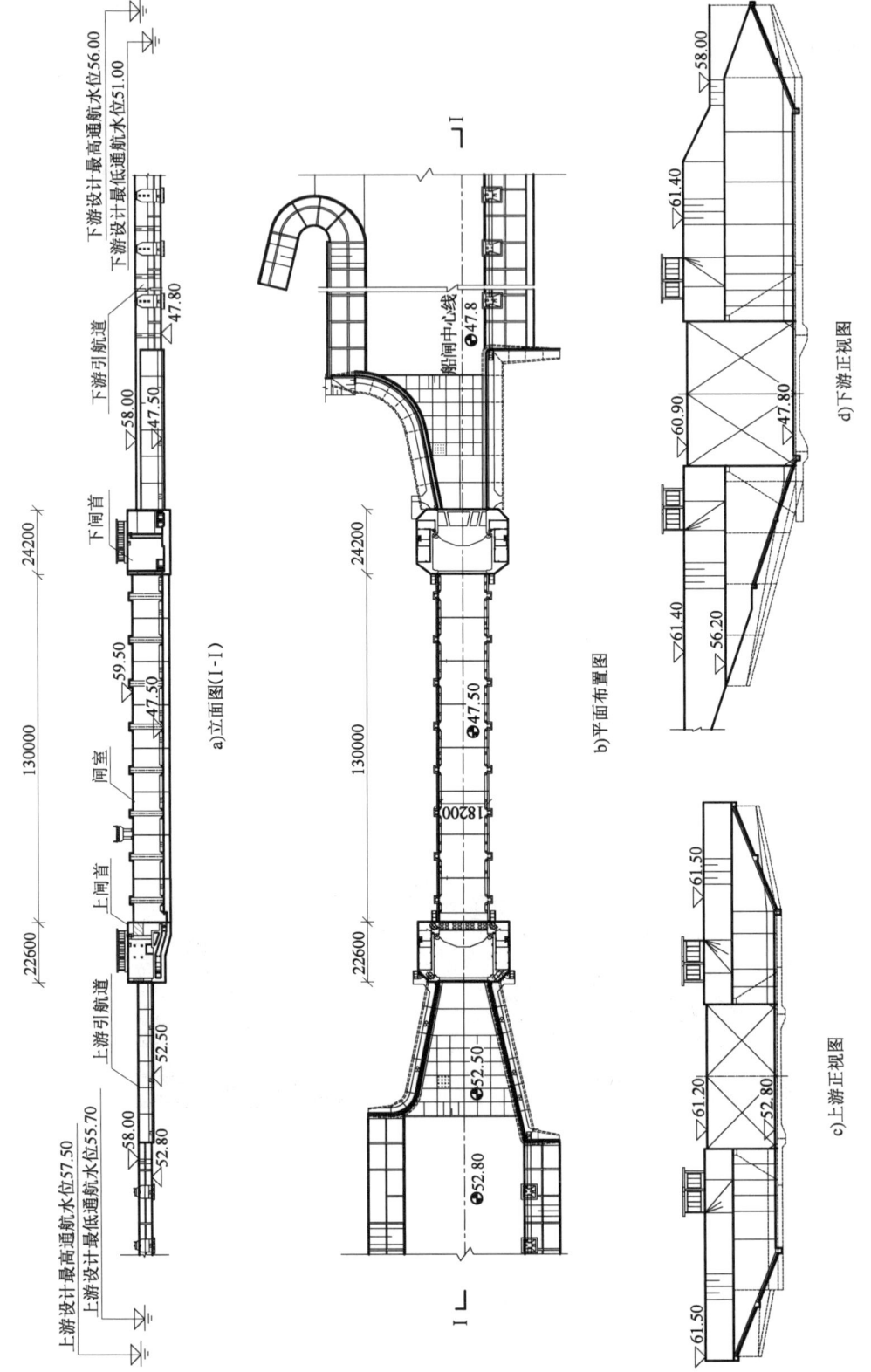

图5-3-2 漯河船闸布置图（尺寸单位：mm；高程和水位单位：m）

大路李枢纽位于河南省周口市西华县境内,是沙颍河周口至漯河段梯级渠化枢纽的第1级,上距漯河节制闸23.5km,下距葫芦湾枢纽24.5km、距界首常胜沟143.7km。大路李枢纽以航运为主,兼有灌溉功能,工程等别为Ⅱ等,主要挡泄水建筑物及船闸上闸首为2级建筑物,闸室和下闸首为3级,主要建筑包括泄水闸、船闸和闸顶公路桥等。枢纽设计洪水流量3000m³/s($P=5\%$),设计洪水位57.08m/56.97m(上游/下游);校核洪水流量3500m³/s($P=2\%$),校核洪水位57.95m/57.80m(上游/下游)。泄水闸布置在左侧主河床,共设10个泄洪闸孔,每孔闸净宽12m。

大路李船闸布置于河道右岸(南岸),船闸等级为Ⅳ级,闸室有效尺度120m×12m×3.2m,最大设计水头4.5m,通航1顶2×500吨级船队,设计年单向通过能力442万t。船闸上游设计最高通航水位52.5m,最低通航水位51.0m;下游设计最高通航水位52.33m,最低通航水位48.0m。船闸引航道采用不对称型布置,上、下游主导航墙及靠船建筑物均位于左侧,船舶过闸均采取"曲进直出"的方式。上、下游引航道主导墙均采用$Y=X/6$直线及圆端形与左侧隔流堤衔接,其导航调顺段沿船闸中心线的长分别为121.98m和122.4m,上、下游靠船段长均为112m,各布置7个靠船墩。上、下游右侧辅导航墙均以半径50m、中心角62°的圆弧与岸边连接。上、下游引航道底宽均为40m,设计水深3.0m。上游引航道在直线段末以半径为340m的圆弧与上游航道中心线相衔接,下游引航道在直线段末以半径为340m的圆弧与下游航道中心线相衔接进入沙颍河。船闸上、下闸首及闸室均采用整体坞式结构,船闸输水系统采用短廊道集中输水形式,上游对冲和消力槛消能,下游简单对冲消能。该船闸于2013年开工,2017年完工。

大路李船闸技术参数见表5-3-2。大路李船闸及泄水闸鸟瞰图如图5-3-3所示。大路李船闸布置如图5-3-4所示。

大路李船闸技术参数表 表5-3-2

河流名称	沙颍河		建设地点		河南省周口市西华县
船闸有效尺度(m)	120×12×3.2		最大设计水头(m)		4.5
吨级	500		过闸时间(min)		40
门型	闸门	上游	人字门	启闭形式	闸门	上游	液压
		下游	人字门			下游	液压
	阀门	上游	平板门		阀门	上游	液压
		下游	平板门			下游	液压
结构形式	上闸首		整体式	输水系统	形式		短廊道集中输水
	下闸首		整体式		平均时间(min)		7.0
	闸室		整体式		廊道尺寸(m)		2.0×2.0

续上表

设计通航水位（m）	上游	最高	52.50	设计年通过能力（单线单向,万 t）	442
		最低	51.00	桥梁情况	跨闸公路桥
	下游	最高	52.33		
		最低	48.00	建成年份(年)	2017

图 5-3-3 大路李船闸及泄水闸鸟瞰图

三、葫芦湾船闸

葫芦湾船闸位于河南省周口市邓城镇境内,是沙颍河周口至漯河段梯级渠化枢纽的第 2 级,上距大路李枢纽 24.5km,下距周口枢纽 27.9km、距界首常胜沟 119.3km。葫芦湾枢纽以航运为主,兼有灌溉功能,工程等别为 Ⅱ 等,主要挡泄水建筑物及船闸上闸首为 2 级,闸室和下闸首为 3 级。主要建筑物包括泄水闸、船闸、闸顶公路桥等。枢纽设计洪水流量 $3000m^3/s(P=5\%)$,设计洪水位 54.24m/54.12m(上游/下游);校核洪水流量 $3500m^3/s(P=2\%)$,校核洪水位 55.09m/54.93m(上游/下游)。泄水闸布置在左汊主河槽上,共设 10 个泄洪闸孔,每孔闸净宽 12m。

葫芦湾船闸布置在河道右汊副槽上,船闸等级为 Ⅳ 级,闸室有效尺度 120m×12m×3.2m,最大设计水头 5.0m,通航 1 顶 2×500 吨级船队,设计年单向通过能力 432 万 t。船闸上游设计最高通航水位 49.5m,最低通航水位 48.0m;下游设计最高通航水位 49.33m,最低通航水位 44.5m。船闸引航道采用不对称型布置,上、下游主导航墙及靠船建筑物均位于左侧,船舶过闸均采取"曲进直出"的方式。上、下游引航道主导墙均采用 $Y=X/6$ 直线及圆端形与左侧江心洲护岸衔接,其导航调顺段沿船闸中心线的长分别为 188.2m 和

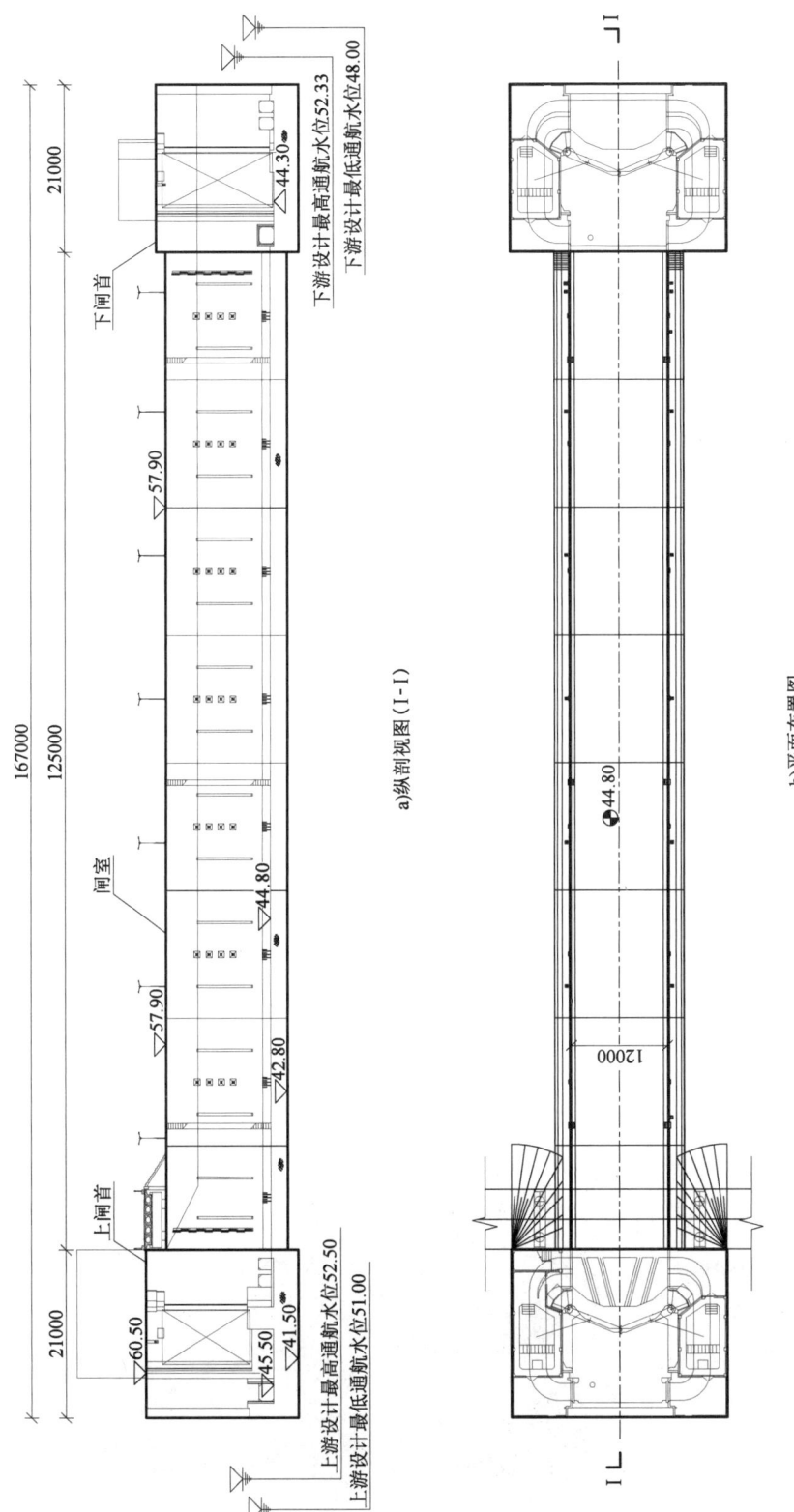

图5-3-4 大路李船闸布置图（尺寸单位：mm；高程和水位单位：m）

188.4m,上、下游靠船段长均为112m,各布置7个靠船墩。上游右侧辅导航墙以圆弧段与岸边连接,下游右侧辅导航墙以半径为50m、中心角为66°的圆弧与岸边连接。上、下游引航道底宽分别为51m和62m,设计水深3.0m。上游引航道在直线段末以半径为500m的圆弧与上游航道中心线相衔接,下游引航道在直线段末以半径为340m的圆弧与下游航道中心线相衔接进入沙颍河。船闸上、下闸首及闸室均采用整体坞式结构,船闸输水系统采用短廊道集中输水形式,上游对冲和消力槛消能,下游简单对冲消能。该船闸于2013年开工,2017年完工。

葫芦湾船闸技术参数见表5-3-3。葫芦湾船闸及泄水闸鸟瞰图如图5-3-5所示。葫芦湾船闸布置如图5-3-6所示。

葫芦湾船闸技术参数表   表5-3-3

河流名称			沙颍河	建设地点		河南省周口市邓城镇
船闸有效尺度(m)			120×12×3.2	最大设计水头(m)		5
吨级			500	过闸时间(min)		40
门型	闸门	上游	人字门	启闭形式	闸门	上游	液压
		下游	人字门			下游	液压
	阀门	上游	平板门		阀门	上游	液压
		下游	平板门			下游	液压
结构形式	上闸首		整体式	输水系统	形式	短廊道集中输水
	下闸首		整体式		平均时间(min)	7.0
	闸室		整体式		廊道尺寸(m)	2.0×2.0
设计通航水位(m)	上游	最高	49.5	设计年通过能力(单线单向,万t)		432
		最低	48.0	桥梁情况		跨闸公路桥
	下游	最高	49.33	建成年份(年)		2017
		最低	44.5			

图5-3-5 葫芦湾船闸及泄水闸鸟瞰图

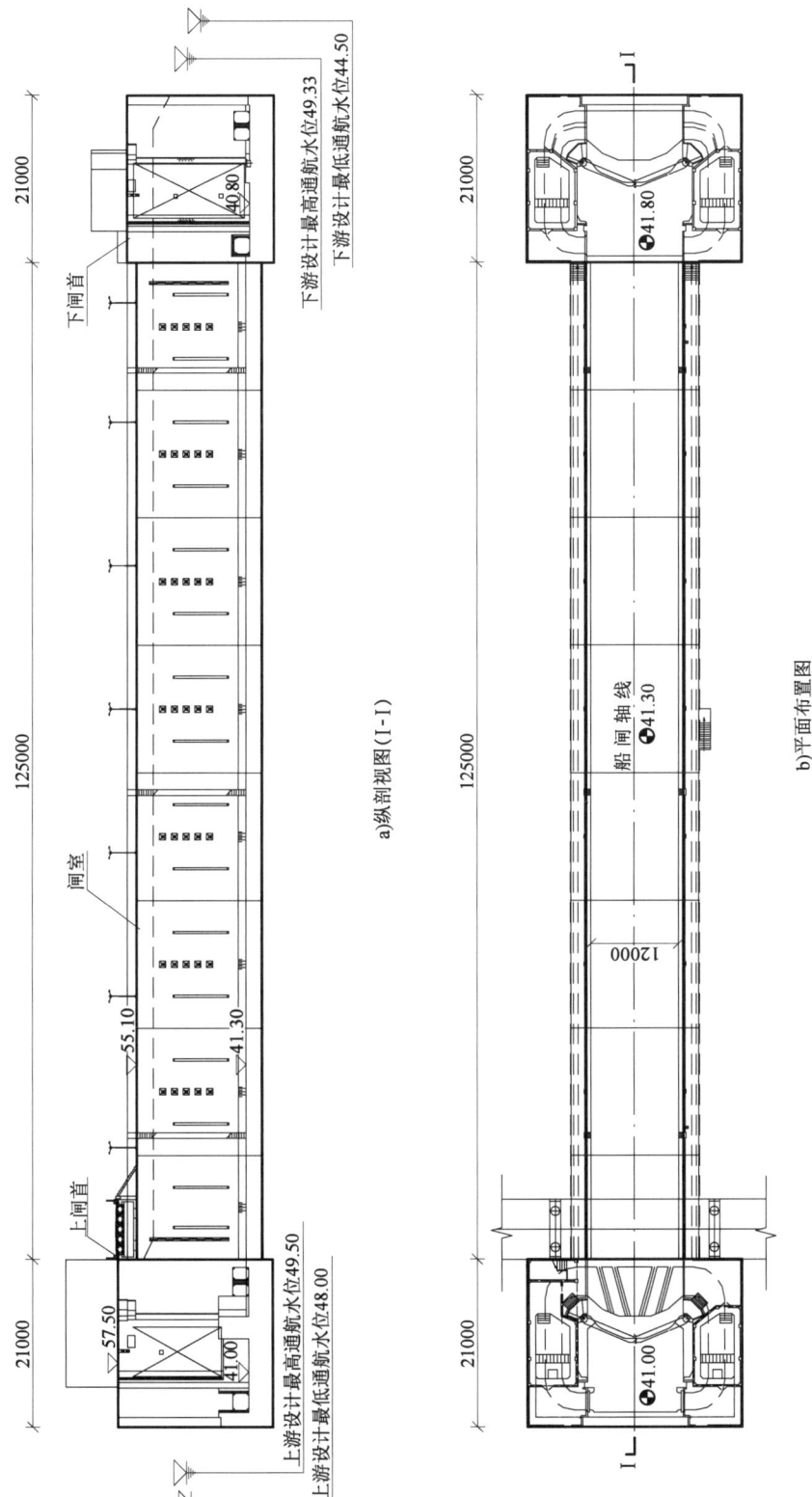

图5-3-6 葫芦湾船闸布置图（尺寸单位：mm；高程和水位单位：m）

四、周口船闸

周口枢纽位于河南省周口市城区,是沙颍河周口至漯河段梯级渠化枢纽的第3级,上距葫芦湾枢纽27.9km,下距郑埠口枢纽29km、距界首常胜沟91.5km。周口枢纽工程等别为Ⅱ等,主要挡泄水建筑物及船闸主体等为2级,船闸引航道和靠船墩等为3级建筑物,主要建筑物包括泄水闸、船闸、闸顶公路桥等。周口大闸建于1975年,闸顶全长约250m,共24个泄洪闸孔,每孔闸净宽6m,以中洲岛为界分为南北两段,北段称老闸,共14孔,闸顶高程41.36m;南段为新闸,共10孔,闸顶高程39.6m。周口枢纽设计洪水位50.11m/49.95m(上游/下游,$P=5\%$);校核洪水位50.46m/50.25m(上游/下游,$P=2\%$)。

周口船闸布置在沙颍河南岸(右岸),船闸等级为Ⅳ级,闸室有效尺度120m×12m×3.2m,最大设计水头6m,通航1顶2×500吨级船队,设计年单向通过能力459万t。船闸上游设计最高通航水位47.0m,最低通航水位44.5m;下游设计最高通航水位45.98m,最低通航水位41.0m。船闸引航道采用反对称型布置,上游引航道主导航墙及靠船建筑物位于左侧河堤,下游引航道主导航墙及靠船建筑物位于右侧岸边,上、下游船舶过闸均采取"曲进直出"的方式。上、下游引航道主导墙均采用$Y=X/6$直线及圆端形分别与左侧江心洲河堤和右侧护岸相衔接,其导航调顺段沿船闸中心线的投影长分别为122.4m和135.6m,上、下游靠船段长均为112m,各布置7个靠船墩。上游右侧辅导航墙以半径为15m、中心角为90°的圆弧与护岸连接;下游左侧辅导航墙以半径为50m、中心角为66°的圆弧与江心洲护岸连接。上、下游引航道底宽均为40m,设计水深3.0m。上游引航道在直线段末以半径为600m的圆弧与上游航道中心线相衔接,下游引航道在直线段末以半径为330m的圆弧与下游航道中心线相衔接进入沙颍河。船闸上、下闸首及闸室均采用整体坞式结构,船闸输水系统采用短廊道集中输水形式,上游格栅消能室消能,下游简单对冲和消力槛消能。该船闸于2013年开工,2017年完工。

周口船闸技术参数见表5-3-4。周口船闸效果图如图5-3-7所示。周口船闸布置如图5-3-8所示。

周口船闸技术参数表　　　　　　　　　　　　表5-3-4

河流名称			沙颍河	建设地点		河南省周口市
船闸有效尺度(m)			120×12×3.2	最大设计水头(m)		6
吨级			500	过闸时间(min)		40
门型	闸门	上游	人字门	启闭形式	闸门	上游	液压
		下游	人字门			下游	液压
	阀门	上游	平板门		阀门	上游	液压
		下游	平板门			下游	液压

续上表

结构形式	上闸首	整体式		输水系统	形式	短廊道集中输水
	下闸首	整体式			平均时间(min)	7.0
	闸室	整体式			廊道尺寸(m)	2.5×3.0
设计通航水位(m)	上游	最高	47.00		设计年通过能力(单线单向,万 t)	459
		最低	44.50		桥梁情况	下闸首公路桥
	下游	最高	45.98		建成年份(年)	2017
		最低	41.00			

图 5-3-7 周口船闸效果图

五、郑埠口船闸

郑埠口枢纽位于河南省项城市境内、沙颍河干流上游,该工程是沙颍河复航工程的组成部分,主要包括两座船闸、节制闸、跨闸公路桥、翻水泵站、变电站及闸管站等工程。郑埠口节制闸位于沙颍河主河道上,设 11 个泄洪闸孔,每孔闸净宽 12m,闸室顺水流方向长 25.70m。该枢纽是一座以航运、防洪为主,兼有灌溉、供水等综合利用的水利枢纽工程。

郑埠口一线船闸(老船闸)布置在河道左岸岸边,采用集中式布置方案,船闸中心线与节制闸中心线平行,两闸中心线相距 110m,船闸上下闸首和闸室均位于上游库区,过闸公路桥从下闸首上通过,下闸首下游面与节制闸和公路桥下游面齐平。船闸等级为 V 级,闸室有效尺度 130m×12m×2.5m,最大设计水头 7.0m,通航 300 吨级船舶,设计年单向通过能力 380 万 t。船闸上游设计洪水位 46.55m($P=2\%$),下游设计洪水位 46.3m($P=2\%$),设计洪流量 3870m³/s。上游设计最高通航水位 42.5m,最低通航水位 41.0m;下游

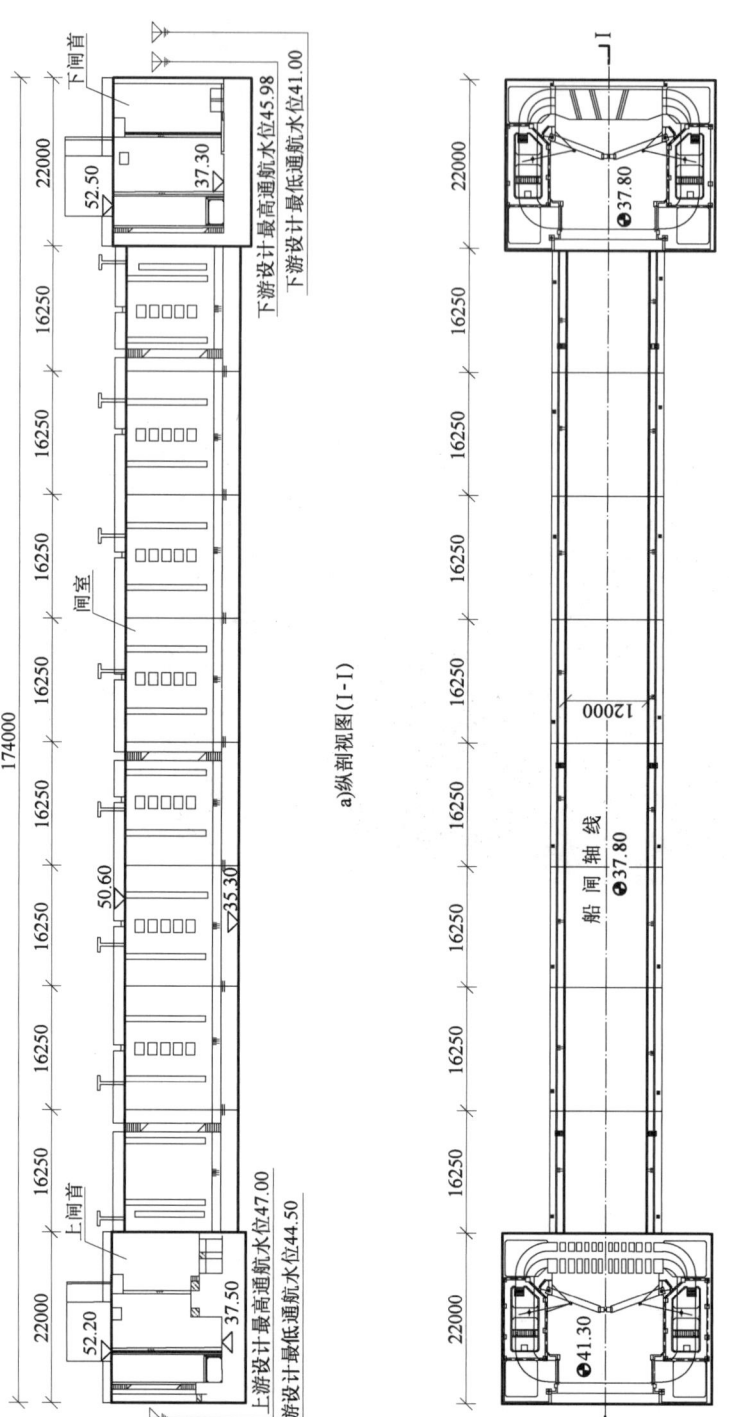

图5-3-8 周口船闸布置图(尺寸单位：mm；高程和水位单位：m)

设计最高通航水位39.5m,最低通航水位36.0m。船闸引航道采用不对称型布置,上、下游主导航墙均位于左侧岸边,主导墙为直线导航墙,引航道向右侧扩展,上、下游船舶过闸均采取"直进曲出"的方式。上、下游左侧主导航墙导航段长60m,调顺段长50m,停泊段长250m,停泊段部分为开敞式;上、下游右侧辅导航墙采用半径为109m、中心角为33.4°的圆弧进行扩展,其后采用直线导墙(或隔水墙)连接,上游隔水墙长50m,下游隔水墙长330m;上、下引航道左、右两侧共布置10个靠船墩,右侧上部架设钢桁架人行便桥。上游引航道直线段长440m,再以弯曲半径为420m的曲线与上游河弯相接;下游引航道直线段长690m,再以弯曲半径为590m的曲线与下游河弯相接;引航道宽30.5m,设计水深2.5m。船闸上下闸首和闸室均采用整体式结构,船闸输水系统采用分散式输水。郑埠口一线船闸(老船闸)于1996年开工建设,1998年通航。

郑埠口二线(复线)船闸布置于河道右岸(南侧)台地上,采用分散式布置方案,船闸与节制闸之间用保留的部分台地分隔,船闸轴线与节制闸中心轴线相距225m。船闸等级为Ⅳ级,闸室有效尺度240m×23m×4.0m,最大设计水头6.5m,通航500吨级兼顾1000吨级船舶,设计年单向通过能力为1431万t。郑埠口复线船闸上游设计最高通航水位42.79m,最低通航水位41.0m(保证率98%),常水位42.5m;下游设计最高通航水位42.59m,最低通航水位36.0m(保证率98%),常水位39.0m。船闸引航道采用不对称型布置,主导航墙和靠船墩均布置在引航道右侧,船舶进出闸方式均为"直线进闸,曲线出闸"。上、下游导航段(沿船闸轴线投影)长均为50m,调顺段长均为70m,靠船段长均为240m;上、下游引航道均以半径为330m的圆弧线与航道相衔接;引航道宽均为50m。郑埠口复线船闸上、下闸首及闸室均采用整体式结构,船闸输水系统采用环形短廊道集中输水形式,船闸工作闸门为钢质人字门,阀门为钢质平板提升门。郑埠口复线船闸于2018年11月开工建设,预计2021年建成通航。

郑埠口一、二级船闸技术参数见表5-3-5、表5-3-6。郑埠口二线船闸鸟瞰图如图5-3-9所示。郑埠口二线船闸布置如图5-3-10所示。

郑埠口一线船闸技术参数表 表5-3-5

河流名称		沙颍河		建设地点		河南省周口市淮阳县
船闸有效尺度(m)		130×12×2.5		最大设计水头(m)		7.0
吨级		300		过闸时间(min)		—
门型	闸门	上游	人字门	启闭形式	闸门	上游	卷扬
		下游	人字门			下游	卷扬
	阀门	上游	平板门		阀门	上游	液压
		下游	平板门			下游	液压

续上表

结构形式	上闸首	整体式		输水系统	形式	分散输水
	下闸首	整体式			平均时间(min)	12.0
	闸室	整体式			廊道尺寸(m)	3.8×4.2
设计通航水位(m)	上游	最高	42.5		设计年通过能力(单线单向,万t)	380.0
		最低	41.0		桥梁情况	下闸首公路桥
	下游	最高	39.5		建成年份(年)	1998
		最低	36.0			

郑埠口二线船闸技术参数表　　　　　　表5-3-6

河流名称		沙颍河		建设地点		河南省周口项城市	
船闸有效尺度(m)		240×23×4.0		最大设计水头(m)		6.5	
吨级		500兼顾1000		过闸时间(min)		49.2	
门型	闸门	上游	人字门	启闭形式	闸门	上游	液压
		下游	人字门			下游	液压
	阀门	上游	平板门		阀门	上游	液压
		下游	平板门			下游	液压
结构形式	上闸首	整体式		输水系统	形式	环形短廊道集中输水	
	下闸首	整体式			平均时间(min)	9.0	
	闸室	整体式			廊道尺寸(m)	4×3	
设计通航水位(m)	上游	最高	42.79		设计年通过能力(单线单向,万t)	1431	
		最低	41.0		桥梁情况	交通桥跨越闸室	
	下游	最高	42.59		建成年份	在建	
		最低	36.0				

图5-3-9　郑埠口二线船闸鸟瞰图

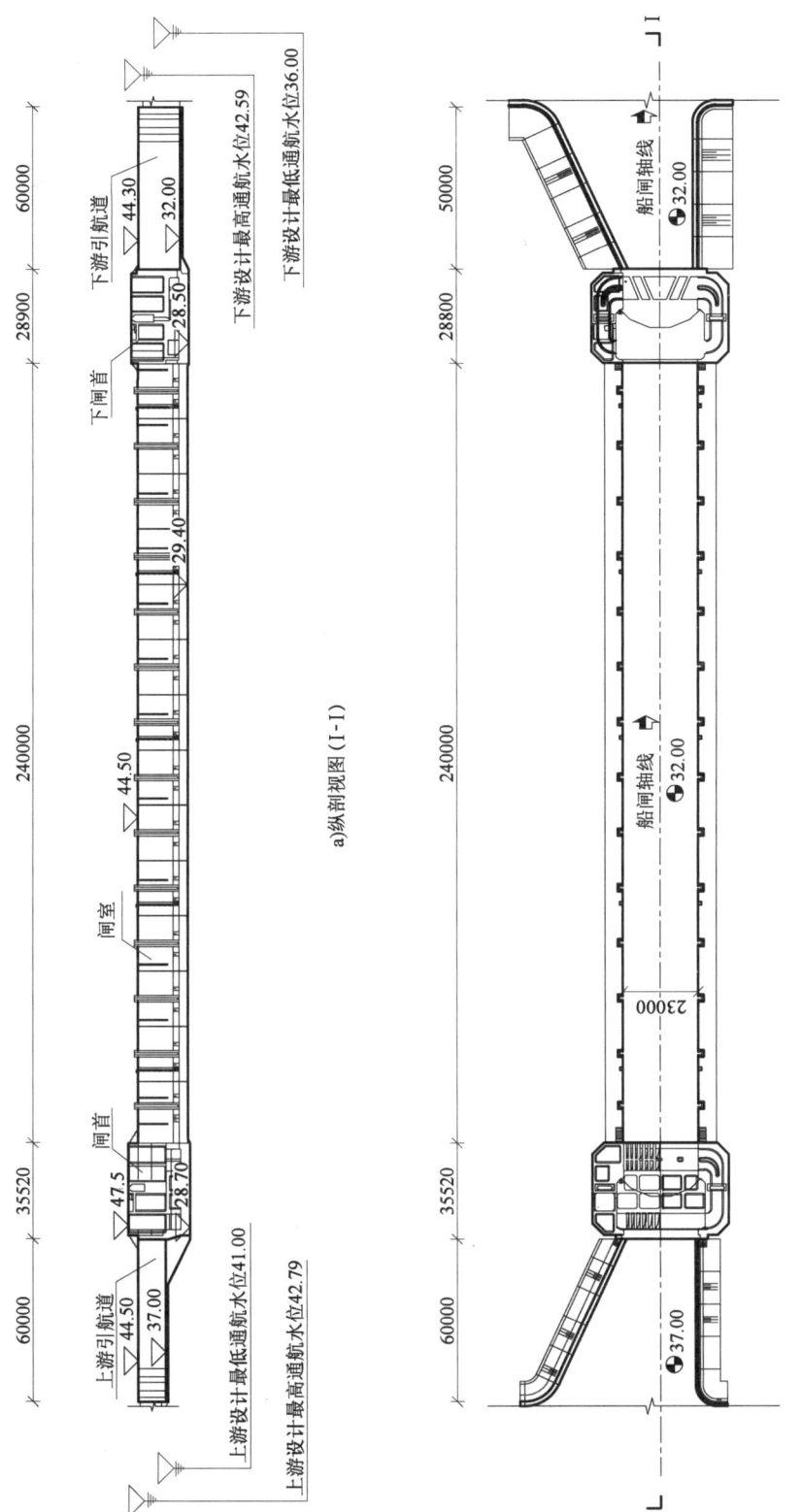

图5-3-10 郑蚌口二线船闸布置图（尺寸单位：mm；高程和水位单位：m）

六、沈丘船闸

沙颍河位于淮河左岸,是淮河最大的支流,由发源于河南西部伏牛山东麓石人山的沙河和河南登封市嵩山的颍河在河南周口市汇流而成,在安徽省颍上县沫河口入淮河,干流全长 620km,其中河南省境内长约 414km。沈丘船闸所处航道等级为Ⅳ级,地处河南省周口市沈丘县。枢纽主要建筑物包括节制闸、船闸和跨闸公路桥等。沈丘节制闸布置在老河道左侧,节制闸上、下游引河与沙颍河老河道平顺连接,引河上、下游底宽均为 133.0m,上、下游引河底高程 26.0m。节制闸共有 8 孔,每孔净宽 12.5m,2 孔一联,共 4 联。

沈丘船闸平行布置在节制闸左侧,毗邻节制闸,两闸中心线相距 88.5m,船闸上闸首为防洪闸首,与节制闸错位布置,上闸首上游边线距节制闸闸室下游边线 10m,S305 公路桥从上导航墙通过。船闸等级为Ⅳ级,闸室有效尺度 230m×23m×4.0m,最大设计水头 10.0m,通航 500 吨级船舶,设计年通过能力为 1646.34 万 t。船闸上闸首参与枢纽防洪,上闸首、闸室及下闸首为 2 级建筑物,导航、靠船建筑物级别为 3 级,堤防等级为Ⅱ等。船闸和节制闸上游防洪水位 41.67m($P=2\%$),下游防洪水位 41.42m($P=2\%$)。上游设计最高通航水位 39.55m,最低通航水位 36.0m(保证率 98%),常水位 39.0m;下游设计最高通航水位 39.35m,最低通航水位 28.5m(保证率 98%),常水位 33.5m。船闸引航道采用准对称型布置,上、下游船舶过闸均采取"曲进曲出"的方式。上游引航道直线段长 936.8,其中主导航墙长 60.25m;下游直线段长 1376.8m,其中主导航墙长 49.5m;上、下游引航道宽均为 55m。上、下闸首及闸室均采用整体式结构,船闸输水系统采用分散输水形式,船闸工作闸门为人字门,阀门为钢质平板提升门。该船闸于 2017 年 6 月开工,计划 2021 年通航。

沈丘船闸技术参数见表 5-3-7。沈丘枢纽鸟瞰图如图 5-3-11 所示。沈丘船闸布置如图 5-3-12 所示。

沈丘船闸技术参数表 表 5-3-7

河流名称			沙颍河	建设地点		河南省周口市沈丘县
船闸有效尺度(m)			230×23×4	最大设计水头(m)		10.0
吨级			500	过闸时间(min)		48.1
门型	闸门	上游	人字门	启闭形式	闸门	上游	液压
		下游	人字门			下游	液压
	阀门	上游	平板门		阀门	上游	液压
		下游	平板门			下游	液压
结构形式	上闸首		整体式	输水系统	形式	头部集中输水
	下闸首		整体式		平均时间(min)	8.0
	闸室		整体式		廊道尺寸(m)	4.5×3.5

续上表

设计通航水位（m）	上游	最高	39.55	设计年通过能力（单线单向,万t）	1646.34
		最低	36.0	桥梁情况	上闸首公路桥
	下游	最高	39.35	建成年份(年)	2021(预计)
		最低	28.5		

图 5-3-11　沈丘枢纽鸟瞰图

七、耿楼船闸

沙颍河耿楼枢纽位于安徽省阜阳市太和县耿楼村,下距阜阳枢纽55.4km。该枢纽闸址以上控制流域面积2.9万 km^2,枢纽正常蓄水位33.5m(85高程),设计洪水位37.02m（$P=5\%$）,设计洪水流量 $3910m^3/s$;校核洪水位 37.91m（$P=2\%$）,校核洪水流量 $4770m^3/s$。耿楼枢纽为Ⅱ等工程,船闸上闸首和闸室为2级建筑物,下闸首为3级建筑物,导航、靠船建筑物为4级。耿楼枢纽由两座船闸和节制闸组成,节制闸布置在右侧主河床中,共设12个泄洪闸孔,每孔闸净宽7.5m,闸下游底流消能。该枢纽是一座以航运、防洪为主,兼有灌溉、供水等综合利用的水利枢纽工程。耿楼枢纽于2009年建成并投入运行。

耿楼一线船闸布置在河道左岸,船闸与节制闸之间由长640m的分流岛分隔,船闸节制闸中心线相距201.8m。船闸等级为Ⅳ级,闸室有效尺度130m×12m×3.0m,最大设计水头8.0m,通航500吨级船舶,设计年单向通过能力288万t。船闸引航道采用不对称型布置,上、下游主导航墙均位于右侧(河侧),船舶过闸均采取"直进曲出"的方式。上、下游引航道右侧主导航墙长均为100.0m,其中导航段沿船闸轴线的投影长30m,其末端以

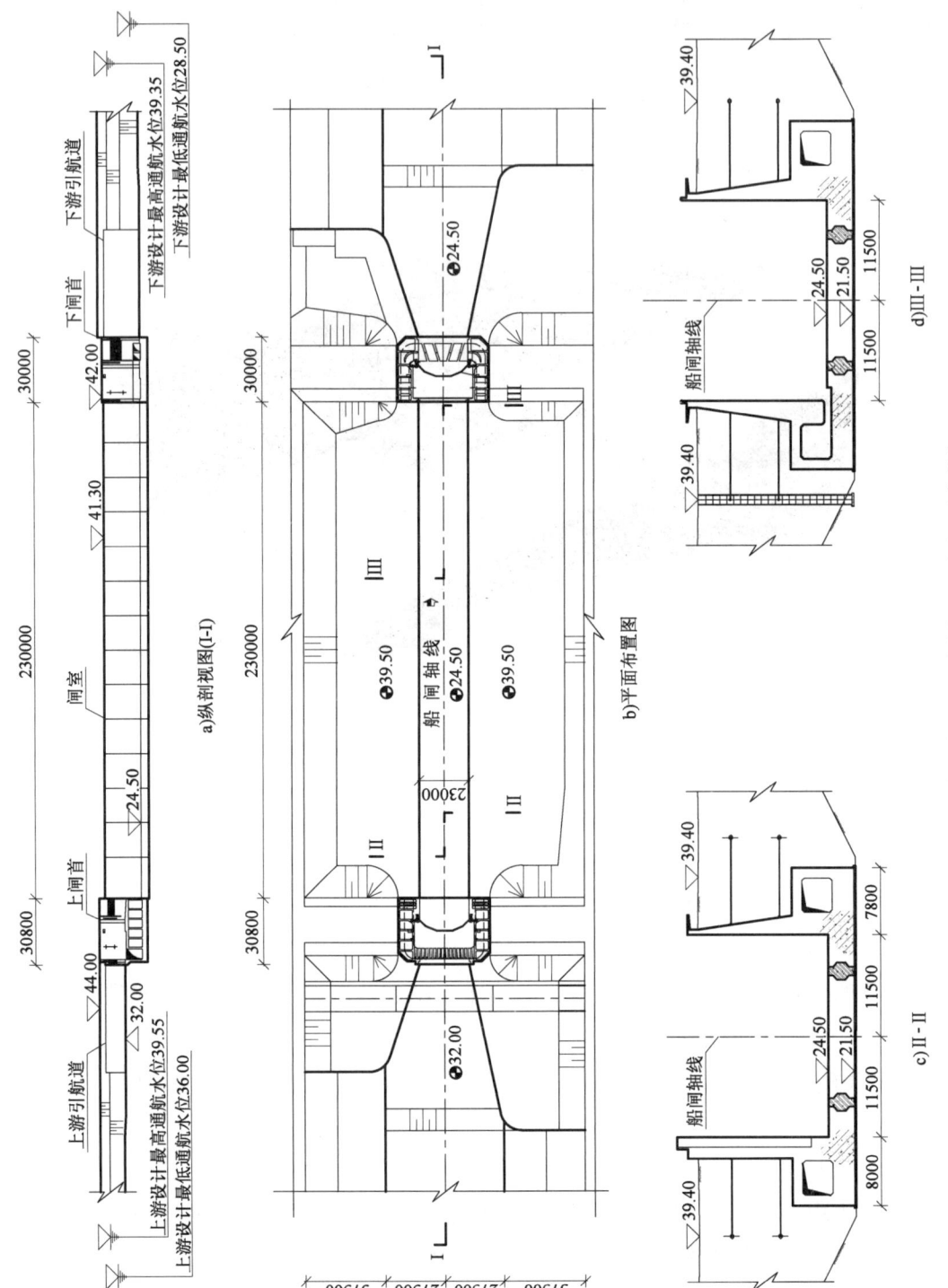

图5-3-12 沈丘船闸布置图（尺寸单位：mm；高程和水位单位：m）

半径为 10m 的圆弧与斜坡堤线相连，上、下游停泊段各布置 5 个中心距为 20m 的靠船墩。左侧辅导航墙采用半径为 30m 的圆弧，沿船闸轴线的投影长 30m，其末端与斜坡护岸相连。上、下游引航道宽 32m，设计水深 1.9m。船闸上、下闸首和闸室均采用整体式结构，输水系统采用短廊道集中输水。该船闸于 2009 年建成通航。

耿楼二线船闸平行布置在一线船闸左侧，两闸轴线间距 55.36m，上闸首上游边距离一线船闸上游边 6.8m。二线船闸等级为Ⅳ级，闸室有效尺度 240m×23m×4.0m，最大设计水头 8.0m，通航 500 吨级兼顾 1000 吨级船舶，设计年单向通过能力 1929 万 t。上游设计最高通航水位 35.86m（$P=10\%$），最低通航水位 28.0m（保证率 95%）；下游设计最高通航水位 35.66m（$P=10\%$），最低通航水位 24.5m（保证率 95%）。二线船闸建成后，一、二线船闸共用上、下游引航道，引航道宽 75m，设计水深 3.5m，船舶过闸均采取"直进曲出"的方式。上游引航道直线段长 650m，左侧主导墙为直立挡墙，其导航段长 110m，调顺段长 160m，停泊段长 380m，布置 13 个中心距 30m 的靠船墩；右侧辅导航墙亦为直立挡墙，与一线船闸上游辅导墙顺接，形成分流岛；直线段以上以半径为 800m 的圆弧线与沙颍河上游主航道衔接。下游引航道直线段长 573m，其中导航段长 110m，调顺段长 160m，停泊段长 304.5m，布置 10 个中心距 30m 的靠船墩；右侧辅导墙为直立挡墙，与一线船闸下游辅导墙顺接；直线段以下用半径为 500m 的圆弧与下游主航道衔接。船闸上、下闸首和闸室均采用整体式结构，船闸输水系统采用短廊道集中输水形式。耿楼二线船闸于 2016 年 10 月开工，预计 2021 年 12 月建成通航。

耿楼一、二线船闸技术参数见表 5-3-8、表 5-3-9。耿楼枢纽鸟瞰图如图 5-3-13 所示。耿楼一、二线船闸鸟瞰图如图 5-3-14 所示。耿楼一、二线船闸布置如图 5-3-15、图 5-3-16 所示。

耿楼一线船闸技术参数表　　表 5-3-8

河流名称		沙颍河		建设地点		安徽省阜阳市太和县
船闸有效尺度(m)		130×12×3.0		最大设计水头(m)		8.0
吨级		500		过闸时间(min)		39
门型	闸门	上游	人字门	启闭形式	闸门	上游	液压
		下游	人字门			下游	液压
	阀门	上游	平板门		阀门	上游	液压
		下游	平板门			下游	液压
结构形式	上闸首		整体式	输水系统	形式		短廊道集中输水
	下闸首		整体式		平均时间(min)		—
	闸室		整体式		廊道尺寸(m)		2.6×2.0/1.95×2.0（进口/出口）

续上表

设计通航水位(m)	上游	最高	35.86	设计年通过能力(单线单向,万 t)	288
		最低	28.0	桥梁情况	上闸首交通桥
	下游	最高	35.66	建成年份(年)	2009
		最低	24.50		

耿楼二线船闸技术参数表   表 5-3-9

河流名称			沙颍河		建设地点		安徽省阜阳市太和县
船闸有效尺度(m)			240×23×4.0		最大设计水头(m)		8.0
吨级			500 兼顾 1000		过闸时间(min)		35.1
门型	闸门	上游		人字门	启闭形式	闸门	上游	液压
		下游		人字门			下游	液压
	阀门	上游		平板门		阀门	上游	液压
		下游		平板门			下游	液压
结构形式	上闸首		整体式		输水系统	形式	闸墙长廊道,闸室中段短支孔出水
	下闸首		整体式			平均时间(min)	6.71
	闸室		整体式			廊道尺寸(m)	4.0×4.0
设计通航水位(m)	上游	最高	35.86		设计年通过能力(单线单向,万 t)		1929
		最低	28.0		桥梁情况		上闸首交通桥
	下游	最高	35.66		建成年份		在建
		最低	24.5				

图 5-3-13 耿楼枢纽鸟瞰图

图 5-3-14　耿楼一、二线船闸鸟瞰图

八、阜阳船闸

阜阳枢纽位于安徽省阜阳市城区附近,东临颍河阜阳节制闸,西接颍河故道,为颍河阜阳枢纽工程主要组成部分之一,颍河阜阳枢纽主要包括节制闸和船闸及跨闸交通桥。阜阳节制闸于1959年建成,其主要作用是蓄水,兼有航运、供水等效益。阜阳船闸于1963年建成,规模相当于现行规范的Ⅵ级船闸,过船闸交通桥位于下闸首上。现状的阜阳船闸(以下简称老船闸)已经报废,但交通桥仍在使用。阜阳船闸下闸首交通桥现状桥宽10m(行车道宽7m,两边各1.5m宽人行道),桥面高程33.7m。船闸拆除重建后,须在下闸首布置过船闸交通桥,连接船闸两岸交通。

阜阳船闸位于河道右岸滩地节制闸东侧、老船闸处,与阜阳枢纽采用分散式布置,船闸等级为Ⅳ,闸室有效尺度180m×12m×3.5m,最大设计水头8.66m,通航500吨级船舶和1顶2×500吨级船队,设计年单向通过能力400万t。船闸上游设计洪水位33.80m($P=2\%$)。上游设计最高通航水位31.40m($P=10\%$),最低通航水位24.35m(保证率95%);下游设计最高通航水位31.10m($P=10\%$),最低通航水位20.20m(保证率95%)。船闸引航道按反对称型布置,上游引航道主导航墙和靠船建筑物均位于右侧,下游引航道主导航墙和靠船建筑物均位于左侧,上、下游船舶过闸均采取"直进曲出"的方式。上、下游引航道直线段长均为336m,其中上、下游主导航墙(稍向后平移)长均为62m,调顺段长均为117m,停泊段长均为157m,上、下游分别布置6个和7个靠船墩;上、下游弧形辅导航墙长均为30m,并与坡比为1:3的浆砌石护坡衔接。上、下游引航道宽35m,设计水深3.0m。上游停泊段以上为长112m的底宽渐变段,渐变段出口宽52m;下游停泊段以下为

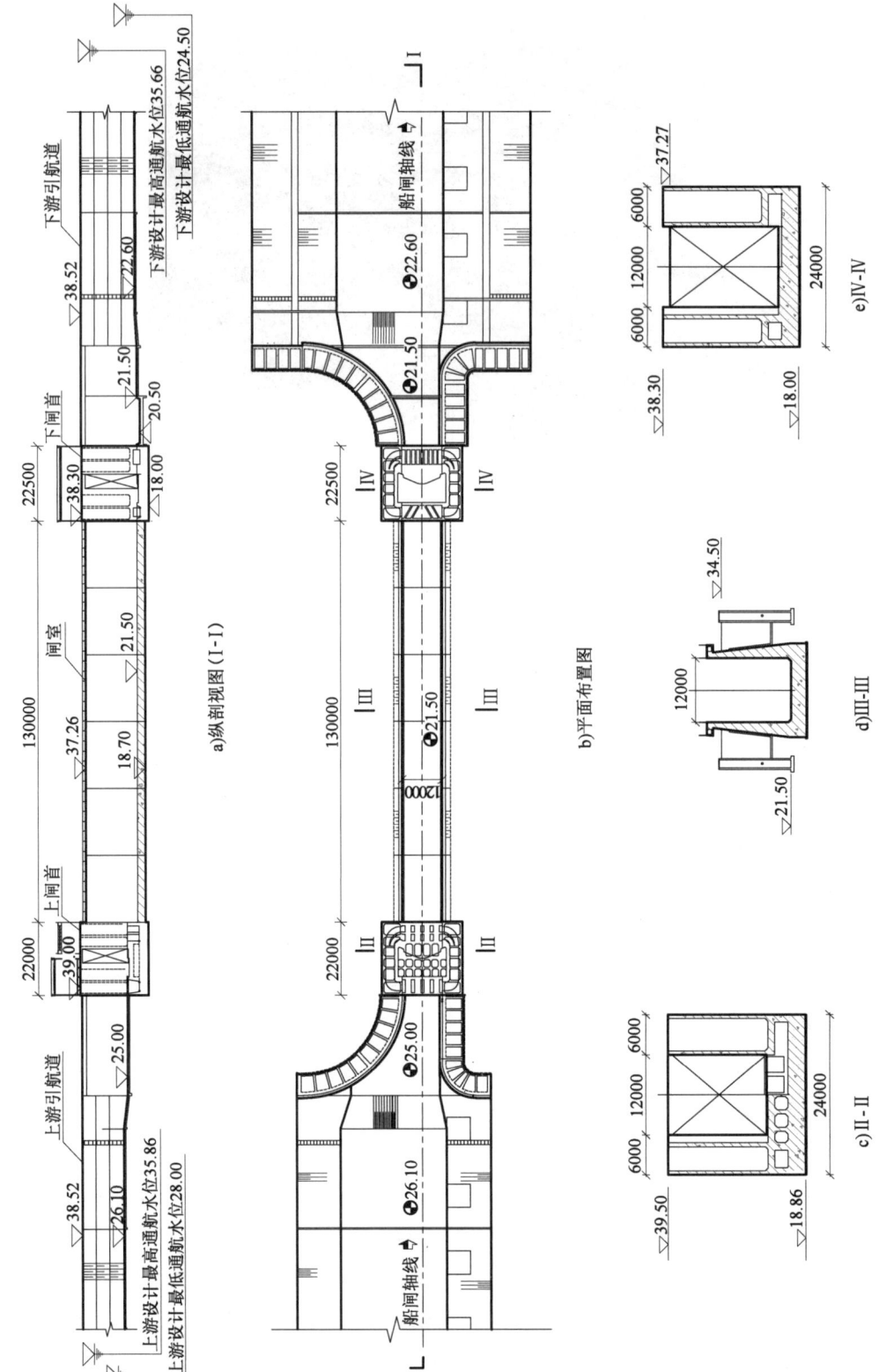

图5-3-15 耿楼一线船闸布置图（尺寸单位：mm；高程和水位单位：m）

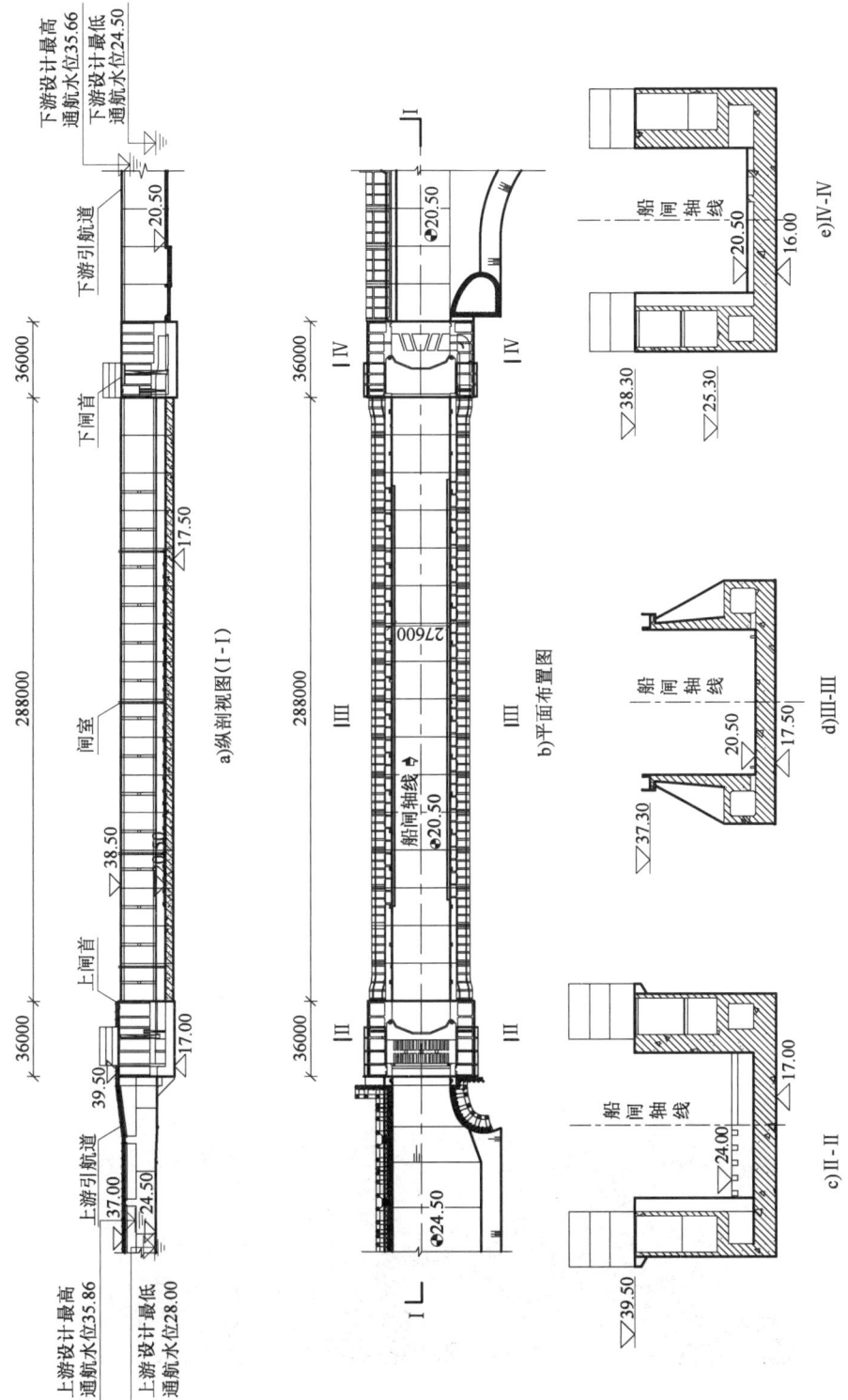

图5-3-16 耿楼二线船闸布置图（尺寸单位：mm；高程和水位单位：m）

长 120m 的底宽渐变段,渐变段末端宽 52m,其后接半径为 350m、中心角为 46°的圆弧转弯段,再接长 428m 的口门过渡段,并与下游航道衔接。船闸上下闸首均采用整体式结构,闸室采用整体式倒 U 形槽结构,船闸输水系统采用短廊道集中输水,上游采用格栅帷幕消能室消能,下游采用消力槛消能。阜阳船闸于 2010 年 3 月开工,2011 年 12 月建成通航。

阜阳船闸技术参数见表 5-3-10。阜阳船闸鸟瞰图如图 5-3-17 所示。阜阳船闸布置如图 5-3-18 所示。

阜阳船闸技术参数表 表 5-3-10

河流名称			沙颍河	建设地点		安徽省阜阳市
船闸有效尺度(m)			180×12×3.5	最大设计水头(m)		8.66
吨级			500	过闸时间(min)		42.1
门型	闸门	上游	人字门	启闭形式	闸门 上游	液压
		下游	人字门		下游	液压
	阀门	上游	平板门		阀门 上游	液压
		下游	平板门		下游	液压
结构形式	上闸首		整体式	输水系统	形式	短廊道集中输水系统
	下闸首		整体式		平均时间(min)	7.0
	闸室		整体式钢筋混凝土 U 形槽结构		廊道尺寸(m)	2.4×2.7(闸门处)
设计通航水位(m)	上游	最高	31.40	设计年通过能力(单线单向,万 t)		400
		最低	24.35	桥梁情况		跨闸交通桥
	下游	最高	31.10	建成年份(年)		2011
		最低	20.20			

图 5-3-17 阜阳船闸鸟瞰图

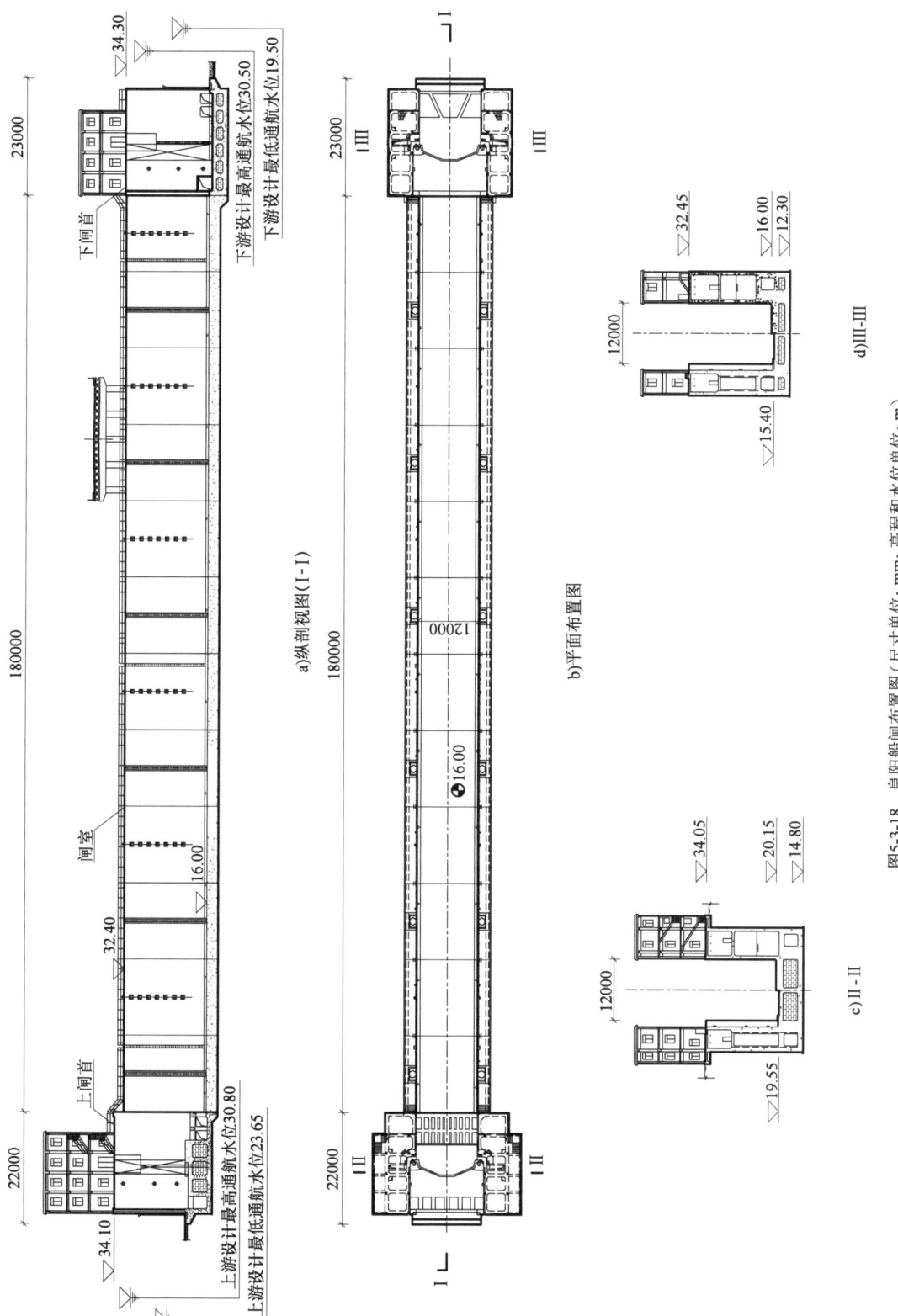

图5-3-18 阜阳船闸布置图（尺寸单位：mm；高程和水位单位：m）

九、颍上船闸

颍上闸枢纽位于颍上县城城东,上距阜阳闸枢纽 78.5km,下距沙颍河入淮河口(沫河口)45km,为沙颍河最后一座梯级枢纽。该枢纽属大(2)型工程,其主要挡泄水建筑物和船闸上闸首为 2 级,下闸首及闸室等为 3 级,枢纽设计洪水位 28.53m(1985 国家高程,$P=5\%$),设计洪水流量 $3760m^3/s$;校核洪水位 29.17m($P=2\%$),校核洪水流量 $4580m^3/s$。主要建筑物包括节制闸、两座船闸、一座抽水站、导流堤、连接坝和左右岸防洪堤等。节制闸位于左侧主河道,设 24 孔泄水闸,节制闸于 1982 年建成。

颍上一线船闸布置在河道右岸的三角岛上,船闸与节制闸之间用导流堤分隔,船闸轴线与节制闸中心线相距约 313m。船闸等级为Ⅳ级,闸室有效尺度 180m×12m×3m,最大设计水头 8m,通航 1 顶 2×500 吨级船队,设计年单向通过能力 545 万 t。船闸引航道按反对称型布置,上游引航道向左侧扩展,下游引航道向右侧扩展,上下游引航道主导航墙分别位于右侧和左侧,船舶过闸均采取"直进曲出"的方式。上游引航道总长1318.83m,下游引航道总长 1803.93m,引航道宽 35m,设计水深 2.5m,最小弯曲半径 350m。船闸上、下游闸首及闸室均采用整体式结构,船闸输水系统采用集中输水形式,上游格栅消能室消能,下游对冲和消力槛消能。该船闸于 2004 年 5 月开工,2008 年建成通航。

颍上二线(复线)船闸位于一线船闸与节制闸右岸导流堤之间,两闸平行布置,中心线相距 62m,二线船闸上闸首上游面较一线船闸伸出 10m,下闸首下游面较一线船闸伸出 29m。船闸等级为Ⅳ级,闸室有效尺度 200m×23m×4m,最大设计水头 7.96m(上游最高蓄水位 24.36m~下游最低通航水位 16.40m),通航 500 吨级兼顾 1000 吨级船舶,设计年单向通过能力 1341 万 t。上游设计最高通航水位 27.13m($P=10\%$),最低通航水位 19.30m(保证率 95%);下游设计最高通航水位 27.05m($P=10\%$),最低通航水位 16.40m(保证率 95%)。上、下游引航道采用不对称型布置,上游引航道两线船闸共用,下游引航道分别独立设置,船舶过闸均采取"直进曲出"的方式。上游引航道直线段长 572.25m,其中左侧主导墙长 60m,调顺段长 75m,停泊段长 435.25m(包括挡土墙式停泊段 220m 和独立墩式停泊段 215.25m);下游引航道直线段长 710m,其中左侧主导墙长 60m,调顺段长 75m,停泊段长 575m。上游共用引航道宽 80m,设计水深 3.8m;下游引航道宽 45.5m,下游共用引航道宽 93.6m,设计水深 4.0m。船闸上下闸首均采用整体式结构,闸室采用整体式倒Π形结构,船闸输水系统采用闸墙长廊道侧支孔输水,上游闸槛顶面格栅型进水。二线船闸于 2015 年 6 月开工,2017 年 11 月建成通航。

颖上一、二线船闸技术参数见表 5-3-11、表 5-3-12。颖上船闸鸟瞰图如图 5-3-19 所示。颖上二线船闸布置如图 5-3-20 所示。

颖上一线船闸技术参数表　　　　　　表 5-3-11

河流名称		沙颖河		建设地点		安徽省阜阳市颖上县
船闸有效尺度(m)		180×12×3.0		最大设计水头(m)		8
吨级		500		过闸时间(min)		32.5
门型	闸门	上游	人字门	启闭形式	闸门	上游	液压
		下游	人字门			下游	液压
	阀门	上游	平板门		阀门	上游	液压
		下游	平板门			下游	液压
结构形式	上闸首		整体式	输水系统	形式		集中输水
	下闸首		整体式		平均时间(min)		8.0
	闸室		整体式		廊道尺寸(m)		2×2
设计通航水位(m)	上游	最高	27.13	设计年通过能力(单线单向,万t)			545
		最低	19.13	桥梁情况			跨闸公路桥
	下游	最高	27.05	建成年份(年)			2008
		最低	17.0				

颖上二线船闸技术参数表　　　　　　表 5-3-12

河流名称		沙颖河		建设地点		安徽省阜阳市颖上县
船闸有效尺度(m)		200×23×4.0		最大设计水头(m)		7.96
吨级		500 兼顾 1000		过闸时间(min)		—
门型	闸门	上游	人字门	启闭形式	闸门	上游	液压
		下游	人字门			下游	液压
	阀门	上游	平板门		阀门	上游	液压
		下游	平板门			下游	液压

续上表

结构形式	上闸首	整体式	输水系统	形式	闸墙长廊道侧支孔出水
	下闸首	整体式		平均时间(min)	8.0
	闸室	整体式倒Π形结构		廊道尺寸(m)	3.0×4.0
设计通航水位(m)	上游	最高	27.13	设计年通过能力(单线单向,万t)	1341
		最低	19.30	桥梁情况	跨闸公路桥
	下游	最高	27.05	建成年份(年)	2017
		最低	16.40		

图 5-3-19 颍上船闸鸟瞰图

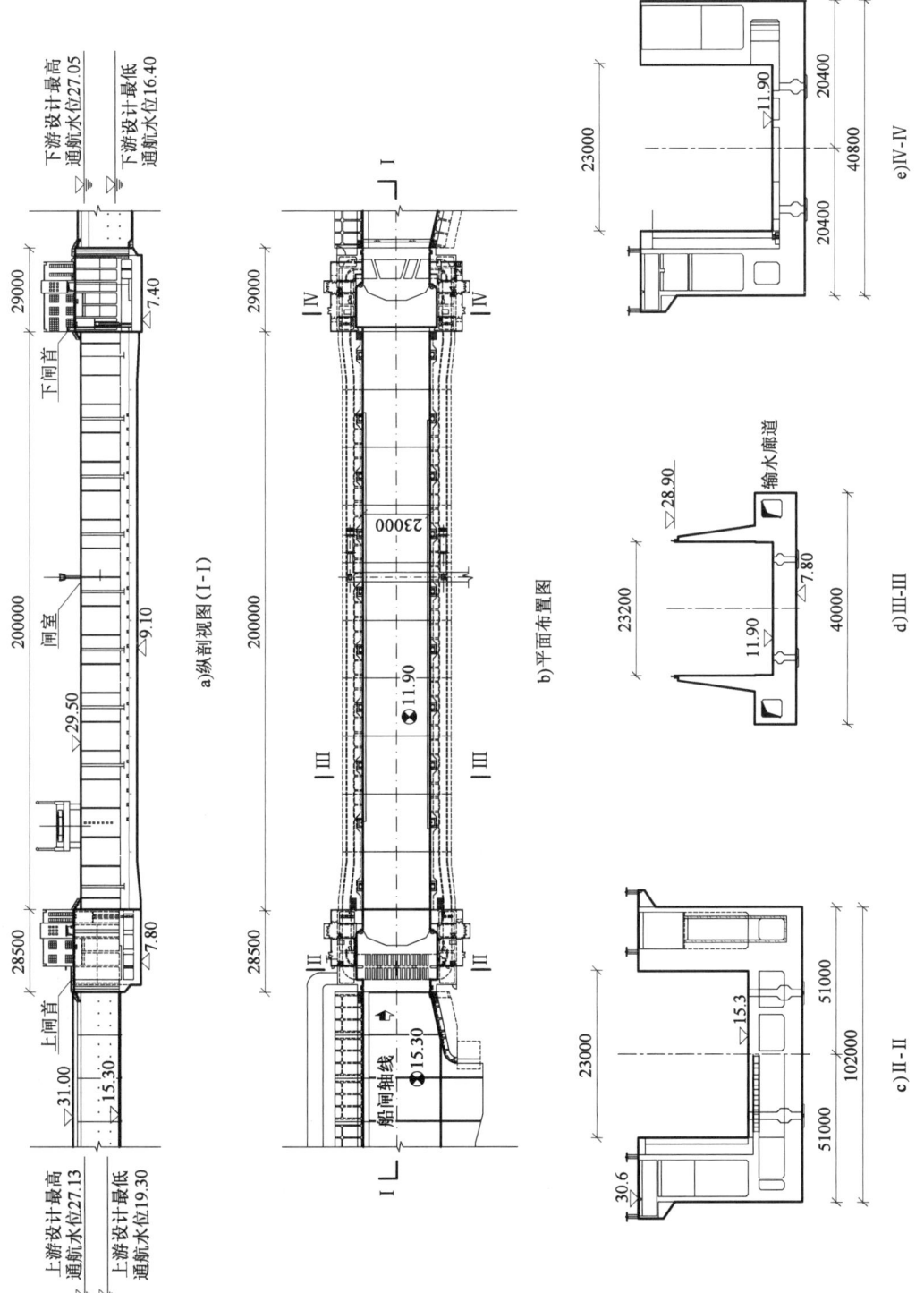

图5-3-20 颍上二线船闸布置图（尺寸单位：mm；高程和水位单位：m）

第四节　沙河通航建筑物

一、西陈船闸

西陈枢纽位于河南省周口市境内、淮河主要支流沙河干流上,该枢纽主要由节制闸、船闸和跨闸公路桥等建筑物组成。船闸布置在右岸滩地上,节制闸布置在左侧主河床内,船闸与节制闸之间有较长的江心岛分隔,节制闸共设10个泄洪闸孔,每孔闸净宽12m,闸底板为平底宽顶堰,由弧形钢闸门控制,闸下游底流消能。西陈枢纽是一座以航运、防洪为主,兼有灌溉、供水等综合利用的水利枢纽工程。该枢纽主体工程于2019年3月开工,预计2021年建成并投入运行。

西陈船闸布置在河道右岸,采用分散式布置,船闸轴线与左侧节制闸中心线相距310m。船闸等级为Ⅳ级,闸室有效尺度120m×18m×3.5m,最大设计水头7.66m,通航500吨级船舶,设计年单向通过能力975万t。西陈船闸上游设计最高通航水位68.86m,最低通航水位67.53m;下游设计最高通航水位68.0m,最低通航水位61.2m。船闸引航道采用不对称型布置,上、下游主导航墙均位于右侧岸边,船舶过闸均采取"直进曲出"的方式。上、下游引航道直线段总长分别为800m和1277m,其中右侧主导墙导航调顺段长均为120m(沿船闸中心轴线投影),由60m长直立墙及3个间距20m的独立墩+栈桥组成;上、下游停泊段长均为240.0m,各设置12个中心距20m的靠船墩。上、下游左侧辅导航墙以1:5的斜线进行扩展,扩展段沿船闸中心轴线投影长40m,其后以半径为25m的圆弧与上、下游翼墙衔接;上、下游引航道宽均为45m。上游引航道直线段以上以半径为800m的圆弧线与沙河上游主航道衔接;下游引航道直线段以下以半径为500m的圆弧线与沙河下游主航道衔接。上、下闸首和闸室均采用整体式结构,船闸输水系统采用短廊道集中输水。该船闸于2019年4月开工,预计2021年建成通航。

西陈船闸技术参数见表5-4-1。西陈船闸鸟瞰图如图5-4-1所示。西陈船闸布置如图5-4-2所示。

西陈船闸技术参数表　　　　表5-4-1

河流名称	沙河	建设地点	河南省周口市
船闸有效尺度(m)	120×18×3.5	最大设计水头(m)	7.66
吨级	500	过闸时间(min)	40.0

续上表

门型	闸门	上游	人字	启闭形式	闸门	上游	液压
		下游	人字			下游	液压
	阀门	上游	平面		阀门	上游	液压
		下游	平面			下游	液压
结构形式	上闸首		整体式	输水系统	形式		短廊道集中输水
	下闸首		整体式		平均时间(min)		8.0
	闸室		整体式		廊道尺寸(m)		3×2.5
设计通航水位(m)	上游	最高	68.86	设计年通过能力(单线单向,万t)			975
		最低	67.53	桥梁情况			上闸首有交通桥
	下游	最高	68.00	建成年份(年)			2021(预计)
		最低	61.20				

图 5-4-1　西陈船闸鸟瞰图

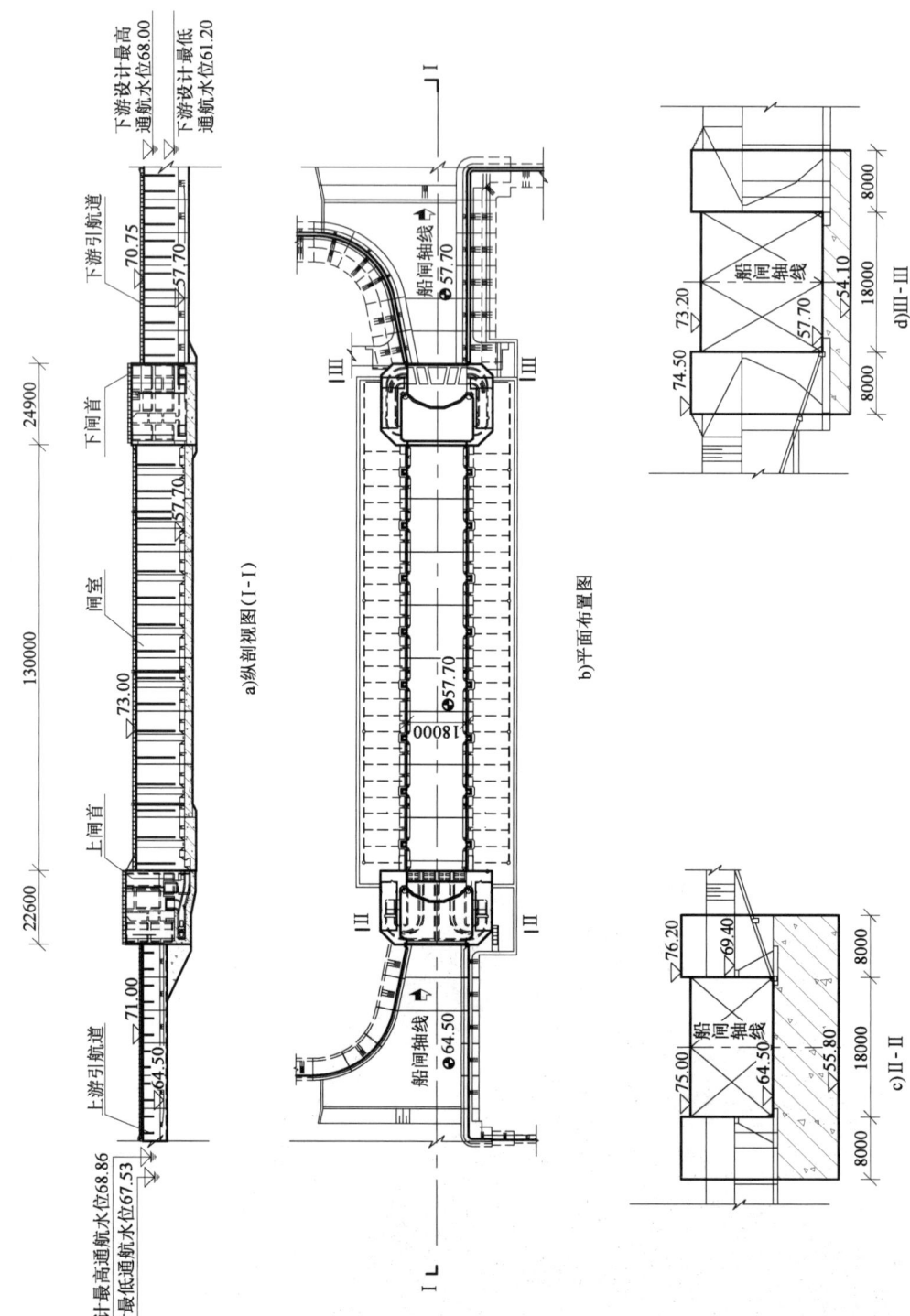

图5-4-2 西陈船闸布置图（尺寸单位：mm；高程和水位单位：m）

二、马湾船闸

马湾枢纽位于河南省周口市境内、淮河主要支流沙河干流上。枢纽河段为分汊河道,枢纽主要建筑物包括节制闸、船闸、电站厂房和跨闸公路桥等。马湾船闸位于左汊道上,节制闸布置在河床中央,电站厂房布置在右岸,在船闸与节制闸之间有较长的江心岛分隔。马湾枢纽是一座以航运、发电和防洪为主,兼有灌溉、供水等综合利用的水利枢纽工程。该枢纽主体工程于2018年开工,预计2021年建成并投入运行。

马湾船闸位于在河道左岸(北侧),采用分散式布置,上闸首和闸室伸入马湾枢纽上游库区,下闸首与拦河闸齐平,船闸轴线与节制闸中心线间距213m。马湾船闸等级为Ⅳ级,闸室有效尺度120m×18m×3.5m,最大设计水头9.92m,通航500吨级船舶,设计年单向通过能力975万t。船闸上游设计最高通航水位66.00m,最低通航水位65.43m;下游设计最高通航水位61.20m,最低通航水位56.00m。船闸引航道采用不对称型布置,上、下游主导航墙和靠船墩均位于左侧岸边,上、下游船舶过闸均采取"曲进直出"的方式。上、下游引航道直线段总长分别为445.5m和774m,其中上、下游导航调顺段为斜率1:4.44的直线,沿船闸中心轴线的投影长均为120m;上、下游靠船段长均为240m,分别布置12个间距20m的靠船墩,墩之间用栈桥连接形成纵向通道。上、下游辅导航墙用半径为50m的圆弧与两侧翼墙连接,辅导航墙沿船闸中心轴线的投影长均为50m。上、下游引航道宽均为45m,口门区底宽均为70m。上游引航道直线段以上以半径为600m的圆弧线与马湾船闸上游主航道衔接;下游引航道直线段以下以半径为1000m的圆弧线与马湾船闸下游主航道衔接。上、下游闸首和闸室均采用整体式结构,船闸输水系统采用闸墙长廊道侧支孔出水,上、下游工作闸门均为人字门,阀门为平板门。该船闸于2018年10月开工,预计2021年建设通航。

马湾船闸技术参数见表5-4-2。马湾船闸鸟瞰图如图5-4-3所示。马湾船闸布置如图5-4-4所示。

马湾船闸技术参数表　　　　表5-4-2

河流名称		沙河		建设地点		河南周口
船闸有效尺度(m)		120×18×3.5		最大设计水头(m)		9.92
吨级		500		过闸时间(min)		40.0
门型	闸门	上游	人字门	启闭形式	闸门	上游	液压
		下游	人字门			下游	液压
	阀门	上游	平板门		阀门	上游	液压
		下游	平板门			下游	液压

续上表

结构形式	上闸首	整体式	输水系统	形式	闸墙长廊道侧支孔分散输水
	下闸首	整体式		平均时间(min)	8.0
	闸室	整体式		廊道尺寸(m)	2.5×2.1
设计通航水位(m)	上游	最高	66.00	设计年通过能力(单线单向,万t)	975
		最低	65.43		
	下游	最高	61.20	桥梁情况	下闸首公路桥
		最低	56.00	建成年份	在建

图 5-4-3　马湾船闸鸟瞰图

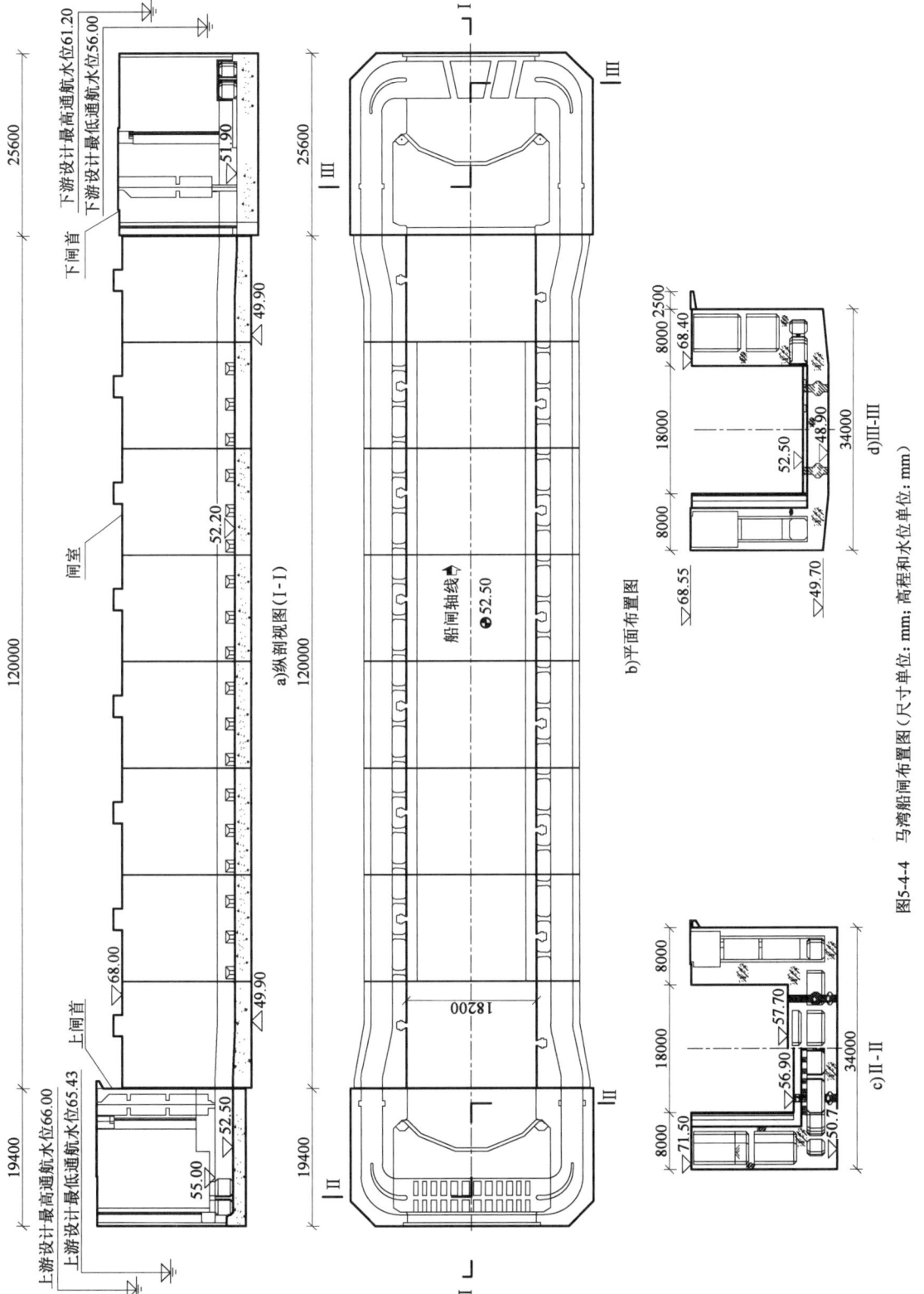

图5-4-4 马湾船闸布置图（尺寸单位：mm；高程和水位单位：mm）

第五节　涡河通航建筑物

涡河是淮河中游左岸一级支流,呈西北东南走向。发源于河南省尉氏县,东南流经开封、通许、扶沟、太康、鹿邑和安徽省亳州、涡阳、蒙城,于蚌埠市怀远县城附近注入淮河。全长423km,流域面积15900km²。

涡河主要支流有运粮河、惠济河、小洪河、武家河、赵王河、油河、符怀新河等,建有大寺闸、玄武闸、涡阳闸、蒙城闸等。

玄武船闸

涡河玄武枢纽位于河南省鹿邑县玄武镇西约1.5km的鸭李庄村南。该枢纽由玄武节制闸、船闸和坝顶公路桥等建筑物组成。节制闸布置在左侧老河道中,船闸布置在玄武节制闸左侧。船闸中心线与节制闸中心线在节制闸处相距251m,两中心线夹角8.6°,下游左偏。为避免拆迁下游刘楼沟水闸和闸管所,并考虑跨闸公路桥降坡及节制闸与船闸之间堤坝防渗需要,船闸主体建筑物(上闸首)从节制闸上游425m处起向下游布置。玄武船闸等级为Ⅳ级,闸室有效尺度120m×12m×3.0m,最大设计水头5.8m,通航500吨级船舶,设计年单向通过能力420万t。船闸上、下闸首和闸室等主要建筑物为3级,导航和靠船建筑物为4级,船闸上游设计洪水位46.74m($P=5\%$),下游设计洪水位46.50m($P=5\%$)。上游设计最高通航水位45.0m,最低通航水位40.32m(保证率95%);下游设计最高通航水位44.8m,最低通航水位35.5m(保证率95%)。船闸引航道采用反对称型布置,上游引航道主导航墙及靠船建筑物布置于右侧,下游引航道主导航墙及靠船建筑物布置于左侧,上、下游船舶过闸均采取"直进曲出"的方式。上游右侧主导墙导航段长44.5m(沿船闸中心线投影),调顺段长70m,停泊段长100m;下游左侧主导墙导航段长49.3m(沿船闸中心线投影),调顺段长70m,停泊段长100m。船闸上、下闸首及闸室均采用整体式结构,船闸输水系统采用环形短廊道集中输水系统,船闸工作闸门为人字门,阀门为钢质平板提升门。玄武船闸于2012年开工,2014年12月通航。

玄武船闸技术参数见表5-5-1。玄武船闸布置如图5-5-1所示。

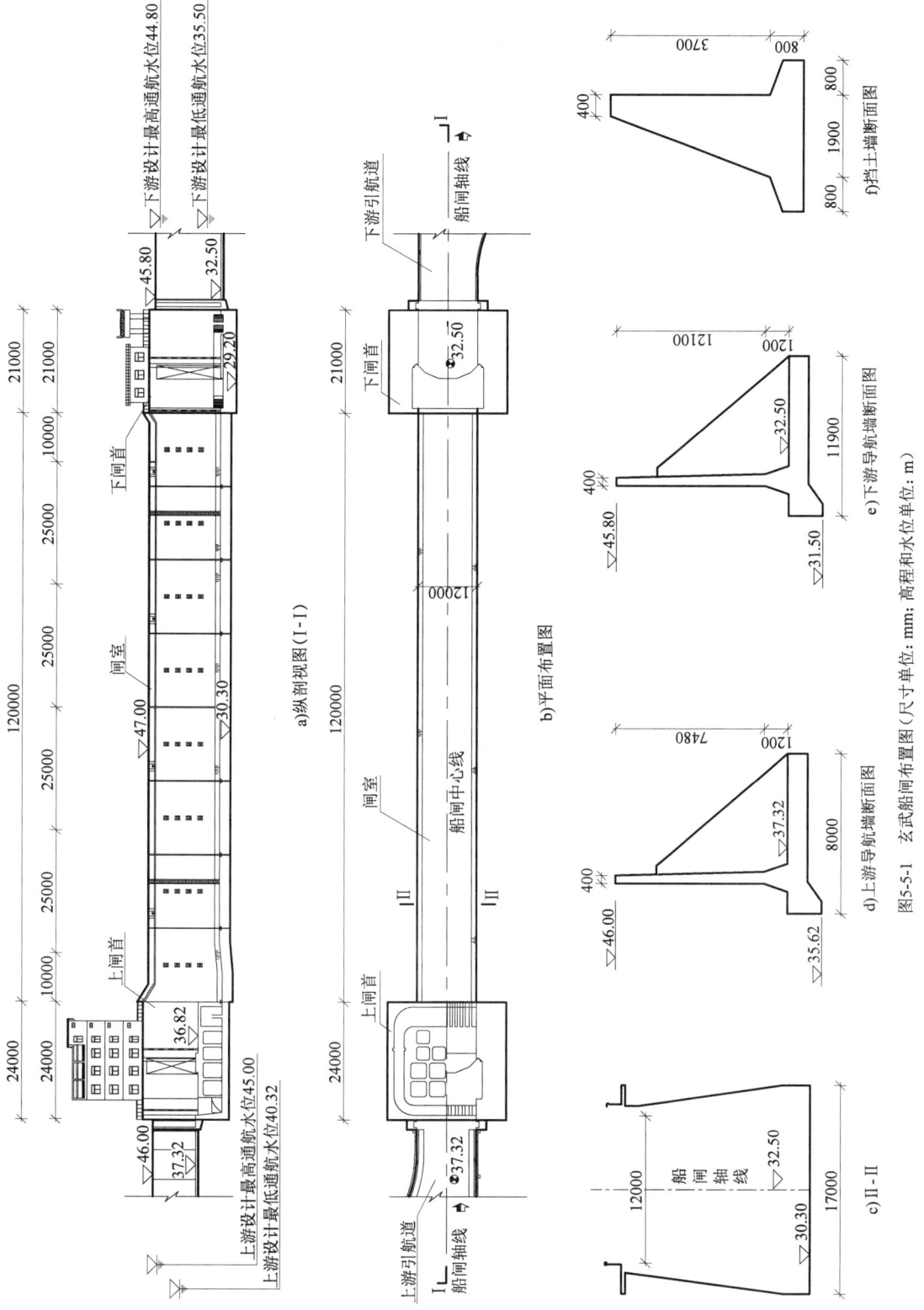

图5-5-1 玄武船闸布置图（尺寸单位：mm；高程和水位单位：m）

玄武船闸技术参数表　　　　　表 5-5-1

河流名称			涡河		建设地点		河南省鹿邑县玄武镇
船闸有效尺度(m)			120×12×3.0		最大设计水头(m)		5.8
吨级			500		过闸时间(min)		30
门型	闸门	上游		人字门	启闭形式	闸门	上游	液压
		下游		人字门			下游	液压
	阀门	上游		平板门		阀门	上游	液压
		下游		平板门			下游	液压
结构形式	上闸首		整体式		输水系统	形式	集中输水
	下闸首		整体式			平均时间(min)	6.0
	闸室		整体式			廊道尺寸(m)	2×2
设计通航水位(m)	上游	最高		45.00	设计年通过能力(单线单向,万 t)		420
		最低		40.32	桥梁情况		下闸首交通桥
	下游	最高		44.80	建成年份(年)		2014
		最低		35.50			

第六节　沱浍河通航建筑物

沱河、浍河是两条流经河南、安徽两省的省际河流,上游均发源于河南省商丘市。两河相距 13km,基本呈平行状态,两河间有白洋沟连接,历史上均为通航河流。沱浍河航道由沱河上段、浍河中下段及两河连接线大结构航道三部分组成,上起商丘,经虞城、夏邑、永城、濉溪、宿州、固镇、五河入淮河,全长约 340km,其中河南段约 147km,安徽段约 193km。航道按四级通航标准建设,船闸设计标准为 500 吨级,主要建有张坂桥、黄口、大青沟、五河 4 座船闸。

一、张坂桥船闸

沱浍河航道由沱河上段、浍河中下段以及两河连接航道三部分组成。上起商丘市,经虞城、夏邑、永城、濉溪、宿州、固镇、五河入淮河,全长约 337km。其中河南段长约 147km,安徽段长约 190km。沱浍河航道是沟通豫皖两省的重要省际航道,航道规划等级为Ⅳ级。张板桥枢纽位于河南省永城市蒋口镇,距上游沱河航道起点约 19.6km,距下游大青沟航道浍河口约 25.3km。该枢纽主要由张板桥节制闸、船闸和跨闸公路桥等组成,是一个以航运为主的梯级开发工程。

张坂桥船闸布置于节制闸右侧的滩地上,船闸中心线与节制闸法线在节制闸处相距约 106m,两者夹角 9.4°,上闸首位于节制闸上游 80m 处。船闸等级为Ⅳ级,闸室有效尺度 130m×12m×3.0m,最大设计水头 6.15m,通航 500 吨级船舶,设计年单向通过能力 420 万 t。船闸上下闸首和闸室为 3 级建筑物,导航及靠船建筑物为 4 级建筑物,船闸上游设计洪水位 37.00m($P=5\%$),下游设计洪水位 36.90m($P=5\%$)。上游设计最高通航水位 35.2m,最低通航水位 34.00m(保证率 95%);下游设计最高通航水位 35.1m,最低通航水位 29.05m(保证率 95%)。船闸引航道按反对称型布置,上游引航道主导航墙及靠船建筑物布置于右侧,下游引航道主导航墙及靠船建筑物布置于左侧,上、下游船舶过闸均采取"直进曲出"的方式。上、下游主导航墙长分别为 45.94m 和 49.04m,其末端与岸坡呈 L 状垂直相接,上、下游调顺段长均为 70m,停泊段长均为 120m。辅导航墙布置在主导航墙对面,其在引航道轴线上的投影长度均为 30.9m。上游引航道上游以弯曲半径为 320m 的圆弧与沱河航道连接,下游以弯曲半径 480m 的圆弧与航道连接。引航道底宽 40m,设计水深 2.5m。船闸上、下闸首及闸室均采用整体式结构,船闸输水系统采用短廊道集中输水系统,船闸工作闸门为钢质人字门,阀门为钢质平板提升门。

张坂桥船闸技术参数见表 5-6-1。张坂桥船闸布置如图 5-6-1 所示。

张坂桥船闸技术参数表 表 5-6-1

河流名称			浍河	建设地点		河南省永城市蒋口镇
船闸有效尺度(m)			130×12×3.0	最大设计水头(m)		6.15
吨级			500	过闸时间(min)		30
门型	闸门	上游	人字门	启闭形式	闸门 上游	液压
		下游	人字门		下游	液压
	阀门	上游	平板门		阀门 上游	液压
		下游	平板门		下游	液压
结构形式	上闸首		整体式	输水系统	形式	短廊道集中输水
	下闸首		整体式		平均时间(min)	8.0
	闸室		整体式		廊道尺寸(m)	2.0×2.0
设计通航水位 (m)	上游	最高	35.20	设计年通过能力 (单线单向,万 t)		420
		最低	35.10	桥梁情况		跨闸公路桥跨上闸首布置,两端接线与现有道路相连
	下游	最高	34.00			
		最低	29.05	建成年份		在建

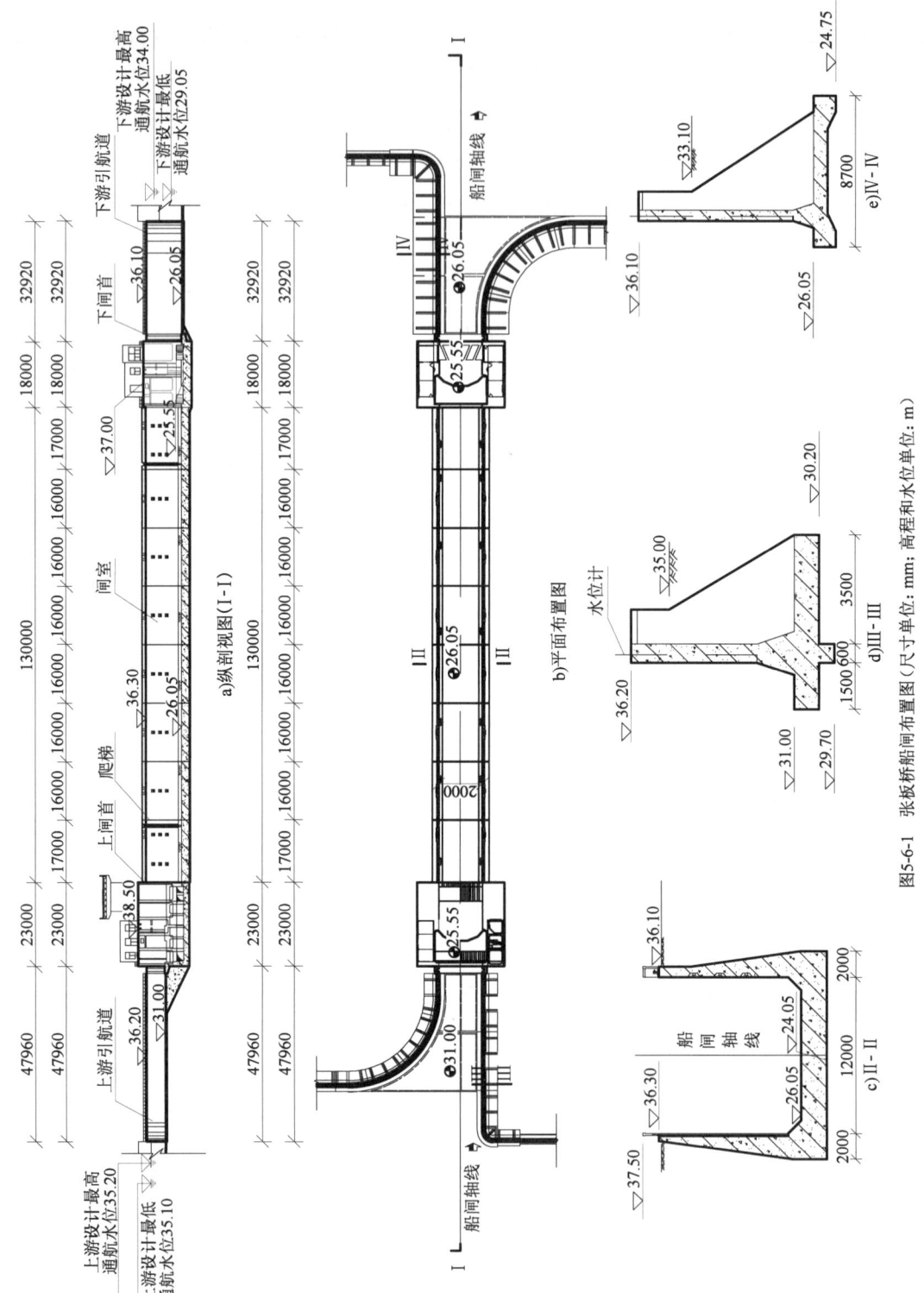

图5-6-1 张板桥船闸布置图（尺寸单位：mm；高程和水位单位：m）

二、黄口船闸

沱河、浍河贯通豫皖两省,通过淮河、京杭运河与长江航道衔接,其航运历史悠久,自古以来就是腹地主要运输通道之一。二十世纪五六十年代,沱河和浍河上先后修建了多座节制闸,由于未同步配建过船设施,造成两条河流断航。沱浍河航运开发建设工程航道部分由沱河上中段、浍河中下段和沱河、浍河之间连接线大青沟组成。黄口枢纽位于河南省永城市黄口乡,下游距大青沟航道浍河口约5.7km。该枢纽主要由浍河黄口节制闸、船闸和跨上闸首公路桥等组成,是一个以航运为主的梯级开发工程。

黄口船闸布置在节制闸左岸,采用分散式布置,船闸中心线与节制闸中心线在节制闸处相距235m,两中心线夹角1.1°,上游左偏,上闸首与节制闸齐平。黄口船闸等级为Ⅳ级,闸室有效尺度130m×12m×3.0m,最大设计水头6.58m,通航500吨级船舶,设计年单向通过能力420万t。船闸上下闸首和闸室为3级建筑物,导航及靠船建筑物为4级建筑物。船闸上游设计洪水位31.42m($P=5\%$),下游设计洪水位31.30m($P=5\%$)。上游设计最高通航水位30.08m,最低通航水位25.46m(保证率95%);下游设计最高通航水位29.66m,最低通航水位21.50m(保证率95%)。船闸引航道采用反对称型布置,上游引航道主导航墙及靠船建筑物位于右侧,下游引航道主导航墙及靠船建筑物位于左侧,上、下游船舶过闸均采取"直进曲出"的方式。上游右侧主导墙导航段长49.14m(沿船闸中心线投影),其末端与岸坡呈L状垂直相接,调顺段长70m,靠船段长120m;下游左侧主导墙导航段长52.44m(沿船闸中心线投影),调顺段长70m,靠船段长120m;上、下游引航道辅导航墙均为半径34.9m的圆弧,与岸坡呈L状垂直相接。上、下游引航道宽40m,设计水深2.5m,最小弯曲半径为320m。船闸上、下闸首及闸室均采用整体式结构,船闸输水系统采用短廊道集中输水系统,船闸工作闸门为钢质人字门,阀门为钢质平板提升门。黄口船闸正在建设过程中,预计2021年建成通航。

黄口船闸技术参数见表5-6-2。黄口船闸布置如图5-6-2所示。

黄口船闸技术参数表   表5-6-2

河流名称		浍河		建设地点	河南省永城市黄口镇
船闸有效尺度(m)		130×12×3		最大设计水头(m)	6.58(正向)
吨级		500		过闸时间(min)	30
门型	闸门	上游	人字门	启闭形式	闸门	上游	液压
		下游	人字门			下游	液压
	阀门	上游	平板门		阀门	上游	液压
		下游	平板门			下游	液压

续上表

结构形式	上闸首	整体式		输水系统	形式	环形短廊道集中输水
	下闸首	整体式			平均时间(min)	6
	闸室	整体式			廊道尺寸(m)	2×2
设计通航水位(m)	上游	最高	30.08		设计年通过能力(单线单向,万t)	420
		最低	25.46		桥梁情况	公路桥跨越上闸首
	下游	最高	29.66		建成年份(年)	2021(预计)
		最低	21.5			

三、大青沟船闸

沱河、浍河贯通豫皖两省,通过淮河、京杭运河与长江航道衔接,其航运历史悠久,自古以来就是腹地主要运输通道之一。二十世纪五六十年代,沱河和浍河上先后修建了多座节制闸,由于未同步配建过船设施,造成两条河流断航。沱浍河航运开发建设工程航道部分由沱河上中段、浍河中下段和沱河、浍河之间连接线大青沟组成。大青沟船闸位于河南省永城市侯岭乡境内、新开辟的沱河与浍河连接线——大青沟航道上,起着沟通沱河、浍河两水系航道的作用,距上游沱河口约7.6km,距下游浍河口约6.8km。

大青沟船闸中心线沿航道中心线布置,船闸等级为Ⅳ级,闸室有效尺度130m×12m×3.0m,最大设计水头10.57m,通航500吨级船舶,设计年单向通过能力420万t。船闸上下闸首和闸室为3级建筑物,导航及靠船建筑物为4级建筑物。船闸上游设计洪水位33.15m($P=5\%$),下游设计洪水位31.30m($P=5\%$)。上游设计最高通航水位32.07m,最低通航水位26.00m(保证率95%);下游设计最高通航水位29.66m,最低通航水位21.50m(保证率95%)。船闸引航道采用反对称型布置,上游引航道主导航墙及靠船建筑物位于右侧,下游引航道主导航墙及靠船建筑物位于左侧,上、下游船舶过闸均采取"直进曲出"的方式。上游右侧主导墙导航段长50.86m(沿船闸中心线投影),其末端与岸坡呈L状垂直相接,调顺段长70m,靠船段长120m;下游左侧主导墙导航段长52.46m(沿船闸中心线投影),调顺段长70m,靠船段长120m;上、下游引航道辅导航墙均为半径34.9m的圆弧,与岸坡呈L状垂直相接;上、下游与航道均直线连接。上、下游引航道宽40m,设计水深2.5m,最小弯曲半径为320m。船闸上、下闸首及闸室均采用整体式结构,船闸输水系统采用闸墙长廊道多支孔输水系统,船闸工作闸门为人字门,阀门为钢质平板提升门。大青沟船闸于2012年开工,2019年建成通航。

大青沟船闸技术参数见表5-6-3。大青沟船闸布置如图5-6-3所示。

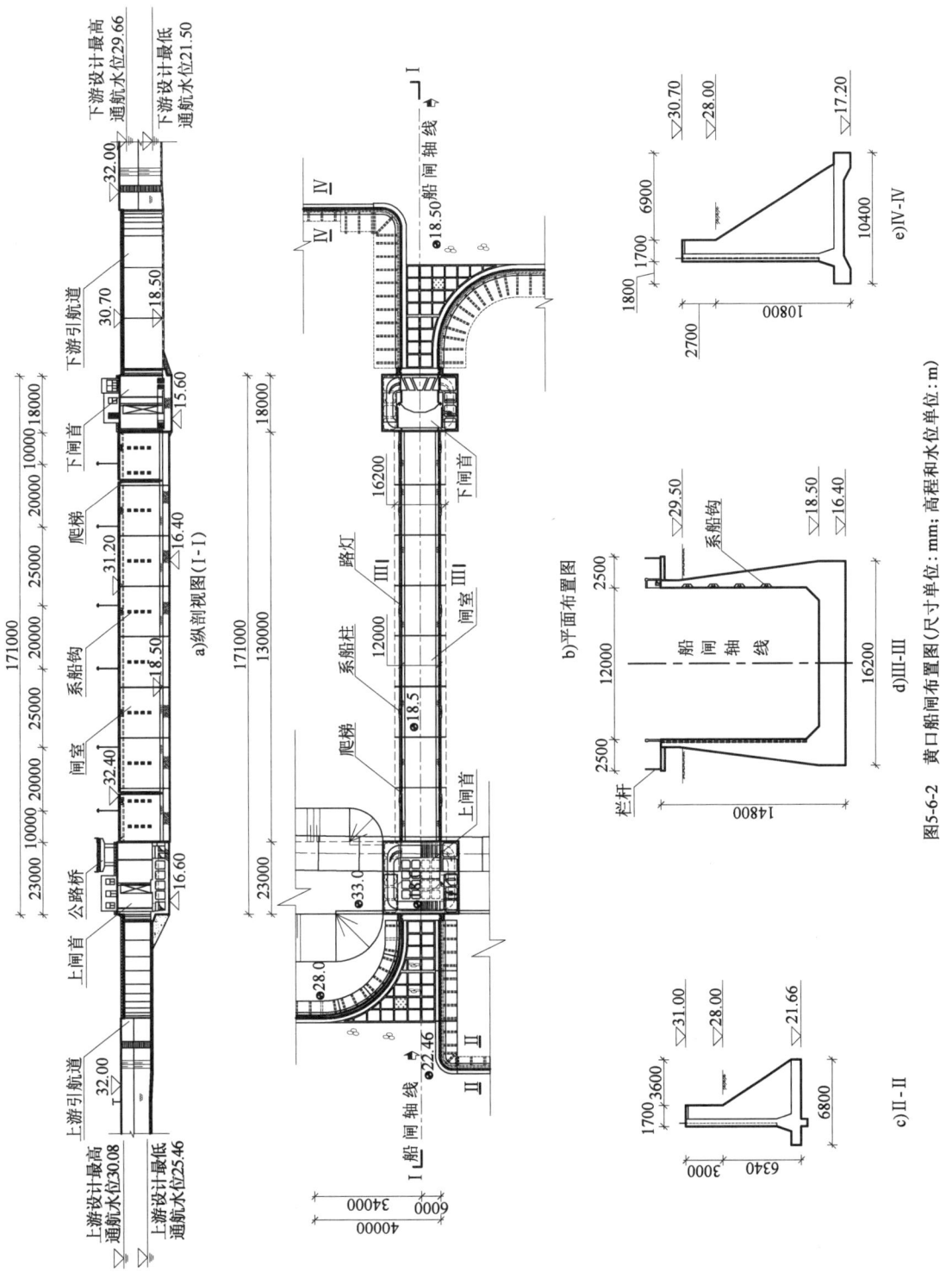

图5-6-2 黄口船闸布置图（尺寸单位：mm；高程和水位单位：m）

大青沟船闸技术参数表 表 5-6-3

河流名称	大青沟		建设地点	河南省永城市侯岭乡	
船闸有效尺度(m)	120×12×3.0		最大设计水头(m)	10.57(正向)	
吨级	500		过闸时间(min)	30	
门型	闸门	上游	人字门	启闭形式	闸门	上游	液压
		下游	人字门			下游	液压
	阀门	上游	平板门		阀门	上游	液压
		下游	平板门			下游	液压
结构形式	上闸首	整体式	输水系统	形式	闸墙长廊道多支孔输水
	下闸首	整体式		平均时间(min)	6.0
	闸室	整体式		廊道尺寸(m)	2×2
设计通航水位(m)	上游	最高	32.07	设计年通过能力(单线单向,万t)	420
		最低	26.00	桥梁情况	无
	下游	最高	29.66	建成年份(年)	2019
		最低	21.50		

四、五河船闸

五河枢纽位于安徽省蚌埠市五河县新城区和老城区之间的新开河上,是沱浍河航道最后一个梯级,上游浍河侧引河长约 2km,下游距沱浍河入淮口约 1km。五河老枢纽建于 1974 年 5 月,包括分洪闸和船闸,船闸布置在河道右岸,闸室有效尺度 82.7m×10.4m×1.75m,通航 100 吨级船舶,设计年单向通过能力 190 万 t。五河新枢纽包括拆出重建分洪闸,新建尺度较大的新船闸及相关的配套工程,枢纽正常蓄水位闸上 15.17m(85 高程,下同)、闸下 12.37m;上游设计洪水位 18.03m(浍河侧 40 年一遇),下游设计洪水位 19.47m(淮河侧 $P=1\%$)。分洪闸布置在左侧主河道上,设 3 孔泄水闸,每孔闸净宽 7.0m。

五河二线船闸位于城关镇新城区和老城区之间的新开河上、老船闸和分洪闸之间,分洪闸位于左侧,老船闸位于右侧,三闸轴线平行,二线船闸与一线船闸及分洪闸中心轴线间距分别为 100m 和 60m,二线船闸上闸首下游边伸出一线船闸上闸首下游边 110m,下闸首下游边伸出一线船闸下闸首下游边 20m。二线船闸等级为Ⅳ级,闸室有效尺度 200m×23m×4m,最大设计水头 3.72m/4.98m(正向/反向),设计年单向通过能力 1357 万 t。

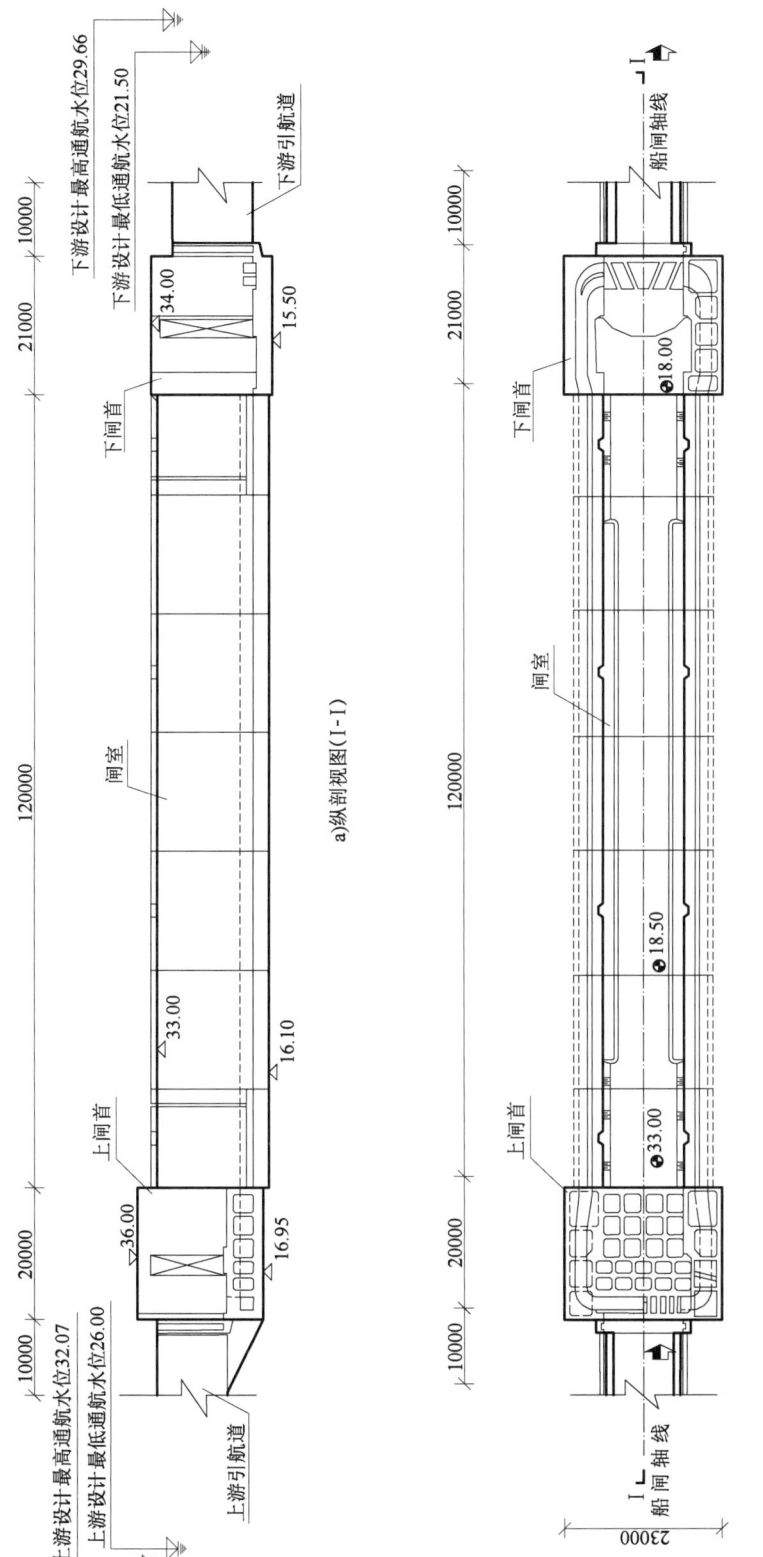

图5-6-3 大青沟船闸布置图（尺寸单位：mm；高程和水位单位：m）

船闸下闸首为 1 级建筑物,上闸首为 2 级建筑物,闸室为 3 级建筑物,导航、靠船建筑物级别为 4 级。二线船闸上游设计最高通航水位 16.2m(浍河 $P=10\%$),最低通航水位 13.37m(分洪闸死水位);下游设计最高通航水位 18.35m(淮河 $P=10\%$),最低通航水位 11.45m(淮河保证率 98%)。船闸引航道采用不对称型布置,主导航墙均位于左侧,船舶过闸均采取"直进曲出"的方式。上游引航道直线段长 350m,其中左侧主导航墙长 110m,上游停泊段长 240m,布置 11 个中心距 20m 的靠船墩。下游引航道直线段长 330m,其中左侧主导航墙长 90.0m,下游停泊段长 240.0m,布置 10 个中心距 20m 的靠船墩。上、下游辅导墙均采用直线进行扩展,扩散角 20.0°,辅导墙末端与一线船闸左侧导航墙(堤)连接,其后一、二线船闸共用上、下游引航道。二线船闸引航道宽 45m,共用引航道宽 45.0～60.0m,设计水深 3.5m。船闸上、下闸首均采用整体式结构,闸室采用整体式倒 Π 形结构,船闸输水系统采用短廊道集中输水加三角门门缝输水,上游格栅帷幕消能室,下游消力槛消能。五河二线船闸于 2016 年 3 月开工,2019 年 12 月建成通航。

五河二线船闸技术参数见表 5-6-4。五河枢纽鸟瞰图如图 5-6-4 所示。五河船闸布置如图 5-6-5 所示。

五河二线船闸技术参数表　　　　　表 5-6-4

河流名称			沱浍河	建设地点		安徽省蚌埠市五河县城
船闸有效尺度(m)			200×23×4	最大设计水头(m)		3.72/4.98(正向/反向)
吨级			500 兼顾 1000	过闸时间(min)		42.1
门型	闸门	上游	三角门	启闭形式	闸门	上游	液压
		下游	三角门			下游	液压
	阀门	上游	平板门		阀门	上游	液压
		下游	平板门			下游	液压
结构形式	上闸首		整体式	输水系统	形式	短廊道集中输水系统
	下闸首		整体式		平均时间(min)	7.17
	闸室		整体式倒 Π 形结构		廊道尺寸(m)	4.0×3.5
设计通航水位(m)	上游	最高	16.20	设计年通过能力(单线单向,万 t)		1357
		最低	13.37	桥梁情况		下游引航道公路桥
	下游	最高	18.35	建成年份(年)		2019
		最低	11.45			

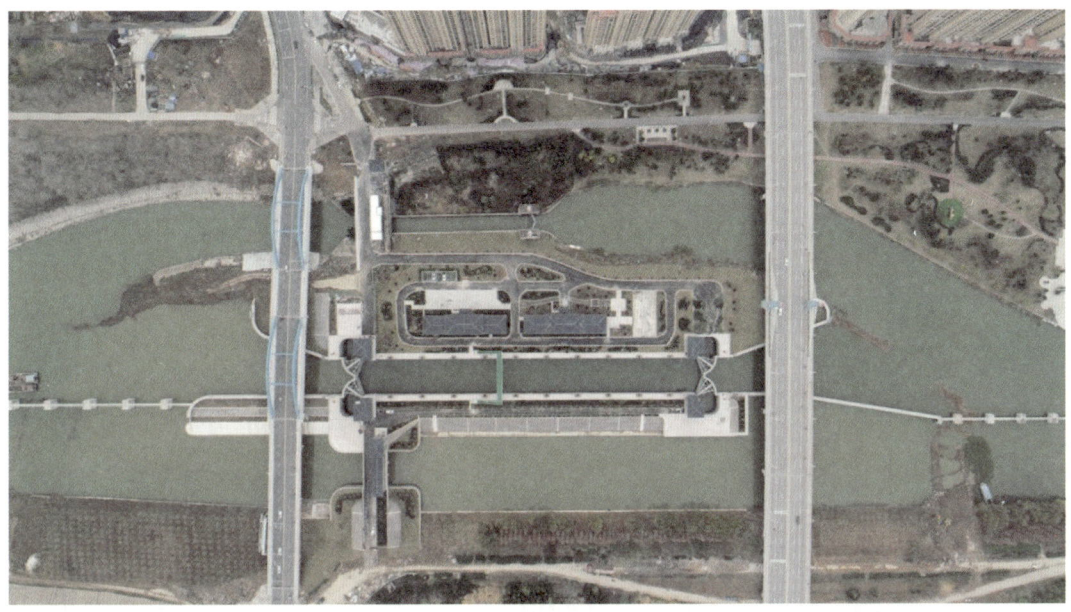

图 5-6-4　五河枢纽鸟瞰图

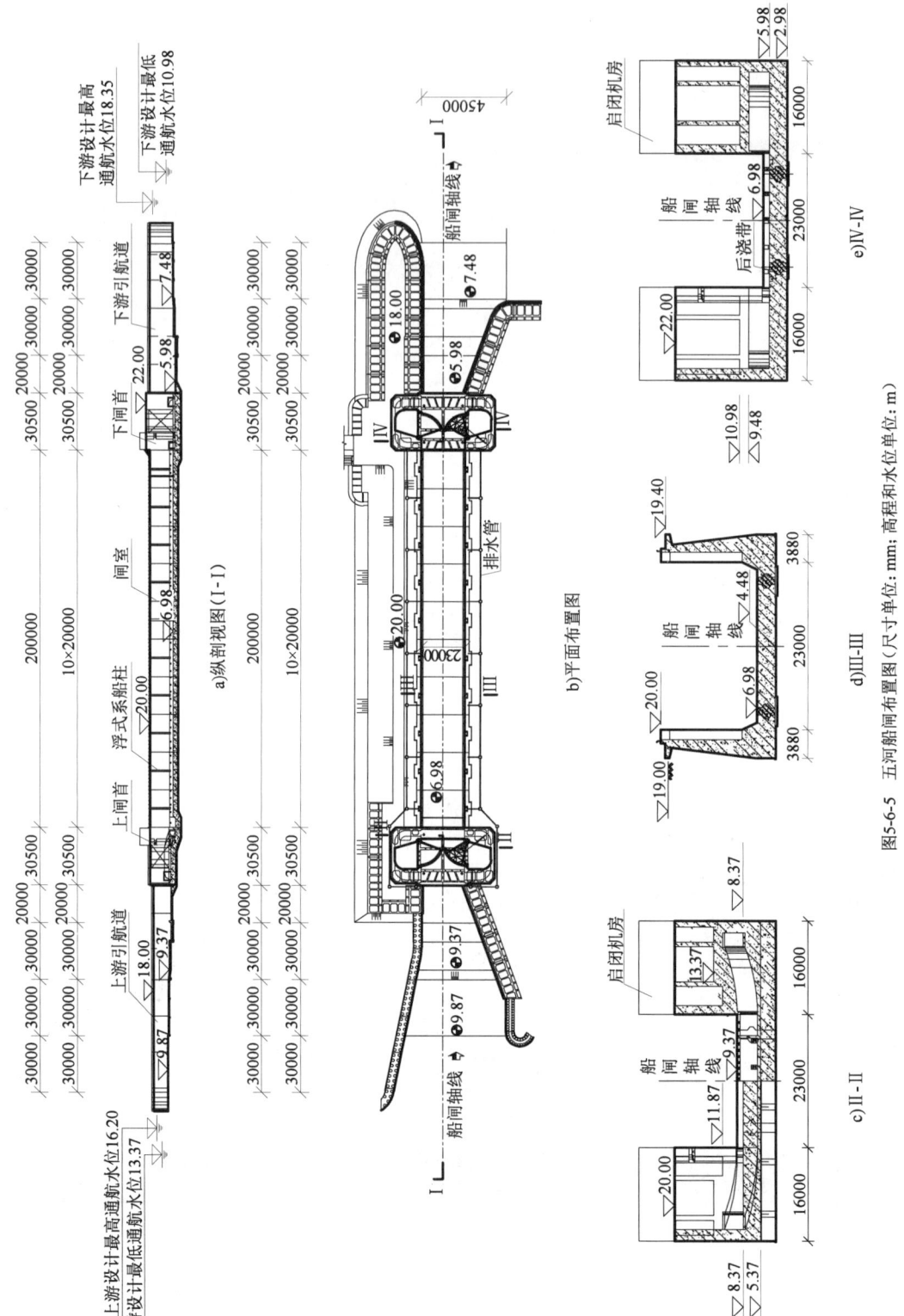

图5-6-5 五河船闸布置图（尺寸单位：mm；高程和水位单位：m）

第七节 浍河通航建筑物

一、蕲县船闸

浍河发源于河南省商丘市境内,进入安徽省濉溪县的临涣、南坪后,经宿州市蕲县,于固镇县九湾镇汇入香涧湖,再经五河县城西南汇入淮河。浍河航道为区域性重要航道,规划航道等级为Ⅳ级。蕲县枢纽位于浍河干流中游、安徽省宿州市甬桥区蕲县镇,上距南坪闸18km,下距固镇闸38km。蕲县枢纽闸址以上控制流域面积3865km^2,主要建筑物包括节制闸、船闸和过闸公路桥各一座,蕲县老节制闸建于1959年,原设置7个净宽4m的泄洪闸孔,1968年结合公路桥建设向南扩建10个净宽5m的泄洪闸孔,共计17个泄洪闸孔。节制闸正常蓄水位19.87m(黄海高程,下同);设计洪水位22.42m($P=5\%$),设计过闸流量1380m^3/s;排涝水位20.02m($P=20\%$),排涝流量910m^3/s。

蕲县船闸位于节制闸南侧(右侧),两闸中心轴线平行,船闸中心线与节制闸南侧边墩相距95m(预留20m节制闸扩建位置),船闸等级为Ⅳ级,闸室有效尺度130m×12.0m×3.0m,最大设计水头5.5m,通航1顶2×500吨级船队,船队尺度108m×9.2m×1.9m,设计年通过能力450万t/550万t(单向/双向)。船闸上游设计最高通航水位20.61m($P=10\%$),最低通航水位15.87m(保证率95%);下游设计最高通航水位20.56m($P=10\%$),最低通航水位14.37m(保证率95%)。船闸引航道按反对称型布置,上游引航道向左侧扩展,主导航墙位于右侧;下游引航道向右侧扩展,主导航墙位于左侧;船舶过闸均采取"直进曲出"的方式。上、下游引航道直线段总长均为380m,其中主导航墙长均为48m,上游停泊段长220m,布置12个中心距20m的靠船墩;下游停泊段长180m,布置10个中心距20m的靠船墩。上、下游辅导航墙均采用半径为48m、中心角为45°的圆弧与1:3的岸坡衔接。上、下游引航道底宽均为40m,设计水深2.5m。船闸上、下闸首和闸室均采用整体式结构,船闸输水系统采用短廊道输水,对冲+消力槛消能。该船闸于2008年10月开工,2010年10月建成通航。

蕲县船闸技术参数见表5-7-1。蕲县船闸鸟瞰图如图5-7-1所示。蕲县船闸布置如图5-7-2所示。

蕲县船闸技术参数表 表5-7-1

河流名称	浍河	建设地点	安徽省宿州市甬桥区蕲县镇
船闸有效尺度(m)	130×12.0×3.0	最大设计水头(m)	5.5
吨级	1顶2×500船队	过闸时间(min)	35

续上表

门型	闸门	上游	人字门	启闭形式	闸门	上游	液压
		下游	人字门			下游	液压
	阀门	上游	平板门		阀门	上游	液压
		下游	平板门			下游	液压
结构形式	上闸首	整体式		输水系统	形式	环形短廊道输水,对冲消能	
	下闸首	整体式			平均时间(min)	8.0	
	闸室	整体式			廊道尺寸(m)	2.0×2.0	
设计通航水位(m)	上游	最高	20.61	设计年通过能力(万t)		450/550(单向/双向)	
		最低	15.87	桥梁情况		跨下游引航道公路桥	
	下游	最高	20.56	建成年份(年)		2010	
		最低	14.37				

图 5-7-1 蕲县船闸鸟瞰图

二、固镇船闸

沱浍河航道由沱河上段、浍河中下段及两河连接航道三部分组成。沱浍河航道是沟通豫皖两省的重要省际航道,规划航道等级为Ⅳ级。固镇二线(复线)船闸是沱浍河航道梯级开发的重要组成部分,位于安徽省蚌埠市固镇县固镇节制闸及一线老船闸南侧,上距蕲县闸38km,下距五河闸65km。

固镇二线船闸位于一线老船闸及节制闸的右侧滩地上,上闸首中心线与一线老船闸

第五章 京杭运河与淮河水系通航建筑物

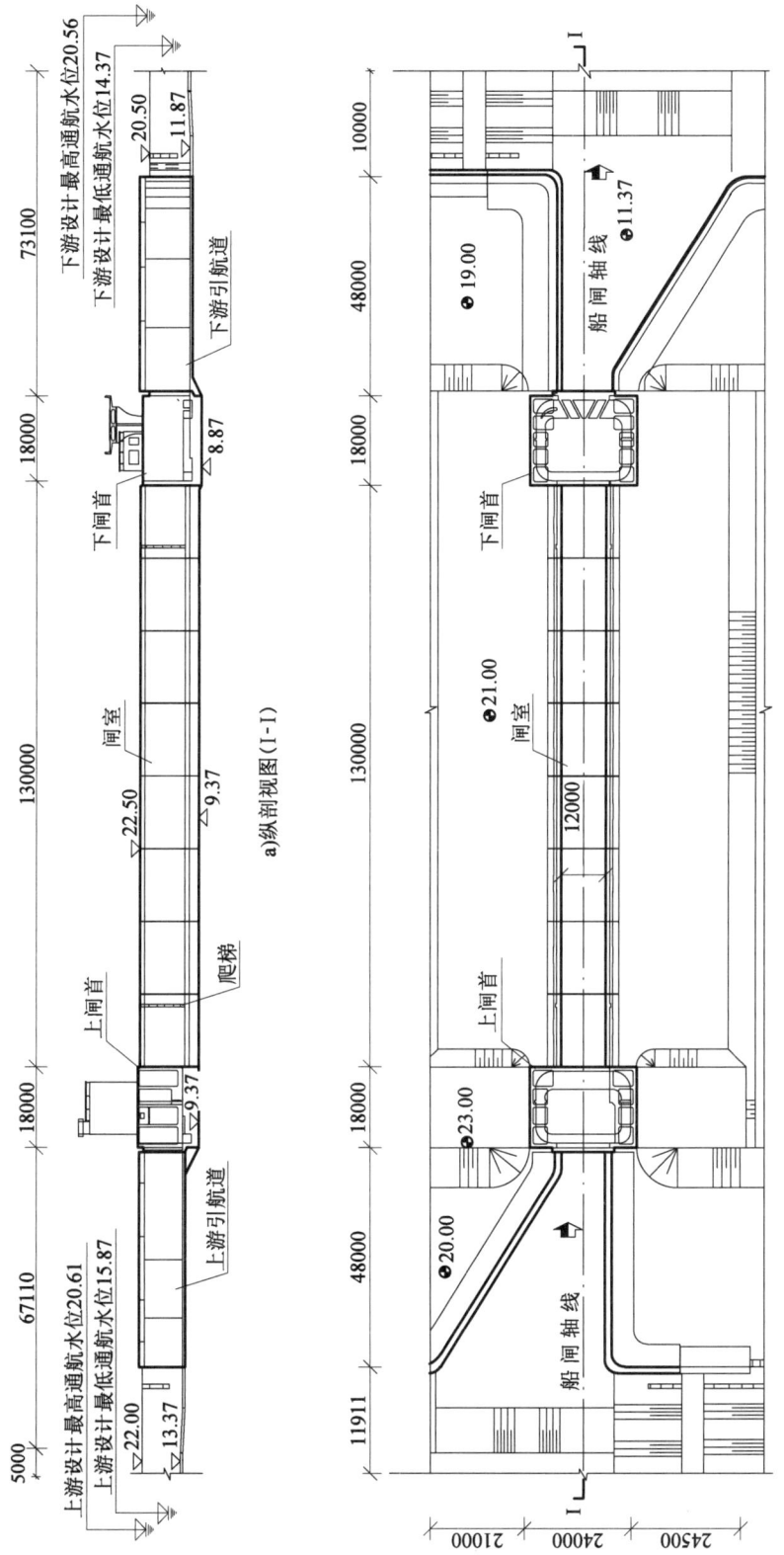

图5-7-2 蕲县船闸布置图（尺寸单位：mm；高程和水位单位：m）

中心线相距 115m,两中心线呈 9°交角。固镇二线船闸等级为Ⅳ级,闸室有效尺度 2000m×23m×4.0m,该船闸承受双向水头,最大设计水头 4.13m/2.40m(正向/反向),通航 500 吨级船舶,设计年单向通过能力 1332 万 t。船闸上闸首为防洪闸首,建筑物等级为 2 级,下闸首、闸室等主要建筑物为 3 级建筑物,导航、靠船建筑物为 4 级建筑物。船闸上游设计洪水位 19.02m($P=5\%$),下游设计洪水位 19.40m($P=5\%$)。上游设计最高通航水位 18.54m,最低通航水位 14.15m(保证率 95%);下游设计最高通航水位 18.42m,最低通航水位 12.87m(保证率 95%)。船闸引航道采用不对称型布置,上、下游引航道主导航墙及靠船建筑物均位于右侧岸边,船舶过闸均采取"直进曲出"的方式。上、下游右侧主导墙墙长 51.15m(沿船闸中心线投影),其末端与岸坡呈 L 状垂直相接,调顺段长 70,靠船段长 120m;上、下游引航道左侧辅导航墙均以斜直线扩展,其后用圆弧转弯,再用直线与岸坡相接。上、下游引航道宽均为 45m,设计水深均为 3.5m,最小弯曲半径均为 320m。船闸上、下闸首及闸室均采用整体式结构,船闸输水系统采用环形短廊道集中输水系统,船闸工作闸门为弧线钢质三角门,阀门为钢质平板提升门。固镇二线船闸于 2013 年 8 月开工,2015 年 11 月通过交工验收,2017 年 1 月通过竣工验收。

固镇二线船闸技术参数见表 5-7-2。固镇二线船闸鸟瞰图如图 5-7-3 所示。固镇船闸布置如图 5-7-4 所示。

固镇二线船闸技术参数表 表 5-7-2

河流名称			浍河	建设地点			安徽省蚌埠市固镇县
船闸有效尺度(m)			200×23×4.0	最大设计水头(m)			4.13/2.40(正向/反向)
吨级			500 兼顾 1000	过闸时间(min)			33
门型	闸门	上游	三角门	启闭形式	闸门	上游	液压
		下游	三角门			下游	液压
	阀门	上游	平板门		阀门	上游	液压
		下游	平板门			下游	液压
结构形式	上闸首		整体式	输水系统	形式		环形短廊道集中输水
	下闸首		整体式		平均时间(min)		7.0
	闸室		整体式		廊道尺寸(m)		3.5×3.0
设计通航水位(m)	上游	最高	18.54	设计年通过能力(单线单向,万 t)			1332
		最低	14.15	桥梁情况			跨上游引航道公路桥,跨下游引航道公路桥
	下游	最高	18.42				
		最低	12.87	建成年份(年)			2017

图 5-7-3 固镇二线船闸鸟瞰图

三、南坪船闸

浍河南坪枢纽位于安徽省淮北市濉溪县南坪镇,该枢纽由节制闸、船闸和跨闸公路桥等组成,船闸布置在节制闸左侧 88.5m 处,S305 公路桥从上导航墙通过。船闸上闸首与节制闸齐平布置,上闸首参与南坪闸枢纽防洪。南坪闸枢纽属大(2)型水利工程,上闸首为 2 级建筑物,下闸首及闸室等主要建筑物按 3 级建筑物设计,过闸公路桥通航净高采用 7m。南坪船闸等级为Ⅳ级,闸室有效尺度 200m×23m×4.0m,最大设计水头 6.18m,通航 500 吨级兼顾 1000 吨级船舶,设计年单向通过能力 1343 万 t。南坪船闸上游设计最高通航水位 23.44m($P=10\%$),最低通航水位 18.50m;下游设计最高通航水位 22.82m($P=$

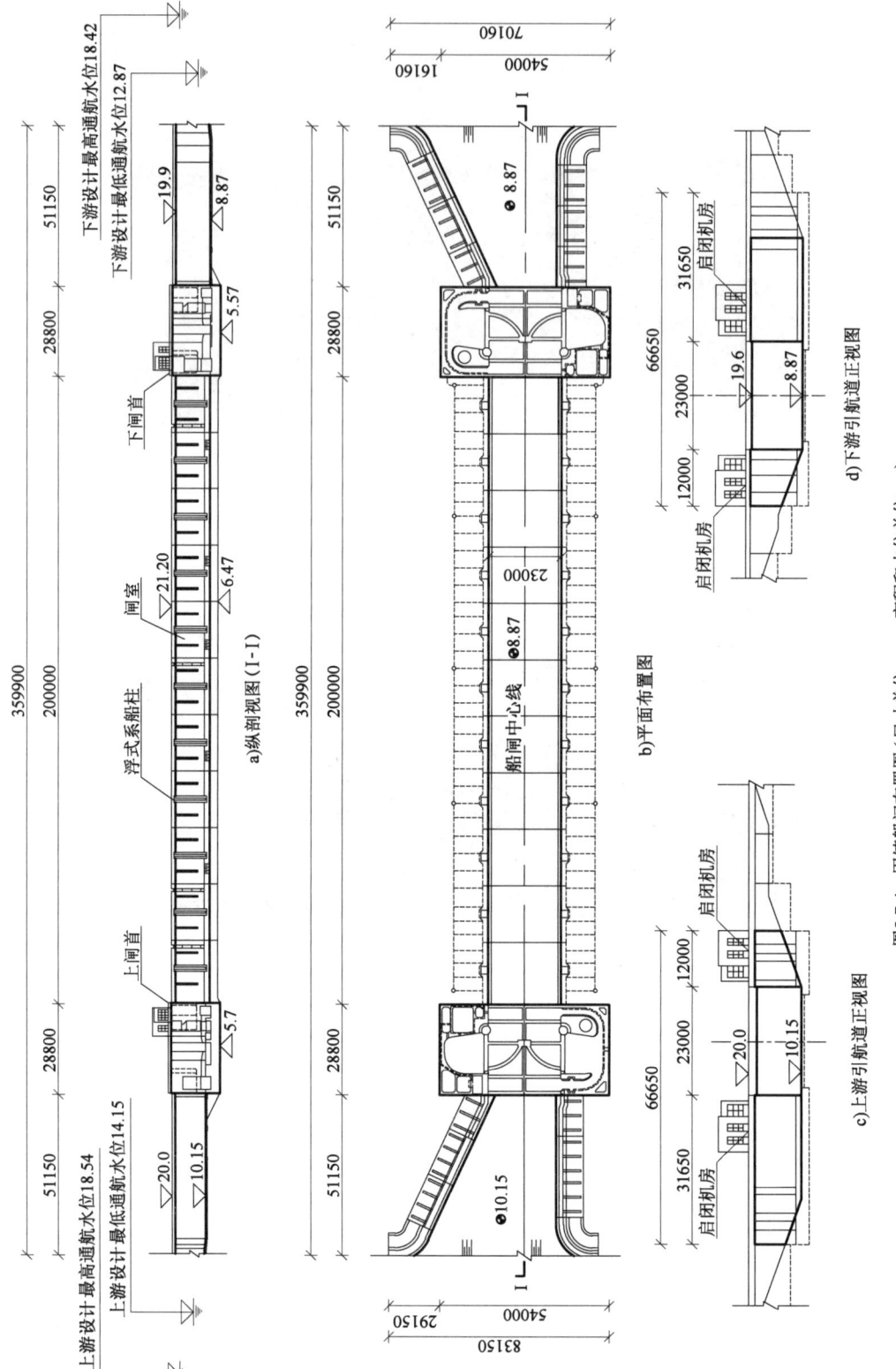

图5-7-4 固镇船闸布置图（尺寸单位：mm；高程和水位单位：m）

10%),最低通航水位 15.87m。船闸引航道采用反对称型布置,上游船舶采用曲线进闸、直线出闸方式,下游采用直线进闸、曲线进闸方式。上游主导航墙位于右侧,主导航墙长 60.25m;下游主导航墙位于左侧,主导航墙长 49.5m;上、下游闸首长均为 26m,闸室长 200m;门龛水深 2.2m,底板顺水流向长 26m、宽 42m。上、下闸首和闸室均为钢筋混凝土整体式结构,船闸输水系统采用短廊道集中输水,上、下游工作闸门采用人字门,阀门采用钢质平板潜孔提升门,实腹式板梁结构,廊道进口断面尺寸 4.2m×3.5m(宽×高),阀门控制段断面尺寸 3.5m×3.5m(宽×高),出口断面 2m×3.1m×3.5m(孔×宽×高)。南坪船闸于 2016 年 1 月开工建设,2018 年 10 月交工并具备通航条件。

南坪船闸技术参数见表 5-7-3。南坪船闸工程鸟瞰图如图 5-7-5 所示。南坪船闸鸟瞰图如图 5-7-6 所示。南坪船闸布置如图 5-7-7 所示。

南坪船闸技术参数表　　　　　　　　　　　　　　　表 5-7-3

河流名称		浍河		建设地点		安徽省淮北市濉溪县
船闸有效尺度(m)		200×23×4.0		最大设计水头(m)		6.18(正向)
吨级		500 兼顾 1000		过闸时间(min)		42
门型	闸门	上游	人字门	启闭形式	闸门	上游	液压
		下游	人字门			下游	液压
	阀门	上游	平板门		阀门	上游	液压
		下游	平板门			下游	液压
结构形式	上闸首		整体式	输水系统	形式	短廊道集中输水
	下闸首		整体式		平均时间(min)	6
	闸室		整体式		廊道尺寸(m)	3.5×3.5
设计通航水位(m)	上游	最高	23.44	设计年通过能力(单线单向,万 t)		1343
		最低	18.50	桥梁情况		跨上游导航墙公路桥
	下游	最高	22.82	建成年份(年)		2018
		最低	15.87			

图 5-7-5 南坪船闸工程鸟瞰图

图 5-7-6 南坪船闸鸟瞰图

第五章 京杭运河与淮河水系通航建筑物

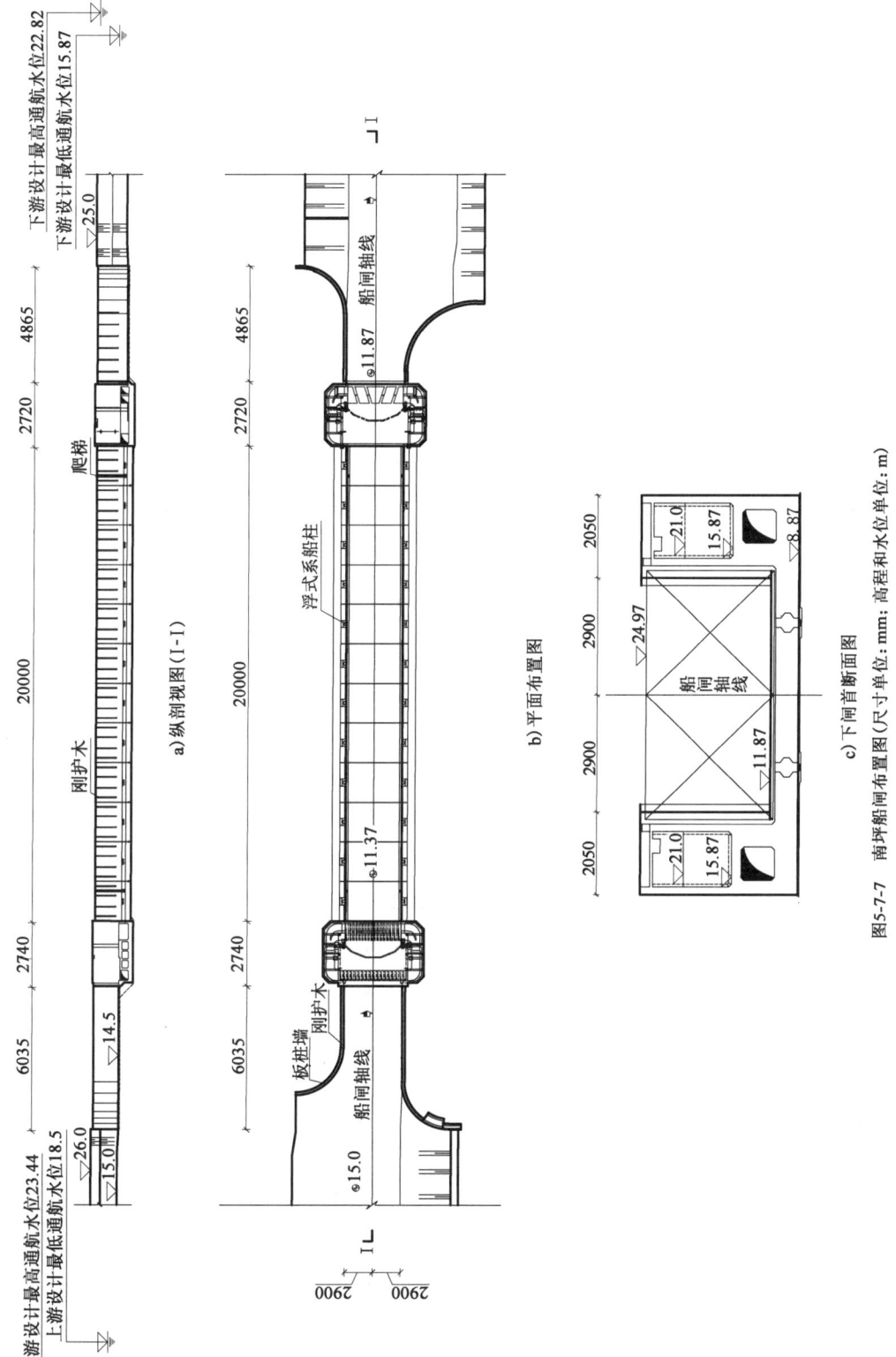

图5-7-7 南坪船闸布置图（尺寸单位：mm；高程和水位单位：m）

第八节　泉河通航建筑物

杨桥船闸

泉河是沙颍河一级支流、淮河二级支流,发源于河南省漯河市郾城区召陵岗西的罗鼓泊,流经商水、项城、沈丘、临泉、阜阳市等地,干流全长236km,流域面积5222km²。汾泉河杨桥枢纽地处安徽省阜阳市临泉县杨桥镇、泉河干流上,上距后韩湾闸36km,下距阜阳闸54km。该枢纽由杨桥分洪闸、节制闸、船闸和跨闸公路桥等组成。

杨桥船闸布置于节制闸左侧,采用分散式布置,船闸中心线位于老船闸中心线偏左约2.8m处,与右侧节制闸中心相距约159m,与左侧堤防基本平行。上闸首为防洪闸首,布置在老船闸上闸首上游约93m处,下闸首布置在原船闸下闸首处,顺挡水建筑物延线布置。船闸等级为Ⅳ级,闸室有效尺度200m×13m×3.5m,最大设计水头6.68m,通航500吨级兼顾1000吨级货船,设计年单向通过能力672万t。杨桥船闸上闸首、闸和下闸首建筑物级别为3级,导航和靠船建筑物级别为4级。船闸上游设计最高通航水位37.43m($P=10\%$),最低通航水位27.10m;下游设计最高通航水位33.70m($P=10\%$),最低通航水位25.09m。船闸引航道采用不对称型布置,主导航墙及靠船建筑物均布置在右侧引航道内,上、下游船舶过闸均采取"曲进直出"的方式,上、下游引航道外布置待泊区。上、下闸首采用钢筋混凝土整体式结构,帷墙底板,空箱边墩;闸室采用整体式钢筋混凝土U形槽闸室。上、下游工作闸门采用钢制人字门,阀门采用钢质平板提升门,检修门采用自浮式叠梁门,闸、阀门启闭机均采用液压直推式启闭机,闸室采用滑块式浮式系船柱。汾泉河杨桥船闸扩建于2015年2月开工,2016年12月完工,其建成对完善皖西北地区水陆交通运输体系,将汾泉河水运充分融入沙颍河航道网络,极大缓解公路运输压力,带动地方经济社会发展等具有重大战略意义。

杨桥船闸技术参数见表5-8-1。杨桥船闸建成鸟瞰图如图5-8-1所示。杨桥船闸布置如图5-8-2所示。

杨桥船闸技术参数表　　　　　表5-8-1

河流名称	泉河	建设地点	安徽省阜阳市临泉县
船闸有效尺度(m)	200×13×3.5	最大设计水头(m)	6.68
吨级	500兼顾1000	过闸时间(min)	39.2

续上表

门型	闸门	上游	人字门	启闭形式	闸门	上游	液压
		下游	人字门			下游	液压
	阀门	上游	平板门		阀门	上游	液压
		下游	平板门			下游	液压
结构形式	上闸首		整体式	输水系统	形式		集中输水
	下闸首		整体式		平均时间(min)		8.0
	闸室		整体式		廊道尺寸(m)		2.6×2.6
设计通航水位(m)	上游	最高	37.43	设计年通过能力(单线单向,万 t)			672
		最低	27.10	桥梁情况			下闸首公路桥
	下游	最高	33.70	建成年份(年)			2016
		最低	25.09				

图 5-8-1 杨桥船闸建成鸟瞰图

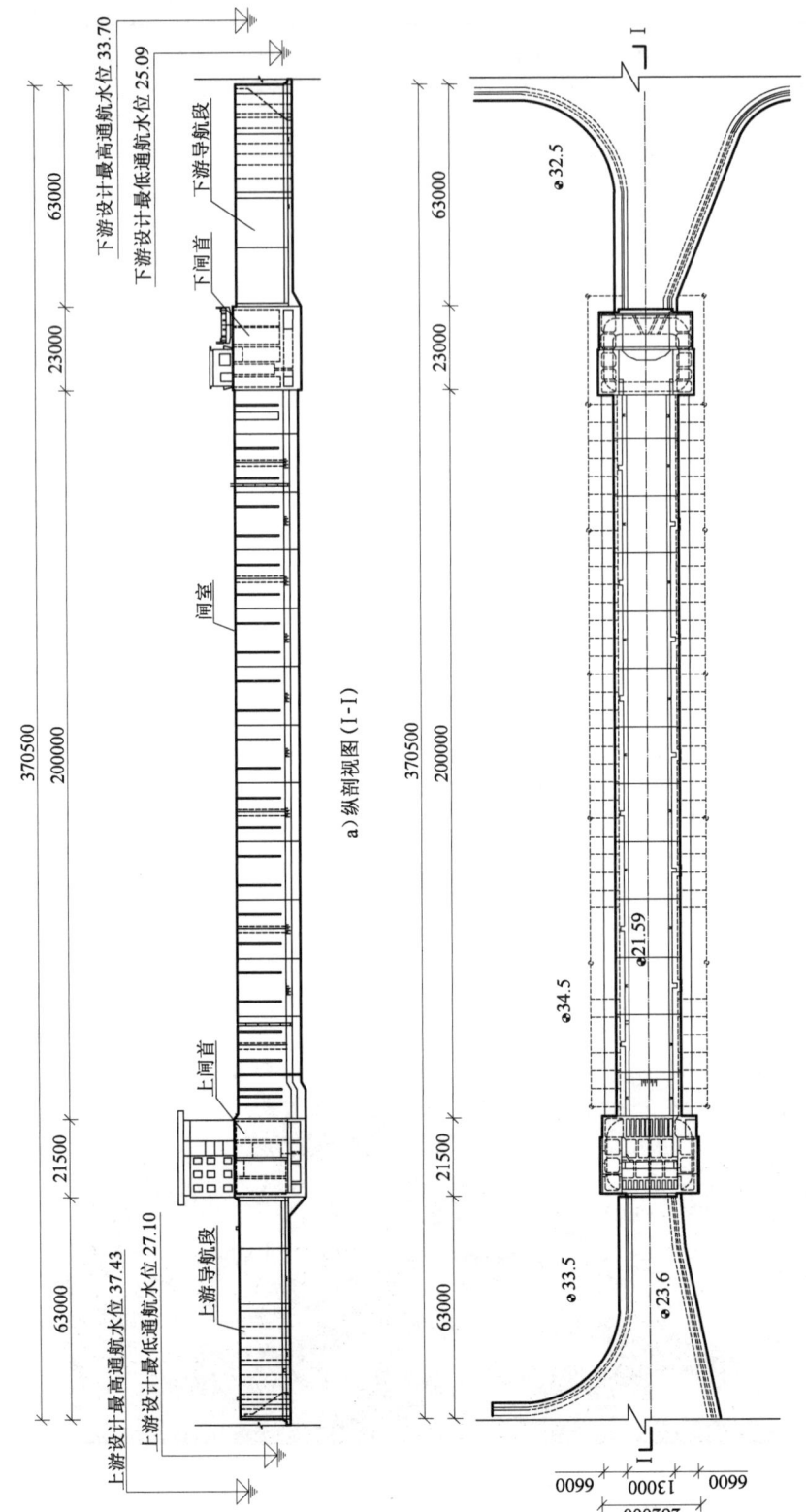

图5-8-2 杨桥船闸布置图

第九节 引江济淮通航建筑物

引江济淮工程沟通长江、淮河两大水系,是一项跨流域、跨区域重大战略性水资源配置和综合利用工程。工程建设任务以城乡供水和发展江淮航运为主,结合灌溉补水和改善巢湖及淮河水生态环境。近期规划多年平均引江水量34.27亿m^3,远期达到43亿m^3。

引江济淮工程涉及安徽和河南两省,包括安徽省安庆、铜陵、芜湖、马鞍山、合肥、六安、滁州、淮南、蚌埠、淮北、宿州、阜阳、亳州以及河南省周口、商丘15个市。从长江干流经枞阳引江枢纽、凤凰颈引江枢纽双线引江水分别由菜巢线和西兆线入巢湖,从白山节制枢纽接菜巢线引江水和巢湖水经小合分线由派河口泵站枢纽、蜀山泵站枢纽提水穿江淮分水岭至瓦埠湖入淮河,淮河以北利用沙颍河、涡河、西淝河、怀洪新河向安徽省淮北地区和河南省周口、商丘地区供水。引江济淮工程规模为大(1)型,工程等别为Ⅰ等,输水干线渠道以及各枢纽主要建筑物为1级建筑物。航道等级引江济巢段为Ⅲ级标准,江淮沟通段为Ⅱ级标准。

引江济巢、江淮沟通两段输水航运线路和江水北送西淝河线河道(管道)工程,总长587.4km,其中航道里程总长354.9km,建设Ⅱ级航道167km,利用合裕线Ⅱ级航道18.9km,建设Ⅲ级航道169km。为连通长江与淮河水系航运,共建设8座枢纽7座船闸,其中枞阳引江枢纽、庐江节制枢纽、兆河节制闸枢纽、白山节制闸枢纽建设Ⅲ级船闸各1座,派河口泵站枢纽、蜀山泵站枢纽、东淝河闸枢纽建设Ⅱ级船闸各1座,凤凰颈引江枢纽不设船闸。

引江济淮梯级规划如图5-9-1所示。

一、兆河船闸

兆河枢纽位于安徽省巢湖市居巢区境内、引江济淮西兆线兆河入巢湖口以上约9km处。由节制闸、船闸、导流堤和跨闸公路桥等组成,其中节制闸位于主河道上,该闸原建于1957年,后因泄流能力不足,于2011年拆除,新节制闸于2012年底建成,共设7个泄洪闸孔,中孔为净宽10m的通航孔,两边各设3个闸孔,单孔净宽7m,总净宽52m,设计流量650m^3/s。兆河枢纽原主要任务为防洪和排涝,在平水期利用中孔通航。兆河船闸是为配合引江济淮西兆线而增建的船闸,承担着沟通西兆河航道与巢湖航运的功能。兆河枢纽工程等级为Ⅰ等,节制闸和船闸下闸首为1级建筑物,上闸首和闸室为2级建筑物,导航、靠船建筑物为3级建筑物。枢纽设计蓄水位7.6m(85高程),上游(兆河侧)防洪高水位10.1m($P=5\%$),下游(巢湖侧)防洪高水位11.46m($P=1\%$),校核洪水位11.96m($P=0.33\%$)。

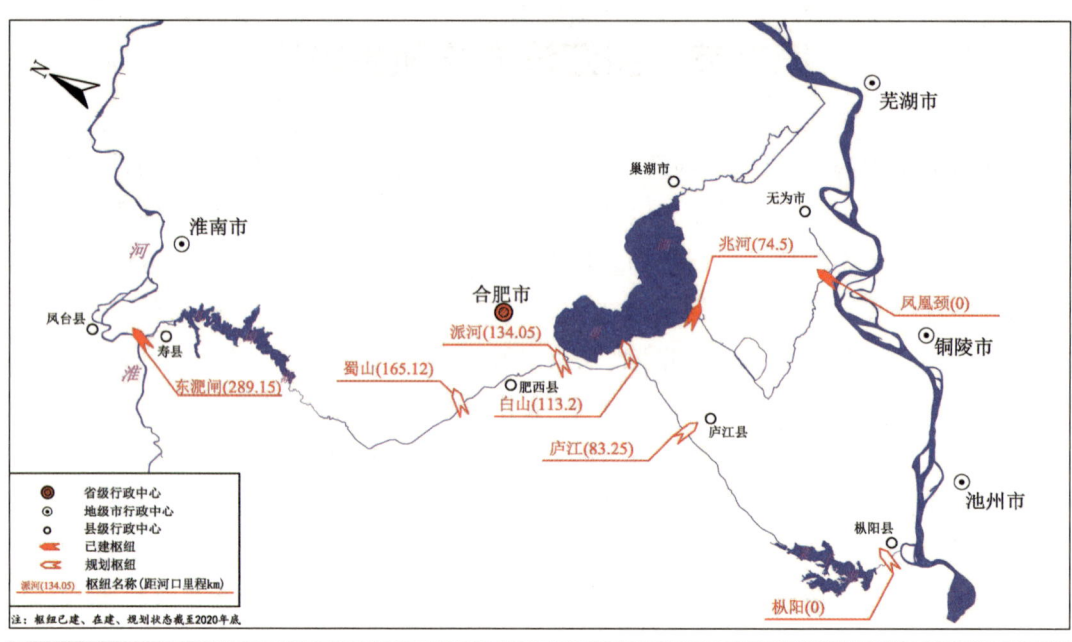

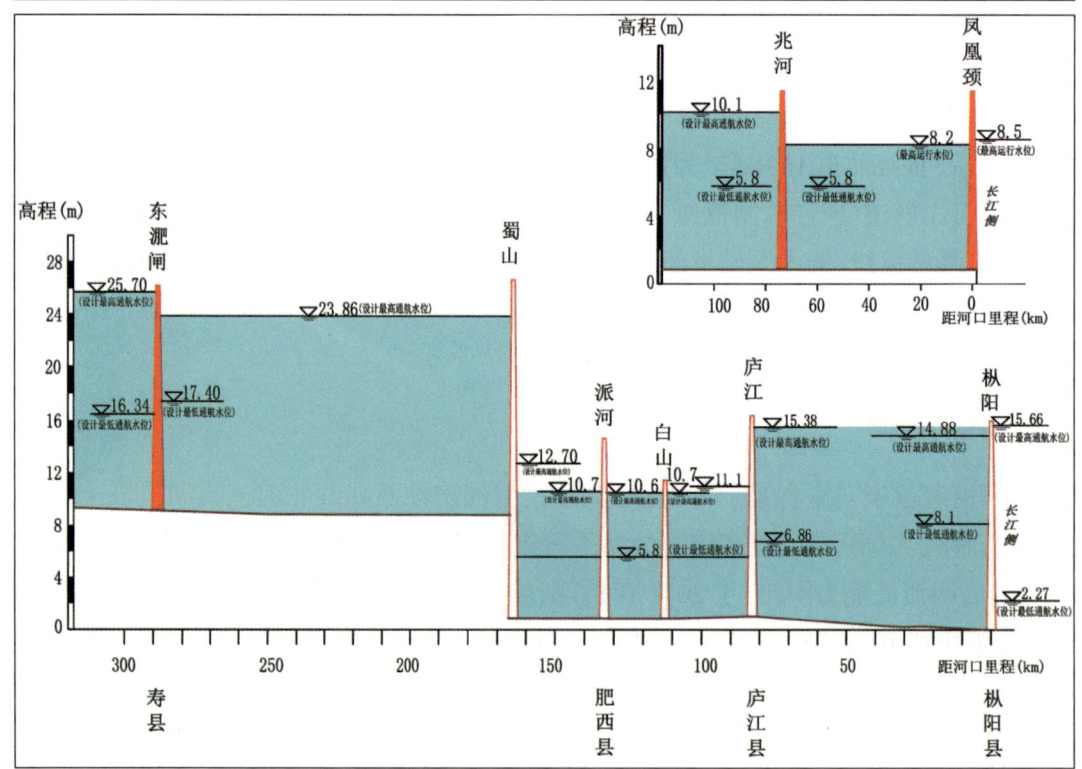

图 5-9-1 引江济淮梯级规划图

兆河船闸布置在节制闸右侧（东侧），两闸之间用分流岛分隔，船闸中心线与节制闸中心线夹角约 9°。船闸等级为Ⅲ级，闸室有效尺度 240m×23m×5.2m，最大设计水头

3.5m/3.86m（正向/反向），通航 1000 吨级兼顾 2000 吨级船舶，设计年单向通过能力 1841 万 t。上游（兆河侧）设计最高通航水位 10.1m（$P=5\%$），最低通航水位 5.8m（保证率 98%）；下游（巢湖侧）设计最高通航水位 10.6m（$P=5\%$），最低通航水位 5.8m（保证率 98%）。船闸引航道采用不对称型布置，上、下游引航道均向右侧扩宽，主导墙及靠船建筑物均位于右侧，船舶过闸均采取"曲进直出"的方式。上、下游右侧主导墙导航调顺段均采用 1:6 的斜直线扩宽，沿船闸轴线的投影长均为 190m，上、下游靠船段长均为 325m，各布置 11 个中心距 30m 的靠船墩，墩后为 1:3 的斜坡护岸。上、下游左侧辅导墙均采用倾斜角 6.9°的斜直线略进行扩宽，辅导墙沿船闸轴线的投影长 45m，其后与 1:3 的斜坡导堤衔接。上游制动段包括在分流岛以内，下游停泊区尾段及制动段均暴露在开敞水域。上、下游引航道宽均为 60m，设计水深 4.8m。船闸上下闸首均采用整体式结构，闸室采用整体式钢筋混凝土 U 形槽结构。船闸输水系统采用短廊道输水加三角门门缝输水形式，输水廊道分别设置于闸首门库上、下游两侧空箱内，出口对冲消能，上闸首出水口设消能室，顶部设消力梁，下闸首为开敞式布置，设置消力槛。兆河船闸工程于 2020 年 8 月开工，预计 2022 年 9 月建成通航。

兆河船闸技术参数见表 5-9-1。兆河枢纽效果图如图 5-9-2 所示。兆河船闸布置如图 5-9-3 所示。

兆河船闸技术参数表　　　　表 5-9-1

河流名称		江淮运河/兆河		建设地点		安徽省合肥巢湖市
船闸有效尺度(m)		$240\times23\times5.2$		最大设计水头(m)		3.5/3.86（正向/反向）
吨级		1000 兼顾 2000		过闸时间(min)		41.1
门型	闸门	上游	三角门	启闭形式	闸门	上游	液压
		下游	三角门			下游	液压
	阀门	上游	平板门		阀门	上游	液压
		下游	平板门			下游	液压
结构形式	上闸首		整体式	输水系统	形式	短廊道集中输水
	下闸首		整体式		平均时间(min)	—
	闸室		整体式		廊道尺寸(m)	3.5×4.0
设计通航水位(m)	上游（兆河侧）	最高	10.1	设计年通过能力（单线单向,万 t）		1841
		最低	5.8	桥梁情况		跨上闸首人行桥,跨闸室公路桥
	下游（巢湖侧）	最高	10.6			
		最低	5.8	建成年份		在建

图 5-9-2 兆河枢纽效果图

二、枞阳船闸

枞阳引江枢纽位于安徽省铜陵市枞阳县境内,是引江济淮工程两大引江口门之一,是菜子湖线引江入口控制性枢纽工程。主要由抽水泵站、节制闸、船闸和鱼道及跨渠交通桥等建筑物组成。其中,节制闸布置在长河入江口左汊道上(面向长江),共设 7 孔净宽 8m 的泄洪闸孔,节制闸由潜孔式平板门控制,具有引江和排洪两大功能,引江流量 150m^3/s,设计排洪流量 1150m^3/s;抽水泵站(兼顾排涝站)位于长河右汊左侧,设 5 台 3400kW 机组,引江抽水规模 166m^3/s(引水流量 150m^3/s、船闸运行耗水 16m^3/s);船闸规模为 1000 吨级。枞阳引江枢纽工程等级为 I 等,节制闸、抽水泵站及船闸上闸首(长江侧)等为 1 级建筑物,下闸首和船闸闸室为 2 级建筑物,导航、靠船建筑物为 3 级建筑物。设计运行水位 10m/2.27m(菜子湖侧/长江侧);菜子湖侧设计洪水位 16.35m($P=1\%$,85 高程)、校核洪水位 16.85m($P=1\%$ 水位 $+0.5$m),长江侧设计洪水位 16.85m(1954 年型洪水 $+0.5$m)。枞阳枢纽具有引水、排洪、通航和水生态修复等功能。

枞阳船闸布置在长河汇口右汊右岸(面向长江),左侧用隔流堤与抽水泵站相分隔,船闸轴线与泵站中心线相距 200m。船闸等级为三级,闸室有效尺度 240m×23m×5.2m,最大设计水头 7.73m(菜子湖侧 10m~长江侧 2.27m),通航 1000 吨级兼顾 2000 吨级船舶,设计年单向通过能力 1562.2 万 t。上游(菜子湖侧)设计最高通航水位 14.88m($P=5\%$),最低通航水位 8.1m(菜子湖非冬候鸟期最低控制水位);下游(长江侧)设计最高通航水位 15.66m($P=5\%$),最低通航水位 2.27m(保证率 98% 并考虑三峡冲刷影响)。船闸引航道采用准不对称型布置,上、下游引航道向两侧均有扩宽,主导航墙位于右侧(面向长江),上、下游船舶过闸均采取"曲进直出"的方式。上、下游导航调顺段沿船闸轴线的投影长均为 220m,包括长 112m 的二次曲线段、长 100m 的直线段、长 16.87m 圆曲线段和 50.00m 直线段;上、下游停泊段长均为 280m,各布置 12 个中心间距 25m 的靠船墩。

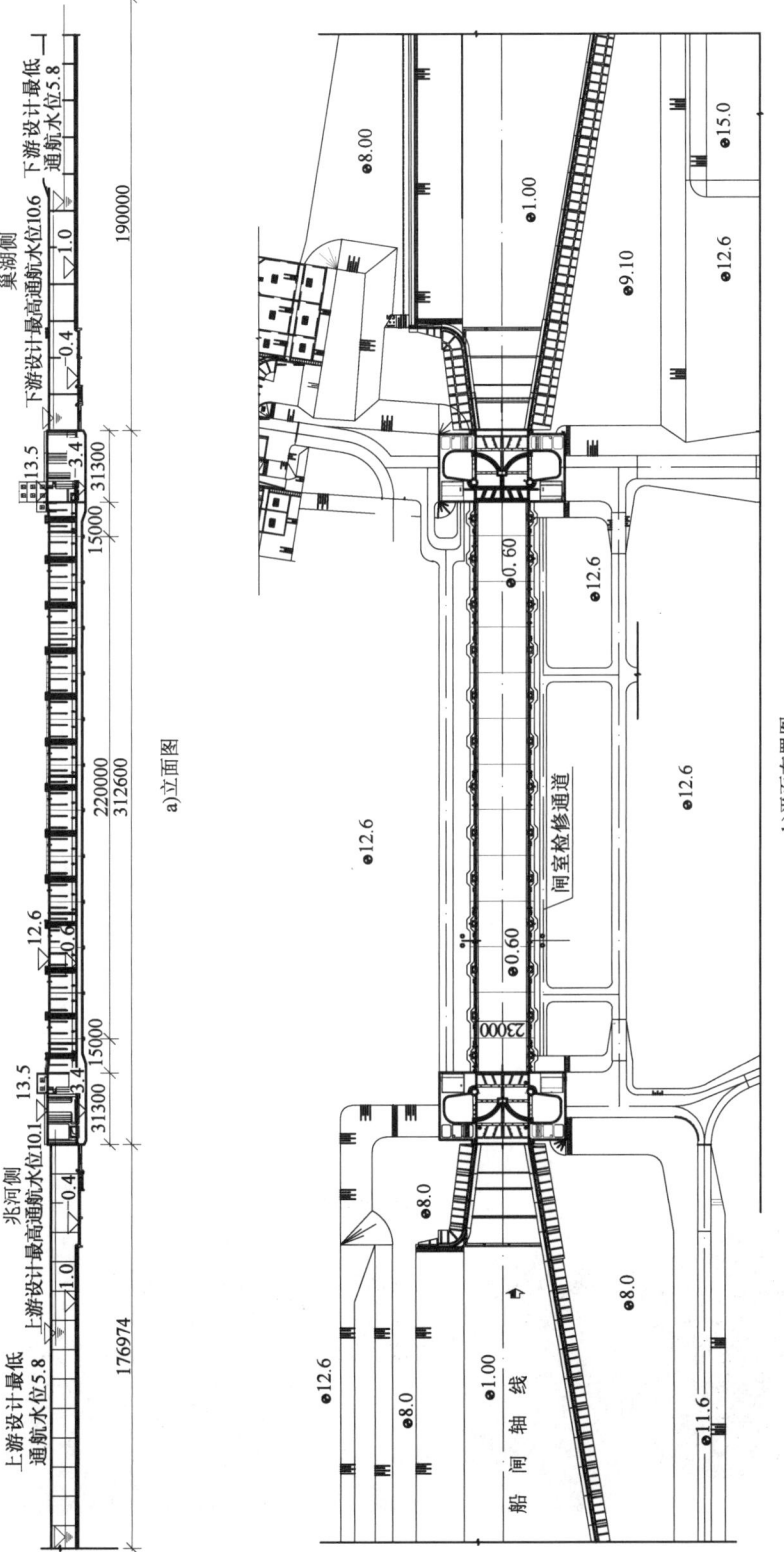

图5-9-3 兆河船闸布置图（尺寸单位：mm；高程和水位单位：m）

上、下游辅导航墙均为半径为60m、中心角为90°的圆弧,沿船闸轴线的投影长60m,并与1:3岸坡连接。上、下游引航道底宽不小于65m。船闸上、下闸首和闸室均采用整体式U形结构,船闸输水系统采用具有局部分散特性的短廊道输水,上闸首廊道进水口布置在闸首的边墩墙内,采用顶面格栅进水,进水廊道经两次90°水平转弯进入闸室接廊道,自出口弯段起设中间隔墩,与连接廊道中间隔墙相连,中间隔墙上开孔,连接廊道两侧各设18个侧向出水孔,出水口外设两道明沟消能。下闸首输水系统布置与上闸首基本相同。该工程于2018年6月开工,预计2022年9月建成。

枞阳船闸技术参数见表5-9-2。枞阳枢纽效果图如图5-9-4所示。枞阳船闸布置如图5-9-5所示。

枞阳船闸技术参数表　　　　表5-9-2

河流名称			江淮运河/菜子湖		建设地点		安徽省铜陵市枞阳县
船闸有效尺度(m)			240×23×5.2		最大设计水头(m)		12.61/7.56(正向/反向)
吨级			1000兼顾2000		过闸时间(min)		—
门型	闸门	上游	三角门	启闭形式	闸门	上游	液压
		下游	三角门			下游	液压
	阀门	上游	平板门		阀门	上游	液压
		下游	平板门			下游	液压
结构形式	上闸首		整体式	输水系统	形式		短廊道输水(局部分散)
	下闸首		整体式		平均时间(min)		—
	闸室		整体式		廊道尺寸(m)		3.6×3.6
设计通航水位(m)	上游(菜子湖侧)	最高	14.88	设计年通过能力(单线单向,万t)			1562.2
		最低	8.10	桥梁情况			跨下游引航道公路桥
	下游(长江侧)	最高	15.66	建成年份			在建
		最低	2.27				

图5-9-4　枞阳枢纽效果图

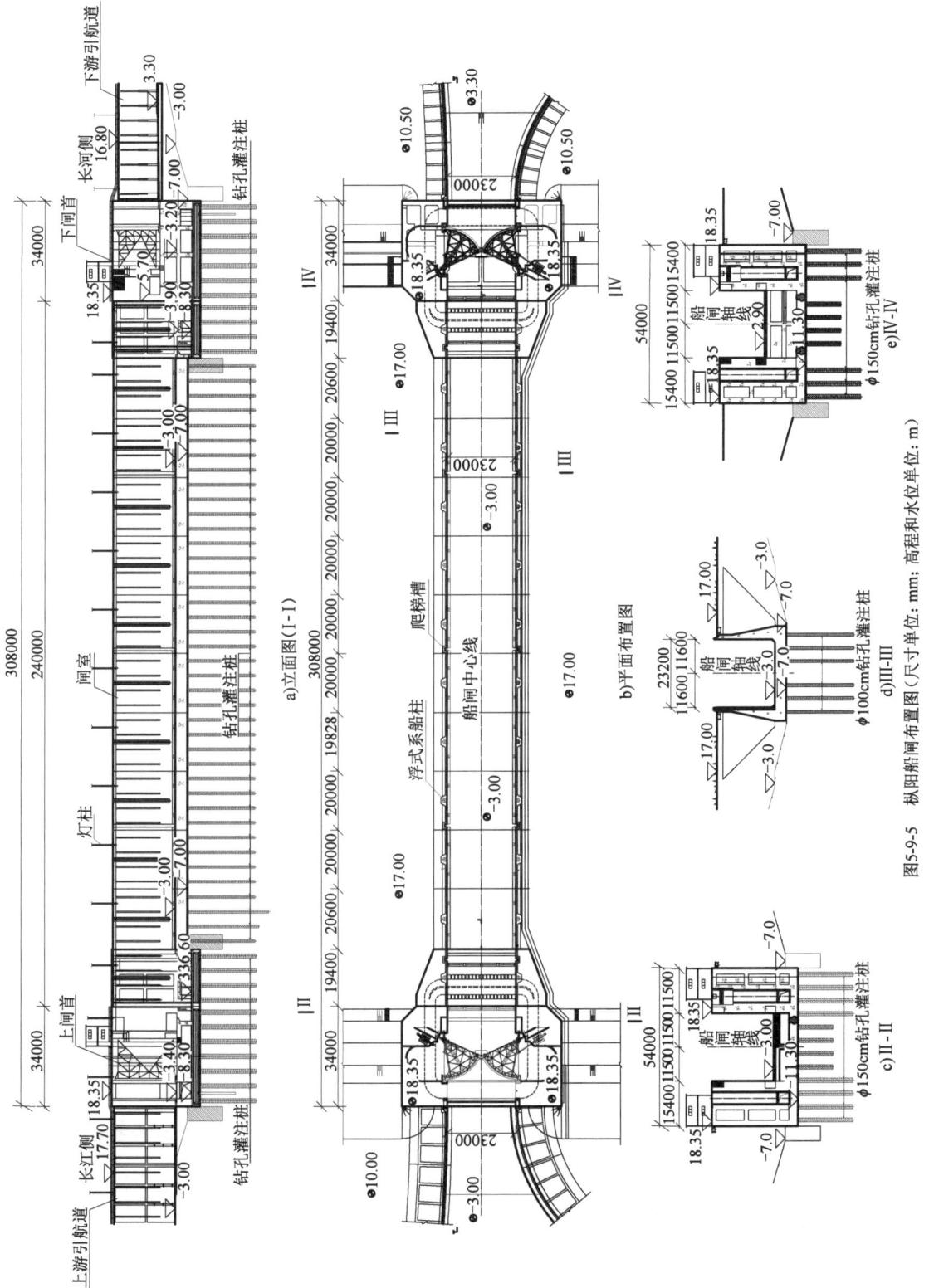

图5-9-5 枞阳船闸布置图（尺寸单位：mm；高程和水位单位：m）

三、庐江船闸

庐江枢纽位于安徽省合肥市庐江县境内、引江济淮工程菜子湖线路菜子湖与巢湖分水岭附近，通过明挖长约21km的分水岭段，使菜子湖与巢湖连通。由于菜子湖20年一遇洪水位14.88m(85高程)，远超巢湖100年一遇洪水位10.6m，为保证巢湖及周边圩区的防洪安全，需建设庐江枢纽，其主要任务是输水、航运和排水。庐江枢纽主要建筑物包括节制闸和船闸各1座，节制闸平行布置在船闸左侧，两闸中心线相距189.54m，采用5个带胸墙的泄洪闸孔，每孔闸净宽6.5m，设计引水流量150m³/s。庐江枢纽工程等级为Ⅰ等，节制闸和船闸上下闸首为1级建筑物，船闸闸室为2级建筑物，导航、靠船建筑物为3级建筑物。枢纽上游(菜子湖侧)设计洪水位16.35m($P=1\%$)、校核洪水位16.85m($P=0.33\%$)，下游(巢湖侧)设计洪水位11.46m($P=1\%$)、校核洪水位11.96m($P=0.33\%$)。

庐江船闸位于河道右岸，并在其右侧预留二线船闸位置，船闸左侧用长1645.2m的导航堤与节制闸分隔。船闸等级为Ⅲ级，闸室有效尺度240m×23m×5.2m，最大设计水头6.48m/3.0m(正向/反向)，通航1000吨级兼顾2000吨级船舶，设计年单向通过能力1437万t。上游(菜子湖侧)设计最高通航水位15.38m($P=5\%$)，最低通航水位6.86m(保证率98%水位8.04)；下游(巢湖侧)设计最高通航水位11.1m($P=5\%$)，最低通航水位5.8m(保证率98%)。船闸引航道采用不对称型布置，上、下游主导墙及靠船建筑物均位于右侧岸边，船舶过闸均采取"直进曲出"的方式。上、下游右侧主导墙导航调顺段长均为120m，上、下游靠船段长均为595.8m，各布置20个中心距30m的靠船墩，靠船墩后为1:3~1:3.5的斜坡护岸；上、下游左侧辅导墙均采用斜直线进行扩宽，辅导墙顺水流方向长均为70m，其后接1:3~1:3.5的斜坡导航堤，导航堤端部与靠船段端部齐平。上、下游引航道宽均为50m，设计水深4.8m。船闸上下闸首均采用整体式钢筋混凝土筏式底板，两边墙为空箱式结构，闸室采用整体式钢筋混凝土U形槽结构。船闸输水系统采用短廊道集中输水，上游进水口布置在上闸首边墩墙内，采用顶面格栅进水，出口段中间设宽0.2~0.5m的隔墩，与连接廊道中间隔墙相连，中间隔墙上开孔；在连接廊道两侧各设18个高3.1m、宽0.3m的侧向出水孔，出水口外设两道消能明沟，闸室内纵向布置长度23.0m。下闸首廊道进水口布置在闸首的边墩墙内，采用顶面格栅进水；出口段设宽0.2~0.5m的隔墩，与连接廊道中间隔墙相连，中间隔墙上开孔；在连接廊道两侧各设18个侧向出水孔，开孔尺寸和布置与上游相同，出水口外亦设两道消能明沟。庐江船闸工程于2019年12月开工，预计2022年9月建成。

庐江船闸技术参数见表5-9-3。庐江枢纽效果图如图5-9-6所示。庐江船闸布置如图5-9-7所示。

庐江船闸技术参数表 表 5-9-3

河流名称			江淮运河/菜子湖		建设地点		安徽省合肥市庐江县
船闸有效尺度(m)			240×23×5.2		最大设计水头(m)		6.48/3.0(正向/反向)
吨级			1000 兼顾 2000		过闸时间(min)		—
门型	闸门	上游	三角门	启闭形式	闸门	上游	液压
		下游	三角门			下游	液压
	阀门	上游	平板门		阀门	上游	液压
		下游	平板门			下游	液压
结构形式	上闸首		整体式	输水系统	形式		短廊道输水(局部分散)
	下闸首		整体式		平均时间(min)		—
	闸室		整体式		廊道尺寸(m)		3.6×3.6
设计通航水位(m)	上游(菜子湖侧)	最高	15.38	设计年通过能力(单线单向,万t)			1437
		最低	6.86	桥梁情况			跨闸室人行交通桥
	下游(巢湖侧)	最高	11.10	建成年份			在建
		最低	5.80				

图 5-9-6 庐江枢纽效果图

四、派河口船闸

派河口泵站枢纽位于安徽省合肥市肥西县境内、引江济淮工程江淮沟通段起点派河口附近,是连接引江济巢线路与江淮沟通派河段输水河道的梯级泵站枢纽。派河口枢纽由泵站、船闸和节制闸等组成。抽水泵站布置在派河右侧,设 9 台 3000kW 机组,引水设计流量 $301.5m^3/s$(含船闸用水 $6.5m^3/s$),设计扬程 4.8m,与泵站配套建有 13 孔净宽 6.5m 的拦污进水闸。节制闸布置在船闸与泵站之间,节制闸与船闸及节制闸与泵站之间均采用分流岛隔开,节制闸共设 5 个泄洪闸孔,其中 4 个边孔净宽 9.5m,中孔净宽 14m,兼作施工期的临时通航孔,设计排洪流量 $1000m^3/s(P=2\%)$。派河口枢纽的泵站、节制闸和船闸上、下闸首建筑物等级为 1 级,船闸闸室为 2 级,导、靠船建筑物为 3 级。枢纽设

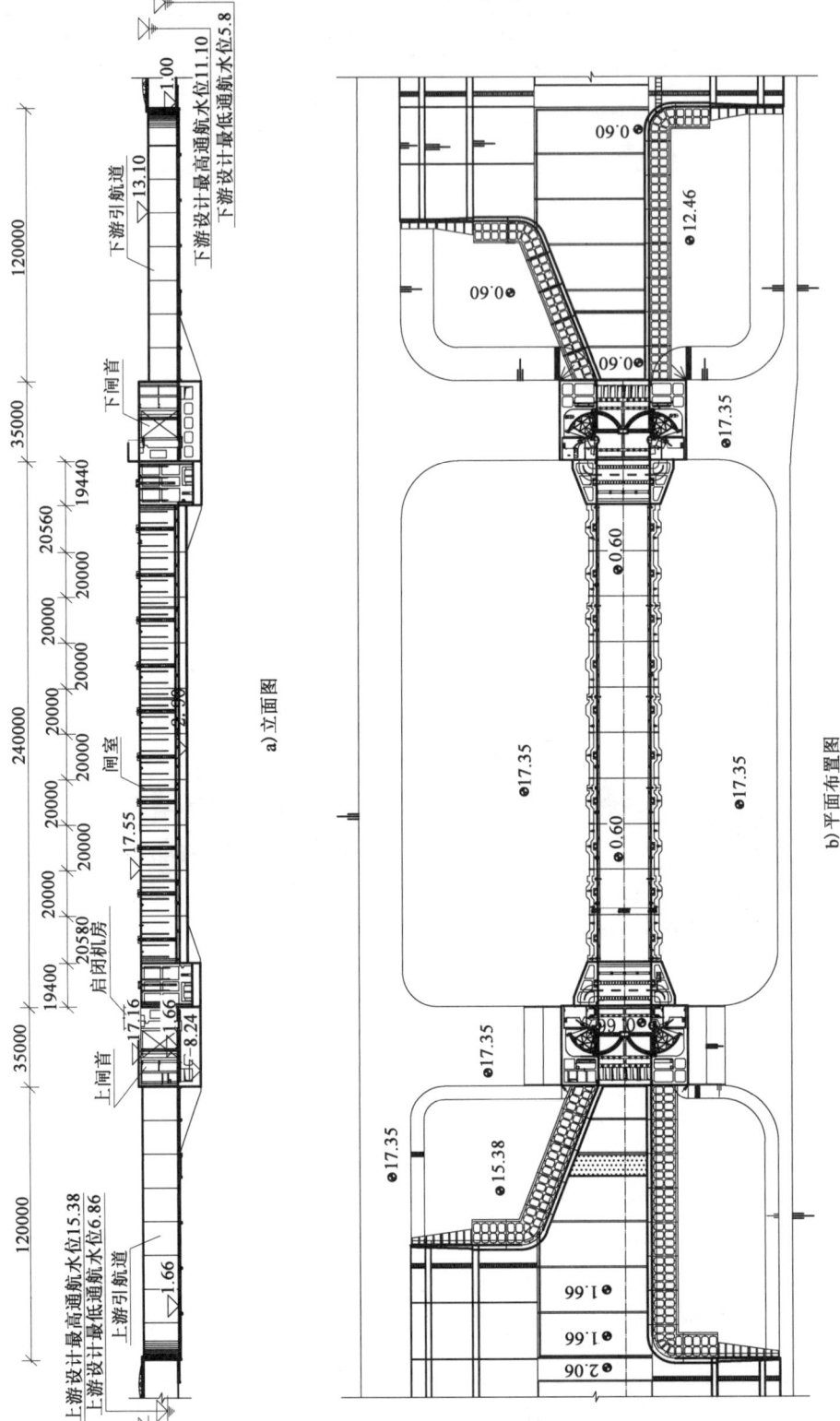

图5-9-7 庐江船闸布置图（尺寸单位：mm；高程和水位单位：m）

计运行水位8.9m/5.1m(派河侧/巢湖侧),设计洪水位11.46m(派河侧/巢湖侧 $P=1\%$)。派河口泵站枢纽主要任务是输水与航运,同时兼顾防洪与排涝。

派河口船闸位于派河主槽内、节制闸左侧,两建筑物中心线相距155m,船闸与节制闸之间用分流岛隔离开。船闸等级为Ⅱ级,闸室有效尺度280m×23m×5.2m(另加10m镇静段),最大设计水头3.6m(泵站最高输水位9.4m～下游最低通航水位5.8m),通航2000吨级船舶,设计年单向通过能力2480万t。上游(派河侧)设计最高通航水位10.7m(派河 $P=10\%$ 遭遇巢湖 $P=5\%$ 洪水位),最低通航水位5.8m(保证率98%);下游(巢湖侧)设计最高通航水位10.6m($P=5\%$),最低通航水位5.8m(保证率98%)。船闸引航道采用不对称型布置,引航道均向右侧扩宽(面向派河口),主导航墙及靠船建筑物均位于右侧,上、下游船舶过闸均采取"曲进直出"的方式。上、下游引航道直线导航调顺段长均为220m,靠船段长175m。上、下游左侧辅导墙均以迎水面1:4向左侧放坡,背水面坡比为1:3,其端部用圆弧与隔流岛护坡衔接。上、下游引航道宽均为65m,设计水深4.8m。船闸上、下闸首和闸室均采用整体式结构,其中闸室采用整体式钢筋混凝土U形槽结构。船闸输水系统采用短廊道集中输水,水流由进口进入门库内,一部分经过门后侧向进入闸室,另一部分进入出水廊道,由廊道出口对冲消能后流入闸室。派河口船闸于2020年6月开工,预计2022年9月建成。

派河口船闸技术参数见表5-9-4。派河口枢纽效果图如图5-9-8所示。派河口船闸布置如图5-9-9所示。

派河口船闸技术参数表 表5-9-4

河流名称		江淮运河/派河		建设地点		安徽省合肥市肥西县
船闸有效尺度(m)		280×23×5.2		最大设计水头(m)		3.6
吨级		2000		过闸时间(min)		—
门型	闸门	上游	三角门	启闭形式	闸门	上游	液压
		下游	三角门			下游	液压
	阀门	上游	平板门		阀门	上游	液压
		下游	平板门			下游	液压
结构形式	上闸首		整体式	输水系统	形式		短廊道集中输水
	下闸首		整体式		平均时间(min)		—
	闸室		整体式		廊道尺寸(m)		3.5×4.0
设计通航水位(m)	上游(派河侧)	最高	10.7	设计年通过能力(单线单向,万t)			2480
		最低	5.8	桥梁情况			无
	下游(巢湖侧)	最高	10.6	建成年份			在建
		最低	5.8				

图 5-9-8　派河口枢纽效果图

五、蜀山船闸

蜀山枢纽位于安徽省合肥市高新区境内、引江济淮江淮沟通段江淮分水岭附近。由抽水泵站、泄水闸、船闸、连接渠道及两岸防洪堤等建筑物组成,其中泄水闸与泵站结合布置在北侧(左侧),泵站设 8 台 7500kW 机组,引水流量 340m³/s(设计引水流量 290m³/s、一线船闸耗水 25m³/s、预留二线船闸耗水 25m³/s),设计扬程 12.7m;泄水闸为 2 个净宽 4.5m 的有压泄水孔,20 年一遇泄洪量 360m³/s,对应瓦埠湖/派河侧水位 23.86m/12.70m。蜀山枢纽工程等级为Ⅰ等,抽水泵站、泄水建筑物和船闸上闸首等为 1 级建筑物,下闸首和闸室为 2 级建筑物,导、靠船建筑物级别为 3 级。枢纽设计运行水位 20.3m/7.6m(瓦埠湖侧/派河侧),设计洪水位 25.53m/13.5m(瓦埠湖侧/派河侧 $P=1\%$),校核洪水位 26.03m(瓦埠湖侧 $P=0.33\%$)。该枢纽的主要任务是输水、航运和泄洪等。

蜀山船闸平行布置在泵站南侧(右侧),与泵站中心线相距 271.5m,船闸与泵站之间用分流岛分隔,船闸右侧为后期实施的二线船闸位置,船闸上闸首端部与泵站机组中心线平齐。船闸等级为Ⅱ级,闸室有效尺度 280m×23m×5.2m,最大设计水头 17.26m,通航 2000 吨级船舶,设计年单向通过能力 2313 万 t。上游(瓦埠湖侧)设计最高通航水位 23.86m($P=5\%$),最低通航水位 17.4m(保证率 98%);下游(派河侧)设计最高通航水位 12.7m($P=5\%$),最低通航水位 5.8m(保证率 98%)。船闸引航道采用不对称型布置,上、下游引航道均向右侧(南侧)扩宽,主导航墙及靠船建筑物均位于右侧,船舶过闸均采取"曲进直出"的方式。上、下游主导航墙均采用斜直线和圆弧形端头扩宽,导航调顺段沿船闸轴线的投影长 220m,上、下游停泊段长均为 397.5m,各布置 20 个中心距 20m 的靠船墩(二线船闸建成后两线船闸共用),靠船墩后及以外为 1:3 的斜坡护岸。上、下游左侧辅导航墙与船闸口门左边线齐平,辅导墙长均为 60m,其后接 1:3 的斜坡护岸,上、下游左侧隔流堤长均为 770m。上、下游引航道宽均为 136m(含二线船闸共用引航道宽度),设计水深 4.8m。上、下闸首和闸室均采用整体式结构,其中闸室为整体式钢筋混凝土倒Ⅱ形

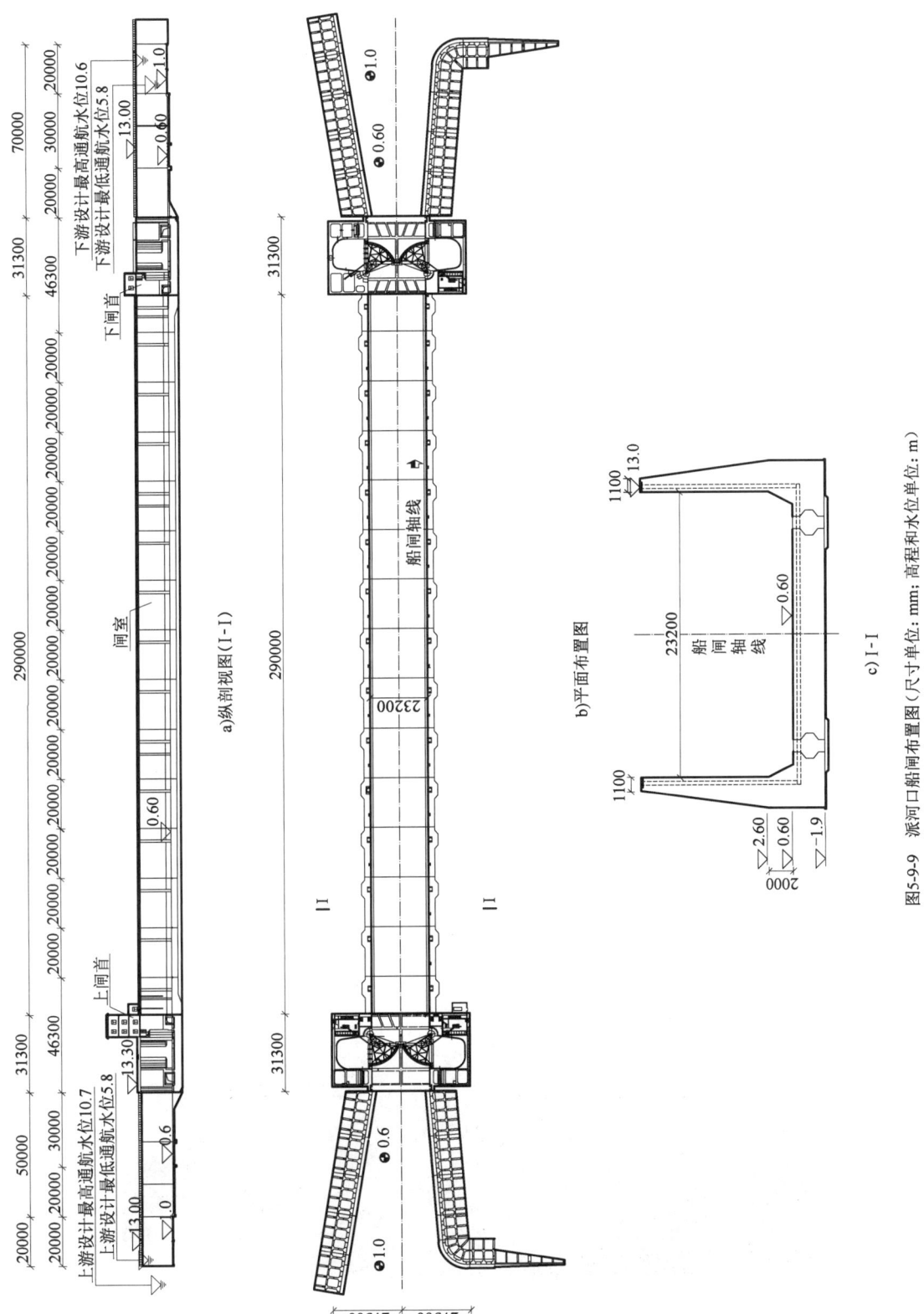

图5-9-9 派河口船闸布置图（尺寸单位：mm；高程和水位单位：m）

结构。船闸输水系统采用闸墙长廊道分散式输水,进水口采用导墙上垂直多支孔布置,出水口采用"顶部出水+正面出水"格栅式消能室布置形式。蜀山船闸于2019年1月开工,预计2022年9月建成。

蜀山船闸技术参数见表5-9-5。蜀山枢纽效果图如图5-9-10所示。蜀山船闸布置如图5-9-11所示。

蜀山船闸技术参数表　　　　　　　　　　　　表5-9-5

河流名称			江淮运河		建设地点		安徽省合肥市高新区	
船闸有效尺度(m)			280×23×5.2		最大设计水头(m)		17.26	
吨级			2000		过闸时间(min)		44	
门型	闸门	上游	人字门		启闭形式	闸门	上游	液压
		下游	人字门				下游	液压
	阀门	上游	平板门			阀门	上游	液压
		下游	平板门				下游	液压
结构形式	上闸首		整体式		输水系统	形式	闸墙长廊道分散式输水	
	下闸首		整体式			平均时间(min)	—	
	闸室		整体式			廊道尺寸(m)	5.0×5.0	
设计通航水位(m)	上游(瓦埠湖侧)	最高	23.86		设计年通过能力(单线单向,万t)		2313	
		最低	17.4		桥梁情况		跨闸室人行桥	
	下游(派河侧)	最高	12.7		建成年份		在建	
		最低	5.8					

图5-9-10　蜀山枢纽效果图

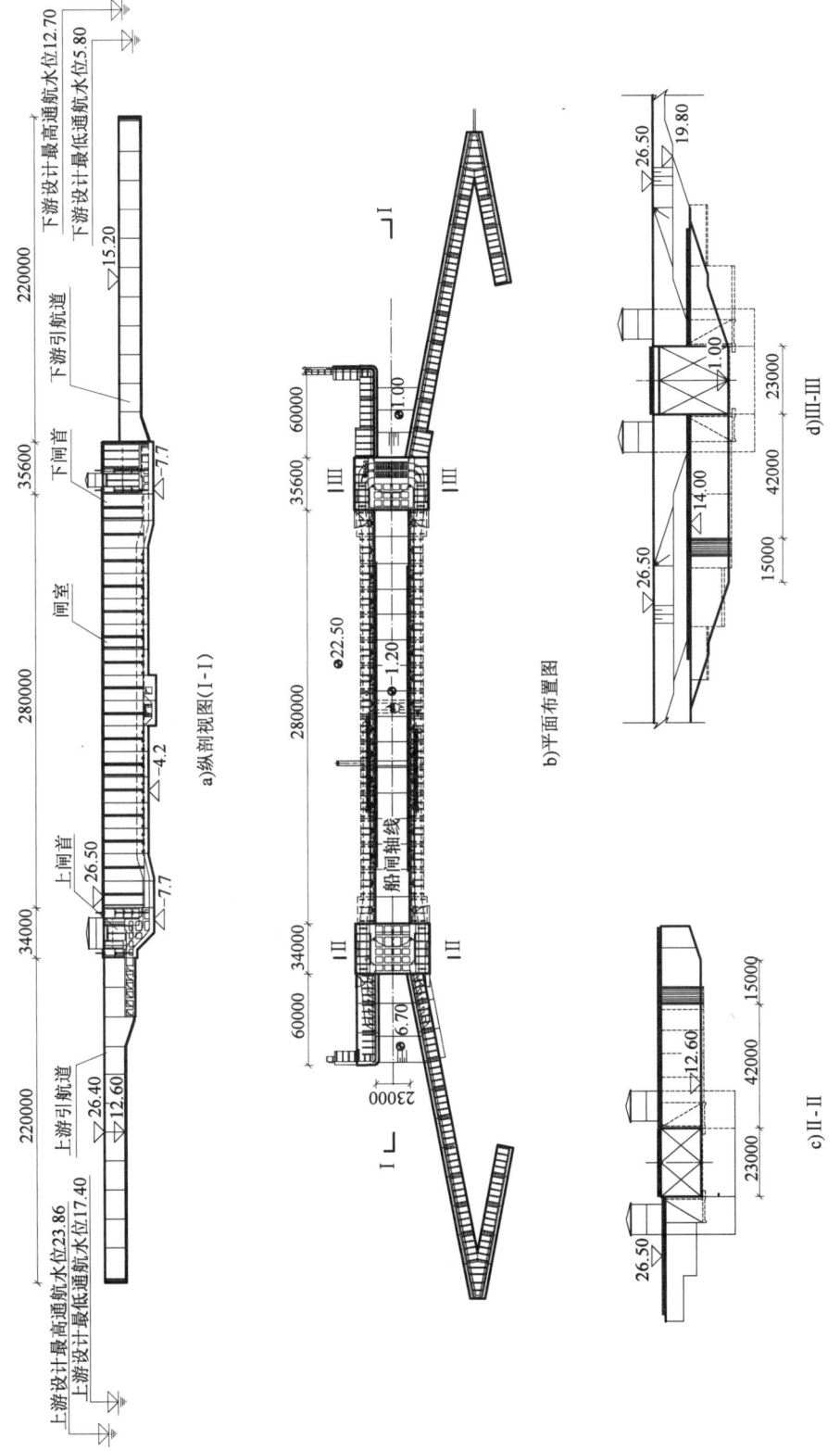

图5-9-11 蜀山船闸布置图（尺寸单位：mm；高程和水位单位：m）

六、东淝河船闸

引江济淮工程包括引江济巢段、江淮沟通段、江水北调段，其中江淮沟通段引水起点为派河口泵站枢纽，终点为东淝河枢纽，航道里程167km。东淝河枢纽位于安徽省淮南市寿县八公山乡，江淮沟通段的终点，距离入淮口约2.5km。枢纽主要建筑物包括老节制闸、新节制闸、东淝河船闸等。老节制闸设5个潜孔式闸孔，每孔净宽7.5m，设计最大进洪流量1500m³/s。新节制闸位于老节制闸左侧横隔堤上，与老闸中心线相距117.6m，两闸之间填筑有分流岛，分流岛以1:2～1:2.5的边坡与河坡连接，淮河侧分流岛长64m（连接段堤防边线至分流岛顶部最前端），顶高程为26.3m，顶宽4m；瓦埠湖侧分流岛长89.5m，顶高程24.9m，顶宽约7.6m；闸孔采用5个胸墙式闸孔，单孔净宽5.0m，闸室总宽29.8m，新节制闸于2006年建成。

东淝河老船闸位于老节制闸北侧，闸室尺度120m×12.4m×3.0m，设计单向年通过能力约为600万t。该船闸建于1992年建成。

东淝河新船闸（二线船闸）布置在节制闸中心线右侧113.9m、老船闸中心线左侧70m处，船闸等级为Ⅱ级，闸室有效尺度280m×23m×5.2m，最大设计水头7.3m/7.52m（正向/反向），通航2000吨级船舶，设计年通过能力2661万t。东淝河船闸上闸首参与东淝河枢纽防洪，上闸首、闸室和下闸首为2级建筑物，导航和靠船建筑物级别为3级，堤防等级为Ⅱ(3)级。船闸和节制闸上游防洪水位25.75m（淮河 $P=1\%$），下游防洪水位24.36m（瓦埠湖 $P=2\%$）。船闸上游设计最高通航水位25.7m，最低通航水位16.34m（保证率98%），常水位17.9m；下游设计最高通航水位23.86m，最低通航水位17.4m（保证率98%），常水位18.4m。船闸引航道采用不对称型布置，上、下游主导航墙均位于左岸（北侧），船舶过闸均采取"曲进直出"的方式。主导墙导航调顺段长均为201m（沿船闸中心线投影），辅导航墙长均为70m，引航道宽130m。船闸上、下游闸首及闸室均采用整体式结构，船闸输水系统采用集中输水形式。船闸上、下游工作闸门采用三角门，阀门采用钢质平板提升门。该船闸于2018年5月开工，计划2022年9月建成通航。

东淝河船闸技术参数见表5-9-6。东淝河船闸鸟瞰图如图5-9-12所示。东淝河船闸布置如图5-9-13所示。

东淝河船闸技术参数表　　表5-9-6

河流名称	引江济淮	建设地点	安徽省淮南市寿县
船闸有效尺度(m)	280×23×5.2	最大设计水头(m)	7.3/7.52（正向/反向）
吨级	2000	过闸时间(min)	10

续上表

门型	闸门	上游	三角门	启闭形式	闸门	上游	液压
		下游	三角门			下游	液压
	阀门	上游	平板门		阀门	上游	液压
		下游	平板门			下游	液压
结构形式	上闸首	整体式		输水系统	形式	集中输水	
	下闸首	整体式			平均时间(min)	6.0	
	闸室	整体式			廊道尺寸(m)	4×4	
闸首设计通航水位(m)	上游	最高	25.7		设计年通过能力(单线单向,万t)	2661	
		最低	16.34		桥梁情况	交通桥跨越下闸首	
	下游	最高	23.86		建成年份	在建	
		最低	17.4				

图 5-9-12　东泗河船闸鸟瞰图

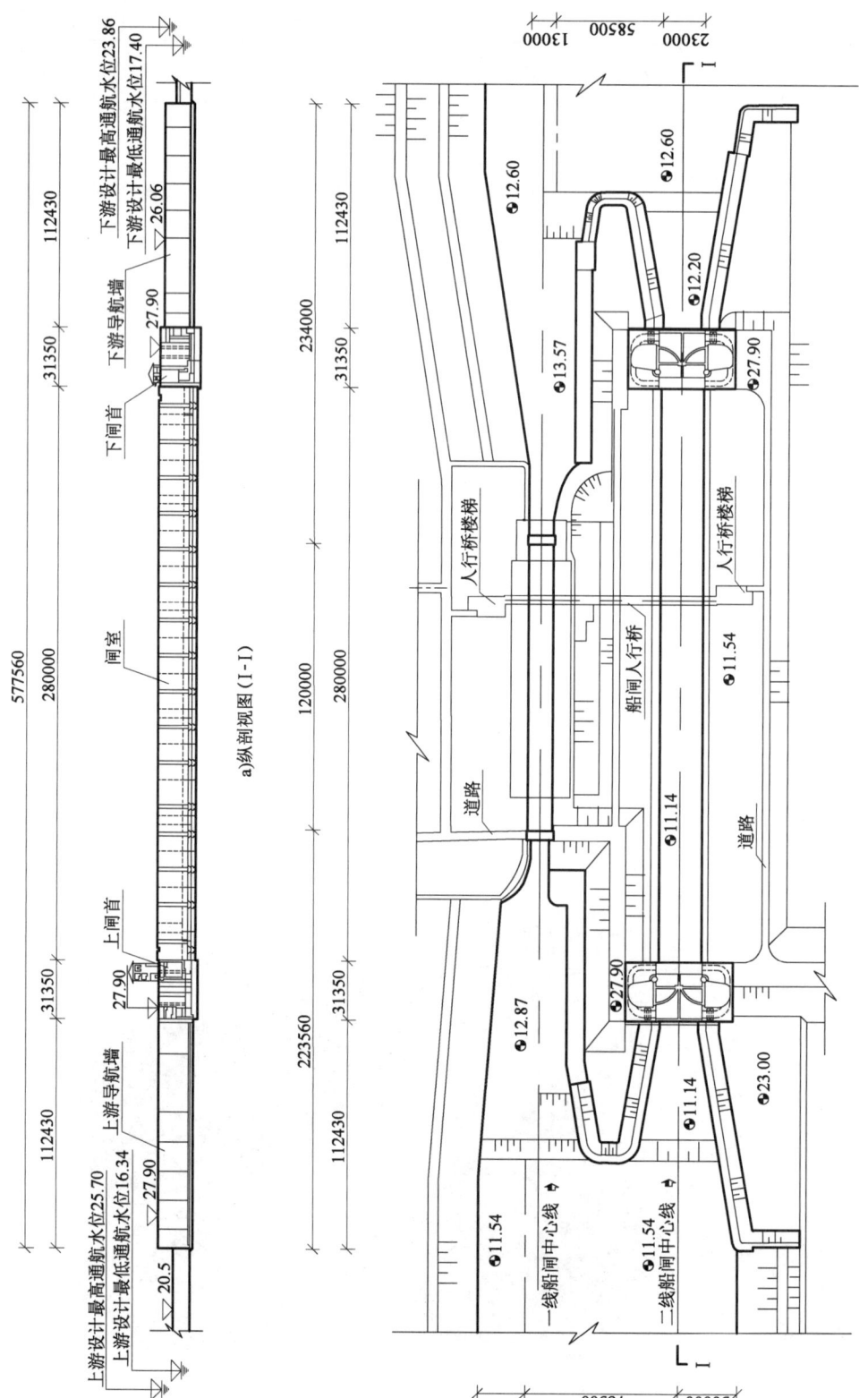

图5-9-13 东泷河船闸布置图（尺寸单位：mm；高程和水位单位：m）

第六章
珠江水系通航建筑物

珠江是我国第二大河流,年径流量3492多亿 m^3,全长2320km,流域面积453690km^2,其中我国境内面积442100km^2。珠江流域是一个复合的流域,由西江、北江、东江及珠江三角洲诸河组成,流经云南、贵州、广西、湖南、江西、广东等省(自治区),西江和北江在广东省佛山市三水区汇合,东江在广东省东莞市石龙镇汇入珠江三角洲,经虎门、蕉门、洪奇门、横门、磨刀门、鸡啼门、虎跳门及崖门八大口门汇入南海。珠江水系河网密布,水运发达,2019年珠江水系内河货运量首次突破10亿t。本章主要介绍珠江水系上西江干线、右江、北盘江—红水河、柳江—黔江、都柳江、北江、前山水道等航道的通航建筑物情况。

第一节 西江干线通航建筑物

西江源头至贵州望谟县蔗香村,源头段称南盘江,以下至广西来宾市象州县石龙镇称红水河,石龙镇至桂平市区称黔江,桂平市区至梧州市称浔江,梧州市至广东佛山市三水区思贤滘称为西江。西江全长2214km,集水面积约353120km^2。

南盘江、红水河两段为西江上游,黔江、浔江两段为中游,梧州至三水思贤滘为西江为下游,以下至磨刀门为河口段。西江与东江、北江及珠江三角洲诸河合称珠江。西江主要支流包括清水河、柳江、郁江、右江、桂江、贺江等。西江是华南地区最长的河流,航运量居我国第二位,仅次于长江。西江干线上已建成老口、邕宁、西津、贵港、桂平、长洲等大型枢纽,其中老口、邕宁各建成单级单线船闸,西津建成两级单线船闸、在建二线船闸,贵港、桂平建成单级双线船闸(1000吨级和3000吨级),长洲建成四线船闸(一、二线为1000吨级、三、四线为3000吨级)。

西江干线梯级枢纽规划如图6-1-1所示。

一、老口船闸

老口枢纽位于广西壮族自治区南宁市区、西江干线郁江上游河段,是郁江综合利用10级规划中的第7个梯级,上距左右江汇合口(龙山屯)4.7km、距左江山秀枢纽84km,下距邕宁枢纽74km。老口坝址集水面积72368km^2,枢纽正常蓄水位75.50m(1956黄海高

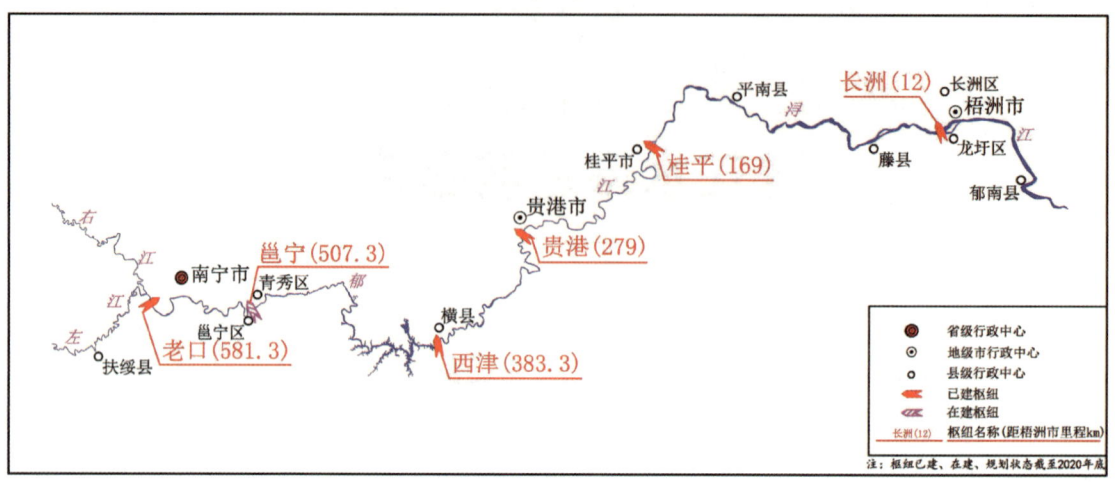

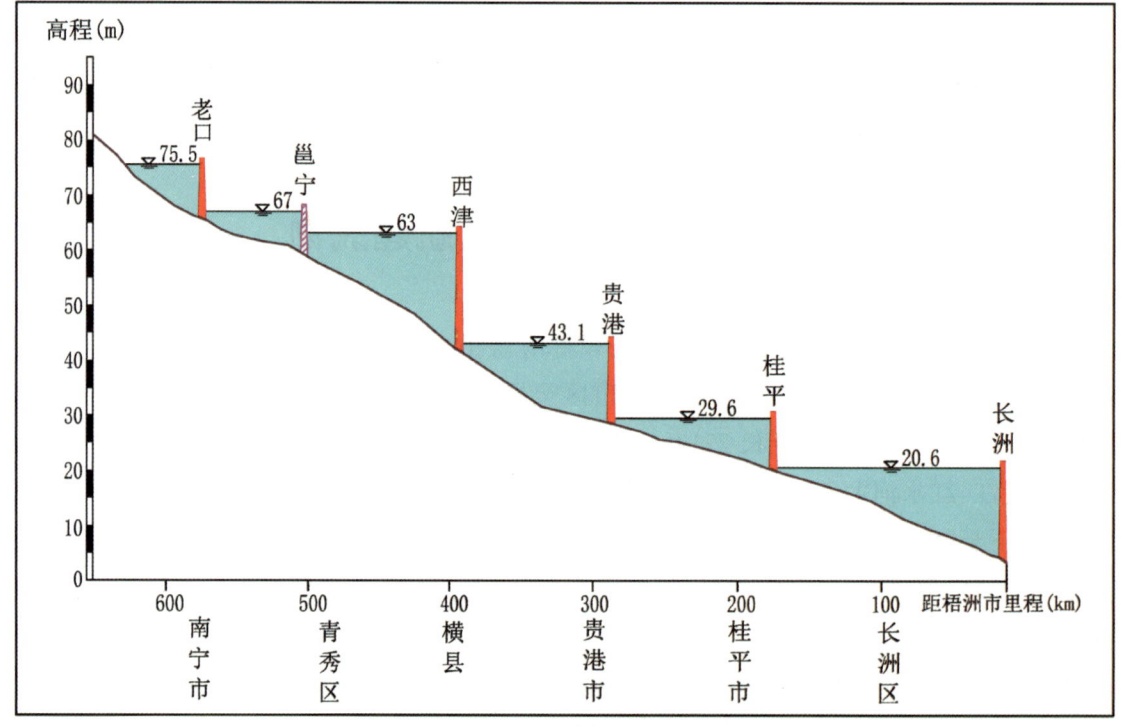

图 6-1-1 西江干线梯级枢纽规划图

程),消落水位 75.00m。设计洪水位 84.33m($P = 0.2\%$),校核洪水位 85.49m($P = 0.05\%$)。老口枢纽工程等别为Ⅰ等,主要挡泄水建筑物、船闸上闸首和电站厂房等按 1 级建筑物设计,闸室和下闸首等按 2 级建筑物设计。老口枢纽坝轴线总长 1565m,主要建筑物从左至右依次为左岸接头土坝、门库坝、船闸、重力连接坝、泄水闸、电站厂房、右岸重力坝、右岸接头土坝等。船闸和电站分两岸布置,电站厂房布置在河道右岸,装 5 台灯泡贯流式机组,总装机容量 150MW;13 孔泄水闸布置在河床中央,每孔闸净宽 20m,闸下游底流消能。老口枢纽是一座以航运、防洪为主,结合发电,兼顾改善南宁市水环境条件的航电枢纽工程。该枢纽于2015年1月投入运行。

老口船闸位于河道左岸,与左侧泄水闸之间用隔流堤分隔。船闸等级为Ⅲ级,闸室有效尺度190m×23m×3.5m,最大设计水头14.5m(上游正常蓄水位75.50m~下游最低通航水位61.0m),通航1顶2×1000吨级船队,设计年单向通过能力900万t/1200万t(近期/远期)。船闸上游设计最高通航水位79.71m($P=10\%$),最低通航水位72.0m(6300m^3/s敞泄坝前水位);下游设计最高通航水79.39m($P=10\%$),最低通航水位61.0m(保证率98%)。船闸引航道采用不对称型布置,上、下游主导航墙及靠船建筑物均位于左侧岸边,船舶过闸均采取"曲进直出"的方式。上、下游左侧主导墙导航调顺段采用斜率1:6的直线,沿船闸轴线的投影长均为186m,上、下游停泊段长均为300m,各布置13个中心距25m的靠船墩。从船闸上游至下游引航道直线段总长1405m,上游连接段航道转弯半径480m,下游连接段航道转弯半径1100m。上、下游引航道宽均为60m,设计水深3.0m。船闸上、下闸首采用整体式结构,闸室采用分离式结构,船闸输水系统采用闸墙长廊道+连续低槛消能,下游泄水口采用格栅式消能室消能,顶缝出水。该船闸与老口枢纽同步建设完成。

老口船闸技术参数见表6-1-1。老口枢纽鸟瞰图如图6-1-2所示。老口船闸布置如图6-1-3所示。

老口船闸技术参数表 表6-1-1

河流名称			西江干线郁江段	建设地点		广西南宁市
船闸有效尺度(m)			190×23×3.5	最大设计水头(m)		14.5
吨级			1顶2×1000	过闸时间(min)		66.5
门型	闸门	上游	人字门	启闭形式	闸门 上游	液压
		下游	人字门		下游	液压
	阀门	上游	平板门		阀门 上游	液压
		下游	平板门		下游	液压
结构形式	上闸首		整体式	输水系统	形式	闸墙长廊道侧支孔输水
	下闸首		整体式		平均时间(min)	11.0
	闸室		分离式		廊道尺寸(m)	3.3×3.7
设计通航水位(m)	上游	最高	79.71	设计年通过能力(单线单向,万t)		900/1200(近期/远期)
		最低	72.00	桥梁情况		上闸首公路桥
	下游	最高	79.39			
		最低	61.00	建成年份(年)		2015

图 6-1-2　老口枢纽鸟瞰图

二、邕宁船闸

邕宁枢纽位于广西壮族自治区南宁市青秀区境内的仙葫开发区牛湾半岛、西江干线郁江中上游段,是郁江综合利用 10 级规划中的第 8 个梯级,上距南宁市邕江一桥 44km、距老口枢纽 74km,下距西津水电站 124km。邕宁枢纽是郁江老口~西津河段补充规划中新增加的一个梯级,坝址集水面积 75801km^2,枢纽正常蓄水位 67.00m(1956 黄海高程)。设计洪水位 76.03m($P=1\%$),设计洪水流量 19100m^3/s;校核洪水位 78.42m($P=0.1\%$),校核洪水流量 26300m^3/s。邕宁枢纽工程等级为 Ⅱ 等,拦河闸坝、电站厂房和船闸按 2 级建筑物设计,主要建筑物从左至右依次为左岸连接土坝、船闸、泄洪闸、电站厂房、右岸接头混凝土重力坝等。邕宁枢纽布置在反 S 型河道的中段,电站厂房位于河道右岸,电站装 6 台灯泡贯流式机组,总装机容量 57.6MW;15 孔泄水闸布置于河床中偏左。邕宁枢纽是一座以改善南宁城市环境和水景观、航运为主,兼顾其他的综合性水利枢纽工程。该枢纽主体工程于 2015 年 4 月开工,2018 年 12 月投入运行。

邕宁船闸位于河道左岸的阶地上,通过裁弯取直实现上下游航道的连接。船闸等级为 Ⅱ 级,闸室有效尺度 250m×34m×5.8m,最大设计水头 8.38m(上游正常蓄水位 67.00m~下游最低通航水位 58.62m),通航 2000 吨级单船及 1 顶 2×1000 吨级船队,门槛水深采用 3000 吨级船舶满载吃水 3.6m。设计年单向通过能力 3180 万 t。船闸上游设计最高通航水位 73.17m($P=10\%$),最低通航水位 65.14m(汛期最低水位);下游设计最高通航水 72.47m($P=10\%$),最低通航水位 58.62m(保证率 98% 流量并考虑下游西津枢纽影响)。船闸引航道采用不对称型布置,上、下游引航道均向右扩宽,主导航墙及靠船建筑物均位于左侧,船舶过闸均采取"曲进直出"的方式。上、下游引航道直线段长分别为 1235m,其中左侧主导墙导航段长均为 160.0m,调顺段长均为 240.0m,停泊段长均为

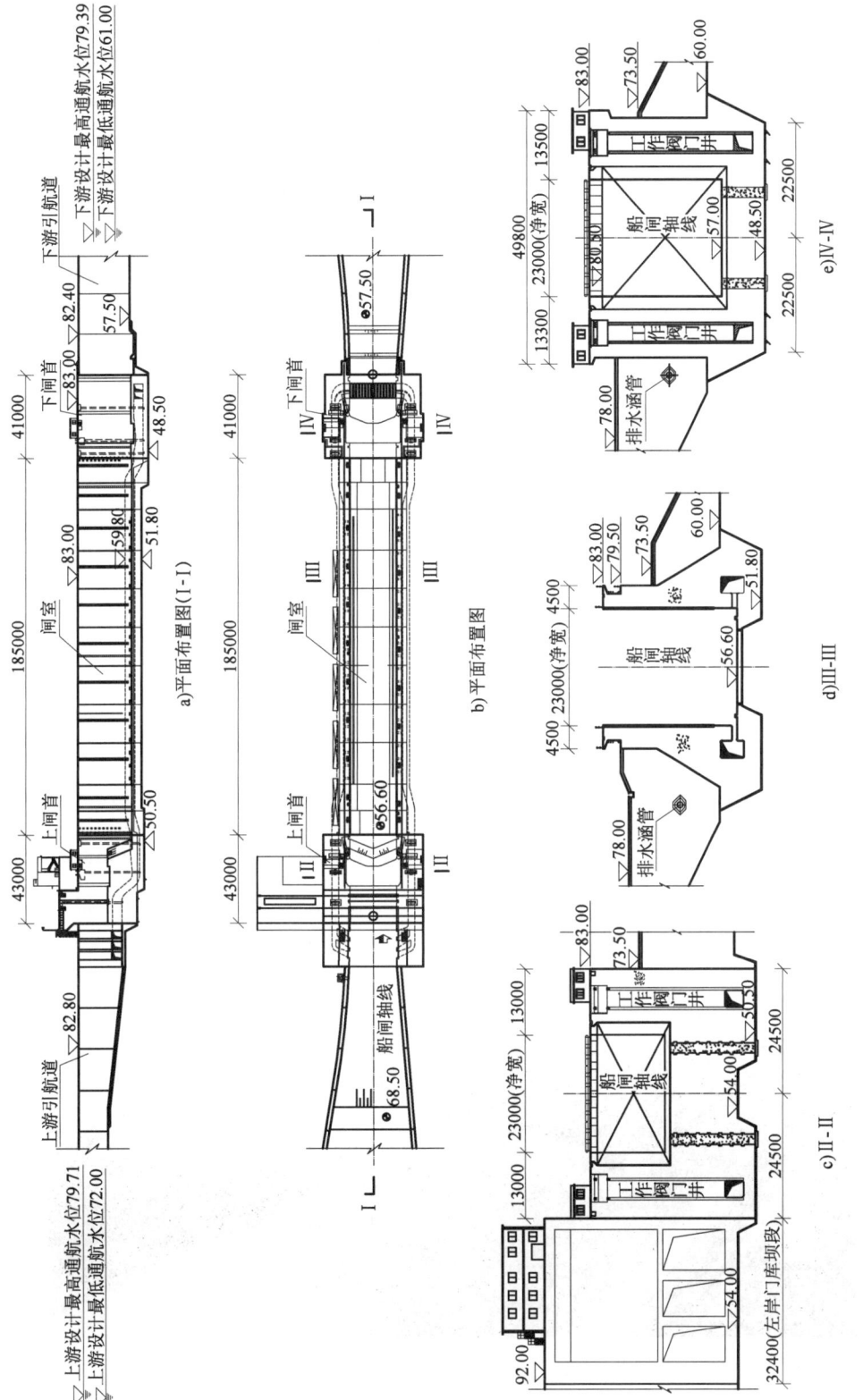

图6-1-3 老口船闸布置图（尺寸单位：mm；高程和水位单位：m）

500.0m,各布置21个中心距25m的靠船墩;上、下游右侧辅导墙长均为60.0m;上、下游主副导墙以外均采用斜坡护岸。上、下游引航道宽均为56m,设计水深5.4m,停泊段末端外引航道宽由56m渐变至90m,渐变过渡段长200m。船闸上、下闸首均采用整体式结构,闸室采用分离式结构。船闸输水系统采用闸墙长廊道侧支孔输水、明沟消能形式,下游泄水口采用格栅式消能室消能,顶缝和下游侧缝出水。邕宁船闸于2015年4月开工,2017年12月通航。

邕宁船闸技术参数见表6-1-2。邕宁枢纽鸟瞰图如图6-1-4所示。邕宁船闸布置如图6-1-5所示。

邕宁船闸技术参数表　　　　　　　　　　　　表6-1-2

河流名称	西江干线郁江段			建设地点		广西南宁市邕宁区	
船闸有效尺度(m)	250×34×5.8			最大设计水头(m)		8.38	
吨级	2000			过闸时间(min)		78.5	
门型	闸门	上游	人字门	启闭形式	闸门	上游	液压
		下游	人字门			下游	液压
	阀门	上游	平板门		阀门	上游	液压
		下游	平板门			下游	液压
结构形式	上闸首	整体式		输水系统	形式	闸墙长廊道侧支孔	
	下闸首	整体式			平均时间(min)	10.0	
	闸室	分离式			廊道尺寸(m)	4.5×4.0	
设计通航水位(m)	上游	最高	73.17	设计年通过能力(单线单向,万t)		3180	
		最低	65.14	桥梁情况		上闸首交通桥	
	下游	最高	72.47	建成年份(年)		2017	
		最低	58.62				

图6-1-4　邕宁枢纽鸟瞰图

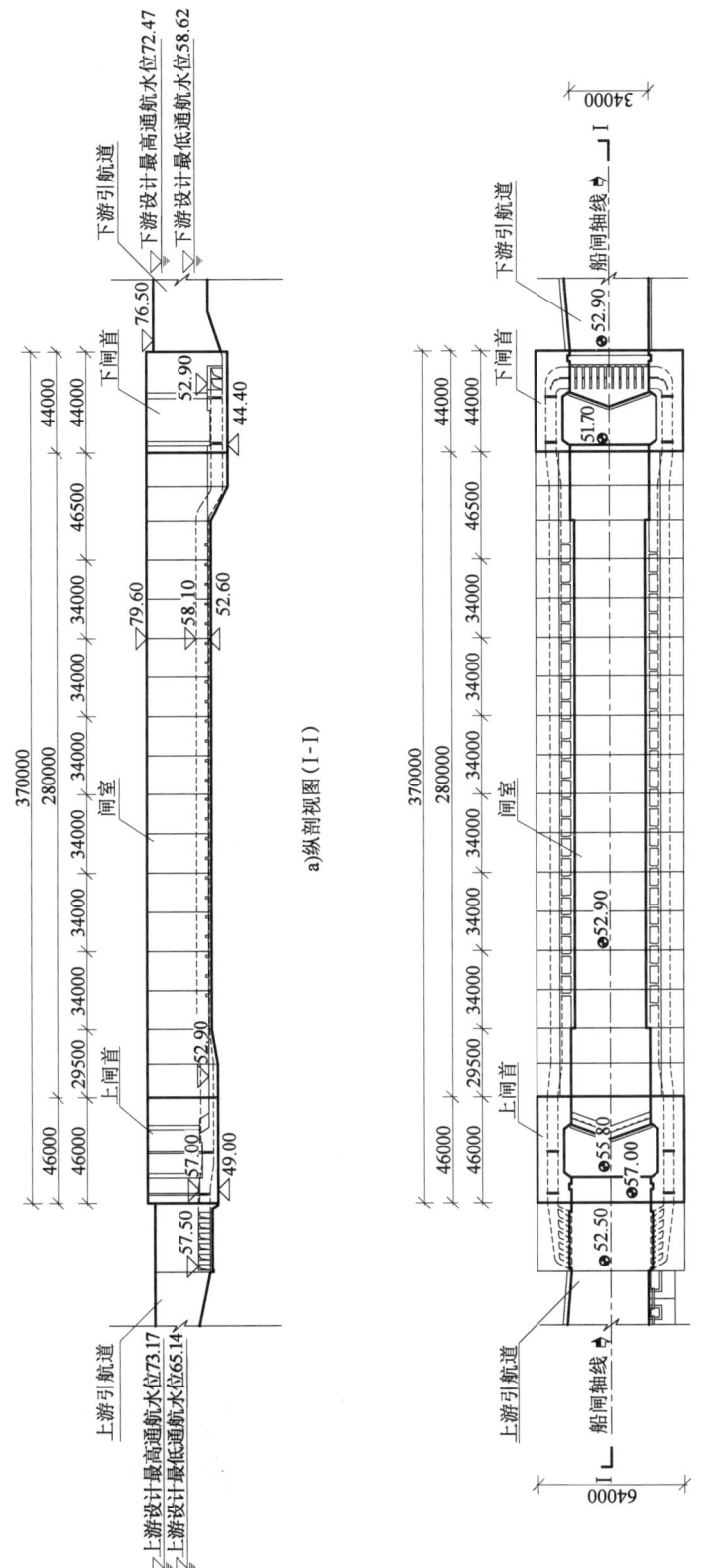

图6-1-5 邕宁船闸布置图（尺寸单位：mm；高程和水位单位：m）

三、西津船闸

西津枢纽位于广西壮族自治区南宁市横县境内、西江干线郁江中上游河段,是西江干线郁江综合利用10级规划中的第9个梯级(西江南宁至梧州段四个渠化梯级中的第1级),上距南宁市区167km、距邕宁枢纽124km,下距横县5km、距贵港枢纽104.3km。西津坝址集水面积80901km^2,多年平均流量1390m^3/s,枢纽原正常蓄水位63.00m(1956黄海高程),消落水位59.00m。枢纽设计洪水位65.82m($P=1\%$),设计洪水流量23100m^3/s;校核洪水位69.32m($P=0.1\%$),校核洪水流量31400m^3/s;水库总库容30亿m^3。主要建筑物从左至右依次为左岸重力接头坝、电站厂房、溢流闸坝、右岸重力坝和船闸等。西津船闸和电站分岸布置,电站厂房位于河道左岸,装4台灯泡贯流式机组,总装机容量242.2MW(增容改造后);17孔溢流闸布置在河床中央,每孔闸净宽14m。西津枢纽是一座以发电为主,兼顾航运和灌溉效益的水利水电综合利用工程。该枢纽1958年开工,1964年10月首台机组发电,2004年6月完成1号机组增容改造。

西津一线船闸位于河道右岸岸坡上,采用两级连续船闸,整个船闸由两个闸室和三个闸首以及上、下引航道等组成,纵轴线全长1840m,与枢纽轴线交角85°30′。船闸等级为Ⅲ级,两级船闸闸室有效尺度均为190m×15m×4.5m,最大设计水头21.7m(上游正常蓄水位63m~下游最低通航水位59.0m),通航1顶2×1000吨级船队,设计年双向通过能力600万t,年单向下行450万t。船闸上游设计最高通航水位62.12m(枢纽正常蓄水位),最低通航水位59.0m;下游设计最高通航水57.12m($P=20\%$),最低通航水位41.30m。船闸引航道采用准反对称型布置,上游引航道向两侧扩宽,主导航墙及靠船建筑物位于右侧,下游引航道向左扩宽,主导航墙及靠船建筑物位于左侧,船舶过闸均采取"曲进直出"的方式。上、下游引航道宽均为40m,设计水深4.5m。上、下闸首均采用整体式结构,闸室采用分离式结构。船闸输水系统采用短廊道集中输水,进水口布置在人字门门库后边墙上,通过垂直跌水井后转向上游,在上闸首前端经过180°转弯进入上闸首口门底板内,在转弯段廊道扩宽,通过分流墩将每侧廊道分成两个等宽且平行于船闸中心线的廊道,底板廊道通过人字进入闸室格栅消能室,闸室采用消力梁消能,为使水流均匀分布,消力梁下密上疏。船闸工作闸门为人字门,阀门为平板门,卷扬机启动。该船闸1963年动工兴建,1966年1月建成通航。

西津二线船闸并列布置在一线船闸右侧岸坡上,通过开挖形成,两闸轴线相距120m,上闸首上游端齐平,下游口门区分开,即在二线船闸下游口门区左侧布置长520m隔水墙+长80m导流墩段,使两线船闸口门区水域分开。二线船闸采用单级布置,船闸等级为Ⅰ级,闸室有效尺度280m×34m×5.8m,最大设计水头19.52m,通行3000吨级单船和1顶2×2000吨级船队,船舶尺度分别为110m×16.2m×3.5m和182m×16.2m×2.6m,

设计年单向通过能力2060万t/2760万t(近期/远期)。二线船闸闸首、闸室等主要建筑物级别按2级设计,船闸上游设计最高通航水位62.12m($P=10\%$),最低通航水位57.62m(汛期运行最低水位);下游设计最高通航水56.90m,最低通航水位42.60m(考虑下游枢纽影响保证率98%)。二线船闸引航道与一线船闸分开,引航道采用不对称型布置,上、下游引航道均向左拓宽,主导墙及靠船墩均位于左侧,船舶过闸均采取"曲进直出"的方式。上、下引航道直线段长均为550m,其中导航调顺段长250m,停泊段长300m,各布置13个中心距25m靠船墩,上游采用半径为530m、中心角为34.7°的弧线与上游航道衔接,下游采用半径为910m、中心角为55°的弧线与下游航道衔接。上游主、辅导航墙长分别为150m和95.71m,下游主、辅导航墙长分别为211.95m和173.31m,主导航墙采用1:8直线和半径220m的圆弧连接。上、下游引航道长分别为905.57m和1253.157m,引航道宽均为75.0m,设计水深5.0m。在二线船闸下引航道右侧有支流西竹坑汇入,设计将汇流口向引航道下游方向扩挖加宽至约80m,并设置导流、消能和沉沙设施,使西竹坑的水流经充分消能、沉沙和调整扩散后再汇入下游引航道。船闸上、下闸首和闸室均采用分离式结构。船闸输水系统采用闸底长廊道侧支孔输水,进水口设在上闸首前端主、辅导航墙下部,采用垂直多支孔布置形式,输水廊道进入闸室汇合成一个廊道后,又分成两个平行于闸室轴线的独立廊道,在每个廊道两侧设置27个出水支孔,采用三明沟消能,廊道在闸室下游端汇合成一支后再分成两支,从下闸首两侧边墩至下游,出口采用底槛消能,顶部、侧向格栅出水,消能室内设三道挑流坎,消能室外布置长26m的消力池。船闸上、下游工作闸门采用平面人字门,阀门采用潜孔反向弧形钢阀门。西津二线船闸于2016年9月开工,预计2022年12月底试通航。

西津二线船闸技术参数见表6-1-3。西津枢纽效果图如图6-1-6所示。西津枢纽及一线船闸鸟瞰图如图6-1-7所示。西津二线船闸布置如图6-1-8所示。

西津二线船闸技术参数表　　　　　　　　　　表6-1-3

河流名称		西江干线郁江段		建设地点		广西南宁市横县	
船闸有效尺度(m)		280×34×5.8		最大设计水头(m)		20.3(19.52)	
吨级		3000, 1顶2×2000船队		过闸时间(min)		76.7	
门型	闸门	上游	人字门	启闭形式	闸门	上游	液压
		下游	人字门			下游	液压
	阀门	上游	潜孔反向 弧形钢阀门		阀门	上游	液压
		下游	潜孔反向 弧形钢阀门			下游	液压

续上表

结构形式	上闸首	分离式		输水系统	形式	闸底长廊道侧支孔
	下闸首	分离式			平均时间(min)	11.16
	闸室	分离式			廊道尺寸(m)	6×5.5(宽×高)
设计通航水位(m)	上游	最高	62.12		设计年通过能力(单线单向,万 t)	2060/2760（近期/远期）
		最低	57.62		桥梁情况	上游引航道交通桥
	下游	最高	56.90		建成年份	在建
		最低	42.60			

图 6-1-6　西津枢纽效果图

图 6-1-7　西津枢纽及一线船闸鸟瞰图

四、贵港船闸

贵港枢纽位于广西壮族自治区贵港市境内、西江干线郁江中段,是郁江综合利用 10 级规划中的第 10 个梯级(南宁至梧州段四个渠化梯级中的第 2 级),上距贵港市区 6.5km、

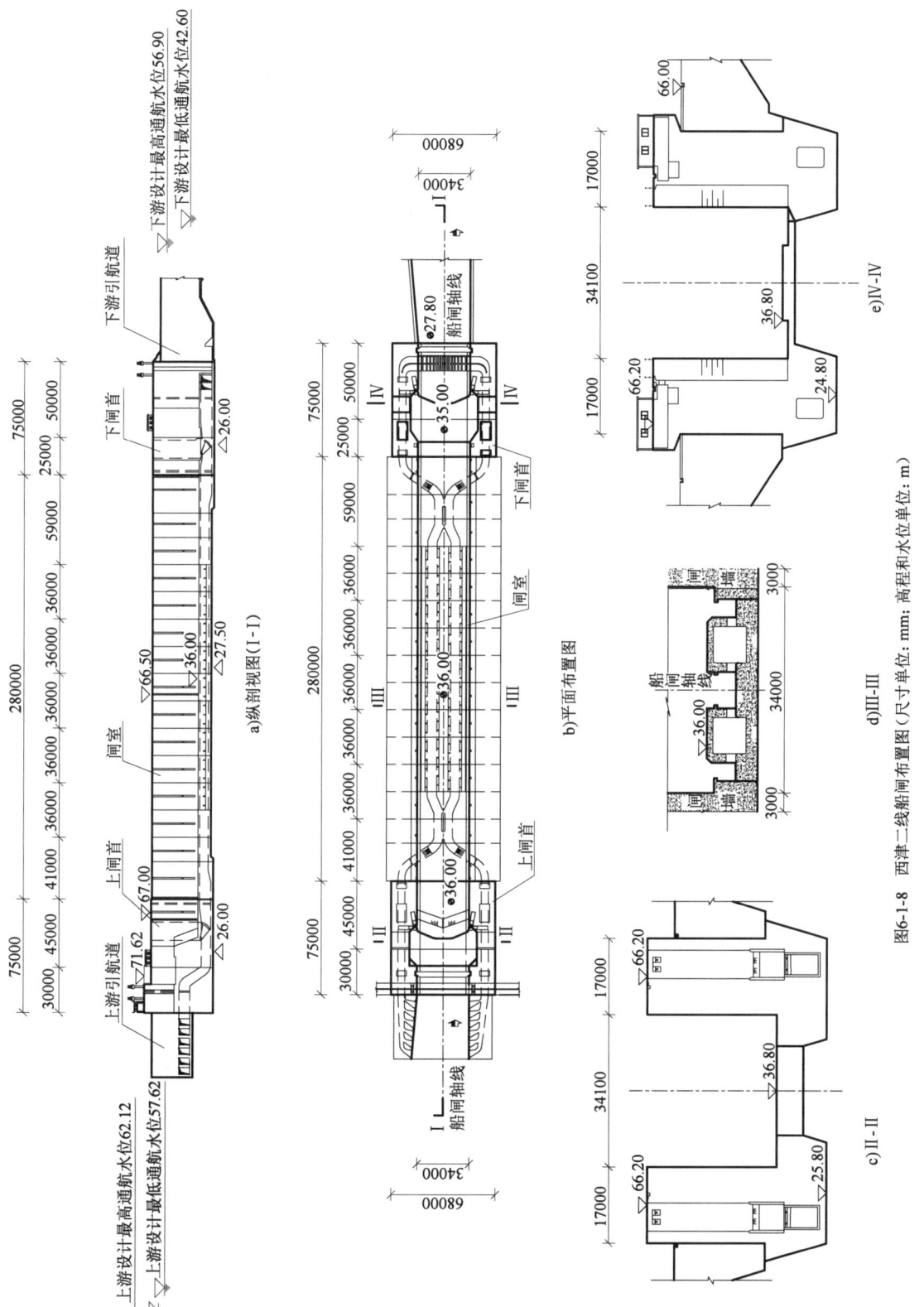

图6-1-8 西津二线船闸布置图(尺寸单位:mm;高程和水位单位:m)

距西津枢纽104.3km,下距桂平枢纽110km。贵港坝址集水面积86333km²,枢纽正常蓄水位43.10m(1956黄海高程),消落水位42.60m,汛限水位41.10m,水库总库容6.43亿m³。枢纽设计洪水位48.66m($P=1\%$),设计洪水流量18600m³/s;校核洪水位49.41m($P=0.2\%$),校核洪水流量21900m³/s。贵港枢纽工程等别为Ⅲ等,拦河坝、电站厂房、船闸闸首和闸室等按3级建筑物设计,主要建筑物从左至右依次为左岸防渗刺墙、电站、溢流闸坝、非溢流坝、右岸防渗刺墙和船闸等。电站厂房布置在河道左岸,装4台30MW灯泡贯流式机组,总装机容量120MW;18孔溢流闸布置在河道中偏右岸,每孔闸净宽14m。该枢纽是一座以渠化航道、发展航运为主,兼顾发电、防洪、灌溉、桥梁及公路交通等综合性枢纽工程。枢纽主体于1995年1月开工,1998年1月建成通航,1999年9月竣工。

贵港枢纽坝上游河道呈S形,下游为微弯形,采用截弯取方法将船闸布置在河道右岸的阶地上。一线船闸等级为Ⅲ级,闸室有效尺度190m×23m×3.5m,设计最大水头14.5m,通航1000吨级船舶和2列1顶2×1000吨级船队,船队尺度160m×10.6m×2.0m,设计年单向通过能力1200万t。船闸上游设计最高通航水位47.16m,最低通航水位41.10m;下游设计最高通航水位46.8m,下游最低通航水位28.6m。船闸引航道采用反对称型布置,上游引航道向左扩宽,下游引航道向右扩宽,上、下游主导航墙及靠船建筑物均位于右侧,上游船舶"曲进曲出",下游"直进直出"。上游引航道直线段长560m,其中导航段160m,调顺段240m,停泊段长160m,直线段以上采用半径为640m的弧线与上游航道衔接;下游引航道直线段长610m,其中导航调顺段长265m,停泊段长185m。闸首采用边墩和底板分离的重力式结构,闸室采用分离衡重式闸墙结构,靠船墩采用实体重力墩式结构,船闸输水系统采用闸底长廊道侧支孔输水,明沟消能。上、下游工作闸门为人字门,阀门为钢质平板门,卧式液压启闭机驱动。该船闸于1995年1月开工,1998年1月建成通航。

贵港二线船闸并列布置在一线船闸右侧,并在其右侧预留三线船闸位置。二线船闸上闸首与一线船闸上闸首上游端齐平,两闸轴线间距125m,二线船闸中心线以上游端交点为圆心逆时针旋转1.7°。船闸等级为Ⅰ级,闸室有效尺度280m×34m×5.8m,最大设计水头14.1m(上游正常蓄水位43.10m~下游最低通航水位29.00m),通航3000吨级货船和1顶2×2000吨级船队,船队尺度182m×16.2m×2.6m,设计年单向通过能力3100万t。船闸上游设计最高通航水位47.69m,最低通航水位41.10m;下游设计最高通航水位47.30m,最低通航水位29.00m。二线船闸上游引航道在靠船段范围内单独设置,靠船段以上两线共用;下游引航道均单独设置。二线船闸引航道采用不对称型布置,上、下游引航道均向左扩宽,上游主导航墙位于左侧,下游位于右岸,上游船舶"直进直出",下游"曲进曲出"。上游引航道直线段长530m,其中左侧主导墙用1:6的斜直线进行扩宽(沿船闸轴线的投影长102.7m),导航调顺段长250m,停泊段长280m,布置12个中心距25m

的靠船墩;右侧直线辅导墙长87.7m,其上游与斜坡护岸衔接。下游引航道直线段长530m,其中右侧直线主导墙导航调顺段长250m,停泊段长280m,布置12个中心距25m的靠船墩;左侧辅导墙采用斜直线扩宽,沿船闸轴线的投影长100m,并与一线船闸右侧主导墙衔接,其后接新建的一线及一、二线船闸共用的靠船墩段。上游引航道直线段以上用半径为550m的圆弧转弯并与上游航道连接,下游引航道直线段以下用半径为910m的圆弧转弯并与下游航道连接。上、下游引航道宽均为75m,上游引航道口门宽115m,下游引航道口门宽131.5m,设计水深5.0m。在上游引航道喇叭形口门外侧(下游侧)设置长315.3m的透空式分水墙,在其根部台地开挖宽30m的引水渠,以满足上游引航道的排漂要求;在两线船闸下游引航道分隔墙下游端设置了长135m的透空隔墙,以减小下游引航道口门区的横流。上、下闸首均采用分离式结构,闸室采用分离重力式结构。船闸输水系统采用闸墙长廊道侧支孔输水、双明沟消能形式。贵港二线船闸于2016年6月开工,2020年12月建成通航。

贵港一、二线船闸技术参数分别见表6-1-4、表6-1-5。贵港枢纽及一、二线船闸鸟瞰图如图6-1-9所示。贵港二线船闸布置如图6-1-10所示。

贵港一线船闸技术参数表 表6-1-4

河流名称		西江干线郁江段		建设地点		广西贵港市
船闸有效尺度(m)		190×23×3.5		最大设计水头(m)		14.0
吨级		1000		过闸时间(min)		62
门型	闸门	上游	人字门	启闭形式	闸门	上游	液压
		下游	人字门			下游	液压
	阀门	上游	平板门		阀门	上游	液压
		下游	平板门			下游	液压
结构形式	上闸首		分离式	输水系统	形式	底部廊道侧向短支孔输水
	下闸首		分离式		平均时间(min)	8.5
	闸室		衡重和半衬砌混合式		廊道尺寸(m)	3.5×4.5
设计通航水位(m)	上游	最高	47.16	设计年通过能力(单线单向,万t)		1200
		最低	41.10	桥梁情况		上游引航道公路桥
	下游	最高	46.80	建成年份(年)		1998
		最低	28.60			

贵港二线船闸技术参数表 表6-1-5

河流名称	西江干线郁江段	建设地点	广西贵港市
船闸有效尺度(m)	280×34×5.8	最大设计水头(m)	14.1
吨级	3000	过闸时间(min)	51.0

续上表

门型	闸门	上游	人字门	启闭形式	闸门	上游	液压
		下游	人字门			下游	液压
	阀门	上游	平板门		阀门	上游	液压
		下游	平板门			下游	液压
结构形式	上闸首	分离式		输水系统	形式	闸墙长廊道+闸底双明沟消能输水	
	下闸首	分离式			平均时间(min)	10.5	
	闸室	分离重力式			廊道尺寸(m)	5×6(宽×高)	
设计通航水位(m)	上游	最高	47.69	设计年通过能力(单线单向,万t)		3100	
		最低	41.10	桥梁情况		上游引航道公路桥	
	下游	最高	47.30	建成年份(年)		2020	
		最低	29.00				

图 6-1-9 贵港枢纽及一、二线船闸鸟瞰图

五、桂平船闸

桂平枢纽位于广西壮族自治区桂平市区南郊、西江干流郁江河段,是西江南宁至梧州段四个渠化梯级中的第 3 级,上距贵港枢纽 110km,下距黔江与郁江汇合口约 4km、距长洲枢纽约 157km。桂平坝址集水面积 86780km^2,枢纽正常蓄水位 29.60m(1956 黄海高程),水库总库容 2.5 亿 m^3。桂平航运枢纽工程等级为Ⅱ等,主要挡泄水建筑物为 2 级建筑物,船闸下闸首、闸室及导航墙等为 3 级建筑物,主要建筑物从左至右依次为拦河坝、电站、一线船闸和二线船闸等。枢纽坝区河段呈反 Ω 形,泄洪闸坝和电站布置在左侧主河道上,船闸位于右岸边滩。电站厂房位于主河道右岸,装 3 台灯泡贯流式机组,总装机容量 46.5MW;15 孔泄洪闸布置在河道中偏左岸。该枢纽是一座集航运、发电和交通于一体

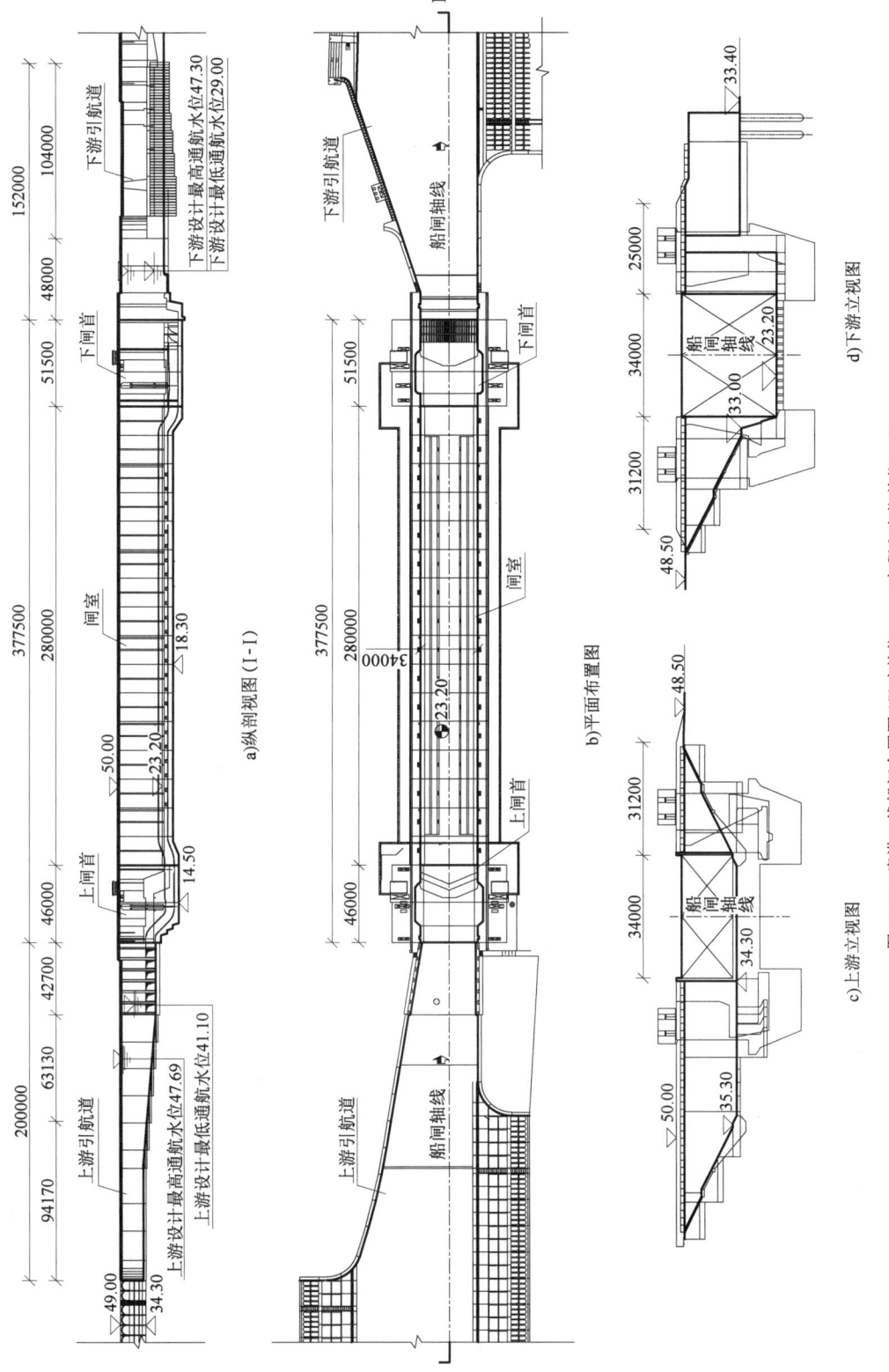

图6-1-10 贵港二线船闸布置图（尺寸单位：mm；高程和水位单位：m）

的综合性航运枢纽工程。枢纽主体于1986年8月开工,1992年投入运行。

桂平一线船闸布置在河道右岸阶地上,通过开挖与上下游航道连接,实现航道的裁弯取直。船闸等级为Ⅲ级,闸室有效尺度190m×23m×3.5m,最大设计水头11.7m,通航2×1000吨级船队,设计年单向通过能力691万t/1100万t(近期/远期)。船闸上游设计最高通航水位39.28m,最低通航水位28.60m;下游设计最高通航水位38.52m,最低通航水位19.81m。船闸引航道采用不对称型布置,上、下游引航道均向右扩宽,主导航墙及靠船建筑物均位于右侧,船舶过闸均采取"曲进直出"的方式。上游引航道长1125.75m(其中口门外单边护坡长430m),下游引航道长825m(其中口门外单边护坡长625.85m)。上、下游右侧弧形主导墙长分别为99.9m和81.6m,靠船段长均为350m,上游引航道布置14个中心距25m的靠船墩,下游引航道布置10个中心距25m的靠船墩,上、下游左侧辅导航墙长均为160m。上、下游引航道宽均为45m,设计水深3.5m。靠船段以外一、二线船闸共用引航道,引航道口门处设分水隔墙,上游分水隔墙长250m,下游分水隔墙长137m。上、下闸首和闸室均采用混凝土分离重力式结构,船闸输水系统采用闸墙长廊道侧支孔出水。该船闸工程于1986年8月动工,1989年2月建成通航。

桂平二线船闸并列布置在一线船闸右侧,船闸等级为Ⅰ级,闸室有效尺度280m×34m×5.6m,最大设计水头10.5m,通行3000吨级船舶、1顶2×2000吨级船队及港澳线2000吨级集装箱船,设计年单向通过能力2700万t/3100万t(中期/远期)。船闸上游设计最高通航水位40.78m,最低通航水位28.6m;下游设计最高通航水位40.67m,最低通航水位20.0m。二线船闸建成后,船闸引航道靠船段以内各自单独设置,靠船段以外共用。二线船闸引航道采用不对称型布置,上、下游引航道均向左扩宽,主导航墙及靠船建筑物均位于左侧,船舶过闸均采取"曲进直出"的方式。上、下游引航道直线段长分别为768m和592m,其中导航调顺段长均为239m,停泊段长均为280m,各布置12个靠船墩。上、下游引航道宽均为73m,共用引航道宽均为120m,设计水深5.6m,停泊段以外共用引航道宽不小于120m,转弯半径1000m。为改善水流条件,在下引航道分水堤头布置5个导流墩。船闸上、下闸首和闸室均采用分离式结构。船闸输水系统采用闸底长廊道侧支孔输水、消力坎消能,下游泄水口采用格栅式消能室消能、顶侧缝出水,桂平二线船闸于2008年9月开工,2011年6月建成,2011年10月31日正式通航。

桂平一、二线船闸技术参数分别见表6-1-6、表6-1-7。桂平一、二线船闸鸟瞰图如图6-1-11所示。桂平二线船闸布置如图6-1-12所示。

桂平一线船闸技术参数表 表6-1-6

河流名称	郁江	建设地点	广西桂平市
船闸有效尺度(m)	190×23×3.5	最大设计水头(m)	10.7
吨级	1000	过闸时间(min)	67.5

续上表

门型	闸门	上游	人字门	启闭形式	闸门	上游	液压
		下游	人字门			下游	液压
	阀门	上游	平板门		阀门	上游	液压
		下游	平板门			下游	液压
结构形式	上闸首	分离		输水系统	形式	闸墙长廊道侧支孔	
	下闸首	分离			平均时间(min)	8.0	
	闸室	分离			廊道尺寸(m)	4.0×4.0	
设计通航水位(m)	上游	最高	39.28		设计年通过能力(单线单向,万t)	1100	
		最低	28.60		桥梁情况	上游引航道公路桥	
	下游	最高	38.52		建成年份(年)	1989	
		最低	19.81				

桂平二线船闸技术参数表　　　　表6-1-7

河流名称	郁江			建设地点	广西桂平市		
船闸尺度(m)	280×34×5.6			最大设计水头(m)	10.5		
吨级	3000			过闸时间(min)	90		
门型	闸门	上游	人字门	启闭形式	闸门	上游	液压
		下游	人字门			下游	液压
	阀门	上游	平板门		阀门	上游	液压
		下游	平板门			下游	液压
结构形式	上闸首	分离式		输水系统	形式	闸底部长廊道侧支孔	
	下闸首	分离式			平均时间(min)	11	
	闸室	重力式(无底板)			廊道尺寸(m)	5.0×5.5	
设计通航水位(m)	上游	最高	40.78		设计年通过能力(单线单向,万t)	3100	
		最低	28.60		桥梁情况	上游引航道公路桥	
	下游	最高	40.67		建成年份(年)	2011	
		最低	20.00				

图 6-1-11　桂平一线、二线船闸鸟瞰图

六、长洲船闸

长洲枢纽位于广西壮族自治区梧州市长洲区境内,上距桂平枢纽约 158km,下距梧州市区约 12km,是西江浔江河段广西境内规划的最后一个梯级。长洲枢纽坝址集水面积 308600km²,枢纽正常蓄水位 20.60m(1956 黄海高程),死水位 18.6m,水库总库容 56 亿 m³。枢纽设计洪水位 28.21m($P=1\%$),设计洪水流量 48700m³/s;校核洪水位 30.88m($P=0.1\%$),校核洪水流量 57700m³/s。长洲水利枢纽为Ⅰ等工程,主要挡泄水建筑物(含船闸闸首和闸室)为 2 级建筑物,上、下游导航建筑为 3 级建筑物。长洲枢纽坝线横贯三江两岛,主要建筑物从左至右依次为左岸接头重力坝及土石坝、内江电站厂房、内江泄水闸、长洲岛土坝、中江泄水闸、泗化洲岛土坝、鱼道、外江电站厂房、外江泄水闸、1 号船闸、冲沙闸、2 号船闸、3 号船闸和 4 号船闸、右岸接头重力坝及土石坝等。长洲枢纽电站厂房分别布置在内江和外江左侧,厂房形式为河床式,装 15 台灯泡贯流式机组,总装机容量 630MW;泄水闸分别布置在内江、中江和外江,其闸孔数分别为 12 孔、15 孔和 16 孔,闸下游底流消能;四线船闸均布置在外江右岸台地上,其中 1 号、2 号船闸之间设两孔宽 15.45m 的冲沙闸。长洲枢纽是一座以发电为主,兼有航运、灌溉和养殖等综合利用效益的大型水利工程。该枢纽主体于 2007 年 5 月建成并投入运行。

长洲 1 号、2 号船闸并列布置在外江右岸,两船闸中心线均与坝轴线正交,船闸轴线间距 98.9m,两船闸之间设两孔冲沙闸,上闸首前沿线齐平。船闸建筑物中心线全长 3000m,挡水前沿宽 162.9m,其中 1 号、2 号船闸上闸首宽分别为 77m 和 51m,冲沙闸宽 34.9m。1 号船闸等级为Ⅱ级,闸室有效尺度 200m×34m×4.5m,通航 2000 吨级船舶和 1 顶 2×2000 吨级船队;2 号船闸等级为Ⅲ级,闸室有效尺度 185m×23m×3.5m,通航 1000 吨级船舶和 1 顶 2×1000 吨级船队。1 号、2 号船闸最大设计水头均为 15.55m(上游正常蓄水位 20.60m～下游最低通航水位 5.05m),设计年通过能力 3920 万 t(其中下行 3150 万 t,

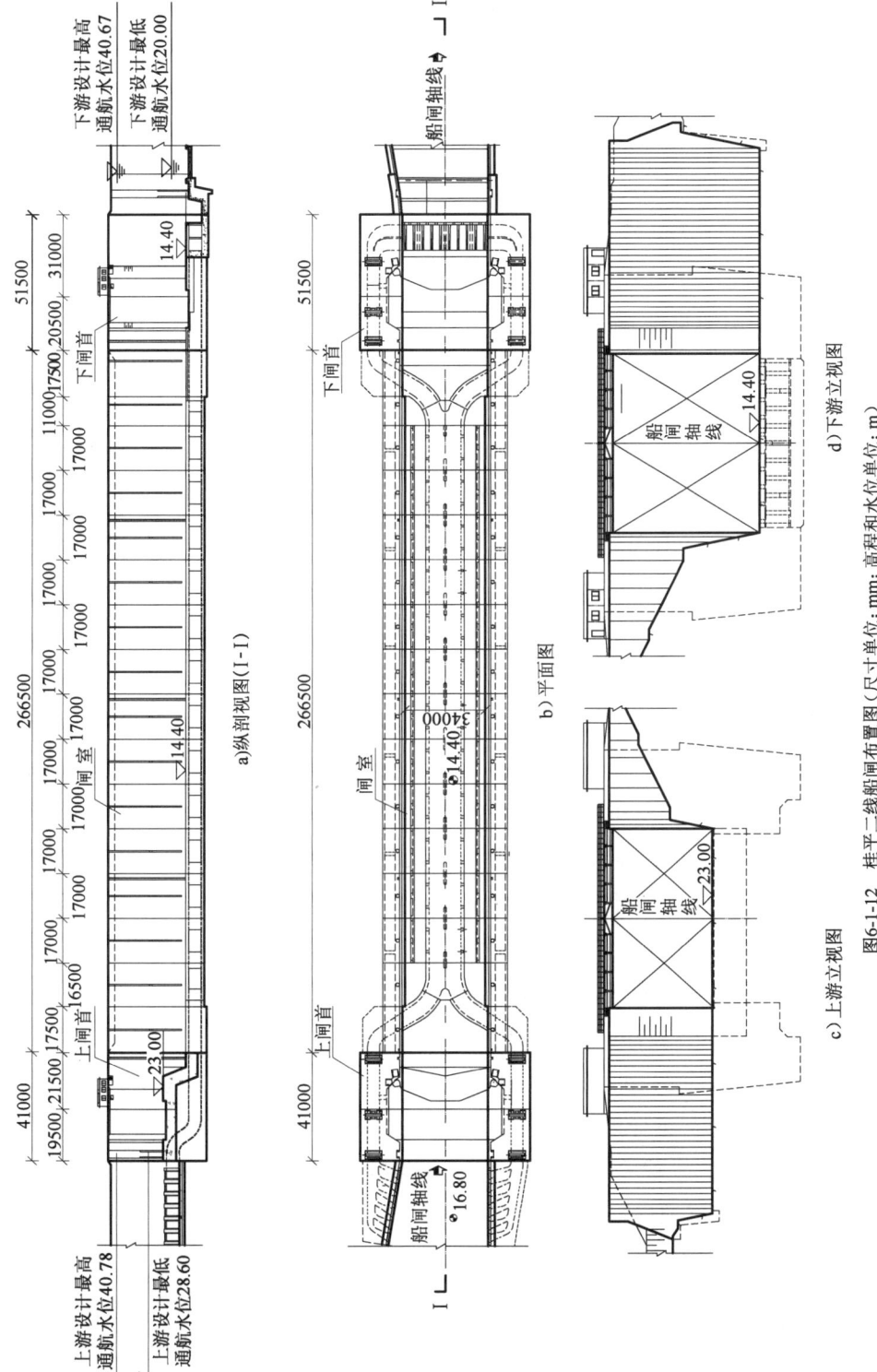

图6-1-12 桂平二线船闸布置图（尺寸单位：mm；高程和水位单位：m）
a) 纵剖视图（I-I） b) 平面图 c) 上游立视图 d) 下游立视图

上行 770 万 t）。船闸上游设计最高通航水位 23.9m（$P=20\%$），最低通航水位 18.6m（死水位）；下游设计最高通航水位 23.8m（$P=20\%$），最低通航水位 5.05m（保证率 98% 并考虑冲刷下切 0.5m）。两线船闸共用上、下游引航道，上、下引航道主导航墙及靠船建筑物布置于两侧，分别与 1 号左闸墙和 2 号右闸墙处同一直线上。上游引航道直线段总长 570m，其中导航、调顺段长 403m，停泊段长 160m，直线段以上用半径为 837.0m、中心角为 13°的圆弧转弯进入上游库区。下游引航道直线总长 584.5m，其中 1 号、2 号船闸导航、调顺分别为 386.5 和 421.5m，停泊段 160m，直线段以下用半径为 837.0m、中心角为 12°的圆弧转弯进入外江下游。在上、下游左右两侧靠船段各布置 9 个中心距 20m 的靠船墩。1 号、2 号船闸共用引航道全宽 129.6m，其中 1 号船闸引航道宽 77.6m，设计水深 4m；2 号船闸引航道宽 52.0m，设计水深 3.5m。为隔开外江水流，在船闸上、下游左侧分别设置隔水堤，上游隔水堤长 580m，下游隔水堤长 1003m。1 号船闸上、下闸首和闸室均采用分离式结构，2 号上闸首和闸室采用分离式结构、下闸首采用整体式结构。1 号船闸输水系统采用闸墙长廊道闸室中部横支廊道分散输水、双明沟消能，输水廊道进水口采用垂直多支孔进口形式，左侧进水口由引航道直接取水，右侧进水口设置在冲沙闸一侧，为旁侧取水形式。2 号船闸输水系统采用闸墙长廊道侧支孔出水，输水廊道进水口亦采用垂直多支孔进口形式，左侧进水口设置在冲沙闸一侧，为旁侧取水形式，右侧进水口由引航道直接取水。1 号、2 号船闸均于 2007 年 5 月与枢纽同步建成并通航。1 号、2 号船闸存在的主要问题是河床下切引起水位下降，导致枯水期下游水深不足，船舶过闸困难，无法充分发挥船闸的通过能力。

长洲 3 号、4 号船闸并列布置在 2 号船闸右侧，其中 2 号、3 号船闸轴线间距 130m，3 号、4 号船闸轴线间距 57m。船闸等级均为Ⅰ级，闸室有效尺度 340m × 34m × 5.8m，最大设计水头 17.28m（上游正常蓄水位 20.60m ~ 下游最低通航水位 3.32m），通行 3000 吨级货船和 1 顶 2 × 2000 吨级船队，船舶尺度 110.0m × 16.2m × 3.5m，船队尺度 182.0m × 16.2m × 2.6m，设计年单向通过能力 9604 万 t（四线年单向总通过能力 1.36 亿 t）。船闸上游设计最高通航水位 25.79m，最低通航水位 18.60m；下游设计最高通航水位 25.70m，最低通航水位 3.32m。3 号、4 号船闸共用上、下游引航道，引航道采用对称型布置，上、下游引航道均向两侧扩宽，主导航墙均位于两侧岸边，船舶过闸均采取"曲进直出"的方式。3 号、4 号线船闸建筑物轴线全长 4500m，上、下游口门区直接与主航道衔接。上、下游引航道长分别为 2366m 和 2169m，其中直线段长均为 568m，包括导航调顺段长 228m（沿船闸轴线的投影长），停泊段长 340m，停泊段各布置 13 个中心距 25m 的靠船墩。上、下游共用引航道宽均为 153m，设计水深 5.8m。在上、下游引航道外靠近口门区右岸均增设有待闸停泊段，其中上游待闸停泊段长 660m，下游待闸停泊段长 510m。船闸上、下闸首均采用边墩和底板分离的衡重式结构，闸室采用无底板衡重式闸墙结构。船闸输水系统均采用闸底长廊道侧支孔输水、双明沟消能,3 号、4 号船闸之间增加互灌廊道,上、下游工作闸门为人字门,阀门为平板门,液压启动。长洲 3 号、4 号船闸于 2011 年 5 月开工,2016 年 10 月建成通航。

在长洲三、四线船闸(即 3 号、4 号船闸)工程设计和建设过程中,针对面临的船闸大型化、环境受限、通航水流条件复杂等难题,采用多种研究手段相结合的方法,对特大型船闸总体布置、输水系统消能、船闸省水技术、多线船闸运行调度等关键技术进行了全面系统研究,获得以下关键技术创新与实践成果:

(1)研发了四线船闸群并列布置创新形式及航线交叉区布置新技术,解决了在已建枢纽限制性复杂条件下扩建三线、四线特大型船闸的平面布置和通航水流条件关键技术难题;

(2)首次提出了双线特大型并列船闸互通省水布置,解决了并列船闸独立输水和互通输水的水力学技术难题,节约了水资源;

(3)发明了闸底长廊道复合阶梯消能输水系统新形式,解决了特大型中高水头船闸船舶安全停泊与闸室高效消能输水核心难题;

(4)创新了受限复杂条件下四线船闸群通航交通组织方法,提出了分区逐级调度调节船舶交通流量的航行调度规则,首创四线船闸群多维联合排挡优化调度技术,充分发挥了四座船闸的通航效益。

长洲 1 号、2 号和 3 号、4 号船闸技术参数分别见表 6-1-8 ~ 表 6-1-10。长洲枢纽效果图如图 6-1-13 所示。长洲四线船闸鸟瞰图如图 6-1-14 所示。长洲船闸布置如图 6-1-15 所示。

长洲 1 号船闸技术参数表 表 6-1-8

河流名称	西江		建设地点	广西梧州市长洲区长洲镇
船闸有效尺度(m)	200×34×4.5		最大设计水头(m)	15.55
吨级	2000		过闸时间(min)	83
门型	闸门	上游 人字门	启闭形式	闸门	上游 液压
		下游 人字门			下游 液压
	阀门	上游 平板门		阀门	上游 液压
		下游 平板门			下游 液压
结构形式	上闸首	分离式	输水系统	形式	闸墙长廊道闸室中部横支廊道分散输水
	下闸首	分离式		平均时间(min)	12
	闸室	分离式		廊道尺寸(m)	4.3×5.7
设计通航水位(m)	上游	最高 23.9	设计年通过能力(1 号、2 号两线,万 t)		3920(下行 3150,上行 770)
		最低 18.60	桥梁情况		跨上闸首交通桥
	下游	最高 23.8	建成年份(年)		2007
		最低 5.05			

长洲 2 号船闸技术参数表 表 6-1-9

河流名称			西江	建设地点		广西梧州市长洲区长洲镇
船闸有效尺度(m)			185×23×3.5	最大设计水头(m)		17.55
吨级			1000	过闸时间(min)		63
门型	闸门	上游	人字门	启闭形式	闸门	上游	液压
		下游	人字门			下游	液压
	阀门	上游	平板门		阀门	上游	液压
		下游	平板门			下游	液压
结构形式	上闸首		分离式	输水系统	形式		闸墙长廊道侧支孔输水
	下闸首		整体式		平均时间(min)		9
	闸室		分离式		廊道尺寸(m)		4.0×4.0
设计通航水位(m)	上游	最高	23.90	设计年通过能力 (1号、2号两线,万t)			3920(下行3150, 上行770)
		最低	18.60	桥梁情况			跨上闸首交通桥
	下游	最高	23.80	建成年份(年)			2007
		最低	5.05				

长洲 3 号、4 号船闸技术参数表 表 6-1-10

河流名称			西江	建设地点		广西梧州市长洲区长洲镇
船闸有效尺度(m)			340×34×5.8	最大设计水头(m)		17.28
吨级			3000	过闸时间(min)		98.9
门型	闸门	上游	人字门	启闭形式	闸门	上游	液压
		下游	人字门			下游	液压
	阀门	上游	平板门		阀门	上游	液压
		下游	平板门			下游	液压
结构形式	上闸首		边墩和底板分离衡重式结构	输水系统	形式		闸底长廊道侧支孔 输水系统+互灌廊道
	下闸首		边墩和底板分离衡重式结构		平均时间(min)		10.0
	闸室		无底板衡重式闸墙结构		廊道尺寸(m)		6×4.6
设计通航水位(m)	上游	最高	25.79	设计年通过能力 (3号、4号两线单向,万t)			9604
		最低	18.60	桥梁情况			跨上闸首交通桥
	下游	最高	25.70	建成年份(年)			2016
		最低	3.32				

图6-1-13 长洲枢纽效果图

图 6-1-14　长洲四线船闸鸟瞰图

第六章 珠江水系通航建筑物

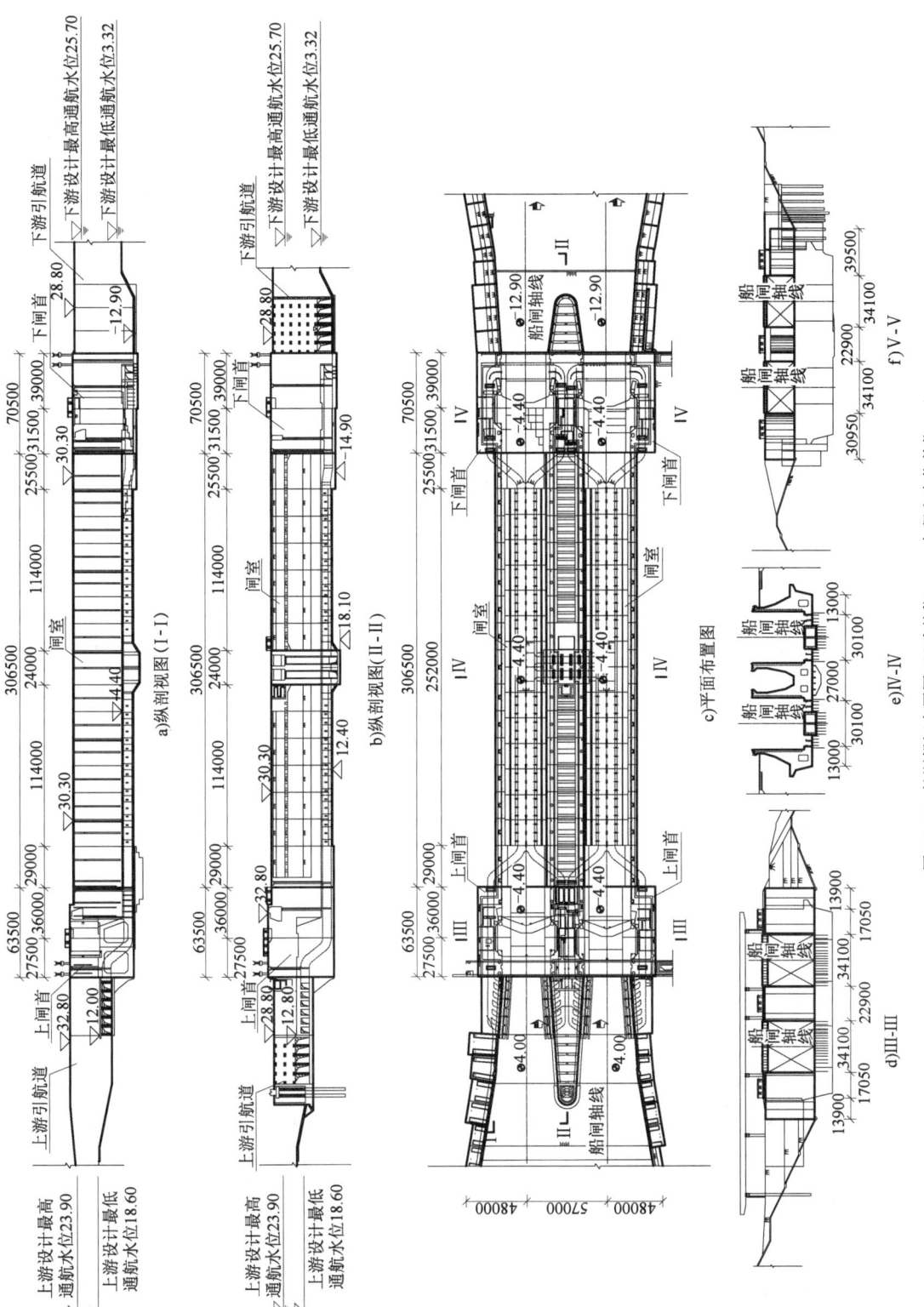

图6-1-15 长洲船闸布置图（尺寸单位：mm；高程和水位单位：m）

第二节　右江通航建筑物

右江是西江干流黔江段支流郁江上游河段的名称，发源于云南省广南县底好乡听弄村的杨梅山，流经百色、田阳、田东、隆安、南宁等地，全长 707km，流域面积 38612km²。右江主要支流有西洋江、龙须河、乐里河、澄碧河、百东河、绿水河、江城水、田州河、武鸣河等。

右江通航里程 428km，现状航道等级为Ⅳ级，远期规划为Ⅲ级，规划建设瓦村、白色、东笋、那吉、鱼梁、金鸡滩六个梯级，其中瓦村建成 50 吨级升船机 1 座，白色枢纽规划有 2×500 吨级升船机，那吉、鱼梁、金鸡滩均建成 1000 吨级船闸各 1 座。

右江梯级枢纽规划如图 6-2-1 所示。

一、那吉船闸

那吉航运枢纽位于广西壮族自治区田阳县境内、右江中上游河段，是郁江综合利用 10 级规划中的第 4 级，上距百色市 29km，下距田阳县城 22km。那吉坝址以上集雨面积 23570km²。多年平均流量 330m³/s，枢纽正常蓄水位 115.0m（1956 黄海高程），渠化河道里程 56km，是百色水利枢纽的反调节水库。那吉枢纽设计洪水位 110.75（$P=2\%$），设计洪水流量 3750m³/s；校核洪水位 118.53m（$P=0.2\%$），校核洪水流量 11000m³/s。那吉枢纽工程等级为Ⅲ等，泄水闸、船闸挡水部分、电站厂房、左右岸接头坝等按 3 级建筑物设计，次要建筑物按 4 级建筑物设计。坝顶全长 334.64m，最大坝高 27.50m，主要建筑物从左至右依次为左岸接头重力坝、溢流闸坝、电站厂房和船闸。电站厂房和船闸均集中布置在河道右岸，船闸靠岸侧，电站靠河侧，装 3 台灯泡贯流式机组，总装机容量 66MW；10 孔泄洪闸布置在河道中偏左岸，每孔闸净宽 16m，闸下游底流消能。那吉枢纽是百色枢纽的反调节水库，以航运为主、结合发电、兼有其他效益的水资源综合利用工程。该枢纽主体于 2005 年 9 月开工，2008 年 6 月建成并投入运行。

那吉船闸布置在右岸岸边，其左侧紧邻电站厂房，船闸等级为Ⅲ级，闸室有效尺度 190m×12m×3.5m，最大设计水头 14.7m，通航 1000 吨级货船及 1 顶 2×1000 吨级分节驳船队，船队尺度 160.0m×10.6m×2.0m，设计年单向通过能力 520 万 t。船闸上游设计最高通航水位 115.0m（枢纽正常蓄水位），最低通航水位 109.40m（最低运行水位）；下游设计最高通航水位 109.68m（$P=10\%$），最低通航水位 99.8m（下游衔接水位）。船闸引航道采用不对称型布置，上、下游引航道均向左侧扩宽，主导航墙及靠船建筑物均位于右侧岸边，船舶过闸均采取"直进曲出"的方式。上、下游引航道直线段长均为 560m，其中导

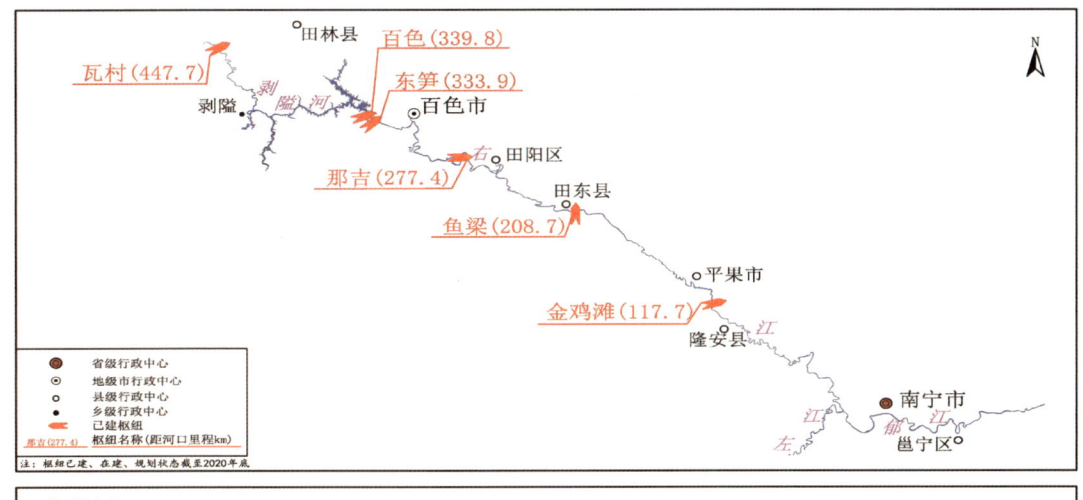

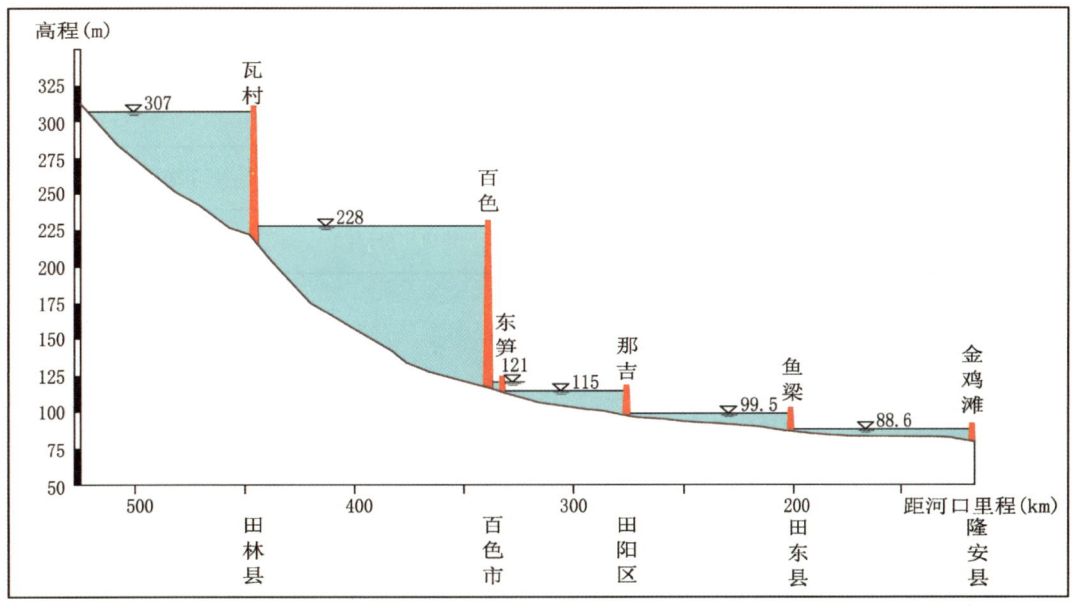

图 6-2-1　右江梯级枢纽规划图

航段长 160m,调顺段长 240m,停泊段长 160m,布置 7 个中心距 25m 靠船墩。上、下游右侧主导墙导航段直立墙长 140m,其后接半径为 20m、圆心角为 90°的弧线与 1∶2 的岸坡衔接,弧线轴线投影长 20m。上游左侧辅导墙采用两段斜直线扩宽,沿船闸轴线的投影长 76.5m,其上游与分水隔墙衔接,分水隔墙端部外挑;下游左侧辅导墙采用斜直线和圆弧扩宽,沿船闸轴线的投影长 60.0m,其下游与分水隔墙衔接,下游引航道总长 1035.50m。上、下游引航道宽均为 45m,扩展段宽 67.5m,设计水深 3.5m。下游航道连接段采用半径为 800m 的弧线与上、下游引航道衔接。船闸上、下闸首均采用重力式结构,闸室采用整体式结构。船舶输水系统采用闸墙长廊道侧支孔出水、消力坎消能形式,下游泄水口采用格栅式消能室消能、顶缝出水。该船闸于 2007 年 10 月建成通航。

那吉枢纽技术参数见表6-2-1。那吉枢纽鸟瞰图如图6-2-2所示。那吉枢纽鸟瞰图（下游）如图6-2-3所示。那吉船闸布置如图6-2-4所示。

那吉枢纽技术参数表 表6-2-1

河流名称			右江	建设地点		广西百色田阳县
船闸有效尺度(m)			190×12×3.5	最大设计水头(m)		13.91
吨级			1000	过闸时间(min)		51.5
门型	闸门	上游	人字门	启闭形式	闸门	上游	液压
		下游	人字门			下游	液压
	阀门	上游	平板门		阀门	上游	液压
		下游	平板门			下游	液压
结构形式	上闸首		重力式结构	输水系统	形式	闸墙长廊道短支孔
	下闸首		重力式结构		平均时间(min)	10
	闸室		整体式结构		廊道尺寸(m)	3×2.7(高×宽)
设计通航水位(m)	上游	最高	115.0	设计年通过能力(单线单向,万t)		520
		最低	109.40	桥梁情况		下游引航道公路桥
	下游	最高	109.68	建成年份(年)		2007
		最低	99.80			

图6-2-2 那吉枢纽鸟瞰图

图 6-2-3 那吉枢纽鸟瞰图(下游)

二、鱼梁船闸

鱼梁航运枢纽位于广西壮族自治区百色市田东县境内、右江干流上,是郁江综合利用 10 级规划中的第 5 级,上距田东县城 7km,下距南宁市区约 187km。鱼梁坝址集雨面积 29243km², 枢纽正常蓄水位 99.50m(1956 黄海高程),消落水位 99.00m,渠化航道 78.7km。枢纽设计洪水位 102.78m($P=2\%$),设计洪水流量 6600m³/s;校核洪水位 108.52m($P=0.2\%$),校核洪水流量 12700m³/s。鱼梁枢纽工程等级为 Ⅱ 等,主要挡泄水建筑物、船闸和电站厂房等按 3 级建筑物设计,次要建筑物按 4 级建筑物设计,主要建筑物从左至右依次为左岸混凝土接头坝、船闸、非溢流坝、泄水闸坝、电站厂房、右岸混凝土接头坝和鱼道等。电站厂房位于河道右岸,装 3 台灯泡贯流式机组,总装机容量 60MW;9 孔泄水闸布置在河床中偏左,每孔闸净宽 16m,闸下游底流消能。鱼梁枢纽是一座以航运为主、结合发电,兼顾其他效益的水资源综合利用工程。该枢纽主体工程于 2010 年 2 月开工,2013 年 12 月投入运行。

鱼梁船闸布置在河道左岸,船闸等级为 Ⅲ 级,闸室有效尺度 190m × 23m × 3.5m,最大设计水头 11.8m(上游正常蓄水位 99.50m ~ 下游最低通航水位 87.7m),通航 1000 吨级货船和 2 × 1000 吨级顶推船队,设计年单向通过能力 904 万 t。船闸上游设计最高通航水位 100.15m($P=10\%$),最低通航水位 95.9m;下游设计最高通航水位 99.86m,最低通航水位 87.70m。船闸引航道采用准对称型布置,上、下游引航道均向两侧扩宽,主导航墙及靠船建筑物均位于左侧岸边,船舶过闸均采取"曲进直出"的方式。上、下游引航道直线长均为 430m,其中上、下游左侧主导墙均采用斜直线和半径为 532.625m 的圆弧线进行扩宽,导航调顺段沿船闸轴线的投影长均为 210m,停泊段长均为 190m,各布置 9 个中心距

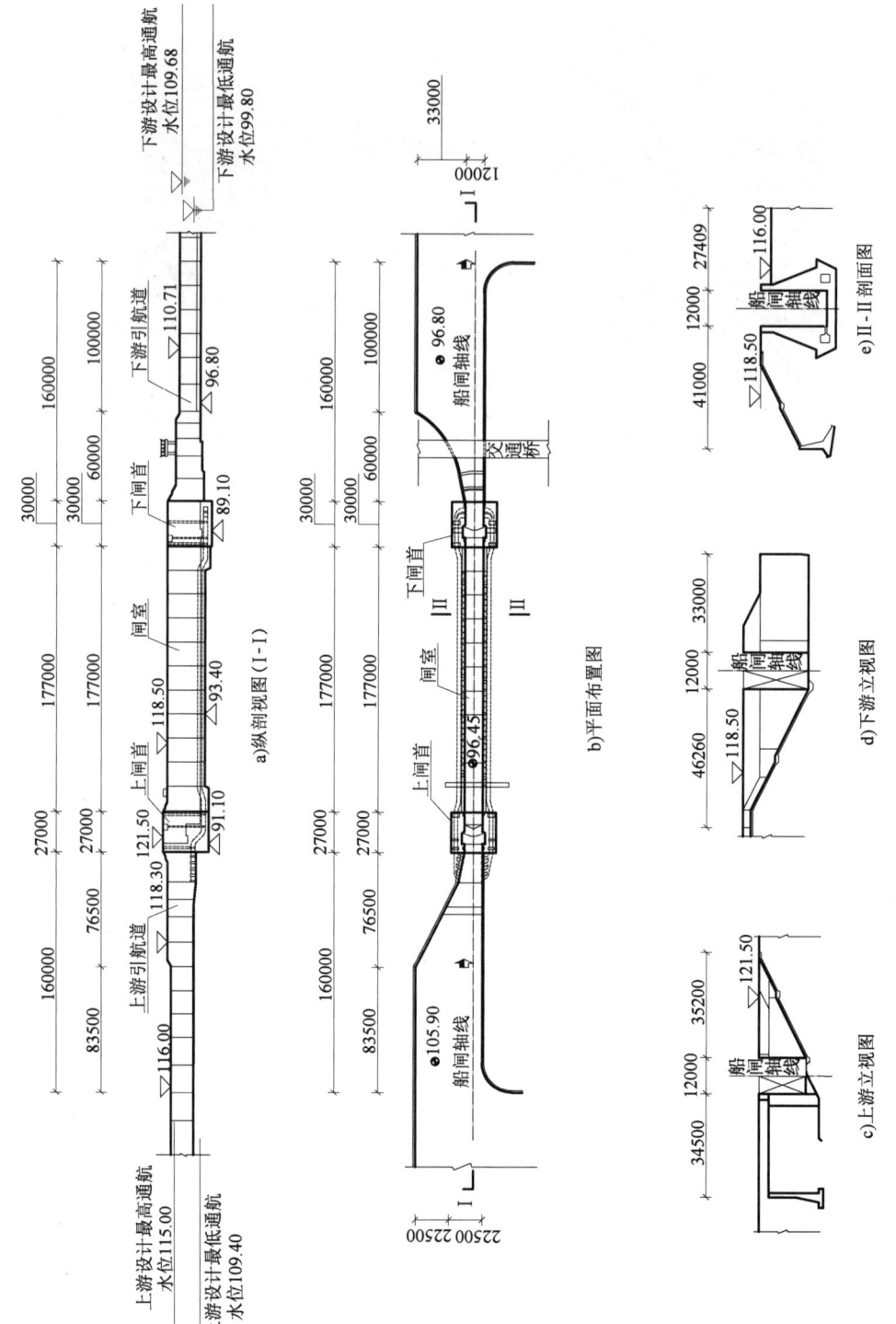

图6-2-4 那吉船闸布置图（尺寸单位：mm；高程和水位单位：m）

23.75m 的靠船墩。上、下游辅导墙均以 1:12.90 的直线扩宽,沿船闸轴线的投影长均为 160m;上游辅导墙以上分水墙及导流墩前沿线为 1:31 的斜直线,沿船闸轴线的投影长 353m,下游辅导墙以下分水墙及导流墩前沿线与船闸轴线平行,分水墙长 239m。上、下游引航道总长分别为 2281.52m 和 744.86m,引航道宽均为 60m,设计水深 3.5m。船闸上、下游闸首和闸室均采用分离式结构,船闸输水系统采用闸墙长廊道侧支孔出水、消力坎消能,下游泄水口格栅式消能工消能、顶缝出水。该船闸于 2010 年 2 月开工,2011 年 12 月建成通航。

鱼梁船闸技术参数见表 6-2-2。鱼梁枢纽鸟瞰图如图 6-2-5 所示。鱼梁船闸鸟瞰图如图 6-2-6 所示。鱼梁船闸布置如图 6-2-7 所示。

鱼梁船闸技术参数表　　　　　表 6-2-2

河流名称			右江		建设地点		广西南宁市百色市田东县
船闸有效尺度(m)			190×23×3.5		最大设计水头(m)		11.8
吨级			1000		过闸时间(min)		49.0
门型	闸门	上游	人字门	启闭形式	闸门	上游	液压
		下游	人字门			下游	液压
	阀门	上游	平板门		阀门	上游	液压
		下游	平板门			下游	液压
结构形式	上闸首		分离式	输水系统	形式		闸墙长廊道侧支孔
	下闸首		分离式		平均时间(min)		7.0
	闸室		分离式		廊道尺寸(m)		4.0×3.8
设计通航水位(m)	上游	最高	100.15	设计年通过能力(双向过闸,万 t)			904
		最低	95.90	桥梁情况			上闸首交通桥
	下游	最高	99.86	建成年份(年)			2011
		最低	87.70				

图 6-2-5　鱼梁枢纽鸟瞰图

图 6-2-6　鱼梁船闸鸟瞰图

三、金鸡滩船闸

金鸡滩航电枢纽位于广西壮族自治区南宁市隆安县境内、右江上游河段,是郁江综合利用规划 10 个梯级中的第 6 级,下距隆安县城 8km、距南宁市 96km。金鸡滩坝址集雨面积 32506km²,枢纽正常蓄水位 88.60m(1956 黄海高程),消落水位 87.60m。枢纽设计洪水位 97.16m($P=1\%$),设计洪水流量 9720m³/s;校核洪水位 98.59m($P=0.2\%$),校核洪水流量 10900m³/s。金鸡滩枢纽为大 Ⅱ 等工程,主要挡泄水建筑物、船闸挡水部分及电站厂房等按 3 级建筑物设计,次要建筑物按 4 级建筑物设计。坝轴线全长 308.0m,主要建筑物从左至右依次为左岸接头重力坝、船闸、电站厂房、泄水闸和右岸接头重力坝等。电站厂房布置在河道左岸,装 3 台灯泡贯流式机组,总装机容量 72MW;7 孔泄水闸布置在河道中偏右岸,每孔闸净宽 16m。金鸡滩枢纽是一座以发电、航运为主,兼有灌溉、养殖和旅游等综合效益的水利枢纽工程。枢纽主体工程于 2003 年 12 月开工,2007 年 2 月建成并投入运行。

金鸡滩船闸布置在河道左岸岸边,其右侧紧邻电站厂房,船闸等级为 Ⅲ 级,闸室有效尺度 190m×12m×3.5m,最大设计水头 13.80m(上游正常蓄水位 88.60m~下游最低通航水位 74.80m),通航 1000 吨级船舶和 1 顶 2×1000 吨级船队,设计单向年通过能力 517 万 t/636 万 t(近期/远期)。船闸上游设计最高通航水位 88.6m(枢纽正常蓄水位),最低通航水位 83.55m(2500m³/s 敞泄水位);下游设计最高通航水位 87.30m($P=10\%$),最低通航水位 74.8m(保证率 $P=95\%$)。船闸引航道采用准反对称型布置,

第六章 珠江水系通航建筑物

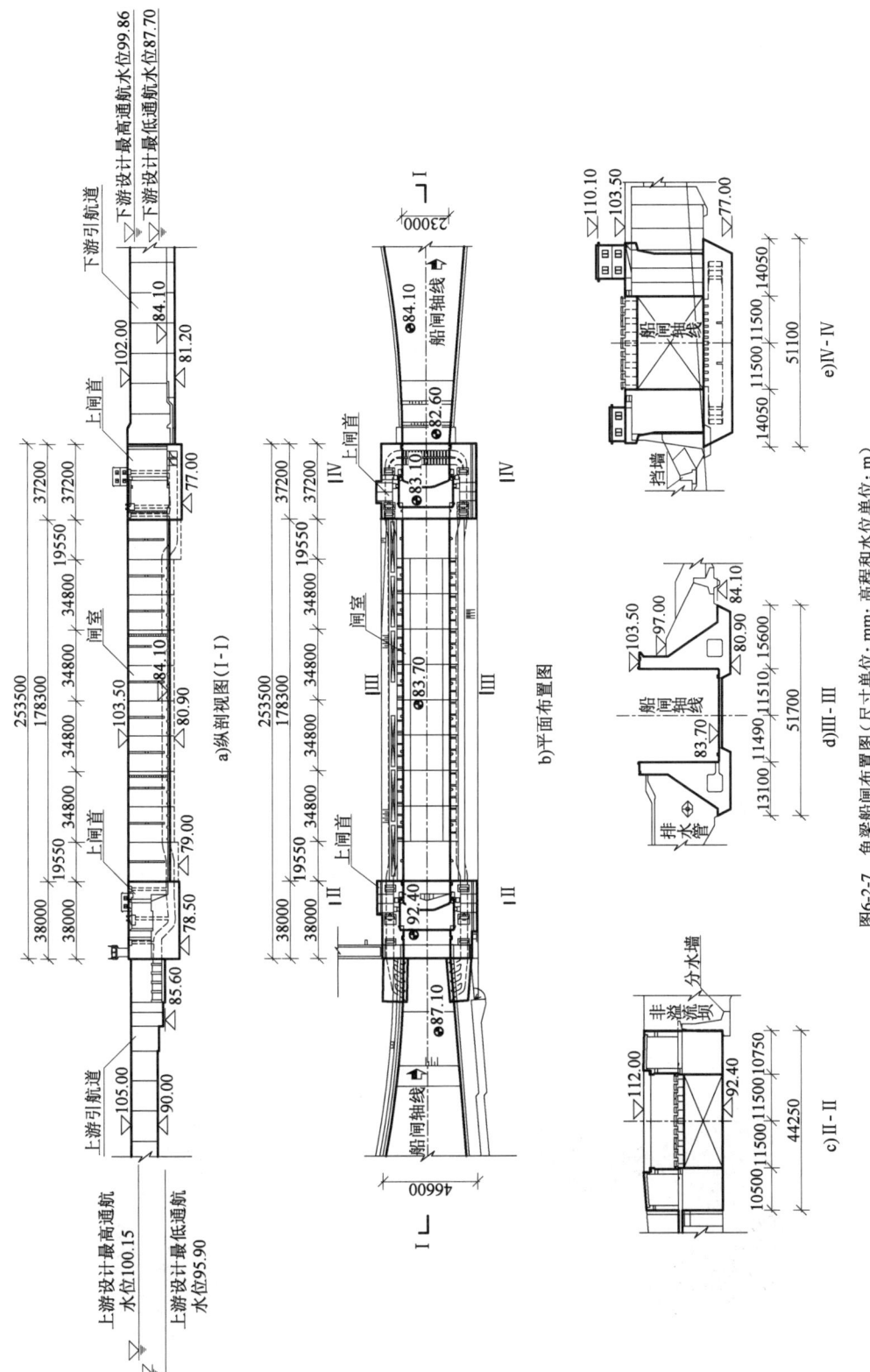

图6-2-7 鱼梁船闸布置图（尺寸单位：mm；高程和水位单位：m）

上游引航道向左侧扩宽，下游向右侧扩宽，主导墙及靠船建筑物均位于左侧岸边，上游船舶"曲进直出"下游"直进曲出"。上、下游引航道直线段长476m，其中导航调顺段长238m，停泊段长120m，各布置6个中心距20m的靠船墩，上、下游引航道宽均为38m，设计水深3.5m。船闸上下闸首和闸室均采用整体式结构，船闸输水系统采用闸墙长廊道侧支孔输水、闸室内消力坎消能；上游从引航道内进水，下游左侧向引航道内出水、格栅式消能工消能、顶缝出水，右侧从旁侧泄入河道。该船闸于2003年12月开工，2005年建成通航。

金鸡滩船闸技术参数见表6-2-3。金鸡滩枢纽鸟瞰图如图6-2-8所示。金鸡滩船闸布置如图6-2-9所示。

金鸡滩船闸技术参数表　　　　　　　　表6-2-3

河流名称			右江	建设地点		广西南宁市隆安县
船闸有效尺度(m)			190×12×3.5	最大设计水头(m)		13.80
吨级			1000	过闸时间(min)		65
门型	闸门	上游	平板门	启闭形式	闸门	上游	卷扬
		下游	人字门			下游	液压
	阀门	上游	平板门		阀门	上游	液压
		下游	平板门			下游	液压
结构形式	上闸首		整体式	输水系统	形式		闸墙长廊道短支孔
	下闸首		整体式		平均时间(min)		10.0
	闸室		整体式		廊道尺寸(m)		2.7×3.0
设计通航水位(m)	上游	最高	88.60	设计年通过能力(单线单向,万t)			636
		最低	83.55	桥梁情况			上闸首交通桥
	下游	最高	87.30	建成年份(年)			2005
		最低	74.80				

图6-2-8　金鸡滩枢纽鸟瞰图

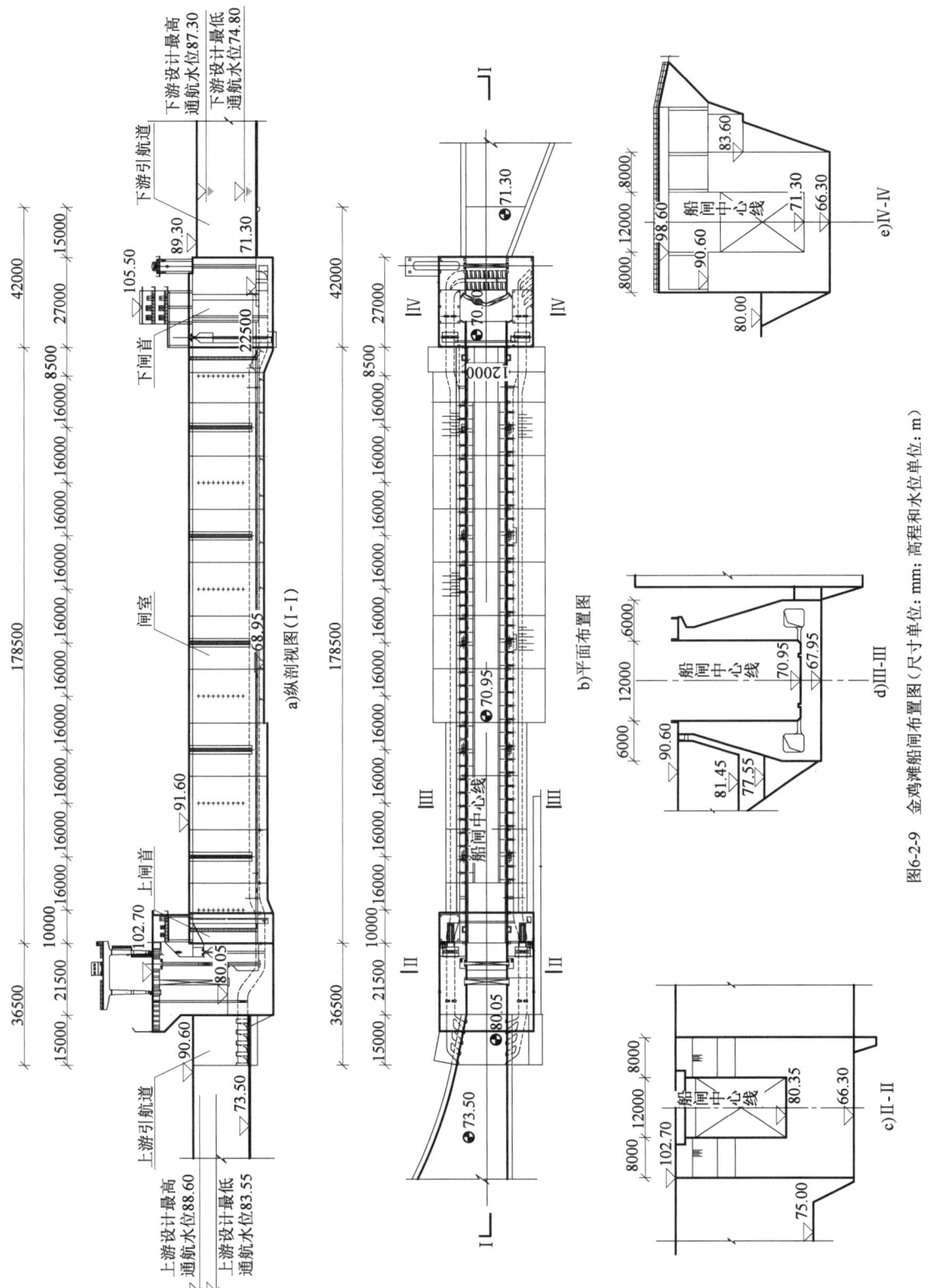

图6-2-9 金鸡滩船闸布置图（尺寸单位：mm；高程和水位单位：m）

第三节 北盘江—红水河通航建筑物

红水河是珠江水系干流西江的上游,源出云南省曲靖市沾益区马雄山,称南盘江,至望谟县与北盘江相会,始称红水河。北盘江是红水河的大支流,发源于云南省沾益区乌蒙山脉马雄山西北麓,流经云南、贵州两省,多处为滇黔界河。北盘江全长449km,流域面积26557km²。红水河全长659km,流域面积52600km²。

红水河干流流经广西乐业、南丹、兴宾区、象州等地,主要支流有刁江、清水河、布柳河、灵岐河、北盘江、桑郎河、濛江等。目前,红水河蔗香两江口至来宾593km规划为Ⅳ级航道;来宾至石龙三江口63km规划为Ⅱ级航道,已建成大化、白龙滩、乐滩、桥巩、岩滩、龙滩等枢纽,其中岩滩建成250吨级升船机1座,大化、白龙滩、乐滩、桥巩均建成500吨级船闸各1座。

北盘江—红水河梯级枢纽纵向剖面图如图6-3-1所示。

一、大化船闸

大化水电站位于广西壮族自治区大化县城、红水河中游,是红水河10级规划中的第6级,上距岩滩水电站83km,下距百龙滩水电站27.6km。大化坝址控制流域面积112200km²,多年平均流量2000m³/s,水库正常蓄水位155.00m(1956黄海高程),消落水位153.00m,水库总库容为9.64亿m³。枢纽设计洪水位165.35m($P=1\%$),设计洪水流量23200m³/s;校核洪水位169.63m($P=0.1\%$),校核洪水流量31000m³/s。大化枢纽工程等级为Ⅱ等,主要挡水建筑物按2级建筑物设计。枢纽坝轴线全长1166m,主要建筑物有河床式电站厂房、溢流闸坝、通航建筑物、左右岸混凝土重力坝和土坝等。大化电站和船闸集中布置在河道右岸,装4台单机容量114MW机组,左岸1台扩机容量110MW机组,电站总装机容量566MW;13孔开敞式溢流闸位于河道中偏左岸,每孔闸净宽14m,闸下游面流消能。该枢纽是一座以发电为主、兼顾航运等综合效益的大型水电工程。枢纽主体工程于1975年10月动工,1986年6月厂坝工程竣工投产。

大化船闸布置在河道右岸,船闸等级Ⅳ级,闸室有效尺度120m×12m×3.0m,最大设计水头29.0m(上游正常蓄水位155.0m~下游最低通航水位126.0m),通航1顶2×250吨级船队(近期)、1顶2×500吨级船队兼顾1000吨级船舶(远期),设计年货运量180万t(上行40万t,下行140万t)。船闸上游设计最高通航水位155.0m(枢纽正常蓄水位),最低通航水位153.0m(消落水位);下游设计最高通航水位136.4m(敞泄流量3500m³/s),最低通航水位126.0m(流量608m³/s)。通航建筑原设计采用平衡重式垂直升船机,在枢纽施工中同步完成了上游引航道、挡水坝段、中间通航渠道、下游引航道开挖和大部分护坡及靠船墩基础、升船机本体段基础等工作,后因故停建。由于下游百龙滩电站建成蓄水,使大化电站下游水位抬高,最大水级由36.6m减少至29m,提出了将升船机改建为船闸的思路。因此,大化船闸是在原250吨级升船机部分土建工程已建基础上的原位改建,改建后的大化船闸由上游引航道、挡水坝段、中间通航渠道、上闸首、闸室、下闸首和下游引航道等部分组成,全长1242m。船闸引航道在总体上呈准不对称型布置,上、下游引航道均向左扩宽,主导航墙及靠船建筑物均位于右侧,上、下游船舶过闸均采取"直进曲出"的方式。上游引航道全长460m,分为三段:上游直线进口段长251.84m,为喇叭口形,其

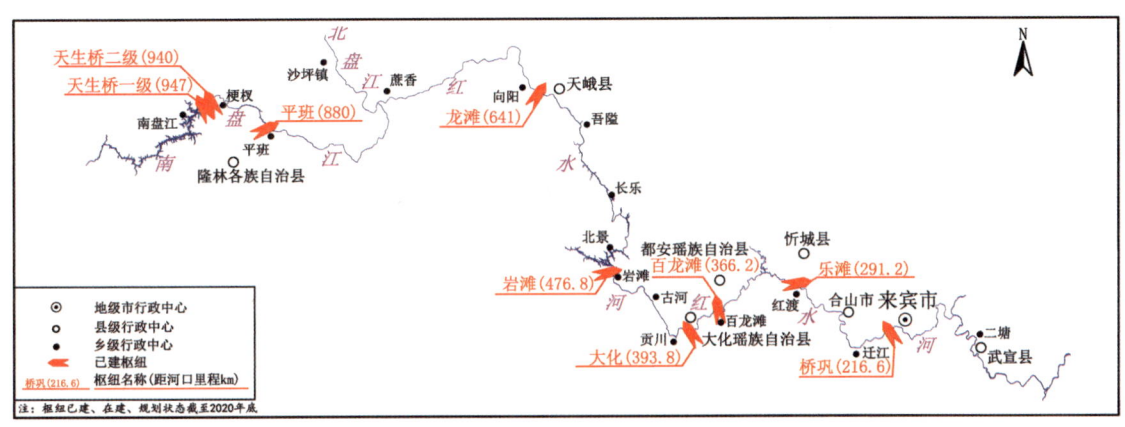

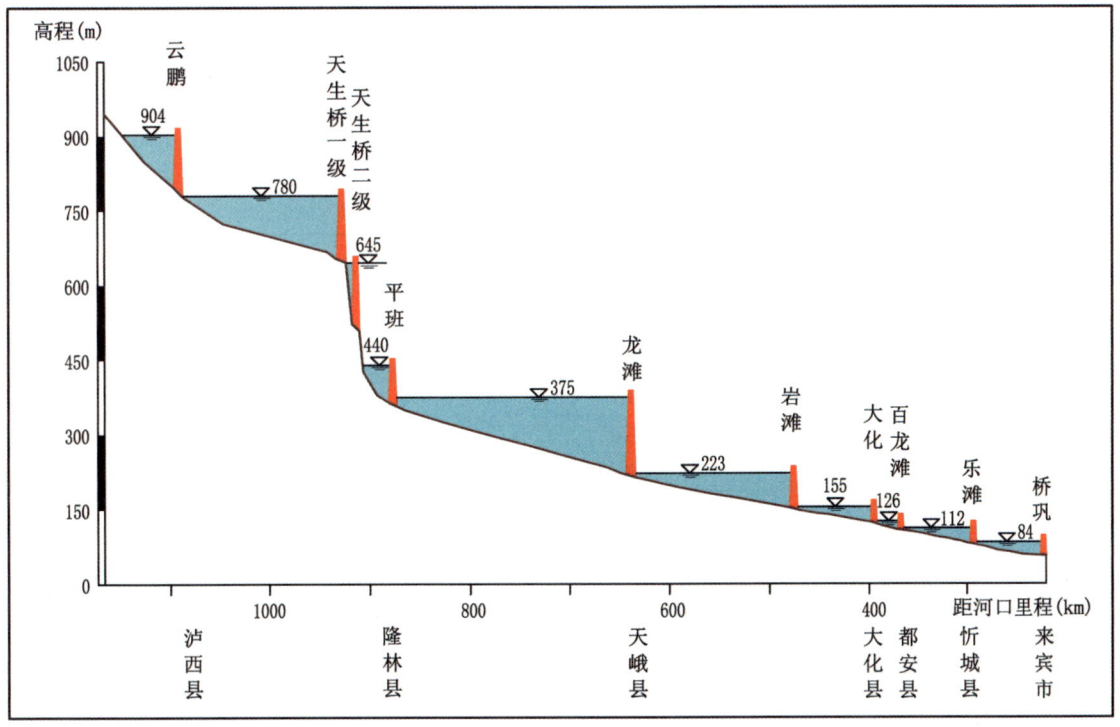

图 6-3-1　北盘江—红水河梯级枢纽纵向剖面图

轴线与水流交角小于15°；中间圆弧段半径178m、中心角15°，长45.16m；坝前直线段长163.0m。上游右侧直线主导航墙长42.6m，其上游接1:2弧形岸坡，在上游45.9m以上的岸坡前沿连续布置13个中心距18m的靠船墩；左侧辅导墙长24.6m，其上游为长98.6m导航架与保留的上游土堤相连；上游引航道宽23m，口门宽40m。挡水坝段长17.4m，净宽11m，最小水深2m。中间U形槽渠道段长273.556m、宽12.0m、最小水深2m，其末端为高3.8m的跌坎，以满足取水的要求。下游引航道长312.7m，其中导航调顺段长154m，停泊段长90m，布置6个中心距18m靠船段，制动段长68.7m，下游引航道宽23m，喇叭形口门宽38.7m。船闸上、下闸首和闸室长分别为52.0m、36.7m和115.6m，结构宽均为38m，航槽宽12m，上、下闸首均采用分离式结构，闸室采用整体式结构。船闸输水系统采用闸墙长廊道闸室中心进口水平分流、闸底纵向支廊道顶部多支孔二区段出水、盖板消能，上游采用左右廊道于中间渠道末端上闸首前池正面进水，从闸首口门底板穿过闸门后转向闸首边墙，过工作阀门后在闸室墙中部转进闸室，在闸室中间通过分流墩分向前后闸室，过分流墩后，左右两廊道汇合成一个廊道，廊道沿程顶面设10个出水缝，全闸共20个，每个出水缝上布置消能盖板，下游泄水采用消能室消能，消能室上下游侧面底部设出流孔，经消力池和消力坎二次消能后泄于引航道内。为防止阀门段空蚀空化，在门楣和阀门后廊道顶设置通气孔，通过自然通气来减小廊道负压。上闸首工作闸门为卧倒门，下闸首为人字门，工作阀门采用反弧门，检修阀门为潜孔式平面滑动钢闸门，下闸首检修闸门为叠梁门。该工程于2003年11月20日开工，2006年12月建成通航。

大化船闸技术参数见表6-3-1。大化水电站枢纽上、下游视图分别如图6-3-2、图6-3-3所示。大化船闸布置如图6-3-4所示。

大化船闸技术参数表 表6-3-1

河流名称			红水河	建设地点			广西大化县
船闸有效尺度(m)			120×12×3.0	最大设计水头(m)			29
吨级			2×250/2×500 （现状/远期）	过闸时间(min)			89（双向）
门型	闸门	上游	卧倒门	启闭形式	闸门	上游	液压
		下游	人字门			下游	液压
	阀门	上游	反弧门		阀门	上游	液压
		下游	反弧门			下游	液压
结构形式	上闸首		整体式（分离式）	输水系统	形式		闸墙主廊道闸室中心进口水平分流，闸底纵向支廊道顶部多支孔二区段出水，盖板消能
	下闸首		整体式		平均时间(min)		10.2
	闸室		整体式		廊道尺寸(m)		2.2×2.6

续上表

设计通航水位(m)	上游	最高	155.00	设计年通过能力(万 t)	180(上行 40,下行 140)
		最低	153.00	桥梁情况	跨挡水坝公路桥
	下游	最高	136.40	建成年份(年)	2006
		最低	126.00		

图 6-3-2 大化水电站枢纽上游视图

图 6-3-3 大化水电站枢纽下游视图

二、百龙滩船闸

百龙滩水电站位于广西壮族自治区都安、马山两县交界处,是红水河 10 级规划中的第 7 级,上距大化水电站 27.6km,下距乐滩水电站 76.2km。百龙滩坝址集雨面积 112500km^2,多年平均流量 2020m^3/s,水库正常蓄水位 126.0m(1956 黄海高程),消落水位 125.0m。枢纽设计洪水位 153.90m($P=2\%$),设计洪水流量 23400m^3/s;校核洪水位 159.20m($P=0.2\%$),校核洪水流量 29600m^3/s。百龙滩枢纽工程别为 Ⅲ 等,主要挡泄水建筑物和船闸主体按 3 级建筑物设计,主要建筑物从左至右依次为溢流坝、电站厂房、船闸、冲沙闸和接头土石坝等。百龙滩枢纽位于红水河二婆山分汊河道上,电站厂房和船闸均集中布置在右汊道上,左接二婆山,右与船闸相邻,厂房形式为河床式,装 6 台灯泡贯流

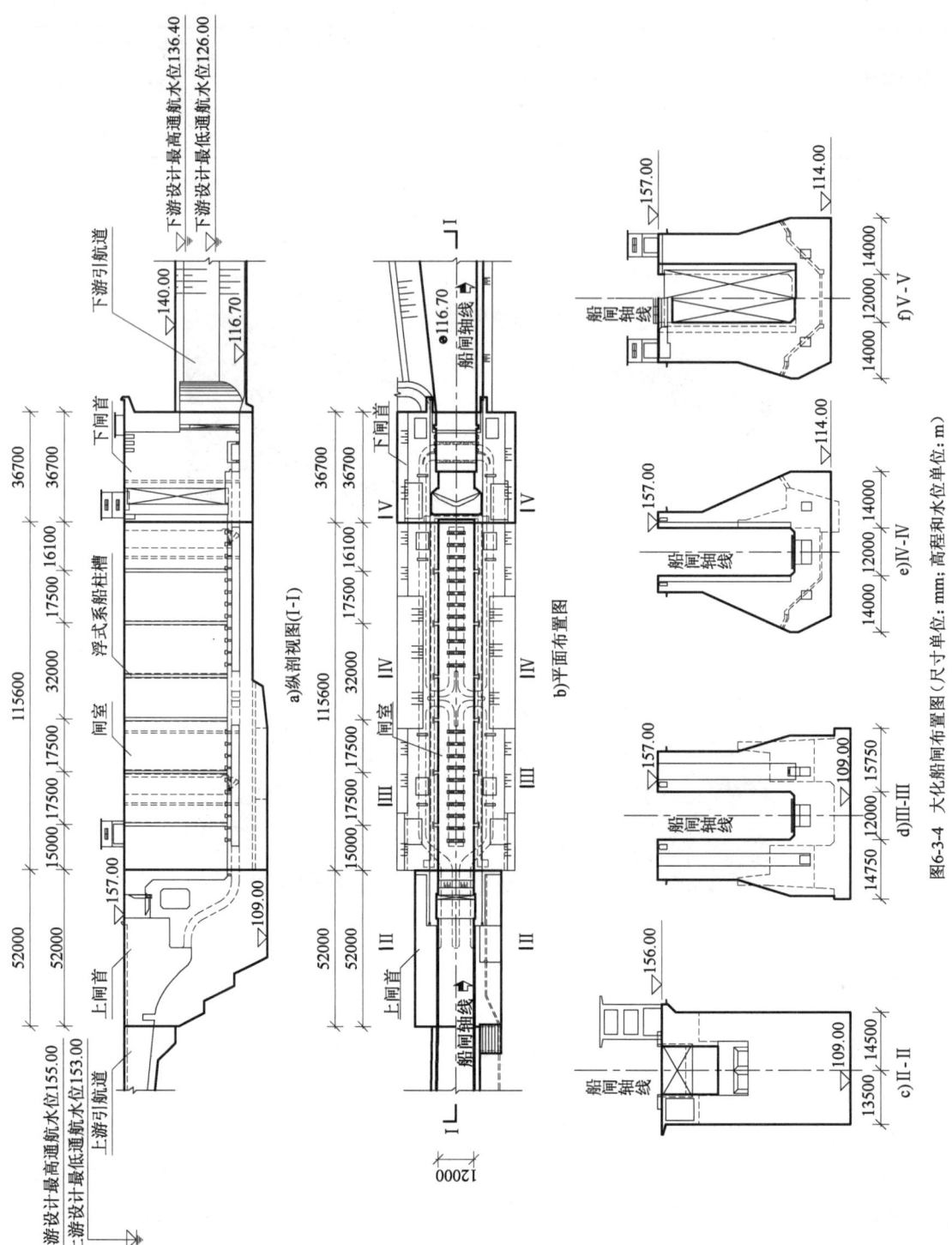

图6-3-4 大化船闸布置图（尺寸单位：mm；高程和水位单位：m）

式机组,总装机容量192MW。溢流坝位于左汊主河道上,采用开敞式自由泄流方式,溢流坝总长274m,最大坝高26m,其中堰顶高程126m段长100m,堰顶高程130m段长30m,堰顶高程128.3m段长70m,堰顶高程135m接头坝段长74m。冲沙闸位于船闸右侧岸边,设1孔净宽10m的闸孔。百龙滩枢纽是一座以发电为主,兼有航运等综合效益的水电枢纽工程。该枢纽的拦河坝和电站于1996年建成并投入运行,1999年6月第6台机组发电,厂坝工程竣工。

百龙滩船闸布置在河道右汊右岸,左侧紧邻电站厂房,右侧为冲沙闸,船闸等级近期为Ⅴ级,远期下游引航道扩建后为Ⅳ级,闸室有效尺度120m×12m×3.0m(另加9m长镇静段),最大设计水头12.7m(上游正常蓄水位126.0m~下游最低通航水位113.3m),通航1顶2×250吨级(近期)及1顶2×500吨级(远期)硬绑船队,设计年通过能力为180万t(上行40万t,下行140万t)。船闸上游设计最高通航水位130.05m(流量3500m³/s),最低通航水位125.0m(消落水位);下游设计最高通航水位123.46m(流量3500m³/s),最低通航水位113.84m(最小下泄流量1130m³/s水位降低0.54m)。上、下游引航道与冲沙闸引排水渠共用,引航道采用准不对称型布置,上、下游引航道均向右扩宽,主导航墙均位于左侧,靠船建筑物均位于右侧,上、下船舶过闸均采取"曲进直出"的方式。上游引航道全长460.0m,其中左侧直线主导墙导航段长268m,上游采用半径为385m、中心角为27.83°的圆弧,弧线段长188.5m;在上游引航道右侧长268m的直线段上游,布置7个心距20.0m的靠船墩,停泊段全长123.0m,停泊段上游向右侧岸边偏转,其轴线与引航道轴线交角30°;上游引航道宽37.0m,设计水深2.5m。下游引航道长454m,其中左侧直线主导墙导航段长395m,下游采用半径为250m、中心角为15°的圆弧,圆弧段长65.45m;右侧副导航墙与下闸首右边墩相连,采用实体墩墙结构,下游引航道右侧直线段长208.3m,下游停泊段长123m,布置7个中心距20m的靠船墩,停泊段向右侧扩宽,与引航道轴线交角5.71°;下游引航道宽32.0m(远期37.0m),口门宽50m,设计水深2.5m。船闸上、下闸首和闸室均采用整体式结构,上闸首输水系统采用空间环绕短廊道及封闭式消能室输水系统,两侧廊道进口设于卧倒门门龛内,通过跌水井消能后在上闸首边墩内转向上游,过阀门后在上闸首前端经过两侧90°转弯进入上闸首口门底板,在转弯过程中,两侧廊道均分成两条平行于闸轴线的廊道,四条廊道经过上闸门后进入闸室内消能室,经过消力梁消能后,从消能室顶空和下游面地缝出流;下闸首采用平底环形短廊道出水,在廊道出口处布置非对称消力梁和消力塘消能。上闸首工作闸门采用卧倒门,下闸首采用人字门,上、下闸首输水廊道工作阀门为平板门。百龙滩船闸完建工程于2004年10月开工,2010年9月建成通航。截至2021年,正在开展1000吨级船闸改扩能前期研究工作。

百龙滩船闸技术参数见表6-3-2。百龙滩水电站船闸鸟瞰图如图6-3-5所示。百龙滩船闸扩建前布置如图6-3-6所示。

百龙滩船闸技术参数表

表 6-3-2

河流名称			红水河	建设地点			广西都安/马山县
船闸有效尺度(m)			120×12×3.0	最大设计水头(m)			12.7
吨级			2×250/2×500（近期/远期）	过闸时间(min)			75.5
门型	闸门	上游	卧倒门	启闭形式	闸门	上游	液压
		下游	人字门			下游	液压
	阀门	上游	平板门		阀门	上游	液压
		下游	平板门			下游	液压
结构形式	上闸首		整体式	输水系统	形式		闸首短廊道集中输水
	下闸首		整体式		平均时间(min)		12
	闸室		整体式		廊道尺寸(m)		1.6×2.2
设计通航水位(m)	上游	最高	130.05	设计年通过能力（单向,万t）			180
		最低	125.00	桥梁情况			上闸首交通桥
	下游	最高	123.46	建成年份(年)			2008
		最低	113.84				

图 6-3-5　百龙滩水电站船闸鸟瞰图

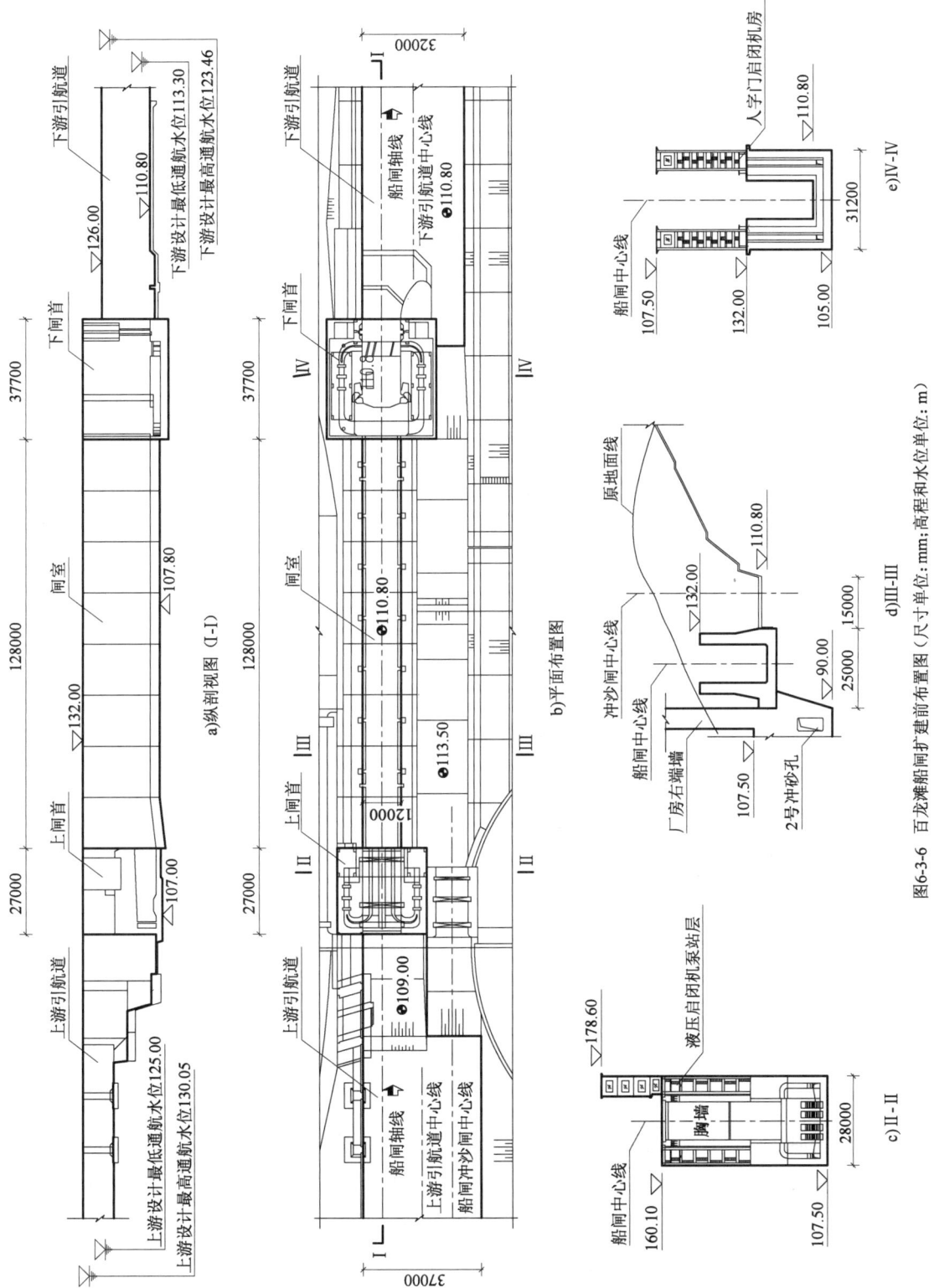

图6-3-6 百龙滩船闸扩建前布置图（尺寸单位：mm；高程和水位单位：m）

三、乐滩船闸

乐滩水电站位于广西壮族自治区忻城县境内，是红水河10级规划中的第8级，上距百龙滩水电站75km，下距忻城县红渡镇约3km、距桥巩水电站约75.2km。乐滩坝址控制流域面积118000km^2，多年平均流量2120m^3/s，水库正常蓄水位112.0m（1956黄海高程），汛限水位和消落水位110.0m，水库总库容9.5亿m^3。乐滩枢纽设计洪水位120.40m（$P=1\%$），设计洪水流量25700m^3/s；校核洪水位125.84m（$P=0.1\%$），校核洪水流量31900m^3/s。乐滩水电站工程等别为Ⅱ等，主要挡泄水建筑物和船闸上闸首等按2级建筑物设计，闸室、下闸首等按3级建筑物设计。坝顶总长586.3m，主要建筑物从左至右依次为左岸接头坝、冲沙闸、船闸、电站厂房、溢流闸坝和右岸接头坝等。电站和船闸集中布置在河道左岸，电站位于河道中偏左，其右侧紧邻溢流闸坝，厂房内装4台单机容量150MW机组，总装机容量600MW。冲沙闸布置在船闸与左岸接头坝之间，设1孔净宽15m的冲沙闸孔；8孔泄洪闸布置在河道右岸，每孔闸净宽15m，闸下游底流消能。乐滩枢纽是一座以发电为主，兼有航运、灌溉等综合效益的大型水电工程。该工程于2001年10月开工，2005年12月建成。

乐滩船闸位于河道左岸，右与电站厂房相邻，左侧为冲沙闸，船闸主体段和上游引航道按Ⅳ级设计，下游引航道按近期Ⅴ级设计、远期Ⅳ级预留，闸室有效尺度120m×12m×3.0m，通航1顶2×250/2×500吨级船队（近期/远期），最大设计水头29.1m，设计年单向通过能力140万t。船闸上游设计最高通航水位112.0m（枢纽正常蓄水位），最低通航水位110.0m（消落水位）；下游设计最高通航水位96.3m（流量4530m^3/s水位），最低通航水位82.9m（流量56m^3/s水位）。上、下游引航道与冲沙闸引排水渠共用。船闸引航道采用准不对称型布置，上、下游引航道均向两侧扩宽，靠船建筑物均布置在左侧岸边，上、下游船舶过闸均采取"曲进直出"的方式。上游引航道总长690m，其中直线导航段长118.5m；调顺段采用半径为330.0m、中心角为35°的曲线，长220.0m；停泊段长123.0m，布置7个中心距为20m的靠船墩；停泊段上游制动段和连接段总长228.5m；上游引航道宽50m，设计水深3.0m。下游引航道近期按通航250吨级顶推船队设计，下游引航道总长560m，其中直线导航段长87.0m；调顺段采用半径为270.0m、中心角为15.94°的圆弧，长134.5m；停泊段长103m，布置6个中心距20m的靠船墩；停泊段下游制动段和连接段总长235.5m。船闸的上、下闸首均采用整体式结构，闸室采用分离式结构。船闸输水系统采用闸墙长廊道闸底纵向支廊道二区段顶缝出水、盖板消能方式。进水口采用在上闸首导墙上布置4个尺寸为2.5m×2.6m的垂直支孔，左侧在冲沙闸一侧取水，右侧从引航道取水；输水廊道通过垂向鹅颈管降低20m后与上闸首输水阀门井相连接，两侧闸墙内的主廊道在闸室中间通过每侧两个宽2.2m的水平分流口，对称转入闸室底板内前后两个纵支廊道(5.5m×2.6m),在前后纵支廊道顶部分别设 10 个和 12 个宽 0.17m 的出水孔,出水孔上方设盖板消能。下游右侧主廊道在下闸首反弧阀门井下游侧检修门槽后经旁侧泄水廊道(3.2m×2.6m)泄至电站厂房尾水渠内;左侧主廊道泄水口通过消能室消能后,从消能室上下游侧的底缝出水,再通过前后两个宽 2.0m、深 4.2m 的明沟消能。上、下游工作闸门为人字门,阀门为反向弧形门,最小淹没水深 5.3m,采用门楣自然通气结合廊道顶通气(即主动式通气方式)解决阀门段的空蚀问题。该船闸于 2008 年建成通航。

乐滩船闸技术参数见表 6-3-3。乐滩枢纽鸟瞰图如图 6-3-7 所示。乐滩船闸布置如图 6-3-8 所示。

乐滩船闸技术参数表　　　　　　　　　　　　表 6-3-3

河流名称			红水河		建设地点		广西
船闸有效尺度(m)			120×12×3.0		最大设计水头(m)		29.1
吨级			2×500		过闸时间(min)		40
门型	闸门	上游	人字门		启闭形式	闸门	上游	液压
		下游	人字门				下游	液压
	阀门	上游	反弧门			阀门	上游	液压
		下游	反弧门				下游	液压
结构形式	上闸首		整体式		输水系统	形式	闸墙长廊道闸室底部纵向廊道二区段出水
	下闸首		整体式			平均时间(min)	10.5
	闸室		分离式			廊道尺寸(m)	2.2×2.6
设计通航水位(m)	上游	最高	112.00		设计年通过能力(单线单向,万 t)		140
		最低	110.00		桥梁情况		上闸首公路桥
	下游	最高	93.60		建成年份(年)		2008
		最低	82.90				

四、桥巩船闸

桥巩水电站位于广西来宾市境内,是红水河 10 级规划中的第 9 级,上距乐滩枢纽约 75km,下距来宾市迁江镇及迁江大桥约 1km。桥巩坝址集雨面积 128564km^2,多年平均流量 2130m^3/s,枢纽正常蓄水位 84.0m(1956 黄海高程),死水位 82.0m,水库总库容

图 6-3-7　乐滩枢纽鸟瞰图

第六章 珠江水系通航建筑物

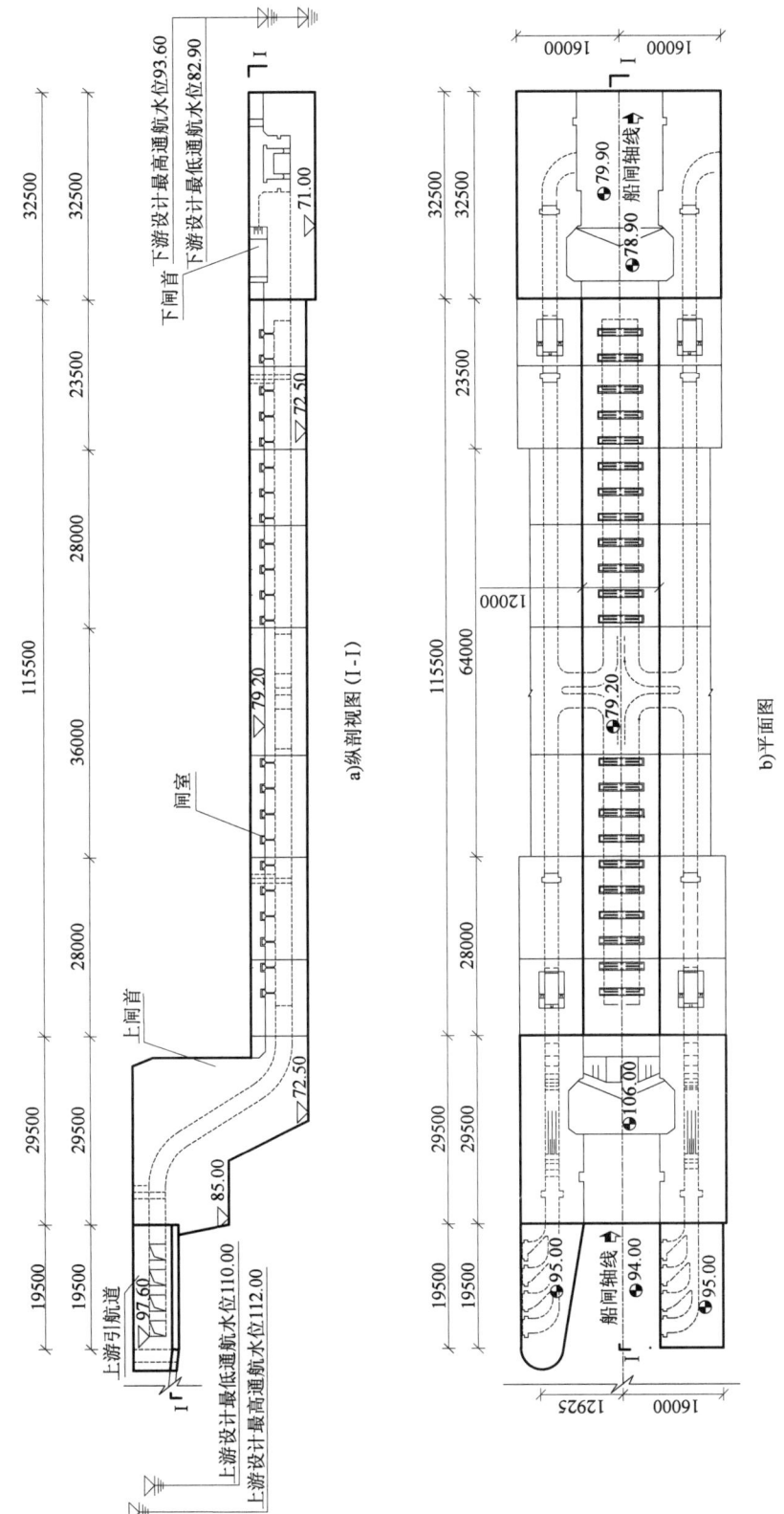

图6-3-8 乐滩船闸布置图（尺寸单位：mm；高程和水位单位：m）

9.03亿 m^3。枢纽设计洪水位93.15m($P=1\%$),设计洪水流量25700m^3/s;校核洪水位97.9m($P=0.1\%$),校核洪水流量31900m^3/s。桥巩枢纽工程等别为Ⅱ等,主要挡泄水建筑物和船闸主体为2级建筑物,船闸引航道、导航墙、靠船墩等次要建筑物为3级建筑物。坝顶全长580.28m,最大坝高69.6m,主要建筑物从左至右依次为左岸接头土坝、左岸混凝土重力坝、船闸、左岸电站厂房、泄水闸坝、右岸发电厂房、右岸重力坝、右岸接头土石坝等。桥巩枢纽的电站和船闸均集中布置在河道左岸,厂房形式为河床式,电站安装8台单机容量57MW和1台单机容量24MW的贯流式水轮发电机组,总装机容量480MW;11孔泄洪闸布置在河道右岸,每孔闸净宽15m,闸底为曲线形实用堰,戽式消力池消能。桥巩枢纽是一座以发电为主,兼有航运、灌溉等综合利用效益的大型水利枢纽。该枢纽主体工程于2005年3月开工,2008年投入运行。

桥巩船闸位于河道左岸,船闸中心线与坝轴线成9°交角,船闸等级为Ⅳ级,闸室有效尺度120m×12m×3.0m,最大设计水头24.54m(上游正常蓄水位84.0m~下游最低通航水位59.40m),通航500吨级船舶,设计年单向通过能力250万t。船闸上游设计最高通航水位84.0m(枢纽正常蓄水位),最低通航水位82.0m(死水位);下游设计最高通航水位78.50m(9430m^3/s水位);最低通航水位59.40m(400m^3/s水位)。船闸引航道采用不对称型布置,上、下游引航道均向右扩宽,主导航墙及靠船建筑物均位于左侧岸边,上、下游船舶过闸均采取"直进曲出"的方式。上游引航道总长780.0m,其中左侧直线主导航墙导航段长127.0m,调顺段采用半径为600m、中心角为18.5°的曲线+长38.3m的直线,长231.0m,停泊段长129.0m,布置7个中心距18m的靠船墩,制动段长293.0m,主导航墙沿程均为1:2的斜坡护岸;右侧辅导航墙出取水口段后,采用半径为100m、中心角为51.68°的圆弧扩宽,其上游与1:2的斜坡护岸衔接。下游引航道总长730m,其中左侧直线主导航墙导航段长111.0m,调顺段长166.5m,停泊段长129.0m,布置7个中心距18m的靠船墩,停泊段以下制动段长323.5m,主导航墙沿程均为1:2的斜坡护岸;右侧辅导航墙采用半径为100m、中心角为41.07°的圆弧扩宽,其下游与1:2的斜坡护岸衔接。上、下游引航道宽均为38m,设计水深3.0m。船闸上、下游闸首均采用整体式结构,闸室边墙采用下部衬砌式、上部重力式的混合结构。船闸输水系统采用闸底长廊道侧支孔输水、明沟消能;上游通过在阀门后布置突扩廊道以减小阀门后廊道负压,解决阀门底缘空化问题;下游右侧通过旁侧廊道泄入电站尾水,左侧泄入格栅式消能室消能后,从顶缝出水至下游引航道。该船闸工程于2008年建成通航。

桥巩水电站船闸技术参数见表6-3-4。桥巩枢纽效果图如图6-3-9所示。桥巩枢纽鸟瞰图如图6-3-10所示。桥巩船闸布置如图6-3-11所示。

桥巩水电站船闸技术参数表 表6-3-4

河流名称			红水河		建设地点		广西来宾市迁江镇
船闸有效尺度(m)			120×12×3.0		最大设计水头(m)		24.54
吨级			500		过闸时间(min)		51
门型	闸门	上游	卧倒式钢闸门	启闭形式	闸门	上游	液压
		下游	人字门			下游	液压
	阀门	上游	平板门		阀门	上游	液压
		下游	平板门			下游	液压
结构形式	上闸首		整体式	输水系统	形式		闸底长廊道侧支输水
	下闸首		整体式		平均时间(min)		9.0
	闸室		分离式		廊道尺寸(m)		2.4×2.8
设计通航水位(m)	上游	最高	84.00		设计年通过能力(单线单向,万t)		250
		最低	82.00		桥梁情况		上闸首公路桥
	下游	最高	78.50		建成年份(年)		2008
		最低	59.40				

图6-3-9 桥巩枢纽效果图

图6-3-10 桥巩枢纽鸟瞰图

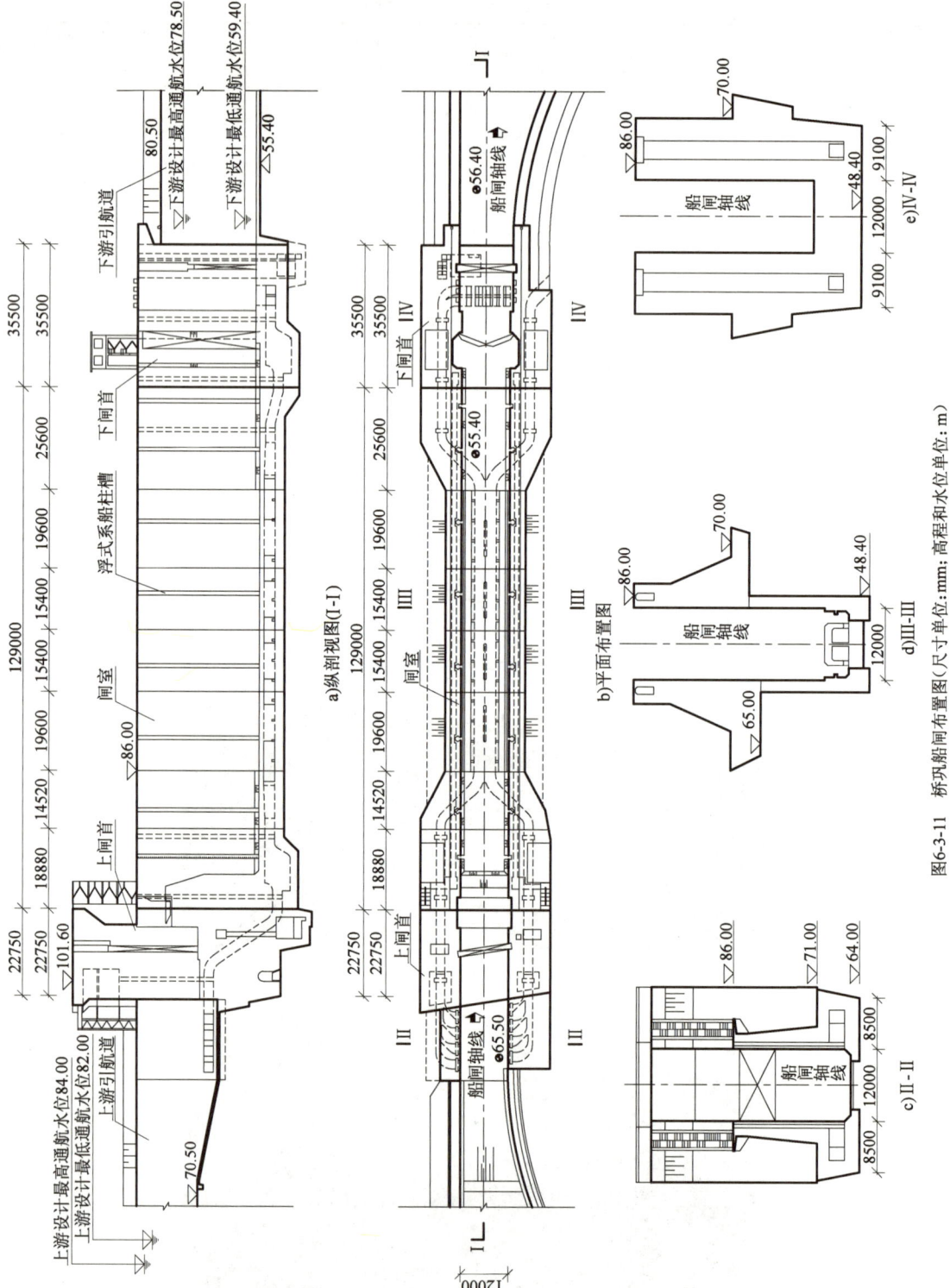

图6-3-11 桥巩船闸布置图（尺寸单位：mm；高程和水位单位：m）

第四节 柳江—黔江通航建筑物

柳江是珠江水系西江干流第二大支流,黔、桂水上交通要道,是广西推进西江亿吨"黄金水道"、建设水运"一线三通道"的重要组成部分,也是珠江流域航运重点规划的"一横一网三线"中的"三线"之一。柳江干流发源于贵州省独山县尧梭乡里腊村九十九个潭,流经黔东南及桂北,在广西象州县石龙镇三江口在左岸注入西江,干流全长773km,流域面积57173km^2。

柳江河源至老堡口为上游,老堡口至柳州为中游,柳州至象州为下游。上游在贵州省境称都柳江,入广西境称融江、柳江。柳江、黔江是国家内河水运规划的西南水运出海北线通道,经过工业重镇柳州。规划柳江柳州至石龙三江口160km为Ⅲ级航道;黔江石龙三江口至桂平124km为Ⅱ级航道。目前柳江—黔江建有红花、大藤峡枢纽,其中红花建有双线船闸,大藤峡枢纽建成单线船闸(预留二线)。

柳江干流航道现状见表6-4-1。柳江梯级枢纽规划如图6-4-1所示。

柳江干流航道现状表 表6-4-1

河流名称	起 讫 点	距离(km)	等级	航道尺度(m) 水深	航宽	弯曲半径	通航船舶(t)
都柳江	三都—榕江	104.0	Ⅶ以下	0.3~0.6	3~6	20~50	季节性10
都柳江	榕江—洋溪	155.2	Ⅶ	0.7~0.9	12	130	季节性50
都柳江	洋溪—老堡口	17.0	Ⅶ	0.7	8~10	90	季节性50
融江	老堡口—至麻石	26.5	Ⅵ	1	12	150	50
融江	麻石—浮石	41.1	Ⅵ	1	12	150	100
融江	浮石—古顶	36.2	Ⅵ	1	12	150	100
融江	古顶—大埔	61.1	Ⅵ	1	12	150	100
融江	大埔—柳城凤山	18.4	Ⅵ	1	12	150	100
柳江	柳城凤山—新圩	42.4	Ⅴ	1	15	150	300
柳江	新圩—红花	58.2	Ⅲ	1.2	15	150	1000
柳江	红花—石龙三江口	102.2	Ⅳ	2.0	40	330	500

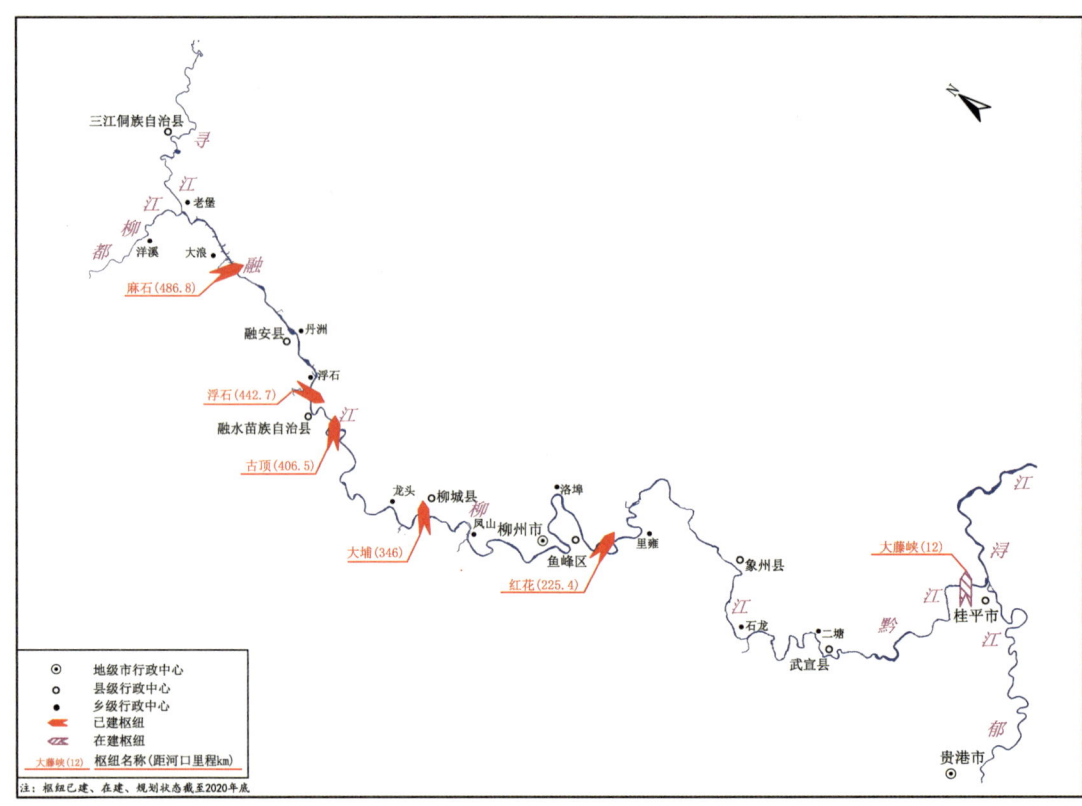

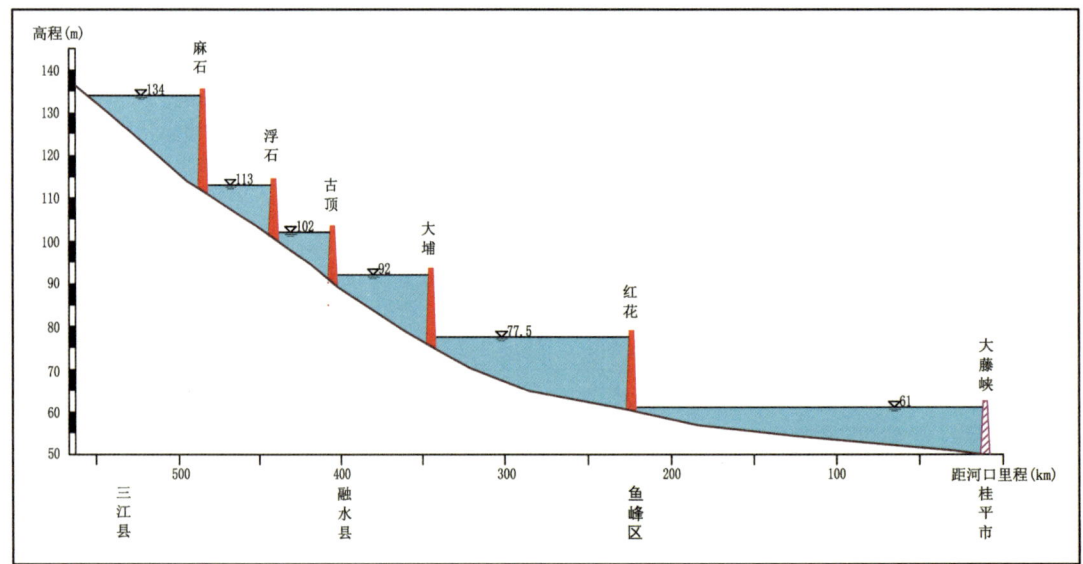

图 6-4-1 柳江梯级枢纽规划图

一、红花船闸

红花电航枢纽位于广西壮族自治区柳江市鱼峰区境内的里雍镇,是柳江干流 9 级规划中的最下游一级,上距柳州市 25km。红花坝址集雨面积 37783km²,枢纽正常蓄水位 77.50m(1956 黄海高程),死水位 72.5m。设计洪水位 86.34m($P=1\%$),校核洪水位 91.52m($P=0.1\%$)。红花枢纽工程等别为 I 等,主要挡泄水建筑物及船闸闸首、闸室为 2 级建筑物,导航、靠船建筑物为 3 级建筑物。坝顶总长 884.7m,主要建筑物从左至右依次为左岸土坝、左岸门库、船闸、泄洪闸、电站厂房、右岸门库和右岸土坝等。船闸和电站分岸布置,电站厂房位于河道右岸,装 6 台灯泡贯流式机组,总装机容量 228MW;18 孔泄洪闸布置在河床中央,每孔闸净宽 16m。该枢纽是一座以发电、航运和改善水环境为主,兼顾灌溉、旅游、养殖等效益的综合利用工程。枢纽主体工程于 2003 年 10 月开工,2006 年底建成。

红花一线船闸布置在河道左岸,船闸等级为 V 级,闸室有效尺度 180m×18m×3.0m,最大设计水头 17.71m(上游正常蓄水位 77.50m~下游最低通航水位 59.79m),通航 2×300 吨级顶推船队兼顾 1000 吨级单船,设计年单向通过能力 663 万 t/373 万 t(下行/上行)。船闸上游设计最高通航水位 77.5m(枢纽正常蓄水位),最低通航水位 72.50m;下游设计最高通航水位 74.62m,最低通航水位 59.79m。船闸引航道采用不对称型布置,上、下游引航道均向左拓宽,主导航墙及靠船建筑物均位于左侧岸边,船舶过闸均采取"曲进直出"的方式。上游引航道直线段长 360m,下游引航道直线段长 484m,上、下游引航道宽均为 50m。船闸上、下闸首和闸室均采用分离式结构,船闸输水系统采用闸底长廊道侧支孔出水。该船闸于 2006 年 12 月建成通航。

红花二线船闸平行布置在一线船闸左侧,两闸轴线相距 120m,上闸首上游前沿线位于一线船闸上闸首前沿线下游 8m。二线船闸等级为 II 级,闸室有效尺度 280m×34m×5.8m,最大设计水头 20.61m(上游正常蓄水位 77.50m~下游最低通航水位 56.69m),通航 2000 吨级货船,1 顶 2×2000 吨级船队,兼顾 3000 吨级货船,船队尺度 182.0m×16.2m×2.6m,设计年单向通过能力 2860 万 t(上行 1609 万 t)。船闸上游设计最高通航水位 80.48m($P=10\%$),最低通航水位 72.50m(死水位);下游设计最高通航水位 80.15m($P=10\%$),设计最低通航水位 56.69m。两线船闸均分设上、下游引航道。二线船闸引航道采用不对称型布置,上、下游引航道均向两侧拓宽,主导航墙及靠船墩均位于左侧岸边,船舶过闸均采取"曲进直出"的方式。上、下游引航道直线段长均为 540m,其中左侧主导墙导航调顺段均采用 $y=x/16$ 的斜直线向左扩宽,沿船闸轴线的投影长均为 240m;停泊段长均为 300m,各布置 12 个中心距 25m 的靠船墩;主导墙及停泊段沿程护岸坡度 1:2。上、下游右侧辅导墙均以 1:6 的斜直线与半径为 25m 的圆弧扩宽,上游辅导航墙以上接板桩式隔流堤,下游辅导航墙以下接边坡为 1:0.5 的隔流堤。上、下游引航道宽均为 74.0m,设计水深 5.6m。船闸上、下闸首和闸室均采用分离式结构,船闸输水系统采用闸底双长廊道(两区段)侧支孔出水、明沟消能形式。输水廊道进水口布置在上游引航道左右两侧挡墙处，从引航道内取水，输水廊道绕过上闸首后转入闸室，两侧廊道在闸室上段汇合，汇合段长24m，设间断式隔流墩，随后向两侧渐变，分成两个平行于闸轴线的纵向廊道，纵向廊道长144m，每个廊道左右侧沿程均设置间距5.4m的出水支孔，出水口侧设置明沟消能，在闸室下段两侧廊道又逐渐转向闸室轴线，汇合成一条廊道，汇合段长24m，设间断式隔流墩，随后转出闸室绕下闸首左右边墩，过阀门井后在下闸首转出进入格栅式消力室消能、顶缝出水。红花二线船闸于2016年11月开工，预计2022年10月底建成通航。

红花一、二线船闸技术参数分别见表6-4-2、表6-4-3。红花枢纽鸟瞰图如图6-4-2所示。红花一、二线船闸布置分别如图6-4-3、图6-4-4所示。

红花一线船闸技术参数表 表6-4-2

河流名称			柳江		建设地点		广西柳江市
船闸有效尺度(m)			180×18×3.0		最大设计水头(m)		17.71
吨级			2×300 船队 兼顾1000 单船		过闸时间(min)		40
门型	闸门	上游	人字门	启闭形式	闸门	上游	液压
		下游	人字门			下游	液压
	阀门	上游	平板门		阀门	上游	液压
		下游	平板门			下游	液压
结构形式	上闸首		分离式	输水系统	形式		闸底单长廊道 侧支孔出水
	下闸首		分离式		平均时间(min)		13
	闸室		分离式		廊道尺寸(m)		3.2×2.6
设计通航水位 (m)	上游	最高	77.5		设计年通过能力 (单线单向，万t)		663/373 （下行/上行）
		最低	72.50		桥梁情况		上闸首交通桥
	下游	最高	74.62		建成年份(年)		2006
		最低	59.79				

红花二线船闸技术参数表 表6-4-3

河流名称	柳江	建设地点	广西柳江市
船闸有效尺度(m)	280×34×5.8	最大设计水头(m)	20.61
吨级	2×2000 船队 兼顾3000 单船	过闸时间(min)	52

续上表

门型	闸门	上游	人字门	启闭形式	闸门	上游	液压直推
		下游	人字门			下游	液压直推
	阀门	上游	反弧门		阀门	上游	液压直推
		下游	反弧门			下游	液压直推
结构形式	上闸首	分离式		输水系统	形式		闸底双长廊道（两区段）侧支孔出水,明沟消能
	下闸首	分离式			平均时间(min)		12
	闸室	分离式			廊道尺寸(m)		4.5×7.2
设计通航水位(m)	上游	最高	80.48	设计年通过能力(单线单向,万t)			2860
		最低	72.50	桥梁情况			上闸首交通桥
	下游	最高	80.15	建成年份			在建
		最低	56.69				

图 6-4-2 红花枢纽鸟瞰图

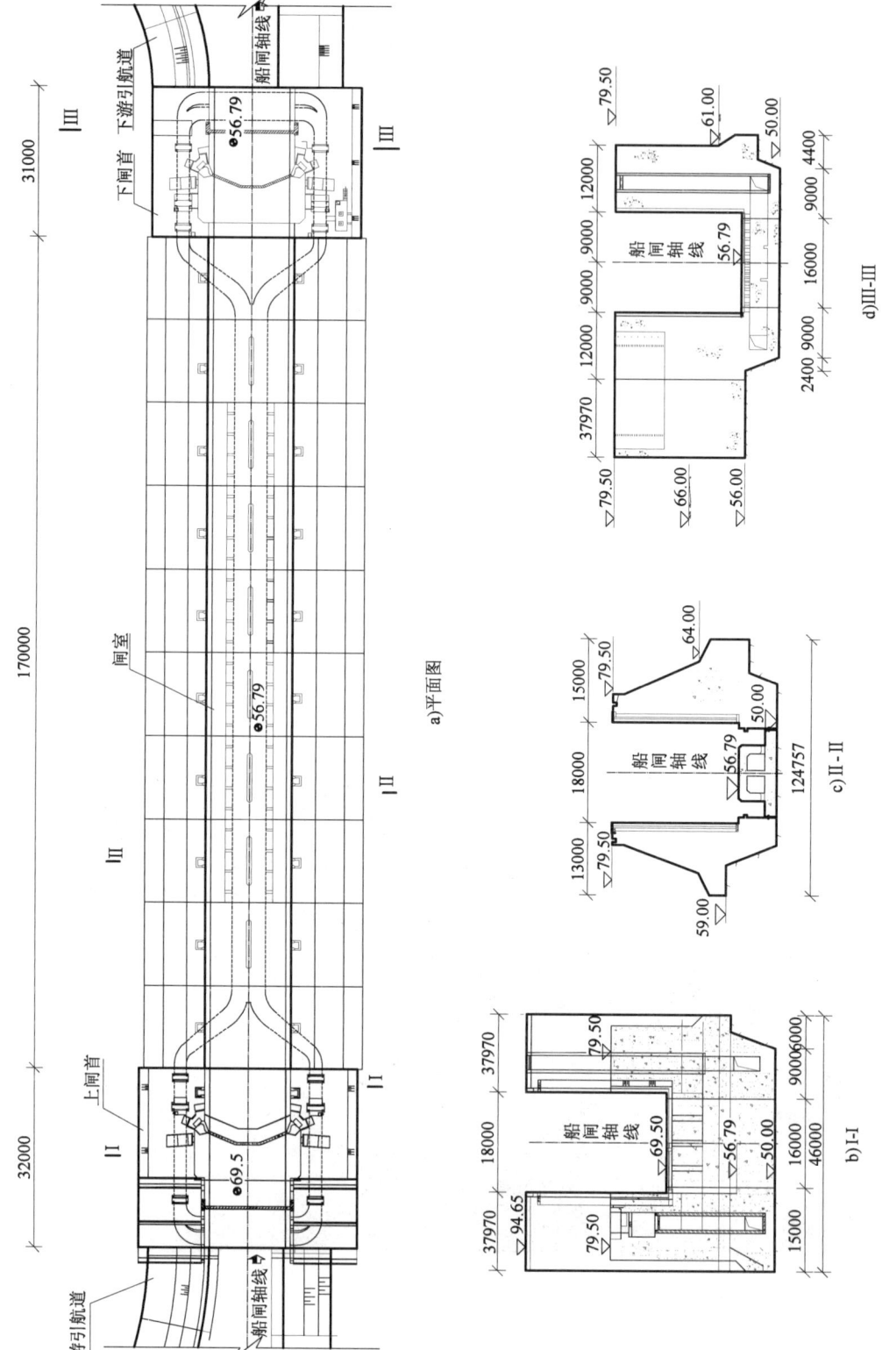

图6-4-3 红花一线船闸布置图（尺寸单位：mm；高程和水位单位：m）

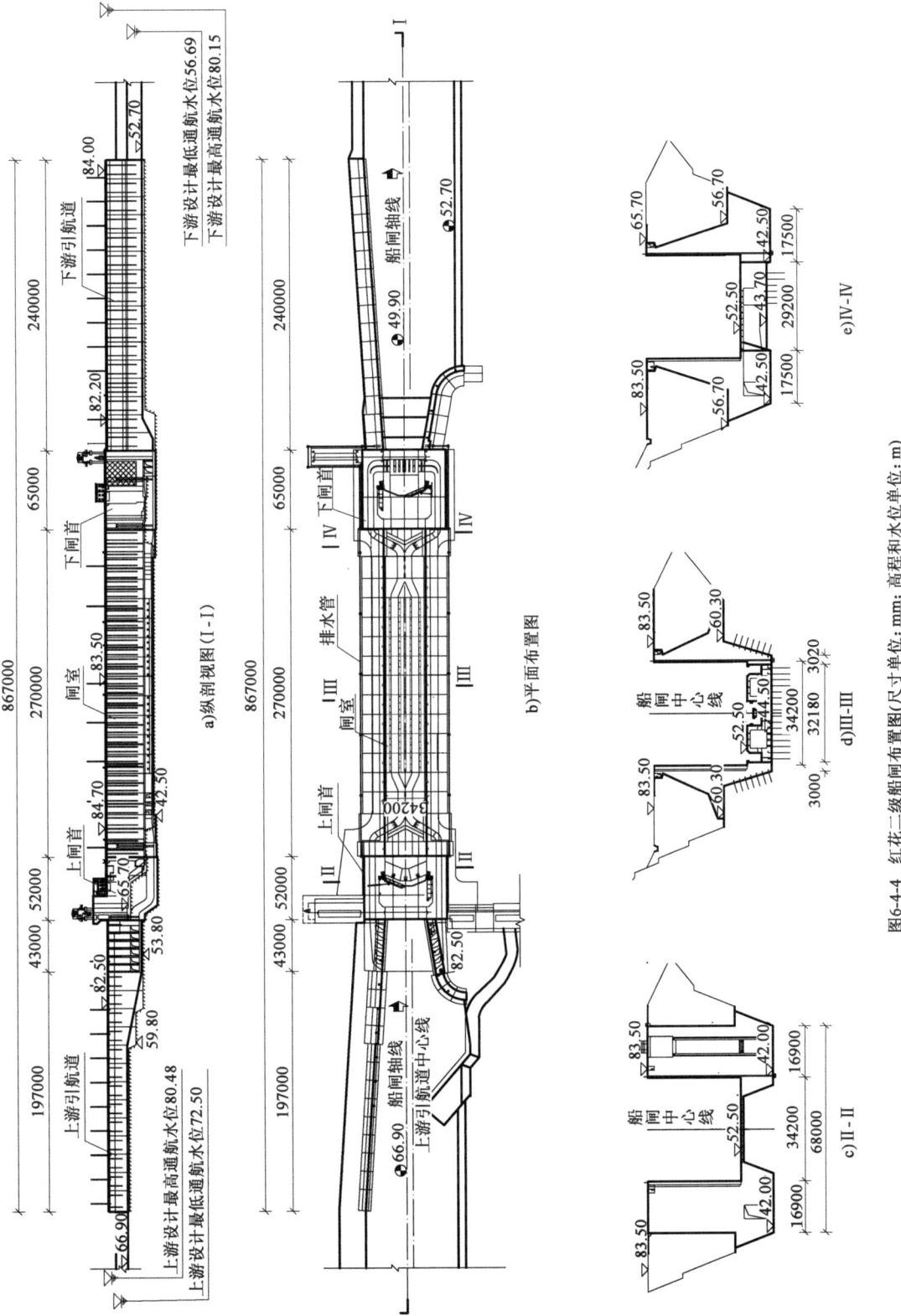

图6-4-4 红花二级船闸布置图(尺寸单位：mm；高程和水位单位：m)

二、大藤峡船闸

大藤峡枢纽位于广西壮族自治区桂平市境内、黔江大藤峡峡谷出口的弩滩处,是南盘江—红水河水电基地综合利用10级规划中的最后一级,下距桂平市区6.6km。大藤峡坝址集雨面积198612km²,多年平均流量4240m³/s,枢纽正常蓄水位61.0m(85高程),死水位47.6m,水库总库容34.79亿m³。设计洪水位61.0m($P=0.1\%$),设计洪水流量67400m³/s;校核洪水位61.0m($P=0.02\%$),校核洪水流量76600m³/s。大藤峡枢纽工程等别为Ⅰ等,其挡泄水建筑物、电站厂房和船闸上闸首等主要建筑物按1级建筑物设计。该枢纽主要由黔江主坝、黔江副坝和南木江副坝等组成,其中黔江主坝轴线全长1243.06m,最大坝高80.01m,主要建筑物从左至右依次为船闸、左岸电厂、左岸泄水闸、纵向围堰坝段、右岸泄水闸、右岸电厂、右岸挡水坝(兼鱼道坝段)等。大藤峡左电厂装3台机,右电厂装5台机,总装机容量1600MW。26孔泄洪闸布置在河床中央,包括2个泄水高孔闸和24个泄水低孔闸,高孔闸采用开敞式溢流,堰顶高程36.00m,单孔净宽14m;低孔堰顶高程22.00m,孔口尺寸9m×18m(宽×高),高低孔下游均采用底流消能,左区和中区消力池总长175m,右区消力池总长195m,深6.0m。大藤峡枢纽是一座以防洪、航运、发电和水资源配置为主,兼顾灌溉、生态保护等综合利用的大型水利枢纽工程。枢纽主体工程于2015年9月主体工程开工,2020年3月逐步投入运行。

大藤峡船闸布置在河道左岸,右侧紧邻左岸电厂,左侧为预留的二线船闸位置。船闸等级为Ⅰ级,闸室有效尺度280m×34m×5.8m,最大设计水头40.25m(上游正常蓄水位61.00m～下游最低通航水位20.75m),通航3000吨级单船和1顶2×2000吨级船队,船舶尺度分别为90m×15.8m×3.6m和182.0m×16.2m×2.6m,设计年通过能力5189万t(上行1448万t,下行3741万t)。船闸上游设计最高通航水位61.00m(枢纽正常蓄水位),最低通航水位44.00m;下游设计最高通航水位41.24m($P=10\%$),最低通航水位20.75m(流量700m³/s再考虑河道整治和下切等影响)。船闸轴线总长3735m,其中船闸主体段长385.0m,上游引航道长1453m,下游引航道长1897.00m。船闸引航道采用不对称型布置,上、下游引航道均向左扩宽,主导航墙及靠船建筑物均位于右侧,船舶过闸均采取"曲进直出"的方式。上游引航道系开挖山体而成,直线段长675m,接转弯半径为1479.2m、转角为23.2°的弧线,再接179m长直段,经455m长的口门区与上游主航道以半径为910m、转角为22°的弯段连接。下游引航道中心线从下闸首向下游延伸550m长的直线段,接1165m长直段,再接182m长渐变段经口门区与下游航道相接。上、下游引航道底宽为75m,底高程分别为38.20m和15.35m。船闸上、下闸首和闸室均采用分离式结构,船闸输水系统采用4区段8纵支廊道顶部出水盖板消能等惯性输水。上游进水口分别设置在靠近上闸首左侧导航墙引航道内侧和右侧导航墙引航道外侧,为部分旁侧取水方式;经过鹅颈管廊,道顶高程从35m下降至0.75m,阀门为反弧门,门后接突扩体(顶底扩)过检修阀门后,廊道顶由0.75m逐渐升高至11.45m,在闸室墙中部转入闸室,在闸室轴线附件通过分流墩分成上、下两纵向廊道,在闸室上游1/4和下游3/4处向上、下两端分成左、右两侧,在侧面分成流向上、下游的8个纵支廊道,廊道顶设出水缝、盖板消能。下游泄水口布置在右侧电站尾水渠内,水流经左、右侧泄水廊道在下闸首处汇入泄水箱涵后泄入电站尾水渠,为全旁侧泄水方式。大藤峡船闸于2020年3月建成通航。

大藤峡船闸是目前国内外实际运行水头最高、规模最大、技术最复杂的单级船闸。通过对超高水头单级船闸输水技术系统研究,取得了以下技术成果:

(1)提出了基于出水区域比能控制及阻力均衡的超高水头船闸输水系统布置原则,首创空腔自分流全闸室出水输水技术,解决了40m级超高水头大型单级船闸巨大输水能量下难以兼顾高效输水与过闸安全的技术难题,填补了40m级大型超高水头单级船闸输水系统空白。

(2)跳出经典分流口依靠纵横隔板强制分流的思维陷阱,研发了占闸底面积小、水流自行分流的空腔自分流口,减少闸室内输水系统非出流区域,为降低超高水头船闸输水闸室水体比能提供条件。

(3)研发了全闸室出水的出水区段布置,突破出水区段总长占闸室长度60%~70%的规范要求,实现了90%的出流分散度,大幅降低闸室水体比能,减少水流紊动,改善闸室船舶停泊条件。

(4)创新提出变截面出水廊道布置+各区段出水多支孔输水水流线路阻力与惯性均衡的出水孔布置方法,提高了大分散度出水区段多支孔出流均匀性,降低闸室水面坡降,减小船舶系缆力。

(5)首创阀门底缘移动边界的掺气减蚀技术,实现了掺气设施对移动空化源的追踪,极大降低了高水头、超高水头船闸阀门底缘空化空蚀风险。

(6)系统研发了带半椭圆分流隔板的分流口(第一分流口)、带偏轴导流脊的T形管及带导流脊空腔自分流口(第二分流口)等关键部位体型,提高了分流口抗蚀性能。

大藤峡船闸技术参数见表6-4-4。大藤峡船闸鸟瞰图如图6-4-5所示。大藤峡船闸布置如图6-4-6所示。

大藤峡船闸技术参数表　　　　　　　表6-4-4

河流名称		黔江		建设地点		广西桂平市南木镇
船闸有效尺度(m)		280×34×5.8		最大设计水头(m)		40.25
吨级		3000单船， 1顶2×2000船队		过闸时间(min)		85
门型	闸门	上游	人字门	启闭形式	闸门	上游	液压
		下游	人字门			下游	液压
	阀门	上游	反弧门		阀门	上游	液压
		下游	反弧门			下游	液压
结构形式	上闸首		分离式	输水系统	形式		闸墙长廊道经闸室中心垂直分流，闸底纵支廊道四区段出水（四区段八分支廊道盖板消能）
	下闸首		分离式		平均时间(min)		15.0
	闸室		分离式		廊道尺寸(m)		5.0×7.0
设计通航水位(m)	上游	最高	61.00	设计年通过能力（单线单向,万t)			5189(上行1448,下行3741)
		最低	44.00	桥梁情况			下闸首交通桥
	下游	最高	41.24	建成年份(年)			2020
		最低	20.75				

图6-4-5　大藤峡船闸鸟瞰图

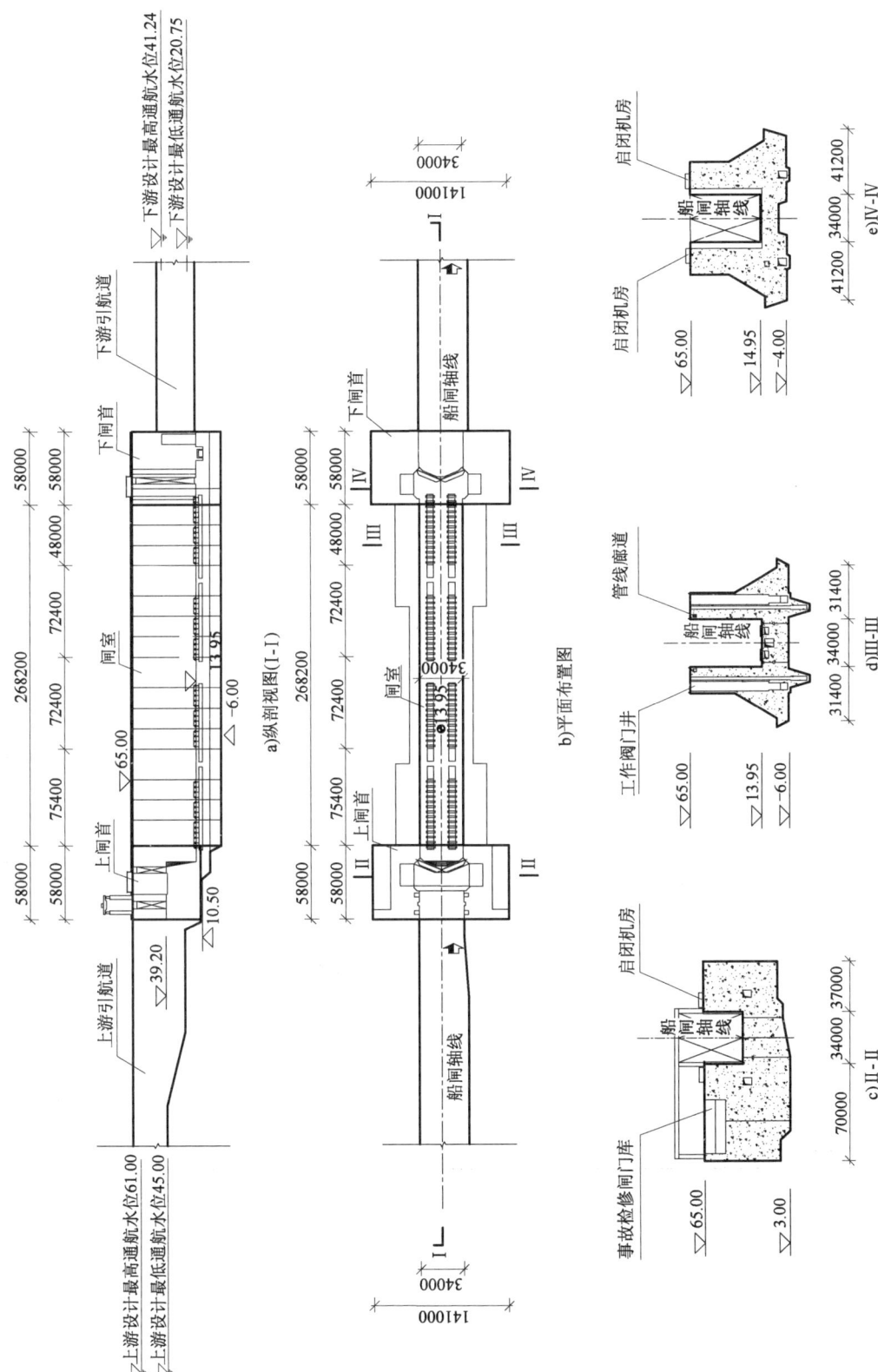

图6-4-6 大藤峡船闸布置图（尺寸单位：mm；高程和水位单位：m）

第五节　都柳江通航建筑物

都柳江是西江一级支流柳江的上游,发源于贵州省独山县浪黑村,自西北向东南流经黔南州的三都、黔东南州的榕江、从江等县城,沿黔桂边境迂回27km,至八洛进入桂境,于三江县老堡口与寻江(古宜河)汇合后称融江。都柳江全长310km,流域面积11300km²。都柳江主要支流有独山江、烂土河、大河、溶江等。

都柳江贵州境内214km为Ⅶ级航道,规划为Ⅴ级航道。根据2013年3月编制的《柳江流域综合规划报告》,都柳江共规划12级水电梯级开发方案,其中贵州境内10座,从上到下分别为白梓桥、柳叠、坝街、寨比、红岩、永福、温寨、郎洞、大融、从江;广西境内2座,为梅林、洋溪。贵州境内建成的温寨、郎洞、大融、从江4座枢纽建有500吨级船闸各1座。

都柳江梯级规划如图6-5-1所示。

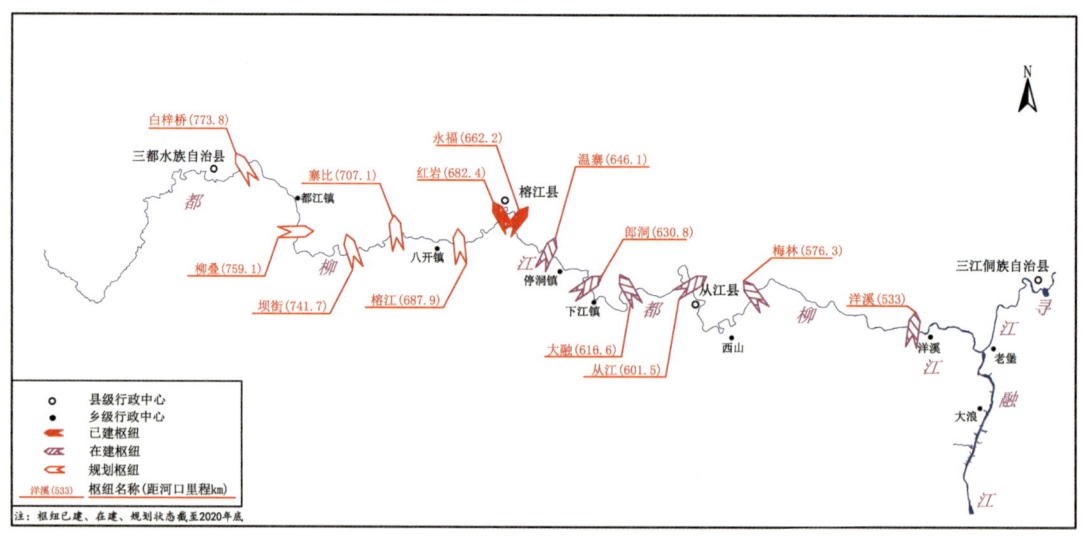

图　6-5-1

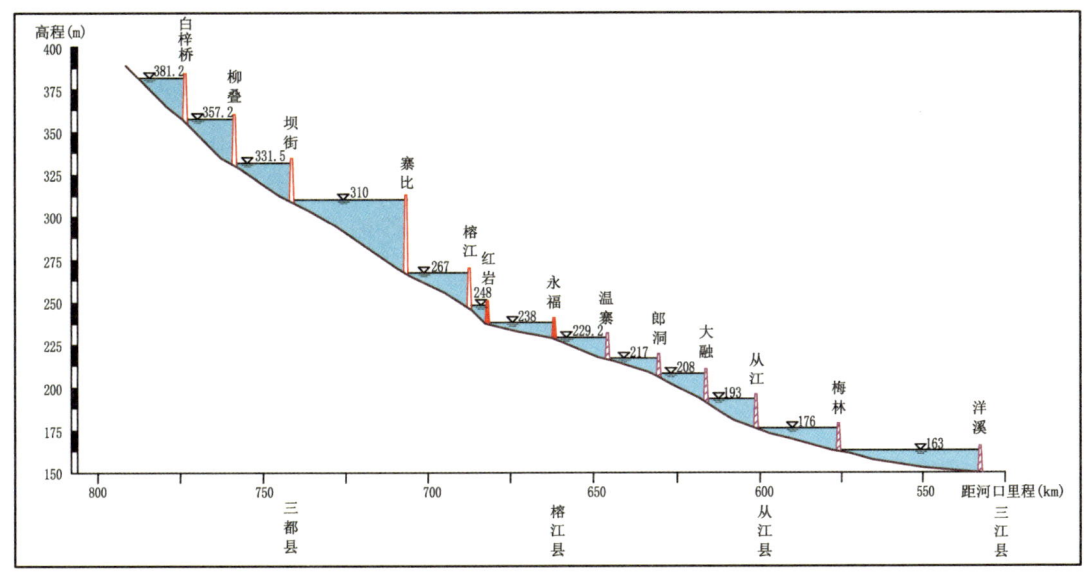

图 6-5-1 都柳江梯级规划图

一、郎洞船闸

郎洞航电枢纽位于贵州省黔东南州从江县境内,是都柳江干流梯级规划中的第 8 级,上距榕江县城约 50km,下距从江县城约 30km。枢纽正常蓄水位 217.0m(85 国家高程),消落水位 216.0m,水库总库容 3655 万 m³。枢纽设计洪水位 222.13m($P=2\%$),设计洪水流量 11900m³/s;校核洪水位 225.76m($P=0.5\%$),校核洪水流量 15700m³/s。郎洞枢纽工程等别为Ⅲ等,主要挡泄水建筑物、电站厂房及船闸主体等为 3 级建筑物,导航、靠船建筑物级别为 4 级建筑物。枢纽坝顶全长 302.02m,主要建筑物从左至右依次为左岸连接土坝、检修门库重力坝、船闸、泄水闸、电站厂房和右岸重力坝等。电站厂房位于右岸,厂房形式为河床式,装 2 台贯流式机组,总装机容量 22MW;7 孔泄水闸布置在河床中央,每孔闸净宽 14m,闸下游底流消能。该枢纽是一座以航运、发电为主,兼顾旅游的航电枢纽工程。郎洞枢纽主体工程于 2014 年 11 月开工,预计 2020 年建设完成。

郎洞船闸布置在河道左岸,船闸等级为Ⅳ级,闸室有效尺度 120m×12m×3.0m,最大设计水头 10.0m(上游正常蓄水位 217.0m~下游最低通航水位 207.0m),通行 500 吨级船舶,设计年单向通过能力 226.3 万~323.3 万 t。船闸上游设计最高通航水位 217.0m(枢纽正常蓄水位),最低通航水位 216.0m(消落水位);下游设计最高通航水位 211.45m,最低通航水位 207.0m(下游最低发电水位)。船闸引航道采用不对称型布置,上、下游引航道均向左宽,主导航墙及靠船建筑物均布置于左侧(岸侧),船舶均采取"曲进直出"的方式。上、下游引航道直线段长均为 224m,其中左侧主导墙导航调顺段采用半径为 100m、中心角为 46°的圆弧扩宽,沿船闸轴线的投影长 104m,停泊段长均为 120m,各布置

7个中心距20m的靠船墩;上、下游右侧辅导墙兼隔流墙长分别为160m和156m的直线,下游辅导航墙末端以半径为58m、圆心角为43.6°的圆弧向河中偏转16m,弧形墙段斜向布置9个2.4m×2.3m(宽×高)的透水底孔。上、下游引航道宽均为38m,设计水深2.5m。船闸上、下游闸首和闸室均采用整体式结构,船闸输水系统采用闸墙长廊道侧支孔输水、明沟消能形式,上游进水口采用导航墙垂直4支孔进水,淹没水深5.0m,下游出水口采用不对称挑坎消能室消能、顶支孔出水,消能室后设消力池。郎洞船闸与枢纽主体均于2014年11月开工,2019年建成并通航。

郎洞船闸技术参数见表6-5-1。郎洞枢纽鸟瞰图如图6-5-2所示。郎洞船闸布置如图6-5-3所示。

郎洞船闸技术参数表　　　　　　　　表6-5-1

河流名称			都柳江	建设地点		贵州省黔东南州从江县
船闸有效尺度(m)			120×12×3.0	最大设计水头(m)		10.0
吨级			500	过闸时间(min)		40.0
门型	闸门	上游	人字门	启闭形式	闸门	上游	液压
		下游	人字门			下游	液压
	阀门	上游	平板门		阀门	上游	液压
		下游	平板门			下游	液压
结构形式	上闸首		整体式	输水系统	形式	闸墙长廊道侧支孔
	下闸首		整体式		平均时间(min)	8.46
	闸室		整体式		廊道尺寸(m)	2.0×2.9
设计通航水位(m)	上游	最高	217.00	设计年通过能力(单线单向,万t)		226.3~323.3
		最低	216.00	桥梁情况		上闸首交通桥
	下游	最高	211.45	建成年份(年)		2019
		最低	207.00			

图6-5-2　郎洞枢纽鸟瞰图

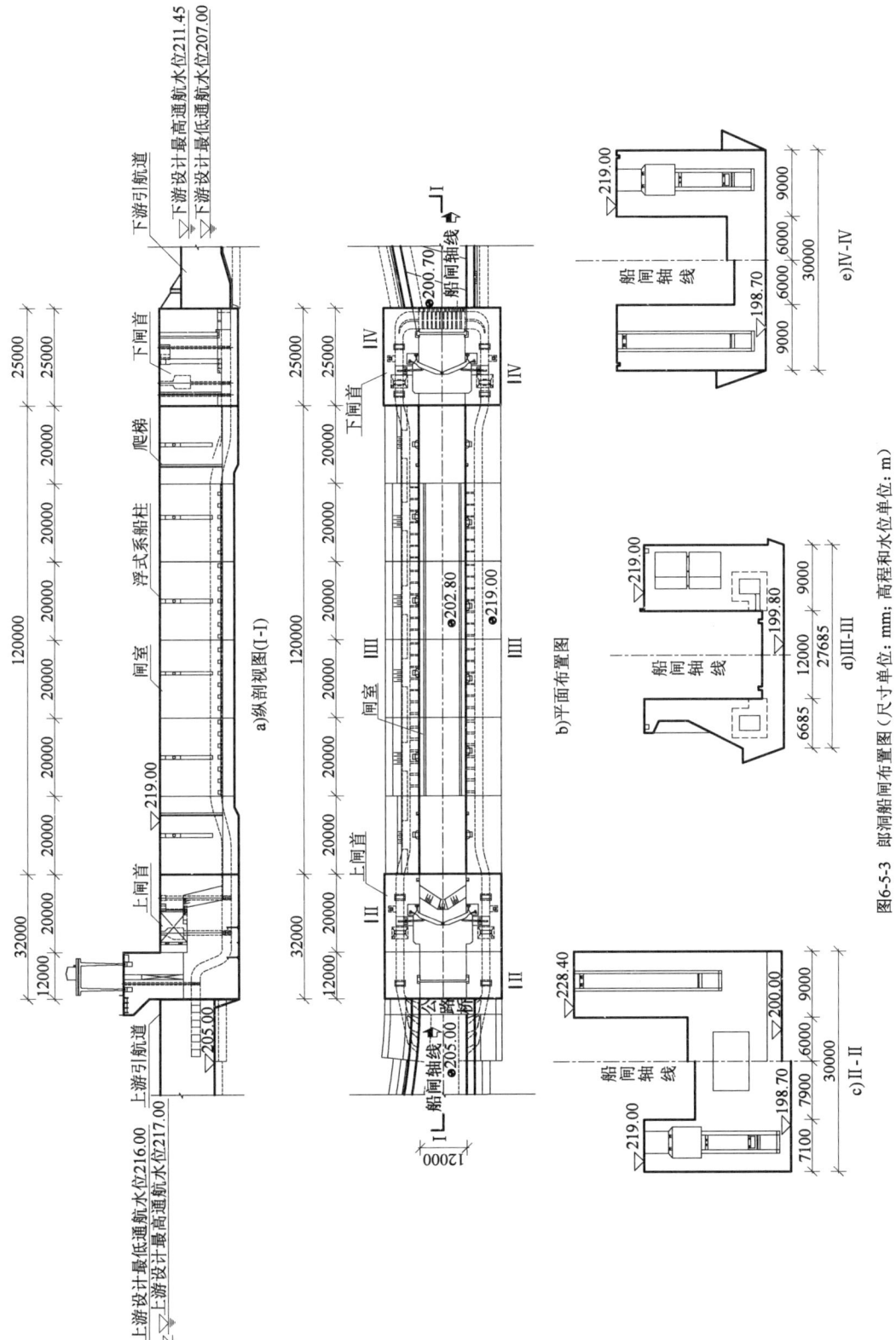

图6-5-3 郎洞船闸布置图（尺寸单位：mm；高程和水位单位：m）

二、大融船闸

大融航电枢纽位于贵州省黔东南州从江县境内，是都柳江干流梯级规划中的第10级，下距从江县城约16km、距州府凯里市约268km、距广西柳州市约295km。大融坝址集雨面积8632km²，多年平均流量191m³/s，枢纽正常蓄水位208.0m(85高程)，消落水位207.00m，水库总库容4338万m³。枢纽设计洪水位207.97m($P=2\%$)，设计洪水流量12000m³/s；校核洪水位212.91m($P=0.2\%$)，校核洪水流量18200m³/s。大融枢纽工程等别为Ⅲ等，坝线全长345.26m，主要建筑物从左至右依次为左岸重力坝、电站厂房、泄水闸、船闸和右岸重力坝等。电站厂房位于河道左岸，厂房形式为河床式，装2台贯流式机组，总装机容量36MW；7孔泄水闸布置在河床中央，每孔闸净宽16m，闸下游底流消能。大融枢纽是一座以航运和发电为主，兼顾旅游等综合利用的水利枢纽工程。枢纽主体工程于2012年12月开工，2018年投入运行。

大融船闸位于河道右岸，船闸等级为Ⅳ级，闸室有效尺度120m×12m×3.0m，最大设计水头16.0m(上游正常蓄水位208.0m～下游最低通航水位192.0m)，通行500吨级船舶，设计年单向通过能力390万t。船闸上游设计最高通航水位208.0m(枢纽正常蓄水位)，最低通航水位205.0m；下游设计最高通航水位197.38m，最低通航水位192.0m。船闸引航道采用不对称型布置，上、下游引航道均向右扩宽，主导航墙及靠船建筑物均位于右侧，船舶过闸均采取"曲进直出"的方式。上、下游引航道直线段长均为257.50m，其中上、下游右侧直立主导墙导航段采用斜直线扩宽，并与岸坡衔接，沿船闸轴线的投影长均为55.0m(不含进/出水口段长度)，调顺段长均为82.5m，停泊段长均为120m，各布置6个中心间距20m的靠船墩；上、下游左侧辅导航墙兼隔流墙为直线，长分别为237.77m和257.5m，辅导墙头部均为长17.46m外挑墙。上游引航道直线段以上用半径为300m的曲线与上游航道连接；下游引航道直线段以下用半径为556.7m的曲线与下游航道连接。上、下游引航道宽均为37.8m，设计水深2.5m。船闸上、下游闸首和闸室均采用整体式结构。船闸输水系统采用闸底长廊道顶缝出水、盖板消能方式，下游泄水口为消力梁消能、侧缝出水。大融船闸于2012年12月开工，2019年建成通航。

大融船闸技术参数见表6-5-2。大融枢纽鸟瞰图如图6-5-4所示。大融船闸装置如图6-5-5所示。

大融船闸技术参数表　　　　　表6-5-2

河流名称	都柳江	建设地点	贵州省黔东南州大融县
船闸有效尺度(m)	120×12×3.0	最大设计水头(m)	16.0
吨级	500	过闸时间(min)	44.0

续上表

门型	闸门	上游	人字门	启闭形式	闸门	上游	液压
		下游	人字门			下游	液压
	阀门	上游	反弧门		阀门	上游	液压
		下游	反弧门			下游	液压
结构形式	上闸首	整体式		输水系统	形式		闸底长廊道顶缝出水
	下闸首	整体式			平均时间(min)		11.4/12.3(充水/泄水)
	闸室	整体式			廊道尺寸(m)		2.0×2.5(宽×高)
设计通航水位(m)	上游	最高	208.00	设计年通过能力(单线单向,万t)			390
		最低	205.00	桥梁情况			上闸首交通桥
	下游	最高	197.38	建成年份(年)			2019
		最低	192.00				

图 6-5-4 大融枢纽鸟瞰图

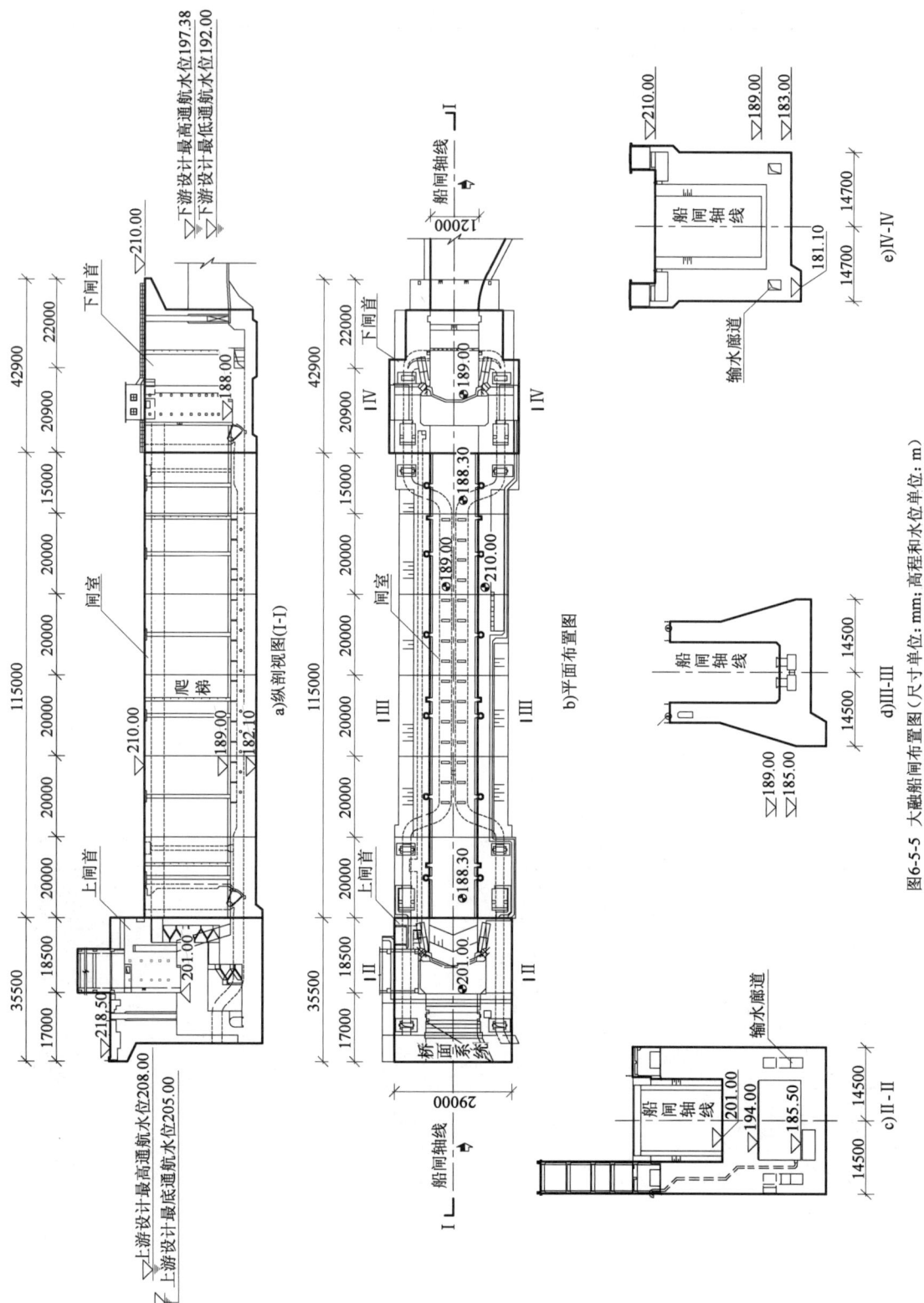

图6-5-5 大藤船闸布置图（尺寸单位：mm；高程和水位单位：m）

三、从江船闸

从江航电枢纽位于贵州省黔东南州从江县境内,是都柳江干流梯级规划中的第11级,上距从江县城约1.2km、距大融枢纽13.7km,下距广西柳州市约280km。从江坝址集雨面积10111km²,多年平均流量226m³/s,枢纽正常蓄水位193.00m(85高程),消落水位192.00m,水库总库容5476万m³。枢纽设计洪水位196.27m($P=2\%$),设计洪水流量13000m³/s;校核洪水位202.19m($P=0.2\%$),校核洪水流量19300m³/s。从江枢纽工程等级为Ⅲ等,主要挡泄水建筑物、电站厂房和船闸主体等为3级建筑物,导航墙、靠船墩等为4级建筑物。从江枢纽坝线总长331.31m,最大坝高39.6m,主要建筑物从左至右依次为左岸重力坝、电站厂房、泄水闸、船闸、右岸重力坝等。电站厂房布置在河道左岸,厂房形式为河床式,装2台贯流式机组,总装机容量45MW;7孔泄水闸布置在河床中央,每孔闸净宽16m,闸下游底流消能。从江枢纽是一座以航运、发电为主,兼顾旅游等综合利用的水利枢纽工程。枢纽主体工程于2012年12月开工,2019年建成并投入运行。

从江船闸位于河道右岸,船闸等级为Ⅳ级,闸室有效尺度120m×12m×3.0m,最大设计水头18.0m(上游正常蓄水位193.00m~下游最低通航水位175.00m),通行500吨级船舶,设计年单向通过能力390万t。船闸上游设计最高通航水位193.0m(枢纽正常蓄水位),最低通航水位192.0m(消落水位);下游设计最高通航水位185.24m,最低通航水位175.0m。船闸引航道采用不对称型布置,上、下游引航道均向右扩宽,主导航墙及靠船建筑物均位于右侧岸边,船舶过闸均采取"曲进直出"的方式。上、下游引航道直线段长均为257.50m,其中上、下游右侧直立主导墙导航段采用斜直线扩宽,并与岸坡衔接,沿船闸轴线的投影长均为55.0m(不含进/出水口段长度),调顺段长均为82.5m,停泊段长均为120m,各布置6个中心间距20m的靠船墩;上、下游左侧辅导墙兼隔流堤为头部外挑的直线,长均为257.5m。上、下游引航道宽均为37.8m,设计水深2.5m。船闸上、下游闸首和闸室均采用整体式结构。船闸输水系统采用闸底长廊道顶缝出水、盖板消能方式,下游泄水口为消力梁消能、侧缝出水。从江船闸与枢纽主体工程同步建成并建成。

从江船闸技术参数见表6-5-3。从江枢纽鸟瞰图如图6-5-6所示。从江船闸布置如图6-5-7所示。

从江船闸技术参数表 表6-5-3

河流名称	都柳江	建设地点	贵州省黔东南州从江县
船闸有效尺度(m)	120×12×3.0	最大设计水头(m)	18.0

续上表

吨级		500		过闸时间(min)		44.0	
门型	闸门	上游	人字门	启闭形式	闸门	上游	液压
		下游	人字门			下游	液压
	阀门	上游	反弧门		阀门	上游	液压
		下游	反弧门			下游	液压
结构形式	上闸首	整体式		输水系统	形式	闸底长廊道顶支孔出水	
	下闸首	整体式			平均时间(min)	11.9/12.5（充水/泄水）	
	闸室	整体式			廊道尺寸(m)	2.0×2.5	
设计通航水位(m)	上游	最高	193.00	设计年通过能力(单线单向,万t)		390	
		最低	192.00	桥梁情况		上闸首交通桥	
	下游	最高	185.24	建成年份(年)		2019	
		最低	175.00				

图 6-5-6 从江枢纽鸟瞰图

第六章 珠江水系通航建筑物

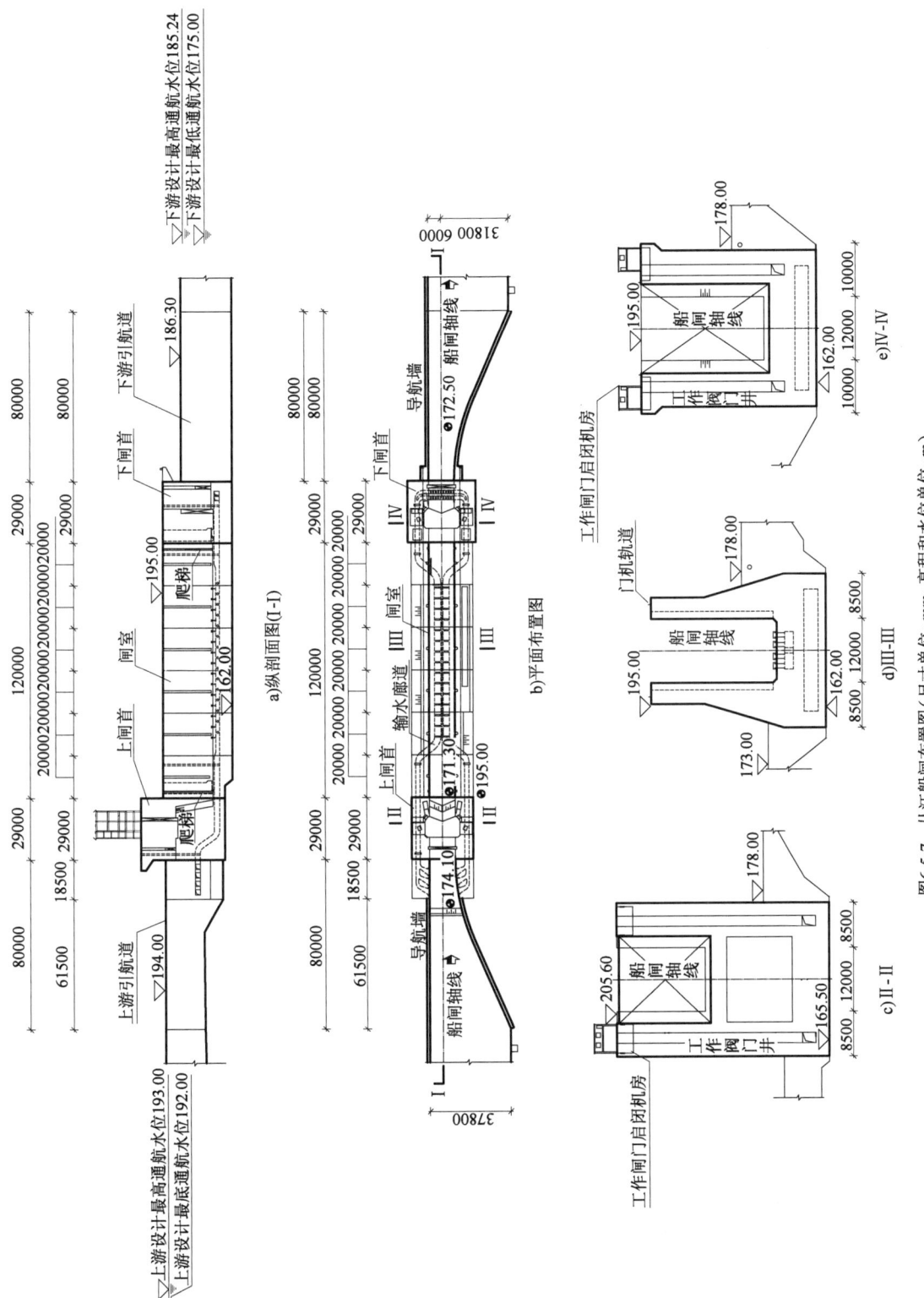

图6-5-7 从江船闸布置图（尺寸单位：mm；高程和水位单位：m）

第六节　清水江通航建筑物

平寨船闸

平寨航电枢纽位于贵州省黔东南苗族侗族自治州施秉县境内，左岸为施秉县，右岸为台江县，是清水江干流革东以上自上而下12级规划中的第9级。平寨坝址集雨面积5776km²，枢纽正常蓄水位543.0m(1956黄海高程)，水库总库容3829万m³。设计洪水位538.13m($P=2\%$)，设计洪水流量6840m³/s；校核洪水位541.89m($P=0.2\%$)，校核洪水流量10700m³/s。平寨枢纽工程等别为Ⅲ等，主要挡泄水建筑物、电站厂房和船闸主体等为3级建筑物，导航、靠船建筑物级为4级建筑物。坝顶全长439.42m，主要建筑物从左至右依次为左岸连接重力坝、船闸、河床重力连接坝、溢流闸坝、泄洪冲沙闸、电站厂房和右岸连接重力坝等。河床式电站厂房布置在河道右岸，装3台灯泡贯流式机组，总装机容量42MW。溢流闸坝和泄洪冲沙闸布置在河道中央，由5个泄洪表孔和1个冲沙底孔组成，表孔闸净宽14m，底孔闸净宽6m，弧形门控制，闸下游底流消能。平寨枢纽是一座兼顾航运、发电、水环境等综合利用的水利枢纽工程。枢纽主体工程于2018年12月开工，预计2021年底投入运行。

平寨船闸布置在河道左岸，并在其左侧预留二线船闸位置。船闸等级为Ⅳ级，闸室有效尺度120m×12m×3.0m，最大设计水头23.83m(上游正常蓄水位543.00m～下游最低通航水位519.17m)，通行500吨级(近期50吨级)船舶，设计年单向通过能力253万t。船闸上游设计最高通航水位543.0m(枢纽正常蓄水位)，最低通航水位541.5m(预泄3年一遇洪水位)；下游设计最高通航水位525.33m($P=33.3\%$)，最低通航水位519.17m/520m(近期保证率$P=95\%$下切0.8m，通航50吨级船舶/远期下游施洞正常蓄水位降低1m，通航500吨级船舶)。船闸引航道采用反对称型布置，上游引航道向右扩宽，主导航墙及靠船建筑物位于右侧；下游引航道向左扩宽，主导航墙及靠船建筑物位于左侧；上、下游船舶过闸均采取"曲进直出"的方式。上游引航道直线段长224.0m，其中右侧主导墙导航调顺段采用$y=x^2/350$曲线扩宽，沿船闸轴线的投影长94m，停泊段长120m，布置7列间距20m的系船钩；左侧辅导墙采用长20.2m的斜直线(与船闸中线交角8°)和半径为40.0m、中心角为25°的圆弧连接，沿船闸轴线的投影长37.5m，其上游与自然岸坡衔接。下游引航道直线段长344.0m，其中左侧主导墙导航调顺段采用$y=x^2/350$曲线扩宽，并与下游岸坡衔接，导航调顺段沿船闸轴线的投影长94m，停泊段长120m，布置7个中心距20m的靠船墩，制动段长130m；右侧辅导墙采用斜直线扩宽、圆形端头，沿船闸轴线的投影长34m，下游接长250.2m的分水隔墙，其中尾端60m隔墙外挑。上游引航道直接与库区河道衔接，下游采用半径为220m、中心角为25°的圆弧与下游航道衔接。上、下游引航道宽均为38m,设计水深2.4m。船闸上、下闸首和闸室均采用整体式结构,船闸输水系统采用闸墙长廊道闸底横支廊道顶缝出水、盖板消能形式,上游进水口采用导墙内侧垂直多支孔进水,下游采用部分旁侧泄水方式,即右侧廊道泄入下游河道,左侧廊道泄入下游引航道内,格栅消能室消能,顶缝和侧缝出水,为避免阀门后廊道的空蚀和空化,阀门采用反弧门,门后采用顶底扩体体型。上游工作闸门采用平板下沉门,下游工作闸门采用人字门,上、下游工作阀门均采用反弧门。平寨船闸于2018年12月开工,预计2021年底建成通航。

平寨船闸技术参数见表6-6-1。平寨枢纽效果图如图6-6-1所示。平寨船闸布置如图6-6-2所示。

平寨船闸技术参数表　　　　　　　　　　　表6-6-1

河流名称			清水江	建设地点		贵州省黔东南苗族侗族自治州施秉县
船闸有效尺度(m)			120×12×3.0	最大设计水头(m)		23.83
吨级			500	过闸时间(min)		43.6
门型	闸门	上游	平板下沉门	启闭形式	闸门 上游	固定卷扬机
		下游	人字门		下游	液压
	阀门	上游	反弧门		阀门 上游	液压
		下游	反弧门		下游	液压
结构形式	上闸首		整体式	输水系统	形式	闸墙长廊道闸底横支廊道
	下闸首		整体式		平均时间(min)	10.86
	闸室		整体式		廊道尺寸(m)	2.2×2.5
设计通航水位(m)	上游	最高	543.00	设计年通过能力(单线单向,万t)		253
		最低	541.50	桥梁情况		上闸首交通桥
	下游	最高	525.33			
		最低	519.17/520.0(近期/远期)	建成年份(年)		2021(预计)

图6-6-1　平寨枢纽效果图

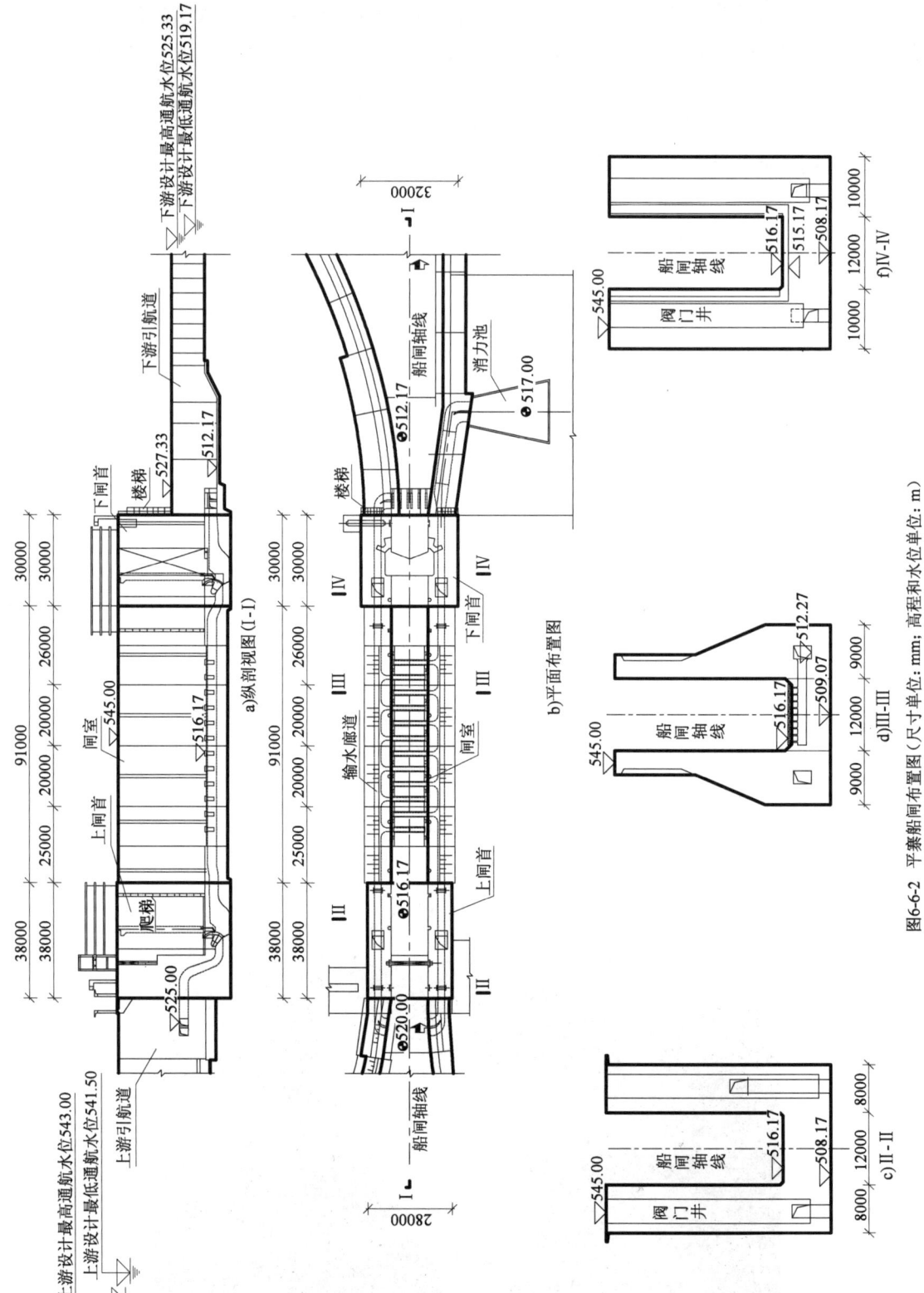

图6-6-2 平寨船闸布置图（尺寸单位：mm；高程和水位单位：m）

第七节　北江通航建筑物

北江是珠江水系干流之一。发源于江西省信丰县石碣大茅山,主流流经广东省南雄市、始兴县、韶关市、英德市、清远市至佛山市三水区思贤滘,与西江相通后汇入珠江三角洲,于广州市番禺区黄阁镇小虎山岛淹尾出珠江口。北江干流 470km,集水面积 46700km^2。

北江干流在韶关市区以上称浈江(也称浈水),长约 212km,韶关以下始称北江。韶关市沙洲尾至清远市飞来峡为中游,河长 173km;飞来峡至佛山市三水区思贤滘为下游段,河长 83km,主要支流有墨江、锦江、武江、南水、滃江、连江、潖江、滨江和绥江等。目前北江上建成孟洲坝、濛浬、白石窑、飞来峡、清远等枢纽,其中孟洲坝枢纽建成 100 吨级和 1000 吨级船闸各 1 座,濛浬枢纽建成 300 吨级和 1000 吨级船闸各 1 座,白石窑建成 100 吨级和 1000 吨级船闸各 1 座,飞来峡枢纽建成 500 吨级船闸 1 座和 1000 吨级船闸 2 座,清远枢纽建成 1000 吨级船闸 2 座。

北江梯级枢纽规划如图 6-7-1 所示。

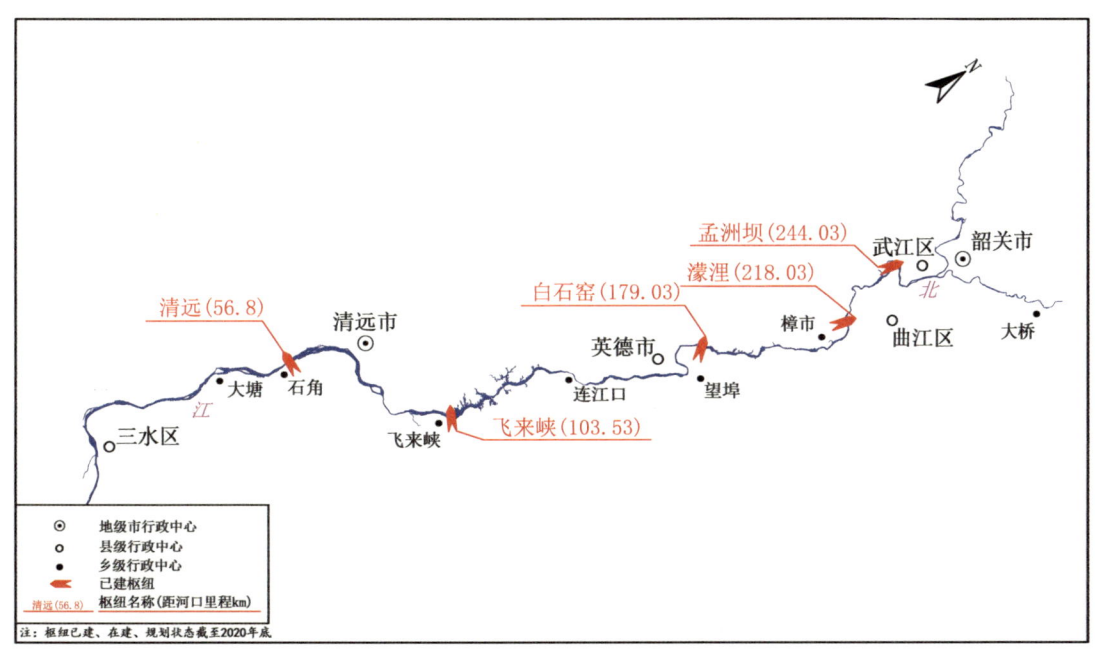

图 6-7-1

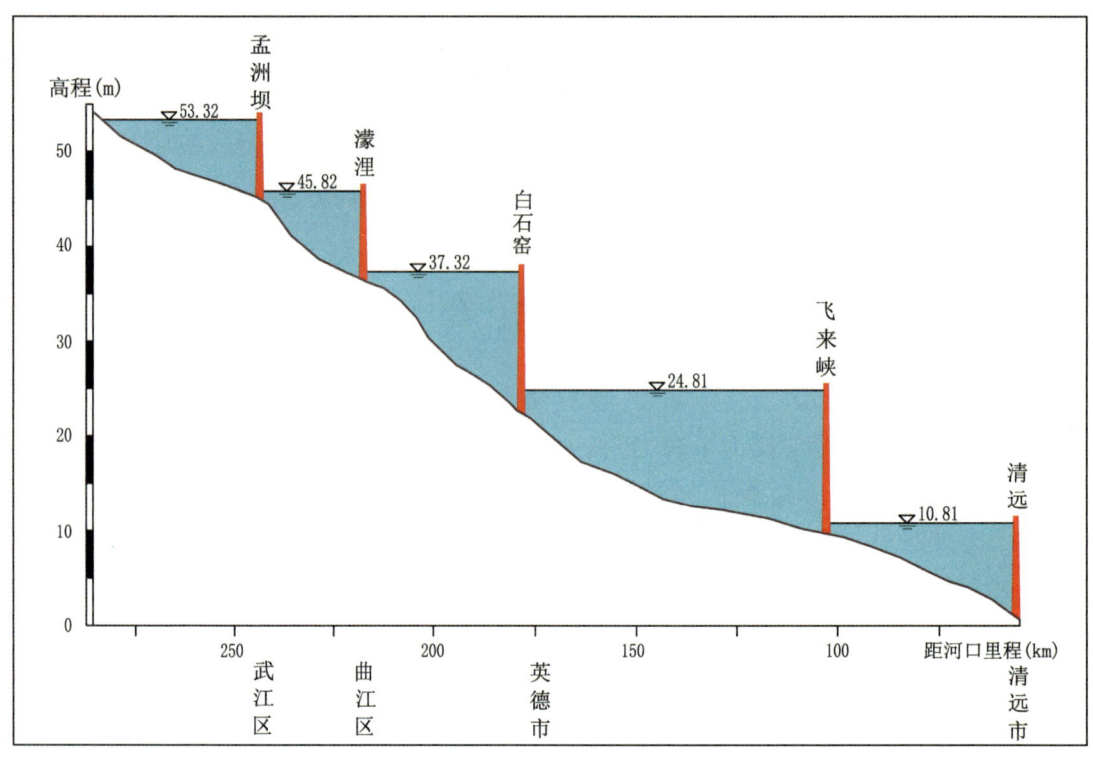

图 6-7-1　北江梯级枢纽规划图

一、孟洲坝船闸

孟洲坝电航枢纽位于广东省韶关市武江区境内的西联镇,是北江干流从上至下的第 1 个梯级,上距韶关市区 12.63km,下距濛浬枢纽 26km。孟洲坝枢纽坝址集雨面积 14720km²,枢纽正常蓄水位 53.32m(85 高程),消落水位 52.82m。设计洪水位 56.45m($P=2\%$),设计洪水流量 9590m³/s;校核洪水位 59.22m($P=0.2\%$),校核洪水流量 12400m³/s。孟洲坝枢纽工程等级为 Ⅲ 等,主要挡泄水建筑物、电站厂房和船闸为 3 级建筑物。大坝全长 842.65m,主要建筑物从左至右依次为左岸非溢流连接坝、电站厂房、泄洪闸、船闸和右岸土坝等。电站厂房布置在河道左岸,厂房形式为河床式,装 4 台贯流式机组,总装机容量 44MW;12 孔泄洪闸布置在河床中央,每闸孔净宽 16m,闸下游底流消能。孟洲坝枢纽是一座集发电、防洪、航运和改善生态环境为一体的综合性低水头枢纽。该枢纽主体工程于 1992 年 8 月开工,1998 年 4 月投入运行。

孟洲坝一线船闸布置在河道右岸,船闸等级为 Ⅴ 级,闸室有效尺度 140m×14m×2.0m,最大设计水头 7.8m,通航 300 吨级船舶和 100 吨级船队,设计年单向通过能力 236

万 t。船闸引航道采用不对称型布置,上、下游主导航墙及靠船建筑物原均位于右侧岸边,船舶过闸均采取"曲进直出"的方式。二线船闸扩建时,拆除了原一线船闸右侧的靠船墩,加长了一线船闸上、下游左侧隔流墙并兼作一线船闸的靠船段,上、下游船舶过闸均调整为"直进曲出"的方式。上、下游引航道长分别为393.17m和468.17m,其中直线段长均为230m。上、下游引航道宽均为35m,设计水深2.0m。闸首和闸室均采用整体式坞式结构。该船闸与枢纽主体同步建成。

孟洲坝二线船闸并列布置在一线船闸右侧,两闸轴线相距50m,二线船闸上闸首前沿与一线船闸上游侧边线平齐。二线船闸等级为Ⅲ级,闸室有效尺度220m×23m×4.5m,最大设计水头8.0m(上游正常蓄水位53.32m~下游最低通航水位45.32m),通航1000吨级船舶,设计年单向通过能力1629万t。上游设计最高通航水位54.23m($P=10\%$),最低通航水位49.56m;下游设计最高通航水位53.69m($P=10\%$),最低通航水位45.32m。两线船闸共用部分上、下游引航道。二线船闸引航道采用准对称型布置,上、下游引航道均向两侧扩宽,主导航墙及靠船建筑物均位于右侧岸边,船舶过闸均采取"曲进曲出"的方式。二线船闸上、下游引航道两侧主辅导墙均采用斜直线扩宽,沿船闸轴线的投影长均为67.5m;右侧与上、下游直立挡墙连接,左侧与改建后的一线船闸上、下游辅导墙衔接。二线船闸上游引航道直线段长640m,其中右侧直立主导墙导航调顺段长170m,停泊段长210m,布置11个中心距21m的靠船墩,制动段长260m;下游引航道直线段长385m,其中右侧直立主导墙导航调顺段长170m,停泊段长215m,布置11个中心距21m的靠船墩。上游引航道直线段以上采用半径为500m的弧线与上游航道连接,下游引航道直线段以下采用半径为340m的弧线与下游航道衔接。上、下游共用引航道宽82m,设计水深4.2m。船闸上、下游闸首和闸室均采用整体式结构。输水系统采用闸墙长廊道侧支孔输水、消力坎消能;上游进水口布置在左、右两侧导航墙上,从引航道内取水;下游出水泄入下游引航道内,采用"顶部出水+正面出水"格栅式消能室消能。该船闸于2017年1月开工,2020年6月建成通航。

孟洲坝二线船闸技术参数见表6-7-1。孟洲坝枢纽鸟瞰图如图6-7-2所示。孟洲坝二线船闸布置如图6-7-3所示。

孟洲坝二线船闸技术参数表　　　　　　　　　　　　　表6-7-1

河流名称	北江	建设地点	广东省韶关市武江区
船闸有效尺度(m)	220×23.0×4.5	最大设计水头(m)	8.0
吨级	1000	过闸时间(min)	41.0

续上表

门型	闸门	上游	人字门	启闭形式	闸门	上游	液压
		下游	人字门			下游	液压
	阀门	上游	平板门		阀门	上游	液压
		下游	平板门			下游	液压
结构形式	上闸首	整体式		输水系统	形式		闸墙长廊道侧支孔出水
	下闸首	整体式			平均时间(min)		8.0
	闸室	整体式			廊道尺寸(m)		3.0×4.8
设计通航水位(m)	上游	最高	54.23	设计年通过能力(单线单向,万t)			1629
		最低	49.56	桥梁情况			上闸首公路桥
	下游	最高	53.69	建成年份(年)			2020
		最低	45.32				

图 6-7-2　孟洲坝枢纽鸟瞰图(上游)

第六章 珠江水系通航建筑物

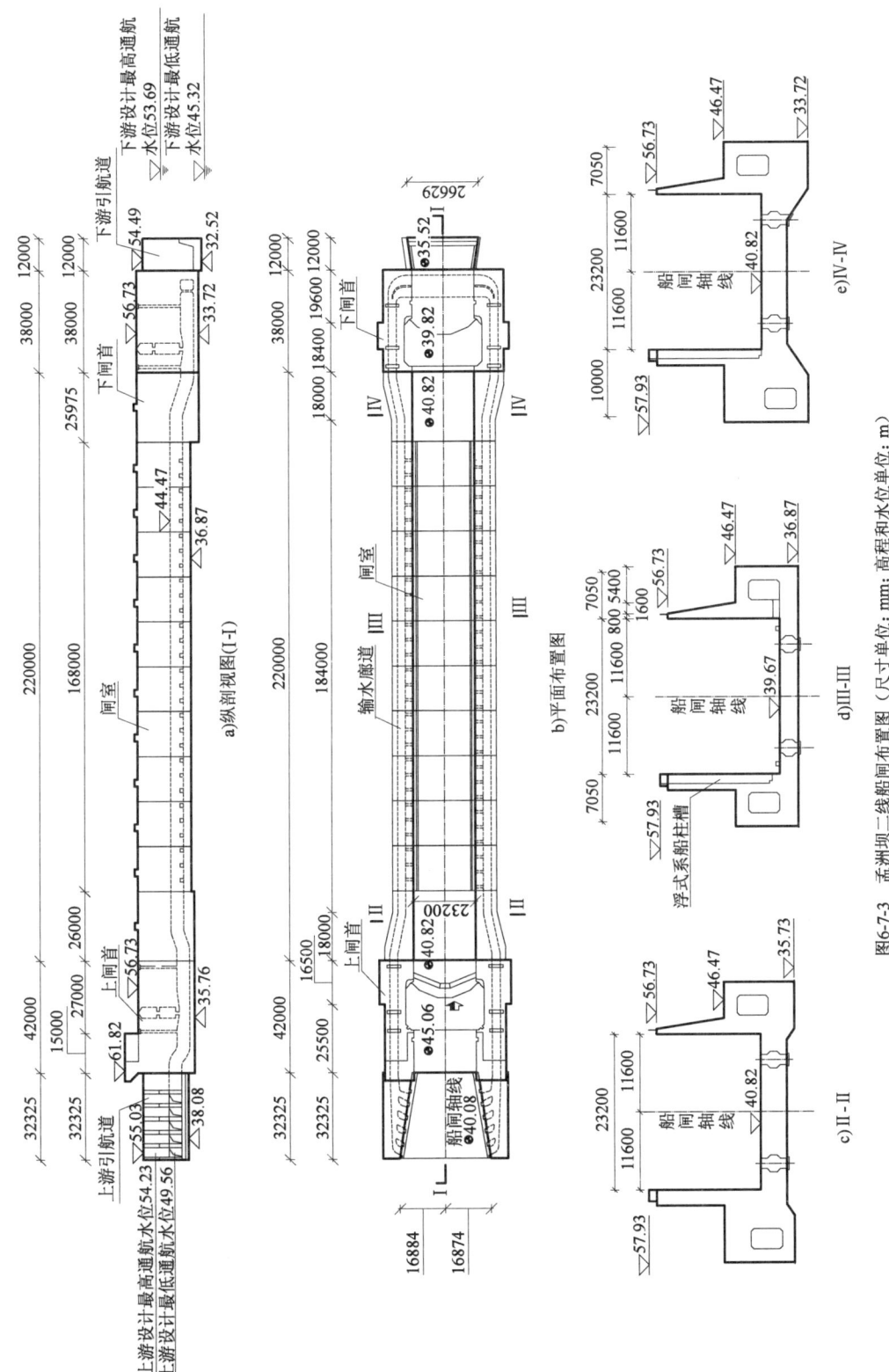

图6-7-3 孟洲坝二线船闸布置图（尺寸单位：mm；高程和水位单位：m）

二、濛浬船闸

濛浬电航枢纽位于广东省韶关市曲江区境内,是北江干流从上至下的第2个梯级,上距孟洲坝枢纽26km、距韶关市区39km,下距乌石发电厂约1.5km、距马经寮水文站约19km、距白石窑枢纽39km。濛浬坝址集雨面积16750km^2,多年平均流量532m^3/s,枢纽正常蓄水位为45.82m(85高程),死水位41.32m。设计洪水位47.96m($P=2\%$),设计洪水流量10000m^3/s;校核洪水位50.5m($P=0.2\%$),校核洪水流量13100m^3/s。濛浬枢纽为Ⅱ等工程,坝顶全长994.7m,主要建筑物从左至右依次为左岸土坝、电站厂房、泄水闸、船闸及右连接坝等。电站厂房位于河道左岸,厂房形式为河床式,装4台贯流式机组,总装机容量50MW;13孔泄洪闸布置在河床中央,每孔闸净宽16m,闸底为驼峰堰过流、面流消能。濛浬枢纽是一座具有防洪、通航、灌溉、养殖和旅游等综合效益的水利枢纽工程。该枢纽主体工程于2001年开工,2009年建成并投入运行。

濛浬一线船闸位于河道右岸,船闸等级为Ⅴ级,闸室有效尺度140m×14m×2.0m,通航300吨级船舶,最大设计水头9.0m(上游正常蓄水位45.82m~下游最低通航水位36.82m),设计年单向通过能力280万t。船闸上游设计最高通航水位45.82m(正常蓄水位),最低通航水位41.32m(死水位);下游设计最高通航水位43.19m,最低通航水位36.82(白石窑枢纽消落水位)。船闸引航道采用不对称型布置,上、下游引航道均向右扩宽,主导航墙及靠船建筑物均位于右侧,船舶过闸均采取"曲进直出"的方式。上游引航道右侧主导航墙长205.8m,包括长约23.4m的扩展段和长182.4m的直线段;左侧辅导航墙长122m,包括长80m的直线段和长42m的圆弧外挑段。下游引航道右侧主导航墙为长38m的弧线扩宽段,其下游布置6个靠船墩,靠船段部分处于开敞水域;左侧辅导航墙为长117m直线导墙。上、下游引航道宽均为33m,设计水深2.0m。上、下闸首和闸室均采用整体式结构。该船闸与枢纽主体同步建成并通航。

濛浬二线船闸并列布置在一线船闸右侧,两闸轴线相距81.5m,船闸等级为Ⅲ级,闸室有效尺度220m×23m×4.5m,最大设计水头9.0m(上游正常蓄水位45.82m~下游最低通航水位36.82m),通航1000吨级船舶,设计年单向通过能力1689万t。上游设计最高通航水位46.01m($P=10\%$),最低通航水位41.32m(死水位);下游设计最高通航水位45.71m($P=10\%$水位),最低通航水位36.82m(下游白石窑枢纽消落水位)。两线船闸各自分设上、下游引航道,二线船闸引航道采用不对称型布置,上、下游引航道均向左扩宽,主导航墙及靠船建筑物均位于右侧岸边,船舶过闸均采取"直进曲出"的方式。上、下游引航道直线段长均为584.5m,其中上、下游右侧主导墙导航段长均为67.5m,调顺段长均为102m,停泊段长均为415m,各布置17个中心距25m的靠船墩;上、下游左侧辅导墙均采用半径15m的圆弧墙与隔流墙相接,辅导墙沿船闸轴线的投影长均为67.5m,上、下游隔流墙长分别为373m和348.4m；上、下游主导墙导航段和调顺段均为直立挡墙，停泊段为斜坡护岸，前沿布置靠船墩，上游靠船段部分处于开敞水域，下游靠船段大部分处于开敞水域。上游引航道直线段后用长365m的弧线与上游库区航道接段，下游引航道直线段后用长551.4m的斜直线和长410.5m的弧线由右向左逐渐过渡，并与靠近左岸的主航道衔接。上、下游引航道宽均为50m，设计水深4.5m。船闸上、下游闸首和闸室均采用整体式结构。船闸输水系统采用闸墙长廊道侧支孔输水、消力坎消能方式，上游进水口布置在左、右两侧导航墙上，从引航道内取水，下游出水泄入下游引航道，采用"顶部出水+正面出水"格栅式消能室消能。该船闸于2016年12月开工，2019年10月通航。

濛浬二线船闸技术参数见表6-7-2。濛浬一、二线船闸鸟瞰图如图6-7-4所示。濛浬二线船闸布置如图6-7-5所示。

濛浬二线船闸技术参数表 表6-7-2

河流名称			北江	建设地点		广东省韶关市曲江区
船闸有效尺度(m)			220×23×4.5	最大设计水头(m)		9.0
吨级			1000	过闸时间(min)		50.0
门型	闸门	上游	人字门	启闭形式	闸门 上游	液压
		下游	人字门		下游	液压
	阀门	上游	平板门		阀门 上游	液压
		下游	平板门		下游	液压
结构形式	上闸首		整体式	输水系统	形式	闸墙长廊道侧支孔
	下闸首		整体式		平均时间(min)	8.5(10)
	闸室		整体式		廊道尺寸(m)	3.0×4.8
设计通航水位(m)	上游	最高	46.01	设计年通过能力(单线单向，万t)		1689
		最低	41.32	桥梁情况		上闸首交通桥，跨下游引航道公路桥
	下游	最高	45.71			
		最低	36.82	建成年份(年)		2019

图6-7-4 濛浬一、二线船闸鸟瞰图

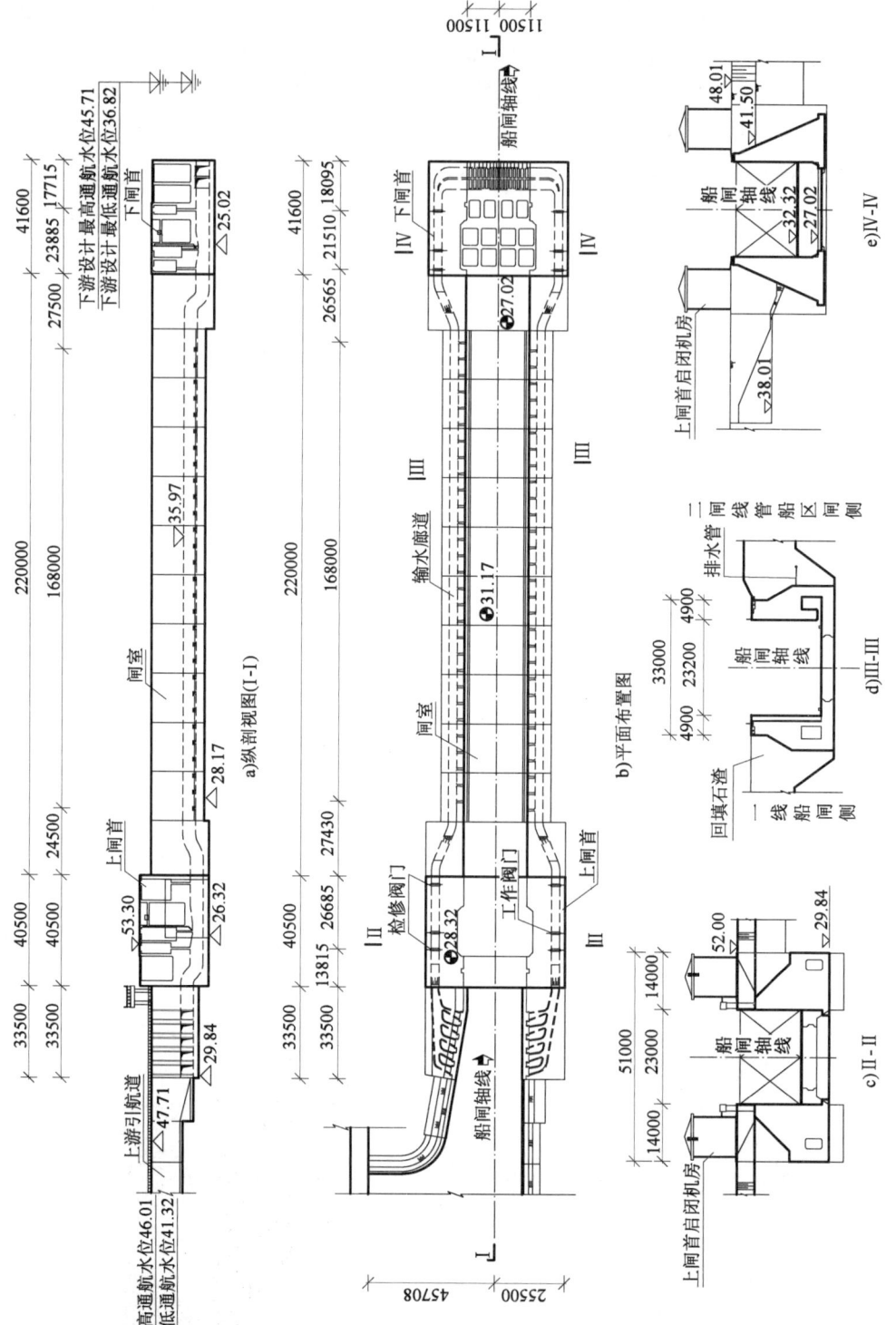

图6-7-5 濛漼二线船闸布置图（尺寸单位：mm；高程和水位单位：m）

三、白石窑船闸

白石窑导航枢纽位于广东省英德市境内,是北江干流从上至下的第 3 个梯级,上距英德市区 25km、距濛浬枢纽 39km,下距飞来峡枢纽 75.5km。白石窑坝址集雨面积 17740 km²,多年平均流量 532m³/s,枢纽正常蓄水位 37.32m(85 高程),汛限水位 34.82m,死水位 32.02m。枢纽设计洪水位 39.48m($P=1\%$),设计洪水流量 11200m³/s;校核洪水位 42.52m($P=0.1\%$),校核洪水流量 14200m³/s。白石窑枢纽为大Ⅱ型工程,主要挡泄水建筑物及船闸主体为 2 级建筑物。枢纽坝轴线总长 1092m,最大坝高 38.5m,主要建筑物从左至右依次为左岸土坝段、船闸、泄水闸检修门储门槽坝段、泄水闸、电站厂房、右岸变电站及土坝段等。电站厂房位于河道右岸和小江坝段,厂房形式为河床式,主坝段电厂装 4 台 18MW 灯泡贯流式机组,小江坝段电厂装 1 台 20MW 灯泡贯流式机组,总装机容量 92MW。白石窑老船闸位于河道左岸,船闸等级为Ⅴ级,闸室有效尺度 140m×14m×2.5m,通航 2×100 吨级船队和 300 吨级货船,设计年单向通过能力 310 万 t;22 孔泄洪闸布置在河床中央,每孔闸净宽 10m,闸下游为面流消能。白石窑枢纽是一座具有防洪、通航、灌溉、养殖和旅游等综合效益的水利枢纽工程。枢纽主体工程于 1992 年 8 月开工,1996 年 12 月投入运行,2004 年实施了电站扩机工程。

白石窑老船闸由于规模尺度小,设施设备老化,不能满足北江航道提档升级的要求,需要拆出重建。白石窑航运扩能工程为拆除原已建白石窑老船闸,在原址重建一线船闸,在一线船闸左侧增建二线船闸,两线船闸并列对齐布置,闸轴线间距 75.4m,船闸等级为Ⅲ级,两线船闸闸室的有效尺度均为 220m×23m×4.5m,最大设计水头均为 13.50m(上游正常蓄水位 37.32m～下游最低通航水位 23.82m),通行 1000 吨级船舶,设计年单向总通过能力 2982 万 t。船闸上游设计最高通航水位 37.32m(枢纽正常蓄水位),最低通航水位 32.02m(死水位);下游设计最高通航水位 35.77m($P=10\%$ 水位),最低通航水位 23.82m(下游飞来峡枢纽消落水位)。两线船闸共用上、下游引航道,引航道在平面上均采用对称型布置,主导航墙及靠船建筑物均布置在引航道左右两侧,上、下游船舶过闸均采取"直进曲出"的方式。两线船闸共用的上游引航道直线段长 395m,其中左、右两侧主导航墙导航及调顺段长均为 170m,靠船段长均为 225m;下游引航道直线段长 470m,其中左、右两侧主导航墙导航及调顺段长均为 170m,靠船段长均为 225m,各布置 10 个中心距 25m 的靠船墩(下游引航道前两个靠船墩间距 30m)。两线船闸上游中间辅导墙各自单独设置,长均为 37.9m;下游中间辅导墙采用长 41.3m 的实体墙 + 长 40m 的板桩式隔流堤。上游引航道上游采用半径为 340m 弧线与上游库区航道衔接,下游引航道下游分别采用半径为 340m 和 500m 弧线与下游航道衔接。上、下游引航道宽均为 98.4m,设计水深 4.5m。为改善下游引航道口门区的通航水流条件,同时兼顾满足泄洪要求,对下游引航道口门区以右的三板洲实施了开挖整治。船闸上、下闸首和闸室均采用整体式结构,船闸输水系统均采用闸墙长廊道侧支孔出水、消力坎消能,上游进水口采用垂直多支孔进水,主导航墙侧从引航道内取水,副导墙从旁侧(引航道中部)取水,下游泄水口采用格栅消能室消能、从顶缝和下游侧缝出水至下游引航道。二线船闸于2016年10月开工,2019年7月底建成通航;一线船闸已于2019年10月开工,预计2022年建成通航。白石窑船闸地质岩溶发育(钻孔遇洞率达90%),围堰及船闸基础施工困难;邻边一线旧船闸为四类危闸,围堰结构复杂,基坑防渗、基础处理、土石方开挖与石方爆破控制等施工难度大。

白石窑一、二线船闸技术参数见表6-7-3。白石窑一、二线船闸鸟瞰图如图6-7-6所示。白石窑一、二线船闸布置分别如图6-7-7、图6-7-8所示。

白石窑一、二线船闸技术参数表　　　　表6-7-3

河流名称		北江		建设地点		广东省英德市
船闸尺度(m)		220×23×4.5		最大设计水头(m)		13.50
吨级		1000		过闸时间(min)		53.70
门型	闸门	上游	人字门	启闭形式	闸门	上游	液压
		下游	人字门			下游	液压
	阀门	上游	平板门		阀门	上游	液压
		下游	平板门			下游	液压
结构形式	上闸首		整体式	输水系统	形式	闸墙长廊道侧支孔
	下闸首		整体式		平均时间(min)	9.12
	闸室		整体式		廊道尺寸(m)	3.5×4.8
设计通航水位(m)	上游	最高	37.32	设计年通过能力(单线单向,万t)		1491(2420)
		最低	32.02	桥梁情况		上闸首交通桥
	下游	最高	35.77	建成年份(年)		2019(一线)
		最低	23.82			在建(二线)

图6-7-6　白石窑一、二线船闸鸟瞰图

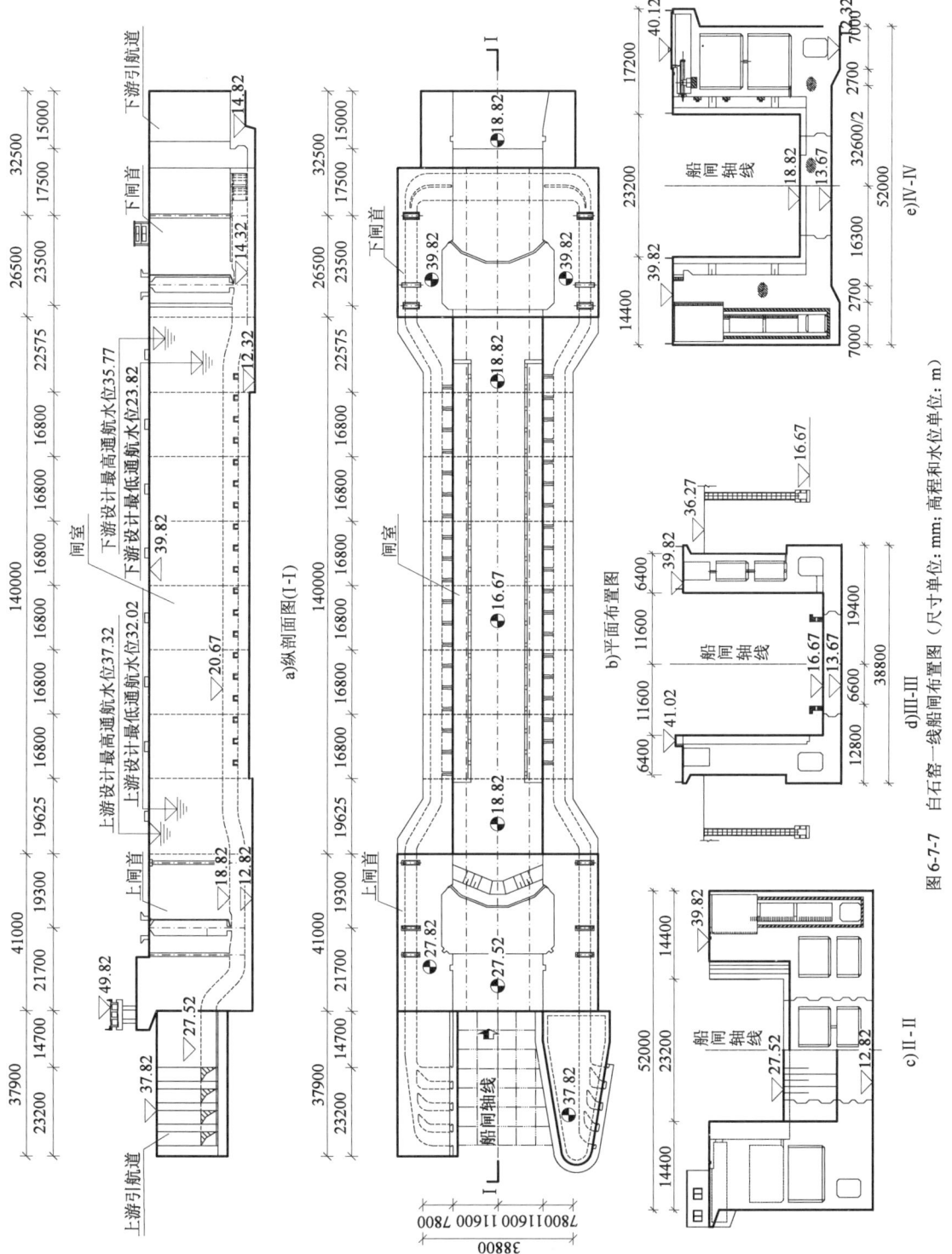

图 6-7-7 白石窑一线船闸布置图（尺寸单位：mm；高程和水位单位：m）

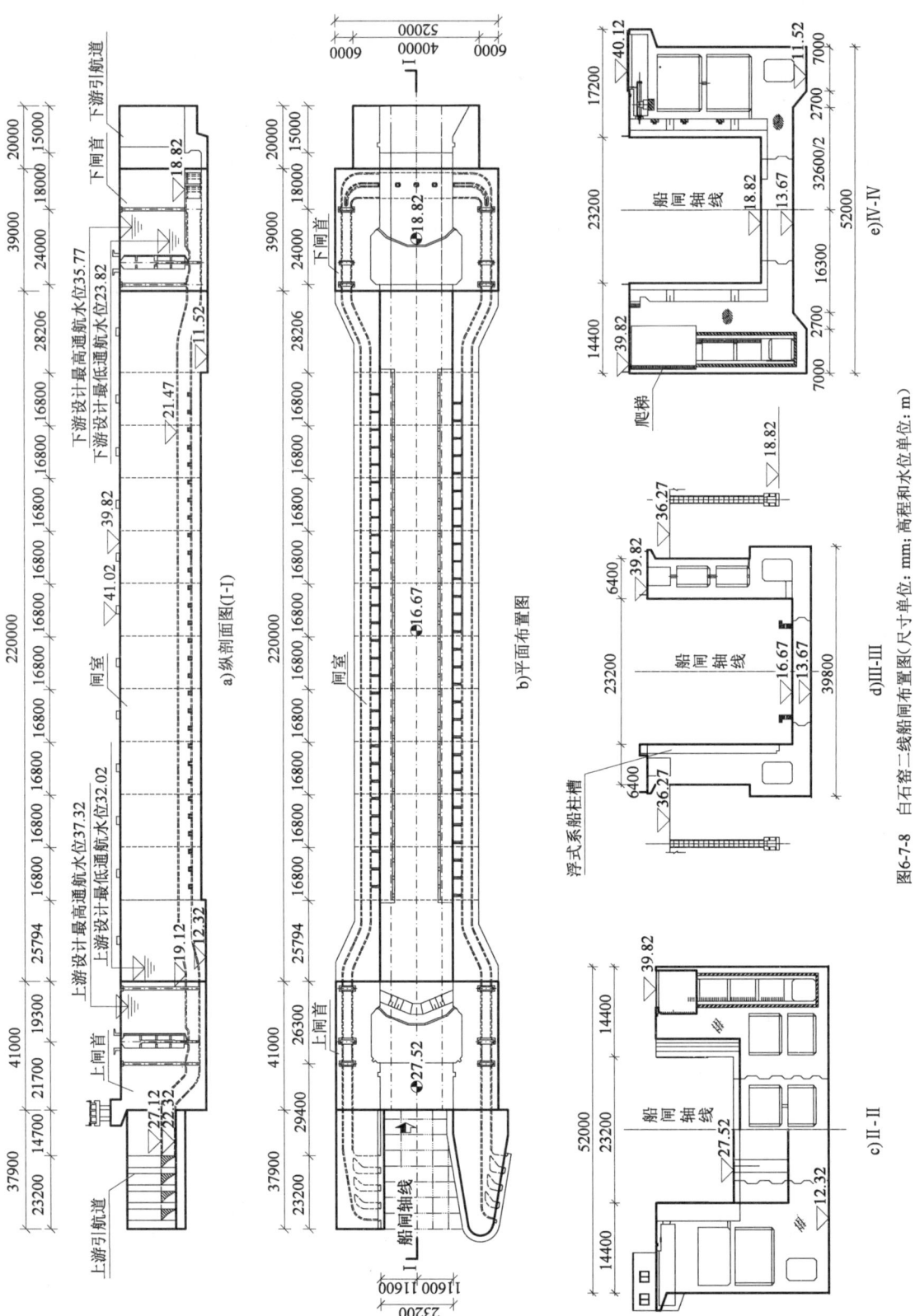

图6-7-8 白石窑二线船闸布置图(尺寸单位：mm；高程和水位单位：m)

四、飞来峡船闸

飞来峡枢纽位于广东省清远市境内,是北江干流从上至下的第 4 个梯级,上距英德市 50km、距白石窑枢纽 75.5km;下距清远市 33km、距清远枢纽 46.73km。飞来峡坝址集雨面积 37783km^2,多年平均流量 1090m^3/s,枢纽正常蓄水位 24.81m(85 高程),消落水位 23.81m。枢纽设计洪水位 31.98m($P=0.2\%$),设计洪水流量 21800m^3/s;校核洪水位 33.98m($P=0.01\%$),校核洪水流量 28700m^3/s。飞来峡枢纽工程等级为Ⅰ等,主要挡泄水建筑物、电站厂房和一线船闸上闸首按 1 级建筑物设计,闸室和下闸首按 3 级建筑物设计。主要建筑物从左至右依次为非溢流挡水坝、一线船闸、非溢流挡水坝、电站、泄洪闸坝、连接坝段、右岸土坝和二、三线船闸等。电站厂房布置在河道左岸,厂房形式为河床式,装 4 台灯泡贯流式机组,总装机容量 140MW;15 孔泄洪闸布置于河床中间,每孔闸净宽 14m。飞来峡枢纽是一座以防洪为主,同时兼有发电、航运、供水和改善生态环境等作用的大型水利枢纽工程。该枢纽主体工程于 1994 年 10 月开工,1999 年 3 月水库蓄水。

飞来峡一线船闸系开挖河道左岸台地进行修建,采用分散式布置方案,船闸与电站厂房之间预留隔流土堤并进行防护处理。一线船闸等级为Ⅳ级,闸室有效尺度 190m×16m×3.0m,通航 500 吨船舶,最大设计水头 14.49m,设计年单向通过能力 467 万 t。船闸上游设计最高通航水位 24.81m(枢纽正常蓄水位),最低通航水位 18.81m(6800 m^3/s 敞泄水位);下游设计最高通航水位 20.87m($P=20\%$),最低通航水位 10.32(保证率 95%)。船闸上、下闸首和闸室均采用整体式结构,船闸输水系统采用闸墙长廊道侧支孔出水形式。该船闸与枢纽主体同步建设完成。

飞来峡二、三线船闸沿河道右岸的山坳进行布置,通过开挖形成,两线船闸并列布置在 1 号副坝与主土坝之间的山头上,两闸轴线间距 86m,闸室有效尺度均为 220m×34m×4.5m,最大设计水头 14.44m(上游正常蓄水位 24.81m~下游最低通航水位 10.37m),通航 1000 吨级船舶,二、三线船闸设计年单向总通过能力 4107 万 t。船闸上闸首和进水口段建筑物等级为 1 级,闸室和下闸首为 2 级建筑物,上、下游导航及靠船建筑物等为 3 级建筑物。船闸上游设计最高通航水位 24.81m(枢纽正常蓄水位),最低通航水位 18.81m(6800m^3/s 敞泄水位);下游设计最高通航水位 22.26m($P=10\%$),最低通航水位 10.37m(下游清远枢纽消落水位)。两线船闸共用上、下游引航道,上、下游引航道在总体呈对称型布置(单线船闸为不对称布置),两船闸上、下游引航道均向中间扩宽,主导航墙及靠船建筑物均位于左右两侧,上、下游船舶过闸均采取"直进曲出"的方式。从船闸上游引航道停泊段末端到下游引航道停泊段末端直线段总长 1353.8m,其中上游引航道左右两侧主导墙导航、调顺段长 170m,上游停泊段长 340m,各布置 13 个中心距 25m 的靠船墩;下游引航道左右两侧主导墙导航、调顺段长 172m,下游停泊段长 350m,右侧布置 15 个中心距25m的靠船墩,左侧布置5个系船钩和10个靠船墩,系船钩和靠船墩中心距均为25m;船闸主体段长371.8m。两线船闸上、下游引航道辅导墙均采用斜直线扩宽,其端部均用圆弧连接,上游辅导墙长67.5m,下游辅导墙长21.83m。上游引航道上游连接段航道长974.33m,下游引航道下游连接段航道长1954.3m。上、下游引航道宽均为120m,口门宽均为150m,设计水深4.5m。船闸主体采用"高低"+下游引航道"斜坡式"组合结构,其中上闸首顶高程37.31m,闸室和下闸首顶高程27.31m,上、下闸首和闸室均采用分离式结构。船闸输水系统采用闸底长廊道侧支孔出水、双明沟消能形式,上游左右两侧主副导墙均采用垂直多支孔引航道内取水,下游引航道内出水、格栅消能室消能。飞来峡二、三线船闸由于尺度相同,且同时设计和建设,因此在二、三线船闸间布置有互通廊道,可进行相互灌泄水省水运行,省水率可达45%～50%。飞来峡二、三线船闸于2016年6月开工,2019年10月建成通航。

飞来峡一线船闸和二、三线船闸技术参数分别见表6-7-4、表6-7-5。飞来峡二、三线船闸鸟瞰图如图6-7-9所示。飞来峡二、三线船闸布置如图6-7-10所示。

飞来峡一线船闸技术参数表　　　　　表6-7-4

河流名称			北江	建设地点		广东省清远市
船闸有效尺度(m)			190×16×3.0	最大设计水头(m)		14.49
吨级			500	过闸时间(min)		44
门型	闸门	上游	人字门	启闭形式	闸门	上游	液压
		下游	人字门			下游	液压
	阀门	上游	平板门		阀门	上游	液压
		下游	平板门			下游	液压
结构形式	上闸首		整体式	输水系统	形式	闸墙长廊道侧支孔
	下闸首		整体式		平均时间(min)	8.56
	闸室		整体式		廊道尺寸(m)	3.5×4.0
设计通航水位(m)	上游	最高	24.81	设计年通过能力(单线单向,万t)		467
		最低	18.81	桥梁情况		上闸首交通桥
	下游	最高	20.87	建成年份(年)		1999
		最低	10.32			

飞来峡二、三线船闸技术参数表　　　　　表6-7-5

河流名称	北江	建设地点	广东省清远市
船闸有效尺度(m)	220×34×4.5	最大设计水头(m)	14.44
吨级	1000	过闸时间(min)	53.20

续上表

门型	闸门	上游	人字门	启闭形式	闸门	上游	液压
		下游	人字门			下游	液压
	阀门	上游	平板门		阀门	上游	液压
		下游	平板门			下游	液压
结构形式	上闸首	分离式		输水系统	形式	闸底长廊道侧支孔输水、双明沟消能	
	下闸首	分离式			平均时间(min)	8.56	
	闸室	分离式			廊道尺寸(m)	5.5×5.5,5.0×5.5(互灌廊道)	
设计通航水位(m)	上游	最高	24.81	设计年通过能力(单线单向,万t)		4107	
		最低	18.81	桥梁情况		上闸首交通桥	
	下游	最高	22.26	建成年份(年)		2019	
		最低	10.37				

图 6-7-9 飞来峡二、三线船闸鸟瞰图

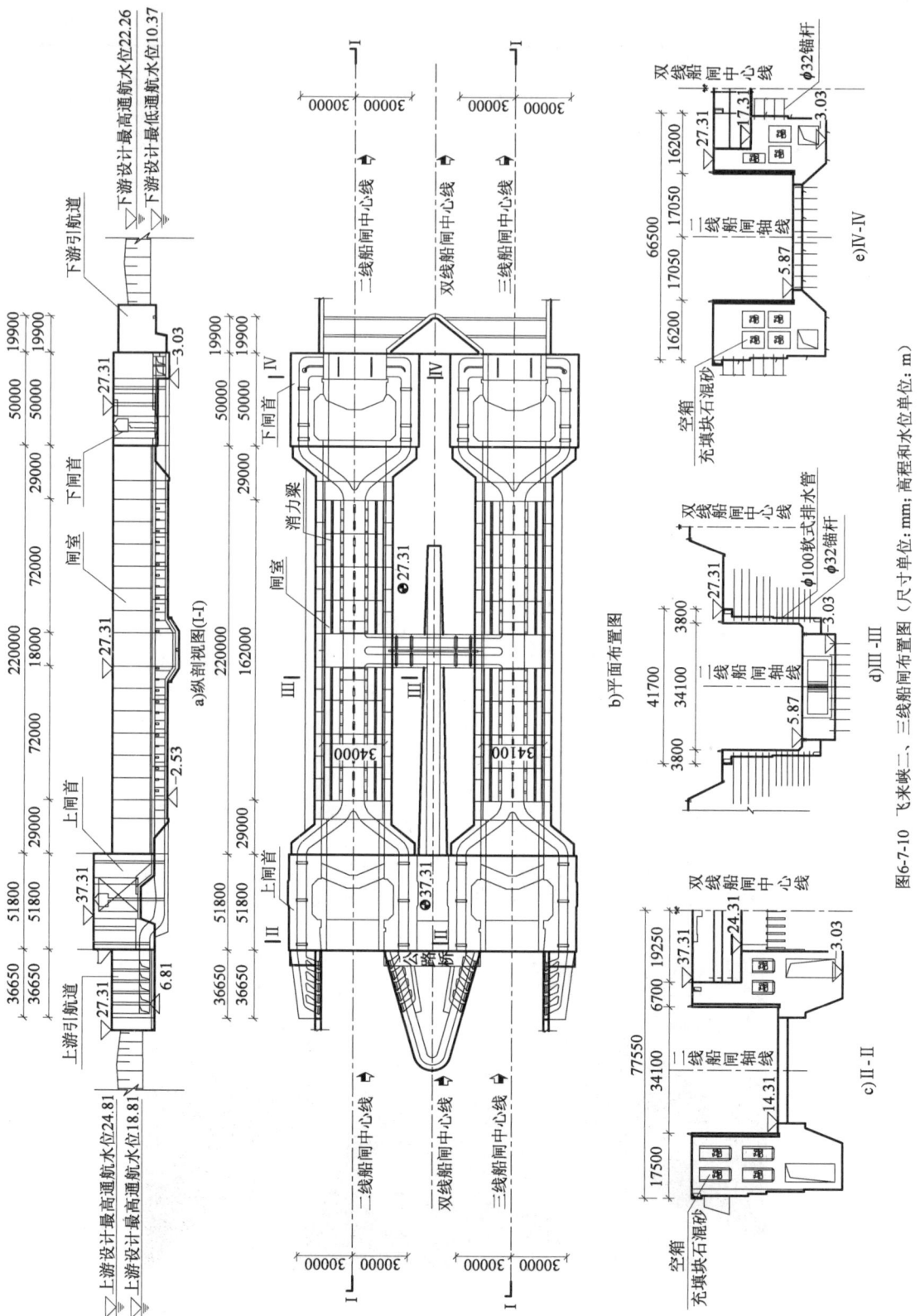

图6-7-10 飞来峡二、三线船闸布置（尺寸单位：mm；高程和水位单位：m）

五、清远船闸

清远枢纽位于广东省清远市境内,是北江干流从上至下的 5 个梯级(最下游梯级),上距清远市区 16km、距飞来峡水利枢纽 46.73km,下距三水河口 56.8km。清远坝址集雨面积 37783km²,正常蓄水位 10.81m(85 高程),消落水位 10.37m。枢纽设计洪水位 14.34m($P=2\%$),设计洪水流量 14700m³/s;校核洪水位 14.85m($P=0.5\%$),校核洪水流量 15900m³/s。清远枢纽为大Ⅰ型工程,主要挡水建筑物为 2 级建筑物,主要建筑物从左至右依次为左岸连接土坝、电站、泄水闸、船闸和右岸连接土坝等。电站位于河道左岸,厂房形式为河床式,装 4 台灯泡贯流式机组,总装机容量 40MW;31 孔泄洪闸布置在河床中央,每孔闸净宽 16.0m,闸下游底流消能。清远枢纽是一座以航运、改善水环境为主,结合发电、反调节,兼顾灌溉和供水条件、旅游、养殖和水资源等为一体的综合性水利枢纽。该枢纽主体工程于 2009 年 11 月开工,2012 年 12 月建成并投入运行。

清远一线船闸位于河道右岸,船闸等级为Ⅲ级,闸室有效尺度 180m×23m×4.5m,通航 1000 吨级船舶,最大设计水头 9.3m(上游正常蓄水位 10.81m~下游最低通航水位 1.51m),设计年单向通过能力 1346 万 t。上游设计最高通航水位 13.0m($P=10\%$),最低通航水位 7.98m(2930m³/s 敞泄);下游设计最高通航水位 12.86m($P=10\%$),最低通航水位 1.51。船闸引航道采用不对称型布置,上、下游引航道均向右扩宽,主导航墙及靠船建筑物均位于右侧,船舶过闸均采取"曲进直出"的方式。上、下游引航道右侧主导墙长均为 340m,均采用圆弧进行扩宽,停泊段各布置 10 个靠船墩;上、下游左侧隔流堤长分别为 337.6m 和 630m。上、下游引航道宽均为 52m,设计水深 4.2m。船闸上、下闸首和闸室均采用整体式结构,船闸输水系统采用闸墙长廊道侧支孔出水。该船闸于 2011 年 9 月建成通航。

清远二线船闸并列布置在一线船闸右侧,两闸轴线相距 90m,上闸首上游面对齐。二线船闸等级为Ⅲ级,闸室有效尺度 220m×34m×4.5m,最大设计水头 10.35m(上游正常蓄水位 10.81m~下游最低通航水位 0.46m),通航 1000 吨级船舶,设计年单向通过能力 2347 万 t。清远二线船闸主体建筑物级别为 2 级,上、下游导航墙,靠船墩和隔流堤为 3 级建筑物。上游设计最高通航水位 13.0m($P=10\%$),最低通航水位 7.98m(2930m³/s 敞泄);下游设计最高通航水位 12.86m($P=10\%$),最低通航水位 0.46(保证率 98%)。一线船闸上游引航道靠船段以上两线船闸共用,下游引航道各自单独设置。二线船闸引航道采用准反对称型布置,上游引航道向左扩宽,下游引航道向右扩宽,主导航墙及靠船建筑物均位于右侧岸边,上游船舶"直进曲出",下游"曲进直出"。上游引航道直线段长 512.5m,其中右侧主导墙导航调顺段长 170m,靠船段长 340m,布置 14 个中心距 25.3m 的靠船墩;左侧辅导航墙采用头部到圆的斜直线扩宽,辅导墙沿船闸轴线的投影长 70.34m,

其上游用一线船闸靠船墩进行分隔。下游引航道直线段长480.1m,其中右侧主导墙导航调顺段长140m,靠船段长340m,布置13个间距25m的靠船墩;左侧辅导墙长75m,其下游为混凝土护坡。上游引航道直线段以上和下游引航道直线段以下均以半径为340m、中心角度分别为20.24°和17.84°的圆弧转弯,并与主航道衔接。上游引航道宽60m,上游共用引航道宽118m,下游引航道宽60m,引航道设计水深4.2m。船闸上、下闸首和闸室均采用整体式结构。输水系统采用闸墙长廊道侧支孔出水、透空消力梁+间断消力槛消能;进水口采用垂直多支孔引航道内进水;出水口采用格栅消能室消能,顶支孔和侧支孔联合出水。清远二线船闸于2015年12月开工,2019年7月建成通航。

清远一、二线船闸技术参数分别见表6-7-6、表6-7-7。清远一、二线船闸鸟瞰图如图6-7-11所示。清远二线船闸布置如图6-7-12所示。

清远一线船闸技术参数表　　　　　　　　　　表6-7-6

河流名称	北江			建设地点		广东省清远市
船闸有效尺度(m)	180×23×3.5			最大设计水头(m)		10.35
吨级	1000			过闸时间(min)		50.62
门型	闸门	上游	人字门	启闭形式	闸门	上游	液压
		下游	人字门			下游	液压
	阀门	上游	平板门		阀门	上游	液压
		下游	平板门			下游	液压
结构形式	上闸首		整体式	输水系统	形式	闸墙长廊道侧支孔
	下闸首		整体式		平均时间(min)	8.56
	闸室		整体式		廊道尺寸(m)	3.5×4.0
设计通航水位(m)	上游	最高	13.00	设计年通过能力(单线单向,万t)		1680
		最低	7.98	桥梁情况		上闸首交通桥
	下游	最高	12.86	建成年份(年)		2011
		最低	0.46			

清远二线船闸技术参数表　　　　　　　　　　表6-7-7

河流名称	北江			建设地点		广东省清远市
船闸有效尺度(m)	220×34×4.5			最大设计水头(m)		10.35
吨级	1000			过闸时间(min)		54.30
门型	闸门	上游	人字门	启闭形式	闸门	上游	液压
		下游	人字门			下游	液压
	阀门	上游	平板门		阀门	上游	液压
		下游	平板门			下游	液压

续上表

结构形式	上闸首	整体式		输水系统	形式	闸墙长廊道侧支孔
	下闸首	整体式			平均时间(min)	8.56
	闸室	整体式			廊道尺寸(m)	4.5×5.0
设计通航水位 (m)	上游	最高	13.00	设计年通过能力 (单线单向,万t)		2347
		最低	7.98	桥梁情况		上闸首交通桥
	下游	最高	12.86	建成年份(年)		2019
		最低	0.46			

图 6-7-11　清远一、二线船闸鸟瞰图

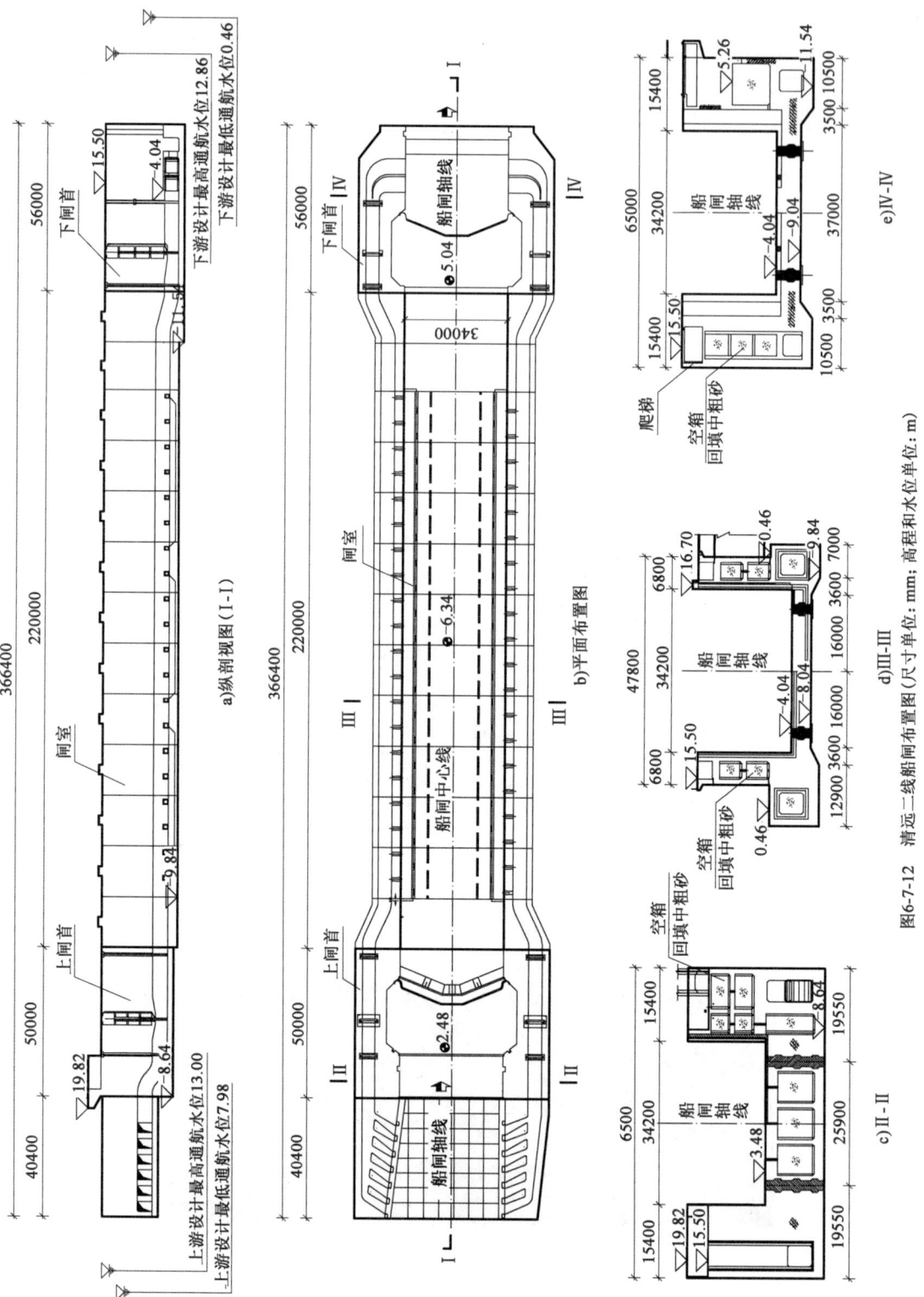

图6-7-12 清远二线船闸布置图(尺寸单位:mm;高程和水位单位:m)

第八节　前山水道通航建筑物

联石湾船闸

前山水道是中山市坦洲镇和珠海市香山区大宗物资交流的主要水上通道,也是中山、珠海防台避风的重要场所。联石湾船闸和联石湾水闸位于广东省中山市境内的坦洲镇、中珠联围坦洲堤段联石湾涌分流口下游约400m处,是前山水道连接磨刀门水道的唯一水上通道。联石湾船闸和水闸分开布置,船闸位于水闸右侧,两闸轴线夹角约20°,最近距离约200m。联石湾水闸共设6个闸孔,每孔闸净宽12m,闸室沿水流方向长20m,在靠内河侧设有宽8m的交通桥。与闸室两侧空箱岸墙相连的引堤采用均质土堤,堤顶高程5.544m(85高程,下同),堤顶宽8.0m,堤顶外侧设高1m的防浪墙。该闸于2011年重建完成。

联石湾老船闸位于联石湾涌入口处,该船闸建于1989年,实际过闸货运量达到600多万t,2012年进行过大修,但仍存在着防洪标准低,防汛交通中断,结构稳定性差等的问题,需要拆出重建。

重建的联石湾船闸布置在老船闸的左侧,新船闸上闸首在老船闸上游约82m处,两闸中心线相距约48m。重建的联石湾船闸等级为Ⅲ级,闸室有效尺度166m×16m×4.5m(含长6m的镇静段),通航1000吨级船舶。联石湾新船闸为承受双向水头船闸,最大设计水头2.48m/2.0m(正向/反向),设计年单向通过能力1289万t。船闸上闸首为1级建筑物,下闸首和闸室为2级建筑物,上游(磨刀门侧)校核高水位3.404m,下游(前山水道侧)校核高水位2.034m。上游设计最高通航水位2.924m($P=5\%$),最低通航水位-0.256m($P=98\%$潮位);下游设计最高通航水位1.744m($P=5\%$),最低通航水位-0.256m($P=98\%$潮位)。船闸引航道采用不对称型布置,上、下游引航道均向右扩宽,主导航墙及靠船建筑物均位于左侧,船舶过闸均采取"直进曲出"的方式。上、下游引航道直线段长均为177m,其中上、下游左侧直立主导墙导航段长均为50m,调顺段长均为75m,停泊段长均为52m,上游与1:8的斜坡护岸衔接,下游与前山水道右岸坡衔接。上、下游右侧辅导航墙均以半径为40m、中心角为48.13°的圆弧和斜直线岸坡扩宽,并与分别上、下游岸坡衔接,圆弧段沿船闸轴线的投影长均为29.8m,岸坡坡度1:8。上、下游引航道宽均为54m,设计水深4.5m。船闸上、下闸首和闸室均采用整体式结构,船闸输水系统采用短廊道无消能室集中输水,上、下游工作闸门采用提升横拉门,阀门为平板门。该船闸于2017年10月开工,2020年8月建成通航。

联石湾船闸技术参数见表 6-8-1。联石湾船闸鸟瞰图如图 6-8-1 所示。联石湾船闸布置如图 6-8-2 所示。

联石湾船闸技术参数表 表 6-8-1

河流名称			前山水道	建设地点		广东省中山市
船闸有效尺度(m)			166×16×4.5	最大设计水头(m)		2.48/2.0
吨级			1000	过闸时间(min)		43
门型	闸门	上游	提升横拉门	启闭形式	闸门	上游	台车
		下游	提升横拉门			下游	台车
	阀门	上游	平板门		阀门	上游	卷扬机
		下游	平板门			下游	卷扬机

门型	闸门	上游	提升横拉门	启闭形式	闸门	上游	台车
		下游	提升横拉门			下游	台车
	阀门	上游	平板门		阀门	上游	卷扬机
		下游	平板门			下游	卷扬机
结构形式	上闸首		整体式	输水系统	形式		短廊道无消能室集中输水
	下闸首		整体式		平均时间(min)		7
	闸室		整体式		廊道尺寸(m)		2.0×2.4
设计通航水位(m)	上游	最高	2.924	设计年通过能力(单线单向,万 t)			1289
		最低	-0.256	桥梁情况			上、下闸首活动桥
	下游	最高	1.744	建成年份(年)			2020
		最低	-0.256				

图 6-8-1 联石湾船闸鸟瞰图

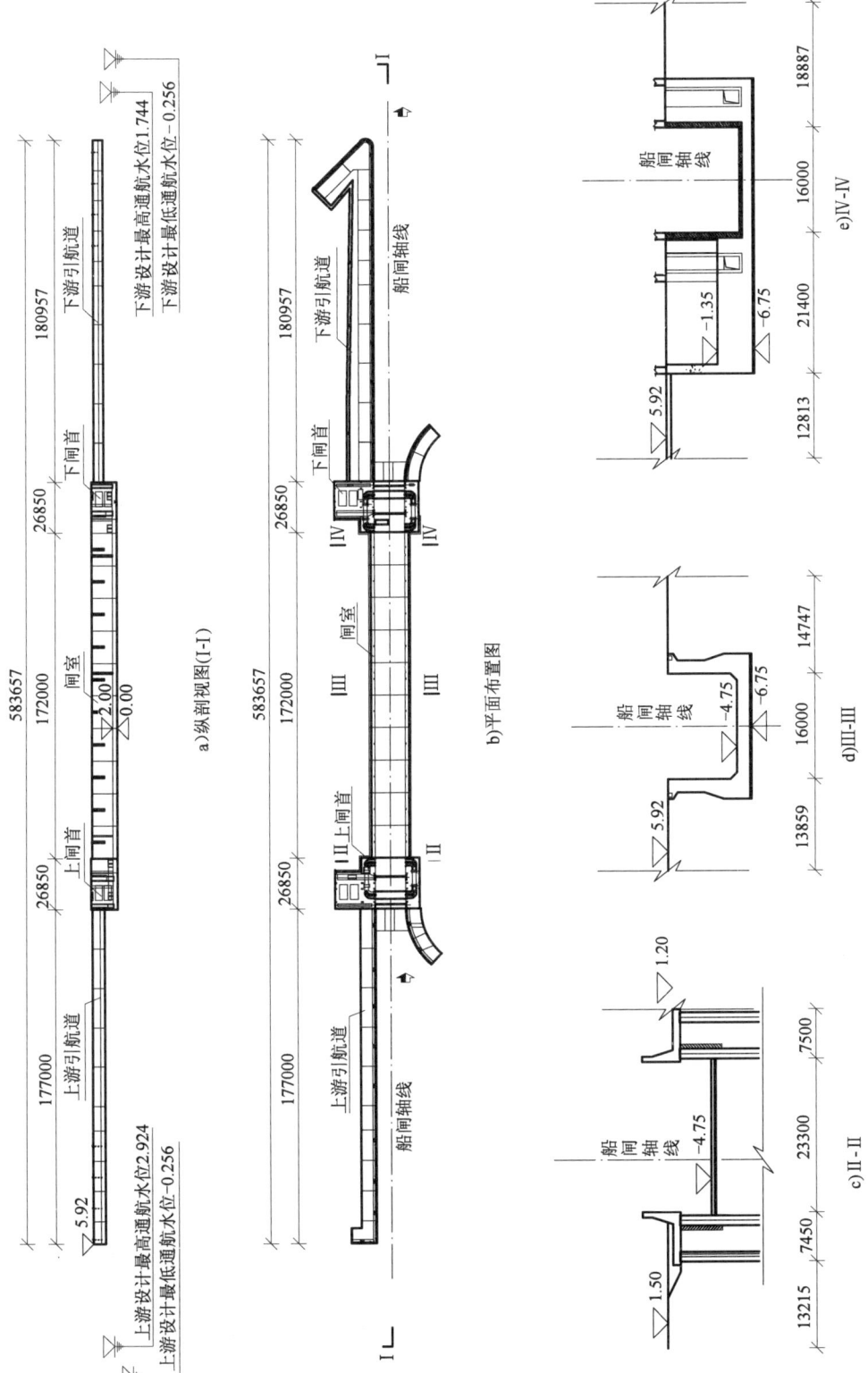

图6-8-2 联石湾船闸布置图（尺寸单位：mm；高程和水位单位：m）

第七章
其他水系通航建筑物

第一节 松花江通航建筑物

松花江发源于吉林省长白山天池,流经吉林省扶松、桦甸、吉林、榆树、扶余、松原和黑龙江省肇源、哈尔滨、木兰、通河、依兰、佳木斯、富锦、同江等地,全长 1897km(松干 939km,二松 958km),流域面积 561200km²(松干 189300km²,二松 73400km²,嫩江 298500km²)。❶

松花江干流航道通航里程 928km,上游江段由三岔河至哈尔滨市,全长 232km,河道流经松嫩平原的草原、湿地;中游江段为哈尔滨市至佳木斯市段,全长 444km;下游江段由佳木斯至同江段,全长 252km,穿行于三江平原地区,两岸为冲积平原,地势平坦。松花江主要支流有嫩江、门鲁河、科洛河、讷谟尔河、乌裕尔河、诺敏河、阿伦河、雅鲁河、拉林河、牤牛河、玛河、牡丹江、海浪河、倭肯河、通肯河、汤旺河等。松花江通航里程 1742.8km(松干 928km,二松 814.8km),通航期为 4 月中旬至 11 月上旬。目前松花江建有大顶子山枢纽,同步建成 1000 吨级船闸一座。根据 2013 年批复的《松花江流域综合规划》,除建成的大顶子山枢纽外,松花江干流还规划建设涝洲、洪太、通河、依兰、民主、康家围子及悦来 7 个梯级,均规划同步建设船闸。

大顶子山船闸

大顶子山航电枢纽位于黑龙江省哈尔滨市,是松花江干流 8 级航运枢纽规划中兴建的第 1 梯级,是松花江干流第一座控制性工程,也是我国平原封冻河流上第一座低水头航电枢纽工程,工程位于哈尔滨呼兰河口下游 46km 处。枢纽正常蓄水位 116.00m(1956 黄海高程),消落水位 115.00m。设计洪水位 117.38m($P=1\%$),设计洪水流量 18800m³/s;校核洪水位 118.00m($P=0.33\%$),校核洪水流量 23200m³/s。枢纽主要建筑物从左至右依次为左岸土坝、混凝土过渡坝、左泄洪闸、电站厂房、右泄洪闸、船闸和坝顶公路桥等。电站厂房布置在河床中央,厂房形式为河床式,装 6 台灯泡贯流式机组,总装机容量

---

❶ 流域面积来源:2013 年水利部《松花江流域综合规划》。

66MW。厂房左、右两侧分别设置28孔和10孔泄洪闸。大顶子山枢纽是一个以航运、发电和改善哈尔滨市水环境为主,同时具有交通、水产养殖和旅游等综合利用功能的低水头航电枢纽工程。该枢纽主体工程于2004年9月开工,2008年12月建成并投入运行。

大顶子山船闸布置在河道右岸,左侧紧邻右泄洪闸段,船闸等级为Ⅲ级,闸室有效尺度180m×28m×3.5m,最大设计水头8.00m(上游正常蓄水位116.00m~下游最低通航水位108.00m),通航1000吨船舶,设计年单向通过能力900万t。船闸上闸首按1级、下闸首和闸室按2级、导航墙和靠船墩等按3级建筑物设计。船闸上游设计最高通航水位116.08m($P=5\%$),最低通航水位113.0m(敞泄分界流量水位);下游设计最高通航水位115.90m($P=5\%$),最低通航水位108.00m。船闸引航道采用不对称型布置,上、下游引航道均向右侧扩宽,主导航墙及靠船建筑物均位于左侧(临河侧),船舶过闸均采取"直进曲出"的方式。上、下游引航道直线段长均为550m,其导航调顺段长均为390m,停泊段长均为160m,各布置8个中心距20m的靠船墩,上游制动段长95m;上游分隔堤长645m(包括导航墙及靠船墩),下游分隔堤长550m(包括导航墙和靠船墩),之后接575m长的圆弧导流堤(半径1000m)。上、下游引航道宽均为91m,设计水深3.0m。船闸上、下闸首和闸室均采用整体式结构。船闸输水系统采用闸墙长廊道侧支孔输水形式,下游泄水采用水流对冲消能,出口布置消力槛。该船闸于2004年9月开工,2007年5月试通航。

大顶子山船闸技术参数见表7-1-1。大顶子山枢纽鸟瞰图如图7-1-1所示。大顶子山船闸鸟瞰图如图7-1-2所示。大顶子山船闸布置如图7-1-3所示。

大顶子山船闸技术参数表   表7-1-1

河流名称			松花江		建设地点		黑龙江省哈尔滨市
船闸有效尺度(m)			180×28×3.5		最大设计水头(m)		8.0
吨级			1000		过闸时间(min)		38
门型	闸门	上游	人字门		启闭形式	闸门	上游	液压
		下游	人字门				下游	液压
	阀门	上游	平板门			阀门	上游	液压
		下游	平板门				下游	液压
结构形式	上闸首		整体式		输水系统	形式	闸墙长廊道侧支孔输水
	下闸首		整体式			平均时间(min)	8.0
	闸室		整体式			廊道尺寸(m)	3.5×3.5

续上表

设计通航水位（m）	上游	最高	116.08	设计年通过能力（单线单向,万t）	900
		最低	113.00	桥梁情况	上闸首交通桥
	下游	最高	115.90		
		最低	108.00	建成年份(年)	2008

图 7-1-1　大顶子山枢纽鸟瞰图

图 7-1-2　大顶子山船闸鸟瞰图

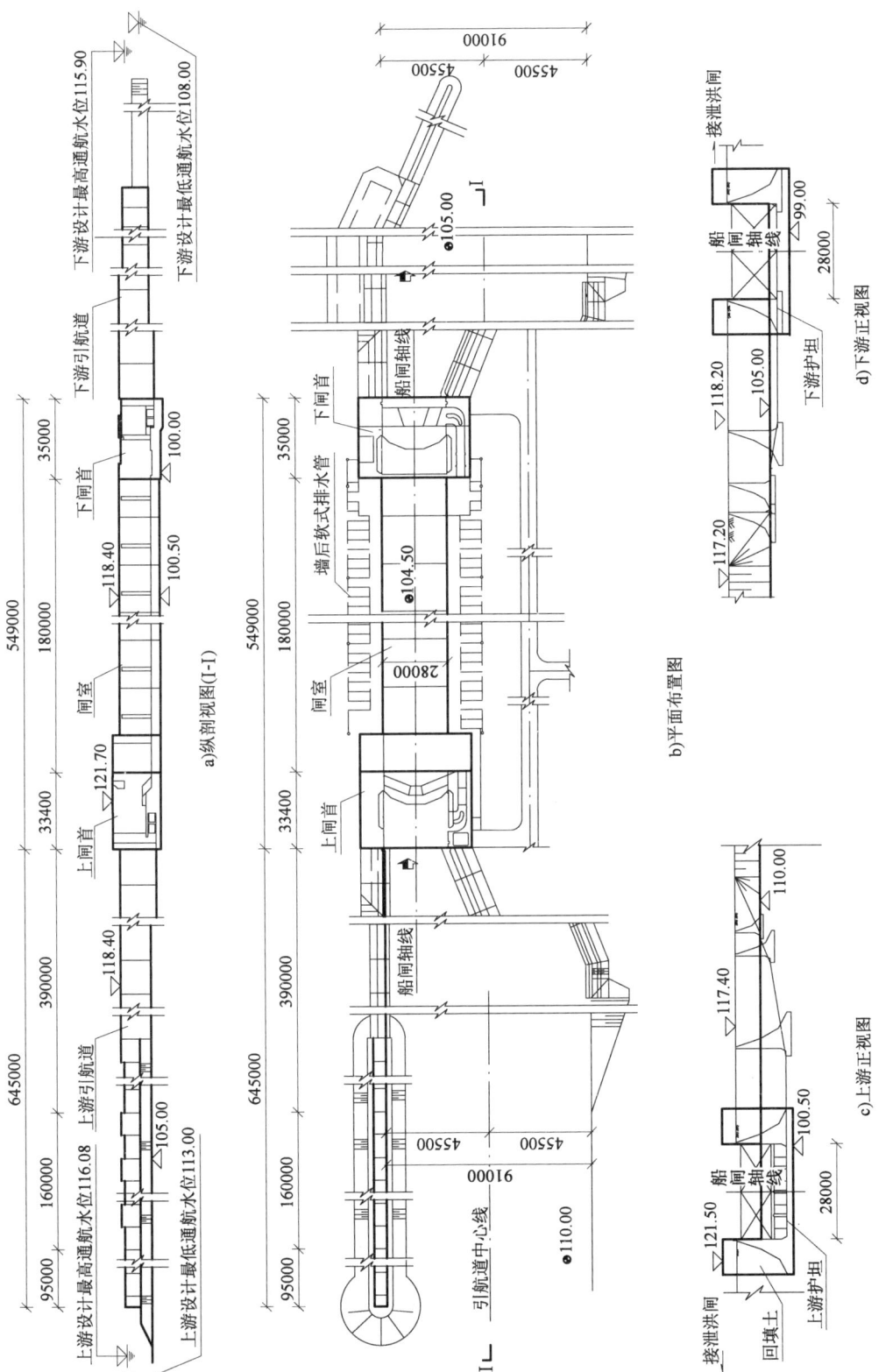

图7-1-3 大顶子山船闸布置图（尺寸单位：mm；高程和水位单位：m）

第二节　闽江通航建筑物

闽江是福建省最大独流入海河流,发源于福建、江西交界的武夷山脉东侧建宁县均口镇台田村严峰山西南坡。建溪、富屯溪、沙溪三大主要支流在南平延平区附近汇合后称闽江。闽江干流流经福建三明、南平、宁德、福州等地,全长562km,流域面积60992km²。闽江干流上建成水口枢纽,建有连续三级船闸和升船机各1座。

水口船闸和升船机

水口枢纽位于福建省福州市闽清和古田两县境内、闽江干流中游,上距南平市94km,下距闽清县城14km。水口坝址集雨面积52438km²,多年平均流量1728m³/s,枢纽正常蓄水位为65.0m(1956黄海高程),汛限水位61m,死水位55m,水库总库容26亿m³。枢纽设计洪水位64.99m($P=0.1\%$),设计洪水流量43600m³/s;校核洪水位67.68m($P=0.01\%$),校核洪水流量51800m³/s。水口枢纽为大Ⅰ型工程,主要挡泄水建筑物按1级建筑物设计。枢纽坝顶全长783m,最大坝高101m,主要建筑物从左至右依次布置为大坝、电站厂房、溢洪坝、过坝建筑物、船闸及升船机等。水口枢纽坝后式电站厂房位于河床左侧,装7台轴流转浆式机组,总装机容量1400MW。溢洪坝布置在河床中央,包括12个表孔和2个底孔,表孔净宽15m、堰顶高程43m;底孔尺寸5m×8m(宽×高)、进口底高程20.0m;表孔和底孔均采用挑流消能,最大泄量51640m³/s。水口枢纽是一座以发电为主,兼有航运、过木等综合利用效益的大型水利枢纽工程。该工程于1987年3月开工,1993年建成。

水口枢纽的通航建筑物布置在河道右岸,包括连续三级船闸和升船机各1座,升船机在右,船闸在左。船闸和升船机等级为Ⅳ级,船闸闸室有效尺度135m×12m×3.0m,升船机承船厢有效尺寸114m×12m×2.5m,最大设计水头57.36m(上游正常蓄水位65.0m~下游最低通航水位7.64m),通航2×500吨级一顶两驳船队,船队尺度109m×10.8m×1.6m,过坝排型尺度100m×10.5m×1.5m,年货运量400万t,年过木量200万~250万m³。通航建筑物上游设计最高通航水位65.0m(正常蓄水位),最低通航水位55.0m(死水位);下游设计最高通航水位21.8m($P=50\%$),最低通航水位7.64m(机组下泄308m³/s,河床下切后降至6.5m)。船闸和升船机共用上、下游引航道,船闸上、下游引航道向右扩宽,升船机上、下游引航道向两侧扩宽,上、下游主导航墙和停泊段均布置在共用引航道两侧,船舶过船闸均采取"直进曲出"的方式,船舶过升船机均采取"曲进曲出"的方式。上游引航道长356m,其中左导墙长190m,由长50m的直立实体墙和长140m的浮式隔流堤组成,浮堤由 4 条 35m×6.0m×22m 的钢筋混凝土趸船组成；右导航墙长约 356m,包括扩宽段直立混凝土实体墙长 80m,其上游接 3 个独立靠船墩,从墩上游约 100m 开始布置 5 个中心距 20m 的靠船墩。上游引航道中间的辅导航墙采用两斜线扩宽,头部用圆弧连接,沿船闸（或升船机）轴线的投影长 30m。下游引航道右导航墙为直立开挖岩壁,左导航墙由实体导墙和隔流墩组成,全长 330m,最小弯曲半径 330m。上、下游引航道口门区最小宽度均为 65m,其宽度满足 3 艘船舶（队）相错航行要求,引航道设计最小水深 3.0m,原设计下航道底高程 4.64m,后考虑河床下切降低到 3.5m。

水口三级船闸全长 1198m,由 4 个闸首、3 个闸室及上、下游引航道等组成,船闸主体段长约 530m。一闸室高水位 55～65m、低水位 39.13m,最大水位差 25.87m；二闸室高水位 39.13m、低水位 23.26m,最大水位差 15.87m；三闸室高水位 23.26m、低水位 5.5～21.8m,最大水位差 17.76m；单级船闸最大水头 41.74m。三级船闸的闸首和闸室均采用整体式结构,结构总宽 32m,其中口门宽 12m,边墩宽 10m。船闸输水系统采用闸墙长廊道中间垂直分流闸底二区段等惯性分散式输水系统；上游左侧进水口为旁侧取水,进水口位于上游进水墙侧面,从河道取水；右侧进水口布置在上游引航道底板上,从引航道内取水。两侧输水廊道经过鹅颈下降 15.9m 后接反弧门,阀门后廊道（2.6m×2.6m）为朝顶面和侧面扩展的突扩体（7.5m×5.0m）,突扩体后廊道逐渐恢复成矩形,在闸室中间转 90°进入闸室,经立体分流墩分成朝向上、下游两支纵向廊道,过分流墩后左右侧纵向廊道汇合成闸底主廊道（4.5m×6.0m）,沿主廊道顶部布置出水缝、盖板消能；二、三闸室的输水系统亦为闸底二区段等惯性输水系统,其布置与一闸室相同；船闸泄水廊道均采用旁侧泄水系统,水流泄于左侧河道。船闸 1 级、2 级、3 级闸首工作闸门均采用下沉门,4 级闸首采用人字门,工作阀门采用反弧门。水口船闸于 1997 建成通航。

水口升船机平行布置在船闸右侧岸边,采用单级垂直升船机,升船机承船厢为两端设有闸门的开口槽形钢结构,最大提升高度 57.36m,通航 2×500 吨级船队,设计年单向通过能力 242.0 万 t。升船机形式为湿运全平衡钢丝绳卷扬式升船机,由上游导墙段、上闸首段、上工作闸门段、塔楼上提升段、塔楼上平衡重段、塔楼交通楼梯段、塔楼下平衡重段、塔楼下提升段、下闸首（含下工作闸门）段和下游导航段等组成,全线总长约 1198m。升船机主体部分包括承船厢卷扬机提升机构和安全制动装置,船厢平衡系统、事故锁定装置,电气等机电设备以及支撑这些设备的钢筋混凝土塔楼。塔楼由上下提升段、上下平衡重段和交通段组成,分别对称布置在升船机中心线两侧,与上、下闸首共同构成封闭的无水船厢室,平面尺寸为 8m×112m。水口升船机于 2005 年建成通航,是世界上第一座全平衡重钢丝绳卷扬式垂直升船机。

水口船闸、升船机技术参数分别见表 7-2-1、表 7-2-2。水口枢纽及通航建筑物鸟瞰图如图 7-2-1 所示。水口通航建筑物如图 7-2-2 所示。水口升船机、船闸布置分别如图 7-2-3 ~ 图 7-2-5 所示。

水口船闸技术参数表　　　　　表 7-2-1

河流名称	闽江			建设地点		福建省福州市闽清县和古田县
船闸有效尺度(m)	135×12×3.0			最大设计水头(m)		57.36
吨级	500			过闸时间(min)		—
门型	闸门	1~3级闸首	下沉门	启闭形式	闸门	上游 液压
						下游 液压
		4级闸首	人字门		阀门	上游 液压
	阀门	上游	反弧门			
		下游	反弧门			下游 液压
结构形式	1~3级闸首		整体式	输水系统	形式	闸墙长廊道中间垂直分流,闸底二区段等惯性分散式输水系统
	4级闸首		整体式		平均时间(min)	10(单级船闸)
	闸室		整体式		廊道尺寸(m)	2.6×2.6
设计通航水位(m)	上游	最高	65.00	设计年通过能力(单线单向,万t)		200
		最低	55.00	桥梁情况		上闸首有交通桥
	下游	最高	21.80	建成年份(年)		1998
		最低	7.64			

水口升船机技术参数表　　　　　表 7-2-2

河流名称	闽江			建设地点	福建省福州市闽清县和古田县
形式	湿运全平衡钢丝绳卷扬式垂直提升			运行方式	垂直提升
吨级	500			承船厢有效尺度(m)	114×12×2.5
承船厢总重(t)	5500			船厢门类型	卧倒门
最大升程(m)	57.36			过坝时间(min)	—
年通货总量(单线单向,万t)	200			平衡重系统	悬挂式
设计通航水位(m)	上游	最高	65.0	主提升电机	4台直流电动机
		最低	55.0	悬吊系统	钢丝绳卷扬
	下游	最高	21.8	减速装置	齿轮减速器
		最低	7.64	同步轴装置	矩形闭环同步轴
卷筒装置	双卷筒多绳卷扬式			制动系统	液压盘式制动器

续上表

结构形式	上游引航道	直立式	启闭设备	上闸首检修门	门机
	下游引航道	直立式		上闸首工作门	液压
	闸首	U形整体式		下闸首工作门	液压
	船厢室段	U形整体式		下游检修门	台车式启闭机
设计水平年(年)		1999	建成年份(年)		2003
			使用情况		良好

图 7-2-1　水口枢纽及通航建筑物鸟瞰图

图 7-2-2　水口通航建筑物

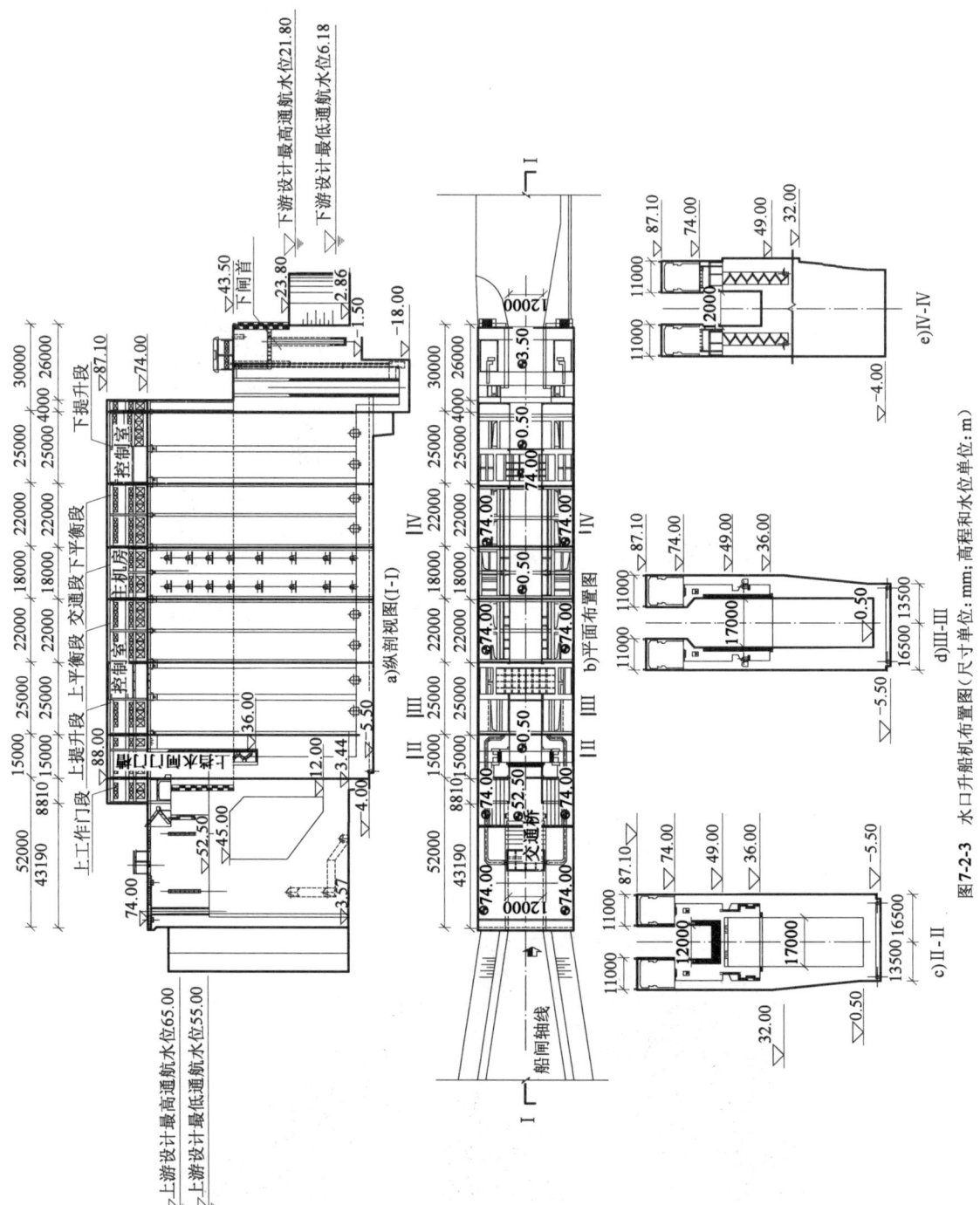

图 7-2-3 水口升船机布置图（尺寸单位：mm；高程和水位单位：m）

第七章 其他水系通航建筑物

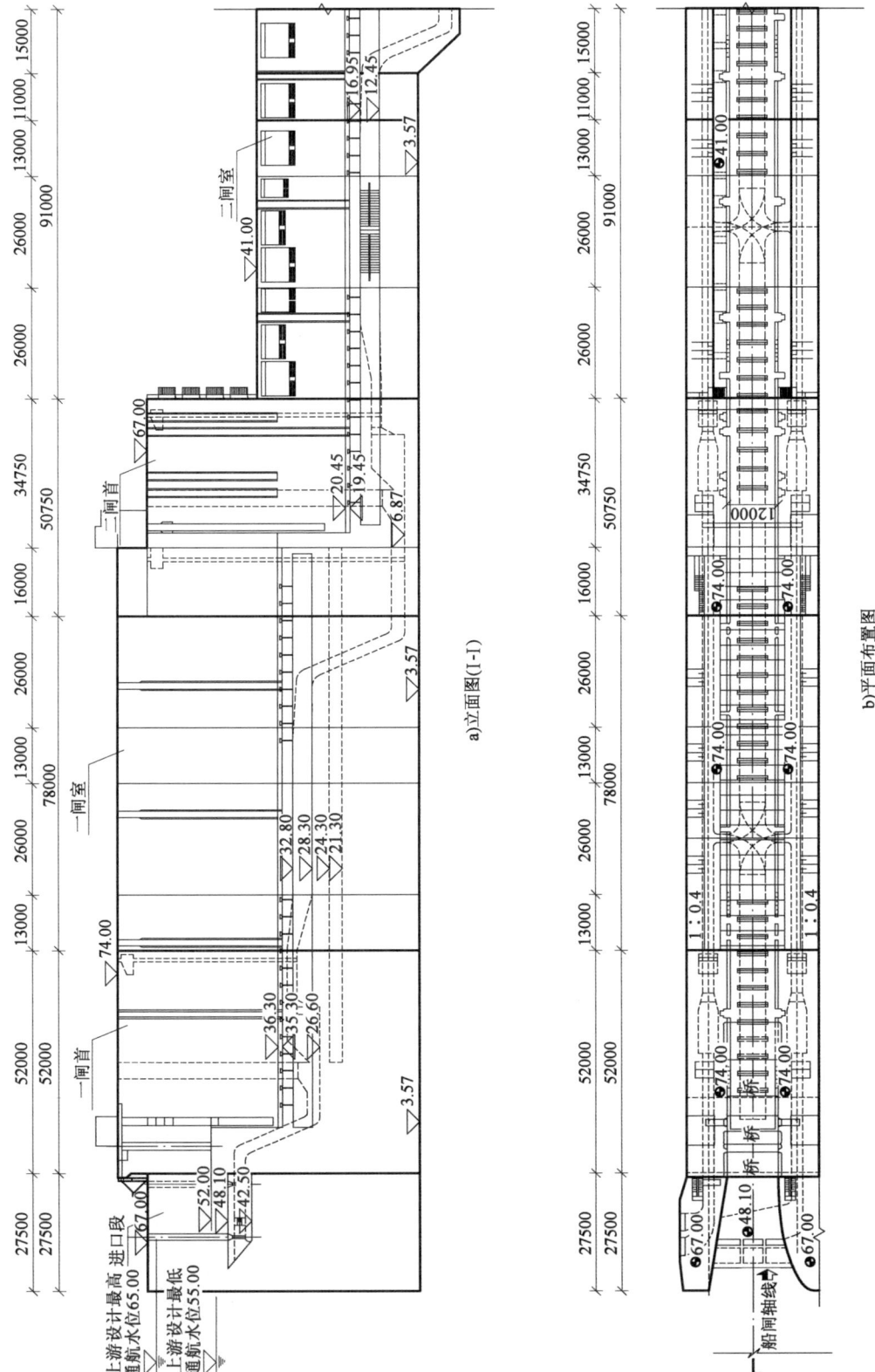

图7-2-4 水口船闸布置图（一）（尺寸单位：mm；高程和水位单位：m）

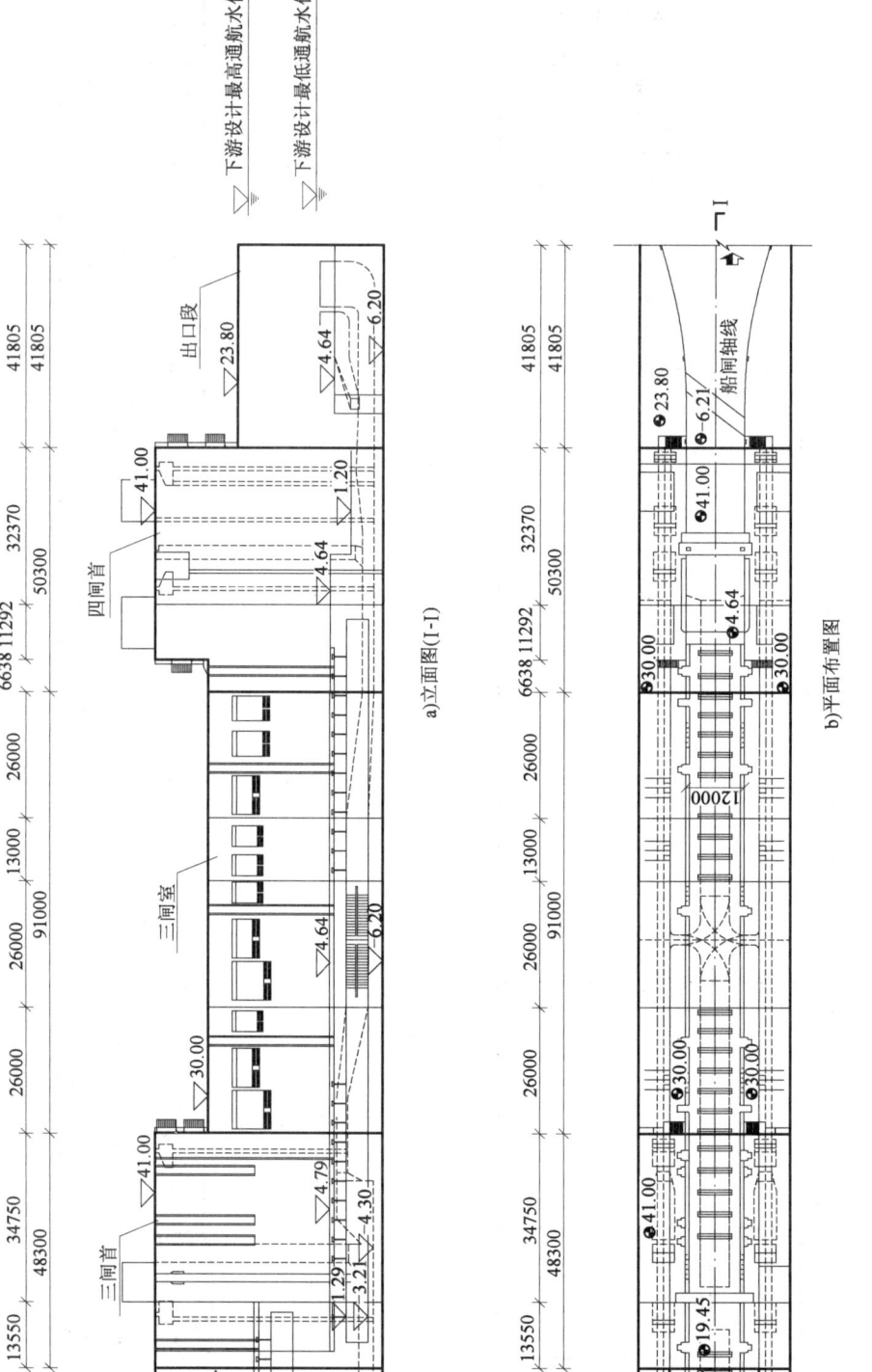

图7-2-5 水口船闸布置图(二)(尺寸单位：mm；高程和水位单位：m)

第三节　澜沧江通航建筑物

澜沧江源出青海省玉树藏族自治州杂多县西北吉富山麓扎阿曲的谷涌曲,是东南亚最大河流湄公河的上游段,澜沧江干流流经西藏昌都、察雅、左贡、芒康县,云南迪庆州、怒江州、大理州、保山市、临沧市、普洱市、西双版纳州等,由勐腊县出境成为老挝和缅甸的界河,中国境内河长2161km(含中缅边界河段31km),流域面积190000km²,中国境内为167400km²。

澜沧江流域开发以发电为主,中下游规划两库八级枢纽,自上而下为功果桥、小湾、漫湾、大朝山、糯扎渡、景洪、橄榄坝、勐松,其中仅景洪枢纽建成300吨级兼顾500吨级升船机一座。

景洪升船机

景洪枢纽位于云南省西双版纳州景洪市境内,是澜沧江干流中下游河段梯级规划中的第6级,下距我国景洪市区约5km、距泰国北部重镇清迈约360km。景洪坝址集雨面积149100km²,多年平均流量1820m³/s,枢纽正常蓄水位为602m(1956黄海高程),死水位591m,水库总库容12.33亿m³。枢纽设计洪水位602.8m($P=0.2\%$),设计洪水流量26500m³/s;校核洪水位607.4m($P=0.02\%$),校核洪水流量38400m³/s。景洪枢纽为大Ⅰ型工程,挡泄水和引水发电等主要建筑物为按1级建筑物设计,通航建筑物按2级建筑物设计,其他建筑物按3级建筑物设计。景洪枢纽坝顶全长690m,最大坝高107m,主要建筑物从左至右岸依次为左岸非溢流坝、左冲沙底孔、电站厂房、右冲沙底孔、7~2号溢流表孔、升船机、1号溢流表孔、右岸非溢流坝等。电站厂房位于主河槽左侧,厂房形式为坝后式,装5台混流式机组,总装机容量1750MW。主溢流坝段布置在河道中偏右侧,设6个溢流表孔(2~7号闸孔),溢流闸孔尺寸15m×21m(宽×高),闸下游采用"宽尾墩+消力池"联合消能;1号表孔位于升船机右侧岸边,闸孔尺寸与2~7号闸孔相同,闸下游采用底流消能。该枢纽是一座以发电为主,兼有航运、防洪、旅游等综合利用效益的大型水利枢纽工程。

景洪升船机位于河道右岸,其右侧为1号溢流表孔,采用水力式垂直升船机方案,升船机等级为五级,船厢外形尺寸69.1m×16m×5m,实际水域67.1m×12m×2.5m,最大提升高度66.86m(上游正常蓄水位602.0m~下游最低通航水位535.14m),通航300吨级兼顾500吨级船舶,设计年通过能力124.5万t(双向)。升船机上游设计最高通航水位602.00m(枢纽正常蓄水位),最低通航水位591.00m(死水位);下游最高通航水位

544.90m（$P=50\%$），最低通航水位535.14m（流量495m³/s水位），电站调峰允许下游每小时水位最大变幅1m。

景洪升船机包括上下游停泊区、上下游引航道和升船机主体段等部分组成。上游停泊区主要功能是为过坝船舶停泊编队之用，该停泊区距坝轴线约600m，停泊区长100m，布置4个外径为4m的圆筒形靠船墩，中间两墩间距40m，两侧墩间距均为20m。上游引航道长约600m，其左侧为长70m的浮式导航堤，由2艘多舱钢筋混凝土趸船组成，导航堤前端用锚链与水下钢筋混凝土锚块连接，堤艉设导槽与上闸首相连，以满足上下浮动要求。下游引航道与1号泄洪表孔泄洪通道共用，直线段长400m，其后用半径为222m、中心角为73°的圆弧转弯，转弯段长282.85m。左侧辅导墙总长443.227m，其中直线段长143m，其后接长240.277m的圆弧段（半径252m），再接60m长的直线透空段，在导航墙直线段布置间距10m的系船柱和系船环。下游停泊区位于下游引航道下游右岸，该停泊区为长240m的斜坡式码头，布置一系列系船柱和系船环。

升船机主体结构主要由上闸首、塔楼、下闸首、输水系统、顶部机房和相关辅助设施等组成。上闸首上接上游引航道、下接塔楼段，主要由挡水段、通航槽、上游操作阀室、主阀吊物孔、电梯楼梯井及交通桥等部分组成，上闸首长71.12m、宽30m，顶高程612.0m。上闸首挡水坝段为空腹混凝土重力式结构，闸首采用U形整体式结构，通航槽布置在上闸首中部，航槽宽12m，底板高程588.50m，左、右两侧边墩宽各为9m，在上闸首靠上游段布置钢筋混凝土交通桥。上闸首事故检修门为叠梁门，用门机和自动抓梁进行启闭；上闸首工作门为下沉式平面定轮门，布置在上闸首通航明渠末端，采用双吊点柱塞式油压启闭机启闭。

塔楼位于1号、2号表孔泄槽之间，与上、下闸首相连接。塔楼是承船厢垂直升降的通道，主要由充泄水系统混凝土底板、两侧带竖井的塔柱、塔楼联系梁、顶部机房及安全撤离电梯、楼梯井等组成。塔楼长76.6m、宽40m、高92m（不包括顶部机房），顶部高程614.00m。塔楼左右两侧对称布置宽11.6m的塔柱，每个塔柱内布置8个竖井，竖井高72m，底高程542.00m以上为方形，以下为圆形，其尺寸分别为7.2m×7.9m和ϕ6.5m。在竖井底部设置竖井连通廊道，以使各竖井间水位在充泄水过程中同步上升或下降，在高程594.500m处设检修廊道，左右塔柱中间的空腔为船厢池，池长69.6m，净宽16.8m，池底高程528.50m，底板厚6.5m，底板中设有等惯性充泄水管道。左右塔柱在高程542.00m以下为实体混凝土，塔楼顶部设置钢筋混凝土联系梁。左右塔柱下游端内各设1个电梯井和1个楼梯井，用于事故疏散及操作人员使用，升船机主机房布置在塔楼顶部。

下闸首位于塔楼和下游引航道之间，具有引导船舶进入船厢室、泄水等功能。下闸首长62m、宽40m，顶部高程553.00m。设有下闸首通航槽、下游控制阀室、泄水系统、主阀吊物孔、下闸首事故检修门等。下闸首通航槽宽12m，左右两侧为宽14m边墩，底板和左、右边墩组成坞式整体结构，在通航槽下游端部设下闸首检修门，由双向桥式启闭机启闭。

升船机输水系统主要包括上游进水口、充泄水管路系统、竖井系统和下游出水口等。上游进水口布置在上闸首右侧，进水口尺寸3.0m×4.5m（宽×高），前端采用喇叭口形。竖井布置在塔楼段，每个塔柱对称布置8个竖井，竖井高程594.5m以下为直径6.5m圆形平衡重浮筒运行空间，高程594.50m以上为平衡重浮筒检修空间，为7.2m×7.9m的方形。为确保16个竖井水位能均匀平稳升降，充泄水管路系统采用等惯性布置，即通过四次分流将充泄水系统主管中的水流均匀分配到16个竖井中，主管管径2.5m。出水口采用多支孔出口形式，布置在下闸首的左边墩中，每孔之间设中间导墙。上闸首右侧进水口引水经上游控制阀室至船厢池底部的充泄水管道中，然后分别引入两侧16个竖井中，泄水管道沿船厢池底部将水流引入下闸首左侧的下游控制阀室，然后通过出水口将水排入2号表孔泄槽中。

景洪水力浮动式升船机主要由承船厢、竖井、平衡重浮筒和钢丝绳系统、充泄水管路系统以及机械同步系统等组成，它利用水能作为提升动力和安全保障措施，通过输水管道对竖井充泄水，驱动平衡重浮筒的升降从而带动承船厢升降运行；在船厢荷载发生变化时，利用平衡重浮筒淹没水深的相应变化，使船厢与平衡重浮筒之间达到新的平衡状态，解决了船厢漏水等极端事故状态下升船机的安全问题。该升船机于2008年2月开工，2016年11月建成。

景洪升船机技术参数见表7-3-1。景洪枢纽鸟瞰图如图7-3-1所示。景洪升船机布置如图7-3-2所示。

景洪升船机技术参数表 表7-3-1

河流名称			澜沧江	建设地点	云南省西双版纳州景洪市
形式			水力浮动式	运行方式	船厢下水
吨级			300兼顾500	承船厢尺度(m)	67.1×12×2.5
承船厢总重(t)			2976	船厢门类型	弧形船厢门
最大升程(m)			66.86	过坝时间(min)	—
年通货总量(万t)			124.5（双向）	平衡重系统	竖井充泄水与平衡重浮筒
设计通航水位(m)	上游	最高	602.00	主提升电机	—
		最低	591.00	悬吊系统	64根钢丝绳悬吊
	下游	最高	544.90	减速装置	—
		最低	535.14	同步轴装置	—

续上表

卷筒装置	平衡重浮筒16个	制动系统	盘式制动器
结构形式	上游引航道	浮式	启闭设备	上闸首检修门（叠梁门）	坝顶门机和自动抓梁
	下游引航道	重力式		上闸首工作门（下沉式平面定轮门）	双吊点柱塞式油压启闭机
	过坝渠道	U形整体式结构		下闸首工作门（下沉式平面定轮门）	双吊点柱塞式油压启闭机
	下闸首	整体坞式结构		下游检修门	双向桥式启闭机
设计水平年(年)	2020	建成年份(年)	2016
		使用情况	试运行

图 7-3-1　景洪枢纽鸟瞰图

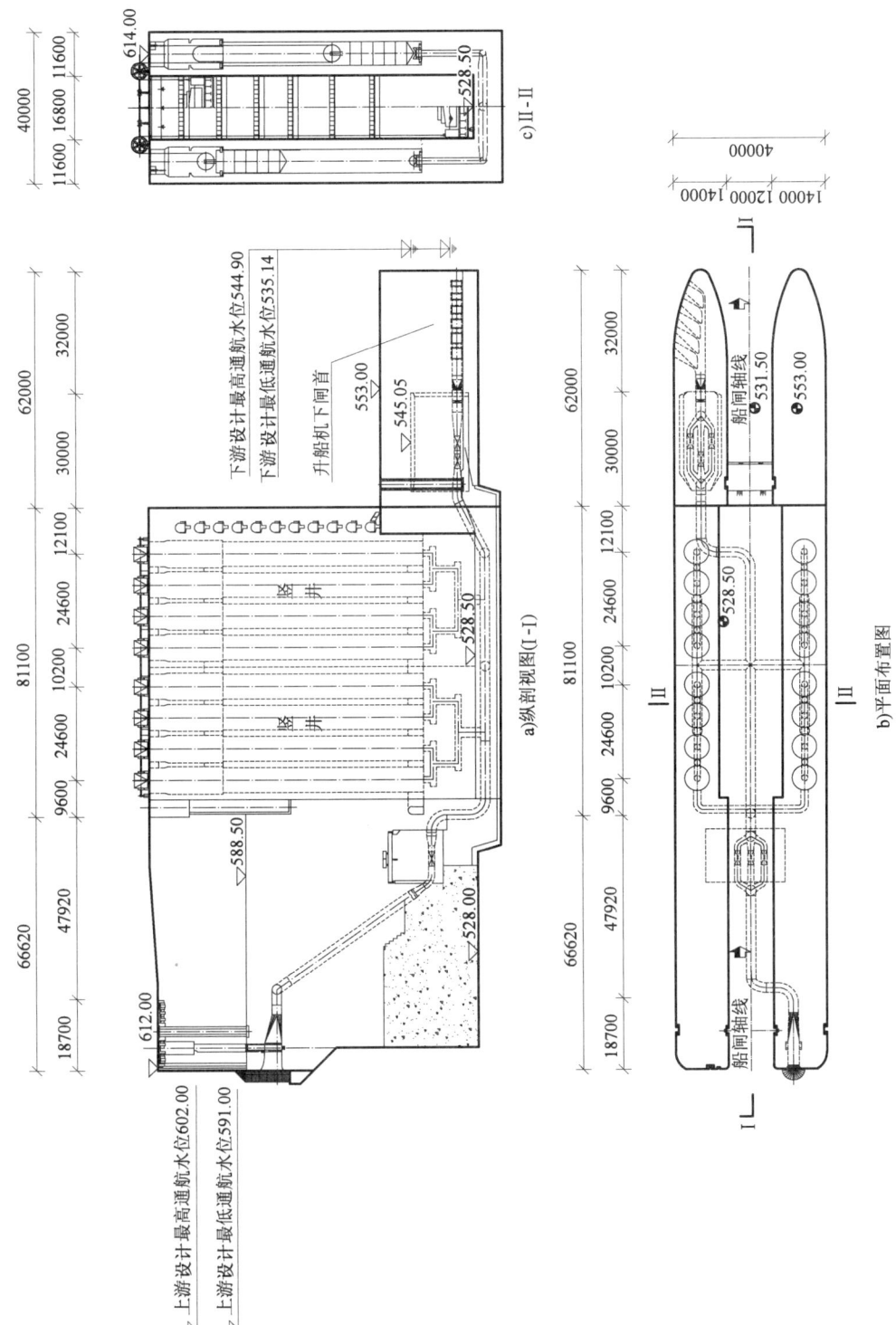

图7-3-2 景洪升船机布置图（尺寸单位：mm；高程和水位单位：m）

中国内河通航建筑物索引表

序号	通航建筑物名称	省(区,市)	枢纽所处位置水系/河流	枢纽所在区(县)名称	吨级	船闸(升船机)	尺度(长×宽×门槛水深,m)	年单向通过能力(万t)	项目建成年份(年)	是否正常使用
1	拦河闸船闸	辽宁省	双台子河	盘山县镇	100	船闸	60×7.5×1.5	—	1968	否
2	大顶子山船闸	黑龙江省	黑龙江水系/松花江	哈尔滨市	1000	船闸	180×28×3.5	上行905,下行101	2008	是
3	齐齐哈尔市城区橡胶坝枢纽船闸	黑龙江省	黑龙江水系/嫩江	齐齐哈尔市龙沙区	300	船闸	72×12×2.5	上行28,下行18	2007	是
4	新港船闸	天津市	海河	滨海新区	3000	船闸	180×21×9	1000	1946	是
5	西河船闸	天津市	子牙河	西青区	一拖二驳1500	船闸	252×15.4	763	1958	否
6	金钟河船闸	天津市	金钟河与永定新河交汇处	东丽区	一拖二驳100	船闸	120×7	—	1981	否
7	耳闸船闸	天津市	海河	河北区	100	船闸	72×6	—	2006	是
8	二道闸船闸	天津市	海河	津南区	500	船闸	23.5×13.5	—	1985	否
9	蔺家坝一线船闸	江苏省	京杭运河	徐州市铜山区	2000	船闸	230×23×5	2100	1989	是
10	蔺家坝二线船闸	江苏省	京杭运河	徐州市铜山区	2000	船闸	260×23×5	2880	2013	是
11	解台一线船闸	江苏省	京杭运河	徐州市鼓楼区	2000	船闸	230×20×5	2100	1961	是
12	解台二线船闸	江苏省	京杭运河	徐州市鼓楼区	2000	船闸	230×23×5	2500	2002	是
13	刘山一线船闸	江苏省	京杭运河	徐州市邳州市	2000	船闸	230×23×5	2100	1961	是
14	刘山二线船闸	江苏省	京杭运河	徐州市邳州市	2000	船闸	230×23×5	2100	1997	是
15	皂河一线船闸	江苏省	京杭运河	宿迁市宿豫区	2000	船闸	230×20×4	2100	1973	是
16	皂河二线船闸	江苏省	京杭运河	宿迁市宿豫区	2000	船闸	230×23×5	2100	1988	是
17	皂河三线船闸	江苏省	京杭运河	宿迁市宿豫区	2000	船闸	260×23×5	2880	2007	是
18	宿迁二线船闸	江苏省	京杭运河	宿迁市宿豫区	2000	船闸	210×15×3.2	1700	1958	是

续上表

序号	通航建筑物名称	省(区,市)	枢纽所处位置水系/河流	枢纽所在区(县)名称	吨级	船闸(升船机)	尺度(长×宽×门槛水深,m)	年单向通过能力(万t)	项目建成年份(年)	是否正常使用
19	宿迁二线船闸	江苏省	京杭运河	宿迁市宿豫区	2000	船闸	230×23×5	2100	1986	是
20	宿迁三线船闸	江苏省	京杭运河	宿迁市宿豫区	2000	船闸	260×23×5	2880	2004	是
21	刘老涧一线船闸	江苏省	京杭运河	宿迁市宿豫区	2000	船闸	230×20×4	2100	1978	是
22	刘老涧二线船闸	江苏省	京杭运河	宿迁市宿豫区	2000	船闸	230×23×5	2100	1987	是
23	刘老涧三线船闸	江苏省	京杭运河	宿迁市宿豫区	2000	船闸	260×23×5	2880	2008	是
24	泗阳一线船闸	江苏省	京杭运河	宿迁市泗阳县	2000	船闸	230×20×5	2100	1960	是
25	泗阳二线船闸	江苏省	京杭运河	宿迁市泗阳县	2000	船闸	230×23×5	2100	1988	是
26	泗阳三线船闸	江苏省	京杭运河	宿迁市泗阳县	2000	船闸	260×23×5	2880	2009	是
27	淮阴一线船闸	江苏省	京杭运河	淮安市清江浦区	2000	船闸	230×20×5	2100	1961	是
28	淮阴二线船闸	江苏省	京杭运河	淮安市清江浦区	2000	船闸	260×23×5	2100	1987	是
29	淮阴三线船闸	江苏省	京杭运河	淮安市清江浦区	2000	船闸	260×23×5	2880	2003	是
30	淮安一线船闸	江苏省	京杭运河	淮安市淮安区	2000	船闸	230×23×5	2100	1962	是
31	淮安二线船闸	江苏省	京杭运河	淮安市淮安区	2000	船闸	230×23×5	2100	1987	是
32	淮安三线船闸	江苏省	京杭运河	淮安市淮安区	2000	船闸	260×23×5	2842	2003	是
33	邵伯一线船闸	江苏省	京杭运河	扬州市江都区	2000	船闸	230×20×5	2100	1962	是
34	邵伯二线船闸	江苏省	京杭运河	扬州市江都区	2000	船闸	230×23×5	2100	1987	是
35	邵伯三线船闸	江苏省	京杭运河	扬州市江都区	2000	船闸	260×23×5	3286	2011	是
36	施桥一线船闸	江苏省	京杭运河	扬州市邗江区	2000	船闸	230×23×5	2100	1961	是
37	施桥二线船闸	江苏省	京杭运河	扬州市邗江区	2000	船闸	230×23×5	2100	1988	是
38	施桥三线船闸	江苏省	京杭运河	扬州市邗江区	2000	船闸	260×23×5	3286	2011	是
39	谏壁一线船闸	江苏省	京杭运河	镇江市京口区	1000	船闸	230×20×4	2100	1980	是
40	谏壁二线船闸	江苏省	京杭运河	镇江市京口区	1000	船闸	230×23×4	2333	2001	是

续上表

序号	通航建筑物名称	省(区、市)	枢纽所处位置水系河流	枢纽所在区(县)名称	吨级	船闸(升船机)	尺度(长×宽×门槛水深,m)	年单向通过能力(万t)	项目建成年份(年)	是否正常使用
41	善南船闸	江苏省	连申线	连云港市灌云县	1000	船闸	230×23×4	1678	2010	是
42	云善船闸	江苏省	连申线	连云港市灌云县	1000	船闸	230×23×4	1310	2010	是
43	沂北船闸	江苏省	连申线	连云港市灌云县	1000	船闸	230×23×4	2625	2010	是
44	沂南船闸	江苏省	连申线	连云港市灌南县	1000	船闸	230×23×4	2625	2010	是
45	盐灌船闸	江苏省	连申线	连云港市灌南县	1000	船闸	230×23×4	2275	2010	是
46	海安一线船闸	江苏省	连申线	南通市海安市	1000	船闸	230×23×4	2124	2013	是
47	海安二线船闸	江苏省	连申线	南通市海安市	1000	船闸	230×23×4	2124	2013	是
48	焦港船闸	江苏省	连申线	南通市如皋市	1000	船闸	180×16×3.0	1770	2014	是
49	虞山船闸	江苏省	连申线	江苏省常熟市	1000	船闸	230×23×4.0	1600	2000	是
50	张家港船闸	江苏省	连申线	江苏省苏州市	300	船闸	180×23×4.0	3853	2012	是
51	古泊河船闸	江苏省	古泊河	江苏省宿迁市	500	船闸	120×18×4	1750	2015	是
52	刘庄船闸	江苏省	刘大线	盐城市大丰区	500	船闸	135×10(12)×2.5	985	2012	是
53	杨庄一线船闸	江苏省	盐河	淮安市淮阴区	1000	船闸	230×23×4	300	1959	是
54	杨庄二线船闸	江苏省	盐河	淮安市淮阴区	500	船闸	135×10(12)×2.5	1890	2012	是
55	朱码一线船闸	江苏省	盐河	淮安市涟水县	1000	船闸	230×23×4	300	1958	是
56	朱码二线船闸	江苏省	盐河	淮安市涟水县	300	船闸	100×10×2.5	1890	2012	是
57	高良涧一线船闸	江苏省	淮河	淮安市	1000	船闸	230×23×4.0	—	1953	是
58	高良涧二线船闸	江苏省	淮河	淮安市	1000	船闸	230×23×4.0	2327	2015	是
59	高良涧三线船闸	江苏省	淮河	淮安市	500	船闸	180×18×4	2327	2015	是
60	成子河船闸	江苏省	成子河	宿迁市泗阳县	300	船闸	160×16×3.0	1980	2018	是
61	刘集船闸	江苏省	徐洪河	邳州市	1000	船闸	180×23×4	602	2018	是
62	宝应船闸	江苏省	盐宝线	扬州市宝应县	1000	船闸	180×23×4	1805	2013	是

续上表

序号	通航建筑物名称	省(区、市)	枢纽所处位置水系/河流	枢纽所在区(县)名称	吨级	船闸(升船机)	尺度(长×宽×门槛水深,m)	年单向通过能力(万t)	项目建成年份(年)	是否正常使用
63	运东船闸	江苏省	高东线	扬州市高邮市	1000	船闸	230×23×4	3500	2015	是
64	九圩港一线船闸	江苏省	通扬线	南通市崇川区	500	船闸	220×16×3.3	1700	1993	是
65	九圩港二线船闸	江苏省	通扬线	南通市崇川区	1000	船闸	230×23×4	2977	2019	是
66	吕四船闸	江苏省	通扬线	启东市	300	船闸	150×12×3.3	931	2015	是
67	周山河船闸	江苏省	周山河	泰州市海陵区	300	船闸	160×18×3.5	1714	2012	是
68	口岸船闸	江苏省	南官河	泰州市高港区	1000	船闸	140×16×3	1000	2008	是
69	芒稻船闸	江苏省	芒稻河	扬州市江都区	1000	船闸	180×23×4	2420	2017	是
70	丹金船闸	江苏省	丹金溧漕河	常州市金坛区	1000	船闸	180×23×4	3944	2018	是
71	新夏港一线船闸	江苏省	锡澄运河	无锡市江阴市	1000	船闸	180×23×4	2100	2015	是
72	新夏港二线船闸	江苏省	锡澄运河	无锡市江阴市	1000	船闸	180×23×4	2100	2015	是
73	江阴船闸	江苏省	锡澄运河	无锡市江阴市	500	船闸	98×16×2.5	1650	1989	是
74	下坝船闸	江苏省	芜申线	南京市高淳区	1000	船闸	230×23×4	1983	2015	是
75	杨家湾船闸	江苏省	芜申线	南京市高淳区	1000	船闸	230×23×4	2451	2014	是
76	张家港一线船闸	江苏省	申张线	苏州市张家港市	1000	船闸	130×10(13)×2.5	600	1970	是
77	张家港二线船闸	江苏省	申张线	苏州市张家港市	1000	船闸	230×23×4	2100	2012	是
78	杨林塘船闸	江苏省	杨林塘	苏州市太仓市	1000	船闸	230×23×4	2300	2016	是
79	刘子河船闸	江苏省	刘子河	南京市	300	船闸	160×18×4	970	2012	是
80	秦淮河船闸	江苏省	秦淮河	南京市	1000	船闸	168×18×4.0	1080	2015	是
81	油墩港一线船闸	上海市	油墩港航道	松江区	100	船闸	300×14×2.5	485	1981	是
82	油墩港二线船闸	上海市	油墩港航道	松江区	500	船闸	240×23.2×4.64	1050	尚未开工	否
83	东大盈港一线船闸	上海市	油墩港航道	青浦区	100	船闸	300×14×2.5	485	1981	是
84	东大盈港二线船闸	上海市	油墩港航道	青浦区	500	船闸	190×23.2×4.64	1050	尚未开工	否

续上表

序号	通航建筑物名称	省(区、市)	枢纽所处位置水系/河流	枢纽所在区(县)名称	吨级	船闸(升船机)	尺度(长×宽×门槛水深,m)	年单向通过能力(万t)	项目建成年份(年)	是否正常使用
85	赵家沟船闸	上海市	赵家沟航道	浦东新区	1000	船闸	350×25×4.5	1920	2011	是
86	浒溪埠船闸	浙江省	南苕溪	杭州市临安市	100	船闸	—	100	1989	否(水源保护禁航)
87	七堡船闸	浙江省	利睦港	杭州市江干区	100	船闸	—	50	1971	否
88	三堡一线船闸	浙江省	京杭运河	杭州市江干区	300	船闸	160×12×2.5	650	1989	是
89	三堡二线船闸	浙江省	京杭运河	杭州市江干区	300	船闸	200×12×2.5	850	1998	是
90	胜利船闸	浙江省	胜利河	杭州市拱墅区	50	船闸	—	—	1976	是
91	文昌阁船闸	浙江省	余杭塘河	杭州市余杭区	50	船闸	—	5	1966	否(已拆除)
92	乌龙洞船闸	浙江省	南苕溪	杭州市临安市	100	船闸	—	100	1991	否(水源保护禁航)
93	新坝船闸	浙江省	杭甬运河	杭州市萧山区	500	船闸	200×12×2.5	510	2007	是
94	蜀山船闸	浙江省	余姚江	宁波市余姚市	500	船闸	200×12×2.5	—	2006	是
95	大西坝升船机	浙江省	鄞西后塘河	宁波市鄞州区	20	升船机	—	—	1971	否
96	澄浪堰升船机	浙江省	鄞西后塘河	宁波市鄞州区	20	升船机	—	—	1967	否
97	方桥升船机	浙江省	县江	宁波市奉化区	30	升船机	—	—	1976	否
98	庙堰头升船机	浙江省	三桥江	宁波市鄞州区	25	升船机	—	—	1972	否
99	西横河升船机	浙江省	余姚江	宁波市余姚市	40	升船机	—	—	1983	否
100	临山升船机	浙江省	湖堤江	宁波市余姚市	20	升船机	—	—	1970	否
101	琯头船闸	浙江省	乐琯运河	温州市乐清市	50	船闸	—	—	1983	是
102	蒲州船闸	浙江省	蒲州河	温州市鹿城区	100	船闸	—	100	2002	是
103	三十六船闸	浙江省	洪殿河	温州市鹿城区	80	船闸	—	50	1980	否

续上表

序号	通航建筑物名称	省(区、市)	枢纽所处位置水系/河流	枢纽所在区(县)名称	吨级	船闸(升船机)	尺度(长×宽×门槛水深,m)	年单向通过能力(万t)	项目建成年份(年)	是否正常使用
104	上埠船闸	浙江省	岩头河	温州市瑞安市	50	船闸	—	70	1987	否
105	上陡门船闸	浙江省	小陡门河	温州市鹿城区	80	船闸	—	50	1960	否
106	蓝田升船机	浙江省	仓徒河	温州市	30	升船机	—	10	1960	否
107	肥艚升船机	浙江省	龙肥河	温州市龙港市	30	升船机	—	120	1982	是
108	坝头村人力坝升船机	浙江省	乐虹运河	温州市乐清市	3	升船机	—	—	1958	否
109	竹屿人力坝升船机	浙江省	乐虹运河	温州市乐清市	3	升船机	—	—	1958	否
110	丁栅船闸	浙江省	和尚塘	嘉兴市嘉善县	100	船闸	135×8×2.4	5	1994	是
111	花山汇船闸	浙江省	黄山港	嘉兴市海宁市	30	船闸	—	—	1989	否(水利泄洪闸)
112	陶庄船闸	浙江省	芦堤塘	嘉兴市嘉善县	300	船闸	160×12×2.7	100	1999	是
113	沈士船闸	浙江省	黄泥坝港	嘉兴市海宁市	—	船闸	—	—	1983	否(已拆除)
114	新仓船闸	浙江省	新仓港	嘉兴市海宁市	30	船闸	—	—	1978	否(已拆除)
115	许村翻水船闸	浙江省	泥坝桥港	嘉兴市海宁市	30	船闸	—	—	2002	否(水利泄洪闸)
116	长安船闸	浙江省	崇长港	嘉兴市海宁市	50	船闸	—	—	1977	否(水利泄洪闸)
117	德清大闸	浙江省	德新线	湖州市德清县	100	船闸	110×12×2.5	—	2002	是
118	湖州船闸	浙江省	长湖申线	湖州市吴兴区	500	船闸	290×23×3	6347	2006	是
119	五闸船闸	浙江省	宝五线	湖州市德清县	100	船闸	—	—	1995	否
120	大年船闸	浙江省	杭甬运河	绍兴市上虞区	1000	船闸	120×16×3.5	—	2009	是

续上表

序号	通航建筑物名称	省(区、市)	枢纽所处位置水系/河流	枢纽所在区(县)名称	吨级	船闸(升船机)	尺度(长×宽×门槛水深,m)	年单向通过能力(万t)	项目建成年份(年)	是否正常使用
121	斗门船闸	浙江省	白塔湖	绍兴市诸暨市	20	船闸	—	—	1982	是
122	上浦闸船闸	浙江省	曹娥江	绍兴市上虞区	100	船闸	—	—	1978	否
123	塘角船闸	浙江省	杭甬运河	绍兴市上虞区	500	船闸	120×16×3.5	—	2009	是
124	通明船闸	浙江省	杭甬运河	绍兴市	500	船闸	200×12×2.5	475	2009	是
125	战斗闸船闸	浙江省	中心河	绍兴市	30	船闸	—	—	1976	否
126	曹娥升船机	浙江省	浙东运河	绍兴市上虞区	40	升船机	—	—	1970	否
127	驿亭升船机	浙江省	浙东运河	绍兴市上虞区	40	升船机	—	—	1970	否
128	王家堰船闸	浙江省	浦阳江	绍兴市诸暨市	40	升船机	—	—	1982	否
129	长坝升船机	浙江省	浙东运河	绍兴市上虞区	40	升船机	—	—	1970	否
130	排草头船闸	浙江省	金华江	金华市兰溪市	40	船闸	—	48	1969	否
131	长风船闸	浙江省	常山港	衢州市常山县	30	船闸	—	1	1996	是
132	坝头闸船闸	浙江省	徐三泾	台州市路桥区	50	船闸	—	50	1960	否
133	拖牛坝闸套闸	浙江省	洞港水系	台州市临海市	15	船闸	—	—	2001	否
134	永宁江民船套闸	浙江省	永宁江	台州市黄岩区	100	船闸	—	45	1998	否
135	前所升船机	浙江省	椒北北渠	台州市椒江区	50	升船机	—	15	1975	否
136	开潭船闸	浙江省	瓯江	丽水市青田县	500	船闸	120×12×3	—	2009	是
137	玉溪船闸	浙江省	瓯江	丽水市莲都区	50	船闸	120×8×2	30	2000	是
138	紧水滩升船机	浙江省	瓯江	丽水市云和县	30	升船机	—	18.36	1988	是
139	石塘升船机	浙江省	瓯江	丽水市云和县	30	升船机	—	30	1992	是
140	上牵埠船闸	浙江省	良渚线	杭州市余杭区	100	船闸	—	10	1986	否

续上表

序号	通航建筑物名称	省(区,市)	枢纽所处位置水系/河流	枢纽所在区(县)名称	吨级	船闸(升船机)	尺度(长×宽×门槛水深,m)	年单向通过能力(万t)	项目建成年份(年)	是否正常使用
141	江边闸船闸	浙江省	萧余线	杭州市滨江区	100	船闸	—	—	1996	是
142	富春江船闸	浙江省	富春江	杭州市桐庐县	500	船闸	300×23×4.5	1250	2017	是
143	斗门升船机	浙江省	余姚江	宁波市余姚市	40	升船机	—	—	1983	否
144	姚江船闸	浙江省	余姚江	宁波市	300	船闸	160×12×2.5	388	2015	是
145	赵家船闸	浙江省	浙东运河	绍兴市上虞区	100	船闸	70×8×2.0	10	2012	是
146	大浜船闸	浙江省	枚沼塘	嘉兴市嘉善县	100	船闸	70×6×2.2	5	1999	是
147	安仁福船闸	浙江省	衢江	衢州市	1000	船闸	230×23×4.0	1400	2017	是
148	红豆船闸	浙江省	衢江	衢州市	1000	船闸	230×23×4.0	1400	2018	是
149	游埠船闸	浙江省	衢江	金华市	1000	船闸	230×23×4.0	1628	2018	是
150	姚家船闸	浙江省	衢江	金华市	1000	船闸	280×23×4.0	1628	2018	是
151	小溪滩船闸	浙江省	衢江	衢州市龙游县	1000	船闸	230×23×4	1400	2017	是
152	塔底船闸	浙江省	衢江	衢州市衢江区	1000	船闸	180×23×4	1200	2018	是
153	裕溪一线船闸	安徽省	长江水系/裕溪河	芜湖市鸠江区	1000	船闸	195×15.4×4.0	1058	1973	是
154	裕溪二线船闸	安徽省	长江水系/裕溪河	芜湖市鸠江区	1000	船闸	200×23×4.5	2965	2013	是
155	巢湖一线船闸	安徽省	长江水系/裕溪河	合肥市巢湖市	500	船闸	195×15.4×2.93	1000	1961	是
156	巢湖二线船闸	安徽省	长江水系/裕溪河	合肥市巢湖市	1000	船闸	230×23×4.5	2014	2012	是
157	南淝河船闸	安徽省	长江水系/南淝河	合肥市瑶海区	100	船闸	50×10×2	100	2020	是
158	水阳船闸	安徽省	长江水系/水阳江	宣城市宣州区	1000	船闸	200×23×4.5	2158	2020	否
159	马山埠船闸	安徽省	长江水系/汪联河	宣城市宣州区	300	船闸	110×12×2.55	60	2003	否
160	华阳船闸	安徽省	长江水系/华阳河	安庆市望江县	100	船闸	120×12×2	188	1993	是
161	乌江船闸	安徽省	长江水系/骊马山千渠	马鞍山市和县	300	船闸	140×12×3	1060	2012	是
162	汉河船闸	安徽省	长江水系/滁河	滁州市来安县	500	船闸	200×23×4	957.4	2016年开工在建	否

续上表

序号	通航建筑物名称	省(区,市)	枢纽所处位置水系/河流	枢纽所在区(县)名称	吨级	船闸(升船机)	尺度(长×宽×门槛水深,m)	年单向通过能力(万t)	项目建成年份(年)	是否正常使用
163	襄河口船闸	安徽省	长江水系/滁河	滁州市全椒	100	船闸	100×8.4×2	60	1973	是
164	东流船闸	安徽省	长江水系/尧渡河	池州市东至	100	船闸	100×8×2	—	1984	否
165	新桥船闸	安徽省	长江水系/牛屯河	马鞍山市和县	100	船闸	110×13×1.49	—	1991	否
166	鲁港船闸	安徽省	长江水系/漳河	芜湖市飞江区	500	船闸	120×18×3	500	2018	是
167	蚌埠一线船闸	安徽省	淮河水系/淮河	蚌埠市禹会区	1000	船闸	195×15.4×2.02	600	1961	是
168	蚌埠二线船闸	安徽省	淮河水系/淮河	蚌埠市禹会区	1000	船闸	230×23×3.5	1470	2010	是
169	临淮岗船闸	安徽省	淮河水系/淮河	六安市霍邱县	500	船闸	130×12×2.5	599	2005	是
170	临淮岗二线船闸	安徽省	淮河水系/淮河	六安市霍邱县	2000	船闸	240×23×5.2	2118	预计2023年建成	否
171	颍上一线船闸	安徽省	淮河水系/沙颍河	阜阳市颍上县	500	船闸	180×8×3	545	2008	是
172	颍上二线船闸	安徽省	淮河水系/沙颍河	阜阳市颍上县	500兼顾1000	船闸	200×23×4	1341	2017	是
173	阜阳船闸	安徽省	淮河水系/沙颍河	阜阳市颍泉区	500	船闸	180×12×3.5	400	2011	是
174	耿楼船闸	安徽省	淮河水系/沙颍河	阜阳市太和县	500	船闸	130×12×3.0	288	2009	是
175	耿楼二线船闸	安徽省	淮河水系/沙颍河	阜阳市太和县	500	船闸	240×23×4	1929	2016年开工在建	否
176	杨桥船闸	安徽省	淮河水系/泉河	阜阳市临泉县	500	船闸	200×13×3.5	672	2016	是
177	蚌埠船闸	安徽省	淮河水系/沱浍河	安徽省蚌埠市	1000	船闸	230×23×3.5	3000	2010	是
178	五河一线船闸	安徽省	淮河水系/沱浍河	蚌埠市五河县	100	船闸	82.7×10.4×1.75	190	1974	是
179	五河二线船闸	安徽省	淮河水系/沱浍河	蚌埠市五河县	500	船闸	200×23×4	1357	2019	是
180	固镇一线船闸	安徽省	淮河水系/沱浍河	蚌埠市固镇县	100	船闸	80×8×1.5	30	1994	是
181	固镇二线船闸	安徽省	淮河水系/沱浍河	蚌埠市固镇县	500	船闸	200×23×4	1332	2017	是
182	蕲县船闸	安徽省	淮河水系/沱浍河	宿州市埇桥区	500	船闸	130×12×3	450	2010	是
183	南坪船闸	安徽省	淮河水系/沱浍河	淮北市濉溪县	500	船闸	200×23×4	1343	2018	是

续上表

序号	通航建筑物名称	省(区,市)	枢纽所处位置 水系/河流	枢纽所在地(县)名称	吨级	船闸(升船机)	尺度(长×宽×门槛水深,m)	年单向通过能力(万t)	项目建成年份(年)	是否正常使用
184	蒙城船闸	安徽省	淮河水系/涡河	亳州市蒙城县	100	船闸	108×10×1.5	140	1971	是
185	涡阳船闸	安徽省	淮河水系/涡河	亳州市涡阳县	100	船闸	100×7.5×2	120	1976	是
186	大寺船闸	安徽省	淮河水系/涡河	亳州市谯城区	100	船闸	100×10×2	140	2006	否
187	上桥船闸	安徽省	淮河水系/茨淮新河	蚌埠市怀远县	300	船闸	130×12×2.5	300	1976	是
188	阚疃船闸	安徽省	淮河水系/茨淮新河	亳州市利辛县	300	船闸	130×12×3	300	1979	是
189	插花船闸	安徽省	淮河水系/茨淮新河	阜阳市颍东区	300	船闸	130×12×2.5	—	1983	是
190	茨河铺船闸	安徽省	淮河水系/茨淮新河	阜阳市颍东区	300	船闸	130×12×2.5	—	1983	是
191	南坪船闸	安徽省	淮河水系/沱浍河	淮北市濉溪县	500	船闸	200×23×4	1343	2018	是
192	团结船闸	安徽省	淮河水系/新汴河	宿迁市泗洪县	100	船闸	100×7×2	76.25	1971	否
193	宿县船闸	安徽省	淮河水系/新汴河	宿州市埇桥区	100	船闸	95×8×2	70.2	1971	否
194	符离集船闸	安徽省	淮河水系/萧濉新河	宿州市埇桥区	100	船闸	100×7×2	50	1977	否
195	新胡洼船闸	安徽省	淮河水系/怀洪新河	蚌埠市怀远县	100	船闸	43.5×10×1.5	50	1997	否
196	何巷船闸	安徽省	淮河水系/怀洪新河	蚌埠市怀远县	100	船闸	80×8×1.5	50	2000	否
197	女山湖船闸	安徽省	淮河水系/池河	滁州市明光市	100	船闸	100×9×2	64	1982	是
198	城西湖船闸	安徽省	淮河水系/沿岗河	六安市霍邱县	100	船闸	108×8×2.6	—	2005	否
199	将军岭船闸	安徽省	淮河水系/大潜山干渠	合肥市蜀山区	100	船闸	100×7×2	—	1970	否
200	罗管庙船闸	安徽省	淮河水系/大潜山干渠	六安市金安区	100	船闸	100×7×2	—	1970	否
201	横排头船闸	安徽省	淮河水系/大潜山干渠	六安市裕安区	100	船闸	100×7×2	—	1979	否
202	新民坝船闸	安徽省	淮河水系/瓦东干渠	六安市金安区	100	船闸	100×7.4×2	—	1976	否
203	东淝河船闸	安徽省	淮河水系/淠淮航道	淮南市寿县	1000	船闸	120×12.4×3	—	1992	是
204	庙岗船闸	安徽省	淮河水系/淠淮航道	淮南市寿县	100	船闸	200×10×2	—	1993	否
205	木厂船闸	安徽省	淮河水系/淠淮航道	六安市金安区	100	船闸	200×10×2	—	1993	否

续上表

序号	通航建筑物名称	省(区,市)	枢纽所处位置水系/河流	枢纽所在区(县)名称	吨级	通航建筑物		年单向通过能力(万t)	项目建成年份(年)	是否正常使用
						船闸(升船机)	尺度(长×宽×门槛水深,m)			
206	九里沟船闸	安徽省	淮河水系/浍淮航道	六安市金安区	100	船闸	200×10×2	—	1990	否
207	湖边升船机	安徽省	新安江水系/新安江	黄山市屯溪区	50	升船机	28×7.6×1.3	—	2012	否
208	兆河船闸	安徽省	引江济淮	合肥巢湖市	1000	船闸	240×23×5.2	1841	在建	否
209	枞阳船闸	安徽省	引江济淮	铜陵市	1000	船闸	240×23×5.2	1562	在建	否
210	庐江船闸	安徽省	引江济淮	合肥市	1000	船闸	240×23×5.2	1437	在建	否
211	派河口船闸	安徽省	引江济淮	合肥市	2000	船闸	280×23×5.2	2480	在建	否
212	蜀山船闸	安徽省	引江济淮	合肥市	2000	船闸	280×23×5.2	2313	在建	否
213	东淝河船闸	安徽省	引江济淮	淮南市	2000	船闸	280×23×5.2	2661	在建	否
214	石亭船闸	湖南省	渌水航道	株洲市醴陵市	—	船闸	44×11×1.3	—	1977	—
215	铁河口船闸	湖南省	渌水航道	株洲市醴陵市	—	船闸	44.5×11×1.3	—	1986	—
216	姜湾船闸	湖南省	渌水航道	株洲市醴陵市	—	船闸	44×11×1.3	—	1973	—
217	渌口船闸	湖南省	渌水航道	株洲市	—	船闸	50×11×1.3	—	1977	—
218	流星潭船闸	湖南省	渌水航道	株洲市醴陵市	—	船闸	44.00.×11×1.3	—	1976	—
219	青龙庵船闸	湖南省	渌水航道	株洲市醴陵市	—	船闸	28×12×1.3	—	1975	—
220	牛丫洪船闸	湖南省	渌水航道	株洲市醴陵市	—	船闸	28×12×1.3	—	1974	—
221	凤滩升船机	湖南省	酉水航道	怀化市沅陵县	—	升船机(干运)	25×6.5×0	—	1978	—
222	长沙一线船闸	湖南省	湘江航道	长沙市	2000	船闸	280×34×4.5	双闸双向	2012	是
223	长沙二线船闸	湖南省	湘江航道	长沙市	2000	船闸	280×34×4.5	9800	2012	是
224	株洲一线船闸	湖南省	湘江航道	株洲市	1000	船闸	180×23×3.5	1260	2004	是
225	株洲二线船闸	湖南省	湘江航道	株洲市	2000	船闸	280×34×4.5	2459	2018	是
226	大源渡一线船闸	湖南省	湘江航道	衡阳市衡东县	1000	船闸	180×23×3.0	900	2000	是

续上表

序号	通航建筑物名称	省（区、市）	枢纽所处位置水系/河流	枢纽所在区（县）名称	通航建筑物					
					吨级	船闸（升船机）	尺度（长×宽×门槛水深，m）	年单向通过能力（万t）	项目建成年份（年）	是否正常使用
227	大源渡二线船闸	湖南省	湘江航道	衡阳市衡东县	2000	船闸	280×34×4.5	2450	2019	是
228	土谷塘船闸	湖南省	湘江航道	衡阳市衡南县	1000	船闸	180×23×4.0	750	2016	是
229	近尾洲一线船闸	湖南省	湘江航道	衡阳市近尾洲	500	船闸	120×12×2.5	242	2002	是
230	近尾洲二线船闸	湖南省	湘江航道	衡阳市近尾洲	500	船闸	180×23×4.0	1010	2020年开工在建	否
231	浯溪船闸	湖南省	湘江航道	永州市祁阳县	500	船闸	100×12×2.7	200	2011	是
232	湘祁一线船闸	湖南省	湘江航道	永州市	1000	船闸	180×12×3.5	474	2013	是
233	湘祁二线船闸	湖南省	湘江航道	永州市	1000	船闸	180×23×4	1065	2018年开工在建	否
234	冷水滩宋家洲船闸	湖南省	湘江航道	永州市冷区	—	船闸	80×8×2	—	2002	否
235	欧阳海升船机	湖南省	舂陵水航道	郴州市	—	升船机（湿运）	10×3×1	—	1970	—
236	亲仁水轮泵船闸	湖南省	舂陵水航道	衡阳市常宁市	—	船闸	50×9×1.2	—	1979	—
237	石面坦升船机	湖南省	耒水航道	郴州市苏仙区	—	升船机（湿运）	15×4×3	—	1993	—
238	白渔潭船闸	湖南省	耒水航道	衡阳市	—	船闸	60×7.4×1.4	—	1961	—
239	遥田船闸	湖南省	耒水航道	衡阳市耒阳市	—	船闸	64×8×1.5	—	1989	—
240	耒中船闸	湖南省	耒水航道	耒阳市	—	船闸	56×8×2	—	2002	—
241	攸县苏洲船闸	湖南省	洣水航道	株洲市攸县	—	船闸	45×8×1.2	—	1977	—
242	茶陵青年升船机	湖南省	洣水航道	株洲龙下灌区	—	升船机（干运）	20×3×1	—	1978	—
243	洋塘水轮泵船闸	湖南省	洣水航道	衡阳市洋塘	—	船闸	60×9×1.5	—	1979	—
244	甘溪水轮泵船闸	湖南省	洣水航道	衡阳市甘溪	—	船闸	55×8×1.9	—	1970	—
245	荣桓船闸	湖南省	洣水航道	衡阳市荣桓	—	船闸	60×8×1.5	—	1992	—

中国内河 通航建筑物

续上表

序号	通航建筑物名称	省（区、市）	枢纽所处位置水系/河流	枢纽所在区（县）名称	吨级	船闸（升船机）	尺度（长×宽×门槛水深,m）	年单向通过能力（万t）	项目建成年份（年）	是否正常使用
246	龙家山船闸	湖南省	洣水航道	株洲市茶陵县	—	船闸	—	—	2009	—
247	关西船闸	湖南省	洣水航道	株洲市	—	船闸	—	—	—	—
248	望日岩河坝船闸	湖南省	永乐江航道	衡阳市望日岩河坝	—	船闸	38×8×1.1	—	1972	—
249	渡口水轮坝船闸	湖南省	永乐江航道	郴州市安仁县	—	船闸	50×4×2.6	—	1968	—
250	洋潭引水坝升船机	湖南省	涟水航道	湘潭市韶山灌区	—	升船机（干运）	12×3.2×1.9	—	1966	—
251	东山坝船闸	湖南省	涟水航道	湘潭市湘乡市	—	船闸	42×12×1	—	1977	—
252	朝真阁拦河坝船闸	湖南省	涟水航道	湘潭市湘乡市	—	船闸	36×11×1	—	1969	—
253	水府庙闸坝船闸	湖南省	涟水航道	娄底市	—	船闸	56×8.4×1.8	—	1959	—
254	九江庙船闸	湖南省	靳江河航道	长沙市望城区	—	船闸	21.8×8×1.9	—	1964	—
255	大屯营船闸	湖南省	靳江河航道	长沙市望城区	—	船闸	32×8×1.2	—	1964	—
256	新华头船闸	湖南省	靳江河航道	长沙市望城区	—	船闸	32×8×1.2	—	1964	—
257	筱溪升船机	湖南省	资水航道	邵阳市	—	升船机	—	—	2010	—
258	孔雀滩升船机	湖南省	资水航道	邵阳小溪市乡	—	干式垂直升船机	—	—	—	—
259	修山船闸	湖南省	资水航道	益阳市	—	船闸	—	—	—	—
260	株溪口船闸	湖南省	资水航道	益阳安化县	—	船闸	—	—	2008	—
261	东坪船闸	湖南省	资水航道	益阳市	—	船闸	—	—	—	—
262	白竹洲船闸	湖南省	资水航道	益阳市	—	船闸	—	—	—	—
263	柘溪电站升船机	湖南省	资水航道	益阳市	—	升船机（干运）	20×5.6×1.2	—	1959	—
264	马迹塘船闸	湖南省	资水航道	益阳市	—	船闸	60×8×2	—	1979	—

续上表

序号	通航建筑物名称	省（区、市）	枢纽所处位置水系/河流	枢纽所在区（县）名称	吨级	船闸（升船机）	尺度（长×宽×门槛水深，m）	年单向通过能力（万t）	项目建成年份（年）	是否正常使用
265	冷水江浪石滩船闸	湖南省	资水航道	娄底市	—	升船机	—	—	2007	—
266	临澧青山水轮泵站船闸	湖南省	澧水航道	临澧县	—	船闸	80×11.6×1.8	—	1970	—
267	艳洲船闸	湖南省	澧水航道	常德市	—	船闸	130×12×2.5	—	1998	—
268	慈利坡关船闸	湖南省	澧水航道	张家界市慈利县	—	船闸	70×11×1.5	—	1973	—
269	茶庵船闸	湖南省	澧水航道	张家界市慈利县	—	船闸	65×11×1.5	—	1986	—
270	花岩船闸	湖南省	澧水航道	张家界市花岩	—	船闸	60×11×1.5	—	1976	—
271	八斗溪船闸	湖南省	澧水航道	张家界市桑植县	—	船闸	60×11×1.5	—	1976	—
272	安江船闸	湖南省	沅水航道	洪江市	500	船闸	120×12×3.5	155	2012	是
273	铜湾船闸	湖南省	沅水航道	怀化市	500	船闸	100×12×3	166	2008	是
274	清水塘船闸	湖南省	沅水航道	怀化市	500	船闸	100×12×3	166	2009	是
275	大洑潭船闸	湖南省	沅水航道	怀化市	500	船闸	120×12×3.0	200	2007	是
276	桃源船闸	湖南省	沅水航道	常德市	500	船闸	120×18×3.5	250	2012	是
277	五强溪船闸	湖南省	沅水航道	怀化市沅陵县	500	船闸	120×12×2.5	250	1995	是
278	凌津滩船闸	湖南省	沅水航道	常德市桃源县	500	船闸	120×12×2.5	250（其中下行200）	1998	是
279	洪江船闸	湖南省	沅水航道	怀化市洪江区	300	船闸	80×12×2	—	2002	—
280	长田升船机	湖南省	巫水航道	怀化市洪江	—	升船机（干运）	16×5.5×1	—	1980	—
281	百步滩船闸	湖南省	浏阳河	长沙市浏阳市	—	船闸	46.6×10×1.2	—	1966	—
282	荟源船闸	湖南省	浏阳河	长沙市浏阳市	—	船闸	46.9×12×1.2	—	1968	—
283	大栗坪船闸	湖南省	浏阳河	长沙市浏阳市	—	船闸	46.9×12.9×1.2	—	1978	—

续上表

中国内河 — 通航建筑物

序号	通航建筑物名称	省(区、市)	枢纽所处位置水系/河流	枢纽所在区(县)名称	吨级	船闸(升船机)	尺度(长×宽×门槛水深,m)	年单向通过能力(万t)	项目建成年份(年)	是否正常使用
284	发电坝船闸	湖南省	浏阳河	长沙浏阳市	—	船闸	42×10×1.3	—	1966	—
285	郭公渡坝船闸	湖南省	捞刀河	长沙县	—	船闸	23.2×6×0.7	—	1965	—
286	太阳滩船闸	湖南省	捞刀河	长沙县	—	船闸	23.2×6×0.7	—	1987	—
287	水渡河过船闸	湖南省	捞刀河	长沙县	—	船闸	25.7×8×0.8	—	1965	—
288	赤石闸坝船闸	湖南省	捞刀河	长沙县	—	船闸	25.5×6×0.6	—	1965	—
289	乔口拦河船闸	湖南省	乔口河	长沙市望城区	—	升船机(干运)	12×3.2	—	1964	—
290	马王滩船闸	湖南省	大溪河	长沙浏阳市	—	船闸	50×10×0.7	—	1969	—
291	上云桥船闸	湖南省	渌水航道	株洲市上云桥乡	—	船闸	30×7×1	—	1973	—
292	改河山船闸	湖南省	渌水航道	株洲市攸县	—	船闸	30×7×1	—	1976	—
293	新市船闸	湖南省	渌水航道	株洲市攸县	—	船闸	30×7×1	—	1973	—
294	苂市船闸	湖南省	渌水航道	株洲市攸县	—	船闸	30×9×1	—	1974	—
295	酒埠江船闸1	湖南省	渌水航道	株洲市攸县	—	船闸	30×9×1	—	1975	—
296	酒埠江船闸2	湖南省	渌水航道	株洲市攸县	—	船闸	29×9.2×1.5	—	1960	—
297	人工湖船闸	湖南省	渌水航道	株洲市	—	船闸	27.4×4×1.1	—	1960	—
298	西渡河坝船闸	湖南省	蒸水航道	衡阳市西渡河坝	—	船闸	60×12×1.5	—	1958	—
299	向家滩坝船闸	湖南省	邵水航道	邵阳市	—	船闸	60×12.5×1.2	—	1959	—
300	高家桥坝船闸	湖南省	邵水航道	邵阳市	—	船闸	60×12.5×1.2	—	1959	—
301	云水铺坝船闸	湖南省	邵水航道	邵阳市	—	船闸	60×12.5×1.2	—	1959	—
302	王家洲坝船闸	湖南省	邵水航道	邵阳市	—	船闸	60×12.5×1.2	—	1959	—
303	灰仓坝船闸	湖南省	邵水航道	邵阳市邵东县	—	船闸	60×12.5×1.2	—	1959	—
304	封家渡坝船闸	湖南省	邵水航道	邵阳市邵东县	—	船闸	60×12.5×1.2	—	1959	—

续上表

序号	通航建筑物名称	省(区,市)	枢纽所处位置水系/河流	枢纽所在区(县)名称	吨级	通航建筑物 船闸(升船机)	尺度(长×宽×门槛水深,m)	年单向通过能力(万t)	项目建成年份(年)	是否正常使用
305	柿家坝船闸	湖南省	邵水航道	邵阳市邵东县	—	船闸	60×12.5×1.2	—	1959	—
306	马家坝船闸	湖南省	邵水航道	邵阳市邵东县	—	船闸	60×12.5×1.2	—	1959	—
307	田湴坝船闸	湖南省	赧水航道	邵阳市	—	船闸	57×8×1.3	—	1986	—
308	英雄坝船闸	湖南省	赧水航道	邵阳市黄桥镇	—	船闸	38×8×1.2	—	1977	—
309	红光坝船闸	湖南省	赧水航道	邵阳市黄桥镇	—	船闸	40×8×1.2	—	1978	—
310	红旗坝船闸	湖南省	赧水航道	邵阳市黄桥镇	—	船闸	39.5×8×1.2	—	1967	—
311	向阳坝船闸	湖南省	夫夷水航道	邵阳市新宁县	—	船闸	52×10×1.5	—	1971	—
312	东方红坝船闸	湖南省	夫夷水航道	邵阳市新宁县	—	船闸	52×10×1.5	—	1997	—
313	桐梓坝船闸	湖南省	夫夷水航道	邵阳市新宁县	—	船闸	40×9×1.2	—	1966	—
314	天花坝船闸	湖南省	夫夷水航道	邵阳市新宁县	—	船闸	40×9×1.2	—	1966	—
315	黄雅坝船闸	湖南省	檀江航道	邵阳市	—	船闸	30×5×1	—	1964	—
316	檀江坝船闸	湖南省	檀江航道	邵阳市	—	船闸	30×7×1	—	1964	—
317	团结坝船闸	湖南省	平溪水航道	邵阳市	—	船闸	50×10×1.5	—	1973	—
318	胜利坝船闸	湖南省	平溪水航道	邵阳市	—	船闸	50×10×1.5	—	1979	—
319	乌竹园坝船闸	湖南省	平溪水航道	邵阳市	—	船闸	50×10×1.2	—	1975	—
320	黄棠船闸	湖南省	汨罗江航道	岳阳市平江县	—	船闸	50×7×1	—	1986	—
321	大洲滩船闸	湖南省	汨罗江航道	岳阳市平江县	—	船闸	50×8×1	—	1972	—
322	江口船闸	湖南省	汨罗江航道	岳阳市平江县	—	船闸	50×8×1	—	1966	—
323	蔡家港通航船闸	湖南省	北湖干渠航道	岳阳市君山区	—	船闸	26×7×1	—	1963	—
324	六门闸船闸	湖南省	华容河航道	岳阳市华容县	—	船闸	56×8.5×2.5	—	1982	—
325	新泉寺水闸船闸	湖南省	新西航道	岳阳市湘阴县	—	升船机(干运)	8×4×1	—	1999	—

中国内河 通航建筑物

续上表

序号	通航建筑物名称	省(区,市)	枢纽所处位置水系/河流	枢纽所在区(县)名称	吨级	船闸(升船机)	尺度(长×宽×门槛水深,m)	年单向通过能力(万t)	项目建成年份(年)	是否正常使用
326	马家吉船闸	湖南省	沅澧大垸马凌航线航道	常德市	—	船闸	80×8.5×1.5	—	1988	—
327	唐家嘴船闸	湖南省	沅澧大垸马凌航线航道	常德市	—	船闸	80×8.5×1.5	—	1991	—
328	烽火船闸	湖南省	道水航道	常德市临澧县	—	船闸	30×8.4×1	—	1979	—
329	清水船闸	湖南省	道水航道	常德市临澧县	—	船闸	28×8×1	—	1981	—
330	金宝滩船闸	湖南省	道水航道	常德市临澧县	—	船闸	25.4×7.5×1	—	1978	—
331	蒋家嘴船闸	湖南省	汉寿南湖垸主干航道	常德市汉寿县	—	船闸	106×10×1.5	—	1976	—
332	翻水口船闸	湖南省	汉寿南湖垸低排区航道Ⅰ	常德市汉寿县	—	船闸	42×8×1	—	1975	—
333	延泉坝船闸	湖南省	白洋河航道	常德市桃源县	—	船闸	25×9×1.5	—	1974	—
334	栗林坝船闸	湖南省	白洋河航道	常德市桃源县	—	船闸	25×9×1.5	—	1973	—
335	重阳坝船闸	湖南省	白洋河航道	常德市桃源县	—	船闸	25×9×1.5	—	1972	—
336	小畈溪坝船闸	湖南省	白洋河航道	常德市桃源县	—	船闸	25×9×1.5	—	1971	—
337	九溪坝船闸	湖南省	白洋河航道	常德市桃源县	—	船闸	25×9×1.5	—	1978	—
338	竹荆寺船闸	湖南省	志溪河航道	益阳市赫山区	—	船闸	50×10.2×1	—	1960	—
339	北峰山船闸	湖南省	志溪河航道	益阳市赫山区	—	船闸	50×10.2×1	—	1960	—
340	船形山船闸	湖南省	志溪河航道	益阳市赫山区	—	船闸	50×10.1×1	—	1960	—
341	洋溪江船闸	湖南省	志溪河航道	益阳市赫山区	—	船闸	50.3×10.2×1	—	1960	—
342	石笋船闸	湖南省	志溪河航道	益阳市赫山区	—	船闸	50.4×10×1	—	1960	—
343	芭蕉船闸	湖南省	志溪河航道	益阳市赫山区	—	船闸	50.3×10×1	—	1960	—
344	泡子潭船闸	湖南省	志溪河航道	益阳市赫山区	—	船闸	50×10×1	—	1960	—
345	泥江口船闸	湖南省	志溪河航道	益阳市赫山区	—	船闸	50×10×1	—	1960	—
346	石板滩船闸	湖南省	志溪河航道	益阳市赫山区	—	船闸	50.3×10.1×1	—	1960	—

续上表

序号	通航建筑物名称	省(区,市)	枢纽所处位置水系/河流	枢纽所在区(县)名称	通航建筑物 吨级	船闸(升船机)	尺度(长×宽×门槛水深,m)	年单向通过能力(万t)	项目建成年份(年)	是否正常使用
347	鹅公石船闸	湖南省	志溪河航道	益阳市赫山区	—	船闸	50.2×9.9×1	—	1960	—
348	金子滩船闸	湖南省	志溪河航道	益阳市桃江县	—	船闸	50×10×1	—	1960	—
349	茅麦坨船闸	湖南省	志溪河航道	益阳市桃江县	—	船闸	50×10×1	—	1960	—
350	毛家坝船闸	湖南省	志溪河航道	益阳市桃江县	—	船闸	50×10×1	—	1960	—
351	南峰山船闸	湖南省	志溪河航道	益阳市桃江县	—	船闸	50.2×10×1	—	1960	—
352	石板塘船闸	湖南省	志溪河航道	益阳市桃江县	—	船闸	50×10×1	—	1960	—
353	上游坝船闸	湖南省	志溪河航道	益阳市桃江县	—	船闸	50.2×10×1	—	1960	—
354	沱江下坝船闸	湖南省	沱江航道	益阳市南县	—	船闸	80.2×7.6×1.5	—	2002	—
355	茅草街船闸	湖南省	南茅运河航道	益阳市南县	—	船闸	75×10×1.5	—	1979	—
356	南洲泄水北闸船闸	湖南省	南茅运河航道	益阳市南县	—	船闸	75×8×1.5	—	1995	—
357	向阳闸船闸	湖南省	尼姑湖航道	益阳市南湾湖	—	船闸	40.8×7×1.5	—	1973	—
358	五港子船闸	湖南省	瓦冈湖航道	益阳市大通湖区	—	船闸	38×7×3.5	—	1970	—
359	黄茅洲船闸	湖南省	大通湖航道Ⅰ	益阳市	—	船闸	150×8×1.5	—	1999	—
360	阳罗船闸	湖南省	大通湖航道Ⅰ	益阳市	—	船闸	60×10×1.5	—	1979	—
361	南津渡升船机	湖南省	潇水航道	永州市南津渡	—	升船机(干运)	15×4	—	2002	—
362	双牌船闸	湖南省	潇水航道	永州市	—	船闸	56×8×2	—	1991	—
363	道县陆洲坝水轮泵船闸	湖南省	潇水航道	永州市道县	—	船闸	27×6×1	—	1969	—
364	道县向阳坝船闸	湖南省	潇水航道	永州市道县	—	船闸	27×6×1	—	1962	—
365	晏家田大坝船闸	湖南省	潇水航道	永州市岑天河	—	船闸	27×6×1	—	1969	—
366	大林江船闸	湖南省	潇水航道	永州市大林江	—	船闸	27×6×1	—	1970	—
367	新屋地闸坝船闸	湖南省	冷水航道	永州市	—	船闸	28×8×1	—	1973	—

中国内河 通航建筑物

续上表

序号	通航建筑物名称	省（区、市）	枢纽所处位置水系/河流	枢纽所在区（县）名称	吨级	通航建筑物		年单向通过能力（万t）	项目建成年份（年）	是否正常使用
						船闸（升船机）	尺度（长×宽×门槛水深,m）			
368	螺蛳滩闸坝船闸	湖南省	冷水航道	永州市	—	船闸	38×8×1	—	1979	—
369	油乡闸坝船闸	湖南省	冷水航道	永州市	—	船闸	28×8×1	—	1974	—
370	刘家坝闸坝船闸	湖南省	冷水航道	永州市	—	船闸	28×8×1	—	1974	—
371	腰滩闸坝船闸	湖南省	冷水航道	永州市	—	船闸	28×8×1	—	1974	—
372	曹家滩闸坝船闸	湖南省	冷水航道	永州市	—	船闸	28×8×1	—	1968	—
373	枫木坝闸坝船闸	湖南省	冷水航道	永州市	—	船闸	26×7×1	—	1973	—
374	仁山庙闸坝船闸	湖南省	冷水航道	永州市	—	船闸	28×8×1	—	—	—
375	螺丝塘升船机	湖南省	渠水航道	怀化市螺丝塘	—	升船机（干运）	18×4.5×1.5	—	1979	—
376	红岩升船机	湖南省	舞水航道	怀化市鹤城区	—	船闸	50×9×1.2	—	1978	—
377	水口船闸	福建省	闽江干流航道	闽清县	500	船闸	135×12×2.5	200	1998	是
378	水口升船机	福建省	闽江干流航道	闽清县	500	升船机	124×12×2.5	200	2003	是
379	水口坝下工程船闸	福建省	闽江干流航道	闽清县	500	船闸	193×23×4	200	2015年8月开工在建	否
380	东方红电站拦河坝闸船闸	福建省	大樟溪航道	永泰县	10	船闸	100×8×1.0	—	1975	否（水闸）
381	东风电站拦河坝闸船闸	福建省	大樟溪航道	永泰县	10	船闸	135×8×1.2	—	1973	否（水闸）
382	营前港船闸	福建省	营前港航道	长乐区	20	船闸	92.5×8.5×5.0	—	1973	否（水闸）
383	洋屿港船闸	福建省	长乐港航道	长乐区	100	船闸	90×10×5.0	—	1993	否（水闸）
384	长限三门闸船闸	福建省	莲柄港航道	长乐区	20	船闸	11.4×3.8×3	—	1952	否（水闸）
385	朝阳阁闸船闸	福建省	莲柄港航道	长乐区	20	船闸	/×6.5×3	—	1973	否（水闸）

续上表

序号	通航建筑物名称	省(区,市)	枢纽所处位置水系/河流	枢纽所在区(县)名称	吨级	船闸(升船机)	尺度(长×宽×门槛水深,m)	年单向通过能力(万t)	项目建成年份(年)	是否正常使用
386	十八孔闸船闸	福建省	文武砂—白眉航道	长乐区	20	船闸	72×4×2	—	1957	否(水闸)
387	五门闸船闸	福建省	五门闸—北山航道	长乐区	20	船闸	11.5×11.5×5	—	1955	否(水闸)
388	金鸡拦河闸船闸	福建省	晋江干流航道	南安市	30	船闸	50×10×1.2	—	1967	否(水闸)
389	北溪引水工程桥闸船闸	福建省	九龙江北溪航道	龙文区	100	船闸	100×12×2.3	10	1980	是(水闸)
390	西溪桥闸船闸	福建省	九龙江西溪航道	龙文区	20	船闸	74×8×1.2	4	1970	是(水闸)
391	漳江水闸船闸	福建省	漳江航道	云霄	30	船闸	35×11.2×1.2	10	1963	是(水闸)
392	回龙船闸	福建省	汀江航道	长汀县	5	船闸	45×11×1.2	—	1969	否
393	宫蟹船闸	福建省	沙溪干流航道	沙县	300	船闸	130×12×2.5	307	1997	否(正在开展船闸技改工程)
394	高砂船闸	福建省	沙溪干流航道	沙县	300	船闸	130×12×2.5	316.4	1997	否(正在开展船闸技改工程)
395	沙县城关船闸	福建省	沙溪干流航道	沙县	300	船闸	97×12×2	307	2000	否(正在开展船闸技改工程)
396	斑竹船闸	福建省	沙溪干流航道	梅列区	300	船闸	130×12×2	307	1998	否(正在开展船闸技改工程)
397	尤溪县半山船闸	福建省	沙溪干流航道	尤溪县	30	船闸	60×12×1.3	4	1980	否
398	沙溪口船闸	福建省	沙溪干流航道	延平区	300	船闸	130×12×2.5	100	1994	否(2020年6月完成技改,尚未启用)

中国内河通航建筑物

续上表

序号	通航建筑物名称	省(区、市)	枢纽所处位置水系/河流	枢纽所在区(县)名称	吨级	船闸(升船机)	尺度(长×宽×门槛水深,m)	年单向通过能力(万t)	项目建成年份(年)	是否正常使用
399	万安一线船闸	江西省	赣江	吉安市万安县	500	船闸	175×14×2.5	265	1989	是
400	万安二线船闸	江西省	赣江	吉安市万安县	1000	船闸	180×23×4.5	988	2018年12月开工在建	否
401	井冈山船闸	江西省	赣江	吉安市万安县	1000	船闸	180×23×3.5	946	2017年8月开工在建	否
402	石虎塘船闸	江西省	赣江	吉安市泰和县	1000	船闸	180×23×3.5	880	2012	是
403	峡江船闸	江西省	赣江	吉安市峡江县	1000	船闸	180×23×3.5	1491	2013	是
404	新干船闸	江西省	赣江	吉安市新干县	1000	船闸	230×23×3.5	1802	2019	是
405	龙头山船闸	江西省	赣江	丰城市	1000	船闸	230×23×3.5	1617	2019	是
406	于都峡山船闸	江西省	贡江	赣州市于都县	300	船闸	120×16×2.5	—	2013	是(因下游引航道枯水期水位浅,间断运行)
407	于都跃洲船闸	江西省	贡江	赣州市于都县	300	船闸	104×12×2.5	—	2012	是(因下游引航道枯水期水位浅,间断运行)
408	章江八镜湖橡胶坝船闸	江西省	章江	赣州市章贡区	50	船闸	70×8×1.2	15	2002	是
409	章江水轮泵站船闸	江西省	章江	赣州市章贡区	15	船闸	35×11×1.2	4.5	1996	否(已废弃)
410	新街升船机	江西省	梅江	赣州市宁都县	15	升船机	—	—	1989	否(已废弃)
411	马滩船闸	江西省	袁河	宜春市袁州区	50	船闸	20×7×0.7	—	1968	否(已废弃)
412	化成岩船闸	江西省	袁河	宜春市袁州区	50	船闸	70×10×1.2	—	1989	否(已废弃)

续上表

序号	通航建筑物名称	省(区,市)	枢纽所处位置水系/河流	枢纽所在区(县)名称	通航建筑物					项目建成年份(年)	是否正常使用
					吨级	船闸(升船机)	尺度(长×宽×门槛水深,m)	年单向通过能力(万t)			
413	英山船闸	江西省	抚河	南昌市进贤县	25	船闸	40×7×1.5	—	1959	是(区间零星小船偶尔使用)
414	军山湖船闸	江西省	抚河	南昌市进贤县	30	船闸	46×6.2×1.5	—	1995	是(区间零星小船偶尔使用)
415	柴埠口船闸	江西省	抚河	南昌市进贤县	100	船闸	65×12×1.5	50	1959	是(区间零星小船偶尔使用)
416	玉茗橡胶坝船闸	江西省	抚河	抚州市临川区	30	船闸	50×8×1.0	—	2006	否(已停用)
417	沙坪船闸	江西省	抚河	抚州市南城县	30	船闸	60×6.5×1.0	—	1979	否(已停用)
418	市汊船闸	江西省	赣抚运渠	南昌县	100	船闸	107×8×1.5	100	1970	否(已停用)
419	东方红船闸	江西省	赣抚运渠	南昌县	100	船闸	75×10×1.5	100	1963	否(已停用)
420	柘林湖升船机	江西省	修河	九江市永修县	50	升船机	22×6.8	—	1972	是(仅供公务船使用)
421	八字嘴航电枢纽虎山嘴船闸	江西省	信江东大河	上饶市余干县	1000	船闸	180×23×4.5	1508	2017年12月开工在建	否
422	八字嘴航电枢纽貊皮岭船闸	江西省	信江西大河	上饶市余干县	1000	船闸	180×23×3.5	1508	2020年9月开工在建	否

续上表

序号	通航建筑物名称	省（区、市）	枢纽所处位置水系/河流	枢纽所在区（县）名称	吨级	船闸（升船机）	尺度（长×宽×门槛水深,m）	年单向通过能力（万t）	项目建成年份（年）	是否正常使用
423	双港船闸	江西省	信江东大河	上饶市鄱阳县	2000	船闸	230×23×4.5	1916	2017年12月开工在建	否
424	界牌船闸	江西省	信江	上饶市	1000	船闸	180×23×4.5	1519	2018年11月开工在建	否
425	鱼山船闸	江西省	昌江河	景德镇市昌江区	300	船闸	135×12×2.5	172	1987	是（已鉴定为三类建筑物，正进行除险加固前期工作）
426	凰岗船闸	江西省	昌江	上饶市鄱阳县凰岗镇	300	船闸	135×12×2.5	172	1991	是（已鉴定为三类建筑物，降标准运行，计划拆除重建）
427	红旗坝船闸	江西省	信江	上饶市弋阳县	8	船闸	65×6×0.3	—	1971	否（已废弃）
428	九牛滩水轮泵站船闸	江西省	信江	贵溪市	8	船闸	66×6×1.5	—	1971	否（已废弃）
429	十亩船闸	江西省	信江三塘河	上饶市余干县	20	船闸	50.66×4.5×1.27	2	1997	否（已废弃）
430	八里湾船闸	山东省	京杭运河/柳长河	泰安市东平县	2000	船闸	230×23×5	2440	2015	是
431	邓楼船闸	山东省	京杭运河/柳长河	济宁市梁山县	2000	船闸	230×23×5	2200	2015	是
432	长沟船闸	山东省	京杭运河/梁济运河	济宁市任城区	2000	船闸	230×23×5	2200	2016	是

续上表

序号	通航建筑物名称	省(区、市)	枢纽所处位置水系/河流	枢纽所在区(县)名称	通航建筑物					是否正常使用
					吨级	船闸(升船机)	尺度(长×宽×门槛水深, m)	年单向通过能力(万t)	项目建成年份(年)	
433	微山一线船闸	山东省	京杭运河/南四湖	济宁市微山县	2000	船闸	230×23×5	2300	2018	是
434	微山二线船闸	山东省	京杭运河/南四湖	济宁市微山县	2000	船闸	230×23×5	2300	2007	是
435	韩庄一线船闸	山东省	京杭运河/韩庄老运河	济宁市微山县	2000	船闸	230×23×5	2600	—	是
436	韩庄二线船闸	山东省	京杭运河/韩庄老运河	济宁市微山县	2000	船闸	230×23×5	2900	2000	是
437	韩庄三线(复线)船闸	山东省	京杭运河/韩庄老运河	济宁市微山县	2000	船闸	230×23×5	2900	2020	是
438	万年闸一线船闸	山东省	京杭运河/韩庄运河	枣庄市台儿庄区	2000	船闸	230×23×5	2600	1999	是
439	万年闸二线船闸	山东省	京杭运河/韩庄运河	枣庄市台儿庄区	2000	船闸	230×23×5	2900	2019	是
440	台儿庄一线船闸	山东省	京杭运河/韩庄运河	枣庄市台儿庄区	2000	船闸	230×23×5	2100	—	是
441	台儿庄二线船闸	山东省	京杭运河/韩庄运河	枣庄市台儿庄区	2000	船闸	230×23×5	2100	1995	是
442	台儿庄三线船闸	山东省	京杭运河/韩庄运河	枣庄市台儿庄区	2000	船闸	230×23×5	2200	2010	是
443	嘉祥船闸	山东省	京杭运河/洙水河	济宁市嘉祥县	500	船闸	230×23×4	1960	1962	是
444	刘庄船闸	山东省	京杭运河/伊家河	枣庄市	100	船闸	120×12×2.2	200	1971	否(已废弃)
445	柴庄船闸	山东省	小清河	济南市章丘区	100	船闸	130×11×1.7	300	1968	否(已废弃)
446	水牛韩船闸	山东省	小清河	滨州市邹平县	100	船闸	130×11×1.7	300	1968	否(已废弃)
447	金家堰船闸	山东省	小清河	淄博市桓台县	100	船闸	130×11×1.7	300	1968	否(已废弃)
448	金家桥船闸	山东省	小清河	滨州市博兴县	100	船闸	130×11×1.7	300	1968	否(已废弃)
449	沈丘一线船闸	河南省	淮河水系/沙颍河	沈丘县	300	船闸	130×12×2.5	380	2011	是

755

续上表

序号	通航建筑物名称	省（区、市）	枢纽所处位置水系/河流	枢纽所在区（县）名称	吨级	船闸（升船机）	尺度（长×宽×门槛水深，m）	年单向通过能力（万t）	项目建成年份（年）	是否正常使用
450	沈丘二线船闸	河南省	淮河水系/沙颍河	沈丘县	500	船闸	230×23×3.5	1646	2019年开工在建	否
451	郑埠口一线船闸	河南省	淮河水系/沙颍河	项城市	300	船闸	130×12×2.5	380	1998	是
452	郑埠口二线船闸	河南省	淮河水系/沙颍河	项城市	1000	船闸	240×23×4.0	1430	2019年开工在建	否
453	周口船闸	河南省	淮河水系/沙颍河	川汇区	500	船闸	120×12×3.2	459	2017	是
454	葫芦湾船闸	河南省	淮河水系/沙颍河	商水县	500	船闸	120×12×3.2	432	2017	是
455	大路李船闸	河南省	淮河水系/沙颍河	商水县	500	船闸	120×12×3.2	442	2017	是
456	漯河船闸	河南省	淮河水系/沙颍河	郾城区	500	船闸	120×18×3.5	975	2015年开工在建	否
457	马湾船闸	河南省	淮河水系/沙颍河	周口市	500	船闸	120×18×3.5	975	2015年开工在建	—
458	西陂船闸	河南省	淮河水系/沙颍河	周口市	500	船闸	120×18×3.5	975	2015年开工在建	—
459	张坂桥船闸	河南省	淮河水系/沱浍河	永城市	500	船闸	130×12×3.0	420	在建	—
460	张桥船闸	河南省	淮河水系/沱浍河	永城市	500	船闸	130×12×3.0	420	未开工	—
461	黄口船闸	河南省	淮河水系/沱浍河	永城市	500	船闸	120×12×3	420	预计2021年建成	否
462	大青沟船闸	河南省	淮河水系/沱浍河	永城市	500	船闸	120×12×3	420	2019	是
463	玄武船闸	河南省	淮河水系/涡河	永城市	500	船闸	120×12×3	420	2014	是
464	三峡船闸	湖北省	长江干流	宜昌市	3000	双线五级船闸	280×34×5	5000	2007	是

续上表

序号	通航建筑物名称	省(区、市)	枢纽所处位置水系/河流	枢纽所在区(县)名称	吨级	船闸(升船机)	尺度(长×宽×门槛水深,m)	年单向通过能力(万t)	项目建成年份(年)	是否正常使用
465	三峡升船机	湖北省	长江干流	宜昌市	3000	升船机	132×23.4×10	600	2016	是
466	葛洲坝一号船闸	湖北省	长江干流	宜昌市	3000	船闸	280×34×5.5	3线合计5000	1988	是
467	葛洲坝二号船闸	湖北省	长江干流	宜昌市	3000	船闸	280×34×5.0		1981	是
468	葛洲坝三号船闸	湖北省	长江干流	宜昌市	3000	船闸	120×18×3.5		1981	是
469	兴隆船闸	湖北省	长江水系/汉江	潜江市	1000	船闸	180×23×3.5	566.5	2013	是
470	碾盘山船闸	湖北省	长江水系/汉江	荆门市钟祥市	1000	船闸	200×23×4.0	近期(2025年)692万t/年,远期(2050年)895万t/年	2018年6月开工在建	否
471	雅口船闸	湖北省	长江水系/汉江	襄阳市宜城市	1000	船闸	180×23×3.5	1122	2020	是
472	崔家营船闸	湖北省	长江水系/汉江	襄阳市襄城区	1000	船闸	180×23×3.5	768	2009	是
473	新集船闸	湖北省	长江水系/汉江	襄阳市襄城区	1000	船闸	180×23×3.5	706.6	在建	否
474	王甫洲船闸	湖北省	长江水系/汉江	襄阳市老河口市	300	船闸	120×12×2.5	280	1999	是
475	丹江口升船机	湖北省	长江水系/汉江	十堰市丹江口市	300	升船机	干运 34×10.2,湿运 28×10.2×1.4	—	2003	是(很少使用)
476	孤山船闸	湖北省	长江水系/汉江	十堰市郧西县	500	船闸	120×23×3	单向近期256.6万t/年,远期373.3万t/年	2018年1月开工在建	否

续上表

序号	通航建筑物名称	省(区,市)	枢纽所处位置水系/河流	枢纽所在区(县)名称	吨级	船闸(升船机)	尺度(长×宽×门槛水深,m)	年单向通过能力(万t)	项目建成年份(年)	是否正常使用
477	夹河(白河)船闸	湖北省	长江水系/汉江	十堰市郧西县	500	船闸(升船机)	120×12×3	200	2016年开工在建	否
478	龙口皖船闸	湖北省	长江水系/江汉运河	湖北省荆州市	1000	船闸	180×23×3.5	921	2009	是
479	高石碑船闸	湖北省	长江水系/江汉运河	湖北省荆州市	1000	船闸	180×23×3.5	986	2013	是
480	高坝洲船闸	湖北省	长江水系/清江	宜昌市宜都市	300	升船机	42×10.2×1.7	62	2009	否(已停用)
481	隔河岩船闸	湖北省	长江水系/清江	宜昌市长阳县	300	升船机	42×10.2×1.7	86	2009	否(已停用)
482	新滩口船闸	湖北省	长江水系/内荆河航道	荆州市洪湖市	300	船闸	140×12×2.0	60.6	1960	否(已停用)
483	洪湖船闸	湖北省	长江水系/内荆河航道	荆州市洪湖市	300	船闸	140×12×2.0	70	1977	否(已停用)
484	福田寺船闸	湖北省	长江水系/内荆河航道	荆州市监利县	300	船闸	140×12×2.5	70	1983	是
485	习家口船闸	湖北省	长江水系/内荆河航道	荆州市江陵县	300	船闸	130×12×2.5	34.5	1988	否(已停用)
486	螺山船闸	湖北省	长江水系/螺山干渠航道	荆州市洪湖市	300	船闸	120×12×2.5	139.2	2000	是
487	宜子口一线船闸	湖北省	长江水系/螺山干渠航道	荆州市洪湖市	100	船闸	100×8×1.5	24	1985	否(已停用)
488	宜子口二线船闸	湖北省	长江水系/螺山干渠航道	荆州市洪湖市	300	船闸	100×12×2.5	296	2005	是

续上表

序号	通航建筑物名称	省(区、市)	枢纽所处位置水系/河流	枢纽所在区(县)名称	吨级	通航建筑物 船闸(升船机)	尺度(长×宽×门槛水深,m)	年单向通过能力(万t)	项目建成年份(年)	是否正常使用
489	小港船闸	湖北省	长江水系/老内荆河航道	荆州市洪湖市	100	船闸	111.7×7.6×1.0	15	1971	否(已停用)
490	下新河船闸	湖北省	长江水系/下新河航道	荆州市洪湖市	100	船闸	80×8×1.5	9.65	1989	否(已停用)
491	徐李船闸	湖北省	长江水系/四湖东干渠航道	潜江市	100	船闸	80×8×1.5	59	1989	否(已停用)
492	高场船闸	湖北省	长江水系/四湖东干渠航道	潜江市	100	船闸	77.5×8×1.5	59	1996	否(已停用)
493	刘岭船闸	湖北省	长江水系/田关渠航道	潜江市	100	船闸	100×7.3×2.0	59	1966	否(已停用)
494	天门船闸	湖北省	长江水系/北支河航道	天门市	100	船闸	60×8×1.4	10	1971	否(已停用)
495	新沟船闸	湖北省	长江水系/汉北河航道	湖北省汉川市	500	船闸	180×16×3.5	近期279.9万t/年,远期373.2万t/年	2015年12月开工在建	否
496	东山头船闸	湖北省	长江水系/沧河航道	孝感市	200	船闸	80×10×1.7	35	1996	否(已停用)
497	安陆解放山船闸	湖北省	长江水系/府河航道	孝感市安陆市	100	船闸	70×8×1.2	30	1988	否(已停用)
498	沉湖船闸	湖北省	长江水系/沉湖干渠航道	孝感市汉川市	30	船闸	22.74×6.8×1.7	5	1970	否(已停用)
499	肖李湾船闸	湖北省	长江水系/老府河航道	孝感市云梦县	50	船闸	32×6×2.0	26	1969	否(已拆除)

续上表

序号	通航建筑物名称	省(区、市)	枢纽所处位置水系/河流	枢纽所在区(县)名称	吨级	船闸(升船机)	尺度(长×宽×门槛水深,m)	年单向通过能力(万t)	项目建成年份(年)	是否正常使用
500	护镇船闸	湖北省	长江水系/老府河航道	孝感市	100	船闸	47.5×6.5×2.3	41	1979	否(已拆除)
501	鲢鱼地船闸	湖北省	长江水系/老澴河航道	孝感市	100	船闸	100×8×2.0	29.6	1993	否(已停用)
502	汉川泵站船闸	湖北省	长江水系/东干渠航道	孝感市汉川市	100	船闸	50×8×1.5	12	1974	否(已停用)
503	民乐船闸	湖北省	长江水系/东干渠航道	孝感市汉川市	100	船闸	70×8×1.5	46	1984	否(已停用)
504	肖家湾船闸	湖北省	长江水系/通顺河航道	武汉市蔡甸区	200	船闸	62.4×10×2.0	40	1967	否(已停用)
505	新河口船闸	湖北省	金水航道	武汉市江夏区	100	船闸	80×8×1.5	30	1974	否(已停用)
506	挖口船闸	湖北省	长江水系/索子长河航道	武汉市蔡甸区	50	船闸	40×7×1.2	15	1978	否(已停用)
507	江嘴船闸	湖北省	长江水系/滠水航道	武汉市黄陂区	300	船闸	120×12×2.0	165	—	否(停建)
508	龙口船闸	湖北省	长江水系/倒水航道	武汉市新洲区	200	船闸	140×12×2.5	144	—	否(停建)
509	新城船闸	湖北省	长江水系/江汉航线习新段	荆门市沙洋县	300	船闸	120×12×2.5	275	2001	否(已停用)
510	鲁店船闸	湖北省	长江水系/江汉航线习新段	荆门市沙洋县	300	船闸	120×12×2.0	139	2002	否(已停用)
511	后港船闸	湖北省	长江水系/江汉航线	荆门市沙洋县	300	船闸	120×12×2.5	—	2014	否(已停用)

续上表

序号	通航建筑物名称	省(区,市)	枢纽所处位置水系/河流	枢纽所在区(县)名称	通航建筑物					项目建成年份(年)	是否正常使用
					吨级	船闸(升船机)	尺度(长×宽×门槛水深,m)	年单向通过能力(万t)			
512	西荆河船闸	湖北省	长江水系/江汉航线(西荆河航道)	荆门市沙洋县	300	船闸	120×12×2.5	—		2014	否(已停用)
513	砣湖墩船闸	湖北省	长江水系/华阳河—广济内河	黄冈市黄梅县	50	船闸	65×6×1.5	20		1980	否(已停用)
514	董司牌船闸	湖北省	长江水系/华阳河—广济内河	黄冈市武穴市	100	船闸	80×8×1.5	31		1991	否(已停用)
515	官桥船闸	湖北省	长江水系/华阳河—广济内河	黄冈市武穴市	100	船闸	80×8×1.5	31		1989	否(已停用)
516	小港口船闸	湖北省	长江水系/华阳河—广济内河	黄冈市武穴市	50	船闸	60×6×1.0	25		1986	否(已停用)
517	崇阳四级电站船闸	湖北省	长江水系/黄梅河航道	咸宁市崇阳县	100	船闸	55×8×1.5	50		1983	否(已停用)
518	陆水桂家畈枢纽升船机	湖北省	长江水系/陆水航道	咸宁市赤壁市	20	升船机	16×5	6		1967	否(已停用)
519	赤壁节堤航电枢纽	湖北省	长江水系/陆水航道	咸宁市赤壁市	500	船闸	180×23×3	665.9		2017	是
520	富水大坝升船机	湖北省	长江水系/富水航道	黄石市阳新县	30	升船机	16×6	8		1962	否(已停用)
521	富池口船闸	湖北省	长江水系/富水航道	黄石市阳新县	100	船闸	85×7×1.5	16		1967	否(已停用)
522	回顾船闸	湖北省	长江水系/大冶湖航道	黄石市大冶市	200	船闸	100×9×2.0	24		1998	否(已停用)

续上表

序号	通航建筑物名称	省(区,市)	枢纽所处位置水系/河流	枢纽所在区(县)名称	吨级	船闸(升船机)	尺度(长×宽×门槛水深,m)	年单向通过能力(万t)	项目建成年份(年)	是否正常使用
523	樊口船闸	湖北省	长江水系/梁子湖干流航道	鄂州市	200	船闸	80×10×1.5	25	1970	是
524	磨刀矶船闸	湖北省	长江水系/梁子湖干流航道	鄂州市	100	船闸	80×10×2.0	28	1978	是
525	黄龙滩升船机	湖北省	长江水系,堵河航道	十堰市	30	升船机	15.2×5.5	3.6	1974	否(已停用)
526	枕头寨船闸	广东省	东江	龙川县	300	船闸	12×12×2.5	—	1971	否(船闸正在技术改造)
527	牛陂大坝船闸	广东省	绥江	广宁县	100	船闸	80×14×2	—	1972	是
528	白石窑二线船闸	广东省	北江	清远英德市	1000	船闸	220×23×4.5	—	2019	是
529	飞来峡二线船闸	广东省	北江	清远市清城区	1000	船闸	220×34×4.5	—	2019	是
530	飞来峡三线船闸	广东省	北江	清远市清城区	1000	船闸	220×34×4.5	—	2019	是
531	清远二线船闸	广东省	北江	清远市清新区	1000	船闸	220×34×4.5	—	2019	是
532	黄茅峡船闸	广东省	连江	清远英德市	100	船闸	180×11.6×4.5	—	1973	是
533	赤洲船闸	广东省	惠城运河	惠来县	10	船闸	48×6×2.5	—	1974	是
534	联石湾船闸	广东省	前山水道	中山市	1000	船闸	166×16×4.5	—	2020	是(试运营)
535	石角嘴船闸	广东省	前山水道	珠海市湾仔镇	500	船闸	124×14×3	—	1975	否(由于边防原因不通航,市政府计划重建)

续上表

序号	通航建筑物名称	省(区,市)	枢纽所处位置水系/河流	枢纽所在区(县)名称	吨级	船闸(升船机)	尺度(长×宽×门槛水深,m)	年单向通过能力(万t)	项目建成年份(年)	是否正常使用
536	乌石船闸	广东省	小东江	茂名市茂南区	50	船闸	100×10×1.2	—	1964	否(已封航)
537	东江口船闸	广东省	小东江	茂名市茂南区	50	船闸	100×10×1.2	—	1960	否(已封航)
538	宋桂大坝船闸	广东省	罗定江	宋桂镇河背村石子排	35	船闸	53×11.5×0.35	—	1968	否(已封航)
539	大湾大坝船闸	广东省	罗定江	大湾镇狮子头	—	船闸	53×11.5×0.6	—	1972	否(已封航)
540	河口大坝船闸	广东省	罗定江	郁南县	无	船闸	53×11.2×0.8	—	1969	否(已封航,电站已拆除,拦河坝已拆除,船闸未拆除)
541	界滩船闸	广东省	连江	清远市阳山县	100	船闸	150×11.6×3.65	—	1961	是
542	黄牛船闸	广东省	连江	清远市阳山县	100	船闸	150×11.6×4.0	—	1962	是
543	黄燕船闸	广东省	连江	清远市阳山县	100	船闸	150×11.6×6.5	—	1961	是
544	花溪船闸	广东省	连江	清远市阳山县	100	船闸	150×11.6×4.5	—	1972	是
545	较剪陂船闸	广东省	连江	清远市阳山县	100	船闸	150×11.6×4.3	—	1971	是
546	菁莲船闸	广东省	连江	清远市阳山县	100	船闸	150×12×4.5	—	1972	是
547	菁霜船闸	广东省	连江	清远市阳山县	100	船闸	180×11.6×5.0	—	1971	是
548	蓑衣滩船闸	广东省	连江	清远市英德市	100	船闸	180×11.6×6.1	—	1975	是
549	架桥石船闸	广东省	连江	清远市英德市	100	船闸	180×11.6×4.6	—	1971	是

续上表

序号	通航建筑物名称	省（区、市）	枢纽所处位置水系/河流	枢纽所在区（县）名称	吨级	船闸（升船机）	尺度（长×宽×门槛水深，m）	年单向通过能力（万t）	项目建成年份（年）	是否正常使用
550	西牛船闸	广东省	连江	英德市	100	船闸	140×16×2.2	—	2014	是
551	惠州东江船闸	广东省	东江	惠州市惠城区	500	船闸	120×16×3	—	2007	是
552	沥口船闸	广东省	东江	紫金县古竹镇	300	船闸	120×16×2.5	—	在建	否
553	凤光船闸	广东省	东江	紫金县临江镇	300	船闸	120×16×2.5	—	2012	是
554	木京船闸	广东省	东江	东源县仙塘镇	100	船闸	100×14×2.3	—	2002	是
555	黄田船闸	广东省	东江	东源县义合镇	300	船闸	120×12×2.5	—	在建	否
556	蓝口船闸	广东省	东江	东源县蓝口镇	300	船闸	120×12×2.5	—	在建	否
557	柳城船闸	广东省	东江	东源县柳城镇	300	船闸	120×12×2.5	—	在建	否
558	苏雷坝船闸	广东省	东江	龙川县老隆镇	300	船闸	120×12×2.5	—	在建	否
559	罗营口船闸	广东省	东江	和平县东水镇	300	船闸	120×12×2.5	—	在建	否（船闸引航道整改工程没完成）
560	稔坑船闸	广东省	东江	龙川县黄石镇	300	船闸	120×12×2.5	—	在建	否（船闸引航道正在实施疏浚）
561	龙譚船闸	广东省	东江	龙川县黎嘴镇	50	船闸	80×8×1.5	—	在建	否（船闸引航道正在实施疏浚）
562	西枝江船闸	广东省	西枝江	惠州市惠东县	50	船闸	80×8×1.3	—	2010	否（船闸已改建好，通航配套设施未完善）

续上表

序号	通航建筑物名称	省（区，市）	枢纽所处位置水系/河流	枢纽所在区（县）名称	吨级	船闸（升船机）	尺度（长×宽×门槛水深,m）	年单向通过能力（万t）	项目建成年份（年）	是否正常使用
563	西溪水闸船闸	广东省	黄江	海丰县附城镇	100	船闸	80×8×3	—	拆除重建	否（船闸已改建好，通航配套设施未完善）
564	大液河水闸船闸	广东省	大液河	海丰县联安镇	50	船闸	80×8×1.3	—	拆除重建	否（船闸已改建好，通航配套设施未完善）
565	乌坎水闸船闸	广东省	长东河	陆丰市东海镇	50	船闸（缓建）	100×8×1.5	—	2012	否（建设单位未落实资金建设通航船闸）
566	江口大坝船闸	广东省	贺江	封开县江口镇	100	船闸	110×13×1.8	—	1998	是
567	桂坑电站船闸（白垢大坝电站）	广东省	贺江	封开县白垢镇	50	船闸	84×12.4×2.4	—	1971（桂坑），1984（白垢）	是
568	都平大坝船闸	广东省	贺江	封开县都平镇	100	船闸	110×13×1.8	—	1993	是
569	民华大坝船闸	广东省	贺江	封开县南丰镇	50	船闸	35×13×3	—	1971	是
570	东安江大坝船闸	广东省	东安江	封开县大洲镇	50	船闸	26.9×10.1×1.5	—	1976	是
571	马房大坝船闸	广东省	绥江	四会市	100	船闸	80×14×2.5	—	2006	是
572	白沙大坝船闸	广东省	绥江	四会市	100	船闸	80×14×2.1	—	1995	是
573	春水大坝船闸	广东省	绥江	广宁县南街镇	100	船闸	80×14×2.1	—	2005	是
574	东乡大坝船闸	广东省	绥江	广宁县	100	船闸	80×14×2.1	—	2006	是

续上表

序号	通航建筑物名称	省（区、市）	枢纽所处位置水系/河流	枢纽所在区（县）名称	吨级	船闸（升船机）	尺度（长×宽×门槛水深，m）	年单向通过能力（万t）	项目建成年份（年）	是否正常使用
575	莫湖大坝船闸	广东省	绥江	怀集县坳仔镇	100	船闸	100×8.5×2.6	—	2013	否
576	南江口大坝船闸	广东省	罗定江	南江口镇	100	船闸	70×12×2.2	—	2012	在建
577	双东大坝船闸	广东省	罗定江	双东镇	50	船闸	54×11.5×1.5	—	1991	否（改建未通航）
578	沧江船闸	广东省	高明河	佛山市高明区	100	船闸	65×10×1.8	—	1973	否（存在隐患，拟于近期重建）
579	白石窑一线船闸	广东省	北江	清远市英德市	1000	船闸	220×23×4.5	—	2021	否（白石窑一线船闸正在拆除重建，计划2021年完工）
580	飞来峡一线船闸	广东省	北江	清远清城区	500	船闸	190×16×3	—	1999（枢纽拦河坝）	是
581	清远一线船闸	广东省	北江	清远市清新区	1000	船闸	180×23×4.5	—	2012（枢纽拦河坝）	是
582	西溪船闸	广东省	韩江	潮州市	300	船闸	190×14×3	—	2005	是
583	梅溪船闸	广东省	韩江	金平区护堤路	300	船闸	120×23×1.6	—	2002	是
584	前溪船闸	广东省	棉城河	潮阳区	100	船闸	120×12×1.6	—	—	在建
585	后溪船闸	广东省	棉城河	潮阳区	100	船闸	120×12×1.6	—	—	在建
586	海门湾船闸	广东省	练江	潮阳区海门镇	300	船闸	120×12×3.2	—	—	在建
587	练江（同盂）船闸	广东省	练江	潮阳区铜盂镇	100	船闸	100×12×1.8	—	—	在建

续上表

序号	通航建筑物名称	省(区、市)	枢纽所处位置水系、河流	枢纽所在区(县)名称	吨级	船闸(升船机)	尺度(长×宽×门槛水深,m)	年单向通过能力(万t)	项目建成年份(年)	是否正常使用
588	红山船闸	广东省	新愬公楼	潮州市饶平县	50	船闸	8.2×7×3.5	—	1971	否
589	高沙船闸	广东省	新愬公楼	潮州市饶平县	50	船闸	9.2×7.5×4.5	—	1971	否
590	南溪船闸	广东省	东里河	汕头市澄海区	50	船闸	68×8×1.3	—	1964	否
591	东里船闸	广东省	东里河	汕头市澄海区	300	船闸	100×12×2.5	—	2007	否
592	蓬洞河闸船闸	广东省	蓬洞运河	汕头市澄海区	300	船闸	120×16×2.5	—	2019	是
593	榕江北河船闸	广东省	榕江北河	新亨镇	50	船闸	80×12×1.3	—	2018	是
594	三洲拦河坝(三洲船闸)	广东省	榕江南河	揭阳市	300	船闸	90×12×2.5	—	2019	是
595	鉴江供水枢纽船闸	广东省	鉴江1	湛江市坡头区	300	船闸	130×16×4.5	—	2015	否
596	吴阳船闸	广东省	鉴江2	湛江市吴川市	100	船闸	100×15×1.5	—	1962	是
597	梅菉船闸	广东省	鉴江2	湛江市吴川市	100	船闸	80×8×1.6	—	2015	否(即将重建)
598	积美船闸	广东省	鉴江2	湛江市吴川市	50	船闸	82×14×1.3	—	1991	是
599	高岭船闸	广东省	鉴江2	茂名市化州市	50	船闸	80×13×1.3	—	1960	否(旧船闸已报废，2002年至今失去通航功能)
600	江边村船闸	广东省	鉴江4	茂名市化州市	50	船闸	80×13×1	—	1970	否(船闸未建成)
601	南盛船闸	广东省	鉴江4	茂名市化州市	50	船闸	80×13×1.3	—	1960	否(船闸未建成)
602	红荔船闸	广东省	鉴江4	茂名市高州市	50	船闸	—	—	2010	否(船闸未建成)
603	坪山船闸	广东省	鉴江4	茂名市高州市	50	船闸	200×12×1.5	—	1958	

续上表

序号	通航建筑物名称	省(区,市)	枢纽所处位置水系/河流	枢纽所在区(县)名称	吨级	通航建筑物(升船机)	尺度(长×宽×门槛水深,m)	年单向通过能力(万t)	项目建成年份(年)	是否正常使用
604	南渡船闸	广东省	南渡河	湛江市雷州市	300	船闸	110×15×4	—	2004	是
605	高墩船闸	广东省	九洲江	湛江市廉江市	10	船闸	35×3×1.6	—	1998	否
606	林尘船闸	广东省	罗江	茂名市化州市	15	船闸	90×8×1.2	—	1972	否(2010年拦河坝重建,没有建设船闸)
607	合江船闸	广东省	罗江	茂名市化州市	15	无	—	—	2009	否(2009年拦河坝重建,没有建设船闸)
608	名利船闸	广东省	袂花江1	湛江市吴川市	50	船闸	—	—	1978	—
609	鹤堂船闸	广东省	平定水	茂名市化州市	10	无	—	—	1976	否(旧船闸已报废,1999年至今失去通航功能)
610	甘竹船闸	广东省	甘竹溪	顺德区龙江镇	500	船闸	146×12.2×4	—	1972	否(超过报废年限)
611	凫洲河船闸	广东省	凫洲水道	顺德区均安镇	100	船闸	100×15×2.6	—	2006	否
612	北村水(船)闸	广东省	雅瑶水道	南海区大沥镇	100	船闸	80×10×3.5	—	1995	是
613	水口船闸	广东省	里水涌	南海区里水镇	100	船闸	60×8×3.4	—	1989	是
614	官山船闸	广东省	官山涌	南海区西樵镇	300	船闸	100×12×2	—	1997	是
615	沙口船闸	广东省	佛山水道	佛山市	300	船闸	—	—	1996	是

续上表

序号	通航建筑物名称	省(区,市)	枢纽所处位置水系/河流	枢纽所在区(县)名称	吨级	通航建筑物(手船机)	尺度(长×宽×门槛水深,m)	年单向通过能力(万t)	项目建成年份(年)	是否正常使用
616	大门滘船闸	广东省	大良河	顺德区	50	船闸	80×14×2.5	—	1985	否(2019年除险加固)
617	黄楝涌船闸	广东省	大良河(3)	顺德区	50	船闸	40×11×2.35	—	2007	否
618	大汶沙船闸	广东省	黄连涌	顺德区	30	船闸	28×18×1.8	—	1976	否
619	东风船闸	广东省	黄连涌	顺德区	30	船闸	50×16×1.8	—	2005改建	否
620	三洪奇船闸	广东省	三洪奇涌	顺德区北滘镇	100	船闸	40×20×2.09	—	1998	否
621	小布船闸	广东省	英雄运河	顺德区乐从镇	50	船闸	55×15×1.5	—	1999	否(拟除险加固)
622	良马船闸	广东省	沙良河	顺德区乐从镇	25	船闸	42.6×11.7×2.5	—	2005	否
623	东海上船闸	广东省	东海大涌	顺德区杏坛镇	等外	船闸	50×12×2	—	2006	否(正在进行安全鉴定)
624	东海下船闸	广东省	东海大涌	顺德区杏坛镇	30	船闸	47.5×12×1.8	—	2010	否(正在进行安全鉴定)
625	东海船闸	广东省	龙江涌	顺德区龙江镇	100	船闸	43×12×2	—	1998	否
626	太平水船闸	广东省	太平涌	南海区西樵镇	50	船闸	75×12×2	—	2000	否
627	一拱船闸	广东省	太平涌	南海区西樵镇	50	船闸	40×8×1.5	—	1997	否
628	廖岗船闸	广东省	廖岗涌	南海区西樵镇	Ⅸ级	船闸	17×8×1.5	—	2000	否
629	沙口船闸	广东省	九江涌	南海区九江镇	50	船闸	65×12×1.4	—	1985	否
630	河清船闸	广东省	河清涌	南海区九江镇	Ⅸ级	船闸	66×12×1.5	—	1994	否
631	人字水船闸	广东省	沙头涌	南海区九江镇	Ⅸ级	船闸	76×12×1.2	—	1992	否
632	花地冲南闸	广东省	二尾冲	荔湾区	100	船闸	—	—	2010	否

续上表

序号	通航建筑物名称	省(区,市)	枢纽所处位置水系/河流	枢纽所在区(县)名称	吨级	通航建筑物 船闸(升船机)	尺度(长×宽×门槛水深,m)	年单向通过能力(万t)	项目建成年份(年)	是否正常使用
633	花地冲西闸船闸	广东省	花地冲	荔湾区	300	船闸	—	—	2010	否
634	花地冲北闸	广东省	花地冲	荔湾区	300	船闸	—	—	2010	否
635	联安船闸	广东省	冬瓜隆冲	顺德区	50	船闸	—	—	1989	否
636	石啧船闸	广东省	佛山涌	桂城	50	船闸	—	—	2002	否
637	盐步船闸	广东省	盐步涌	大沥镇	50	船闸	—	—	2000	否
638	初溪船闸	广东省	增江	广州市增城区	300	船闸	120×12×3.5	—	2019	否(正在进行安全鉴定)
639	雁洲船闸	广东省	市桥水道	广州市番禺区	500	船闸	181×16×3.8	—	2010	是
640	龙湾船闸	广东省	市桥水道	广州市番禺区	100	船闸	100×12×2.9	—	2006	是
641	新斫江船闸	广东省	石楼河	广州市番禺区	50	船闸	97.2×8×3	—	2010	是
642	人和拦河坝船闸	广东省	流溪河	广州市白云区	50	船闸	未审批,未完工	—	2010	否(正在进行安全鉴定)
643	磨碟头船闸	广东省	榄核河上游入口处	榄核河上游入口处	300	船闸	120×12×4	—	2013	否
644	北街船闸	广东省	江门水道	江门市蓬江区	500	船闸	220×22×4	—	1978	是
645	睦洲船闸	广东省	睦洲水道	江门市新会区睦洲镇	300	船闸	120×12×3.7	—	—	是
646	烽火角船闸	广东省	斗山河	台山市斗山镇	300	船闸	80.6×10	—	—	是
647	沙坪船闸	广东省	沙坪河	鹤山市沙坪镇	100	船闸	76×10×0.2	—	1964	是(只有少量小型渔船通过,无货运通航)

续上表

序号	通航建筑物名称	省(区,市)	枢纽所处位置水系/河流	枢纽所在地区(县)名称	吨级	船闸(升船机)	通航建筑物 尺度(长×宽×门槛水深,m)	年单向通过能力(万t)	项目建成年份(年)	是否正常使用
648	合山船闸	广东省	潭江	开平市百合镇	50	船闸	73.1×11.5×0.2	—	1974	否(正在进行除险加固)
649	江洲船闸	广东省	潭江	恩平市江洲镇	50	船闸	70×12.4×2	—	1975	否
650	东成船闸	广东省	潭江	恩平市东成镇	50	船闸	77×12.5	—	1980	否
651	塘洲船闸	广东省	潭江	恩平市东成镇	50	船闸	70×13×3	—	1986	否
652	新环五围船闸	广东省	五围冲	珠海市斗门区	5	船闸	40×6	—	2001	是
653	壳塘涌船闸	广东省	壳塘涌	珠海市斗门区	5	船闸	40×6	—	2006	是
654	沙头船闸	广东省	白藤水道	珠海市斗门区	5	船闸	约80×8	—	2018	是
655	大海环涌浪船闸	广东省	大海环河	珠海市斗门区	5	船闸	80×8	—	—	是
656	莲湾船闸	广东省	大海环河	梅县区西阳镇	50	船闸	140×13	—	2003	是
657	西阳船闸	广东省	韩江	梅县区西阳镇	50	船闸	70×8×1.5	—	1997	是
658	丙村船闸	广东省	韩江	梅县区丙村镇	50	船闸	70×8×2	—	2003	是
659	单竹窝船闸	广东省	韩江	梅县区松口镇	100	船闸	88×8×2	—	2002	是
660	蓬辣滩船闸	广东省	韩江	大埔县三河镇	100	船闸	120×15×2.2	—	2003	是
661	高陂船闸	广东省	韩江	大埔县高陂镇	500	船闸	200×18×3.5	—	在建	否
662	东山船闸	广东省	汀江	丰顺县留隍镇	300	船闸	190×14×3	—	2007	是
663	茶阳船闸	广东省	汀江	大埔县茶阳镇	300	船闸	120×12×3	—	2012	是
664	峡口船闸	广东省	寒溪河	东莞市东城区	100	船闸	120×10×1.9	—	2002	是
665	东河船闸	广东省	中山市石岐河水道	张家边	500	船闸	120×12×4.2	—	2000	是
666	西河船闸	广东省	中山市石岐河水道	板芙镇	500	船闸	180×23×4	—	2009	是
667	三宝船闸	广东省	二滘沥	民众镇	50	船闸	—	—	2014	是

续上表

序号	通航建筑物名称	省(区,市)	枢纽所处位置水系/河流	枢纽所在区(县)名称	吨级	船闸(升船机)	尺度(长×宽×门槛水深,m)	年单向通过能力(万t)	项目建成年份(年)	是否正常使用
668	濛浬一线船闸	广东省	北江	曲江区乌石镇	300	船闸	140×14×2.5	—	2005	是
669	濛浬二线船闸	广东省	北江	曲江区乌石镇	1000	船闸	220×23.0×4.5	1689	2019	是
670	孟洲坝一线船闸	广东省	北江	韶关市新区	100	船闸	140×14×2	—	1996	否(二线船闸在建)
671	孟洲坝二线船闸	广东省	北江	韶关市新区	1000	船闸	220×23.0×4.5	1629	2020	是
672	湾头船闸	广东省	浈江	韶关市浈江区十里亭镇	50	船闸	90×8×2.8	—	2009	是
673	新庄船闸	广东省	浈江	仁化县周田镇	50	船闸	70×8×1.5	—	2011	是
674	江口船闸	广东省	浈江	始兴县太平镇	50	船闸	70×8×1.2	—	2006	是
675	溢洲船闸	广东省	武江	韶关市浈江区	100	船闸	80×8×2	—	2007	是
676	富湾船闸	广东省	武江	韶关市乐昌市	50	船闸	70×8×1.5	—	2006	是
677	长船闸	广东省	武江	韶关市乐昌市	50	船闸	70×8×1.5	—	2006	否(正在开展安全鉴定)
										否(船闸建成于1960年,1983年改造后一直保持现状至今,2015年重建拦河坝时没有重新建设船闸)
678	双捷拦河坝船闸	广东省	漠阳江航道	江城区双捷镇	50	船闸	150×15×2.2	—	2019	

续上表

序号	通航建筑物名称	省(区,市)	枢纽所处位置水系/河流	枢纽所在区(县)名称	吨级	通航建筑物 船闸(升船机)	尺度(长×宽×门槛水深,m)	年单向通过能力(万t)	项目建成年份(年)	是否正常使用
679	春洲船闸	广东省	漠阳江航道	阳春市春城镇	50	船闸	70×8×1.5	—	2007	否(水电站建成后,没有按照图纸完成船闸建设)
680	长洲1号船闸	广西壮族自治区	珠江水系/浔江	梧州市长洲区	2000	船闸	200×34×4.5	2663	2007	是
681	长洲2号船闸	广西壮族自治区	珠江水系/浔江	梧州市长洲区	1000	船闸	185×23×3.5	1349	2007	是
682	长洲3号船闸	广西壮族自治区	珠江水系/浔江	梧州市长洲区	3000	船闸	340×34×5.8	4800	2016	是
683	长洲4号船闸	广西壮族自治区	珠江水系/浔江	梧州市长洲区	3000	船闸	340×34×5.8	4800	2016	是
684	桂平一线船闸	广西壮族自治区	珠江水系/郁江	贵港市桂平市	1000	船闸	190×23×3.5	1100	1989	是
685	桂平二线船闸	广西壮族自治区	珠江水系/郁江	贵港市桂平市	3000	船闸	280×34×5.6	3100	2011	是
686	贵港一线船闸	广西壮族自治区	珠江水系/郁江	贵港市港区	1000	船闸	190×23×3.5	1200	1998	是
687	贵港二线船闸	广西壮族自治区	珠江水系/郁江	贵港市港区	3000	船闸	280×34×5.8	3100	2020	是
688	西津一线船闸	广西壮族自治区	珠江水系/郁江	南宁市横县	1000	船闸	190×15×4.5	650	1966	是

中国内河 通航建筑物

续上表

序号	通航建筑物名称	省(区、市)	枢纽所处位置 水系/河流	枢纽所在区(县)名称	吨级	船闸(升船机)	尺度(长×宽×门槛水深,m)	年单向通过能力(万t)	项目建成年份(年)	是否正常使用
689	西津二线船闸	广西壮族自治区	珠江水系/郁江	南宁市横县	3000	船闸	280×34×5.8	2060(远期)	2016年9月开工在建	否
690	邕宁船闸	广西壮族自治区	珠江水系/郁江	南宁市青秀区	2000	船闸	250×34×5.6	3180	2018	是
691	老口船闸	广西壮族自治区	珠江水系/郁江	南宁市西乡塘区	1000	船闸	190×23×3.5	1200	2015	是
692	金鸡滩船闸	广西壮族自治区	珠江水系/右江	南宁市隆安县	1000	船闸	190×12×3.5	636	2005	是
693	鱼梁船闸	广西壮族自治区	珠江水系/右江	百色市田东县	1000	船闸	190×23×3.5	904	2011	是
694	那吉船闸	广西壮族自治区	珠江水系/右江	百色市田阳县	1000	船闸	190×12×3.5	520	2007	是
695	桥巩船闸	广西壮族自治区	珠江水系/红水河	来宾市兴宾区	500	船闸	120×12×3	250	2008	是
696	乐滩船闸	广西壮族自治区	珠江水系/红水河	来宾市忻城县	500	船闸	120×12×3	140	2008	是
697	百龙滩船闸	广西壮族自治区	珠江水系/红水河	南宁市马山县	500	船闸	120×12×3	227	2008	是
698	大化船闸	广西壮族自治区	珠江水系/红水河	河池市大化瑶族自治县	500	船闸	120×12×3	300	2006	是
699	岩滩升船机	广西壮族自治区	珠江水系/红水河	河池市大化瑶族自治县	250	升船机	38.5×10.8×1.7	180	2000	是

续上表

序号	通航建筑物名称	省(区、市)	枢纽所处位置水系/河流	枢纽所在区(县)名称	吨级	船闸(升船机)	尺度(长×宽×门槛水深,m)	年单向通过能力(万t)	项目建成年份(年)	是否正常使用
700	红花一线船闸	广西壮族自治区	珠江水系/柳江	柳州市鱼峰区	300兼顾1000	船闸	180×18×3	1036	2006	是
701	红花二线船闸	广西壮族自治区	珠江水系/柳江	柳州市鱼峰区	2000(兼顾3000)	船闸	280×34×5.8	2860	2016年11月开工在建	否
702	大藤峡船闸	广西壮族自治区	珠江水系/黔江	桂平市	2×2000船队(兼顾3000船舶)	船闸	280×34×5.8	上行1448,下行3741	2020	是
703	大埔船闸	广西壮族自治区	珠江水系/融江	柳州市柳城县	100	船闸	80×8×2	89	2003	是
704	古顶船闸	广西壮族自治区	珠江水系/融江	柳州市融水县	100	船闸	80×8×1.5	110	2005	是
705	浮石船闸	广西壮族自治区	珠江水系/融江	柳州市融安县	100	船闸	80×8×1.5	62	2003	是
706	麻石船闸	广西壮族自治区	珠江水系/融江	柳州市三江县	50	船闸	40.5×8×0.9	6	1975	是
707	旺村船闸	广西壮族自治区	珠江水系/桂江	梧州市长洲区	300	船闸	100×12×2.5	80	2010	是
708	京南船闸	广西壮族自治区	珠江水系/桂江	梧州市苍梧县	120	船闸	80×12×1.5	100	1997	是
709	金牛坪船闸	广西壮族自治区	珠江水系/桂江	贺州市昭平县	100	船闸	80×12×2.5	100	2006	是

续上表

序号	通航建筑物名称	省(区、市)	枢纽所处位置水系/河流	枢纽所在区(县)名称	通航建筑物					
					吨级	船闸(升船机)	尺度(长×宽×门槛水深,m)	年单向通过能力(万t)	项目建成年份(年)	是否正常使用
710	下福船闸	广西壮族自治区	珠江水系/桂江	贺州市昭平县	120	船闸	80×12×2	100	2005	是
711	昭平船闸	广西壮族自治区	珠江水系/桂江	贺州市昭平县	120	船闸	60×8×1.5	51.47	1995	是
712	巴江口船闸	广西壮族自治区	珠江水系/桂江	桂林市平乐县	100	船闸	80×8×1.5	100	2006	是
713	龙江船闸	广西壮族自治区	珠江水系/贺江	贺州市八步区	100	船闸	80×8×1.5	100	1991	是(无船通过)
714	云腾渡船闸	广西壮族自治区	珠江水系/贺江	贺州市八步区	100	船闸	80×8×1.5	100	1990	是(无船通过)
715	合面狮升船机	广西壮族自治区	珠江水系/贺江	贺州市八步区	50	升船机	—	35	—	是(无船通过)
716	夏岛船闸	广西壮族自治区	珠江水系/贺江	贺州市八步区	100	船闸	80×8×1.5	100	1991	是(无船通过)
717	山秀船闸	广西壮族自治区	珠江水系/左江	崇左市扶绥县	300	船闸	100×12×2.1	95	2007	是
718	先锋船闸	广西壮族自治区	珠江水系/左江	崇左市江州区	50	船闸	75×9×1.5	50	1966	否(已废弃)
719	海丘船闸	广西壮族自治区	珠江水系/明江	崇左市宁明县	—	船闸	38×5×1.2	—	1969	否(已废弃)
720	沙河船闸	广西壮族自治区	独立入海水系/南流江	玉林市博白县	—	船闸	70×12(8)×1.5	—	—	否(已废弃)

续上表

序号	通航建筑物名称	省(区,市)	枢纽所处位置水系/河流	枢纽所在区(县)名称	吨级	船闸(升船机)	通航建筑物 尺度(长×宽×门槛水深,m)	年单向通过能力(万t)	项目建成年份(年)	是否正常使用
721	廉州船闸(又称合浦船闸)	广西壮族自治区	独立入海水系/南流江	北海市合浦县	—	船闸	80×13(5.4)×2	—	1974	否(已废弃)
722	容城船闸	广西壮族自治区	非"两横一纵两网十八线":绣江	玉林市容县	—	船闸	70×8×1.5	—	—	否(已废弃)
723	浪水船闸	广西壮族自治区	珠江水系/绣江	玉林市容县	—	船闸	50×8(7.5)×1.6	—	—	否(已废弃)
724	交口船闸	广西壮族自治区	珠江水系/绣江	梧州市藤县	100	船闸	53×6×0.6	—	60年代	否(已废弃)
725	牛皮船闸	广西壮族自治区	独立入海水系/茅岭江	钦州市钦北区	80	船闸	35×8.4(闸首4.5)×1.0	—	1972	否(已废弃)
726	青年船闸	广西壮族自治区	独立入海水系/钦江	钦州市钦南区	—	船闸	64×8(5)×1.5	—	1961	否(已废弃)
727	鲤鱼坪船闸	广西壮族自治区	独立入海水系/大寺江	钦州市钦北区	20	船闸	20×7.6(闸首4.3)×0.9	—	1967	否(已废弃)
728	大寺船闸	广西壮族自治区	独立入海水系/大寺江	钦州市钦北区	20	船闸	20×7.6(闸首4.5)×1.3	—	1962	否(已废弃)
729	丘一船闸	广西壮族自治区	独立入海水系/大寺江	钦州市钦北区	20	船闸	20×7.5(闸首4.4)×0.9	—	1974	否(已废弃)
730	羊蹄洞船闸	重庆市	綦江	綦江	50	船闸	66×9×1	10	1941	—
731	石溪口船闸	重庆市	綦江	綦江	50	船闸	60×12×1.2	30	1939	—
732	桥河船闸	重庆市	綦江	綦江	50	船闸	60×12×1.2	30	1942	是
733	綦江船闸	重庆市	綦江	綦江	50	船闸	60×12×1.2	30	1944	是

续上表

中国内河 通航建筑物

序号	通航建筑物名称	省(区,市)	枢纽所处位置 水系/河流	枢纽所在区(县)名称	吨级	船闸(升船机)	尺度(长×宽×门槛水深,m)	年单向通过能力(万t)	项目建成年份(年)	是否正常使用
734	柏溪口船闸	重庆市	綦江	江津	50	船闸	60×12×1.2	30	1944	是
735	车滩船闸	重庆市	綦江	江津	50	船闸	60×12×1.2	30	1944	是
736	五福船闸	重庆市	綦江	江津	50	船闸	60×12×1.2	30	1944	—
737	石角船闸	重庆市	蒲河	綦江	30	船闸	66×9×1	10	1942	—
738	三江船闸	重庆市	蒲河	綦江	30	船闸	66×9×1	10	1942	—
739	鹅公沱船闸	重庆市	清溪河	綦江	30	船闸	57×8×1	10	1958	—
740	沾滩船闸	重庆市	清溪河	綦江	30	船闸	28.5×8×1	10	1958	—
741	沙埂船闸	重庆市	笋溪河	江津	50	船闸	36×12×2	10	1980	—
742	二滩船闸	重庆市	琼江	潼南	30	船闸	36×8×1	17	1956	—
743	太安船闸	重庆市	琼江	潼南	30	船闸	36×8×2	17	1956	—
744	大滩船闸	重庆市	琼江	潼南	30	船闸	36×8×3	17	1958	—
745	临江寺船闸	重庆市	琼江	潼南	30	船闸	36×8×4	12	1969	是
746	崇龛船闸	重庆市	琼江	铜梁	50	船闸	25×8×1	10	1976	是
747	关溅船闸	重庆市	琼江	铜梁	50	船闸	36×8×1.2	10	1956	是
748	中和船闸	重庆市	琼江	铜梁	50	船闸	36×8×1.2	10	1956	—
749	牛头滩船闸	重庆市	琼江	铜梁	50	船闸	36×8×1.2	10	1956	—
750	观音滩船闸	重庆市	琼江	铜梁	50	船闸	36×8×1.2	10	1956	—
751	双石船闸	重庆市	小安溪	永川	30	船闸	40×10×1.2	10	1965	—
752	响水船闸	重庆市	小安溪	永川	30	船闸	40×10×1.2	10	1965	—
753	永久船闸	重庆市	小安溪	永川	30	船闸	40×10×1.2	10	1965	—
754	连丰船闸	重庆市	小安溪	永川	30	船闸	40×10×1.2	10	1960	—
755	古佛船闸	重庆市	小安溪	永川	30	船闸	40×10×1.2	10	1965	—

续上表

序号	通航建筑物名称	省(区,市)	枢纽所处位置水系/河流	枢纽所在区(县)名称	吨级	船闸(升船机)	通航建筑物 尺度(长×宽×门槛水深,m)	年单向通过能力(万t)	项目建成年份(年)	是否正常使用
756	永嘉船闸	重庆市	小安溪	铜梁	30	船闸	40×10×1.2	10	1960	—
757	安溪船闸	重庆市	小安溪	铜梁	30	船闸	40×10×1.2	10	1960	—
758	大庙船闸	重庆市	小安溪	铜梁	30	船闸	40×10×1.2	10	1959	—
759	虎峰船闸	重庆市	小安溪	铜梁	30	船闸	40×10×1.2	10	1971	—
760	蒲吕船闸	重庆市	小安溪	铜梁	30	船闸	40×10×1.2	10	1959	—
761	旧县船闸	重庆市	小安溪	铜梁	30	船闸	40×10×1.2	10	1968	—
762	张家箭船闸	重庆市	御临河	渝北	30	船闸	40×8×1.2	10	1979	是
763	万灵船闸	重庆市	濑溪河	荣昌	50	船闸	40×10×1.2	15	1978	—
764	沙堡船闸	重庆市	濑溪河	荣昌	50	船闸	40×10×1.2	15	1980	—
765	高桥船闸	重庆市	濑溪河	荣昌	50	船闸	40×10×1.2	15	1978	—
766	邓滩船闸	重庆市	濑溪河	荣昌	50	船闸	40×10×1.2	15	1982	—
767	彭水船闸	重庆市	乌江	彭水	500	船闸	62×12×2.5	255	2009	是
768	彭水升船机	重庆市	乌江	彭水	500	升船机	59×11.4×2.3	255	2009	是
769	银盘船闸	重庆市	乌江	武隆	500	船闸	120×12×4.0	262	2015	是
770	白马船闸	重庆市	乌江	武隆	500	船闸	150×23×4.7	659.6	2019年开工在建	否
771	草街船闸	重庆市	嘉陵江	合川	1000	船闸	180×23×3.5	1050	2010	是
772	利泽船闸	重庆市	嘉陵江	合川	500	船闸	180×23×3.5	1238.79	2019年开工在建	否
773	渭沱船闸	重庆市	涪江	合川	100	船闸	100×12×2	80	1993	是
774	安居船闸	重庆市	涪江	铜梁	100	船闸	100×12×2	80	1992	是
775	富金坝船闸	重庆市	涪江	合川	300	船闸	100×12×2.5	137.3	2007	是

中国内河
通航建筑物

续上表

序号	通航建筑物名称	省（区，市）	枢纽所处位置水系/河流	枢纽所在区（县）名称	吨级	船闸（升船机）	通航建筑物尺度（长×宽×门槛水深,m）	年单向通过能力（万t）	项目建成年份（年）	是否正常使用
776	莲花寺船闸	重庆市	涪江	潼南	100	船闸	100×12×2	80	1987	是
777	三块石船闸	重庆市	涪江	潼南	100	船闸	100×12×2	80	1987	是
778	潼南船闸	重庆市	涪江	潼南	300	船闸	120×12×3	208	2018	是
779	双江船闸	重庆市	涪江	潼南	500	船闸	120×23×4.2	611	2020年开工在建	否
780	上石盘船闸	四川省	嘉陵江	广元市利州区	500	升船机	120×12×3.0	—	预计2021年建成	否
781	亭子口升船机	四川省	嘉陵江	广元市苍溪县	500	升船机	116×11.7×2.5	—	2018	是
782	苍溪航电船闸	四川省	嘉陵江	广元市苍溪县	500	船闸	120×16×3.0	—	2014	是
783	沙溪船闸	四川省	嘉陵江	南充市阆中市	500	船闸	120×16×3.0	—	2011	是
784	金银台船闸	四川省	嘉陵江	南充市阆中市	500	船闸	120×16×2.5	—	2004	是
785	红岩子船闸	四川省	嘉陵江	南充市南部县	500	船闸	120×16×2.5	—	2002	是
786	新政船闸	四川省	嘉陵江	南充市南部县	500	船闸	120×16×2.5	—	2008	是
787	金溪船闸	四川省	嘉陵江	南充市蓬安县	500	船闸	120×16×3.0	—	2008	是
788	马回船闸	四川省	嘉陵江	南充市蓬安县	500	船闸	120×16×2.5	—	1992	是
789	凤仪船闸	四川省	嘉陵江	南充市顺庆区	500	船闸	120×16×3.0	—	2012	是
790	小龙门船闸	四川省	嘉陵江	南充市高坪区	500	船闸	120×16×3.0	—	2008	是
791	青居船闸	四川省	嘉陵江	南充市嘉陵区	500	船闸	120×16×3.0	—	2006	是
792	罗家滩船闸	四川省	东河	南充市阆中市	30	船闸	50×6×1.2（口门宽4m）	—	1987	否
793	桐子壕船闸	四川省	嘉陵江	广安市武胜县	500	船闸	120×16×3.0	—	2004	是
794	东西关船闸	四川省	嘉陵江	广安市武胜县	500	船闸	120×16×3.0	—	2000	是

续上表

序号	通航建筑物名称	省(区,市)	枢纽所处位置水系/河流	枢纽所在区(县)名称	吨级	船闸(升船机)	尺度(长×宽×门槛水深,m)	年单向通过能力(万t)	项目建成年份(年)	是否正常使用
795	尖子山船闸	四川省	岷江	眉山市彭山区	500	船闸	120×16×3.5	—	2019年开工在建	否
796	汤坝船闸	四川省	岷江	眉山市东坡区	500	船闸	120×16×3.5	—	2017年开工在建	否
797	虎渡溪船闸	四川省	岷江	眉山市青神县	500	船闸	120×16×3.5	—	2020年开工在建	否
798	汉阳船闸	四川省	岷江	眉山市青神县	500	船闸	120×16×3.5	—	2015	是
799	犍为船闸	四川省	岷江	乐山市犍为县	1000	船闸	220×34×4.5	—	2015年开工在建	否
800	龙溪口船闸	四川省	岷江	乐山市犍为县	1000	船闸	220×34×4.5	—	2019年开工在建	否
801	牛头滩船厂船闸	四川省	芒溪河	乐山市井研县	30	船闸	20×10×1.0(口门宽4m)	—	1973	否
802	古佛堰船闸	四川省	锦江	成都市双流区	50	船闸	70×8×1.5	—	2002	是
803	金盘子船闸	四川省	渠江	达州市达川区	300	船闸	120×12×2.5	—	2003	是
804	舵石鼓船闸	四川省	渠江	达州市渠县	100	船闸	170×12×2.5(口门宽8m)	—	1962	是
805	南阳滩船闸	四川省	渠江	达州市渠县	100	船闸	170×14×2.5(口门宽8m)	—	1960	是
806	凉滩船闸	四川省	渠江	广安市广安区	100	船闸	160×12×2.5(口门宽8m)	—	1965	是

续上表

序号	通航建筑物名称	省(区、市)	枢纽所处位置水系/河流	枢纽所在区(县)名称	吨级	船闸(升船机)	尺度(长×宽×门槛水深,m)	年单向通过能力(万t)	项目建成年份(年)	是否正常使用
807	四九滩船闸	四川省	渠江	广安市广安区	300	船闸	160×12×2.5	—	1991	是
808	富流滩船闸	四川省	渠江	广安市岳池县	300	船闸	120×12×2.5	—	2005	是
809	富流滩二线船闸	四川省	渠江	广安市岳池县	1000	船闸	200×23×4.2	—	2014	是
810	青滩船闸	四川省	巴河	巴中市巴州区	20	船闸	45×18×1.5(口门宽4m)	—	1971	否
811	石牛嘴船闸	四川省	小通江	巴中市通江县	—	船闸	27×4×1.0(口门宽4m)	—	1972	否
812	沿溪河船闸	四川省	恩阳河	巴中市南江县	—	船闸	30×20×4(口门宽4.2m)	—	1973	否
813	猫猫寺船闸	四川省	沱江	成都市简阳市	50	船闸	70×12×1.5(口门宽6m)	—	1978	是
814	王二溪船闸	四川省	沱江	资阳市雁江区	50	船闸	70×13×2.7(口门宽6m)	—	1985	是
815	南津驿船闸	四川省	沱江	资阳市雁江区	50	船闸	70×12×1.5(口门宽7m)	—	1991	是
816	五里店船闸	四川省	沱江	内江市资中县	50	船闸	70×12×1.5(口门宽6m)	—	1991	是
817	石盘滩船闸	四川省	沱江	内江市东兴区	100	船闸	70×12×1.5(口门宽6.3m)	—	1974	是
818	黄泥滩船闸	四川省	沱江	自贡市富顺县	100	船闸	100×12×1.5	—	1996	是
819	黄葛浩船闸	四川省	沱江	自贡市富顺县	100	船闸	116×12×1.5(口门宽8m)	—	1989	是

续上表

序号	通航建筑物名称	省（区、市）	枢纽所处位置水系/河流	枢纽所在区（县）名称	通航建筑物					是否正常使用
					吨级	船闸（升船机）	尺度（长×宽×门槛水深，m）	年单向通过能力（万t）	项目建成年份（年）	
820	流滩坝船闸	四川省	沱江	泸州市泸县	100	船闸	100×12×1.5	—	1993	是
821	文峰船闸	四川省	涪江	绵阳市三台县	100	船闸	100×12×2（口门宽8m）	—	1992	是
822	螺丝池船闸	四川省	涪江	遂宁市射洪县	100	船闸	129×8×1.5（口门宽8m）	—	1990	是
823	永安船闸	四川省	涪江	绵阳市三台县	100	船闸	100×12×2（口门宽8m）	—	1982	是
824	永安船闸	四川省	涪江	绵阳市三台县	100	船闸	100×12×2（口门宽8m）	—	1982	是
825	唐家渡船闸	四川省	涪江	遂宁市	500	船闸	120×12×3.5	—	2016年开工在建	否
826	两河船闸	四川省	梓江	绵阳市盐亭县	30	船闸	26×9×1.2（口门宽4m）	—	1980	是
827	麻跌船闸	四川省	梓江	绵阳市盐亭县	30	船闸	25×10×1.2（口门宽4m）	—	1977	是
828	玉龙船闸	四川省	梓江	绵阳市盐亭县	30	船闸	26×9×1.2（口门宽4m）	—	1977	是
829	隆盛船闸	四川省	郪江	遂宁市大英县	30	船闸	45×9×1.0（口门宽3.8m）	—	1961	是
830	民主船闸	四川省	郪江	遂宁市大英县	30	船闸	45×9×1.0（口门宽3.8m）	—	1961	是

续上表

序号	通航建筑物名称	省（区、市）	枢纽所处位置水系/河流	枢纽所在区（县）名称	吨级	船闸（升船机）	尺度（长×宽×门槛水深，m）	年单向通过能力（万t）	项目建成年份（年）	是否正常使用
831	菩萨岩船闸	四川省	涪江	遂宁市大英县	30	船闸	45×9×1.0（门宽3.8m）	—	1961	是
832	护村船闸	四川省	琼江	遂宁市安居区	25	船闸	18×6×1.0（口门宽3m）	—	1972	否
833	红岩咽船闸	四川省	琼江	遂宁市安居区	—	船闸	—	—	1972	否
834	莲花台船闸	四川省	琼江	遂宁市安居区	25	船闸	18×6×1.0（口门宽3m）	—	1972	否
835	大坡船闸	四川省	琼江	遂宁市安居区	25	船闸	18×6×1.0（口门宽3m）	—	1972	否
836	老新桥船闸	四川省	釜溪河	自贡市大安区	45	船闸	52×14×1.5（口门宽4m）	—	1971	是
837	沿滩堰船闸	四川省	釜溪河	自贡市沿滩区	45	船闸	64×14×1.5（口门宽4m）	—	1943	是
838	邓关堰船闸	四川省	釜溪河	自贡市沿滩区	45	船闸	74×14×1.5（口门宽4m）	—	1942	是
839	乱申子船闸	四川省	濑溪河	泸州市泸县	50	船闸	32×8×0.9（口门宽4m）	—	1972	否
840	洞滩船闸	四川省	濑溪河	泸州市龙马潭区	50	船闸	42×10×0.9（口门宽4m）	—	1978	否
841	龙口子船闸	四川省	濑溪河	泸州市龙马潭区	50	船闸	32×10×0.9（口门宽4m）	—	1975	否
842	大洲驿船闸	四川省	永宁河	泸州市纳溪区	50	船闸	36×10×1.0（口门宽4m）	—	1965	否

续上表

序号	通航建筑物名称	省（区、市）	枢纽所处位置水系/河流	枢纽所在区（县）名称	吨级	船闸（升船机）	通航建筑物 尺度（长×宽×门槛水深，m）	年单向通过能力（万t）	项目建成年份（年）	是否正常使用
843	曾家滩船闸	四川省	球溪河	内江市资中县	25	船闸	42×9×1.2（口门宽4m）	—	1970	否
844	油房滩船闸	四川省	球溪河	内江市资中县	25	船闸	42×8×1.2（口门宽4m）	—	1958	否
845	瓦线子船闸	四川省	球溪河	内江市资中县	25	船闸	42×11×1.2（口门宽4m）	—	1958	否
846	新大桥船闸(塘厂)	四川省	球溪河	内江市资中县	25	船闸	42×8×1.2（口门宽4m）	—	1973	是
847	桐车船闸	四川省	清流河	内江市东兴区	24	船闸	38×9×1.2（口门宽3m）	—	1956	是
848	大垠船闸	四川省	清流河	内江市东兴区	24	船闸	38×9×1.2（口门宽3m）	—	1966	是
849	小垠船闸	四川省	清流河	内江市东兴区	24	船闸	38×9×1.2（口门宽3m）	—	1966	是
850	洗马池船闸	四川省	清流河	内江市东兴区	24	船闸	38×9×1.2（口门宽3m）	—	1960	是
851	一洞滩船闸	四川省	清流河	内江市东兴区	24	船闸	38×9×1.2（口门宽3m）	—	1960	是
852	石盘滩船闸	四川省	清流河	内江市东兴区	24	船闸	42×12×1.2（口门宽3m）	—	1960	是
853	左家堤船闸	四川省	小清流河	资阳市安岳县	15	船闸	9×7.5×1.2（口门宽3m）	—	1960	否

续上表

序号	通航建筑物名称	省(区、市)	枢纽所处位置水系/河流	枢纽所在区(县)名称	吨级	船闸(升船机)	尺度(长×宽×门槛水深,m)	年单向通过能力(万t)	项目建成年份(年)	是否正常使用
854	三元堤船闸	四川省	小清流河	资阳市安岳县	15	船闸	20.8×7.5×1.2（口门宽3m）	—	1960	否
855	流滩船闸	四川省	小清流河	内江市东兴区	25	船闸	19.5×9×1.2（口门宽3m）	—	1965	否
856	七星堰船闸	四川省	小清流河	内江市东兴区	25	船闸	19×9×1.2（口门宽3m）	—	1965	否
857	盐井函船闸	四川省	大清流河	资阳市安岳县	15	船闸	19×7.5×1.2（口门宽3m）	—	1960	否
858	狮子滩船闸	四川省	大清流河	资阳市安岳县	15	船闸	19×7.5×1.2（口门宽3m）	—	1960	否
859	天宝船闸	四川省	大清流河	资阳市安岳县	15	船闸	19×7.5×1.2（口门宽3m）	—	1960	否
860	二郎滩船闸	四川省	大清流河	资阳市安岳县	15	船闸	19×8.2×1.2（口门宽3m）	—	1960	否
861	永福船闸	四川省	大清流河	内江市东兴区	25	船闸	19.9×9×1.2（口门宽3m）	—	1960	否
862	杨家船闸	四川省	大清流河	内江市东兴区	25	船闸	17.7×9×1.2（口门宽3m）	—	1960	否
863	大岩腔船闸	四川省	大清流河	内江市东兴区	25	船闸	19×9.5×1.2（口门宽3m）	—	1960	否
864	大响滩船闸	四川省	大清流河	内江市东兴区	25	船闸	18.9×9.5×1.2（口门宽3m）	—	1965	否

续上表

序号	通航建筑物名称	省(区,市)	枢纽所处位置水系/河流	枢纽所在区(县)名称	吨级	通航建筑物 船闸(升船机)	尺度(长×宽×门槛水深,m)	年单向通过能力(万t)	项目建成年份(年)	是否正常使用
865	小河口船闸	四川省	小青龙河	内江市东兴区	—	船闸	—	—	—	否
866	高桥船闸	四川省	小青龙河	内江市东兴区	—	船闸	—	—	—	否
867	下桥船闸	四川省	小青龙河	内江市东兴区	—	船闸	—	—	—	否
868	豆腐桥船闸	四川省	小青龙河	内江市东兴区	—	船闸	—	—	—	否
869	甑子坝船闸	四川省	小青龙河	内江市东兴区	—	船闸	—	—	—	否
870	火花船闸	四川省	小青龙河	内江市东兴区	—	船闸	—	—	—	否
871	雷家凼船闸	四川省	威远河	内江市威远县	25	船闸	49×59×1.4（口门宽3m）	—	1943	是
872	罗家坝船闸	四川省	威远河	内江市威远县	25	船闸	49×68×1.4（口门宽3m）	—	1943	是
873	破滩口船闸	四川省	威远河	内江市威远县	25	船闸	49×58×1.4（口门宽3m）	—	1943	是
874	鸭子滩船闸	四川省	威远河	内江市威远县	25	船闸	49×59×1.4（口门宽3m）	—	1943	是
875	河墩子船闸	四川省	威远河	内江市威远县	45	船闸	49×64×1.4（口门宽4m）	—	1943	是
876	廖家堰船闸	四川省	威远河	自贡市大安区	45	船闸	50×62×1.4（口门宽4m）	—	1942	是
877	高硐船闸	四川省	威远河	自贡市大安区	45	船闸	50×62×1.4（口门宽4m）	—	1942	是
878	观音滩船闸	四川省	威远河	自贡市大安区	45	船闸	—	—	1942	是
879	二郎滩船闸	四川省	阳化河	资阳市雁江区	—	船闸	—	—	1963	否

中国内河通航建筑物

续上表

序号	通航建筑物名称	省(区、市)	枢纽所处位置水系/河流	枢纽所在区(县)名称	吨级	船闸(升船机)	尺度(长×宽×门槛水深,m)	年单向通过能力(万t)	项目建成年份(年)	是否正常使用
880	高龙拦河坝船闸	四川省	阳化河	资阳市雁江区	—	船闸	—	—	1965	否
881	石板滩船闸	四川省	阳化河	资阳市雁江区	12	船闸	42×9×1.2(口门宽4m)	—	1963	否
882	三里半船闸	四川省	长宁河	宜宾市长宁县	25	船闸	35×11×1.0(口门宽5m)	—	1972	否
883	向家坝升船机	四川省	金沙江	宜宾市叙州区	1000	升船机	116×12×3.0	112+40	2018	是
884	沙沱升船机	贵州省	长江/乌江	—	500	升船机	69.9×16.2×2.5	200	2016	是
885	思林升船机	贵州省	长江/乌江	—	500	升船机	69.9×16.2×2.5	375.69	2016	是
886	构皮滩升船机	贵州省	长江/乌江	—	500	升船机	59×11.7×2.5	142	2020	是
887	从江船闸	贵州省	珠江/都柳江	黔东南苗族侗族自治州	500	船闸	120×12×3	390	2019	是
888	大融船闸	贵州省	珠江/都柳江	黔东南苗族侗族自治州	500	船闸	120×12×3	390	2019	是
889	温寨船闸	贵州省	珠江/都柳江	黔东南苗族侗族自治州	500	船闸	120×12×3	305.8	2014年11月开工在建	否
890	郎洞船闸	贵州省	珠江/都柳江	—	500	船闸	120×12×3	323.3	2019	否
891	旁海船闸	贵州省	长江/清水江	黔东南苗族侗族自治州	500	船闸	120×12×3	230	2016年8月开工在建	否
892	平寨船闸	贵州省	长江/清水江	黔东南苗族侗族自治州	500	船闸	120×12×3	253	2017年11月开工在建	否
893	景洪升船机	云南省	景洪澜沧江	西双版纳州景洪市	300	升船机	58×12×2.5	135.8	2016	是
894	安康升船机	陕西省	汉江	安康市	100(50)	升船机	25.4×11.36×5.95	30	1998	是
895	白河船闸工程	陕西省	汉江	安康市	500	船闸	120×12×3.0	—	2018年开工在建	否

长洲船闸鸟瞰图

构皮滩三级升船机鸟瞰图

三峡枢纽双线连续五级船闸鸟瞰图